三角縁神獣鏡と東アジア世界

川勝 守著

汲古書院

三角縁神獣鏡と東アジア世界

はじめに

　日本の歴史において東アジア世界が果たした役割は決定的である。１世紀の後漢光武帝の金印や３世紀の「親魏倭王」卑弥呼の時代以来、近世・近代に至る２千年近く、常に然りであった。

　東アジア世界はいかなる歴史的空間か。一口に言えば、中国王朝国家と周辺国家の関係する「場」である。周辺「国家」がいかに形成されたか、これを東アジアの歴史と関連させて理解する。これが本書の目的である。

　中国王朝国家と周辺国家との関係は、特に冊封関係と呼ばれる外交秩序があった。近代以前の東アジア世界の外交秩序を理解しようとする時に中国を中心とした冊封・朝貢関係を常に念頭に置く必要があることを記しておきたい。

　日本の王権が中国王朝の冊封体制に入り、使節を派遣し朝貢を行った時期は、３世紀の「親魏倭王」女王卑弥呼の時代、５世紀の倭五王の時代、そして15世紀初から16世紀半ばの「日本国王」の時代であった。その他の時代が問題である。７世紀初頭における聖徳太子の遣隋使、630年に始まる遣唐使の時代から、その終焉となる９世紀末までの日本の外交について、日本型華夷秩序とか、「中華を標榜する」と言われることの意味が重要である。

　著者の前著『聖徳太子と東アジア世界』（吉川弘文館、2002年）は西嶋定生氏の所論を継承して、「中華を標榜する」ことが日本古代史にどのように具体的に展開したかを考察した。５世紀倭五王の遣使朝貢外交が７世紀初頭の聖徳太子の対隋外交において何故に対等外交を志向し得たか。第一に指を折るべきことは日本王権の東アジア世界における地位の向上がある。具体的に言えば、「天皇」を称し、「中華を標榜する」日本王権に相応しい称号の確立があり、その背景に日本王権の朝鮮半島国家の百済王、新羅王に対する超越意識の形成があった。ただ、これは４、５世紀の交に高句麗広開土王が「太王」（好太王）として百済王、新羅王に超越したのと同じ構図の踏襲である。

　著者は４、５世紀の高句麗の「太王」が６、７世紀に日本の「天王から天皇へ」に継承されたという過程を検証した。なお、溯れば、「天王」号の起源は４、５世紀の中国華北の五胡政権であることを前著で主張したのである。

　「日本国家形成前史」ということに若干の補足説明をしておこう。日本の先史時代は主に縄文時代と呼ばれ、紀元前数千年あるいは今から一万数千年という超悠久の歴史がある。稲米の利用・栽培が縄文時代に上ることも明らかである。しかし、文字文明や官僚制、成文法から教育制度、その他諸々の国家制度が出現する契機は無かった。西暦１世紀以前の列島には殺人や戦争は無く、すべて２世紀以後の現象であると指摘する考古学者も居る。

　以上から、従来言われてきたような稲作の開始や金属の利用が即国家形成の時期とは言

えないことは自明である。稲作や鉄の利用が始まってからはるか後に、すなわち紀元1、2世紀以後に日本国家の形成が開始される。明らかなことは1、2世紀に倭人は東アジア世界に出会って始めて国家というものを知り、自己の国家形成を始めたのである。

著者は制度文物が大陸・半島からの渡来民によって移植されたとか、その将来がなければ日本国家の形成はなかったというような「文明は海の向こうから」といった理解は採用しない。自己に無い制度や文物を選択的に将来したのはそれが日本の国家と社会の成長に活用できると考えたからである。日本社会とその文明的進展があくまで列島住民の主体で行われたとみる。日本国家形成はいかなる諸条件の下で行われたか。それを対外的契機、というより東アジア世界という環境条件の中で考察してみようというのが本書執筆の動機であることをまず表明しておきたい。

ここで本書の主題である「三角縁神獣鏡と東アジア世界」について、本書における著者の執筆構想を説明しよう。周知のごとく、三角縁神獣鏡には「景初」・「正始」という三国魏王朝の年号を刻んだ鏡が多く、それが240年（景初4年・正始元年）に倭国女王卑弥呼（いわゆる邪馬台国女王卑弥呼）が魏王朝に遣使朝貢した返礼として魏皇帝から下賜された鏡百枚に関係する鏡に他ならないとされる。問題は三角縁神獣鏡が現在まで中国大陸からは一枚も発見されておらず、そのため同鏡が中国で鋳造された鏡か日本で作造されたものかの議論は決着をみていない。さらに重要課題として、日本における三角縁神獣鏡の発掘発見情況がそのまま女王卑弥呼の所在地、すなわちいわゆる邪馬台国の所在を証明する物的資料であるとして、いわゆる邪馬台国論争に関わる超重要な話題になるからである。これに関してこれまで汗牛充棟とも言える多くの著作が世に出されている。それでも著者が一書を加えようとする企図はどこにあるか。著者は三角縁神獣鏡の問題は三角縁神獣鏡のみを対称としても答えは出てこない。三角縁神獣鏡が何処で鋳造されたかはともかく、それ以前の中国銅鏡の系譜にあることは自明であり、それ故に中国古代銅鏡、特に漢式鏡ともいうべき前漢・後漢両漢代銅鏡の研究が必須であるということは言を俟たない。

近代日中両国の古代銅鏡研究には極めて対称的な研究史がある。しかるに、近代における鏡研究は他の青銅器文化の研究同様に清末動乱の難を日本に避けた羅振玉氏ら清朝碩学の訪日が契機になった。ただ、羅振玉『古鏡図録』並びに『巌窟蔵鏡』が将来されたのは1907年（明治40年）であって、金石文研究一般の劉心源『奇觚室吉金文述』1902年、古銭研究の梁詩正等『西清古鑑』附録「銭録」、李佐賢『古銭匯』1857年、玉器研究の呉大澂『古玉図攷』などに相当後れる。以上の殷周以来の古代中国金石研究は図形文様と銘文解読を中心とした古美術研究であり、中国における古鏡研究の基本形を作る。これに19世紀以来の欧米における東洋趣味の古美術研究が開始された。古美術骨董市場が中国でも日本でも世界各地に繁殖した。持ち運び容易で、破損品の修復技術の発達した鏡鑑は世界市場で取引された。それに日本は鏡が三種神器の一であったこともあり、発掘発見は厳しい監視下に置かれ、多くの古鏡が宮内庁や帝室博物館、さらには帝国大学に収納された。歴代

天皇陵もしくは帝陵参考地の発掘は禁じられたが、その他の墳墓の発掘は地元の有識者によって数多く進められ、遺物の散逸は少なかった。それに較べて中国では長い盗掘の歴史と文化財の骨董市場が異常に発達していた。すでに16世紀の明代では古青銅器が地方物産として地方経済の富の一種であるとされていた。以上の古鏡の日中両国における資料源泉の差異は本書第一部と第二部で取り上げるデータベースで了解されるであろう。

さて、羅振玉氏の著作『古鏡図録』・『巖窟蔵鏡』が京都における古鏡研究の烽火になったのは確かで、やがて富岡謙蔵『古鏡の研究』丸善、1920年、梅原末治「支那古鏡概説」（後『支那考古学論攷』弘文堂、1938年、所収）・『鑑鏡の研究』大岡山書店、1925年を生んだ。富岡謙蔵・梅原末治両氏は京都・関西における近代鏡研究の草分けである。対して東京では東京帝室博物館の高橋健自・後藤守一氏によって古鏡研究が開始されたが、考古学の手法で、日本古鏡を中心としていた。なお、後藤守一氏には『古鏡聚英』上・下、大塚巧芸社、1935、42年がある。ついで九州では中山平次郎氏による発掘遺物調査、考古学研究も開始された。中山氏は九州帝国大学医学校教授で考古学者としては在野の研究者といえる。この九州の伝統は平原遺跡の調査に生涯を捧げた原田大六氏に継承された。さらに東京帝国大学文学部では駒井和愛『中国古鏡の研究』岩波書店、1953年がある。

戦前期の日本考古学が楽浪郡その他の朝鮮半島の遺跡発掘から、満州・シベリア、大陸中国各地の各種遺跡調査に乗り出したことも言及すべきであろう。楽浪遺跡からは前漢鏡の発見をみている。中国河南省では洛陽金村や同省東部鄭州の新鄭州遺跡などの墳墓の発掘調査が日中両国の研究者によって行われた。それらの多くの調査に従事した梅原末治氏は1938年に濫掘された浙江省紹興出土の呉鏡について極めて体系的かつ斬新な研究成果を「浙江省紹興出土の遺物と其の遺蹟」（『京都大学紀元二千六百年紀年史学論文集』内外出版社、1941年）などにまとめたが、これはその後に日中両国における古鏡の考古学調査と古鏡図録の編纂に多大の影響を及ぼした。

さてここで本書『三角縁神獣鏡と東アジア世界』の編別構成を説明しておきたい。第一部　日本における三角縁神獣鏡研究史の問題点は、日本における三角縁神獣鏡研究にとって、特に重要と思われる三人の著書を三章に分けて紹介した。まず、第一章は問題の所在として高橋健自監修・後藤守一著『漢式鏡』を紹介した。我が国における古鏡研究の歴史的経過、古鏡・漢式鏡の型式分類とその年代推定等、各型式漢式鏡発見発掘事例の国（都道府県）地点別一覧であるが、古鏡研究は考古学研究と結合して初めて鏡の鋳造製造時期も確定できるとした。次に京都における考古学の草分け的存在である梅原末治氏の編著『漢三国六朝紀年鏡図説』を紹介し、問題の継承・新展開・開発であるとした。前漢・後漢鏡、三国・魏鏡、三国・呉鏡、晋鏡の紀年鏡の鏡諸データと銘文の内容に触れ、その重要性と問題点を指摘した。ついで、京都大学における梅原末治氏の後継者、というより戦後関西における三角縁神獣鏡研究の指導者であった樋口隆康氏の古鏡・三角縁神獣鏡研究を紹介し、日本における古鏡・三角縁神獣鏡研究の集成を行った。

6　はじめに

　1949年の新中国、人民共和国の成立は中国考古学に一大発展の契機を与え、偉大な発掘発見が相継いだ。しかし、殷周以来、漢式鏡にしても、隋唐鏡にしてもその成果は極めて限られた、小規模なものであった。敢えて注目すべき古鏡群の紹介をすれば、華南地方の広西省壮族自治区各地から両漢時代を中心とした各時代の通時的鏡鑑の発見が長く続いたことである。それが、1978年の鄧小平の指導する改革開放時代となるや古鏡発掘発見の一大変化を迎えた。安徽省西北部の淮河流域の拠点的都市である六安市の古銅鏡発見は土地柄興味深いものがある。湖北省武漢市東方の鄂州市の発見も同様である。他に湖南省の長沙市のそれも然り。ただ、誠に残念の極であるが、中国の古鏡発見はすべて工事現場等の非考古学によって取り上げられたものばかりである。骨董市場に流れる分がいくらか少ないという程度の差異しか戦前との区別はない。その数量がどの程度か、地方機関編纂の鏡鑑図録の悉皆データ・ベース作成が急がれる。本書第二部の各表がそれである。これに北京国家図書館、上海博物館、旅順博物館架蔵資料についても同様な各表を作り、比較が必要である。第二部、中国における古代銅鏡文化研究の伝統と各博物館銅鏡目録データベースは、各地博物館の古鏡紹介を兼ねて中国銅鏡文化研究を総括した。

　さて、第三部の日本における出土鏡及び博物館美術館所蔵鏡の研究では、第十三章に伊都国平原遺跡出土鏡について、平原1号墓出土銅鏡の大鏡の意味、倭国王帥升の東アジア世界での位置を述べた。第十四章　宮内庁書陵部陵墓課編『古鏡集成』については宮内庁書陵部陵墓課編『古鏡集成』の古鏡資料の意義、及び宮内庁書陵部陵墓課蔵古鏡の周縁を考察し、明治・大正以来の銅鏡発掘と銅鏡の資料学の一部を取り上げた。第十五章　椿井大塚山古墳と三角縁神獣鏡は京都大学文学部博物館図録『椿井大塚山古墳と三角縁神獣鏡』の古鏡資料意義から、椿井大塚山古墳出土三角縁神獣鏡の位置、魏の紀年銘三角縁神獣鏡と古式三角縁神獣鏡式の全国的確認、九州福岡県京都郡苅田町石塚山古墳・大分県宇佐市赤塚古墳の三角縁神獣鏡、三角縁神獣鏡と三角縁仏獣鏡の関係、佐味田宝塚古墳・佐味田貝吹古墳・新山古墳の三角縁神獣鏡、福岡県糸島市旧二丈町一貫山銚子塚古墳の三角縁神獣鏡、仿製三角縁神獣鏡の位置、そして福岡県宗像大社の沖ノ島遺跡の三角縁神獣鏡へと展開して、三角縁神獣鏡の位置の全面的考察を試みた。第十六章は五島美術館所蔵守屋孝蔵コレクションを資料として三角縁神獣鏡の出現を比較文明学の視点から考察したものである。漢唐古鏡の時代区分と漢唐古鏡の寸法・径数順リストのデータ処理が中心となる。第十七章は住友、泉屋博古館蔵漢三国西晋古鏡と三角縁神獣鏡を前章と同様に試みた。そして最終章、第十八章は『親魏倭王』女王卑弥呼の王権と国家について、『三国志』巻三十、東夷伝全体の中で考察したものである。

　要するに、本書は中国・日本の各博物館等機関所蔵の鏡鑑の各種データベースを作成し、三角縁神獣鏡の鏡鑑研究上の位置の正確な測定を行うことに努力したのであった。大方の有識者の御批判御指正をお願いしたいところである。

目　　次

はじめに …………………………………………………………………………… 3

第一部　日本における三角縁神獣鏡研究史の問題点 ………………………… 1

第一章　問題の所在──高橋健自監修・後藤守一著『漢式鏡』の紹介── ………… 3
　　はじめに …………………………………………………………………………… 3
　　第一節　我が国における古鏡研究の歴史的経過 ………………………………… 3
　　第二節　古鏡・漢式鏡の型式分類とその年代推定等 …………………………… 8
　　第三節　本邦内地に於ける漢式鏡発見発掘地の国（都道府県）地点別一覧 …… 38
　　結　び …………………………………………………………………………… 99

第二章　問題の継承・新展開・開発
　　　　　　──梅原末治編著『漢三国六朝紀年鏡図説』の紹介── ………… 104
　　はじめに ………………………………………………………………………… 104
　　第一節　漢鏡について ………………………………………………………… 104
　　第二節　三国・魏鏡について ………………………………………………… 127
　　第三節　三国・呉鏡について ………………………………………………… 133
　　第四節　晋鏡について ………………………………………………………… 160
　　結　び …………………………………………………………………………… 172

第三章　問題の集成──樋口隆康氏の古鏡・三角縁神獣鏡研究── ……… 175
　　はじめに ………………………………………………………………………… 175
　　第一節　樋口隆康氏の古鏡研究 ……………………………………………… 175
　　第二節　樋口隆康氏の三角縁神獣鏡型式分類と各型式鏡出土事例 ……… 220
　　第三節　樋口隆康氏による斜縁二神二獣鏡の型式説明と出土事例 ……… 235
　　第四節　樋口隆康氏による三角縁神獣鏡の研究史の整理 ………………… 236
　　結　び …………………………………………………………………………… 239

第二部　中国における古代銅鏡文化研究の伝統と各博物館銅鏡目録
　　　　　データベース ……………………………………………………………… 243

第四章　国家図書館蔵陳介祺蔵古拓本選編・銅鏡巻について ……………… 245
　　はじめに ………………………………………………………………………… 245
　　第一節　陳介祺蔵古拓本による古銅鏡分類・型式と銘文解読研究 ……… 245
　　第二節　陳介祺蔵古拓本銅鏡データベースの活用 ………………………… 252

結　び……………………………………………………………………………263
第五章　王綱懷編著『三槐堂蔵鏡』について………………………………………264
　　はじめに…………………………………………………………………………264
　　第一節　中国古代銅鏡文化史…………………………………………………264
　　第二節　王綱懷編著『三槐堂蔵鏡』データベース研究……………………293
　　第三節　銘文の形式類型──王綱懷編著『三槐堂蔵鏡』について──…307
　　第四節　銘文の書体──篆書か隷書か──…………………………………318
　　第五節　王綱懷編著『三槐堂蔵鏡』のその他のデータ……………………327
　　第六節　漢鏡尺寸の問題………………………………………………………345
　　第七節　後漢鏡と道教思想の関係に関する問題……………………………347
　　結　び……………………………………………………………………………349
第六章　陳佩芬編『上海博物館蔵青銅鏡』について………………………………352
　　はじめに…………………………………………………………………………352
　　第一節　上海博物館蔵戦国青銅鏡……………………………………………352
　　第二節　上海博物館蔵前漢・新莽・後漢青銅鏡……………………………363
　　第三節　陳佩芬編『上海博物館蔵青銅鏡』における前漢・新莽・後漢各鏡
　　　　　　図像考証………………………………………………………………391
　　結　び……………………………………………………………………………411
第七章　浙江出土銅鏡について………………………………………………………415
　　はじめに…………………………………………………………………………415
　　第一節　王士倫編著・王牧修訂本『浙江出土銅鏡』について……………415
　　第二節　画像鏡と作四分法布置………………………………………………445
　　第三節　神獣鏡と作環状布局四分法布置……………………………………452
　　第四節　王士倫編著・王牧修訂本『浙江出土銅鏡』に収録された神獣鏡画
　　　　　　像について……………………………………………………………457
　　結　び……………………………………………………………………………458
第八章　湖南省長沙市出土銅鏡について……………………………………………460
　　はじめに…………………………………………………………………………460
　　第一節　長沙市博物館編著『楚風漢韻─長沙市博物館蔵鏡』
　　　　　　の戦国鏡について……………………………………………………460
　　第二節　長沙市博物館編著『楚風漢韻─長沙市博物館蔵鏡』
　　　　　　の前漢鏡について……………………………………………………466
　　第三節　長沙市博物館編著『楚風漢韻─長沙市博物館蔵鏡』
　　　　　　の後漢鏡について……………………………………………………485
　　結　び……………………………………………………………………………499

第九章　湖北省鄂州市出土銅鏡について ……………………………500
　はじめに ………………………………………………………………………500
　第一節　湖北省博物館、鄂州市博物館編『鄂城漢三国六朝銅鏡』について ……500
　第二節　『鄂城漢三国六朝銅鏡』における神獣鏡と仏獣鏡、並びに神仙思
　　　　　想・仏教思想との関係………………………………………………521
　結　び …………………………………………………………………………536

第十章　安徽省六安市出土銅鏡について …………………………………538
　はじめに ………………………………………………………………………538
　第一節　安徽省文物考古研究所・六安市文物局編著『六安出土銅鏡』
　　　　　について …………………………………………………………538
　第二節　『六安出土銅鏡』から窺える当地方の前・後漢鏡の特質 ………555
　結　び …………………………………………………………………………568

第十一章　遼東半島旅順博物館所蔵銅鏡について ………………………569
　はじめに ………………………………………………………………………569
　第一節　旅順博物館編著『旅順博物館蔵銅鏡』について …………………569
　第二節　旅順博物館編著『旅順博物館蔵銅鏡』の各鏡計測調査について ……577
　結　び …………………………………………………………………………583

第十二章　広西壮族自治区出土銅鏡について ……………………………585
　はじめに ………………………………………………………………………585
　第一節　広西壮族自治博物館編、黄啓善主編『広西銅鏡』について ……585
　第二節　『広西銅鏡』諸データから窺える広西壮族自治区の出土銅鏡の問題点 …607
　結　び …………………………………………………………………………611

第三部　日本における出土鏡及び博物館美術館所蔵鏡の研究……………613
第十三章　伊都国平原遺跡出土鏡について ………………………………615
　はじめに ………………………………………………………………………615
　第一節　平原1号墓出土銅鏡について ………………………………………615
　第二節　平原1号墓出土銅鏡の大鏡の意味 …………………………………620
　第三節　倭国王帥升の東アジア世界での位置 ………………………………623
　結　び …………………………………………………………………………624

第十四章　宮内庁書陵部陵墓課編『古鏡集成』について ………………626
　はじめに ………………………………………………………………………626
　第一節　宮内庁書陵部陵墓課編『古鏡集成』の古鏡資料の意義 …………626
　第二節　宮内庁書陵部陵墓課蔵古鏡の周縁 …………………………………632
　結　び …………………………………………………………………………644

10　目　次

第十五章　椿井大塚山古墳と三角縁神獣鏡 …………………………………645
　はじめに …………………………………………………………………………645
　第一節　京都大学文学部博物館図録『椿井大塚山古墳と三角縁神獣鏡』
　　　　　の古鏡資料意義 …………………………………………………645
　第二節　椿井大塚山古墳出土三角縁神獣鏡の位置 ……………………650
　第三節　魏の紀年銘三角縁神獣鏡と古式三角縁神獣鏡式の全国的確認 …………670
　第四節　九州福岡県京都郡苅田町石塚山古墳・大分県宇佐市赤塚古墳の
　　　　　三角縁神獣鏡 ………………………………………………………675
　第五節　三角縁神獣鏡と三角縁仏獣鏡 …………………………………676
　第六節　佐味田宝塚古墳・佐味田貝吹古墳・新山古墳の三角縁神獣鏡 …………678
　第七節　福岡県糸島市旧二丈町一貴山銚子塚古墳の三角縁神獣鏡 …………681
　第八節　仿製三角縁神獣鏡の位置 ………………………………………683
　第九節　福岡県宗像大社の沖ノ島遺跡の三角縁神獣鏡 ………………686
　結　び ……………………………………………………………………………686

第十六章　三角縁神獣鏡の出現
　　　　　　――五島美術館蔵守屋孝蔵コレクションについて―― …………688
　はじめに …………………………………………………………………………688
　第一節　五島美術館所蔵守屋孝蔵コレクションと漢式鏡 ……………689
　第二節　五島美術館所蔵守屋孝蔵コレクション漢唐古鏡の時代区分 …………694
　第三節　五島美術館所蔵守屋孝蔵コレクション漢唐古鏡の寸法・
　　　　　径数順リスト ……………………………………………………707
　結　び ……………………………………………………………………………712

第十七章　住友、泉屋博古館蔵漢三国西晋古鏡と三角縁神獣鏡 …………717
　はじめに …………………………………………………………………………717
　第一節　『新修泉屋清賞』と『泉屋博古』 ………………………………717
　第二節　住友、泉屋博古館蔵漢三国西晋古鏡の銘文
　　　　　――『新修泉屋清賞』と『泉屋博古』による―― ………………721
　結　び ……………………………………………………………………………724

第十八章　『親魏倭王』女王卑弥呼の王権と国家 …………………………725
　はじめに …………………………………………………………………………725
　第一節　『三国志』巻三十、烏丸鮮卑伝 …………………………………725
　第二節　『三国志』巻三十、東夷伝、夫余・高句麗・東沃沮・挹婁・濊・
　　　　　韓の条 ……………………………………………………………729
　第三節　『三国志』巻三十、東夷伝、倭人条 ……………………………734
　第四節　『三国志』巻三十、東夷伝、倭国の政治行政 …………………738

結　び──魏志倭人伝に見える女王卑弥呼像── ……………………………739

結　語 …………………………………………………………………………741
おわりに ………………………………………………………………………745
附録　写真・拓本・参考画像 ………………………………………………747
索　引 …………………………………………………………………………768
英文レジメ ……………………………………………………………………788

各章表一覧

【表1－1】	後藤守一本邦内地に於ける漢式鏡発掘地地名表	38
【表1－2】	後藤守一氏作成本邦発掘漢式鏡型式分類表	76
【表4－1】	国家図書館蔵陳介祺蔵古拓本選編・銅鏡巻データベース	246
【表4－2】	陳介祺古拓本銅鏡銘文型式集成	252
【表4－3】	陳介祺拓本銅鏡直徑順整理表	257
【表5－1】	三槐堂蔵鏡（王綱懐編著）データベース	294
【表5－2】	三槐堂蔵鏡・銘文集成（王綱懐編著）	307
【表5－3】	三槐堂蔵鏡・銘文書体データ	325
【表5－4】	三槐堂蔵鏡（王綱懐編著）徑大小順データ	328
【表5－5】	三槐堂蔵鏡（王綱懐編著）m値大小順データ	336
【表5－6】	三槐堂蔵鏡東周尺・戦国尺・漢尺・莽尺徑寸鏡	345
【表6－1】	上海博物館蔵戦国時代青銅鏡（陳佩芬編）	352
【表6－2】	上海博物館蔵前漢・新・後漢・三国青銅鏡（陳佩芬編）	363
【表6－3】	上海博物館蔵前漢・新・後漢・三国青銅鏡徑大小順	412
【表7－1】	浙江出土銅鏡修訂本（王士倫編著、王牧修訂）カラー・モノクロ図版データベース	416
【表7－2】	浙江出土銅鏡・徑長大小順（王士倫編著、王牧修訂）	431
【表8－1】	湖南長沙市博物館蔵鏡・戦国鏡	460
【表8－2】	湖南長沙市博物館蔵鏡・前漢後漢鏡	466
【表8－3】	湖南長沙市博物館蔵鏡・前漢後漢鏡徑大小順	496
【表9－1】	湖北鄂州市漢三国六朝銅鏡	500
【表9－2】	湖北鄂州市漢三国六朝銅鏡・紀年鏡	512
【表9－3】	湖北鄂州市漢三国六朝銅鏡・銘文鏡	515
【表9－4】	湖北鄂州市漢三国六朝銅鏡・神仙仏像鳥獣鏡	521
【表9－5】	湖北鄂州市漢三国六朝銅鏡・徑大小順	527
【表10－1】	六安出土銅鏡（安徽省文物考古研究所・六安市文物局）	538
【表10－2】	六安出土前漢・後漢・三国・六朝銅鏡・徑大小順	555
【表11－1】	旅順博物館蔵戦国両漢魏晋南北朝銅鏡	569
【表11－2】	旅順博物館蔵両漢魏晋南北朝銅鏡・徑大小順	577
【表11－3】	旅順博物館蔵戦国両漢魏晋南北朝銅鏡―計測諸データ―	582
【表12－1】	広西銅鏡（広西壮族自治区博物館編）・戦国両漢三国西晋南朝銅鏡	585
【表12－2】	広西銅鏡・出土所蔵年・出土地等・現蔵個所	607
【表12－3】	広西銅鏡・両漢三国西晋南朝銅鏡・徑大小順	610
【表13－1】	平原1号墓出土銅鏡（『国宝福岡県平原方形周溝墓出品図録』64・65頁修正加筆）	615

【表13—2】	平原1号墓出土銅鏡銘文（『国宝福岡県平原方形周溝墓出土品図録』64・65頁部分引用）…618
【表13—3】	平原1号墓出土銅鏡・面徑大小順 …620
【表14—1】	宮内庁書陵部陵墓課編『古鏡集成』修正1 …627
【表14—2】	宮内庁書陵部陵墓課編『古鏡集成』修正2 …632
【表14—3】	宮内庁書陵部陵墓課編『古鏡集成』修正3 …638
【表15—1】	椿井大塚山古墳出土銅鏡（京都大学文学部『椿井大塚山古墳と三角縁神獣鏡』1989年）…645
【表15—2】	三角縁神獣鏡出土地名表・修正表 …650
【表15—3】	魏紀年銘三角縁神獣鏡出土地名表 …670
【表15—4】	古式三角縁神獣鏡出土地名表 …672
【表15—5】	仏獣鏡 …677
【表15—6】	仿製三角縁神獣鏡 …683
【表15—7】	沖ノ島遺跡の三角縁神獣鏡 …686
【表16—1】	五島美術館蔵守屋孝蔵コレクション漢唐古鏡 …690
【表16—2】	五島美術館蔵守屋孝蔵コレクション漢唐古鏡年次順リスト …694
【表16—3】	五島美術館蔵守屋孝蔵コレクション漢唐古鏡寸法・徑数順リスト …707
【表16—4】	五島美術館蔵守屋孝蔵コレクション漢唐古鏡銘文リスト …713
【表17—1】	住友、泉屋博古館蔵漢三国晋古鏡 …717
【表17—2】	住友、泉屋博古館蔵漢三国西晋古鏡銘文リスト …722
【表18—1】	魏志倭人伝倭国諸国地誌対照表 …736
【結・表】	前漢・王莽・後漢各時期鏡式出土類次表 …742

第一部　日本における三角縁神獣鏡研究史の問題点

第一章　問題の所在——高橋健自監修・後藤守一著『漢式鏡』の紹介——

はじめに

　高橋健自監修・後藤守一著『漢式鏡』は大正15年（1926）に日本考古学大系の一冊として雄山閣から刊行された。当時における考古学の主題に古代の青銅鏡の問題があったことが窺える記念碑的著作である。日本における古代青銅鏡研究の黎明といえる。著者後藤守一氏は東京帝室博物館（現、東京国立博物館）監査官補、また、高橋健自氏は明治4年8月17日、東北仙台に旧仙台藩士高橋章俊の長男に生まれ、考古学を志して東京高等師範学校文学科を卒業、東京帝室博物館に勤務し、鑑査官・同歴史課長を勤めた。古墳時代より歴史時代にかけての研究を主とし、銅鉾・銅剣の研究によって京都帝国大学より文学博士の学位を得たが、特に、遺物の研究の方法を樹立し、『鏡と剣と玉』（明治44年〈1911〉）、『古墳発見石製模造器具の研究』（大正8年〈1919〉）、『日本埴輪図集』（編、同年）などの著作は学位論文となった『銅鉾・銅剣の研究』（大正14年〈1925〉）とともに日本考古学の基本的業績である[1]。したがって、後藤守一著『漢式鏡』には監修者高橋健自文学博士の確立した、日本各地の出土鏡に対する考古学の学問体系が反映されているのである。本書は第一編、解説と第二編、漢式鏡関係論文の摘述に二分される。

第一節　我が国における古鏡研究の歴史的経過

　第一編、解説の第一、緒言で我が国の鏡の略史について、次のように説明する。ただし、漢字やカナの用法など文言を改めている。

　　我が上古に於いては、中国製鏡を輸入し、またこれを倣鋳して居り、奈良時代においても唐鏡を輸入しまた同じくこれを倣製して居ったが平安朝時代の後期に入っては、全くかの模倣から脱して、日本趣味の溢れた所謂和鏡なるものを作った。（中略）しかして中国鏡輸入においても、奈良時代に輸入された唐鏡は、多くの点において、それ以前のものと異なるものがあり、かつ和鏡の先容をなした。（中略）日本考古学において取扱われるべき古鏡は、大体において二群に分け、その一群、相対年代も古いところのものを漢式鏡群とし、唐鏡以降は和鏡として見るのが、便宜であろう。

　　我が上代に於いて、鏡の大いに貴ばれたことは、これを三種神器に見ても、また日本武尊御東征の伝説に見ても単に影像の具とするというだけでなく、その真澄に澄まされた鏡面に、一種の神秘さを感じていたという事は想像出来る。後世、仏教の影響等によって、神像などが造られるに至ったが、それ以前には、一方には石などを拝す

る風も盛んだったでもあろうが、一方には鏡面そのものに、神威を畏むだ風もより盛んだったであろう。

　一見して相反しているらしいが、しかし根本に於いては相通じている思想が、また上代人に存していた、すなわちかの古墳から往々発見せられる古鏡は、その遺骸との関係から見て、単なる副葬品ではなく、死者の霊の遊行を抑止するためか、または反対に死者のために辟邪に意を有したためか、そのいずれかは決し難いが、ともかくも、一種の原始的宗教の思想の表象と見るべきものがある。しかしてこの思想は、わが鏡の母国たる中国には、むしろその色彩の強くなかったものであるらしいことは、吾々の注意せねばならぬことであろうと思う。

以上の古代鏡についての所説は今日でもそのまま通用され支持される理解である。そこに古鏡研究の基準があるのであるが、それが80年以上経ってなお変わらないというところに古鏡研究の難しさもあろう。ただ、それらについて考古学で考える対象は鏡だけでなく、埴輪も然り、古墳そのものも然りである。「その遺骸との関係から見て、単なる副葬品ではなく、死者の霊の遊行を抑止するためか、または反対に死者のために辟邪に意を有したためか、そのいずれかは決し難いが、ともかくも、一種の原始的宗教の思想の表象と見るべきものがある。」とは、まだまだ設問への答えの追求は今日でも有効であろう。次に我が国における漢式鏡の研究史となる。

　徳川時代にも、漢式鏡個々を採っては、その観察を記述したものもあったが[2]、その総合的研究の端を発したのは、文学博士三宅米吉「古鏡」『考古学会雑誌』1巻5号、1897年であり、これに一歩を進めたのが、高橋健自「本邦鏡鑑沿革考」『考古界』7巻1・3・5・9・12号であり、これが大成の輪郭を作ったのが富岡謙蔵氏の諸論文である。三宅先生の「古鏡」は、漢式鏡研究の体を備えた最初のものということができる。まず古墳内に於いて発見せらるる時の鏡の位置を説き、各部分の名称即ち名所（などころ）を命名し、古墳発掘鏡が中国鏡以外に本邦倣製鏡のあることを説き、鏡の名称の分類を試み、鏡の大きさ、鏡の面背に織物類の印象せるものある事実に解説し、最後に葡萄鏡を漢代のものとする『西清古鏡』等の所説の誤謬なることを論じている。

以上から我が国における古鏡、漢式鏡の研究はその魁をなした明治30年の三宅米吉氏の研究にその後の研究の大体の傾向が示されている。ただ、高橋氏による一歩を進めた研究の輪郭もまた重要である。

　先ず「鏡の部分」として名所を説き、形状物質上より種類を分かち、文様を帯文・圏文に区別してその各要素を説き本邦鏡鑑を漢式、唐式、和式の三時代に分かつとして、第一の漢式時代の鏡は中国に起源を有し、邦人の作もまた概ねこれが模倣であって、作鏡の技は未だ以て独立の地位を占むるに至らなかった。次に漢式鏡の特徴を挙げ、第一に当代の鏡は円鏡、第二にその質白銅、第三に鏡面著しく凸なり、第四第五に鏡背の文様に注意し、終わりに銘文を有するもの少なからず、しかしてそれが吉祥

句のもの多しとなし、次に文様によって13類29種に分かってその各々に命名し、漢式鏡時代を前後両期即ち漢魏式と六朝式とに区分できるとし、その両期の特徴を挙げ、かつ実例として古墳発掘鏡の19面を採って、その文様等を記述し以て漢式時代を終わる。次に唐式鏡の記述を進める。即ち本論文は、漢鏡の綜合的研究というよりも、むしろ型式学的研究というべきものである。

　以上の高橋氏の漢式鏡研究の基本線もまた今日までの我が国の古鏡研究の基本的姿勢となっている。この研究に対しても、高橋氏自身の他、富岡謙蔵氏や梅原末治氏の斬新な新研究が出現したことが重要である。

　　大正3年（1914）紀伊（和歌山県）隅田八幡神社所蔵の画像鏡が、始めて学界の注意に上り、高橋先生の年代論「在銘最古日本鏡」（『考古学雑誌』5巻2号）が現れるに及んで、鏡鑑研究の門は再び開かれ、富岡謙蔵氏及び梅原末治君の努力は、遂に鏡鑑研究の異常なる発展を促し、以て今日に及んだのである。即ち高橋氏は、隅田八幡鏡の年代を考定すべく、その論著「在銘最古日本鏡」に於いて、従来知られている年号鏡を採ってその型式を論じ、隅田八幡鏡の年代を考定し、更につづいて「六朝以前の年号銘ある古鏡に就きて」（『考古学雑誌』5巻4号）に於いて、年号鏡の研究を提唱せられて、ここに始めて年号鏡についての纏まった研究が本邦の学者によって試みられることになった。この二論文は、学者の注意を大いに惹いたもので、山田孝雄氏の「古鏡の銘について」（『人類学雑誌』30巻11・12号、31巻1号）なる論文が現れ、さらに富岡謙蔵氏の研究となって、ここに著しき進歩を、この鏡鑑研究に見ることとなった。富岡氏は中国文献に深い理解を持たれている上に遺物を豊富にその座右に集めることができ、しかも古墳研究に開拓者である梅原末治君の助力を得たので、日本発掘鏡ばかりでなく、中国鏡にたいしても、精緻なる研究を試み、ここに鏡鑑研究は一時期を画し得たのである。富岡謙蔵「日本出土の支那古鏡」（『史林』1巻4号）、「支那古鏡図説」（『国華』27巻7・8・11・12号）、「漢代より六朝に至る年号銘ある古鏡に就いて」（『考古学雑誌』7巻7号）、「王莽時代の鏡鑑と後漢の年号銘ある古鏡に就いて」（『考古学雑誌』8巻5号）、「九州北部に於ける銅剣銅鉾及び弥生式土器と伴出する古鏡の年代について」（『考古学雑誌』8巻5号）等の論文が相次いで大正5年（1916）から大正7年（1918）頃までに公にされた。これらの研究によって我が学界の獲たものは、いくつもあろうが、その著しきものとしては、前漢式鏡・王莽代式鏡の型式が略ぼ明らかにされて、従来の鏡鑑の年代に一大革命を与えた。

　富岡氏のこれらの論著によって、学界は鏡鑑研究に異常な注意を集め、学者のこれに触れた論文が続々公にされ、遂には高橋・梅原両氏の論争が王莽鏡についておこった。高橋健自「王莽時代の鏡に就いて」（『考古学雑誌』9巻3号、1919年）が王莽鏡に引上げようとされた鏡に対して、梅原末治「所謂王莽鏡に就いての疑問」（『考古学雑誌』10巻3号、1919年）が反対を述べられた。この論は前者の所説にも不備のところが

あり、後者の駁説にも不十分のところがあり、宜しく解決を後日に待つべきと、後藤守一「銅鏃について（三）」（『考古学雑誌』10巻3号、1919年）は説く。

　かくして鏡鑑研究は著しき大進歩を遂げ、それを準拠として試みた古墳の年代考定も漸次蓋然性を増して来た。梅原末治氏の『久津川古墳研究』『佐味田及新山古墳研究』（単行本）は、この気運に乗ぜられた論著である。また鏡鑑研究はその型式に対する観察だけに止まらず、その上に立って、考察することも漸次起こって来た。邪馬台国を大和に比定しようとするのが最近における多数考古学者の所説であり、黒板勝美博士の「我が上代に於ける道家思想及道教について」（『史林』8ノ1）の如きは、上代人の宗教にまで、考察の糸を投げた。

　後藤守一氏の古鏡研究史整理は80余年後の今でも未だ光を失っていない。あたかも2千年近い時空を土中から姿を現した古鏡そのものの価値であるかのようである。それはなぜか、鏡鑑というモノに対する近代考古学者の眼が普遍的価値を探り当てたからだと言える。次に後藤守一氏は我が国における漢式鏡発見史を叙述する。

　文政5年（1822）2月2日、筑前国（福岡県）糸島郡怡土村（現、糸島市）大字三雲遺跡で35面の鏡が発掘され、更にそれより先き天明年中（1781～1788）に同じく怡土村にある大字井原で数十面の古鏡発掘のこと[3]あり、降って明治32年（1899）夏、同じく筑前国筑紫郡春日村（現、春日市）須玖岡本遺跡に於いて、一種の巨石遺物の下より、銅剣その他の遺物と共に、12面以上の鏡が発見せられている[4]。この北九州に於ける三の事実は、発掘古鏡の多くが、前漢式鏡であり、銅鉾銅剣が伴われ、かつ北九州に最も多く発見せらるる甕棺系統の遺跡である点から見て、漢代に於ける北九州の文化を考察する上に重要なる資料を提供したものということができる。

　享和2年（1802）、信濃国（長野県）更級郡川柳村（現、長野市）将軍塚古墳で、27面の古鏡が、多くの石製品や銅鏃その他の銅製品及び玉類と共に発掘されたという事実が果たして信ずべきものであるならば、土地が信濃国（長野県）である点に於いて頗る注意すべきものがある（『信濃奇勝録』）。発掘された古鏡の殆どすべてが散佚してしまって、今は小鏡1面が残存しているに過ぎないが、『小山林堂書画文房図録』に、将軍塚古墳発見としてその拓本をのせてある古鏡が、本古墳発掘のものであるならば、その中には王莽代式のＴＬＶ式鏡もあることが推定し得られるのである[5]。

　明治に入っての発見は、記録も正確に近いものがあるし、遺物も多く残存していて、今日に於ける鏡鑑研究の資料となっている。まず明治6年（1873）に、肥後国（熊本県）玉名郡江田村（現、和水町）江田船山古墳から、6面の鏡が発掘され、それが東京帝室博物館の蔵品となっていることを挙げなければならぬ。この事実は、鏡そのものの数が多いことよりも、むしろ伴出品の質量共に豊富であったことと、古くから博物館の蔵品となっていて、学者の常に引用するところであったことに、より多くの価値を認めねばならぬ。

明治14年（1881）に大和国（奈良県）北葛城郡河合村（現、河合町）佐味田宝塚で約36面、更に明治18年（1885）に同北葛城郡馬見村（現、広陵町）大塚新山古墳で34面の古鏡が発掘され、殆どそのすべてが散佚せず、諸陵寮及び帝室博物館の所有に帰したことが明治年間に於ける発見の雄をなした。
　6、7面の鏡を発見した事実は、明治に入っても10数例あるが、これはここに省略し、ただ数において少なりとも、質に於いて、大いに注意すべきもののみを摘記するならば、
〇大正7年（1918）大和国南葛城郡吐田郷村（現、御所市）大字名柄字田中で、細線鋸歯文鏡1面・小銅鐸1個を伴出
〇大正2年（1913）長門国（山口県）豊浦郡安岡村（現、下関市）大字富任字梶栗ノ浜、細線鋸歯文鏡1面・銅剣2口
〇大正9年（1920）10月、朝鮮慶尚北道慶州郡外東面入室里、細線鋸歯文鏡1面・銅製小鐸・銅鉾銅剣
〇　　　　　　　　　　ロシア国・西シベリア沿海州シュコドワ附近、細線鋸歯文鏡1面[6]
　細線鋸歯文鏡は、その手法の多くの点に於いて漢式鏡と異なるものあり、かつ伴出せる銅鐸なり、銅剣が、その絶対年代に於いて、一般漢式鏡の行われた時代より遡るもので、少なくとも前漢代にこれを求むるの妥当なるべきを信ぜられているのであるから、細線鋸歯文鏡自身の年代も、少なくとも前漢代を下るものでないと考えられているし、かつ型式が全く漢式鏡と異なるところがあるので、或いはこれを先秦の鏡となし、または漢式鏡を離れて、独自に作られたものであるとなす説もあって、学界の注意を大いに惹いた。
〇明治25年（1892）2月11日に周防国（山口県）玖珂郡柳井村（現、柳井市）字水口代田八幡宮所有地向山で発掘された古鏡4面の中、径1尺4寸8分（44.844cm）のものもあって、古墳発掘鏡の最も大きいものとしての記録を示したのは、注意すべき事実であった。
　以上の後藤守一氏の漢式鏡発見史もまた今日でも失われていない研究視角を示している。すなわち我が国における古鏡発掘史は前近代、近世に遡る歴史を有し、特に北九州においては18世紀の天明年中に始まるとするが、その発掘発見地点が筑前国（福岡県）糸島郡怡土村（現、糸島市）、弥生時代の伊都国であり、それは同時期の天明4年（1784）2月23日に隣地（弥生時代の奴国）の福岡志賀島から発見された「漢委奴国王（かんのわのなこくのおう）」金印とも関係したことが十分に推測できる。金印が発見当時、福岡藩儒の亀井南冥や皆川淇園や聖福寺禅僧仙厓義梵らによって考査され、後れて青柳種信らが記録に認めている。少なくとも青柳種信は奴国の金印と伊都国の鏡は実際に実見していたのである。そして金印が江戸をはじめとして全国に知られ、その真偽をめぐって議論がおこるのは天保7年（1836）松浦道輔であるのも、筑前国のみならず信濃国など日本各地の古鏡発掘が相

継いだことに関係するもので、早期考古学ブームが起こったと思われるのである。この近世から近代への考古学の伝統こそ、明治以降にあって、考古学が帝国大学の講座教室学問としてではなく、医学者や理学系人類学者、文献歴史学者の余業として多く担われたという日本考古学の黎明を物語ることがらになろう。

次に後藤守一氏とこれに多大な影響を与えた高橋健自氏らの漢式鏡研究の本題に入ろう。三点に集約される。その一は本邦発掘鏡の型式分類と出土事例の整理、第二に本邦内地に於ける漢式鏡発掘地々名表作成、そして第三には各鏡の個別的特徴の指摘を主とした鏡の解説である。これらはその後の古鏡研究の基本的方法の一となっている。

第一の本邦発掘鏡の型式分類と代表的出土事例の挙例[7]からみよう。型式分類はまず内区に文様あるか、なきかを区別し、文様ない鏡を一、素文鏡（A）とし、文様ある鏡をBとする。Bはさらに文様の形態によって、二以下の5類、21種に分ける。各出土事例を合わせて示そう。地名の旧国名には現在の都道府県名をカッコに入れる。

第二節　古鏡・漢式鏡の型式分類とその年代推定等

一、素文鏡……文様ない鏡、早期の鏡、　発掘事例（以下同、略）　　○大和国（奈良県）磯城郡三輪町（現、桜井市）大字馬場字山の神　○甲斐国（山梨県）東八代郡豊富村（中央市）浅蜊組　○美濃国（岐阜県）不破郡宮代村（各務原市）字西野　○上野国（群馬県）碓氷郡八幡村（高崎市）大字若田字大塚　○播磨国（兵庫県）神崎郡香呂村（姫路市）大字香呂字柏尾

二、細線鋸歯紋鏡……初期文様鏡　　○大和国（奈良県）南葛城郡吐田郷村（御所市）大字名柄字田中　○長門国（山口県）豊浦郡安岡村（下関市）大字富任字梶栗ノ浜　▽朝鮮・韓国慶尚北道慶州郡外東面入室里［藤田亮策・梅原末治］　▽ロシア国・西シベリア沿海州シュコトワ附近［鳥居龍蔵］

内行鋸歯文の問題、日本鏡の独自な文様［高橋健自］，中国鏡の事例あり［梅原末治］。ただし、細線鋸歯紋鏡については先秦時代に遡る漢式鏡とする喜田貞吉氏の所説がある[8]。氏によれば、漢式鏡は既に頗る発達の域に達したもので、突然かかるものの出現を想像し難い。また今日、先秦時代の鏡の遺物がないとしても、それは副葬品にないからであろう。厚葬の風は漢代以後のことであり、我が国でも後漢代より遡っては、鏡鑑副葬の事実がなかったであろう。かの鈕の2個なり3個あるは、漢鏡が背文のため不便を忍んで、中央に一鈕をつけたので、古くはかく単に地文だけの本鏡の如きには、このような顧慮を払う必要がなかった。

この内行鋸歯紋鏡を中国鏡とする見解に対して、高橋先生は、日本鋳造説を採られ、鋸歯紋が銅鐸のものとその式を同じうせるものあり、銅色また長門のものは銅鐸に類するものあり、しかも内行鋸歯紋鏡と多鈕なる二大特色を示せるに見て、日本鋳造説を採るべきを主張し、年代については後日をまつべしとこれを保留した[9]。

三、雷文鏡……初期文様鏡、前漢鏡　　○筑前国（福岡県）糸島郡怡土村（現、糸島市）大字
　　三雲

　型式は既に四乳を有しこれに四葉文に似たる座を有すことから、絶対年代は、前漢代中期以降に比定した。

四、夔鳳鏡……初期文様鏡、前漢鏡　　先行研究の富岡謙蔵「支那古鏡図説」『国華』27巻7・8・11・12号、中山平次郎「古式支那鏡鑑沿革」『考古学雑誌』9ノ5、参照。型式は二大別、一は単夔式、二は双夔式。その多くは鈕を繞る四葉形著しく発達して、葉尖縁に達せんとして、内区を四等分している。しかしてその区画された内区には夔鳳各一を配して居る。その外にある内行花文帯は各区三花、十二花文をなし、素縁に終わっている。鈕区には「君宜長官」と隷書銘がある。他には「長宜子孫」。年代は前漢から後漢代に及ぶ。

　　○山城国（京都府）綴喜郡有智郷村（八幡市）大字美濃山王塚　○摂津国（兵庫県）武庫郡本山村（神戸市）大字岡字マンパイ・ヘボソ塚　○伯耆国（鳥取県）東伯郡社村（倉吉市）国府　○筑前国（福岡県）筑紫郡春日村（春日市）大字須玖字岡本

五、内行花文鏡　【型式分類】……Ⅰ〜Ⅵ

Ⅰ　内行花文清白鏡……○大和国（奈良県）生駒郡西京（奈良市）附近　○讃岐国（香川県）香川郡弦打村（高松市）大字鶴市字御殿山　○筑前国（福岡県）筑紫郡春日村（春日市）大字須玖字岡本　○筑前国（福岡県）糸島郡怡土村（糸島市）大字三雲

　対生珠文座鈕、または四葉座鈕を有し、縁に接してゴシック字体の銘文帯を繞し、その間に内行花文帯を有するのを、本型式鏡の特色とする。富岡謙蔵氏は「銘文、"日有熹、月有富、楽母事、常得意、美人会、竿瑟侍、商市程、万物平、老復丁、復生寧"とあり、異体文字にて銭坫はこの文中の「老復丁」とあるのに注目し、『漢史游』の急就章中に"長栄無極老復丁"の語あればこの種の鏡は漢代の作なりとせり」という[10]。大和国西京附近発見内行花文精白鏡には、一字毎に「而」字を加えた「絜而精而白而君而事云々」とある。

Ⅱ　内行花文明光鏡……○対馬国（長崎県）上県郡峰村（対馬市）字櫛八阪神社旧蔵。後藤守一「対馬瞥見録」『考古学雑誌』13ノ3、参照。高橋健自「銅鉾銅剣考」『考古学雑誌』13ノ4、参照。

　高橋健自氏は「破損またしたがって鮮明を欠き、銘文読み難いと雖も、『明而光』の句微に読み得、『西清古鑑』所載漢明光鑑三と同式なり、されば予はこれを内行花文明光鏡と呼べり」として、別に内行花文明光鏡を定めた。

　背文の構成は、大体前者と相似て、鈕座は対生珠文座鈕か、または四葉文座鈕で、その外に内行花文帯あり、更にその外に銘帯があって、素縁に終わっているが、銘文は前者と異なり、隷書体となっている。

Ⅲ　内行花文日光鏡……○備前国（岡山県）邑久郡邑久村（瀬戸内市）大字山手字亀ヶ原　○筑

　　　　　　前国（福岡県）筑紫郡春日村（春日市）大字須玖字岡本聚落の北

　背文の構成は、また大体前者と相似たものであるが、多く円座鈕または素円鈕となり、内行花文帯は著しく萎縮して鈕座を繞るに過ぎず、これに反して銘帯が幅広きを占めて、内区の主文となっている。銘文は同じくゴシック字体であるが、精白鏡のときとは趣を異にするものあり、かつ１字毎に一ツ巴状に似た渦文を置いたもので、銘文は「見日之光、長相母忘」と訓まれる。多く小形鏡である。

Ⅳ　蝙蝠形四葉文座鈕内行花文鏡……〇美濃国（岐阜県）可児郡広見村（可児市）大字伊香　〇出雲国（島根県）八束郡大庭村（松江市）大字有　〇讃岐国（香川県）香川郡弦打村（高松市）大字鶴市字御殿山

　鈕座の様式に特徴を有し、四葉文の発達せるものを推定し得べし。蝙蝠形文が円座鈕から四出して、内区文様の重要分子となっている。また「四葉文座鈕内行花文鏡」の別称あり。また、上例はいずれも仿製鏡とも認められる。

Ⅴ　四葉文座鈕内行花文鏡……〇山城国（京都府）綴喜郡八幡町（八幡市）大字志水　〇山城国（京都府）綴喜郡有智郷村（八幡市）大字美濃山　〇山城国（京都府）南部　〇大和国（奈良県）磯城郡柳本村（天理市）字大塚　〇大和国（奈良県）山辺郡　〇大和国（奈良県）北葛城郡馬見村（広陵町）大字大塚　〇摂津国（兵庫県）神戸市得能山　〇伊勢国（三重県）飯南郡神戸村（松阪市）附近　〇近江国（滋賀県）高島郡水尾村（高島市）大字鴨　〇播磨国（兵庫県）揖保郡香嶋村（たつの市）大字吉島　〇周防国（山口県）玖珂郡柳井町（柳井市）字水口　〇讃岐国（香川県）善通寺市練兵場西北隅　〇豊前国（福岡県）田川郡伊田村（現、田川市）大字伊加利

　中国に発見されるものの多くが如く、また本邦に於いても、往々にしてその発掘を伝える。朝鮮に於いては、楽浪郡の遺跡たる平壌市大同江面から、既に数10面の発見を公にしている。四葉座鈕を繞って素文帯あり。八花の内行花文帯、内区の主文となり、次に櫛歯文帯に挟まれた有節重線文帯が重線三角形を打違いにして、渦文を節として連ねた帯文があって、幅広き素縁に終わっている。銘文は多く二重となり、鈕の葉間と内行花文帯の花文の間にある。多く大形鏡であることは注意すべきである。

　楽浪の遺跡に於いて発見せらるるものの殆どすべては中国鏡であるが、内地発見のものには、本邦仿製鏡もある。内行花文帯の外を繞る帯文は重線三角形を打違いにおいたものの方が、古式であり、漸次簡単にされたものが、遂に平行直線を重ねたものとなったのであろう。

　本邦第二の大鏡とされている大和国（奈良県）磯城郡柳本村（現、天理市）字大塚発掘鏡は、既に注意せられた如く、本邦仿製鏡とせらるべきもので、銘文は渦文と改められている[11]。

Ⅵ　円座鈕式内行花文鏡……

　前５型式に見た鈕座は全く失われて、素円鈕または円座鈕となり、花文の数も、必ずし

も八の数を守らず、或いは七、或いは六、或いは五、四と減じ、また九、十一と増したものもあり、多く小形となり、かつ銘文を全く欠如している。これが本型式の特徴である。今、花文の数で７目に細分する。

①内行八花文鏡……○大和国（奈良県）生駒郡都跡村（奈良市）大字佐紀　○大和国（奈良県）磯城郡城島村（桜井市）大字外山字宮谷　○大和国（奈良県）北葛城郡河合村（河合町）佐味田　○信濃国（長野県）下伊那郡龍丘村（飯田市）　○信濃国（長野県）下伊那郡山本村（飯田市）山本金掘塚　○上野国（群馬県）群馬郡大類村（高崎市）大字芝崎　○越中国（富山県）氷見郡太田村（高岡市）太田

　本型式のものは、日本仿製の内行花文鏡として数えらるべきものが多いと共に、未だ母型たる中国鏡よりさまで甚しく変形せぬものが数あることを注意すべきであろう。

②内行七花文鏡……○山城国（京都府）南部　○上野国（群馬県）多野郡藤岡町（藤岡市）大字小林

　極めて稀であるが、そのすべては日本鋳造鏡である。

③内行六花文鏡……○山城国（京都府）綴喜郡有智郷村（八幡市）大字美濃山　○大和国（奈良県）生駒郡都跡村（奈良市）大字佐紀　○大和国（奈良県）北葛城郡馬見村（広陵町）大字大塚　○摂津国（大阪府）三島郡磐手村（高槻市）大字別所　○伊賀国（三重県）阿山郡府中村（伊賀市）大字千歳　○伊勢国（三重県）一志郡豊地村（松阪市）大字下之庄　○甲斐国（山梨県）西八代郡大塚村（市川三郷町）大字上野原　○美濃国（岐阜県）可児郡広見村（可児市）大字伊香　○美濃国（郡村字未詳）　○信濃国（長野県）下伊那郡三穂村（飯田市）新道平　○信濃国（長野県）下伊那郡龍江村（飯田市）今田宮の平第一古墳　○信濃国（長野県）更級郡石川村（長野市）川柳将軍塚古墳　○信濃国（長野県）更級郡（村名未詳）　○上野国（群馬県）新田郡鳥之郷村（太田市）字新野　○上野国（群馬県）群馬郡大類村（高崎市）大字芝崎　○上野国（群馬県）群馬郡佐野村（高崎市）大字下佐野　○下野国（栃木県）足利市大字助戸　○播磨国（兵庫県）宍栗郡神野村（加古川市）大字五十波　○備前国（岡山県）邑久郡邑久村（総社市）大字山手　○肥後国（熊本県）八代郡龍峯村（現、八代市）大字岡谷川

　内行仿製花文鏡には最も多い型式らしい。下野国（栃木県）足利市大字助戸発掘鏡は未だ原形の俤を甚しく失わざるもの、内行花文間に唐草文変形して存し、有節重線文帯もまた残存しているが、半円方形帯の方形と珠文の交互におかれたが如き変形文現われ、既に変化の道程へ入ったものであることが推知し得られる。

④内行五花文鏡……極めて数が少ない。

　　○下野国（栃木県）足利市大字助戸　○伯耆国（鳥取県）東伯郡灘手村（倉吉市）大字上神　○周防国（山口県）吉敷郡下宇野令村（山口市）大字朝妻　○豊後国（大分県）中津郡（村名未詳）

　下野国（栃木県）足利市大字助戸発掘鏡は、比較的大形なるがためか、文様もやや複雑

であるが、他のものは小形鏡であり、したがって文様も簡単である。
⑤内行四花文鏡……更に稀なるものであろう。

　　　　○大和国（奈良県）北葛城郡河合村（河合町）大字佐味田　○上野国（群馬県）群馬郡上郊
　　　　村（高崎市）大字保渡田

　大和国（奈良県）北葛城郡河合村（現、河合町）大字佐味田発掘鏡は、内外区の区別明らか、多くの帯文あり、花文が重文であることは他に類例をみない。上野国（群馬県）群馬郡上郊村（現、高崎市）大字保渡田発掘鏡は、また文様に変化があり、四花文内の草文は変形様式、縁に接して外行鋸歯文複線波文帯で前者に似ている。

⑥内行九花文鏡……これまた極めて稀なる様式である。

　　　　○大和国（奈良県）北葛城郡河合村（河合町）大字佐味田　○上野国（群馬県）碓氷郡八幡
　　　　村（高崎市）大字剣崎

　大和国（奈良県）佐味田発掘鏡は、大形鏡で素文・珠文・素文・櫛歯文の各帯が順序鈕を繞り、小円乳帯また重匝し、他に見ない型式である。上野国（群馬県）剣崎発掘鏡は、鈕座と内行花文との間に複雑なる変形文がある。

⑦内行十一花文鏡……変形様式である。わずかに1例のみ。

　　　　○和泉国（大阪府）泉北郡東陶器村（堺市）

　既述のように円座鈕式内行花文鏡の殆どすべて本邦鏡作部の鋳作にかかるものである。八花文鏡は原型に最も近きものであり、六花文鏡はこれを六等分しやすい手法上の関係もあるが、数も多く、かつ平凡な作も最も多い。これに反して四花文・九花文の如きは、数少ないと共に様式に面白いもののあることは、注意すべき事実である。工人の興味は、平凡なものには興奮もできなかったであろう、ただ変形様式にのみ、力を注いだのである。

六、重圏文鏡

　漢式鏡のほとんどすべては重圏文鏡の一種である。ことに後漢代から六朝代へかけてのすべての鏡は重圏文鏡の一種であるというてよい。本邦発掘鏡中、重圏文鏡と称すべきものは東京帝室博物館蔵品では2点がある。

　　　　○伊勢国（三重県）一志郡豊地村（松阪市）大字下之庄字向山　○筑前国（福岡県）糟屋郡
　　　　仲原村（粕屋町）大字仲原字鬼首その他、7面　○筑前国（福岡県）糸島郡怡土村（糸島市）
　　　　大字三雲、3面　○同国筑紫郡春日村（春日市）大字須玖字岡本、4面

　この種の鏡は、中国本土に往々発見せられるとみえ、近時、内地に舶載せられたものかなりあり[12]、『西清続鑑』その他の図録に採られたものもある。今、これらを合わせてみると、重圏文鏡も型式上、二型式になる。

　第1型式‥単に円圏を重ねたのみで、全く素文のもの。これを「重圏素文鏡」と名付ける。

　　　　○筑前国（福岡県）糸島郡怡土村（糸島市）大字三雲、3面　○筑前国（福岡県）筑紫郡春
　　　　日村（春日市）大字須玖字岡本、4面

第２型式‥共に一重または二重の銘文が全体となっていて、銘文により三種に細分される。

　①重圏文精白鏡、小篆を以て書かれ、銘文に「精白」がある。
　②重圏文清白鏡、ゴチック字体よりなり、銘文に「清白」がある。
　③重圏文日光鏡、小篆を以て書かれ、銘文に「見日之光」がある。

富岡謙蔵氏は前漢式鏡とした[13]。

七、ＴＬＶ式鏡

　本型式鏡は、内区外区の区別明らかとなり、鈕を続って方形格あり、それよりＴ字形四出し、これに対してＬ字形出で、かつ方形格の四隅に向かって、銘帯よりＶ字形配せられ、これによって区画された８区内に四霊（四神、青龍・白虎・朱雀・玄武）形がおかれる。外区には、内区と趣を異にする帯文を続らしているを典型的なものとする。

　かくして四霊（四神）文が主文として配せられているので、四神鏡の名も不適当ではないが、しかし単に蕨手文のみのものもあり、かつ本邦発掘鏡には、四神あるものは全く変形され、かつ失われているものも少なくないので、本邦に於いてやや事新らしげに見えるが、比較的どの型式のものにも見える特徴を採ってＴＬＶ式鏡と命名したのである。ただ、これを四霊文ＴＬＶ式鏡と蕨手文ＴＬＶ式鏡に二分し、さらに４型式とする。

　Ⅰ、四霊文方格ＴＬＶ式鏡　Ⅱ、四霊文重圏ＴＬＶ式鏡　Ⅲ、蕨手文方格ＴＬＶ式鏡　Ⅳ、蕨手文重圏ＴＬＶ式鏡

Ⅰ、四霊文方格ＴＬＶ式鏡

　内外区は高さを別にして分けられ、四葉座鈕を囲んで方形格あり、これよりＴ字形四出し、Ｌ字形相対い、隅にＶ字形がおかれ、かくして分かたれた内区には四霊三瑞文等が、細線を以て表わされている。銘帯には次の銘がある。

【銘】　王氏作竟真大好、上有山人不知老、渇飲玉泉飢食棗、浮遊天下敖四□、□□保。
　　　（１例）

外区には外行鋸歯文帯に挟まれた複線波文帯がある。ただし外区は一定しない。

　本型式のものは、銘帯を内区外区の間に有するを普通とするが、稀には方形格に銘文を続しているものもある。またこの両型式を併有して、銘帯を二重に有すものもある。その場合、内銘帯には多く十二支名が記されている。

　本型式鏡が本邦において模鋳せられたものは、多く変形している。四霊が殆ど原形を察知し難い様式に現わされ、小蕨手文が盛んに埋草文として用いられている。大和国（奈良県）新山古墳発掘鏡は、大形鏡であり、文様もよく整備しているが、高橋健自氏の注意せられた[14]ごとく、文様表現が中国鏡と逆になっている。すなわち方形格の十二支は、中に文様の如くに変形したものもあるが、大体逆に左廻りに「子丑寅卯辰巳午未申酉戌亥」とある。内区の内行花文座乳は、中国鏡のが多く八花文をしているのに対し、本邦鏡は六花文をなしているし、四霊文も原形の推知に苦しむ程度に変形している。銘帯にある銘文

は、所謂擬銘帯と称せられるもので、果たして文字であるか否か、今日においては確かめ難いが、中国文字でないことは確かである。ＴＬＶ文字の中、Ｌ字が中国鏡のと反対の向きになっているのも、これを中国鏡となすべからざる点である。しかして内区に接して半円方形帯あるは、本型式の中国鏡に見ないところで、恐らくは本邦において半円方形帯ある神獣鏡の用いられた三国代前後の所鋳たることを象わすものであるまいか。大和国（奈良県）新山古墳発掘鏡は、外区に流雲文あり、内区文様も甚しく変形していないが、乳座の内行花文は五花文となり、Ｌ字は同じく逆になっている。

本邦発掘鏡で中国舶載鏡と目される四霊文方格ＴＬＶ式鏡

　　○伊勢国（三重県）多気郡斎宮村（明和町）附近　○信濃国（長野県）更級郡川柳村（長野市）将軍塚　○上野国（群馬県）新田郡澤野村（太田市）大字牛澤大塚山　○筑前国（福岡県）糸島郡怡土村（糸島市）大字井原、５面　○肥前国東松浦郡鏡村（唐津市）大字鏡字今屋敷

変形文のもの、すなわち仿製四霊文方格ＴＬＶ式鏡

　　○山城国（京都府）葛野郡川岡村（京都市）町岡小字百ヶ池　○山城国（京都府）乙訓郡向日町（向日市）大字物妻女小字恵美須山　○山城国（京都府）綴喜郡八幡町（八幡市）大字八幡小字大芝西車塚　○山城国（京都府）綴喜郡有智郷村（八幡市）大字美濃山王塚　○山城国（京都府）相楽郡棚倉村（木津川市）大字平尾小字城山　○大和国（奈良県）北葛城郡河合村（河合町）大字佐味田字貝吹山宝塚　○大和国（奈良県）北葛城郡馬見村（広陵町）大字大塚字新山　○大和国（郡村名未詳）　○常陸国（茨城県）稲敷郡安中村（美浦村）大字大塚弁天社　○美濃国（岐阜県）加茂郡加茂村（美濃加茂市）大字鷹巣字大塚

Ⅱ、四霊文重圏ＴＬＶ式鏡

　極めて稀に見る様式、方格式の変形したもの、これが獣帯鏡の先容をなすもの。彼の始建国元年鏡はやや異型式ではあるが、大体においてこの型式のものとすることができる。

Ⅲ、蕨手文方格ＴＬＶ式鏡

　四葉文式の略式と見ることもできる。多く小形鏡であり、内区に自由に四霊その他の文様を表わすことができないので、略されて蕨手文のみとなった。ＴＬＶ文字も略され、Ｔ字のみのものもある。筑前国（福岡県）筑紫郡春日村（春日市）大字須玖字岡本発見鏡は、富岡謙蔵氏によれば本邦仿製鏡である。

　　○伊賀国（三重県）阿山郡府中村（伊賀市）大字千歳字野添　○遠江国（静岡県）榛原郡初倉村（島田市）大字阪本字高根森東　○美濃国（岐阜県、郡村名未詳）　○能登国（石川県）鹿島郡瀧尾村（中能登町）大字水白俗称鍋塚山　○播磨国（兵庫県）多可郡黒田庄村（西脇市）大字喜多字天神前　○阿波国（徳島県）名東郡上八万村（徳島市）大字上八万巽山　○讃岐国（香川県、郡村名未詳）　○筑前国（福岡県）筑紫郡春日村（春日市）大字須玖字岡本聚落北　○筑前国（福岡県）早良郡西新町（福岡市）大字麁原字藤崎　○肥後国（熊本県）菊池郡豊水村（玉名市）大字豊水字久米　○肥後国（熊本県）飽託郡健軍村（熊本市）大字健宮字陣ノ内　○日向国（宮崎県）宮崎郡住吉村（宮崎市）

【ＴＬＶ式鏡の起源】　中山平次郎氏[15]は草文鏡（葉文鏡）より変化、高橋健自氏[16]はこれに賛成した。ＴＬＶ式鏡の年代については、

　　　　始建国元年（王莽代、紀元９年）鏡の存在があり、銘文中に、

【銘】　新興辟雍建明堂　然于挙土列侯王　将軍令尹民所行　諸生万舎在北方　楽中央。
王莽代式鏡たることを推知し得るものがある。他の銘文には、

【銘】　亲有善同出丹錫、和以銀陽請且明。

「亲」は新であり、同じく王莽代式鏡たることを知ることができる。さらに、四霊文も整い、外区の唐草文雄偉に、銘文もまた清晰縦横の書法を以て、

【銘】　新有善銅出丹陽、和以銀錫清且明、左龍右虎掌二三彭、朱爵玄武順陰陽。

とある。さらに複雑な文様のものには、松浦武四郎氏旧蔵のもの、畿内発見とも思惟せられ、縁に流雲文あり、

【銘】　新有善同出丹羊、和以銀錫清且明、左龍右虎主四彭、八子孫治中央。

とあって、同じく王莽代式鏡とせらるるものである。ただし、次のものがある。

【銘】　漢有名銅出丹陽、和以銀錫清且明、左龍右虎主四彭、朱爵玄武順陰陽、八子孫治中央。

と銘文がある。富岡謙蔵氏は銘文及び手法より見て、この鏡の作成年代は後漢の中期を降らないという。

八、葉文鏡

　方形格と内行花文の縁との間に、方形格の四辺より麦穂状文（葉文）が円座乳を挟んで並び立ち、方形格の隅に双葉文がある。方形格は、かの漢代の甄の如き文様をなし、獣鈕を中心として居る。

　　　　○筑前国（福岡県）筑紫郡春日村（春日市）大字須玖字岡本聚落北

　筑前国（福岡県）筑紫郡春日村（春日市）大字須玖字岡本発掘鏡は、内区の麦穂状文に挟まれた乳は四葉文座となり、これが変形文としては、一面ＴＬＶ式鏡との関係を示すと共に、他面蟠蚘文鏡との関係を想像せしむる。

　本型式鏡の多くが前漢代式鏡であることはすでに、中山平次郎[17]・富岡謙蔵[18]氏が論じている。ただ、本邦発掘鏡は須玖岡本発掘鏡のみである。

九、双葉文鏡

　匙面をなせる素円帯重圏し、四葉座乳四方にあり、その間に双葉文立ち、内行花文の縁に近く接して居る。本型式鏡も前漢代に比定せらるべきであり、あるいは本型式鏡をもって葉文鏡の変形様式と見ることもできる。本邦発掘鏡はわずかに須玖岡本発掘鏡のみである。

　　　　○筑前国（福岡県）筑紫郡春日村（春日市）大字須玖字岡本聚落北

一〇、神獣鏡

　神獣鏡は本邦において発掘されること最も多い漢式鏡で、形式上の変化に富む。まず、

これを二大別し、その一は、縁の断面が三角形または三角形に近いもの（三角縁系）、その二は縁が平面をなすもの（平縁系）とする。

内区文様の配置の手法を通じて見ると、鈕を中心として、放射線状におかれたものと、内区全面を一区として、階段式に配したものとに二大別できる。後者は文様が天宮を象ったものと解すべきものである。

三角縁神獣鏡の外区は通じて一様というべく、複線波文帯を挟んで外行鋸歯文帯ある様式である。しかし、内区に至っては、文様の配置に放射線式あり、階段式あり、かつ神獣の配置にも、四神四獣あり、三神三獣あり、二神二獣あって一様ではない。殊に階段式のものに至っては、神獣の数が多くなって平衡的配置を全く脱している。しかして放射線式においても、銘帯に銘文を続らせるもの、複線波文帯を有するもの等がある。これらを考えに入れて、三角縁神獣鏡を次の11の型式に分かつことができる。

　　Ⅰ、有銘文帯四神四獣鏡　Ⅱ、獣文帯四神四獣鏡　Ⅲ、唐草文帯四神四獣鏡　Ⅳ、波文帯四神四獣鏡　Ⅴ、有銘文帯二神二獣鏡　Ⅵ、獣文帯二神二獣鏡　Ⅶ、唐草文帯二神二獣鏡　Ⅷ、獣文帯三神三獣鏡　Ⅸ、波文帯三神三獣鏡　Ⅹ、獣帯式三神三獣鏡　Ⅺ、階段式三角縁神獣鏡

平縁式のものは、多く外区に走禽飛龍を表わしているものが多い。これも、三角縁神獣鏡を基準とすれば、

　　Ⅻ、半円方格帯四神四獣鏡　　ⅩⅢ、半円方格帯階段式神獣鏡

に分ける。なお、この外に、いわゆる銘帯を欠き、銘文は外区に配せられているものがある。これを、

　　ⅩⅣ、（建安鏡）階段式神獣鏡

【A】三角縁神獣鏡型式分類

Ⅰ、三角縁神獣鏡・有銘文帯四神四獣鏡

A．大形鏡で径7寸（21.2cm）以上、背文は整斉の趣著しく、すなわち内区を四区に等分し、捩形座乳を以て各々を限り、笠松様のものをその乳座の上に配している。しかして、その笠松様のものを挟んで各二神二獣が相並んでいる。共に銘文に「銅出徐州、師出洛陽」、あるいはその略句かと思われる「銅出徐州」の句がある。

　　〇山城国（京都府）乙訓郡向日町（向日市）大字日向字丸山　〇大和国（奈良県）北葛城郡河合村（河合町）大字佐味田、2面　〇河内国（大阪府）南河内郡国分村（柏原市）大字国分　〇近江国（滋賀県）栗太郡瀬田村（大津市）大字南大萱　〇美濃国（岐阜県）山県郡厳美村（岐阜市）大字太郎丸　〇但馬国（兵庫県）出石郡神美村（豊岡市）大字森尾古墳

B．その様式必ずしも一様ではないが、大体において前種に似る。捩形座乳を挟んで神獣像各相対しているが、細部において、前者のごとき整斉平衡はこれを欠いている。すなわち笠松様のものは、4ヵ所に整うものもあるが、3ヵ所、2ヵ所に止まるものもあり、かつ前種に於いては各々整える四段の笠様をなせるに対して、これは三段のものもあり、

しかも手法は萎縮しているが如きはその著しきものである。

　　○遠江国（静岡県）小笠郡平田村（菊川市）大字上平川　○近江国（滋賀県）野洲郡祇王村（野洲市）大字富波、２面　○上野国（群馬県）多野郡美九里村（藤岡市）大字三本木、２面　○上野国（群馬県）新田郡澤野村（太田市）大字牛澤字頼母子　○播磨国（兵庫県）印南郡北浜村（高砂市）大字牛谷字神山　○播磨国（兵庫県）揖保郡香嶋村（たつの市）大字吉島

Ⅱ、三角縁神獣鏡・獣文帯式四神四獣鏡

　大和新山古墳発掘鏡の図様を典型的のものとする。獣文を交互に配して図様に変化を生ぜしめ、銘帯は８個の小方形格を置いてこれを等しき間隔に分かち、各々「天王」の銘句をその中に配し、方形格相互の間には、疾駆せる動物形を横たえている。神像の羽翼が、かの建安鏡式の像のそれの様式に似ているのは注意に値いする。獣形は「巨」（さしがね。Ｌ字形定規）を銜（ふく）み、笠松様のものは２ヵ所にあって相対している。この種類に属すべき本邦発掘鏡は数が甚だ少ない。

　　○大和国（奈良県）北葛城郡馬見村（広陵町）大字大塚字新山　○摂津国（兵庫県）武庫郡住吉村（神戸市）大字住吉求女塚　○伯耆国（鳥取県）東伯郡（町村名未詳）　○豊前国（大分県）宇佐郡宇佐町（宇佐市）赤塚古墳発見神獣鏡

　豊前赤塚古墳の神獣鏡は獣帯に獣文帯なく、これを別型式と見るべきであるが、或いは本型式の変形様式と見るのも便宜と思うので、ここに収めるという。

Ⅲ、三角縁神獣鏡・唐草文帯四神四獣鏡

　獣帯の方形格を四分し「天王日月」の銘句を６所においたのは前の獣文帯に似ているが、動物文なく、Ｓ字様を文様の要素とした唐草文帯となる。神獣の配置はⅠに似て居り、獣は「巨」を銜んでいるが、笠松様のものは１ヵ所にあるのみ、しかも手法著しく萎縮している。山城国（京都府）平川字車塚出土鏡は文様にやや異なるものがある。

　　○山城国（京都府）久世郡久津川村（城陽市）大字平川字車塚　○大和国（奈良県）北葛城郡河合村（河合町）大字佐味田字貝吹山宝塚　○河内国（大阪府）北河内郡枚方町（枚方市）大字枚方字万年山　○摂津国（兵庫県）武庫郡本山村（神戸市）大字岡本字マンパイ・ヘボソ塚　○摂津国（兵庫県）武庫郡住吉村（神戸市）大字住吉求女塚　○美濃国（岐阜県）山県郡厳美村（岐阜市）大字太郎丸　○播磨国（兵庫県）揖保郡香嶋村（たつの市）大字吉島

　大和国（奈良県）佐味田発掘鏡、摂津国（兵庫県）マンパイ・ヘボソ塚発掘鏡、及び播磨国（兵庫県）吉島発掘鏡は径等しくかつ図様が全く相重なり鋳型の等しきものと考えられる。河内国（大阪府）万年山発掘鏡は、Ｓ字唐草文帯の文様の要素が本型式のものと認めるが、神獣を交互に配したのにやや趣を異にしたのを見る。

Ⅳ、三角縁神獣鏡・波文帯四神四獣鏡

　変形様式であるかも知れないが、仮にこれを一形式とする。銘文帯が複線波文帯となっているに特徴を有す。波文帯三神三獣鏡に往々見るが如く、博山炉か蓬莱山かと思われる図形がある。本邦発掘鏡は次の１例のみ。

18　第一部　日本における三角縁神獣鏡研究史の問題点

　　○摂津国（兵庫県）武庫郡精道村（芦屋市）大字打出打出親王御墓附近

Ⅴ、三角縁神獣鏡・有銘文帯二神二獣鏡

　大和国（奈良県）佐味田宝塚発掘神獣鏡は内区四区に分かれ、獣形（龍虎）区相対しこれに直交して神獣区が置かれている。しかして神獣区においては、中央の像大形に左右のがやや小形なのは、獣形区の龍虎と見えるのと相対し、画象鏡中、神人龍虎鏡というべきものと趣を等しくしている。しかしてその銘文に、

【銘】　陳氏作竟甚大好、上有□□□、文章口衛巨、古有聖人、東王公・西王母、渇飲玉泉。

　とあって、中央の神像が東王公・西王母らしく思惟せらるるを見て、本鏡を神人龍虎鏡と連絡ありとすることは差し支えなかろう。ただ、三角縁なるを差違の著しきものとすべきである。したがって、神像は各三躯を表にしているが、主神を数えてもって二神二獣鏡とする。

　河内国（大阪府）向井山発掘神獣鏡は、獣形各一が相対して置かれ、その表現は三角縁神獣鏡のと似ている。神像は各二躯で各一神が主神らしくなり、前者と趣の似たものがあり、これを連ねて二神二獣鏡とする。前掲の大和国新山古墳発掘神獣鏡は、獣形も各二躯となり四神四獣鏡と呼ぶべきであるが、神像には各々「東王公」・「西王母」の銘があり、各一躯が各主神らしく見え、これを東王公・西王母を象わせるものとすべく、帯銘文にいう。

【銘】　吾作明竟甚大好、上有□□及龍虎、身有文章口衛巨、古有聖人、東王公・西王母、渇飲玉泉、五男二女。

　とあるのに対応する。しかしてこれが東王公・西王母及び龍虎が主となる神人龍虎鏡を認めることができる。

　以上からこの新山古墳発掘神獣鏡も、これを根本型式に還元すれば、前二鏡と同じく二神二獣鏡となる。なお、新山古墳発掘三角縁神獣鏡はさらに別の一種があり、龍虎は全くその表現を異にし、神像は各一躯あるのみで、名実ともに二神二獣鏡である。山城国（京都府）東車塚発掘鏡はこれと同型式である。

　以上の四様式とさらに趣を異にしているが、その表現の相似た一型式群がある。大和国佐味田古墳発掘神獣鏡は二神相並んではいるが、一は主神らしく表わされている。獣形も龍虎であることは直に認められる。この種の鏡は、外区が或いは平面、或いは浅い匙面を作って三角縁に終わるかの断面を示し、銘文は次の通りである。

【銘】　吾作明竟、幽凍三商、衆徳玄道、配像万彊、曾年益孫子。

　　○山城国（京都府）綴喜郡八幡町（八幡市）大字志水東車塚　○山城国（京都府）綴喜郡有智郷村（八幡市）大字内里　○山城国（京都府）綴喜郡有智郷村（八幡市）大字美濃山王塚　○大和国（奈良県）生駒郡都跡村（奈良市）大字佐紀字衛門戸　○大和国（奈良県）北葛城郡河合村（河合町）大字佐味田字貝吹山宝塚、3面　○大和国（奈良県）北葛城郡馬見村（広陵町）

大字大塚字新山、2面　○河内国（大阪府）南河内郡小山村（藤井寺市）大字津堂字城山　○河内国（大阪府）南河内郡国分村（柏原市）大字国分字向井山茶臼山　○河内国（大阪府）北河内郡枚方町（枚方市）大字枚方万年山　○摂津国（兵庫県）武庫郡本山村（神戸市）大字岡本字マンパイ・ヘボソ塚　○遠江国（静岡県）磐田郡中泉町（磐田市）農学校南庚申塚　○近江国（滋賀県）野洲郡祇王村（野洲市）大字富波　○信濃国（長野県）下伊奈郡龍丘村（飯田市）大字桐林兼清塚　○周防国（山口県）熊毛郡佐賀村（平生町）大字佐賀字森下　○筑前国（福岡県）早良郡姪浜村（福岡市）字五島山、2面　○筑前国（福岡県、郡村名未詳）　○讃岐国（香川県）大川郡津田町（さぬき市）岩崎山

Ⅵ、三角縁神獣鏡・獣文帯二神二獣鏡

　内区を四区に分かち、これに神像区相対し、獣形区直交しておかれる。神像には侍人のごとき小人物を配し、獣形は各一躯、恐らくは龍虎であろう。銘帯に獣形を配しているので、これを獣文帯二神二獣鏡の名をもって呼ぶ。

　　○山城国（京都府）葛野郡川岡村（京都市）大字岡小字百ヶ池　○大和国（奈良県）北葛城郡河合村（河合町）大字佐味田字貝吹山宝塚、3面　○大和国磯城郡桜井町（桜井市）金崎　○周防国（山口県）都濃郡下松村（下松市）宮洲

Ⅶ、三角縁神獣鏡・唐草文帯二神二獣鏡

　内区を捩形文座乳をもって四等分し、各区に神獣各1、銘帯にS字様唐草文帯を繞らす。神像は前者に似て羽翼を失い、袖に特徴がある。獣は巨を銜い、笠松様のものは1、しかも乳座を離れた萎縮した手法で図様内に混じている。銘帯も前者に似て、方形格四個、形小さく、「日月天王」の銘句を1字ずつ有するのみである。

　　○山城国（京都府）綴喜郡八幡町（八幡市）大字志水西車塚　○大和国（奈良県）北葛城郡河合村（河合町）大字佐味田字貝吹山宝塚　○摂津国（兵庫県）武庫郡本山村（神戸市）大字岡本字マンパイ・ヘボソ塚　○伊賀国（三重県）阿山郡府中村（伊賀市）大字山神　○出雲国（島根県）能義郡荒島村（安来市）大字荒島字大成　○豊前国（大分県）宇佐郡宇佐町（宇佐市）赤塚古墳

　山城八幡町志水西車塚、大和佐味田、摂津マンパイの3鏡は、径等しく図形また相重なり、同鋳型のものと見る。

Ⅷ、三角縁神獣鏡・獣文帯三神三獣鏡

　共に内区を捩形文座乳によって六等分し、その各々に神獣を交互に配した。獣形は巨を銜み、手法は獣文帯式二神二獣鏡のに類し、方形格の銘文もまた「日月」、「日月天王」等の句のあるところは似ている。しかし笠松様のものは見えない。本型式鏡であるが、やや異様式なのは第百二図鏡の大和国（奈良県）北葛城郡馬見村大字大塚字新山古墳鏡であろう。神像の形が、仏像の趣を備えている。「一の蓮座に坐せるもの、他の一の円光背を有し、その左右に半開ける蓮花を置けるなど、決して支那固有の神像に求むべからず。仏教の興隆に伴えるインド芸術の影響もって徴すべきなり。獣形の如きもまた西域文化の影響

を見るべく、その鬣に於いて、はた尾に於いて、そぞろに獅子を想わしむるものあり。内区に次げる外区には、同一の方向に向かって龍の疾駆せる状を表わせり。しかしてこの龍形は晉甎に見るところのそれに類せり」という説[19]もある。山城国（京都府）百ヶ池発掘神獣鏡は、文様の配置がこの鏡に似ている。遠江国（静岡県）と美濃国（岐阜県）から出ている2面の神獣鏡はまたやや趣を異にするものがある。三角縁鏡としては小形であり、獣文帯の手法流暢、朱雀の如きは翼を充分に張っている。2面とも、大きさも図様も全く等しき故、恐らくは同一の鋳型から作られたものであろう。

　　○大和国（奈良県）生駒郡龍田町（斑鳩町）　○大和国（奈良県）北葛城郡河合村（河合町）大字佐味田字貝吹山宝塚　○大和国（奈良県）北葛城郡馬見村（広陵町）大字大塚字新山　○河内国（大阪府）北河内郡枚方村（枚方市）大字枚方万年山　○摂津国（兵庫県）武庫郡住吉村（神戸市）大字住吉求塚　○伊勢国（三重県）一志郡豊地村（松阪市）大字一志字筒野　○遠江国（静岡県）磐田郡岩田村（磐田市）字寺谷　○美濃国（岐阜県）稲葉郡常磐村（岐阜市）大字打越卜城田寺トノ境　○豊前国（大分県）宇佐郡宇佐町（宇佐市）大字高森

Ⅸ、三角縁神獣鏡・波文帯三神三獣鏡

　銘帯の複線波文帯となり、銘文を全く有せず、獣も「巨」を銜まない型式である。

　　○大和国（奈良県）北葛城郡河合村（河合町）大字佐味田字貝吹山宝塚　○大和国（奈良県）北葛城郡河合村（河合町）大字佐味田字貝吹　○大和国（奈良県）北葛城郡馬見村（広陵町）大字大塚字新山　○摂津国（兵庫県）武庫郡打出村（芦屋市）阿保親王御墓附近　○伊勢国（三重県）一志郡豊地村（松阪市）大字一志字筒ノ野　○但馬国（兵庫県）城崎郡城崎町（豊岡市）ノ内今津村字小見塚　○豊後国（大分県）大分市大字三芳字志手

　大和国佐味田発掘鏡は、亀の負う山形の図様あるをもって注意されている。これは蓬莱山または博山炉の類を象ったものと推定した。波文帯神獣鏡にかくの如き図象の往々あることは、四神四獣鏡において見たところであるが、本型式鏡においても、大和新山、伊勢筒野、但馬城崎の各発掘鏡のいずれにもこの図象を認めることができ、これの見られない豊後三芳発掘鏡の如きはむしろ稀である。

Ⅹ、三角縁神獣鏡・獣帯式三神三獣鏡

　神獣形の表現は一種の特徴を帯び、鏡面やや粗である。この種の中で、形のよく整った尾張国（愛知県）出川発掘鏡を見るに、神獣は羽翼を失っているし、獣も「巨」を銜んでいない。銘帯には10個の乳間に天蝎双魚等の獣帯に用いられた図像があって、二十八宿関係の図様が変形されて現わされている。

　　○山城国（京都府）葛野郡川岡村（京都市）大字岡小字百ヶ池　○大和国（奈良県）北葛城郡馬見村（広陵町）大字大塚字新山　○大和国（奈良県、郡村名未詳）、3面　○河内国（大阪府）南河内郡小山村（藤井寺市）大字津堂字城山　○摂津国（大阪府）三島郡阿武野村（高槻市）大字土室字阿武山　○尾張国（愛知県）東春日井郡高蔵寺村（春日井市）大字出川　○駿河国（静岡県）駿東郡金岡村（沼津市）　○甲斐国（山梨県、郡村名未詳）　○近江国（滋賀県）

野洲郡野洲町（野洲市）大字小篠原字大岩山　○信濃国（長野県）下伊奈郡座光寺村（飯田市）第十二号墳　○上野国（群馬県）群馬郡大類村（高崎市）大字芝崎字蟹沢　○丹波国（京都府）氷上郡石生村（丹波市）大字石負　○伯耆国（鳥取県）東伯郡灘手村（倉吉市）大字上神字芝原大将塚　○讃岐国（香川県）香川郡弦打村（高松市）大字鶴市字御殿山　○肥前国（佐賀県）東松浦郡玉島村（唐津市）大字谷口字立中

Ⅺ、三角縁神獣鏡・階段式三角縁神獣鏡

極めて稀な例。恐らく平縁の階段式神獣鏡の影響で現われたもの。銘帯に半円方形帯あり、内区文様の表現も、建武5年（後漢光武帝、紀元29年）在銘鏡などと同趣であるが、未だ三角縁神獣鏡の表現を大いに存している。

○遠江国（静岡県）小笠郡平田村（菊川市）大字上平川字大塚　○上野国（群馬県）群馬郡大類村（高崎市）大字芝崎字蟹沢　○周防国（山口県）都濃郡下松村（下松市）宮洲

◎　平縁神獣鏡

Ⅻ、平縁神獣鏡・半円方格帯四神四獣鏡

8個の環状乳によって等分された内区には、交互に神像獣像が四方より見るべく、即ち放射線式に配せられている。神像は羽翼を有し、雲様のものの上に乗り、獣形は巨を銜み、胴部が変じて環状乳となっている。銘帯は珠文地に半円方格を置き、半円には雲形文、方形格には1字ずつ文字を置いてある。外区には富岡謙蔵氏のいわゆる絵文様、即ち廻鸞走龍の帯文を表わしてある。山城国平川発掘鏡を除いては、多く中国鏡であろう。

○山城国（京都府）葛野郡川岡村（京都市）大字岡小字百ヶ池　○山城国（京都府）綴喜郡八幡町（八幡市）大字八幡小字大芝西車塚　○山城国（京都府）葛野郡松尾村（京都市）大字下山田穀塚　○山城国（京都府）久世郡久津川村（城陽市）大字平川字車塚　○大和国（奈良県）生駒郡都跡村（奈良市）大字佐紀　○大和国（奈良県）磯城郡都村（田原本町）大字八尾六百八十一番地　○大和国（奈良県）北葛城郡馬見村（広陵町）大字大塚字新山　○摂津国（兵庫県）神戸市須磨板宿字得能山　○摂津国（大阪府）豊能郡池田町（池田市）字娯三堂丸山　○摂津国（兵庫県）武庫郡本山村（神戸市）ノ内岡本ヘボソ塚　○越前国（福井県）足羽郡社村（福井市）大字西谷小字三昧谷　○備前国（岡山県）邑久郡邑久村（瀬戸内市）大字山田庄字西郷免　○丹波国（京都府）南桑田郡篠村（亀岡市）三ツ塚　○伯耆国（鳥取県）西伯郡宇田川村（大山町）大字中西尾　○讃岐国（香川県）綾歌郡羽床村（綾川町）大字川向蛇塚　○讃岐国（香川県）仲多度郡白方村（多度津町）　○肥後国（熊本県）玉名郡江田村（和水町）大字江田船山古墳

肥後国江田船山古墳鏡は、やや文様に異なるものがある。即ち環状乳なく、獣に翼を生じ、その表現は写実に近い神像は1神ずつ相対しておかれ、これに直交して2神ずつを配して、六神四獣をおいて居る。これは他に1例のみ。

○肥後国（熊本県）玉名郡江田村（和水町）大字江田字石場大久保原ノ内清原

甲斐国（山梨県）下曾根村（現、甲府市下曾根町）発見神獣鏡は、半円部は素文で、方形

格はさらに四等分されて、これに4字ずつの銘文を配したところは次の型式に似ている。獣形は巨を銜み、環状乳あるところは大和新山古墳鏡に似ているが、神像は多く脇侍の如きものを持っている点に異なりを有す。この型式に類すべきものに、

　　○山城国（京都府）葛野郡川岡村（京都市）大字岡字百ヶ池　○甲斐国（山梨県）東八代郡下曾根村（甲府市）字山本丸山

これらと趣を異にし、外区にいわゆる絵文様なく、多く小形で銘帯に年号ある銘文を有すものが往々有る。

　　○甲斐国（山梨県）西八代郡大塚村（市川三郷町）上野原字鳥居原

これらは総じて小形であるが、第百十五図鏡の類は大形であり、かつ神像が仏像と変わっている。

　　○伝信濃国（長野県）下伊奈郡龍丘村（飯田市）御猿堂・四仏四獣鏡

第百十五図鏡について見るに、その表現必ずしも仏像と断じ得べきものでない。しかし、その光背を有せる、蓮花座様の上に坐せる点より見れば、まずこれを仏像とするも甚しき誤りではなかろう。本邦発掘鏡には、

　　○上総国（千葉県）君津郡清川村（木更津市）大字祇園字沖・四仏四獣鏡

　　○上総国（千葉県）君津郡清川村（木更津市）・四仏四獣鏡

　　○備中国（岡山県）都窪郡庄村（倉敷市）大字日畑西組字赤井・四仏四獣鏡

上総国（千葉県）君津郡清川村（木更津市）大字祇園字沖・四仏四獣鏡は、その文様に注意すべきものがある。即ち外区の外にさらに広く素帯を繞らしているのは、恐らく鋳造に当たり、母型が小さいのに、これを写すに当たって、大きくすることができず、そのまま、現形を写したので、特に幅広く素帯を残すのやむなきに至ったものであろう。変形様式の神獣鏡は次の通りである。

　　○山城国（京都府）綴喜郡八幡町（八幡市）大字志水東車塚　○大和国（奈良県）北葛城郡馬見村（広陵町）大字疋相小字西方　○河内国（大阪府）南河内郡大伴村（富田林市）大字板持領内字丸山　○伊賀国（三重県）阿山郡友生村（伊賀市）大字喰代字高猿　○伊賀国（三重県）阿山郡府中村（伊賀市）大字一ノ宮字二ノ谷　○伊勢国（三重県）一志郡豊地村（松阪市）大字下之庄字向山　○上総国（千葉県）君津郡清川村（木更津市）大字祇園字鶴巻　○信濃国（長野県）下伊奈郡龍丘村（飯田市）大字桐林兼清塚　○上野国（群馬県）群馬郡八幡村（高崎市）大字若田　○上野国（群馬県）群馬郡岩鼻火薬製造所（高崎市）構内　○上野国（群馬県）多野郡美九里村（藤岡市）大字三本木　○播磨国（兵庫県）加東郡来住村（小野市）大字阿形字鎌ヶ谷　○周防国（山口県）熊毛郡佐賀村（平生町）大字佐賀字森下

XIII、平縁神獣鏡・半円方格帯階段式神獣鏡

鈕は比較的小にして低く、図様は一方より見るべく作られ、上下左右に、4神像あり、四隅に乳を繞りて怪獣を現わしている。文様の表現は手法著しく流麗となっている。銘文は次のようなものである。

【銘】　吾作明竟、幽湅三商、配像万彊、競従序道、敬奉賢良、周刻典祝、百身長楽、衆事主陽、福禄正明、富貴安楽、子孫蕃昌、賢者高顕、士至公卿、与師命長。

　外区は廻鸞走龍の活動する絵文様となっている。かの建武五年銘ある神獣鏡文様の布置と大体同一趣と言える。かの楽浪郡の遺跡からこの種の鏡が発掘されたが、本邦発掘鏡は次の通り。すべて径もほぼ同、文様も同一趣である。

　　○山城国（京都府）久世郡久津川村（城陽市）大字平川字車塚　○伊勢国（三重県）多気郡岩内村（明和町）神前塚　○志摩国（三重県）志摩郡神島村（鳥羽市）　○遠江国（静岡県）小笠郡曾我村（掛川市）字岡津奥原御料地　○下野国（栃木県）河内郡雀宮村（宇都宮市）大字雀宮字牛塚　○備前国（岡山県）邑久郡国府村（瀬戸内市）大字牛文字茶臼山　○肥後国（熊本県）玉名郡江田村（和水町）大字江田字石場大久保原ノ内清原

　同じく階段式排列ではあるが、鈕は比較的大きく、しかも鏡の全体が小さいので、内区は狭くなり、従って文様は簡単となっているものがある。

　　○大和国（奈良県）北葛城郡馬見村（広陵町）大字大塚字新山

XIV、平縁神獣鏡・（建安鏡）階段式神獣鏡

　本邦発掘鏡にはわずかに神戸夢野発掘鏡があるだけである。恐らく天宮を象ったものであろうが、棒状のものをもって上下幾階段かに内区を分かちこれに神獣像を現わしている。鈕は扁平で大きく、かつ内区は広く、殆ど縁に接し、したがって半円方格帯なく、外区も銘帯の外は狭い菱雲文の縁を繞らしているのみである。本邦発掘鏡には、

　　○神戸市夢野村大字北山字丸山

　その年号には建安、または黄武がある。半円方格帯の階段式神獣鏡と区別するために、本型式鏡を建安鏡式階段式神獣鏡といってもよい。

【B】三角縁神獣鏡の年代推定

①高橋健自説……八十八図大和新山古墳発掘神獣鏡を前期末、百六図尾張出川発掘神獣鏡を前期中葉以降、百二図大和新山古墳発掘神獣鏡を後期（六朝代）に比定[20]。八十六図大和新山発掘神獣鏡のI有銘帯式四神四獣鏡中「新作大鏡」の新は王莽の新家で王莽代鏡である[21]。ただし神獣鏡全体の年代推定は行っていない。

②富岡謙蔵説……新山古墳「新作大鏡」鏡を劉宋初期（5世紀前半）に下し、かつ総括して三角縁神獣鏡の類を晋宋代間（4、5世紀）のものとし[22]、後、改めて「新作大鏡」の類を魏に上すを可能とした[23]。

③梅原末治説……富岡謙蔵氏の後説を支持。新山古墳「新作大鏡」鏡は王莽代鏡に非ず。王莽代には「洛陽」を「雒陽」に作る。「新たに大鏡を作る」と読むべき[24]。

④後藤守一説……本型式鏡は、型式から見れば、果たして神獣鏡の発達のどの程度を示したものであるかを見、次に一般神獣鏡の年代は大体どの年代に多くあるかを見て行くべきであろうし、銘文の方からは、果たして洛陽は王莽代に「雒陽」となっていたかという点を精査すべきである。「新作大鏡」鏡は相対年代において最も古きものとす

ることも可能であるが、他の多くの神獣鏡は、その絶対年代を定むべき証拠を持たない。「新作大鏡」鏡を王莽代鏡に非ずとすることは即断できない[25]。三角縁神獣鏡の多くは、後漢末期頃から六朝初期にかけて鋳造されたものとすべきであろう。

【C】平縁神獣鏡の年代推定

①高橋健自説……五百八十一図肥後江田船山古墳発掘放射線式半円方格帯神獣鏡を六朝式とし、唐式時代に現われる海獣葡萄鏡のそれに類せる。階段式神獣鏡もまた六朝式とする[26]。ただ、平縁神獣鏡全体の年代推定には及んではいない。

②富岡謙蔵説……各型式に通じる綜合的研究が大体の輪郭を形作った。神獣鏡の型式論を試み総括的に神獣鏡は後漢中期に起こり、西晋に入って神仙怪獣談の盛んなると共に益々その製作多かりしもの。いわゆる絵紋様ある神獣鏡は晋泰始九年（273）鏡に初めて現われる。これは画像石の文様に類似せるところ多い。したがって、その型式の完成するに至れるは恐らく三国に入りての後ならむとし、多くの遺品を三国代以後六朝に比定[27]。

③中山平次郎説……放射線式半円方格帯神獣鏡を後漢代のものとし[28]、さらに富岡謙蔵氏所蔵の建武五年在銘鏡及びこれと型式を同じくする階段式神獣鏡の類を後漢代に遡り得るものとする[29]。

④後藤守一説……中山平次郎説によれば、神獣鏡の殆どすべてが六朝代から後漢または三国代に遡ることになるが、これを確認せしむる充分な根拠がない。さればとて、絶対に否認し去るべきものでもない。

一一、画象鏡

【A】画象鏡型式分類

　画象鏡は、三宅米吉博士が「人物画象鏡」とし[30]、他の学者から「神人画象鏡」とも呼ばれた。後藤守一氏は「神人龍虎鏡」としたこともあるが、今は広く「画象鏡」とする。型式分類は次の三通り。

Ⅰ、神人龍虎鏡……神人龍虎鏡が画象鏡の根元をなす。珠文円座乳をもって内区を四区に等分し、龍虎を相対せしめてその二区に置き、これに直交して神像を中央に、その左右に脇侍の如きものを置いた図区を相対せしめている。

【銘】　袁氏作竟真大好、上有東王公・西王母、仙人子高赤松子辟周右侍左右。云々。

　これらの銘文にして、内区の図様と相応ずるものであるならば、中央の神像は東王公・西王母であり、脇侍の如きは子高（喬）赤松子の如き仙人であろう。漢の画像石及びこの種の遺物中、明らかに「東王公」・「西王母」と銘記せるものを見るに、三山冠様の物を頂いているのは女性を表わし、本鏡においては、これを西王母と見るべきものである。本型式の内区図様は、東王公・西王母相対して仙人を左右に侍せしめ、これと直交して龍虎相対している。

　外区の連鎖唐草文の流暢なるは注意すべく、半肉彫りの手法は画像石に似る。中国鏡に

は脇侍の一を欠くもの、虎に代うるに博山炉の如きものを間にして相対した人物二人をもってしたものもある。変形様式である。

　　○遠江国（静岡県）磐田郡御厨町（御厨村？。磐田市）字東貝塚堂山発見鏡

　即ち本鏡においては、龍虎鏡の一は博山炉を間にして相対した人物二人を置き換え、残った龍虎の一は有角獣となり、しかして神人区は誤られてここに再び龍虎が置かれていると解せられる。なお、他の変形に龍虎ともに豢人[31]を添えているものがある。

　神人龍虎鏡は、三角縁神獣鏡の影響を受けたものとすべきか、或いは三角縁神獣鏡が本型式神人龍虎鏡の影響を受けたものとすべきか、このいずれかは決し難い。表現の手法において三角縁神獣鏡の特徴を示したものがある。多くの場合、脇侍は側にのみ置かれて居るが、この例は神人龍虎鏡も往々見るところである。

　【神人龍虎鏡の三型式】

① 　神人龍虎鏡、袁氏作竟神人龍虎鏡……神人龍虎のみを文様とする。「袁氏作竟」の銘句が多い。

② 　神人豢龍虎鏡、王氏作竟神人龍虎鏡……神人龍虎に豢人を添える。「王氏作竟」の銘句が多い。

③ 　三角縁神獣鏡式神人龍虎鏡

① 　神人龍虎鏡、袁氏作竟神人龍虎鏡の発掘事例

　　○大和国（奈良県）北葛城郡馬見村（広陵町）大字大塚字黒石山　○上野国（群馬県）多野郡美九里村（藤岡市）大字三本木　○遠江国（静岡県）磐田郡御厨町（御厨村？、磐田市）字東貝塚堂山

② 　神人豢龍虎鏡、王氏作竟神人龍虎鏡の発掘事例

　　○山城国（京都府）葛野郡松尾村（京都市）字鏡塚　○大和国（奈良県）宇陀郡榛原町（宇陀市）大字上井足　○備前国（岡山県）邑久郡美和村（瀬戸内市）大字西須恵

　山城国鏡塚発見鏡は豢人を見ない。他の二は径を等しくし、文様同一で同鋳型作。

③ 　三角縁神獣鏡式神人龍虎鏡は前出。

Ⅱ、神人車馬画象鏡……Ⅰ、神人龍虎鏡が珠文円座乳をもって内区を区分したのに対して、神人車馬画象鏡は四葉座乳をもって内区を区分した。Ⅰ、神人龍虎鏡が龍虎に豢人を添えたに対し、神人車馬画象鏡は双獣を添えた。その一種はこれを車を索ける獣形に代えている。これらを別種型式とはできない。

　　○大和国（奈良県）北葛城郡河合村（河合町）大字佐味田字貝吹山宝塚、2面　○周防国（山口県）都濃郡富田村（周南市）　○豊後国（大分県）西国東郡草地村（豊後高田市）大字黒松鑑堂古墳　○山城国（京都府）綴喜郡草内村（京田辺市）大字飯岡ト塚　○肥後国（熊本県）玉名郡江田村（和水町）大字江田字石場大久保原ノ内清原

　大和国佐味田発掘鏡の一面を梅原末治氏は手法の古拙により本邦仿製鏡とすることに賛同。

Ⅲ、神人歌舞画象鏡……神人は中央より左に位置を移し、二人の仙人はその前に侍立している。馬上の人物車馬の区のいずれかは変じて神前の歌舞を描写しているをもって、内区の図様より見る時は、前型式より局面転換されて本型式を現出せしめたものと解せられる。相当な変化があるが、神人に「東王公」・「西王母」と銘記してあるものがあり、神像が依然として東王公・西王母であることが知られる。

　　○山城国（京都府）綴喜郡草内村（京田辺市）大字飯岡卜塚　○河内国（大阪府）中河内郡中高安村（八尾市）大字郡川　○若狭国（福井県）遠敷郡瓜生村（三方上中郡若狭町）大字脇袋字野口西塚

　三面ともに同一文様で、同じ鋳型からの作。紀州隅田八幡宮所蔵の画像鏡もこの型式を母型とするという山田孝雄「隅田八幡宮蔵古鏡につきて」『考古学雑誌』5巻5号の説に賛同。

【B】画象鏡の年代推定

①高橋健自説……百三十一図大和佐味田古墳発掘神人車馬画象鏡を漢魏代とし[32]、王氏作竟神人龍虎鏡を王莽時代の鏡とする[33]。ただし、梅原末治、喜田貞吉両氏は反対批判[34]。

②富岡謙蔵説……画象鏡について最も纏まった年代推定を行う。画象鏡は漢代画像石の影響を受けたもので、その年代が後漢中期以降にあるべきを説き、東王公・西王母の信仰が後漢末期より起これるものなることを論じ、銘文の書体が魏晋代北方右に行われた碑文の書体に一致していることを挙げ、相対的年代の遡るべき大和佐味田発掘神人車馬画象鏡（百三十一図）の銘文中に「保」の一字があるが、これは後漢順帝の諱であるから後漢代では忌避すべきであること、順帝以前では画像石との関係が説明できない。以上から画象鏡は三国時代または六朝とする。

③後藤守一説……型式の分類を試み、その多くを後漢代または三国代に比定。上限は富岡謙蔵説と一致、下限において訂正すべきとした。なお、「王氏作竟」の王氏は王莽を指すとは断言できないとする。

一二、獣帯鏡

【A】獣帯鏡型式分類

　獣帯鏡は、高橋健自氏[35]と富岡謙蔵氏[36]の所論、及び中山平次郎氏の専論[37]がある。獣帯鏡は、内区に四霊三瑞等の動物が帯文をなして主文として配せられているものであるが、中には獣形のみではなく、人物の加わることもある。鈕座或いは鈕を繞る帯文の区別により二種に分ける。一は鈕を繞って円座乳帯あり、その外に獣帯あるもの、これを「円座乳帯獣帯鏡」と呼び、その二は鈕を繞って盤龍文あり、これを「盤龍座鈕獣帯鏡」と呼ぶ。文様表現からは細線式と半肉彫式に分かれる。

Ⅰ、細線式円座乳帯獣帯鏡

　素円鈕を繞って円座乳帯文あり、本邦発掘事例には、

○和泉国（大阪府）泉北郡舳松村（堺市）大字舳松仁徳陵（伝）　○摂津国（大阪府）三島郡福井村（茨木市）大字福井海北塚　○摂津国（大阪府）三島郡阿武野村（高槻市）大字土室石塚　○近江国（滋賀県）野洲郡三上山下（野洲市）　○美濃国（岐阜県）揖斐郡豊木村（大野町）字宇野　○伊予国（愛媛県）越智郡下朝倉村（今治市）大字朝倉下

　この獣帯鏡とＴＬＶ式鏡の手法が混ぜられ、これが大いに変形したと思われる事例に、
　　○山城国（京都府）葛野郡川岡村（京都市）大字岡小字百ヶ池　○但馬国（兵庫県）城崎郡城崎町（豊岡市）ノ内今津村字小見塚

Ⅱ、半肉彫式円座乳帯獣帯鏡

　鈕を繞る文様では前者と同じ。獣帯が細線式の手法でなく、半肉彫式である。この事例には、
　　○大和国（郡村名未詳）　○河内国（大阪府）北河内郡枚方町（枚方市）大字枚方字万年山　○備前国（岡山県）赤磐郡可真村（赤磐市）　○肥後国（熊本県）玉名郡江田村（和水町）大字江田字石場大久保原ノ内清原

Ⅲ、細線式盤龍座鈕獣帯鏡

　本邦内地発掘事例を聞かないが、朝鮮平安道大同郡大同江面から発掘鏡の事例あり[38]。大形にして刻鏤緻密、稀に見るものである。

Ⅳ、半肉彫式盤龍座鈕獣帯鏡

　鈕を繞って盤龍の置かれているのが、前者と著しい差違。これに播磨国吉島古墳出土鏡の類と河内国御殿山古墳発掘鏡のものとの区別がある。
　　○山城国（京都府）葛野郡川岡村（京都市）大字岡字一本松塚　○大和国（奈良県）宇陀郡宇賀志村（宇陀市）字下芳野　○河内国（大阪府）北河内郡枚方町（枚方市）大字枚方（字万年山）御殿山　○播磨国（兵庫県）揖保郡香嶋村（たつの市）大字吉島字松島

【B】獣帯鏡年代推定

　相対的年代推定の材料が少ない。獣帯鏡年代推定の先行研究に富岡謙蔵氏[39]と中山平次郎氏[40]がある。富岡謙蔵氏は獣帯鏡、特に細線式円座乳帯獣帯鏡の起源はＴＬＶ式鏡にありとし、その最初の年代を後漢代とした。しかし、一方、日光獣帯鏡を挙げ、これを前漢代を降らないとし、獣帯鏡はＴＬＶ式鏡との関係に拘わらず前漢代に起源を求めた。ただ、日光獣帯鏡には後漢のものもあり、結局、獣帯鏡はＴＬＶ式鏡と相伴うて起こったか、ＴＬＶ式鏡から発達したものとすることは可能であろう。

　富岡謙蔵氏が尚方人物獣帯鏡としてのせた細線式円座乳帯獣帯鏡の銘文には、

【銘】　尚方作竟真大好、上有山人不知老、渇飲玉泉飢食棗、浮油天下敖四海、壽如金石
　　　為国保。

という。外区には流雲紋あり、その手法は全く四神鏡と同じ、恐らく後漢中期までの作と富岡氏はいう[41]。

　後藤氏は、陸心源『奇觚室吉金文述』に漢王氏鏡として載せたものに、細線式円座乳帯

獣帯鏡について、

　　　其云　王氏作竟四夷服、蓋頌莽功徳、知為新室之器矣。

王莽鏡の一と推定されたものがある。形式は、鈕を繞って円座乳帯あり、その間に「宜子孫」の銘、内銘帯には、

【銘】　王氏作竟四夷服、多賀官家人民息、長保二親得天力、伝之後世楽母極。

とあり、外銘帯には、

【銘】　尚方御竟大母傷、巧工刻鏤成文章、左龍右虎辟不祥、朱鳥玄武調陰陽、子孫備具
　　　居中央、長保二親楽富昌、壽敝金石如侯王。

富岡氏もこれを王莽鏡とするが、王氏は必ずしも王莽を指すとは言えず、結局のところ後漢代、或いはそれを甚しく降らない時代とするのが穏当であろうとした。獣帯鏡のあるものがＴＬＶ式鏡との関係を有すことは可能性を増した。富岡氏の「石氏作獣帯鏡」は、文様より見て、半肉彫式円座乳帯獣帯鏡であるが、表現の手法は画像石に似て、その影響になったものであり、少なくとも半肉彫式の一部に後漢代または三国代に触接するもののあることが知ることができる。また、富岡氏の「龍氏作獣帯鏡」は、以上の型式外であるが、獣帯はすべて半肉彫式であり、主銘文には、

【銘】　龍氏作竟大無傷、采取善同出丹楊、和以銀錫清且明、刻画奇守成文章、距虚辟除
　　　群凶、師子天禄会是中、長宜子孫大吉羊。

この銘文中の「丹楊」なる地名は、銅の産地として名高く、漢鏡の銘文中に往々載せるが、古くは楊は皆「陽」と作っている。富岡氏は丹陽郡が漢代と六朝代において位置を異にし、六朝代のは今の江蘇省江寧府に属した地方を指したものの如く、『晋書』地理志を始め、東晋以後の書は多く「丹楊」に作ることから考えて、六朝代の獣帯鏡と推定し得られる。晋代に「師」の字を忌諱したとすれば、更にその年代が限定できる。後藤氏は、多くの獣帯鏡の中、半肉彫式にも、少なくとも三国代に遡り得べきものがあることが推定できるとする。

Ｉ、細線式円座乳帯獣帯鏡とⅢ、細線式盤龍座鈕獣帯鏡は後漢代または三国代に推定できるが、Ⅱ、半肉彫式円座乳帯獣帯鏡とⅣ、半肉彫式盤龍座鈕獣帯鏡は三国代から六朝代に比定すべきであろう。

一三、盤龍鏡

【Ａ】盤龍鏡型式分類

高橋健自氏は双獣鏡と呼び、富岡謙蔵氏は北周庾信の詩に「盤龍明鏡」とあるによって盤龍鏡と名付け[42]、型式分類を試み、流雲紋盤龍鏡・細紋式盤龍鏡・青蓋盤龍鏡・神獣盤龍鏡とした。後藤守一氏はその分類の憑拠とするところ一定せず、かつ発見数の少なき本型式鏡に細分は必要なしとし、次の２型式に分けた。

Ｉ、四頭式盤龍鏡

内区は四乳によって四区に等分され、その相対した乳で分かれて鈕の下から出た体躯は

延び、他の相対した乳を含まんとして相争うが如く、巨口を開き相対す。体躯に鱗あるところ、かの鼉龍と相似る。本邦発掘鏡には、

　　○河内国（大阪府）北河内郡枚方町（枚方市）大字枚方字万年山　○近江国（滋賀県）野洲郡野洲町（野洲市）大字小篠原字大岩山　○信濃国（長野県）更級郡（村字名未詳）　○上野国（群馬県）北甘楽郡額部村（富岡市）大字後閑字北山　○播磨国（兵庫県）揖保郡香嶋村（たつの市）大字吉島字松山　○周防国（山口県）都濃郡下松村（下松市）宮洲　○筑前国（福岡県）早良郡西新町（福岡市）大字麁原字藤崎　○豊前国（大分県）宇佐郡宇佐町（宇佐市）大字高森赤塚古墳

Ⅱ、両頭式盤龍鏡

盤龍は2体あるのみ、したがって一方のみに頭があり、他方は足のみとなっている。本型式に属すものは、

　　○河内国（大阪府）南河内郡国分村（柏原市）大字国分字向井山茶臼山　○大和国（奈良県）添上郡（村字名未詳）　○伊勢国（三重県）飯南郡松尾村（現、松阪市）大字立野字浅間　○近江国（滋賀県）滋賀郡和邇村（大津市）大字小野大塚山　○信濃国（長野県）更級郡（村字名未詳）　○備中国（岡山県）都窪郡山手村（総社市）宿寺山　○日向国（宮崎県）谷頭（郡村字名未詳）

仿製盤龍鏡は以下の事例である。

　　○山城国（京都府）綴喜郡八幡町（八幡市）大字八幡小字大芝西車塚　○大和国（奈良県）北葛城郡河合村（河合町）大字佐味田字貝吹山宝塚　○河内国（大阪府）南河内郡小山村（藤井寺市）大字津堂字城山　○信濃国（長野県）下伊奈郡伊賀良村（飯田市）大字大畑

【B】盤龍鏡年代推定

盤龍鏡の一を採って、その年代を推定したのは、馮雲鵬等編『金索』（清道光元年、1821年）が最初で、「新肖氏鏡」なるものを挙げ、その銘文を、

【銘】　肖氏作竟四夷服、多賀新家人民息、胡虜殄滅天下復、風雨時節五穀孰、官位尊顕蒙禄食、萇葆二親子孫力、伝之後世。

と釈読して、「此新莽時鏡也、篆銘四十六字、精緻絶倫文、亦青羊騶氏等鏡略同、惟易国家為新家耳、其中作鼉龍之飾、其辺繞以廻龍舞鳳、其色如銀真可宝玩、孔栞南云漢有肖安国・肖玉・肖同、俱陳留郡于漢時属兗州、故此鏡於沈州得之、其説良是（これは新王莽の時の鏡なり。篆書銘文46字は、精緻絶倫の文で、また青羊騶氏等の鏡と略同じ。惟うに漢の国家を易えて新家と為すのみ。その中に鼉龍の飾を作り、その辺に繞うに廻龍舞鳳を以てし、その色は銀のごとく真に宝玩たるべし。孔栞南云うに漢に肖安国・肖玉・肖同有り、ともに陳留郡漢時において兗州に属せり。ゆえにこの鏡は沈州においてこれを得たり。その説はまことに是たり）」と、「新肖氏鏡」を王莽鏡とした。

しかし、富岡謙蔵氏[43]は「考証疑いを容るる余地あり、この鏡また図録載せるのみにして、実物拓本ともに得ざれば、未だにわかに信ずべからず」とした。これに対して、中

山平次郎氏[44]はこれを王莽鏡とし、高橋健自氏[45]もそれに同意している。

　中山氏は盤龍鏡の起源を前漢式鏡に見る獣鈕に求め、獣鈕の獣が内区面に滑り出して少しく変形したものが盤龍鏡であるとした。その傍証を、本型式鏡に限って獣形の一部が鈕に隠れるものとともに、対生珠文座鈕が内区面に出て、これが変形して多くの前漢式鏡を生じたとする現象を併せ見るべきを説いた。後藤守一氏は中山氏の推定に多少の可能性あるかも知れないとしている。

　しかし、後藤氏は獣帯鏡中、細線式円座乳帯獣帯鏡が後漢代にあり、またこれと趣を異にする盤龍鏡の少なくとも後漢代に存することの認められるとともに、半肉彫式盤龍座鈕獣座鏡の多くが、三国代から六朝代に比定し得るので、盤龍鏡の多くはやはり三国代から六朝代に亘ると推定すべしと結論している。

一四、獣形鏡

【A】獣形鏡型式分類

　内区に鈕を繞る動物（鳥獣形）を主文として現わすものを指す。肉彫のみを本型式とする。動物形を内区の主文とするは、獣帯鏡或いは鼉龍鏡と相似、獣帯鏡は比較的主文区が狭く、ために帯状をなし、動物文も7個近く現わされて居り、鼉龍鏡は鼉龍と仮称する一種の特有な動物文をもって、大体において、獣形鏡を区別することができる。

　獣形鏡は中国では多くを見ず、かの「中平□年鏡」が後漢に現われたがこれに次ぐもの少なく、はるかに降って隋代に至ってその手法を示す遺品あるを見て、一部には獣形鏡が連続して鋳造されたと見てよい。

　我が国において獣形鏡は全国的に分布するが、多くが本邦鋳造鏡であり、我が工人の意匠が加えられているので、その様式区々として、相似たものほとんどなく、型式の分類はできない。中国鏡と本邦鋳造鏡に二分する。

Ⅰ、中国鏡……四獣鏡と六獣鏡とがある。

　四獣鏡の発掘事例

　　○上野国（群馬県）山田郡矢場川村（太田市）大字矢場字本矢場　○讃岐国（香川県）香川郡弦打村（高松市）大字鶴市字御殿山

　六獣鏡の発掘事例

　　○讃岐国（香川県）香川郡弦打村（高松市）大字鶴市字御殿山

　中国舶載鏡またはこれより甚しく変形しない四獣鏡の発掘事例

　　○山城国（京都府）綴喜郡有智郷村（八幡市）大字美濃山西ノ口　○播磨国（兵庫県）宍栗郡城下村（波賀町）大字野村字塚元　○備中国（岡山県）吉備郡日近村（岡山市）大字吉字磯尾籠山

　中国舶載鏡またはこれより甚しく変形しない六獣鏡の発掘事例

　　○山城国（京都府）葛野郡川岡村（京都市）大字岡小字百ヶ池　○摂津国（兵庫県）武庫郡本山村（神戸市）大字岡本字マンパイ・ヘボソ塚　○豊前国（大分県）宇佐郡駅館村（宇佐市）

大字法鏡寺字中原

Ⅱ、本邦鋳造鏡……四獣鏡が最も多い。五獣鏡、六獣鏡と続く。典型は求められない。
四獣鏡の発掘事例

　　　〇山城国（京都府）乙訓郡向日町（向日市）大字物妻女小字恵美須山　〇山城国（京都府）乙訓郡大原野村（京都市）大字石見上里小字林ノ平　〇山城国（京都府）久世郡久津川村（城陽市）大字平川字車塚　〇山城国（京都府）久世郡宇治町（宇治市）字宇治郷小字大谷丸山　〇山城国（京都府）相楽郡和束村（和束町）大字原山小字西平　〇大和国（奈良県）生駒郡都迹村（奈良市）大字尼ヶ辻垂仁天皇陵カ　〇大和国（奈良県）生駒郡都迹村（奈良市）大字佐紀字衛門戸　〇大和国（奈良県）磯城郡城島村（桜井市）大字鳥見山嶺小字辰巳卜森谷トノ境　〇大和国（奈良県）山辺郡朝和村（天理市）大字萱生千塚　〇大和国（奈良県）宇陀郡榛原町（宇陀市）大字上井足　〇大和国（奈良県）高市郡新澤村（橿原市）大字川西領高塚ノ内千塚山　〇大和国（奈良県）北葛城郡馬見村（広陵町）大字三吉字馬ヶ崎　〇大和国（奈良県）北葛城郡馬見村（広陵町）大字大塚字新山　〇大和国（奈良県）北葛城郡磐城村（葛城市）大字岩橋字平石　〇大和国（奈良県）南葛城郡小林村（御所市）字ヘン塚　〇河内国（大阪府）南河内郡澤田村（藤井寺市）大字古室大鳥塚　〇河内国（大阪府）南河内郡赤坂村（千早赤坂村）　〇河内国（大阪府）中河内郡中高安村（八尾市）大字郡川　〇和泉国（大阪府）泉北郡西百舌鳥村（堺市）大字赤畑字塚廻　〇摂津国（大阪府）三島郡磐手村（高槻市）大字別所字奥阪　〇摂津国（兵庫県）武庫郡（神戸市）ノ内高羽村十善寺境内　〇伊賀国（三重県）阿山郡府中村（伊賀市）大字一宮字二ノ谷　〇伊勢国（三重県）一志郡豊地村（松阪市）大字一志字筒野　〇遠江国（静岡県）小笠郡平田村（菊川市）大字上平川字大塚　〇美濃国（岐阜県）揖斐郡河合村（河合町）字上磯　〇美濃国（岐阜県）加茂郡坂祝村（坂祝町）大字黒岩字前山　〇美濃国（岐阜県）可児郡広見村（可児市）大字伊香字御獄社　〇信濃国（長野県）下伊奈郡座光寺村（飯田市）鳥屋場第三号墳　〇信濃国（長野県）下伊奈郡龍丘村（飯田市）大字桐林兼清塚　〇信濃国（長野県）下伊奈郡龍丘村（飯田市）大字桐林鎧塚　〇信濃国（長野県）下伊奈郡下川路村（飯田市）殿村第一号墳　〇上野国（群馬県）山田郡矢場川村（太田市）大字矢場字本矢場　〇上野国（群馬県）群馬郡京ヶ島村（高崎市）大字元島名字将軍塚　〇下野国（栃木県）河内郡雀宮村（宇都宮市）大字牛塚　〇若狭国（福井県）遠敷郡瓜生村（三方下中郡三方町）大字脇袋字野口西塚　〇越前国（福井県）吉田郡吉野村（永平寺町）吉野堺石ヶ谷　〇伯耆国（鳥取県）西伯郡宇田川村（大山町）大字福岡　〇伯耆国（鳥取県）東伯郡逢東村（東伯町）字双子塚　〇美作国（岡山県）苫田郡林田村（津山市）大字川崎字金田丸山　〇美作国（岡山県）苫田郡高野村（津山市）　〇周防国（山口県）吉敷郡下宇野令村（山口市）大字赤妻小字丸山　〇長門国（山口県）大津郡菱海村（長門市）大字河原字亀山　〇紀伊国（和歌山県）日高郡湯川村（御坊市）字富安　〇紀伊国（和歌山県）日高郡南部町（みなべ町）大字山内字山ノ内城山　〇阿波国（徳島県）板野郡板東村（鳴門市）大字檜歩兵第六十二連隊演習場　〇讃岐国（香川県）木田郡奥鹿村（三木町）大字鹿庭字出作　〇讃岐国（香川県）仲多

度郡与北村（善通寺市）大字西村小字山根　○筑前国（福岡県）糸島郡（村字名未詳）　○筑後国（福岡県）久留米市日輪寺境内　○筑後国（福岡県）三井郡立石村（小郡市）大字干潟字下鶴　○豊前国（福岡県）京都郡小波瀬村（苅田町）大字与原字御所山　○豊後国（大分県）西国東郡田原村（杵築市）大字上沓掛字小川原　○豊後国（大分県）西国東郡田原村（杵築市）大字上沓掛字小川原灰土山　○豊後国（大分県）西国東郡玉津町（豊後高田市）呉崎村草津村境界丸山　○肥後国（熊本県）玉名郡江田村（和水町）大字江田字石場大久保原ノ内清原　○肥後国（熊本県）葦北郡日奈久町（八代市）川後田字塩竈上　○肥後国（熊本県）阿蘇郡中通村（阿蘇市）字鞍掛鞍懸塚　○日向国（宮崎県）宮崎郡大宮村（宮崎市）大字下北方小字陣ヶ平　○日向国（宮崎県）児湯郡下穂北村（西都市）大字三宅字西都原第六十号墳　○日向国（宮崎県）東臼杵郡富高村（日向市）

五獣鏡の発掘事例

　○山城国（京都府）葛野郡太秦村（京都市）大字太秦小字松本　○大和国（奈良県）北葛城郡馬見村（広陵町）大字大塚字黒石山　○大和国（奈良県）磯城郡安部村（桜井市）　○大和国（奈良県）南葛城郡（村字名未詳）　○尾張国（愛知県）東春日井郡勝川村（春日井市）大字勝川字北東山　○常陸国（茨城県）東茨城郡稲荷村（水戸市）大字大串　○出雲国（島根県）八束郡大庭村（松江市）大字大草字草谷古天神　○伯耆国（鳥取県）西伯郡幡郷村（南部町）大字坂長長者原　○備中国（岡山県）都窪郡加茂村（岡山市）大字新庄下　○阿波国（徳島県）名東郡上八万村（徳島市）大字上八万字星河内巽山　○豊前国（福岡県）門司市（北九州市門司区）小森江字丸山　○肥後国（熊本県）葦北郡日奈久町（八代市）大字川小田

六獣鏡の発掘事例

　○山城国（京都府）綴喜郡八幡町（八幡市）大字志水字大芝西車塚　○河内国（大阪府）南河内郡赤坂村（千早赤坂村）　○和泉国（大阪府）泉北郡陶器村（堺市）　○伊賀国（三重県）阿山郡友生村（伊賀市）大字喰代字高猿　○武蔵国（神奈川県）橘樹郡住吉村（川崎市）字北加瀬了源寺境内　○上総国（千葉県）君津郡小櫃村（君津市）字俵田　○美濃国（岐阜県）揖斐郡川合村（大野町）大字上磯亀山　○安芸国（広島県）安芸郡温品村（広島市）字須賀谷　○但馬国（兵庫県）養父郡伊佐村（養父市）大字阪本字世賀居　○肥前国（佐賀県）東松浦郡鏡村（唐津市）大字鏡字今屋敷

七獣鏡の発掘事例

　○近江国（滋賀県）野洲郡野洲町（野洲市）大字小篠原字大岩山

【B】獣形鏡年代推定

　中国鏡の多くは三国代から六朝代にある。本邦鋳造鏡はその年代を推定することは、困難である。

一五、鼉龍鏡

【A】鼉龍鏡型式分類

　中国鏡に類型式を未だ見ないもので、その多くが本邦鋳造鏡であり、前述の獣形鏡の一

型式と見るべきだが、古より鼉龍鏡の名で呼ばれる。整える様式のものとして周防国（山口県）柳井町発見鏡に、大形の円座乳四個を半ば繞って、鼉龍を半肉彫りにし、これに斜に添えてある棒形のものを嚙むが如くに獣首を作ってあるが、この棒は神獣鏡に見る「巨」と同一趣のものと思われる。鼉龍の頭の下に、あたかもその頭を頭とする神像様のものがあるのは注意すべきである。内区を繞って半円方形帯があるが、方形格内には銘字なく、小圏文を以て代えている。外区との間にある帯文には、鈕状の動物形が渦文地の間に置かれ、菱雲文帯を経て素縁に終わる。本型式鏡に通じて見る特徴は、乳を半ば繞り、「巨」を横たえている鼉龍が、人物像と相重なれるが如き様式である。これが更に明瞭となって、全く神獣鏡に似て、神像様の別、明らかになったが如き形式を示せるものに至っては、「巨」の失われているものもある。かつ神像様のものが漸次成形した。大和国（奈良県）佐紀発掘鼉龍鏡の如く明らかに神獣鏡の変形様式と見るべきものもある。美濃国（岐阜県）伊香発掘鼉龍鏡は、神像様のものを欠いているが、その位置に圏文二を置いてある。また鼉龍の形が漸次変形し頭と身と離ればなれとなり、獣首鏡らしく見える山城国（京都府）八幡（八幡市）東車塚発掘鼉龍鏡のごとき例もある。「巨」を銜む獣形と「巨」とが著しく作られ、数字の8字形に似たものとなっているのが、単に一段と変形したものは、和泉国（大阪府）陶器村発見鼉龍鏡ではあるまいか。また鼉龍形が変形し、「巨」は全く形式のみ遺存しかつ神像様のないのは伊勢国（三重県）保子里発見鏡であろう。これらは鼉龍鏡としては変形したものであるが、これが更に変形したものは、獣形鏡の変形したものと相似たものになっている。諸様式のものを見るに鏡身断面においては三角縁神獣鏡に類するものもあり、平縁式神獣鏡に類するものもある。変形半円方形帯あるは平縁式神獣鏡と趣を同じくすると言える。この点には梅原末治氏の指摘がある[46]。

鼉龍鏡の発掘事例

　　○山城国（京都府）葛野郡川岡村（京都市）字岡一本松原　○山城国（京都府）綴喜郡八幡町（八幡市）大字志水小字女郎花塚東車塚　○山城国（京都府）綴喜郡有智郷村（八幡市）大字美濃山王塚（推定）　○大和国（奈良県）生駒郡都跡村（奈良市）大字佐紀字衛門戸　○大和国（奈良県）北葛城郡馬見村（広陵町）大字大塚字新山　○大和国（奈良県）北葛城郡河合村（河合町）大字佐味田字貝吹　○和泉国（大阪府）泉北郡東百舌鳥村（堺市）大字土師大野寺址　○和泉国（大阪府）泉北郡陶器村（堺市）　○伊勢国（三重県）鈴鹿郡国府村（鈴鹿市）大字保子里小字大貝戸車塚　○尾張国（愛知県）東春日井郡高蔵寺村（春日井市）大字出川　○尾張国（愛知県）丹羽郡古知野村（江南市）大字宮後字南大塚　○美濃国（岐阜県）可児郡広見村（可児市）大字伊香字陵山　○信濃国（長野県）更級郡（村字名未詳）　○信濃国（長野県）更級郡（村字名未詳）　○下野国（栃木県）下都賀郡寒川村（小山市）大字鏡茶臼山　○周防国（山口県）玖珂郡柳井町（柳井市）字水口代田八幡宮所有地向山　○肥前国（佐賀県）北高来郡（村字名未詳）

【B】鼉龍鏡年代推定

本鏡が鼉龍を主文として居り、その手法が盤龍鏡のそれと似、或いは一面において盤龍鏡を母型として作られたものと考えられ[47]、また神獣鏡を換骨奪胎したものもあるとした。以上から、鼉龍鏡の絶対年代は盤龍鏡・神獣鏡の盛んに本邦に輸入された時代のものより遡ることは出来ない。他の大形仿製鏡の本邦において盛んに鋳造されたのは三国代から六朝初期に亘っていたことに関連し、鼉龍鏡の年代も同じく三国代から六朝初期であろうとした。

一六、獣首鏡

【A】獣首鏡型式分類　　2型式がある。

Ⅰ、糸巻形鈕座獣首鏡……本邦発掘鏡に本型式は未発見である。中国鏡には在銘鏡多く、研究者の関心も高い[48]。在銘獣首鏡中、最初に紹介されたのは、熹平三年在銘鏡で、古く陸心源の『奇觚室吉金文述』に載せられしもの、径21.2cm（7寸）、鈕は2個の怪獣を浮彫にし、糸巻形座（変形四葉座）を有し、内区はその鈕座によって四等分、獣首をその各区及び鈕座の内側に各4個を配す。内区の獣首は、右行蕨手文に取巻かれ、相対せる一双のものは眼を黒くし毛髪を垂れ、他の一双は眼を白くせると共に毛髪を立てる。銘帯はこれに接し、左行きで、

【銘】　熹平三年正月丙午、吾造作尚方明竟、広漢西蜀、合凍白黄、□利無極、世得光明、賈人大富長子孫、延年益壽、長楽未央分。

蕨手文をつけし内行花文帯、菱雲文帯縁に終わる。鏡身の断面、一平面をなし、内区外区の別がない。本鏡は明らかに後漢（霊帝）の熹平三年（紀元174年）に広漢郡の漢の尚方の官工人によって製作せられたものであろう。

鈕について本邦学者にして本鏡を実見したものなく、わずかに拓本によって窺うだけであるがために、或いは素円鈕となし、或いは獣鈕としているが、今は富岡氏の所謂に従う。銘文中に「正月丙午」とあるが、熹平三年正月に丙午の日はない。富岡謙蔵氏は『山左金石志』等の説を引き、五月丙午の日を鋳金の吉辰とする俗信当時にありしことを説き、「正月丙午」もまた鋳金の吉辰として用いられしものと解されている[49]。

次に梅原末治氏が紹介した2鏡、一は守屋孝蔵氏所蔵の延熹九年在銘鏡、他の一は中村不折氏所蔵の甘露五年在銘鏡である。延熹9年は後漢桓帝の年号で紀元166年であり、甘露5年は三国魏の年号で紀元260年である。両鏡について梅原末治氏は本型式のものは後漢の中期に完成されたもので、三国代に及んだとする[60]。

Ⅱ、獣首鏡……その数は極めて少ない。型式分類はできない。また、前述糸巻形鈕座獣首鏡となんら関係あるものでない。この獣首鏡の年代は徴すべきものがない。本型式の発掘発見地は、

○美濃国（岐阜県）稲葉郡常磐村（岐阜市）大字打越卜城田寺トノ境　○周防国（山口県）佐波郡西浦村（防府市）字呉山　○肥後国（熊本県）八代郡龍峯村（八代市）大字岡谷川字門前

一七、「位至三公」鏡

『金索』に「位至三公」鏡と呼ばれている。銘文を採って型式の名称とするのはこの鏡だけに適用する。同じく獣首鏡の変形様式であろう。鈕の両側に変形獣首鏡の如きものがあり、それに挟まれて、鈕の上下に「位至三公」と銘があるのを特徴とする。斜行櫛歯文帯に次いで素縁に終わるもの、すべて小鏡であり、文様も大体趣を等しくしている。中国でも出土多数のもの[51]で、本邦発掘鏡には、

　　○伊勢国（三重県）一志郡豊地村（松阪市）大字一志字筒野　○神奈川県（国・郡・村名等未詳）　○出雲国（島根県）八束郡大庭村（松江市）大字有字岡田山　○周防国（山口県）吉敷郡下宇野令村（山口市）大字朝倉字赤妻　○筑前国（福岡県、郡・村名等未詳）　○肥前国（佐賀県）東松浦郡玉島村（唐津市）大字谷口字立中

　今、東京帝室博物館蔵の神奈川県、周防赤妻、肥前立中の３面を比較するに、大きさといい、文様といい、等しいもので、或いは同一型によって鋳造されたものではないかと思われる。

一八、鈴鏡

　中国発見の遺物に全くないものである。羅振玉氏『古鏡図録』に一面の鈴鏡が載り、「宋皇祐壬辰六月、云々」の刻銘があるが、富岡謙蔵氏はこれをもって鈴鏡の起源を説くべきでない[52]とし、喜田貞吉氏は『日本書紀』に百済奉献の七子鏡を七鈴鏡とし、朝鮮鏡とする[53]が、朝鮮半島で鈴鏡の発掘事例は前にも後にもない。梅原末治氏は鈴鏡を日本鋳造とするも、鏡縁に鈴をつける風は朝鮮に遺物あるを見て、日本の独創とすることに留保している。これらに対し、高橋健自氏[54]は強く鈴鏡を日本鏡とし、富岡謙蔵氏もこれを支持した。

【A】鈴鏡型式分類　　　鈴の数で分類される。

Ⅰ、四鈴鏡……背文は極めて簡単に、櫛歯文帯あるのみ。上野国群馬郡発見鏡は、本型式鏡中最もよく整う。

　　○上野国（群馬県）群馬郡（村名等未詳）　○上野国（群馬県）多野郡平井村（藤岡市）大字白石　○肥前国（佐賀県）東松浦郡玉島村（唐津市）大字谷口字立中　○下野国（栃木県）河内郡雀宮村（宇都宮市）大字雀宮字牛塚

Ⅱ、五鈴鏡……鈴鏡中最も数が多い。獣形鏡より変形したものがある。変形した五獣形が鈕を繞らされ、更に珠文帯あり、組帯文（三角崩文）あり、櫛歯文帯あって素縁に終わる。文様もまたその表現もあまり紊乱していない。下野国（栃木県）雀宮発見五鈴鏡は、獣形変形し、蚕の蛹様の形となり、かつ蕨手文が塡充文として用いられているが、なお獣形鏡との連絡を認めることができる。志摩国（三重県）泊山発掘五鈴鏡は、内区に六乳を配し、これを連ぬるに一種の唐草様文をもってした。変形文様の一である。

　　○大和国（奈良県）山辺郡朝和村（天理市）大字萱生千塚　○大和国（郡・村名等未詳）　○志摩国（三重県）志摩郡畔名村（志摩市）字泊山　○尾張国（愛知県）東春日井郡志段味村（守山市）　○遠江国（静岡県）浜名郡櫛村（浜松市）大字賤山小字御山塚　○駿河国（静岡県）

静岡市浅間神社境内　○武藏国（埼玉県）児玉郡青柳村（神川町）大字新里　○近江国（滋賀県）坂田郡息長村（米原市）大字野登瀬岡山　○美濃国（岐阜県）不破郡青墓村（大垣市）大字昼飯字丸山　○美濃国（岐阜県）揖斐郡清水村（揖斐川市）大字清水　○信濃国（長野県）下伊奈郡下川路村（飯田市）正清寺塚　○上野国（群馬県）新田郡九合村（太田市）大字東矢島　○上野国（群馬県）利根郡久呂保村（昭和村）大字森下字化粧坂　○上野国（群馬県）群馬郡清里村（前橋市）大字青梨子　○下野国（栃木県）下都賀郡石橋町（下野市）大字上大領小字東原　○下野国（栃木県）河内郡雀宮村（宇都宮市）大字雀宮字牛塚　○下野国（栃木県）足利市大字助戸字西畑　○紀伊国（和歌山県）海草郡岩橋村（和歌山市）字大字鳴神　○筑後国（福岡県）浮羽郡椿子村（うきは市）大字朝田字コウモリ

Ⅲ、六鈴鏡……六鈴鏡も五鈴鏡と同様に多く発見されている。その文様は大体五鈴鏡と趣を等しい。伊賀国千歳発掘六鈴鏡は神獣鏡の神像のみが採られたものであろうが、鈴鏡としては稀例というべきであろう。河内国太秦発見六鈴鏡は六獣が現わされ、獣形鏡からの移行を明らかに示す。獣形鏡からの変形は、六鈴鏡においては六獣、五鈴鏡においは五獣とは定まってはいない。播磨上ノ山発見六鈴鏡は四獣であり、武藏国大谷発掘六鈴鏡は五獣である。上野国（群馬県）大川村発見六鈴鏡は四葉文鈕座に接して内行五弧文を置き、縁に至る間に櫛歯文・鋸歯文・複線波文の諸帯文あって鈴鏡中、最も形の整える部類に属し、内行花文なのは稀である。変形唐草文や原始的卍字文様のものとある。

　○河内国（大阪府）北河内郡豊野村（寝屋川市）大字太秦　○伊賀国（三重県）阿山郡府中村（伊賀市）大字千歳　○尾張国（愛知県）愛知郡熱田町（名古屋市熱田区）大字白鳥字法住寺　○遠江国（静岡県、郡・村名未詳）　○武藏国（埼玉県）比企郡大岡村（東松山市）大字大谷庚塚　○信濃国（長野県）下伊奈郡龍丘村（飯田市）大字駄科神送塚　○信濃国（長野県）下伊奈郡上郷村（飯田市）南条区雲彩寺　○上野国（群馬県）新田郡綿打村（太田市）大字上田中兵庫塚　○上野国（群馬県）邑楽郡大川村（大泉町）大字古ノ海字馬場　○上野国（群馬県、郡・村名未詳）　○磐城国（福島県）伊具郡金山町（丸森町）字台町　○播磨国（兵庫県）印南郡志方村（加古川市）ノ内西飯坂村字上ノ山　○長門国（山口県）豊浦郡豊西下村（下関市）字綾羅木小字上ノ山　○筑前国（福岡県）糸島郡周船寺村（福岡市）大字飯氏

Ⅳ、七鈴鏡……発見鏡は極めて少ない。

　○信濃国（長野県）下伊奈郡松尾村（飯田市）姫塚　○上野国（群馬県）群馬郡佐野村（高崎市）大字上佐野

　信濃国（長野県）姫塚発見鏡は内区は変形蕨手文繞り、櫛歯文帯・有節重線文帯・櫛歯文帯・細縁に終わって居る様式である。上野国（群馬県）佐野村発見鏡は獣形鏡より来たものであろう。五獣形を現わしている。なお、発掘地は明らかでないが、近江国（滋賀）長浜町（現、長浜市）中村寅吉氏蔵品に七鈴鏡があるという[55]。

Ⅴ、八鈴鏡……極めて稀なるもの、わずかに１例である。

　○上野国（群馬県）新田郡九合村（太田市）大字東矢島字原

Ⅵ、十二鈴鏡……東京大学人類学教室に大和国発見の鈴鏡断片がある。これを接合すれば、十二鈴鏡らしい。五鈴鏡、六鈴鏡最も多く、四鈴が次ぐ。ただ、六鈴鏡の方が整った手法を示し、五鈴鏡の方が変形の程度を進めている。

一九、星雲文鏡

『金索』『西清古鑑』等には単に「百乳鑑」と見える。縁に内行花文帯を有し、鈕は博山炉となり、内区を乳座によって区分して、これに星雲文を現わしているが如き型式のものである。鏡身の断面より見て、また縁に内行花文帯を繞らし、博山炉形鈕を有せるを見て、本型式鏡の多くを前漢式鏡とすることができる。本邦発掘鏡は次の1例のみ。

　　○筑前国（福岡県）筑紫郡春日村（春日市）大字須玖字岡本元吉村源次郎氏宅地、2面

二〇、変形文鏡

　　本型式は中国発見の遺物に全くないものである。中国鏡より変形し、換骨奪胎して全く日本鏡となったものであるが、次のA、B、Cの三型式がある。

A、珠文鏡……珠文を内区の主文としている。すべて小形鏡であり、文様も整斉を欠いている。しかして、同じく珠文を主文とするが、その配置は一様ではない。

○伊賀国（三重県）阿山郡友生村（伊賀市）大字喰代字高猿　○志摩国（三重県）志摩郡志島村（志摩市）　○武蔵国（埼玉県）比企郡野本村（東松山市）大字柏崎字小原　○近江国（滋賀県）東浅井郡田根村（長浜市）大字田川字元山　○美濃国（岐阜県）加茂郡坂祝村（坂祝町）大字黒岩字前山　○信濃国（長野県）下伊奈郡龍丘村（飯田市）大字桐林殿垣外　○信濃国（長野県）埴科郡豊栄村（長野市）　○上野国（群馬県）勢多郡荒砥村（前橋市）大字大室字双子山　○上野国（群馬県）群馬郡瀧川村（高崎市）大字八幡原　○上野国（群馬県）群馬郡岩鼻村（高崎市）大字綿貫　○上野国（群馬県）佐波郡伊勢崎町（伊勢崎市）字華蔵寺　○越前国（福井県）敦賀郡敦賀町（敦賀市）字絹掛　○但馬国（兵庫県）出石郡出石町（豊岡市）大字谷山字鶏塚　○伯耆国（鳥取県）日野郡宮内村（日南町）大字矢戸字名士　○伯耆国（鳥取県）西伯郡所子村（大山町）大字国信　○備後国（広島県）双三郡吉舎村（三次市）大字三玉小字大塚　○阿波国（徳島県）板野郡板東村（鳴門市）大字檜字谷口　○豊後国（大分県）西国東郡田原村（杵築市）大字上沓掛字小川原灰土山　○日向国（宮崎県）児湯郡下穂北村（西都市）三宅字西都原第百十号墳

以上の年代は5世紀以降の古墳時代とすべきものが多い。

B、乳文鏡……乳に蕨手文の如きものをつけて、これを主文としている。蕨手文でなくなったもの、圏文を繞らした乳に止まるもの、これに蕨手文を充塡したものなど種々の変形がある。

○大和国（奈良県）南葛城郡（村字名未詳）　○大和国（奈良県）南葛城郡小林村（御所市）字ヘン塚　○駿河国（静岡県）富士郡須津村（富士市）大字中里字大塚　○駿河国（静岡県）富士郡須津村（富士市）大字中里天塚道東津山山腹　○近江国（滋賀県）坂田郡北郷里村（長浜市）字垣籠　○美濃国（岐阜県）揖斐郡八幡村（池田町）大字片山字深谷　○信濃国（長野

38　第一部　日本における三角縁神獣鏡研究史の問題点

県）埴科郡倉科村（千曲市）大字大峡字北山　○上野国（群馬県）新田郡綿打村（太田市）大字上田中兵庫塚　○上野国（群馬県）多野郡平井村（藤岡市）字白石　○上野国（群馬県）北甘楽郡新屋村（甘楽町）字西大山　○越前国（福井県）足羽郡社村（福井市）大字西谷小字三昧谷　○丹波国（京都府）氷上郡石生村（丹波市）大字石負　○播磨国（兵庫県）加東郡来住村（小野市）大字阿形字鎌ヶ谷　○安芸国（広島県）安芸郡温品村（広島市）字須賀谷　○肥後国（熊本県）阿蘇郡中通村（阿蘇市）字鞍掛鞍懸塚

C、捩形文鏡……捩形文鏡と称せられる変形文鏡がある。恐らく獣形鏡等の変形したものであろう。発見地は、

　○山城国（京都府）相楽郡棚倉村（木津川市）　○大和国（奈良県）山辺郡（村字名未詳）　○伊賀国（三重県）阿山郡府中村（伊賀市）大字千歳　○尾張国（愛知県）東春日井郡高蔵寺村（春日井市）大字出川　○美濃国（岐阜県）加茂郡坂祝村（坂祝町）大字黒岩字前山　○信濃国（長野県）更級郡石川村（長野市）川柳将軍塚　○伯耆国（鳥取県）西伯郡大和村（大山町）大字小波　○周防国（山口県）吉敷郡下宇野令村（山口市）大字赤妻小字丸山　○豊前国（大分県）宇佐郡宇佐町（宇佐市）大字高森赤塚古墳　○肥前国（佐賀県）東松浦郡玉島村（現、唐津市）大字谷口字立中

第三節　本邦内地に於ける漢式鏡発見発掘地の国（都道府県）地点別一覧

　第二節の漢式鏡各型式について、後藤守一氏は国郡別発掘地地名表を作成した。これを現在の都道府県名及び最新の行政市町村名を付け、若干の修正を加えたのが、【表1―1】後藤守一本邦内地に於ける漢式鏡発掘地地名表である。

【表1―1】　後藤守一本邦内地に於ける漢式鏡発掘地地名表

鏡番号	発見地名	発見年月	遺跡の説明	伴出遺物	挿絵番号	鏡の種類	直径 cm	所蔵者	備考
1	山城国京都府葛野郡川岡村（京都市西京区川島）百ヶ池	1900・10	円墳、竪穴式石室	石釧、車輪石、管玉、勾玉、刀身、槍身、朱、古銭。		神獣鏡	24.20	東博	梅原末治「川岡村岡ノ古墳」『京都府史蹟勝地調査会報告』第二冊。後藤守一「銅鏃に就いて」『考古学雑誌』10―3・5。富岡謙蔵「日本仿製古鏡に就いて」『古鏡の研究』。
2					203	神獣鏡	20.10	東博	
3					202	獣形鏡	13.60	東博	
4						神獣鏡	21.00	東博	
5					302	獣帯鏡	21.40	東博	
6					205	TLV式鏡	24.20	東博	
7					206	神獣鏡	13.00	東博	
8					207	神獣鏡	22.00	東博	
9	山城国京都府葛野郡川岡村（京都市西京区川島）一本松塚	1901ころ	前方後円墳、竪穴式石室、石棺ナシ	剣身残欠。	209	獣帯鏡	23.30	藤岡梅次郎	富岡謙蔵「支那古鏡図説」『古鏡の研究』。梅原末治「川岡村岡ノ古墳」『京都府史蹟勝地調査会報告』第二冊。
10						鼉龍鏡	18.20	藤岡梅次郎	
11						破鏡	12.10	藤岡梅次郎	
12	山城国京都府葛野郡松尾村（京都市西京区松尾）山田穀塚	1914・4	前方後円墳、竪穴式石室	坏、蓋坏、高坏、長頸坩、甕、壺、甕、帯金具、刀身、斧頭、槍身、杏葉、轡、鈴、異形鉄器。		神獣鏡	18.10	東博	梅原末治「松尾村穀塚」『京都府史蹟勝地調査会報告』第二冊。
16	山城国京都府葛野郡松尾村（京	不明	不明	不明。		画象鏡	20.60	山田安蔵	後藤守一「銅鏃に就いて」。富岡謙蔵「画象

第一章　問題の所在　39

	都市西京区松尾）鏡塚							鏡考」『古鏡の研究』。
13	京都府葛野郡太秦村（京都市右京区太秦）天塚	1887	前方後円墳、横穴式石室	轡等馬具、鍍金丸玉、陶器、管玉、勾玉、水晶小玉、ガラス小玉。		獣形鏡	17.70	不明	濱田耕作「京都地方の古物遺跡」『人類学雑誌』170。岩井武俊「山城葛野乙訓両郡の古墳二三」『考古界』7―2。梅原末治「太秦村天塚及び清水山古墳」『京都府史蹟勝地調査会報告』第三冊。
14						不明	不明	不明	
15						不明	不明	不明	
17	山城国京都府乙訓郡大原野村（京都市西京区大原野）鏡山古墳			石製鏡、石製鑿、石製下駄、石臼、杵、石釧、勾玉、紡錘石、石製刀子、木片。	210	獣形鏡	9.70	東博	下村三四吉「山城国大原野村鏡山古墳の発見品」『考古学雑誌』1―4。若林勝邦「古墳より発見せる木片に就いて」『考古学雑誌』1―1。富岡謙蔵「日本仿製古鏡に就いて」。
18	山城国京都府乙訓郡向日町（向日市）向日北山	1883・9	前方後円墳、竪穴式小石室	刀身残片、陶器。	211	神獣鏡	22.70	不明	後藤守一「銅鏃に就いて」。梅原末治「向日町向神社附近の古墳」『京都府史蹟勝地調査会報告』第二冊。
19	山城国京都府乙訓郡向日町（向日市）物集女恵美須山	1917ころ	円墳、粘土槨	ナシ。		獣形鏡	7.00		梅原末治「物集女ノ群集墳」『京都府史蹟勝地調査会報告』第一冊。
20	同地	1913、14ころ		碧玉岩製石釧、同管玉。	62	TLV式鏡	24.50	平泉平右衛門	梅原末治「物集女ノ群集墳」。富岡謙蔵「日本仿製古鏡に就いて」。
21					62	変形文鏡	12.70	平泉平右衛門	
22	同地					内行花文鏡		杉浦丘園	富岡謙蔵「日本仿製古鏡に就いて」。
23	山城国京都府紀伊郡深草村（木津川市伏見区深草）深草	1854・2		石釧、車輪石、紡錘石。		内行花文鏡		深草善福寺	『京都帝国大学文学部考古学研究報告』第七冊。
24	山城国京都府久世郡宇治町（宇治市）大谷丸山古墳	1912・9	前方後円墳、粘土槨	刀身、剣身、斧、鉄鏃、鉄器、土器。	212	獣形鏡	12.00	東博	岩井武俊「近時発掘城河の二古墳とその発見遺物」『考古学雑誌』3―7。梅原末治「宇治町丸山古墳」『京都府史蹟勝地調査会報告』第四冊。富岡謙蔵「日本仿製古鏡に就いて」。
25	山城国京都府久世郡久津川村（城陽市）平川車塚	1894・7	前方後円墳、長持式組合棺、竪穴式石室	滑石製勾玉、硬玉製勾玉、碧玉岩製管玉、滑石製臼玉、ガラス製小玉、碧玉岩製合子、碧玉岩製皿、滑石製刀子、兜、鎧、頸鎧、刀身、鉄鏃、陶器。	215	神獣鏡	15.90	関信太郎	富岡謙蔵「日本出土の古鏡」『史林』1―4、同「山城国古墳発見の古鏡七面につきて」『考古学会雑誌』2―1。梅原末治『久津川古墳の研究』。湯本武彦「山城国久世郡久津川村の古墳」『帝国古蹟取調会会報』二。岩井武俊「山城国久世郡久津川村字平川の古墳」『考古界』4―7。富岡謙蔵「日本仿製古鏡に就いて」。
26					216	神獣鏡	22.10	関信太郎	
27					217	神獣鏡	17.50	関信太郎	
28					218	獣形鏡	13.90	関信太郎	
29						獣形鏡	13.80	関信太郎	
30						獣形鏡	13.80	関信太郎	
31						獣形鏡	13.60	関信太郎	
32	山城国京都府綴喜郡八幡町（八幡市）志水女郎花塚東車塚	1897・12	前方後円墳、後円部粘土槨	前方部：剣身。後円部：硬玉製勾玉、刀身、斧頭、鏃、甲冑。	220	神獣鏡	22.40	関信太郎	梅原末治「山城国八幡町の東車塚古墳」『久津川古墳の古墳』。富岡謙蔵「日本仿製古鏡に就いて」。
33					219	内行花文鏡	22.10	京大文学部	
34					168	鼉龍鏡	21.50	某氏	
35					227	神獣鏡	17.00	関信太郎	

第一部　日本における三角縁神獣鏡研究史の問題点

36	山城国京都府綴喜郡八幡町（八幡市）大芝西車塚	1902・6	前方後円墳、竪穴式石室	石製品、小玉、勾玉、車輪石、石釧、鍬形石、木片、刀身残片、管玉、ガラス製小玉。	222	神獣鏡	25.40	東博	梅原末治「八幡町西車塚古墳」『京都府史蹟勝地調査会報告』第一冊。後藤守一「銅鏃に就いて」。富岡謙蔵「日本出土の古鏡」『史林』1—4。富岡謙蔵「日本仿製古鏡に就いて」。
37					223	TLV式鏡	22.10	東博	
38					224	神獣鏡	14.80	東博	
39					154	盤龍鏡	10.30	東博	
40					98	神獣鏡	21.20	東博	
41	山城国京都府綴喜郡有智郷村（八幡市）美濃山王塚	1835	前方後円墳	不明。	225	夔鳳鏡	12.70	不明	梅原末治「美濃山ノ古墳」『京都府史蹟勝地調査会報告』第二冊。富岡謙蔵「日本仿製古鏡に就いて」。
42					226	内行花文鏡		不明	
43					227	TLV式鏡	17.00	不明	
44					64	TLV式鏡	10.60	不明	
45					228	内行花文鏡	19.70	不明	
46					229	内行花文鏡	10.60	不明	
47					230	獣帯鏡	13.50	不明	
48						獣帯鏡	13.50	不明	
49					231	盤龍鏡	12.60	不明	
50					232	鼉龍鏡	16.40	不明	
51					233	神獣鏡	16.40	不明	
52					234	変形文鏡	11.20	不明	
53	山城国京都府綴喜郡有智郷村（八幡市）美濃山王塚	1915	同、封土頂部北西端ニ近ク地下二尺（60cm）内外ノ所ニ粘土層	兜、刀身、鉄鏃、玉類、鎧、斧頭。		神獣鏡	13.60	不明	梅原末治「美濃山ノ古墳」。
54	山城国京都府綴喜郡有智郷村（八幡市）西ノ口	1916・3	円墳	銅鏃、紡錘石、刀身、斧頭、鉄鏃。	235	獣形鏡	11.30	東博	島田貞彦「山城国綴喜郡二子塚古墳」『考古学雑誌』9—5。
55	山城国京都府綴喜郡有智郷村（八幡市）内里（伝）		円墳、粘土槨（共に推定）		236	神獣鏡	22.40	山川七左衛門	梅原末治『梅仙居蔵古鏡図集』開設。
56					237	神獣鏡	21.00		
57	山城国京都府綴喜郡草内村（京田辺市）飯岡戸塚	1874	円墳、竪穴式石室	硬玉製勾玉、管玉、小玉、刀剣、馬具ノ類。		画象鏡	22.40	京博	梅原末治「飯ノ岡ノ古墳」『京都府史蹟勝地調査会報告』第二冊。岩井武俊「山城相楽綴喜両郡の古墳」『考古界』5—1。富岡謙蔵「日本出土の古鏡」『史林』1—4。同「画象鏡考」『古鏡の研究』。
58						画象鏡	19.40	京博	
59						獣形鏡	16.70	京博	
60	山城国京都府相楽郡棚倉村（木津川市）平尾城山	1903・1	円墳、竪穴式石室	剣身、勾玉、管玉、白玉、金銅環、車輪石、石釧、土器。	238	TLV式鏡	16.70	東大人類学教室	梅原末治「棚倉村平尾の古墳」『京都府史蹟勝地調査会報告』第三冊。
61	山城国京都府相楽郡棚倉村（木津川市）					変形文鏡		森本正太郎	富岡謙蔵「日本仿製古鏡に就いて」。
62	山城国京都府相楽郡和束村（和束町）原山西手	1907・10	礫槨カ	槍身、刀身、環頭刀身、鉄鏃、鎧。		獣形鏡	10.00	京博	富岡謙蔵「日本仿製古鏡に就いて」。
63	山城（京都府）南部					内行花文鏡			
64	大和国奈良県添上郡佐保村（奈良市）法華寺			硬玉製勾玉、管玉、銅鏃、銅器、鉄片、銀金具。		不明			
65	大和国奈良県生駒郡都跡村（奈良市）尼ヶ辻垂仁天皇陵カ				239	獣形鏡	12.60	中井敬所遺品	
66①	大和国奈良県生駒郡龍田町（斑鳩町）				239②	神獣鏡	21.50		梅原末治『梅仙居蔵古鏡図集』。

第一章　問題の所在　41

66②	大和国奈良県生駒郡				239③	盤龍鏡	10.00	亀田一恕	
67	大和国奈良県生駒郡都跡村（奈良市）佐紀衛門戸	1913・5	円墳、粘土槨	刀身、銅鏃。	39	内行花文鏡	11.60	宮、諸陵寮	後藤守一「銅鏃に就いて」。富岡謙蔵「日本仿製古鏡に就いて」。
68						内行花文鏡	11.60	宮、諸陵寮	
69						内行花文鏡	11.60	宮、諸陵寮	
70						内行花文鏡	11.60	宮、諸陵寮	
71						内行花文鏡	11.60	宮、諸陵寮	
72						内行花文鏡	11.60	宮、諸陵寮	
73					240	内行花文鏡	9.50	宮、諸陵寮	
74					241	獣形鏡	12.50	宮、諸陵寮	
75						獣形鏡	12.70	宮、諸陵寮	
76					242	神獣鏡	15.70	宮、諸陵寮	
77						神獣鏡	15.40	宮、諸陵寮	
78					166	鼉龍鏡	21.00	宮、諸陵寮	
79					243	鼉龍鏡	20.20	宮、諸陵寮	
80					244	鼉龍鏡	21.60	宮、諸陵寮	
81	大和国奈良県生駒郡西京附近				245	内行花文鏡	16.30	内藤虎次郎	富岡謙蔵「支那古鏡図説」。
82	大和国奈良県礒城郡桜井町（桜井市）桜井金崎	1900・4		高坏、剣身。	97	神獣鏡	20.90	東博	後藤守一「銅鏃について」。
83	大和国奈良県礒城郡都村（田原本町）八尾	1922・9		雲珠、陶製蓋、瓶、瓶、土器。	246	神獣鏡	16.10	東博	
84	大和国奈良県礒城郡城島村（桜井市）外山宮谷	1899・3		勾玉、管玉、ガラス製小玉、斧、鐙、馬具残片、槍身、鑿、切子玉、等。	247	内行花文鏡	7.50	東博	明治三十二年埋蔵物録。
85	大和国奈良県礒城郡城島村（桜井市）鳥見嶺辰巳・森谷境			硬玉製勾玉、碧玉岩製勾玉残片、碧玉岩製勾玉、ガラス製小玉、剣身残片一括。	248①	獣形鏡	13.90	東博	
86					248②	獣形鏡	14.50	東博	
87	大和国奈良県礒城郡柳本村（天理市）渋谷			刀身、鉄鏃、刀子身、轡、雲珠。		内行花文鏡	9.40		
88①	大和国奈良県礒城郡柳本村（天理市）大塚	1918・11		鉄鏃、鉄片。	249	内行花文鏡	39.70	宮、諸陵寮	「古鏡発掘」『考古学雑誌』9―4。「名柄の鏡と柳本の鏡」『考古学雑誌』9―5。梅原末治・森本六爾「大和礒城郡柳本大塚古墳調査報告」『考古学雑誌』13―8」。佐藤小吉「礒城郡柳本字大塚所在大塚発掘古鏡」『奈良県史蹟勝地調査会報告書第六回』。喜田貞吉「我が鏡作部製作の大漢式鏡」『民族と歴史』1―1。富岡謙蔵「日本仿製古鏡に就いて」。
88②	大和国奈良県礒城郡三輪町（桜井市）馬場山の神	1918・5	一種ノ巨石遺物	碧玉岩製勾玉残片、水晶製勾玉、滑石製臼玉、同製石製模造品、土器、鉄片。		素文鏡	3.00	東博	高橋健自・西崎辰之助「三輪町大字馬場字山の神古墳」『奈良県史蹟勝地調査会報告書第七回』。
89	大和国奈良県礒城郡都介野村（奈良市）白石	1915・8			251	神獣鏡	21.20	山川七左衛門	梅原末治『梅仙居蔵古鏡図集』。
90	大和国奈良県礒					位至三公		小川白楊	富岡謙蔵「再び日本出

42　第一部　日本における三角縁神獣鏡研究史の問題点

	城郡都介野村（奈良市）附近				鏡			土の支那古鏡に就いて」『古鏡の研究』。
91	大和国奈良県礒城郡安部村（桜井市）				252	獣形鏡	10.50	広瀬都巽	
92					253	変形文鏡	10.00	広瀬都巽	
93	大和国奈良県山辺郡朝和村（天理市）菅生					鈴鏡		小川白楊	富岡謙蔵「鈴鏡に就いて」『民族と歴史』3—3。
94	大和国奈良県山辺郡朝和村（天理市）					獣形鏡		中山梅次郎	富岡謙蔵「日本仿製古鏡に就いて」。
95①	大和国奈良県山辺郡朝和村（天理市）				255	変形文鏡	11.80	広瀬都巽	
95②	大和国奈良県山辺郡朝和村（天理市）				256	内行花文鏡	19.20	広瀬都巽	
96	大和国奈良県山辺郡朝和村（天理市）					神獣鏡		天理教会	
97						不明		釜木忠哲	
99	大和国奈良県宇陀郡榛原町（宇陀市）上井足	1899・11	円墳カ	勾玉、小玉、槍身、高坏、坩、刀子残片、刀身残片、鐙残片。	251	獣形鏡		東博	高橋健自「王莽時代の鏡に就いて」『考古学雑誌』9—12。梅原末治「所謂王莽鏡に就いての疑問」『考古学雑誌』10—3。後藤守一「銅鏃に就いて」。富岡謙蔵「日本出土の古鏡」。同「画象鏡考」『古鏡の研究』。「大和宇陀郡榛原町古墳の発見」『考古学雑誌』3—3。
100					129	画象鏡	20.30	東博	
98	大和国奈良県宇陀郡宇実志村（宇陀市）下芳野				258	獣帯鏡	25.80	山川七左衛門	
103	大和国奈良県高市郡新澤村（橿原市）川西領高塚千塚山	1900・4	粘土槨カ	刀身残片、鉄鏃、斧頭、石製刀子、勾玉、管玉、土器破片。		獣形鏡	14.80	東博	明治三十四年埋蔵物録。
104	大和国奈良県高市郡新澤村（橿原市）川西領イツブシ			土製品。		不明		東博	
105	大和国奈良県北葛城郡馬見村（広陵町）三吉馬崎	1918・5			260	獣形鏡	8.20	東博	富岡謙蔵「日本仿製古鏡に就いて」。
106	大和国奈良県北葛城郡馬見村（広陵町）疋相西方	1900・4	円墳、石棺（型式不明）	轡、刀身、鏃身、金環。	261	変形神獣鏡	15.50	東博	明治三十四年埋蔵物録。
107	大和国奈良県北葛城郡河合村（河合町）佐味田貝吹宝塚・黄金塚	1881	前方後円墳、一種ノ積石的構築	勾玉、銅鏃、管玉、石製品、銅器、鉄器カ。	131	画象鏡	20.90	東博	三宅米吉「古鏡」『考古学雑誌』1—5。高橋健自『鏡と剣と玉』。同「王莽時代の鏡に就いて」。梅原末治「大和国佐味田宝塚の構造と其の出土の古鏡に就いて」『考古学雑誌』7—3。富岡謙蔵「日本出土の古鏡」。梅原末治『佐味田及新山古墳研究』。後藤守一「銅鏃に就いて」。
108					58	TLV式鏡	23.90	東博	
109						神獣鏡	14.50	東博	
110						内行花文鏡		東博	
111					262	神獣鏡	21.80	東博	
112					264	神獣鏡	22.10	東博	
113						神獣鏡	21.30	東博	
114						神獣鏡	23.30	東博	
115					266	神獣鏡	21.80	東博	
116					89	神獣鏡	21.80	東博	
117						神獣鏡	21.80	東博	

第一章 問題の所在 43

118					268	TLV式鏡	27.90	東博
119					91	神獣鏡	21.80	東博
120					83	神獣鏡	22.10	東博
121					96	神獣鏡	17.10	東博
122					265	神獣鏡	22.10	東博
123						神獣鏡	破片	東博
124					269	神獣鏡	25.80	東博
126					134	画象鏡	20.90	宮、諸陵寮
127					口絵	変形文鏡	23.40	宮、諸陵寮
128					263	神獣鏡	26.70	奈良博
129					267	神獣鏡	21.90	奈良博
130						神獣鏡	20.30	奈良博
131					269	獣形鏡	15.40	宮、諸陵寮
132						獣帯鏡	25.10	宮、諸陵寮
133						TLV式鏡	16.10	宮、諸陵寮
134					271	TLV式鏡	17.60	宮、諸陵寮
125	同古墳前方部							広瀬神社	森本六爾談
136	大和国奈良県北葛城郡河合村（河合町）佐味田貝吹	1885・4	円墳カ	刀身、土器。	48	内行花文鏡	21.50	宮、諸陵寮	富岡謙蔵「日本仿製古鏡に就いて」。
137					272	鼉龍鏡	22.70	宮、諸陵寮
138					104	神獣鏡	21.50	宮、諸陵寮
139					47	内行花文鏡	17.30	宮、諸陵寮
140					167	獣形鏡	21.50	宮、諸陵寮
150					273	盤龍鏡	15.80	宮、諸陵寮
151					136	内行花文鏡	12.10	宮、諸陵寮
152					270	鼉龍鏡	22.30	宮、諸陵寮
153	大和国奈良県北葛城郡馬見村（広陵町）大塚新山、新山古墳	1885・4	前方後円墳、竪穴式石室	勾玉、管玉、帯金具、石製鏃、枕形石製品、巻物軸形石製品、石製刀子柄、車輪石、燭台形石製品、刀剣身、石製斧。	275	神獣鏡	22.10	宮、諸陵寮	富岡謙蔵「日本仿製古鏡に就いて」。梅原末治『佐味田及新山古墳研究』。
154					88	神獣鏡	21.80	宮、諸陵寮
155					93	神獣鏡	22.40	宮、諸陵寮
156					94	神獣鏡	22.40	宮、諸陵寮
157					102	神獣鏡	21.20	宮、諸陵寮
158					111	神獣鏡	13.20	宮、諸陵寮
159					122	神獣鏡	15.00	宮、諸陵寮
160					276	神獣鏡	21.70	宮、諸陵寮
161						神獣鏡	22.10	宮、諸陵寮
162						神獣鏡	21.50	宮、諸陵寮
163					279	神獣鏡	22.10	宮、諸陵寮
164					276②	TLV式鏡	26.70	宮、諸陵寮
165					59	TLV式鏡	29.10	宮、諸陵寮
166					60	TLV式鏡	24.20	宮、諸陵寮
167					61	TLV式鏡	20.40	宮、諸陵寮
168					277	鼉龍鏡	27.10	宮、諸陵寮
169					278①	直弧文鏡	27.90	宮、諸陵寮
170					278②	直弧文鏡	26.00	宮、諸陵寮
171						直弧文鏡	21.20	宮、諸陵寮
172					37	内行花文鏡	16.70	宮、諸陵寮
173					274	内行花文鏡	12.20	宮、諸陵寮
174						内行花文鏡	16.40	宮、諸陵寮
175						内行花文鏡	16.30	宮、諸陵寮
176						内行花文鏡	16.10	宮、諸陵寮
177						内行花文鏡	16.30	宮、諸陵寮
178						内行花文鏡	16.50	宮、諸陵寮
179						内行花文鏡	16.40	宮、諸陵寮
180						内行花文鏡	16.10	宮、諸陵寮
181						内行花文鏡	16.50	宮、諸陵寮
182						内行花文鏡	16.20	宮、諸陵寮
183						内行花文鏡	16.10	宮、諸陵寮

44 第一部 日本における三角縁神獣鏡研究史の問題点

184						内行花文鏡	16.50	宮,諸陵寮	
185						内行花文鏡	16.80	宮,諸陵寮	
186						280	神獣鏡	23.10	宮,諸陵寮	
187	大和国奈良県北葛城郡馬見村（広陵町）大塚		円墳、竪穴式石室	銅鏃。	281	画象鏡	20.60		後藤守一「銅鏃に就いて」。
188					282	獣形鏡	15.50		
189	黒石山					画象鏡			
191	大和国奈良県南葛城郡吐田郷村（御所市）名柄田中	1918・5		銅鐸。	口絵	細線鋸歯文鏡	15.60	東博	高橋健自「同所発掘の銅鐸及珍鏡」『考古学雑誌』8—11。入田整三「考古学上の大問題」『考古学雑誌』9—2。喜田貞吉「銅鐸考」『歴史地理』32—2。梅原末治「大和国吐田郷発見の銅鐸と銅鏡との就いて」『歴史地理』32—2。高橋健自『奈良県史蹟勝地調査会報告書』第六回。富岡謙蔵「日本仿製古鏡に就いて」。梅原末治「銅剣銅鉾について」『史林』9—1。
192	大和国奈良県南葛城郡小林村（御所市）小林ヘン塚				283	変形文鏡	12.10	東博	
193	大和国奈良県南葛城郡秋津村（御所市）附近				283②	獣形鏡	9.00	山中樵	
190①	大和国奈良県南葛城郡大正村（御所市）三室西浦	1891、92	前方後円墳カ、粘土槨カ	筒形青銅器、銅製棒状品、刀身、鉄鏃、勾玉。	284	獣帯鏡	11.80	米田馬三郎	『大和考古資料集』。梅原末治「大和御所町附近の遺蹟」『歴史地理』39—4。
190②	大和国奈良県南葛城郡秋津村（御所市）室大墓		前方後円墳			神獣鏡	21.20	宮,諸陵寮	梅原末治「大和御所町附近の遺蹟」。
190③						神獣鏡	12.90	宮,諸陵寮	
190④						神獣鏡		宮,諸陵寮	
190⑤						獣形鏡	15.10	宮,諸陵寮	
190⑥						不明		宮,諸陵寮	
190⑦						不明		宮,諸陵寮	
190⑧						不明		宮,諸陵寮	
190⑨						不明		宮,諸陵寮	
190⑩						不明		宮,諸陵寮	
190⑪						不明		宮,諸陵寮	
190⑫						不明		宮,諸陵寮	
190⑬	大和国奈良県北葛城郡磐城村（葛城市）当麻岩橋平石				285	獣形鏡	13.00	宮,諸陵寮	
194	大和国・奈良県（伝）				285②	鈴鏡	10.30	嘉納治兵衛	富岡謙蔵「鈴鏡に就いて」。
195	大和国・奈良県（伝）					鈴鏡		東大人類学教室	富岡謙蔵「鈴鏡に就いて」。
196	大和国・奈良県（伝）				286	神獣鏡	24.30	山川七左衛門	『梅仙居蔵古鏡図集』
197	大和国・奈良県（伝）					神獣鏡	21.80	富岡益太郎	富岡謙蔵「日本仿製古鏡に就いて」。
198	大和国・奈良県（伝）					TLV式鏡		住友吉左衛門	富岡謙蔵「日本仿製古鏡に就いて」。
199①	大和国・奈良県（伝）				287	神獣鏡	19.40		富岡謙蔵「再び日本出土の支那古鏡に就いて」。
199②	大和国・奈良県（伝）					神獣鏡		下郷共済会	

200	河内国大阪府南河内郡大伴村（富田林市）板持領内丸山	1902,03ころ			288	神獣鏡	16.10	東博	富岡謙蔵「日本仿製古鏡に就いて」。
201	河内国大阪府南河内郡道明寺村（富田林市）古屋大鳥塚		前方後円墳			獣形鏡	11.20	宮、諸陵寮	
203	河内国大阪府南河内郡小山村（藤井寺市）小山津堂城山	1912・3	前方後円墳、竪穴式石室内長持式石棺	硬玉製勾玉、碧玉岩製管玉、硬玉製棗玉、剣身、刀身、刀装具木片、小釘、皿形銅製品、平板状銅製品、朱一斗、鉄鏃、巴形銅器、銅製矢筈、石刀子、石製剣身、車輪石破片、石製鏃形様品、石製品残欠、金銅製櫛金、赤系焼土器、鳩笛、魚骨、埴輪円筒。		神獣鏡	16.40	宮、諸陵寮	大道弘雄「河内国小山村発見の大石棺」『考古学雑誌』2—9。梅原末治「南河内小山村城山古墳の石棺及び遺物に就きて」『歴史地理』19—6。坪井正五郎「河内小山村城山古墳の調査」『人類学雑誌』28—7、9。富岡謙蔵「日本仿製古鏡に就いて」。梅原末治「河内小山村城山古墳調査報告」『人類学雑誌』35—8、9、10。梅原末治「河内小山村城山古墳調査報告補正」『人類学雑誌』36—4、5、6、7。
204						神獣鏡	16.40	宮、諸陵寮	
205					290	神獣鏡	21.20	宮、諸陵寮	
206						盤龍鏡	13.30	宮、諸陵寮	
207					291	盤龍鏡	14.00	宮、諸陵寮	
208						神獣鏡	13.90	宮、諸陵寮	
209						鏡片	14.50	宮、諸陵寮	
210						鏡片	13.00	宮、諸陵寮	
211						鏡片	11.90	宮、諸陵寮	
212	河内国大阪府南河内郡国分村（柏原市）国分向井山茶臼塚	1629・4	円墳内部不明	不明。	292	神獣鏡	23.20	国分神社	梅原末治「河内国分松岳山船氏墳墓の調査報告」『歴史地理』28—6。梅原末治「再び河内松岳山船氏の墳墓に就いて」『歴史地理』29—4。富岡謙蔵「日本出土の古鏡」。中山平次郎「古式支那鏡鑑沿革」『考古学雑誌』9—7。同「鼉龍鏡に就いて」『考古学雑誌』9—9。高橋健自「王莽時代の鏡に就いて」。梅原末治「所謂王莽鏡に就いての疑問」。後藤守一「銅鏃に就いて」。
213					92	神獣鏡	22.40	国分神社	
214					12	盤龍鏡	14.20	国分神社	
215①	河内国大阪府南河内郡国分村（柏原市）国分美山	1877・10	円墳、石棺	勾玉、管玉、剣身残欠、茶臼形石。		神獣鏡	21.00		梅原末治「河内国分松岳山船氏墳墓の調査報告」。
215②						神獣鏡	22.00		
216	河内国大阪府南河内郡赤坂村（千早赤坂村）					獣形鏡		住友吉左衛門	富岡謙蔵「日本仿製古鏡に就いて」。
217①						獣形鏡		住友吉左衛門	
217②						獣形鏡		住友吉左衛門	
218	河内国大阪府中河内郡中高安村（八尾市高安町）郡川		前方後円墳、横穴式石室	管玉、棗玉、勾玉、銀製耳鎖、鈴、刀装具、槍身、脚付坩、坏。	136	画象鏡	20.60	東博	富岡謙蔵「日本出土の古鏡」。同「画象鏡考」。高橋健自『鏡と剣と玉』山田孝雄「隅田八幡宮蔵古鏡につきて」『考古学雑誌』5—5。中山平次郎「古式支那鏡鑑沿革」。後藤守一「銅鏃に就いて」。
219①					294	獣形鏡	20.60	東博	
219②						不明			
219③						不明			
219④						不明			
220①	河内国大阪府中河内郡北高安村（八尾市高安町）楽音寺	1881・3	前方後円墳、竪穴式石室カ	勾玉、管玉、小玉、刀身、銅鏃。		不明			梅原末治「近時調査せる河内の古墳」『考古学雑誌』5—3。『明治十七年埋蔵物録』。
220②	河内国大阪府北河内郡枚方町	1904・1	舟形木棺カ	刀身、玉類。	295	獣帯鏡	19.90	東大人類学	梅原末治「河内枚方町字万年山の遺蹟と発見
221					296	獣帯鏡	17.50	東大人類学	

222	（枚方市）枚方万年山古墳				297	神獣鏡	21.10	東大人類学
223					298	神獣鏡	21.10	東大人類学
224					299	神獣鏡	21.30	東大人類学
225①					300	神獣鏡	19.10	東大人類学
225②					301	盤龍鏡	21.10	東大人類学
225③						神獣鏡	22.20	東大人類学

※ 注記欄： の遺物に就きて」』『考古学雑誌』7—2。中山平次郎「所謂六朝獣帯鏡に就きて」『考古学雑誌』9—12。富岡謙蔵「日本出土の支那古鏡」。後藤守一「銅鏃に就いて」。

226	河内国大阪府北河内郡豊野村（寝屋川市豊野町）太秦				186	鈴鏡		広瀬治兵衛	富岡謙蔵「鈴鏡に就いて」。
227	和泉国大阪府泉北郡舳松村（堺市境区）仁徳天皇陵（伝）	近世	前方後円墳		302	獣帯鏡	30.30	ボストン美術館	富岡謙蔵「再び日本出土の古鏡に就いて」。高橋健自『歴史図録解説』。
228	和泉国大阪府泉北郡百舌鳥村（堺市北区）赤畑塚廻。	1912	円墳、単二舟形木棺カ	剣身、刀身、硬玉製勾玉、ガラス碧玉製勾玉、碧玉製勾玉、滑石製勾玉、碧玉製管玉、碧玉製棗玉、ガラス製丸玉、ガラス製小玉。	303	獣形鏡	14.60	宮、諸陵寮	大道弘雄「大仙領畔の大発見」『考古学雑誌』2—12。富岡謙蔵「日本仿製古鏡に就いて」。
229					304	獣形鏡	13.40	宮、諸陵寮	
230	和泉国大阪府泉北郡東舌鳥村（堺市中区）土師大野寺址	1737			306	鼉龍鏡	17.70	大野寺	富岡謙蔵「日本仿製古鏡に就いて」。木崎愛吉『摂河泉金石文』。
231	和泉国大阪府泉北郡東陶器村（堺市中区）				160	鼉龍鏡	17.30	高林六郎	富岡謙蔵「日本仿製古鏡に就いて」。木崎愛吉『摂河泉金石文』。
232	和泉国大阪府泉北郡東陶器村（堺市中区）					内行花文鏡	6.30		富岡謙蔵「日本仿製古鏡に就いて」。
233	和泉国大阪府泉北郡東陶器村（堺市中区）				164	獣形鏡	12.30	筒井氏	富岡謙蔵「日本仿製古鏡に就いて」。
237	摂津国大阪府三島郡福井村（茨木市）福井田中海北塚	1909・2	円墳、石棺槨ナシ	小坩及脚付長頸坩、高坏、坩、瓶、金環、銅環、銀製鍍金勾玉、山梔玉（銀製鍍金）、金銅三輪玉、座金物、刀身残片。	309	獣帯鏡	16.40	東博	梅原末治「塚原の群集墳と福井の海北塚」『考古学雑誌』8—2。『明治四十三年埋蔵物録』。中山平次郎「所謂六朝獣帯鏡に就きて」。富岡謙蔵「日本出土の古鏡」。
238	摂津国大阪府三島郡阿武野村（高槻市）土室阿武山	1917・3			310	神獣鏡	21.80	東博	後藤守一「銅鏃に就いて」。
239	摂津国大阪府三島郡阿武野村（高槻市）土室阿武山	1917・9				神獣鏡	22.60	東博	
240	摂津国大阪府三島郡阿武野村（高槻市）岡本領内前塚	1899ころ	円墳、長持形石棺	刀身、槍身、陶器。		不明	破片	杉浦丘園	梅原末治「摂津国三島郡岡本町前塚の石棺に就いて」『考古学雑誌』7—4。同「摂津の古墳墓（補遺）」『考古学雑誌』7—7。同「摂津の古墳墓（補遺）」。杉浦丘園「共同備忘録」『人類学雑誌』220。
241	摂津国大阪府三島郡磐手村（高槻市）別所奥阪	1916・2		管玉、銅釧、刀身残欠、勾玉、砥残片。	311	獣形鏡	10.00	東博	
242					312	神獣鏡	9.40	東博	
243					313	神獣鏡	11.80	東博	
244					45	内行花文鏡	8.50	東博	

第一章　問題の所在　47

245	摂津国大阪府三島郡阿武野村（高槻市）土室土山塚東方石塚	1892、93ころ	円墳、棺槨ナシ	刀身、玉類カ。	314	獣帯鏡	12.90	寺川松太郎	富岡謙蔵「日本出土の支那古鏡」。同「再び日本出土の古鏡に就いて」。梅原末治「摂津の古墳墓」『考古学雑誌』4—8。同「摂津の古墳墓（補遺）」。中山平次郎「所謂六朝獣帯鏡に就きて」。
246						不明	破片		
247	摂津国大阪府三島郡阿武野村（高槻市）古曾部伊勢寺付近	近世			315	神獣鏡	14.90	伊勢寺	梅原末治「摂津の古墳墓（補遺）」。富岡謙蔵「日本出土の支那古鏡」。同「日本仿製古鏡に就いて」。
248	摂津国大阪府三島郡安威村（茨城市）安威鎌足塚		円墳、横穴式石室	刀身。				安威神社	梅原末治「摂津の古墳墓（補遺）」。富岡謙蔵「日本出土の支那古鏡」。
249	摂津国大阪府豊能郡池田町（池田市）娯三堂丸山	1897・12	円墳、竪穴式石室	土器、刀身、管玉、車輪石、斧、刀剣。		神獣鏡	14.20	藤井清助	和田千吉「摂津国豊能郡池田町発見古墳墓調査報告」『人類学雑誌』東京150。
250	摂津国大阪府三島郡細川村古江（池田市古江町）横山					神獣鏡		伊居太神社	富岡謙蔵「再び日本出土の古鏡に就いて」。
251	大阪府三島郡豊中村古江（池田市古江町）横山	1917・5	円墳	剣身、兜、鎧、頸鎧、鉄鏃、金具、槍身。	316	変形文鏡	14.20	東博	入田整三「刀剣馬具等の発見」『考古学雑誌』7—10。同「女塚発見の古鏡」『考古学雑誌』7—11。
234	摂津国兵庫県神戸市須磨区板宿得能山	1924	山頂基岩ヲ剔リ、竪穴式石室	刀身。	307	内行花文鏡	14.50		梅原末治「神戸市板宿得能山古墳」『歴史と地理』14—4。森本六爾「得能山古墳」『考古学雑誌』14—5。
235					308	神獣鏡	16.40		
236	摂津国兵庫県武庫郡夢野村（神戸市兵庫区夢野町）丸山古墳	1923	円墳、粘土槨	銅鏃、鉄鏃、刀身、剣身、鎌、斧頭、鉾形品、鉄片、土器。	123	神獣鏡	12.60		梅原末治「神戸市丸山古墳と発見の遺物」『考古学雑誌』14—5。
252	摂津国兵庫県武庫郡本山村（神戸市東灘区）岡本マンパイ・ヘボソ塚	1896・10	前方後円墳	硬玉製勾玉、琥珀製勾玉、琥珀製棗玉、ガラス製勾玉、硬玉製小玉、碧玉製管玉、石釧、土器。	130	神獣鏡	15.10	東博	富岡謙蔵「日本出土の支那古鏡」。梅原末治「摂津武庫郡に於ける二三の古式墳墓」『考古学雑誌』12—12。後藤守一「銅鏃に就いて」。
253					317	夔鳳鏡	14.80	東博	
254						獣形鏡		東博	
255						神獣鏡	21.20	東博	
256					99	神獣鏡	21.20	東博	
257						神獣鏡	11.20	東博	
258	摂津国兵庫県武庫郡住吉村（神戸市東灘区）住吉求女塚	1870ころ		車輪石、木片、大刀。	318	神獣鏡	22.10	東博	奥村探古「摂津国武庫県おとめ塚」『考古学雑誌』1—6。後藤守一「銅鏃に就いて」。
259①					319	神獣鏡	22.10	東博	
259②						神獣鏡	22.10	東博	
260						内行花文鏡	破片	東博	
261						神獣鏡	破片	東博	
262						神獣鏡	破片	東博	
263	摂津国兵庫県武庫郡六甲村（神戸市灘区）一王山十善寺境内			勾玉、鉄鏃、碧玉製勾玉、蠟石製棗玉、滑石製勾玉、岩製管玉、小玉、水晶製丸玉、兜、鎧残片、鍬身。	320	変形文鏡	14.20	東博	大阪毎日新聞より転載「古武器の発掘」『考古学雑誌』5—7。
264					321	獣形鏡	14.20	東博	
265	摂津国兵庫県武庫郡打出村（芦屋市）阿保親王御墓附近	元禄年間			90	神獣鏡	21.30	吉田履一郎	『澪涛閣帖』。
266						神獣鏡	21.30	親王寺	
267						神獣鏡	21.80	親王寺	
268						神獣鏡	22.10	親王寺	

48　第一部　日本における三角縁神獣鏡研究史の問題点

269	摂津国兵庫県川辺郡川西村（川西市）火打		前方後円墳、横穴式石室			神獣鏡		火打村	『日本考古図譜』。
270	摂津国兵庫県川辺郡立花村（尼崎市立花町）塚口池田山					画象鏡		東博	梅原末治氏による。
271						内行花文鏡	18.10	東博	
272						神獣鏡	14.80	東博	
273	伊賀国三重県名賀郡神戸村（伊賀市）上神戸中出八王子神社址	1914・3		陶器、刀身。		獣形鏡	10.90	東博	
274	伊賀国三重県阿山郡友生村（伊賀市）喰代高猿	1911・2	円墳、石室ナシ	硬玉製勾玉、瑪瑙製勾玉、碧玉製管玉、小玉、綜麻石、金環、銀環、銅環、鉄鏃、金具残片、刀身、刀身残片、剣身、陶土器。	322	神獣鏡	14.50	東博	大西源一「伊賀の遺蹟遺物」『考古学雑誌』2—9。彙報「東京帝室博物館新収の古墳発掘品」『考古学雑誌』6—9。富岡謙蔵「日本仿製古鏡に就いて」。
275					162	獣形鏡	11.50	東博	
276					323	変形文鏡	8.20	東博	
277	伊賀国三重県阿山郡府中村（伊賀市）一ノ宮二ノ谷	1883・3		硬玉製勾玉、瑪瑙製勾玉、蝋石製勾玉大玉、小玉、蝋石製棗玉、蝋石製小玉、碧玉製管玉、岩製管玉、瑪瑙製丸玉、琥珀製棗玉、刀身残片。	324	獣形鏡	7.94	東博	富岡謙蔵「日本仿製古鏡に就いて」。
278					325	神獣鏡	13.70	東博	
279	伊賀国三重県阿山郡府中村（伊賀市）千蔵野添	1866		勾玉、管玉、小玉、斧頭、刀身破片。		TLV式鏡	3.50		『明治十七年埋蔵物録』。
280						TLV式鏡	3.70		
281						内行花文鏡	10.00		
282						内行花文鏡	2.80		
283						内行花文鏡	破片		
284	伊賀国三重県阿山郡府中村（伊賀市）浅間山	1866		硬玉製勾玉、碧玉製勾玉、瑪瑙製勾玉、滑石製勾玉、滑石製管玉、滑石製及ガラス製小玉、碧玉岩製品、蓋坏、懸仏。	185	鈴鏡	12.00	服部武助	大西源一「伊賀の遺蹟遺物」。富岡謙蔵「鈴鏡に就いて」。同「日本仿製古鏡に就いて」。
285						変形文鏡	11.00		
286						変形文鏡	10.90		
287						破片			
289	伊賀国三重県阿山郡府中村（伊賀市）山神東出	1920・3	瓢形墳カ	硬玉製勾玉、碧玉岩製管玉、剣身及刀子残片、土器残欠。	326	神獣鏡	23.30	東博	
290					327	不明	11.20	東博	
288	伊賀国三重県阿山郡府中村（伊賀市）山神東出	1883・12	前方後円墳、横穴式石室	勾玉、管玉、ガラス製小玉、斧頭、鏃、轡、槍身、刀身、鏃身、陶器。		不明	9.50	同村共有	大西源一「伊賀国鳳凰寺古墳考」『考古学雑誌』2—4。
291	伊賀国三重県鈴鹿郡国府村（鈴鹿市）保子里大貝戸車塚		前方後円墳、石室内ニ組合石棺アリシ	蓋坏、坏、提瓶、高坏、蓋、刀身、金具、環頭柄頭、鉄鏃、轡、鉸具、鎮、斧、鐙、鎧残片、銅鈴、銅器、耳飾、金環、硬玉製勾玉、瑪瑙製管玉、ガラス製管玉、切子玉、木製切子玉、ガラス玉（瑠璃色、青、緑、黄色）、中空ガラス玉。	170	鼉龍鏡	13.00	東博	『明治四十年埋蔵物録』。富岡謙蔵「日本仿製古鏡に就いて」。

292	伊勢国三重県一志郡豊地村（松阪市）一志筒野古墳	1914・7	前方後円墳、粘土槨	管玉、切子玉、石釧、土製管玉、陶器。	331	位至三公鏡		東博	後藤守一「銅鍬に就いて」。富岡謙蔵「日本仿製古鏡に就いて」。後藤守一「伊勢一志郡豊地村の二古式墳」『考古学雑誌』14―3。
293					330	神獣鏡	21.50	東博	
294					329	変形文鏡	11.20	東博	
295					328	神獣鏡	20.60	東博	
296	伊勢国三重県一志郡豊地村（松阪市）下之一庄向山古墳	1914・3	前方後円墳、粘土槨	石釧、車輪石、筒形石製品、刀身。	333	内行花文鏡	7.00	東博	後藤守一「伊勢一志郡豊地村の二古式墳」。
297						重圏文鏡	6.30	東博	
298						変形文鏡		東博	
299	伊勢国三重県一志郡豊地村（松阪市）字コチメ	1919・2		鉄鏃残片。		内行花文鏡		東博	
300	伊勢国三重県飯南郡浅見村（松阪市）佐久米			刀身、槍身、鉄鏃、兜、勾玉、陶器。		不明			明治三十二年六月十四日刊行「三重新聞」。
301①	伊勢国三重県飯南郡神戸村（松阪市）下村坊山	1910・2	円墳		331	神獣鏡	15.10	東博	大西源一「伊勢国飯南郡神戸村の古墳及仁木義長の墓につきて」『考古学雑誌』1―2。富岡謙蔵「日本仿製古鏡に就いて」。
301②	伊勢国三重県飯南郡神戸村（松阪市）附近				38	内行花文鏡		吉井太郎	
302	伊勢国三重県飯南郡松尾村（松阪市）立野浅間				153	盤龍鏡	11.00	伊勢徴古館	
303	伊勢国三重県飯南郡松尾村（松阪市）丹生寺					獣形鏡	11.20	松本秀業	
304	伊勢国三重県多気郡斎宮村（明和町）小石田神前塚					神獣鏡	20.90	広瀬治兵衛	富岡謙蔵「日本出土の支那古鏡」。
305	伊勢国三重県多気郡斎宮村（明和町）附近				335	TLV式鏡	22.90	富岡謙蔵	富岡謙蔵「日本出土の支那古鏡」。
306	伊勢国三重県多気郡斎宮村（明和町）				336	変形文鏡	16.30	広瀬治兵衛	
307	伊勢国三重県				337	星雲文鏡	12.40	山川七左衛門	『梅仙居蔵古鏡図集』。
308	志摩国三重県志摩郡畔名村（志摩市）泊山	1911・6,7	円墳カ	琺瑯製丸玉、陶製蓋坏、鉄器残片。	179	鈴鏡	10.90	東博	富岡謙蔵「鈴鏡に就いて」。
309	志摩国三重県志摩郡志島村（志摩市）布海苔	1918・2	組合石棺	轡鏡板、雲珠、金銅製鈴、銅器残欠、刀身残欠、陶器。	338	変形文鏡	12.70	東博	鏑木勢岐「志摩国志島村の古墳に就いて」『考古学雑誌』8―3。
310	志摩国三重県志摩郡神島村（志摩市）					神獣鏡	20.90	同村	
311	尾張国愛知県愛知郡熱田町（名古屋市熱田区）白鳥法持寺	1837	石棺	金銅椀、鍍金鈴、陶器、鎧、刀身、管玉及勾玉。		鈴鏡	10.60		『史海』31号。
312	尾張国愛知県東春日井郡勝川村（春日井市勝川町）北東山山ノ神神社	1916・4		環鈴、槍身、刀剣身残片。	339	獣形鏡	14.50	東博	
313	尾張国愛知県東春日井郡高蔵寺村（春日井市高蔵寺町）出川			碧玉岩製管玉、硬玉製勾玉、蠟石製勾玉、石釧、土器、刀身。	340	鼉龍鏡	19.70	東博	明治三十二年五月十二日刊行「時事新報」「国民新聞」。富岡謙蔵「日本仿製古鏡に就い
314					106	神獣鏡	22.10	東博	

50　第一部　日本における三角縁神獣鏡研究史の問題点

315①						神獣鏡	22.10	東博	て」。後藤守一「銅鏃に就いて」。高橋健自「本邦鏡鑑沿革考」『考古界』7—9。
315②					341	変形文鏡	12.10	東博	
316	尾張国愛知県東春日井郡志段味村（守山市）					鈴鏡			京大考古学教室標本絵葉書
317	尾張国愛知県西春日井郡北里村（小牧市）小木					神獣鏡	13.50	村社宇都宮宮司	佐藤一二「尾張の十三塚」『考古学雑誌』3—3。梅原末治『佐味田及新山古墳研究』。
318	尾張国愛知県西春日井郡北里村（小牧市）関戸								佐藤一二「尾張の十三塚」。
319	尾張国愛知県丹羽郡古知野町（江南市）宮後南大塚	1917・3	石棺カ		342	鼉龍鏡	11.80	東博	
320	尾張国愛知県丹羽郡布袋町（江南市）布袋野			金環、管玉、切子玉、刀、鐶、鎧、槍身。					『古墳横穴地名表』。
321	尾張国愛知県知多郡上野村（東海市）名和欠下	1880ころ		石製品、管玉、鉄片、輪形土器。					『明治十六年埋蔵物録』。
324①									
324②	尾張国愛知県中島郡今伊勢村（東海市）大本神戸	1789・6	前方後円墳			TLV式鏡			『集古十種』。『尾張地名考』。
324③									
324④					342②	獣形鏡		酒見神社	
325	三河国愛知県豊橋市東田				343	変形文鏡	10.30		富岡謙蔵「日本仿製古鏡に就いて」。
326	遠江国静岡県榛原郡初倉村（島田市）坂本高根森東	1915・3	円墳、横穴式石室内ニ組合箱式棺	頭椎大刀、刀身残欠、硬玉製勾玉、ガラス製管玉、ガラス製棗玉、琥珀製棗玉、ガラス製小玉、土製小玉、金環、銀環、銅環、馬鐸、銅製鈴、雲珠、金銅製四方手、陶器。	344	TLV式鏡	10.30	東博	後藤守一「遠江国榛原郡初倉村本高根森古墳」『考古学雑誌』12—8。
327					345	TLV式鏡	15.10	東博	
328	遠江国静岡県小笠郡曾我村（掛川市）奥原御料地					神獣鏡	20.90	東博	富岡謙蔵「日本出土の支那古鏡」。
329	遠江国静岡県小笠郡平田村（菊川市）上平川大塚	1921・3	前方後円墳、礫槨	水晶製勾玉、碧玉岩製管玉、ガラス製小玉、剣身残片、硬玉製勾玉	110	神獣鏡	22.90	東博	後藤守一「大塚古墳調査報告」『考古学雑誌』12—9。
330					346	獣形鏡	12.40	東博	
331					347	神獣鏡	22.10	東博	
332	遠江国静岡県小笠郡和田岡村（掛川市）各和			古鈴。		不明			坪井正五郎「人類学上の事実物品採集の為静岡県下を旅行せし事の略報」『人類学雑誌』東京13。
333	遠江国静岡県小笠郡和田岡村（掛川市）高田瓢塚							原正雄	
334	遠江国静岡県磐田郡御厨村（磐田市）東貝塚堂山		前方後円墳	銅釧。	127	画象鏡	14.80	東博	彙報「遠江御厨町薬師塚発掘の鏡及釧」『考古学雑誌』2—7。富岡謙蔵「画象鏡考」。
335	遠江国静岡県磐田郡岩田村（磐	1879・4	礫槨カ		348	神獣鏡	17.00	東博	高橋健自「本邦鏡鑑沿革考」。『明治十二年埋

	田市）寺谷銚子塚								蔵物録』。富岡謙蔵「日本出土の支那古鏡」。後藤守一「銅鏃に就いて」。
336	遠江国静岡県磐田郡笠西村（袋井市）高尾大門	1883・3	横穴式石室	金環、銀環、碧玉岩製管玉、瑠璃色ガラス製小玉、綜麻石、刀身残片、石製斧、馬具金物、瓶、提瓶、脚付坩、甕、其他陶器。		不明			『明治十六年埋蔵物録』。坪井正五郎「人類学上の事実物品採集の為静岡県下を旅行せし事の略報」。
337						不明			
338	遠江国静岡県磐田郡二俣町（天竜市）							西川勝三郎	富岡謙蔵「日本仿製古鏡に就いて」。
339	遠江国静岡県磐田郡於保村（磐田市）			勾玉、管玉。					八木奘三郎「遠江国発見の古鏡と玉類」『人類学雑誌』東京178。
340	遠江国静岡県磐田郡中泉町（磐田市）南庚申塚		前方後円墳		349	神獣鏡	15.00	池田邦脩	
350	遠江国静岡県浜名郡村櫛村（浜松市）賤山御山塚	1907・12		刀身残片、金環、小玉、銀環、提瓶、甕、瑪瑙製勾玉、切子玉、棗玉。	350	鈴鏡	9.70	東博	『明治四十二年埋蔵物録』。富岡謙蔵「鈴鏡に就いて」。
360	遠江国静岡県引佐郡西浜名村（浜松市）本阪	近世文化ころ（1804〜）				盤龍鏡	12.80		後藤粛堂「橘逸勢社古鏡に就いて」『考古学雑誌』6—7。
362	遠江国静岡県				190	鈴鏡		東大人類学	富岡謙蔵「鈴鏡に就いて」。
363	遠江国静岡県				351	鈴鏡			『梅仙居蔵古鏡図集』。
365	駿河国静岡県駿東郡金岡村（沼津市）					神獣鏡	20.80	大中寺	
366	駿河国静岡県富士郡須津村（富士市）中里大塚	1917	横穴式石室カ	坩、甕、刀身、金環、轡及鉸具残片。	352	変形文鏡	8.80	東博	
367	駿河国静岡県富士郡須津村（富士市）天塚道東須津山々腹	1901・4	横穴式石室カ	陶器、勾玉、銀環、刀身。		変形文鏡	破片		『明治三十五年埋蔵物録』。
368	駿河国静岡県安倍郡有度村（静岡市清水区）草薙東護	1884	円墳、横穴式石室カ	高坏、提瓶、瓶、甕、金環、銀環、ガラス製小玉、鉄鏃、槍身、刀身、轡、其他。		不明	3.10		『明治十七年埋蔵物録』。
369①〜⑥	駿河国静岡県安倍郡豊田村（静岡市駿河区）柚木山神社境内		積石式石室カ	筒形石製品、紡錘石、管玉ガラス製璧、銅鏃、磨製石鏃、鉄鏃、刀剣身。		神獣鏡多シ（6面）			柏原学而「静岡清水山にて古物を得足る事」『人類学会報』3。
370①	駿河国静岡県静岡市浅間神社境内	近世天保年間（1830〜）	横穴式石室、組合粗製石室	環頭柄頭。	353	鈴鏡		浅間神社	山中笑「五鈴鏡」『考古学雑誌』11—7。
370②						獣形鏡		加藤秋峯	
371	甲斐国山梨県東八代郡下曾根村（甲府市）山本丸山	1907		刀身、斧頭、鉄鏃。	113	神獣鏡	17.30	東大人類学	富岡謙蔵「日本出土の支那古鏡」。小松真一「甲斐国東八代郡下曾根村の古墳」『人類学雑誌』38—2。
372	甲斐国山梨県東八代郡豊富村（甲府市）					変形文鏡	6.90		
373	甲斐国山梨県東					神獣鏡カ		浅利神社	黒川春村『並山日記』。

52　第一部　日本における三角縁神獣鏡研究史の問題点

374	八代郡豊富村（甲府市）浅利組					変形文鏡		浅利神社
375						素文鏡		浅利神社
376						素文鏡		浅利神社
377	甲斐国山梨県東八代郡北八代町（笛吹市）伊勢宮ヅングリ塚			刀身。		神獣鏡		
378	甲斐国山梨県西八代郡大塚村（市川三郷町）上野原鳥居原	1893,94	円墳、竪穴式石室	刀身、剣身、滑石臼玉、赤素焼土器、鈴。	114	神獣鏡	12.40	浅間神社	後藤守一「赤烏元年鏡発見の古墳」『考古学雑誌』14—6。
379					48	内行花文鏡	10.50	浅間神社
380	甲斐国山梨県					神獣鏡	22.30	恵林寺
381	神奈川県				354	内行花文鏡	12.40	東博
382					355	位至三公鏡	9.30	東博
383	武蔵国神奈川県橘樹郡住吉村（川崎市幸区）北加瀬了源寺境内	1910・3		鉄製斧頭、刀身残片。	356	獣形鏡	11.90	東博
384						獣形鏡	10.50	東博
385	武蔵国神奈川県都筑郡新田村（横浜市港北区）吉田	1895		勾玉、管玉。		変形文鏡	12.60		八木奘三郎『日本考古学』，同「玉類と鏡の一種」『人類学雑誌』東京170。
386	武蔵国埼玉県比企郡野本村（東松山市）柏崎小原				357	変形文鏡	6.10	東博	富岡謙蔵「日本仿製古鏡に就いて」。
387	武蔵国埼玉県比企郡大岡村（東松山市）大谷庚申塚	近世文化ころ（1804〜）			258	鈴鏡		根岸伴七	富岡謙蔵「鈴鏡に就いて」。
388	武蔵国埼玉県児玉郡青柳村（神川町）新里				183	鈴鏡		広瀬治兵衛	富岡謙蔵「鈴鏡に就いて」。
389	武蔵国埼玉県北埼玉郡須加村（行田市）須加中郷	1916・3	円墳、竪穴式石室	刀身、銅釧、刀子残欠、管玉、土器残欠。		獣形鏡	11.60	東博	『大正七年埋蔵物録』。
390						変形文鏡	8.50	
391	武蔵国埼玉県北埼玉郡埼玉村（行田市）将軍塚	1894・7	円墳	刀身、柄頭、柄金具、鉾身、鉄鏃、鉄製鎧小札、兜、三輪玉（水晶及銅製）、金製勾玉、金製平玉、銀製丸玉、金環、ガラス製小玉、小鈴、大鈴、舌鈴、銅椀、銅鉢、陶製高坏、轡、轡鏡板、鐙、杏葉、雲珠、其他馬具。		不明			柴田常恵「武藏北埼玉郡埼玉将軍塚」『人類学雑誌』東京231。
392	上総国千葉県君津郡清川村（木更津市）祇園鶴巻	1908・2	円墳、組合石棺カ	馬鐸、円頭大刀、拵付刀残欠、大刀残欠、鐔及鎺、圭頭大刀残欠、環頭柄頭、銅器残片、杏葉、四方手、琥珀製棗玉、轡鏡板残片、鉄器残片、陶製坩、蓋坏、坏、蓋、高坏。	359	神獣鏡	17.40	東博	富岡謙蔵「日本仿製古鏡に就いて」。
393	上総国千葉県君津郡清川村（木	1908・2			360	神獣鏡（四仏四		西川勝三郎	富岡謙蔵「日本出土の支那古鏡」。中山平次

第一章　問題の所在

	更津市）					獣鏡）		郎「神獣鏡の起源に就いて」『考古学雑誌』10―4。
394	上総国千葉県君津郡清川村（木更津市）沖	1891・9		兜、鎧小札、刀身、鉄鏃。	116	神獣鏡（四仏四獣鏡）		宮、諸陵寮
395	上総国千葉県君津郡小櫃村（君津市）俵田	1899	前方後円墳ノ陪塚	刀身。		獣形鏡	12.90	八木奘三郎「上総紀行」『人類学雑誌』東京158。
396	下総国千葉県武射郡小松村（山武市）	1879, 80ころ				不明	9.70	東博
397	常陸国茨城県稲敷郡安中村（美浦村）大塚弁天社	1847	円墳	鉄甲冑、刀剣身	362	TLV式鏡	15.20	葉梨協太郎	「常陸国発見の刀子」『考古学会雑誌』3―3。
398	常陸国茨城県筑波郡筑波町（つくば市）国松馬場	1919・5	円墳カ、箱式棺	鈴杏葉、刀身残片。		不明	10.90	東博
399	常陸国茨城県東茨城郡稲荷村（水戸市）大串	1912・12	粘土槨カ	刀身、鐙頭鎖、轡、鉄鏃、環。		獣形鏡	10.20	東博
400	近江国滋賀県滋賀郡和邇村（大津市）小野大塚	1907・4	前方後円墳ニシテ礫床	硬玉製勾玉、碧玉岩製管玉、銅鏃、鉄製斧頭、刀身、剣身、甲冑残欠、土器残片。	364	盤龍鏡	13.00	小西信三郎	富岡謙蔵「日本出土の支那古鏡」。梅原末治「近江国和邇郡の古墳墓特に大塚山古墳に就いて」『人類学雑誌』37―8。
401	近江国滋賀県栗太郡瀬田村（大津市）南大萱織部	1912・3	円墳石室無ク、タダ封土ニソノママ埋メル	鉄製斧頭、刀身残欠、土器残片。	365	神獣鏡	23.20	東博	富岡謙蔵「日本出土の支那古鏡」。高橋健自「王莽時代の鏡に就いて」。梅原末治「所謂王莽鏡に就いての疑問」。後藤守一「銅鏃について」。梅原末治「栗太・野洲両郡に於ける二三の古式墳墓の調査報告」『考古学雑誌』12―3。
402	近江国滋賀県栗太郡葉山村（大津市）		円墳、粘土槨	土器、刀身残片、鉄板。		神獣鏡	21.60		梅原末治氏。
403	近江国滋賀県栗太郡葉山村（大津市）六地蔵岡山		石室ナシ			神獣鏡	21.70	高野神社	梅原末治氏。
404						神獣鏡	22.10	高野神社	
405					366	盤龍鏡	11.10	高野神社	
406	近江国滋賀県野洲郡野洲町（野洲市）小篠原大岩山	1874・3	円墳、小形粘土槨	磨製石鏃、管玉、勾玉、小玉。	367	変形神獣鏡	26.40	知恩院	神田孝平「銅鐸出処考」『人類学会雑誌』東京25. 梅原末治「栗太・野洲両郡に於ける二三の古式墳墓の調査報告」。
407					368	神獣鏡	21.80	知恩院	
408	近江国滋賀県野洲郡野洲町（野洲市）小篠原大岩山	1921	円墳、粘土槨	剣身残片。	370	神獣鏡	25.80	東博	梅原末治「近江国野洲郡小篠原大岩山の一古墳調査報告」『考古学雑誌』13―1。
409					371	獣帯鏡	23.20	東博	
410					151	盤龍鏡	24.30	東博	
411					372	神獣鏡	21.40	東博	
412	近江国滋賀県野洲郡祇王村（野洲市）富波古トバ	1896・5カ	円墳カ、特殊ノ構造ナシ	ナシ。	373	神獣鏡	21.80	東博	高橋健自『鏡と剣と玉』。『明治三十年埋蔵物録』。富岡謙蔵「日本出土の支那古鏡」。高橋健自「王莽時代の鏡に就いて」。梅原末治「所謂王莽鏡に就いての疑問」。後藤守一「銅鏃に就いて」。梅原末治「栗太・野洲両郡に於ける二三の古式墳墓の調査報告」。
413					374	神獣鏡	21.90	ドイツベルリン博物館	
414					375	神獣鏡	22.00	竹内正信	

415	近江国滋賀県野洲郡中里村（野洲市）	1898・8		剣身、銅鈴、管玉、臼玉、陶器、馬具破片。	376	獣形鏡	13.00	東博	
419	近江国滋賀県野洲郡中里村（野洲市）三上山下	1898	不明	不明。	377	獣帯鏡	23.00	山川七左衛門	『梅仙居蔵古鏡図集』。
420						獣帯鏡	22.40	山川七左衛門	
416	近江国滋賀県坂田郡息郷村（米原市）牛打石伏山	1918・3	前方後円墳、竪穴式石室	金環、陶器（瓶、高坏、蓋坏、平瓶）、鐙、刀身、馬具残片。	378	内行花文鏡	14.80	同地	島田貞彦「近江坂田郡の二古墳に就いて」『考古学雑誌』9—4。
417	近江国滋賀県坂田郡息郷村（米原市）能登瀬山津照神社	1889	前方後円墳カ、横穴式石室	刀身、刀子、瓶、大高坏、蓋坏、提瓶、坩等陶器、金銅冠残欠、輪鐙、轡、杏葉、雲珠、鞍橋残欠、三輪玉等。	379	鈴鏡	8.40	山津照神社	中川泉三「近江国山津照神社と神宝鉋」『考古学雑誌』1—10。富岡謙蔵「鈴鏡に就いて」。『近江坂田郡志』。
418①					380	獣形鏡	13.00		
418②						内行花文鏡	7.80		
421①	近江国滋賀県坂田郡北郷村（長浜市）垣籠王塚	1902	前方後円墳	勾玉、小玉、刀、鏡、鉄棒。	381	変形文鏡	14.20	宮、諸陵寮	富岡謙蔵「日本仿製古鏡に就いて」。『近江坂田郡志』。
421②	近江国滋賀県坂田郡息長村（米原市）新庄塚の越	1885	前方後円墳	金環、勾玉、管玉。		神獣鏡			『近江坂田郡志』。
422	近江国滋賀県東浅井郡朝日村（長浜市）山本種路				382	変形文鏡	8.60	東博	富岡謙蔵「日本仿製古鏡に就いて」。
423	近江国滋賀県東浅井郡田根村（長浜市）田川元山	1914・9	円墳、横穴式石室	蠟石製勾玉、碧玉岩製管玉。	383	変形文鏡	7.60	東博	『大正七年埋蔵物録』。
424	近江国滋賀県高島郡水尾村（高島市）鴨宿鴨稲荷山	1902・8	前方後円墳、横穴式石室円墳、家形石棺	金製耳飾、金冠、沓、三輪玉、半円形小飾具、双魚形珮飾、切子玉、棗玉、刀身、刀子、斧頭、馬具類、陶器類。		内行花文鏡	12.60	京大文学部	中川泉三「近江国高島郡水尾村の古墳発掘物」『考古学雑誌』6—9。後藤守一「金製耳飾を出せし古墳」『考古学雑誌』10—3。京大文学部考古学研究報告第八冊『近江国高島郡水尾村の古墳』。
425	近江国滋賀県高島郡広瀬村（高島市）南古賀冠掛			陶器、土器、刀身。					清野謙次「石器時代古墳時代遺物発見地名表」『人類学雑誌』218。
426～439	美濃国岐阜県不破郡府中村（垂井町）市尾親ヶ谷	1879・3		勾玉、管玉、小玉、車輪石、狐鍬石、石製合子、其他石製品。		14面			柴田常恵「美濃国可児郡広見村伊香陵山白山社古墳」『人類学会雑誌』東京202。
440	美濃国岐阜県不破郡宮代村（各務原市）西野	1895・3		壺形土器、琴柱形石製品、管玉、勾玉、剣身。		素文鏡	6.90	東博	『明治二十八年埋蔵物録』。
441	美濃国岐阜県不破郡青墓村（大垣市）昼飯丸山		円墳、横穴式石室			鈴鏡			小川栄一「美濃西部古墳概略」『考古学雑誌』3—2。
442	美濃国岐阜県揖斐郡河合村（河合町）上礒亀山	1827、1829	前方後円墳	弥生式土器		獣形鏡	13.60	上礒区	小川栄一「美濃国上礒古墳発見品に就いて」『人類学雑誌』28—2。
443					384	獣形鏡	12.10	上礒区	
444	美濃国岐阜県揖斐郡河合村（河合町）上礒北山古墳	1909・3	前方後円墳	土器、鉄鏃、小刀身、斧頭。		内行花文鏡	13.60	上礒区	小川栄一「美濃国上礒古墳発見品に就いて」。
445	美濃国岐阜県揖斐郡清水村（揖斐川市）清水后	1879・2	円墳、横穴式石室	勾玉、管玉。	385	鈴鏡	9.70	山川七左衛門	小川栄一「美濃平原山麓線古墳分布状態」『人類学雑誌』18—5。

	川							同「美濃西部古墳概略」。富岡謙蔵「鈴鏡に就いて」。『梅仙居蔵古鏡図集』。
446	美濃国岐阜県揖斐郡豊木村（大野市）野城塚				386	獣帯鏡	20.00	後藤政之助	小川栄一「美濃西部古墳概略」。阿部栄之助『濃飛両国通史』
447	美濃国岐阜県揖斐郡八幡村（池田町）片山深谷					変形文鏡	6.20		八木奘三郎『玉類と鏡の一種』。
448	美濃国岐阜県海津郡城山村（海津市）駒野					不明			小川栄一「美濃西部古墳概略」。
449	美濃国岐阜県稲葉郡常磐村（岐阜市）上土居区山林	1915・5		石製坩、石製刀子、硬玉製勾玉、瑪瑙製管玉、琥珀製勾玉、管玉、ガラス製小玉、滑石製臼玉。	387	神獣鏡	13.00	東博	
450	美濃国岐阜県稲葉郡常磐村（岐阜市）打越と城田寺との境	1915・9		碧玉岩製石合子、鍬形石、琴柱形石製品、石釧残片。	103	神獣鏡	17.20	東博	後藤守一「銅鉇に就いて」。
451					21	獣首鏡	12.50	東博	
452	美濃国岐阜県山県郡厳美村（岐阜市）太郎丸					神獣鏡		横山鈴翁	三宅米吉「古鏡」『考古学雑誌』1—5。後藤守一「銅鉇に就いて」。
453						神獣鏡		横山鈴翁	
454	美濃国岐阜県加茂郡坂祝村（坂祝町）黒岩前山			管玉。	194	変形文鏡	11.50	宮、諸陵寮	富岡謙蔵「日本仿製古鏡に就いて」。
455					388	獣形鏡	9.40	宮、諸陵寮	
456					389	変形文鏡	7.90	宮、諸陵寮	
457					390	変形文鏡	7.30	宮、諸陵寮	
458	美濃国岐阜県加茂郡加茂野村（美濃加茂市）鷲巣大塚	1895・3		巴形銅器、石製斧、鉄鏃、槍身。	391	TLV式鏡	16.60		『明治二十八年埋蔵物録』。
459	美濃国岐阜県可児郡広見村（可児市）伊香陵山	1902・9		石製釧、車輪石、狐鍬石、紡錘車、軸形石製品、三輪玉様石製品、斧頭、巴形銅器、刀身。	167	鼉龍鏡	17.30	東博	林魁一「美濃国可児郡広見村大字伊香発見古器物」『人類学会雑誌』東京200。柴田常恵「美濃国可児郡広見村伊香陵山白山社古墳」。
460					392	内行花文鏡	10.00	東博	
461	美濃国岐阜県可児郡広見村（可児市）御嶽社古墳	1838・1		勾玉、臼玉、管玉、車輪石破片。	393	内行花文鏡	10.90		柴田常恵「美濃国可児郡広見村伊香陵山白山社古墳」。
462①					394	獣形鏡	9.70		
462②	美濃国岐阜県可児郡広見村（可児市）宮ノ洞					内行花文鏡	8.30	東博	柴田常恵「美濃国可児郡広見村伊香陵山白山社古墳」。
462③						内行花文鏡	8.30	東博	
462④	美濃国岐阜県					TLV式鏡	8.30	東博	
462⑤						TLV式鏡	8.30		
462⑥						TLV式鏡	8.30		
463	信濃国長野県小県郡塩尻村（上田市）上塩尻区			刀剣、槍、轡。					小川真夫「信濃国小県郡上古遺物発見地名表」『考古界』6—4。
464	信濃国長野県下伊那郡座光寺村（飯田市）鳥屋場第三号墳				396	獣形鏡	11.00	松村金太郎	
465	信濃国長野県下伊那郡山本村（飯田市）山本金堀塚				397	内行花文鏡	13.60	近藤政寛	
466	信濃国長野県下伊那郡山本村（飯田市）平地第一号墳				398	変形文鏡	8.00	小島万助	

56　第一部　日本における三角縁神獣鏡研究史の問題点

467	信濃国長野県下伊那郡山本村（飯田市）新井原第十一号墳					変形文鏡	7.70	三村三己	
468	信濃国長野県下伊那郡山本村（飯田市）新井原第十二号墳				108	神獣鏡	18.40	三村三己	
469	信濃国長野県下伊那郡松尾村（飯田市）姫塚		前方後円墳、横穴式石室		191	鈴鏡	13.80	木下寅太郎	市村咸人「下伊那郡の古墳」『長野県史蹟名勝天然物調査報告』第一輯。
470	信濃国長野県下伊那郡松尾村（飯田市）天神塚			鉄鏃、柄頭。					若林勝邦「信濃国下伊那郡古墳」『考古学雑誌』1—9。
471	信濃国長野県下伊那郡龍丘村（飯田市）駄科神送り塚				189	鈴鏡	9.20	下平仙十郎	市村咸人「下伊那郡の古墳」。
472	信濃国長野県下伊那郡龍丘村（飯田市）桐林兼清塚				400	神獣鏡	15.80	佐々木平四郎	
					401	神獣鏡	13.80	佐々木平四郎	
473						内行花文鏡		佐々木平四郎	
474①						獣形鏡		佐々木平四郎	
474②	信濃国長野県下伊那郡龍丘村（飯田市）殿垣外					変形文鏡		岡村直	
475	信濃国長野県下伊那郡龍丘村（飯田市）塚原鎧塚					獣形鏡	8.70	開善寺	
476	信濃国長野県下伊那郡龍丘村（飯田市）御猿堂古墳			大形鈴、金環、勾玉、管玉、環頭柄頭。	116	神獣鏡	19.20	開善寺	若林勝邦「信濃国下伊那郡古墳」。
477	信濃国長野県下伊那郡下川路村（飯田市）正清寺塚				404	鈴鏡	10.10	今村正治	
478①	信濃国長野県下伊那郡下川路村（飯田市）第一号墳				408	獣形鏡	10.40	田畑七十吉	
478②						素文鏡	24.20	田畑七十吉	
479	信濃国長野県下伊那郡三穂村（飯田市）神道平古墳				406	内行花文鏡	10.80	岩下信太郎	市村咸人「下伊那郡の古墳」。
480	信濃国長野県下伊那郡三穂村（飯田市）伊豆木石原田古墳				407	変形文鏡	7.70	三穂小学校	
481	信濃国長野県下伊那郡伊賀良村（飯田市）大畑				408	盤龍鏡	6.80	熊谷順蔵	
482	信濃国長野県下伊那郡龍丘村（飯田市）塚原第十号墳				409	内行花文鏡	10.80	岡村直	
483①	信濃国長野県下伊那郡上郷村（飯田市）南条区雲彩寺	1793	前方後円墳、横穴式石室	杏葉、雲珠、鉄鏃、環頭柄頭、金環、金、銀製丸玉、切子玉、		鈴鏡			『信濃奇勝録』。『洲羽国古陵記』。市村咸人「下伊那郡の古墳」。
483②						不明			

第一章 問題の所在 57

483③				棗玉、丸玉、横瓶。		不明			
483④	信濃国長野県下伊那郡龍江村（飯田市）今田宮の平第一古墳					内行花文鏡	7.90		
483⑤						変形文鏡	6.80		
484	信濃国長野県更級郡石川村（長野市）布制神社後将軍塚	1802	前方後円墳	銅鏃、筒形青銅器、金銀環、小玉、車輪石、其他碧玉岩製石製品、管玉、水晶製切子玉、ガラス製勾玉、水晶製勾玉、其他玉類。	410	TLV式鏡			『信濃奇勝録』。『小山林堂書画文房図録』。『撥雲余興』。
485						変形文鏡			
486						内行花文鏡			
487						変形文鏡			
510									
511	信濃国長野県更級郡石川村（長野市）布制神社附近			勾玉、小玉、刀身、剣、鉄鏃、土器、輪鐙。					
512	信濃国長野県更級郡					内行花文鏡	11.50	市川寛斎遺品	『宝月楼古鑑譜』。
513	信濃国長野県更級郡石川村（長野市）					変形文鏡	6.10	市川寛斎遺品	『宝月楼古鑑譜』。
514	信濃国長野県更級郡					盤龍鏡	9.20	栃木龍橋遺品	
515	信濃国長野県更級郡				411	鼉龍鏡	15.00	栃木龍橋遺品	
516	信濃国長野県更級郡				412	鼉龍鏡	17.20	栃木龍橋遺品	
517	信濃国長野県更級郡				413	鼉龍鏡	16.40	栃木龍橋遺品	
518	信濃国長野県更級郡				414	盤龍鏡	12.20	栃木龍橋遺品	
519	信濃国長野県埴科豊栄村（長野市）村北	1917・2	竪穴式石室カ	瑪瑙製勾玉、碧玉岩製勾玉、碧玉岩製管玉、ガラス製管玉、ガラス製小玉。	197	変形文鏡	9.40	東博	後藤守一「鏡を伴ひし古墳」『考古学雑誌』10—2。
520	信濃国長野県埴科倉科村（千曲市）大峡北山	1907・1	竪穴式石室カ	管玉、銅環、鉄鏃、剣身、刀身、小刀身、甑其他土器残片。	417	変形文鏡	8.20	東博	『明治四十年埋蔵物録』。富岡謙蔵「日本仿製古鏡に就いて」。
521	上野国群馬県勢多郡上川淵村（前橋市）朝倉絃巻	1902・3	円墳、石室カ	石製模造具、勾玉、ガラス製小玉、槍、刀身残片、土器、馬具、鎧小札、鋤、ヤットコ？					八木奘三郎「古墳時代の模造品に就いて」『人類学会雑誌』東京196。
522	上野国群馬県勢多郡芳賀村（前橋市）五代大日塚			轡鏡板、雲珠、柄頭、鉸具、飾鋲、銀環、座金物、鐔、刀身残片、金環、鈴、鐙、刀装具、小玉、石鏃等。	418	変形文鏡	7.70	東博	
523	上野国群馬県勢多郡荒砥村（前橋市）双子山	1878		銀環、金環、刀身、鏃、陶器、馬具。		変形文鏡			
524	上野国群馬県群馬郡大類村（高崎市）柴崎蟹沢	1909・3	円墳カ	剣身残片、斧、鉄器、土器残片。	419	神獣鏡	22.70	東博	高橋健自「銘帯に年号ある漢式鏡」『考古学雑誌』1—10。同「在銘最古日本鏡」『考古

525						神獣鏡	21.90	東博	学雑誌』5—2。中山平次郎「芝崎の□始元年鏡と江田の六神四獣鏡」『考古学雑誌』9—10。同「□始元年鏡と建武五年鏡」『考古学雑誌』10—2。同「再び□始元年鏡と建武五年鏡に就いて」『考古学雑誌』10—3。富岡謙蔵「日本出土の支那古鏡」。同「日本仿製古鏡に就いて」。後藤守一「銅鍱に就いて」。
526					40	内行花文鏡	9.70	東博
527					420	内行花文鏡	10.50	東博
528	上野国群馬県群馬郡瀧川村(佐波郡玉村町)八幡原若宮	1911・3	横穴式石室内ニ石棺	刀身、管玉、小玉、鉄片。	421①	変形文鏡	7.00	東博	明治四十四年三月十八日『上州新報』。
529	上野国群馬県群馬郡瀧川村(佐波郡玉村町)八幡原若宮			管玉、環頭柄頭。	口絵	狩猟文鏡	18.20	東博	高橋健自「狩猟文鏡」『考古学雑誌』5—5。富岡謙蔵「日本仿製古鏡に就いて」。
530①	上野国群馬県群馬郡佐野村(高崎市)上佐野				192	鈴鏡		西光寺	
530②	上野国群馬県群馬郡佐野村(高崎市)下佐野長者屋敷	1912	前方後円墳、粘土槨	石製刀子、石製鑿、石釧、勾玉、管玉、切子玉、石製斧、小玉。	422	内行花文鏡	8.10	東博	富岡謙蔵「日本仿製古鏡に就いて」。
531		不明	7.90	東博
532			内行花文鏡	11.00	堀口孫次郎
533		424	変形神獣鏡	11.00	堀口孫次郎
535	上野国群馬県群馬郡八幡村(高崎市)若田(伝)			柄頭。	119	神獣鏡	15.60	東博	富岡謙蔵「日本仿製古鏡に就いて」。
534	上野国群馬県群馬郡岩鼻村(高崎市)綿貫					変形神獣鏡	11.00	東大人類学	富岡謙蔵「日本仿製古鏡に就いて」。
536	上野国群馬県群馬郡岩鼻村(高崎市)火薬製造所構内	1914	前方後円墳、刳抜式舟形石棺	刀身、斧、鍬、槍身、石製刀子、石製品。	118	神獣鏡	14.50	東博	高橋健自『古墳発見石製模造器具の研究』。
537	上野国群馬県群馬郡上郊村(高崎市)保渡田西光寺		前方後円墳、家形石棺	馬具類、ガラス製勾玉。	425	内行花文鏡	9.00		
538	上野国群馬県群馬郡片岡村(高崎市)乗、長坂	1912・2							明治四十五年二月二十二日『上毛新聞』。
539	上野国群馬県群馬郡車郷村(高崎市)和田山			ガラス製小玉、金銀銅環、金銀製装飾品の断片。					『古墳横穴及同時代遺物発見地名表』。
540	上野国群馬県群馬郡京ヶ島村(高崎市)元島名将軍塚	1911・2	前方後円墳、粘土槨	石釧。		獣形鏡			明治四十五年三月九日『上毛新聞』。関亀齢「彦狭島王御墓と称する古墳及発掘遺物」『考古学雑誌』1—8。
541①	上野国群馬県群馬郡清里村(高崎市)青梨子				426	鈴鏡	10.20	浅見作兵衛	
541②	上野国群馬県群馬郡				427	鈴鏡	6.30	山川七左衛門	『梅仙居蔵古鏡図集』。
542	上野国群馬県多野郡平井村(藤岡市)白石			切子玉、小玉、金環、銀環、頭椎大刀、刀身、刀装具、雲珠、韉鏡板、鏃。	428	変形文鏡	7.80	東博	富岡謙蔵「日本仿製古鏡に就いて」。
543		429	変形文鏡	17.50	東博

第一章　問題の所在　59

544	上野国群馬県多野郡平井村（藤岡市）白石					鈴鏡		関保之助	富岡謙蔵「鈴鏡に就いて」。
545	上野国群馬県多野郡美九里村（藤岡市）三本木				117	神獣鏡	15.80	東博	富岡謙蔵「日本仿製古鏡に就いて」。
546					430	画象鏡	16.50	東博	
547	上野国群馬県多野郡美九里村（藤岡市）三本木				431	神獣鏡	22.60		後藤守一「銅鉇に就いて」。
548①					432	神獣鏡	22.10		
548②						画象鏡	21.90	和田千吉	
549	上野国群馬県多野郡藤岡町（藤岡市）小林塚林					内行花文鏡		東大人類学	富岡謙蔵「日本仿製古鏡に就いて」。
550	上野国群馬県北甘楽郡額部村（富岡市）南後筒、北山		石室ナシ	車輪石、勾玉。	150	盤龍鏡	24.30	宮、諸陵寮	柴田常恵「上野武蔵の古墳及び先史移籍」『人類学会雑誌』東京233。梅原末治「近江国野洲郡小篠原大岩山の一古墳調査報告」。
552	上野国群馬県北甘楽郡新屋村（甘楽町）大山	1900	円墳、剖抜式舟形石棺	石製鏡、石製刀子、石製鑿、管玉、白玉、ガラス製玉、鈴杏葉、三鈴。		変形文鏡	7.60	東博	
551①	上野国群馬県碓氷郡八幡村（高崎市）若田大塚	1882・1	未詳	槍身、石製模造品、鉄鏃、石突、刀身残片、短甲、鉄器。		素文鏡カ			『明治十六年埋蔵物録』。
551②	上野国群馬県碓氷郡八幡村（高崎市）剣崎				433	内行花文鏡	11.50	浅見作兵衛	
553	上野国群馬県利根郡久呂保村（昭和村）森下化粧坂				177	鈴鏡	9.60	東博	富岡謙蔵「鈴鏡に就いて」。
554	上野国群馬県山田郡矢場川村（太田市）矢場本矢場		前方後円墳、粘土槨	石釧、剣身、勾玉、管玉、小玉、銅鉇。	157	獣形鏡	10.90	東博	
555①	上野国群馬県新田郡島之郷村（太田市）新野越巻	1908・3				内行花文鏡		伊勢徴古館	
555②					44	内行花文鏡	7.00	東博	
556	上野国群馬県新田郡綿打村（太田市）上田中兵庫塚	1915・1		鈴、金環、切子玉、勾玉、銅釧、ガラス製小玉、管玉、刀身。	188	鈴鏡	11.20	東博	富岡謙蔵「鈴鏡に就いて」、同「日本仿製古鏡に就いて」。
557①						変形文鏡	10.60	東博	
557②	上野国群馬県新田郡澤野村（太田市）牛澤頼母子			勾玉、刀身、銅鉇。	434	TLV式鏡	17.80	東大人類学	
557③						神獣鏡	21.70	東大人類学	
557④						盤龍鏡	21.70	東大人類学	
557⑤	上野国群馬県新田郡九合村（太田市）東矢島、原	1923・1	石室	刀身、馬具	192②	鈴鏡	14.60		
557⑥						鈴鏡	7.90		
558	上野国群馬県邑楽郡大川村（大泉町）古海馬場				187	鈴鏡		東大人類学	富岡謙蔵「鈴鏡に就いて」。
559	上野国群馬県佐波郡伊勢崎町（伊崎市）華蔵寺	1913・3	円墳、横穴式石室	陶器、辻金物、砥石、鉄鏃、管玉、棗玉、切子玉、ガラス製小玉。		変形文鏡	9.10	東博	富岡謙蔵「日本仿製古鏡に就いて」。
560①	上野国群馬県佐		前方後円墳、長	石刀子。		変形文鏡	6.00	東大	後藤守一「上野不二山

番号	所在地	年代	古墳形式	出土品	図番	鏡種	寸法	所蔵	文献
	波郡三郷村（伊勢崎市）安堀不二山古墳		持形石棺						古墳」『考古学雑誌』11—11。
560②	上野国群馬県				439	鈴鏡			
561	下野国栃木県足利市助戸西畑	1911・9	円墳、礫槨カ	剣身残欠、刀身、環鈴、鈴、鈴杏葉、轡残欠、輪鐙、角装具、鈴釧、鉄棒。	440	内行花文鏡	13.90	東博	富岡謙蔵「鈴鏡に就いて」。明治四十四年十月六日『時事新報』。高橋健自「下野国足利市助戸の古墳及発掘遺物」『考古学雑誌』3—6。
562					42	内行花文鏡	11.20	東博	
563					441	鈴鏡	6.30	東博	
564						鈴鏡	6.20	東博	
565①	下野国栃木県下都賀郡石橋町（下野市）上大領東原	1910・3	円墳	碧玉岩製勾玉、碧玉岩製管玉、ガラス製小玉、刀身、馬具残片。	181	鈴鏡	9.30	東博	富岡謙蔵「鈴鏡に就いて」。
565②	下野国栃木県下都賀郡寒川村（小山市）鏡、茶臼塚			刀身。		鼉龍鏡	13.60		
566	下野国栃木県河内郡雀宮村（宇都宮市）雀宮牛塚		前方後円墳	鈴付銅輪、管玉、ガラス製小玉、勾玉、金環、柄、鉄鏃、鈴杏葉、鈴、鐙残片、木片、坏、土器残片、石斧残片。	443	獣形鏡	17.00	東博	菅原恒覧「雀宮近傍の古墳」『人類学会報告』東京第5号、富岡謙蔵「日本出土の支那古鏡」。同「鈴鏡に就いて」。高橋健自「本邦鏡鑑沿革考」『考古学雑誌』7—9。
567						神獣鏡	21.20	東博	
568					178	鈴鏡	5.80	東博	
569					176	鈴鏡	5.80	東博	
570						鈴鏡	9.40	東博	
571						鈴鏡	5.80	東博	
572	下野国栃木県那須郡湯津上村（大田原市）湯津上車塚	1692		鎧、鉄鏃、大刀残片、土器。					
573	下野国栃木県河内郡横川村（宇都宮市）江曾島雷電山		前方後円墳	石製品、土器。	444	乳文鏡	6.70	和田千吉	
574					445	獣形鏡	11.00	和田千吉	
575						乳文鏡	5.40	和田千吉	
576						素文鏡	4.40	和田千吉	
576③						内行花文鏡			
577	下野国栃木県					内行花文鏡	9.50		
578	磐城国宮城県伊具郡金山町（丸森町）台町			銀環、鐔、銅釧、ガラス製小玉、刀身、甑、陶器、勾玉、管玉、石器、切子玉。	446	鈴鏡	10.40	東博	富岡謙蔵「鈴鏡に就いて」。
579	陸前国宮城県名取郡茂ヶ崎村（仙台市）鹿野前囲一ツ塚			硬玉製勾玉、碧玉岩製勾玉、小玉、金環、滑石製臼玉。	447	変形文鏡	16.10	東博	「陸前名取郡茂ヶ崎村古墳発見の石棺」『人類学会雑誌』東京277。高松松太郎「仙台市附近茂ヶ崎にて発見せる古墳」『考古界』6—2。富岡謙蔵「日本仿製古鏡に就いて」。
580	陸前国宮城県加美郡色麻村（色麻町）香取神社境内	1691		陶器、玉類。		重圏文鏡カ	6.70	香取神社カ	布施千造「累々たる蝦夷塚を発見するの記」『人類学会雑誌』東京202。
581	陸中国岩手県胆澤郡金ヶ崎村（金ヶ崎町）西根五郎屋敷	1895		刀身、轡、勾玉、小玉、切子玉。		鈴鏡	8.50		大野雲外「東北旅中散見の遺物」『人類学会雑誌』東京206。
582	若狭国福井県遠敷郡瓜生村（若狭町）脇袋野口西塚	1916・8	前方後円墳、横穴式石室	兜、雲珠、剣身、鉄斧頭、鉄鏃、杏葉、玉製勾玉、管玉、鈴、金製耳飾、帯金具、土器。	451	画象鏡	19.80	宮、諸陵寮	琴堂生「古墳発掘」『考古学雑誌』7—3。上田三平「若狭国遠敷郡瓜生村西塚古墳」『考古学雑誌』7—4。同「西塚及び其附近の
583					452	獣形鏡	12.10	宮、諸陵寮	

第一章 問題の所在　61

584	越前国福井県福井市足羽山公園広場	1909	円墳カ			神獣鏡	22.40	足羽神社	上田三平「足羽山一帯の古墳」『福井県史蹟勝地調査報告』第一冊。
585						神獣鏡	22.40	足羽神社	
586	越前国福井県足羽郡社村（福井市）西谷、三昧谷西区	1919・6	刳抜式家形石棺	勾玉、管玉、小玉、鹿角製刀装具、鉄斧頭、剣身、刀身、鎧破片、槍破片、鉄鏃、鉄釘。	199	変形文鏡	7.20	東博	上田三平「越前国足羽郡社村西谷山上発見の石棺に就いて」『考古学雑誌』10-2。同「西谷山上の古墳」『福井県史蹟勝地調査報告』第一冊。
587					450	神獣鏡	3.30	東博	
588〜596	越前国福井県足羽郡社村（福井市）西谷、兎越古墳	1702	石棺	勾玉、管玉、小玉、車輪石、石釧、綜麻石、鍬形石、鉄鏃、刀身。					『越前国名蹟考』。上田三平「西谷山上の古墳」『福井県史蹟勝地調査報告』第一冊。
597	越前国福井県吉田郡吉野村（永平寺町）境地石船山山頂	1906・8	舟形石棺	兜、鎧、頸鎧、冠、鹿角製刀装具、刀身残片、碧玉岩製管玉。	458	獣形鏡	10.60	東博	高橋健自「越前国吉田郡石船山の古墳及発見遺物附非坂上刈田廃墳墓説」『考古界』7-8。上田三平「二本松山古墳」『福井県史蹟勝地調査報告』第一冊。
598	越前国福井県敦賀郡敦賀町（敦賀市）絹掛金ヶ崎城本丸址	1909・6	円墳、組合石棺カ	木板、刀身、銀製コハゼ形金具、鉄鏃。					和田千吉「越前国金ヶ崎旧城址の古墳」『考古界』8-6。梅原末治「越前敦賀郡の遺蹟遺物」『考古学雑誌』5-8。同「続越前敦賀郡の遺蹟遺物」『考古学雑誌』7-1。富岡謙蔵「日本仿製古鏡に就いて」。上田三平「松原村の古墳」『福井県史蹟勝地調査報告』第一冊。
					454	変形文鏡	7.60	金ヶ崎宮	
599	加賀国石川県江沼郡作見村（加賀市）富塚			勾玉、管玉、金環、銀環、剣。		不明			『北陸人類学学会誌』第二編。
600	能登国石川県鹿島郡瀧尾村（中能登町）水白鍋塚山	1906・2	円墳、組合箱形石棺	刀身、斧頭。	455	TLV式鏡	9.80		上田三平「加賀能登の古代遺蹟」『考古学雑誌』2-7。同「鍋山古墳」『石川県史蹟勝地調査報告』第一輯。
601	能登国石川県鹿島郡御祖村（中能登町）小田中								上田三平「加賀能登の古代遺蹟」『考古学雑誌』2-7。同「鍋山古墳」『石川県史蹟勝地調査報告』第一冊。
602	能登国石川県鳳至郡穴水町（鳳珠郡穴水町）内浦袖ヶ畑	1855		環頭大刀、管玉、切子玉。					上田三平「諸橋村・鵠巣村附近の古墳」『石川県史蹟勝地調査報告』第一冊。
603	越中国富山県氷見郡太田村（高岡市）太田桜谷	1918・9		碧玉岩製管玉。	456	内行花文鏡	14.20	東博	後藤守一「博物館の新収品」『考古学雑誌』10-5。
604	越後国新潟県南魚沼郡六日町（南魚沼市）余川蟻子山			勾玉、管玉、陶器。		変形文鏡	8.80		八木奘三郎「越後国発見の古墳」『人類学会雑誌』東京169。
605	丹波国京都府南桑田郡篠村（亀岡市）野条瀧花塚	1918・2	方形墳、礫床	鎧残片、刀身、剣身、木片。	457	神獣鏡	13.60	中井七郎兵衛	梅原末治「丹波国南桑田郡篠村の古墳」『考古学雑誌』9-7。同「篠村古墳」『京都府史蹟勝地調査報告』第二冊。

第一部　日本における三角縁神獣鏡研究史の問題点

606	丹波国京都府南桑田郡篠村（亀岡市）三ツ塚	1879,80ころ	円墳、竪穴式石室	滑石製勾玉、刀身、碧玉岩製管玉、棗玉、小玉。	458	神獣鏡	11.80	東大人類学	富岡謙蔵「日本仿製古鏡に就いて」。梅原末治「丹波国南桑田郡篠村の古墳」。同「篠村古墳」。
607	丹波国京都府何鹿郡吉美村（綾部市）聖塚	1891・9	方形墳	碧玉岩製勾玉、兜、鎧、槍、刀身残片、鏃、ガラス製小玉。	459	変形文鏡	13.60	高倉神社	梅原末治「多田村方形墳」『京都府史蹟勝地調査報告』第一冊。同「丹波国何鹿郡多田の方形古墳」『考古学雑誌』8—4。
608	丹波国京都府何鹿郡以久田村（綾部市）大畠				460	獣形鏡	9.90	赤國神社	梅原末治「以久田村群集墳」『京都府史蹟勝地調査報告』第二冊。富岡謙蔵「日本仿製古鏡に就いて」。
609					198	変形文鏡	9.90		
616	丹波国兵庫県氷上郡石負村（丹波市）北野親王塚	1899		刀身、轡破片、冑破片、古銭、陶器。	461	変形文鏡	13.20	東博	明治三十二年四月八日『時事新聞』。富岡謙蔵「日本出土の支那古鏡」。後藤守一「銅鏃に就いて」。
617					462	神獣鏡	21.50	東博	
618	但馬国兵庫県城崎郡日高村（豊岡市）江原久斗	1920・5			463	獣形鏡	11.50	広瀬都巽	
619	但馬国兵庫県城崎郡城崎町（豊岡市）小見塚	1914・10	粘土槨カ	綜麻石、蠟石製勾玉、鉄鏃残片。	464	神獣鏡	21.20	東博	後藤守一「銅鏃に就いて」。
620					465	獣帯鏡	18.80	東博	
621	但馬国兵庫県出石郡出石町（豊岡市）谷山鶴塚	1917・5		雲珠残欠、砥、切子玉、管玉、刀身、剣身、斧頭、轡残片、鐙頭鏑、鉄鏃、陶製高坏、瓶、坏、土製高坏。	466	変形文鏡	11.50	東博	
622	但馬国兵庫県出石郡神美村（豊岡市）森尾市尾	1917・3	円墳、竪穴式石室	硬玉製勾玉、碧玉製管玉、陶製坏（以上東博蔵）、硬玉製勾玉、ガラス製勾玉、碧玉岩製管玉、小玉、石斧、剣身、鉄斧頭、鎌、銅鏃、鉄鏃、麻布残欠。	86	神獣鏡	25.40	東博	高橋健自「王莽時代の鏡に就いて」。梅原末治「所謂王莽鏡に就いての疑問」。後藤守一「徐州鏡出土の古墳」『考古学雑誌』10—3。同「銅鏃について」。梅原末治「但馬国神美村の古墳と発見の遺物」『藝文』14—10。
623					467	神獣鏡	23.00	平尾源太郎	
624					468	TLV式鏡	13.00	平尾源太郎	
625	但馬国兵庫県養父郡伊佐村（養父市）坂本世賀居	1912・1		刀身、轡。	469	獣形鏡	13.70	東博	
626	伯耆国鳥取県東伯郡逢束村（東伯町）双子塚		円墳			獣形鏡	10.00	東博	
627	伯耆国鳥取県東伯郡灘手村（倉吉市）上神芝原大将塚	1916・1	円墳、箱式棺	鍬形石、琴柱形石製、管玉、臼玉、槍身、斧頭、刀身残欠、鏃残欠、剣身。		神獣鏡	22.00	東博	後藤守一「東京帝室博物館の新取品」『考古学雑誌』10—4。同「伯耆国東伯郡灘手村大字上神芝栗大将塚」『考古学雑誌』11—1。富岡謙蔵「日本仿製古鏡に就いて」。
628					470	獣形鏡	16.40	足立正	
629	伯耆国鳥取県東伯郡灘手村（倉吉市）上神芝原					内行花文鏡	9.60	足立正	
630						内行花文鏡	9.10	橋井半雲	
631	伯耆国鳥取県東伯郡				471	神獣鏡	23.60	山川七左衛門	『梅仙居蔵古鏡図集』『鳥取県史蹟勝地調査報告』第二冊。
632						神獣鏡	22.10		

633	伯耆国鳥取県東伯郡社村（倉吉市）国府東前国分寺井ノ塚	1922	円墳？、粘土槨	剣身、刀子、鉄斧頭、鉄鏃、柄付鉄製鈍、短冊形刃付鉄板、鎌、鍬頭。	472	夔鳳鏡	20.00	国分寺	梅原末治「東伯郡の古墳」『鳥取県史蹟勝地調査報告』第二冊。
634					473	神獣鏡	22.30	国分寺	
635					475	神獣鏡	14.50	国分寺	
636	伯耆国鳥取県東伯郡上灘村（倉吉市）下田	1898・9				盤龍鏡	10.60	橋井半雲	梅原末治「東伯郡の古墳」『鳥取県史蹟勝地調査報告』第二冊。
637	伯耆国鳥取県西伯郡所子村（大山町）国信国信神社	1883・12		勾玉。	196	変形文鏡	7.30	東博	
638	伯耆国鳥取県西伯郡所子村（大山町）末吉		円墳、箱式棺	管玉、勾玉、平玉。	475	変形文鏡	11.20	山陰徴古館	
639	伯耆国鳥取県西伯郡大和村（米子市淀江町）小波		箱式棺		476	変形文鏡	10.90	足立正	富岡謙蔵「日本仿製古鏡に就いて」。
640	伯耆国鳥取県西伯郡宇田川村（米子市淀江町）中西尾	1902、03	円墳、横穴式石室	陶器、金環、硬玉製勾玉、切子玉、ガラス製玉、刀剣、斧頭。	477	神獣鏡	13.00	谷尾範吾	梅原末治「丹波国南桑田郡篠村の古墳」。同「出雲に於ける特殊古墳」『考古学雑誌』9—5。
641①	伯耆国鳥取県西伯郡宇田川村（米子市淀江町）稲吉				477①	神獣鏡			
641②					477②	獣形鏡			
641③	伯耆国鳥取県西伯郡宇田川村（米子市淀江町）福岡				477③	獣形鏡		足立正	
641④	伯耆国鳥取県西伯郡宇田川村（米子市淀江町）西尾原				477④	内行花文鏡			
641⑤	伯耆国鳥取県西伯郡手間村（南部町）寺ノ内普段寺山	1921	円墳、木槨カ	陶器。	478①	神獣鏡	21.50	稲田長次郎	梅原末治「西伯郡の古墳」『鳥取県史蹟勝地調査報告』第二冊。
641⑥	伯耆国鳥取県西伯郡幡郷村（南部町）坂長長者原	1887前後	円墳、箱式棺	鉄鏃及朱。	478②	獣形鏡	11.00	杵村源次郎	
642	伯耆国鳥取県日野郡宮内村（日南町）矢戸名土	1907	箱式棺	刀剣、切子玉、管玉、ガラス製玉、陶器。	478③	変形文鏡	8.80	東博	
643	出雲国島根県八束郡大庭村（松江市）大草杉谷古天神	1915・8	前方後円墳、横穴式石室	円頭大刀、刀身、刀子身、轡残片、雲珠、金環、銀環、陶製壺、脚付坩、蓋坏、高坏、甕、提瓶。	479	獣形鏡	13.60	東博	梅原末治「出雲に於ける特殊古墳。高橋健自「出雲国八束郡大草古天神山古墳発掘遺物」『考古学雑誌』9—5。
644①	出雲国島根県八束郡大庭村（松江市）有、岡田山	1915	前方後円墳、堅穴式石室カ	陶器、刀身、環頭大刀、方環大刀、鉄鏃、鈴、馬具類。	480	内行花文鏡	12.00		富岡謙蔵「再び日本出土の支那古鏡に就いて」。
644②					480②	位至三公鏡			
645	出雲国島根県能義郡荒島村（安来市）荒島大成	1911・6	方墳、横穴式石室	環頭刀身、刀身、剣身、環頭柄頭、杏葉、斧、槍身、鉄塊、轡残欠。	481	神獣鏡	23.50	東博	梅原末治「丹波国南桑田郡篠村の古墳」。
646	播磨国兵庫県明石郡神出村（神戸市垂水区）小神丸岡					不明		宮、諸陵寮	

64　第一部　日本における三角縁神獣鏡研究史の問題点

647	播磨国兵庫県加東郡来住村（小野市）阿形鎌ヶ谷甕塚	1901・2	石棺ナシ、山上円墳	硬玉製勾玉、碧玉岩製管玉、ガラス製小玉、刀身残片、蓋坏、小坩。	482	変形文鏡	7.50	東博	富岡謙蔵「日本仿製古鏡に就いて」。
648					120	変形神獣鏡	16.30	東博	
649	播磨国兵庫県多可郡黒田庄村（西脇市）喜多天神前	1914・4	円墳、竪穴式石室カ	碧玉岩製勾玉、鉄製鎌、剣身、斧頭、槍身、刀子、鉄鏃、甑、坏、甕、高坏。		TLV式鏡	7.60	東博	後藤守一「博物館の新収品」。同「播磨に於ける古墳」『考古学雑誌』10—8。
650	播磨国兵庫県印南郡誌方村（加古川市）西飯坂	1910・7	竪穴式石室カ	綜麻石、勾玉、陶器。	483	鈴鏡	12.20	東博	富岡謙蔵「鈴鏡に就いて」。
651	播磨国兵庫県印南郡北浜村（高砂市）牛谷天神山	1825・3			487	神獣鏡	21.10	東博	後藤守一「銅鏃に就いて」。
652	播磨国兵庫県飾磨郡荒川村（姫路市）繝伯母谷	1915・5			484	神獣鏡	18.80	東博	
655	播磨国兵庫県飾磨郡糸引村（姫路市）北原越山	1922・9		碧玉岩製坩、碧玉岩製勾玉、瑪瑙製勾玉、ガラス製小玉、水晶製切子玉、瑪瑙製丸玉、刀身残片。	485	獣形鏡	12.20	東博	
656	播磨国兵庫県飾磨郡御國野村（姫路市）国分寺小山		方墳、長持形石棺	勾玉、管玉、棗玉、刀身、剣身。		獣帯鏡			和田千吉「備中国都窪郡新庄下古墳」『考古学雑誌』9—11。梅原末治氏教示。
657	播磨国兵庫県飾磨郡水上村（姫路市）白国人見塚	1895・3	円墳、木棺	土製勾玉、碧玉岩製管玉、剣身、刀身、斧、鉄器。		内行花文鏡	12.50	ベルリン博物館	和田千吉「播磨国神崎香呂村の古墳」『考古学雑誌』2—1。同、「播磨国飾磨郡白国村人見塚調査報告」『人類学雑誌』東京134。八木奘三郎『日本考古学』。
658	播磨国兵庫県神崎郡香呂村（姫路市）香呂柏尾	1898		刀身、鉄鏃。	487	素文鏡	3.20	東博	和田千吉「播磨国神崎香呂村の古墳」。
659						内行花文鏡	12.60	東博	
660①	播磨国兵庫県神崎郡田原村（姫路市）西田原			刀身、陶器。					
660②	播磨国兵庫県揖保郡半田村（たつの市）本条蓮部山	1888・3	竪穴式石室	碧玉岩製勾玉、ガラス製勾玉、小玉、刀身残片。		不明			和田千吉「将軍塚附近の古墳に関する喜田君の説に就いて」『考古界』8—3。
660③						不明			
662	播磨国兵庫県揖保郡香island村（たつの市）吉島松山	1897・4,5	前方後円墳、竪穴式石室カ	ガラス製小玉、土器残片。	141	獣帯鏡	23.00	東博	『明治三十年埋蔵物録』。富岡謙蔵「日本出土の支那古鏡」。中山平次郎「所謂六朝獣帯鏡に就きて」。後藤守一「銅鏃に就いて」。
664						盤龍鏡	22.30	東博	
665						内行花文鏡	19.60	東博	
666						神獣鏡	19.50	東博	
667					489	神獣鏡	23.70	東博	
668						神獣鏡	23.70	東博	
669	播磨国兵庫県宍粟郡神野村（加古川市）五十波大畑	1917	円墳	鉄鏃、刀装具、金銀環、管玉、轡、刀身、陶器。	481	内行花文鏡	8.60	東博	
670	播磨国兵庫県宍粟郡城下村（波賀町）野村塚元	1917・2		陶製壺。	492	獣形鏡	10.90	東博	後藤守一「東京帝室博物館の新収品」『考古学雑誌』10—4。
671	美作国岡山県苫田郡林田村（津	1909・2		土器破片。	493	獣形鏡	8.30	東博	富岡謙蔵「日本仿製古鏡に就いて」。

	山市）川崎金田丸山							
672①	美作国岡山県苫田郡芳野村（鏡野町）古川							光井清三郎「美作考古界」『考古界』2—8。
672②	美作国岡山県苫田郡高野村（津山市）				493	獣形鏡	10.10	近藤喜一	森本六爾。
673	美作国岡山県勝田郡河邊村（津山市）日上畝山大塚	1872		刀身、鉄鏃、冑鎧、玉、金環、陶器。		不明	15.20		秋久秀二郎「岡山県下勝田郡国分寺附近古墳探検の記」『考古』1—6。
674	美作国岡山県勝田郡飯岡村（津山市）王子				494	獣帯鏡	12.80	東大人類学	
675	備前国岡山県赤磐郡西高槻村（岡山市）穂崎天神の木柴草山	1885・3		槍。		不明			古谷清「異形なる矛に就いて」『考古界』6—6。
676①	備前国岡山県赤磐郡可真村（赤盤市）					神獣鏡		東大人類学	富岡謙蔵「日本仿製古鏡に就いて」。
676②	備前国岡山県赤磐郡可真村（赤盤市）				497	内行花文鏡	11.80	東大人類学	富岡謙蔵「日本仿製古鏡に就いて」。
677	備前国岡山県邑久郡邑久村（総社市）山手八木山	1885・4		ガラス製小玉、硬玉製勾玉、高坏残片。		内行花文鏡	11.90	東博	富岡謙蔵「日本仿製古鏡に就いて」。
679	備前国岡山県邑久郡邑久村（総社市）亀ヶ原		前方後円墳、封土中	玉類。	38	内行花文鏡	6.80	横山精一	
680	備前国岡山県邑久郡邑久村（総社市）山田庄西郷免	1885・3		ガラス製小玉、ガラス製勾玉、銅釧、斧、杏葉、刀身、鎧小札、釘、陶製瓶、蓋坏。	496	神獣鏡	14.90	東博	
681	備前国岡山県邑久郡美和村（瀬戸内市）西須恵築山	1909・1	前方後円墳、家形石棺	ガラス製勾玉、碧玉岩製管玉、鉄製斧、剣身、刀身、槍身、轡、鉄地金銅張杏葉、兜及鎧残片、鉞残片。		画象鏡	20.30	東博	高橋健自「王莽時代の鏡に就いて」。梅原末治「所謂王莽鏡に就いての疑問」。後藤守一「銅鍬について」。富岡謙蔵「画象鏡考」。
682	備前国岡山県邑久郡美和村（瀬戸内市）飯井					変形文鏡	6.60	岡崎猪太郎	
683	備前国岡山県邑久郡美和村（瀬戸内市）釜ヶ原金鶏塚	1895・3				神獣鏡			『明治二十八年埋蔵物録』。
684①	備前国岡山県邑久国府村（瀬戸内市）牛文字茶臼山	1912・7	前方後円墳、竪穴式石室	刀身残欠、小鈴付獅噛金具、貝釧、鞍四方手、金具残片、鎧小札残欠。		神獣鏡	20.80	東博	
684②	備前国岡山県邑久郡船村（瀬戸内市）船山	近世	前方後円墳						森本六爾。
684③									
684④	備前国岡山県上道郡平島村（岡山市）浦間北山					不明		山口光治旧蔵	森本六爾。
685	備中国岡山県都	1909・7	円墳、石室、石	脚残欠、脚付坩	498	神獣鏡	21.50	東博	高橋健自「鏡背に仏像

66   第一部　日本における三角縁神獣鏡研究史の問題点

	窪郡庄村（倉敷市）日畑西組赤井		棺	横瓮、脚付盤、提瓶、脚付坩、坩、長頸瓶、瓶、高坏、脚付盌、盌、蓋坏、坏、蓋、兜、鎧、大刀、輪鐙、轡鏡板、杏葉、鉄鏃、鞍覆輪、鞍金具、雲珠、辻金物、鉸頭、釘残欠、槍身、刀子、鉄器残欠、鉸具、鎗鉋、環頭大刀、砥石、木片、銀環、鍍金銀環、金環、金管、小玉。				を現したる六朝鏡」『考古学雑誌』7-10。富岡謙蔵「日本出土の支那古鏡」。中山平次郎「神獣鏡の起源に就いて」『考古学雑誌』10-4。
686	備中国岡山県都窪郡加茂村（岡山市）新庄下千足			巴形銅器、碧玉岩製勾玉、鉄鏃、兜残欠。	499	変形文鏡	11.80	宮、諸陵寮	明治四十五年二月十六日『山陽新聞』。和田千吉「備中国都窪郡新庄下古墳」『考古学雑誌』9-11。
687					500	獣形鏡	17.00	宮、諸陵寮	
688	備中国岡山県都窪郡加茂村（岡山市）新庄下榊山			帯金具、金具、碧玉岩製卵形石、砥石、銅製鈴。	501	変形神獣鏡	14.00	宮、諸陵寮	和田千吉「備中国都窪郡新庄下古墳」。
689①	備中国岡山県都窪郡山手村（総社市）宿寺山古墳	1887ころ	前方後円墳、竪穴式石室	剣身、刀身、鉄鏃、釦子。	502	神獣鏡	11.90	東博	梅原末治「備中国都窪郡の二三墳墾に就いて」『歴史と地理』15-1。
689②					142	盤龍鏡	13.60	守屋孝蔵	
690	備中国岡山県吉備郡日近村（岡山市）吉字磯雄尾籠山	1922・5		剣身、斧頭、管玉、ガラス製小玉。	503	獣形鏡	10.90	東博	
691①	備中国岡山県吉備郡足守町（岡山市）下足守貝坂向山	1924・2	箱式棺	勾玉、管玉、小玉、刀身、斧頭。	504	獣形鏡	9.90		
691②	備後国広島県深安郡御野村（福山市）下御領	1904	石棺	刀身、瑪瑙製勾玉、管玉。		不明	10.00		重田定一「古墳研究資料」『考古界』5-2。
692	備後国広島県双三郡吉舎村（三次市）三玉大塚山			鎧、刀身、刀身残片、槍身、斧、鉄鏃、鑿、轡、砥、筒形青銅器、杏葉、管玉、石製品、臼玉。	195	変形文鏡	7.70	東博	富岡謙蔵「日本仿製古鏡に就いて」。
693					505	変形文鏡	12.60	東博	
694	備後国広島県双三郡吉舎村（三次市）吉舎八幡山	1908・1	墳形不明、竪穴式石室	刀身破片、鎧残片。		獣形鏡			『埋蔵物録』。
697	備後国広島県沼隈郡赤坂村（福山市）赤坂安井	1907・5	石室無ク、粗製組合箱式棺カ	碧玉岩製勾玉、碧玉岩製管玉。		内行花文鏡	9.40		『明治四十年埋蔵物録』。
695	安芸国広島県安芸郡温品村（広島市）須賀谷	1912・3	舟形石棺	刀身、勾玉、瑪瑙製切子玉、碧玉岩製管玉、ガラス製小玉、銅釧、鑿、刀身残片。	200	変形文鏡	10.20	東博	明治四十五年三月二十七日『大阪新報』。
696					506	変形文鏡	7.10	東博	
698	周防国山口県玖珂郡柳井町（柳井市）水口代田八幡宮	1893・2			165	鼉龍鏡	23.00	東博	梅原末治「周防国玖珂郡柳井町水口茶臼山古墳調査報告」『考古学会雑誌』11-8, 9。富岡謙蔵「日本仿製古鏡
699①					20	鼉龍鏡	44.50	東博	
699②					507	内行花文鏡	19.70	森田愛輔	
699③						神獣鏡	33.30	山口県立教育博	

第一章　問題の所在　67

699④						不明			に就いて」。
702①	周防国山口県都濃郡下松町（下松市）宮洲	1683	円墳、竪穴式石室カ	刀身。	148	盤龍鏡	24.50	同地磯部氏	梅原末治「周防国玖珂郡柳井町水口茶臼山古墳調査報告」。梅原末治「周防国都濃郡下松町宮洲発見の古鏡」『歴史地理』40—3。
702②					109	神獣鏡	22.70	同地磯部氏	
702③					508	内行花文鏡	11.40	同地磯部氏	
702④					509	神獣鏡	22.10	同地磯部氏	
700	周防国山口県都濃郡富田村（周南市）					画象鏡	17.00		
701	周防国山口県佐波郡防府町（防府市）桑山塔之尾			鈴、管玉、臼玉、槍身柄ノ類カ、鎧、帯鐍、陶器。					若林勝邦「考古資料」『考古学会雑誌』1—9。
703	周防国山口県佐波郡西浦村（防府市）呉山	1901・5	円墳、横穴式石室	管玉、勾玉。	511	獣首鏡	9.40	東博	
704	周防国山口県吉敷郡下宇野令村（山口市）赤妻丸山	1897・3	円墳、竪穴式石室	剣身、兜、頸鎧、鎧、巴形銅器、槍身、貝器、鋤、鉄鎌。	159	獣形鏡	12.50	東博	「周防国山口附近赤妻村の古墳及び発見品」『考古学会雑誌』2—7。『明治三十年埋蔵物録』
706	周防国山口県吉敷郡下宇野令村（山口市）赤妻丸山	1908・8		瑪瑙製勾玉、硬玉製勾玉、硬玉製有孔石器、瑪瑙製丸玉、ガラス製切子玉、碧玉岩製管玉、ガラス製小玉、針、櫛、刀身。	513	変形文鏡	10.70	東博	和田千吉「周防国吉敷郡赤妻の古墳」『考古界』8—5。富岡謙蔵「日本出土の支那古鏡」。富岡謙蔵「日本仿製古鏡に就いて」。
707					514	位至三公鏡	8.80	東博	
708					45	内行花文鏡	7.40	東博	
709	周防国山口県熊毛郡佐賀村（平生町）森下白鳥神社	1749・11		刀身、鉄斧頭、巴形銅器。	515	神獣鏡	13.40	白鳥神社	弘津史文「周防の大古墳に就いて」『考古学雑誌』11—12。
710					516	神獣鏡	18.60	白鳥神社	
711	長門国山口県豊浦郡豊西下村（下関市）綾羅木上ノ山	1909・4		水晶製管玉、碧玉岩製管玉、瑪瑙製勾玉、ガラス製小玉、銅釧、三輪玉形金具、鈴釧、轡鏡板、鉄鎌、鎧残片。	517	鈴鏡	10.70	東博	富岡謙蔵「鈴鏡に就いて」。『明治四十三年埋蔵物録』。
712	長門国山口県豊浦郡安岡村（下関市）冨任梶栗ノ浜	1909・4	組合箱式石棺	銅剣、坩。	8	細線鋸歯文鏡	8.80	東博	
713	長門国山口県大津郡菱海村（長門市）河原亀山	1914・2			718	獣形鏡	11.60	東博	富岡謙蔵「日本仿製古鏡に就いて」。
714	紀伊国和歌山県海草郡椒村（有田市）椒浜	1908・4	前方後円墳、横穴式石室	金銅装具、管玉、刀身、槍身、斧、鉄鎌、石枕、兜、鎧、土器。	519		11.80	東博	富岡謙蔵「日本出土の支那古鏡」。
715	紀伊国和歌山県海草郡紀伊村（和歌山市）府中八幡神社	1923・3	木棺カ			内行花文鏡	12.20		『地方庁報告書』。
716	紀伊国和歌山県海草郡西和佐村（和歌山市）岩橋千塚				520	鈴鏡	8.20	鳴神村清水清	岩井武俊・田澤金吾『和歌山県史蹟調査報告』。富岡謙蔵「鈴鏡に就いて」。
717	紀伊国和歌山県海草郡西和佐村（和歌山市）岩橋千塚					神獣鏡	22.10	西和佐村沼平助	岩井武俊・田澤金吾『和歌山県史蹟調査報告』。
718	紀伊国和歌山県					変形神獣		西和佐村	

第一部　日本における三角縁神獣鏡研究史の問題点

	海草郡西和佐村（和歌山市）岩橋千塚					鏡		武田伊三郎
719	紀伊国和歌山県日高郡湯川村（御坊市）富安	1874・3		勾玉、臼玉、管玉、刀身。	521	獣形鏡	14.40	東博
720	紀伊国和歌山県日高郡南部町（みなべ町）山内岡山ノ内城山	1915・8			160	獣形鏡	15.20	東博
721	紀伊国和歌山県北牟婁郡錦村（大紀町）向井山	1908・4	前方後円墳、石室	勾玉、管玉、陶土器。			12.20	東博	富岡謙蔵「日本出土の支那古鏡」。
722	阿波国徳島県徳島市勢見山一本松	1766・9	円墳カ、横穴式石室					同地観潮院	鳥居龍蔵「阿波国二古墳ノ記」『人類学会報告』東京5。
723①	阿波国徳島県名東郡上八万村（徳島市）上八万星河内巽山	1917・5	円墳、横穴式石室	刀身残欠、石釧、車輪石、鍬形石、土器。	67	TLV式鏡	19.40	東博	後藤守一「鏡を伴ひし古墳」。田所市太「阿波国星河内の古墳」『考古学雑誌』10—7。
723②					523	獣帯鏡	13.90	東博
723③						変形文鏡	14.20	東博
724	阿波国徳島県名東郡齋津村（徳島市）津田山			鐙、大刀。					笠井新也「阿波国古墳概説続編」『考古学雑誌』4—12。田所市太「阿波の古墳墓に就いて」。
725	阿波国徳島県名東郡加茂名村（徳島市）西名東徑ヶ丸								田所市太「阿波の古墳墓に就いて」『考古学雑誌』6—1。
726	阿波国徳島県板野郡板東村（鳴門市）桧、歩兵第六十二連隊演習場	1915・8		勾玉、管玉、小玉、臼玉、石製品、柄頭。	524	獣形鏡		東博
727	阿波国徳島県板野郡板東村（鳴門市）谷口	1915・9		琴柱形石製品。	525	変形文鏡	7.20	東博
728	阿波国徳島県板野郡板西村（板野町）大寺青塚				526	神獣鏡		宮、諸陵寮
729						神獣鏡		宮、諸陵寮
730	阿波国徳島県板野郡板東村（板野町）平草			勾玉、剣身、刀身、銀環、陶器。		不明		永井精浦	鳥居龍蔵「阿波国古蹟指明図編纂に就いて」『人類学会報告』東京42。
731	讃岐国香川県高松市石清尾山					TLV式鏡		黒木安雄	長町彰「讃岐国石清尾山の群集墳殊に其の石積塚に就いて」『考古学雑誌』10—4。
732						内行花文鏡		長町彰
737	讃岐国香川県大川郡津田町（さぬき市）岩崎山	1809		玉類、車輪石、その他小石製品。		神獣鏡	17.60		長町彰「讃岐国大川郡津田岩崎山古墳」『考古学雑誌』7—3。
738	讃岐国香川県木田郡奥鹿村（三木町）鹿庭出作	1917・3	横穴式石室カ	陶製提瓶、坏。	527	変形文鏡	7.00	東博
739	讃岐国香川県香川郡弦打村（高松市）鶴市御殿山	1910・5	積石塚、横穴式石室	銅剣、銅製柄、石釧、鉄斧、鑿、銅鏃、鉄鏃、鉄剣身、刀身、壺形土器。	528	神獣鏡	22.10	東博	長町彰「讃岐国石清尾山の群集墳殊に其の石積塚に就いて」。長町彰「讃岐国石清尾山の古墳」『考古学雑誌』1—7。富岡謙蔵「日本出土の支那古鏡」。高橋健自「銅鉾銅剣考」『考古学雑誌』6—12。
740					158	獣形鏡	14.00	東博
741					19	獣形鏡	14.70	東博
742					34	内行花文鏡	14.10	東博
743					528①	内行花文鏡	16.40	東博
744	讃岐国香川県綾	1917	円墳、竪穴式石	環鈴、短甲、槍	529	神獣鏡	14.80	東博

	歌郡羽床村（綾川町）小野津頭蛇塚		室カ	身、鐓、高坏、蓋坏、金銅張鉄器、頭鎧冑、斧頭、刀身、剣身、轡、鉄鏃、鎧小札金具、耳鎖。				
736	讃岐国香川県仲多度郡善通寺町（善通寺市）練兵場	1900・12	組合箱式石棺			内行花文鏡			『明治三十四年埋蔵物録』。
745	讃岐国香川県仲多度郡与北村（善通寺市）西村山根	1901・5	円墳カ、礫槨カ	石釧、鉄鏃。	530	獣形鏡	8.50	東博	
746	讃岐国香川県仲多度郡白方村（多度津町）奥白方中東	1915・1		銅製鈴、硬玉製勾玉、丸玉、小玉、管玉、刀身。	531	神獣鏡	19.20	東博	入田整三「東京帝室博物館新収の珍品」『考古学雑誌』7―4。
747	讃岐国香川県					TLV式鏡	10.00	黒木安雄	
749	伊予国愛媛県越智郡下朝倉村（今治市）朝倉下丈六寺	1908・4		硬玉製勾玉、碧玉岩製管玉、砥石、笄、薬師像、刀身、槍身等。	138	獣帯鏡	23.70	東博	富岡謙蔵「日本出土の支那古鏡」。
750	伊予国愛媛県宇摩郡妻鳥村（四国中央市川之江町）東宮山	1894ころ	円墳、横穴式石室	土器、鉄刀剣身、環頭柄頭、鉄鏃、鉄兜、水晶切子玉、管玉、銀平玉、金環、金銅冠、馬鐸、轡鏡板。	532	内行花文鏡		宮、諸陵寮	富岡謙蔵「日本出土の支那古鏡」。高橋健自「銅鉾銅剣考」。
751	伊予国愛媛県東宇和郡山田村（西予市宇和町）栗浜	1902,03ころ		金環、銀環、ガラス製勾玉、刀身残欠。	533	変形文鏡	7.00	宮本光久	西園寺源透「伊予山田村の遺物」『考古学雑誌』13―9。
752	筑前国福岡県糟屋郡仲原村（粕屋町）仲原鬼首	1913・3	円墳、組合箱式石棺	硬玉製勾玉、碧玉岩製管玉、刀子残片、綜麻石。		重圏文鏡	7.60	東博	富岡謙蔵「日本仿製古鏡に就いて」。
753	筑前国福岡県筑紫郡席田村（福岡市）立花寺文殊谷	1902・12			534	変形文鏡	8.70	東博	『明治三十五年埋蔵物録』。
754	筑前国福岡県筑紫郡春日村（春日市）須玖岡本	1899	上ニ小土壇アリ、カツ立石アリ、ソノ下ニ周囲ヲ粘土榔ニセル甕棺アリ、ソノ内外ヨリ発見	銅剣、銅鉾、管玉、ガラス製璧。		夔鳳鏡	13.60	徳川頼倫	高橋健自「銅鉾銅剣考」。八木奘三郎「考古精説」。古谷清「鹿虔と須玖」『考古学雑誌』2―3。富岡謙蔵「九州北部に於ける銅剣銅鉾及び弥生式土器と伴出せる古鏡の年代に就いて」『考古学雑誌』8―9。中山平次郎「銅鉾銅剣発見地の遺物」『考古学雑誌』8―9。中山平次郎「銅鉾銅剣発見地の遺物追加」『考古学雑誌』8―10, 11。中山平次郎「明治三十二年に於ける須玖岡本発掘物の出土状態」『考古学雑誌』12―10。富岡謙蔵「日本出土の支那古鏡」。富岡謙蔵「再び日本出土の支那古鏡」。
755						重圏文鏡	破片	東大人類学	
756					536	重圏文鏡	破片	東大人類学	
757					537	重圏文鏡	破片	東大人類学	
758						重圏文鏡	破片	東大人類学	
759						内行花文鏡	破片	和田千吉・古谷清	
760						内行花文鏡	破片	古谷清	
761						内行花文鏡	破片	中山平次郎	
762						星雲文鏡	破片		
763						星雲文鏡	破片	東大文学部旧蔵	
764						葉文鏡	破片	古谷清	
765					538	双葉文鏡	破片	京大文学部	

766	筑前国福岡県筑紫郡春日村（春日市）須玖岡本、岡本集落の北				540	TLV式鏡	13.90	朝鮮総督府博物館	中山平次郎「銅鉾銅剣発見地の遺物追加」。中山平次郎「古代支那鏡鑑沿革」『考古学雑誌』9—3、4、5、6。高橋健自「銅鉾銅剣考」。富岡謙蔵「日本仿製古鏡に就いて」。
767					541	内行花文鏡	7.90	朝鮮総督府博物館	
769	筑前国福岡県糸島郡恰土村（糸島市）大門辻	1913・3	円墳、石室	純金製耳鎖、刀身残片、不明鉄器残片、金環、陶器、小玉。	542	変形文鏡	9.20	東博	
770	筑前国福岡県糸島郡前原町（糸島市）泊、大日	1909		環頭大刀、管玉、勾玉。	543	獣形鏡	22.00	桂木寺	
771						獣形鏡	22.00	桂木寺	
772	筑前国福岡県糸島郡周船寺村（福岡市）丸隈山	1639	前方後円墳、横穴式石室内ニ粗製箱式棺	仏像、勾玉、管玉、小玉。	544		17.30		濱田耕作「筑前糸島郡周船寺村丸隈山古墳」『人類学会報告』東京28—3。八木奘三郎「九州地方遺跡調査報告」『人類学会雑誌』東京175。
773					545	獣形鏡	22.40		
774	筑前国福岡県糸島郡周船寺村（福岡市）					TLV式鏡			富岡謙蔵「日本仿製古鏡に就いて」。
776									
777	筑前国福岡県糸島郡周船寺村（福岡市）飯氏				546	鈴鏡	15.00	伊勢徴古館	
778	筑前国福岡県糸島郡恰土村（糸島市）三雲	1823・2	甕棺内ヨリ	勾玉、管玉、銅鉾、ガラス製璧。		大小三十五面			青柳種信『筑前国恰土郡三雲村所堀出古器図考』。青柳信磨『筑前国続風土記拾遺』。吉村千春『石剣考』。八木奘三郎「九州地方遺跡調査報告」。高橋健自「銅鉾銅剣考」。富岡謙蔵「九州北部に於ける銅剣銅鉾及び弥生式土器と伴出せる古鏡野年代に就いて」。富岡謙蔵「再び日本出土の支那古鏡」。中山平次郎「銅鉾銅剣発見地の遺物追加」。中山平次郎「古代支那鏡鑑沿革」。
					51	重圏文鏡	27.00		
779					547	雷文鏡	19.10		
780					548	重圏文鏡	16.10		
781					53	重圏文鏡	17.00		
782					30	内行花文鏡	16.40	博多聖福寺	
783	筑前国福岡県糸島郡恰土村（糸島市）井原	1781～88			549	TLV式鏡			青柳種信『筑前国恰土郡三雲村所堀出古器図考』。青柳信磨『筑前国続風土記拾遺』。富岡謙蔵「九州北部に於ける銅剣銅鉾及び弥生式土器と伴出せる古鏡野年代に就いて」。富岡謙蔵「再び日本出土の支那古鏡」。富岡謙蔵「王莽時代の鏡鑑と後漢の年号銘ある古鏡に就いて」『考古学雑誌』8—5。
784					550	TLV式鏡			
785						TLV式鏡			
786						TLV式鏡			
787						TLV式鏡			
788	筑前国福岡県糸島郡前原町（糸島市）				551	獣形鏡	11.10	広瀬都巽	富岡謙蔵「日本仿製古鏡に就いて」。
789	筑前国福岡県早良郡西新町（福岡市）	1912・3	組合箱式棺	刀身。	552	盤龍鏡	24.50	東博	

790	筑前国福岡県早良郡西新町（福岡市）		箱式石棺		553	TLV式鏡	9.10		中山平次郎「古代支那鏡鑑沿革」。
791	筑前国福岡県早良郡姪浜村（福岡市）五島山	1914・10	組合箱式棺	剣身、銅鏃、硬玉製勾玉、碧玉岩製管玉、鉄塊及練物ノ枕。	554	神獣鏡	13.60		福岡日日新聞より転載「御塔山より石櫃」『考古学雑誌』5—4。中山平次郎「九州北部に於ける先史原始両時代中間機関の遺物に就いて」『考古学雑誌』8—3。中山平次郎「古代支那鏡鑑沿革」。後藤守一「銅鏃について」。
792					555	神獣鏡	11.80		
794	筑前国福岡県					神獣鏡			富岡謙蔵「再び日本出土の支那古鏡」。
795	筑前国福岡県					位至三公鏡		勝浦靭雄旧蔵	
796	筑前国福岡県				557	神獣鏡	15.20	山川七左衛門	『梅仙居蔵古鏡図集』。
797	筑後国福岡県浮羽郡吉井町（うきは市）若宮八幡月岡			兜、馬具、轡、馬鐸、鎧、鉸具附属品、大刀、砥石、鈴、勾玉、管玉、其他玉類。		獣形鏡		若宮八幡宮	矢野一貞『帰原遺物』。若林勝邦「筑後月岡発見の兜及其他に就いて」『考古学会雑誌』2—6。
798	筑後国福岡県浮羽郡椿子村（うきは市）朝田コウモリ	1918, 19			180	鈴鏡	9.20		島田貞彦「五齢鏡発見」『考古学会雑誌』14—8。
799	筑後国福岡県久留米市日輪寺境内	1912		硬玉製勾玉、碧玉岩製管玉、瑪瑙製管玉、ガラス製小玉、銅環、刀身、鉄鏃、土器、陶器。	558	獣形鏡	14.20	日輪寺	『京都帝国大学文科大学考古学研究報告』第一冊。
800	筑後国福岡県三井郡立石村（小郡市）干潟下鶴	1916・2	粗製箱式棺	剣身、斧頭、鉄鏃。	559	獣形鏡	10.60	東博	水野真澄『久留米附近ノ古墳』。
801	豊前国福岡県門司市（北九州市門司区）小森江丸山	1916・5		刀身残片。	163	獣形鏡	18.20	東博	
803	豊前国福岡県田川郡伊田町（田川市）伊加利	1922・3			35	内行花文鏡	18.50	東博	
804	豊前国福岡県京都郡小波瀬村（苅田町）与原御所山					獣形鏡		宮、諸陵寮	
805～816	豊前国福岡県京都郡苅田町石塚山					神獣鏡12面			梅原末治氏教示
817	豊前国大分県宇佐郡駅館村（宇佐市）法鏡寺中原	1886・3		刀身。	560	獣形鏡	18.50	同地、北氏。	中山平次郎「考古雑録」『考古学雑誌』10—9。
818	豊前国大分県宇佐郡四日市村（宇佐市四日市）葛原鬼塚			甲冑片、管玉、小玉、鏃、勾玉、刀片。					『古墳横穴及同時代遺物発見地名表』。
819 820 821 822 823	豊前国大分県宇佐郡宇佐町（宇佐市）高森赤塚	1921・10	前方後円墳、箱式棺	刀身、斧頭、碧玉岩製管玉、土器。	561 562 563 564 101	盤龍鏡 神獣鏡 神獣鏡 神獣鏡 神獣鏡	25.50 23.00 21.80 22.40 22.30		梅原末治「豊前宇佐郡赤塚古墳調査報告」『考古学雑誌』14—3。
824	豊前国大分県宇佐郡宇佐町（宇		箱式棺	硬玉製勾玉、碧玉岩製管玉、刀	565		6.70	南善吉	梅原末治「豊前宇佐郡赤塚古墳調査報告」

72　第一部　日本における三角縁神獣鏡研究史の問題点

	佐市）高森赤塚古墳附近			身。					
825	豊前国大分県仲津郡				566	内行花文鏡	17.00	伊勢徴古館	
826	豊後国大分県大分市三芳志手	1911・5	組合箱式棺	碧玉岩製管玉、ガラス製小玉、刀身残片、土器残片。	105	神獣鏡	21.50	東博	日名十軸軒「大分市三芳の古墳発見」『考古学雑誌』1―9。後藤守一「銅鏃について」。
827					567	変形文鏡	5.80	東博	
828	豊後国大分県西国東郡玉津町呉崎村草津村境界（豊後高田市）丸山	1901・3	円墳、竪穴式石室	刀身、剣身、鉄斧、管玉、勾玉、鏃、鎧残片、石製模造品。	568	獣形鏡	12.70	東博	河野清実「豊後西国東地方の古墳」『民族と歴史』5―3。富岡謙蔵「日本仿製古鏡に就いて」。
829	豊後国大分県西国東郡田原村（杵築市）上沓掛小川原灰土山	1915・2		小玉、管玉、刀子。	569	神獣鏡	9.70	東博	河野清実「豊後西国東郡田原村灰土山の古墳」『考古学雑誌』5―11。同「豊後西国東地方の古墳」。
830					570	変形文鏡	8.20	東博	
831	豊後国大分県西国東郡草地村（豊後高田市）黒松古屋敷	近世末	円墳、横穴式石室	鉄鏃。	571	画象鏡	20.90	同地	南善吉「豊後国の古墳」『考古学雑誌』2―7。同「鑑堂古墳に就いて」『考古学雑誌』3―12。河野清実「豊後西国東地方の古墳」。
832	豊後国大分県西国東郡草地村（豊後高田市）芝場	1901・8	円墳、竪穴式石室			内行花文鏡			南善吉「豊後国の古墳」。同「鑑堂古墳に就いて」。河野清実「豊後西国東地方の古墳」。
833						内行花文鏡			
834	豊後国大分県大分郡賀来村（大分市）賀来庄ノ原			鉄片、勾玉、環、管玉。		不明			『古墳横穴及同時代遺物発見地名表』。
835	豊後国大分県北海部郡小佐井村（大分市）神崎浄福寺築山		前方後円墳	鍬形石。		神獣鏡	17.10	東博	後藤磧田『尚古延寿』。梅原末治「豊後北海部郡に於ける二三の古鏡」『歴史と地理』12―3。
836①	肥前国佐賀県小城郡三日月村（小城市）織島東一本	1895・6	円墳、竪穴式石室、粗製箱式棺	刀剣身破片、兜残片、綜麻石。		変形文鏡			『明治二十八年埋蔵物録』。
836②						変形文鏡			
837	肥前国佐賀県東松浦郡玉島村（唐津市）南山玉島	1909・6		金環、銀環、金製耳飾、環頭大刀、水晶製勾玉、瑪瑙製勾玉、ガラス勾玉、碧玉岩製管玉、水晶製管玉、ガラス製管玉、水晶製切子玉、水晶製小玉、銀製小玉、ガラス製小玉。	572	変形文鏡	11.10	東博	
838					573	内行花文鏡	16.30	東博	
839①	肥前国佐賀県東松浦郡玉島村（唐津市）谷口立中	1908・11	石室石棺、様式不明	勾玉、石釧、管玉、小玉、真珠製小玉、剣身、刀身。	107	神獣鏡	21.90	東博	富岡謙蔵「日本仿製古鏡に就いて」。
839②						神獣鏡	21.90	東博	
840					574	神獣鏡	21.20	東博	
841						神獣鏡	21.80	東博	
842						位至三公鏡	8.30	東博	
843					576	変形文鏡	8.30	東博	
844					577	変形文鏡	7.30	東博	
845	肥前国佐賀県東松浦郡玉島村（唐津市）鏡、今屋敷	1910・8		銅鋺、勾玉、管玉、ガラス製小玉、切子玉、金銅製冠、銅釧、金環、三輪玉形金具、鎧小札、	578	獣形鏡	12.30	東博	「肥前国東松浦郡鏡村の発掘品」『考古学雑誌』1―11。後藤守一「九州北部に於ける古式墳の二三」『考古学雑誌』12―4。
846					579	TLV式鏡	16.60	東博	

				兜残欠、刀身残欠、鉸具残欠、馬具金物、鉄鏃、蓋坏、鉄器残片。					
847	肥前国佐賀県唐津市（伝）					鈴鏡			『梅園奇勝』。
848	肥前国佐賀県北高来郡（諫早市）	1799				鼉龍鏡	15.70		『宝月楼古鑑譜』。
849	肥後国熊本県飽託郡健軍村（熊本市）健宮陣ノ内	1883	組合箱式棺			TLV式鏡			若林勝邦「肥後ノ古墳ノ一二」『人類学会雑誌』東京73。
850	肥後国熊本県飽託郡春日町（熊本市）北岡神社	1922・1	組合石棺	勾玉、鉄斧。					清野謙次「考古漫録」『民族と歴史』8—5。
851	肥後国熊本県玉名郡江田村（和水町）江田船山古墳	1873	前方後円墳、家形石棺	剣、大刀、槍身、鉄鏃、鉄剣身、刀身、壺形土器、刀子身、兜、甲、頸鎧、金製耳飾、金環、帯金具、冠杏、轡、鐙、土器、勾玉、管玉、小玉、環鈴、陶器。	132	画象鏡	21.10	東博	三宅米吉「古鏡」『考古学会雑誌』1—5。高橋健自「本邦鏡鑑沿革考」。古谷清「江田村の古墳」『考古学雑誌』2—5。富岡謙蔵「日本出土の支那古鏡」。中山平次郎「古代支那鏡鑑沿革」。中山平次郎「芝崎の□始元年鏡と江田の六神四獣鏡」。中山平次郎「所謂六朝獣帯鏡に就いて」。中山平次郎「□始元年鏡と建武五年鏡」。後藤守一「銅鏃について」。梅原末治「玉名郡江田村船山古墳調査報告」『熊本県史蹟名勝天然記念物調査報告』第一冊。
852					112	神獣鏡	25.00	東博	
853					121	神獣鏡	20.90	東博	
854					139	獣帯鏡	16.40	東博	
855					580	神獣鏡	14.80	東博	
856					581	獣形鏡	9.10	東博	
857	肥後国熊本県玉名郡豊水村（玉名市）豊水久米					TLV式鏡		熊本県教育会	富岡謙蔵「日本仿製古鏡に就いて」。
858	肥後国熊本県阿蘇郡中通村（阿蘇市）鞍掛鞍掛塚	1900・3	円墳、組合箱式棺	剣身、勾玉、小玉及管玉、銀環。	582	変形文鏡	20.50	東博	富岡謙蔵「日本仿製古鏡に就いて」。「肥後国阿蘇郡の古墳」『考古学雑誌』2—11。『明治三十五年埋蔵物録』。
859					583	変形文鏡	5.30	東博	
860						獣形鏡	14.80		
861						変形文鏡	6.40		
866	肥後国熊本県阿蘇郡中通村（阿蘇市）鞍掛	1899・5	円墳、組合箱式棺			変形文鏡	10.00		『明治三十五年埋蔵物録』。
862①	肥後国熊本県八代郡龍峯村（八代市）岡谷川門前	1884	円墳、石室	勾玉、管玉、小玉、剣身、刀身。	21	内行花文鏡		宮、諸陵寮	若林勝邦「肥後ノ古墳ノ一二」。高橋健自「本邦鏡鑑沿革考」。濱田耕作・梅原末治『京都帝国大学考古学研究報告』第三冊。
862②						獣首鏡		宮、諸陵寮	
863					586	内行花文鏡		宮、諸陵寮	
864	肥後国熊本県八代郡				587	神獣鏡		山川七左衛門	『梅仙居蔵古鏡図集』。
865	肥後国熊本県葦北郡日奈久町（八代市）川小田				588	獣形鏡	10.00	熊本県庁	富岡謙蔵「日本仿製古鏡に就いて」。
867	日向国宮崎県宮崎郡大宮村（宮崎市）下北方	1914・3		刀身。	589	獣形鏡		東博	
868	日向国宮崎県宮崎郡住吉村（宮崎市）陣ヶ平		横穴		590	TLV式鏡	13.90		富岡謙蔵「日本仿製古鏡に就いて」。

869	日向国宮崎県宮崎郡宮崎町（宮崎市）上別府度島			刀剣、玉類、子持勾玉。		不明	岩切亭蔵	山崎五十麿「宮崎県の古墳から貨泉の発見」『民族と歴史』3—5。
870	日向国宮崎県宮崎郡大淀町（宮崎市）古城曾井		前方後円墳	刀剣、玉類、貨泉。		TLV式鏡	岩切亭蔵	山崎五十麿「宮崎県の古墳から貨泉の発見」。
871	日向国宮崎県南那珂郡飫肥町（日南市）飫肥吾平山（伝）					神獣鏡	東博	
872	日向国宮崎県南那珂郡油津町（日南市）	1863	石室	環、玉類。		不明		寺石正路「九州極南に於ける古墳並遺物」『人類学雑誌』217。
873	日向国宮崎県東諸県郡本庄村（国冨町）本庄宗仙寺	1915・11	地下式古墳			変形文鏡	東博	
874	日向国宮崎県児湯郡下穂北村（西都市）三宅西都原第二号墳	1916	前方後円墳、粘土槨	勾玉、管玉、小玉、刀子、鉄剣。		神獣鏡	22.00	梅原末治『佐味田及新山古墳研究』。内藤虎次郎・今西龍「西都原古墳調査報告」『宮崎県史蹟調査報告』第三冊。
875	日向国宮崎県児湯郡下穂北村（西都市）三宅西都原第二十一号墳	1912	前方後円墳、粘土槨	刀身。		不明	15.10	今西龍「西都原姫塚及一本松塚」『考古学雑誌』3—9。『宮崎県児湯郡西都原古墳調査報告』。
876	日向国宮崎県児湯郡下穂北村（西都市）三宅西都原第六十号墳	1915	円墳	刀身、鉄鏃、小刀身、槍身、玉類。		獣形鏡	9.80	原田淑人「西都原古墳調査附百塚原古墳出土品」『考古学雑誌』6—3。
877	日向国宮崎県児湯郡下穂北村（西都市）三宅西都原第百十号墳	1912	円墳	刀剣、刀子、鉄鏃、銅釧、斧頭。		変形文鏡	6.90	東博	関保之助「西都原第百十第百十一号古墳」『考古学雑誌』3—9。『宮崎県児湯郡西都原古墳調査報告』。
878	日向国宮崎県児湯郡下穂北村（西都市）三宅西都原第三号墳					TLV式鏡		富岡謙蔵「日本仿製古鏡に就いて」。
879	日向国宮崎県児湯郡下穂北村（西都市）三宅西都原舟塚				595	変形文鏡		富岡謙蔵「日本仿製古鏡に就いて」。
880	日向国宮崎県児湯郡下穂北村（西都市）三宅西都原					内行花文鏡	井上勇雄	富岡謙蔵「日本仿製古鏡に就いて」。
881	日向国宮崎県児湯郡下穂北村（西都市）百塚原					内行花文鏡	渡邊雄一	富岡謙蔵「日本仿製古鏡に就いて」。
882	日向国宮崎県児湯郡下穂北村（西都市）祇園原				596	TLV式鏡	渡邊雄一	富岡謙蔵「日本仿製古鏡に就いて」。
883	日向国宮崎県児湯郡下穂北村（西都市）祇園原					神獣鏡		富岡謙蔵「日本仿製古鏡に就いて」。
884	日向国宮崎県東臼杵郡冨高村	1916・1	前方後円墳、竪穴式石室	鉄鏃、頸鎧、鎧、斧頭、刀身、剣	597	獣形鏡		東博

	（日向市）冨高草葉古城鼻		身。			
885	日向国宮崎県谷頭			598	盤龍鏡	富岡謙蔵	富岡謙蔵「再び日本出土の支那古鏡」。
886	大隅国鹿児島県曾於郡大崎村（大崎町）仮宿古年				不明		瀬之口伝九郎「九州南部に於ける地下式古墳に就いて」『考古学雑誌』9―8。
887	大隅国鹿児島県カ			599	画象鏡		山崎五十麿「鹿児島県の古墳分布に就いて」『考古学雑誌』14―3。
888	大隅国鹿児島県カ			600	TLV式鏡		
889	対馬国長崎県カ				内行花文鏡		

　鏡番号１～８山城国（京都府）葛野郡川岡村百ヶ池古墳では竪穴式石室内に古鏡及び玉類あり、室外より他の副葬品を発見した。そして鏡は室の南方に副葬され、完存せる２面は、木片の間に挟み、更にこれを布をもって覆うてあったという。梅原末治氏は遺物からみて、布に包んで木箱に納めたと推定した。神獣鏡には唐草文帯三神三獣鏡と変形神獣鏡とがあり、後者は大和新山古墳発掘鏡と類似した獣文帯三神三獣鏡とする。獣帯鏡は細線式円座乳帯獣帯鏡の変形、獣形鏡は中国舶載鏡である。他に四霊文方格ＴＬＶ式鏡の著しく変形したもの、方格内に「日」「月」の銘を有する獣帯式二神二獣鏡があり、この古墳埋蔵鏡は各種型式鏡が混在することを示す典型である。

　鏡番号９～11山城国（京都府）同郡同村一本松塚古墳でも石室内南壁に近く鏡３面があり、獣帯鏡・鼉龍鏡、型式不明鏡である。獣帯鏡には次の銘文がある。

【銘】　尚方作竟大母傷　巧工刻之成文章　白虎師子居中央　寿如金石佳自好　上有仙人不知老兮

　しかしながら、後藤守一氏にあっては鏡銘文の存在に注目はしているが、その検討は十分に行われていない。

　以下、【表１―１】各国郡村発見発掘各鏡について、その発見発掘の由来や状況の説明、各鏡型式の特徴を特に中国舶載鏡か我が国仿製鏡かの区別などに留意して克明な紹介をする。それら資料は実に貴重で未だ活用が十分に可能な研究素材である。ただ、各国郡村発見発掘地点について、遺跡状況、伴出遺物と各鏡型式とがいかに関連するかは必ずしも十分な説明をしているわけではない。それは一つには後藤守一氏の研究時期の考古学では各古墳の考古学的調査、特に伴出遺物の時代考証が十分に発達していなかったことが理由になる。戦後考古学の課題となろう。それでも、夥しい各種土器、銅器、鉄器、及び玉類製の刀剣、勾玉等、鏡鑑が相互に関係して各種型式の漢式鏡の内容説明になることは【表１―１】を一覧してよく了解できるところである。

　次に【表１―１】に基づき、これを第二節の漢式鏡各型式について【表１―２】後藤守一氏作成本邦発掘漢式鏡型式分類表を作成しよう。戦前期における鏡鑑研究の成果が両表から窺えるのであるが、すでに戦前期において日本全国の考古学的発掘事例が詳細克明に

調査報告、収集整理されており、驚くべきことに三角縁神獣鏡を対象とする戦後の研究水準が十分に射程に入れられているのである。

【表1―2】 後藤守一氏作成本邦発掘漢式鏡型式分類表

	鏡の種類	直径／cm	発見地名	発見年月	遺跡の説明	伴出遺物	鏡番号
1	素文鏡	3.00	大和国奈良県磯城郡三輪町（桜井市）馬場山の神	1918・5	一種ノ巨石遺物	碧玉岩製勾玉残片、水晶製勾玉、滑石製臼玉、同製石製模造品、土器、鉄片。	88②
2	素文鏡		甲斐国山梨県東八代郡豊富村（甲府市）浅利組				375
3	素文鏡						376
4	素文鏡	6.90	美濃国岐阜県不破郡宮代村（各務原市）西野	1895・3		壺形土器、琴柱形石製品、管玉、勾玉、剣身。	440
5	素文鏡	24.20	信濃国長野県下伊那郡下川路村（飯田市）第一号墳				478②
6	素文鏡カ		上野国群馬県碓氷郡八幡村（高崎市）若田大塚	1882・1	未詳	槍身、石製模造品、鉄鏃、石突、刀身残片、短甲、鉄器。	551①
7	素文鏡	4.40	下野国栃木県河内郡横川村（宇都宮市）江曾島雷電山		前方後円墳	石製品、土器。	576①
8	素文鏡	3.20	播磨国兵庫県神崎郡香呂村（姫路市）香呂柏尾	1898		刀身、鉄鏃。	658
1	細線鋸歯文鏡	15.60	大和国奈良県南葛城郡吐田郷村（御所市）名柄田中	1918・5		銅鐸。	191
2	細線鋸歯文鏡	8.80	長門国山口県豊浦郡安岡村（下関市）冨任梶栗ノ浜	1909・4	組合箱式石棺	銅剣、坩。	712
1	雷文鏡	19.10	筑前国福岡県糸島郡恰土村（前原市）三雲	1823・2	甕棺内ヨリ	勾玉、管玉、銅鉾、ガラス製璧。	779
1	夔鳳鏡	12.70	山城国京都府綴喜郡有智郷村（八幡市）美濃山王塚	1835	前方後円墳	不明。	41
2	夔鳳鏡	14.80	摂津国兵庫県武庫郡本山村（神戸市東灘区）岡本マンパイ・ヘボソ塚	1896・10	前方後円墳	硬玉製勾玉、琥珀製勾玉、琥珀製棗玉、ガラス製勾玉、硬玉製小玉、碧玉製管玉、石釧、土器。	253
3	夔鳳鏡	20.00	伯耆国鳥取県東伯郡社村（倉吉市）国府東前国分寺井ノ谷	1922	円墳？、粘土槨	剣身、刀子、鉄斧頭、鉄鏃、柄付鉄製鉇、短冊形刃付鉄板、鎌、鍬頭。	633
4	夔鳳鏡	13.60	筑前国福岡県筑紫郡春日村（春日市）須玖岡本	1899	小土壇、立石、粘土槨甕棺	銅剣、銅鉾、管玉、ガラス製璧。	754
1	内行花文鏡		山城国京都府乙訓郡向日町（向日市）物妻女恵美須山				22
2	内行花文鏡		山城国京都府紀伊郡深草村（木津川市伏見区深草）深草	1854・2		石釧、車輪石、紡錘石。	23
3	内行花文鏡	22.10	山城国京都府綴喜郡八幡町（八幡市）志水女郎花塚東車塚	1897・12	前方後円墳、後円部粘土槨	前方部：剣身。後円部：硬玉製勾玉、刀身、斧、鏃、甲冑。	33
4	内行花文鏡		山城国京都府綴喜郡有智郷村（八幡市）美濃山王塚	1835	前方後円墳	不明。	42
5	内行花文鏡	19.70					45
6	内行花文鏡	10.60					46
7	内行花文鏡		山城（京都府）南部				63
8	内行花文鏡	11.60	大和国奈良県生駒郡都跡村（奈良市）佐紀衛門戸	1913・5	円墳、粘土槨	刀身、銅鏃。	67
9	内行花文鏡	11.60					68
10	内行花文鏡	11.60					69
11	内行花文鏡	11.60					70
12	内行花文鏡	11.60					71
13	内行花文鏡	11.60					72
14	内行花文鏡	9.50					73
15	内行花文鏡	16.30	大和国奈良県生駒郡西京附近				81
16	内行花文鏡	7.50	大和国奈良県磯城郡城島村（桜井市）外山宮谷	1899・3		勾玉、管玉、ガラス製小玉、斧、鐙、馬具残片、槍身、鑿、切子玉、等。	84
17	内行花文鏡	9.40	大和国奈良県磯城郡柳本村（天理市）渋谷			刀身、鉄鏃、刀子身、轡、雲珠。	87

18	内行花文鏡	39.70	大和国奈良県礒城郡柳本村（天理市）大塚	1918・11		鉄鏃、鉄片。	88①
19	内行花文鏡	19.20	大和国奈良県山辺郡朝和村（天理市）				95②
20	内行花文鏡		大和国奈良県北葛城郡河合村（河合町）佐味田貝吹宝塚・黄金塚	1881	前方後円墳、一種ノ積石的構築	勾玉、銅鏃、管玉、石製品、銅器、鉄器カ。	110
21	内行花文鏡	21.50	大和国奈良県北葛城郡河合村（河合町）佐味田貝吹	1885・4	円墳カ	刀身、土器。	136
22	内行花文鏡	17.30					139
23	内行花文鏡	12.10					151
24	内行花文鏡	16.70	大和国奈良県北葛城郡馬見村（広陵町）大塚新山、新山古墳	1885・4	前方後円墳、竪穴式石室	勾玉、管玉、帯金具、石製鏃、枕形石製品、巻物軸形石製品、石製刀子柄、車輪石、燭台形石製品、刀剣身、石製斧。	172
25	内行花文鏡	12.20					173
26	内行花文鏡	16.40					174
27	内行花文鏡	16.30					175
28	内行花文鏡	16.10					176
29	内行花文鏡	16.30					177
30	内行花文鏡	16.50					178
31	内行花文鏡	16.40					179
32	内行花文鏡	16.10					180
33	内行花文鏡	16.50					181
34	内行花文鏡	16.20					182
35	内行花文鏡	16.10					183
36	内行花文鏡	16.50					184
37	内行花文鏡	16.80					185
38	内行花文鏡	6.30	和泉国大阪府泉北郡東陶器村（堺市中区）				232
39	内行花文鏡	14.50	摂津国兵庫県神戸市須磨区板宿得能山	1924	山頂基岩ヲ割リ、竪穴式石室	刀身。	234
40	内行花文鏡	8.50	摂津国大阪府三島郡磐手村（高槻市）別所奥阪	1916・2		管玉、銅釧、刀身残欠、勾玉、砥残片。	244
41	内行花文鏡	破片	摂津国兵庫県武庫郡住吉村（神戸市東灘区）住吉求女塚	1870ころ		車輪石、木片、大刀。	260
42	内行花文鏡	18.10	摂津国兵庫県川辺郡立花村（尼崎市立花町）塚口池田山				271
43	内行花文鏡	10.00	伊賀国三重県阿山郡府中村（伊賀市）千蔵野添	1866		勾玉、管玉、小玉、斧頭、刀身破片。	281
44	内行花文鏡	2.80					282
45	内行花文鏡	破片					283
46	内行花文鏡	7.00	伊勢国三重県一志郡豊地村（松阪市）下之庄向山古墳	1914・3	前方後円墳、粘土槨	石釧、車輪石、筒形石製品、刀身。	296
47	内行花文鏡		伊勢国三重県一志郡豊地村（松阪市）字コチメ	1919・2		鉄鏃残片。	299
48	内行花文鏡		伊勢国三重県飯南郡神戸村（松阪市）附近				301②
49	内行花文鏡	10.50	甲斐国山梨県西八代郡大塚村（市川三郷町）上野原鳥居原	1893,94	円墳、竪穴式石室	刀身、剣身、滑石臼玉、赤素焼土器、鈴。	379
50	内行花文鏡	12.40	神奈川県				381
51	内行花文鏡	14.80	近江国滋賀県坂田郡息郷村（米原市）牛打石伏山	1918・3	前方後円墳、竪穴式石室	金環、陶器（甕、高坏、蓋坏、平瓶）、鐙、刀身、馬具残片。	416
52	内行花文鏡	7.80	近江国滋賀県坂田郡息郷村（米原市）能登瀬山津照神社	1889	前方後円墳カ、横穴式石室	刀身、刀子、甕、刀身、大高坏、蓋坏、提瓶、坩等陶器、金銅冠残欠、輪鐙、轡、杏葉、雲珠、鞍橋残欠、三輪玉等。	418②
53	内行花文鏡	12.60	近江国滋賀県高島郡水尾村（高島市）鴨宿鴨稲荷山	1902・8	前方後円墳、横穴式石室円墳、家形石棺	金製耳飾、金冠、杏、三輪玉、半円形小飾具、双魚形瓔飾、切子玉、棗玉、刀身、刀子、斧頭、馬具類、陶器類。	424
54	内行花文鏡	13.60	美濃国岐阜県揖斐郡河合村（河合町）上礒北山古墳	1909・3	前方後円墳	土器、鉄鏃、小刀身、斧頭。	444
55	内行花文鏡	10.00	美濃国岐阜県可児郡広見村（可児市）伊香陵山	1902・9		石製釧、車輪石、狐鍬石、紡錘車、舳形石製品、三輪玉様石製品、斧頭、巴形銅器、刀身。	460

56	内行花文鏡	10.90	美濃国岐阜県可児郡広見村（可児市）御嶽社	1838・1		勾玉、臼玉、管玉、車輪石破片。	461
57	内行花文鏡	8.30	美濃国岐阜県可児郡広見村（可児市）宮ノ洞				462②
58	内行花文鏡	8.30					462③
59	内行花文鏡	13.60	信濃国長野県下伊那郡山本村（飯田市）山本金堀塚				465
60	内行花文鏡		信濃国長野県下伊那郡龍丘村（飯田市）桐林兼清塚				473
61	内行花文鏡	10.80	信濃国長野県下伊那郡三穂村（飯田市）神道平古墳				479
62	内行花文鏡	10.80	信濃国長野県下伊那郡龍丘村（飯田市）塚原第十号墳				482
63	内行花文鏡	7.90	信濃国長野県下伊那郡龍江村（飯田市）今田宮の平第一古墳				483④
64	内行花文鏡		信濃国長野県更級郡石川村（長野市）布制神社後将軍塚	1802	前方後円墳	銅鏃、筒形青銅器、金銀環、小玉、車輪石、其他碧玉岩製石製品、管玉、水晶製切子玉、ガラス製勾玉、水晶製勾玉、其他玉類。	486
65	内行花文鏡	11.50	信濃国長野県更級郡				512
66	内行花文鏡	9.70	上野国群馬県群馬郡大類村（高崎市）柴崎蟹沢	1909・3	円墳カ	剣身残片、斧、鉄器、土器残片。	526
67	内行花文鏡	10.50					527
68	内行花文鏡	8.10	上野国群馬県群馬郡佐野村（高崎市）下佐野長者屋敷	1912	前方後円墳、粘土槨	石製刀子、石製鑿、石釧、勾玉、管玉、切子玉、石製斧、小玉。	530②
69	内行花文鏡	11.00					532
70	内行花文鏡	9.00	上野国群馬県群馬郡上郊村（高崎市）保渡田西光寺		前方後円墳、家形石棺	馬具類、ガラス製勾玉。	537
71	内行花文鏡		上野国群馬県多野郡藤岡町（藤岡市）小林塚林				549
72	内行花文鏡	11.50	上野国群馬県碓氷郡八幡村（高崎市）剣崎				551②
73	内行花文鏡		上野国群馬県新田郡島之郷村（太田市）新野越巻	1908・3			555①
74	内行花文鏡	7.00					555②
75	内行花文鏡	13.90	下野国栃木県足利市助戸西畑	1911・9	円墳、礫槨カ	剣身残欠、刀身、環鈴、鈴、鈴杏葉、轡残欠、輪鐙、角装具、鈴釧、鉄棒。	561
76	内行花文鏡	11.20					562
77	内行花文鏡		下野国栃木県河内郡横川村（宇都宮市）江曾島雷電山		前方後円墳	石製品、土器。	576②
78	内行花文鏡	9.50	下野国栃木県				577
79	内行花文鏡	14.20	越中国富山県氷見郡太田村（高岡市）太田桜谷	1918・9		碧玉岩製管玉。	603
80	内行花文鏡	9.60	伯耆国鳥取県東伯郡灘手村（倉吉市）上神芝原				629
81	内行花文鏡	9.10					630
82	内行花文鏡		伯耆国鳥取県西伯郡宇田川村（米子市淀江町）西尾原				641④
83	内行花文鏡	12.00	出雲国島根県八束郡大庭村（松江市）有、岡田山	1915	前方後円墳、竪穴式石室カ	陶器、刀身、環頭大刀、方頭大刀、鉄鏃、鈴、馬具類。	644①
84	内行花文鏡	12.50	播磨国兵庫県飾磨郡水上村（姫路市）白国人見塚	1895・3	円墳、木棺	土製勾玉、碧玉岩製管玉、剣身、刀身、斧、鉄器。	657
85	内行花文鏡	12.60	播磨国兵庫県神崎郡香呂村（姫路市）香呂柏尾	1898		刀身、鉄鏃。	659
86	内行花文鏡	19.60	播磨国兵庫県揖保郡香島村（たつの市）吉島松山	1897・4,5	前方後円墳、竪穴式石室カ	ガラス製小玉、土器残片。	665
87	内行花文鏡	8.60	播磨国兵庫県宍粟郡神野村（加古川市）五十波大畑	1917	円墳	鉄鏃、刀装具、金銀環、管玉、轡、刀身、陶器。	669
88	内行花文鏡	11.80	備前国岡山県赤磐郡可真村（赤磐市）				676②
89	内行花文鏡	11.90	備前国岡山県邑久郡邑久村（総社市）山手八木山	1885・4		ガラス製小玉、硬玉製勾玉、高坏残片。	677
90	内行花文鏡	6.80	備前国岡山県邑久郡邑久村（総社市）亀ヶ原		前方後円墳封土中	玉類。	679

91	内行花文鏡	9.40	備後国広島県沼隈郡赤坂村（福山市）赤坂安井	1907・5	石室無ク、粗製組合箱式棺カ	碧玉岩製勾玉、碧玉岩製管玉。	697
92	内行花文鏡	19.70	周防国山口県玖珂郡柳井町（柳井市）水口代田八幡宮	1893・2			699②
93	内行花文鏡	11.40	周防国山口県都濃郡下松町（下松市）宮洲	1683	円墳、竪穴式石室カ	刀身。	702③
94	内行花文鏡	7.40	周防国山口県吉敷郡下宇野令村（山口市）赤妻丸山	1908・8		瑪瑙製勾玉、硬玉製勾玉、硬玉製有孔石器、瑪瑙製丸玉、ガラス製切子玉、碧玉岩製管玉、ガラス製小玉、針、櫛、刀身。	708
95	内行花文鏡	12.20	紀伊国和歌山県海草郡紀伊村（和歌山市）府中八幡神社	1923・3	木棺カ		715
96	内行花文鏡		讃岐国香川県高松市石清尾山				732
97	内行花文鏡	14.10	讃岐国香川県香川郡弦打村（高松市）鶴市御殿山	1910・5	積石塚、横穴式石室	銅剣、銅製柄、石釧、鉄斧、鑿、銅鏃、鉄鏃、鉄剣身、刀身、壺形土器。	742
98	内行花文鏡	16.40					743
99	内行花文鏡		讃岐国香川県仲多度郡善通寺町（善通寺市）練兵場	1900・12	組合箱式石棺		736
100	内行花文鏡		伊予国愛媛県宇摩郡妻鳥村（四国中央市川之江町）東宮山	1894ころ	円墳、横穴式石室	土器、鉄刀剣身、環頭柄頭、鉄鏃、鉄兜、水晶切子玉、管玉、銀平玉、金環、金銅冠、馬鐸、轡鏡板。	750
101	内行花文鏡	破片	筑前国福岡県筑紫郡春日村（春日市）須玖岡本	1899	小土壇・立石、粘土槨甕棺	銅剣、銅鉾、管玉、ガラス製壁。	759
102	内行花文鏡	破片					760
103	内行花文鏡	破片					761
104	内行花文鏡	7.90	筑前国福岡県筑紫郡春日村（春日市）須玖岡本、岡本				767
105	内行花文鏡	16.40	筑前国福岡県糸島郡怡土村（糸島市）三雲	1823・2	甕棺内ヨリ	勾玉、管玉、銅鉾、ガラス製壁。	782
106	内行花文鏡	18.50	豊前国福岡県田川郡伊田町（田川市）伊加利	1922・3			803
107	内行花文鏡	17.00	豊前国大分県仲津郡				825
108	内行花文鏡		豊後国大分県西国東郡草地村（豊後高田市）芝場	1901・8	円墳、竪穴式石室		832
109	内行花文鏡						833
110	内行花文鏡	16.30	肥前国佐賀県東松浦郡玉島村（唐津市）南山玉島	1909・6		金環、銀環、金製耳飾、環頭大刀、水晶製勾玉、瑪瑙製勾玉、ガラス勾玉、碧玉岩製管玉、水晶製管玉、ガラス製管玉、水晶製切子玉、水晶製小玉、銀製小玉、ガラス製小玉。	838
111	内行花文鏡		肥後国熊本県八代郡龍峯村（八代市）岡谷川門前	1884	円墳、石室	勾玉、管玉、小玉、剣身、刀身。	862①
112	内行花文鏡						863
113	内行花文鏡		日向国宮崎県児湯郡下穂北村（西都市）三宅西都原				880
114	内行花文鏡		日向国宮崎県児湯郡下穂北村（西都市）百塚原				881
115	内行花文鏡		対馬国長崎県カ				889
1	重圏文鏡	6.30	伊勢国三重県一志郡豊地村（松阪市）下之之庄向山古墳	1914・3	前方後円墳、粘土槨	石釧、車輪石、筒形石製品、刀身。	297
2	重圏文鏡カ	6.70	陸前国宮城県加美郡色麻村（色麻町）香取神社境内	1691		陶器、玉類。	580
3	重圏文鏡	7.60	筑前国福岡県糟屋郡仲原村（粕屋町）仲原鬼首	1913・3	円墳、組合箱式石棺	硬玉製勾玉、碧玉岩製管玉、刀子残片、綜麻石。	752
4	重圏文鏡	破片	筑前国福岡県筑紫郡春日村（春日市）須玖岡本	1899	小土壇・立石、粘土槨甕棺	銅剣、銅鉾、管玉、ガラス製壁。製柄、石釧、鉄斧、鑿、銅鏃、鉄鏃、鉄剣身、刀身、壺形土器。	755
5	重圏文鏡	破片					756
6	重圏文鏡	破片					757
7	重圏文鏡	破片					758
8	重圏文鏡	27.00	筑前国福岡県糸島郡怡土村（糸島市）三雲	1823・2	甕棺内ヨリ	勾玉、管玉、銅鉾、ガラス製壁。	778
9	重圏文鏡	16.10					780
10	重圏文鏡	17.00					781

1	TLV式鏡	24.20	山城国京都府葛野郡川岡村（京都市西京区川島）百ヶ池古墳	1900・10	円墳、竪穴式石室	石釧、車輪石、管玉、勾玉、刀身、槍身、朱、古銭。	6
2	TLV式鏡	24.50	山城国京都府乙訓郡向日町（向日市）物妻女恵美須山	1913, 14ころ		碧玉岩製石釧、同管玉。	20
3	TLV式鏡	22.10	山城国京都府綴喜郡八幡町（八幡市）大芝西車塚	1902・6	前方後円墳・竪穴式石室	石製品、小玉、勾玉、車輪石、石釧、鍬形石、木片、刀身残片、管玉、ガラス製小玉。	37
4	TLV式鏡	17.00	山城国京都府綴喜郡有智郷村（八幡市）美濃山王塚	1835	前方後円墳	不明。	43
5	TLV式鏡	10.60					44
6	TLV式鏡	16.70	山城国京都府相楽郡棚倉村（木津川市）平尾城山	1903・1	円墳、竪穴式石室	剣身、勾玉、管玉、白玉、金銅環、車輪石、石釧、土器。	60
7	TLV式鏡	23.90	大和国奈良県北葛城郡河合村（河合町）佐味田貝吹宝塚・黄金塚	1881	前方後円墳、一種ノ積石的構築	勾玉、銅鏃、管玉、石製品、銅器、鉄器カ。	108
8	TLV式鏡	27.90					118
9	TLV式鏡	16.10					133
10	TLV式鏡	17.60					134
11	TLV式鏡	26.70	大和国奈良県北葛城郡馬見（広陵町）大塚新山、新山古墳	1885・4	前方後円墳・竪穴式石室	勾玉、管玉、帯金具、石製鏃、枕形石製品、巻物軸形石製品、石製刀子柄、車輪石、燭台形石製品、刀剣身、石製斧。	164
12	TLV式鏡	29.10					165
13	TLV式鏡	24.20					166
14	TLV式鏡	20.40					167
15	TLV式鏡		大和国・奈良県（伝）				198
16	TLV式鏡	3.50	伊賀国三重県阿山郡府中村（伊賀市）千蔵野添	1866		勾玉、管玉、小玉、斧頭、刀身破片。	279
17	TLV式鏡	3.70					280
18	TLV式鏡	22.90	伊勢国三重県多気郡斎宮村（明和町）附近				305
19	TLV式鏡		尾張国愛知県中島郡今伊勢村（東海市）大本神戸	1789・6	前方後円墳		324②
20	TLV式鏡						324③
21	TLV式鏡	10.30	遠江国静岡県榛原郡初倉村（島田市）坂本高根森東	1915・3	円墳、横穴式石室内ニ組合式箱棺	頭椎大刀、刀身残欠、硬玉製勾玉、ガラス製管玉、ガラス製棗玉、琥珀製棗玉、ガラス製小玉、土製小玉、金環、銀環、銅環、馬鐸、銅製鈴、雲珠、金銅製四方手、陶器。	326
22	TLV式鏡	15.10					327
23	TLV式鏡	15.20	常陸国茨城県稲敷郡安中村（美浦村）大塚弁天社	1847	円墳	鉄甲冑、刀剣身。	397
24	TLV式鏡	16.60	美濃国岐阜県加茂郡加茂野村（美濃加茂市）鷲巣大塚	1895・3		巴形銅器、石製斧、鉄鏃、槍身。	458
25	TLV式鏡	8.30	美濃国岐阜県				462④
26	TLV式鏡	8.30					462⑤
27	TLV式鏡	8.30					462⑥
28	TLV式鏡		信濃国長野県更級郡石川村（長野市）布制神社後将軍塚	1802	前方後円墳	銅鏃、筒形青銅器、金銀環、小玉、車輪石、其他碧玉岩製石製品、管玉、水晶製切子玉、ガラス製勾玉、水晶製勾玉、其他玉類。	484
29	TLV式鏡	17.80	上野国群馬県新田郡澤野村（太田市）牛澤頼母子			勾玉、刀身、銅鏃。	557②
30	TLV式鏡	9.80	能登国石川県鹿島郡瀧尾村（中能登町）水白鍋塚山	1906・2	円墳、組合箱形石棺	刀身、斧頭。	600
31	TLV式鏡	13.00	但馬国兵庫県出石郡神美村（豊岡市）森尾市尾	1917・3	円墳、竪穴式石室	硬玉製勾玉、碧玉製管玉、陶製坏（以上東博蔵）、硬玉製勾玉、ガラス製勾玉、碧玉岩製管玉、小玉、石斧、剣身、鉄斧頭、鎌、銅鏃、鉄鏃、麻布残欠。	624
32	TLV式鏡	7.60	播磨国兵庫県多可郡黒田庄村（西脇市）喜多天神前	1914・4	円墳、竪穴式石室カ	碧玉岩製勾玉、鉄製鎌、剣身、斧頭、槍身、刀子、鉄鏃、瓶、坏、甕、高坏。	649
33	TLV式鏡	19.40	阿波国徳島県名東郡上八万村（徳島市）上八万星河内巽山	1917・5	円墳、横穴式石室	刀身残欠、石釧、車輪石、鍬形石、土器。	723①
34	TLV式鏡		讃岐国香川県高松市石清尾山				731
35	TLV式鏡	10.00	讃岐国香川県				747
36	TLV式鏡	13.90	筑前国福岡県筑紫郡春日村（春日市）須玖岡本、岡本				766

37	TLV式鏡		筑前国福岡県糸島郡周船寺村（福岡市）				774
38	TLV式鏡		筑前国福岡県糸島郡怡土村（糸島市）井原	1781～88			783
39	TLV式鏡						784
40	TLV式鏡						785
41	TLV式鏡						786
42	TLV式鏡						787
43	TLV式鏡	9.10	筑前国福岡県早良西新町（福岡市）		箱式石棺		790
44	TLV式鏡	16.60	肥前国佐賀県東松浦郡玉島村（唐津市）鏡、今屋敷	1910・8		銅鏃、勾玉、管玉、ガラス製小玉、切子玉、金銅製冠、銅釧、金環、三輪玉形金具、鎧小札、兜残欠、刀身残欠、鉸具残欠、馬具金物、鉄鏃、蓋坏、鉄器残片。	846
45	TLV式鏡		肥後国熊本県飽託郡健軍村（熊本市）健宮陣ノ内	1883	組合箱式棺		849
46	TLV式鏡		肥後国熊本県玉名郡豊水村（玉名市）豊海図久米				857
47	TLV式鏡	13.90	日向国宮崎県宮崎郡住吉村（宮崎市）陣ヶ平		横穴		868
48	TLV式鏡		日向国宮崎県宮崎郡大淀町（宮崎市）古城曾井		前方後円墳	刀剣、玉類、貨泉。	870
49	TLV式鏡		日向国宮崎県児湯郡下穂北村（西都市）三宅西都原第三号墳				878
50	TLV式鏡		日向国宮崎県児湯郡下穂北村（西都市）祇園原				882
51	TLV式鏡		大隅国鹿児島県カ				888
1	葉文鏡	破片	筑前国福岡県筑紫郡春日村（春日市）須玖岡本	1899	小土壇・立石、粘土槨甕棺	銅剣、銅鉾、管玉、ガラス製璧。製柄、石釧、鉄斧、鑿、銅鏃、鉄鏃、鉄剣身、刀身、壺形土器。	764
1	双葉文鏡	破片	筑前国福岡県筑紫郡春日村（春日市）須玖岡本	1899	小土壇・立石、粘土槨甕棺	銅剣、銅鉾、管玉、ガラス製璧。製柄、石釧、鉄斧、鑿、銅鏃、鉄鏃、鉄剣身、刀身、壺形土器。	765
1	神獣鏡	24.20	山城国京都府葛野郡川岡村（京都市西京区川島）百ヶ池古墳	1900・10	円墳、竪穴式石室	石釧、車輪石、管玉、勾玉、刀身、槍身、朱、古銭。	1
2	神獣鏡	20.10					2
3	神獣鏡	21.00					4
4	神獣鏡	13.00					7
5	神獣鏡	22.00					8
6	神獣鏡	18.10	山城国京都府葛野郡松尾村（京都市西京区松尾）山田穀塚	1914・4	前方後円墳、竪穴式石室	坏、蓋坏、高坏、長頸坩、瓶、壺、甕、帯金具、刀身、斧頭、槍身、杏葉、轡、鈴、異形鉄器。	12
7	神獣鏡	22.70	山城国京都府乙訓郡向日町（向日市）向日北山	1883・9	前方後円墳・竪穴式小石室	刀身残片、陶器。	18
8	神獣鏡	15.90	山城国京都府久世郡久津川村（城陽市）平川車塚	1894・7	前方後円墳、長持式組合棺、竪穴式石室	滑石製勾玉、硬玉製勾玉、碧玉岩製管玉、滑石製臼玉、ガラス製小玉、碧玉岩製合子、碧玉岩製皿、滑石製刀子、兜、頸鎧、刀身、鉄鏃、陶器。	25
9	神獣鏡	22.10					26
10	神獣鏡	17.50					27
11	神獣鏡	22.40	山城国京都府綴喜郡八幡町（八幡市）志水女郎花塚東車塚	1897・12	前方後円墳、後円部粘土槨	前方部：剣身。後円部：硬玉製勾玉、刀身、斧、鏃、甲冑。	32
12	神獣鏡	17.00					35
13	神獣鏡	25.40	山城国京都府綴喜郡八幡町（八幡市）大芝西車塚	1902・6	前方後円墳、竪穴式石室	石製品、小玉、勾玉、車輪石、石釧、鍬形石、木片、刀身残片、管玉、ガラス製小玉。	36
14	神獣鏡	14.80					38
15	神獣鏡	21.20					40
16	神獣鏡	16.40	山城国京都府綴喜郡有智郷村（八幡市）美濃山王塚	1835	前方後円墳	不明。	51
17	神獣鏡	13.60	山城国京都府綴喜郡有智郷村（八幡市）美濃山王塚	1915	同、封土頂部北西端ニ近ク地下二尺（60cm）内外ノ所ニ粘土層	兜、刀身、鉄鏃、玉類、鎧、斧頭。	53
18	神獣鏡	22.40	山城国京都府綴喜郡有智郷村（八幡市）内里（伝）		円墳、粘土槨（共ニ推定）		55
19	神獣鏡	21.00					56

20	神獣鏡	21.50	大和国奈良県生駒郡龍田町（斑鳩町）				66①
21	神獣鏡	15.70	大和国奈良県生駒郡都跡村（奈良市）佐紀衛門戸	1913・5	円墳、粘土槨	刀身、銅鏃。	76
22	神獣鏡	15.40					77
23	神獣鏡	20.90	大和国奈良県礒城郡桜井町（桜井市）桜井金崎	1900・4		高坏、剣身。	82
24	神獣鏡	16.10	大和国奈良県礒城郡都村（田原本町）八尾	1922・9		雲珠、陶製蓋、瓶、瓶、土器。	83
25	神獣鏡	21.20	大和国奈良県礒城郡都介野村（奈良市）	1915・8			89
26	神獣鏡		大和国奈良県山辺郡朝和村（天理市）				96
27	変形神獣鏡	15.50	大和国奈良県北葛城郡馬見村（広陵町）疋相西方	1900・4	円墳、石棺（型式不明）	轡、刀身、鏃身、金環。	106
28	神獣鏡	14.50	大和国奈良県北葛城郡河合村（河合町）佐味田貝吹宝塚・黄金塚	1881	前方後円墳・一種ノ積石的構築	勾玉、銅鏃、管玉、石製品、銅器、鉄器カ。	109
29	神獣鏡	21.80					111
30	神獣鏡	22.10					112
31	神獣鏡	21.30					113
32	神獣鏡	23.30					114
33	神獣鏡	21.80					115
34	神獣鏡	21.80					116
35	神獣鏡	21.80					117
36	神獣鏡	21.80					119
37	神獣鏡	22.10					120
38	神獣鏡	17.10					121
39	神獣鏡	22.10					122
40	神獣鏡	破片					123
41	神獣鏡	25.80					124
42	神獣鏡	26.70					128
43	神獣鏡	21.90					129
44	神獣鏡	20.30					130
45	神獣鏡	21.50	大和国奈良県北葛城郡河合村（河合町）佐味田貝吹	1885・4	円墳カ	刀身、土器。	138
46	神獣鏡	22.10	大和国奈良県北葛城郡馬見村（広陵町）大塚新山、新山古墳	1885・4	前方後円墳・竪穴式石室	勾玉、管玉、帯金具、石製鏃、枕形石製品、巻物軸形石製品、石製刀子柄、車輪石、燭台形製品、刀剣身、石製斧。	153
47	神獣鏡	21.80					154
48	神獣鏡	22.40					155
49	神獣鏡	22.40					156
50	神獣鏡	21.20					157
51	神獣鏡	13.20					158
52	神獣鏡	15.00					159
53	神獣鏡	21.70					160
54	神獣鏡	22.10					161
55	神獣鏡	21.50					162
56	神獣鏡	22.10					163
57	神獣鏡	23.10					186
58	神獣鏡	21.20	大和国奈良県南葛城郡秋津村（御所市）室大墓		前方後円墳		190②
59	神獣鏡	12.90					190③
60	神獣鏡						190④
61	神獣鏡	24.30	大和国・奈良県（伝）				196
62	神獣鏡	21.80	大和国・奈良県（伝）				197
63	神獣鏡	19.40	大和国・奈良県（伝）				199①
64	神獣鏡		大和国・奈良県（伝）				199②
65	神獣鏡	16.10	河内国大阪府南河内郡大伴村（富田林市）板持領内丸山	1902,03ころ			200
66	神獣鏡	16.40	河内国大阪府南河内郡小山村（藤井寺市）小山津堂城山	1912・3	前方後円墳、竪穴式石室内長持式石棺	硬玉製勾玉、碧玉岩製管玉、硬玉製棗玉、剣身、刀身、刀装具、木片、小釘、皿形石製品、平板状銅製品、朱一斗、鉄鏃、巴形銅器、十銅製矢筈、石刀子、石	203
67	神獣鏡	16.40					204
68	神獣鏡	21.20					205

69	神獣鏡	13.90				製剣身、車輪石破片、石製鏃形様品、石製品残欠、金銅製櫛金。	208
70	神獣鏡	23.20	河内国大阪府南河内郡国分村（柏原市）国分向井山茶臼塚	1629・4	円墳内部不明	不明。	212
71	神獣鏡	22.40					213
72	神獣鏡	21.00	河内国大阪府南河内郡国分村（柏原市）国分美山	1877・10	円墳、石棺	勾玉、管玉、剣身残欠、茶臼形石。	215①
73	神獣鏡	22.00					215②
74	神獣鏡	21.10	河内国大阪府北河内郡枚方町（枚方市）枚方万年山古墳	1904・1	舟形木棺カ	刀身、玉類。	222
75	神獣鏡	21.10					223
76	神獣鏡	21.30					224
77	神獣鏡	19.10					225①
78	神獣鏡	22.20					225③
79	神獣鏡	21.80	摂津国大阪府三島郡阿武野村（高槻市）土室阿武山	1917・3			238
80	神獣鏡	22.60	摂津国大阪府三島郡阿武野村（高槻市）土室阿武山	1917・9			239
81	神獣鏡	9.40	摂津国大阪府三島郡磐手村（高槻市）別所奥阪	1916・2		管玉、銅釧、刀身残欠、勾玉、砥残片。	242
82	神獣鏡	11.80					243
83	神獣鏡	14.90	摂津国大阪府三島郡阿武野村（高槻市）古曾部伊勢寺付近	近世			247
84	神獣鏡	14.20	摂津国大阪府豊能郡池田町（池田市）娯三堂丸山	1897・12	円墳、竪穴式石室	土器、刀身、管玉、車輪石、斧、刀剣。	249
85	神獣鏡		摂津国大阪府三島郡細川村古江（池田市古江町）横山				250
86	神獣鏡	16.40	摂津国兵庫県神戸市須磨区板宿得能山	1924	山頂基岩ヲ割り、竪穴式石室	刀身。	235
87	神獣鏡	12.60	摂津国兵庫県武庫郡夢野村（神戸市兵庫区夢野町）丸山古墳	1923	円墳、粘土槨	銅鏃、鉄鏃、刀身、剣身、鎌、斧頭、鉾製品、鉄片、土器。	236
88	神獣鏡	15.10	摂津国兵庫県武庫郡本山村（神戸市東灘区）岡本マンパイ・ヘボソ塚	1896・10	前方後円墳	硬玉製勾玉、琥珀製勾玉、琥珀製棗玉、ガラス製勾玉、硬玉製小玉、碧玉製管玉、石釧、土器。	252
89	神獣鏡	21.20					255
90	神獣鏡	21.20					256
91	神獣鏡	11.20					257
92	神獣鏡	22.10	摂津国兵庫県武庫郡住吉村（神戸市東灘区）住吉求女塚	1870ころ		車輪石、木片、大刀。	258
93	神獣鏡	22.10					259①
94	神獣鏡	22.10					259②
95	神獣鏡	破片					261
96	神獣鏡	破片					262
97	神獣鏡	21.30	摂津国兵庫県武庫郡打出村（芦屋市）阿保親王御墓附近	元禄年間			265
98	神獣鏡	21.30					266
99	神獣鏡	21.80					267
100	神獣鏡	22.10					268
101	神獣鏡		摂津国兵庫県川辺郡川西村（川西市）火打		前方後円墳、横穴式石室		269
102	神獣鏡	14.80	摂津国兵庫県川辺郡立花村（尼崎市立花町）塚口池田山				272
103	神獣鏡	14.50	伊賀国三重県阿山郡友生村（伊賀市）喰代高猿	1911・2	円墳、石室ナシ	硬玉製勾玉、瑪瑙製勾玉、碧玉製管玉、小玉、綜麻石、金環、銀環、銅環、鉄鏃。金具残片、刀身残片、剣身、陶土器。	274
104	神獣鏡	13.70	伊賀国三重県阿山郡府中村（伊賀市）一ノ宮二ノ谷	1883・3		硬玉製勾玉、瑪瑙製勾玉、蠟石製勾玉大玉、小玉、蠟石製棗玉、蠟石製小玉、碧玉製管玉、岩製管玉、瑪瑙製丸玉、琥珀製棗玉、刀身残片。	278
105	神獣鏡	23.30	伊賀国三重県阿山郡府中村（伊賀市）山神東出	1920・3	瓢形墳カ	硬玉製勾玉、碧玉岩製管玉、剣身及刀子残片、土器残欠。	289
106	神獣鏡	21.50	伊勢国三重県一志郡豊地村（松阪市）一志筒野古墳	1914・7	前方後円墳、粘土槨	管玉、切子玉、石釧、土製管玉、陶器。	293
107	神獣鏡	20.60					295
108	神獣鏡	15.10	伊勢国三重県飯南郡神戸村（松阪市）下村坊山	1910・2	円墳		301①

109	神獣鏡	20.90	伊勢国三重県多気郡斎宮村（明和町）小石田神前塚				304
110	神獣鏡	20.90	志摩国三重県志摩郡神島村（志摩市）				310
111	神獣鏡	22.10	尾張国愛知県東春日井郡高蔵寺村（春日井市高蔵寺町）出川			碧玉岩製管玉、硬玉製勾玉、蝋石製勾玉、石釧、土器、刀身。	314
112	神獣鏡	22.10					315①
113	神獣鏡	13.50	尾張国愛知県西春日井郡北里村（小牧市）小木				317
114	神獣鏡	22.90	遠江国静岡県小笠郡曾我村（掛川市）奥原御料地				328
115	神獣鏡	22.90	遠江国静岡県小笠郡平田村（菊川市）上平川大塚	1921・3	前方後円墳、礫槨	水晶製勾玉、碧玉岩製管玉、ガラス製小玉、剣身残片、硬玉製勾玉。	329
116	神獣鏡	22.10					331
117	神獣鏡	17.00	遠江国静岡県磐田郡岩田村（磐田市）寺谷銚子塚	1879・4	礫槨カ		335
118	神獣鏡	15.00	遠江国静岡県磐田郡中泉町（磐田市）南庚申塚		前方後円墳		340
119	神獣鏡	20.80	駿河国静岡県駿東郡金岡村（沼津市）				365
120	神獣鏡多シ（6面）		駿河国静岡県安倍郡豊田村（静岡市駿河区）柚木山神社境内		積石式石室カ	筒形石製品、紡錘石、管玉ガラス製璧、銅鏃、磨製石鏃、鉄鏃、刀剣身。	369 ①～⑥
121	神獣鏡	17.30	甲斐国山梨県東八代郡下曾根村（甲府市）山本丸山	1907		刀身、斧頭、鉄鏃。	371
122	神獣鏡カ		甲斐国山梨県東八代郡豊富村（甲府市）浅利組				373
123	神獣鏡		甲斐国山梨県東八代郡北八代町（笛吹市）伊勢宮ツングリ塚			刀身。	377
124	神獣鏡	12.40	甲斐国山梨県西八代郡大塚村（市川三郷町）上野原鳥居原	1893, 94	円墳、竪穴式石室	刀身、剣身、滑石臼玉、赤素焼土器、鈴。	378
125	神獣鏡	22.30	甲斐国山梨県				380
126	神獣鏡	17.40	上総国千葉県君津郡清川村（木更津市）祇園鶴巻	1908・2	円墳、組合石棺カ	馬鐸、刀頭大刀、拵付刀残欠、大刀残欠、鐔及鋼、圭頭大刀残欠、環頭柄頭、銅器残片、杏葉、四方手、琥珀製棗玉、轡鏡板、鉄器残片、陶製坩、蓋坏、坏、蓋、高坏。	392
127	神獣鏡（四仏四獣鏡）		上総国千葉県君津郡清川村（木更津市）	1908・2			393
128	神獣鏡（四仏四獣鏡）		上総国千葉県君津郡清川村（木更津市）沖	1891・9		兜、鎧小札、刀身、鉄鏃。	394
129	神獣鏡	23.20	近江国滋賀県栗太郡瀬田村（大津市）南大萱織部	1912・3	円墳石室ナク、封土ニ直ニ埋メル	鉄製斧頭、刀身残欠、土器残片。	401
130	神獣鏡	21.60	近江国滋賀県栗太郡葉山村（大津市）		円墳、粘土槨	土器、刀身残片、鉄板。	402
131	神獣鏡	21.70	近江国滋賀県栗太郡葉山村（大津市）六地蔵岡山		石室ナシ		403
132	神獣鏡	22.10					404
133	変形神獣鏡	26.40	近江国滋賀県野洲郡野洲町（野洲市）小篠原大岩山	1874・3	円墳、小形粘土槨	磨製石鏃、管玉、勾玉、小玉。	406
134	神獣鏡	21.80					407
135	神獣鏡	25.80	近江国滋賀県野洲郡野洲町（野洲市）小篠原大岩山）	1921	円墳、粘土槨	剣身残片。	408
136	神獣鏡	21.40					411
137	神獣鏡	21.80	近江国滋賀県野洲郡祇王村（野洲市）富波古トバ	1896・5カ	円墳カ、特殊ノ構造ナシ	ナシ	412
138	神獣鏡	21.90					413
139	神獣鏡	22.00					414
140	神獣鏡		近江国滋賀県坂田郡息長村（米原市）新庄塚の越	1885	前方後円墳	金環、勾玉、管玉。	421②
141	神獣鏡	13.00	美濃国岐阜県稲葉郡常磐村（岐阜市）上土居区山林	1915・5		石製坩、石製刀子、硬玉製勾玉、瑪瑙製管玉、琺瑯製勾玉、管玉、ガラス製小玉、滑石製臼玉。	449
142	神獣鏡	17.20	美濃国岐阜県稲葉郡常磐村（岐阜市）打越と城田寺との境	1915・9		碧玉岩製石合子、鍬形石、琴柱形石製品、石釧残片。	450

第一章　問題の所在　85

143	神獣鏡		美濃国岐阜県山県郡厳美村（岐阜市）太郎丸				452
144	神獣鏡						453
145	神獣鏡	18.40	信濃国長野県下伊那郡山本村（飯田市）新井原第十二号墳				468
146	神獣鏡	15.80	信濃国長野県下伊那郡龍丘村（飯田市）桐林兼清塚				472
147	神獣鏡	13.80					
148	神獣鏡	19.20	信濃国長野県下伊那郡龍丘村（飯田市）御猿堂古墳			大形鈴、金環、勾玉、管玉、環頭柄頭。	476
149	神獣鏡	22.70	上野国群馬県群馬郡大類村（高崎市）柴崎蟹沢	1909・3	円墳カ	剣身残片、斧、鉄器、土器残片。	524
150	神獣鏡	21.90					525
151	変形神獣鏡	11.00	上野国群馬県群馬郡佐野村（高崎市）下佐野長者屋敷	1912	前後円墳、粘土槨	石製刀子、石製鑿、石釧、勾玉、管玉、切子玉、石製斧、小玉。	533
152	神獣鏡	15.60	上野国群馬県群馬郡八幡村（高崎市）若田（伝）			柄頭。	535
153	変形神獣鏡	11.00	上野国群馬県群馬郡岩鼻村（高崎市）綿貫				534
154	神獣鏡	14.50	上野国群馬県群馬郡岩鼻村（高崎市）火薬製造所構内	1914	前方後円墳、剖抜式舟形石棺	刀身、斧、鍬、槍身、石製刀子、石製品。	536
155	神獣鏡	15.80	上野国群馬県多野郡美九里村（藤岡市）三本木				545
156	神獣鏡	22.60	上野国群馬県多野郡美九里村（藤岡市）三本木				547
157	神獣鏡	22.10					548①
158	神獣鏡	21.70	上野国群馬県新田郡澤野村（太田市）牛澤頓母子			勾玉、刀身、銅鏃。	557③
159	神獣鏡	21.20	下野国栃木県河内郡雀宮村（宇都宮市）雀宮牛塚		前方後円墳	鈴付銅輪、管玉、ガラス製小玉、勾玉、金環、柄、鉄鏃、鈴杏葉、鈴、鐙残片、小片、坏、土器残片、石斧残片。	567
160	神獣鏡	22.40	越前国福井県福井市足羽山公園広場	1909	円墳カ		584
161	神獣鏡	22.40					585
162	神獣鏡	3.30	越前国福井県足羽郡社村（福井市）西谷、三昧谷西区	1919・6	剖抜式家形石棺	勾玉、管玉、小玉、鹿角製刀装具、鉄斧頭、剣身、刀身、鎧破片、槍破片、鉄鏃、鉄釘。	587
163	神獣鏡	13.60	丹波国京都府南桑田郡篠村（亀岡市）野条瀧花塚	1918・2	方形墳、礫床	鎧残片、刀身、剣身、木片。	605
164	神獣鏡	11.80	丹波国京都府南桑田郡篠村（亀岡市）三ツ塚	1879、80ころ	円墳、竪穴式石室	滑石製勾玉、刀身、碧玉岩製管玉、棗玉、小玉。	606
165	神獣鏡	21.50	丹波国兵庫県氷上郡石負村（丹波市）旦野親王塚	1899		刀身、轡破片、冑破片、古銭、陶器。	617
166	神獣鏡	21.20	但馬国兵庫県城崎郡城崎町（豊岡市）小見塚	1914・10	粘土槨カ	綜麻石、蠟石製勾玉、鉄鏃残片。	619
167	神獣鏡	25.40	但馬国兵庫県出石郡神美村（豊岡市）森尾市尾	1917・3	円墳、竪穴式石室	硬玉製勾玉、碧玉製管玉、陶製坏（以上東博蔵）、硬玉製勾玉、ガラス製勾玉、碧玉岩製管玉、小玉、石斧、剣身、鉄斧頭、鎌、銅鏃、鉄鏃、麻布残欠。	622
168	神獣鏡	23.00					623
169	神獣鏡	22.00	伯耆国鳥取県東伯郡灘手村（倉吉市）上神芝栗大将塚	1916・1	円墳、箱式棺	鍬形石、琴柱形石製、管玉、臼玉、槍身、斧頭、刀身残欠、鏃残欠、槍身。	627
170	神獣鏡	23.60	伯耆国鳥取県東伯郡				631
171	神獣鏡	22.10					632
172	神獣鏡	22.30	伯耆国鳥取県東伯郡社村（倉吉市）国府東前国分寺井ノ塚	1922	円墳?、粘土槨	剣身、刀子、鉄斧頭、鉄鏃、柄付鉄製鉇、短冊形刃付鉄板、鎌、鍬頭。	634
173	神獣鏡	14.50					635
174	神獣鏡	13.00	伯耆国鳥取県西伯郡宇田川村（米子市淀江町）中西尾	1902、03	円墳、横穴式石室	陶器、金環、硬玉製勾玉、切子玉、ガラス製玉、刀剣、斧頭。	640
175	神獣鏡		伯耆国鳥取県西伯郡宇田川村（米子市淀江町）稲吉				641①
176	神獣鏡	21.50	伯耆国鳥取県西伯郡手間村（南部町）寺ノ内普段寺山	1921	円墳、木槨カ	陶器。	641⑤
177	神獣鏡	23.50	出雲国島根県能義郡荒島村（安	1911・6	方墳、横穴式石	環頭刀身、刀身、剣身、環頭柄	645

			来市）荒島大成		室	頭、杏葉、斧、槍身、鉄塊、轡残欠。	
178	変形神獣鏡	16.30	播磨国兵庫県加東郡来住村（小野市）阿形鎌ヶ谷甕塚	1901・2	石棺ナシノ山上円墳	硬玉製勾玉、碧玉岩製管玉、ガラス製小玉、刀身残片、蓋坏、小坩。	648
179	神獣鏡	21.10	播磨国兵庫県印南郡北浜村（高砂市）牛谷天神山	1825			651
180	神獣鏡	18.80	播磨国兵庫県飾磨郡荒川村（姫路市）編伯母谷	1915・5			652
181	神獣鏡	19.50	播磨国兵庫県揖保郡香島村（たつの市）吉島松山	1897・4,5	前方後円墳、竪穴式石室カ	ガラス製小玉、土器残片。	666
182	神獣鏡	23.70					667
183	神獣鏡	23.70					668
184	神獣鏡		備前国岡山県赤磐郡可真村（赤盤市）				676①
185	神獣鏡	14.90	備前国岡山県邑久郡邑久村（総社市）山田庄西郷免	1885・3		ガラス製小玉、ガラス製勾玉、銅釦、斧、杏葉、刀身、鎧小札、釘、陶製瓶、蓋坏。	680
186	神獣鏡		備前国岡山県邑久郡美和村（瀬戸内市）釜ヶ原金鶏塚	1895・3			683
187	神獣鏡	20.80	備前国岡山県邑久郡国府村（瀬戸内市）牛文字茶臼山	1912・7	前方後円墳、竪穴式石室	刀身残欠、小鈴付獅嚙金具、貝釦、鞍四方手、金具残片、鎧小札残欠。	684①
188	神獣鏡	21.50	備中国岡山県都窪郡庄村（倉敷市）日畑西組赤井	1909・7	円墳、石室、石棺	脚残欠、脚付坩、横瓮、脚付盤、提瓶、脚付瓿、瓿、蓋坏、坏、蓋、兜、鎧、大刀、輪鐙、轡鏡板、杏葉、鉄鎌、鞍覆輪、鞍金具、雲珠、辻金物、鋲頭、釘残欠、槍身、刀子、鉄器残欠、鉸具、鎗鉋、環頭大刀、砥石、木片、銀環、鍍金銀環、金環、金管、小玉。	685
189	変形神獣鏡	14.00	備中国岡山県都窪郡加茂村（岡山市）新庄下榊山			帯金具、金具、碧玉岩製卵形石、砥石、銅製鈴。	688
190	神獣鏡	11.90	備中国岡山県都窪郡山手村（総社市）宿寺山古墳	1887ころ	前方後円墳、竪穴式石室	剣身、刀身、鉄鎌、釵子。	689①
191	神獣鏡	33.30	周防国山口県玖珂郡柳井村（柳井市）水口代田八幡宮	1893・2			699③
192	神獣鏡	22.70	周防国山口県都濃郡下松町（下松市）宮洲	1683	円墳、竪穴式石室カ	刀身。	702②
193	神獣鏡	22.10					702④
194	神獣鏡	13.40	周防国山口県熊毛郡佐賀村（平生町）森下白鳥神社	1749・11		刀身、鉄斧頭、巴形銅器。	709
195	神獣鏡	18.60					710
196	神獣鏡	22.10	紀伊国和歌山県海草郡西和佐村（和歌山市）岩橋千塚				717
197	変形神獣鏡		紀伊国和歌山県海草郡西和佐村（和歌山市）岩橋千塚				718
198	神獣鏡		阿波国徳島県板野郡板西村（板野町）大寺青塚				728
199	神獣鏡						729
200	神獣鏡	17.60	讃岐国香川県大川郡津田町（さぬき市）岩崎山	1809		玉類、車輪石、その他小石製品。	737
201	神獣鏡	22.10	讃岐国香川県香川郡弦打村（高松市）鶴市御殿山	1910・5	積石塚、横穴式石室	銅剣、銅製柄、石釧、鉄斧、鑿、銅鎌、鉄鎌、鉄剣身、刀身、壺形土器。	739
202	神獣鏡	14.80	讃岐国香川県綾歌郡羽床村（綾川町）小野津頭蛇塚	1917	円墳、竪穴式石室カ	環鈴、短甲、槍身、鐏、高坏、蓋坏、金銅張鉄器、頸鎧冑、斧頭、刀身、剣身、轡残片、鎧小札金具、耳鎖。	744
203	神獣鏡	19.20	讃岐国香川県仲多度郡白方村（多度津町）奥白方中東	1915・1		銅製鈴、硬玉製勾玉、丸玉、小玉、管玉、刀身。	746
204	神獣鏡	13.60	筑前国福岡県早良郡姪浜村（福岡市）五島山	1914・10	組合箱式棺	剣身、銅鎌、硬玉製勾玉、碧玉岩製管玉、鉄塊及練物ノ枕。	791
205	神獣鏡	11.80					792
206	神獣鏡		筑前国福岡県				794

207	神獣鏡	15.20	筑前国福岡県				796
208	神獣鏡12面		豊前国福岡県京都郡苅田町石塚山				805〜816
209	神獣鏡	23.00	豊前国大分県宇佐郡宇佐町（宇佐市）高森赤塚	1921・10	前方後円墳、箱式棺	刀身、斧頭、碧玉岩製管玉、土器。	820
210	神獣鏡	21.80					821
211	神獣鏡	22.40					822
212	神獣鏡	22.30					823
213	神獣鏡	21.50	豊後国大分県大分市三芳志手	1911・5	組合箱式棺	碧玉岩製管玉、ガラス製小玉、刀身残片、土器残片。	826
214	神獣鏡	9.70	豊後国大分県西国東郡田原村（杵築市）上沓掛小川原灰土山	1915・2		小玉、管玉、刀子。	829
215	神獣鏡	17.10	豊後国大分県北海部郡小佐井村（大分市）神崎浄福寺築山		前方後円墳	鍬形石。	835
216	神獣鏡	21.90	肥前国佐賀県東松浦郡玉島村（唐津市）谷口立中	1908・11	石室石棺、様式不明	勾玉、石釧、管玉、小玉、真珠製小玉、剣身、刀身。	839①
217	神獣鏡	21.90					839②
218	神獣鏡	21.20					840
219	神獣鏡	21.80					841
220	神獣鏡	25.00	肥後国熊本県玉名郡江田村（和水町）江田船山古墳	1873	前方後円墳、家形石棺	剣、大刀、槍身、鉄鏃、鉄剣身、刀身、壺形土器、刀子身、兜、甲、頸鎧、金製耳飾、金環、帯金具、冠杯、轡、鐙、土器、勾玉、管玉、小玉、環鈴、陶器。	852
221	神獣鏡	20.90					853
222	神獣鏡	14.80					855
223	神獣鏡		肥後国熊本県八代郡				864
224	神獣鏡		日向国宮崎県南那珂郡飫肥町（日南市）飫肥吾平山（伝）				871
225	神獣鏡	22.00	日向国宮崎県児湯郡下穂北村（西都市）三宅西都原第二号墳	1916	前方後円墳、粘土槨	勾玉、管玉、小玉、刀子。鉄剣。	874
226	神獣鏡		日向国宮崎県児湯郡下穂北村（西都市）祇園原				883
1	画象鏡	20.60	山城国京都府葛野郡松尾村（京都市西京区松尾）鏡塚	不明	不明	不明。	16
2	画象鏡	22.40	山城国京都府綴喜郡草内村（京田辺市）飯岡戸塚	1874	円墳、竪穴式石室	硬玉製勾玉、管玉、及小玉、刀剣、馬具ノ類。	57
3	画象鏡	19.40	山城国京都府綴喜郡草内村（京田辺市）飯岡戸塚	1874	円墳、竪穴式石室	硬玉製勾玉、管玉、及小玉、刀剣、馬具ノ類。	58
4	画象鏡	20.30	大和国奈良県宇陀郡榛原町（宇陀市）上井足	1899・11	円墳カ	勾玉、小玉、槍身、高坏、坩、刀子残片、刀身残片、鐙残片。	100
5	画象鏡	20.90	大和国奈良県北葛城郡河合村（河合町）佐味田貝吹宝塚・黄金塚	1881	前方後円墳・一種ノ積石的構築	勾玉、銅鏃、管玉、石製品、銅器、鉄器カ。	107
6	画象鏡	20.90	大和国奈良県北葛城郡河合村（河合町）佐味田貝吹宝塚・黄金塚	1881	前方後円墳・一種ノ積石的構築	勾玉、銅鏃、管玉、石製品、銅器、鉄器カ。	126
7	画象鏡	20.60	大和国奈良県北葛城郡馬見村（広陵町）大塚黒石山		円墳、竪穴式石室	銅鏃。	187
8	画象鏡						189
9	画象鏡	20.60	河内国大阪府中河内郡中高安村（八尾市高安町）郡川		前方後円墳、横穴式石室カ	管玉、棗玉、勾玉、銀製耳鎖、鈴、刀装具、槍身、脚付坩、坏。	218
10	画象鏡		摂津国兵庫県川辺郡立花村（尼崎市立花町）塚口池田山				270
11	画象鏡	14.80	遠江国静岡県磐田郡御厨村（磐田市）東貝塚堂山		前方後円墳	銅釧。	334
12	画象鏡	16.50	上野国群馬県多野郡美九里村（藤岡市）三本木				546
13	画象鏡	21.90	上野国群馬県多野郡美九里村（藤岡市）三本木				548②
14	画象鏡	19.80	若狭国福井県遠敷郡瓜生村（若狭町）脇袋野口西塚	1916・8	前方後円墳、横穴式石室	兜、雲珠、剣身、鉄斧頭、鉄鏃、杏葉、玉製勾玉、管玉、鈴、金製耳飾、帯金具、土器。	582
15	画象鏡	20.30	備前国岡山県邑久郡美和村（瀬戸内市）西須恵築山	1909・1	前方後円墳、家形石棺	ガラス製勾玉、碧玉岩製管玉、鉄製斧、剣身、刀身、槍身、轡、鉄地金銅張杏葉、兜及鎧残片、鏃残片。	681

88　第一部　日本における三角縁神獣鏡研究史の問題点

16	画象鏡	17.00	周防国山口県都濃郡富田村（周南市）				700
17	画象鏡	20.90	豊後国大分県西国東郡草地村（豊後高田市）黒松古屋敷	近世末	円墳、横穴式石室	鉄鏃。	831
18	画象鏡	21.10	肥後国熊本県玉名郡江田村（和水町）江田船山古墳	1873	前方後円墳、家形石棺	剣、大刀、槍身、鉄鏃、鉄剣身、刀身、壺形土器、刀子身、兜、甲、頸鎧、金製耳飾、金環、帯金具、冠杙、轡、鐙、土器、勾玉、管玉、小玉、環鈴、陶器。	851
19	画象鏡		大隅国鹿児島県カ				887
1	獣帯鏡	21.40	山城国京都府葛野郡川岡村（京都市西京区川島）百ヶ池古墳	1900・10	円墳、竪穴式石室	石釧、車輪石、管玉、勾玉、刀身、槍身、朱、古銭。	5
2	獣帯鏡	23.30	山城国京都府葛野郡川岡村（京都市西京区川島）一本松塚	1901ころ	前方後円墳、竪穴式石室・石棺ナシ	剣身残欠。	9
3	獣帯鏡	13.50	山城国京都府綴喜郡有智郷村（八幡市）美濃山王塚	1835	前方後円墳	不明。	47
4	獣帯鏡	13.50					48
5	獣帯鏡	25.80	大和国奈良県宇陀郡宇実志村（宇陀市）下芳野				98
6	獣帯鏡	25.10	大和国奈良県北葛城郡河合村（河合町）佐味田貝吹宝塚・黄金塚	1881	前方後円墳、一種ノ積石的構築	勾玉、銅鏃、管玉、石製品、銅器、鉄器カ。	132
7	獣帯鏡	11.80	大和国奈良県南葛城郡大正村（御所市）三室西浦	1891、92	前方後円墳カ、粘土槨カ	筒形青銅器、銅製棒状品、刀身、鉄鏃、勾玉。	190①
8	獣帯鏡	19.90	河内国大阪府北河内郡枚方町（枚方市）枚方万年山古墳	1904・1	舟形木棺カ	刀身、玉類。	220②
9	獣帯鏡	17.50					221
10	獣帯鏡	30.30	和泉国大阪府泉北郡軸松村（堺市境区）仁徳天皇陵（伝）	近世	前方後円墳		227
11	獣帯鏡	16.40	摂津国大阪府三島郡福井村（茨木市）福井田中海北塚	1909・2	円墳、石棺槨ナシ	小坩及脚付長頸坩、高坏、坩、瓶、金環、銅環、銀製鍍金勾玉、山梔玉（銀製鍍金）、金銅三輪玉、座金物、刀身残片。	237
12	獣帯鏡	12.90	摂津国大阪府三島郡阿武野村（高槻市）土室土山塚東方石塚	1892、93	円墳、棺槨ナシ	刀身、玉類カ。	245
13	獣帯鏡	23.20	近江国滋賀県野洲郡野洲町（野洲市）小篠原大岩山）	1921	円墳、粘土槨	剣身残片。	409
14	獣帯鏡	23.00	近江国滋賀県野洲郡野洲町（野洲市）小篠原大岩山	1921	円墳、粘土槨	剣身残片。	419
15	獣帯鏡	22.40					420
16	獣帯鏡	20.00	美濃国岐阜県揖斐郡豊木村（大野市）野城塚				446
17	獣帯鏡	18.80	但馬国兵庫県城崎郡城崎町（豊岡市）小見塚	1914・10	粘土槨カ	綜麻石、蠟石製勾玉、鉄鏃残片。	620
18	獣帯鏡		播磨国兵庫県飾磨郡御國野村（姫路市）国分寺小山		方墳、長持形石棺	勾玉、管玉、棗玉、刀身、剣身。	656
19	獣帯鏡	23.00	播磨国兵庫県揖保郡香島村（たつの市）吉島松山	1897・4、5	前方後円墳、竪穴式石室カ	ガラス製小玉、土器残片。	662
20	獣帯鏡	12.80	美作国岡山県勝田郡飯岡村（津山市）王子				674
21	獣帯鏡	13.90	阿波国徳島県名東郡上八万村（徳島市）上八万星河内巽山	1917・5	円墳、横穴式石室	刀身残欠、石釧、車輪石、鍬形石、土器。	723②
22	獣帯鏡	23.70	伊予国愛媛県越智郡下朝倉村（今治市）朝倉下丈六寺	1908・4		硬玉製勾玉、碧玉岩製管玉、砥石、笄、薬師像、刀身、槍身等。	749
23	獣帯鏡	16.40	肥後国熊本県玉名郡江田村（和水町）江田船山古墳	1873	前方後円墳、家形石棺	剣、大刀、槍身、鉄鏃、鉄剣身、刀身、壺形土器、刀子身、兜、甲、頸鎧、金製耳飾、金環、帯金具、冠杙、轡、鐙、土器、勾玉、管玉、小玉、環鈴、陶器。	854
1	盤龍鏡	10.30	山城国京都府綴喜郡八幡町（八幡市）大芝西車塚	1902・6	前方後円墳、竪穴式石室	石製品、小玉、勾玉、車輪石、石釧、鍬形石、木片、刀身残片、管玉、ガラス製小玉。	39
2	盤龍鏡	12.60	山城国京都府綴喜郡有智郷村（八幡市）美濃山王塚	1835	前方後円墳	不明。	49

3	盤龍鏡	10.00	大和国奈良県生駒郡				66②
4	盤龍鏡	15.80	大和国奈良県北葛城郡河合村（河合町）佐味田貝吹	1885・4	円墳カ	刀身、土器。	150
5	盤龍鏡	13.30	河内国大阪府南河内郡小山村（藤井寺市）小山宇津堂城山	1912・3	前方後円墳、竪穴式石室内長持式石棺	硬玉製勾玉、碧玉岩製管玉、硬玉製棗玉、剣身、刀身、刀装具木片、小釘、皿形銅製品、平板状銅製品、朱一斗、鉄鏃、巴形銅器、十銅製矢筈、石刀子、石製剣身、車輪石破片、石製鏃形様品、石製品残欠、金銅製櫛金。	206
6	盤龍鏡	14.00					207
7	盤龍鏡	14.20	河内国大阪府南河内郡国分村（柏原市）国分山向井山茶臼塚	1629・4	円墳内部不明	不明	214
8	盤龍鏡	21.10	河内国大阪府北河内郡枚方町（枚方市）枚方万年山古墳	1904・1	舟形木棺カ	刀身、玉類。	225②
9	盤龍鏡	11.00	伊勢国三重県飯南郡松尾村（松阪市）立野浅間				302
10	盤龍鏡	12.80	遠江国静岡県引佐郡西浜名村（浜松市）本阪	1804～			360
11	盤龍鏡	13.00	近江国滋賀県滋賀郡和邇村（大津市）小野大塚	1907・4	前方後円墳ニシテ礫床	硬玉製勾玉、碧玉岩製管玉、銅鏃、鉄製斧頭、刀身、剣身、甲冑残欠、土器残片。	400
12	盤龍鏡	11.10	近江国滋賀県栗太郡葉山村（大津市）六地蔵岡山		石室ナシ		405
13	盤龍鏡	24.30	近江国滋賀県野洲郡野洲町（野洲市）小篠原大岩山	1921	円墳、粘土槨	剣身残片	410
14	盤龍鏡	6.80	信濃国長野県下伊那郡i伊賀良村（飯田市）大畑				481
15	盤龍鏡	9.20	信濃国長野県更級郡				514
16	盤龍鏡	12.20	信濃国長野県更級郡				518
17	盤龍鏡	24.30	上野国群馬県北甘楽郡額部村（富岡市）南後箇、北山		石室ナシ	車輪石、勾玉。	550
18	盤龍鏡	21.70	上野国群馬県新田郡澤野村（太田市）牛澤頓母子			勾玉、刀身、銅鏃。	557④
19	盤龍鏡	10.60	伯耆国鳥取県東伯郡上灘村（倉吉市）下田	1898			636
20	盤龍鏡	22.30	播磨国兵庫県揖保郡香島村（たつの市）吉島松山	1897・4,5	前方後円墳、竪穴式石室カ	ガラス製小玉、土器残片。	664
21	盤龍鏡	13.60	備中国岡山県都窪郡山手村（総社市）宿寺山古墳	1887ころ	前方後円墳、竪穴式石室	剣身、刀身、鉄鏃、釵子。	689②
22	盤龍鏡	24.50	周防国山口県都濃郡下松町（下松市）宮洲	1683	円墳、竪穴式石室カ	刀身。	702①
23	盤龍鏡	24.50	筑前国福岡県早良郡西新町（福岡市）	1912・3	組合箱式棺	刀身。	789
24	盤龍鏡	25.50	豊前国大分県宇佐郡宇佐町（宇佐市）高森赤塚	1921・10	前方後円墳、箱式棺	刀身、斧頭、碧玉岩製管玉、土器。	819
25	盤龍鏡		日向国宮崎県谷頭				885
1	獣形鏡	13.60	山城国京都府葛野郡川岡村（京都市西京区川島）百ヶ池古墳	1900・10	円墳・竪穴式石室	石釧、車輪石、管玉、勾玉、刀身、槍身、朱、古銭。	3
2	獣形鏡	17.70	京都府葛野郡太秦村（京都市右京区太秦）天塚	1887	前方後円墳横穴式石室無石棺	轡等馬具、鍍金丸具、陶器、管玉、勾玉、水晶小玉、ガラス小玉。	13
3	獣形鏡	9.70	山城国京都府乙訓郡大原野村（京都市西京区大原野）鏡山古墳			石製鏡、石製鑿、石製下駄、石臼、杵、石釧、勾玉、紡錘石、石製刀子。木片。	17
4	獣形鏡	7.00	山城国京都府乙訓郡向日町（向日市）物妻女恵美須山	1917ころ	円墳、粘土槨	ナシ。	19
5	獣形鏡	12.00	山城国京都府久世郡宇治町（宇治市）大谷丸山古墳	1912・9	前方後円墳、粘土槨	刀身、剣身、斧、鉄鏃、鉄器、土器。	24
6	獣形鏡	13.90	山城国京都府久世郡久津川村（城陽市）平川車塚	1894・7	前方後円墳、長持式組合棺、竪穴式石室	滑石製勾玉、硬玉製勾玉、碧玉岩製管玉、滑石製臼玉、ガラス製小玉、碧玉岩製合子、碧玉岩	28
7	獣形鏡	13.80					29

8	獣形鏡	13.80				製石皿、滑石製刀子、兜、鎧、頸鎧、刀身、鉄鏃、陶器。	30
9	獣形鏡	13.60					31
10	獣形鏡	11.30	山城国京都府綴喜郡有智郷村（八幡市）西ノ口	1916・3	円墳	銅鏃、紡錘石、刀身、斧頭、鉄鏃。	54
11	獣形鏡	16.70	山城国京都府綴喜郡草内村（京田辺市）飯岡戸塚	1874	円墳、竪穴式石室	硬玉製勾玉、管玉、及小玉、刀剣、馬具ノ類。	59
12	獣形鏡	10.00	山城国京都府相楽郡和束村（和束町）原山西手	1907・10	礫槨カ	槍身、刀身、環頭刀身、鉄鏃、鎧。	62
13	獣形鏡	12.60	大和国奈良県生駒郡都迹村（奈良市）尼ヶ辻垂仁天皇陵カ				65
14	獣形鏡	12.50	大和国奈良県生駒郡都迹村（奈良市）佐紀衛門戸	1913・5	円墳、粘土槨	刀身、銅鏃。	74
15	獣形鏡	12.70					75
16	獣形鏡	13.90	大和国奈良県礒城郡城島村（桜井市）鳥見嶺辰巳・森谷境			硬玉製勾玉、碧玉岩製勾玉残片、碧玉岩製勾玉、ガラス製小玉、剣身残片一括。	85
17	獣形鏡	14.50					86
18	獣形鏡	10.50	大和国奈良県礒城郡安部村（桜井市）				91
19	獣形鏡		大和国奈良県山辺郡朝和村（天理市）				94
20	獣形鏡		大和国奈良県宇陀郡榛原町（宇陀市）上井足	1899・11	円墳カ	勾玉、小玉、槍身、高坏、坩、刀子残片、刀身残片、鐙残片。	99
21	獣形鏡	14.80	大和国奈良県高市郡新澤村（橿原市）川西領高塚千塚山	1900・4	粘土槨カ	刀身残片、鉄鏃、斧頭、石製刀子、勾玉、管玉、土器破片。	103
22	獣形鏡	8.20	大和国奈良県北葛城郡馬見村（広陵町）三吉馬崎	1918・5			105
23	獣形鏡	15.40	大和国奈良県北葛城郡河合村（河合町）佐味田貝吹宝塚・黄金塚	1881	前方後円墳・一種ノ積石的構築	勾玉、銅鏃、管玉、石製品、銅器、鉄器カ。	131
24	獣形鏡	21.50	大和国奈良県北葛城郡河合村（河合町）佐味田貝吹	1885・4	円墳カ	刀身、土器。	140
25	獣形鏡	15.50	大和国奈良県北葛城郡馬見村（広陵町）大塚黒石山		円墳、竪穴式石室	銅鏃。	188
26	獣形鏡	9.00	大和国奈良県南葛城郡秋津村（御所市）附近				193
27	獣形鏡	15.10	大和国奈良県南葛城郡秋津村（御所市）室大墓		前方後円墳		190⑤
28	獣形鏡	13.00	大和国奈良県北葛城郡磐城村（葛城市）当麻岩橋平石				190⑬
29	獣形鏡	11.20	河内国大阪府南河内郡道明寺村（富田林市）板持領内丸山				201
30	獣形鏡		河内国大阪府南河内郡赤坂村（千早赤坂村）				216
31	獣形鏡						217①
32	獣形鏡						217②
33	獣形鏡	20.60	河内国大阪府中河内郡中高安村（八尾市高安町）郡川		前方後円墳、横穴式石室カ	管玉、棗玉、勾玉、銀製耳鎖、鈴、刀装具、槍身、脚付坩、坏。	219①
34	獣形鏡	14.60	和泉国大阪府泉北郡西百舌鳥村（堺市北区）赤畑塚廻。	1912	円墳、単二舟形木棺カ	剣身、刀身、硬玉製勾玉、ガラス碧勾玉、碧玉製勾玉、滑石製勾玉、碧玉製管玉、碧玉製棗玉、ガラス製丸玉、ガラス製小玉。	228
35	獣形鏡	13.40					229
36	獣形鏡	12.30	和泉国大阪府泉北郡東陶器村（堺市中区）				233
37	獣形鏡	10.00	摂津国大阪府三島郡磐手村（高槻市）別所奥阪	1916・2		管玉、銅釧、刀身残欠、勾玉、砥残片。	241
38	獣形鏡		摂津国兵庫県武庫郡本山村（神戸市東灘区）岡本マンバイ・ヘボソ塚	1896・10	前方後円墳	硬玉製勾玉、琥珀製勾玉、琥珀製棗玉、ガラス製勾玉、硬玉製小玉、碧玉製管玉、石釧、土器。	254
39	獣形鏡	14.20	摂津国兵庫県武庫郡六甲村（神戸市灘区）一王山十善寺境内			勾玉、鉄鏃、碧玉製勾玉、蠟石製勾玉、滑石製勾玉、岩製管玉、小玉、水晶製丸玉、兜、鎧残片、鍬身。	264
40	獣形鏡	10.90	伊賀国三重県名賀郡神戸村（伊	1914・3		陶器、刀身。	273

			賀市）上神戸中出八王子神社址				
41	獣形鏡	11.50	伊賀国三重県阿山郡友生村（伊賀市）喰代高猿	1911・2	円墳、石室ナシ	硬玉製勾玉、瑪瑙製勾玉、碧玉製管玉、小玉、綜麻石、金環、銀環、銅環、鉄鏃、金具残片、刀身残片、剣身、陶土器。	275
42	獣形鏡	7.94	伊賀国三重県阿山郡府中村（伊賀市）一ノ宮二ノ谷	1883・3		硬玉製勾玉、瑪瑙製勾玉、蠟石製勾玉大玉、小玉、蠟石製棗玉、蠟石製小玉、碧玉製管玉、岩製管玉、瑪瑙製丸玉、琥珀製棗玉、刀身残片。	277
43	獣形鏡	11.20	伊勢国三重県飯南郡松尾村（松阪市）丹生寺				303
44	獣形鏡	14.50	尾張国愛知県東春日井郡勝川村（春日井市勝川町）北東山山ノ神神社	1916・4		環鈴、槍身、刀剣身残片。	312
45	獣形鏡		尾張国愛知県中島郡今伊勢村（一宮市）大本神戸	1789・6	前方後円墳		324④
46	獣形鏡	12.40	遠江国静岡県小笠郡平田村（菊川市）上平川大塚	1921・3	前方後円墳、礫榔	水晶製勾玉、碧玉岩製管玉、ガラス製小玉、剣身残片、硬玉製勾玉	330
47	獣形鏡		駿河国静岡県静岡市浅間神社境内	1830〜	積石式石室、組合粗製石室。	環頭柄頭。	370②
48	獣形鏡	11.90	武蔵国神奈川県橘樹郡住吉村（川崎市幸区）北加瀬了源寺境内	1910・3		鉄製斧頭、刀身残片。	383
49	獣形鏡	10.50					384
50	獣形鏡	11.60	武蔵国埼玉県北埼玉郡須加村（行田市）須加中郷	1916・3	円墳、竪穴式石室	刀身、銅釧、刀子残欠、管玉、土器残欠。	389
51	獣形鏡	12.90	上総国千葉県君津郡小櫃村（君津市）俵田	1899	前方後円墳ノ陪塚	刀身。	395
52	獣形鏡	10.20	常陸国茨城県東茨城郡稲荷村（水戸市）大串	1912・12	粘土槨カ	刀身、鐙頭鎖、轡、鉄鏃、環。	399
53	獣形鏡	13.00	近江国滋賀県野洲郡中里村（野洲市）	1898・8		剣身、銅鈴、管玉、臼玉、陶器、馬具破片。	415
54	獣形鏡	13.00	近江国滋賀県坂田郡息郷村（米原市）能登瀬山津照神社	1889	前方後円墳カ、横穴式石室	刀身、刀子、瓶、大高坏、蓋坏、提瓶、坩等陶器、金銅冠残欠、輪鐙、轡、杏葉、雲珠、鞍橋残欠、三輪玉等。	418①
55	獣形鏡	13.60	美濃国岐阜県揖斐郡河合村（河合町）上礒亀山	1827，また1829	前方後円墳	弥生式土器。	442
56	獣形鏡	12.10					443
57	獣形鏡	9.40	美濃国岐阜県加茂郡坂祝村（坂祝町）黒岩前山			管玉。	455
58	獣形鏡	9.70	美濃国岐阜県可児郡広見村（可児市）御嶽社古墳	1838・1		勾玉、臼玉、管玉、車輪石破片。	462①
59	獣形鏡	11.00	信濃国長野県下伊那郡座光寺村（飯田市）鳥屋場第三号墳				464
60	獣形鏡		信濃国長野県下伊那郡龍丘村（飯田市）桐林兼清塚				474①
61	獣形鏡	8.70	信濃国長野県下伊那郡龍丘村（飯田市）塚原鎧塚				475
62	獣形鏡	10.40	信濃国長野県下伊那郡下川路村（飯田市）第一号墳				478①
63	獣形鏡		上野国群馬県群馬郡京ヶ島村（高崎市）元島名将軍塚	1911・2	前方後円墳、粘土槨	石釧。	540
64	獣形鏡	10.90	上野国群馬県山田郡矢場川村（太田市）矢場本矢場		前方後円墳、粘土槨	石釧、剣身、勾玉、管玉、小玉、銅鏃。	554
65	獣形鏡	17.00	下野国栃木県河内郡雀宮村（宇都宮市）雀宮牛塚		前方後円墳	鈴付銅輪、管玉、ガラス製小玉、勾玉、金環、柄、鉄鏃、鈴杏葉、鈴、鐙残片、木片、坏、土器残片、石斧残片。	566
66	獣形鏡	11.00	下野国栃木県河内郡横川村（宇都宮市）江會島雷電山		前方後円墳	石製品、土器。	574
67	獣形鏡	12.10	若狭国福井県遠敷郡瓜生村（若狭町）脇袋野口西塚	1916・8	前方後円墳、横穴式石室	兜、雲珠、剣身、鉄斧頭、鉄鏃、杏葉、玉製勾玉、管玉、鈴、	583

92　第一部　日本における三角縁神獣鏡研究史の問題点

						金製耳飾、帯金具、土器。	
68	獣形鏡	10.60	越前国福井県吉田郡吉野村（永平寺町）境地石船山山頂	1906・8	舟形石棺	兜、鎧、頸鎧、冠、鹿角製刀装具、刀身残片、碧玉岩製管玉。	597
69	獣形鏡	9.90	丹波国京都府何鹿郡以久田村（綾部市）大畠				608
70	獣形鏡	11.50	但馬国兵庫県城崎郡日高村（豊岡市）江原久斗	1920・5			618
71	獣形鏡	13.70	但馬国兵庫県養父郡伊佐村（養父市）坂本世賀居	1912・1		刀身、轡。	625
72	獣形鏡	10.00	伯耆国鳥取県東伯郡逢東村（東伯町）双子塚		円墳		626
73	獣形鏡	16.40	伯耆国鳥取県東伯郡灘手村（倉吉市）上神芝原大将塚	1916・1	円墳、箱式棺	鍬形石、琴柱形石製、管玉、臼玉、槍身、斧頭、刀身残欠、鏃残欠、剣身。	628
74	獣形鏡		伯耆国鳥取県西伯郡宇田川村（米子市淀江町）稲吉				641②
75	獣形鏡		伯耆国鳥取県西伯郡宇田川村（米子市淀江町）福岡				641③
76	獣形鏡	11.00	伯耆国鳥取県西伯郡幡郷村（南部町）坂長長者原	1887前後	円墳、箱式棺	鉄鏃及朱。	641⑥
77	獣形鏡	13.60	出雲国島根県八束郡大庭村（松江市）大草杉谷古天神	1915・8	前方後円墳、横穴式石室	円頭大刀、刀子身、轡残片、雲珠残欠、金環、銀環、陶製壺、脚付坩、蓋坏、高坏、瓶、提瓶。	643
78	獣形鏡	12.20	播磨国兵庫県飾磨郡糸引村（姫路市）北原越山	1922・9		碧玉岩製坩、碧玉岩製勾玉、瑪瑙製勾玉、ガラス製小玉、水晶製切子玉、瑪瑙製丸玉、刀身残片。	655
79	獣形鏡	10.90	播磨国兵庫県宍粟郡城下村（波賀町）野村塚元	1917・2		陶製壺	670
80	獣形鏡	8.30	美作国岡山県苫田郡林田村（津山市）川崎金田丸山	1909・2		土器破片。	671
81	獣形鏡	10.10	美作国岡山県苫田郡高野村（津山市）				672②
82	獣形鏡	17.00	備中国岡山県都窪郡加茂村（岡山市）新庄下千足			巴形銅器、碧玉岩製勾玉、鉄鏃、兜残欠。	687
83	獣形鏡	10.90	備中国岡山県吉備郡日近村（岡山市）吉字磯雄尾籠山	1922・5		剣身、斧頭、管玉、ガラス製小玉。	690
84	獣形鏡	9.90	備中国岡山県吉備郡足守町（岡山市）下足守貝坂向山	1924・2	箱式棺	勾玉、管玉、小玉、刀身、斧頭	691①
85	獣形鏡		備後国広島県双三郡吉舎村（三次市）吉舎八幡山	1908・1	墳形不明、竪穴式石室	刀身破片、鎧残片。	694
86	獣形鏡	12.50	周防国山口県吉敷郡下宇野令村（山口市）赤妻丸山	1897・3	円墳、竪穴式石室	剣身、兜、頸鎧、鎧、巴形銅器、槍身、貝器、鋤、鉄鏃。	704
87	獣形鏡	11.60	長門国山口県大津郡菱海村（長門市）河原亀山	1914・2			713
88	獣形鏡	14.40	紀伊国和歌山県日高郡湯川村（御坊市）富安	1874・3		勾玉、臼玉、管玉、刀身。	719
89	獣形鏡	15.20	紀伊国和歌山県日高郡南部町（みなべ町）山内岡山ノ内城山	1915・8			720
90	獣形鏡		阿波国徳島県板野郡板東村（鳴門市）桧、歩兵第六十二連隊演習場	1915・8		勾玉、管玉、小玉、臼玉、石製品、柄頭。	726
91	獣形鏡	14.00	讃岐国香川県香川郡弦打村（高松市）鶴市御殿山	1910・5	積石塚、横穴式石室	銅剣、銅製柄、石釧、鉄斧、鑿、銅鏃、鉄鏃、鉄剣身、刀身、壺形土器。	740
92	獣形鏡	14.70					741
93	獣形鏡	8.50	讃岐国香川県仲多度郡与北村（善通寺市）西村山根	1901・5	円墳カ、礫槨カ	石釧、鉄鏃。	745
94	獣形鏡	22.00	筑前国福岡県糸島郡前原町（糸島市）泊、大日	1909		環頭大刀、管玉、勾玉。	770
95	獣形鏡	22.00					771
96	獣形鏡	22.40	筑前国福岡県糸島郡周船寺村（福岡市）丸隈山	1639	前方後円墳、横穴式石室内ニ粗製箱式棺	仏像、勾玉、管玉、小玉。	773

97	獣形鏡	11.10	筑前国福岡県糸島郡前原町（糸島市）				788
98	獣形鏡		筑後国福岡県浮羽郡吉井町（うきは市）若宮八幡月岡			兜、馬具、轡、馬鐸、鎧、鉸具附属品、大刀、砥石、鈴、勾玉、管玉、其他玉類。	797
99	獣形鏡	14.20	筑後国福岡県久留米市日輪寺境内	1912		硬玉製勾玉、碧玉岩製管玉、瑪瑙製管玉、ガラス製小玉、銅環、刀身、鉄鏃、土器、陶器。	799
100	獣形鏡	10.60	筑後国福岡県三井郡立石村（小郡市）干潟下鶴	1916・2	粗製箱式棺	剣身、斧頭、鉄鏃。	800
101	獣形鏡	18.20	豊前国福岡県門司市（北九州市門司区）小森江丸山	1916・5		刀身残片。	801
102	獣形鏡		豊前国福岡県京都郡小波瀬村（苅田町）与原御所山				804
103	獣形鏡	18.50	豊前国大分県宇佐郡駅館村（宇佐市）法鏡寺中原	1886・3		刀身。	817
104	獣形鏡	12.70	豊後国大分県西国東郡玉津町呉崎村草津村境界（豊後高田市）丸山	1901・3	円墳、竪穴式石室	刀身、剣身、鉄斧、管玉、勾玉、鏃、鎧残片、石製模造品。	828
105	獣形鏡	12.30	肥前国佐賀県東松浦郡玉島村（唐津市）鏡、今屋敷	1910・8		銅鋺、勾玉、管玉、ガラス製小玉、切子玉、金銅製冠、銅釧、金環、三輪玉形金具、鎧小札、兜残欠、刀身残欠、鉸具残欠、馬具金物、鉄鏃、蓋坏、鉄器残片。	845
106	獣形鏡	9.10	肥後国熊本県玉名郡江田村（和水町）江田船山古墳	1873	前方後円墳、家形石棺	剣、大刀、槍身、鉄鏃、鉄剣身、刀身、壺形土器、刀子身、兜、甲、頸鎧、金製耳飾、金環、帯金具、冠沓、轡、鐙、土器、勾玉、管玉、小玉、環鈴、陶器。	856
107	獣形鏡	14.80	肥後国熊本県阿蘇郡中通村（阿蘇市）鞍掛鞍掛塚	1900・3	円墳、組合箱式棺	剣身、勾玉、小玉及管玉、銀環。	860
108	獣形鏡	10.00	肥後国熊本県葦北郡日奈久町（八代市）川小田				865
109	獣形鏡		日向国宮崎県宮崎郡大宮村（宮崎市）下北方	1914・3			867
110	獣形鏡	9.80	日向国宮崎県児湯郡下穂北村（西都市）三宅西都原第六十号墳	1915	円墳	刀身、鉄鏃、小刀身、槍身、玉類。	876
111	獣形鏡		日向国宮崎県東臼杵郡冨高村（日向市）冨高草葉古城鼻	1916・1	前方後円墳、竪穴式石室	鉄鏃、頸鎧、鎧、斧頭、刀身、剣身。	884
1	鼉龍鏡	18.20	山城国京都府葛野郡川岡村（京都市西京区川島）一本松塚	1901ころ	前方後円墳・竪穴式石室・石棺ナシ	剣身残欠。	10
2	鼉龍鏡	21.50	山城国京都府綴喜郡八幡町（八幡市）志水女郎花塚東車塚	1897・12	前方後円墳・後円部粘土槨	前方部：剣身。後円部：硬玉製勾玉、刀身、斧、鏃、甲冑。	34
3	鼉龍鏡	16.40	山城国京都府綴喜郡有智郷村（八幡市）美濃山王塚	1835	前方後円墳	不明。	50
4	鼉龍鏡	21.00	大和国奈良県生駒郡都跡村（奈良市）佐紀衛門戸	1913・5	円墳、粘土槨	刀身、銅鏃。	78
5	鼉龍鏡	20.20					79
6	鼉龍鏡	21.60					80
7	鼉龍鏡	22.70	大和国奈良県北葛城郡河合村（河合町）佐味田貝吹	1885・4	円墳カ	刀身、土器。	137
8	鼉龍鏡	22.30					152
9	鼉龍鏡	27.10	大和国奈良県北葛城郡馬見（広陵町）大塚新山、新山古墳	1885・4	前方後円墳・竪穴式石室	勾玉、管玉、帯金具、石製鏃、枕形石製品、巻物軸形石製品、石製刀子柄、車輪石、燭台形石製品、刀剣身、石製斧。	168
10	鼉龍鏡	17.70	和泉国大阪府泉北郡東舌鳥村（堺市中区）土師大野寺址	1737			230
11	鼉龍鏡	17.30	和泉国大阪府泉北郡東陶器村（堺市中区）				231
12	鼉龍鏡	13.00	伊賀国三重県鈴鹿郡国府村（鈴鹿市）保子里大貝戸車塚		前方後円墳、石室内ニ組合石棺	蓋坏、坏、提瓶、高坏、蓋、刀身、金具、環頭柄頭、鉄鏃、轡、	291

94　第一部　日本における三角縁神獣鏡研究史の問題点

						鉸具、鎮、斧、鐙、鎧残片、銅鈴、銅器、耳飾、金環、硬玉製勾玉、瑪瑙製管玉、ガラス製管玉、切子玉、木製切子玉、ガラス玉（瑠璃色、青、緑、黄色）、中空ガラス玉。	
13	鼉龍鏡	19.70	尾張国愛知県東春日井郡高蔵寺村（春日井市高蔵寺町）出川			碧玉岩製管玉、硬玉製勾玉、蠟石製勾玉、石釧、土器、刀身。	313
14	鼉龍鏡	11.80	尾張国愛知県丹羽郡古知野町（江南市）宮後南大塚	1917・3	石棺カ		319
15	鼉龍鏡	17.30	美濃国岐阜県可児郡広見村（可児市）伊香陵山	1902・9		石製釧、車輪石、狐鍬石、紡錘車、舳形石製品、三輪玉様石製品、斧頭、巴形銅器、刀身。	459
16	鼉龍鏡	15.00	信濃国長野県更級郡				515
17	鼉龍鏡	17.20	信濃国長野県更級郡				516
18	鼉龍鏡	16.40	信濃国長野県更級郡				517
19	鼉龍鏡	13.60	下野国栃木県下都賀郡寒川村（小山市）鏡、茶臼塚			刀身。	565②
20	鼉龍鏡	23.00	周防国山口県玖珂郡柳井町（柳井市）水口代田八幡宮	1893・2			698
21	鼉龍鏡	44.50					699①
22	鼉龍鏡	15.70	肥前国佐賀県北高来郡（諫早市）	1799			848
1	獣首鏡	12.50	美濃国岐阜県稲葉郡常磐村（岐阜市）打越ト城田寺トノ境	1915・9		碧玉岩製石合子、鍬形石、琴柱形石製品、石釧残片。	451
2	獣首鏡	9.40	周防国山口県佐波郡西浦村（防府市）呉山	1901・5	円墳、横穴式石室	管玉、勾玉。	703
3	獣首鏡		肥後国熊本県八代郡龍峯村（八代市）岡谷川門前	1884	円墳、石室	勾玉、管玉、小玉、剣身、刀身。	862②
1	位至三公鏡		大和国奈良県礒城郡都介野村（奈良市）附近				90
2	位至三公鏡		伊勢国三重県一志郡豊地村（松阪市）一志筒野古墳	1914・7	前方後円墳、粘土槨	管玉、切子玉、石釧、土製管玉、陶器。	292
3	位至三公鏡	9.30	神奈川県				382
4	位至三公鏡		出雲国島根県八束郡大庭村（松江市）有、岡田山	1915	前方後円墳、竪穴式石室カ	陶器、刀身、環頭大刀、方頭大刀、鉄鏃、鈴、馬具類。	644②
5	位至三公鏡	8.80	周防国山口県吉敷郡下宇野令村（山口市）赤妻丸山	1908・8		瑪瑙製勾玉、硬玉製勾玉、硬玉製有孔石器、瑪瑙製丸玉、ガラス製切子玉、碧玉岩製管玉、ガラス製小玉、針、櫛、刀身。	707
6	位至三公鏡		筑前国福岡県				795
7	位至三公鏡	8.30	前国佐賀県東松浦郡玉島村（唐津市）谷口立中	1908・11	石室石棺、様式不明	勾玉、石釧、管玉、小玉、真珠製小玉、剣身、刀身。	842
1	鈴鏡		大和国奈良県山辺郡朝和村（天理市）菅生				93
2	鈴鏡	10.30	大和国・奈良県（伝）				194
3	鈴鏡		大和国・奈良県（伝）				195
4	鈴鏡		河内国大阪府北河内郡豊野村（寝屋川市豊野町）太秦				226
5	鈴鏡	12.00	伊賀国三重県阿山郡府中村（伊賀市）浅間山	1866		硬玉製勾玉、碧玉製勾玉、瑪瑙製勾玉、滑石製勾玉、滑石製管玉、滑石製及ガラス製小玉、碧玉岩製品、蓋坏、懸仏。	284
6	鈴鏡	10.90	志摩国三重県志摩郡畔名村（志摩市）泊山	1911・6、7	円墳カ	琺瑯製丸玉、陶製蓋坏、鉄器残片。	308
7	鈴鏡	10.60	尾張国愛知県愛知郡熱田町（名古屋市熱田区）白鳥法持寺	1837	石棺	金銅椀、鍍金鈴、陶器、鎧、刀身、管玉及勾玉。	311
8	鈴鏡		尾張国愛知県東春日井郡志段味村（守山市）				316
9	鈴鏡	9.70	遠江国静岡県浜名郡村櫛村（浜松市）賤山御山塚	1907・12		刀身残片、金環、小玉、銀環、提瓶、甑、瑪瑙製勾玉、切子玉、棗玉。	350

10	鈴鏡		遠江国静岡県				362
11	鈴鏡		遠江国静岡県				363
12	鈴鏡		駿河国静岡県静岡市浅間神社境内	1830〜	横穴式石室、組合粗製石室。	環頭柄頭。	370①
13	鈴鏡		武蔵国埼玉県比企郡大岡村（東松山市）大谷庚申塚	1804〜			387
14	鈴鏡		武蔵国埼玉県児玉郡青柳村（神川町）新里				388
15	鈴鏡	8.40	近江国滋賀県坂田郡息郷村（米原市）能登瀬山津照神社	1889	前方後円墳カ、横穴式石室	刀身、刀子、瓶、大高坏、蓋坏、提瓶、坩等陶器、金銅冠残欠、輪鐙、轡、杏葉、雲珠、鞍橋残欠、三輪玉等。	417
16	鈴鏡		美濃国岐阜県不破郡青墓村（大垣市）昼飯丸山		円墳、横穴式石室		441
17	鈴鏡	9.70	美濃国岐阜県揖斐郡清水村（揖斐川町）清水后川	1879・2	円墳、横穴式石室	勾玉、管玉。	445
18	鈴鏡	13.80	信濃国長野県下伊那郡松尾村（飯田市）姫塚		前方後円墳・横穴式石室		469
19	鈴鏡	9.20	信濃国長野県下伊那郡龍丘村（飯田市）駄科神送り塚				471
20	鈴鏡	10.10	信濃国長野県下伊那郡下川路村（飯田市）正清寺塚				477
21	鈴鏡		信濃国長野県下伊那郡上郷村（飯田市）南条区雲彩寺	1793	前方後円墳・横穴式石室	杏葉、雲珠、鉄鏃、環頭柄頭、金環、金、銀製丸玉、切子玉、棗玉、丸玉、横瓶。	483①
22	鈴鏡		上野国群馬県群馬郡佐野村（高崎市）上佐野				530①
23	鈴鏡	10.20	上野国群馬県群馬郡清里村（高崎市）青梨子				541①
24	鈴鏡	6.30	上野国群馬県群馬郡				541②
25	鈴鏡		上野国群馬県多野郡平井村（藤岡市）白石				544
26	鈴鏡	9.60	上野国群馬県利根郡久呂保村（昭和村）森下化粧坂				553
27	鈴鏡	11.20	上野国群馬県新田郡綿打村（太田市）上田中兵庫塚	1915・1		鈴、金環、切子玉、勾玉、銅釧、ガラス製小玉、管玉、刀身。	556
28	鈴鏡	14.60	上野国群馬県新田郡九合村（太田市）東矢島、原	1923・1		刀身、馬具	557⑤
29	鈴鏡	7.90					557⑥
30	鈴鏡		上野国群馬県邑楽郡大川村（大泉町）古海馬場				558
31	鈴鏡		上野国群馬県				560②
32	鈴鏡	6.30	下野国栃木県足利市助戸西畑	1911・9	円墳、礫槨カ	剣身残欠、刀身、環鈴、鈴、鈴杏葉、轡残欠、輪鐙、角装具、鈴釧、鉄棒。	563
33	鈴鏡	6.20					564
34	鈴鏡	9.30	下野国栃木県下都賀郡石橋町（下野市）上大領東原	1910・3	円墳	碧玉岩製勾玉、碧玉製管玉、ガラス製小玉、刀身、馬具残片。	565①
35	鈴鏡	5.80	下野国栃木県河内郡雀宮村（宇都宮市）雀宮牛塚		前方後円墳	鈴付銅輪、管玉、ガラス製小玉、勾玉、金環、柄、鉄鏃、鈴杏葉、鈴、鐙残片、木片、坏、土器残片、石斧残片。	568
36	鈴鏡	5.80					569
37	鈴鏡	9.40					570
38	鈴鏡	5.80					571
39	鈴鏡	10.40	磐城国宮城県伊具郡金山町（丸森町）台町			銀環、鐔、銅釧、ガラス製小玉、刀身、瓶、陶器、勾玉、管玉、石器、切子玉。	578
40	鈴鏡	8.50	陸中国岩手県胆澤郡金ヶ崎村（金ヶ崎町）西根五郎屋敷	1895		刀身、轡、勾玉、小玉、切子玉。	581
41	鈴鏡	12.20	播磨国兵庫県印南郡誌方村（加古川市）西飯坂	1910・7	竪穴式石室カ	綜麻石、勾玉、陶器。	650
42	鈴鏡	10.70	長門国山口県豊浦郡豊西下村（下関市）綾羅木上ノ山	1909・4		水晶製管玉、碧玉岩製管玉、瑪瑙製勾玉、ガラス製小玉、銅釧、三輪玉形金具、鈴鏡、轡鏡板、鉄鏃、鐙残片。	711

第一部　日本における三角縁神獣鏡研究史の問題点

43	鈴鏡	8.20	紀伊国和歌山県海草郡西和佐村（和歌山市）岩橋千塚				716
44	鈴鏡	15.00	筑前国福岡県糸島郡周船寺村（福岡市）				777
45	鈴鏡	9.20	筑後国福岡県浮羽郡椿子村（うきは市）朝田コウモリ	1918, 19			798
46	鈴鏡		肥前国佐賀県唐津市伝				847
1	星雲文鏡	12.40	伊勢国三重県				307
2・3	星雲文鏡	破片	筑前国福岡県筑紫郡春日村（春日市）須玖岡本	1899	小土壇・立石、粘土槨甕棺	銅剣、銅鉾、管玉、ガラス製璧、製柄、石釧、鉄斧、鑿、銅鏃、鉄鏃、鉄剣身、刀身、壺形土器。	762・763
1	変形文鏡	12.70	山城国京都府乙訓郡向日町（向日市）物妻女恵美須山	1913, 14ころ		碧玉岩製石釧、同管玉。	21
2	変形文鏡	11.20	山城国京都府綴喜郡有智郷村（八幡市）美濃山王塚	1835	前方後円墳	不明。	52
3	変形文鏡		山城国京都府相楽郡棚倉村（木津川市）				61
4	変形文鏡	10.00	大和国奈良県礒城郡安部村（桜井市）				92
5	変形文鏡	11.80	大和国奈良県山辺郡朝和村（天理市）				95①
6	変形文鏡	23.40	大和国奈良県北葛城郡河合村（河合町）佐味田貝吹宝塚・黄金塚	1881	前方後円墳・一種ノ積石的構築	勾玉、銅鏃、管玉、石製品、銅器、鉄器カ。	127
7	変形文鏡	12.10	大和国奈良県南葛城郡小林村（御所市）小林ヘン塚				192
8	変形文鏡	14.20	大阪府三島郡豊中村古江（池田市古江町）横山	1917・5	円墳	剣身、兜、鎧、頸鎧、鉄鏃、金具、槍身。	251
9	変形文鏡	14.20	摂津国兵庫県武庫郡六甲村（神戸市灘区）一王山十善寺境内			勾玉、鉄鏃、碧玉製勾玉、蠟石製勾玉、滑石製勾玉、岩製管玉、小玉、水晶製丸玉、兜、鎧残片、鍬身。	263
10	変形文鏡	8.20	伊賀国三重県阿山郡友生村（伊賀市）喰代高猿	1911・2	円墳、石室ナシ	硬玉製勾玉、瑪瑙製勾玉、碧玉製管玉、小玉、綜麻石、金環、銀環、銅環、鉄環、金具残片、刀身残片、剣身、陶土器。	276
11	変形文鏡	11.00	伊賀国三重県阿山郡府中村（伊賀市）浅間山	1866		硬玉製勾玉、碧玉製勾玉、瑪瑙製勾玉、滑石製勾玉、滑石製玉、滑石製及ガラス製小玉、碧玉岩製品、蓋坏、懸仏。	285
12	変形文鏡	10.90					286
13	変形文鏡	11.20	伊勢国三重県一志郡豊地村（松阪市）一志筒野古墳	1914・7	前方後円墳、粘土槨	管玉、切子玉、石釧、土製管玉、陶器。	294
14	変形文鏡		伊勢国三重県一志郡豊地村（松阪市）下之庄向山古墳	1914・3	前方後円墳、粘土槨	石釧、車輪石、筒形石製品、刀身。	298
15	変形文鏡	12.10	尾張国愛知県東春日井郡高蔵寺村（春日井市高蔵寺町）出川			碧玉岩製管玉、硬玉製勾玉、蠟石製勾玉、石釧、土器、刀身。	315②
16	変形文鏡	16.30	伊勢国三重県多気郡斎宮村（明和町）				306
17	変形文鏡	12.70	志摩国三重県志摩郡志島村（志摩市）布海苔	1918・2	組合石棺	轡鏡板、雲珠、金銅製鈴、銅器残欠、刀身残欠、陶器。	309
18	変形文鏡	10.30	三河国愛知県豊橋市東田				325
19	変形文鏡	8.80	駿河国静岡県富士郡須津村（富士市）中里大塚	1917	横穴式石室カ	坩、瓶、刀身、金環、轡及鉸具残片	366
20	変形文鏡	破片	駿河国静岡県富士郡須津村（富士市）天塚道東須津山々腹	1901・4	横穴式石室カ	陶器、勾玉、銀環、刀身。	367
21	変形文鏡	6.90	甲斐国山梨県東八代郡豊富村（甲府市）				372
22	変形文鏡		甲斐国山梨県東八代郡豊富村（甲府市）浅利組				374
23	変形文鏡	12.60	武蔵国神奈川県都筑郡新田村（横浜市港北区）新吉田町	1895		勾玉、管玉。	385
24	変形文鏡	6.10	武蔵国埼玉県比企郡野本村（東松山市）柏崎小原				386

第一章 問題の所在 97

25	変形文鏡	8.50	武蔵国埼玉県北埼玉郡須加村（行田市）須加中郷	1916・3	円墳、竪穴式石室	刀身、銅釧、刀子残欠、管玉、土器残欠。	390
26	変形文鏡	14.20	近江国滋賀県坂田郡北郷村（長浜市）垣籠王塚	1902	前方後円墳	勾玉、小玉、刀、鏡、鉄棒。	421①
27	変形文鏡	8.60	近江国滋賀県東浅井郡朝日村（長浜市）山本種路				422
28	変形文鏡	7.60	近江国滋賀県東浅井郡田根村（長浜市）田川元山	1914・9	円墳、横穴式石室	蝋石製勾玉、碧玉岩製管玉。	423
29	変形文鏡	6.20	美濃国岐阜県揖斐郡八幡村（池田町）片山深谷				447
30	変形文鏡	11.50	美濃国岐阜県加茂郡坂祝村（坂祝町）黒岩前山			管玉。	454
31	変形文鏡	7.90					456
32	変形文鏡	7.30					457
33	変形文鏡	8.00	信濃国長野県下伊那郡山本村（飯田市）平地第一号墳				466
34	変形文鏡	7.70	信濃国長野県下伊那郡山本村（飯田市）新井原第十一号墳				467
35	変形文鏡		信濃国長野県下伊那郡龍丘村（飯田市）殿垣外				474②
36	変形文鏡	7.70	信濃国長野県下伊那郡三穂村（飯田市）伊豆木石原田古墳				480
37	変形文鏡	6.80	信濃国長野県下伊那郡龍江村（飯田市）今田宮の平第一古墳				483⑤
38	変形文鏡		信濃国長野県更級郡石川村（長野市）布制神社後将軍塚	1802	前方後円墳	銅鏃、筒形青銅器、金銀環、小玉、車輪石、其他碧玉岩製石品、管玉、水晶製切子玉、ガラス製勾玉、水晶製勾玉、其他玉類。	485
39	変形文鏡						487
40	変形文鏡	6.10	信濃国長野県更級郡石川村（長野市）				513
41	変形文鏡	9.40	信濃国長野県埴科豊栄村（長野市）村北	1917・2	竪穴式石室カ	瑪瑙製勾玉、碧玉岩製勾玉、碧玉岩製管玉、ガラス製勾玉、ガラス製小玉。	519
42	変形文鏡	8.20	信濃国長野県埴科倉科村（千曲市）大峡北山	1907・1	竪穴式石室カ	管玉、銅環、鉄鏃、剣身、刀身、小刀身、瓶其他土器残片。	520
43	変形文鏡	7.70	上野国群馬県勢多郡芳賀村（前橋市）五代大日塚			轡鏡板、雲珠、柄頭、鉸具、飾鋲、銀環、座金物、鐔、刀身残片、金環、鈴、鐺、刀装具、小玉、石鏃等。	522
44	変形文鏡		上野国群馬県勢多郡荒砥村（前橋市）双子山	1878		銀環、金環、刀身、鏃、陶器、馬具。	523
45	変形文鏡	7.00	上野国群馬県群馬郡瀧川村（佐波郡玉村町）八幡原若宮	1911・3	横穴式石室内二石棺	刀身、管玉、小玉、鉄片。	528
46	変形文鏡	7.80	上野国群馬県多野郡平井村（藤岡市）白石			切子玉、小玉、金環、銀環、頭椎大刀、刀身、刀装具、雲珠、轡鏡板、鏃。	542
47	変形文鏡	17.50					543
48	変形文鏡	7.60	上野国群馬県北甘楽郡新屋村（甘楽町）大山	1900	円墳、刳抜式舟形石棺	石製鏡、石製刀子、石製鑿、管玉、臼玉、ガラス製玉、鈴杏葉、三鈴。	552
49	変形文鏡	10.60	上野国群馬県新田郡綿打村（太田市）上田中兵庫塚	1915・1		鈴、金環、切子玉、勾玉、銅釧、ガラス製小玉、管玉、刀身。	557①
50	変形文鏡	9.10	上野国群馬県佐波郡伊勢崎町（伊勢崎市）華蔵寺	1913・3	円墳、横穴式石室	陶器、辻金物、砥石、鉄鏃、管玉、棗玉、切子玉、ガラス製小玉。	559
51	変形文鏡	6.00	上野国群馬県佐波郡三郷村（伊勢崎市）安堀不二山古墳		前方後円墳、長持形石棺	石刀子。	560①
52	乳文鏡	6.70	下野国栃木県河内郡横川村（宇都宮市）江曾島雷電山		前方後円墳	石製品、土器。	573
53	乳文鏡	5.40					575
54	変形文鏡	16.10	陸前国宮城県名取郡茂ヶ崎村（仙台市）鹿野前囲一ツ塚			硬玉製勾玉、碧玉岩製勾玉、小玉、金環、滑石製臼玉。	579
55	変形文鏡	7.20	越前国福井県足羽郡社村（福井	1919・6	刳抜式家形石棺	勾玉、管玉、小玉、鹿角製刀装	586

			市）西谷、三昧谷西区			具、鉄斧頭、剣身、刀身、鎧破片、槍破片、鉄鎌、鉄釘。	
56	変形文鏡	7.60	越前国福井県敦賀郡敦賀町（敦賀市）絹掛金ヶ崎城本丸址	1909・6	円墳、組合石棺カ	木板、刀身、銀製コハゼ形金具、鉄鎌。	598
57	変形文鏡	8.80	越後国新潟県南魚沼郡六日町（南魚沼市）余川蟻子山			勾玉、管玉、陶器。	604
58	変形文鏡	13.60	丹波国京都府何鹿郡吉美村（綾部市）聖塚	1891・9	方形墳	碧玉岩製勾玉、兜、鎧、槍、刀身残片、鎌、ガラス製小玉。	607
59	変形文鏡	9.90	丹波国京都府何鹿郡以久田村（綾部市）大畠				609
60	変形文鏡	13.20	丹波国兵庫県氷上郡石負村（丹波市）北野親王塚	1899		刀身、轡破片、冑破片、古銭、陶器。	616
61	変形文鏡	11.50	但馬国兵庫県出石郡出石町（豊岡市）谷山鶴塚	1917・5		雲珠残欠、砥、切子玉、管玉、刀身、剣身、斧頭、轡残片、鐙頭鎖、鉄鎌、陶製高坏、瓶、坏、土製高坏。	621
62	変形文鏡	7.30	伯耆国鳥取県西伯郡所子村（大山町）国信国信神社	1883・12		勾玉。	637
63	変形文鏡	11.20	伯耆国鳥取県西伯郡所子村（大山町）末吉		円墳、箱式棺	管玉、勾玉、平玉。	638
64	変形文鏡	10.90	伯耆国鳥取県西伯郡大和村（米子市淀江町）小波		箱式棺		639
65	変形文鏡	8.80	伯耆国鳥取県日野郡宮内村（日南町）矢戸名土	1907	箱式棺	刀剣、切子玉、管玉、ガラス製玉、陶器。	642
66	変形文鏡	7.50	播磨国兵庫県加東郡来住村（小野市）阿形鎌ヶ谷甕塚	1901・2	石棺ナシノ山上円墳	硬玉製勾玉、碧玉岩製管玉、ガラス製小玉、刀身残片蓋坏、小坩。	647
67	変形文鏡	6.60	備前国岡山県邑久郡美和村（瀬戸内市）飯井				682
68	変形文鏡	11.80	備中国岡山県都窪郡加茂村（岡山市）新庄下千足			巴形銅器、碧玉岩製勾玉、鉄鎌、兜残欠。	686
69	変形文鏡	7.70	備後国広島県双三郡吉舎村（三次市）三玉大塚山			鎧、刀身、刀身残片、槍身、斧、鉄鎌、鏃、轡、砥、筒形青銅器、杏葉、管玉、石製品、臼玉。	692
70	変形文鏡	12.60					693
71	変形文鏡	10.20	安芸国広島県安芸郡温品村（広島市）須賀谷	1912・3	舟形石棺	刀身、勾玉、瑪瑙製切子玉、碧玉岩製管玉、ガラス製小玉、銅釧、鏃、刀身残片。	695
72	変形文鏡	7.10					696
73	変形文鏡	10.70	周防国山口県吉敷郡下宇野令村（山口市）赤妻丸山	1908・8		瑪瑙製勾玉、硬玉製勾玉、硬玉製有孔石器、瑪瑙製玉、ガラス製切子玉、碧玉岩製管玉、ガラス製小玉、針、櫛、刀身。	706
74	変形文鏡	14.20	阿波国徳島県名東郡上八万村（徳島市）上八万星河内巽山	1917・5	円墳、横穴式石室	刀身残欠、石釧、車輪石、鍬形石、土器。	723③
75	変形文鏡	7.20	阿波国徳島県板野郡板東村（鳴門市）谷口	1915・9		琴柱形石製品。	727
76	変形文鏡	7.00	讃岐国香川県木田郡奥鹿村（三木町）鹿庭出作	1917・3	横穴式石室カ	陶製提瓶、坏。	738
77	変形文鏡	7.00	伊予国愛媛県東宇和郡山田村（西予市宇和町）栗浜	1902，03ころ		金環、銀環、ガラス製勾玉、刀身残欠。	751
78	変形文鏡	8.70	筑前国福岡県筑紫郡席田村（福岡）立花寺文殊谷	1902・12			753
79	変形文鏡	9.20	筑前国福岡県糸島郡恰土村（前原市）大門辻	1913・3	円墳、石室	純金製耳鎖、刀身残片、不明鉄器残片、金環、陶器、小玉。	769
80	変形文鏡	5.80	豊後国大分県大分市三芳志手	1911・5	組合箱式棺	碧玉岩製管玉、ガラス製小玉、刀身残片、土器残片。	827
81	変形文鏡	8.20	豊後国大分県西国東郡田原村（杵築市）上沓掛小川原灰土山	1915・2		小玉、管玉、刀子。	830
82	変形文鏡		肥前国佐賀県小城郡三日月村（小城市）織島東一本	1895・6	円墳、竪穴式石室、粗製箱式棺	刀剣身破片、兜残片、綜麻石。	836①
83	変形文鏡						836②
84	変形文鏡	11.10	肥前国佐賀県東松浦郡玉島村（唐津市）南山玉島	1909・6		金環、銀環、金製耳飾、環頭大刀、水晶製勾玉、瑪瑙製勾玉、	837

						ガラス勾玉、碧玉岩製管玉、水晶製管玉、ガラス製管玉、水晶製切子玉、水晶製小玉、銀製小玉、ガラス製小玉。	
85	変形文鏡	8.30	前国佐賀県東松浦郡玉島村（唐津市）谷口立中	1908・11	石室石棺様式不明	勾玉、石釧、管玉、小玉、真珠製小玉、剣身、刀身。	843
86	変形文鏡	7.30					844
87	変形文鏡	20.50	肥後国熊本県阿蘇郡中通村（阿蘇市）鞍掛鞍掛塚	1900・3	円墳、組合箱式棺	剣身、勾玉、小玉及管玉、銀環。	858
88	変形文鏡	5.30					859
89	変形文鏡	6.40					861
90	変形文鏡	10.00	肥後国熊本県阿蘇郡中通村（阿蘇市）鞍掛	1899・5	円墳、組合箱式棺		866
91	変形文鏡		日向国宮崎県東諸県郡本庄村（国富町）本庄宗仙寺	1915・11	地下式古墳		873
92	変形文鏡	6.90	日向国宮崎県児湯郡下穂北村（西都市）三宅西都原第百十号墳	1912	円墳	刀剣、刀子、鉄鏃、銅釧、斧頭。	877
93	変形文鏡		日向国宮崎県児湯郡下穂北村（西都市）三宅西都原舟塚				879
1	直弧文鏡	27.90	大和国奈良県北葛城郡馬見（広陵町）大塚新山	1885・4	前方後円墳・竪穴式石室	勾玉、管玉、帯金具、石製鏃、枕形石製品、巻物軸形石製品、石製刀子柄、車輪形石製品、燭台形石製品、刀剣身、石製斧。	169
2	直弧文鏡	26.00					170
3	直弧文鏡	21.20					171
4	狩猟文鏡	18.20	上野国群馬県群馬郡瀧川村（佐波郡玉村町）八幡原若宮			管玉、環頭柄頭。	529
1	破鏡	12.10	山城国京都府葛野郡川岡村（京都市西京区川島）一本松塚	1901ころ	前方後円墳竪穴式石室・石棺なし	剣身残欠。	11
2	鏡片	14.50	河内国大阪府南河内郡小山村（藤井寺市）小山宇津堂城山	1912・3	前方後円墳、竪穴式石室内長持式石棺	硬玉製勾玉、碧玉岩製管玉、硬玉製棗玉、剣身、刀身、刀装具木片、小釘、皿形銅製品、平板状銅製品、朱一斗、鉄鏃、巴形銅器、十銅製矢筈、石刀子、石製剣身、車輪石破片、石製鏃形様品、石製品残欠、金銅製櫛金。	209
3	鏡片	13.00					210
4	鏡片	11.90					211
5	破片		伊賀国三重県阿山郡府中村（伊賀市）浅間山	1866		硬玉製勾玉、碧玉製勾玉、瑪瑙製勾玉、滑石製勾玉、滑石製管玉、滑石製及ガラス製小玉、碧玉岩製品、蓋坏、懸仏。	287

【備考】以上の他、【表1―1】には鏡名欄に「不明」とあるものが47、空欄が35ある。

結　び

　まず、簡単なまとめを行いたい。第一に近代日本の古鏡研究がおよそ18世紀後半の天明年間以降に始まる200年余の伝統を有していたこと、第二に近世・近代の日本にあっては出土発掘鏡の散逸が少なく、全国的に古鏡の保存収集が良好であって、事例研究の条件が整っていたこと、そして多くの古鏡実物資料から観察鑑識による型式分類が進み、型式を次のように整理した。細かい分類は省略する。
　一、素文鏡、二、細線鋸歯紋鏡、三、雷文鏡、四、夔鳳鏡、五、内行花文鏡、六、重圏文鏡、七、ＴＬＶ式鏡、八、葉文鏡、九、双葉文鏡、一〇、神獣鏡、一一、画像鏡、一二、獣帯鏡、一三、盤龍鏡、一四、獣形鏡、一五、鼉龍鏡、一六、獣首鏡、一七、「位至三公」鏡、一八、鈴鏡、一九、星雲文鏡、二〇、変形文鏡
　七のＴＬＶ式鏡が王莽時代であることが明確だとし、その前の一、素文鏡、二、細線鋸

歯紋鏡、三、雷文鏡、四、夔鳳鏡、そして五、内行花文鏡が漢式鏡の前期、すなわち前漢鏡に大体属し、八、葉文鏡、九、双葉文鏡が前漢から後漢初期となる。問題はやはり一〇、神獣鏡（三角縁神獣鏡・平神獣鏡縁）をピークとし、これを後漢から三国、そして一一、画像鏡、一二、獣帯鏡、一三、盤龍鏡、一四、獣形鏡の各種が続き、一五、鼉龍鏡以下は中国鏡・日本鏡の各種となり、一九、星雲文鏡が前漢鏡とされるものが追加的に挙げられてはいるものの、多く三国以降、六朝代の鏡とされる。肝心なポイントは神獣鏡（三角縁神獣鏡・平神獣鏡縁）から一一、画像鏡、一二、獣帯鏡、一三、盤龍鏡、一四、獣形鏡、等々が派生したと考えたところであろう。また、一〇、神獣鏡（三角縁神獣鏡・平神獣鏡縁）については、［Ⅰ、三角縁・有銘文帯四神四獣鏡、Ⅱ、三角縁・獣文帯四神四獣鏡、Ⅲ、三角縁・唐草文帯四神四獣鏡、Ⅳ、三角縁・波文帯四神四獣鏡、Ⅴ、三角縁・有銘文帯二神二獣鏡、Ⅵ、三角縁・獣文帯二神二獣鏡、Ⅶ、三角縁・唐草文帯二神二獣鏡、Ⅷ、三角縁・獣文帯三神三獣鏡、Ⅸ、三角縁・波文帯三神三獣鏡、Ⅹ、三角縁・獣帯式三神三獣鏡、ⅩⅠ、階段式三角縁神獣鏡、ⅩⅡ、半円方格帯四神四獣鏡、ⅩⅢ、半円方格帯階段式神獣鏡、ⅩⅣ、（建安鏡）階段式神獣鏡］、一一、画像鏡については、［Ⅰ、神人龍虎鏡、①神人龍虎鏡、袁氏作竟神人龍虎鏡、②神人夔龍虎鏡、王氏作竟神人龍虎鏡、③三角縁神獣鏡式神人龍虎鏡、Ⅱ、神人車馬画像鏡、Ⅲ、神人歌舞画像鏡］、一二、獣帯鏡については、［Ⅰ、細線式円座乳帯獣帯鏡、Ⅱ、半肉彫式円座乳帯獣帯鏡、Ⅲ、細線式盤龍座鈕獣帯鏡、Ⅳ、半肉彫式盤龍座鈕獣帯鏡］、一三、盤龍鏡については、［Ⅰ、四頭式盤龍鏡、Ⅱ、両頭式盤龍鏡］、一四、獣形鏡については、［Ⅰ、中国鏡、四獣鏡・六獣鏡、Ⅱ、本邦鋳造鏡、四獣鏡・五獣鏡・六獣鏡・七獣鏡］、一六、獣首鏡については、［Ⅰ、糸巻形鈕座獣首鏡　Ⅱ、獣首鏡］という細分類が行われたが、各鏡の名称も含めて、それら細分類はその後に修正が加えられた。それでも斯学研究の基礎となった型式分類であったことは確かである。

　高橋健自監修・後藤守一著『漢式鏡』は大正15年（1926）に日本考古学大系の一冊として雄山閣から刊行された。当時における考古学の主題に古青銅鏡が課題であったことが窺える記念碑的著作である。日本における古鏡研究の黎明の魁である。それにしても著者が東京帝室博物館員であったことは改めてその職責の重要性を感じさせる。それは鏡が三種の神器の一であるばかりで説明されるものではない。関東大震災を経て建築された東京帝室博物館本館の偉容は、京都、奈良の3博物館の首としてまさに大日本帝国の博物館であった。それ事態が本書の主題である東アジア世界における中華を標榜する大日本帝国に相応しい。帝国の博物館は帝国の学問と相連携する。

　高橋健自監修・後藤守一著『漢式鏡』に登場する古鏡の専門家たちは、著者らと共に京都帝国大学の富岡謙蔵、梅原末治両氏と九州帝国大学の中山平次郎氏である。ただ、大正15年（1926）当時は東京と京都の帝国大学にしか考古学研究室はなかった。富岡氏は京都大学の東洋史学の教授でかの内藤虎次郎湖南教授とともに京都東洋学の草分けである。中山平次郎氏は九州帝国大学の病理学者にして考古学に造詣が深く、近代九州考古学の開拓

者であった。他に国史学者喜田貞吉氏の名も見え、鏡研究の学際的重厚さが本書『漢式鏡』の神髄である。そこに見える論争は見事な展開と言わざるをえない。なお、東京帝国大学理学部には人類学研究室があり、そこには古代日本人人骨に加えて、発掘発見された石器、土器の他、漢式鏡が収集され、研究対象になっていたことは注目しておくべきだろう。

さて、後藤守一氏の本書は漢式鏡について、日本近世に遡る古鏡発見史と学問的研究史を概観した上で、【A】古鏡の型式分類と【B】各型式鏡の年代推定を試みる。それは型式間の相互関係の検討を主とし、次いで銘文その他の調査を行っている。それでも調査の圧巻は古鏡収集事例の多さであろう。幸いなことに全国で発見された古鏡は帝室関係機関に献上された。帝室博物館員はその調査研究の絶好の位置にあったのである。古鏡の型式分類と年代推定、そして事例の基礎が盤石なものを作り得たといえる。ただし、本書からその多くの善知識と同時に批判さるべき誤謬もまた存在する。それは以下の叙述で言及されるであろうが、それにしても三角縁神獣鏡の成立過程を考察した点や古鏡を通じての古代人の宗教や死生観などに相当の造詣を示していることなど、古鏡研究の大枠を設定した高橋健自監修・後藤守一著『漢式鏡』は今日未だ生命を失っていない古典と言える。ただ、日本における三角縁神獣鏡研究史の問題点を探る第一章、問題の所在に最後に付記したい重要な点として、後藤守一著[56]の『漢式鏡』段階では三角縁神獣鏡が魏王朝から倭国邪馬台国女王卑弥呼に与えた鏡であるかについては、概ね否定的であったことである。

注

（１）　坂詰秀一「たかはしけんじ　高橋健自」『国史大辞典』９、58頁、吉川弘文館、1985年。

（２）　青柳種信『筑前国怡土郡三雲村所掘古器図考』。

（３）　青柳種信前掲書。

（４）　中山平次郎「明治三十二年に於ける須玖岡本発掘物の出土状態」『考古学雑誌』12巻10・11号、1922年、但し発行1936年。

（５）　鏡背文様中にＴＬＶ字の規矩文があるものをＴＬＶ式鏡と名付け、王莽代の文様鏡式としたが、その後今日では前漢時代にその文様のあったことが知られている。陳佩芬編『上海博物館蔵青銅鏡』上海書画出版社、1987年、考証15頁、二十七、西漢、大楽富貴六博紋鏡、参照。

（６）　朝鮮慶尚北道慶州郡外東面入室里、細線鋸歯文鏡一面は藤田亮策・梅原末治「朝鮮出土小銅鐸と細紋鏡」（『考古学雑誌』13巻11号、1923年）。梅原氏は朝鮮鏡は日本鋳造とする。また、ロシア国・西シベリア沿海州シュコドワ附近、細線鋸歯文鏡一面は民族学者の鳥居龍蔵氏に依るという。

（７）　高橋健自監修・後藤守一著『漢式鏡』雄山閣、1926年、38頁以下。

（８）　喜田貞吉「銅鐸考」（『歴史地理』32巻２号）。

（９）　高橋健自「南葛城郡名柄発掘の銅鐸及銅鏡」『奈良県史蹟勝地調査報告書』第六回。

（10）　富岡謙蔵、「支那古鏡図説」『国華』27巻７・８・11・12号、1920年参照。

（11）　喜田貞吉「我が鏡作部製作の大漢式鏡」『民族と歴史』１巻１号、1919年、富岡謙蔵「日

本倣製古鏡に就いて」『古鏡の研究』所収、1920年、参照。
(12) 富岡謙蔵「九州北部に於ける銅剣銅鉾及び弥生式土器と伴出する古鏡の年代に就いて」『考古学雑誌』8巻9号、1918年、参照。
(13) 富岡謙蔵、前掲「九州北部に於ける銅剣銅鉾及び弥生式土器と伴出する古鏡の年代に就いて」、参照。
(14) 高橋健自「本邦鏡鑑沿革考」『考古界』7巻9号，1907年、参照。
(15) 中山平次郎「古式支那鏡鑑沿革（一）～（七）」『考古学雑誌』9巻2・3・4・5・6・7・8号、1918・1919年及び「ＴＬＶ鏡の発達に関する知見追加」『考古学雑誌』11巻5号、1921年、参照。
(16) 高橋健自「銅鉾銅剣考」『考古学雑誌』7巻3号、1916年、参照。
(17) 中山平次郎「銅鉾銅剣並に石剣発見地の遺物」『考古学雑誌』8巻9号、1918年、参照。
(18) 富岡謙蔵、前掲「九州北部に於ける銅剣銅鉾及び弥生式土器と伴出する古鏡の年代に就いて」参照。
(19) 高橋健自『鏡と剣と玉』（明治44年〈1911〉）、参照。
(20) 高橋健自、前掲「本邦鏡鑑沿革考」1916年、参照。
(21) 高橋健自「王莽時代の鏡に就いて」『考古学雑誌』9巻12号、1919年、参照。
(22) 富岡謙蔵「日本出土の支那古鏡」『史林』1巻4号、1916年、参照。
(23) 富岡謙蔵「漢代より六朝に至る年号銘ある古鏡に就いて」『考古学雑誌』7巻5・6・7号、1917年、参照。
(24) 梅原末治「所謂王莽代鏡に就いての疑問」『考古学雑誌』10巻3号、1919年、参照。
(25) 後藤守一「銅鏃に就いて」『考古学雑誌』10巻4号、1919年、参照。
(26) 高橋健自、前掲「本邦鏡鑑沿革考」、1919年、参照。
(27) 富岡謙蔵、前掲「日本出土の支那古鏡」・「支那古鏡図説」・『古鏡の研究』、参照。
(28) 中山平次郎「芝崎の□始元年鏡と江田の六神四獣鏡」『考古学雑誌』9巻10号、1919年、参照。
(29) 中山平次郎「□始元年鏡と建武五年鏡」『考古学雑誌』10巻2号、1919年、参照。
(30) 三宅米吉「古鏡」『考古学雑誌』1巻5号、1897年、参照。
(31) 豢人は犬猪を穀物をもって養う人の意。
(32) 高橋健自、前掲『鏡と剣と玉』、参照。
(33) 高橋健自、前掲「王莽時代の鏡に就いて」、参照。
(34) 梅原末治、前掲「所謂王莽代鏡に就いての疑問」、喜田貞吉「我が鏡作部製作の大漢式鏡」『民族と歴史』1巻1号、参照。
(35) 高橋健自、前掲『鏡と剣と玉』、参照。
(36) 富岡謙蔵、前掲「日本出土の支那古鏡」・「支那古鏡図説」・「再び日本出土の支那古鏡」、『古鏡の研究』、参照。
(37) 中山平次郎「所謂六朝獣帯鏡に就て」『考古学雑誌』9巻11・12号、1919年、参照。
(38) 旧朝鮮総督府博物館（現、大韓民国国立博物館）所蔵。
(39) 富岡謙蔵、前掲「支那古鏡図説」・「再び日本出土の支那古鏡」、『古鏡の研究』参照。
(40) 中山平次郎、前掲「所謂六朝獣帯鏡に就て」参照。

(41) 富岡謙蔵、前掲「日本出土の支那古鏡」参照。
(42) 富岡謙蔵、前掲「日本出土の支那古鏡」参照。
(43) 富岡謙蔵、前掲「支那古鏡図説」、参照。
(44) 中山平次郎「鼉龍鏡に就て」『考古学雑誌』9巻9号、1919年、参照。
(45) 高橋健自、前掲「王莽時代の鏡に就いて」、参照。
(46) 梅原末治「周防国玖珂郡柳井町水口茶臼山古墳調査報告」『考古学雑誌』11巻9号、1921年、参照。
(47) 富岡謙蔵「日本仿製古鏡について」『古鏡の研究』参照。
(48) 高橋健自「在銘最古日本鏡」『考古学雑誌』5巻2号、1911年、富岡謙蔵、前掲「支那古鏡図説」、同、前掲「漢代より六朝に至る年号銘ある古鏡に就いて」、大村西崖『支那美術史彫塑編』、山田孝雄「古鏡の銘について」『人類学雑誌』30巻12号、1915年、中山平次郎、前掲「銅鉾銅剣竝に石剣発見地の遺物」、同「古式支那鏡鑑沿革」『考古学雑誌』9巻5号、1919年、梅原末治「獣首鏡に就いて」『史林』7巻4号、1922年、同、「年号銘ある支那古鏡の新資料」『歴史と地理』15巻1号、等々。
(49) 富岡謙蔵、前掲「漢代より六朝に至る年号銘ある古鏡に就いて」、参照。
(50) 梅原末治、前掲「年号銘ある支那古鏡の新資料」『歴史と地理』15巻1号、参照。
(51) 富岡謙蔵、前掲「日本出土の支那古鏡」参照。
(52) 富岡謙蔵「鈴鏡について」『民族と歴史』3巻3号、参照。
(53) 喜田貞吉「七子鏡考」『民族と歴史』3巻3号、参照。
(54) 高橋健自、前掲「本邦鏡鑑沿革考」、参照。
(55) 喜田貞吉、前掲「七子鏡考」、参照。
(56) 大塚初重「ごとうしゅいち　後藤守一」『国史大辞典』5、911頁、吉川弘文館、1985年。

104　第一部　日本における三角縁神獣鏡研究史の問題点

第二章　問題の継承・新展開・開発
──梅原末治編著『漢三国六朝紀年鏡図説』の紹介──

　はじめに

　梅原末治編著『漢三国六朝紀年鏡図説』は昭和17年（1942）に京都帝国大学文学部考古学資料叢刊第一冊として京都の書肆、桑名文星堂から刊行された。第一章に紹介した高橋健自監修・後藤守一著『漢式鏡』が古鏡の紀年銘にあえて関心を反らしたことに、真っ向から反論し、問題提起を行ったもので、三角縁神獣鏡研究史に新しい頁を開いたといえよう。

　後藤守一著『漢式鏡』の刊行された大正15年（1926）から10余年の間に中国考古学研究や国内外の遺跡の学術調査が進展して新知見が増加した。加えて、京都は羅振玉氏の『古鏡図録』の古鏡や殷周青銅器金文研究の伝統が富岡謙蔵氏や梅原末治氏によって継承発展されており、民間においても、銅業者である住友家や守屋孝蔵氏[1]らの古鏡コレクション輯集が研究を促進させた。梅原氏は多数の古鏡善品の銘文データの確立が古鏡研究にとって意義深い点に注目した。前漢以降、六朝期に至る漢鏡銘文集成が本書である。

　まず、梅原末治編著『漢三国六朝紀年鏡図説』に集録された紀年銘のある銘文を時代ごとに挙げる。梅原氏は前漢、王莽、後漢、魏、呉、西晋以降六朝の各時代の鏡を漢、魏、呉、六朝の四群に編別構成しているのでそれに従い、以下個別鏡に番号を付す際には、【漢1】から【漢38】の漢鏡、【魏1】から【魏8】の魏鏡、【呉1】から【呉62】の呉鏡、及び【晋1】から【晋21】の晋鏡という四節に分けて検討することにした。なお、梅原氏自身は釈文を挙げているだけだが、読者の便を考えて訓読文を試みたい。大方の指正を願うところである。各鏡の説明は梅原末治氏のものを若干修正して引用する。さらに私、川勝の感想文的追加説明は【川勝】とした。

　第一節　漢鏡について

【漢1】　前漢居摂元年・内行花文精白式鏡、30文字漢隷書。

　この鏡は大正13年（1924）朝鮮平安南道旧大同郡大同江面（現、平壌地区）石巌里附近の楽浪郡古墓出土。径4寸5分（13.635㎝）余の完好な大きさ。もと3片に破砕して出土。鏡背は一段低い内区の主文が簡単な草様文を添えた四葉形の鈕座を繞（ま）った一突帯と内行の八弧文帯とより成り、次に方形化した隷体の銘を配すところの所謂内行花文精白鏡の式に属すが、その表現が軟らか味を帯びまた外区の平縁に鋸歯文と複線波文との2帯を印する点に違いがある。紀年のある銘は右行右字で次の30字から成る。

【銘】　居摂元年自有真。家当大富羅常有陳。□之治吏為貴人。夫妻相喜日益親善。

　　　　　　居摂元年自ら真有れば、家当に大富にして羅は常に陳有るべし。□の治吏は貴人と為り、夫妻あい喜ぶこと日にますます親善たり。

守屋孝蔵旧蔵、昭和10年（1935）8月3日重要美術品認定。

【川勝】前漢居摂元年は西暦6年、王莽はわずか2歳の孺子嬰を名目的に即位させ、自らは摂政となって、「居摂」の年号を立てた。銘文内容は鏡所有者（保持者）が富貴になることを祈るものであるが、鏡の効能書きである。「夫妻相喜日益親善」とは夫婦円満、家内安全となろう。王莽の王朝簒奪は周到な準備と世論づくりを経て実行されたことが分かる鏡である。冒頭の「自有真」が問題だが、以下の【5】に「造真」の句があることから、真は鏡の意味になる。さらに有は作と同じで、「自らが作った真＝鏡は」の意味になるかも知れない。

【漢2】　王莽始建国二年規矩獣帯鏡、51文字篆書。

　この鏡は孫詒譲氏の『籀高述林』に、「祥符周季況太守星貼得於閩中、太守帰老呉門、以付其外孫如皋冒鶴亭孝廉広生」と記し、羅振玉氏の『古鏡図録』目録の「祥符周氏蔵、今帰如皋冒氏」に従っているが、現在実物を見ない。出土後、莫友芝氏の『宋元旧本書経眼録』附録巻二にその銘を載せ、富岡謙蔵氏が詳述されている[2]が、昭和9年に川合定治郎氏が拓影を入手し、東京帝室博物館に寄贈した。この拓影によると、鏡は径約5寸2分（17.756㎝）あって、背面の主門は一種の匕面帯を分かたれた内外の2区より成り、一段高い平縁がそれを繞り、四方より見るべく配したところ所謂獣帯鏡の式に属する。紀年銘は外区の中央にあり、内側に斜行線を添えた鋸歯文帯、また外側にＳ字形渦雲文帯を伴い、文は左行51字で篆書で表わされている。

【銘】　唯始建国二年新家尊。詔書□下大多恩。賈人事市不財嗇田。更作辟癰治校官。五穀成孰天下安。有知之士得蒙恩。宜官秩葆子孫。

　　　　　これ始建国二年王莽の新家（新王朝）は尊く、詔して天下に大いに恩多からんことを書せしむ。賈人（商人）は市に事めて稽田を財えず、更に辟癰（天子の大学）を作り校官を治し、五穀成熟して天下安らか、知有るの士は恩を蒙るを得、官秩を宜しうして子孫を保つべし。

　本銘文中注意を惹くのは「更作辟癰治校官」を見ることである。『漢書』王莽伝、元始四年の条に、

　　　　是歳莽奏起明堂・辟癰・霊台、為学者築舎万区、作市常満倉制度盛。

とあるのに相当たるものであり、しかして本鏡の銘によって、もと元始4年に始められた政策をば即位後更に詔を発して一層奨励したことを示すにほかならぬという。

【川勝】始建国二年は王莽の年号、西暦10年である。周代を理想とした王莽の儒教文化政治を宣伝する鏡の銘文である。鏡所有者（保持者）は王莽賛同者となろう。王莽の政

治とその鏡等文物との照合研究は現在でも重要である。

【漢3】　王莽始建国天鳳二年方格規矩四神鏡、38文字漢隷書。

　本鏡は近年多数の年号銘ある鏡を出し、遺蹟の概要また知られるに至った浙江省紹興古墓群の一から発見せられたものと伝え、その出土地の局部は同地柯橋という。拓影によれば面径約5寸〔15.150㎝〕、漢盛時の古鏡に最も多い鏡式をなす所謂規矩四神鏡、一部本邦学者のいうＴ・Ｌ・Ｖ鏡の標式的なものに属して、円座鈕の周囲に置かれた方格内には円乳と交互に十二支の文字を容れて居り、次の内区の主文は内方の方格から四出したＴ字形と外方からそれに配したＬ・Ｖの両字形の間に各々乳を添えた一個宛の獣形をば線文にて現わし、それが青龍・白虎・玄武・朱雀なる四霊を主としている。しかして稍々幅の広い外区は一段高くなって、配するところの主文が整美な草葉文系の連続唐草文帯から成る点は同式鏡に時に見受けるものである。銘帯の位置は両者の中間に当たる内区を囲繞した部分に存して、整った漢隷をもって38字の銘を表わす。

【銘】　始建国天鳳二年作好鏡。常楽富貴荘君上。長保二親及妻子。為吏高遷位公卿。世々封伝于母窮。

　　　始建国天鳳二年好い鏡を作る。常に富貴を楽い君上を荘る。長く（父母）二親及び妻子を保ち、吏の高く位を公卿に遷らんことの為に、世々封伝して窮ることなかれ。

【川勝】　始建国天鳳二年は王莽の年号、西暦15年である。「好い鏡を作る。常に富貴を楽い君上を荘る。長く（父母）二親及び妻子を保ち、吏の高く位を公卿に遷らんことの為に」とは鏡の効能が富貴と子孫繁栄にあり、当時の儒教思想に適ったものである。すなわち良い鏡であるから子々孫々伝世して保持せよというのである。鏡の宣伝文句かも知れない。冒頭の作好鏡は「作れる好鏡は」と読むかも知れない。

【漢4】　後漢永平七年内行花文鏡、12文字漢隷書。

　昭和12年7月中国から本邦に齎されて、筆者（梅原末治）が紹介した[3]。現在アメリカ、ニューヨークのウィンスロップ翁が所蔵する。鏡は面径4寸4分（13.332㎝）の通体漆黒と白銅との色沢の相半ばした美しい遺品であり、背文は規矩四神鏡と並んで漢代中葉に盛行した所謂長宜子孫内行花文鏡のティピィカルの式に属す。ただし、主文をなす四葉座鈕から一突帯を隔てて存する八連弧文とその間に配した銘字並びに図文に若干の便化の痕があり、四葉座鈕の銘は長宜子孫ではなくて、崩れた体で「宜三百竟」と読まれる。これに加えるに主文の外側に当たる一種の斜行線文帯のうち、左右の部分に均等に紀年銘を配しているのは異例である。

【銘】　永平七年正月作。公孫家作竟。

　　　永平七年正月作る。公孫家鏡を作る。

第二章　問題の継承・新展開・開発　107

【川勝】後漢明帝永平七年（64）は一説には中国に仏教が伝来したという年である。一体、明帝は父、光武帝の崩御後一年目の原陵儀に父親を慕うことに懸命であり、西羌戦争にしても穏便な策を採ったという心優しい性格であった[4]。西方に金人ありとこれに期待する信心深い敬虔な帝王でもあった。公孫家作竟とは「公孫家が作る鏡」と読むか、「公孫家は鏡を作る」と読むか、いずれにしても公孫氏は鏡製造者であろう。鏡製造者が鋳記される早期の事例であろう。なお、樋口隆康『古鏡』新潮社、1979年、130頁によれば、この鏡は現在ハーバード大学のフォッグ美術館にあるという。

【漢5】　永平七年尚方獣帯鏡、50文字漢隷書。
　浙江省紹興の出土と伝えて一昨年北京に齎されたものをば、同地の梁上椿氏が実見の上、その『巌窟蔵鏡』第二集中冊に収録し、世に紹介した新しい遺品である。径6寸2分（18.786cm）、一段高い外縁の厚さ2分6厘（0.788cm）を測り、上記の鏡より大きい。その色沢については、「水古銹青緑色極光艶鏡面略土銹」とする。背文のうち外区は複線波文帯を中にして、両側に鋸歯文帯を以てした純幾何学的なものであり、また中央の円座鈕からそれに至る間に多くの帯圏を置くところ、所謂獣帯鏡の標本的な式に属す。ただし、後者の帯圏中鈕を繞る一種の渦様華文と乳とを交互に配したものを外にしては、鏡名の基づく獣形を容れた内区と、それに続く銘帯が主である。内区の獣帯は円座乳で七等分された各々に外から見る様に配した四霊外三瑞をば、【2】【3】の鏡同様の線文で表わして居り、四霊はそれぞれよく特徴を具え、なお、さまで形が便化していない。

【銘】　尚方作竟大母傷。巧工刻之成文章。左龍右虎辟不羊。朱鳥玄武順陰陽。上有佚人不知老。渇飲玉泉飢食棗。永平七年九月造真。

　　尚方が作る鏡大いに傷つくなかれ。巧みな工をこれに刻み文章を成す。左に龍右に虎は不祥を避け、朱雀玄武は陰陽を順がえ、上に仙人有り老を知らず。渇すれば玉泉を飲み飢えれば棗を食う。永平七年九月真を造る。

　7字句より成る銘文は漢盛時の鏡に最も多い式であって、尚方官工の製作なるを示し、兼ねて図文と対照すべき吉祥句を表わしたものに他ならぬ。しかし、最後に製作の紀年を記した8字を加えたのは珍しく、これが本鏡に特殊な価値を与えている。銘文全体からすると右の文字は本来標本的な文に後に添加したものに違いないが、写真に見る如く、明らかに他と一筆から成って、鋳造当時に加えられたものたるを示す。されば、その製作の年時は後漢明帝永平七年（西暦64年）とすべく、この遺品の出現によって、従来説かれた細線式獣帯鏡を以て後漢の上半に行われたとする吾々の所見に対して一の基準が与えられた次第である。

【川勝】本項の検討に梅原末治氏の古鏡紀年銘文研究の目的がよく示されている。鏡型式の年代測定の基準が求められるのである。さらに鏡銘文が吉祥句よりなるという指摘も、以後今日までの定説になっている。ただ、吉祥句自体の時代的流行や時代性もあ

るであろう。また、吉祥句という言い方がこうした鏡銘文のもつ意味、意義を正しく表現した文句か否かも検討の余地が残ろう。

【漢6】　後漢元興元年環状乳神獣鏡、内区9文字、外区67文字漢隷書。守屋孝蔵旧蔵。

　本鏡は早く銭坫氏が『浣花拝石軒鏡銘集』に録して銘文の解読を行い、前清端方の『陶斎吉金録』に2面を録し、濰県の陳介祺氏もかって1面を蔵したといい、(梅原氏)また別に昭和11年〔1936〕春北京のファガッソン氏の蒐集品中にその実例を見た。右のうち端方旧蔵品の一はいま京都守屋孝蔵氏の有に帰している。同鏡の示すところ徑3寸(9.090cm)の小形であるが、背文は内区を繞って半円方形帯があり、さらに突帯を置いて銘帯が存し外縁帯に続く上、内区主文の表現が半肉に近い浮彫から成る点で上記の諸例と著しい違いを示す。右の主文は四方より見るべく布置した三神三獣形で神獣の或者には脇侍を配し、また怪獣は所謂巨を銜み、その両翼が変形して環状乳をなした処に特色がある。次の半円方形帯はその半円部に渦文を表わし、方形格には一字宛、次の銘がある。

【銘】　吾作明竟。幽凍三商兮。
　　　　吾れ作れる明鏡、幽かに三商を凍（ね）るか。

　外区にある主銘は左字を交えたもので次の67字より成る。左字は「元興元年五月丙午日」「明」「光明」「英」「如石」「壽如」「仙人子」である。

【銘】　元興元年五月丙午日天大赦。広漢造作尚方明竟。幽凍三商周得無極。世得光明長楽未英。富且昌宜侯王。師命長生如石。位至三公。壽如東王父西王母。仙人子立至公侯。

　　　　元興元年五月丙午日天大赦す。広漢の造作尚方の明鏡は、幽かに三商を凍らし周く無極を得て、世々光明を得て長く楽み未だ央（つ）きず、富み且つ昌にして侯王に宜しく、師の命（とこし）は長えに生きること石の如く、位は三公に至り、壽は東王公・西王母の如く、仙人の子は位は公侯に至る。

　右の文中「未英」はまさに「未央」とあるべきであり、立は位の省書、また仙人子の下には喬字である。元興元年は後漢年号としたが、その元年五月に丙午の日が実在しないから、これを三国呉の元興元年（帰命侯、264年）との説があるが、富岡謙蔵氏が清の学者桂馥・畢沅・阮元らの説により、五月丙午が本来鋳造の吉辰として実際の干支に関係なく漢鏡の銘に用いられたとする。加えるに、その後の後漢代になること明らかな同式鏡の続出がある。

　もっとも守屋氏の遺品の示すところ如上図文の表現が著しく丸味を帯びているばかりでなく、質が青銅より成り、かつ厚く作られて古調を欠く点で、宋代以降の所謂翻鋳鏡と軌を一にし本来の漢鏡とするには疑問がある。

【川勝】元興元年は後漢和帝の年号、西暦105年である。梅原末治氏らの古鏡研究の特色

は中国・欧米の古鏡コレクションと研究動向をよく踏まえたところにある。五月丙午が鋳造の吉辰として実際の干支と無関係に鏡銘文に記されたことなど、今日の常識が成立するはじめがよく分かる。なお、鏡質から年代判定することの難しさも示されている。三角縁神獣鏡の課題の一つであろう。なお、本鏡が四川地方の広漢郡造作尚方で鋳造したことも留意しておくべきだろう。造作尚方は官工である。なお、前者の銘文の「幽凍三商」は鏡銘文に出る常用句だが、凍は煉（練）と同じく「ねる」の意。商は刻に同じ。三商は三刻で約45分間である。

【漢7】　後漢元興元年五月鏡、内区4文字、外区8文字。

　本遺品の発見は近時の事に属し、かつ出土地並びに遺蹟の状況が略明瞭な点で珍しい例をなす。『説文』第三巻第四号に載る金静庵氏の「沙坪壩発現古墓紀事」によれば、南京政府の重慶移転に伴う工事で南京郊外の沙坪壩で発見された。また鏡は径約4寸2分（12.726cm）で、次の解説をする。

　　而有雲形花紋、外輻射成十六角、中有四字、僅「位宜」二字可識。辺縁則有「元興
　　元年五月壬午」八字、考漢鏡常有「位宜公侯」四字、而花紋之形、亦略与之同、此即
　　漢鏡之証也。

と記し、また同じ雑誌に掲げた常任侠氏の「重慶附近之漢代三種墓葬」には、

　　一鏡辺際有文曰、「元興元年五月壬午」、其内文又有「位宜□□」四字、辺作連弧紋、
　　内環四龍紋。

【川勝】この鏡は後に考証確認される。

【漢8】　後漢永嘉元年夔鳳鏡、内区4文字、外区76文字漢隷書。

　本鏡は既に海外に流出し所在不明であるが、梁上椿氏が実見の上、その『巌窟蔵鏡』第二集上冊所掲の拓影によって知られる。民国25年（1936）洛陽出土と伝う。面径約5寸7分（17.271cm）を測る背文が夔鳳形を主とした点、紀年鏡として珍しい新例である。右の背文は円座鈕を繞って一種の糸巻様図形があり、うちに、

　　　　長宜子孫

の隷体の銘を配し、前者と外方の十六弧文帯との間の四区には各々相向く夔鳳形を現わした点で従来例の多い所謂夔鳳鏡の標本的な式というべく、その構図において整斉なるものあるを見る。しかして外縁に近く菱形華文帯を配すことは如上主文以下の表出の平面的なことと共に、また以下の紀年鏡に多い獣首鏡と相通ずる所がある。この鏡を特色づける紀年を含む主銘文は末尾が鮮明でなく、引いて全文を解読し難いが、推定全文76字中拓影によって読み得た所次の如くである。

【銘】　□加元年五月丙午。造作広漢西蜀尚方明竟。和合三陽幽練白黄。明如日月照見四
　　　方。師□延年長楽未央。買此竟者家富昌。五男四女為侯王。后買此竟居大市。家

110　第一部　日本における三角縁神獣鏡研究史の問題点

　　　　□掌佳名□里有八弟□戊子。
　　　　　永嘉元年五月丙午。造作広漢西蜀尚方の明鏡は、三陽を和合し幽かに白黄を練り、明なること日月の如く四方を照見すれば、師の□（命）は延年し長く楽しみ未だ央きず。この鏡を買う者は家は富昌、五男四女侯王と為り。后（後）にこの鏡を買い大市に居り、家は□掌佳名□里有八弟□戊子。
　　文の首字が明晰でないが、梁上椿氏はそれを永とし、次のようにいう。
　　　　其永嘉之「永」字欠明晰。「嘉」減筆作「加」。或有疑為非「永」字者。惟銘字有「広漢西蜀」四字。与元興元年鏡中之「広漢」及新出土延喜二年鏡之「広漢西蜀」相同。又其隷体亦与元興・延喜・永壽・熹平等鏡近似。則為年代相近之作実無疑義。案東漢年号之有嘉字者為陽嘉・永嘉・元嘉。釈陽嘉則首一字似覚不類（有謂首一字為「延」以「延」代「陽」之説）若釈元嘉則第三字之「元」与首一字完全不同。故以釈為「永嘉」較為近確。

【川勝】この鏡も後に考証確認される。後漢沖帝永嘉元年（145年）の鏡である。また本鏡も四川地方の広漢郡造作尚方、すなわち官工が鋳造したものである。なお、銘中の「和合三陽」は三陽を和合しと読み、あるいは年月日の三つの陽を合わせる意かも知れない。具体的には某年五月丙午がそれに当るか。

【漢9】　後漢永壽二年正月獣首鏡、内区4文字、外区35文字漢隷書。守屋孝蔵旧蔵、昭和10年重要美術品。
　　もと中国陶北溟氏の所蔵、守屋孝蔵氏の蔵となり、昭和10年8月3日重要美術品に認定。鏡は徑6寸（18.180cm）に近い立派なもので、縁の厚さ1分6厘余（0.485cm）、面に1分5厘余（0.455cm）内外の反りがある。いま一部分に錆を見るが大部分は漆黒の光沢を有して良質の白銅からなることを示す。背文は中央に円座鈕がやや高く突起したのみで、通じて平面的な布置を取ったもの、即ち鈕座を中にした大形の糸巻様図形で四分せられた各々に極めて力勁い渦文で包まれた正面向きの獣面を表わして主文となし、前者のうちに左行の、「長宜高官」の副銘がある。主銘帯はこれを繞って存し、奇古な隷体を以て同じく左行に35字の銘を表わしているが欠画を伴うなどして全文を明になし難い。但し年時を記した最初の部分即ち「永壽二年正月」と鋳造の所から吉祥句の一部に及んだ「造□尚方明□竟鏡保真宜長王位至□」なる文字だけは確かめられて、鏡が後漢代の永壽二年（156）の官工の鋳造に係ることが知られる。この銘帯の次には一種の渦文を伴うた24弧の内行花文帯と菱形様文帯とを置き縁となっているが、通じての彫鏤まことに鮮明、且つ構図も整斉であり、現存後漢鏡中の精品と称せらるべきものと思う。

【川勝】この鏡の銘文解読は現在でも実現していない（本書第十六章参照）。「尚方明」は官工の鋳造鏡であることを示す。永壽二年（156）は後漢桓帝の時である。

【漢10】　後漢永壽二年獸鈕獸首鏡、内区 4 文字、外区28文字漢隷書。

　　アメリカ、ニューヨークのウィンスロップ翁の収蔵に係るもので、写真によると前者と同じ獸首鏡に属す。ただし、鏡の鋳上りはそれほど精巧でなく、内区の獸首文に較べて外方の 2 帯の幅が割合に広く全体としてひきしまった感に乏しく、また内行花文は28弧より成る。しかし、その鈕上には相向かう虺龍形を薄肉にて鋳現わしていて、それに特色がある。銘は糸巻図形のうちに「長宜官位」とあり、主銘帯の文は右行で、

【銘】　永壽二年正月丙午。広漢造作尚方明竟。□□□富且昌。宜侯王師命長。

　　　永壽二年正月丙午、広漢の造作尚方の明鏡は、□□□富み且つ昌ん、宜しく侯王たるべく師命は長し。

　　文中「竟」以下の三字はその部分型流れのため明になし得ないが、他の例等から推すと、「服竟者」とあったものと見て誤りではない。面径 5 寸 2 分（17.756cm）、また白銅鏡と覚しく、もと破砕して出土したものを接合して完形に復したことが写真から分かる。

【川勝】　この鏡も鏡を身に服することで富貴になるという。本鏡も四川地方の広漢郡造作尚方、すなわち官工が鋳造したものである。【9】と同年の鏡。

【漢11】　後漢延熹二年獸鈕獸首鏡、主銘40文字、副銘12文字漢隷書。

　　民国28年（1939）浙江出土と伝えて北京の古美術市場に齎されたのを梁上椿氏が実見して保管者の許容の下に、その『巌窟蔵鏡』第二集下冊に収録し、世に紹介したものである。面径 3 寸 8 分（11.514cm）、黒緑水中古の色沢をした完好な作品で、背文は【6】の元興鏡と同じく三神三獸を主文としてその後者の一部が環状乳となり、繞らすに半円方形帯を以てした式である。もっとも本例では前者で鮮明を欠いた一部環状乳の上に乗った人物の姿体がよく現わされて居り、また外区が前者と違った菱形渦文帯で、幅広く、その整斉なことが目立って見える。紀年を表わした外区の主銘は字間に一々珠点を挟んだために、稍々短く、これに反し四方より見るべく配した備えとなり、半円方形帯の方形格内にある銘は稍々長い。両者とも右行の正しい体である。

【主銘】　延熹二年五月丙午日天大述。広漢西蜀造作明竟。幽涷三商。天王日月。位至三公兮。長楽未英。吉且羊。

【副銘】　吾作明竟。幽涷三商。立至三公。

　　文中「央」を「英」に「位」を「立」に作るのも元興鏡と同じい。その延熹が後漢桓帝の紀年であってその二年が西暦169年である。

【川勝】　この鏡も鏡を身に服することで富貴になるという。本鏡も四川地方の広漢郡造作尚方、すなわち官工が鋳造したものである。これも後漢桓帝代の鏡、前 2 者より後である。

【漢12】　後漢延熹三年半円方形帯神獣鏡、主銘46文字、副銘10文字漢隷書。

烏程周慶雲の蔵器として、その遺物を集録した『夢披室獲古叢編』宝器部下に拓影を載せる。半円方形帯を伴うた前鏡と似た神獣式鏡であって、径は3寸4、5分（10.302～10.605cm）の間にある。もっとも内区の主文は神人を主として配するに一種の火焔状の円形等を以てする所に差異があり、外区の銘帯の外にある菱形文帯がまた目立って居る。その主銘並びに半円形帯の方形格内の副銘の判読し得るものは次の通りである。

【主銘】　漢西蜀劉氏作竟。延熹三年五月五日戊□竟□日中□□。壽如東王公西王母。常宜〔子〕〔孫〕〔長〕〔楽〕未央。士至三公宜公侯。

【副銘】　〔吾〕〔作〕〔明〕〔竟〕。幽東三岡。□□

　　副銘中の東は凍、また岡は剛の省画なること言うまでもない。

【川勝】主銘冒頭は「広」字が有ったのであろう。広漢西蜀劉氏作竟であれば、四川地方の広漢郡造作である。劉氏とあるのは漢王朝劉氏の略かも知れない。王朝内府尚方、すなわち官工の鋳造である。後漢桓帝代の鏡が続く。

【漢13】　後漢延熹七年獣鈕獣首鏡、主銘26文字、副銘4文字漢隷書。

昭和7年（1932）初に朝鮮楽浪古墳出土と伝え、内地に将来、帝室博物館所蔵となり、その年の考古学会総会に記念絵葉書とされた。鏡は径5寸（15.150cm）弱で、もと3片に破砕していたのを接合完形に復したものながら、佳良な白銅質より成り、その背文は扁平なる表現の獣首文で鈕上に双獣形を浮彫りしたところ、上記【10】の永壽二年鏡と相近い。ただし、その銘帯外の内行連弧文帯は22弧より成る所に小異を存し、且つかれに較べると極めて鮮やかな鋳上りを示して、紀年鏡中の精品の一をなしている。銘は鈕の周囲にある糸巻様図形内の副銘は「長宜〔高〕官」とあり、主銘は左行で、

【銘】　延熹七年正月壬午。吾造作尚方明竟。幽凍三岡。買人大富。師命長。

　　副銘の〔高〕は一見「宜」のように見えるがその前の宜字と体が違っているので高字の崩れと見るべく、また主銘の岡は剛字の省画である。

【川勝】朝鮮発見鏡は多く楽浪郡関係者の文物である。それ以外の考古学的発見を知りたいところである。後漢桓帝代の鏡が続く。延熹七年は西暦164年である。

【漢14】　後漢延熹七年獣首鏡、主銘32文字。昭和10年12月18日重要美術品認定。

昭和7年に本邦に将来。径約4寸（12.120cm）の白銅鏡ながら、薄手の作りで鋳上りが鮮鋭でなく、その上もと数片に破砕していたのを接合するに当たり、着け錆を施したために背文の明瞭を欠く憾みがある。しかし、鏡式は前者同様獣首鏡であって、その異なるところは鈕が単なる円座形であるのと、銘帯を繞る内行連弧文帯が簡単で31という奇数からなること、更に外帯が幅広い一種の獣渦文を以て飾っている点などである。銘文は糸巻様図形内のものが明らかでなく、主銘また不明な部分がある。実物についてようやく次のように解読した。

【銘】　延熹〔七〕年五月十五日丙□□□□同竟。其所用者王父母。位至三公宜古市。大吉。

　　文中重要な延熹の次の一字が明瞭でない。『漢三国六朝紀年鏡集録』ではそれに続く日の干支等に併せ考えて九としたが、実物を精査の結果、画から七とするのを穏当と思うようになった。しからば五月十五日丙□はまた鋳造の吉辰として干支の実際に関係なく用いたものに外ならない。

【川勝】　これも鋳造の吉辰の事例である。なお、その日が太陽が南中して最も暑い日である事実は考慮すべきである。

【漢15】　後漢延熹九年獣首鏡、主銘36文字、副銘4文字漢隷書。守屋孝蔵旧蔵。

　　守屋孝蔵氏所蔵、筆者（梅原末治）がはじめて紹介した[5]。径約4寸7分5厘（14.393cm）あり、その背文は前鏡に酷似しているが、弧文帯は24弧から成って整斉に、また外区に配する獣形から脱化した一種の波状渦文帯が一層引き立って居り、鋳上りも佳良である。その主銘、副銘は次の如く、前者にあってはもと2片に破砕して出土したのを接合修補の際、その痕を覆うべく着け錆を施した部分に解読ができない個所を含んでいる。

【主銘】　延熹九年正月丙午日作竟自有〔方〕。〔青〕龍白虎侍左右。〔買〕者長命宜孫子。□□□□□□吉分。

【副銘】　君宜高官。

　　昭和10年8月3日重要美術品認定。

【川勝】　正月丙午日もよく使用される干支日である。この日もなんらかの鋳造吉辰日であろうか。

【漢16】　後漢永康元年獣首鏡、主銘40文字、副銘4文字漢隷書。

　　昭和12年に将来、中村不折氏所蔵。径約4寸3分（13.029cm）の漆黒色をした完好な遺品であって、背文また鮮明に表出されて居り、その点【13】の鏡に近い。ただし、本鏡の鈕はかの双獣鈕であるのに対して、一種の梅鉢形の薄肉彫を施したものであり、また銘帯を繞る連弧文帯は24弧から成って、内部の糸巻形の4個と相応ずるものがある。その主銘並びに副銘は次の如くである。

【主銘】　永康元年正月丙午日作尚方明竟。買者長宜子孫。買者延壽萬年。上有東王父西王母。生如山石大吉。

　　　永康元年正月丙午の日に作れる尚方の明鏡は、買う者は長く子孫に宜しく、買う者は壽を延ばして萬年。上に東王父西王母有り、生ること山石の如く大吉なり。

【副銘】　長宜高官。

　　　長く高官に宜し。

本鏡は出土後若干の年時を経たと覚しく全面滑らかになっている。

【川勝】この鏡の銘文もよく見られる文型であるが、一般に誤読誤解しているかも知れない。この鏡を買う者は長く子孫に宜しい。買う者は寿命を長くして万年も長生きする。東王公・西王母のような長寿が適いますよという鏡の効能書きである。なお、永康元年（167）は後漢桓帝最後の年、次の皇帝は霊帝である。

【漢17】　後漢永康元年環状乳神獣鏡、主銘52文字、副銘12文字漢隷書。

山東濰県の陳介祺氏の旧蔵品であるが、後に富岡謙蔵氏の所有となった。径4寸（12.120cm）余、面にほとんど反りがなく黒色を呈している。背文は【6】の元興鏡と同じく、その外縁の菱形渦文帯より成る点は【20】の熹平二年鏡に一致する。

【主銘】　永康元年正月丙午日。幽凍三商。早作尚方明竟。買者大富且昌。長宜子孫。延壽命長。上如東王父西王母。君宜高官。立至公侯。大吉利。

　　　　永康元年正月丙午日、幽かに三商を凍らし、早に作れる尚方の明鏡は、買者大いに富み且つ昌んなり、長く子孫に宜しく、壽を延ばし命長く、上は東王父・西王母の如く、君は高官に宜しく、位は公侯に至る。大いに吉利あり。

【副銘】　吾作明竟。幽凍三商。君宜侯王。

　　　　吾作る明鏡は、幽かに三商を凍り、君は侯王に宜し。

主銘は右行であるが、左字が半ば以上を占めている。【16】と併せて、同年に尚方の官工で二つの全く違った鏡式が鋳造せられた事の知られる点で興味がある。昭和8年8月23日重要美術品認定。

【川勝】この鏡の銘文も前鏡と同様なことが考えられる。主銘と副銘の関係も効果的である。

【漢18】　後漢建寧二年獣首鏡、主銘58文字、副銘12？文字漢隷書。守屋孝蔵旧蔵、昭和10年重要美術品。

もと周晴松氏の蔵品であったが、大正13年（1924）の頃本邦に将来、守屋孝蔵氏の有となり、昭和10年8月3日重要美術品認定。面径6寸5分（19.695cm）の大形で、所々に緑錆を見るが、概ね漆黒の色沢をして鋳上りがよく、面に1分（3.03mm）余の反りがある。背文は大きな円座鈕を中にして糸巻様図形を配し、獣首を主文とする所、上来の獣首鏡と同巧であるが、ただ銘帯の外側に置いた半円弧文帯が28弧から成っているのと、糸巻様図形内の四方に容れた銘が各3字ずつであるのを違いとする。もっともこの副銘の一つは型流れで全く不明である。

【主銘】　建寧二年正月廿七丙午。三羊作明鏡自有方。白同清明復多光。買者大利家富昌。十男五女為侯王。父嫗相守壽命長。居世間楽来央。宜侯王楽未央。

　　　　建寧二年正月二十七日丙午、三祥作る明鏡は自ら方有り、白銅の清明復た光

多く、買者大いに家の富み昌えるを利し、十男五女は侯王と為り、父と嫗はあい壽命の長きを守り、居世の間楽は未だ央きず、宜しく侯王なるべく楽未だ央きず。

【副銘】　長宜官。宜侯王。師命長。□□□

　　　　長く官に宜しく、侯王に宜しく、師の命は長く、□□□

　本銘中七の次に日の字を脱しているし、また同は銅の省画なること言うまでもない。示す紀年が後漢霊帝のそれに比すべきは疑を容れないが、長暦に依るとその二年の正月は朔癸卯であるから、四日が丙午で廿七日は丙午とならない。従ってこれまた丙午は鋳造の吉辰として記したものとすべきであるという。

【川勝】丙午が鋳造の吉辰であるのはどのように説明できるのであろうか。

【漢19】　後漢熹平元年神獣鏡。

　盧江劉体智氏の収蔵に係わり、その『善斎吉金録』に拓影を載せ、はじめて学界に知られるに至った。面径3寸3分5厘（10.151cm）、縁厚1分（3.03mm）余、面に若干の反りがあり、漆黒色を呈する。背文は割合に大きな鈕を続って一方より見るべく配した薄肉刻の神獣形が主文をなし、内側に鋸歯文を伴った突帯を距てて紀年銘を容れた外区に続く所、呉代に多い鏡式に似て居り、神獣形は後述の藤井氏の建安十四年鏡に近い。その銘文は30字内外と推定せられるが、いま読み得るもの熹平元年（172）の4字のみに過ぎない。

【川勝】年時のみでも重要な資料である。

【漢20】　後漢熹平二年環状乳神獣鏡。主銘40文字、副銘12文字隷書。守屋孝蔵旧蔵、昭和10年重要美術品。

　羅振玉氏将来の拓影に依り、南陵徐乃昌氏の蔵品として早く富岡謙蔵氏が紹介した[6]ものである。今実物守屋孝蔵氏の有に帰して、昭和10年8月3日重要美術品認定。面径3寸5分（10.605cm）の鋳上りの佳良な作品で、その鏡式は【17】の永康元年鏡に同じく、ただ外縁が一種の渦文帯より成る点を小異とする。紀年を示す外区の主銘並びに半円方形帯の方格内にある副銘はそれぞれ次の如くである。

【主銘】　熹平二年正月丙午。吾造作尚方明竟兮。幽涷三商。州刻無極。世得光明。買人大富貴。長宜子孫延年兮。

　　　　熹平二年正月丙午、吾造作せる尚方の明竟なり。幽かに三商を涷り、州（周）刻（多くの時間）無極なり。世々光明を得て、買う人は大いに富貴にして、長く子孫に宜しく延年ならん。

【副銘】　吾作明竟自有方。白同清明兮。

　　　　吾作る明竟は自ら方有り、白銅清明なり。

主銘のうち無極の上の2字を当初紹介の文に世禄としたが、これは羅氏の『鏡録』に載する如く州刻が正しく、けだし周刻と同意であり、また次の1字も中ではなく世が正しい。

【川勝】前鏡【20】の翌、熹平2年（173）の後漢霊帝代の鏡である。鏡は美術品として価値を認められた。ただ、鏡技術の水準に価値があるのかも知れないが。

【漢21】　後漢熹平三年獣鈕獣首鏡。

早く陸心源『奇觚室吉金文述』に拓影を載せ、高橋健自博士により我が学界に紹介された。昭和14年実物が海外に流出、アメリカ、ワシントンのフリア美術館の有に帰した。同館の写真によると、鏡は径6寸（18.180cm）余の大形であって、背文は獣鈕獣首鏡の式に属し、その上記の諸例と異なる点は所謂糸巻様図形内に文字に代えるに獣首を以てしたのと、半円弧文帯が23弧という奇数であることなどに過ぎない。その銘は左行右字で次の如し。

【銘】　熹平三年正月丙午。吾造作尚方明竟。広漢西蜀合凍白黄。周刻無極世得光明。買人大富長子孫。延年益受長楽未央兮。

　　　熹平三年正月丙午、吾造作せる尚方の明竟は、広漢郡の西蜀合に白黄を凍り、周刻は極り無く世々光明を得。買う人は大いに富み長く子孫あり。延年壽を益し長く宜く楽むべく未だ央きざりき。

文中末尾に近い益受は益壽の意であるべく、また長の次には宜の字を脱したものと思われる。この鏡は写真の示すところ背文の彫鏤頗る整美であり、質また佳良な白銅から成って光沢の高いことが窺われる。上記守屋氏の永壽鏡と相並んで現存この種鏡中の双璧をなすものと言うべきであろう。

【川勝】後漢霊帝の熹平年間の鏡が続く。四川広漢郡の西蜀の鋳造である。銅質また佳良な白銅、背文の彫鏤頗る整美な鏡は美術品として価値を認められる。それにしても、鏡技術の水準は驚異的である。

【漢22】　後漢光和元年獣首鏡、主銘38文字、副銘4文字。

本鏡は湖南省長沙方面の出土と伝えて、昭和12年（1937）に本邦に将来したが、後アメリカ、ニューヨークのウィンスロップ翁の収蔵する所となった。径4寸5分（13.635cm）、面に1分（3.03mm）内外の反りがあり、縁の厚さ1分3、4厘（3.939mm〜10.302mm）の間にある。鏡背は鉛黒銅色を呈するが、面の方はその上に緑斑を点じて色沢鮮かに、水分の多い所に埋存されてあったことを察せしめる。背文は同じく獣首文を主とする点で上来の諸例に同じく、その半円弧文帯は18弧より成り、鈕上に薄く梅鉢形を鋳表わすこと【漢16】の永康元年鏡に同じ。ただ全体の表出は稍々丸味を帯びて、一部分に型流れが認められ前鏡の精なるに及ばない。

【主銘】　光和元年五月作尚方明竟。幽湅白〔同〕。買者長宜子孫。延年益壽。長楽未央。宜侯王大吉羊。宜古市。

　　　　　光和元年五月作れる尚方の明竟は、幽かに白銅を凍り、買う者は長く子孫に宜しく、延年壽を益し、長い楽みは未だ央きず、宜しく侯王なるべく、大吉祥。古市に宜し。

【副銘】　君宜官位。

　　　　　君は宜しく官位あるべし。

　主銘中「白」の一字はそれのみでは釈し得ないが、上にある尚の字画から推すと同と解せられる。同は即ち銅の省画でよく文意も通ずる。その光和は後漢霊帝の紀年で熹平につづく。光和元年は178年に相当する。

【川勝】　後漢霊帝代の鏡が連年続く。銅質また白銅、背文の文章も相似ている。

【漢23】　後漢中平三年半円方形帯神獣鏡、外区17文字。

　上海李国松氏の所蔵品という。手拓本に基づくに、鏡は径4寸1分（12.423cm）の半円方形帯を繞らした神獣形を主文とするもので、後に挙げる呉代の紀年鏡に多い類と規を一にする。銘帯は外区にあって左行左字であり短い。

【銘】　中平三年四月十二日造明作明鏡宜侯王。

【川勝】　後漢霊帝代の鏡が連年続く。中平三年は186年、その元年（184）張角らが黄巾の乱を起こした。その年張角は死んでいるが余党の勢力は拡大の一途である。何進、皇甫嵩、張温、董卓、張讓、曹操、孫堅等々が黄巾賊平定に挙兵し、大乱の時代になった。中平2年6月には張讓ら13人が黄巾平定の功で列侯となった。なお、本中平三年半円方形帯神獣鏡は外区17文字であるが、年月文字が9文字で、それ以外は8文字である。

【漢24】　後漢中平六年四獣鏡。主銘65文字、副銘16文字。守屋孝蔵旧蔵、昭和10年重要美術品。

　富岡謙蔵氏がその拓影により解説。後に羅振玉氏が南陵徐乃昌氏の手拓本に基づき考証。ところがその後実物が守屋孝蔵氏の所蔵となり、昭和10年8月3日重要美術品認定。（梅原末治が）実物を見ると、もと数片に破砕してあったのを巧みに接合したもので、面径5寸3分（16.059cm）余あり、背文はその上に梅鉢形の薄肉文を刻した鈕を繞る内区に、下辺に環状乳を伴うた大きな方形格4個を配して、それで四分せられた各々に半肉刻に近い整美な怪獣形を容れたものを主文とする。しかして銘文は右の主格内に各4字宛の副銘を容れ一段高い外区に主銘を表わしている。

【主銘】　中平六年五月丙午日。吾作明竟。幽湅三羊自有已。除去不羊宜孫子。東王父西王母。仙人玉女大神道。長吏買竟位至三公。古人買竟百倍田家。大吉。天日月。

中平六年五月丙午日。吾れ作る明竟は、幽かに三祥を凍り自ら已に有り。不祥を除去し子孫に宜し。東王父西王母（のように長寿）。仙人玉女の大いに神の道あり。長吏は鏡を買えば位は三公に至り、買人が鏡を買えば田家（の財）を百倍す。大いに吉なり。天王と日と月の光のごとし。

【副銘】　吾作明竟。幽凍三羊。天王日月。位至三公。

　　　吾れ作る明竟は、幽かに三祥を凍り、天王と日と月の光のごとく、位は三公に至るべし。

　文中の羊は祥の省画であり、また主銘の天の下に王字を脱している。この鏡通じて鋳上りよく、まさに後漢鏡の佳品の一に加えるべく、なお主文の獣形が本邦古墳出土鏡に近い三角縁神獣鏡のそれに近いことも注意せらるべきである。

【川勝】　後漢霊帝代の鏡が連年続く。中平年間は彼の桓霊の間、倭国大乱すの時代であり、卑弥呼が登場した。三角縁神獣鏡の文様に繋がる鏡式が出現してきたのである。天王は二十八宿の一である心宿の最も輝いている星。

　なお〔主銘〕の銘文の「幽凍三羊自有已。除去不羊宜孫子」は、「幽凍三羊。自有已除去不羊。宜孫子。」と切って、「幽かに三羊（商）を凍り、自ら已に不祥を除去する有り、子孫に宜し。」と読むのがよいであろう。

【漢25】　後漢建安元年重列神獣鏡。

　羅振玉氏の『古鏡図録』の末尾に南陵徐乃昌氏の蔵品なりとしてその拓影を載せてある。富岡謙蔵氏はこれにより、

　　　径3寸8分大体の形式は従来紹介せられたる建安十年鏡と同一にして、銘文稍々簡なるのみ。

と記している(7)が、拓影からでは銘文を解読し難い。大村西崖氏の『支那美術史彫塑編』第三百七十三図並びに『紀年鏡鑑図譜』（支）六には建安十年鏡とは別の羅振玉氏所蔵鏡の銘文を挙げる。

　　　建安初□□吾作明竟。幽凍宮商。周刻容象□□皇。白牙単琴。黄□□兜。朱鳥玄武□□□□君宜高官。位至三公。子孫番昌。

　文中読めない字が多いが、建安十年鏡の銘文と較べると、それと同様であったことが知られる。

【川勝】　建安元年（196）は後漢最後の皇帝献帝の年号。この年7月魏曹操は帝を洛陽から自己の本拠許昌（河南許州市）に遷し、自ら大将軍武平侯となった。なお、重列神獣鏡は神獣鏡中最も発展した複雑な図様の鏡である。「黄□□兜」は「黄帝徐兜」である。

【漢26】　後漢建安七年半円方形帯神獣鏡。内区1文字数個。外区22文字。

昭和11年本邦に将来、後に帝室博物館の蔵となった。径３寸９分（11.817㎝）あり、面には反りが多く、同部は美しい漆黒の色沢を呈し、鏡背一部の錆と併観するにその近時の出土品たるを察せしめる。ただし、出土の地点は明らかでない。背文は三国代に多い半円方形帯神獣鏡の式に属して、上記の中平三年鏡などと共に早い例をなす。もっとも本鏡の内区は鈕孔を上下にして一方より見るべく構図されて上に飛禽に駕した神像、下に獣面から脱化したと覚しい火焰状の図形があり、左右に龍・虎・玄武・朱雀の四霊を配した所に特色を見る。しかしてその玄武の形がよく表わされている。内区を繞る半円方形帯の方格内に配した文字は「日」字を繰り返したに過ぎず、外区の主銘は左行左字で短い。

【銘】　建安七年九月廿六日作明鏡。百湅青同。世五□□□□。
　末尾の４字はその部分型流れのために全くわからないが、他は割合に明瞭である。

【川勝】建安５年（200）に魏曹操は官渡の戦いで袁紹を破った。同７年に官渡に拠を移して華北の平定に全力を挙げた。建安七年半円方形帯神獣鏡は外区22文字であるが、年月文字が９文字で、それ以外は13文字であり、先の中平三年半円方形帯神獣鏡に次いで短文である。

【漢27】　　後漢建安十年重列神獣鏡。47文字。

　　『神州国光集』第二十一集に載せている。別に同じ鏡の翻鋳品１面羅先生の手から出て、富岡謙蔵氏の有に帰した。鏡式は【25】の建安元年鏡と同じく、幅広い内区には一方より観るべく階段状に神獣を配して居り、その神獣はすべて有翼で鈕に近く上に３、左右に各１、下辺に３躯を布置し、その上下の神獣間にある短冊状の区画内に副銘があって、本鏡では共に「君宜」の２字と次の１字の一部が認められる。前者に対して獣形は左右の外区に近く現わした龍虎形が著しく、なお上辺の神像の両側に飛禽を置き、下辺の左右に玄武と人面鳥身の像とがあって、四霊を主とする。しかしてこれ等がいずれも半肉刻で力勁く表出されている。外区にある主銘文については高橋博士の釈読精でなく、『神州国光集』所録の龔孝珙氏の釈文，羅振玉氏旧蔵品に対する徐同柏氏の解読またともに欠字があって、文意が全くない。羅振玉先生の『鏡録』は次のように読み、複製品と（梅原が）対照するに誤りではない。

　　　吾作明竟。幽湅宮商。周羅容象。五帝天皇。白牙単琴。黄帝除兇。朱鳥玄武。白虎青龍。君宜高官。子孫番昌。建安十年造大吉。

　文中の単が弾の省画であることは改めて言うまでもなかろう。

【川勝】建安10年（205）は魏曹操の華北平定が更に進む。袁紹の遺児の熙・尚は烏丸に奔る。これも重列神獣鏡であるが、高橋健自博士のいう階段式神獣鏡と同じ鏡式の謂いであることがわかる。

【漢28】　後漢建安十年朱氏重列神獣鏡。主銘49文字、副銘6文字。守屋孝蔵旧蔵、昭和10年重要美術品。

　　羅振玉氏の『古鏡図録』に2面の拓影を載せている。同書には所蔵者の名を欠いているがその1はもと京都桑名鉄城翁の蒐集品として『支那美術史彫塑編』第三百七十五図に写真を掲げたもので、現在は守屋孝蔵氏が所蔵している。昭和10年8月3日重要美術品認定。この鏡径4寸4分（13.332cm）あって、その鏡式は【漢27】の建安十年鏡と酷似したものではあるが、神像が12躯を数え、引いて外区に近く配した四霊等の形態に差異を見受ける。しかして神像間の副銘は上下共に「君宜官」の3字が明瞭である。外区の銘文は、

　　　　吾作明竟。幽涷宮商。周羅容象。五帝天皇。白牙単琴。黄帝除兇。朱鳥玄武。白虎青龍。君宜高官。子孫番昌。建安十年朱氏造作兮。

　前者と同様でただ末尾が建安十年朱氏造作兮として作者の姓を記しているのを異とするに過ぎないが、『古鏡図録』所掲の他の一鏡は次の如くで若干の出入りがある。

　　　　吾作明竟。幽涷宮商。周羅容象。五帝天皇。白牙単琴。黄帝除兇。朱鳥玄武。白虎青龍。君宜高官。位至三公。子孫番昌。建安十年朱氏造大吉羊。

　即ち「君宜高官」の一句に代えるに「君宜高官。位至三公。」の二句となり、なお末尾の字句も多い。

　　建安十年朱氏鏡は以上早く知られた2面の外に昭和15年（1940）大阪江口治郎氏の所蔵に帰した別の1面がある。鏡は面径4寸3分（13.029cm）の紺色を帯びた黒銅の美しい色沢をしたものであって、鏡式並びに銘文は守屋孝蔵氏の鏡に近いが、しかも細部に若干の差異を見受ける。即ち本鏡の副銘は鈕孔の上にあるもの「君宜位」と読まれ、また主文の下辺に玄武が見えないのであり、更に型流れと覚しい一部を除いては主文の彫鏤が優れ、かつ神獣の形の整美なることなども挙げられる。

【川勝】前の【漢27】を含めて建安十年鏡は実に各種小異ある鏡型が多く鋳造されたことがわかる。すべて重列神獣鏡である。同年の鏡はまだ有る。

【漢29】　後漢建安十年五月重列神獣鏡。

　　同じ鎔笵で鋳造せられたと認められる遺品が本邦に2面ある。一は守屋孝蔵氏の所蔵に係り昭和10年8月3日重要美術品認定、他は黒川幸七氏の蒐集品で共にもと京都桑名鉄城翁の旧蔵品と伝える。これらは羅振玉氏の『古鏡図録』に載せた2面に相当たるものであろうか。いま便宜後者に依って解説するに、鏡式は【28】の鏡と極めて近く、その玄武を欠く点は江口氏の鏡に一致する。面径4寸3分（13.029cm）に対して1分（3.03mm）の反りがあり、破砕して出土したものを巧みに接合して旧形に復している。早い頃の出土と見えて鮮かな土中古の色沢に乏しいが鋳上りよく、所謂階段式神獣鏡中の標本的な佳品とする。昭和12年6月29日重要美術品認定。その外区にある右行の主銘、並

びに神像間の副銘は次の如くである。

【主銘】　吾作明竟。幽涷宮商。周羅容象。五帝三皇。白牙単琴。黄帝除兇。白牙朱鳥。玄武白虎。青。建安十年五月六日作。宜子孫。大吉羊。

　　　　　吾れ作る明鏡は、幽かに宮商を涷りし、周羅象を容れ、五帝三皇、白牙弾琴、黄帝は兇を除き、白牙、朱鳥玄武、白虎青龍あり。建安十年五月六日作る。子孫に宜しく、大吉祥なり。

【副銘】　君宜官。君宜官。

　　　　　君は官に宜しい。君は官に宜しい。

　文中青の一字はその上に白牙の重出している点に併せ見て、下に龍字を脱したものであって本来は前2例同様に（四霊の）「朱鳥玄武。白虎青龍。」とあるべきものと思われる。

　以上の2面の他になお大阪大脇正一氏の収蔵品中に本鏡の翻鋳と認めるべきもののあることを挙げておく。

【川勝】前の【漢27】【漢28】を含めて建安十年鏡は実に各種小異ある鏡型が多く鋳造されたことがわかる。この【漢29】鏡と【漢28】鏡は同范鏡としながらも銘文に異同がある。ここに見られる建安十年鏡はすべて重列神獣鏡である。ただ高橋健自博士のいう階段式神獣鏡という謂いが鏡背文の形状の説明としては分かり易い。なお、この鏡は各方から観察するのでなく、正面一面のみの見方が定まっていることに注意したい。

【漢30】　後漢建安十四年半円方形帯神獣鏡。内区1文字数個。外区22文字。

　もと羅振玉氏の所蔵品であったが、後に内藤湖南先生の有に帰し、再転していま京都藤井氏有隣館に蔵する。径約4寸（12.120cm）の比較的面に反りの多い作りであって、背文は半円方形帯を伴う神獣を主文として、その配置は一方より見る様になっている。即ち鈕孔とやや斜な方向を軸にして上下に相向かう双神があり、左右に各一神これ等の間に四獣を配している。描線稍々簡素ながら、有翼の神像は鮮明に表わされている。次に半円方形帯の方形格には各1字宛の副銘を容れている。山田孝雄博士(8)は「天王日月云々」の句があると記していられるが、今はほぼ認められるのは「同」「石」「火」等で全文を読み難い。鏡の外区にある左行の主銘は、富岡謙蔵先生の釈されたところ次の如くである。

　　建安十四年〔正〕月辛巳朔廿五日乙巳造。吾作明竟。宜侯王。家富且貴。王有千万長生久〔壽〕。□月相□

　月日の干支は長暦より推算するにまさに建安十四年のそれに合致して、後漢献帝代のものたることが確かめられる。

　この鏡は早く昭和8年7月25日に重要美術品に認定せられた。

【川勝】さらに後漢献帝代の鏡が続くが、建安十年鏡がすべて重列神獣鏡であったのに対

して、こちらは半円方形帯神獣鏡であり、鏡式の差異は大きい。鏡質が白銅質であり、文様の連続性から国都洛陽ないし魏都許昌、さらに四川広漢郡、さらに呉領域江南と各地を結ぶ白銅鏡製造ネットワークの存在が健在であることを示している。時に建安14年は前年、すなわち建安13年（208）12月に赤壁の戦いがあり、魏公曹操は呉周瑜に敗れ、江南進駐の大軍を退却させた。曹操の全中国統一の野望は頓挫したかにみえた。しかしこの戦いが魏と呉の最終的決着を付けたのではなかった。以後も漢王朝献帝の年号建安を鋳造した江南・呉鏡が継続していることでわかろう。

【漢31】　後漢建安二十二年重列神獣鏡。62文字。

　同一の鎔范で作られたと認められる遺品が２面あって、共に昭和11年（1936）初夏の頃浙江省紹興附近の古墓から出土したと伝え、本邦に齎らされて、いま住友男爵家の所蔵(9)となっている。昭和13年５月10日重要美術品認定、徑約３寸９分（11.817㎝）、面に１分（3.03㎜）の反りがあり、水中古に近い鮮やかな色沢をして所伝の実らしさを示している。内区の主文は鈕孔を主軸として上下に神獣形をば階段状に配したところ、まさに建安十年の諸鏡の式に属すが、しかも本鏡では神像の数が６で、反対に獣形が多く、四辺における四霊の外に下半の衙巨獣が目立ち、同部の玄武また特色ある形をしている点が注意せられる。外区にある右行の銘は62字の長文より成る。型流れのために後半明らかならぬ部分を含むも、鋳造者の鄭豫なるを明示しているのは面白い。

【銘】　建安二十二年十月辛卯朔四日甲午太歳在丁酉時加未。師鄭豫作明鏡。幽東三章以而清眼。服者大得高遠。宜官位為侯王。家□□□富□居日□□□孫子也。

　　　建安二十二年十月辛卯の朔四日は甲午にして太歳は丁酉の時に在り未を加え、師鄭豫が作れる明鏡は、幽かに三商を凍り以て眼を清くす。服す者は大いに高遠を得、宜しく官位侯王為るべく、家□□□富□居日□□□孫子也。

【川勝】住友、泉屋博古館所蔵鏡を実見するに美麗な佳品の鏡である。文字の判読不明が多いのが惜しいが、文章は定型ではなく、史料として価値が高い。鋳造者の鄭豫なる人名が判明するのも希有な事例である。どこの所在の鋳造者か詳細が知りたい。なお、紀年銘文の「建安二十二年十月辛卯朔四日甲午太歳在丁酉」は実際の年月日であり、正確なものである。ただその次の「時加未」とは何かが不詳である。なお、建安22年（217）は前年の５月に後漢献帝は曹操の爵位を公から王に引き上げて魏王とした。７月には南匈奴の呼厨泉単于が入朝しており、曹操は10月には軍を南下させ遂に孫権軍を破り、11月には沛国の譙県（安徽亳県）まで至っている。年が改まり建安22年正月魏王曹操は廬江郡居巣県（安徽巣県、現巣湖市）に軍陣をつくった。長江を隔てて対岸は呉の都建康（南京）がある。呉への攻撃激しく孫権は敗走した。３月に孫権の降参を入れ、曹操は夏侯惇・曹仁・張遼等を居巣に駐屯させ、自らは帰還した。４月に曹操は天子の車服を用いて出入り警蹕をはかった。その10月、後漢献帝は魏王曹操に冕

第二章　問題の継承・新展開・開発　123

十有二旒、乗金根車、駕六馬、五時に副車を設けること、五官中郎将丕を魏太子と為すことを命じている。ただ日付は不詳である。それでも建安二十二年十月辛卯朔四日甲午鏡と魏曹操による新王朝建設との関連は大いに考えられるところである。

【漢32】　後漢建安廿四年正月神獣鏡。

　同じ形式の鏡が２面ある。一は金山程氏の収蔵品として早く羅振玉氏の『古鏡図録』に拓影を載せたもので、富岡謙蔵氏の紹介[10]がある。径４寸２分（12.726㎝）、鏡背文は珠文圏を繞る鈕につづく幅広い内区に六神四獣を四方より見るべく放射状に配し、半円方形帯なく、直ちに外区への界をなす鋸歯文を伴うた突帯に接する式であり、また外縁には形は崩れているが稍々目立った草様華文を見受ける。外区の銘文は左行左文で２禽形を首に置き、また長文のものながら、拓影が粗末なために紀年を現わした部分のほか解読できない。この紀年の部分を羅氏は「建安廿四年一月甲寅朔十四日丁卯」と読んだが、拓影に依ると年の次の１字は２画あって、一見した所では「二」の様に思われる。しかし『三正綜覧』に拠るに、建安24年の２月は朔癸未であるから、その朔の甲寅に当たる正月の「正」字の一部分磨滅欠画したものと解すべきであろう。

　その二は浙江省紹興古墓の出土と伝え、昭和14年（1939）本邦に将来、いま大阪の木村貞蔵氏が所蔵するものである。前者に較べて背文の型流れが著しく、ために主文一層鮮明を欠くが、その構図をはじめ、銘帯の具合並びに外縁に配した一種の草様文帯など全く趣を一にして、その同一范に依る後鋳品にあらざるかを思わしめる程である。この鏡の銘文また解読し難く、（梅原が）実物の精査から究め得たところは２禽形につづく文のはじめの紀年から月日に亘る部分と文の中程の「服者吉羊」等の数字に過ぎない。径４寸４分（13.332㎝）あって、面に１分５厘（4.545㎜）の反りがあり、鉛銅の色沢に鮮やかな緑銹を転じて、その水中古の色沢に所伝の実らしさを思わしめるものがある。なお、その偏平で大きな鈕上に一部布の附着しているのも記すべきであろう。

【川勝】同范鏡関係が重要である。ただ、同じ鏡范鋳型から鋳造しても面径に差異がでることは十分に考えられる。なお、「建安廿四年正月甲寅朔十四日丁卯」も甲寅を朔とすれば丁卯は正しく十四日に当たる。なお、建安24年正月の時点は蜀漢劉備との戦争が激しくなった。前年７月、魏曹操は西征して、９月に長安に至っている。他方その部将曹仁は関羽討伐に掛かり、湖北北部に進駐している。曹仁と関羽の激戦が続く。

【漢33】　後漢建安廿四年四月半円方形帯神獣鏡。48文字。

　前者同様、羅振玉氏の『古鏡図録』に拓影を載せ、また富岡謙蔵氏の紹介を見たものである。径約４寸３分（13.029㎝）、背文は半円方形帯を伴う神獣鏡の式であって、その神獣は各４個宛をば交互に四方より見るべく配して形態整って居り、また半円方形帯の９個の方格中の文字は拓影では釈し難いが、その半円部の内外を唐草様渦文を以て飾っ

ていることが注意される。外区にある右行の銘文に対する富岡謙蔵氏の釈文はなお不明な部分が多いので、更に原拓に遡って補訂を加え、字数の推定等をも試みて、全文はほぼ次の如きものを得た。

【銘】　建安廿四年四月壬午朔廿九日□□造。吾作明竟宜侯王。家有五馬千牛羊。官至有徳車□□之人也。長生久壽□□□□

　　　　建安二十四年四月壬午朔二十九日□□造る。吾作れる明鏡は宜しく侯王たるべく、家に五馬と千の牛羊を有し、官は有徳車□□の人に至るなり。長く生き久しき壽□□□□

【川勝】この鏡銘文中の「家有五馬千牛羊」は当時一家に馬が5頭、牛や羊が合わせて1000匹も居るのが「家富み」の具体的内容であることを示したものであることに留意しておくべきだろう。

【漢34】　　後漢建安廿四年五月半円方形帯神獣鏡。2面。43文字。

　　京都守屋孝蔵氏所蔵紀年鏡の一であって、また昭和10年8月3日重要美術品に認定された。径4寸3分（13.029cm）の鋳上りの佳良な遺品で、その鏡式は前者に近いが、4個の獣形は大きく、また鈕孔の延長線上にある完好な有翼神像の下方は一部半円方形帯にまで延びて、その一つが怪獣形をして居り、なお他の相向かう双神の一つの中央に「貴」の一字を容れた点が挙げられる。半円方形帯の方格内の文字は明瞭でないが、その8字のうち「師明且吉」の四字は略々認め得る。しかして外区にある左行の主銘は次の如くである。

【銘】　建安廿四年五月丁巳朔卅日丙午造作明竟。既清且良。世牛羊有千家財三億。宜侯王位至三公。長生□□□

　　　　建安二十四年五月丁巳朔の三十日丙午に造作せる明鏡は、すでに清くかつ良い。世（？）牛や羊は千匹あり家財は三億銭、宜しく侯王たるべく位は三公に至る。長く生き□□□

同じ建安廿四年五月鏡なる紀年の鏡は、この外になお羅振玉氏の『漢両京以来鏡銘集録』に一面を載せて、銘文を次の如く読んでいる。

　　　造作明竟。既清且良。□牛羊□千家財三富。宜侯王位至三公。長生□□□□。建安二十四年五月廿日□□□□。

その銘文に少許の出入はあるが大要一致する。ただし、前者の如く朔日の干支が見当たらない。文中の異同は釈読者の不用意に依るとするも、干支記載の相異は同様に見なし難いから、これから前者と別個な1鏡の存在が肯定せられる次第である。

【川勝】これも同范鏡関係の問題である。ただ、2面の関係が銘文文字の異同如何となれば、やはり2面それぞれの文字解読の精度を増す必要がある。なお、本前鏡の紀年銘文「建安廿四年五月丁巳朔卅日丙午」は、5月朔を丁巳とすれば30日は丙戌が実際の

干支の日であり、丙午とはならない。これは例の鏡鋳造の吉日である丙午を使用したことになろう。

【漢35】　後漢建安廿四年六月重列神獣鏡。50文字。

　廬江劉氏善斎の収蔵に係わり、その『善斎吉金録』に載せたものである。昭和11年春（梅原末治氏にある）実物についての所見は、面径4寸（12.120cm）の白銅から成って佳鏡の一というべく、その背文は上記【漢31】の2鏡に近いが、さらに繊麗を加えて階段状に配した神獣間の区画が目立ち、なお下辺における鸚鶴とも見ゆる双禽の姿態が珍しい。外区左行の銘文は構図の下辺からはじまった左の50文字よりなる。

【銘】　建安廿四年六月辛巳朔十七日丁酉□。吾作明竟宜侯王。家有五馬千頭羊。官高位至車丞。出止□人命当長生。安□日月以衆。

　　建安二十四年六月辛巳朔の十七日丁酉□、吾れ作れる明鏡は宜しく侯王たるべく、家に五馬千頭羊を有し、官は高位に車丞に至る。出止□人命は当に長生なるべく、安□日月以て衆し。

【川勝】この紀年月日の「建安二十四年六月辛巳朔の十七日丁酉」は六月朔を辛巳とすれば、十七日は正しく丁酉に当たる。これは実際の干支が銘記されている。また、「家有五馬千頭羊」の句は【漢33】の後漢建安廿四年四月の「家有五馬千牛羊」、【漢34】の後漢建安廿四年五月の「世牛羊有千家財三億」と共通するが、いずれも建安廿四年鏡であることが注目される。

【漢36】　後漢建安廿四年六月半円方形帯神獣鏡。42文字。

　住友男爵家の収蔵に係り、昭和13年5月10日重要美術品に認定。径4寸3分5厘（13.181cm）あって、面の反りは2分（6.06mm）に近い。その色沢、面は白銅に近いが、背は帯紺の鉛黒色を呈して、その点後出の魏黄初二年鏡に相似たものがある。蓋し同一地域の出土品でもあろうか、背文では鈕の大きいことが目立ち、珠文圏を続って四方より見るべく配した内区の神獣は六神四獣を数え、描線が粗ながら割合に形は整っている。ただしこの鏡でもその半円方形帯の19を数える方格内の銘は、うちに年・三・古等の文字を認め得るのみで文をなしていない。外区の左行左字の主銘も細筆の整わない書体であるがこの方は型流れの部分を除いて大体次の如く読むことができる。

【銘】　建安廿四年六月辛巳朔廿五日乙巳奇。吾作明竟宜侯王。家富日貴。□有千萬。長生之壽。日月和楽□□已。

　　建安二十四年六月辛巳朔の二十五日乙巳奇、吾れ作れる明鏡は宜しく侯王たるべく、家は富むこと日々に貴く、□千万有るべし。長生の壽は、日に月に和楽し□□のみ。

【川勝】「家富日貴」は原「豪富日貴」であるが梅原氏の推測に従った。なお現物に即し

て改めた字もある。それにしても、建安二十四年の鏡は【漢32】【漢33】【漢34】【漢35】に続いて5鏡を数え、特に【漢35】が六月十七日丁酉、【漢36】が六月廿五日乙巳と日付の間隔が短くなっていることは注目すべきである。これからこの年の鏡紀年月日で実際の干支に無い丙午としているのは、丙午が鏡鋳造の吉祥日であるだけでなく、実際の干支日の丙戌が悪い日であったからとも思える。

【漢37】　　後漢延康元年半円方形帯神獣鏡。33文字。

　　　徑4寸（12.120cm）余の半円方形帯を伴う神獣鏡であること前者と相似ているが、その内区に四方より見る様に配した神獣のうち、鈕孔の延長線上に位置する有翼の2神が中核をなして双翼がこれに相向かい、他の神像の一つに代えて鳳凰形を容れている点が注意せられる。しかしてこれを繞る半円方形帯は簡単化していて方格内に文字を欠く。鋳上り佳良でいまなお白銅の美しい色沢を残している。外区の銘は左行で、

【銘】　　延康元年十月三日。吾作明竟。幽涷三商。買者富貴。蕃昌高遷。三公九卿十二大夫。吉。

　　　　延康元年十月三日、吾れ作れる明鏡は、幽かに三商を凍らし、買う者は富貴にして、蕃り昌んにして高く遷り、三公・九卿・十二大夫とならん。吉なり。

とあり、後漢最後の紀年（220年）を録する点に興味がある。この鏡京都守屋孝蔵氏の収蔵品であって、昭和10年8月3日重要美術品に認定された。

【川勝】後漢献帝が丞相魏王曹丕に禅定して漢魏革命成る数日前の日付の鏡である。その銘文は前年の建安二十四年鏡とは趣向を変え、再び初期の典型的鏡銘文形式に戻っている。

【漢38】　　後漢延康元年半円方形帯神獣鏡。50文字。

　　　昭和11年初夏の交浙江省紹興の古墓から出土したと伝え、いま住友男爵家に所蔵されている。昭和13年5月10日重要美術品認定、徑約4寸2分（12.726cm）、面に1分（3.03mm）の反りがある。面は鉛緑色を呈して水中古の色沢を表わし、背部は銅質銹化、或る部分は剥落していて、出土地の所伝の確かさを裏書きするものがある。半円方形帯を繞らす内区の神獣は四方より見るべく配して、六神四獣を数え、その一つの双神像が半円方形帯にはみ出た怪獣の上に駕している点【漢34】の一鏡に見る所に似ている。ただし彼に較べると形が整って居らず、半円方形帯の附飾文また簡単に、方格内の文字も読み難い。外区の主銘は右行の割合に長いものであるが、型流れのために消失した部分があり、なお通じて書体が正しくなく、全文の解読が困難である。

【銘】　　延康元年二月辛丑朔十二日壬子。師□□□□□□□作明竟。玄涷章乃成。晶清不可言。伏者老壽。高昇二千石。郡督部川於事。

　　　　延康元年二月辛丑朔の十二日壬子、師□□□□□□□作れる明鏡は、玄かに凍

り章（商＝刻）にして乃ち成れり。品清なること言うべからず。服す者は老いて壽にして、高く二千石に昇り、郡督川に事を部す。

　その紀年は前者同様また後漢最後のものに属す。ところが、『三正綜覧』に依ると、同年の二月朔は丁未であって辛丑ではなく、かえってその二年に当たる黄初二年二月朔が辛丑で、したがって十二日が壬子となって銘の記載に一致するのは如何なる理由に基づくものなるか今俄に解き得ない。しかし鏡自体は全く疑を容れる余地のない確かなものであるから、これは鋳造者の何等かの意図の下に実際はないが、延康二年に当たる年の鋳造とすべきであろう。

【川勝】延康元年二月辛丑朔問題についての梅原末治氏の指摘は重要である。梅原氏の理解を是とすれば、江南呉の鏡工人が未だ漢帝国の存続に従って延康二年を意識したと考えられる。『三正綜覧』に依った場合を前提としているが、例の景初四年問題を含め、三国魏はとかく暦に問題がある。漢魏間の暦に延康元年二月辛丑朔が無かったとは言えない。ただ可能性は梅原氏の理解の方が断然高い。なお、二月朔を辛丑とすれば十二日が壬子になる点は正確であることは付記しておきたい。

第二節　三国・魏鏡について

【魏1】黄初二年半円方形帯神獣鏡。19文字。

　鏡は径3寸8分（11.514cm）余の小形であって、湖南省長沙の出土と伝え、面は紺味を帯びた一種の鉛黒銅色を呈する。背文は鈕を繞って細かな半円形並列の圏があり、これと花形に近い半円形と方格との帯の間にある内区は鈕孔を上下に一方より見る様に配した神獣を主文としていて、その数は上下に相向かう双神、左右に各一神ずつ、これらの間に各一獣を置いた六神四獣である。鋳上りは鋭いが、図形は粗で且つ整っていない。半円方形帯の12個の方格の銘は三・日・二等の画を見得るのみで、文をなさないが、外区の銘は右行で全文ほぼ明らかである。

【銘】　黄初二年。武昌元作明鏡。宮涷章乃而清冐。吉羊。

　文中章の上には三の字を脱したるべく、また冐は明の意なること他から推される。その黄初の紀年は魏文帝曹丕のそれのほか他に所見がないから、本鏡が皇紀881年（西暦221）のものたるは疑を容れる余地がない。作鏡者の武昌元とあるのも注意すべきである。この鏡住友男爵家の所蔵品であって、昭和13年5月10日重要美術品認定。

【川勝】梅原末治氏の教示に従えば、銘文は次のように読める。

　黄初二年、武昌元作れる明鏡は、ひそかに三章（商）を凍り乃ち清明なり。吉祥なり。

　武昌元とは作鏡者の姓名か、武昌が地名で元が姓氏であるかの区別に注意すべきであろう。本書第二部第九章湖北省鄂州市出土鏡参照。なお、この銘文は先の【漢38】延

康元年二月辛丑鏡の銘文の要略である感じがする。

【魏2】黄初三年神獣鏡。26文字。

同一の鏡が2面ある。その一は浙江省紹興古墓の出土と伝え、昭和14年本邦に齎らされて、大阪木村貞蔵氏の有に帰したものである。面径3寸4分（10.302cm）の小鏡ではあるが、背文の鋳上りがよく色沢また漆黒色に近い。内区の主文は前鏡同様鈕孔を上下にして一方から見る様に階段状に5神3獣を配する。しかして同部を繞る突帯の下には一種の半円弧文帯を添え、また外縁は波状渦文で飾っている。外区の左行左字の銘は文様同様鮮明ながら書体異様のために全文を解読し難い。

【銘】　黄初三年。師卜徳□合作明金竟。五束□□。服者侯王。益其女□令。
　　　黄初三年、師卜徳□の合に作るべき明らかな鏡は、五涷□□。服する者は侯王たり。益其女□令。

なおこの鏡の鈕上には「張栄」なる刻銘がある。所有者の名を表わしたものででもあろう。

その二はスウェーデンのストックホルム国立博物館美術工芸部の所蔵に係り、『漢三国六朝紀年鏡集録』の末尾に附載したものである。ただ当時その外区の銘文が磨滅して紀年を確め難いのを遺憾としたが、上記紹興出土例と対比すると、両者はすべての点で符節を合わせた如く一致して、同じ鎔范から出た兄弟鏡なるを推さしめるものがある。もっとも前者に較べて本鏡の方が図文その他において鮮明を欠いているから、後鋳品とすべきであろう。

【川勝】梅原氏の鏡例を世界に求める姿勢がよくわかるところである。ただ省画等のため文意が少し不明である。それにしても魏の年号を鋳造する鏡が呉の江南から出土した事実が注目に値する。

【魏3】黄初四年半円方形帯神獣鏡。40文字。

守屋孝蔵氏の所蔵品の一であって、昭和10年8月3日重要美術品に認定された。径4寸3分（13.029cm）の鮮やかな土中古の色沢を呈した遺品である。形式は半円方形帯を繞らした神獣鏡であって、その六神四獣は四方より見る様に布置せられ、神像のいずれもが有翼なると、怪獣の所謂巨を銜んだ点とが目立つ。半円方形帯の12個の方格内の銘は明・作・日等の文字を識し得るのみであるが、外区の主銘は右行で、略々次の如く読まれる。

【銘】　黄初四年五月壬午朔十四日□。会稽師鮑作明鏡。行之大吉宜貴人。王民治服者也。□□今造□□□。

黄初四年が魏代のものたること言うまでもないが、『三正綜覧』に依ると其四年の五月朔日は戊子であって、壬午は五年に当たっている。日の下の一字は「未」と釈して疑

問を附したが、上に近接した画が乙と見得るとせば、またそれに合致する。されば此鏡は【漢38】の後漢延康元年鏡と同じく実は五年の鋳造品とすべきかも知れぬ。次に銘文中に見える会稽は古く揚州と呼ばれた江南の勝地で今の浙江省紹興に当たることは明らかである。既に三国鼎立の形勢が明らかとなったこの年において、呉の領域たる同地鮑氏の作鏡に魏の紀年を表わしていることはまた一つの注意すべき点と言わねばならぬ。

【川勝】黄初四年五月壬午朔問題についての梅原末治氏の指摘は、先の【漢38】後漢延康元年鏡と同じく重要である。梅原氏の理解を是とすれば、江南呉と華北魏帝国との君臣関係、冊封関係に関わる問題であるが、黄初四年、五年当時、呉国が魏の正朔を奉じていたとすればすぐに解決する問題ではある。ただ、後に魏明帝以後に「親魏倭王」卑弥呼の魏鏡、すなわち景初四年三角縁神獣鏡等にも反映する重要な課題を含んでいる。

【魏4】正始元年三角縁神獣鏡。28文字。

この鏡また同じ鎔范から出たと認められるものが2面あって、而も共に上代の古墳から出土した点が注意せらるべきである。即ち一面は明治42年（1909）に上野国（群馬県）群馬郡大類村大字芝崎の古墳において発見、現に東京帝室博物館に収蔵せられるもの、他は大正6年（1917）3月但馬国（兵庫県）出石郡神美村大字森尾の一古墳から見出されて、その後京都帝国大学に収蔵された遺品である。前者は博物館の有に帰した時、高橋健自博士(11)が現存唯一の年号鏡として紹介し、後者は筆者（梅原末治）が作った報告書(12)にこれを録して前者との鏡式の一致を指摘した。いま上野国の出土品を取って略解を加えると、鏡は径7寸5分（22.725cm）に上る大形品で、外区が鋸歯文帯を挟む波文帯から成り、三角縁に接する所、その内側銘帯との間に同じ幾何学文帯を配する点と併せて、上記の諸鏡と著しく趣きを異にして居り、また有節弧文圏を繞らした鈕につづく内区の四神四獣が一方から見る様に布置した点は漢末以来に見受ける式ながら、しかも幅広い区内に容れた図像が複雑且つ絵画的であるのを著しい特色とする。即ち同区にはその四辺に各1個の素乳があって、同部に位置する各一躯の人物坐像はいずれも一種の連枝上に御し、両側に禽獣乃至脇侍を伴うて神仙を表わしたことを示している。しかして下辺の像の下には更に怪獣を添えて、この点【漢34】後漢建安廿四年五月鏡に見る所に類するものがあり、怪獣の形態また相似を示しながら、更に大きく一層活動的である。内外両区の間にある銘は28字と推定せられ、今読み得るもの、

【銘】　□始元年。陳造作鏡自有経。□本自□□杜地命出。壽如金石。保子〔宜〕〔孫〕。

の如くである。銘の末尾と最初の一字の部分が欠損しているために紀年が明らかでなく、但馬出土鏡もまた同部失われて確かめ得ない。ただし、末尾二字は後者から宜孫であることが知られる。最初の一字の紀年に関しては、高橋健自・富岡謙蔵・中山平次郎氏の所説があるが、「正」と読んで、魏の正始に当てるのを適当と思うに至った。

なお、上野国における遺品はもと開墾の際の出土に係り、引いて遺跡の実際は明瞭でなかったが、大正15年（1926）5月森本六爾君が実地踏査の上、地方人士について関係資料を求めて、略々その状態を確かめるに至ったのは欣ばしい事項として挙ぐべきである。

【川勝】梅原氏の釈文の「経」の次の一字と「自」の次の一字は字形が判断できない。あるいはそれぞれ「迷」と「州」かも知れない。なお正始元年三角縁神獣鏡の群馬県における出土の意味がまた重要である。すなわち240年の時点でこの鏡が関東上野・群馬県に将来されていたとはとても考えられないからである。ただ、但馬・兵庫県出石のは渡来の可能性が高い。それでも卑弥呼の邪馬台国が畿内に所在した場合であるが。これもやや無理があろう。両者共通して考えられることはこの正始元年三角縁神獣鏡は一旦九州各地に伝来し、そこからかなりの年月を経て但馬（兵庫県）、やがて上野（群馬県）に搬送されたのでないかということである。なお、この正始元年三角縁神獣鏡の径が7寸5分（22.725cm）というのはこの間見てきた後漢鏡・三国鏡で飛び抜けて大形であることに改めて注目しておく必要があろう。

【魏5】正始五年画文帯環状乳神獣鏡。

守屋孝蔵氏の所蔵に係り、後段に録す景元四年鏡とともに氏が羅振玉氏から割愛せられたものである。径4寸3分（13.029cm）。その背文は鈕を繞って有節弧文例があり、幅の割合に狭い内区についで鋸歯文帯の添うた突帯から半円方形帯を置き、更にやや著しい同様な突帯の次に禽獣を表わした外区があって、幅の広い一種の渦文を印した縁部となる帯圏の多い式に属する。しかしてその内区の主文は2個の環状乳を挟んで双神を表わし、その間に細長い形をした衒巨獣を写して、獣の一部が環状乳をなすところ、一方の上にこれに駕する怪人を見ること等と共に後漢の環状乳神獣鏡の内区に相通ずるものがあるが、同時にそれらに較べて異形化の迹の稍々大きい点が挙げられ、なお外区にある馳駆する禽獣帯は所謂絵模様帯の先駆をなすものとも見られて特色をなしている。年号の銘は珠点と円圏との地文を置いたその半円方形帯の5個の方形格中に四方より読むように各1字を配したもので、「正始五年作」とあるに過ぎない。その内区が後漢の系統を承け、しかも外区の獣帯が絵模様帯の先駆をなすとも解せられるべきものがあるにおいて、魏の正始とすることの是なるべきと思う。

【川勝】正始五年画文帯環状乳神獣鏡は銘文がごく短いことが注目される。逆に絵模様帯の先駆が見られることも重要であるが、それが何を示すことがらか、明らかなのは銘文より文様が重視されてきた傾向を示すものと言え、それは鏡の周辺民族への受容拡大を示すものかも知れない。

【魏6】甘露四年獣首鏡。

昭和十年将来に係り、その後守屋孝蔵氏の所蔵品となった。昭和12年12月24日重要美

術品に認定された。径4寸3分5厘（13.181cm）、縁厚1分（3.030mm）余の薄手品で、白銅の色沢をしている。その背文は型流れのために甚だ模糊としているが、構図は後漢に数例を見た獣首鏡のそれに同じく、ただ外区の帯が粗大となり、通じて便化の跡が多く、その点で次の甘露五年獣首鏡と軌を一にする。この便化はもとの半円弧文帯の工合並びにそれが19弧より成ることに依って知るべきである。銘文は左行で、

【銘】　甘露四年五月十日。右尚方師作竟。青且明。位至三公。□高官。□子宜孫。

とある。後半文字模糊として読み難いのであるが、次に載せる甘露五年鏡の銘に較べると高官の上の一字は宜であり、次の一字が保なることが知られる。鏡の手法が後漢の諸鏡と違っていること一見明瞭であるから、自ら魏代たるに帰着する。しかしてこの比定はそれに続く右尚方師なる句の解釈からも傍証を加えるものがある。

　尚方が漢帝室の調度品を製作する司省であり、引いて漢鏡中にその鋳造を示す尚方作の銘のある遺品が多く、紀年号にも実例を見ること既に挙げた如くである。ところがこの尚方の官司が関係の業務の発展乃至分業などの関係からでもあろうか、後分かれて左右中の三尚方となった。唐杜佑『通典』にそのことを記して、

　　秦置尚方令、漢因之。後漢掌上手工作御刀剣玩好器物及宝玉器。漢末分尚方為中左右三尚方、魏晋因之、自過江左唯一尚方。

　　　秦は尚方令を置き漢これに因る。後に漢は上の手工作の御刀剣・玩好器物及び宝玉器を掌る。漢末に尚方を分かちて中左右の三尚方と為し、魏晋これに因るも、江左を過ぎしよりただ一尚方のみ。

と言い三尚方分立を漢末にして魏晋ごろに依るとしているのは注意を惹く。もっとも右の分立についてはなお疑問をのこすが、魏代と認むべき本鏡に右尚方とあって、その鏡式が後漢代尚方作の銘ある式を襲った点において興味を与えるもののあることが考えられるのである。

【川勝】唐杜佑『通典』の引用文の後半に江左すなわち江南呉地域においては三尚方の分立がなく、ただ一尚方だということは本鏡が右尚方師ということから、江南呉の領域の製作鋳造ではなかったことが分かる。

【魏7】甘露五年獣首鏡。

　同じ鎔范から出たと認められるものがまた2面現存する。その一つは昭和8年7月25日に重要美術品に認定された東京中村不折画伯の所蔵品であって、筆者（梅原末治）がその「獣首鏡について」（前出）で紹介したもの、他は黒川幸七翁の蒐集品中に見受ける遺品である。後者によるに鏡は5寸5分（16.665cm）あって、四年鏡より大きく、面の反り1分5厘（4.545mm）あり、黒銅色を呈し、破砕し部分を漆で接合してあるところ出土後やや久しい年月を経過したことを思わしめるものがある。背文は上記甘露四年獣首鏡と同式ながら鋳上りがよく、引いてその完好な鈕の座が渦文形で周囲に珠文圏を伴

い、また糸巻様図形内には【漢21】後漢熹平三年獣鈕獣首鏡同様、獣首を容れたことが知られる。しかしてその連弧文帯は21弧を数えるのである。左行の銘はほとんど左字で全文明瞭に読み得る。

【銘】　甘露五年二月四日。右尚方師作竟。清且明。君宜高官。位至三公。保宜子孫。

　中村氏の一鏡また右と同じく、拓影で比較するに、その一致は型流れの末にまで及んで、両者は完全に相重なる。されば両者が同一の范で作られたことは明白である。両者ともいま出土地の所伝はないが、ここにまた鋳造後所を異にして再び相会うことになった奇縁を見いだすのである。

【川勝】甘露四年獣首鏡とは紀年で四と五が違い、年月で五月十日と二月四日違うだけで他はやや語順に差異があり、青と清の省画の違い、等々の小差である。ただし、いずれも短文であり、月初の朔日干支の明記がないことも注目される。この鏡でも右尚方師ということから、江南呉の領域の製作鋳造ではなかったことが分かる。

【魏8】景元四年規矩花文鏡。

　もと羅振玉氏の蔵品であったが、その後守屋孝蔵氏の有に帰し、昭和10年8月3日重要美術品に認定された。径4寸6分5厘（14.090cm）の中国鏡としては中等位の大きさで、面に1分（3.030mm）内外の反りがある。白銅質より成るが緑銹に覆われて、いま色沢美を欠く。その背文は鈕を繞って銘帯があって、そこに左行で、

【銘】　景元四年八月七日。右尚方工作竟。

なる14文字の主銘があり、これに続く素文の突起帯と外区の一段高い同じ二重の突起帯との間を占める内区は二つに分かたれて、内の方には4個のT字形と8個の円座乳の間に外から見る様に大きく「君宜高官」の文字を配し、埋めるに渦文を以てして居り、また外方はS字形華文14個を繰り返して間隙に「属」の左字とも覚しき異体字を表わしている。一見したところ示す鏡式が異様であり、且つ整美ならざる点もあるが、その内区に漢代盛行の規矩鏡の面影をとどめているのは、主銘に右尚方の作鏡なるを示す点と併せて学的興味を高める。景元なる年号は魏の元帝代のほか所見がないから、当代のものたることに疑はない。なお右の文中最後の一字は蓋し竟の下半を省画したものであろう。

　以上魏代の鏡を通観するに、うちに変化を受けながらも後漢代に行われた紀年鏡の式を承けた遺品の存在が注意に上るのであって、且つそれ等の遺品に右尚方の作鏡なることの示されたものを含む。この事は同じ時代南方の呉で作られた紀年鏡と比較することに依って一つの特色と見られるのである。

【川勝】銘文14文字中「景元四年八月七日」紀年年月日が8文字と「右尚方工作竟」の鋳作鏡者を示す文字があるだけで鏡の効用等一切無しの極短文である。ただ、この鏡でも右尚方師ということから、江南呉の領域の製作鋳造ではなかったことが分かる。

第三節　三国・呉鏡について

　呉の鏡は遺例が多く『漢三国六朝紀年鏡集録』に収録したのは黄武・黄龍、さらに赤烏・太平・永安・宝鼎・天紀等の紀年に属するもの30面を超え、遺存品の半ばに近い数を示した。しかも、その後浙江省紹興地方より多数の遺品が出土して、今日では60面に達するに至った。もっともこれらの呉の紀年鏡は、うちに漢末建安十年鏡の系統を襲うた重列（階段式）神獣鏡の類を見るが、他方半円方形帯を有する簡単な神獣鏡に属すものが大部分を占めて、そこに同代の紀年鏡の特色をなし、上記魏代の鏡と稍々趣を異にする。これと共にまた漢代の諸鏡に較べると鋳造が概して粗であって、大きさまた5寸（15.150cm）を超えるものなく、その銘文は羅振玉氏をして『鏡話』のうちに、「文字漫易、求一字、字明晰者、不可得也」（文字はやたら崩れ易く、一字を求めても、字の明晰なものは得ることができない）と歎ぜしめた如く、釈読に苦しむ類が多い。したがって羅振玉氏は右の『鏡話』に呉代の遺品20余面に上ると記しながら、その『鏡録』に銘文を載せたのは僅かに4面に過ぎない。

【呉1】黄武元年半円方形帯神獣鏡。
　廬江劉氏善斎収蔵の紀年鏡の一であって、『善斎吉金録』に掲げている。鏡は径4寸6分（13.938cm）、面に1分5厘（4.545mm）に近い反りがあり、もと3片に破砕出土したのを接合して完形に復している。漆黒色を呈して、背文は一部に型流れがあるが割合に鮮明である。その鈕はかなり大きくて扁平型をなし、内区の主文は四方より見る様に神獣を配し、それは四神四獣の式ながら神仙の一つには双獣を添え、また他には脇侍の如く人面鳥身の像を置きなどして整斉でなく、半円方形帯も簡単で、方格の文字はほとんど見えない。ただし善斎はこれをば「宜三公□三十二大夫」と読んでいる。外区の主銘は左行の極めて細い線字で表わされ、いま読み得るもの、

【銘】　黄武元年太歳在□□□□□□□□日中制作。百煉明竟。清□且富□□萬年。宜侯王。立至三公。及古

　に過ぎず、文意の通じ難い部分が多い。もっともその初の型流れの部分は「壬寅」何月（干支）朔何日とあったに相違なく、また萬年の上の2字は「服者」であるかと思われる。しかして立は位の減筆なること言うまでもない。

【川勝】梅原末治氏の推測はほぼ肯定できる。ただ、年月日で何月朔干支と果たして有ったか否かは重要なので他の事例も考慮する必要があろう。そうであれば同じ三国時代の鏡でも魏鏡との差異が出てくる。全体としては後漢時代の鏡の銘文の簡略体であることは言える。

【呉2】黄武元年五月半円方形帯神獣鏡。

　　径4寸（12.120cm）、地肌は鉛黒の銅色に近いが、いま面・背共に半ば以上鮮やかな緑錆を以て覆われている。背文はこの種の鏡式としては通有のものながら、鋳上りが拙で、鮮明を欠き、その外区に配した右行の銘文の如きも、現在では前半の、

【銘】　黄武元年五月丙五□□日中造作明竟

　　なる部分を認め得るに過ぎない。この鏡浙江省紹興古墓の出土と伝え、3、4年前本邦に齎らされて、守屋孝蔵氏の所蔵に帰した。

【川勝】面径4寸（12.120cm）位が呉鏡の標準的大きさであるが、地肌の銅色は美麗なもの多く、銘文より文様が珍重されている。美術品として評価が高い。

【呉3】黄武二年神獣鏡。

　　廬江劉氏善斎の所蔵に係る。鏡は径3寸4分（10.302cm）の小鏡であるが、面の反りが多くて1分5厘（4.545mm）に近く、漆黒の色沢をしている。背文は内区に四方より見る様に神獣を配したもので、半円方形帯などなく、その数が5神4獣の点で均勢を欠き、また型れが多くて見栄がしない。左行左字の銘文もいま読み得るのは前鏡同様に、

【銘】　黄武二年太歳在癸卯造作元竟

　　なる上半の13字のみで、以下推定せられる10字内外は全く失われて分からない。廬江劉善斎はその『善斎吉金録』に、「按通鑑目録黄武二年太歳在癸卯、此鏡所記甚合」と注記している。

【川勝】廬江劉善斎の考証を裏返せば、記す所が合わないこともあるからであろう。それは後漢末建安・延康各年号の鏡などにも見たところである。

【呉4】黄武四年半円方形帯神獣鏡。

　　径3寸9分（11.817cm）、面の反りは1分5厘（4.545mm）に近い。扁平大形の鈕を繞って四方より見るべく、4神4獣を配した通有の式でその一つだけは神人が相向かう2神となって居り、【呉1】の鏡に似た所がある。浙江省紹興古墓の出土と伝え、いま黒銅色の上に鮮やかな緑錆を見受けて発掘後なお多く年時を経ないことを示している。半円方形帯の方格内に「十二立夫人」等の文字、外区の右行の主銘文は次の如く見える。

【銘】　黄武四年四月廿六日作氏竟。宜於吏史士得位也。服之吉羊。□日我后共文王人生于七十有一。

　　　　黄武四年四月二十六日作氏の鏡は、吏史の士の位を得るに宜しきなり。これを服せば吉祥なり。□日我れ後に文王の人生を七十有一に共にせん。

　　中ほどに釈し得ない文字を含むが、末尾に文王人生于七十有一なる句があるのは興味を惹く。住友男爵家所蔵。昭和13年5月10日重要美術品認定。

【川勝】面径4寸（12.120cm）前後の呉鏡の標準的大きさの鏡であるが、扁平大形の鈕を

繞って4神4獣を配した通有の式で黒銅色の上に鮮やかな緑銹を見受ける。ただし、銘文が個性的であるのが重要である。華北に対抗する江南人士の気概を感じさせるものがある。銘文はやや長い。

【呉5】黄武五年半円方形帯神獣鏡。

　守屋孝蔵氏の所蔵に係る径3寸5分（10.605㎝）の小鏡である。昭和10年8月3日重要美術品認定。背文は前者同様半円方形帯を繞らした神獣形を主文としているが、その神獣の配布は鈕孔の延長線上に相並んだ2神像が対峙し獣形を両側に添え、更に獣間別に一方より見るべく配した神像を以てしたもので、統一を欠いたものであり、また表出は鮮明ながら粗である。この点は半円方形帯において著しく、文字のあるべき方格は全く文様化している。外区の主銘は左行で太い線画を以てし、書体は正しくないが、全文略々明らかである。

【銘】　黄武五年二月午未朔六日庚巳。楊州会稽山会安本里思子丁。服者吉富貴壽春長久。

　文中その鋳造地乃至作者として揚州会稽山会安本里なる詳しい地名と、思子丁なる姓名を録しているのが珍しく、会稽なる地名は既記の魏鏡の【魏3】黄初四年半円方形帯神獣鏡に見受けた処、この鏡は彼鏡に後るること3年の鋳造に係るのである。次にこの鏡の年時は、呉代の紀年鏡に時に見受ける誤った干支記載の実例とする。

【川勝】梅原氏は『三正綜覧』を使用して暦の正朔の考証検討を行い、呉鏡紀年朔銘の誤りを指摘する。継承すべき結論である。なお、揚州会稽山会安本里なる地名と思子丁なる人名も重要である。銘文はやや長い。

【呉6】黄武六年重列神獣鏡。

　同じ鏡の拓影が2面羅振玉氏の『古鏡図録』に掲げてあって、一は前清宗室宝瑞臣侍郎の蔵品とあり、他は丹徒劉氏の所蔵という。両者のうち型流れがやや多い前者が大正5、6年の頃我が国に齎らされて富岡謙蔵氏の収蔵に帰し、同氏により詳細なる記載が公にされた[14]。昭和8年8月23日重要美術品認定。径は3寸6分（10.908㎝）で階段式に神獣を配し、また鈕の直下の像には怪獣が相向かい、外辺の左右と下方に四霊を現わすところ、【漢29】後漢建安十年五月重列神獣鏡面に近いが、表現繊細の度を加え、且つ短冊形の副銘を欠く。外区の銘は右行で、図様の上辺からはじまり、

【銘】　黄武六年五月壬子四日癸丑。造作三命之宜王且侯。服竟之人皆壽歳。子孫多悉為
　　　公卿。収財数百牛羊而□□□□

と読まれる。しかして別に鈕上に古い書体の「呉将軍士張興鏡」なる刻銘のあることが注意を惹く。この銘文羅振玉氏の『鏡録』に載するも誤脱が多く、筆者（梅原氏）の『集録』また孫の上に子の字を脱した。よろしく上文の如く訂正すべきである。その紀年の記載明瞭であるが、また示すところの干支が長暦と一致しない。すなわち同年五月

の朔日は乙未で壬子でないのみならず、壬子の朔であれば二日が癸丑に当たる筈で、引いて四日癸丑なることはあり得ない。それがためか考古学会編『紀年鏡鑑図譜』の解説には癸丑を癸尹と読んで人名と解しているが、実物は癸丑と読まれるからこれも工人の不用意な誤りと見るべきであろう。

【川勝】前鏡と同様に梅原氏は『三正綜覧』により暦の正朔の考証を行い、呉鏡紀年朔銘の誤りを指摘する。ただ、これが単なる工人の不用意な誤りとすることを是とすべきであろうが、若干留保しておきたい。銘文は相当長い。

【呉7】黄武七年神獣鏡。

江南出土と伝えて大正13年に将来、いま守屋孝蔵氏が所蔵して昭和10年8月3日重要美術品に認定された。径3寸2分（9.696cm）の小鏡のためか半円方形帯なく、主文は半円弧文圏の繞った完好な鈕の周囲に四方から見る様に6神4獣を配布したもので、簡単化しながら、鮮鋭な鋳上りを示している。外区の銘は右行で、

【銘】　黄武七年七月丙午朔七日甲子紀主治時。大師陳世厳作明鏡。服者立（位）至公。

とあって、下半の文が切断されてある。この銘文中陳世厳なる作者の姓名を見るが、陳なる姓は既記魏鏡の【魏4】正始元年三角縁神獣鏡、次項の呉鏡黄龍鏡をはじめ、当代と思推せられる本邦出土の大形三角縁神獣鏡に往々見出されることに依って、当代鋳金の一家であったと考えられる。本鏡の示す干支またその七月朔は戊午に当たって、丙午ではない。ところが同月の七日は銘文に記す如く甲子であるから、月の干支はこの場合漢代における五月丙午の如く、鋳造の吉辰として戊午を特に丙午としたと解すべきである。

【川勝】前鏡と同様に梅原氏の鏡正朔の考証である。七月丙午朔が鋳造の吉辰から本来の七月戊午朔を変更したというのであるが、変更日を鋳造の日でなく、その月の朔の干支日であるのは何故かという説明は課題として残る。この銘文中の「大師陳世厳作明録」から陳氏という鏡鋳金の一家のあったことが知られるという指摘は重要。

【呉8】黄龍元年四月神獣鏡。

住友男爵家の所蔵に係り、また昭和13年5月10日重要美術品に認定。前者同様径3寸1分（9.393cm）の小形品で、内区の次に半円方形帯なく、その内区の主文は形式化した神人11に怪獣僅かに1を添えたもので、配布は整斉を欠いている。ただし、縁の表出だけは型流れの部分を除くと割合に鮮明である。外区にある右行の銘文は字体に太いのと細いのとが入り混じり、間隔が均一でなく、雑然としていて、紀年の次の部分に二重になったところなどあり明瞭でない。

【銘】　黄龍元年四月廿四日圭辛□朔□廿九日吉祥。

西暦229年の鋳品である。

【川勝】この鏡も全銘文19文字中17文字が鏡鋳造年月日であり、残るは吉祥の２字に過ぎない。極端に短い銘文である。なお廿四日丰の丰は現今の中国では豊の簡体字である。

【呉９】黄龍元年九月重列神獣鏡。
　富岡謙蔵氏蒐集鏡の一であって、同氏がその解説を行う[15]。昭和８年８月23日重要美術品認定。径は３寸９分（11.817cm）あり、その鏡式は【呉６】黄武六年重列神獣鏡と同じく、ただ鈕の上方に長方形の一区を劃してうちに脇侍を伴う双神を容れたのが稍々目立っており、また通じて図像の形式化が注意せられ、なお薄手となっていることも挙げられる。外区にある左行の銘は、
　　黄龍元年太歳在己酉九月壬子朔十三日甲子。師陳世造三湅明鏡。其有服者久富貴。
　　宜□□□□。
と読む。その記す干支は呉代の黄龍元年のそれとよく一致し、当時陳氏の作ることを示すものである。
【川勝】「黄龍元年太歳在某干支月日」という年月日の記し方は、【呉１】黄武元年半円方形帯神獣鏡、【呉３】黄武二年神獣鏡に見られ、【漢31】後漢建安二十二年重列神獣鏡に遡るものである。銘文はやや長い。

【呉10】黄龍元年七月重列神獣鏡。
　径３寸８分（11.514cm）、面に１分５厘（4.545mm）の反りがある。前者とほぼ同巧の構図を以て背文を飾るもので、その鋳上りは彼よりも佳良に、また外区の銘に若干の出入りがある。
【銘】　黄龍元年太歳在己酉七月壬子朔十〔三〕日甲子。師陳世造作百湅明竟。其有服者
　　　命久富貴。宜□□。
　右の銘文において注意せられるのは前者が九月壬子朔とあったのに対し、これの七月壬子朔と記していることである。この場合一見いずれか一方が誤りの様に思われるが、『三正綜覧』に依ると黄龍元年七月大の朔が壬子であると共に、九月小の朔も壬子とあって、二つ乍ら実は正しい。従って本鏡の十と日との間の不明の一字は三に相違がない。この鏡は昭和11、2年の頃守屋孝蔵氏の有に帰したもので、同12年12月24日重要美術品に認定された。
【川勝】二つの黄龍元年鏡に見える同年７月朔日と９月朔日の干支が同じく壬子であることを『三正綜覧』に依り確認したところが興味深い。安易な一見を戒めた梅原氏の箴言として受け止めたい。銘文は前者と同文に近い。

【呉11】嘉禾四年六月重列神獣鏡。
　守屋孝蔵氏の所蔵に係る紀年鏡の一であって、昭和10年８月３日重要美術品に認定さ

れた。徑3寸9分（11.817cm）の前者と同式の重列神獣鏡とする。ただし内区の神獣の表出は大まかに、区画の階段が目立ち四霊の形態にも小異がある。また外区にある左行の銘は奇古の体をなして、全文左の32字より成る。

【銘】　嘉禾四六月命作吾乍明竟。服者萬年□子孫。仙竟宜用之長□□□有朱鳥武。

　　　右の文中四の下に年の字を脱し、武の上また玄を欠くほか、その末尾切断して完文をなさず、通じて文意また明瞭を欠く憾みがある。嘉禾なる年号は呉大帝孫権の立つるところで、黄龍に次ぐもの（西暦232―238年）の他に所見がないから、同代のものたるは疑を容れるの余地がない。その図様の黄龍鏡との同似蓋し故あることである。

【川勝】黄龍鏡に続く嘉禾年鏡であるが、呉鏡の質の高度さは続く。銘文は短く省略が多い。

【呉12】嘉禾四年九月重列神獣鏡。

　　　昭和6年頃守屋孝蔵氏の所蔵に帰し、また昭和10年8月3日重要美術品認定。徑3寸8分5厘（11.666cm）あり、ほぼ前者と同じ鏡式に属す。ただ鈕孔上の一区に容れた脇侍を伴う双神像の上には中央から左右に延びた虺龍があって、このものが上辺の神像の駕した飛禽に相対するところに小異を示し、また概して図文が整い、縁の一部に型崩れの跡がある外は鋳上りもよく、漆黒の銅色を呈して美しい。その外区の左行の銘は次の如くである。

【銘】　嘉禾四年九月午日。安楽造作□□五帝明竟。服者大吉。宜用者萬壽。〔延〕年□□□□□。

【川勝】同じく嘉禾四年鏡で、【呉11】嘉禾四年六月に続く九月鏡である。銘文に小異があるが、文意は同じ。

【呉13】赤烏元年半円方形帯神獣鏡。

　　　面徑3寸8分（11.514cm）、浙江省紹興古墓の出土と伝える。水中古の色沢を呈するが、背部には鉄銹その他が附着、これが銹色と併せて外観の美を殺いでいる。もっとも四方より見る様に交互に配した四神四獣形の鋳上りは割合に佳く、7個宛の半円と方格との帯がそれを繞って、当代の鏡としては整った方である。ただし方格にある副銘はただ「王」の一字を識し得るのみに過ぎず、外区の右行の主銘も字画が奇異なために釈し得ない文を含むこと次の如くである。

【銘】　赤烏元年。造作明鏡。可照刑上辟泉祸。長生老壽。位至公卿。子孫〔精〕禅。福禧無窮。

　　　　赤烏元年、造作せる明鏡は、刑上を照らし泉祸（？）を避くべく、長く生き老いて壽なりて、位は公卿に至り、子孫は精禅にして、福禧窮まり無し。

　　住友男爵家に収蔵され、昭和13年5月10日重要美術品に認定された。

【川勝】銘文は後漢以来の「長生老壽。位至三公」型銘文の典型である。文末の「福禧無窮」は結語を完成したもの。

【呉14】赤烏元年半円方形帯神獣鏡。

　前清宗室宝瑞臣侍郎の所蔵品として羅振玉氏の『古鏡図録』に拓影を載せている。後実物本邦に齎らされて富岡謙蔵氏の収蔵に帰し、論文で詳述された[16]。昭和8年8月23日重要美術品認定された。面径は4寸2分（12.726㎝）の出土後年時を経た趣を呈する鏡で、その背文は粗な半円方形帯を伴い、内区の神獣が4獣に配するに3神と1鳳凰形を以てするところ、延康元年鏡のそれに似ているが、表出その他に違いがある。外区の銘は右行であるが、書体の奇古に加えるに型流れがあって全文を釈し得ない。

【銘】　赤烏元年□□□□□□吉羊。□□子孫。王々常□堂。□春金夏。長楽未央。師朱酉作□□

　末尾に配する朱酉なる作者の名は、後漢末の建安鏡のあるもの[17]に見ゆる所と併せて当代の一鋳造家たるを示すものというべきである。

【川勝】この銘文は前鏡【呉13】赤烏元年鏡と同年の鏡ながら、銘文の文体が全く異なる。鏡鋳造者が違うからであろう。

【呉15】赤烏元年半円方形帯神獣鏡。

　同式と思われる遺品が2面ある。一は羅振玉氏の『古鏡図録』に拓影を載せるもの。また他は東京武内金平氏の所蔵品である。二者共に径は4寸（12.120㎝）あって、半円方形帯を繞らし、うちに四方より見るべく神獣を配した鏡式に属する。4獣と交互に置いた神像中の二は双禽に駕した単独のものであるのに対し、他は双神を表わして、6神4獣を数える。しかして『古鏡図録』所掲の遺品の表出が著しく丸味を帯びて細部を明らかになし難いのに反し、武内氏の一鏡は一部を除いて鮮明であり、半円方形帯の図文並びに文字の一部をも認め得るなど一見別個な感じを与えるものがある。さりながら仔細に比較すると両者は如上の外観の違いにもかかわらず、実は型流れの部分などにおいて全く符節を合わせた如く一致し、武内氏のそれに対して、『古鏡図録』例が同じ型の磨滅した後の鋳造品たるを認め得るに近い。さて、本鏡の主銘は外区にあって、左行26字より成るが、両者共末尾の部が型流れのために釈し得ない。

【銘】　赤烏元年。造作明竟。百湅正銅。服者老壽。作者□□。□□□□□□

【川勝】この銘文は前鏡【呉14】赤烏元年鏡とは異なり、むしろ【呉13】赤烏元年鏡や【呉12】嘉禾四年九月鏡に近い感じがする。

【呉16】赤烏元年五月半円方形帯神獣鏡。

　守屋孝蔵氏の収蔵に係るもの、昭和10年8月3日重要美術品に認定された。また径

4寸（12.120cm）余の半円方形帯に副銘を持つ神獣鏡であるが、内区の主文は鈕孔を挟んで2神を置き、その左右に4獣を配して、これらの図形が大まかで前鏡等とは異なり、また半円方形帯の半円部に拡大して整わない草渦文を附しなどしている。外区にある左行の主銘と前者の副銘とは次の如くである。

【主銘】　赤烏元年五月廿日。造作〔明〕〔竟〕。百錬清銅。服者君侯。長楽未央。造鏡先師。名為周公。

　　　　　赤烏元年五月二十日、造作せる明鏡は、清銅を百錬し、服す者は君侯たり、長い楽しみ未だ央きず、造鏡の先師は、名づけて周公と為せり。

【副銘】　日月天王之神。

　　　　　日と月と天王（星）の神。

　文中楽を誤って薬に作っているほか、文字の体が整っていないが、末尾に鋳造の先師を周公となす句を見るは興味がある。

【川勝】後漢鏡と同じく、主銘文と副銘文がそれぞれ明瞭にして、かつ区別が明確な事例は三国鏡では珍しい。

【呉17】赤烏元年半円方形帯神獣鏡。

　本遺品は甲斐国（山梨県）西八代郡高田村（現、市川三郷町）浅間神社の所蔵に係り、明治27年の頃同地大塚村字上野原小字鳥居原の古墳から発見した点で学術上注意を惹くものである。後藤守一氏の調査報告[18]があり、昭和8年7月25日に考古学資料として重要美術品に認定された。径4寸1分（12.423cm）の半円方形帯を伴うた四神四獣鏡の式に属し、その表現は丸味を帯びているが、割合に整っている。もっとも鋳上りは中等位で外区にある右行の主銘は漫漶のために後藤氏の読み得たのは単に紀年の「赤烏元年五月廿五日」の部分ばかりであり、また方格内の副銘は「吉」の一字を推読しているに過ぎない。もっとも写真に依るとそれ以上の釈読も必ずしも困難でない様であるが、なお自ら精査の機会を得ないのを憾とする。

【川勝】この鏡にその後今日までどのような調査の進展があったか検討すべきである。それにしても、三国呉大帝の赤烏元年（238）は魏明帝景初2年でその年6月に倭国女王卑弥呼が魏に使節を派遣している。この呉赤烏元年鏡がなぜ日本に存在するか。特に山梨県の古墳からなぜ発見されたか、実に興味あることである。これは明らかに相当に年数が経ってから、日本のどこかの地方から当地へ運ばれたと考えるほかにないものである。その点で群馬県の魏正始年三角縁神獣鏡と同様である。

【呉18】赤烏元年半円方形帯神獣鏡。

　いま半ば以上を欠失しているが、原径を求めると4寸6分（13.938cm）となって、呉代の紀年鏡としては大きい方に属す。背文中の半円方形帯の方形格はもと6個あったも

のの如く、また内区の神獣は各4つを交互に配した式と見える。これらの図様はかなり便化していて生気を欠く所が多く、また空間に通じて珠点を埋めている点が挙げられる。外区の銘は左行であるが、幸いに年月を記した、

　　　赤烏元年正月一日甲午造作明

の部分が残存している。もっともその示す干支は実際と合わず、また元年正月一日とあるが如きもそれを以て鋳造の日を録したと解し難いものである。この破片出土後伝世したために古色を失うている。守屋孝蔵氏所蔵。

【川勝】正月一日といい、元旦としないことも疑問である。なお、それにしても三国呉大帝の赤烏元年鏡は、すべて半円方形帯神獣鏡であることは注目されよう。

【呉19】赤烏七年半円方形帯神獣鏡。

本鏡は昭和11年（1936）頃摂津国（兵庫県）川辺郡小浜村（現、宝塚市）大字安倉ノ内鳥島にある1円墳から道路工事の採土に当たって出土したものであって、いま同地塚本弥右衛門氏の所蔵に係る。その古墳は幸いにも構造の一部を遺存していて、主体部は下底に粘土で舟形状の床を作った細長い竪穴式石室であることが認められ、また同時の出土品に仿製の内行花文鏡1面、管玉3個、小玉若干、刀身片、鉇、鉾身等を存して、本邦古墳の研究に興味ある資料を提供するものがあり、翌12年10月25日にこれらの遺物は一括重要美術品に認定された。鏡は破砕した上に、その破片の約三分の一を失っているが復原すると径5寸6分（16.968cm）あって、呉代の紀年鏡としては大きく、鋳上りは中等位ながら、緑斑銹の間に白光の色沢をとどめ、本来佳良の白銅質より成ることを明示するものがある。背文は鈕を中にして四方より見るべく肉刻の4神4獣を配し、繞らすに半円方形帯を以てした点で上記のものと大差ないが、ただ文様の間に笵の亀裂の痕のやや多いのが目立っている。外区に存する主銘は右行で、紀年の初の一字を欠きなどしているが、（梅原が）実物について精査の結果読み得た所次の如くである。

【銘】　　□烏七年在□□丙午昭□日。青清明□。百□漳。服者富貴。長楽未央。子孫□□
　　　　□□□□陽□□□（以下欠）

　文中明の下の一字は鏡なるべく、百の次は凍にあらずんば幽であり、且つ二者のいずれかの一を脱したものと思われる。紀年の初の一字を欠くとは言いながら、下に烏の字の来る年号は呉の赤烏のほか所見がないから、その西暦245年のものなること疑うべくもない。

【川勝】この鏡についても三国呉大帝赤烏7年は魏斉王正始7年である。ただこの鏡がなぜ日本に存在するかが問題である。呉の江南地方と近い九州南方の国に渡来したものが後の時代に兵庫県宝塚に将来され、古墳に埋葬されたと考えられよう。この古墳はいつの時期の築造であろうか。

【呉20】赤烏九年半円方形帯神獣鏡。

　富岡謙蔵氏蒐集の拓本集帖に載せたもので徑約4寸（12.120cm）の遺品である。背文はまた半円方形帯を伴う内区に神獣を表わした式に属し、しかして四方より見るべく配した神獣の数は6神4獣から成る。その半円方形帯並びに外区には共に銘を存するが、拓影が粗末なためにいま読み得るもの僅かに紀年の部分たる「赤烏九年」の4字に過ぎない[20]。

【川勝】この鏡の出土地等の詳細は不明である。

【呉21】建興二年半円方形帯神獣鏡。

　中村不折氏の所蔵品であって、昭和8年7月25日重要美術品に認定された。この鏡また徑4寸9分（14.847cm）の大形の部類に属し、伝世古の色沢をしている。背文のうち内区の神獣は四方より見るべく配して、四方にある神像の2つは各2神を表わしてあたかも獣上に乗った様な趣をなし、また半円方形帯の半円部には華文飾があり、方格に容れた文字は「東三王□□十□太夫」等釈識し得る。その外区にある左行の主銘はさきの『漢三国六朝紀年集録』では所蔵者の解読に依ったが、昭和12年6月30日実物について（梅原が）調査を重ねた結果、ほぼ次のごとく全文を明らかにすることができた。

【銘】　建興〔二〕年歳在大陽。乾巛合作王道始平。五月丙午時加日中制作竟。百錬清銅。
　　　　服者万年。位至侯王辟〔不〕〔羊〕。

　建興の次の一字を中村氏は二と釈しているが、いまほとんど識し得ない。右の文中乾坤を乾巛に作るのは当代の瓦博文その他に見るところに同じく興味を惹く。

【川勝】この呉建興二年（253）鏡の銘文の前半は形式が従来のものと異なる。出土地等の詳細が知りたい。

【呉22】建興二年半円方形帯神獣鏡。

　南陵徐乃昌氏の所蔵に係り、羅振玉氏の『古鏡図録』並びに徐氏の『小檀欒室鏡影』にそれぞれ拓影を載せている。富岡謙蔵氏は前者により銘文の釈読を行い、呉廃帝建興のものたることを説かれた[21]。徑3寸1分（9.393cm）の小形で、また半円方形帯を伴う神獣鏡たること前者と異なる所がないが、主文様は型流れのためか表現朦糊としている。外区の右行の銘文は、

【銘】　建興二年九月一日。造作明竟。五練九章。□竟富且貴。久大吉利。保□□。

【川勝】前鏡と同年の建興二年鏡であるが、趣向は異なり、後漢以来の伝統的な銘文の形式である。

【呉23】建興二年半円方形帯神獣鏡。

　前者同様南陵徐乃昌氏の収蔵品として羅振玉氏の『古鏡図録』に拓影を載せている。

径4寸3分（13.029cm）あって前者よりも大きい。半円方形帯を伴うた相似た背文ながら、その内区に配した神獣形は表出の具合が著しく線的である上に、形態において奇古な趣が多い。富岡謙蔵氏は斯様な点から、あるいは蜀漢の建興二年（224）に比定すべきかとされる[22]。拓影が粗なために外区にある左行の主銘中読み得るものは、

【銘】　建興二年。百湅□吾作明竟。可以昭明。上□□除。下辟不詳。□□□自（以下不詳）

の上半に過ぎず、半円方形帯の副銘また明らかでない。但し、右の文中「可以昭明」の句が以下の呉永安鏡に見える点からすれば、また同じく呉代における一異例とすべきであろう。

【川勝】「可以昭明」の句が見える呉永安鏡とは【呉38】永安元年鏡・【呉43】永安二年七月卅日鏡・【呉44】永安元年七月四日鏡のいずれも半円方形帯神獣鏡に「可以詔明」と見えるものを言う。なお、【呉34】太平二年の呉鏡にも「可以詔明」と見える。ただこれらはすべて昭を詔と作っている。この作り換えは昭という字を何等かの意味意義で避けて、字形の似ている詔にしたものと思われる。ただ詔が詔勅の詔の一字であることも関係しているかとも考えられる。

【呉24】五鳳元年半円方形帯神獣鏡。

　昭和12年初め浙江省紹興出土と伝えて我が国に将来、後、北京梁上椿氏の有に帰して『巖窟蔵鏡』第二集下冊に掲げた。面径3寸2分（9.696cm）内外の小鏡で、その主文は三国代の鏡に通有な薄肉表出の神獣から成るが、神仙を挟む相向かう双神を2度繰り返し両者の間に小さな人物を置いたもの、またそれを繞る所謂半円方形帯は半円部のみの簡略な式である。今鏡背の半以上銹に覆われ、なお型流れもあって、左行の銘文は中間不明である。

【銘】　五鳳元年□□□□午庚申□□□□□□□大吉利永年

【川勝】紀年を示す五鳳元年（254）が明らかであることに意義がある。この鏡が形式その他から呉の鏡なることは疑を容れないという。

【呉25】五鳳三年神獣鏡。

　また浙江省紹興古墓出土と伝えて我が国に齎らしたものである。同じく径3寸（9.090cm）縁厚1分（3.03mm）という小品であるが、背文は一部を除いて割合に鮮鋭な鋳上りを示し、鉛黒銅色を呈して居り、しかしてまた水中古色をなして光沢が高い。背文は半円方形帯なく、内区の主文は2神4獣に2禽を配して形が便化しながら均勢を保っている。外区の右行の銘また時に左字を混じながら、型流れの一部を除いて全文を読むことができる。

【銘】　五鳳三年三月□造清竟。服者富貴。宜侯王。

五鳳三年は太平と改元された年で256年である。

【川勝】この鏡の銘文も短文で、かつ呉鏡に多い後漢以来の伝統的な銘文の形式である。

【呉26】太平元年半円方形帯神獣鏡。

　山東濰県の陳介祺氏の旧蔵品であって、羅振玉氏その精拓影を蔵して、このものが氏の『古鏡図録』、大村西崖氏の『支那美術史彫塑編』に収められて紹介された。『定遠方氏吉金彝器款識』に同じ拓影を載せているところからすると、陳介祺氏から同氏の有に帰したものと思われる。半円方形帯を伴うた神獣鏡たるに変わりはないが、構図が整美であり、鋳上りもよろしく、その内区の神像の2は各双禽に駕し、他の2つは相向かう双神より成り、また外縁に著しく崩れているが一種の流雲文を配したのが珍しい。外区の主銘は右行左字、また半円方形帯の方形格に一字宛容れた銘は左行左字でそれぞれ次の如くである。

【主銘】　太平元年。吾造作明鏡。百湅正銅。服者老壽。作者長生。宜公卿□。

　　　　太平元年、吾れ造作せる明鏡は、百たび正銅を湅らし、服する者は老壽、作る者は長く生き、公卿□に宜し。

【副銘】　天王日月。照四海。正明光。

　　　　天王（星）・日・月のごとく、四海を照らし、明光を正す。

【川勝】主銘と副銘の揃った後漢鏡の伝統的な銘文形式である。副銘は「この鏡は」が主語である。

【呉27】太平元年五月神獣鏡。

　東京帝国大学文学部の所蔵に係り、高橋健自氏がはじめて紹介した[23]。径3寸2分（9.696cm）の小鏡であって、内区は前者に似ているが、【呉14】赤烏元年鏡の如く神像の一は代えるに禽形を以てしており、また半円方形帯はなくて同部に珠紋圏があるに過ぎない。筆者（梅原末治）が大震災前実物について読み得た外区右行の銘は、

【銘】　太平元年五月丙午。吾作明竟。百湅〔正〕章。服者長生。□□。

　文中呉太平元年には五月丙午はない。これも本来五月丙午が単に鋳造の吉辰として用いられた例とした。

【川勝】鋳造の吉辰の事例はデータを収集する必要がある。

【呉28】太平元年五月半円方形帯神獣鏡。

　御影町の黒川幸七翁の蒐集品の一つであって、昭和12年11月11日重要美術品に認定された。浙江省紹興古墓出土という。径4寸（12.120cm）の面に反りの多いもので、また鈕も大きい。径1寸2分（3.636cm）。背文は一部分に若干の型流れを見るが、大体として鋳上りがよく、文様も整い、その半円方形帯の半円部は花文を容れ、また方格には

「天王日月」の副銘が2度繰り返されている。内区の主文は四方より見る様に6神4獣を配してあって、前後の諸紀年鏡のそれと相似ている。外区の左行左字の銘は次の如く読み得る。

【銘】　太平元年五月丙午時茹日中。〔造〕〔作〕〔明〕竟。百涑正〔同〕。上応里宿。

　この銘の末尾は切断されて完文をなさぬ。その里宿は星宿の誤りであろう。この鏡一部分に鉄銹の附着はあるが、通じて鉛銅の光沢ある色合をなし、近時の出土品たるを示す。従ってその紹興出土なる伝えは信ずべきであろう。

【川勝】この鏡の銘文も短文であり、かつ呉鏡に多い後漢以来の伝統的な銘文の形式である。なお、前鏡同様に呉太平元年五月丙午の、実際には存在しない干支日で、単に鋳造の吉辰を示す事例となる。

【呉29】太平元年五月半円方形帯神獣鏡。

　『山左金石志』に載せているもので、径3寸9分（11.817cm）、鼻鈕で衆神八方にありとして、次の主銘と副銘とを録している。

【主銘】　太平元年五月丙午時□□□道始興造作明竟。百涑正銅。上応星宿。不達□□。
【副銘】　□天下安□明多子。

　右の主銘中時以下不明の3字は宝鼎三年鏡の銘文からすると「於時中」と推定して誤りない様である。

【川勝】紀年鏡リストは中国古来の石刻、金文資料からも集録することが必要であるとする。

【呉30】太平元年半円方形帯神獣鏡。

　径3寸1分（9.393cm）の割合に反りの多い小鏡であって、その銅色は黒味がかっている。四方より見る様に配した内区の4神4獣並びにそれを繞る半円方形帯はともに便化と型流れとで鮮明を欠き、左行左字の外区の銘文また朦糊として、全文20字内外のうち、僅かに紀年に当る「太平元年□□月□日」の部分を認め得るに過ぎない。蓋し紀年鏡中の粗造品の一つというべきであろう。この鏡浙江省紹興古墓の出土と伝え、昭和13、4年頃本邦に齎されている。

【川勝】この紀年鏡もまた浙江省紹興古墓の出土とされる。

【呉31】太平元年半円方形帯神獣鏡。

　伊勢徴古館の所蔵に係り、径3寸5分（10.605cm）の鏡で、また型流れの多い粗鋳品ながら半円方形帯を繞らした神獣鏡たる点において上記の諸鏡と同じ範疇に属し、その神仙中の2つには双禽を添えている。但しこれらの像は怪獣と共に形が崩れたものである。外区にある右行左字の銘はいま紀年に当る「太平元年丙午」と末尾の「子孫□」

を識し得るに過ぎないが、「平元年丙」の 4 字は特に鮮明であるから、呉の鋳鏡なることが分明する。

【川勝】これもまた呉の太平元年紀年鏡である。本鏡がいつの時期に伊勢徴古館の所蔵になったかが知りたい。なお、本鏡まで太平元年紀年鏡の確実な例は【呉26】以下の 6 鏡となる。

【呉32】太平元年（推定）半円方形帯神獣鏡。

　　大正13年に本邦に将来された鏡、いま実物は守屋孝蔵氏が所蔵している。面径 3 寸 2 分（9.696cm）、半円方形帯を伴う神獣鏡であるが、その神獣の配列は鈕孔を上下にして一方より観るべく、上下に一種の笠松状に近い円形を挟んだ双神、左右に各一神宛があり、4 獣をその間に階段状に置き、一部を除いて尖鋭に表わされて居り、また半円方形帯の方格の銘もそれに応じて右行に一周したものである。この銘文最初の 4 字は「太平元（六？）年」と読まれ、また末尾の 2 字は「十三」の様に見える。これに対して外区の主銘は26字より成るが、書体奇古の上に左右両字混淆して、いま「萬日・千兮・三七・百・車市子至富昌」など13字を識し得るのみで全文を釈読し得ない。方格に紀年銘を容れるのは稍々異例であるが、太平などの文字は割合に明瞭に認められる。されば次の一字は太平に六年はないから元年と見るべきであろう。ただし推定年鏡として疑を有して置く。

【川勝】これもまた呉の太平元年紀年鏡であるが、梅原氏は慎重に推定年鏡として疑を有して置くとする。

【呉33】□平元年神獣鏡。

　　破砕していまその破片の 3 分の 1 を失っている。復原径 3 寸 5 分（10.605cm）、背文は扁平な鈕を続って、6 神 4 獣を配し、繞らすに珠文圏を以てしたもので、神獣の形は整い、かつ鋳上りもよろしい。破砕決失した部分があるために現在認め得る外区左行の銘文は、

【銘】　　□平元年歳在太陽。五月丙午時茄□□□□……欠失……□□□□鏡。百湅清（以下、欠失）

の如くである。紀年の最初の一字の半を欠いているためにいまそれを明確に定め難い憾みがある。『集録』の増補、其六では残画の示すところ太とするよりも興または升の下半と見る方が穏やかとして東晋穆帝の升平元年（357）とした。しかし、右の銘文が後に挙げる呉宝鼎三年鏡と略々同様であるに省みると不十分な残画から、かく時代を下すよりも太平と見るを可として、ここに収めた。新出土の遺品で本邦将来後、守屋孝蔵氏の所蔵という。

【川勝】右の銘文は、【呉28】太平元年五月半円方形帯神獣鏡の銘文中、すなわち、

太平元年五月丙午時茄日中、造作明竟。百湅正同。上応里宿。

　とあるうち、特に「太平元年」「五月丙午時茄日中」「百湅正（清）」が極似しており、また、【呉21】建興二年半円方形帯神獣鏡の銘文中、すなわち、

【銘】　建興二年歳在大陽。乾〵〵合作王道始平。五月丙午時加日中制作竟。百錬清銅。服者万年。位至侯王辟不羊。

　とあるうち、特に「年歳在太陽」「五月丙午時加」「百錬清銅」がやはりよく似ている。

【呉34】太平二年半円方形帯神獣鏡。

　廬江の劉体智氏の所蔵鏡の一であって、我が国には広瀬治兵衛氏がその拓本を将来して一部に紹介した。黒銅色を呈する径4寸1分（12.423㎝）弱の半円方形帯を伴うた神獣鏡に属し、その背文は【呉27】【呉28】の太平元年鏡と略々同じくただ神獣の形に細緻を加えたものがあるのみ。しかして鋳造また呉代のものとしては巧緻といい得る。その右行で左字を主とした主銘並びに半円方形帯の副銘は次の如くである。

【主銘】　太平二年。造作明竟。可以詔明。宜侯王。家有五馬千頭羊。
　　　　　太平二年、造作せる明鏡は、以て昭明すべく、宜しく侯王たり、家に五馬と千頭の羊有るべし。

【副銘】　天王日月。天王日月。
　　　　　天王・日・月のごとし。天王・日・月のごとし。

　主銘中の詔は昭の偽字たること言うまでもない。

【川勝】主銘文中の「可以詔明」については先に【呉23】建興二年半円方形帯神獣鏡で指摘した。以下の【呉38】永安元年鏡・【呉43】永安二年七月卅日鏡・【呉44】永安元年七月四日鏡に同様に見える句である。なお、主銘末尾の「家有五馬千頭羊」については、前掲【漢33】後漢建安廿四年四月半円方形帯神獣鏡の【川勝】参照。そこでは「家有五馬千牛羊」とあった。他に【漢35】後漢建安廿四年六月重列神獣鏡にも「家有五馬千頭羊」とある。こちらは本【呉34】と同文である。さらに、副銘の「天王日月」は、【漢11】後漢延熹二年獣鈕獣首の主銘文に見えるのが早く、以降数鏡に見られる。

【呉35】太平二年半円方形帯神獣鏡。

　因幡国（鳥取県）鹿野町安富寛兵衛氏の蔵品であって、昭和8年8月同氏を訪れた際（梅原末治が）はじめて実見して、銘文中に年号を検出し得たのであった。錆色その他から判ずると中国出土品の舶載せられたものと見て誤りない様である。鏡は径3寸9分（11.817㎝）を測って、その背文は大半緑錆を以て覆われているが、また同じく半円方形帯を伴う神獣鏡であって、鈕の扁平なるところや、右の神獣の形に時代の通性を示して

いる。外区にある左行左字の銘はいま文の初の数字と下半の若干を読み得るに過ぎない。

　　　太平二年……竟百凍士竟□君子承子

　察するに年の下には月日とその干支等を表わした文字が来て作明竟と続いたものであろう。半円方形帯の方格にも銹のない鉛黒の銅色をした部分には「王」の一字が見える。
【川勝】これもまた呉の太平年紀年鏡である。

【呉36】太平二年半円方形帯神獣鏡。

　南陵徐乃昌氏の蒐集品の一として、その『小檀欒室鏡影』に拓影を載せている。右に基づくに鏡は径約4寸（12.120㎝）の通有な式であり、その内区は稍々幅広く四方より見る様に配して神獣の形は整美でなく、かえってこれを続る半円方形帯が幅を加え、乳を置き等して、その方格に左行で、

　　　太平二年二月廿日□作

の紀年銘を容れた点が注意せられる。外区の主銘文また左行で比較的明瞭に鋳出されていることを示すが、しかも拓影が拙なために読み得るもの、

　　　□□造作明竟。服者老壽。作者蕞生。宜□□□□□□。萬年□□宜高官。□□□□宜子孫。

の如くで文意を確かめ得ないのは遺憾である。
【川勝】これもまた呉の太平年紀年鏡である。銘文は後漢以来の呉鏡に多い型式である。

【呉37】太平□年方格乳紋鏡。

　関東州旅順博物館の蔵品である。同館発行の最初の『陳列品図譜』に第十五図として載せてある。径3寸1分（9.393㎝）の型流れの多い粗製品ながら、その背文は方格規矩鏡の系統に属して、七首をした方格と鈕との間に13個の乳があり、内区に当たる部分は乳を両側に持った帯と珠文圏から成る。この七首帯は蓋し漢鏡におけるＴ字形の簡単化したものであろう。外区の銘は右行左字で、いまその半ばを読み得るに過ぎない。

　　　太平□年七月□□□□□竟者。

全文の字数は明らかな字間の隔りからして推定した。しかも末尾が者となっているところからすると、完文を任意に切断したものなるべきことが知られる。図譜の解説者たる八木奘三郎氏はこの太平を以て契丹のそれに比定し満州の発見かとしている。ただし前者は明らかに失考であってこれは遺品の多い呉の太平に比すべきを穏当とする。
【川勝】これは旅順博物館蔵呉太平年紀年鏡がどこから当館に入ったかの経路が問題であるが、もし遼東半島付近の出土であるとすれば、三国魏支配領域に呉鏡が到来していることを示すもので甚だ注目すべき事象である。

【呉38】永安元年半円方形帯神獣鏡。

前清端方の旧蔵品として『陶斎吉金録』巻七にその拓影を載せて早く我が国にも知られたものである。実物いま守屋孝蔵氏所蔵して昭和10年8月3日重要美術品に認定された。径4寸（12.120cm）の半円方形帯を伴うた神獣鏡であって、内区に配した3神4獣1鳳形はすべて尖鋭に表出せられ、神像の有翼とその2方に添うた飛禽の翼とが目立っている。上記【呉26】太平元年半円方形帯神獣鏡獣と共にこの種鏡中の佳良なもの。外区右行左字を主とした主銘並びに半円方形帯の方格の副銘もまた明瞭である。

【主銘】　永安元年。造作明竟。可以詔明。服者老壽。作者長生。

【副銘】　□□月之光世。

文中昭明とあるべきところをまた詔明に作っている。

【川勝】「可以詔明」の一句については【呉23】建興二年半円方形帯神獣鏡、参照。

【呉39】永安元年半円方形帯神獣鏡。

　南陵徐乃昌氏の蔵鏡集たる『小檀欒室鏡影』に載するところのもので、径約3寸8分（11.514cm）の前者と相似た背文より成る。但し本鏡の四方より見る様に内区に配した神獣の数は6神4獣である点が違い、また外区左行左字の主銘の体も異なっている。しかして鋳上りは稍々粗の様である。次に主銘と半円方形帯の方格内に一字宛左廻り（左行）に表わした副銘を挙げる。

【主銘】　永安元年。造作明竟。百湅正〔銅〕。服者老壽。作者長生。□□□

【副銘】　吾作〔明〕〔鏡〕。百湅〔正〕〔銅〕。

型流れの部分に当たった不明な主銘の末尾の3字は「宜公卿」とあったものであろう。

【川勝】この鏡銘文も典型である。

【呉40】永安元年二月半円方形帯神獣鏡。

　鏡は径3寸3分（9.999cm）の面に反りの多い小形品であるが、黒色の光沢をした佳良な銅質より成り、鋳上りもよろしい。その内区の神獣は鈕孔の線を上下にして一方より観るべく階段状に、上下に6神2獣を配するもので、神人が主となっている。ところが同区を繞る半円方形帯の方形格に一字宛表わした副銘は四方より見る様に左廻りとなって居り、外区の銘は内区図文の左下からはじまって左行左字、3者の間に構図上の緊密さに欠けたところがある。右のうち副銘は、

【銘】　史三公九卿十二大夫人

と明らかに読めるが、主銘は細くて整わない書体の上に、下半部型流れで文字が消失して現在釈し得るところ僅かに次の如くである。

【銘】　永安元年二月丁巳朔十五日乙□。造師先□□九□九□□□□□宜侯子孫為吏至□
　　　王。壽萬年

文中紀年の部分は明瞭に出ている。ところが呉景帝の永安元年（258）の二月朔は丙

寅であって、ここに記するごとく丁巳でないから、或いは東晋乃至北涼代のそれかと思われ、この事は内区の具合が上記のものと違っている点と併せて実らしさを加える。但し実は両者ともに二月朔は丁巳でなく、他方丁巳が朔では十五日の乙□たることはあり得ない。さればこれまた既に指摘した呉代の紀年鏡に往々見受ける記載者の誤りとしてやはり呉の永安と解するのがよいと思う。住友男爵家蔵。昭和13年5月10日重要美術品認定。

【川勝】梅原氏の推定の通りである。加えて丙寅が朔でも十五日は庚辰である。この鏡銘文の誤りの原因を発見するのは容易でない。

【呉41】永安元年十月半円方形帯神獣鏡。

守屋孝蔵氏の所蔵紀年鏡の一であって、徑4寸5分（13.635cm）あり、稍々大形に属する。半円方形帯を繞らす神獣鏡の標本的なもので、その扁平型の鈕の周囲にある4神4獣は表現若干の丸味を帯びながら整って居り、半円方形帯の方格半円共に各8個から成り、前者に文字を欠くがまた整然として、この種の鏡として佳品のうちに加うべきものである。外区の銘は右行左字で、

【銘】　永安元年十月四日。造作明竟。百湅清銅。服〔者〕〔大〕〔吉〕。宜

とある。字画の隔りが稍々大きいために末尾が切断されている。昭和10年8月3日重要美術品に認定。

【川勝】朔日干支日の記載が無ければ問題は起こらない。

【呉42】永安元年十月鏡。

羅振玉氏の『鏡録』に載せている銘文に依って知り得る前4者と違った永安元年鏡である。右の『鏡録』には所蔵者は固よりのこと形式その他一切の記述がなく、延いて鏡式その他を確かめるに由ないが、次に挙げるその銘文よりすると、また同じく神獣鏡であろう。

【銘】　永安元年十月廿日□□□□□□清銅□□□年宜侯王吉且羊楽未央

日の下に約7字を闕くとあるが、これは6字で「造作明竟百湅」とあるべき様に思われ、また下の3字は「服者萬」とも見得るに近い。

【川勝】梅原氏に従えば、欠字を埋めると次の銘文になり、句読が切れる。

　　永安元年十月廿日。造作明竟。百湅清銅。服者萬年。宜侯王。吉且羊楽未央

　　　永安元年十月二十日、造作せる明鏡は、百たび清銅を湅り、服す者は萬年となり、宜しく侯王なるべし。吉にして且つ祥しく楽は未だ央きず。

　　以上、後漢以来の伝統に従う呉鏡銘文の典型である。

【呉43】永安二年七月半円方形帯神獣鏡。

羅振玉氏の『古鏡図録』にその拓影を載せて居り、それに従って富岡謙蔵氏が紹介を書いたものである⁽²⁴⁾。但し羅氏の書には所蔵者の姓名を録していない。鏡背の構図は【呉41】永安元年鏡と符節を合わせた如く相似て、ただ少しく小さいばかりである。径4寸2分（12.726cm）。その半円方形帯の方形格内の銘は拓影では明らかでないが、外区にある右行左字の主銘は次の如く読まれる。

【銘】　永安二年七月卅日。造作明竟。可以詔明。〔服〕〔者〕〔長〕生。位至〔侯〕〔王〕。
　　　□□□□□□。

末尾の不詳な6字は【呉42】永安元年十月鏡銘からすると、「吉且羊楽未央」とあったものでもあろう。

【川勝】梅原氏に従えば、欠字を埋めると次の銘文になる。
　　　永安二年七月卅日。造作明竟。可以詔明。服者長生。位至侯王。吉且羊楽未央。

【呉44】永安二年七月半円方形帯神獣鏡。

浙江省紹興古墓出土鏡の一と伝え、昭和13、4年の頃本邦に齎されている。径4寸2分（12.726cm）に近く、その鈕は扁平ながら著しく大きいことが目立っている。構図は上記のものと大差ないが、内区の4神4獣中の1神は型流れのためにほとんど形を失って居り、また背面上到る処に鎔笵の亀裂の跡を印して図様を不鮮明にしている。もっとも本来の図様は【呉38】永安元年半円方形帯神獣鏡以下の諸鏡に似て割合に整ったものの如く、その半円方形帯の方格には一字宛左行左字の副銘を容れていて、「吾作明□可□□」の文字が認められ、もと「吾作明竟可以詔明」とあったことを示し、半円形内にも一種の華文を表わしている。外区の主銘は左行三十字内外から成るが、読み得たもの次の如くである。

【銘】　永安二年七月四日。造作明竟。可□詔明。□□□□至五馬千牛□□孫子。

その上半は既記の永安諸鏡と同じながら、下半は違っている様で、その全文を読み得ないが、うちに五馬千牛の文字の明らかなことが注意される。

【川勝】梅原氏が五馬千牛の文字の明らかなことが注意されるという点は重要である。五馬千牛が富貴の富の具体的内容を表現した句であることは、【漢33】後漢建安廿四年四月半円方形帯神獣鏡、参照。

【呉45】永安四年半円方形帯神獣鏡。

大正8年（1919）5月伯耆国（鳥取県）逢坂（現、大山町）の橋井半雲氏の許で（梅原末治が）始めて実見⁽²⁵⁾、後に和泉濱寺山川七左衛門氏の有に帰し、昭和8年7月25日重要美術品認定。径4寸（12.120cm）。鉛銅色を呈するがその半ばは硬い緑褐銹に被われている。背文は半円方形帯を伴うた神獣を主文とする通有の式で、特に挙ぐべき点に乏しい。鋳上りが佳良でない上に、右の銹のために鮮明でない。銘は半円方形帯の方格内に

容れた8字のうちいま「日」の一字の外は明らかでなく、外区左行の主銘また次の半ばを読み得るに過ぎない。

【銘】　永安四年四月十九〔日〕。□□□□□□□□□□□富貴。吉且□。楽未央。

　　文中「且」の下の一字は羊すなわち祥であろう。現在（梅原氏当時）大阪池田仙太郎氏所蔵。

【川勝】先の【呉35】太平二年半円方形帯神獣鏡が因幡国（鳥取県）鹿野町安富寛兵衛氏の蔵品と合わせて山陰地方の鏡例であるが、これらが日本古墳発見か、中国出土品の将来かの確認が必要であろう。

【呉46】永安四年重列神獣鏡。

　径4寸9分（14.847㎝）の一方より観る様に階段状に神獣を配した背文であるが、既に紹介した【漢25】建安元年鏡をはじめとする同式鏡に較べると、内区の部分が大きくて神獣の数を加え、一層複雑なものとなっている。すなわち大きい扁平な鈕を繞って有節弧文圏があり、鈕孔の延長線上にある上下の区画内には各々5神を容れ、上下の左右にはさらに1神ずつを置き、また鈕の左右の区には上辺に各1神、下辺に禽形を点じた怪獣を以てし、なお外区に近く配した四霊のうち左右の龍虎形の間にも神人を置き等して居り、神人の総計19を数える。しかしてこれらの図形がすべて繊細ながら尖鋭に鋳現わされて居るところ、外縁に一種の連環文を配した点などと共に呉代の鏡として最も優れた一と言うべきであり、外区の左行の銘文また文字明確で、次の長い文より成る。

【銘】　永安四年太歳己巳五月十五日庚午。造作明竟。幽涷三商。上応列宿下辟不祥。服者高官位至三公。女宜夫人子孫満堂。亦宜遮道六畜潘傷。楽未。

　　　　永安四年太歳己巳五月十五日庚午。造作せる明鏡は、幽かに三商を凍りし、上は列宿に応じ下は不祥を避く。服す者は高官となり位は三公に至る。女は宜しく夫人たるべく子と孫は堂に満つ。また宜しく道の六畜の潘傷を遮ぐべし。楽しみは未だ央きず。

　末尾に央の字を脱している。右の文は羅振玉氏の釈文を富岡謙蔵氏の補訂せられたものに係る。永安なる紀年が呉のほかに晋恵帝、北魏敬宗代にあるが、後の2者には4年がない。されば構図と併せて当然呉代の作品と認めるべきである。ところが永安四年の歳次は辛巳であって己巳でなく、また同年の五月は朔丁未（小戊申）に当るから五月十五日は庚午とならず、共にまた実際と一致しない。如上の整美な本鏡でなおかかる例あるは注意すべきである。

　この永安四年の重列神獣鏡には現存品が2面ある。その一はもと申江某氏の所蔵と伝えて羅振玉氏が拓影を将来、富岡謙蔵氏が紹介した[26]。しかし実物は後に本邦に齎らされて、守屋孝蔵氏の有に帰し、昭和10年8月3日重要美術品に認定された。これに対し他の1面は米国のボストン美術館の所蔵に係るものである。（梅原が）一見したと

ころ前者がほとんど錆のない佳鏡なるに対し、後者は蝦蟇斑錆を以て覆われ、表現もまた丸味を帯びているが、しかも白銅質より成り、なお錆間に全然同一の銘文があり、図文を同じくしていて、もと同一の笵から出た、前者が兄たり後者が弟たるを示すものがある。広瀬治兵衛氏の『漢鏡選集』附する「唐代以前の紀年鏡一覧」にはボストン美術館に魏の正始元年鏡を蔵するとあるが、同館所蔵の紀年鏡は後者1鏡のみであるから、訂正すべきである。

【川勝】この鏡銘文は後半部の「女宜夫人子孫満堂。亦宜遮道六畜潘傷。楽未（女は宜しく夫人たるべく子と孫は堂に満つ。また宜しく道の六畜の潘傷を遮ぐべし。楽しみは未だ央きず。）」が独自性があることに注目すべきである。本呉鏡の紀年月日の干支記載の実際との差異も注目する必要がある。その原因には呉の工人が暦干支について厳密に考えていないのかも知れないという考えもできよう。当然、その干支が何らかの理由で鏡鋳造に佳い干支日か、また逆に実際の干支日が不祥日であって、実際にはない干支日を以て代行したと考えることもできるが。また本鏡は重列神獣鏡であることが明らかであり、梅原氏は「一方より観る様に階段状に神獣を配した背文である」と説明しているが、先の【呉40】永安元年二月鏡について、「その内区の神獣は鈕孔の線を上下にして一方より観るべく階段状に、上下に6神2獣を配するもの」と説明しながらこの鏡は半円方形帯鏡としている。

【呉47】永安五年神獣鏡。

大正13年に本邦に将来され、後に和泉濱寺山川七左衛門氏の有に帰し、昭和8年7月25日重要美術品認定。径3寸2分5厘（9.848cm）の簡単な神獣鏡で、背面には夥しい鎔笵の亀裂を印し四方より見るべく配した四神四獣形また鮮明を欠き、これを繞る珠文圏が稍々目立つに過ぎない。外区左行左字の銘文また漫漶で、全文が読み難く、最初の紀年の部分がほぼ明らかになると、字間の具合から全文凡そ20字より成るを推し得るのみ。

【銘】　永安五年十月廿日。造明竟。□□東青□□□□□

文中下半の東青は凍清で、延いてその上下は百凍清銅と解して誤りでない。

【川勝】本呉鏡は美術品としての価値は高いが、学術資料としては物足りない。

【呉48】永安六年正月半円方形帯神獣鏡。

同じものが2面世に知られている。その一はもと京都広瀬治兵衛氏が所蔵したもので、氏の『漢鏡選集』に実大写真を載せている。他は京都守屋孝蔵氏の蒐集鏡の一として昭和10年8月3日重要美術品に認定されたものがそれである。（梅原が）一見したところ後者の鋳上りが良好なるに対して、前者は文様の表現丸味を帯び型流れ等もあって趣を異にするが如く思われるが、しかも仔細に比較すると内区の構図をはじめ銘文の体に至るまで全く同じく、後者において見られる一部分の修補の痕が前者にあって一層拡大され

ていることが認められて、【呉46】永安四年重列神獣鏡同様後者を先鋳とすべく、前者を同笵の後鋳品と解して誤りないようである。

さてこの鏡は径4寸5分（13.635cm）の面に反りの多いもので、その半円方形帯を繞らした内区の神獣の様態は前記【呉38】永安元年半円方形帯神獣鏡に極めて近い。その外区にある左行左字の銘並びに半円方形帯の方格内の副銘はそれぞれ次の如くである。

【主銘】　永安六年正月七日。〔造〕〔作〕〔明〕〔竟〕。百湅清銅。服者老壽。宜公卿。楽未央。

【副銘】　天王日月。天王日月。

文中補足した4字は守屋氏の遺品で型流れのために明らかならぬ部分であり、広瀬氏旧蔵品ではそれが上下に拡大して正月以下百までの文字が失われている。

【川勝】本呉鏡は主銘副銘完備であるが、後漢以来の伝統の典型である。

【呉49】永安六年八月半円方形帯神獣鏡。

もと南京午朝門にあった南京古物保存所の収蔵に係り、早く広瀬治兵衛氏が拓影を将来した。（梅原氏は）昭和11年4月同地旅行の際実見したが、翌年支那事変が起こって戦禍が同地に及び遂に行方を失うに至ったのは遺憾といわねばならぬという。径約3寸9分（11.817cm）、面の反り約1分（3.03mm）の漆黒に近い白銅鏡で、出土後伝世したと覚しく、鮮やかな古色には欠けているが、割合鋳上りもよい。その背文は半円方形帯を伴うた四神四獣式の内区を主とすること永安鏡に多い式ながら、この鏡では神像の1つは双神から成る。半円方形帯の方格に容れた副銘は拓影では釈し得ないが、外区左行の主銘は次の如く全文を読むことができる。

【銘】　永安六年八月廿八日。造作明竟。幽湅三商。服者延〔年〕〔益〕壽。大吉羊宜子。
　　　永安六年八月二十八日、造作せる明鏡は、幽かに三商を湅る。服す者は年を延ばし益すます壽なり。大吉祥にして子孫に宜ろし。

【川勝】この銘文も末尾に孫字が脱しているのであろう。後漢以来の呉鏡銘文の典型である。

【呉50】甘露二年半円方形帯神獣鏡。

浙江省紹興古墓出土鏡と伝えるもので、いま住友男爵家に所蔵する。昭和13年5月10日重要美術品認定。面径4寸（12.120cm）、その銅色は白緑に近く、水中古の趣を具えている。背文は上来の諸例と似た半円方形帯を伴う神獣鏡であって、うち2神がそれぞれ双禽に駕したものなることにも変わりはない。しかし、本鏡の内区は型の崩れが稍々著しく、また小亀裂も多くて図様鮮明を欠き、通じての鋳上りが拙である。従って半円方形帯の方格の文字は読むことができない。外区の主銘は左行左字で次の如く、各字間の間隔が多いのでまた末尾が切断されている。

第二章　問題の継承・新展開・開発　155

【銘】　　甘露二年六月十五日。造作明竟。百湅清銅。服鏡者老〔壽〕。□

　　甘露の年紀ある鏡としては既に挙げた北方魏の獣首鏡が3面を数えるが、本遺品の背文は明らかに南方系で、上来の太平・永安諸鏡に一致する。さればこれは呉の帰命侯皓の紀年（西暦266年）に比定すべきである。しかしてその二年は実は宝鼎元年に当たる。

【川勝】呉鏡固有の鏡銅質や背文様式の特徴の把握が重要である。本鏡はそうした呉鏡の典型標準である。

【呉51】宝鼎元年半円方形帯神獣鏡。

　　昭和7年6月広瀬治兵衛氏の好意に依り（梅原氏が）その存在を知り得たもので、所蔵者は上海の李国松氏であるという。同君の手拓本に依るに、また径4寸（12.120cm）の半円方形帯を伴うた神獣鏡たること前者と変わりがない。しかして質は白銅、いま黒味がかった色沢をしているとのことである。主銘は外区にあって左行、

【銘】　　宝鼎元年十月十□〔日〕。造作明竟。百湅□□。服者富貴。宜公卿。大吉□□□

　　とある。文中明らかでない百湅の次の2字は清銅なるべく、また最後の3字は次の鏡銘から長未央なることが推される。半円方形帯の方形格に一字宛容れた副銘は本鏡では簡単図文化されて「日」の字を繰り返したに過ぎない。

【川勝】甘露二年と宝鼎元年の同年の呉鏡の銘文は相似たものである。なお、前年の西暦265年は北方魏は晋王朝に禅定して西晋武帝の泰始元年となっていた。さにもう一年前の263年は蜀を魏が併合していた。晋の統一は残るは呉のみとなった。

【呉52】宝鼎元年十月半円方形帯神獣鏡。

　　数片に破砕して出土したものを接合して完形に復している。径4寸1分（12.423cm）、面の反りの稍々大きい前者と同様に鏡式に属し、鋳上りがよく、内区の主は鮮明である。外区にある左行の銘は紀年の部分を除いて右字で表わされ、全文を読むことができる。

【銘】　　宝鼎元年十月廿九日。造作明竟。百湅清銅。服者富貴。宜公卿。大吉長未英。

　　最後の英は央の偽字であるというまでもなく、またこの句は本来吉の下に祥、長の下に楽の字があるべきものであろう。この鏡の副銘また便化して文様的な「日」字を繰り返すに過ぎない。本鏡は昭和12年の頃浙江省紹興の古墓から出土したものと伝え、通体鉛銅色の鮮やかな古色を呈し、水中古の趣を呈するところ、その所伝の実らしさを思わしめる。実物は現在大阪市美術館に蔵して昭和13年5月10日重要美術品認定。

　　前鏡と本遺品とはその銘の日付に違いがあるほか、鋳上りも同一でないが。しかし前者の日付の部分が不鮮明で、そこに誤読なきを保証し難く、他方両者の同似の甚だ多い点から或いはもと同一笵に依って鋳造せられた先後の遺品たること既記の【魏2】黄初三年神獣鏡、【呉48】永安六年正月半円方形帯神獣鏡の諸鏡の如きものとする可能を思わしめるものがある。ただし、いま手許にそれを確かめる比較資料を欠くので別記して

疑を存しておくとする。

【川勝】梅原氏の推定は間違いない。鋳上りも同一でないことが説明できる方法を開拓すべきであろう。銘文がここまで一致することは実は別個の鎔范では考えられないことだ。

【呉53】宝鼎二年正月半円方形帯神獣鏡。

昭和10年8月3日重要美術品に認定された守屋孝蔵氏の所蔵鏡である。径4寸（12.120cm）、その背文は【呉50】の甘露二年半円方形帯神獣鏡と近似した型崩れのしたもので、主文たる四方から見るべく配した4神4獣は細部がほとんど明らかでなく、また背面を通じて范上の亀裂線が表われて居り、なかに鎔范の破損を接合した様に思われる痕すら見受ける。これらの点からすると、後出の作品たること明らかである。銘は半円方形帯のそれは磨滅してほとんど字画なく、外区にある主銘文また型流れのために末尾の数字明瞭を欠く。文は左行左字である。

【銘】　宝鼎二年正月十五日。造作明鏡。百涑精銅。服者富貴。宜公卿。五馬千□□□

最後の不明の3字中上の2字は或いは頭羊で、五馬千頭羊と見るべきものかも知れぬ。

【川勝】これも梅原氏の推定は正しい。ただ、【呉52】宝鼎元年十月鏡の銘文の末尾を代えただけでもある。

【呉54】宝鼎二年四月半円方形帯神獣鏡。

御影町黒川幸七翁の蒐集鏡の一面であって、昭和12年11月11日重要美術品に認定された。径4寸（12.120cm）、縁厚1分（3.03㎜）余、鏡背は鉛黒銅色に近いが、面はほとんど錆化白緑色を呈している。もと数片に破砕して出土したのを接合して完形に復していて、その背文は内区に四方から見るべく2神4獣を配し、繞らすに半円方形帯を以てしてこれらが尖鋭な鋳上りを示し、当代の遺品として精巧なる部類に属する。その外区の左行左字の銘並びに半円方形帯の副銘は次の如くである。

【主銘】　宝鼎二年四月五日。造作明竟。百涑清銅。服者老壽。

【副銘】　天王日月。天王日月。

この鏡はまた浙江省紹興古墓の出土と伝えるが、張拯允氏の「紹興出土古物調査記」（『文瀾学報』第三巻第二期、浙江省立図書館編印所掲）には本銘文を載せる。

【川勝】この鏡の主銘、副銘とも先の【呉48】永安六年正月半円方形帯神獣鏡とほぼ同じ。〔副銘〕は同一、〔主銘〕はやや短くしただけの銘文である。

【呉55】宝鼎三年五月半円方形帯神獣鏡。

この鏡は南京東北郊外の畑地から見出されたと伝え、同時に遺存した夔鳳鏡、四獣鏡と共に広瀬治兵衛氏に依って紹介された[27]。当時同氏の所蔵であったが、後に西宮市

第二章　問題の継承・新展開・開発　157

辰馬悦蔵氏の有に帰して、昭和10年12月18日重要美術品に認定された。径は3寸7分（11.211cm）で前者よりは小形であり、その主文たる神獣の表現また丸味を帯びて相同じからざる所があるが、しかも主要な相対する主な2神の形態並びに4獣形は同じ趣を備えて、自らなる時代相を示して居り、半円方形帯も稍々簡単となりながら、同じく方形格に「日」などの文字が認められる。外区の主銘は左行左字で表わされ全文は次の如くである。

【銘】　宝鼎三年歳次太陽。五月丙午時加日中。〔造〕作明鏡。百凍清銅。□□□銅。

　　文の末尾型流れのために明らかでなく、加うるに字間の配分も均一を欠き、最後に銅なる一字があるのが異様に思われる。『三正綜覧』によると宝鼎三年の五月は朔丁卯であるから同月に干支の丙午に当たる日はない。してみれば文中に五月丙午とあるのは、また桂馥等の説いた鋳造の吉辰たる意味を表わしたものと解すべきであろう。

【川勝】五月丙午は夏至の日、太陽が最も近づく最も暑いとされる日である。この日に鋳造するとよい鏡が製造できる。単なる吉祥の日ではない。

【呉56】鳳皇元年五月半円方形帯神獣鏡。

　　南陵徐乃昌氏の収蔵に係り、その『小檀欒室鏡影』に拓影を載せている。右の拓影に依ると径3寸8分（11.514cm）であって、背文は同じく簡単化した半円方形帯を繞らした神獣を主文とし、その4神4獣より成るところ、【呉30】太平元年五月半円方形帯神獣鏡に似ている。但しその一半は型流れのために鮮明を欠き、外区の銘など全く分からない。従っていま読み得るのは主銘の紀年を表わした、

　　　　鳳皇元年五月廿四日造作明竟。

　　なるその半ばに過ぎない。銘は左行左字である。鳳皇は呉の帰命侯皓の紀年で、その元年は西暦272年である。

【川勝】三国呉は江南、南の国で朱雀や鳳凰に因む年号を立てたのであろう。

【呉57】鳳皇元年九月半円方形帯神獣鏡。

　　大阪江口治郎氏の所蔵品であって、また浙江省紹興古墓出土鏡という。昭和15年2月23日重要美術品認定。径4寸2分（12.726cm）、面に1分（3.03mm）の反りがあり、その背面は鉛黒の銅色に緑錆を点ずるが、鏡面は通じて美しい所謂水中古の色沢をしている。半円方形帯と神獣を配した内区とを主文とする点上記の紀年鏡と異なるところがないが、4獣の間に表わした神像の一つは双神であり、また他の一つは立像で環頭太刀を横たえ、戟を執った姿に描き出されているのは珍しい。その半円方形帯は簡単で方格に文字なく、銘は外区のみで右行右字のそれは比較的鮮明で、全文が次の如く解読できる。

【銘】　鳳皇元年九月十二日。吾作明鏡。幽三商。大吉利。宜子孫壽萬年。家有五馬千頭羊。

文中日の上の一字その部分型流れで不鮮明、また幽の下に凍の字を脱している。

【川勝】本呉鏡の銘文も後漢以来の典型文であるが、脱字省略が多くなっている。末尾の家有五馬千頭羊は三国時代の鏡に多い「家富み」の表現である。

【呉58】鳳皇元年六月半円方形帯神獣鏡。

　昭和14年の頃前者と共に大阪小沢亀三郎氏が本邦に将来したもので、いま兵庫県御影町の東畑謙三氏が所蔵して居り、同じく浙江省紹興古墓出土鏡という。径4寸（12.120㎝）弱、黒味の多い銅色をした鋳上りの良好な作品であるが、ただ出土後錆を除くために薬品を以て洗ったものか古色において欠けたところがある。内区の神獣は2神4獣であって、【呉54】宝鼎二年四月鏡に近く、半円方形帯の半円部の文様また同巧である。但しその方格は縮小して文字はない。外区の銘は左行左字で、

【銘】　鳳皇元年六月廿五日。造作明竟。百湅□□。□者老壽。

　とあって、これもまた相同じ。その文中型流れのため不明な3字は「青銅服」であること改めていうまでもなかろう。

【川勝】本呉鏡の銘文も典型文であるが、省略が多い。

【呉59】天紀元年半円方形帯神獣鏡。

　同じく紹興古墓出土鏡と伝え、昭和12年に本邦に齎されたもので、いま住友男爵家に所蔵する。昭和13年5月10日重要美術品認定。径4寸2分（12.726㎝）余、面に1分5厘（4.545㎜）の反りを見受ける。通体鉛銅の水中古と覚しき色沢をしているが、背部はあたかも塗沫した様な黒色を呈する。背部は四方より見るべく配した4神4獣の内区に半円方形帯を繞らしたこと上記のものと異なるところないが、しかもその神獣の形態は稍々違って、後に挙げる西晋太康三年鏡に合致するものがあり、また半円方形帯の方格に文字なく、空間を埋めるに珠文をもってしている。外区の銘は左行左字である。

【銘】　天紀元年歳在丁酉。師徐伯所作明竟。買者宜子孫。壽萬歳大吉。

　天紀は呉の帰命侯皓の紀年で、その元年は丁酉に当たり、銘の記載と一致する。されば西暦277年である。

【川勝】本呉鏡の銘文は短文ながら、やや個性が感じられる。文中の師徐伯所は作鏡者の名称である。

【呉60】天紀元年閏月重列神獣鏡。

　また紹興古墓出土鏡と伝え、北京梁上椿氏の所蔵に係り、その『巌窟蔵鏡』第二集中冊に収録した。鏡は径4寸1分（12.423㎝）の厚手の作りであるといい、その背文は漢末呉代のはじめに見受ける所謂階段状に神獣をば一方より見るべく布置したもので、鈕の上下の区画には各3神、左右には怪獣を伴う各1神が居り、更に上辺に双禽に駕した

神仙があり、しかして外区に近く四方に青龍・白虎・朱雀・玄武を配して主文とするところ、呉代の初期の式を襲っていて、割合に整斉であり、外縁にも細線華文圏が見られる。外区の銘は右行左字の如く、梁氏の釈読するところ次の如くで、全文約42字中半数が弁認し得るとしている。

【銘】　天紀元年閏月廿六日。造作明竟。□□□□上□是□□辟不羊。服者□貴位至侯王。長楽□□子孫富□□

　ところがその明らかでない文字のうち、前後の字句から推して貴の上の一字は富、長楽の下の二字は未央、また最後の二字は昌兮と解せられるが、上半の部分も相似た鏡式を示す既記【呉46】永安四年重列神獣鏡の銘文との対照から、「幽涷三商上応星宿下辟不羊。」と見て誤りがない様に思われる。このうち応の下の一字梁氏は是としているが、右の永安四年鏡には列とあり、また『山左金石志』載せる太平元年鏡には星とある。文意からするとこれは「星」とすべきものの様である。かくて復原した全文を挙げると、

　　天紀元年閏月廿六日。造作明竟幽涷三商。上応星宿下辟不羊。服者富貴位至侯王。長楽未央子孫富昌兮。

　　天紀元年閏月廿六日、造作せる明鏡は幽かに三商を涷り、上は星宿に応じ下は不祥を避く。服す者は富貴となり位は侯王に至り、長い楽しみ未だ央きず子と孫は富み昌んなり。

となってまた整った文章をなすことになる。ついでに記すが、『三正綜覧』に依ると天紀元年の閏月は五月である。

【川勝】梅原氏の解読は正確である。本鏡は呉鏡銘文の典型と言えるであろう。

【呉61】天紀二年重列神獣画像鏡。

　径3寸7分5厘（11.363cm）の割合小さな鏡であるが、その鏡背の主要部を形成する内区の構図が頗る特色を持っている。即ち円座鈕を繞る広いその内区では鈕孔を中心として一方より観るべく神獣を配したものではあるが、左右の外線に近く位置した龍虎と認むべき2獣の姿態が異様なるをはじめとして、上辺の朱鳥の左右には日月を表徴する三足の烏と蟾蜍とが表わされて居り、また下辺では蛇を欠く亀の外に踞した一人物と龍形とがあり、これらに対して内側では鈕の下辺の左右に脇侍を伴うた神仙を置き、上辺には怪獣を挟んで両手を挙げた有翼の人物を配し、これらが概ね動的な姿をとっているところに絵画的な趣が多く、しかも個々の図像の異様なるは中国古鏡文として特殊例をなすものというべきである。右の内区を繞る外帯の銘は右行で上辺よりはじまって次の如く読まれる。

【銘】　天紀二季七月七日々中九涷廿七商。□鏡青〔且〕〔明〕。吏人仕患高遷。位三公□□□廷季。

　羅振玉氏の『鏡録』この銘を載せているが、日の次に一字を脱したのをはじめ、3カ

所欠字のままである。是等のうち、鏡の上の一字は（梅原末治が）実物について観ると六の如き画をなすが、それでは意味が通じ難い。その下の3字のうち、初の一字は明らかに青であって、青即ち清の省画と見えるから、この一句は本文補入の如く、青且明と解せられる。末句は型流れで文字を闕いているが、字配りからすると羅氏の如く、それを2字とするより3字あったと見るべきであり、宜侯王もしくは辟不羊とあったものと思われる。

【川勝】この梅原氏の解読手続きは正確である。ただ、九涷廿七商とか、吏人仕患高遷など、やや難解な語句がある。

【呉62】天紀四年半円方形帯神獣鏡。

　　廬江劉体智氏の所蔵に係り、その『善斎吉金録』に拓影を載せている。径3寸6分（10.908㎝）の小形ではあるが、光沢ある白銅色を呈して、一部分に鮮やかな青錆を点じ、出土後多くの年時を経たものでないことを示している。鏡背は簡単な半円方形帯を伴うた神獣を主文として、それは四方より見るべく布置せられているが、表わすところ通有な所謂龍虎形の外に、また一種の樹木の下に蹲踞した人物をはじめ、亀を前にして天蓋様の下に坐した脇侍を伴う神人を中央に、樹下に跪ずいてあたかもこれを拝するが如き姿態の人物や、棍棒状のものを振り上げて小獣を打たんとする人物等を描くところ、また前鏡に似通った絵画的なものである。外区の銘は所々型流れがあって、文字を欠き、現在読み得るものは次の如くである。

【銘】　天紀四年正月廿五日中午。吾作明竟。幽涷三商。上載孫子。□□伯桃穀衣杜士撃□□□□。位至三公宜侯王。

　　文中特殊な文句を表わした中央の部分の明らかならぬは遺憾に思う。

【川勝】梅原氏が「文中特殊な文句を表わした中央の部分の明らかならぬ」という個所は、「□□伯桃穀衣杜士撃□□□□。」であるが、桃の一字のあることから、中国古代の神仙思想に基づく説話の一句であろう。伯牙弾琴の類とすると隋唐鏡の題材起源に繋がる事例になろう。

第四節　晋鏡について

　　梅原氏は六朝鏡とするが、西晋から東晋五胡十六国時代の鏡の銘文だけを引用する。この時期紀年鏡は急速に減った。

【晋1】西晋泰始六年環状乳画文帯神獣鏡。

　　昭和6年のころ白堅氏が上海から京都に将来して広瀬治兵衛氏の調査を経たものである。この鏡も大阪江口治郎氏の収蔵に帰した。径5寸9分（17.877㎝）の年号鏡として大きい遺品であり、面は1分6厘（4.848㎜）の反りを示し、同部は白銅色を呈して質の

よいことが窺われる。背文は円座鈕の周囲に有節重弧文圏があり、幅広い内区がそれに続いて、ここに環状乳を伴う4獣をば四方より見るべく布置し、各々の上に左右に双禽を配した神人をばあたかも坐駕した様な具合に現わして主文として居り、さらに半円方形帯、鋸歯文を伴うた突起帯、簡単な絵模様帯、禽獣帯を続って外線となるが、後の2帯にまた特色が見られる。銘文は半円方形帯にあるが、この帯また他と稍々趣を異にして、方形格は四分されて文様化し、銘文は弧文を以て続らした半円部に容れてあって、右行で次の如く読まれる。

【銘】　泰始六年五月七日鏡公王君青同大□

　広瀬君は右の紀年の泰始を以て劉宋代（470年）のそれに当てているが、内区の図様並びに以下に挙げる泰始九年鏡等の比較からすると、西晋の泰始六年（270）と見るのが穏当の様に思われる。

【川勝】梅原氏の鏡年代測定方法がよく分かる。紀年銘文と鏡面背文様の綜合で考察するのである。この鏡の銘文の青同は青銅であるが、「鏡公王君」は何であろう。

【晋2】西晋泰始七年葉文帯神獣鏡。

　大正12年に東京帝室博物館の購入した遺品であって後藤守一氏がはじめてこれを学界に紹介した[28]。径4寸8分5厘（14.696cm）。背文は完好な鈕を続って幅の広い内区と一段高い外区から成って、後者に配した葉状の唐草文は便化し乍らも古い系統を承けて、大きく表わされているのが目立って居り、内区もまた鈕を割する方格の線が延びて、卍字状に似た区画を作り、その内側の3区に階段状に脇侍のある神人を配し、他は怪獣を主として一部に神人を添えるという珍しい構図のものである。しかしてその怪獣は異様なものを含み活動的な姿態を示して、一部は内区を続る銘帯にまではみ出している。主銘は左行右字で内外両区の間にあり、また鈕の四隅に4字の副銘をも存する。

【主銘】　晋泰始七年正月十五日。王氏作青同之竟。明且孫。百富萬貴□良。子孫富昌兮。
【副銘】　君□王公。

　右の主銘の文中「明且」と「孫」との間には怪獣の一が銘帯に喰出していて、ためにもと同部にあった4字内外を欠いている様に思われる。本鏡の主銘の年号は頭に晋と明示しているので西晋武帝の泰始七年（271）の鋳造たるに疑問はない。ところがこの西晋泰始鏡に「王氏作」の句を見ることは、「王氏作」の銘ある我が古墳出土鏡を以てすべて王莽時代の作としてきた一部考古学者の説の当たらないものとして重要視せらるべきである。

【川勝】梅原氏が注目した王氏作の鏡年代測定のさらなる検証確認が必要であろう。主銘の末尾は【呉60】天紀元年閏月重列神獣鏡と似ているが、呉天紀元年は277年、西晋鏡の泰始七年は271年である。

【晋3】西晋泰始九年画文帯神獣鏡。

　富岡謙蔵氏蒐集鏡の一として昭和8年8月23日重要美術品認定。山東濰県の陳介祺氏の旧蔵品であるが、高橋健自氏に紹介がある[29]。径5寸8分（17.574cm）、面に1分6厘（4.848mm）の反りのある白銅鏡で、いま鏡背には群青と緑の錆の外に一部に鉄錆の附着したところもある。背文は外区に飛禽・怪獣・輿等を表わした一種の絵画的な文様を配する点【晋1】西晋泰始六年環状乳画文帯神獣鏡と同式であるが、その内区を飾る主文の神獣は3神3獣より成って、しかも整斉なものでなく、一部に□始元年鏡と類似しながらまた別個の趣のあるのは、外縁の菱形文が後漢鏡の流れを受けて比較的整然たると共に挙ぐべきである。紀年を表わした銘文は内区を繞る半円方形帯にあって、方格内に各4字宛を容れて居り、その全文は次の如くである。

【銘】　泰始九年三月七日。張氏作竟。□□安方工青且明。泰九年作。明如日月光。上有東王父。泰元。西王母。於宜命天。生如金石。士至三公。出世公侯王。

　文中「泰九年作」「泰元」等の重出と思われる句を除くと、ほぼ文意が通ずる。本遺品は【晋2】西晋泰始七年葉文帯神獣鏡の如く晋と明示していないが、劉宋の泰始が七年で泰予と改元したことからすると、西晋の年号とすること高橋氏の説の通りである。

【川勝】梅原氏の説明に出てくる「一部に□始元年鏡と類似しながら」とある対照すべき事例は、先の【魏4】正始元年三角縁神獣鏡のことである。その銘文を再掲すれば、
　　□始元年。陳造作鏡自有経。□本自□□杜地命出。壽如金石。保子〔宜〕〔孫〕。
「張氏作竟」と「陳造作鏡」、さらに「生如金石」と「壽如金石」など類似の句がないわけではない。しかし、梅原氏の指摘した「別個の趣のある」文どうしとも言える。

【晋4】西晋泰始十年半円方形帯神獣鏡。

　兵庫県御影の嘉納治兵衛氏の所蔵に係る。径3寸2分5厘（9.848cm）の小形であるが漆黒の色沢を呈している。上記呉代の年号鏡に多く見受けたと同式の半円方形帯を伴うた神獣形を主文とするものながら、形の小さいためか、図様は簡単で1神人と双獣とを以て内区を飾り、空間を埋めるに異様な図形があるのみ。その簡単化した点、次の太康元年五月鏡に似ている。半円方形帯の方格内また文字なく、一個の線紋を配するに過ぎない。外区の銘は左行であって、その各々の字間に大部分小さい円圏を容れている。

　　泰・始・十・年・正・月・〔九〕・日・壬・〔寅〕。〔吾〕・〔造〕・作・霊・刑・〔明〕・〔竟〕。〔清〕・且・〔明〕。〔服〕・者・得・吉・壽・長・生。

　一部にある型流れと錆とのために文字不明はあるが、ほぼ上記の如くそれらを補填することができる。

【川勝】本鏡の銘文解読は梅原氏によるのが最良である。

【晋5】西晋太康元年五月神獣鏡。

第二章　問題の継承・新展開・開発　163

　　守屋孝蔵氏の所蔵に係り、昭和10年8月3日重要美術品に認定。鮮やかな緑銹を以て覆われた白銅製品である。径3寸1分（9.393㎝）また前者同様の小形で、本例では半円方形帯なく、代うるに珠文圏を以てし、なお内区の神獣は双禽に駕す神人一つ怪獣二つながら粗線を以て表わされ、形の便化著しいものがある。外区の銘は左行左字で、
【銘】　太康元年五月〔九〕日。造作明竟。百湅青銅。
　　とあり、字間の隔りがやや多く、下半中途で切断せられて全い文章をしていない。
【川勝】本鏡の銘文中「太康元年五月九日」の干支日は何であろうか。なお、この年（280年）江南の呉は晋に平定されている。

【晋6】西晋太康元年八月半円方形帯神獣鏡。
　　南陵徐乃昌氏の所蔵鏡であって、『小檀欒室鏡影』に拓影を載せている。径約4寸（12.120㎝）の半円方形帯を伴うた神獣鏡であるが、その内区における神獣は一方より見るべく階段状に配置せられている。即ち上辺の中央と、左右の稍々下寄りに各1神がある。これらの間に4獣を配して、下辺のものが相向かうのに対し、上辺のものは外方を向いて相反している。その半円方形帯の方格内における文字の有無は拓影のみでは詳にしないが、半円部には一部の呉の紀年鏡に見たと相似た一種の尖葉化した華文飾を冠し、また両者の空間を埋めるに珠文を以てし、なお外区に珠点を配した波状飾のあることが挙げられる。外区の銘は右行左字で表わされ、内区図像の左の中頃からはじまって、拓影の示すところ、
【銘】　太康元年八月七日丁卯。□作□竟。〔服〕之者壽百世。子孫□保天下太平。□□
　　　　萬年□
　　と読まれる。文中不明な干支の下の一字と作の下の一字とは一見したところそれぞれ吾・明の如く思われるが、しかも拓影に見る字画が全く違って断じ難い。されば欠字として実物を目睹する機会を俟つことにする。
【川勝】鏡銘文判読に拓影は絶対的資料ではない。やはり実物実見に限るのである。

【晋7】西晋太康元年半円方形帯神獣鏡。
　　羅振玉氏の『古鏡図録』に拓影を載せ、富岡謙蔵氏が解説を加えた[30]。径約5寸（15.150㎝）あり、その半円方形帯から外縁に至る構図は前者とほぼ同巧であるが、主文たる内区の神獣は四方より見るべく配する4神4獣であって、その整斉なる点、表わされた姿態の我が古墳出土鏡に似通ったことと共に記すべきである。拓影拙なるがためにその半円方形帯の方格内における銘の有無が明らかでなく、また外区にある左行の銘も釈し得るもの僅かに次の如くで全文は明らかでない。
【銘】　太康元年□□平末作明竟。購人□□。服得男女。宜子孫□□□□□□
【川勝】この鏡銘文は前【晋6】鏡と同年ながら文の趣は全く異なることが明らかである。

ここに梅原氏がいう「我が古墳出土鏡に似通ったこと」とは三角縁神獣鏡のそれを指すのであろう。前掲、【漢24】後漢中平六年四獣鏡の梅原氏の説明参照。

【晋8】西晋太康二年三月半円方形帯神獣鏡。

　山東濰県の陳介祺氏の旧蔵といい、羅振玉氏の『古鏡図録』にその精拓影を載せ、早く我が邦に知られた鏡の一つである。実物は後に北京梁上椿氏の有に帰し、同氏の『巌窟蔵鏡』第二集下冊に収録している。しかしてその解説に依ると魯南の出土とあり、また色沢については「暗青黒色、而有小腐蝕坑、背中部現鉛青色」と記する。径3寸9分（11.817cm）あって、背文は同じく半円方形帯を伴う神獣を以て飾ったものながら、大きさの関係からでもあろうか、その半円方形帯は簡単化して居り、また内区の交互に配した神獣は四方より見るべく置いて4神4獣式に属するが、神像の一つは禽形と認むべきものに置き代えられている。外区の銘は右行で、その後半型流れのために明瞭を欠くが、写真に基づいて読んだところ次の如くである。しかもなお依然として文意は通じ難い。

【銘】　太吉太康二季三月三日。日中三工立巧。幽凍三商。三公九卿十二大夫。□子十二
　　　　太□光□□吉王之也。

【川勝】銘文中の「三公九卿十二大夫」に注目して先例を探すと、【漢37】後漢延康元年半円方形帯神獣鏡に、

　　延康元年十月三日。吾作明竟。幽凍三商。買者富貴。番昌高遷。三公九卿十二大夫。吉。

　　　延康元年十月三日、吾れ作れる明鏡は、幽かに三商を凍り、買う者は富貴にして、蕃り昌んにして高く遷り、三公・九卿・十二大夫とならん。吉なり。

　次に【呉40】永安元年二月半円方形帯神獣鏡には副銘に、

　　史三公九卿十二大夫人

後漢の延康元年（220）鏡の銘文に趣を一つにしていることが分かる。文意も「三工立巧」など若干の不明はあるが、ほぼ通ずる。なお、冒頭の太吉は大吉で、むしろ文末に付くのであろう。

【晋9】西晋太康二年半円方形帯神獣鏡。

　守屋孝蔵氏蒐集に係る紀年鏡の一であって、昭和10年8月3日重要美術品に認定された。径4寸8分（14.544cm）を測る半円方形帯を伴うた神獣鏡の式に属すること上記の同類と大差ないが、その四方より見るべく布置した内区の神獣は、鈕孔の延長線上にある各1神は共に双禽に駕し、双獣これに向かって構図の主要部を形成、これらの間に禽形各1を容れたものであり、またその表出の尖鋭なることが挙げられる。半円方形帯獣も同様鮮やかに鋳出されているが、これは簡単化して銘文などなく、空間を埋めた珠点が稍々目立ってみゆるに過ぎない。外区の銘は右行でこれまたかなり明瞭に現わされて

いるが、ただ一部錆化して、ために全文の解読に支障を与えるものがあるのを残念に思う。

【銘】　太康二年三月八日。呉郡□清□造□之□。東王公西王母。□人豪貴。士患高遷。三公丞相九卿

この鏡早く守屋孝蔵氏の所蔵に帰しながら、従来の著録に漏れたもの。まさに補うべきである。

【川勝】銘文中の「士患高遷」の「高遷」「三公九卿」に注目して先例を探すと、【漢3】王莽始建国天鳳二年方格規矩四神鏡に、

始建国天鳳二年作好鏡。常楽富貴荘君上。長保二親及妻子。為吏高遷位公卿。世々封伝于毋窮。

次に先の【漢37】後漢延康元年半円方形帯神獣鏡に、

延康元年十月三日。吾作明竟。幽湅三商。買者富貴。番昌高遷。三公九卿十二大夫。吉。

次に【呉61】天紀二年重列神獣画像鏡に、

天紀二季七月七日。中九湅廿九商。□鏡青〔且〕〔明〕。吏人仕患高遷。位三公□□□廷季。

この天紀二年鏡の「吏人仕患高遷」は或いは「士患高遷」と同じ文句かも知れない。

【晋10】西晋太康二年鏡。

羅振玉氏の『古鏡図録』に拓影を載せて、目録に天津王氏蔵とある。この鏡は径約2寸6分（7.878cm）の小さいものであるが、内区に図像を容れることなく、同部に右行で大きく、

晋太康二年中秋記

なる文字を表わし、櫛歯文を印した突帯と一種の半円弧の細かな文帯を以て外縁に終わる異式であり、通じて整斉な所謂漢式鏡の制を逸脱している。ただし拓本からすると、後代の作品とは思われないのでここに採録して他日実物を調査する機会を待つことにする。

【川勝】この鏡例の重要な点は、鏡紀年銘文が文様以上に重視されていること、或いは紀年銘文が文様の代用になっていることを示すことである。

【晋11】西晋太康三年二月半円方形帯神獣鏡。

昭和5年に本邦に将来され、後に守屋孝蔵氏の有に帰して、昭和10年8月3日重要美術品に認定された。面径5寸5分（16.665cm）余の鋳上りのよい大形品であって、背文は上記【晋7】西晋太康元年半円方形帯神獣と近似しているが、ただ本鏡においては彼の2神に代えるに朱鳥と玄武とを以てして、有翼の神人に相対する怪獣の龍虎と併せて

四霊を現わした点に特色があり、なおその玄武の上に神人を描いているのが珍しい。しかして半円方形帯の 6 個の方格の副銘並びに外区左行の銘文共に鮮明で次の如く読まれる。

【主銘】　太康三年歳壬寅二月廿日。吾作竟。幽凍三商四夷服。多賀国家人民息。胡虜殄滅天下復。風雨時節五穀孰。太平長楽。

　　　　　太康三年歳壬寅二月二十日、吾作れる鏡は、幽かに三商を凍り四夷は服し、多く国家に賀ありて人民は息う。胡虜は殄滅して天下は復し、風雨は時節ありて五穀熟し、太平にして長く楽しむ。

【副銘】　吾作明竟三商。

　　　　　吾れ作れる明鏡は三商（を凍る）。

　西晋太康三年（282）は歳壬寅に当たって銘の記載と一致するから、この鏡が同年の鋳造たることは明瞭である。ところがその主銘は新の王莽鏡に見受けるものとほとんど一致しているのは、他方内区主文の我が古墳出土鏡に多い三角縁神獣鏡と同じ趣と共に鏡鑑年代の考証の上に示唆を与えるものとしてまさに注記せらるべきである。これについては後記に改めて説くことにする。

【川勝】　この鏡例では鏡鑑銘文研究で極めて重要な指摘が行われた。ただし、次の【晋12】
　　　　西晋太康三年六月鏡も併せて考察すべきである。

【晋12】西晋太康三年六月半円方形帯神獣鏡。

　大正14年守屋孝蔵氏が本邦に将来したもので、また前者と同時に昭和10年8月3日重要美術品に認定された。径 5 寸 7 分（17.271cm）に近く、前者と略々同大の相似た神獣鏡であって、その異なる点は彼の内区における玄武に代えるに、仁王像の一を髣髴せしめるが如き姿態の立像を以てしたことと、神像の表現の一層肉彫となって我が古墳出土鏡に近いことなどに過ぎず、また本鏡では半円方形帯の方格に文字がない。その外区の銘は右行で、同じく前者に近い。

【銘】　太康三年六月卅日。吾作明竟。幽凍三商。四夷自服。多賀国家。人民安息。胡虜殄滅、時雨応節。五穀豊孰。天下復。

　　　　太康三年六月三十日、吾作れる明鏡は、幽かに三商を凍り、四夷は自ら服し、多く国家を賀し、人民は安息す。胡虜は殄滅し、時雨は節に応じ、五穀豊熟、天下は復す。

　ただし最後の一句を除いては前者の四三の対句なるに対し、これは後の句に一字宛文字を加えて四字句とした点が注意せられる。

【川勝】　この鏡例でも鏡鑑銘文研究で極めて重要な指摘が行われた。鏡銘文が六朝文の典型になってきたのである。

【晋13】西晋太康三年十二月半円方形帯神獣鏡。

廬江劉氏善斎収蔵の紀年鏡の一であって、鏡は径4寸5分（13.635cm）、面に反りが多く、今日白銅質の上に青緑の銹衣がある。大きさが小さく、前2者と相似た鏡式ながら、鈕を繞って整わない有節弧文帯があり、また内区の2神4獣の外に表わした図像は翼をひろげた朱鳥形が著しく、また他は両手をひろげた人物の立像で、その上に特色が存し、なお半円方形帯鏡も簡単となっている。外区の銘は左行で、書体は前2者と近いが、文は違っている。

【銘】　太康三年十二月八日。亞（？）賀史為楊州平士。三公九卿十二大夫。宜吏人詧財千萬。子孫富。

【川勝】この鏡銘例も「三公九卿十二大夫」の句に注目すると、【漢37】後漢延康元年半円方形帯神獣鏡、【呉40】永安元年二月半円方形帯神獣鏡、【晋8】西晋太康二年三月半円方形帯神獣鏡、及び【晋9】西晋太康二年半円方形帯神獣鏡などに共通する。なお、「亞（？）賀史為楊州平士」には判読できない字が含まれるが、ここの人名は鏡鑑鋳造者名ではなく、注文した所有者の官人名である。当然鏡銘文は所願文となろう。

【晋14】西晋太康四年半円方形帯神獣鏡。

大正15年（1926）の頃本邦に齎されて、帝室博物館の蔵に帰したもので、同館調査員矢島恭介氏の注意に依って集録した。鏡は径4寸5分（13.635cm）の扁平な大きい鈕の遺品で、前者と似た鏡式に属するが、ただ有翼の2神とそれに相向かう双獣の間に配した2個の図像は共に相擁した形に近い双神であるのを異なりとする。外区の銘は左行で、全文を読むことができる。

【銘】　太康四年正月廿八日。造作青竟。幽凍三商。青龍白虎。東王之公。西王之母。富貴世々。吉利太平。

本鏡は白銅質なるも、いま背の一部分を除いて大半褐緑銹にて覆われ、ために外観の美を殺いでいる。

【川勝】この鏡銘例も四字句であるが、「東王公西王母」の句が注目される。前例では
　【漢6】後漢元興元年環状乳神獣鏡の〔主銘〕に、
　　元興元年五月丙午日天大赦。広漢造作尚方明竟。幽凍三商周得無極。世得光明長楽未英。富且昌宜侯王。師命長生如石。位至三公。壽如東王父西王母。仙人子立至公侯。
　次に【漢12】後漢延熹三年半円方形帯神獣鏡の〔主銘〕に
　　漢西蜀劉氏作竟。延熹三年五月五日戌□竟□日中□□。壽如東王公西王母。常宜〔子〕〔孫〕〔長〕〔楽〕未央。士至三公宜公侯。
　次に【漢16】後漢永康元年獣首鏡の〔主銘〕に、
　　永康元年正月丙午日作尚方明竟。買者長宜子孫。買者延壽萬年。上有東王父西王母。

生如山石大吉。

次に【漢17】後漢永康元年環状乳神獣鏡の〔主銘〕に、

永康元年正月丙午日。幽湅三商。早作尚方明竟。買者大富且昌。長宜子孫。延壽命長。上如東王父西王母。君宜高官。立至公侯。大吉利。

次に【漢24】後漢中平六年四獣鏡の〔主銘〕に、

中平六年五月丙午日。吾作明竟。幽湅三羊自有己。除去不羊宜孫子。東王父西王母。君宜高官。仙人玉女大神道。長吏買竟位至三公。古人買竟百倍田家。大吉。天日月。

次は三国魏・呉鏡の事例なく【晋3】西晋泰始九年画文帯神獣鏡に修正銘文で、

泰始九年三月七日。張氏作竟。□□安方工青且明。明如日月光。上有東王父西王母。於宜命天。生如金石。士至三公。出世公侯王。

次に【晋9】西晋太康二年半円方形帯神獣鏡に、

太康二年三月八日。呉郡□清□造□之□。東王公西王母。□人豪貴。士患高遷。三公丞相九卿。

そして本鏡の

太康四年正月廿八日。造作青竟。幽湅三商。青龍白虎。東王之公。西王之母。富貴世々。吉利太平。

以上8事例である。

【晋15】西晋元康元年半円方形帯神獣鏡。

『金索』六の鏡鑑の部に載せたもので、早く八木奘三郎氏・高橋健自氏がいずれも西晋恵帝代元康元年〔291〕の鋳造としたものである。図に依るに鏡式は【晋14】西晋太康四年鏡とほぼ同じもので、半円方形帯の8個の方格には右文でもと「吾作明竟。百湅正銅」の副銘があったと覚しく、「吾作明」「百」の文字を写している。外区の銘はまた右行で、全文を読むことができる。

【銘】　元康元年。造作明鏡。百湅正銅。用者老壽。作者長生。家有五馬。

この鏡の銘は呉の【呉38】永安元年鏡と略々同様である。

【川勝】この鏡銘例は、梅原氏の指摘の通り、【呉38】永安元年鏡の〔主銘〕、すなわち、

永安元年。造作明竟。可以詔明。服者老壽。作者長生。

と略々同様である。しかし、【呉26】太平元年半円方形帯神獣鏡の〔主銘〕には、

太平元年。吾造作明鏡。百湅正銅。服者老壽。作者長生。宜公卿□。

とあり、文末尾を除けば全く同じである。ただ「用者老壽」と「服者老壽」が異なるが、あるいは用と服は同語かも知れない。

【晋16】西晋元康八年神獣鏡。

昭和11年筆者（梅原末治）が上海の古玩で見出して、原品は中尾万三氏の所有に帰し

た。径3寸2分（9.696cm）の小さな、粗末な作品で、鏡背は内区の3神3獣の主文を繞って突帯があり、直ちに外区の銘帯となる簡単な式に属し、図像頗る粗略なもの、外区の銘文も型流れでようやく「元康八年」なる紀年の部分を認め得るに過ぎない。

【川勝】元康八年は西晋恵帝代で西暦297年である。八王の乱直前の時期である。

【晋17】西晋元康□年半円方形帯神獣鏡。

　径4寸3分（13.029cm）、内区に4神4獣を配し、それに半円方形帯を繞らしたところ呉から晋に及ぶ年号鏡に通有な式である。全面鉛銅の色沢の上に鮮やかな緑衣を着け、且つ背部には多数に小玉附着の痕を印し、一部にその玻璃玉の破片が残存、なお鈕孔内にも同じ玉1個を見受ける。本来型流れがあり、また鋳上りがよくなく、それに永い間使用されたと見えて文様の磨滅著しく手なれた感じを与える。従って外区にある銘帯の如きも現在ではほとんど文字を見分け難いまでになっているが、ようやく右行に書かれた左の諸字を拾うことができた。

【銘】　元康□年八月廿五日氏作鏡□□□

　本鏡は10年位前から守屋孝蔵氏の所蔵品であったが、氏はこれを以て本邦仿製鏡と解していたために、同氏の紀年鏡の調査から漏れていた。ところが昭和11年の初春に偶然の機会から、その年号鏡たる特徴を具えていることに注意し、爾後苦心を重ねて遂に5月11日に上記の文字を検出し得たのであった。所蔵者に従うと遺品は山城国（京都府）相楽郡上狛附近（現、木津川市）の古墳出土と伝え、伴出物に管玉等があったという。背文上に置ける玻璃小玉の附着並びに銹色等から見て、その本邦上代古墳の出土鏡たるは疑を容るべき余地がない。されば考古学上の資料として昭和12年12月24日重要美術品に認定された。しかし右の出土地の所伝が果たして確実なりや否やについては将来者の経路を辿ることが容易でなく、今なお疑問を残し、ひいて遺跡の構造等も明らかでないのは学術的見地から遺憾と言わねばならぬ。

【川勝】この鏡出土地の調査はその後いかなる進展があったのだろうか。また、本鏡の現
　　　況も知りたい。

【晋18】東晋建武□年半円方形帯神獣鏡。

　昭和の初、山中商会の紐育支店に齎されて同店の倉庫に保蔵していたが、同3年冬筆者（梅原末治）がそれに紀年銘のあることに注意し、同商会支配人に請いて京都帝国大学文学部に寄与を受けたものである。径4寸（12.120cm）余分、鉛銅の色沢を呈し、出土後年時を多く経ないものと覚しく全面を覆うた緑銹に土中古の鮮やかさがある。背紋は簡単な半円方形帯を繞らした内区に4神4獣を四方より見るべく配した点で、呉代の年号鏡に多い式を襲うたものであり、外区に銘文がある。ただし、これらの図文の表出は尖鋭でなく、その銘文の如きはさらに同部を覆うた銹が多くて、全文を確かめ難い。

170　第一部　日本における三角縁神獣鏡研究史の問題点

　一部分の錆を除いて苦心の末読み得た文字はようやく次の通りである。

【銘】　建武□年□□……日□已造作〔明〕鏡。百湅〔青〕〔銅〕。

　この文は左行で字間の隔りが多く、延いて末尾は中途で切断されていること【呉55】宝鼎三年五月半円方形帯神獣鏡、【晋5】西晋太康元年五月神獣鏡と同様である。文中の建武はその示す鏡式より観て東晋元帝のそれに比定してほとんど疑いなかろう。

【川勝】この鏡のように銘文を中途で切断しているのは字配りから観て意図的であるのは明らかである。何年何月に良い鏡を鋳造したと記すので十分としたのである。

【晋19】東晋咸康三年半円方形帯神獣鏡。

　東京古河男爵家の所蔵品であって、昭和8年8月23日に重要美術品認定。大村西崖氏は『支那美術史　彫塑編』に初めて写真を載せた。山田孝雄氏が解説を行っている[31]。径4寸8分（14.544cm）あって、背文は大体において【晋12】西晋太康三年六月半円方形帯神獣鏡に近いが、内区に配したのは6神4獣である。その表現は彼に雁行するもので、半円方形帯の外、縁における一種の蔓唐草文も鮮明に見え、外区の銘も細線の画で、比較的よく表わされている。ただし一種の花唐草を冠した半円形と交互に配する方格内の副銘と、右の外区にある主銘については、実物を観た大村西崖氏が単に後者に咸康三年なる紀年のあることを挙げているに過ぎない。

【川勝】この鏡も日本国内に所蔵されていた鏡であるようだが紀年銘の外には詳細が不明であるようである。なお、咸康三年は東晋成帝の年号で西暦337年である。

【晋20】東晋太和元年半円方形帯神獣鏡。

　カナダのトロント博物館の所蔵に係り、ホワイト師の河南省における蒐集品の一である。径4寸1分（12.423cm）の比較的鋳上りのよい半円方形帯を伴うた神獣鏡であって、内区の神獣の具合は【呉17】赤烏元年半円方形帯神獣鏡に相近く、鈕孔の延長線上にある神像が各双禽に駕し、左右に獣形を配して主文をなして居り、余の2神は半ば従属的な趣を呈する。しかしてこの内区から次の半円方形帯の空間を埋めるに珠文を以てすることも挙ぐべきであろう。半円方形帯の方格内と外区にある銘文の読み得るもの各々次の如くである。

【主銘】　太和元〔年〕□□己巳。朱作明竟。幽湅〔清〕〔銅〕。服者〔老〕〔壽〕。長楽未央。子孫萬年。

【副銘】　大公三日三日三□

　後者は文意をなさず、前者また漫漶で解読し難いが、紀年の所を除いては、他の紀年鏡銘から類推して文字を補入略々全文を推し得た。最も重要な紀年の部分は型流れで特に明瞭でないが、ほぼ明らかな太和の次の一字は「元」の様に思われ、3字を隔てた2字は己巳とある。されば不明の3字は年と□月とでなければ「年歳次」かのいずれかで

あろう。この太和なる紀年は魏明帝のそれを以て初見とする。本鏡上記の呉鏡との類似よりして、一見同代のものとも思われるが、しかし魏代の鏡が古徴を伝えた式の多いこと上記の如くであるから疑が残る。これに反して文中明らかな己巳なる干支が月のそれを示しているとすれば東晋の太和元年二月はまさに己巳で記載と一致し、別の読み方の「年歳次」とした場合でも、その四年は己巳に当たって支障を生じない。されば干支の記載に往々誤りあること既述の実例に見受けることながら、この場合文中の大和を以て東晋海西公の紀年と見て、仮にその元年（366年）鏡に比定、これに疑を残して置く。

【川勝】梅原氏の紀年推定は周到正確であり、ほぼ従うべき結論である。ただ月と干支を記すことがいかなる意味があるかを考える必要があろう。正月とか五月ならば、それなりに解釈ができる。梅原氏の推定範囲内であるが、太和（泰和）四年歳次己巳としたら、同年（369年）は我が七支刀の年次とも同年で甚だ興味がある。問題が「元」と読める個所が「四」と読めるかである。やはり梅原氏の読みが正しいだろう。

【晋21】東晋太和元年五月半円方形帯神獣鏡。
　　昭和14年に京都川合氏が中国より得たものであって、浙江省紹興古墓出土鏡と伝え、鏡背は黒味がかった鉛銅色の滑沢に乏しい地肌をしているが、面には群青に近い青緑錆を点じて、鮮やかな土中古色をなし、所伝の実らしさを思わしめるものがある。径5寸6分（16.968cm）余あって年号鏡としては大きい部類に属し、縁厚1分6厘（4.848㎜）、面に2分（6.060㎜）弱の反りを見受ける。鏡文は稍々扁平な円座鈕を続る内区に四方より見る様に配した神獣各4を交互に置き、半円方形帯これを続って、両者の空間を埋めるに珠文を以てするところ、前鏡と同じく、その神獣の形態も相近い。しかして異なる点はその4神がいずれも双禽に駕して居て、一層整斉なことである。もっとも図文の表出は丸味を帯び、また外区から縁に亘って型の亀裂が随所に印せられて、銘文も不鮮明にしている。半円方形帯の8個の方格内にある副銘中現在認め得るのは「王□□女王」などの文字であり、外区右行の主銘は、
【銘】　□和元年五月丙午時茄日中。造作明竟。百湅青銅。是君子□□。長楽未英。子孫
　　　　千億兆。□□陽萬歳。
　　と読まれる。紀年を示す最初の一字は一見すると光の如く思われ、従って将来者は光和として後漢霊帝の紀年（西暦178年）に当てた。しかし本鏡の示す構図は従来知られている西晋代の紀年鏡に近く、示す所の銘文また呉の【呉55】宝鼎三年鏡に類似するよりして、右の想定に従い難いものがある。あたかも最初の一字の部分は型の亀裂を伴うているので、それを除くと大と見得るに近い。本鏡を以て前鏡と比較する際、その内区の同似より判じて、これを東晋太和と解するの一層実らしさを思う。従って若干の疑を存しながらここに編次する。

【川勝】【呉55】宝鼎三年五月半円方形帯神獣鏡の外区の主銘は左行左字で、

　　　宝鼎三年歳次太陽。五月丙午時加日中。〔造〕作明鏡。百凍清銅。□□□銅。

それに対して【呉28】太平元年五月半円方形帯神獣鏡の外区の左行左字の銘は次の如くである。

　　　太平元年五月丙午時茄日中。〔造〕〔作〕〔明〕竟。百凍正〔同〕。上応里宿。

相当によく似通った銘文であるが、特に後者が著しい。ただ、いずれも左行左字で本鏡の右行、部分的左字とはかなり相違もある。

結　　び

　梅原末治氏の編著『漢三国六朝紀年鏡図説』を教科書のように読み、コメント・感想文の覚え書きを付けてきた。そこに古代鏡鑑研究の基本的方法論が示されているからである。それを解題的に整理してみよう。

　第一は研究の入口で頭をひねること、今日面と向かう鏡は何処から来たのだろう。陳列される博物館・美術館ではその鏡の履歴の不明が多い。古代鏡の出生から成長さらには、地下に長く眠り、ある時に地上に出されて種々の経歴を辿り、そして永い年月を経て今日吾々の前に面姿を現わしている。その間の経緯、特に近100年についての動静情報が不詳である。鏡の経歴の詳細が梅原氏の本書によってはじめて明らかに示された。守屋孝蔵氏や住友男爵家のコレクションの収集収蔵経路が判明した。さらに京都、大阪を中心とする多くの収集家たちの活動が明らかにされている。

　第二に羅振玉氏が我が国に将来した前清時期に遡る中国古代鏡鑑研究の継承がある。今や所在不明の拓影でしかその真姿を窺えない鏡鑑が復原され、鏡鑑資料の全体を集成する道筋が判明したのである。

　第三に古代鏡鑑の研究体制や組織に関わる問題であるが、考古学が帝国大学で講座を開いていない時期には、京都帝国大学の富岡謙蔵氏のような東洋学、東洋史学者が研究を担う主力であったということの意義である。それは銘文解読において五月某日丙午などの干支記載に一見誤記と思われるような書き方の意味の説明、また不明文字の推定方法など、考古学と文献学の接合方法が教えられた。たとえば彼の志賀島金印の読み方などにも共通する、出土資料の真偽やその記載の検討が謎、難問を解く鍵になるという、金石文考証学の伝統の再確認を気付かせたのである。これは人文学を綜合する京都大学中国古典学の伝統の真骨頂であろう。

　第四に、魏王朝から「親魏倭王」卑弥呼に下賜された百枚の鏡を三角縁神獣鏡と見た最初の研究者は富岡謙蔵氏であり、それを継承展開したのが梅原氏であった。梅原氏は漢から魏晋時代の漢式鏡全体像の中に三角縁神獣鏡の位置を発見することに勤めた。ただ結論を出すに慎重で、紀年鏡銘文の検討により爾後の研究の規矩を用意したのである。

第五に研究はあくまで中国出土鏡全体の研究と綜合して行わなければ、そもそも出発しえない。梅原氏が浙江省紹興古墓出土鏡に異常な注意を払っているのは注目に値いする。それは第二次世界大戦後の新中国における考古学的成果と相俟って、当に昨今の重要課題である。なお敷衍すれば、梅原氏は中国・朝鮮のみならず、欧米各国に鏡鑑資料情報を収集するという鏡鑑研究の世界的展開という学問態度を示してくれた。

　東アジアにおける古代銅製鏡鑑研究はそれが国の重要美術品認定美術品に認定指定されたという通途の歴史史料や考古学発掘品に見られない要素の理解が求められる。銘文研究と鏡鑑図像学研究は合一して、はじめて鏡鑑研究が出発できるということを梅原氏の著作は教えてくれたのである。

注
（１）　守屋孝蔵氏のコレクションになる古鏡は東急五島美術館等に多く所蔵されている。
（２）　富岡謙蔵「漢代より六朝に至る年号銘ある古鏡に就いて」『考古学雑誌』７巻５号、1917年、同「王莽時代の鏡鑑と後漢の年号銘ある古鏡に就いて」『考古学雑誌』８巻５号、1918年、同著『古鏡の研究』所収、参照。
（３）　梅原末治「後漢永平七年内行花文鏡について」『考古学雑誌』27巻11号、1937年、参照。
（４）　川勝守『チベット諸族の歴史と東アジア世界』刀水書房、2010年、参照。
（５）　梅原末治「獣首鏡に就いて」『史林』７巻４号、1922年、参照。
（６）　富岡謙蔵、前掲「王莽時代の鏡鑑と後漢の年号銘ある古鏡に就いて」、参照。
（７）　富岡謙蔵、前掲「漢代より六朝に至る年号銘ある古鏡に就いて」、参照。
（８）　山田孝雄「古鏡の銘について」『人類学雑誌』30巻第11号・第12号、1915年、31巻第１号・第２号、1916年、参照。
（９）　現、住友、泉屋博古館所蔵、なお、『新修泉屋清賞』（泉屋博古館刊、1971年）図録、第九三、39　建安廿二年重列神獣鏡、参照。
（10）　富岡謙蔵、前掲「漢代より六朝に至る年号銘ある古鏡に就いて」、参照。
（11）　高橋健自「銘帯に年号ある漢式鏡」『考古学雑誌』１巻10号、1911年。
（12）　梅原末治「但馬国神美村の古墳と発見の遺物」『藝文』第14巻第10号、1923年、参照。
（13）　森本六爾「上野に於ける□始元年鏡出土古墳」『考古学研究』第２巻第４号、1928年。
（14）　富岡謙蔵（遺稿）「年号銘ある支那古鏡に就いて」『考古学雑誌』10巻６号、1920年、同著『古鏡の研究』所収、参照。
（15）　富岡謙蔵、前掲「漢代より六朝に至る年号銘ある古鏡に就いて」、参照。
（16）　富岡謙蔵、前掲「年号銘ある支那古鏡に就いて」参照。
（17）　前掲【漢28】後漢建安十年朱氏重列神獣鏡に「建安十年朱氏造作兮」とある。
（18）　後藤守一「赤烏元年鏡発見の古墳」『考古学雑誌』14巻６号、1924年、なお、同著『漢式鏡』XII、平縁神獣鏡・半円方格帯四神四獣鏡参照。
（19）　「小浜村赤烏七年鏡出土の古墳」『兵庫県史蹟名勝天然紀年物調査報告』第14輯、所収参照。
（20）　富岡謙蔵、前掲「漢代より六朝に至る年号銘ある古鏡に就いて」、参照。
（21）　富岡謙蔵、前掲「漢代より六朝に至る年号銘ある古鏡に就いて」、参照。

(22) 富岡謙蔵、前掲「漢代より六朝に至る年号銘ある古鏡に就いて」、参照。

(23) 高橋健自「在銘最古日本鏡」『考古学雑誌』5巻2号、1914年。

(24) 富岡謙蔵、前掲「漢代より六朝に至る年号銘ある古鏡に就いて」、参照。

(25) 梅原末治氏はこれを『考古学雑誌』11巻6号、1921年に紹介した。

(26) 富岡謙蔵、前掲「年号銘ある支那古鏡に就いて」参照。

(27) 広瀬治兵衛「紀年鏡二件」『考古学雑誌』16巻6号、1926年、参照。

(28) 後藤守一「年号鏡の紹介」『考古学雑誌』13巻6号、1923年。

(29) 高橋健自、前掲「在銘最古日本鏡」、参照。

(30) 富岡謙蔵、前掲「漢代より六朝に至る年号銘ある古鏡に就いて」、参照。

(31) 山田孝雄、前掲「古鏡の銘について」、参照。

第三章　問題の集成──樋口隆康氏の古鏡・三角縁神獣鏡研究──

はじめに

　前章に見たように梅原末治編著『漢三国六朝紀年鏡図説』は日本・中国における鏡鑑形態・図像研究と銘文研究を合一させて、考古学資料である出土鏡鑑の鋳造制作年代の絶対的基準を求めることに成功した。ただ、どちらかといえば研究対象とした紀年銘鏡は中国出土物が多かった。なお、戦前期の日本各地出土鏡の調査研究は、それなりに、というよりか、思いのほか成果を挙げていた。しかし根本的問題点があった。日本伝世・出土鏡の調査、研究が古墳研究と一体化して進めることに十分な考古学研究が伴っていないという問題点があった。ただ、それが戦後になっても全面的に解決したわけではないのは応神陵・仁徳陵ほかの天皇陵墓比定の調査が必ずしも十分に行われていないということはある。それでも特に畿内を含む全国の古墳研究は質量共に厖大な成果を生み出した。加えて中国考古学との学者の交流、共同研究も進展している。それでは梅原氏以降に古代鏡鑑研究がどれほどの成果を生み、特に三角縁神獣鏡研究の現在はどのような水準にあるのか、これを樋口隆康氏の古鏡研究を中心として考えてみよう。

第一節　樋口隆康氏の古鏡研究

　樋口隆康氏の古鏡研究は高橋健自・後藤守一両氏や梅原末治氏の古代漢式鏡の研究とは次元が異なる。ただし、樋口氏は戦前期から京都大学考古学教室にあって、梅原氏の古鏡銘文研究を継承した業績もある[1]。しかし、氏の研究は戦後60年の日本古墳考古学の全局面に関わり、その多くの著書の中でも『古鏡』昭和54年（1979）、新潮社はおよそ古代鏡鑑に関心を抱く者が必備とすべき名著をものし、古代鏡鑑に関する絶対に無視し得ない考古学的学術知見を網羅された。ただ、樋口氏の『古鏡』を読んで見ると、そのすべてが考古学的知見でのみ説明されているのでなく、時に文献史学や思想史や宗教学の知見も併せて考察されていることに気付くであろう。加えて実に種々の実験考古学を試み、金属材料学から鋳造技術学などの工学、理学も総動員した一大学際研究の試行錯誤を行っていることに刮目する必要もあろう。そこで以下今後の私の鏡鑑研究の学習のために樋口氏が得られた、というより樋口氏によって集成された考古学と関係した古鏡研究の成果の解題を行って置きたい。樋口隆康氏の『古鏡』の目次をみよう。

　第一章　序論　一、鏡の本性　二、中国鏡の起源　三、中国系古鏡の変遷
　第二章　春秋式鏡　一、素文鏡　二、線描鳥獣文鏡　三、圏帯獣文鏡　四、渦粒状獣文

鏡　五、螭首文鏡　六、怪神文鏡　七、羽麟文鏡　八、薄肉獣文鏡　九、二重体鏡（1肉彫蟠螭文鏡、2平彫獣文鏡、3丸彫蟠螭文鏡）、十、金銀錯文鏡　十一、彩画文鏡

第三章　戦国式鏡　一、羽状獣文鏡　二、羽状獣文地雷文鏡　三、羽状獣文地葉文鏡　四、羽状獣文地花菱文鏡　五、羽状獣文地山字文鏡　六、羽状獣文地禽獣文鏡　七、羽状獣文地花雷文鏡　八、細地文鏡　九、細地禽獣文鏡　十、蟠螭文鏡　十一、連弧文鏡　十二、細文地画象文鏡　附、多鈕細文鏡

第四章　前漢式鏡　一、匕縁渦状虺文鏡　二、連弧縁細文地獣文鏡　三、螭龍文鏡　四、家常貴富鏡　五、草葉文鏡　六、星雲鏡　七、虺龍文鏡　八、異体字銘帯鏡（1連弧文銘帯鏡、2重圏単銘帯鏡、3単圏銘帯鏡、4重圏双銘帯鏡）

第五章　後漢式鏡　一、内行花文鏡　二、方格規矩鏡（1方格規矩四神鏡、2方格規矩獣文鏡、3方格規矩塼文鏡、4方格規矩鳥文鏡、5方格規矩渦文鏡、6円圏規矩渦文鏡、7方格乳文鏡）、三、獣帯鏡（1細線式獣帯鏡、2半肉彫獣帯鏡、3盤龍座獣帯鏡、4円圏鳥文鏡）、四、唐草文鏡　五、画象鏡　六、単夔鏡　七、夔鳳鏡　八、獣首鏡　九、盤龍鏡　十、飛禽鏡　十一、双頭龍鳳文鏡（位至三公鏡を含む）　十二、方銘獣文鏡　十三、環状乳神獣鏡　十四、重列神獣鏡　十五、三段式神仙鏡　十六、対置式神獣鏡　十七、求心式神獣鏡（仏像鏡を含む）　十八、画文帯回向式神獣鏡　十九、三角縁神獣鏡　二十、斜縁二神二獣鏡

第六章　仿製鏡　一、古式仿製鏡　二、仿製内行花文鏡　三、仿製方格規矩鏡　四、仿製三角縁神獣鏡　五、鼉龍鏡　六、仿製神獣鏡　七、神像鏡　八、仿製獣形鏡　九、捩文鏡　十、盤龍形鏡　十一、仿製画象鏡　十二、鈴鏡　十三、乳文鏡、十四、珠文鏡　十五、特殊文鏡

　第一章序論は鏡の本性、中国鏡の起源、中国系古鏡の変遷を述べ、第二章から第五章は春秋・戦国鏡から後漢鏡に至る中国鏡各鏡式の説明を行い、第六章に日本・仿製鏡として15種を挙げる。鏡の本性について、第一章　一、鏡の本性にいう。

　　古代日本においては、鏡に対する嗜好がとくに強かったといわれる。『魏志倭人伝』には、魏王が卑弥呼に銅鏡百枚[2]を贈ったとき、とくに「汝の好物をおくる」と記している。事実、全国各地の古墳から大量の鏡の出土していることが、それを証明している。もちろん、中国での鏡の数には及ばないが、鏡への関心は相当なものである。ただ鏡の性格が、古代中国と日本とではちがっていたという考古学者もある。すなわち、中国では、単に姿見としての調度品であったが、日本に輸入された場合、それらは舶来の宝器であり、呪術的威力をもった神器であり、ひいては、首長権のシンボルであったというのである。

　　それらの説の考古学的証拠として、中国と日本の両地での鏡の出土状態の相違があげられている[3]。中国では、化粧用容器である漆奩(しっかん)の中にはいった状態で出土するのに対し、わが国古墳では、とくに遺骸の胸、頭部、あるいは周辺におかれており、

鏡の呪術的威力が埋葬の際にも意識せられていたという。その上、日本では一つの墓から大量の鏡の出土することがあり、有富者が鏡を財宝として数多く保有することによって、その権力と富力を誇示していたとみる場合もある[(4)]。

鏡の性格が、古代中国と日本とではちがっていた。中国では、単に姿見としての調度品であったが、日本に輸入された場合、それらは舶来の宝器であり、呪術的威力をもった神器であり、ひいては、首長権のシンボルであった。その考古学的証拠として、中国では、化粧用容器である漆奩の中にはいった状態で出土するのに対し、わが国古墳では、とくに遺骸の胸、頭部、あるいは周辺におかれており、鏡の呪術的威力が埋葬の際にも意識せられていた。その上、日本では一つの墓から大量の鏡が出土することがあり、有富者が鏡を財宝として数多く保有することによって、その権力と富力を誇示していたとみるというのである。以上のうち、特に重要な点は日本で鏡は呪術的威力を持つと信じられていたという点であろう。それを古墳埋葬遺骸の位置から考古学的判断によって推論しているが、その考え方は正しいのだろうか。これは以下の本書で考察するところであろう。さらに樋口隆康氏は続いて次の指摘をする。

> また記紀には鏡に関する伝説が多い。天照大神の神勅として「此宝鏡を視ること、当に吾を視るごとくすべし」とあり、その鏡が伊勢神宮の御神体となり、ひいては、皇位継承のシンボルとして、三種の神器の一つに入れられていることなどは、わが国における鏡の神聖視を物語るものである。ただ、鏡に呪術的魔力のあることを信じていたのは、古代倭人の発明ではなく、中国においても、すでにあったことは考慮しておく必要がある[(5)]。

天照大神の神勅として「此宝鏡を視ること、当に吾を視るごとくすべし」とあり、その鏡が伊勢神宮の御神体となり、ひいては、皇位継承のシンボルとして、三種の神器の一つに入れられていることなどは、わが国における鏡の神聖視を物語るものであるとは、まさにその通りであろう。しかし、先の鏡は古墳埋葬遺骸の位置から呪術的威力を持つと信じられていたとすることとの関連はいかがであろうか。樋口氏は呪術的威力を呪術的魔力とも言い換える。いずれにしても、鏡には呪術的力がある。これはだから、『魏志倭人伝』に倭国女王卑弥呼は「よく鬼道に事え、衆を惑わす」と魏の使者に言われることと関連してしまう。以上の樋口氏の理解にあっては、鏡の呪術的威力をもった神器であることと、鏡は皇位継承のシンボルとして三種の神器の一つであることとは合一している。

次に中国における鏡が古墓から出土する事例について、次の樋口氏の叙述がある。

> 中国では東周以降、多くの古墓から鏡が出土するが、副葬品のなかでとくに鏡が重視されていたとは思えない。財宝としては、むしろ漆器や玉器や他の青銅容器などの方が重んぜられていた。権力者の象徴としては、鼎や爵や尊が使われることはあっても、鏡がその役を果すことはなかった。

> 中国で、鏡の出土状態をしらべてみると、漆奩の中に納められて、棺外から出土す

る例もあるが、それは楽浪郡や長沙などの辺境域の古墳に多いのであって、洛陽などの中原地方では、むしろ、棺内の遺体に接しておかれるケースが多い。その点では日本の古墳の場合と同じである[6]。

　この樋口氏の指摘は特に重要である。前半部についてはそれが中国と日本との副葬品の内容的違いとなる。東周、すなわち春秋・戦国期以降の中国で鏡は必ずしも重視されたわけではないのに対し、日本では三種の神器に見られる刀剣や玉（勾玉・ガラス質装身具）とともに銅鏡が重視されているのである[7]。樋口氏の指摘の後半部が特に重要である。受け止め方によっては矛盾に見えるが、中国考古学の事例の正確な理解としては洛陽などの中原地方では棺内の遺体に接しておかれ、鏡は日本と同じく副葬品のなかで重視されていた。或いは遺体に対して何らかの呪術的意味が込められることもあろう。それに対して、単に副葬品の一種であるという鏡の一般的性格として、棺外から出土する例は楽浪郡や長沙などの辺境域の古墳に多いとする。その差異の依って来るところは何か、遺体と副葬品の関係を具体的に示す発掘報告は必ずしも多くない。逆に例の長沙馬王堆漢墓１号墓軟侯家墓[8]の場合、地下竪穴式の木槨墓で、槨の内部は５区画に仕切られ、その形は囲字形で、中央に遺骸を納めた棺があり、四方の空間に副葬品が箱詰め状に詰め込まれていた。北方の満城漢墓中山靖王劉勝墓の場合は遺体は金縷玉衣を纏い、鉄刀・鉄剣を腰に置いていた。これは単なる持ち物である。胸と背中には織物の帯でつなげた玉璧18枚がめぐらせてありこれは呪術的力がありと信じたことは当然であるが、金縷玉衣自体が身体を永遠に保護するものであろう。ただ、玉豚を握って永遠の食料にするとか、玉蟬によって再生を期待するとが合わさると、日本の鏡の場合とは大きな差異が生じる。

　ところで樋口氏は中国における鏡についての道家の説を福永光司氏[9]により紹介する。

　　福永光司氏によると、鏡に神霊性や呪術性を持たせるようになったのは、道家に始まり、儒家の本来的な経典には見られないという。孔子の時代は鏡が一般的にはあまり普及していなかったことを思えば、儒教の経典に、それがないのは当然かもしれない。鏡を神霊化するのは、神仙讖緯の思想であり、前漢末ごろからであるという。事実、後漢、六朝代の鏡には、神仙思想的な図文や銘文が多いのは、民間に道教が流行したことと、関係があるであろう。道教の書物をみると、鏡の神秘的な霊力について記した物語をいくつもみることができる[10]。

　孔子の時代には鏡が一般的に普及せず、鏡に神霊性や呪術性を持たせる記事は道家に始まる。これは神霊性や呪術性の内容をいかに理解するかが問題であるが、その指摘自体は正しい。ただ、鏡の神秘的な霊力について記した物語を載せる道教関係の書物として樋口氏が挙げるのは、①晋の葛洪『抱朴子』内篇十七、登渉篇（同じ話が『続捜神記』にある）、②隋の王度『古鏡記』、③『西京雑記』三である。しかし、こうした鏡についての中国古典の記事は道家道教関係記事だけを載せているわけではない。

　次に中国における鏡の起源であるが、資料は少ないが、1976年、安陽小屯村北で発掘さ

れた殷墟5号墓から、鏡4面が出土したと報告された。鏡としての条件をそなえており、しかも、平直、厚手の鏡体や、鈕の形などに、後の春秋鏡と通じるものをもっている。そして殷代に鏡が出現したと考えることも、あまり無理ではないが、もっと資料の増加が期待される。以上、殷代出現説には若干の留保を付したようである。

次に西周時代については、戦前、郭宝鈞氏が発掘した河南省濬県辛村古墓出土品にある素文鏡を梅原末治氏は周初の鏡とした。当地は西周衛国の墓地とみて、これを西周の鏡としたのであるが、樋口氏は当地衛国古墓は西周から春秋期に及ぶもので、素文鏡の出土例は春秋期に多いので、この鏡を春秋期に下げる方が妥当とみた。

なお、樋口氏は中国鏡を単に中原黄河流域の文明史に止まらず、北ユーラシア系や東ロシアの青銅器文明との関係を考察するという視野の広さを持つ[11]。これに関連し、次の文言がある。

> 北方系文化での鏡の用途については、遼寧省瀋陽市鄭家窪子6512墓が注意される。伸展葬された男子遺体の上に、頭頂辺から脚下までに、6個の青銅製の鏡形品が等間隔にならべられていた[12]。
>
> この鏡形品は円盤、凸面で、裏側の中心にコの字形の鈕がついていて、もと鈕を通して身体をかざったものとみられるが、たんに服飾だけでなく、特別な呪術的意味があったと思われる。この墓からは双鈕粗文鏡が遼寧式銅剣とともに伴出している。
>
> 同じ時代の同じ文化の遺跡である遼寧省朝陽県十二台営子からも、多鈕鏡がでている[13]。これは銅釦や飾板のごとく、鈕をつけてつるした鏡の特徴をもっている。北方系文化では、鏡はむしろ、シャーマンなどの呪術師が首からかけた呪物であった[14]が、その鏡が遼寧地方をへて、中国青銅器文化圏へ入ってきた可能性はつよいのである[15]。

以下、中国系古鏡の変遷であるが、これは第二章以下に各時代鏡式について解説される。

第二章　春秋式鏡には、一、素文鏡、二、線描鳥獣文鏡、三、圏帯獣文鏡、四、渦粒状獣文鏡、五、螭首文鏡、六、怪神文鏡、七、羽麟文鏡、八、薄肉獣文鏡、九、二重体鏡（1、肉彫蟠螭文鏡、2、平彫獣文鏡、3、丸彫蟠螭文鏡）　十、金銀錯文鏡、十一、彩画文鏡の11文様鏡式がある。そのうち九、二重体鏡（鏡面・背面が2枚の銅板張り合わせ）を彫り方により、3種に細分する。各鏡式ともその形態が写真図版で説明され、現在所蔵される日本、中国、その他外国博物館、美術館名が挙げられる。さらに中国での出土事例を挙げている。以下では、中国本土以外の東アジア世界に係わる地位の事例を挙げるが、一、素文鏡については、遼寧省寧城県南山根101号墓出土鏡の2面が見られるだけである。因みにこの鏡は夏家店上層文化の石槨墓出土品である。

五、螭首文鏡を梅原末治氏は饕餮文鏡と名付けた。饕餮文は殷代以来の鼎、尊らの青銅製祭器の文様である。この文様の意味は大方は邪を払う怪人、怪獣だろうとする。そうであれば他の鳥獣・獣文・怪神・羽麟などから金銀錯文・彩画文に至る諸文様も理解し易い。しかし、周知のごとく京都大学名誉教授林巳奈夫氏は多くの殷周青銅器の事例研究から饕

饕文を上帝そのものと理解した。さて問題は五、螭首文鏡をどのような形で使用したものか、これが如何なる施設、例えば宗廟や神殿などから発見されたか、地下に埋められる時にいかなる特別な扱いを受けたか、等々の詳細が知りたくなる。なお、ここの十、金銀錯文鏡に樋口氏が挙げた伝河南省洛陽金村出土の金銀錯闘虎文鏡（図版八の16）は、今日細川家永青文庫所蔵細川護立コレクションの金銀錯狩猟文鏡であるが、戦国時代前4〜3世紀とされる。鏡面・背面が2枚の銅板張り合わせから成る二重構造の鏡は戦国時代に類型があるとされる[16]。十一の彩画文鏡もあるいは戦国鏡が多いことも考えられる。

樋口隆康氏はつぎの第三章　戦国式鏡の冒頭に次のようにいう。

　　漢鏡よりも古い鏡の存在をはじめて指摘したのは、富岡謙蔵氏の「蟠螭鏡考」（1918年）[17]であろう。ついで、1920年代になって、中国での新発見が相つぎ、この種の鏡への関心がにわかに高まった。

　　まず、淮河流域から出土した一群の銅器や鏡を蒐集したカールベック氏は、これらの文様が商周[18]の銅器や漢鏡の文様と異なるところから、「淮式」という様式名で呼び、戦国時代の楚国の芸術であろうと考えた。同じ類が山西省渾源県李峪村や、河南省洛陽金村の古墓からも発見され、一般に秦鏡と呼ばれるようになった。

　　これらを整理、研究したのが、梅原末治氏、カールグレン氏である。この両氏の見解がしばらく学界をリードしたが、最近、中国での考古学的発掘が急速に伸展し、春秋鏡をこのグループから除外して、より画一的な特徴に限定できるようになった。

もっとも、戦国鏡の特徴を定めて、それに外れるとして先の細川護立コレクションの金銀錯狩猟文鏡を春秋鏡としたとしたら、一考を要することになろう。

第三章の戦国式鏡には一、羽状獣文鏡、二、羽状獣文地雷文鏡、三、羽状獣文地葉文鏡、四、羽状獣文地花菱文鏡、五、羽状獣文地山字文鏡、六、羽状獣文地禽獣文鏡、七、羽状獣文地花蕾文鏡、八、細地文鏡　九、細地禽獣文鏡、十、蟠螭文鏡、十一、連弧文鏡、十二、細文地画象文鏡の12文様鏡式、これに附として多鈕細文鏡を付ける。これについて、先に示した戦国鏡の特徴は次のような諸点であるという。

　　1　鏡体が薄い。厚さ0.15〜0.10cm程度。
　　2　面が平直である。
　　3　3稜の小鈕をつけている。
　　4　高い匕縁である。
　　5　文様の構成は主文と地文の重ね合わせからなる。

主文と地文の重ね合わせから大別すると、羽状獣文を地文とする類には、四葉文、花菱文、山字文、虺文などがあり、細文地系では、平彫禽獣文、蟠螭文、方格規矩文、連弧文、画象文、花弁文があるという。以上について、各鏡式ともその形態が写真図版で説明されるが、現在所蔵される日本、中国、その他外国博物館、美術館名が挙げられているほか、中国では出土事例報告書があげられている。注目すべき重要な指摘を適宜引こう。

二、羽状獣文地雷文鏡は、日本に次の発掘事例がある。

　○福岡県糸島市三雲弥生時代甕棺墓出土雷文鏡（京大報告Ⅺ　附録16頁[19]）

次に出土地の明確な戦国鏡には、五、羽状獣文地山字文鏡の山字形が左向きの例として、

　○広西省壮族自治区貴県羅泊湾１号墓出土鏡（広西88）　○北朝鮮平壌市大同江面出土鏡（楽浪郡下1278）　○ロシア共和国アルタイ山西麓出土鏡（学報1957の２、１の２）　○ロシア共和国パズイルク６号墳出土鏡（学報1957の２、１の３）

十、蟠螭文鏡、双線式蟠螭文鏡の第四類にはじめて銘文が現われる（樋口『古鏡』69頁参照）。その第１は鈕のまわりに獣文座をおき、その次に円圏の銘帯を配した。この類の銘は、一般的に「大楽貴富　千秋萬歳　宜酒食　魚文」の吉祥文である。

銘帯のある円圏式蟠螭文鏡の第２は、蟠螭文に菱雲文がつき、蟠螭文と蟠螭文のあいだに禽鳥文を入れた式である、明治大学蔵鏡や広瀬淑彦氏旧蔵鏡には、「脩相思　母相忘　常楽未央」の銘があり、羅振玉氏紹介のものには「大楽貴富　母極　与天地相翼」とある。

銘帯のある蟠螭文鏡の第３は、主文帯の内外に２つの銘帯をもつもので、梁上椿氏『巌窟蔵鏡』の２面と京都住友家の泉屋博古館蔵鏡とがある。銘は次の通りである。

〔外区〕懐糜美之窮愷　外承驩之可説　慕窈姚之霊景　願永思而母絶　揚而願忠　然壅
　　　　塞而不泄
〔内区〕内請質以昭明　光輝象夫日月　心忽

これらの文について、中国考古学者は多く吉祥文としてその文意を考えない。「脩相思　母相忘　常楽未央（相い思うを脩め、相い忘ることなかれ、常に楽しみ未だ央きず。）」は前漢鏡に多く見られる文体で鏡に対する自己がその真影との関係、つまり自己の顔と鏡の中の顔との関係が永遠であること、その無上の楽しみを願うものである。吉祥句と決めつけてはいけない。鏡の買い手、持ち主は真剣な気持ちである。「大楽貴富　母極　与天地相翼（大いに貴富を楽しみ、極なかれ、天地とともに相い翼（ととの）う」とあり、これも鏡の美徳ともいうべき文章であって、きわめて倫理性が高い。第３の外区・内区の文言も以降、後世、後漢鏡や魏呉晋鏡にも伝統が続く形式で、内外相乗効果を狙った文学的表現であることは見逃せない。特に内区の鏡質が以て昭明で清白であること、鏡の光輝は天王（星）・日・月の光を象ること、そして心忽然とすること、以上は後世の鏡に継承される、鏡の美学の表現である。

蟠螭文鏡の一種に方格規矩鏡も現われた。前漢鏡の主流になる。方格には銘が「大楽貴富　得長孫　千秋萬歳　延年益寿」とある。これは先の蟠螭文鏡の第１の文の系統だろう。

十一、連弧文鏡も方格規矩鏡とともに前漢鏡以降の鏡式の主流である。特に後漢の内行花文鏡に続く。

　○内蒙古自治区広衍故城出土鏡（『文物』1977の５）

ただ、以上の戦国鏡は日本では出土鏡や伝世鏡で確認されず、現在日本所蔵のものは近代に中国から将来したものばかりである。それに対して、戦国鏡の附につけた多鈕細文鏡

には考慮を要する事例がある。

すなわち、大正2年（1913）山口県梶栗浜からはじめて一面が出土し、ついで同7年（1918）奈良県吐田郷で銅鐸と伴出したが、中国系の鏡とは異なる様式から、多くの考古学者の議論が続いた。結論として前秦説も棄てがたいが、北アジア青銅器文化に淵源する朝鮮半島制作説が有力であると樋口氏はいう。なお、多鈕細文鏡はⅠ、雷光形、Ⅱ、星形、Ⅲ、精文式などの幾何学的文様各種がある。

Ⅰ、雷光形

○遼寧省遼陽市鄭家窪子6512号墓出土鏡（学報1975の1）　○遼寧省朝陽県十二台営子3号墓出土鏡（学報1960の1）　○伝北朝鮮平壌市付近出土鏡　○伝韓国忠清南道出土鏡

Ⅱ、星形

○ロシア共和国沿海州マイヘ渓谷イズヴェストフ丘出土鏡（『考古学雑誌』46の3）　○北朝鮮平安南道成川郡出土鏡　○北朝鮮平安南道中和郡出土鏡（『人類学雑誌』61の4）　○北朝鮮平安南道孟山郡鳳一面南陽里出土鏡　鋳笵（『綜鑑』Ⅰ44の219）　○韓国忠清南道扶余郡草村面蓮華里出土鏡（『青銅遺物図録』16）　○韓国忠清北道大田市槐亭洞出土鏡　2面　○韓国忠清南道牙山郡新昌面南城里石棺墓出土鏡（『南城里石棺墓』26、27）　○韓国全羅北道益山郡益山邑五金山出土鏡（『考古学雑誌』54の4）　○韓国全羅北道益山郡咸悦面多松里出土鏡（『全北遺跡調査報告』5）　○韓国全羅南道小鹿島出土鏡（『綜鑑』Ⅰ32の149）

Ⅲ、精文式

○ロシア共和国沿海州ニコリスク・シュコトワ出土鏡（鳥居龍蔵『考古学研究』3の1、1929年）　○北朝鮮咸興市会上区梨花洞出土鏡（『考古学雑誌』53の4）　○北朝鮮平安南道大宝面反川里出土鏡　2面（『綜鑑』Ⅰ19の86、87）　○北朝鮮平壌市付近出土（推定）鏡（東京国立博物館蔵『綜鑑』Ⅰ43の214）　○北朝鮮黄海北道鳳山郡松山里出土鏡（『考古学雑誌』45の1）　○韓国江原道襄陽郡土城里出土鏡（『史林』50の2）　○韓国江原道原州出土鏡　2面（『朝鮮学報』46、2下）　○韓国江原道出土鏡（『朝鮮学報』46の1）　○韓国全羅南道和順郡道谷面大谷里出土鏡　2面　○韓国全羅南道霊岩出土（伝）鏡　○韓国全羅南道霊岩出土（伝）鏡　○韓国慶尚南道出土鏡（『綜鑑』Ⅰ42の215）　○佐賀県唐津市宇木汲田出土鏡　○山口県下関市安岡町富任梶栗浜出土鏡（『聚英』12の4）　○大阪府柏原市堅下町大県出土鏡（『聚英』12の1）　○奈良県御所市名柄吐田郷出土鏡（『聚英』12の2）　○長野県佐久市野沢出土鏡（『信濃』18の4）

これらが朝鮮半島から出土していることは注目すべきである。朝鮮文化と北アジア文化の繋がりが窺えるのであり、日本の出土例はいずれも弥生式遺跡からのもので、朝鮮半島からの舶載品であると樋口氏は言う。ただ、朝鮮半島の遺跡やそれと関係する日本の弥生遺跡の正確な年代など、まだ不明な部分が多く、今後の詳細な調査が必要であろう。

第四章の前漢式鏡には、一、匕縁渦状虺文鏡、二、連弧縁細文地獣文鏡、三、螭龍文鏡、

四、家常貴富鏡、五、草葉文鏡、六、星雲鏡、七、虺龍文鏡、八、異体字銘帯鏡（1、連弧文銘帯鏡、2、重圏単銘帯鏡、3、単圏銘帯鏡、4、重圏双銘帯鏡と4種とされる）。

　樋口氏は戦国鏡と前漢鏡とは、鏡式において、明確な相違があるが、その移行は漸進的であるという。まことにその通りである。そして次の事例を挙げ、戦国式鏡のうち、銘帯や方格規矩文のある蟠螭文鏡などは過渡的様式のもので、製作の実年代も前漢初期にあてることができるという。

　前漢式鏡のうち、一、匕縁渦状虺文鏡、二、連弧縁細文地獣文鏡、三、螭龍文鏡、四、家常貴富鏡は過渡的なスタイルがより明確になった類である。この時期の獣文として、蜥蜴のような爬虫類に似た螭龍文が多い。五、草葉文鏡、六、星雲鏡、七、虺龍文鏡、そして八、異体字銘帯鏡の1、連弧文銘帯鏡、2、重圏単銘帯鏡、3、単圏銘帯鏡、4、重圏双銘帯鏡は、戦国式のきずなを脱して、純粋に前漢鏡のスタイルを確立したものである。各鏡式を個別にみると、一、匕縁渦状虺文鏡の第3群の方格分離式のうち、藤井有隣館蔵鏡には「常貴　楽未央　母相忘」とある。前出戦国鏡に近い銘である。第4群、円圏分離式には、次がある。

　　○遼寧省西豊県西岔溝匈奴墓出土鏡（『文物』1960の8・9合併号）

　二、連弧縁細文地獣文鏡の一種に、地文が粗線の渦文で、4乳の間に整った螭龍文を配した鏡には、「長相思　母相忘　長富昌　楽未央」の銘がある。従来の銘文類型に入る。

　さて、次に三、螭龍文鏡では、縁は厚くなり、地文が消えて、主文だけになるのは、前漢鏡のスタイルが確立したと樋口氏はみなす。主文の螭龍は口を開き、眼、肩、腰などが乳状化している。鈕は3稜鈕が少なく、4葉座の半球鈕か、獣鈕が多くなる。鈕のまわりには円圏、連弧圏、または方格をめぐらしている。縁に連弧縁と平縁の2種がある。この文鏡中、4乳が方格の4隅にあって、螭龍文が各辺に沿っておかれているものには、方格に「見日之光、天下大明」「見日之光、天下大陽、所言必当」「見日之光、長母相忘」とある。前漢鏡以降の銘文の典型の一である。さて、この銘文をどう読むか。見はいずれも現と同じ省画であろう。「見日之光、天下大明」は「（鏡の）現われた日の光は、天下大いに明らかなり」でも、「（鏡は）日の光を現わし、天下大いに明らかなり」でも意味に大差はない。ただ、いずれにしても鏡の光りの賛美であり、効能書である。一句の後半部は多種多彩である。「長母相忘」など既出のものを含む。「天下大陽、所言必当」はやや特殊である。「言うところ必ず当たる」とは何であろうか。未来予言的でもある。

　四、家常貴富鏡も「家常貴富（家は常に貴富あり）」という文句であるが、これも吉祥文には違いないが、やはりこの鏡を求める人が見て、読んで、はじめて手を出したくなる文句である。単に吉祥文だと気に掛けないのはやはり不自然であろう。これも以降の伝統的銘文スタイルとなる。「位至三公」らと同一である。

　五、草葉文鏡は花蕾文、花弁文、あるいは麦穂状文などを主文とする鏡で、中山王劉勝の満城漢墓から、「長貴富楽、母事日有、憙常得意、喜宜酒食」の銘をもつ草葉文鏡があ

る。五島美術館蔵鏡には花蕾文で、「千秋萬歳、長楽未央、結心相思、母見忘」とある。また五島美術館蔵の別の草葉文鏡は乳が無くなって、各辺中央に2段の麦穂状文があり、「見日光、天下大陽、服者君卿、延年益寿、□□」とある。洛陽出土鏡には、「日有熹、宜酒食、長貴富、楽母事」とあり、同型の鏡は中国各地から出土している。雲南省晋寧石寨山出土鏡は方格内の銘が8字で「見日之光、長楽未央」とある。一段の麦穂文とTLV文、4乳だけで銘もない類もある。

　　　○ヴェトナム共和国清化省東山出土鏡　○福岡県春日市須玖岡本遺跡D地点出土鏡　○福岡県八女市星野出土鏡

　六、星雲鏡は百乳鏡ともいう。多くの突起を曲線でつないだものを主文とするが、その形が星座図形に類似するところから、名がついた。そのうち、4乳が九曜文座のうちで、やや星雲文の複雑な類として、

　　　○福岡県春日市須玖岡本町弥生中期墓出土鏡（京大報告XI）

　九曜文座4乳鏡でありながら、星雲文の簡単な例としては、

　　　○北朝鮮平壤市大同江面出土鏡（楽浪郡下1282）　○福岡県春日市須玖岡本遺跡D地点出土鏡（京大報告XI 17の2）

　星雲文がやや簡単になった類として、

　　　○北京懐柔城北110号前漢中期墓出土鏡（『考古』1962の5）　○雲南省江川県李家山前漢晩期墓出土鏡（『文物』1972の8）　○福岡県糸島市三雲2号甕棺墓出土鏡（福岡県教育委員会蔵）　○伝群馬県前橋市富田出土鏡（『聚英』15の3）　○雲南省晋寧県石寨山甲区1号墓出土鏡2面（学報1956の1）

　七、虺龍文鏡　主文が逆S字形の龍文から便化したらしいが、首も四肢もなくて、蚕かミミズのような形であり、一端は強く曲り、他端はそれほどでもなく、釣り針の形に近い。劉体智『善斎吉金録』では「虺龍文鏡」と名づけたが、富岡謙蔵氏は「四花鑑」、梅原末治氏は「変様虺龍文鏡」、後藤守一氏は「四虺鏡」、澄田正一氏は「四虺文鏡」と呼び、新中国では「四螭文鏡」「雲文鏡」という。主文に付属した副文の精粗の差がある。最も図文の複雑な類に、京都国立博物館蔵鏡、東京国立博物館蔵鏡などがある。逆S字形の虺龍の胴体の中央辺から、動物の前半身が飛び出している。それは龍、虎、牝鹿などで、さらに小禽、走兎、走鹿などの小像が散らしてある。鈕座は九曜文と四葉文の両種があり、その外側に平頂の素圏帯がまわっている。径19ないし17cm大の物が多い。

　　　○福岡県糸島市平原古墳出土鏡

　次に主文の虺龍文の両側に、小禽2個だけをおいた式で、円座鈕のまわりに、平頂素圏帯がある。

　　　○北朝鮮平壌市大同江区域貞柏里戊墳出土鏡　○北朝鮮平壌市大同江区域出土鏡（梅原末治朝鮮資料666）　○韓国慶尚北道氷川郷魚隠洞出土鏡（綜鑑I 23の109）　○佐賀県神埼市志波屋三角弥生後期甕棺墓出土鏡（佐賀県博3）　○兵庫県宝塚市切畑長尾山萬籟山古墳出土鏡（古文

化研報Ⅳ16）　○和歌山県有田市初島町椒浜古墳出土鏡（『聚英』14の3）　○奈良県奈良市都祁出土（伝）鏡

　次に最も簡単な式として円圏座の外方の平頂素圏帯がなくなり、突線1本がめぐった式がある。主文のS字形の外側に1禽をおくのが普通で、2禽をおく例は少ない。

　　○北朝鮮平安南道中和郡下道面法華里出土鏡（楽浪郡下1294）　○佐賀県神埼郡吉野ヶ里町三津永田弥生後期甕棺墓出土鏡　○九州大学玉泉館蔵鏡　○岡山県総社市清音鋳物師谷1号墳出土鏡（岡山大学蔵）　○和歌山県和歌山市井辺岩橋千塚古墳出土鏡　○和歌山県和歌山市滝ヶ峰弥生中期遺跡出土鏡片（『滝ヶ峰調査概報』）　○兵庫県姫路市坂元町宮山古墳出土鏡（『姫路市文化財調査報告書』Ⅰ）　○千葉県市原市姉崎二子塚古墳出土鏡（『考古学雑誌』37の3）

　八、異体字銘帯鏡は、前漢鏡のうちで、銘帯を主文様とする鏡式であり、種類はⅠ、連弧文銘帯鏡、Ⅱ、重圏単銘帯鏡、Ⅲ、単圏銘帯鏡、Ⅳ、重圏双銘帯鏡の4種とされ、鈕座には、連珠文鏡、円座、四葉座の3種がある。

Ⅰ。連弧文銘帯鏡

　まず、銘文の鏡式により次のように分ける。

　　C式　見日之光、長母相忘（または第2句が天下大明）
　　D式　絜清（または精）白而事君
　　E式　内清質以昭明、光輝象夫日月
　　Fa式　日有熹、月有富
　　G式　清治銅華以為鏡
　　H式　涷治鉛華清而明

この他に例は少ないが、次の詩文を銘としたものがある。

　　X式　姚皎光而燿美、挾佳都而承間、懷驩察而惟予、愛存神而不遷、得乎並執而不衰、清照晰而付君

これらの銘文の書体には小篆体、楔形体、ゴシック体の3種がある。以上を組合せてみると、実際に存在する鏡式は次のようになる。

　　第1は、鈕座が3種ともあり、銘では小篆体はないが、楔形体にC、D、E、Fa、Hの各式があり、ゴシック体にE、Fa、Hの各式がある。
　　第2式は、連珠文鈕座のみで、ゴシック書体のC式銘とE式銘のみである。
　　第3式は、円座鈕座のみで、楔形書体のC式銘とE式銘のみである。
　　第4式は、連珠文鈕座と四葉文座があり、銘帯の組合せは、小篆体にD＋E、C＋E、X＋Gの各種、楔形体にC＋C、E＋C、D＋C、Fa＋Eの3種がある。

　4種の文鈕座鏡式について連弧文銘帯鏡を銘式により次の5郡に大別する。事例は以下、中国東北地方、同雲南貴州・広西地方、及び韓国・日本の出土鏡事例のみを注記する。

①日光鏡（C式）　小形で、円座鈕に統一。径8.3cmから5cmの間が多い。銘文はC式で楔形の書体で「見日之光　天下大明」か、「長母相忘」にかえたものである。この1字ず

つの字間に渦文と菱形文を挿入している。

　　○遼寧省遼陽市蘆家屯古墳出土鏡（『聚英』17の7）　○遼寧省旅大市営城子貝墓出土鏡（学報1958の4、図5の5）　○雲南省晋寧県石寨山7号墓出土鏡（石寨山45の6）　○韓国慶尚北道氷川郡琴湖面出土鏡　2面　○福岡県福岡市丸尾台弥生式遺跡出土鏡　○福岡県糸島市三雲2号甕棺墓出土鏡　2面　○福岡県飯塚市立岩堀田34号弥生甕棺墓出土鏡（径4.9cm、立岩94）

②昭明鏡（明光鏡、E式）　銘式が「内清質以昭明、光輝象夫日月」とある。書体にゴシック体のものと楔形体のものとがある。書体のゴシック体のものでは、やや小形で、径14.8cmから7.7cmぐらいだが、11〜12cm大が最も多い。ほとんどが、素縁、円座鈕式であるが、僅かに複線文様や四葉座鈕のものがある。

　　○遼寧省旅大市営城子1号貝墓出土鏡（学報1958の4）　○内蒙古自治区磴口県陶生井1号漢墓出土鏡（『考古』1965の7）　○北朝鮮平壌市大同江区域貞柏里戉墳出土鏡　○長崎県対馬市櫛婿ガ在家出土鏡（『対馬』61の2）　○佐賀県武雄市北方椪島山箱式棺墓出土鏡（佐賀県博8）　○佐賀県神埼郡吉野ヶ里町三津永田弥生後期甕棺墓出土鏡（佐賀県博6）　○佐賀県三養基郡上峰町二塚山甕棺墓出土鏡　○佐賀県三養基郡上峰町堤弥生後期甕棺墓出土鏡（佐賀県博7）　○福岡県福岡市博多区下月隈宝満尾4号墳出土鏡（『宝満尾遺跡』38の1）　○福岡県朝倉郡筑前町東小田字峰出土鏡（中山平次郎『考古学雑誌』17の7、1927年）　○福岡県田川市鉄砲町箱式棺墓出土鏡

書体の楔形体のものでは、

　　○遼寧省旅大市営城子25号貝墓出土鏡（学報1958の4）　○広西省壮族自治区貴県漢墓出土鏡（通訊1956の4）

連珠文座のまわりに平頂素圏帯がなく、すぐ連弧文帯につづく。銘は楔形体である。

　　○内蒙古自治区察右後旗趙家房村匈奴墓出土鏡（『考古』1977の1）　○北朝鮮平壌市大同江区域出土鏡（楽浪郡下1281）

③清白鏡（D式）　銘式は「絜清白而事君」。書体はほぼ楔形体、連珠文座、平頂素圏を有する点は共通している。

　　○北朝鮮平壌市大同江区域出土鏡（楽浪郡下1281）　○長崎県対馬市上県町三根下ガヤノキF号石槨墓出土鏡（小田富士雄氏）　○佐賀県神埼郡吉野ヶ里町大曲弥生後期甕棺墓出土鏡　○佐賀県三養基郡上峰町二塚山甕棺墓出土鏡　○福岡県糸島市三雲弥生式甕棺墓出土鏡（京大報告Ⅺ附録）　○福岡県糸島市三雲南小路Ⅰ号甕棺墓出土鏡（福岡県報LⅢ）　○福岡県春日市須玖岡本町D地点出土鏡　○福岡県飯塚市立岩10号甕棺墓出土鏡（立岩90）　○福岡県飯塚市立岩35号甕棺墓出土鏡（立岩92）　○山口県下関市梶栗梶栗浜遺跡弥生式石棺墓出土鏡　○香川県高松市鶴市町御殿塚古墳出土鏡（京大報告Ⅹ）

円座鈕で平頂素圏帯のあるものに、楔形書体のものとゴシック体で楔形をなすものとがある。

　　○ウズベク共和国タシケント付近出土鏡

④日有熹鏡（Fa式）　書体はゴシック体で筆端が楔形になるものが多い。鏡式としては、連珠文座鈕に平頂素圏帯をもったものが多いが、四葉座鈕、円座鈕のものも少しはある。

　　〇北朝鮮平壌市大同江区域出土鏡（楽浪郡下1280）　〇ウズベク共和国ムンチャク・テペ出土鏡　〇福岡県飯塚市立岩堀田10号甕棺墓出土鏡　2面

⑤凍治鉛華鏡（H式）　書体はゴシック体で筆端が楔形になった式である。連珠文座鈕に平頂素圏のある式が多いが、四葉座鈕も少例ある。

　　〇河北省懐安県出土鏡（北沙城71の1）　〇北朝鮮平壌市大同江区域貞柏里127号墳出土鏡（『楽浪王光墓』79）　〇北朝鮮平壌市大同江区域出土鏡（楽浪郡下1279）　〇北朝鮮平壌市大同江区域石巌里212号墳出土鏡（梅原朝鮮資料133）　〇ロシア共和国コーカサス、テミル・ハン・スラ出土鏡（精華Ⅳ54）

Ⅱ．重圏単銘帯鏡

　数はあまり多くない。大半は外帯か内帯かのいずれか一つに、G式銘「清冱銅華以為鏡」を隷書体で入れている。そのうち、内帯にG式銘を入れ、外帯に斜角雷文を入れた類に、

　　〇雲南省晋寧県石寨山6号墓出土鏡（石寨山45の5）

　藤井有隣館蔵鏡は、この式で三重の連弧文帯からなり、外区の斜角雷文帯の間に「家常貴富」を一字ずつ散らす。

Ⅲ．単圏銘帯鏡

　九曜文座か円座の鈕をめぐった平頂素圏帯と、平素縁との間に、銘帯一つをもつものであり、そのうち狭縁式に、

　　〇遼寧省西豊県西岔溝匈奴墓出土鏡（『文物』1060の8・9合併号）　〇遼寧省遼陽市蘆家屯古墳出土鏡（『聚英』17の4）

　そのうち、広縁式に、

　　〇福岡県飯塚市立岩堀田39号甕棺墓出土鏡（立岩95、10号鏡）

Ⅳ．重圏双銘帯鏡

　二重の圏帯が銘帯をなすものである。まず、外圏にD式銘、内圏にE式銘をもつもので、小篆体でかかれたものとしては、羅振玉『古鏡図録』中4の鏡は最も整ったものである。これとほとんど同じ銘をもっている鏡が次である。

　　〇雲南省晋寧県石寨山20号墓出土鏡（石寨山45の4）　〇福岡県春日市須玖岡本出土鏡（京大報告Ⅺ21の1）　〇福岡県糸島市三雲出土鏡（京大報告Ⅺ附録）　〇福岡県飯塚市立岩堀田10号甕棺墓出土鏡（立岩7、3号鏡）

　また、同じく外圏にD式銘、内圏にE式銘をもっているが、書体が楔形のものもある。

　　〇福岡県糸島市三雲出土鏡　〇福岡県春日市須玖岡本出土鏡（京大報告Ⅺ21の2）　〇福岡県飯塚市立岩堀田10号甕棺墓出土鏡（立岩88、2号鏡）

　五島美術館蔵鏡の一鏡は、次の銘を小篆体で書いている。

〔外帯〕姚皎光而燿美兮、挾佳都而承間、懷驩察而惟予兮、愛存神而不遷、得並執而不

188　第一部　日本における三角縁神獣鏡研究史の問題点

　　　　　衰兮、清照晰而付君
〔内帯〕清治銅華以為鏡、昭察衣服観容貌、絲組雑還以為信、光宜佳人（G式）
　　　○福岡県飯塚市立岩堀田10号甕棺墓出土6号鏡（立岩6号鏡）
　次に、小篆体に似て、丸味のある書体で、一部に楔形の線端をもった字形でかかれ、外圏にはE式銘を、内圏にはC式銘を渦文の間に入れている鏡に、
　　　○福岡県飯塚市立岩28号甕棺墓出土鏡（立岩93、7号鏡）
　次に書体が楔形で、外圏にはE式銘を、内圏にはC式銘を渦文の間に入れている鏡に、
　　　○広東省広州市東北郊外前漢墓出土鏡（通訊1955の4）　○広西省壮族自治区貴県漢墓出土鏡（学報1957の1）

【前漢鏡の位置】
○前漢鏡は中国においてかなりの出土事例が知られる。
○これを大観すると、華北が華南よりも多く、特に河南省洛陽が一大センターをなす。これは戦国鏡が湖南省長沙を中心としたのと対照的である。
○河南省洛陽焼溝漢墓の調査によって、前漢、後漢代を通じて6期に分期されており、その各期の鏡の出土状況によって、漢鏡の編年を考える一つの手がかりを得ることができる。
○焼溝漢墓の調査報告書[20]に記載表示されている鏡の出土類次表を「前漢・王莽・後漢各時期鏡式出土類次表」（本書結語、結・表参照）とした。
○前漢最末期、実質的には王莽期になる第3期後期の連弧文銘帯鏡のスタイルで、はじめて紀年鏡が出現する。
　　　○北朝鮮平壌市大同江区域石巌里出土居摂元年鏡（前、第二章【漢1】参照）
四葉座の円鈕をめぐって平頂素圏帯と連弧文帯があり、その外の銘帯にゴシック的隷書体の銘がある。平縁には二重の鋸歯文があり、そのうちの一つは複線である。本鏡は後漢の内行花文鏡への移行形式として注目される。

　さて第五章の後漢式鏡は、一、内行花文鏡、二、方格規矩鏡（1、方格規矩四神鏡、2、方格規矩獣文鏡、3、方格規矩塼文鏡、4、方格規矩鳥文鏡、5、方格規矩渦文鏡、6、円圏規矩渦文鏡、7、方格乳文鏡）　三、獣帯鏡（1、細線式獣帯鏡、2、半肉彫獣帯鏡、3、盤龍座獣帯鏡、4、円圏鳥文鏡）　四、唐草文鏡、五、画象鏡、六、単夔鏡、七、夔鳳鏡、八、獣首鏡、九、盤龍鏡、十、飛禽鏡、十一、双頭龍鳳文鏡（位至三公鏡を含む）、十二、方銘獣文鏡、十三、環状乳神獣鏡、十四、重列神獣鏡、十五、三段式神仙鏡、十六、対置式神獣鏡、十七、求心式神獣鏡（画文帯仏像鏡を含む）、十八、画文帯回向式神獣鏡、十九、三角縁神獣鏡、二十、斜縁二神二獣鏡の20種に分類される。
　王莽期は中国鏡の画期であって、以後の後漢代に全く新しい鏡式を生み、これが三国・両晋・南北朝に続く。また、この時期の鏡は日本の古墳時代の鏡に大きな影響を与えた。

古墳時代の仿製鏡はこの中に包摂される。

一、内行花文鏡……内行花文鏡は形式分類に当たり、分類基準の要素として、つぎの3種の組合せがある。

　　　鈕座……A、四葉座　　　　　B、蝙蝠座　　　　　C、円座
　　　外帯……a、斜角雷文・重弧文　b、櫛目文　　　　 c、素文
　　　中帯……ア、櫛目文付素圏　　 イ、平頂素圏　　　 ウ、線圏　　　 エ、なし

A　四葉座鈕

① 　Aaア式は最も図文の精緻な類である。径16cm以上、特に20cmを超える大型品が多い。内行花文の間には結目文、山形文、小円文などをおいたものと、「壽如金石、佳且好兮」の8字を一つずつ置いたものとがある。四葉座の間に「長宜子孫」の4字を一つずつ置いている。

　　○佐賀県神埼郡吉野ヶ里町三津永田遺跡北方出土鏡（佐賀県博13）　○佐賀県神埼郡吉野ヶ里町大曲土壙墓出土鏡（佐賀県博11、12）　○佐賀県唐津市桜馬場出土鏡（乙益重隆）　○佐賀県三養基郡上峰町一本谷箱式石棺墓出土鏡（佐賀県博10）　○佐賀県三養基郡上峰町二塚山甕棺墓出土鏡　○福岡県糸島市平原古墳出土鏡　2面　○福岡県糸島郡二丈町田中銚子塚古墳出土鏡（糸島銚子塚12の2）　○福岡県京都郡みやこ町勝山上所田石蓋土壙墓出土鏡（『九州考古学』7・8合併号）　○宮崎県児湯郡高鍋町持田、持田38号墳出土鏡（持田23の1）　○岡山県瀬戸内市長船町服部花光寺山古墳出土鏡（原始107）　○兵庫県加古川市上荘町薬栗長慶寺山1号墳出土鏡　○兵庫県加古郡播磨町大中遺跡出土鏡（『播磨大中』60）　○兵庫県尼崎市塚口池田山古墳出土鏡（兵庫県報Ⅱ）　○京都府木津川市山城町椿井大塚山古墳出土鏡（椿井9の1）　○奈良県天理市柳本町天神山古墳出土鏡　4面（大和天神山3号、4号、17号、20号）　○岐阜県岐阜市鷲谷瑞龍寺山頂出土鏡（『考古学雑誌』53の1）　2面　○三重県松阪市清生町茶臼山古墳出土鏡　○静岡県磐田市新貝松林山古墳出土鏡

② 　Aaイ式は、四葉座の外方の平頂素圏の内側に櫛目文帯を付けていない点がAaア式と異なる。それに伴って斜角雷文帯の渦文が一重の小円になり、斜角雷文の線の数が少なくなったり、平行線になったりする。内行花文の間には山形文か円圏文が多く、結目文や銘文はなくなる。四葉座の間の銘は、「長宜子孫」のほかに、「長生宜子」や「君宜高官」が入ったり、銘がなく小円で代えたものもある。紀年銘を持った鏡（第二章【漢4】後漢永平七年内行花文鏡）が1面ある。斜角雷文の渦文が一重の小円圏になり、その一画に「永平七年正月作」、他の一画に「公孫家作竟」の銘を入れる。内行花文の間には結目文の簡略形があり、四葉座の銘は、「竟直三百」とある。

　　○福岡県福岡市南区上曰佐、曰佐原15号墳出土鏡　○福岡県嘉麻市飯田笹原箱式石棺墓出土鏡（『嘉穂地方史』315）　○福岡県田川郡香春町採銅所宮原出土鏡　○福岡県田川市伊田町伊加利出土鏡（『聚英』20の2）　○福岡県行橋市稲童石並出土鏡　○岡山県岡山市湯迫車塚古墳出土

鏡　　○兵庫県加古川市神野町西条52号墳出土鏡　　○兵庫県神戸市須磨区板宿得能山古墳出土鏡　　○京都府相楽郡和束町門前三本柿ノ木塚古墳出土鏡（京都府報ⅩⅫ12の2）　○奈良県奈良市古市町古市方形墳出土鏡（『奈良市史』考古編109）　○和歌山県有田市宮原町東円満寺古墳出土鏡　　○山梨県甲府市下曾祢町銚子塚古墳出土鏡（『史蹟調査報告』5）

次の3面はこの類に近いが、斜角雷文帯は小点を入れた小円圏だけがあって、斜角雷文がなくなっている。

　　○宮崎県児湯郡高鍋町持田持田14号墳出土鏡（持田23の1）　○静岡県磐田市東貝塚堂山古墳出土鏡（『静岡県史』考古編）　○神奈川県内出土鏡（「東京国立博物館蔵鏡」4816）

③　Ａｃイ式は、四葉座の間に「長宜子孫」を入れたものが多いが、「生如山石」「君宜高官」を入れた例もある。

　　○北朝鮮平壌市大同江区域楽浪郡古墳出土鏡（楽浪郡下1265、1266、1267、梅原末治朝鮮資料690、691、721）　○北朝鮮平壌市楽浪里85号墳西室出土鏡（径14.2cm）　○京都府長岡京市長法寺南原古墳出土鏡

④　Ａｃエ式は、斜角雷文帯と素圏帯のない式であるが、類例はかなりある。四葉文の尖端が内行花文の一つおきの谷間に入り、もう一つの谷間には一字ずつの4字銘を入れているので、全体としてはよくまとまっている。4字銘は「長宜子孫」のほかに、「長生宜子」や「君宜高官」、「三羊作竟」などがある。

　　○北朝鮮平壌市大同江区域石巌里出土鏡　3面（梅原末治朝鮮資料716、楽浪郡下1273）　○北朝鮮平安南道銀山郡南玉里2号墓出土鏡

⑤　Ａａエ式は、極めて稀である。欠けてはいるが整った斜角雷文帯や四葉座鈕の間の「孫」字がよく残る。

　　○長崎県北松浦郡大島村的山川内勝負田古墳出土鏡

Ｂ、蝙蝠座鈕　外帯に斜角雷文をもつものはない。

①　Ｂｂイ式が少例ある。

　　○福岡県福岡市南区老司老司古墳第3号石室出土鏡は径12.8cm、外帯の櫛目文帯と内行花文帯との間に2本の同心円文がある。蝙蝠座鈕の間には「君宜高官」の銘がある。老司古墳は5世紀初頭に比定され、三角縁神獣鏡の縁部、前漢式規矩鏡などの古い鏡と、時代の下る櫛目文鏡がでている。

　　○群馬県佐波郡玉村町角淵軍配山古墳出土鏡は、外帯が中黒の小圏文帯からなるもので、同じ小圏文を内行花文帯の間と、蝙蝠座鈕・四葉座鈕の間にも入れている。

　　○京都府八幡市美濃山美濃山王塚古墳出土鏡（京都府報Ⅱ32）は縁部が欠けているが、櫛目文帯をなし、「君宜高官」の銘を付けた式である。

②　Ｂｃイ式　外帯が素文帯をなすのを主流としている。櫛目文帯は外帯にも中帯にもつかない。中帯に平頂素圏がある。銘は内行花文帯と蝙蝠座鈕の間に一字ずつ入れるのを通例とするが、内行花文帯の方では、珠文や圏文と交互に入れることもあり、また、全

く銘を入れない類もある。銘には次の例が多い。

〔鈕座銘〕「長生宜子」「長宜子孫」「君宜高官」

〔内行花文帯銘〕「延壽萬年利父母兮」「壽如金石」「明如日月、位至三公」「位至三公」

○遼寧省遼陽市三道壕7号晋墓出土鏡（『文物参攷資料』1955の11）　○内蒙古自治区察右後旗趙家房村匈奴墓出土鏡（『考古』1977の2）　○新疆ウイグル自治区出土鏡（『新疆出土文物』）　○ウズベク共和国タシケント付近出土鏡（タシケント歴史民族博物館蔵）　○北朝鮮平壌市大同江区域石巌里255号墳出土鏡（梅原末治朝鮮資料4414）　○北朝鮮平壌市大同江区域石巌里出土鏡　2面（鑑鏡）　○北朝鮮平壌市大同江区域出土鏡　2面（楽浪郡下1262、1263、1264、1266、1269、1270）　○北朝鮮平壌市大同江区域出土鏡（梅原末治朝鮮資料692、693、720、727、730、754、757、763）　○福岡県飯塚市西佐与谷頭出土鏡（『嘉穂地方史』317）　○福岡県大牟田市黄金町潜塚古墳出土鏡（九州大学蔵）　○宮崎県宮崎市広島所在古墳出土鏡　○香川県高松市鶴市町御殿猫塚古墳出土鏡（京大報告XII10の1）　○岐阜県可児市広見御嶽古墳出土鏡（『岐阜県史』814）　○兵庫県龍野市白鷺山石棺墓出土鏡

③　Ｂｃエ式　中帯の平頂素圏がなくなった式で、鈕座の間に「長宜子孫」などの銘がある。

○遼寧省旅大市刁家屯漢墓出土鏡（京都大学蔵）　○内蒙古自治区察右後旗趙家房村匈奴墓出土鏡（『考古』1977の2）　○北朝鮮平壌市大同江面出土鏡（楽浪郡下1271、1272、1276）　○福岡県行橋市前田山遺跡出土鏡　○愛媛県川之江市妻鳥町東宮山古墳出土鏡（宮内庁86）　○松江市大草町有岡田山1号墳出土鏡

Ｃ、円圏座鈕　Ｃａイ式とＣａウ式で、ともに内行花文帯の外方に斜角雷文帯があり、内方に平頂素圏帯または突線圏のある式である。

○遼寧省遼陽市伯官屯漢魏墓出土鏡（『考古』1964の11）　○北朝鮮平壌市大同江区域王盱墓出土鏡（原田淑人『楽浪』103の1）　○北朝鮮平壌市大同郡美林里出土鏡（綜鑑Ⅰ75）　○北朝鮮平壌市大同江区域出土鏡（楽浪郡下1259、1260、1261）　○キルギス共和国パミール・アライキ出土鏡（エルミタージュ博物館蔵）　○奈良県橿原市新沢千塚出土鏡　○奈良県桜井市池之内1号墳東棺墓出土鏡　○京都府与謝郡与謝野町姥子山古墳出土鏡

二、方格規矩鏡

　鏡背の内区が方格と規矩文によって分割され、その中の細線式表現による四神その他の霊獣を配しており、一般に四神鏡といわれる。しかし、四神文のない霊獣だけのもの、あるいは八禽を配したもの、渦文だけのものもある。これらを総称して「方格規矩鏡」という。この樋口氏の定義は分かり易く、正確である。また、日本でも高橋健自氏や富岡謙蔵氏など、早くからＴ・Ｌ・Ｖの各文字様に注目し、先の第一章の後藤守一氏の著書にはＴＬＶ式鏡という鏡名が見えた。樋口氏によれば、方格規矩鏡はＴＬＶ文の間に施された

細線式図文によって、四神鏡、瑞龍鏡、博文鏡、鳥文鏡、渦文鏡の数種に分類され、その早いものは前漢に出現し、後漢時代全期を通じ、三国時代まで及んだという。

1　方格規矩四神鏡

樋口氏は外区の文様により、各種に分けその特徴と事例を挙げる。中国内地以外の例を引用しよう。

A、平素縁四神鏡　縁が幅広くて文様がなく、小さな半球鈕に四葉座があり、その外側に方格がある。主文区はＴＬＶ文と方格の４つの隅に配した４乳があり、その間に細線の四神文を配していて、外帯は幅の広い斜櫛目文帯だけで、銘帯や文様の圏帯がない。壽県出土鏡は四神文の代わりに虎を射る神仙、飛鳥をあやつる神像、３魚と神仙、樹木と神仙などの画象文を入れている。前漢式鏡に近く、前漢末から王莽期の製作とする。

B、凹帯縁四神鏡　平縁の中央に凹んだ圏帯があって、そこに複線の三角文帯を入れるか、銘帯を入れた式がある。洛陽西郊外7052王莽期墓出土鏡は四神に添えて神仙、蟾蜍、禽鳥の小像を配し、縁の凹帯には複線文の代わりに小篆体の銘文「上泰山云々」を入れている。

　　○京都府八幡市美濃山古墳出土鏡（京都府報Ⅱ33）

四神の代わりに３虎と１朱鳥文を入れている。また河南省出土鏡には２龍、２虎を入れ、Ｌ字文と４乳を欠く。守屋孝蔵氏蔵鏡には２龍２虎をＴのみある内区に配し、縁の凹帯には四神像とその間に「左龍右虎主四旁」「朱鳥玄武順陰陽」の銘を入れている。八像式には次がある。

　　○北朝鮮平壌市大同江区域石巌里257号墳出土鏡（梅原朝鮮資料4421）　○広西省壮族自治区梧州市低山出土鏡

C、流雲文縁四神鏡　方格規矩鏡のうち最も数が多く、変化も多様である。図文の精粗により３群に分ける。

Ⅰ式　最も精緻な型式、主文の８像に小像を付加したもので、８乳は連弧文座、方格内には十二支の銘があり、銘帯か完銘を入れている。四神像は各辺の右側におかれるが、龍と虎には、各像の前に日、月の図像を加えている。四神の左側におかれた像は、一角長尾の獣、鹿、鳳、騎獣の仙人などがある。銘文中の天禄や辟邪が表現されているのであろう。それに小像がＴＬの間などに入れられるか、小禽、熊人、蟾蜍などが入る。

　　○北朝鮮平壌市大同江区域楽浪郡遺跡出土鏡（守屋孝蔵氏蔵鏡）　○北朝鮮平壌市大同江区域楽浪郡遺跡出土鏡（梅原朝鮮資料782、808）　○韓国慶尚南道金海郡金海区鳳凰泊出土鏡（『韓国青銅器特別展図録』56）　○佐賀県唐津市桜馬場弥生甕棺墓出土鏡　○大阪府茨木市宿久庄紫金山古墳出土鏡　○奈良県天理市柳本町天神山古墳出土鏡　３面（大和天神山１号、８号、９号）

Ⅱ式　８像の完形のみを配しただけで小像群がないグループである。８像の間を小さな渦草文でうめる。富岡謙蔵氏蔵鏡は四葉座八乳で「漢有善銅」の銘がある。その他、「桼

言之始自有紀」「棽言之紀従鏡始」「尚方作之佳且好明而日月」などの銘文が現われる。銘文のないもの、鍍金鏡もある。

　　○広西省壮族自治区貴県漢墓出土鏡（学報1957の1）　○北朝鮮平壌市大同江区域石巌里2号墳出土鏡（梅原朝鮮資料1）　○北朝鮮平壌市大同江区域石巌里出土鏡（梅原朝鮮資料3）　○北朝鮮平壌市大同江区域船橋里出土鏡（梅原朝鮮資料221）　○北朝鮮平壌市大同江区域楽浪郡古墳出土鏡（白神5の6）　○韓国慶尚北道酒村面良洞里出土鏡（『考古美術』106）　○福岡県糸島市井原鑓溝出土鏡（梅原末治『日本考古学論攷』55、56、57、58）　○福岡県糸島市平原古墳出土鏡（『原始』160）　○福岡県糸島郡二丈町田中銚子塚古墳出土鏡　○奈良県北葛城郡河合町佐味田宝塚古墳出土鏡　○愛媛県松山市御幸町寺山古墳出土鏡

Ⅲ式　8像はあるが、間地の渦草文は消えてしまう。8乳は円座の一種類で他はない。方格内に銘あるものは少なく、大半は銘も乳もない。

　　○北朝鮮平壌市大同江区域石巌里出土鏡（楽浪郡下1300）

D、獣文縁四神鏡　外区の文様が平彫影絵風に表現された獣文からなるもの。各種の鳥獣文の間に雲文を配して画象風の趣を呈するものと、4獣の後尾が唐草化したものを入れたものとがある。

Ⅰ式　8乳が連弧文座をなす類では、朱雀玄武鏡は画象風の獣文縁で大泉五十銭を加える。内区外側には菱文帯があり、方格内の銘は小篆体の長銘である。この式の銘は「漢有善銅出丹陽」式が多い。

　　○甘粛省武威県磨咀子漢墓出土鏡（『考古』1960の9）　○香川県高松市鶴市町御殿塚古墳出土鏡

Ⅱ式　8乳が連弧文座または円座のもので、外区の獣文帯は4獣の唐草化したものを入れている。主文は8像のみ。銘は「漢有善銅出丹陽」式が多く、ついで「尚方作竟真大好」式がある。楽浪郡鏡には「吾作明竟真大好、上有東王父西王母」などの銘文が現われる。ただ樋口氏は東王父西王母の図像は四神鏡とは係りあいがないとするが、これは修正すべきで、図像と銘文とは密接に関係する。いずれも長寿命長を期待する。ただそれが道教的だとするのは誤解である。単なる鏡の効能を記したものである。

　　○北朝鮮平壌市大同江区域龍淵面道済里50号墳出土鏡（梅原朝鮮資料206）　○福岡県糸島市井原出土鏡　○香川県丸亀市綾歌町栗熊東快天山古墳出土鏡

E、複波鋸歯文縁四神鏡　外区が複波文帯と鋸歯文帯とからなる式であるが、これに両者一圏ずつのものと、複波文帯を中央にその内外2圏に鋸歯文帯をもつものとがある。

　（一）複波文帯1圏、鋸歯文帯2圏からなるもの。

　　○ヴェトナム共和国ハノイ市七塔出土鏡（ハノイ9）　○北朝鮮平安南道（平壌市）大同江区域貞柏里127号墳出土鏡（『楽浪王光墓』78）　○北朝鮮平壌市大同江区域梧野里採土場出土鏡（梅原朝鮮資料251、763）　○北朝鮮黄海北道黄州郡順川里土洞出土鏡　○韓国全羅北道公州武寧王陵出土鏡　○佐賀県神埼郡吉野ヶ里町横田弥生後期甕棺遺跡出土鏡（『九州考古学』41―

44合併号）　○佐賀県神埼郡吉野ヶ里町在川松葉丘弥生後期箱式棺墓出土鏡　○福岡県糸島市平原古墳出土鏡　○京都府木津川市山城町椿井大塚山古墳出土鏡　○奈良県天理市柳本町天神山古墳出土鏡（大和天神山16号）　○石川県加賀市分校町カン山1号古墳出土鏡（『古代文化』1977の9）　○伝長野県長野市篠ノ井石川湯の入川柳将軍塚古墳出土鏡　○遼寧省遼陽市伯官屯漢魏墓出土鏡（『考古』1964の3，3）

　（二）外区に複波文帯と鋸歯文帯とを1圏ずつ持つ類。十二支銘なく、代わりに「長宜子孫」とある。

　○内蒙古自治区ジャライノール古墓出土鏡（『文物』1961の9）　○福岡県福岡市南区老司老司古墳第3号石室出土鏡　○佐賀県武雄市北方町芦原椛島山弥生後期箱式棺墓出土鏡　○佐賀県唐津市鏡町今屋敷古墳出土鏡（『聚英』32の3）　○大阪府藤井寺市道明寺町珠金塚出土鏡

F、唐草文縁四神鏡　外区が唐草文をなす類であるが、その唐草には、1，忍冬唐草文風のC繋ぎ唐草文、2，逆S字唐草文、3，渦雲文風唐草文の3種になる。

　○福岡県糸島市井原出土鏡　○福岡県嘉麻市飯田五穀神社内出土鏡（『九州考古学』41—44合併号）

G、方格規矩円圏四神鏡　方格規矩四神鏡の一種であるが、内区の外方にあるべき銘帯が主文区の中央をめぐっている。そのため主文区が内外の2区に分かれ、外区はLV文と獣形8像の円圏となり、内区にはT文と8乳が入る。外区の文様には四神鏡と同じ種類がある。銘は「上泰山鳳王侯兮、見神鮮葆長命兮」や方格に「長宜子孫」を入れて主銘を「漢有善銅出丹陽」としたものがある。

H、円圏規矩四神鏡　中心に方格がなくて、円圏となっているので獣帯鏡と同じ構図となるが、主文区はTLV文と4乳、または8乳の間に8像を置いたもので、四神鏡の変形と見なしたほうがよい。

2　方格規矩獣文鏡

　四神鏡と同じ構図であるが、主文が四神ではなく、霊獣、鳳鳥類を入れた式である。4獣式と8獣式がある。

　○北朝鮮平壌市大同江区域出土鏡（楽浪郡下1302，1303）　○福岡県嘉麻市飯田五穀神社内出土鏡（『九州考古学』41—44合併号）

3　方格規矩塼文鏡

　方格規矩鏡の一種で、T文とL文との間を方格と平行に走る文様帯があり、その文様が墓塼の菱形文を思わせる。この文様帯の内側及び外側、すなわちTとLとの両側に禽獣文を入れている。

　○福岡県春日市須玖岡本B地点出土鏡（京大報告XI 30の1）

4　方格規矩鳥文鏡

　四神鏡と同じ構図であるが、図文が四神や瑞獣ではなく、小禽だけをT字文の両側に配置したもの。8乳式と4乳式がある。8乳式では、

○鳥取県東伯郡湯梨浜町橋津馬の山古墳出土鏡　○兵庫県朝来市和田山町城の山古墳出土鏡（『城の山』17）　○北朝鮮平壌市大同江区域石巌里出土鏡（梅原朝鮮資料796）　○北朝鮮平壌市大同江区域貞柏里122号墳出土鏡（梅原朝鮮資料181）　○北朝鮮平壌市大同江区域出土鏡（楽浪郡下1298）　○韓国慶尚南道慶州皇南洞98号南墳出土鏡　○ヴェトナム共和国ニヴェ出土鏡（ハノイ7）　○大阪府藤井寺市道明寺町鞍塚古墳出土鏡　○佐賀県佐賀市大和町十三塚弥生後期箱式棺墓出土鏡（佐賀県博21）

4乳式では、

○北朝鮮平壌市大同江区域楽浪郡古墳出土鏡（楽浪郡下1304）　○北朝鮮平壌市大同江区域梧野里採土場出土鏡（梅原朝鮮資料245）　○北朝鮮平壌市大同江区域萬景台土壙墓出土鏡（『考古資料集』3、1963年）　○韓国ソウル崇田大学校蔵鏡　○大阪府高槻市南天台弁天山Ｂ2号墳出土鏡（『高槻市史』Ⅵ185の1）

無乳式では、

○大阪府藤井寺市道明寺町珠金塚古墳北槨出土鏡

5　方格規矩渦文鏡

　方格規矩鏡のグループで、四神や禽獣などの図像がなく、間地を塡めるに渦状文だけのもの。構図上は四神鏡の類と同じ変形がある。

A、平素縁式

○佐賀県唐津市桜馬場弥生甕棺墓出土鏡

B、凹帯複波文縁式

C、流雲文縁式

D、唐草文縁式

E、獣文縁式

F、複波鋸歯文縁式

○北朝鮮平壌市大同江区域出土鏡（楽浪郡下1301）　○ヴェトナム共和国タンホア出土鏡（ハノイ14）　○北朝鮮平壌市大同江区域出土鏡（楽浪郡下1305）　○韓国慶尚北道新羅里富徳里水駅洞出土鏡　○福岡県福岡市西区西新町藤崎出土鏡（『考古学雑誌』9の3）　○長崎県対馬市上対馬町古里塔の首4号石槨墓出土鏡（小田富士雄氏）

6　円圏規矩渦文鏡

　主文区に方格がなくて円圏をなし、そこにＴ字文またはＬ字文を4個置き、渦文を介在させた文様の鏡である。景元四年銘鏡は外区が凹帯一圏の平縁である。内区は外帯に櫛目文帯と逆Ｓ字形唐草文帯を置き、内帯にはＴ字形4個との間に8乳と「君宜高官」の銘を1字ずつ置いている。鈕のまわりの円圏には「景元四年八月七日右尚方工作立」という銘がある。三国魏の鏡であり、この鏡は規矩文の最下限を示す例とされた。

○北朝鮮平壌市付近出土鏡（白神5の4）　○北朝鮮平壌市大同江区域梧野里採土場出土鏡（楽浪郡下1334）　○韓国忠清南道扶余郡場岩面下皇里出土鏡（『仏教芸術』83）　○長野県長野

市篠ノ井石川湯の入川柳出土鏡

7　方格乳文鏡

徑9cm以下の小形鏡で、内区を大きな方格で占め、それに4乳を配したもの。

　　○北朝鮮平壌市大同江面出土鏡（楽浪郡下1306）　○北朝鮮平壌市大同江区域楽浪郡出土鏡（岩窟2中50）　○佐賀県唐津市半田矢作出土鏡（佐賀県博53）　○佐賀県神埼市神埼町志波屋寺ヶ里出土鏡

三、獣帯鏡

　円圏帯をなす内区に獣形を主とし、ときに禽形、神仙像を混えて、8ないし4像を環繞式に配したもの。各像の間には乳を置いている。図像の表現に細線式と半肉彫式とがある。

1　細線式獣帯鏡

この類は図文の表現及び内容が四神鏡に近く、外区文様、鈕座なども、四神鏡と同じものが使われているが、多少異なる要素が出てくる。縁はほとんど平縁であるが、斜縁も少数ある。外区の文様は四神鏡にあった各種のほかに、葉文、連渦文が加わる。鈕座は連珠文座、四葉座、円座のほかに、特殊なものとして盤龍座がある。そのほかに内副圏として、平頂素文圏、小乳渦文圏、内行花文圏、唐草文圏、鋸歯文圏、有節重弧文圏、銘帯圏などがある。主文区はその外方にあり、8ないし6乳によって分画されるが、7乳式が多い。乳は連珠文座、四葉座、円座のいずれかを付けている。細線式の主文は龍、朱鳥、一角獣、虎、長尾獣、玄武、神仙像の組合せが多いが、他の獣もある。銘文中には「距虚・辟邪除群凶、師子・天禄会是中」などの区がある。獅子・天禄・辟邪の登場は後漢時代らしく、西方の獣である。文献的には『漢書』西域伝が初見とされる。

A、素縁式

　　○新疆維吾爾自治区焉耆県黒疙瘩出土鏡（『新疆出土文物』19）　○広西省壮族自治区貴県漢墓出土鏡（学報1957の1）　○福岡県春日市小倉弥生式中期遺跡出土鏡

B、凹帯複波文縁式　平縁に1圏の凹帯があって、複波文を入れた式である。四神や2龍2虎、または他の禽獣

　　○北朝鮮平壌市大同江楽浪郡出土鏡（楽浪郡下1325, 1326）　○佐賀県三養基郡上峰町二塚山29号墓出土鏡

C、流雲文縁、獣文縁、画象文縁、複波鋸歯文縁式

　細線式獣帯鏡の盛行の中心は後漢代である。外区の文様は、四神鏡と同じく、流雲文、獣文、画象文、複波鋸歯文などがある。内区は半球鈕に円座、四葉座、鋸歯文座のいずれかがあり、特殊なものとして盤龍座がある。有節重弧文圏その外に平頂素文圏、小乳渦文圏、唐草文圏、内行花文帯、銘帯などを付けている。主文区はその外方にあり、8ないし6乳によって分画されるが、7乳式が多い。乳は連弧文座、四葉座、円座の3種

がある。

獣文縁 8 像式の最も複雑なものでは

○愛媛県今治市朝倉下満願寺古墳出土鏡は「長相思、毋□忘、楽未央」の銘がある。

流雲文縁 7 像式連弧文座乳では、

○北朝鮮平壌市大同江区域出土鏡（楽浪郡下1329）

獣文縁 7 像式連弧文座 7 乳式では、

○韓国全羅北道公州武寧王陵出土鏡　○大阪府茨木市福井海北塚古墳出土鏡（『聚英』41の4）

四葉座 7 像式 7 乳式では、

○伝仁徳陵出土鏡　○奈良県奈良市大安寺町杉山古墳出土鏡　○大阪府高槻市土室町石塚古墳出土鏡（『高槻市史』Ⅵ200）　○大阪府豊中市桜塚古墳出土鏡

円座 7 像式 7 乳式では、

○岐阜県揖斐郡大野町野城塚古墳出土鏡　○北朝鮮平壌市大同江区域王旴墓出土鏡（東京帝国大学文学部編『楽浪』102の4）

6 像式連弧文座 6 乳式では、主文の 6 像中には玄武がない。

○外蒙古ノイン・ウラ出土鏡（梅原末治『蒙古ノイン・ウラ発見の遺物』71の2、1960年）

流雲文縁 6 像式では、

○北朝鮮平壌市大同江楽浪郡出土鏡（梅原朝鮮資料836）　○奈良県御所市三室西浦古墳出土鏡（『聚英』41の2）

鋸歯文縁 6 像式では、

○伝三重県松阪市山室町出土鏡

流雲文縁 5 像式連弧文座 5 乳式では、

○佐賀県神埼郡吉野ヶ里町三津永田弥生後期甕棺墓出土鏡　5 像には玄武を欠き、神仙を入れている。

複波鋸歯文縁 4 像式では、

○北朝鮮平壌市大同江楽浪郡出土鏡（梅原朝鮮資料182、楽浪郡下1325）

2　半肉彫式獣帯鏡　主文区が円圏をなし、乳で分画した中に禽獣文を配置する構図は細線式獣帯鏡とかわらない。ただ、禽獣文の表現が薄い肉彫式である。文様を構成する各部の要素は多様である。まず縁の断面によって平縁と斜縁とがあり、主文の数が 4 より 7 まであり、それに外区、鈕座の種類が組み合わさり多くの形式になる。

A、平縁式　外区には、流雲文縁、画象文縁、獣帯縁が多い。主文区を分かつ小乳には連弧文座、四葉座、円座があり、主文の禽獣形は、霊獣のほかに神仙像もある。四神を含むものと、含まないものとがあり、鈕座をめぐる連珠文圏には乳間に、「宜子孫」などの銘を入れる。銘帯のあるものは少ないが、「真大好」式の銘がある。

7 像式

○韓国全羅北道公州武寧王陵出土鏡　○群馬県高崎市綿貫町観音山古墳出土鏡　○滋賀県野洲

市三上山下古墳出土鏡　2面　○熊本県玉名郡和水町江田船山古墳出土鏡　○宮崎県児湯郡新富町新田山ノ坊古墳出土鏡　2面（宮崎県報XI33）　○宮崎県児湯郡高鍋町持田持田1号墳出土鏡　○熊本県宇土郡不知火町長崎国越古墳出土鏡　○伝韓国出土鏡　○北朝鮮平壌市大同江区域楽浪郡出土鏡（熱海美術館蔵、『史林』24の2）

6像式画象文鏡　四葉座6乳の間に霊獣6を入れ、内側の銘帯に「呂氏作竟、□且明」などの銘を入れる。

○北朝鮮平壌市大同江区域貞柏里出土鏡（梅原朝鮮資料67）

5乳5像式

○大阪府枚方市枚方万年山古墳出土鏡（東京大学人類学教室蔵）

B、平素縁式　6像式と4像式とがある。

6像式では、円座6乳の間に走獣、鹿、禽、仙人などを入れたもので、銘帯には「上方乍竟、真大工」の省略銘を入れ、鈕のまわりには弦文（突帯）がめぐっている。

○岡山県山陽市吉原6号墳出土鏡　○北朝鮮平壌市大同江区域楽浪郡出土鏡

4像式では、3獣1禽、または2獣2禽を円座4乳の間に入れ、銘帯は「上方作竟、真大工」の省略銘が多い。なお、この類は中国製であるのに、中国での確かな出土事例が少ない。

○佐賀県佐賀市久保泉町熊本山古墳出土鏡（佐賀県博38）　○徳島県徳島市名東町節句山2号墳出土鏡（『眉山周辺の古墳』）　○愛媛県今治市伊賀山相の谷1号墳出土鏡　○京都府八幡市美濃山美濃山王塚古墳出土鏡（東京国立博物館蔵鏡9822）　○奈良県生駒郡古墳出土鏡（五島美術館蔵鏡260）　○愛知県岡崎市岩津町岩津1号墳出土鏡　○群馬県太田市矢場薬師塚古墳出土鏡（聚英75の3）

C、斜縁式　平縁の外縁が外区よりも高く盛り上ってくる傾向があるが、三角縁ほど高く、鋭角でない類を斜縁とよんでおく、この類では外区の文様が複波鋸歯文縁になるのが大勢を占めるが、獣文縁、唐草文縁もある。

4像式で、画象文縁、唐草文縁のものには次の諸例がある。

○北朝鮮平壌市大同江区域楽浪郡出土鏡（梅原朝鮮資料883）

複波鋸歯文縁6像式では、玄武がなく龍虎禽のほかに鹿や神仙をいれている。銘帯には「真大工」式銘の省略銘が多く、「幽凍三商」式銘も現われる。鈕のまわりの圏帯に小乳と渦文と「宜子孫」銘を入れている。

○北朝鮮平壌市大同江区域貞柏里221号墳出土鏡（梅原朝鮮資料7096）

複波鋸歯文縁6像式の他では鈕のまわりの銘と小乳の圏がない。

○北朝鮮黄海北道鳳山郡松山里1号墳出土鏡（梅原朝鮮資料207）　○北朝鮮平壌市大同江区域楽浪郡遺跡出土鏡（梅原朝鮮資料843）　○長崎県平戸市大久保町田助古墳出土鏡（『平戸調査報告』）　○広島県広島市高陽町中小田1号墳出土鏡　○広島県三次市四拾貫町四拾貫9号墳出土鏡　○香川県高松市鶴市町御殿塚出土鏡　○香川県高松市鬼無町佐料今岡古墳出土鏡（『さ

ぬきの遺跡』）　〇徳島県鳴門市池谷天河別神社5号墳出土鏡　〇島根県雲南市三刀屋町松本1号墳出土鏡（『松本古墳調査報告』）　〇伝鳥取県八頭郡八頭町郡家付近出土鏡　〇京都府京都市西京区樫原百々ヶ池古墳出土鏡（京都府報Ⅱ）　〇奈良県天理市柳本町天神山古墳出土鏡（大和天神山27号）　〇愛知県名古屋市守山区吉根笹ヶ根1号墳出土鏡　〇長野県松本市中山仁能田中山36号墳出土鏡（松本民俗資料館蔵、『信濃』24）

複波鋸歯文縁4像式では、

〇北朝鮮平壌市楽浪郡出土鏡（京都大学蔵）　〇北朝鮮平壌市大同江区域出土鏡（楽浪郡下1323）　〇福岡県うきは市吉井町若宮月ノ岡古墳出土鏡　〇福岡県飯塚市忠隈1号墳出土鏡（『嘉穂地方史』）　〇福岡県京都郡出土鏡　〇香川県高松市鶴市町御殿塚出土鏡　〇岡山県岡山市日近町磯尾籠山古墳出土鏡（東京国立博物館蔵鏡）　〇兵庫県朝来市和田山町東谷城の山古墳出土鏡（城の山15）　〇兵庫県たつの市揖西町龍子三ツ塚古墳出土鏡　〇岐阜県本巣市糸貫町郡府舟木山24号墳出土鏡　〇長野県松本市出川町弘法山古墳出土鏡（『信濃』27の4）　〇千葉県木更津市小浜手子塚古墳出土鏡　〇群馬県前橋市後閑町坊山天神山古墳出土鏡

銘帯には「幽凍三商」式、「真大工」式、「上方作竟、自有紀」、「吾作明竟」などがある。前橋天神山古墳出土鏡は4獣がくずれて仿製的であるが、銘は「尚方作竟、大無傷」式のしっかりしたものである。

3　**盤龍座獣帯鏡**　鈕のまわりに半肉彫の獣帯文があり、その外方の主文が獣帯をなすものである。この主文の獣文には細線式と半肉彫式とがある。細線式の最も精緻なものは、

〇北朝鮮平壌市楽浪2号墳出土鏡（楽浪郡上555）

である。径23.6cmの大形で、盤龍座も4頭式のととのったもので、盤龍鏡と獣帯鏡を合成した鏡とみることができる。平縁には唐草文帯があり、内区は、四葉座の乳7個の間に四神像と騎鹿の神仙、その他の瑞獣を配している。「青蓋作竟、大母傷」以下の長銘がある。その他には、主文の獣帯が半肉彫のもの多く、以下がある。

〇広西省壮族自治区梧州市旺歩出土元和三年鏡（広西123、紀元86年）　〇北朝鮮平壌市大同江区域貞柏里13号墳出土鏡（梅原朝鮮資料162）　〇大阪府枚方市枚方万年山古墳出土鏡（東京大学人類学教室蔵）　〇京都府京都市西京区樫原大亀谷町一本松古墳出土鏡　〇兵庫県たつの市新宮町吉島松山古墳出土鏡（兵庫県報Ⅱ）

4　**円圏鳥文鏡**　細線式獣帯鏡の獣文に代わって禽鳥文だけを配した類をいう。製作時期も細線式獣帯鏡と一致する。

A、**平素縁四乳八禽式**　主文区の円圏帯文は、4乳によって4分画され、各区に向かい合った双禽文を置いた構図である。

〇遼寧省旅大市営城子20号前漢末期貝墓出土鏡（学報1958の4、5の3）

八禽形が左向きに並び、連珠文座鈕の外側に内行花文帯と斜角雷文帯をつけている。その他の鏡はほとんど小禽形2を対置させた文様で、円座鈕のまわりには平頂素文圏か突線圏1本をめぐらした式である。

200　第一部　日本における三角縁神獣鏡研究史の問題点

　　　○北朝鮮平壌市大同江区域助王里出土鏡（楽浪郡下1293）　○鳥取県米子市青木遺跡（弥生末古墳初）出土鏡（米子市教育委員会蔵）

B、単圏波文縁式　これも前漢式鏡体である。

C、鏡式から見て後漢以降と思われる類は、主文、外区の文様の構成が多様である。縁に平縁もあるが、斜縁が多くなる。外区文様には、流雲文縁、画象文縁もあるが、複波鋸歯文または鋸歯文だけのものも多い。内区は4乳または5乳、6乳の間に禽鳥を1個ずつ入れている。ときに銘帯を入れたものがああり、「真大工」または「大母傷」式の省略銘である。

　　　○遼寧省北票県房身村晋墓出土鏡（『考古』1960の1）　○内蒙古自治区察右後旗趙家房村匈奴墓出土鏡　2面（『考古』1977の2）　○貴州省清鎮12号墓出土鏡（学報1959の1）　○貴州省黔西県漢墓出土鏡（『文物』1972の11）　○ヴェトナム共和国タンホア、ドンソン出土鏡　○北朝鮮平壌市楽浪里85号墳西室出土鏡（『考古学資料集』第1集）　○北朝鮮平壌市付近出土鏡（白神5の3）　○北朝鮮平壌市大同江区域出土鏡（楽浪郡下1327）　○福岡県福岡市西区重留出土鏡　○福岡県北九州市小倉南区長行郷屋古墳出土鏡　○福岡県京都郡みやこ町勝山上所田石蓋土壙出土鏡（九州大学蔵）　○熊本県熊本市横手町北岡古墳出土鏡（熊本県報Ⅱ）　○伝三重県松阪市山室町出土鏡

　樋口氏は以上の諸鏡について、後漢末から魏晋代に行われた鏡であろうとする。

四、唐草文鏡

　S形の唐草文を主文とする鏡がある。S形は前漢鏡のうちの虺龍文によく似ているが、鏡体は薄くて反りがあり、外区があまり厚くないなどで、六朝代ではないかと思われる。内区にS形文を5個ないし6個、乳間に巡らす。

　　　○福岡県北九州市戸畑牧山浄水池出土鏡　「君宜高官」の銘あり。

　　　○京都府京都市伏見区深草瓦町出土鏡　「青同之竟、長宜子孫」の銘あり。

　四乳渦文鏡は唐草文でなく、円圏帯に四乳八とその間に唐草風の渦文を入れ、小形鏡で斜縁に鋸歯文がある。

　　　○北朝鮮平壌市大同江区域梧野里出土鏡　○伝奈良県奈良市あやめ池出土鏡（『奈良県史』考古編34）

五、画象鏡

　半肉彫りの主文の表現が画象的であり、とくに主題が龍虎、その他の禽獣のほかに、東王父、西王母の神人や、車馬、騎馬、歌舞あるいは呉王、伍子胥や文王などの故事を描いている点が後漢代の画像石と似ているので、画象鏡と呼ばれる。早く富岡謙蔵氏に考証があり[21]、次いで昭和11年（1936）以来、浙江省紹興県四家郷付近で300面以上の鏡が出て、後漢の建安二十二年重列神獣鏡、延康元年神獣鏡、呉の黄武元年、赤烏元年、太平元年、

宝鼎元年、同二年、甘露二年、天紀元年などの紀年鏡とともに、多数の画象鏡が伴出したので、梅原末治氏はこれを後漢から三国時代に盛行した鏡であると推定した[22]。そのうち、鏡体や背文の構図、外区の帯文、銘文などが四神鏡に近いものと、三角縁や神仙の表現が神獣鏡に近いものがあり、相対的に前者が古く、後者が新しい様式であることを物語ると樋口氏は指摘する。図像表現は神獣鏡、特に三角縁神獣鏡とよく似ていることを注目したい。

画象鏡には種々の様式があるが、まず縁には平縁と三角縁の２種があり、中間的な斜縁もある。

内区主文は４乳によって分画された４区に画象を配したもので、次の３類に分けられる。

　Ⅰ広画面式　内区の全面を画面としたもので、方格も圏帯もない。そのため画面が広く、画象は複雑で密である。

　Ⅱ方格式　鈕のまわりに方格があり、その４辺に各画象が置かれている。

　Ⅲ円圏式　主文区が圏帯をなすもので、圏帯内を４乳または５、６、７乳によって分画し、その間に比較的簡単な画象を入れている。

主文の組合せには、２神仙を中心としたものが多い。この２神仙は傍題に「東王公」「西王母」の銘のあるものがあって、この２像の両側に侍仙を配したものである。樋口氏はこの２神仙を次のように分類する。①歌舞図を配したもの、②龍虎を配したもの、③２車馬を配したもの、④２神仙が無くて、４獣を配したものとする。なお、実際には龍虎のうちの１像にかえて、騎馬像を入れたり、２車馬の１つに替えて、１獣や他の神仙などを入れたもの、あるいは周の文王、呉王、伍子胥の歴史的故事を描いたものもあるという。これらの主文を鏡式との組合せでみると、次のようになる。

広画面式と方格式は主文のテーマが全く違っていて、神人歌舞図や車馬図などは前者にあって後者になく、四獣図は後者にあって前者に無い。そして圏帯式では、神人歌舞図も四獣図も共に存在するということである。さらに平縁式が古く、三角縁式が新しいとすると、平縁式に多い神人歌舞図式が古くて、三角縁式に限られる神人車馬図は新しく、神人龍虎式と、四獣式とは古、新両期ともにあるということになる。

外区の文様帯には、流雲文、画象文、獣文、唐草文、複波鋸歯文などがあるが、平縁式には流雲文帯、画象文帯が多く、他の文様帯が少ないが、三角縁式になると獣文帯、複波鋸歯文が多く、他が少なくなるという。出土事例は、

　　○北朝鮮平壌市大同江区域出土鏡　８面（楽浪郡下1315、1317～1321、1324、1328）　○北朝鮮平壌市大同江区域出土鏡（『聚英』71の１）　○熊本県玉名郡和水町江田船山古墳出土鏡　Ⅰ式　○福岡県大牟田市黄金町潜塚古墳出土鏡　Ⅲ式　○福岡県うきは市吉井町若宮月ノ岡古墳出土鏡　Ⅲ式　○福岡県京都郡みやこ町犀川花熊馬ヶ岳古墳出土鏡　○福岡県京都郡苅田町番塚古墳出土鏡　Ⅲ式（『聚英』70の４）　○福岡県京都郡出土（伝）鏡（藤井有隣館蔵）　Ⅰ式　○大分県豊後高田市草地鑑堂古墳出土鏡　Ⅲ式　○山口県新南陽市富田竹島御家老屋敷古墳

出土鏡　Ⅲ式（『聚英』70の5）　○岡山県瀬戸内市長船町西須恵築山古墳出土鏡　Ⅲ式　○岡山県赤磐市山陽町穂崎朱千駄古墳出土鏡　○岡山県赤磐市山陽町河本用木1号墳出土鏡　Ⅲ式　○兵庫県尼崎市塚口池田山古墳出土鏡　Ⅲ式　○兵庫県姫路市御国野町国分寺山之腰古墳出土鏡　Ⅲ式（兵庫県報Ⅱ32）　○大阪府茨木市出土（伝）鏡　Ⅲ式　○大阪府藤井寺市沢田長持山古墳出土（原始137）　○大阪府八尾市郡川車塚古墳出土鏡　Ⅲ式　○奈良県北葛城郡広陵町大塚黒石山古墳出土鏡（宮内庁36）　Ⅲ式　○奈良県奈良市帯解出土（伝）鏡　○奈良県天理市柳本町天神山古墳出土鏡（大和天神山10号）　Ⅲ式　○奈良県宇陀市榛原町上井足出土鏡（『聚英』71の5）　Ⅲ式　○奈良県北葛城郡河合町佐味田宝塚古墳出土鏡　Ⅲ式　○奈良県宇陀市菟田野町下芳野出土（『聚英』73の1）　Ⅲ式　○京都府京都市西京区松尾鏡塚古墳出土鏡　Ⅲ式　○京都府京田辺市飯岡トヅカ古墳出土鏡　2面　Ⅰ式、Ⅲ式　○京都府与謝郡与謝野町岩滝丸山古墳出土鏡　Ⅰ式　○福井県三方上中郡若狭町脇袋西塚古墳出土鏡（宮内庁94）　○静岡県磐田市鎌田堂山古墳出土鏡（『聚英』70の6）　Ⅲ式　○東京都狛江市和泉亀塚古墳出土鏡　Ⅲ式　○群馬県藤岡市三本木出土鏡

　熊本県江田船山古墳出土鏡はⅠ式でも最も図文が複雑である。鈕の両側にある東王公と西王母の像には4人ずつの侍仙をともなっており、第3区には3頭の馬の引く軺車と2頭立の什車が反方向に立っている。それと向かいあった第4区には6頭の騎馬像がある。銘帯には、「公戚氏作竟、四夷（服）、多賀国家、人民息、胡虜殄滅、天下復。云々」の長銘がある。外区には唐草風の獣文があり、三角縁で径は22.3cmである。以上は樋口氏の説明であるが、これを補足すると、この鏡は三角縁であること、径が22・3cmであること、そして神仙が居ることなど、いわゆる三角縁神獣鏡に近い鏡式である。ただ、第3区に馬の引く軺車と2頭立の什車、並びに第4区に6頭の騎馬像があり、獣は馬のみである。三角縁神獣鏡に見える龍虎的獣は見られない。なお、外区に唐草風の獣文があるが、これが発達して三角縁神獣鏡に見える龍虎的獣になったものか、逆にそれが退化して唐草風の獣文になったものかの判断が難しい。図文が複雑であること、特に第3区に馬の引く軺車と2頭立の什車、並びに第4区に6頭の騎馬像とあることは、三角縁神獣鏡より後の製作であるとも思える。それに熊本県江田船山古墳出土物は多数の馬具、武具、それに5世紀の雄略天皇代であることが明らかな銘文を有する大刀が伴出していることから、六朝鏡であると判断される。

　実は樋口氏も熊本県江田船山古墳出土鏡と同じ図文の鏡に、京都府トヅカ古墳出土鏡と藤井有隣館蔵伝福岡県京都郡出土鏡とがあり、図文の細部の欠損部も一致しており、大きさも等しく、いずれも、銅質があまり良くなく、厚手のつくりであるので、六朝代の踏返し鏡であるかも知れないと指摘している。これにも補足すると、ここにいう銅質もまた多くの三角縁神獣鏡に極似した鏡であると言えよう。三角縁神獣鏡の先後はともかくとして、画象鏡と三角縁神獣鏡とが極く近縁の存在であることは明らかであろう。樋口氏はその他、Ⅱ式の方格ある鏡の中にも東王公と西王母の像銘があるものや、三角縁の神人龍虎鏡があ

るという。

　盤龍座画象帯鏡　画象鏡のうちで、鈕のまわりに盤龍座文を配したものがある。そのうち、三角縁で主文区に神人車馬、獣の画象文を入れ、凸面銘帯に「三羊作竟、佳且好、云々」などの銘を入れたものが次である。
　　○奈良県奈良市帯解出土（伝）鏡（五島美術館蔵）　○奈良県宇陀市菟田野町下芳野出土鏡
　　○伝豊前国（大分県）出土鏡（守屋孝蔵氏旧蔵）

六、単夔鏡

　鈕をかこって、糸巻形の四葉文があり、それによって四分画された主文区に、雲状の夔文を置いたものである。夔文は渦状の中心に首があり、それが鳥首形のものと、龍首形のものがある。その外側に十二の連弧文帯があり、凹溝帯を挟んで平素縁につながる。鈕のまわりに、「長宜子孫」「君宜高官」「長生宜子」「生如山石」などの銘を入れる。
　　○遼寧省遼陽市南雪梅村1号墓出土鏡（『考古』1960の1）　○北朝鮮平壌市大同江区域出土鏡
　　2面（楽浪郡下1287、1288）　○北朝鮮平壌市楽浪郡出土鏡

七、夔鳳鏡

　糸巻形の四葉文の間に、双鳥が相対する形の図文を四つ配したものであり、外縁に16の連弧文があり、厚さが外内区かわらず、図文は平彫りである。紀年鏡が2面あり、1は河南洛陽出土と伝える永嘉元年鏡であり、もう1鏡は山東省立図書館蔵鏡で「元興元年五月吉日」とある。前者は145年、後者は105年のいずれも後漢時代である。

A、内行花文縁糸巻形四葉文式
　　○北朝鮮平壌市大同江区域出土鏡　2面（楽浪郡下1283、1284）　○北朝鮮平壌市大同江区域出土鏡　○福岡県糸島郡二丈町出土鏡　○兵庫県たつの市揖西町龍子三ツ塚古墳出土鏡（兵庫県報Ⅸ）　○兵庫県神戸市東灘区本山町岡本ヘボソ塚古墳出土鏡（兵庫県報Ⅱ）　○鳥取県倉吉市国府国分寺古墳出土鏡　○栃木県那須郡那珂川町吉田那須八幡塚古墳出土鏡

B、平素縁式
　　○北朝鮮平壌市楽浪郡出土鏡　○長崎県対馬市上県町志多留大将軍塚古墳出土鏡（埋文要覧Ⅱ）　○佐賀県佐賀市大和町十三塚出土鏡（佐賀県博4）　○滋賀県近江八幡市安土宮津瓢箪山古墳出土鏡　○ヴェトナム共和国オケオ遺跡出土鏡
　同じ平素縁式であるが、その幅が狭く、内行花文は著しくカーブの低いもので、鈕が大きく扁平な類がある。安徽省出土品が多く、魏晋代の作である。
　　○福岡県春日市須玖岡本D地点出土鏡　○京都府城陽市上大谷11号墳出土鏡

C、内行花文帯を渦文で埋めたもの。
　　○北朝鮮平壌市大同江区域出土鏡（楽浪郡下1286）

D、四葉文が蝙蝠形をなすもの。縁は内行花文帯である、

○北朝鮮平壌市楽浪郡出土鏡（梅原朝鮮資料893）　○鳥取県倉吉市国府国分寺古墳出土鏡　○福岡県田川市漆生古墳出土鏡　○京都府八幡市美濃山美濃山王塚古墳出土鏡

E、宝珠形四葉文式　その四葉文や内行花文内に、鳥獣の図像を入れた類がある。縁は平素縁のものと、内行花文帯との両種がある。この類では対置の夔鳳文が数本の尾翼を上に巻き上げた形をして、一般の夔鳳文と違う形。

○新疆ウイグル自治区トルファン出土鉄鏡　○福岡県宗像市大島沖ノ島出土鏡　○兵庫県姫路市奥山古墳出土鏡　○東京国立博物館蔵仏像鏡（図版66の130）

この内沖ノ島鏡は、縁に二重の鋸歯文帯をつけ、便化が著しく、鏡体や銅質から見て仿製鏡であろうと樋口氏はいう。なお、東京国立博物館蔵仏像鏡が注目される。樋口氏は中国における最古の仏像の例として注目される[23]という。後漢の紀年鏡がある夔鳳鏡の中に当宝珠形四葉文式鏡が含まれれば、当然後漢代の作となり、仏像がすでに中国で作成されたと言える。ただ、これは無理で魏晋代に下るものと判断される。それでも3、4世紀以前であり、中国における仏像出現の最初であることは動かない。さらに、これに続いて、あるいは前後して三角縁神獣鏡があり、その一種に三角縁仏獣鏡がある。その関係から東京国立博物館蔵仏像鏡、すなわち宝珠形四葉文式夔鳳鏡と三角縁仏獣鏡との関係が重大問題化するのである。ただ東京国立博物館蔵仏像鏡が日本国内出土鏡か否かの究明が必要である。可能性は高いが、樋口氏は夔鳳鏡の年代については、後漢後期に出現して、魏晋代になって盛行したというが、妥当な考えである。

八、獣首鏡

　鏡式が夔鳳鏡とよく似た鏡である。中型の大きさで鏡面には反りがあり、背面は縁から内区まで単一な平面で、図文は浅い平彫りである。内区に大きな糸巻形図文があることも共通している。この糸巻形図文は前漢式鏡のS形螭文鏡の主文から変化したものと樋口氏はみている。獣首鏡の諸特徴を列挙すると次のようになる。

○糸巻形図文の間に四方にのびた部分の内側に、一字ずつの銘を入れているが、「君宜高官」「位至三公」が多い。
○主文区の外側には銘帯をもつものが多く、まれに鋸歯文帯がある。その次に連弧文帯で、弧数は12、16、18、21、22、23、24、28、31の各種がある。
○外区には菱雲文帯が多いが、禽獣文帯もあり、まれに連弧文、素文もある。
○獣首鏡には次の12の紀年鏡があり、後漢から魏代のもので、獣首鏡の絶対数の関係からこの鏡の変遷が分かる。樋口氏の挙げる年鏡は先に第二章に示した梅原末治氏の紀年鏡が多くを占め、銘文はそれに譲る（第二章の「漢9」などがそれである）。なお、寸法や鏡銘に若干の変更のあるものは▽印を付け、その後の追加補充に○印を付けた。以下の重列神獣鏡や対置式神獣鏡の紀年鏡でも同様である。

1、永壽二年正月鏡、後漢、永壽2年（156）、「尚方明□竟」、徑18.1cm、五島美術館蔵　【漢

第三章　問題の集成　205

　9】
▽ 2、永壽二年正月丙午鏡、後漢、同年、「広漢造作尚方明竟」、径15.8cm、フォッグ美術館蔵
　　　【漢10】
　 3、延熹七年正月鏡、後漢、延熹7年（164）、「吾造作尚方明竟」、径15.0cm、東京国立博物館蔵
　　　【漢13】
　 4、延熹七年五月鏡、後漢、同年、「吾造作尚方明竟」、径12.1cm、辰馬悦蔵氏旧蔵　【漢14】
　 5、延熹九年正月鏡、後漢、延熹9年（166）、径14.4cm、五島美術館蔵　【漢15】
　 6、永康元年正月鏡、後漢、永康元年（167）、「尚方明竟」、径13.0cm、書道博物館蔵　【漢16】
　 7、建寧二年正月鏡、後漢、建寧2年（169）、「三羊作明竟」、径19.1cm、五島美術館蔵　【漢18】
　 8、熹平三年鏡、後漢、熹平3年（174）、「尚方広漢西蜀明竟」、径18.2cm、フリーア美術館蔵
　　　【漢21】
▽ 9、光和元年鏡、後漢、光和元年（178）、「尚方明竟」、径14.2cm　【漢22】
　10、甘露四年鏡、三国魏、甘露4年（259）、「右尚方師作竟」、径13.2cm、五島美術館蔵　【魏6】
○11、甘露五年鏡、三国魏、甘露5年（260）、「右尚方師作竟」、径16.6cm、黒川古文化研究所蔵
　12、甘露五年鏡、三国魏、同年、「右尚方師作竟」、径16.6cm、書道博物館蔵　【魏7】

　以上は1〜9の9鏡が後漢、10・11・12の3鏡が三国魏のそれぞれの時期の製作が分かるが、樋口氏は連弧文では後漢のものは弧のカーブが強いのに対し、魏のものは弧の曲線が緩い。また外区の菱雲文において、外側の珠点が、後漢では片側にしかないのに、魏のものでは両側についているという相違があるという。主文の獣首には大した相違がなく、基本形が長く続いたとする。なお、製作者は尚方官工が多く、とくに西蜀広漢郡のものとするのみであるが、前章の【魏6】甘露四年獣首鏡で検討したように、梅原末治氏は唐杜佑『通典』によって、後漢末期に尚方を分かちて中左右の三尚方と為し、魏晋これに因るとするも、江左を過ぎしより唯一尚方のみということに注意を喚起している。出土地の確実な獣首鏡の事例には光和元年鏡が湖南省長沙から出土し、3、延熹七年正月鏡が、

　　○北朝鮮平壌市大同江区域楽浪郡遺跡出土鏡

の事例があるとする。また、次の事例が獣首鏡出土事例である。

　　○ヴェトナム共和国ドンソン遺跡出土鏡　2面

樋口氏は獣首鏡の変形に波浪形獣文と風車形獣文があること、後者の事例には、

　　○北朝鮮平壌市大同江区域出土鏡（楽浪郡下1289）

さらに日本出土の獣首鏡の事例には、

　　○福岡県糟屋郡粕屋町酒殿箱式棺墓出土鏡（九州大学文学部蔵）　○佐賀県鳥栖市平田町薄尾
　　出土鏡（『佐賀県遺跡』）　○宮崎県東諸県郡国富町三名六野原古墳群出土鏡（宮崎県報XIII）
　　○高知県宿毛市平田町戸内曾我山古墳出土鏡

いずれも九州四国南部の西南日本の事例である。これらの製作時期の詳細が知りたいも

九、盤龍鏡

わだかまっている龍形を内区いっぱいに配しているが、中心の鈕の下に胴部がかくれているため、上方に頭、下方に尻尾と足が出、両側に体の一部がのぞいている。1獣だけのものと、2頭、3頭、4頭のものもあり、その頭が龍形だけでなく、虎形をなすものもある。これを「龍虎鏡」という人もいる。数種ある。

単獣式　一般に龍が多いが、まれに虎頭もある。中型、また小形品で、図文に厚肉式と薄肉式とがある。亀、羽人などを添えたものもある。外区は素文、鋸歯文、唐草文、画象文など、縁は斜縁または三角縁である。これは盤龍鏡としては後出で、後漢末、魏晋代のものである。龍文の事例には、

　　　○広西省壮族自治区貴県駅出土鏡（広西139）　○北朝鮮平壌市大同江区域梧野里採土場出土鏡（『総督府博物館報告』4）　○岐阜県可児郡御嵩町赤坂古墳出土鏡　○長野県飯田市伊賀良中村大畑家古墳出土鏡（下伊郡30）

両頭式・対向式　鈕の両側から胴が出て、上方へ曲がって、両頭が向かい合った式で、下方には尻尾と足が出ている。これを対向式という。両頭は①龍と龍、②龍と虎、③虎と虎の3種がある。

①龍と龍の組合せの出土例には、

　　　○北朝鮮平壌市大同江区域楽浪郡遺跡出土鏡　○福岡県宗像市大島沖ノ島8号遺跡出土鏡（『続沖ノ島』89）

いずれも精文で、1龍は角を後に向け、1龍は角を前に向けている。足の間には神仙や獣の小像を入れている。銘帯がある。外区には画象文を入れることが多く、複波文、櫛目文、流雲文もあり、縁は平縁か斜縁である。

②龍と虎の組合せのものは数も多く、精文、簡文いずれもあり、縁は平縁、斜縁、三角縁の各種がある。

　　　○ヴェトナム共和国トンキン漢墓出土鏡（ハノイ19）　○北朝鮮平壌市大同江区域石巌里218号墳出土鏡（梅原朝鮮資料134）　○北朝鮮平壌市大同江区域出土鏡　3面（楽浪郡下1307、1308、1310）　○北朝鮮平壌市大同江区域出土鏡　3面（梅原朝鮮資料280、930）　○宮崎県児湯郡高鍋町持田持田古墳出土鏡（持田22の1）　○宮崎県宮崎市上別府谷頭出土鏡（持田41）　○岡山県総社市宿寺山古墳出土鏡　○大阪府柏原市国分茶臼山古墳出土鏡　○鳥取県東伯郡湯梨浜町野花北山1号墳出土鏡　○島根県松江市法吉町月廻古墳群出土鏡（八雲立つ風土記の丘資料館）　○京都府長岡京市長法寺南原古墳出土鏡（聚英37の7）　○京都府南丹市園部町垣内古墳出土鏡（同志社大学蔵）　○京都府京都市伏見区醍醐出土（伝）鏡　○滋賀県大津市小野大塚山古墳出土鏡（古文化研報Ⅳ21の1）

③虎と虎の組合せものは、小型で簡文の類に限られる。図像は薄く肉を持たせたもの

か、細線表出のもので、外区は鋸歯文帯、尖縁である。

両頭式・旋回式　対向式とは別に、両頭を鈕の反対側に置いた旋回式のものがある。両頭が虎形をなすことが多い。永平三年の後刻銘をつけた鏡はその一例で、小型、尖縁で、図像は肉をつける。内に両頭が龍形をしたものに、

　○京都府八幡市大芝西車塚古墳出土鏡（聚英39の2）
○獣形が細長い虵龍形をしたものに鈕の両側に、旋回式に配したものがある。蛇形の胴体の一部がわずかに鈕の下にかくれているが、全体を鈕の外に出したものもある。
　○北朝鮮平壤市大同江区域出土鏡　（楽浪郡下1311）　○岐阜県可児郡御嵩町赤坂古墳出土鏡
　○福岡県飯塚市枝国山ノ神古墳出土鏡　○五島美術館蔵鏡141、142

三頭式・二龍一虎式
　○韓国全羅北道益山郡三箕面蓮洞里出土鏡（『考古美術』1の1）

三頭式・三虎式
　○北朝鮮平壤市大同江区域楽浪郡出土鏡（梅原朝鮮資料926）　○岡山県倉敷市真備町辻田古墳出土鏡（五島美術館蔵鏡266）

四頭式・四虎式
　○北朝鮮平壤市大同江区域3号墳出土鏡（楽浪郡上619）　○北朝鮮平壤市大同江区域出土鏡（楽浪郡下1309）

十、飛禽鏡

　中心の鈕が鳥の胴部を覆っているが、頭、両翼、尾部が鈕の四方に飛び出していて、内区全体が俯瞰形の飛鳥文が占めている構図である。それに4乳を配している。

平素縁　薄肉彫りのみ、いずれも径9cm大である。
　○北朝鮮平壤市大同江区域出土鏡　○北朝鮮平壤市楽浪郡古墳出土鏡　○京都府綾部市小西町中山成山2号墳出土鏡　○福井県武生市岩内山遺跡出土鏡　○黒川古文化研究所41号鏡

斜縁鋸歯文帯　薄肉彫り細線描式の両種がある。径は7、8cm大である。

A，薄肉彫式
　○北朝鮮平壤市大同江区域出土鏡　2面（楽浪郡下1290、1291）　○北朝鮮平壤市鰲村出土鏡
　○京都府城陽市上大谷6号西墳出土鏡

B、細線描式
　○北朝鮮平壤市大同江区域将進里出土鏡（韓国国立博物館蔵）

十一、双頭龍鳳文鏡

　逆S字状に旋転する体躯の両端に、龍首または鳳首をつけた双頭単身の獣形を単位文としている。この単位文2個が鈕をめぐって、点対称に配置したものを内区主文としている。数種あるが当該地域ではつぎの出土事例のみ。

○北朝鮮平壌市大同江区域助王里出土鏡（梅原朝鮮資料914）

付、位至三公鏡

　従来、「位至三公鏡」とか「双夔鏡」と呼ばれた鏡がある。鈕を挟んで上下に縦の銘帯があり、これによって左右の３区に分けられた内区に、著しく便化した逆Ｓ字状の獣文を置いたもので、樋口氏は双頭龍鳳文鏡の系統という。鈕の上下にある銘は「位至」と「三公」の４字銘が多いが、「君宜」と「高官」もある。一般に小型鏡で、副圏は内行花文帯が消えて斜行櫛目文帯となっており、平素縁である。

　　○遼寧省瀋陽市伯官屯漢魏墓出土鏡（『考古』1964の11）　○北朝鮮黄海南道信川郡出土鏡（梅原朝鮮資料916）　○佐賀県佐賀市大和町久留間出土鏡　○佐賀県唐津市浜玉町谷口古墳出土鏡　○福岡県北九州市若松区岩屋出土鏡　○福岡県京都郡みやこ町犀川山鹿石ヶ坪箱式石棺墓出土鏡　○福岡県筑紫野市武蔵鷲田山遺跡出土鏡　○福岡県糟屋郡粕屋町酒殿出土鏡　○大分県臼杵市稲田臼塚古墳出土鏡　○山口県山口市赤妻町赤妻古墳出土鏡　○岡山県総社市西阿曾随庵古墳出土鏡　○島根県松江市玉湯町玉造築山古墳出土鏡　○大阪府堺市浜寺船尾町高月２号墳出土鏡　○大阪府堺市百舌鳥赤畑町カトンボ山古墳出土鏡　○大阪府堺市浜寺南町塔塚古墳出土鏡　○伝和泉国（大阪府）大島郡出土鏡　○伝奈良県山辺郡都祁村出土鏡　○三重県松阪市嬉野一志町筒野１号墳出土鏡　○神奈川県内出土鏡（「東京国立博物館蔵鏡」4816の２）

十二、方銘獣文鏡

　主文区が方格銘と半肉彫りの禽獣文からなるものをいう。方格と獣文の数で種類が分かれる。

Ａ、方格四獣文　内区を四つの方格で四分し、その間に四獣を配したもの、方格内に４字ずつの銘がある。唯一の紀年鏡である中平六年鏡（後漢、189年）は神獣鏡の獣文に似た４獣を右向きに配しており、方格内には「吾作明竟」「位至三公」「天王日月」「幽涷三羊」の銘を入れ、外区は対置式神獣鏡に似た構図で、銘帯には「中平六年五月丙午日」以下の銘文がある。これは前章、梅原末治氏の【漢24】後漢中平六年四獣鏡を参照。他の類鏡も大体似ているが、主文の四獣には龍形を４個入れたもの、三角縁神獣鏡の獣文に似た獣形や、神仙像を入れたものがある。外区は特殊な葉文を入れたものが多く、斜縁に近いものや半円方形帯を加えたものもある。日本国内出土鏡は不詳である。

Ｂ、盤龍座、方格獣帯文　鈕のまわりに一龍または一龍一虎の盤龍座を置き、その外方に五ないし六の禽獣文を配したもので、方格内には一字ないし四字ずつの銘を入れ、方格の間に鳳、鶏、馬、獣、熊人の像を入れている。外区には波状の葉文帯がある。後漢末、魏晋代のものという。これも日本国内出土鏡は不詳である。

Ｃ、四獣鏡　方格は無く、ただ四獣だけを配し、その間に乳状文を入れる。外区に渦文帯をおき、また銘帯を加えたものがある。

　　○北朝鮮平壌市大同江区域石巌里出土鏡　○熊本県宇土郡不知火町長崎国越古墳出土鏡

D、画文帯四獣鏡　画文帯神獣鏡と同じ構図で、内区には4乳の間に4獣を配したもの。その獣形は神獣鏡の獣文と同じ。半円は葉文、方格内には一字または二字ずつの銘を入れている。
　　○京都府城陽市平川町古宮久津川箱塚古墳出土鏡　○栃木県那須郡那珂川町小川三輪駒形大塚古墳出土鏡（『栃木県志』資料編考古1）

十三、環状乳神獣鏡

　神獣鏡は後漢の中頃に出現し、三国、西晋時代に最も盛行し、南北朝時代まで続いた。漢式鏡中で最も数が多い。当時民間に流行した神仙思想を背景にしており、各種の神仙像と瑞獣を主題としている。その図像はすでに画象鏡にあらわれているが、半肉彫りの表現が特色である。以上は樋口氏の神獣鏡の説明の要点である。神獣鏡が後漢の中頃に出現し、三国、西晋時代に最も盛行したのは当時における神仙思想の影響と考えられる。これは従来通説化した常識に類する考え方であるが、何を根拠にそれが言えるのか。実はことは単純ではない。未だ実証されていない思想史上の課題というべきである。特に獅子や天禄、辟邪の西方起源の要素も重要である。

　樋口氏の研究は従来の研究の集成であるが、諸種ある神獣鏡の分類を図像の内容を基準にすべきだが、同じ図像が配列の方法を異にしていたり、鏡体が異なるものもあるので、これらを合わせ考慮して分類するという。最初に出現したのが環状乳神獣鏡である。主文は細長くのびた獣形の胴上に、1セットの神像を載せたものを3組、ないし4組、鈕のまわりに環繞式に配したものである。その獣形の肩と腰の部分の骨節が環状乳をなしている。獣形は頭部が龍形または虎形をなし、ときに怪鳥首形のものもあるが、胴部以下は同じである。口に巨（曲尺）を銜えた形が多い。大半の例は獣が右を向き、左向きのものは非常に少ない。これらの獣は天禄、辟邪であろう。その上に乗った神像は、東王公、西王母、伯牙弾琴、黄帝などであり、それに侍仙、羽人、獅子、小鳥、熊人などが添えてある。これら神獣の風貌はほとんど三角縁神獣鏡と同じである。紀年鏡として次の事例がある。先の八、獣首鏡と同様の方法で事例の列挙を行いたい。

　1　元興元年鏡、後漢、元興1年（105）、径9.1cm、守屋孝蔵氏旧蔵。五島美術館蔵　【漢6】
▼2　延熹二年鏡、後漢、延熹2年（159）、径11.5cm、山本信夫氏旧蔵　【漢11】〔獣鈕獣首鏡〕
　3　永康元年鏡、後漢、永康1年（167）、径12.3cm、富岡謙蔵氏旧蔵　【漢17】
○4　永康元年鏡、後漢、同年、上海博物館蔵　〔画文帯鏡〕
　5　熹平二年鏡、後漢、熹平2年（173）、径10.6cm、守屋孝蔵氏旧蔵、五島美術館蔵　【漢20】
○6　中平四年鏡、後漢、中平4年（187）、径19.1cm、上海博物館蔵　〔画文帯鏡〕
　7　正始五年鏡、三国魏、正始5年（244）、径13.0cm、守屋孝蔵氏旧蔵、五島美術館蔵　【魏5】〔画文帯鏡〕
　8　泰始六年鏡、西晋、泰始6年（270）、径18.0cm、江口治郎氏蔵　【晋1】〔画文帯鏡〕

210　第一部　日本における三角縁神獣鏡研究史の問題点

○9　泰始十年鏡、西晋、泰始10年（274）、径10.6cm、山本信夫氏旧蔵〔画文帯鏡〕

　次に環状乳神獣鏡の諸形式に即して出土事例を挙げる。

Ⅰ、画文帯のないもの　外区に銘帯をもつものは、後漢の紀年鏡にあり、古式である。
　　　○広西省壮族自治区全州県永歳出土鏡（広西124）　○福井県吉田郡永平寺町松岡室泰遠寺古墳出土鏡

Ⅱ、画文帯式のもの　獣鈕である。
　　　○ヴェトナム共和国ハノイ七塔址出土鏡（京大人文研究所資料2475）　○北朝鮮平壌市大同江区域出土鏡（楽浪郡下1332）　○北朝鮮平壌市大同江区域梧野里出土鏡（東京国立博物館蔵鏡34472）　○福岡県飯塚市枝国山ノ神古墳出土鏡（九州大学文学部蔵鏡）　○福岡県京都郡古墳出土鏡（藤井有隣館蔵鏡）　○熊本県玉名郡和水町江田船山古墳出土鏡　○熊本県宇土郡不知火町長崎国越古墳出土鏡　○宮崎県児湯郡新富町新田山ノ坊古墳出土鏡（宮崎県報Ⅺ32）　○宮崎県児湯郡高鍋町持田持田20号墳出土鏡（持田22の2）　○香川県綾歌郡綾南町羽床小野蛇塚古墳出土鏡　○香川県さぬき市寒川町奥14号墳出土鏡　2面　○広島県広島市佐東町緑井字那木山2号墳出土鏡（広島大学蔵鏡）　○鳥取県米子市淀江町中西尾6号墳出土鏡（鳥取県報Ⅱ11）　○鳥取県西伯郡南部町浅井11号墳出土鏡　○鳥取県倉吉市上神出土鏡　○兵庫県姫路市坂元町宮山古墳出土鏡（姫路市報Ⅳ31）　○兵庫県神戸市東灘区本山町岡本ヘボソ塚古墳出土鏡（兵庫県報Ⅱ24の2）　○大阪府茨木市宿久庄青松塚古墳出土鏡（京都大学保管）　○大阪府枚方市村野藤田山古墳出土鏡　○大阪府和泉市上代町黄金塚古墳出土鏡（『和泉黄金塚』26の1、2）　○大阪府藤井寺市道明寺町珠金塚古墳出土鏡（関西大学保管）　○和歌山県有田市山田原東ノ山古墳出土鏡　○和歌山県和歌山市井辺大日山所在古墳出土鏡（和歌山県報Ⅻ）　○奈良県北葛城郡広陵町大塚新山古墳出土鏡　2面（宮内庁13、14）　○奈良県奈良市佐紀町丸塚古墳出土鏡（宮内庁53）　○奈良県天理市柳本町天神山古墳出土鏡（大和天神山2号、14号）　○京都府向日市寺戸芝山古墳出土鏡（東京国立博物館蔵鏡20805）　○京都府八幡市八幡荘西車塚古墳出土鏡（聚英45の4）　○伝京都府八幡市内里出土鏡（梅仙居14）　○伝山城国（京都府）出土鏡（奈良国立博物館蔵鏡）　○岐阜県岐阜市柳津町佐波古墳出土鏡（『岐阜県史』891）　○三重県志摩市大王町波切塚原出土鏡　○静岡県静岡市清水区梅ヶ谷イセヤ塚古墳出土鏡（『静岡県史』）　○山梨県甲府市下曾根町下曾根丸山古墳出土鏡（聚英45の6）　○山梨県甲府市下向山町下向山大丸山古墳出土鏡（『山梨県史』5）　○千葉県夷隅郡大多喜町下大多喜古墳出土鏡（『古代』9）　○埼玉県行田市埼玉稲荷山古墳出土鏡　○群馬県高崎市八幡町観音塚古墳出土鏡

　右のうち大阪府藤井寺市珠金塚古墳出土鏡と兵庫県姫路市宮山古墳出土鏡は環状乳6個の三神三獣鏡であるが、他の大半は環状乳8個の四神四獣鏡である。

　宮崎県山ノ坊古墳出土鏡、三重県波切塚原出土鏡、埼玉県稲荷山古墳出土鏡、群馬県観音塚古墳出土鏡は福岡県京都郡古墳出土鏡（藤井有隣館蔵鏡）を加えて同型であり、また福岡県山ノ神古墳出土鏡、熊本県江田船山古墳出土鏡、同県国越古墳出土鏡、宮崎県持田

出土鏡、香川県小野蛇塚古墳出土鏡は同型の可能性がつよく、そうでなくとも同一人の作とみなせる。いずれも銅質があまり良くなく、鋳上りがにぶいので踏返鏡の感が深いが、九州地方に集中している点も注目されようと樋口氏はいう。

十四、重列神獣鏡

　中心の鈕と幅の狭い周縁を除いて、内区の全面を水平の線によって数段（一般には五段）に分かち、各段に神仙像を一方向から見るように並べた構図である。これらの神仙像に混じって、左右に青龍と白虎、上段に朱雀、下段に玄武の像を置く。青龍と白虎は左右逆になることがあるが、朱雀が上段、玄武が下段は共通している。重列神獣鏡の四神や神仙像が何を意味しているか、樋口隆康氏は林巳奈夫氏の考証により具体的に説明する。この検討はおよそ神獣鏡に表現された神仙像や霊獣像が何を意味するかに係わる問題であり、その十全な検討が本書の出版の意図であるので、後章で詳細に論じたい。樋口氏は重列神獣鏡はいま19種23面あり、それを以下のように列挙する。

　　1　建安元年鏡、後漢、建安1年（196）、【漢25】
○　2　建安七年鏡、後漢、建安7年（202）、徑13.4cm、フリーア美術館蔵
○　3　建安八年鏡、後漢、建安8年（203）、徑13.4cm、浙江省紹興出土、上海市文物管理委員会
○　4　建安十年鏡、後漢、建安10年（205）、徑12.7cm、安徽省蕪湖出土
○　5　建安十年鏡、後漢、同年、徑12.0cm、京都大学文学部蔵
　　6　建安十年鏡、後漢、同年、徑12.0cm、『神州国光集』21集　【漢27】
　　7　建安十年朱氏造鏡、後漢、同年、徑13.3cm、守屋孝蔵氏旧蔵、五島美術館蔵　【漢28】
　　8　建安十年朱氏造鏡、後漢、同年、徑13.0cm、江口治郎氏蔵　【漢28】附
○　9　建安十年朱造鏡、後漢、同年、羅振玉氏上四甲
　　10　建安十年五月六日鏡、後漢、同年、徑13.0cm、黒川古文化研究所蔵　【漢29】
　　11　建安十年五月六日鏡、後漢、同年、徑13.0cm、守屋孝蔵氏旧蔵、五島美術館蔵　【漢29】附
　　12　建安廿二年鏡、後漢、建安22年（217）徑11.8cm、浙江省紹興出土、泉屋博古館蔵　【漢31】
　　13　建安廿二年鏡、後漢、同年、徑11.8cm、浙江省紹興出土、泉屋博古館蔵　【漢31】附
　　14　建安廿四年鏡、後漢、建安24年（219）、徑12.1cm、劉体智氏旧蔵　【漢35】
　　15　黄武六年鏡、三国呉、黄武6年（227）、徑10.9cm、富岡謙蔵氏旧蔵　【呉6】
　　16　黄武六年鏡、三国呉、同年、丹徒劉氏所蔵　【呉6】附
　　17　黄龍元年七月鏡、三国呉、黄龍1年（229）、徑11.5cm、守屋孝蔵氏旧蔵、五島美術館蔵
　　　　【呉10】
　　18　黄龍元年九月鏡、三国呉、同年、徑11.8cm、富岡謙蔵氏旧蔵　【呉9】
○　19　黄龍元年十月鏡、三国呉、同年、徑12.0cm、広西省壮族自治区貴県高中出土鏡
　　20　嘉禾四年六月鏡、三国呉、嘉禾4年（235）、徑11.8cm、守屋孝蔵氏旧蔵、五島美術館蔵
　　　　【呉11】

21　嘉禾四年九月鏡、三国呉、同年、徑11.7cm、守屋孝蔵氏旧蔵、五島美術館蔵　【呉12】

22　永安四年五月十五日鏡、三国呉、永安4年（261）、徑14.8cm、守屋孝蔵氏旧蔵、五島美術館蔵　【呉46】

23　永安四年五月十五日鏡、三国呉、同年、徑14.8cm、アメリカ・ボストン美術館蔵　【呉46】附

24　天紀元年鏡、三国呉、天紀元年（277）閏5月、徑12.4cm、浙江省紹興出土、山本信夫旧蔵　【呉60】

なお、以上の他に前章第二章で引用した梅原末治氏の紀年鏡銘リストには、【呉61】天紀二年重列神獣画像鏡が挙げられている。

重列神獣鏡の日本国内での出土事例は次の1事例が知られるだけである。

　○兵庫県神戸市兵庫区夢野町丸山古墳出土鏡（兵庫県報Ⅱ）　呉代の鏡に近い特色を持つ。

それにしても紀年鏡が24事例と多数であり、重列神獣鏡は後漢末から西晋代までの鏡であるが、特に呉代に盛行したことが分かる。また図像の変遷も紀年鏡を基にして推すことができる。これらは三角縁神獣鏡との関係、特に三角縁神獣鏡の成立を考える上で決定的な意味を有するので、後の章で再度紹介し、検討を加えたい。

十五、三段式神仙鏡

　鈕を挟む平行な2本の線によって、内区を三段に分け、各段に神像を中心とした図像を配している。図像の向きはまちまちであるが、表わされている図像は、上、中、下段によって、大体決まっている。図像の組合せで2種となる。

　第一種は上段に玄武（また亀だけ）の上に華蓋を立てた像を中心にして、その両側に数人の神像と侍神（侍仙）が並んでおり、中段には西王母と東王公を鈕の両側に置き、下段には幹が縒り合わせた縄のように絡み、上枝が左右に分かれた樹木を中心として、その両側に神仙がいる。この図像についても、樋口隆康氏は林巳奈夫氏の考証を紹介する。その当否についての検討も前項の十四、重列神獣鏡と同様に、後章で再述したい。この種の鏡式も国内ではただ1事例のみが確認されているだけである。

　　○群馬県前橋市後閑町坊山天神山古墳出土鏡

　この鏡も考古事例から後漢後期に出現し、三国・西晋代に及んだと樋口氏は見ている。

十六、対置式神獣鏡

　従来、「半円方形帯神獣鏡」といわれたものは、「内区に四方からみるように4神4獣を配したもの」と説明されている。すなわち換言すれば、鈕に向かって求心的に図像を置いたものであるが、これには神像と獣形が合わせて一つの単位をなすものと、各像が独立したものとがある。対置式神獣鏡とはその前者に当たる。しかし、その図像を詳しく分析すると、正坐する神像が2体を鈕を挟んで対峙している。この神像は両肩から上方へ反転す

る領布(ひれ)をつけ両傍に龍鳳の前半身をそえている。東王公と西王母である。この神像の両側にある2獣は共に神像の方を向き合っている。この正面座の神像と2獣からなる3像が1つの単位文を構成し、これが鈕を挟んで対置する形が基本構図である。

　ちなみに半円方形帯は重列神獣鏡を除き、他の神獣鏡ではいずれももっている。また外区の画文帯は、半円方形帯のある神獣鏡のうちで、比較的に精品についている。対置式神獣鏡では、画文帯のついているものは比較的に少なく、環状乳神獣鏡、重列神獣鏡ではむしろ画文帯のあるものが多い。いずれにしても、半円方形帯や、画文帯という構成要素は、数種類の鏡式がもっているので、ある特定の鏡式として使うのは適当でない。対置式神獣鏡には、半円方形帯も画文帯も、もたないものがある。建安廿四年正月鏡、黄武七年鏡、五鳳三年鏡、太平元年鏡がそれである。

　対置式神獣鏡には紀年銘のあるものが多い。

○1　建安廿一年鏡、後漢建安21年（216）、径13.5cm、東京国立博物館蔵

　2　建安廿四年正月鏡、後漢建安24年（219）、半円方形帯なし、浙江省紹興出土、木村貞蔵氏蔵　【漢32】附

　3　建安廿四年正月鏡、後漢、同年、径13.3cm、伝浙江省紹興出土　【漢32】

　4　建安廿四年四月廿九日鏡、後漢、同年、（径13.0cm）、伝浙江省紹興出土　【漢33】

　5　建安廿四年五月卅日鏡、後漢、同年、径13.0cm、守屋孝蔵氏旧蔵、五島美術館蔵　【漢34】

　6　建安廿四年六月廿五日鏡、後漢、同年、径13.2cm、京都住友泉屋博古館蔵　【漢36】

　7　延康元年二月十二日鏡、後漢、延康1年（220）、径12.8cm、京都住友泉屋博古館蔵　【漢38】

　8　延康元年十月三日鏡、後漢、同年、径12.3cm、守屋孝蔵氏旧蔵、五島美術館蔵　【漢37】

　9　黄武元年五月鏡、三国呉、黄武1年（222）、径12.1cm、守屋孝蔵氏旧蔵、五島美術館蔵　【呉2】

▽10　黄武元年鏡、三国呉、同年、径12.1cm（13.9cm）、劉体智氏旧蔵　【呉1】

　11　黄初四年五月十四日鏡、三国魏、黄初4年（223）、径13.0cm、守屋孝蔵氏旧蔵、五島美術館蔵　【魏3】

○12　〔黄〕初四年五月十四日鏡、三国魏、同年、径13.05cm、東京国立博物館蔵

　13　黄武四年四月廿六日鏡、三国呉、黄武4年（225）、径11.8cm、京都住友泉屋博古館蔵　【呉4】

▽14　黄武五年鏡、三国呉、黄武5年（226）、径10.3cm、守屋孝蔵氏旧蔵、五島美術館蔵　【呉5】

▽15　黄武七年七月七日鏡、三国呉、黄武7年（228）、径9.7cm、守屋孝蔵氏旧蔵、五島美術館蔵　【呉7】

　16　赤烏元年鏡、三国呉、赤烏1年（238）、径11.5cm、伝浙江省紹興古墓出土、住友泉屋博古館蔵　【呉13】

　17　赤烏元年鏡、三国呉、同年、径12.7cm、富岡謙蔵氏旧蔵　【呉14】

　18　赤烏元年鏡、三国呉、同年、径12.1cm、武内金平氏旧蔵　【呉15】

19　赤烏元年鏡、三国呉、同年、径12.1cm、羅振玉氏旧蔵　【呉15】附
20　赤烏元年正月一日鏡、三国呉、同年、径13.9cm、破片　守屋孝蔵氏旧蔵、五島美術館蔵
　　【呉18】
21　赤烏元年五月廿日鏡、三国呉、同年、径12.1cm、守屋孝蔵氏旧蔵、五島美術館蔵　【呉16】
22　赤烏元年五月廿五日鏡、三国呉、同年、径12.4cm、山梨県鳥居原古墳出土　【呉17】
23　赤烏七年鏡、三国呉、赤烏7年（244）、径17.0cm、兵庫県宝塚市古墳出土　【呉19】
24　赤烏九年鏡、三国呉、赤烏9年（246）、径12.0cm、富岡謙蔵氏蒐集拓本集帖　【呉20】
25　建興二年五月鏡、三国呉、建興2年（253）、径14.8cm、中村不折氏旧蔵、書道博物館蔵
　　【呉21】
26　建興二年九月一日鏡、三国呉、同年、径9.4cm、南陵徐乃昌氏旧蔵　【呉22】
27　五鳳元年鏡、三国呉、五鳳1年（254）、径9.7cm、北京梁上椿氏旧蔵　【呉24】
28　五鳳三年三月鏡、三国呉、五鳳3年（256）、径9.1cm　【呉25】
29　太平元年鏡、三国呉、太平1年（256）、山東濰県陳介祺旧蔵　【呉26】
30　太平元年五月鏡、三国呉、同年、径9.7cm、東京大学文学部蔵　【呉27】
31　太平元年五月鏡、三国呉、同年、径12.1cm、黒川幸七氏旧蔵、黒川古文化研究所蔵　【呉28】
32　太平元年鏡、三国呉、同年、径9.4cm、伝浙江省紹興古墓出土、木村貞蔵氏旧蔵　【呉30】
33　太平元年鏡、三国呉、同年、径10.6cm、伊勢神宮徴古館蔵　【呉31】
▽34　〔太〕平元年鏡、三国呉、同年、径10.3cm、守屋孝蔵氏旧蔵、五島美術館蔵　【呉33】
35　太平二年鏡、三国呉、太平2年（257）、径12.4cm、廬江劉体智氏旧蔵　【呉34】
36　太平二年鏡、三国呉、同年、径12.1cm、鳥取県安富寛兵衛氏旧蔵　【呉35】
▽37　永安元年鏡、三国呉、永安1年（258）、径12.3cm、守屋孝蔵氏旧蔵、五島美術館蔵　【呉38】
38　永安元年鏡、三国呉、同年、径11.5cm、南陵徐乃昌氏旧蔵　【呉39】
▽39　永安元年十月四日鏡、三国呉、同年、径14.6cm、守屋孝蔵氏旧蔵、五島美術館蔵　【呉41】
40　永安二年七月四日鏡、三国呉、永安2年（259）、径12.7cm、紹興出土鏡、木村貞蔵氏旧蔵
　　【呉44】
41　永安二年七月卅日鏡、三国呉、同年、径12.7cm、羅振玉氏拓影　【呉43】
42　永安四年四月十九日鏡、三国呉、永安4年（261）、径12.1cm　【呉45】
○43　永安五年六月廿六日鏡、三国呉、永安5年（262）、径11.7cm、湖南附録
○44　永安五年十月十五日鏡、三国呉、同年、径12.2cm、上海博物館蔵
○45　永安五年十月十九日鏡、三国呉、同年、径12.1cm、上海市文物管理委員会蔵
46　永安五年十月廿日鏡、三国呉、同年、径9.8cm　【呉47】
47　永安六年正月七日鏡、三国呉、永安6年（263）、径13.6cm、守屋孝蔵氏旧蔵、五島美術館蔵
　　【呉48】附
▽48　永安六年正月七日鏡、三国呉、同年、径13.8cm、京都広瀬淑彦氏旧蔵　【呉48】
49　永安六年八月廿八日鏡、三国呉、同年、径11.8cm　【呉49】

50　甘露二年六月十五日鏡、三国呉、甘露2年（266）、径12.1cm、浙江省紹興出土、住友泉屋博古館蔵　【呉50】

51　宝鼎元年十月十□日鏡、三国呉、宝鼎1年（266）、径12.1cm、上海李国松氏旧蔵　【呉51】

52　宝鼎元年十月廿九日鏡、三国呉、同年、径12.4cm、大阪市立美術館蔵　【呉52】

53　宝鼎二年正月十五日鏡、三国呉、宝鼎2年（267）、径12.1cm、守屋孝蔵氏旧蔵、五島美術館蔵　【呉53】

54　宝鼎二年四月五日鏡、三国呉、同年、径12.1cm、黒川幸七氏旧蔵、黒川古文化研究所蔵　【呉54】

55　宝鼎三年五月鏡、三国呉、宝鼎3年（268）、径11.2cm、西宮市辰馬考古館蔵　【呉55】

56　鳳皇元年五月廿四日鏡、三国呉、鳳皇元年（272）、径11.5cm、南陵徐乃昌氏旧蔵『小檀』拓影　【呉56】

57　鳳皇元年六月廿五日鏡、三国呉、同年、径12.1cm、兵庫東畑謙三氏旧蔵　【呉58】

58　鳳皇元年九月十二日鏡、三国呉、同年、径12.7cm、浙江省紹興出土、大阪江口治郎氏旧蔵【呉57】

▽59　天紀元年鏡、三国呉、天紀1年（277）、径12.8cm、浙江省紹興出土、住友泉屋博古館蔵　【呉59】

60①太康元年八月七日鏡、西晋、太康1年（280）、径12.1cm、南陵徐乃昌氏旧蔵『小檀』拓影　【晋6】

60②太康元年八月七日鏡、西晋、太康1年（280）、径9.4cm、守屋孝蔵氏旧蔵、五島美術館蔵　【晋6】

61　太康元年鏡、西晋、同年、径15.2cm、羅振玉『古鏡図録』拓影　【晋7】

62　太康二年三月三日鏡、西晋、太康2年（281）、径11.8cm、山東陳介祺氏旧蔵、羅振玉前書拓影　【晋8】

63　太康二年三月八日鏡、西晋、同年、径14.5cm、守屋孝蔵氏旧蔵、五島美術館氏蔵　【晋9】

64　太康三年二月廿日鏡、西晋、太康3年（282）、径16.7cm、守屋孝蔵氏旧蔵、五島美術館蔵　【晋11】

65　太康三年六月卅日鏡、西晋、同年、径17.3cm、守屋孝蔵氏旧蔵、五島美術館蔵　【晋12】

66　太康三年十二月八日鏡、西晋、同年、径13.6cm、廬江劉体智氏旧蔵　【晋13】

67　太康四年正月廿八日鏡、西晋、同年、径13.6cm、東京国立博物館蔵　【晋14】

68　元康元年鏡、西晋、元康1年（291）、『金索』六、鏡鑑部拓影　【晋15】

▽69　元康□年八月廿五日鏡、西晋、（径13.0cm）、守屋孝蔵氏旧蔵、五島美術館蔵　【晋17】

70　建武□年鏡、東晋、京都大学文学部蔵　【晋18】

71　咸康三年鏡、東晋、咸康3年（337）、径14.5cm、東京古河旧男爵家旧蔵　【晋19】

72　太和元年鏡、東晋、太和1年（366）、径12.4cm、カナダ・トロントの博物館蔵　【晋20】

73　太和元年五月鏡、東晋、同年、径17.0cm、浙江省紹興出土鏡、木村貞蔵氏旧蔵　【晋21】

なお、樋口氏は年号の一部の不明字の解読について、前章の梅原末治氏の比定を修正したところがあり、また、対置式神獣鏡の出土例として次を挙げる。

　　○ヴェトナム共和国ハノイ付近出土鏡　○岡山県岡山市新庄上庚申山出土鏡（『吉備考古』85集）

　画文帯のある対置式神獣鏡は数は少ないが精品である。白鶴美術館所蔵2面はともに鍍金が施されている。その他の出土事例には、

　　○熊本県玉名郡和水町江田船山古墳出土鏡　○兵庫県尼崎市久久知出土鏡　○京都府木津川市山城町椿井大塚山古墳出土鏡　○福井県福井市西谷町山上古墳出土鏡　○群馬県高崎市岩鼻町双子山古墳出土鏡（聚英53の1）

十七、求心式神獣鏡

　主文の神像、獣形が鈕に向かって求心的に配置されている点では環状乳神獣鏡や対置式神獣鏡と同じであるが、これらのように、神像、獣形が組み合わさって、1の単位文をなすのでなく、各像が独立しているものを「求心式神獣鏡」と樋口氏は名付けている。この鏡式は、前十六対置式神獣鏡がそうであったように、梅原末治氏らがいう「半円方形帯神獣鏡」の一部分を為しているが、前二章で梅原末治氏が紀年鏡リストを作成したとき、「半円方形帯神獣鏡」としたもののうち、「対置式神獣鏡」に入れなかったものがあるが、そのうちのどれを「求心式神獣鏡」と呼ぶのかの検討が必要であろう。樋口氏は各像が独立しているものを、数種に分類して、その出土例等と解説を付ける。

1、4獣が右向きあるいは左向きに置かれ、その間に4つの神像群を置いたもの。

　　○熊本県球磨郡あさぎり町免田才園古墳出土鍍金鏡では、4獣形がすべて左を向き、その1に小神仙が騎っている。その獣間には一人ずつの神仙像があり、その1つは正面を向き、他の3つは側面像で、いずれも首を曲げている。半円方格帯の方格内には1字ずつの銘があり、外区には画文帯の一部を消して「吾作明竟。幽涷三商。……」式の銘を3つに分けて入れている。

　　○京都府城陽市久世下大谷西山4号墳出土鏡では、4獣のうち、2獣は巨を銜む右向きの獣、他の2獣は蟠龍形で、この2種を交互に置いている。その間にある4神像は龍鳳座に正坐した東王公、西王母と、伯牙弾琴の3像と、他の1つは右を向いて坐した弁冠の神像である。半円方格帯の方格内には4字銘をいれ半円内には刻線の獣文をいれている。この外区は整った画文帯である。

2、富岡謙蔵氏旧蔵鏡は、2神2獣で東王公、西王母と龍虎の組合せである。

3、画文帯盤龍文四乳神獣鏡とでもいうべきものがある。

　　○奈良県奈良市古市町古市方形墳出土鏡（『奈良市史』考古編10）　○奈良県天理市柳本天神山古墳出土鏡（大和天神山6号）　○岐阜県海津市南濃町庭田円満寺山古墳出土鏡（『岐阜県史』）　○五島美術館蔵鏡49　○東京国立博物館蔵鏡25023

これらは４乳があって、いずれも蟠龍文を繞らし、その間に４つの神像群を求心的に置いている。前の２鏡は共に１神像であるが、五島美術館蔵鏡では２つは３像、他の２つは２像の群像であり、各神像の下には半弧形（半円形？）の枠の中に熊人の像を入れている。４乳は環状乳で、画文帯も整い、極めて精緻である。

４、○北朝鮮平壌市大同江区域梧野里出土鏡（徑18.4cm、綜鑑Ⅲ）は、４乳で分画された各区にそれぞれ２段に図像を置いている。上段は神像、下段は対向した２獣形を置いている。上段の神像は両側に獣、鳳を添えた東王公、西王母の像と伯牙の３尊と、もう１組みの３尊像で、後の２者は柱の上に坐している。

○香川県坂出市府中町弘法寺古墳出土鏡は、２神二獣の形式で２神は東王公、西王母の群像である。半円方格帯は、半円形が大きくて、内行花文帯のような趣きを呈している。これらも後漢末から三国、西晋代のものであろう。

5、画文帯仏像鏡

画文帯と半円方格帯をもった鏡式で、主文区には蟠龍文が繞った４乳の間に、４組の仏像群を求心的に配置したものである。文様はいずれも複雑であるが、細部の違いによって、２種の同型に分けられる。

第１種

○長野県飯田市上川路御猿堂古墳出土鏡（徑23.7cm、開善寺蔵）　○大阪府河内金剛寺旧蔵鏡（徑24.0cm、文化庁蔵）

第２種

○岡山県倉敷市日畑赤井王墓山古墳出土鏡（徑21.0cm、東京国立博物館蔵）　○千葉県木更津市祇園鶴巻古墳出土鏡（徑21.8cm、五島美術館蔵）　○愛知県名古屋市出土鏡（保坂三郎氏教示）

最も鋳上りのいい、河内金剛寺旧蔵鏡でみると、４組みの仏像は２尊像２、３尊像２を交互に置いている。２尊像の方は坐像と立像の組合せで、主尊の坐像は蓮華文の円光背を付け、１つは蓮華座に、他は２個の獅子頭座の上に正坐している。右手を胸前に当てた施無畏印を結び、左手は前に垂れている。共に双髻である。立像は共に光背がないが、肉髻をつけ左手に蓮枝らしきものを持って居り、天衣が前胸にかかって両側に垂れている。蓮肉の上に立っている。舶載の画文帯仏像鏡の年代について、水野清一氏は晋代300年前後とみた。樋口氏は鏡自体の様式からみれば、環状乳をめぐる蟠龍鏡に特色があり、その点では、画文帯回向式神獣鏡のＢ型と最も近いと見られ、したがって、その実年代は４世紀とされようという。画文帯仏像鏡はそこに仏像が描かれていることで、実は日本仏教史上の重大問題となる。この点について必ずしも従来十分な議論があったわけでも、定説が出されたわけでないので、特に慎重を期し、章を改めて以下で検討したい。

十八、画文帯回向式神獣鏡

主文区の各像の配置が1方向からみるように、上下を同じくしている点では、重列神獣鏡と同じく、鏡面の円形を無視しているが、後者のように水平帯の上に階段状に並ぶのではなく、円圏帯を4分画した各区に図像を置くという4分画法に従っている点では円い鏡の特色を活かしており、いわば折衷的構図と言える。

　4区に置いた図像は、上段に伯牙弾琴の図、中段の鈕の左右には東王公、西王母を置き、下段にもう1組みの神像を置いているが、この神像は黄帝ともいわれている。この4つの神像群の間に獣形を置くが、その獣形に2種あり、この鏡式をA、Bの2型式に分けることができる。型式それぞれの説明と出土事例は次である。

　A式では、側面形の獣形を上段では外向きに、下段では内向きに対置させ、各区を分画する乳はない。A式は前出の回向式神獣鏡と同じ構図であるが、それは図柄が簡単で画文帯を持っていなかった。本、画文帯回向式神獣鏡A式では主文区のそとに半円方格帯があり、方格内には1字ないし4字ずつの銘を入れている。銘は、「吾作明竟。幽涷三剛。統徳富壽長」、「吾作明竟。天王日月。幽涷三商。天王日月……」、「天王日月」の繰り返しなどである。一段厚い外区には画文帯と菱雲文帯がある。

　　○伝北朝鮮平壤市大同江区域出土鏡（慶應義塾大学蔵、楽浪郡下1331）　○熊本県玉名市岱明町開田京塚院塚古墳出土鏡　○香川県高松市東山崎町茶臼山古墳出土鏡（『さぬきの遺跡』）　○大阪府和泉市上代町黄金塚古墳出土景初三年鏡（『和泉黄金塚』）　○京都府城陽市平川町久津川車塚古墳出土鏡　○奈良県桜井市箸中ホケノ山古墳出土鏡（國學院大學蔵）　○群馬県伊勢崎市上植木本町恵下古墳出土鏡（聚英50の6）

　このうち、魏の景初三年鏡（大阪府和泉市黄金塚古墳出土）はこの種鏡の年代を決める唯一の資料であり、三角縁神獣鏡の中にもこの内区と同一図文のものがあるという。この点の樋口氏の指摘は重要である。後に再検討したい。なお、群馬県植木鏡は鋳上りが悪く、縁がやや盛上っていて菱雲文帯がなく、後の翻刻鏡とされる。

　B式では、4乳があって、この乳を繞る蟠龍形の獣文を上下それぞれ2体ずつ置いている。B式も主文の4つの神像群の内容と配置はA式と同じであるが、4獣が4乳を繞る蟠龍形である点が異なっている。すべて画文帯を持っている。精、簡の各段階があるが、精文の一例として、寧楽美術館蔵鏡がある。これには、神獣の図文の間に直線が走っているが、これは渦文飾りの付いた環状小乳をジョイント（接合点）として、亀甲文様風の枠組みが地文としてあったようで、その上に神獣文を重ねたものであることがわかる。同様の枠組みの痕跡は、奈良県桜井市ホケノ山古墳出土鏡、神戸得能山鏡、高野山金剛峰寺蔵鏡、名古屋市大須二子塚鏡、アメリカ・ペンシルバニア・ブル蔵鏡にも認めることができる。

　最も複雑な図文は、所謂建武五年鏡である。同型の鏡が久保惣太郎氏とカナダ・トロント・ローヤルオンタリオ博物館との2面ある。白銅質の鋳上りの良い鏡で内区の4つの神仙像と、4つの蟠龍形が精緻であるばかりでなく、別の怪獣や熊形を添えている。半円方格帯の半円形内には、肉彫りの獣面を入れ、方格内には4字句の銘がある。外区の画象文

も極めて精緻で、日神、六龍の引く雲車、月神、騎獣の神仙などが整然とめぐっている。

ただ、問題の紀年銘は明確でない。方格内の4字銘が見えるのは僅かである。銘は「吾作明鏡」「□□宋国」「建武五年」であるが、このうち、「吾作明鏡」がはっきりと右書きであるのに、問題の「建武五年」は字並び反転した左字である。これだけの精鏡でしかも銘の年号の部分を、このようにいいかげんに記しているということに疑問が生じる。もし「建武五年」が正しいとしても、これを南斉の紀年四九八年に当てることにまた問題があると樋口氏はいうのである。もっともな考え方であるが、なお別な理解も可能であるので、これも章を改めて論じよう。ただ、問題の「建武五年」が字並び反転した左字であるのはそれなりに意味がある。鏡自体は反転して物を写すことに留意する必要があろう。いいかげんに記しているというわけではないと言えよう。いずれにしても、建武五年鏡を含む画文帯回向式神獣鏡B式の出土事例は次である。この内、①②は嘗ては同范鏡とされ、今は同型鏡とされる鏡である。

　○安徽省壽県茶庵馬家古堆後漢墓出土鏡（『考古』1966の3）　○北朝鮮平壌市大同江区域貞柏里3号墳出土鏡（楽浪郡上618）　①熊本県玉名郡和水町江田船山古墳出土鏡（東京国立博物館蔵）　①宮崎県児湯郡高鍋町持田24号墳出土鏡（持田口絵）　①宮崎県児湯郡高鍋町持田25号墳出土鏡（持田24）　①広島県三次市西酒屋町高塚古墳出土鏡（京都大学蔵）　①岡山県瀬戸内市長船町牛文牛文茶臼山古墳出土鏡（東京国立博物館蔵）　①兵庫県川西市火打勝福寺古墳出土鏡（古文化研報Ⅳ21の2）　①大阪府八尾市郡川東塚古墳出土鏡　①奈良県橿原市一町109号墳出土鏡（橿原考古研究所蔵）　①福井県三方上中郡若狭町天徳寺丸山古墳出土鏡（『若狭上中町の古墳』42）　①三重県多気郡明和町上村神前山古墳出土鏡　3面（広瀬淑彦氏旧蔵、黒川34、他の1鏡は所在不明）　①三重県亀山市井田川町茶臼山古墳出土鏡　2面　①三重県鳥羽市神島町八代神社蔵鏡　①愛知県岡崎市丸山町亀山2号墳出土鏡　①静岡県掛川市岡津奥の原古墳出土鏡　①長野県飯田市川路出土鏡（東京国立博物館）　①栃木県宇都宮市雀宮牛塚古墳出土鏡（東京国立博物館蔵）　①黒川古文化研究所蔵鏡（黒川35）　①五島美術館蔵鏡273号　○岡山県岡山市湯迫車塚古墳出土鏡　○兵庫県神戸市須磨区板宿得能山古墳出土鏡（聚英50の2、東京国立博物館）　○大阪府羽曳野市安閑陵陪塚出土鏡　○奈良県北葛城郡広陵町大塚新山古墳出土鏡（東京国立博物館蔵）　○奈良県桜井市箸中ホケノ山古墳出土鏡　○京都府京都市西京区樫原百々池古墳出土鏡　○京都府八幡市八幡荘石不動古墳出土鏡（京都大学文学部蔵）　○愛知県名古屋市中区大須双子山古墳出土鏡（南山大学蔵）　○石川県加賀市二子塚町狐塚古墳出土鏡

以上のうち、熊本県玉名郡江田船山古墳出土鏡から五島美術館蔵鏡273号までの21面（①印）は、同型鏡として最も数が多い例とされる。特に三重県、愛知県に集中していることが注目される。

十九、三角縁神獣鏡

日本出土鏡のみが知られている。その鏡式の定義や出土事例などについては、樋口隆康氏は別の一冊も用意しているので、それと合わせて次節で検討した方が有効である。

二十、斜縁神獣鏡

　この型式鏡は中国出土事例が若干認められるが、圧倒的に日本出土事例が多い。三角縁神獣鏡との関係が重要なので、章節を改めて検討したい。

　以上が後漢式鏡についての説明とその出土事例であるが、出土事例が日本に限られているという三角縁神獣鏡の考古学的知見を除けば、三角縁神獣鏡が十三、環状乳神獣鏡、十四、重列神獣鏡、十五、三段式神仙鏡、十六、対置式神獣鏡、十七、求心式神獣鏡、十八、画文帯回向式神獣鏡などの諸神獣鏡と極めて近似した鏡式であり、出土地の関係でも十三、環状乳神獣鏡、十六、対置式神獣鏡、十七、求心式神獣鏡、十八、画文帯回向式神獣鏡などの諸神獣鏡は日本国内からも多くが出土して居て、三角縁神獣鏡の成立を考える上での重要資料となることが分かった。逆に日本の出土事例の少ない十四、重列神獣鏡、十五、三段式神獣鏡の鏡式内容が当時の日本人の鏡趣向を考える素材を提出しているかも知れない。いずれにしても後章で詳細を検討したい課題である。

第二節　樋口隆康氏の三角縁神獣鏡型式分類と各型式鏡出土事例

　樋口隆康氏の三角縁神獣鏡研究は、樋口隆康著『古鏡』第五章　後漢式鏡の十九、三角縁神獣鏡（1979年）と、樋口隆康著『三角縁神獣鏡綜鑑』新潮社、1992年の両著に代表される。両著作の間が13年ほど空いているのでその間の研究進展を含めて検討したい。まず、三角縁神獣鏡の定義であるが、前著（以下樋口前著という）では、「三角縁神獣鏡」の名で呼びうるものは、次の諸条件を備えた類に限定するのが適切であるとする。

1、径20cmを超える大型品が多い。
2、外区は複線波文帯と、その内外にある鋸歯文帯の３つの圏帯からなる。
3、内区の最外部に１つの副圏帯があり、それは、Ａ銘帯、Ｂ獣帯、Ｃ唐草文帯、Ｄ波文帯、Ｅ鋸歯文帯、Ｆ半円方形帯のいずれかをなしている。
4、主文区は４個ないし６個の小乳によって等間隔に区分され、その間に神人、獣形を配置する。
5、図像の配置には、求心式と回向式の両種がある。
6、銘帯に施された銘文は次の銘式である。
　　Ｋ式　　　吾作明竟（または陳氏作竟）、甚大好、上有仙人不知老。
　　Ｑａ式　　尚方作竟佳且好、明而日月世少有刻。
　　Ｒａ１式　吾作明竟甚大好、上有東王父西王母。
　　Ｒａ２式　陳是作竟甚大好、上有王父母。

Ｒｂ１式　　張氏作竟真巧、仙人王喬赤松子。
 Ｒｂ２式　　吾作明竟甚大工、上有王喬赤松師子、天鹿。
 Ｒｃ式　　　吾作明竟甚大好、上有神守及龍虎、身有文章。
 Ｕ式　　　　新作大（明）鏡、幽律三剛、配徳君子、清而且明、銅出徐州、師出洛陽。

　三角縁神獣鏡は以上の諸要素のヴァラエティによって型式分類できる。

　まず求心式配置では４乳式と６乳式とがあり、４乳式は二神二獣式と四神四獣式の２基本型式があり、６乳式では三神三獣式を基神獣本型式とし、それぞれの基本型式から変化した亜式がある。二神二獣式の神像が双神や三尊式になり、三神二獣鏡、四神二獣鏡、六神四獣鏡ができ、２獣の代わりに車馬図が入って二神二車馬鏡となる。四神四獣式のうちの１神が獣となって、三神五獣鏡ができる。また三神三獣式の１像が博山炉や蛙、車馬、山岳文になっているものや、３獣が騎獣神形をなすもの、３神がそれぞれ三尊形式をとっているものなどの変化がある。

　回向式配置では鈕の上下左右に、伯牙、東王公、西王母、黄帝の４組の神像を同一方向からみるように配し、各像の間に４獣を入れるが、その４獣には側面形と、乳をめぐる蟠龍形との２種がある。

　これらを通観してもわかるように、三角縁神獣鏡の図文は、他の鏡式の主文を借りてきたものが多い。最も主流をなす求心式のうち、二神二獣鏡は画象鏡のなかにある東王公、西王母と龍虎の組合せからなるものを祖型としている。２神には「東王公（父）」「西王母」の傍題があって、その前者は三山冠をかぶり、後者は双渦形に頭飾りを付けていて、明らかに両者を区別して表現している。しかし獣形の方は龍虎の区別がなく、ただ巨を銜むものと、銜まないものの種類がある。三神三獣鏡や四神四獣鏡のうちには、神像も獣形も同形のものを並べただけのものがある。二神二車馬鏡もまた画象鏡を祖型としており、さらに対置式神獣鏡、環状乳神獣鏡の主文をそのまま使っているものがある。

　回向式は画文帯回向式神獣鏡の主文をそのまま借りてきたものである。以上の樋口氏の説明は分かり易い。

Ⅰ。二神二獣鏡　求心式配置の基本形式である。２神の東王公像と西王母像の区別がはっきりしていて、三角縁神獣鏡のうちで、もっとも古いタイプとされる。これに内区外方の小圏帯の種類により、唐草文帯、獣帯、銘帯の３種があるが、この小圏帯の種類による区別も方格規矩鏡などに見られる古い伝統があり、また高橋健自氏や富岡謙蔵氏の形式分類でも注目された要素である。以下でも①②は同型鏡関係を示す。以下特に断らない。

Ａ　唐草文帯式

　　①鳥取県西伯郡南部町寺内普段寺山１号墳出土鏡　①島根県安来市荒島町造山３号墳出土鏡
　　①大阪府茨木市阿為神社蔵鏡　②兵庫県神戸市東灘区本山町岡本ヘボソ塚古墳出土鏡（兵庫県報２）　②奈良県北葛城郡河合町佐味田宝塚古墳出土鏡（「ミューゼアム」232号）　②京都府長

岡京市長法寺南原古墳出土鏡　２面　②京都府八幡市八幡荘西車塚古墳出土鏡（聚英62の１）
②岐阜県海津市南濃町庭田円満寺山古墳出土鏡（『岐阜県史』884）　②岐阜県大垣市赤坂町八道長塚古墳出土鏡　②愛知県犬山市犬山白山平東之宮古墳出土鏡

①②という２群の同型鏡がある。①群の３鏡には小異があるが、原型そのものから鋳笵を作り、鋳造したものと、同じ原型から作った他の鋳笵に修正細工を施して鋳造したものとがある。②群の７鏡の同型鏡も鳥取県普段寺山出土鏡と似た図柄であり、唐草文帯の４つの方格内に「天王日月」の銘がある。①群と同じ作者とする。

③大分県宇佐市大字高森赤塚古墳出土鏡（聚英56の１）　③伝岡山県備前市香登丸山古墳出土鏡

この同型の２鏡では、１神が伯牙となり、首を垂れた侍人を添えている。

B　獣帯式

①京都府木津川市山城町椿井大塚山古墳出土24号鏡　①京都府京都市西京区樫原百々池古墳出土鏡　②福岡県福岡市東区香住ヶ丘出土鏡（香椎宮蔵）　②奈良県桜井市金崎出土鏡（聚英62の２）　③福岡県宗像市大島沖ノ島18号遺跡出土鏡（続沖ノ島42）　③山口県下松市西豊井宮ノ洲古墳出土鏡（聚英56の２）　③伝三重県桑名市出土鏡

③群の３面の同型鏡は、２神が輿状の枠内に坐し、その横に立った松笠状の旐の下に蟾蜍と亀、その横に侍仙が一人ずついる。獣の前には博山炉か樹木風の飾りがある。獣帯には日、月を奉ずる神仙や四神などがいる。

C　銘帯式

○伝奈良県奈良市大和田町富雄丸山古墳出土鏡（弥勒寺蔵、『奈良市史』考古編）　○奈良県北葛城郡河合町佐味田宝塚古墳出土鏡　○福岡県福岡市西区徳永若八幡宮古墳出土鏡（「今宿バイパス」Ⅱ20）　①奈良県北葛城郡広陵町大塚新山古墳出土鏡　①京都府八幡市志水東車塚古墳出土鏡（『久津川古墳の研究』12）　○静岡県磐田市新貝松林山古墳出土鏡

①の奈良県新山古墳出土鏡と①京都府八幡市東車塚古墳出土鏡は同型鏡であり、凸面の銘帯に、

【銘】　尚方作竟佳且好、明而日月世少有、刻治今守悉皆右、長保二親宜孫子、富至三公利古市、告後世。

の長銘を入れ、主文の神獣文は便化、２神は同じ形の繰り返しである。舶載か仿製かの意見が分かれるが、この獣形と同じものが、群馬県前橋市天神山古墳出土四獣鏡、小檀二４ａにあり、中国製としてよいと樋口氏は判断した。さらに樋口氏はこれらの鏡の独自な意匠について、静岡県磐田市松林山鏡が特異であるとし、鈕が蛙形をなし、銘帯には「吾作明竟甚独奇、保子宜孫、富無訾」の銘がある。外区に獣帯と小乳があるのも珍しいとする。

二神四獣鏡　二神二獣鏡の２神像にそれぞれ獣形を添えて、神獣並列のパターンをとったため、独立の２獣を加えて２神４獣となった。亀や鹿の文様が独立の２獣に添えてある。

獣帯式で4個の方格内に「天王日月」とある。

三神二獣鏡

　○三重県上野市山神出土鏡は唐草文帯二神二獣鏡の1神が双神並坐の形をとっているので、三神二獣鏡となる。

　　　①奈良県礒城郡田原本町鏡作神社蔵鏡（聚英63の2）　①愛知県犬山市犬山東之宮古墳出土鏡
　　　　②兵庫県神戸市東灘区本山町岡本ヘボソ塚古墳出土鏡　②兵庫県加古川市加古川町日岡山東車塚古墳出土鏡（播磨5の2）

これも1神が対峙の双神形をなしているもので、肩から膝までの体部が組み鈕の環をC字形に曲げた形をなしている。単身像は肩と膝がはっきりと分化し、頭には両端が巻き上がり、中間に三山形をした冠を付けている。

四神二獣鏡　4区に配置した神像、獣形のうち、2区の神像がともに2神並坐の形をとっているが、獣形は二神二獣鏡と同じである。銘帯をもつものに次の例がある。

　　　①京都府木津川市山城町椿井大塚山古墳出土23号鏡（椿井14の8）
　　　①岡山県岡山市湯迫車塚古墳出土鏡　2面
　　　①神奈川県平塚市真土大塚山古墳出土鏡（『真土大塚山古墳』図一）
　　　○大阪府柏原市国分茶臼山古墳出土鏡
　　　○滋賀県野洲市富波古富波山古墳出土鏡

　岡山市車塚鏡は、獣形の1つは左向き、他は右向きで、笠松文様の旒には幡状のものが付いている。小乳と交互に置いた銘はRa2式の、

【銘】　陳是作竟甚大好、上有王父母、左有倉龍右白虎、宜遠道相保。

大阪府柏原市国分茶臼山古墳鏡では、2神並坐というよりも、1神がやや小さく表現されているので、侍神を添えた形をとっている。獣は右向きで、1獣は巨を衡み、前に神仙1が居る。銘帯は小乳と交互に配し、

【銘】　吾作明竟甚大好、浮由天下□四海用青同、至海東。

とあり、その間4カ所に方格を置いて、「君宜高官」を一字ずつ入れている。

滋賀県野洲市古富波山古墳出土鏡では右向き獣形の1つに、別の獣頭1が添えてあり、銘帯には、

【銘】　陳是作竟甚大好、上有神守□□□身有文章、口銜巨、古有聖人王父母、渇飲玉泉、□食棗。

とある[24]。

　波文帯の例として、次を挙げる。

　　　①島根県松江市新庄町八日山1号墳出土鏡（八雲立つ風土記の丘資料館保管）　①岐阜県各務原市鵜沼町西町一輪山古墳出土鏡（『岐阜県史』887）　②奈良県桜井市外山茶臼山古墳出土鏡
　　　②根津美術館蔵鏡（『青山荘清賞』46）　○伝熊本県八代郡出土鏡（梅仙居5）

二神二車馬鏡　4乳の間に2神と2車馬を対置させたものである。東王公の左側には獣の

前半身があり、西王母の右側には笠松文様がある。2車馬はともに4頭立てである。銘帯には、

【銘】　陳氏作竟□青同、上有仙人不知□、君宜高官、保子宜孫、長寿。

の銘を小乳と交互に一字ずつ置いている。同型鏡が以下の4面ある。

①岡山県岡山市湯迫車塚古墳出土鏡　①山梨県甲府市下曾根町銚子塚古墳出土鏡　①伝群馬県藤岡市三本木出土鏡　①饗庭網蔵氏鏡

六乳車馬山岳神獣鏡鏡　6乳の間に6つの図像を入れる。2神1獣は通有のものであるが、馬は3頭の騎馬像、車の前には侍人一人が居る。重畳たる山岳文には密林が繁茂している。銘帯には小乳の間に一字ずつの銘があり、

【銘】　陳氏作鏡甚大□、上有仙人不知老、君宜高官、保子宜孫、寿如金石。

とある。同型3面があり、外区が幅広いため、径は25.5cmもある。

①岡山県岡山市湯迫車塚古墳出土鏡　①大阪府八尾市郡川西堤古墳出土鏡　①奈良県北葛城郡河合町佐味田宝塚古墳出土鏡

この他に、○滋賀県野洲市小篠原大岩山古墳出土鏡（聚英57の2）は、2神2獣に騎馬と車が6乳の間をうめている。銘帯は同じく小乳と銘が交互に置かれた式で、「陳氏作甚大工。……鏡」とあり、車馬文の鏡はすべて陳氏の作である。

Ⅱ。四神四獣鏡　4つに神像と4つの獣形の配列によって、3つのパターンに分けることができる。まず、神像と獣形を交互に置くものと、2つの神像と2つの獣形が並置されたものがあるが、これを内区を乳によって4分画するという原理に基づくと、乳と乳との間の1分画内に1神1獣のあるものと、2神だけと2獣だけのものとがあり、前者すなわち、1分画内に1神1獣のあるもののうちには、1つの神像が隣の分画の神像と隣り合わせにおかれたために、2神並列の状を呈するものがある。これを整理すると、A交互式、B並列式、C見せかけの並列式ということになる。特に四神四獣鏡では、分画の用をなすべき4乳が内区の外側に小さく置かれていて、あまり分画の用をはたしておらず、しかも、内区の内側にも、さらに小さい4乳が各区の中央にあり、さらに松笠文様がその間に介在して、内区を分画するということが、二神二獣鏡の場合ほど成功していない。乳を無視すれば、A交互式では2獣が1神像を中心にして、向かい合って対置しているので、対置式神獣鏡の図柄を借用したものであることが分かる。さらに内区外方の副圏帯に銘帯、唐草文帯、獣帯、波文帯、鋸歯文帯の各種があるので、四神四獣鏡は次のように分類することができる。

A、交互式　　　　　1銘帯・2獣帯・3唐草文帯・4鋸歯文帯
B、並列式、　　　　1銘帯・2獣帯・3唐草文帯・4鋸歯文帯
C、見せかけの並列式、1銘帯・2獣帯

A、交互式四神四獣鏡

1、銘帯交互式四神四獣鏡は数は少ない。4獣は全部右向き、3像対置式のパターンをと

らない。旎は2個ある。

　①福岡県福岡市南区老司古墳出土鏡　①滋賀県野洲市富波古富波山古墳出土鏡（ベルリン民俗博物館蔵、精華Ⅳ103）　①フリーア美術館蔵鏡（精華Ⅳ103）

【銘】　王作竟甚大明、同出徐州、刻鏤成、師子辟邪嬈其嬰、仙人執節座中庭、取者大吉楽未央。

　○奈良県北葛城郡河合町佐味田宝塚古墳5号鏡（佐新6の2）は3像対置式の構図にしたがったもの。

2、獣帯交互式四神四獣鏡としては、獣帯内に8個の方格があって、それに〔天王〕7個、〔日月〕1個を配列したものがある。

　①京都府木津川市山城町椿井大塚山古墳出土16号鏡（椿井25の28）　①伝鳥取県倉吉市（旧社村内）出土鏡（梅仙居2）　②福岡県京都郡苅田町南原石塚山古墳出土2号鏡　②岡山県岡山市湯迫車塚古墳出土鏡　②奈良県北葛城郡広陵町大塚新山古墳出土鏡（佐新28の2、宮内庁12）　③福岡県京都郡苅田町南原石塚山古墳出土3号鏡　③福岡県大野城市御陵韓人池出土鏡　④京都府木津川市山城町椿井大塚山古墳出土36号鏡（椿井25の29）　④岡山県総社市秦上沼古墳出土鏡（「吉備考古」85）　④京都府城陽市平川町古宮久津川箱塚古墳出土鏡　○奈良県北葛城郡広陵町大塚新山古墳出土鏡（佐新28の1）　○鳥取県倉吉市付近出土鏡（鳥取県報Ⅱ30の2）

以上の諸鏡は4組の同型と同型のない数面に分けられるが、いずれも神像、獣形の表現が近い。獣帯に置かれた天王7個、日月1個の配置も、内向き、外向きの別はあっても、全体の表現がきわめてよく似ている。したがって、これらはすべて同時代、同一場所の作とみなしてよく、同時に日本へ輸入されたと考えてもいい。

　獣帯交互式四神四獣鏡で、獣帯に〔日月天王〕4個を外向きに入れた式がある。

　①京都府木津川市山城町椿井大塚山古墳出土17号鏡（椿井21の22）　①愛媛県伊豫市上三谷客広田神社裏山古墳出土鏡（西田栄氏教示）

4神は1個のみ異なり3像は同形である。4獣は右向き同形で、ただ口に銜んだ巨の形がちがう。

　また〔天王日月〕8個を内向きに入れたものもある。

　①京都府木津川市山城町椿井大塚山古墳出土34号鏡　①岐阜県岐阜市長良平瀬龍門寺1号古墳出土鏡（『岐阜龍門寺古墳』14）

神像も獣形も同じ形を繰り返しているだけであり、獣帯内の龍形も同じ形の繰り返しである。

　獣帯の5個の方格内に「君宜高官□」を一字ずつ入れた式がある。

　①伝三重県桑名市出土鏡（径22.7cm、熱海美術館蔵）　①静岡県静岡市清水区庵原町午王堂山3号墳出土鏡（径22.8cm、静岡大学蔵）

3、唐草文帯交互式四神四獣鏡の事例。

　①大阪府枚方市枚方万年山古墳出土鏡　①静岡県磐田市新貝経塚古墳出土鏡（『静岡県史』95）、

唐草文帯に内向き〔日月日月〕4個がある。

4、鋸歯文帯交互式四神四獣鏡の事例。

①大分県宇佐市大字高森赤塚古墳出土鏡（聚英57の1）　①奈良県桜井市外山茶臼山古墳出土鏡　①京都府木津川市山城町椿井大塚山古墳出土18号鏡（椿井23の26）　①京都府長岡京市長法寺南原古墳出土鏡（京都府報ⅩⅦ13の2）

B、並列式四神四獣鏡

1、銘帯並列式四神四獣鏡の事例。

第一群

①京都府木津川市山城町椿井大塚山古墳出土5号鏡（椿井12の17）　①岐阜県岐阜市太郎丸向山1号墳出土鏡（小林行雄氏同范と推定）　①奈良県北葛城郡河合町佐味田宝塚古墳出土8号鏡

外区の3帯はすべて鋸歯文帯である。銘文は次の通り。

【銘】吾作明竟幽律三剛、銅出徐州、彫鏤文章、配徳君子、清而且明、左龍右虎、伝世右名、取者大吉、保子宜孫。

第二群

②香川県仲多度郡多度津町奥白方出土鏡　②京都府木津川市山城町椿井大塚山古墳出土4号鏡（椿井16の13）　○岐阜県海津郡南濃町駒野東天神山出土鏡

旄が1個双獣の間にある。銘文は次の通り。

【銘】張氏作竟真大巧、上有仙人赤松子、師子辟邪世少有、渇飲玉泉飢食棗、生如金石不知老兮。

第三群

③京都府木津川市山城町椿井大塚山古墳出土6号鏡（椿井12の6）

旄飾りが3乳のところにある。銘文は次の通り。

【銘】張是作竟甚大好、上有仙□□□□□□□孫、位至侯王、買竟者富且昌。

第四群

④伝群馬県出土鏡〔福岡県北九州市小倉高校蔵鏡、伝上野国出土〕

【銘】陳是作竟甚大好〔公〕、上有仙人不知老、〔位〕古有〔聖〕人已龍虎〔至〕、身有文章、口銜巨〔三〕。

第五群

⑤フリーア美術館蔵鏡

【銘】親出竟右文章、明如日月、昭天梁、長保子宜孫。〔下略〕

第六群

⑥福岡県京都郡苅田町南原石塚山古墳出土鏡　⑥広島県広島市高陽町中小田1号墳出土鏡　⑥兵庫県たつの市新宮町吉島吉島古墳出土鏡　⑥大阪府枚方市枚方万年山古墳出土鏡（東京大学人類学教室蔵）　⑥京都府木津川市山城町椿井大塚山古墳出土7号、8号鏡　2面（椿井17）

【銘】吾作明竟甚大工、上有王喬及赤松、師子天鹿其義龍、天下名好世無双。

三角縁神獣鏡として、最も小型である。

2、獣帯並列式四神四獣鏡の事例。

〇岡山県岡山市立田観音山古墳出土鏡［天王日月］内向き6個、4乳の上に旄あり。

〇京都府木津川市山城町椿井大塚山古墳出土12号鏡［天王日月］内向き6個、旄は2神の間にあり。

①京都府木津川市山城町椿井大塚山古墳出土13号、14号、15号鏡（椿井19、20）［天王日月］内向き8個、旄は2神の間にあり。

①山口県新南陽市富田竹島御家老屋敷古墳出土鏡（防長13）　①神奈川県川崎市幸区南加瀬白山古墳出土鏡（『日吉加瀬古墳』16上）

3、唐草文帯並列式四神四獣鏡の事例。

①兵庫県揖保郡新宮町吉島松山古墳出土鏡2面（兵庫県報Ⅱ36の1、2）　①奈良県北葛城郡河合町佐味田宝塚古墳出土9号鏡（佐新9の1）　①京都府木津川市山城町椿井大塚山古墳出土3号鏡（椿井18の17）　①静岡県浜北市内野赤門上古墳出土鏡（『遠江赤門上古墳』11）　②兵庫県神戸市東灘区住吉町求女塚古墳出土鏡　②京都府向日市寺戸町芝山寺戸大塚古墳出土鏡（『史林』54巻6号）

以上は唐草文帯に［天王日月］内向き6個あり。

4、櫛目文帯並列式四神四獣鏡の事例。

①京都府木津川市山城町椿井大塚山古墳出土9号鏡　①京都府木津川市山城町椿井大塚山古墳出土10号鏡（椿井26の31）　〇奈良県奈良市山町円昭寺裏山古墳出土鏡（橿原考古館蔵）　〇鳥取県西伯郡南部町寺内普段寺山1号墳出土鏡（鳥取県報Ⅱ19の1）

5、有銘連続渦文帯並列式四神四獣鏡の事例。

①兵庫県赤穂郡上郡町与井新西野山3号墳出土鏡（『有年考古館研究報告』Ⅰ10）　①京都府城陽市平川町久津川車塚古墳出土鏡

1区画内に2神がおかれているが、2神の間には笠松文様がある。副圏帯に特殊な連続渦文があり、その中に「日而月而呉□□母天下之明」の銘を入れる。

C、見せかけの並列式四神四獣鏡

1、銘帯式

①京都府木津川市山城町椿井大塚山古墳出土33号鏡（椿井13の9）　①奈良県北葛城郡広陵町大塚新山古墳出土鏡（佐新29の1）

双神の間に「東王父」「西王母」あり。

【銘】吾作明竟甚大好、上有神守及龍虎、身有文章口銜巨、古有聖人、東王父西王母、渇飲玉泉五男二女、長相保吉昌。

〇京都市住友泉屋博古館蔵33号鏡（泉屋25）　②奈良県北葛城郡河合町佐味田宝塚古墳出土鏡（佐新7の1）　②ビッドウェル氏蔵鏡　②兵庫県豊岡市森尾古墳出土鏡　②京都府南山城出土

鏡　②岡山県岡山市湯迫車塚古墳出土鏡　②京都府向日市向日町北山古墳出土鏡（京都府報Ⅱ31上）　②大阪府柏原市国分茶臼山古墳出土鏡　②滋賀県栗東市織部出土鏡

径23.1センチ、旄形4個が双像の間にある。

【銘】新作明竟、幽律三剛、配徳君子、清而且明、銅出徐州、師出洛陽、彫文刻鏤、皆作文章、左龍右虎、師子有名、服者大吉、長宜子孫。

2、獣帯式

①宮崎県児湯郡高鍋町持田48号墳出土鏡、径21.4センチ、（持田26）　①群馬県前橋市後閑町坊山天神山古墳出土鏡、径21.7センチ

以上［天王日月］内向き4個あり。

②京都府城陽市久世町下大谷西山2号墳出土鏡、径22.15センチ（同志社大学蔵）　②岡山県岡山市岡山県立博物館蔵鏡、径22.4センチ

「陳」「是」「作」「竟」外向き、獣文は画像風、旄は2獣の間にあり。

○兵庫県姫路市安田安田古墳出土鏡、径23.0センチ（播磨2）

Ⅲ。三神五獣鏡　4区分画の並列式四神四獣鏡の構図において、双神並坐の群の一つが一神一獣に替わったもの、副圏帯は銘帯式のみ。

①京都府木津川市山城町椿井大塚山古墳出土21号鏡（椿井11の5）　①香川県さぬき市寒川町奥3号墳出土鏡　①静岡県磐田市二之宮連福寺古墳出土鏡　①群馬県藤岡市三本木出土（伝）鏡（後藤守一『漢式鏡』431頁）　①京都市泉屋博古館蔵23号鏡（泉屋23）　①京都市泉屋博古館蔵24号鏡

一神一獣の群の神像には羽仙が添えられ、旄にも羽仙が居る。銘は時計廻りにある。

【銘】張氏作鏡真巧、仙人王喬赤松子、師子辟邪世少有、渇飲玉泉飢食棗、生如金石天相保分。

②滋賀県野洲市野洲町富波古富波古墳出土鏡　②兵庫県洲本市下加茂コヤダニ古墳出土鏡　②静岡県菊川市小笠町上平川平川古墳出土鏡（『静岡県史』Ⅰ）

旄形飾がない。銘は時計廻りにある。

【銘】張氏作竟甚大工、上有王喬……

③京都府木津川市山城町椿井大塚山古墳出土20号鏡（椿井14の11）　③京都府木津川市山城町椿井大塚山古墳出土31号鏡　③伝愛知県豊田市出土鏡

逆時計廻りの銘がある。

【銘】吾作明竟甚大好、上有神守及龍虎、古有聖人東王父、渇飲玉泉飢食棗、寿如金石。

④京都府木津川市山城町椿井大塚山古墳出土32号鏡、径22.4センチ　④伝岐阜県可児郡出土鏡　④千葉県香取市小見川町小見川城山1号墳出土鏡

銘は時計廻りにある。

【銘】吾作明竟甚大好、上有神守及龍虎、身有文章口銜巨、古有聖人東王父西王母、渇飲玉泉飢食棗、寿如金石。

Ⅳ。五神四獣鏡　4区分画の四神四獣鏡から発展した型式である。構図に並列式と交互式の2種があり、交互式では　単神の一つが双神並坐の形をなすものであり、並列式では双神並坐の一つに侍仙が添えられている。
　1、銘帯交互式
　　　①京都府木津川市山城町椿井大塚山古墳出土22号鏡（椿井16の12）　①奈良県奈良市都祁都介野出土伝鏡　○奈良県北葛城郡河合町佐味田宝塚古墳出土5号鏡
　　【銘】吾作明竟甚大好、上有［東］王父西王［母］、仙人王喬赤松子、渇飲玉泉飢食棗、
　　　　千秋万歳不知老兮。
　2、獣帯並列式
　　　①奈良県桜井市外山茶臼山古墳出土鏡（『桜井茶臼山古墳』22）　①群馬県前橋市後閑町坊山天神山古墳出土鏡
　　獣帯に［天王］と［日月］の方格銘を2回ずつ繰り返している。
　　　②広島県福山市新市町相方汐首潮崎山古墳出土鏡　②鳥取県倉吉市国府国分寺古墳出土鏡（鳥取県報Ⅱ26の1）
　　神像は2群、一は旄を挟む双神形、他は中央の主神と両側の侍仙からなる三尊形である。獣は他の2区に対向の双獣形である。獣帯の6個の方格には「天、王、天、王、日、月」の銘が一字ずつはいっている。
　3、銘帯並列式五神四獣鏡
　　　○兵庫県高砂市北浜町牛谷天神山古墳出土鏡
　　双神は間に笠松文様を介在させており、三尊は中央の主神が正坐し、両側は侍仙である。
　　【銘】陳是作竟甚大好、上有神守及龍虎、身有文章口銜巨、古有聖人東王父西王母、渇
　　　　飲玉泉飢食棗、長保。
　　【副銘】君宜高官。
　4、画文帯並列式五神四獣鏡
　　　①岡山県岡山市湯迫車塚古墳出土鏡　①京都府木津川市山城町椿井大塚山古墳出土11号鏡（椿井18の16）　①伝奈良県奈良市大和田町富雄丸山古墳出土鏡（『奈良市史』14）　①フリーア美術館蔵鏡
　　神像は二尊と三尊の並列式である。副帯は画文帯神獣鏡の画文帯と同じ文様である。
　　　②奈良県桜井市外山茶臼山古墳出土鏡破片（『桜井茶臼山古墳』22の2～5）　②岐阜県海津市庭田東天神1号古墳出土鏡（『岐阜県史』888）
Ⅴ。銘帯六神三獣鏡
　　　○奈良県北葛城郡河合町佐味田宝塚古墳出土4号鏡　（佐新6の1）
　　欠損部があるが、神像は三尊形2組からなり、獣形は一獣と双獣の2組からなる。
　　【銘】陳是作竟甚大好、上有□□□、文章口銜巨、□有聖人東王父西王母、渇飲玉泉

Ⅵ。六神四獣鏡、銘帯、複波文帯の二種。

　　　○大阪府枚方市枚方万年山古墳出土鏡　　○京都府八幡市内里出土鏡（梅仙居3）　　○大阪府河内国分茶臼山出土鏡

　神像は三尊形2組、獣形は二獣並列式2組からなる。銘帯には方格4個があり、「君宜高官」の銘を一字ずつ入れ、その間に長銘がはいっている。右廻りと左廻りの違いがある。

　　【銘】陳是作竟甚大好、上□□□□、右有聖東王父□□

　　　○岡山県岡山市湯迫車塚古墳出土鏡（東京国立博物館蔵鏡）

　神像は三尊形2組、獣形は双獣2組を配し、旒飾も2個付いている。副帯は複波文帯である。

Ⅶ。八神四獣鏡

　　　○福岡県京都郡苅田町南原古墳出土鏡（宇原神社蔵鏡）

　4乳の上に神像が1体ずつあり、そのうちの2組は神像の両側に2神を加えて三尊形をとっているが、中央像が小さい。獣形は他の単神の両側にこれを挟むように向きあっている。獣帯には6個の方格があり、［日］［月］の大きな字を一字ずつ入れている。

Ⅷ。三神三獣鏡　　　主文は6乳の間に三神三獣を交互においた式である。これに副文帯が獣帯のものと、櫛目波文帯のものとがある。

1、獣帯式三神三獣鏡

　　　①京都府長岡京市長法寺南原古墳出土鏡（聚秀58の1）　①伝奈良県奈良市都祁白石町出土鏡「君高□宜官□」　②奈良県北葛城郡河合町佐味田宝塚古墳出土鏡（佐新10の1）　②大阪府枚方市枚方万年山古墳出土鏡　「君宜高官」（『枚方市史』18）　③福岡県筑紫野市武藏原口古墳出土鏡　「長宜子孫」（福岡県報Ⅹ五右）　③大阪府茨城市宿久庄紫金山古墳出土鏡　「長宜子孫」　④福岡県筑紫野市武藏原口古墳出土鏡　「天王日月日月」（福岡県報Ⅹ4右）　④兵庫県神戸市東灘区住吉町求女塚古墳出土鏡　「天王日月日月」（兵庫県報Ⅱ17の1）　④福岡県久留米市御井町高良神社蔵鏡　「天王日月日月」　④伝三重県桑名市出土、熱海美術館蔵鏡「天王日月日月」　⑤福岡県筑紫野市武藏原口古墳出土鏡　［天王日月］内向き4個　⑤福岡県福岡市蒲田天神森古墳出土鏡　⑤福岡県京都郡苅田町南原石塚山古墳出土鏡　2面　⑤大分県宇佐市高森赤塚古墳出土鏡（聚秀58の1）　⑤京都府木津川市山城町椿井大塚山古墳出土19号鏡（椿井21の18）　⑥大分県宇佐市高森赤塚古墳出土鏡　［天王日月］外向き　⑥伝京都府向日市物集女町付近出土、明治大学蔵鏡　⑥滋賀県栗東市六地蔵岡山古墳出土鏡（滋賀県報昭和11年16上）　⑥三重県松阪市嬉野一志町一志筒野1号墳出土鏡（『三重考古図録』42の3）　⑥奈良県桜井市外山茶臼山古墳出土鏡　⑦岐阜県岐阜市常盤町板尻1号墳出土鏡　「日月日月日月」（聚秀58の5）　⑦静岡県磐田市寺谷銚子塚古墳出土鏡（聚秀59の5）　⑦山梨県甲府市中道町上向山大丸山古墳出土鏡　◎福岡県京都郡苅田町南原石塚山古墳出土4号鏡

　以上のうち、最後の南原石塚山古墳出土4号鏡を除いて、他はすべて同型鏡の例であ

る。このうち、同型①②③の類と石塚山古墳出土4号鏡では三神像の正面坐の膝が正しく両側に分かれて、ふくらみのある表現をなし、その中間の小さな盒形のものを挟んでいる頭飾りも三像それぞれ異なる。同型④以下の類では、神像の膝は座布団を二つ重ねた形となり、図形が画一的となっている。また三獣は右向き正面顔のものが多く、ときには巨を銜んでいる。副帯の獣帯は同型①では方格6個と小乳6個の間に鳥、獣、魚12像を入れている。同型②は方格4個と小乳6個の間に12像を入れ、同型③は方格4個と小乳4個の間に8像を入れている。同型④では方格6個と小乳6個の間に12像を入れ、同型⑤、⑥は方格6個と小乳4個の間に8像を入れ、同型⑦は方格6個の間に6像を入れている。同型⑦は径16.7センチとやや小型で、神像のうちの一つは首を曲げた侍神の姿であり、獣径の一つも左向きで他と違っている。

次の2例はゾディアック風の獣帯の間に10乳があり、仿製鏡との区別がつけにくい。

○奈良県北葛城郡広陵町大塚新山古墳出土鏡　○兵庫県朝来市和田山町東谷城の山古墳出土鏡

2、複波文帯式三神三獣鏡

①福岡県宗像市大島沖津宮神宝鏡（沖ノ島50の1）　①三重県鈴鹿市秋永町赤郷1号墳出土鏡（真昌寺蔵）　②大分県大分市三芳亀ノ甲古墳出土鏡　②兵庫県たつの市揖西町龍子三ツ塚古墳出土鏡（兵庫県報Ⅸ21の1）　②愛知県犬山市犬山東之宮古墳出土鏡（愛知県鏡9）　②柳孝蔵鏡（梅仙居6）　③大阪府高槻市南平台弁天山C1号墳出土鏡（『高槻市史』Ⅵ165a）　③愛知県犬山市犬山東之宮古墳出土鏡（愛知県鏡8）　④三重県松阪市嬉野一志町一志筒野1号墳出土鏡　④岐阜県大垣市赤坂町矢道長塚古墳出土鏡　⑤兵庫県たつの市揖西町龍子三ツ塚古墳出土鏡（兵庫県報Ⅸ21の2）　⑤和歌山県和歌山市井辺岩橋千塚古墳群出土鏡（和歌山県報Ⅰ39の4）　⑤愛知県小牧市小木甲屋敷古墳出土鏡（愛知県鏡16）　⑥福岡県飯塚市忠隈古墳出土鏡　⑥兵庫県姫路市播磨区妻鹿御旅山3号墳出土鏡（姫路市報Ⅱ）　⑥兵庫県豊岡市今津小見塚古墳出土鏡（兵庫県報Ⅱ44の1）　⑥愛知県名古屋市北区楠町白山藪古墳出土鏡（愛知県鏡22）　⑥京都市住友泉屋博古館蔵33号鏡　○奈良県北葛城郡広陵町大塚新山古墳出土鏡（佐新31の2）　○奈良県北葛城郡河合町佐味田宝塚古墳出土鏡（佐新11の2）　○石川県鹿島郡中能登町小田中親王塚古墳出土鏡（『鹿島町史』）

数組の同型がある。獣は右向きが多いが、左向きもある。これに博山炉の文様を加えたものも出てくる。同型④⑤や最初の2事例の奈良県広陵町大塚新山古墳出土鏡、兵庫県朝来市城の山古墳出土鏡、最後の石川県鹿島郡親王塚古墳出土鏡などは6乳の上の炉の蓋部の山岳形の部分を置いている。同型⑥では3神の傍らに博山炉1個ずつが配されている。博山炉の文様は画象鏡にもあり、炉の両側に神仙がいて焼香している。

3、複波文帯式三神二獣一博山炉鏡

①広島県福山市駅家町東法成寺掛迫古墳出土鏡（『広島県史』）　①兵庫県芦屋市翠ヶ丘町親王塚古墳出土鏡（兵庫県報ⅩⅠ19）　①奈良県北葛城郡河合町佐味田宝塚古墳出土鏡（佐新11の1）　①奈良県北葛城郡河合町佐味田貝吹古墳出土鏡　①岐阜県海津郡南濃町庭田円満寺古墳出土

鏡　①奈良県天理市渋谷町（大和国城上郡渋谷村）出土鏡

獣形の1つが博山炉となり、その炉は亀の上にたち、両側に魚文を添えている。

○鳥取県東伯郡湯梨浜町大字橋津馬山4号墳出土鏡

三神二獣一博山炉鏡であるが、3神像の傍らにも博山炉を置いている。

4、二神一虫三獣鏡

○兵庫県神戸市東灘区住吉町求女塚古墳出土鏡（兵庫県報Ⅱ16の2）

6乳の三神三獣鏡式の構図で、うち一神が斑点の多い昆虫のような形のものに替わっている。その傍らに2魚を添えている。副圏帯は獣帯で、5個の方格内には［天王日月□］の銘を一字ずつ入れている。

Ⅸ。三仏三獣鏡

○奈良県北葛城郡広陵町大塚新山古墳出土鏡

三神三獣式の構図であるが、三神はいずれも結跏趺坐して、両手を前にあわせている。とくにそのうちの一尊は頭上に肉髻があり、円光背をつけて、禅定仏の姿をしている。その両肩外方に蓮花の銘をそえている。他の二尊も頭に三山冠をつけ、光背にないところは仏像と違うが、禅定印で蓮華座に結跏趺坐しているところは、仏像図像的である。副圏帯には獣文帯がある。

　　①京都市西京区樫原百々池古墳出土鏡（『漢式鏡』203頁）
　　①京都府向日市寺戸町芝山寺戸大塚古墳出土鏡
　　①京都府南丹市園部内林町園部垣内古墳出土鏡

この3面の同型鏡も三神三獣式の構図であるが、三神は三山冠または弁冠をかぶった神像的であるが、結跏趺坐して、禅定印を結んだところは、いかにも仏像的で、奈良県新山鏡の光背のない二尊像と同一である。鈕のまわりにヒマワリの花弁風の文様をつけているのは特異であり、副圏帯がない。これらは同一の場所で同一人のデザインの下に作られたもので、それが京都府に近い3古墳から出土している点が注目される。

Ⅹ。銘帯九神三獣鏡

　　①奈良県奈良市都祁白石町出土鏡　①愛媛県今治市桜井国分国分古墳出土鏡

6区の間に三尊形の神像3組と一獣3組を配したものである。うち1獣にはもう一つ神像を添えている。彫りは稚拙である。鈕座の鋸歯文様をめぐらし、銘文は次である。

【銘】吾作明竟真大好、長保二親宜子孫（以下欠）

Ⅺ。騎獣文神獣鏡

○岡山県岡山市一宮天神山1号墳出土鏡（岡山理科大学蔵）

3乳によって内区を3つに分かち、各区に趺坐の神像1体と獣に乗った神仙像1体を入れている。神像の表現は奈良県新山鏡の仏像を含んだ神獣鏡の神獣にも似ていて、胡座風に坐し、ヒレが両側に垂れ、一見菩薩風である。獣帯は9匹の獣が前の獣尾を銜（くわ）えてつながっている。

○岡山県岡山市湯迫車塚古墳出土鏡

　４区分画で、獣形の背上に正坐した神像を２区におき、他の２区には２匹の怪獣が向き合っている。神像の騎った獣の前には鹿がいる。銘帯には

【銘】作明竟□□□□、文章□□□甚工、上有東王父西王母、宜子保孫甚大好、不由天下至四海、渇飲玉泉飢食棗、千秋万歳不知老兮。

XII。環状乳神獣鏡

　三角縁神獣鏡であるが環状乳神獣鏡の主文を借用したものがある。

○伝奈良県奈良市大和田町富雄丸山古墳出土鏡　○東京都五島美術館蔵鏡

　右廻りの四神四獣式であるが、騎乗の神像には侍仙が添えてある。副帯には次の銘がある。

【銘】吾作明竟甚大好、上有仙人不知老、渇飲玉泉飢食、不由天下至四海、楽未央年寿、長保子宜孫兮。

XIII。三角縁回向式神獣鏡

　三角縁神獣鏡で、内区が画文帯回向式神獣鏡のデザインを借用したものがある。

①兵庫県豊岡市森尾古墳出土正始元年鏡（梅原末治・紀年鏡26）　①群馬県高崎市柴崎町蟹沢芝崎古墳出土正始元年鏡　○島根県雲南市加茂町神原神原神社古墳出土景初三年鏡

　森尾鏡と芝崎鏡は同型で、魏正始元年（240）の銘があり、神原神社鏡は魏景初三年（239）の銘がある。図文はきわめて似ており、上段に伯牙弾琴の３像があり、中段右側に東王父、左側に西王母像、下段に黄帝の神像がある。獣形は上の２獣は外向き、下の２獣は内向きである。これらは画文帯回向式神獣鏡のA類と同じで、とくに、大阪府和泉市上代町和泉黄金塚出土景初三年画文帯神獣鏡と内区はほとんど一致する。いずれも魏の年号をもっており、同時代の鏡とされ、一般に卑弥呼が魏皇帝からもらった銅鏡百面のうちのものとみなされている。

②岡山県岡山市湯迫車塚古墳出土鏡（東京国立博物館蔵鏡）　②京都府木津川市山城町椿井大塚山古墳出土25号鏡　②三重県松阪市久保町草山久保古墳出土鏡　②静岡県菊川市小笠町上平川平川大塚古墳出土鏡（聚秀65の１）

　以上４面の鏡も同じA類の図柄、図像のうち、西王母像だけは鈕の方へ頭をむけ、回向式の構図に無理に４乳と２つの旄飾りを入れている。副圏帯は獣帯で７個の方格内には、［天王日月］の４字銘を内向きに入れている。

○山口県下松市西豊井宮ノ洲古墳出土鏡

　画文帯回向式神獣鏡B型の構図を借用したものである。４乳をめぐる盤龍文を四方に配しており、４群の神像はいずれも多くの侍仙をともなっている。副圏帯は半円方格帯で、方格内に１字銘を入れている。

○愛知県犬山市犬山東之宮古墳出土鏡（三角縁二神二獣鏡）

　以上と全く別の型式で、４乳で分画された各区を枠組で区切り、上段に虎、中段右に

西王母、左に東王父、下段に龍を回向式に入れている。乳の傍らに小像を入れており、「多賀国家」式銘帯を入れている。

【銘】□氏作竟四夷服、多賀国家人民息云々

XIV。三角縁盤龍鏡

　三角縁神獣鏡と同じ鏡体の鏡に、盤龍鏡の図文を主文として借用した類がある。外区の文様も三角縁神獣鏡と同じであり、径は22センチから25センチの間にあり、普通の盤龍鏡のいずれよりも大きく、三角縁神獣鏡のうちでも大型品に属する。図文から2種に大別できる。

1、四頭式三角縁盤龍鏡

　相対する2獣の前半身を、鈕を挟んで反対側に対置した構図で、4乳を両頭の間と、胴体が鈕から分出するところに置いている。主文の4頭はいずれも鱗身であるが、頭形は1角、2角、無角のものに分かれ、有角のものは龍首であるが、無角のものは虎首形をしている。

　○山口県下松市西豊井宮ノ洲古墳出土鏡

　1角龍と無角虎の2つずつの組合せからなり、蟾蜍、魚、昆虫などの小図形を添えている。副帯は銘帯で膨らみ、次の銘が入る。

　【銘】王氏作竟四夷服、多賀国家人民息……

　①大阪府和泉市上代町和泉黄金塚東槨内出土鏡（『和泉黄金塚』27の1）　①京都府木津川市山城町椿井大塚山古墳出土36号鏡（椿井25の29）　①愛知県愛西市千引町千引奥津社出土鏡　②兵庫県揖保郡新宮町吉島松山古墳出土鏡（兵庫県報Ⅱ37の1）　②大阪府枚方市枚方万年山古墳出土鏡（『枚方市史』20）　②奈良県桜井市池之内池之内5号墳出土鏡　○福岡県福岡市西区西新町藤崎出土鏡（聚秀38の4）　○大分県宇佐市高森赤塚古墳出土鏡

　以上のうち、京都府木津川市椿井大塚山古墳出土36号鏡は2角龍と1角龍の対置と、1角龍と無角虎の対置で、亀・魚・昆虫・双鳥などの小図像を入れている。副帯は複波文帯と櫛目文帯の組合せである。

　奈良県桜井市池之内5号墳出土鏡では1角龍3と無角虎1の組合せであり、両頭の向き合った間に、正坐の神像各1体を乳の上に載せている。副帯は複波文帯である。

　福岡市西区藤崎鏡もよく似ている。主文は2組とも1角龍と無角虎の組合せであり、両頭の間に神像を置いている。大分県宇佐市赤塚鏡では神像の替わりに鳳凰を置いている。

2、三角縁画象文帯盤龍鏡

　内区の文様帯が2帯に分かれ、内帯の間に3頭の盤龍文と一つの獣形を置く。盤龍はいずれも1角式である。外帯の画象文には、車馬・騎馬・羽仙・魚・魚旌・輪・獣首などを入れている。これには大小2群の同型鏡がある。

　①岡山県岡山市湯迫車塚古墳出土鏡（東京国立博物館蔵鏡）　①滋賀県野洲市野洲町小篠原大

岩山古墳出土鏡　①群馬県富岡市南後箇茶臼山古墳出土鏡（宮内庁蔵鏡101）　②伝奈良県奈良市大和田町富雄丸山古墳出土鏡　②奈良県（大和国）出土鏡（富岡謙蔵氏旧蔵鏡）

第三節　樋口隆康氏による斜縁二神二獣鏡の型式説明と出土事例

　内区の主文は4乳の間に二神二獣を配したもので、二神はそれぞれ侍仙を伴っている。銘帯があって外区は複波鋸歯文帯からなっている。縁も三角縁に近いものもあるので、三角縁神獣鏡の一類とみなす人もいる。しかし、三角縁神獣鏡より小型で、径が16～12センチぐらいであり、銘文は「幽湅三商」式のものが多く、三角縁神獣鏡にみない式である。縁も三角縁よりは低く、平縁よりも盛り上っているので、両者の中間型式として、斜縁または半三角縁といっている。しかし、斜縁二神二獣鏡が三角縁神獣鏡と異なる決定的な点は日本以外の発掘事例があることである。

　○浙江省出土鏡（梁上椿『岩窟蔵鏡』2下1）　○河南省洛陽出土鏡（梁上椿『岩窟蔵鏡』2下2）　○安徽省合肥市三里街3号墳出土鏡（『考古通訊』1957の1）　○安徽省霍邱県張家崗龍台孜出土鏡　○朝鮮民主主義人民共和国大同江面石巌里288号墳出土鏡　○朝鮮民主主義人民共和国大同江面出土鏡　2面（『楽浪郡』下1313、1314）　○福岡県福岡市西区姪浜町五島山古墳出土鏡　○伝筑前国（福岡県）出土鏡（梅仙居9）　○大分県宇佐市高森免ヶ平古墳出土鏡（小田冨士雄氏）　○山口県熊毛郡平生町佐賀白鳥神社古墳出土鏡（防長6）　○岡山県井原市木之子町所在古墳出土鏡（五島美術館蔵鏡272）　○島根県安来市荒島町造山造山3号墳出土鏡（八雲立つ風土記の丘資料館蔵鏡）　○鳥取県倉吉市国府国分寺古墳出土鏡（鳥取県報Ⅱ27上）　○香川県高松市鶴市町御殿出土鏡　○香川県さぬき市津田町津田岩崎山4号墳出土鏡　○徳島県鳴門市大麻町天河別神社古墳出土鏡　○兵庫県神戸市東灘区本山町岡本ヘボソ塚古墳出土鏡　○兵庫県尼崎市塚口池田山古墳出土鏡　○大阪府高槻市南平台弁天山C1号墳出土鏡（『高槻市史』Ⅵ164a）　○大阪府和泉市上代町黄金塚古墳出土鏡　○大阪府藤井寺市陵墓参考地出土鏡（宮内庁蔵鏡）　○大阪府柏原市国分市場1丁目ヌク谷北古墳出土鏡（大阪大学文学部蔵鏡）　○大阪府岸和田市摩湯町摩湯山古墳出土鏡　○和歌山県御坊市藤田町吉田阪東丘2号墳出土鏡　○奈良県奈良市古市町古市方形墳出土鏡（『奈良市史』考古編）　○奈良県生駒郡斑鳩町五百井大塚古墳出土鏡　○奈良県北葛城郡河合町佐味田宝塚古墳出土鏡　○奈良県桜井市外山茶臼山古墳出土鏡　○奈良県天理市柳本町天神山古墳出土鏡　○京都府宇治市広野町寺山金比羅山古墳出土鏡　○京都府京都市伏見区深草二ノ峰古墳出土鏡　○伝京都府乙訓郡西南部出土鏡　○滋賀県近江八幡市安土町宮津瓢箪山古墳出土鏡　○滋賀県栗東市安養寺大塚古墳出土鏡　○滋賀県栗東市安養寺出土鏡　○福井県福井市足羽茶臼山古墳出土鏡　○長野県飯田市桐林兼清塚古墳出土鏡　○静岡県磐田市中泉庚申塚古墳出土鏡（聚秀61の6）　○京都府京都市神田喜一郎旧蔵鏡　○東京都五島美術館蔵鏡

　諸鏡の大半は二神二獣式で、鈕に向かって求心的に各像を置く。二神は被り物のちがい

から、東王父、西王母と考えられ、脇神を伴う。これは画象鏡によくみる神人龍虎鏡の図像に由来したものとみることができる。銘は２種ある。

【銘】吾作明竟、幽湅三商、競徳序道、配像万疆、曾年益寿、子孫番昌。（Ｓ式銘の簡略形）

【銘】吾作明竟自有紀、令人長命宜孫子。（Ｐｂ式銘の簡略形）

　これらのうちには多少構図のちがうものがある。二神二獣の四像を同一方向に配置したものがあり、安徽省合肥市三里街３号墳出土鏡と鳥取県倉吉市国府国分寺古墳出土鏡の２面はそれである。しかも後者は外区に内行花文帯を付けている。また、香川県さぬき市津田町津田岩崎山４号墳出土鏡は６乳の間に二神四獣を配したもので、大阪府藤井寺市陵墓参考地出土鏡の１面はこれと同型とみられる。また東京都五島美術館蔵鏡も二神四獣式で、「幽湅三商」式の銘をもっている。この種の鏡は湯まわりが悪くて、図文がとんでしまったものをよくみかける。

　なお、以上の樋口隆康氏の知見に付け加えて、所在分類を試みれば、

Ａ、中国・朝鮮……浙江省１、河南省１、安徽省２、朝鮮（楽浪郡）２　小計６

Ｂ、日本九州……福岡県２、大分県１　　小計３

Ｃ、日本中国四国……山口県１、岡山県１、島根県１、鳥取県１、香川県２、徳島県１　　小計７

Ｄ、日本畿内……兵庫県２、大阪府５、和歌山県１、奈良県５、京都府３、滋賀県３　　小計19

Ｅ、日本中部、その他……福井県１、長野県１、静岡県１、その他２　　小計５

この鏡も畿内出土が優勢であるが、関東以北に皆無であるのが注目される。

第四節　樋口隆康氏による三角縁神獣鏡の研究史の整理

　樋口隆康氏は昭和54年（1979）10月に『古鏡・古鏡図録』（新潮社）刊行後、平成４年（1992）10月に『三角縁神獣鏡綜鑑』を上梓し、氏の生涯の斯研究を集大成された。そこに次のような三角縁神獣鏡の研究史を叙述している。問題の所在が正確に分かるもので、爾後の研究が避けて通れぬものである。

三角縁神獣鏡前史　明治39年（1906）、八木奘三郎氏は神人と怪獣の数をもって、「四神四獣鏡」「三神三獣鏡」と呼んでいたが、まだ三角縁は注目されていなかった。

魏紀年鏡の発見　紀年銘をもった鏡として著名な群馬県高崎市柴崎古墳出土の［正］始元年鏡が明治42年（1909）に発見された。これについて明治44年（1911）に最初に紹介した高橋健自氏[25]は、

　　□始元年鏡は魏の正始以降に属するが、さらにつめれば、晋の泰始（265年）より

宋の泰始（465年）までの間に鋳造せられたらしく、よもやこの鏡が魏王から倭女王に贈られた鏡にはあらざるべし。

といっている。この紀年については、富岡謙蔵氏、大村西崖氏、中山平次郎諸氏らの諸説があるが、大正6年（1917）に兵庫県豊岡市森尾の古墳からもう一面の□始元年鏡が発見され、梅原末治氏が報告[26]した。これは群馬県柴崎古墳出土鏡と同文であって、当時、梅原氏は魏の正始元年鏡説を主張され、高橋健自氏もこれに同意された。

三角縁の初めての使用　高橋健自氏が大正8年（1919）神獣鏡と神人龍虎鏡についてのべた論文[27]に、

縁が著しき斜面を有し、その断面殆ど三角形に近く、鏡面著しく凸形を成している鏡である。

という文章で、初めて「三角縁」の名が使われている。とすれば、「三角縁神獣鏡」の名は高橋健自氏に始まると言っていいのかもしれない。しかし、それによって三角縁神獣鏡という鏡式が直ちに設定されたわけではない。例えば高橋氏自身も、□始元年鏡については、この類からはずしている。三角縁神獣鏡を王莽時代の鏡とみたのである。すなわち、「新作明（または大）鏡」や「王氏作鏡」の銘の中に「銅出徐州、師出洛陽……」なる銘があり、それは「新」や「王」からして王莽時代の鏡であるとした。これに対して喜田貞吉氏・梅原末治氏らが反論し、特に梅原氏は先述の通り魏の正始元年鏡説を主張したが、氏の論文中には「半肉刻三角縁神獣鏡」の名が出てくる[28]。後藤守一氏も三角縁神獣鏡を1世紀から3世紀の間とする[29]。以後、三角縁神獣鏡の名が定着していった。

三角縁神獣鏡と邪馬台国論の登場　三角縁神獣鏡を邪馬台国論に初めて採用したのは富岡謙蔵氏で、三角縁神獣鏡の名称を使わず、これを半肉彫神獣鏡と呼び、これと画象鏡とが畿内の宏壮な古墳から最も多く出土している事実を挙げ、この半肉彫神獣鏡は、南方呉の年号鏡とは様式を異にし、「洛陽」「徐州」等の北方の地名を持つものがあり、これを魏晋からの伝来品として、「卑弥呼の獲たる銅鏡百面は此類の鏡なりしを推測せしめる」と述べた[30]。

邪馬台国畿内説と九州説　これに高橋健自氏も後漢三国六朝時代の神獣鏡が畿内の古墳から大量に発見される事実を挙げ、邪馬台国大和説を主張した[31]。それに対して、九州説の橋本増吉氏は考古学者の取り上げる鏡は製作年代が長年月にわたるものをまじえており、かつ移動性を有するものであるから、年代の限られた邪馬台国論の資料とはならないと反論した[32]。

梅原末治氏の邪馬台国畿内説と伝世鏡論　これに対して、梅原末治氏[33]は三角縁神獣鏡を三国の魏を中心として、上は後漢末から下は六朝初期に亘る期間の製作とする富岡説を取り、日本各地での中国鏡の出土数を表にし、大勢として畿内に最も多いことは当時の情勢を反映しており、畿内が最も大陸との交渉の中心であったことを主張した。その反面、舶載鏡が移動する点も認めて、中国鏡には伝世した事実があることも認めている。伝世鏡

論のはしりであり、ついで、四国高松石清尾山古墳出土四神鏡の図文の磨滅をもって、伝世鏡の実例としたのである。

三角縁神獣鏡の数の増加 　後藤守一『漢式鏡』(1926年)では三角縁神獣鏡を分類、整理して、その数80数面としたのに対して、梅原末治氏の収集資料では128面を数えた[34]。

三角縁神獣鏡の同范鏡論 　梅原末治氏は大正年代にも兵庫県森尾古墳や、奈良県佐味田古墳の報告で同范鏡の存在を指摘しているが、同范鏡論として新しく取上げたのは、昭和19年(1944)以降である[35]。ここで多くの同范鏡例を列挙したが、あわせてこれらの多数の鏡が一つの砂型によって鋳造せられることの困難をも認めている。特に荒木宏氏が同范と同型とは明確に区別すべきことを主張したのに対し、梅原氏はその正しさを認めているが、現実の鏡に即して同范か同型かを区別することができまいとして、当分の間同范鏡の名で呼ぶとしている[36]。

小林行雄氏の同范鏡論 　小林行雄氏は福岡県糸島郡二丈村田中(現、糸島市二丈田中)銚子塚古墳の出土品に多数の仿製同范鏡があることに注目し、先に梅原末治氏が同范鏡を技術問題に限って取り扱ったのに対し、小林氏は先ず技術的には同一の鏡范では5面が限度であるとし、5面がセットとして同時輸入されたと推察した[37]。小林氏はさらにそれを古墳時代の政治論争にも活用し、すなわち、同范鏡出土古墳の分布を調べ、同范鏡を出土した古墳の間を結んで、これらの関係が畿内を中心として全国に広がっていることは、大和朝廷の全国統一に当たって同范鏡が配布されたものであろうとした[38]。この説によれば、配布した中心である京都府の椿井大塚山古墳では、分与した後に、なお30数面の三角縁神獣鏡をもったことになり、現実離れしたことになる。そもそも征服者が被征服者に対して、宝物である鏡を分与したかどうか問題であって、むしろ征服者は被征服者の宝物である鏡を献納させたのでないかという考えもある。

「景初三年」銘鏡 　昭和26年(1951)、大阪府和泉市黄金塚古墳から「景初三年」銘の鏡が発見された。これは三角縁神獣鏡ではなかったが、「景□三年」や「□始元年」の三角縁神獣鏡と同じ回向式神獣鏡であり、銘文も「陳作是竟」の同似文であったため、「景初三年」「正始元年」の比定は、ほぼ決定的となった。

30数面の三角縁神獣鏡 　京都府の椿井大塚山古墳から30数面の三角縁神獣鏡が発見された。調査した樋口隆康氏はこの中に多数の同范鏡があることを指摘した[39]。しかし、その後実験的テストにより、砂型を使用した鋳造では、一范一面しか作れないことが了解され、砂型で製作された同文の鏡は模型鏡を踏み返して作られたことから、同型鏡の名を主張した。この同范論については八賀晋氏の同范説[40]と網干善教氏の同型説[41]とがある。

樋口隆康氏の同型鏡分類 　樋口隆康氏は昭和54年(1979)の著書『古鏡』の中で三角縁神獣鏡の分類と同型鏡の分類を行い、さらにそれを基にした種々の考察の中で、三角縁神獣鏡の出土例は畿内が最も多く、北九州の沿海地域から瀬戸内海につながっているのに対し、それより一時代下がる古墳から出る華南系の画文帯神獣鏡は、九州西海域から流入し、

日本国内に広まった違いが指摘された[42]。

結び

　樋口隆康氏の厖大な体系的古鏡研究の一大特色は、日本古鏡を春秋戦国鏡・前漢鏡・後漢鏡という中国古鏡発展史の視野の下に型式分類と考古学的発掘成果の結合を図った点にある。そして何よりも、そこに明治大正期以来の戦前・戦後期における日本考古学及び東洋史学または中国学の学際研究的成果を結実させ、それが年々付加される考古学発掘成果報告に新知見により数多の研究者の学問成果の集成を行ったのである。ここでいうところの新知見に同范論と同型論、そして鏡鑑鋳造現場の復原を試みた実験考古学の手法がみられる。しかも、古鏡研究はそこに銘文、特に紀年銘文のあることにより考古学発掘遺物の絶対年代推定に根拠を与えることになった。なお言えば、氏の古鏡研究は究極のところ三角縁神獣鏡研究に収斂されると推察され、そこに3、4世紀を中心とした日本古代国家形成史の考古学的基盤が説明されたと言えるのである。樋口隆康氏の古鏡研究は日本考古学における古鏡研究の到達した水準を具体的に示していることは断言できる。

注
（1）　樋口隆康「中国古鏡銘の類別的研究」『東方学』第7輯、1953年。
（2）　樋口隆康「銅鏡百枚」中央公論社『歴史と人物』1月号、1978年。
（3）　樋口隆康「古墳に映じた古代日本序説」『西田博士歴史と人物』1月号、1978年。
（4）　以上2項引用は、樋口隆康『古鏡』新潮社、1979年、13頁。
（5）　樋口隆康、先掲『古鏡』13、4頁。
（6）　樋口隆康、先掲『古鏡』14頁。
（7）　副葬品が縄文時代に遡って存在する事例はある。必ずしもそれが渡来的考えであるとは言えない。弥生時代においても銅剣銅鉾そして銅鐸がある。これらは総て渡来系統の銅器であり、これらと銅鏡が弥生時代にあってそれらの副葬品の意味は何であるのか、役割分担の関係はどうなっていたかなど詳細が知りたい。これは古墳時代の後半期、5世紀以降になると、馬具や鎧・兜、楯や大刀以下の鉄製武器などの副葬品と鏡との関係はどうなっていたかなどの課題を提出することになる。顕著な事例を挙げれば、熊本県の江田船山古墳や埼玉県埼玉古墳群の稲荷山古墳の事例がある。それだけではない。九州や東国茨城県等の所謂装飾古墳との関係や埴輪と銅鏡との関係など、問題は多岐に渡る。
（8）　「満城漢墓発掘紀要」『考古』復刊第1号、1972年。
（9）　福永光司「道教における鏡と剣――中国の場合――」、森浩一編『鏡』社会思想社刊、1978年。
（10）　樋口隆康、先掲『古鏡』14頁。
（11）　ただこれは既に本書第一章で取り上げた後藤守一著『漢式鏡』中に戦前期の民族学者鳥居龍蔵氏がロシアの遺跡遺物を紹介している例はあるが、戦後の国際的学術交流は戦前期のそ

(12) 「瀋陽鄭家窪子的両座青銅時代墓葬」図3、『考古学報』1975年・1号。

(13) 朱貴「遼寧朝陽十二台営子青銅短剣墓」『考古学報』1960年・1号。

(14) ここに見える鏡を「シャーマンなどの呪術師」が「呪物」としたという言い方、戦前期に津田左右吉氏が「神道は祭天の古儀」といって、記紀研究を「科学的」に行うという立場で天皇儀礼その他の批判的研究を行った立場を髣髴させるものがあるが、それらのシャーマン・シャマニズムやアニミズムという用語自体が西洋キリスト教史を基軸にした世界宗教史の偏見的な定義であった。それらの「呪術」の宗教性の宗教科学的概念定立が必要であろう。

(15) 樋口隆康、先掲『古鏡』20、21頁。

(16) 平成22年4月20日〜同6月6日、東京国立博物館特別展「細川家の至宝　珠玉の永青文庫コレクション」309金銀錯狩猟文鏡、図版254頁、解説407頁参照。ここに次の説明がある。

　　鏡面と鏡背が別々の部材からなる二層構造の鏡は戦国時代に類例がある。本例はさらに鍍金を施した外縁部も別材のように見受けられるが、確証には至らない。

　　鏡背には、三方に渦巻紋を配し、その合間に騎馬人物と豹風の動物との闘争紋、翼を広げた鳳凰紋、動物闘争紋を金銀象嵌で示す。動物は、頭を中心に体を両開きとする、戦国時代通有の表現である。騎馬人物はこの時期には珍しい。脚をくの字に曲げて馬背に乗る姿は、乗馬の姿勢としては甚だ奇異だが、同時期の出土品では、神人が駱駝や虎、馬、亀などにこのような騎乗法をとる例がある。鏡面は凸面を呈し、外縁沿いに一条の銀線がある。

　　細川護立氏の東洋美術コレクションは、欧州滞在の際に求めたものも多いが、本鏡は東京で得た一品。収集にあたっては東洋考古学者の梅原末治氏に意見を求める事が多かった護立氏も、この鏡ばかりは見染めるや購入を決めたと述懐する。

(17) 富岡謙蔵「蟠螭鏡考」『古鏡の研究』1920年。

(18) 商周とは中国学界で殷を商というのに樋口氏はよっているのである。日本でいう殷周のこと。

(19) 以下の文献引用は樋口隆康『古鏡』の文献参照をそのまま使う。

(20) 『洛陽焼溝漢墓』中国田野考古報告書　考古学専刊丁種六号、1959年。

(21) 富岡謙蔵「画象鏡考」、前掲『古鏡の研究』所収。

(22) 梅原末治『紹興古鏡聚英』昭和14年（1939）。約60面が浙江省紹興県出土鏡。

(23) 樋口隆康「画文帯神獣鏡と古墳文化」『史林』43の5、1960年、なお樋口氏によれば東京国立博物館蔵鏡のほかに、ボストン美術館、ベルリン国立博物館の各蔵鏡にも仏像が描かれているという。

(24) 前掲の大和国新山古墳発掘神獣鏡については、獣形も各二躯となっていて四神四獣鏡と呼ぶべきであるが、神像には各々「東王公」・「西王母」の銘があり、しかして各一躯が各主神らしく見えることに注目し、これを東王公・西王母を象わせるものとすべく、帯文に、

　　「吾作明竟甚大好、上有□□及龍虎、身有文章口銜巨、古有聖人、東王公・西王母、渇飲玉泉、五男二女」

とあるのに対応する。しかしてこれが東王公・西王母及び龍虎が主となる神人龍虎鏡を認め

ることができるとする。

(25) 高橋健自「銘帯に年号のある漢式鏡」『考古学雑誌』1巻10号、1911年。
(26) 梅原末治「但馬国神美村の古墳と発見の遺物」『藝文』14巻10号、1923年。
(27) 高橋健自「王莽時代の鏡に就いて」『考古学雑誌』9巻12号、1919年。
(28) 梅原末治「所謂王莽鏡に就いての疑問」『考古学雑誌』10巻3号、1919年。
(29) 後藤守一「銅鏃に就いて・五」『考古学雑誌』10巻6号、1920年。
(30) 富岡謙蔵「再び日本出土の支那古鏡について」『古鏡の研究』1920年。
(31) 高橋健自「考古学上より観たる邪馬台国」『考古学雑誌』12巻5号、1922年。
(32) 橋本増吉「邪馬台国の位置に就いて」『史学雑誌』第34編3、4号、1923年。
(33) 梅原末治「本邦古代の状態に対する考古学的研究に就いて」『史学雑誌』第36編5、6号、1925年。
(34) 梅原末治「上代古墳出土の古鏡に就いて」『鏡剣及び玉の研究』1940年。
(35) 梅原末治「上代鋳鏡に就いて――所見」『考古学雑誌』34巻2号、1944年。
(36) 梅原末治「本邦古墳出土の古鏡に就いての一、二の考察」『史林』30巻3号、1945年。
(37) 小林行雄「福岡県糸島郡一貴山村田中銚子塚古墳の研究」1952年、同「同范鏡による古墳の年代の研究」『考古学雑誌』38巻3号、1952年。
(38) 小林行雄「古墳の発生の歴史的意義」『史林』38巻1号、1955年、後、同著『古墳時代の研究』1961年、所収、同「初期大和政権の勢力圏」『史林』40巻4号、1957年、『古墳時代の研究』所収、「三角縁神獣鏡の研究――形式分類編」『京都大学文学部紀要』13輯、1971年。同、「仿製三角縁神獣鏡の研究」『古墳文化論考』改訂、1976年、同、「三角縁波文帯神獣鏡の研究」『辰馬考古資料館考古学研究紀要』第1号、所収。
(39) 樋口隆康「京都府相楽郡高麗村椿井大塚山古墳調査概報」『史林』36巻3号、1953年。
(40) 八賀晋「仿製三角縁神獣鏡の研究」『京都国立博物館学叢』6、1959。
(41) 網干善教「三角縁神獣鏡についての二、三の問題」『橿原考古学研究所論集創立三十五周年記念』所収。
(42) 樋口隆康「画文帯神獣鏡と古墳文化」『史林』43巻5号、1960年。

第二部　中国における古代銅鏡文化研究の伝統と各博物館銅鏡目録データベース

第四章　国家図書館蔵陳介祺蔵古拓本選編・銅鏡巻について

はじめに

　日本における古代鏡鑑研究最大の拠点たる京都大学には羅振玉氏を介して清末金石文研究や古鏡鑑銅鏡文化研究が流れていることは誰しも疑わないであろう。考古学の発掘発見により得られた日本全国の古鏡の母体が中国銅鏡にあり、両漢時代における我が国への鏡鑑舶載の事実そのものが、当時における我が国の東アジア世界との関係そのものの具体的史料であることに思いを致す必要があろう。

　そもそも中国における殷周時代以降の青銅器文化の研究は今日に直接につながる研究として18世紀後半の乾隆・嘉慶期の金石文研究に萌芽したといえる。世に乾嘉の学と称される清朝学問は明末清初の顧炎武・黄宗羲らの清朝考証学の系譜に属しながらも、江蘇省揚州や安徽省安慶、桐城などから湖北漢口（武漢）に至る長江流域の塩商人の骨董商売に関わり、彼らと交友する文人学者の学的関心と文人趣味によって支えられてきた。これは鏡鑑に文字（漢字）が銘刻されたのは今日でこそ先秦戦国時代鏡に既に認められるとするが、古くは前漢時代が最初であり、その書体には篆書、隷書の各種があり、文字学、書家の学の対象ともなったことと関連することがらである。具体的には拓本、拓影による古鏡研究が19世紀以来、中国のみならず海外、欧米にまで研究者の興味を発展させたのである。

第一節　陳介祺蔵古拓本による古銅鏡分類・型式と銘文解読研究

　中国北京市の中国国家図書館（旧北京図書館）には陳介祺氏の古拓本が各種架蔵されている。その選編が先頃編集され、そこに銅鏡巻が収められている。これにより拓影による古鏡研究ができる。まず、選編・銅鏡巻冒頭の陳介祺氏の伝記を見よう。

　　　陳介祺字は寿卿、また字は酉生、号は伯潜、因りて曾伯の簠簋を得て簠斎と号し、晩年は自ら万印楼主人と号せり、山東濰県（今濰坊市）の人なり。清嘉慶十八年（1813）に生まれ、道光二十五年（1845）三甲第三名で科挙合格し進士となり、官は翰林院編修に至り、咸豊四年（1854）致仕、光緒十年（1884）濰県の故居にて卒す。陳介祺は清代著名な金石学家・収蔵家・鑑賞家であり、彼の一生で経歴した嘉慶・道光・咸豊・同治・光緒の五朝は中国宋以来の伝統金石学が空前に発展した繁盛時期であり、陳介祺はこの一時期にあって、具さにその挙足軽重の地位（一挙手一投足が決定的に重大な力を持つ地位）にあった。（略）陳介祺の蒐集器物は夏殷周三代から近世の元明清三朝に及び、品種は青銅器・璽印・封泥・陶器・陶文・銅鏡・碑碣・古磚・瓦当・古幣・

246　第二部　中国における古代銅鏡文化研究の伝統と各博物館銅鏡目録データベース

泉范・兵器・鏃范・銅造像・書画・古籍等が有った。

　さて、中国国家図書館には現在、古拓本6000紙が架蔵され、古磚700余紙、瓦当900余紙、銅鏡300余紙、青銅器1500余紙、泉范1600余紙、古陶文800余紙がある。このうち銅鏡198紙を2008年5月に中国国家図書館金石拓片組編『国家図書館蔵陳介祺蔵古拓本選編・銅鏡巻』として刊行した。本巻編撰人は曹菁菁・盧芳玉両氏である。この内、当面本書に関連する両漢代と魏晋南北朝期の銅鏡データを【表4－1】にしてみよう。

【表4－1】　国家図書館蔵陳介祺蔵古拓本選編・銅鏡巻データベース

	頁	名称	直径／cm	時代	西暦	書体・書順右左(2)	銘文
1	001	連弧草葉鏡	17.30	前漢中晩期	前206－8	隷書・右	常貴富、楽未央、長相思、母相忘。
2	002	日光草葉花卉鏡	14.00	前漢中晩期	前206－8	篆書・左	見日之光、長楽未央。
3	004	日光草葉花卉鏡	13.80	前漢中晩期	前206－8	篆書・右	見日之光、天下大明。
4	005	日光草葉紋鏡	10.20	前漢中晩期	前206－8	篆書・右	見日之光、天下大明。
5	006	日光草葉花卉鏡	11.40	前漢中晩期	前206－8	篆書・左	見日之光、天下大明、服者君王。
6	007	日光花卉紋鏡	7.30	漢	前206－220	篆書・右	見日之光、天下大明。
7	008	日有憙草葉花卉鏡	16.50	前漢中晩期	前206－8	篆書・右	日有憙、得所喜、長貴富、楽毋事。
8	009	日有憙草葉花卉鏡	14.00	前漢中晩期	前206－8	篆書・右	日有憙、宜酒食、長貴富、楽毋事。
9	010	日有憙四乳草葉花卉鏡	14.00	前漢中晩期	前206－8	篆書・右	日有憙、宜酒食、長貴富、楽毋事。
10	011	母相忘草葉花卉鏡	11.80	前漢中晩期	前206－8	篆書・右	見日之光、長母相忘。
11	012	母見忘草葉花卉鏡	13.70	前漢中晩期	前206－8	篆書・右	久不相見、長母見忘。
12	014	予志悲草葉花卉鏡	13.70	前漢中晩期	前206－8	篆書・右	秋風起、予志悲、久不見、侍前稀。
13	015	君王草葉紋鏡	9.10	前漢晩期	前206－8	篆書・右	心思君王、天上見長。
14	016	君王草葉紋鏡	9.00	前漢	前206－8	篆書・右	心思君王、天上見長。
15	017	圏帯花卉紋鏡	18.90	前漢中晩期	前206－8	篆書・左	富貴安、楽未央、長母相忘。
16	018	昭明重圏銘文鏡	15.70	後漢	25－220	篆書・右	内区：内清質以昭明、光輝象夫日月、心忽揚而愿忠、然雍塞而不泄。外区：絜精白而事君、怨陰驩雍不、彼玄錫之流澤、恐疏遠而日忘、懐糜美之究皚、外承驩之可説、慕窔佻而霊泉、愿永思而毋絶。
17	020	昭明圏帯銘帯鏡	10.00	後漢	25－220	篆書・右	内清質以昭明、光輝象夫日月、心忽揚而愿忠、然雍塞而不泄。
18	021	昭明圏帯銘帯鏡	10.00	後漢	25－220	篆書・右	内清質以昭明、光輝象夫日月、心忽揚而愿忠、然雍塞而不泄。
19	022	銅華圏帯銘帯鏡	9.50	後漢	25－220	篆書・左	清治銅華以為竟、絲組為組以為信。
20	023	銅華銘帯鏡	9.70	漢	前206－220	篆書・左	清治銅華以為竟、絲組為組以為信。
21	024	草葉銘帯鏡	10.80	後漢	25－220	篆書・右	清銅為鏡見其神、日月所分、宜于酒食、容呼雲賜根。
22	025	日光銘帯鏡	11.00	漢	前206－220	隷書・右	見日之光、〔天〕下大明、千秋万歳、長楽未央。
23	026	常楽銘文鏡	6.30	漢	前206－220	篆書・左	常楽貴而大富。
24	027	常楽連弧鏡	9.60	前漢	前206－8	篆書・左	常楽未央。
25	028	富昌連弧鏡	10.00	漢	前206－220	篆書・左	大富昌、楽未央、千万歳、宜弟兄。
26	029	日有憙連弧銘帯鏡	14.30	前漢中晩期－後漢	前206－8、25－220	篆書・右	日有憙、月有富、楽毋事、宜酒食、居必安、母憂患、竿瑟侍、心志驩、楽已茂、固然日。
27	030	日有憙連弧銘帯鏡	14.40	前漢中晩期－後漢	前206－8、25－220	篆書・右	日有憙、月有富、楽毋事、宜酒食、居必安、母憂患、竿瑟侍、心志驩、楽已茂、固然日。
28	031	日有憙連弧銘帯鏡	17.00	前漢中晩期－後漢	前206－8、25－220	篆書・右	日有憙、月有富、楽毋事、官得意、美人会、竿瑟侍、買市程、万年老復丁。
29	032	清白連弧銘帯鏡	14.50	後漢	25－220	篆書・右	絜清白而事君、志驩之合明、似玄錫而之澤疏（流）、而日忘外美、愿忠不絶。
30	033	清白連弧銘帯鏡	14.80	前漢晩期－後漢	前206－8、25－220	篆書・右	絜清白而事君、志驩之合明、似玄錫而之澤疏（流）、而日忘外美、愿忠不絶。
31	034	銅華連弧銘帯鏡	15.80	後漢	25－220	隷書・右	涷治同華清而明、以之為竟宜文章、長年益寿去不羊、与天無極。
32	035	銅華連弧銘帯鏡	16.30	後漢	25－220	隷書・右	涷治銅清而明、以之為宜文章、延年益寿去不羊、与天無極如日之光、千秋万歳長楽。

第四章　国家図書館蔵陳介祺蔵古拓本選編・銅鏡巻について　247

33	036	銅華連弧銘帯鏡	18.80	後漢	25—220	隷書・右	湅治銅華而清明、以為鏡而宜文章、延年益寿去不羊、与天無極而日月之光長未央。
34	037	銅華連弧銘帯鏡	19.00	後漢	25—220	隷書・右	湅治銅華而清明、以為鏡而宜文章、延年益寿而去不羊、与天無極而日月之光長未央。
35	038	昭明連弧銘帯鏡	9.00	漢	前206—220	隷書・右	内清以昭明、□□夫日月。
36	039	昭明連弧銘帯鏡	10.50	漢	前206—220	隷書・右	内清以召（昭）明、光象夫日月。
37	040	長楽連弧銘帯鏡	9.50	漢	前206—220	隷書・右	長楽未央、極楽富昌。
38	041	四葉連弧圏帯鏡	8.50	漢	前206—220	篆書・左	長宜子孫。
39	042	四葉連弧圏帯鏡	10.40	漢	前206—220	隷書・右	君宜高官。
40	043	四葉連弧圏帯鏡	10.60	漢	前206—220	篆書・隷書左右	内区篆左：長宜子孫。　外区隷右：生如山石。
41	044	四葉連弧圏帯鏡	11.70	漢	前206—220	篆書・隷書左右	内区篆左：長宜子孫。　外区隷右：□如金石、□宜官秩。
42	045	四葉連弧圏帯鏡	11.60	後漢—晋	25—220、265—420	隷書右	生如山石。
43	046	連弧圏帯鏡	11.40	後漢—晋	25—220、265—420	隷書右	君宜官秩。
44	047	連弧圏帯鏡	11.60	後漢—晋	25—220、265—420	篆書・右	長保官位。
45	048	銅華圏帯雲雷紋鏡	10.00	後漢	25—220	隷書・右	清治銅華以為鏡、昭察衣服観容貌、絲組雑沓以為信、清光宜佳人。
46	049	銅華雲雷紋銘帯鏡	10.10	後漢	25—220	隷書・右	清治銅華以為鏡、昭察衣服観容貌、絲組雑沓以為信、清光宜佳人。
47	050	銅華雲雷紋銘帯鏡	11.10	後漢	25—220	隷書・右	清治銅華以為鏡、昭察衣服観容貌、絲組雑沓以為信、清光宜佳人。
48	051	銅華雲雷紋銘帯鏡	13.50	後漢	25—220	隷書・右	清治銅華以為鏡、絲組雑沓以為信、清光乎宜佳人。
49	052	銅華雲雷紋銘帯鏡	13.50	後漢	25—220	隷書・右	清治銅華以為鏡、絲組雑沓以為信、清光乎宜佳人。
50	053	長楽雲雷紋鏡	11.10	後漢	25—220	反文隷書・右	内：長楽未央、久母相忘。外：家常貴富。
51	054	家常貴富連弧雲雷紋鏡	15.60	前漢晩期	前206—8	隷書・左（右）	家常貴富。（常家富貴）
52	055	銅華連弧雲雷紋鏡	16.20	前漢晩期—後漢	前206—8、25—220	隷書・左	内：清治銅華以為鏡、昭察衣服観容貌、絲組雑沓以為信、清光宜佳人。　外：家常貴富。
53	056	連弧雲雷紋鏡	12.60	後漢	25—220	隷書・右	内：長宜孫子。　外：寿如金石。
54	057	連弧雲雷紋鏡	16.20	後漢	25—220	篆書・右	長宜孫子。
55	058	連弧雲雷紋鏡	29.50	漢	前206—220	篆書・右	内、長宜子孫。外、大楽未央、延年益寿。
56	059	常楽未央四乳銘鏡	7.00	漢	前206—220	篆書・左	常楽未央、母相忘。
57	060	常楽未央四乳銘鏡	7.30	漢	前206—220	隷書・左	常楽未央、母相忘。
58	061	常楽未央四乳銘鏡	7.50	漢	前206—220	隷書・左	常楽未央、母相忘。
59	062	常楽未央四乳銘鏡	8.50	漢	前206—220	隷書・左	常楽未央、母相忘。
60	063	常楽未央四乳銘鏡	8.50	漢	前206—220	隷書・左	常樂未央、長母相忘。
61	064	四乳銘文鏡	7.60	漢	前206—220	篆書・右	家常貴陽。
62	065	見日之光四乳銘文鏡	7.70	漢—六朝	前206—220〜222—569	篆書・左	見日之光。
63	066	日光草葉博局鏡	13.50	前漢中晩期	前206—8	篆書・右	見日之光、天下大陽。
64	067	日有憙四神博局鏡	16.50	前漢中晩期	前206—8	篆書・右	日有憙、月有富、楽母事、宜酒食、居必安、母憂患、竽瑟侍、心志驩、楽已茂、尚（常）然。
65	068	四神博局鏡	13.90	前漢晩期—後漢	前206—8、25—220	篆書・右	子丑寅卯辰巳午未申酉戌亥。
66	070	四神博局鏡	16.20	前漢晩期—後漢前期	前206—8、25—220	隷書・右	長宜子孫。
67	072	四神博局鏡	16.50	漢	前206—220	篆書・右	子丑寅卯辰巳午未申酉戌亥。
68	074	尚方四神博局鏡	13.70	前漢晩期—後漢早期	前206—8、25—220	隷書・右	尚方作竟真大好、上有仙人不知老、渇飲玉泉飢食棗、浮天下敖四海、寿如金石之国保、日用明兮。
69	075	尚方禽獣博局鏡	14.10	前漢晩期—後漢早期	前206—8、25—220	隷書・右	尚方作竟真大好、上有仙人不知老、渇飲玉泉飢食棗、浮游天下敖四海。
70	076	尚方禽獣博局鏡	14.60	前漢晩期—	前206—8、	反文隷書	尚方作竟真大好、□□□不□□□□□□。

248　第二部　中国における古代銅鏡文化研究の伝統と各博物館銅鏡目録データベース

				後漢前期	25—220	・右	
71	077	尚方四神博局鏡	16.00	前漢晩期—後漢前期	前206—8、25—220	隷書・右	尚方御竟大母傷、左龍右虎辟不羊、朱鳳玄武順陰陽、子孫備具居中央、長保二親楽富昌、寿敝金石如侯王。内区篆書十二地支名。（3）
72	078	尚方四神博局鏡	15.80	前漢晩期—後漢早期	前206—8、25—220	隷書・右	尚方作竟真大好、上有〔仙〕人不知老、渇飲玉泉飢食棗、浮游天下敖四海、寿如金石之天保、大利兮。内区篆書十二地支名。
73	080	尚方四神博局鏡	16.50	前漢晩期—後漢早期	前206—8、25—220	隷書・右、内反文隷書・右	尚方作竟大好、上有仙人不知老、渇飲玉泉飢食棗、浮游天下敖四海、寿金石之天保。内長宜子孫。
74	081	尚方禽獣博局鏡	18.00	前漢晩期—後漢前期	前206—8、25—220	隷書・右	尚方作竟真大好、上有仙人不知老、渇飲玉泉飢食棗、浮游天下敖四海、非回（俳徊）名山采芝草、寿如金石為国保。　内区篆書十二地支名。
75	082	尚方四神博局鏡	20.50	前漢晩期—後漢早期	前206—8、25—220	隷書・右	尚方作竟真大好、上有仙人不知老、左龍右虎辟除道、朱鳳玄武衛芝草、子孫備具長相保、寿如金石。内区篆書十二地支名。
76	083	尚方四神博局鏡	21.00	前漢晩期—後漢前期	前206—8、25—220	隷書・右	尚方御竟大毌傷、巧工刻之成文章。左龍右虎辟不祥、朱鳥玄武調陰陽、子孫備具居中央、長保二親楽富昌、寿敝金石如侯王兮。内区篆書十二地支名。
77	084	尚方四神博局鏡	21.00	前漢晩期—後漢前期	前206—8、25—220	隷書・右	尚方御竟大毌傷、巧工刻之成文章。左龍右虎辟不祥、朱鳥玄武調陰陽、子孫備具居中央、長保二親楽富昌、寿敝金石如侯王兮。内区篆書十二地支名。
78	086	尚方四神博局鏡	23.00	前漢晩期—後漢前期	前206—8、25—220	隷書・右	尚方作竟佳敦紙、巧工刻□成調文、請□説□告諸君、上有山見神人、□駕交龍乗浮雲、与□萌乃大同□、去名山□昆侖、過玉闕入金門、上玉堂何□□、□□□□子孫。内区篆書十二地支名。
79	087	尚方四神博局鏡	11.80	後漢	25—220	隷書・右	尚方作竟佳且好、子孫備具長相保、上有山人。
80	088	尚方四神博局鏡	14.70	後漢	25—220	隷書・右	尚方作竟真大巧、上有山人不知老、曷飲玉泉兮云、
81	089	善銅四神博局鏡	15.20	新・王莽	9—23	隷書・右	新有善銅出丹陽、和以銀錫清且明、左龍右虎掌四彭、朱雀玄武武。内区篆書十二地支名。
82	090	善銅四神博局鏡	18.00	新・王莽	9—23	隷書・右	新有善銅出丹陽、凍治銀錫清而明、尚方御竟大母傷、巧工刻之成文章、子孫備具居中央、長保二親富昌兮。内区篆書十二地支名。
83	091	佳銅四神博局鏡	21.00	前漢晩期—後漢前期	前206—8、25—220	隷書・右	漢有佳銅出丹陽、□剛作鏡莫母傷、凍治銀錫清而明、昭于宮室日月光、左龍右虎主四方、八子十二孫治中央。内区篆書十二地支名。
84	092	善銅四神博局鏡	13.80	後漢	25—220	篆書・右	漢有善銅出丹陽、和以銀錫清且明。
85	093	善銅四神博局鏡	14.00	後漢	25—220	篆書・右	漢有善銅出丹陽、和以銀錫清且明、竟。
86	094	名四神博局鏡	16.20	後漢	25—220	篆書・右	漢有名銅出丹陽、雑以銀錫清且明、左龍右虎主四彭、朱雀玄武順陰陽、八子九孫治中央。
87	096	善銅禽獣博局鏡	14.00	漢	前206—220	篆書・右	漢有善銅出丹陽、取之為竟青而□、左龍右虎主。
88	097	佳鏡四神博局鏡	13.80	後漢	25—220	隷書・右	作佳鏡真大好、上有仙人不知老、渇飲玉泉飢食棗、為国保。
89	098	佳鏡四神博局鏡	18.50	前漢晩期—後漢	前206—8、25—220	隷書・右	作佳竟哉大好、上有仙人不知老、渇飲玉泉飢食棗、浮游天下敖四海、寿敝金石如国保。内区篆書十二地支名。
90	099	王氏四神博局鏡	15.80	前漢晩期—後漢	前206—8、25—220	隷書・右	王氏作竟四夷服、多賀新家人民息、胡虜珍滅天下復、風雨時節五穀熟、長保二親蒙大福、伝告後世子孫力、千秋万歳楽母極。内区篆書十二地支名。
91	100	王氏四神博局鏡	16.30	前漢晩期—後漢	前206—8、25—220	隷書・右	王氏昭竟四夷服、多賀新人息、胡虜珍滅天下復、風雨時節五穀熟、伝告後世楽無極兮。内区篆書十二地支名。
92	101	王氏四神博局鏡	16.30	前漢晩期—後漢	前206—8、25—220	隷書・右	王氏佳竟真大好、上有仙人不知老、渇飲玉泉飢食棗、浮游天下敖四海、寿如金石為国保。左龍右虎。内区篆書十二地支名。
93	102	王氏四神博局鏡	18.60	前漢晩期—後漢	前206—8、25—220	隷書・右	王氏昭竟四夷服、多賀新家人民息、風雨時節五穀熟、長保二親子孫力、伝告後世楽無極兮。

94	103	李氏禽獣博局鏡	15.60	前漢晩期—後漢	前206—8、25—220	隷書・右	李(王カ?)氏作竟明日月、左龍右虎辟不詳、二親備具子孫昌、寿如金石楽未央。内区篆書十二地支名。
95	104	朱氏四神博局鏡	18.60	後漢	25—220	隷書・右	朱氏明竟快人意、上有龍虎四時宜、常保二親宜酒食、君宜官秩家大富、楽未央宜牛羊。内区篆書十二地支名。
96	105	吾作四神博局鏡	15.00	後漢	25—220	隷書・右	吾作佳竟自有尚、工師刻像生章章、上有古守辟非羊、服之寿考宜侯王。内区篆書十二地支名。
97	106	上大山四神博局鏡	14.20	後漢	25—220	篆書・右	上大山見仙人、食玉英飲澧泉、駕交龍乗浮雲、宜官保子孫、長宜子孫去不羊。
98	108	上大山四神博局鏡	16.50	後漢	25—220	篆書・右	上大山見仙人、食玉英飲澧泉、駕交龍憑浮雲、白虎□□□而宜官秩、保子孫。内区篆書十二地支名。
99	109	上峰山神獣博局鏡	16.50	後漢	25—220	篆書・右	上峰山見神人、食玉英飲澧泉、駕交龍乗浮雲、宜官秩保子孫、貴富昌楽未央。内区篆書十二地支名。
100	110	泰言禽獣博局鏡	16.20	後漢	25—220	隷書・右	泰言之始自有紀、湅治銅錫去其宰(滓)、辟除不羊宜古市、長保二親利孫子。　内区銘文：君宜秩官
101	111	泰言四神博局鏡	18.80	後漢	25—220	篆書・右	泰言之紀従竟始、湅治銅錫去其宰(滓)、以之為竟宜孫子、長保二親楽母□、寿敝金石西王母、常安作。内区篆書十二地支名。
102	112	大楽蟠螭紋博局鏡	13.80	漢	前206—220	篆書・右	大楽貴富得所好、千秋万歳延年益寿。
103	113	蟠螭博局鏡	14.00	前漢晩期—後漢早期	前206—8、25—220	反文篆書・右	大楽貴富得竟好、千秋万歳延年益寿。
104	114	四乳四獣鏡	16.50	前漢中晩期	前206—8	反文隷書・右	至氏作竟真大好、上有山人子喬赤誦子、□□辟邪左有青龍、喜怒無央兮、千秋万歳青長久。
105	115	吾作四乳四獣鏡	12.20	後漢	25—220	隷書・右	吾作□竟、幽煉三商、□徳成道、配像□□(万疆)、□□(曾年)益寿、宜子孫。
106	116	四乳神獣鏡	11.40	漢	前206—220	篆書・右	□□□□□、周復始伝子孫、□□□□□。
107	117	上方四乳神獣鏡	10.80	漢	前206—220	隷書・右	上方作竟真大好、青龍白虎宜子。
108	118	上方四乳神獣鏡	10.80	漢	前206—220	隷書・右	上方作竟真大工、子兮。
109	120	上方四乳神獣鏡	11.00	漢	前206—220	隷書・右	上方作竟真大工、宜子。
110	121	上方四乳神獣鏡	11.20	漢	前206—220	隷書・右	上方作竟真大工、青龍百子。
111	122	上方四乳神獣鏡	11.20	漢	前206—220	隷書・右	上方作竟真大工、白子。
112	124	上方四乳神獣鏡	12.20	漢	前206—220	篆書・右	上方作竟真大工、長宜子。
113	125	六乳禽獣鏡	13.40	前漢晩期—後漢早期	前206—8、25—220	隷書・右	□□作竟真大好、青龍在左白虎居右、曾年益寿宜孫。
114	126	青龍四乳仙人鏡	18.50	漢	前206—220	隷書・右	青龍作竟自有常、長保二親宜侯王、辟去兇悪追不羊、楽未央兮。
115	128	尚方七乳禽獣鏡	14.20	前漢晩期—後漢早期	前206—8、25—220	隷書・右	尚方作竟大毋傷、工馮刻之成文章、左龍右虎辟不羊、朱鳥玄武順陰羊(陽)。
116	129	袁氏四乳禽獣鏡	15.00	後漢	25—220	隷書・右	袁氏作真真大巧、東王公西王母、青龍在左白虎居右、仙人子高(喬)赤容(松)子、千秋萬復。
117	130	袁氏四乳仙人神獣鏡	17.50	後漢	25—220	隷書・右	袁氏作竟兮真、上有東王父西王母、仙人子僑侍左右、辟邪、喜怒母央兮、長保二親生久。
118	132	袁氏五乳禽獣鏡	15.50	後漢	25—220	隷書・右	袁氏作真真大巧、青龍在左白虎居右、上有仙人不知老、渇飲玉泉飢食棗、千秋萬年生。
119	134	劉氏四乳神獣仙人鏡	10.70	後漢—晋	25—220、265—420	隷書・右	劉氏作真大巧、上有山人不知老、渇飲玉泉。
120	135	李氏六乳禽獣鏡	15.00	後漢—晋	25—220、265—420	隷書・右	李氏作竟真有道、明而日月世少有、刻治分守大吉。
121	136	青蓋六乳四神鏡	16.40	後漢	25—220	隷書・右	青蓋作竟自有紀、辟去不羊宜古市、□□寿命久、保子宜孫、得好為吏高官車生矣。
122	137	七乳四神禽獣鏡	18.50	漢	前206—220	篆書・右	宜子孫。
123	138	七乳神獣蟠螭紋鏡	18.60	漢	前206—220	篆書・右	宜子孫。
124	139	煉石七乳神獣鏡	16.50	漢	前206—220	篆書・右	湅石峰下之菁、見乃已知、人清心志得、楽長生兮。

125	140	四獣銘帯鏡	9.50	後漢―晋	25―220、265―420	隷書・右	三羊作竟、真大不傷。
126	141	龍氏禽獣銘帯鏡	14.50	前漢晩期―後漢	前206―8、25―220	隷書・右	龍氏作竟四夷服、多賀君家人民息、胡羌殄滅天下復、風雨時節五、官位尊顕蒙食禄、長保二親楽無已。
127	142	君宜高官四神獣鏡	10.90	後漢	25―220	隷書・右	君宜高官、位至公卿。
128	144	三羊神獣鏡	11.00	後漢―晋	25―220、265―420	隷書・右	三羊作竟自有方、上首四守辟去不羊、吉。
129	145	上方盤龍鏡	11.00	漢	前206―220	隷書・右	上方作竟佳且好、明而日月世少有、刻治分守悉皆在、長流長流、幸矣。
130	146	上方盤龍鏡	11.20	漢	前206―220	隷書・右	上方作竟佳且好、明而日月世少有、刻治分守悉皆在、長流長流、幸矣。
131	147	蟠虺鏡	11.80	前漢	前206―8	篆書・右	愁思曾、□欲見、毋説相思、愿母絶。
132	148	永康元年環状乳神人禽獣鏡	12.40	後漢永康元年	167	反文隷書・右	外区銘文：永康元年正月丙午日、幽凍三商、早作尚方明竟、買者大富且昌、得宜子孫、延寿命長、上有東王父西王母、君宜高官、位至公侯、大吉利。　内区銘文：吾作明竟、幽凍三商、君宜侯王。
133	149	吾作環状乳神人禽獣鏡	10.50	後漢	25―220	反文隷書・右	吾作明竟、幽凍三剛、配像萬疆、敬奉臣良、周刻典禮、衆□主陽、聖徳光明、子孫番昌、買者大吉、生如山不知老、其師命長。
134	150	吾作環状乳神人禽獣鏡	11.50	後漢―晋	25―220、265―420	隷書・右	外区銘文：吾作明竟、幽凍三商、周刻無極、配像萬疆、白牙作楽、□□□。　内区銘文：吾作明竟、幽凍三商、周大吉羊。
135	151	吾作環状乳神人禽獣鏡	11.70	後漢―晋	25―220、265―420	隷書・右	外区銘文：吾作明竟、幽凍三商、周刻無極、配像萬疆、天禽四首、衛持維剛而大吉、与師長命、□有敬□、□□□、固如山石、□□□。　内区銘文：同（銅）出丹陽、師得同合凍五金□。
136	152	吾作神人禽獣鏡	15.80	後漢―晋	25―220、265―420	隷書・右	吾作明竟、幽凍三剛、□出□、□□□□、敬奉臣良、同□□□、衆□主陽、世同光明、位至三公、生如山石、自師命長。
137	154	吾作環状乳神獣鏡	20.50	後漢―晋	25―220、265―420	隷書・右	吾作明竟、幽凍三商、周刻無極、配像萬疆、白牙陳楽、衆神見容、天禽四首、□□□□、□□□、□□□□、子孫番昌、曾年益寿、其師命長。
138	155	善銅環状乳神人禽獣鏡	11.80	後漢	25―220	隷書・右	外区銘文：劉氏作明竟、幽凍三商、周刻冊祀、配像萬疆、天禽四守、衛持維剛、大吉、□□□□者、敬奉賢良、曾年益寿富貴。内区銘文：漢有善同（銅）出丹陽、太師得同、合凍五金成。
139	156	環状乳神獣鏡	8.80	後漢―晋	25―220、265―420	隷書・右	□□□年五月丙午日、□□□□作尚方明竟、幽凍三商、周刻無極、世得光明、長楽未央富且昌、宜侯王、師命長生如石、位至三公、寿如東王父西王母、仙人保、立至公王。
140	157	環状乳神獣鏡	10.80	後漢―晋	25―220、265―420	隷書・右	生如山石、君宜高官、位至三公。
141	158	環状乳神獣鏡	13.90	後漢―晋	25―220、265―420	隷書・右	君宜高官、□□侯王利。
142	160	環状乳神人禽獣鏡	13.90	後漢―晋	25―220、265―420	隷書・右	君宜高官、位至侯王。
143	161	環状乳神人禽獣鏡	14.10	後漢―晋	25―220、265―420	隷書・右	銘文字迹模糊、待識。
144	162	環状乳仙人神獣鏡	13.10	後漢―六朝	25―220、222―589	隷書・右	銘文字迹模糊、待識。
145	163	太康二年環状乳仙人神獣鏡	11.70	西晋太康二年	281	隷書・右	太康二年三月三日中、三工立巧、幽凍三商、三公九卿十二大夫□□年□□□侯王。
146	164	□平元年環状乳神人禽獣鏡	14.50	後漢―晋	25―220、265―420	反文隷書・右	外区銘文：□平元年、吾造作明鏡、百凍□銅、服者老寿、作者長生、宜公卿。　内区銘文：日月照四海、正服光天下。
147	165	黄羊環状乳神獣鏡	9.50	晋	265―420	隷書・右	黄羊作竟、好而光明。
148	166	対置式神獣鏡	15.50	後漢―六朝	25―220、222―589	隷書・右	呉□□□、作竟自有道、服者宜光九卿。

149	167	三段区段式神人鏡	12.70	後漢―晋	25―220、265―420	隷書・右	君宜高官、位至三公、大□利。
150	168	君宜三段区段式神人鏡	12.50	後漢晩期―晋	25―220、265―420	隷書・右	君宜高官、位至三公、大□利。
151	169	変形四葉獣首鏡	15.60	後漢―晋	25―220、265―420	隷書・右	外区銘文：三羊作竟□□、明而日月□未有□大富、保母五男四女、凡九子、女宜賢夫、男得好婦兮。内区銘文：長宜子孫。
152	170	変形四葉夔龍鏡	8.50	漢	前206―220	篆書・右	長宜孫子。
153	171	変形四葉夔龍鏡	8.50	後漢―晋	25―220、265―420	篆書・右	長宜孫子。
154	172	変形四葉夔龍鏡	14.00	後漢	25―220	隷書・右	君宜高官、宜子大吉。
155	173	変形四葉双鳳鏡	11.00	後漢	25―220	隷書・右	君宜長官。
156	174	変形四葉四鳳鏡	12.20	後漢	25―220	隷書・右	君宜上位。
157	175	変形四葉夔鳳鏡	15.40	後漢	25―220	隷書・右	君位公卿、位至三公。
158	176	変形四葉夔鳳鏡	17.10	後漢	25―220	篆書・右	長宜子孫。
159	178	位至三公双鳳鏡	7.20	後漢―六朝	25―220、222―589	隷書・右	位至三公。
160	179	高官双鳳鏡	8.70	後漢―六朝	25―220、222―589	隷書・右	高官。
161	180	君宜高官夔紋鏡	10.40	後漢―六朝	25―220、222―589	反文隷書・右	君宜高官。
162	181	位至三公双鳳鏡	8.00	後漢―六朝	25―220、222―589	隷書・右	位至三公。
163	182	位至三公双夔鏡	10.40	後漢―六朝	25―220、222―589	隷書・右	位至三公。
164	183	五銖青羊龍虎鏡	11.00	後漢―晋	25―220、265―420	隷書・右	青羊作竟、佳且好兮。五朱。
165	184	五銖盤龍鏡	6.50	後漢―晋	25―220、265―420	隷書・右	五朱。
166	186	五銖七鳥紋鏡	9.90	後漢―六朝	25―220、222―589	隷書・右	五朱。

【表4―1】 国家図書館蔵陳介祺蔵古拓本選編・銅鏡巻（国家図書館金石拓片組編）データベース

　陳介祺氏の銅鏡拓本は漢晋時代を主とする。また漢代銅鏡文様は草葉紋鏡（後藤：葉文鏡、樋口：草葉文鏡）、博局鏡（後藤：ＴＬＶ式鏡、樋口：方格規矩鏡）、四乳禽獣鏡（後藤：盤龍鏡・獣形鏡・獣帯鏡・鼉龍鏡・神獣鏡等、樋口：螭龍文鏡・獣帯鏡・獣首鏡・盤龍鏡・神獣鏡等）、連弧銘帯鏡（後藤：内行花文鏡、樋口：内行花文鏡）の四種を主とし、まれに星雲紋鏡がある。さらに後漢から晋代では博局鏡・雲雷紋鏡・変形四葉紋鏡が流行し、後漢最終時期に三段区段式銅鏡が出現した。これを後藤守一氏は階段状（建安鏡式）神獣鏡と呼び、梅原末治氏は重列式神獣鏡と呼び、樋口隆康氏は重列神獣鏡及び三段式神仙鏡と名付けた。

　なお、陳介祺氏の銅鏡はすべて伝世品で、出土地点は未詳である。また【表4―1】から分かるように、漢代としても、前漢か後漢か、さらに後漢から両晋代、六朝と製作時期のはばが有りすぎ、時期決定ができていない鏡鑑が多いのである。それでも拓本から銘文蒐集には多く成功し、その書体、左右廻り、左右字の区別にすでに言及していることは注目してよい。さらに鏡の面径寸法が計測されているのも、近代鏡鑑研究がすでに離陸したと言えるのである。

第二節　陳介祺蔵古拓本銅鏡データベースの活用

【表4－1】　国家図書館蔵陳介祺蔵古拓本選編・銅鏡巻（国家図書館金石拓片組編）データベースを並べ替えにより、必要なデータを次に作成しよう。これが銅鏡拓本の銘文を型式ごとに整理した【表4－2】陳介祺古拓本銅鏡銘文型式集成である。

【表4－2】　陳介祺古拓本銅鏡銘文型式集成

	名称	時代	書体・書順右左	銘文
1	連弧草葉鏡	ⅠA	篆書・右	常貴富、楽未央、長相思、母相忘。
15	円帯花卉紋鏡	ⅠA	篆書・左	富貴安、楽未央、長母相忘。
25	富昌連弧鏡	ⅠⅢ	篆書・左	大富昌、楽未央、千万歳、宜弟兄。
11	母見忘草葉花卉鏡	ⅠA	篆書・右	久不相見、長母見忘。
131	蟠龍鏡	Ⅰ	篆書・右	愁思曾、□欲見、母説相思、愿母絶。
12	予志悲草葉花卉鏡	ⅠA	篆書・右	秋風起、予志悲、久不見、侍前稀。
13	君王草葉紋鏡	ⅠB	篆書・右	心思君王、天上見長。
14	君王草葉紋鏡	Ⅰ	篆書・右	心思君王、天上見長。
37	長楽連弧銘帯鏡	ⅠⅢ	隷書・右	長楽未央、極楽富昌。
24	常楽連弧鏡	Ⅰ	篆書・左	常楽未央。
57	常楽未央四乳銘文鏡	ⅠⅢ	篆書・左	常楽未央、長母相忘。
58	常楽未央四乳銘文鏡	ⅠⅢ	篆書・左	常楽未央、長母相忘。
59	常楽未央四乳銘文鏡	ⅠⅢ	篆書・左	常楽未央、長母相忘。
60	常楽未央四乳銘文鏡	ⅠⅢ	篆書・左	常楽未央、長母相忘。
61	常楽未央四乳銘文鏡	ⅠⅢ	篆書・左	常楽未央、長母相忘。
23	常楽銘文鏡	ⅠⅢ	篆書・左	常楽貴而大富。
51	家常貴富連弧雲雷紋鏡	ⅠB	隷書・左	家常貴富。（常家富貴）。
62	四乳銘文鏡	ⅠⅢ	隷書・右	家常貴陽。
2	日光草葉花卉鏡	ⅠA	篆書・左	見日之光、長楽未央。
3	日光草葉花卉鏡	ⅠA	篆書・左	見日之光、天下大明。
4	日光草葉紋鏡	ⅠA	篆書・左	見日之光、天下大明。
64	日光草葉博局鏡	ⅠA	篆書・左	見日之光、天下大陽。
5	日光草葉花卉鏡	ⅠA	篆書・左	見日之光、天下大明、服者君王。
6	日光花卉紋鏡	ⅠⅢ	篆書・左	見日之光、天下大明。
10	母相忘草葉花卉鏡	ⅠA	篆書・右	見日之光、長母相忘。
22	日光草葉花卉鏡	ⅠⅢ	隷書・右	見日之光、〔天〕下大明、千秋万歳、長楽未央。
63	見日之光四乳銘文鏡	ⅠⅢⅤ	篆書・左	見日之光。
7	日有憙草葉花卉鏡	ⅠA	篆書・右	日有憙、得所喜、長貴富、楽母事。
8	日有憙草葉花卉鏡	ⅠA	篆書・右	日有憙、宜酒食、長貴富、楽母事。
9	日有憙四乳草葉花卉鏡	ⅠA	篆書・右	日有憙、宜酒食、長貴富、楽母事。
26	日有憙連弧銘帯鏡	ⅠAⅢ	隷書・右	日有憙、月有富、楽母事、宜酒食、居必安、母憂患、竿瑟侍、心志驩、楽已茂、固然日。
27	日有憙連弧銘帯鏡	ⅠAⅢ	隷書・右	日有憙、月有富、楽母事、宜酒食、居必安、母憂患、竿瑟侍、楽已茂、固然日。
28	日有憙連弧銘帯鏡	ⅠAⅢ	隷書・右	日有憙、月有富、楽母事、官得意、美人会、竿瑟侍、賈市程、万年老復丁。
64	日有憙四神博局鏡	ⅠA	篆書・右	日有憙、月有富、楽母事、宜酒食、居必安、母憂患、竿瑟侍、心志驩、楽已茂、尚（常）然。
104	四乳四獣鏡	ⅠA	反文隷書・右	至氏作竟真大好、上有山人子喬赤誦子、□□辟邪左有青龍、喜怒無央咎、千秋万歳青長久。
35	昭明連弧銘帯鏡	ⅠⅢ	隷書・右	内清以昭明、□□夫日月。
36	昭明連弧銘帯鏡	ⅠⅢ	隷書・右	内清以召（昭）明、光象夫日月。
16	昭明重圏銘文鏡	Ⅲ	篆書・右	内区：内清質以昭明、光輝象夫日月、心忽揚而愿忠、然雍塞而不泄。外区：絜精白而事君、怨陰驩仌明、彼玄錫之流澤、恐疏遠而日忘、懐糜美之究皚、外承驩之可説、慕窔佻而霊泉、愿永思而母絶。
17	昭明圏帯銘帯鏡	Ⅲ	篆書・右	内清質以昭明、光輝象夫日月、心忽揚而愿忠、然雍塞而不泄。

第四章　国家図書館蔵陳介祺蔵古拓本選編・銅鏡巻について

18	昭明圏帯銘帯鏡	Ⅲ	篆書・右	内清質以昭明、光輝象夫日月、心忽揚而愿忠、然雍塞而不泄。
20	銅華銘帯鏡	ⅠⅢ	篆書・左	清治銅華以為竟、絲組為組以為信。
19	銅華圏銘帯鏡	Ⅲ	篆書・左	清治銅華以為竟、絲組為組以為信。
21	草葉銘帯鏡	Ⅲ	篆書・右	清銅為鏡見其神、日月所分、宜于酒食、容呼雲賜根。
29	清白連弧銘帯鏡	Ⅲ	篆書・右	絜清白而事君、志驩之合明、似玄錫而之澤疏（流）、而日忘外美、愿忠不絶。
30	清白連弧銘帯鏡	ⅠＡⅢ	篆書・右	絜清白而事君、志驩之合明、似玄錫而之澤疏（流）、而日忘外美、愿忠不絶。
31	銅華連弧銘帯鏡	Ⅲ	隷書・右	涷銅同華清而明、以之為竟宜文章、長年益寿去不羊、与天無極。
32	銅華連弧銘帯鏡	Ⅲ	隷書・右	涷銅清而明、以之為宜文章、延年益寿去不羊、与天無極如日之光、千秋万歳長楽。
33	銅華連弧銘帯鏡	Ⅲ	隷書・右	涷銅華而清明、以為鏡而宜文章、延年益寿去不羊、与天無極而日月之光長未央。
34	銅華連弧銘帯鏡	Ⅲ	隷書・右	涷銅華而清明、以為鏡而宜文章、延年益寿而去不羊、与天無極而日月之光長未央。
45	銅華圏帯雲雷紋鏡	Ⅲ	隷書・右	清治銅華以為鏡、昭察衣服観容貌、絲組雑杳以為信、清光宜佳人。
46	銅華雲雷紋銘鏡	Ⅲ	隷書・右	清治銅華以為鏡、昭察衣服観容貌、絲組雑杳以為信、清光宜佳人。
47	銅華雲雷紋銘鏡	Ⅲ	隷書・右	清治銅華以為鏡、昭察衣服観容貌、絲組雑杳以為信、清光宜佳人。
48	銅華雲雷紋銘鏡	Ⅲ	隷書・右	清治銅華以為鏡、絲組雑杳以為信、清光乎宜佳人。
49	銅華雲雷紋銘鏡	Ⅲ	隷書・右	清治銅華以為鏡、絲組雑杳以為信、清光乎宜佳人。
50	長楽雲雷紋鏡	Ⅲ	反文隷書・右	内：長楽未央、久母相忘。清治銅華以為鏡、絲組雑杳以為信、清光乎宜佳人。　外：家常貴富。
52	銅華連弧雲雷紋鏡	ⅠＢⅢ	隷書・左	内：清治銅華以為鏡、昭察衣服観容貌、絲組雑杳以為信、清光宜佳人。　外：家常貴富。
38	四葉連弧圏帯鏡	ⅠⅢ	篆書・左	長宜子孫。
40	四葉連弧圏帯鏡	ⅠⅢ	篆書・隷書左右	内区篆左：長宜子孫。　外区隷右：生如山石。
41	連弧圏帯鏡	Ⅲ	篆書・隷書左右	内区篆左：長宜子孫。　外区隷右：□如金石、□宜官秩。
42	連弧圏帯鏡	Ⅲ	隷書右	生如山石。
53	連弧雲雷紋鏡	Ⅲ	隷書・右	内：長宜孫子。外：寿如金石。
54	連弧雲雷紋鏡	Ⅲ	篆書・右	長宜孫子。
55	連弧雲雷紋鏡	ⅠⅢ	篆書・右	内：長宜子孫。外：大楽未央、延年益寿。
66	四神博局鏡	ⅠＢⅢＡ	隷書・右	長宜子孫。
39	四葉連弧圏帯鏡	ⅠⅢ	篆書・右	君宜高官。
43	連弧圏帯鏡	Ⅲ	隷書右	君宜官秩。
44	連弧圏帯鏡	Ⅲ	篆書・右	長保官位。
65	四神博局鏡	ⅠＢⅢ	篆書・右	子丑寅卯辰巳午未申酉戌亥。
67	四神博局鏡	ⅠⅢ	篆書・右	子丑寅卯辰巳午未申酉戌亥。
68	尚方四神博局鏡	ⅠＢⅢＡ	隷書・右	尚方作竟真大好、上有仙人不知老、渇飲玉泉飢食棗、浮天下敖四海、寿如金石之国保、日用明兮。
69	尚方禽獣博局鏡	ⅠＢⅢＡ	隷書・右	尚方作竟真大好、上有仙人不知老、渇飲玉泉飢食棗、浮游天下敖四海。
70	尚方禽獣博局鏡	ⅠＢⅢＡ	反文隷書・右	尚方作竟真大好、□□□不□□□□□。
71	尚方四神博局鏡	ⅠＢⅢＡ	隷書・右	尚方御竟大母傷、左龍右虎辟不羊、朱鳳玄武順陰陽、子孫備具居中央、長保二親楽富昌、寿敝金石如侯王。内区篆書十二地支名。
72	尚方四神博局鏡	ⅠＢⅢＡ	隷書・右	尚方作竟真大好、上有〔仙〕人不知老、渇飲玉泉飢食棗、浮游天下敖四海、寿如金石之天保、大利兮。内区篆書十二地支名。
73	尚方四神博局鏡	ⅠＢⅢＡ	隷書・右、内反文隷書・右	尚方作竟真大好、上有仙人不知老、渇飲玉泉飢食棗、浮游天下敖四海、寿金石之天保。内長宜子孫。
74	尚方禽獣博局鏡	ⅠＢⅢＡ	隷書・右	尚方作竟真大好、上有仙人不知老、渇飲玉泉飢食棗、浮游天下敖四海、非回（徘徊）名山采芝草、寿如金石為国保。　内区篆書十二地支名。
75	尚方四神博局鏡	ⅠＢⅢＡ	隷書・右	尚方作竟真大好、上有仙人不知老、左龍右虎辟除道、朱鳳玄武衛芝草、子孫備具長相保、寿如金石。内区篆書十二地支名。
76	尚方四神博局鏡	ⅠＢⅢＡ	隷書・右	尚方御竟大母傷、巧工刻之成章、左龍右虎辟不祥、朱鳳玄武調陰陽、子孫備具居中央、長保二親楽富昌、寿敝金石如侯王兮。内区篆書十二地支名。
77	尚方四神博局鏡	ⅠＢⅢＡ	隷書・右	尚方御竟莫母傷、巧工刻之成章、左龍右虎辟不祥、朱鳥玄武調陰陽、子孫備具居中央、上有仙人以為常、長保二親楽富昌、寿敝金石侯王。内区篆書十二地支名。
78	尚方四神博局鏡	ⅠＢⅢＡ	隷書・右	尚方作竟佳放紙、巧工刻□成調文、請□説□告諸君、上有山見神人、

					□駕交龍乗浮雲、与□萌乃大同□、去名山□昆侖、過玉闕入金門、上玉堂何□□、□□□□子孫。内区篆書十二地支名。
79	尚方四神博局鏡	Ⅲ		隷書・右	尚方作竟佳且好、子孫備具長相保、上有山人。
80	尚方四神博局鏡	Ⅲ		隷書・右	尚方作竟大巧、上有山人不知老、渇飲玉泉分云。
81	善銅四神博局鏡	Ⅱ		隷書・右	新有善銅出丹陽、和以銀錫清且明、左龍右虎掌四彭、朱雀玄武。内区篆書十二地支名。
82	善銅四神博局鏡	Ⅱ		隷書・右	新有善銅出丹陽、凍治銀錫清而明、尚方御竟大母傷、巧工刻之成文章、子孫備具居中央、長保二親富昌分。内区篆書十二地支名。
83	佳銅四神博局鏡	ⅠBⅢA		隷書・右	漢有佳銅出丹陽、□剛作竟莫母傷、凍治銀錫清且明、昭于宮室日月光、左龍右虎主四方、八子十二孫治中央。内区篆書十二地支名。
84	善銅四神博局鏡	Ⅲ		篆書・右	漢有善銅出丹陽、和以銀錫清且明。
85	善銅四神博局鏡	Ⅲ		篆書・右	漢有善銅出丹陽、和以銀錫清且明、竟。
86	名銅四神博局鏡	Ⅲ		篆書・右	漢有名銅出丹陽、雑以銀錫清且明、左龍右虎主四彭、朱雀玄武順陰陽、八子九孫治中央。
87	善銅禽獣博局鏡	ⅠⅢ		篆書・右	漢有善銅出丹陽、取之為竟青而□、左龍右虎主。
88	佳鏡四神博局鏡	Ⅲ		隷書・右	作佳鏡真大好、上有仙人不知老、渇飲玉泉飢食棗、為国保。
89	佳鏡四神博局鏡	ⅠBⅢ		隷書・右	作佳竟哉真大好、上有仙人不知老、渇飲玉泉飢食棗、浮游天下敖四海、寿敝金石如国保。内区篆書十二地支名。
90	王氏四神博局鏡	ⅠBⅢ		隷書・右	王氏作竟四夷服、多賀新家人民息、胡虜殄滅天下復、風雨時節五穀熟、長保二親蒙大福、伝告後世子孫力、千秋万歳楽毋極。内区篆書十二地支名。
91	王氏四神博局鏡	ⅠBⅢ		隷書・右	王氏昭竟四夷服、多賀新人息、胡虜殄滅天下復、風雨時節五穀熟、伝告後世楽無極分。内区篆書十二地支名。
92	王氏四神博局鏡	ⅠBⅢ		隷書・右	王氏佳竟真大好、上有仙人不知老、渇飲玉泉飢食棗、浮游天下敖四海、寿如金石為国保。左龍右虎。内区篆書十二地支名。
93	王氏四神博局鏡	ⅠBⅢ		隷書・右	王氏昭竟四夷服、多賀新家人民息、風雨時節五穀熟、長保二親子孫力、伝告後世楽無極分。内区篆書十二地支名。
94	李氏禽獣博局鏡	ⅠBⅢ		隷書・右	李(王力)氏作竟明日月、左龍右虎辟不詳、二親備具子孫昌、寿如金石楽未央。内区篆書十二地支名。
95	朱氏四神博局鏡	Ⅲ		隷書・右	朱氏明竟快人意、上有龍虎四時宜、常保二親宜酒食、君宜官秩家大富、楽未央宜牛羊。内区篆書十二地支名。
96	吾作四神博局鏡	Ⅲ		隷書・右	吾作佳竟自有尚、工師刻像生文章、上有古守辟非羊、服之寿考宜侯王。内区篆書十二地支名。
97	上大山四神博局鏡	Ⅲ		篆書・右	上大山見仙人、食玉英飲澧泉、駕交龍乗浮雲、宜官保子孫、長宜子孫去不羊。
98	上大山四神博局鏡	Ⅲ		篆書・右	上大山見仙人、食玉英飲澧泉、駕交龍憑浮雲、白虎□□□而宜官秩、保子孫。内区篆書十二地支名。
99	上峰山神獣博局鏡	Ⅲ		篆書・右	上峰山見神人、食玉英飲澧泉、駕交龍乗浮雲、宜官秩保孫子、貴富昌楽未央。内区篆書十二地支名。
100	泰言禽獣博局鏡	Ⅲ		篆書・右	泰言之始自有紀、凍治銅錫去其宰(滓)、辟除不羊宜古市、長保二親利孫子。 内区銘文：君宜秩官。
101	泰言四神博局鏡	Ⅲ		篆書・右	泰言之紀従竟始、凍治銅錫去其宰(滓)、以之為竟宜孫子、長保二親楽母□、寿敝金石西王母、常安作。内区篆書十二地支名。
102	大楽蟠螭紋博局鏡	ⅠⅢ		篆書・右	大楽貴富得所好、千秋万歳延年益寿。
103	蟠螭博局鏡	ⅠBⅢA		反文篆書・右	大楽貴富得得好、千秋万歳延年益寿。
105	吾作四乳四獣鏡	Ⅲ		隷書・右	吾作□竟、幽煉三商、□徳成道、配像□□(万疆)、□□(曾年)益寿、宜子孫。
106	四乳神獣鏡	ⅠⅢ		篆書・右	□□□□□□、周復始伝子孫、□□□□□□。
107	上方四乳神獣鏡	ⅠⅢ		隷書・右	上方作竟真大好、青龍白虎宜子。
108	上方四乳神獣鏡	ⅠⅢ		篆書・右	上方作竟真大工、子兮。
109	上方四乳神獣鏡	ⅠⅢ		隷書・右	上方作竟真大工、宜子。
110	上方四乳神獣鏡	ⅠⅢ		隷書・右	上方作竟真大工、青龍百子。
111	上方四乳神獣鏡	ⅠⅢ		隷書・右	上方作竟真大工、白子。
112	上方四乳神獣鏡	ⅠⅢ		隷書・右	上方作竟真大工、長宜子。
113	六乳禽獣鏡	ⅠBⅢA		隷書・右	□□作竟真大好、青龍在左白虎居右、曾年益寿宜孫。
114	青龍四乳仙人鏡	ⅠⅢ		隷書・右	青龍作竟自有常、長保二親宜侯王、辟去兇悪道不羊、楽未央兮。
115	尚方七乳禽獣鏡	ⅠBⅢA		隷書・右	尚方作竟大母傷、工馮刻之成文章、左龍右虎辟不羊、朱鳥玄武順陰羊(陽)。
116	袁氏四乳禽獣鏡	Ⅲ		隷書・右	袁氏作竟真大巧、東王公西王母、青龍在左白虎居右、仙人子高(喬)赤容(松)子、千秋萬復。
117	袁氏四乳仙人神獣鏡	Ⅲ		隷書・右	袁氏作竟兮真、上有東王父西王母、仙人子僑侍左右、辟邪、喜怒毋

				央咎、長保二親生久。
118	袁氏五乳禽獣鏡	Ⅲ	隷書・右	袁氏作竟真大巧、青龍在左白虎居右、上有仙人不知老、渇飲玉泉飢食棗、千秋萬年生。
119	劉氏四乳神獣仙人鏡	ⅢⅣ	隷書・右	劉氏作竟真大巧、上有山人不知老、渇飲玉泉。
120	李氏六乳禽獣鏡	ⅢⅣ	隷書・右	李氏作竟真有道、明而日月世少有、刻治分守大吉。
121	青蓋六乳四神鏡	Ⅲ	隷書・右	青蓋作竟自有紀、辟去不羊宜古市、□□寿命久、保子宜孫、得好為吏高官車生矣。
122	七乳四神禽獣鏡	ⅠⅢ	篆書・右	宜子孫。
123	七乳神獣蟠虺紋鏡	ⅠⅢ	篆書・右	宜子孫。
124	涷石七乳神獣鏡	ⅠⅢ	篆書・右	涷石峰下之菁、見乃已知、人清心志得、楽長生兮。
125	四獣銘帯鏡	ⅢⅣ	隷書・右	三羊作竟、真大不傷。
126	龍氏禽獣銘帯鏡	ⅠBⅢ	隷書・右	龍氏作竟四夷服、多賀君家人民息、胡羌殄滅天下復、風雨時節五、官位尊顕蒙禄食、長保二親楽無已。
127	君宜高官四神鏡	Ⅲ	隷書・右	君宜高官、位至公卿。
128	三羊神獣鏡	ⅢⅣ	隷書・右	三羊作竟自有方、上首四守辟去不羊、吉。
129	上方盤龍鏡	ⅠⅢ	隷書・右	上方作竟佳且好、明而日月世少有、刻治分守悉皆在、長流長流、幸矣。
130	上方盤龍鏡	ⅠⅢ	隷書・右	上方作竟佳且好、明而日月世少有、刻治分守悉皆在、長流長流、幸矣。
132	永康元年環状乳神人禽獣鏡	Ⅲ	反文隷書・右	外区銘文：永康元年正月丙午日、幽涷三商、早作尚方明竟、買者大富且昌、得宜子孫、延寿命長、上有東王父西王母、君宜高官、位至公侯、大吉利。　内区銘文：吾作明竟、幽涷三商、君宜侯王。
133	吾作環状乳神人禽獣鏡	Ⅲ	反文隷書・右	吾作明竟、幽涷三商、配像萬疆、敬奉臣良、周刻典祀、衆□主陽、聖徳光明、子孫番昌、買者大吉、生如山不知老、其師命長。
134	吾作環状乳神人禽獣鏡	ⅢⅣ	隷書・右	外区銘文：吾作明竟、幽涷三商、周刻無極、配像萬疆、白牙作楽、□□□。　内区銘文：吾作明竟、幽涷三商、周大吉羊。
135	吾作環状乳神人禽獣鏡	ⅢⅣ	隷書・右	外区銘文：吾作明竟、幽涷三商、周刻無極、配像萬疆、天禽四首、銜持維剛而大吉、与師長命、□有敬□、□□□、固如山石、□□□。　内区銘文：同（銅）出丹陽、師得同合涷五金□。
136	吾作神人禽獣鏡	ⅢⅣ	隷書・右	吾作明竟、幽涷三剛、□□出□、□□□□、敬奉臣良、同□□□、□□□食、□□□□、世同光明、位至三公、生如山石、自師命長。
137	吾作環状乳神獣鏡	ⅢⅣ	隷書・右	吾作明竟、幽涷三商、周刻無極、配像萬疆、白牙陳楽、衆神見容、天禽四首、□□□□、□□□、□□□□、□□□□、子孫番昌、曾年益寿、其師命長。
138	善銅環状乳神人禽獣鏡	Ⅲ	隷書・右	外区銘文：劉氏作明竟、幽涷三商、周刻冊祀、配像萬疆、天禽四守、銜持維剛、大吉、□□□□者、敬奉賢良、曾年益寿富貴。　内区銘文：漢有善同（銅）出丹陽、太師得同、合涷五金成。
139	環状乳神獣鏡	ⅢⅣ	隷書・右	□□□年五月丙午日、□□□□作尚方明竟、幽涷三商、周刻無極、世得光明、長楽未央富且昌、宜侯王、師命長生如石、位至三公、寿如東王父西王母、仙人保、立至公王。
140	環状神獣鏡	ⅢⅣ	隷書・右	生如山石、君宜高官、位至三公。
141	環状神獣鏡	ⅢⅣ	隷書・右	君宜高官、□□侯王利。
142	環状神人禽獣鏡	ⅢⅣ	隷書・右	君宜高官、位至侯王。
143	環状神人禽獣鏡	ⅢⅣ	隷書・右	銘文字迹模糊、待識。
144	環状神仙人神獣鏡	ⅢⅤ	隷書・右	銘文字迹模糊、待識。
145	太康二年環状乳仙人神獣鏡	Ⅳ	隷書・右	太康二年三月三日日中、三工立巧、幽涷三商、三公九卿十二大夫□□年□□□侯王。
146	□平元年環状乳神人禽獣鏡	ⅢⅣ	反文隷書・右	外区銘文：□平元年、吾造作明竟、百涷□銅、服者老寿、作者長生、宜公卿。　内区銘文：日月照四海、正服光天下。
147	黄羊環状乳神獣鏡	Ⅳ	隷書・右	黄羊作竟、好而光明。
148	対置式神獣鏡	ⅢⅤ	隷書・右	呉□□□、作竟自有道、服者宜光九卿。
149	三段区式神人鏡	ⅢⅣ	隷書・右	君宜高官、位至三公、大□利。
150	君宜三段区段式神人鏡	ⅢBⅣ	隷書・右	君宜高官、位至三公、大□利。
151	変形四葉獣首鏡	ⅢⅣ	隷書・右	外区銘文：三羊作竟□□、明而日月□未有□大富、保母五男四女、凡九子、女宜賢夫、男得好婦兮。　内区銘文：長宜子孫。
152	変形四葉夔龍鏡	ⅠⅢ	篆書・右	長宜孫子。
153	変形四葉夔龍鏡	ⅢⅣ	篆書・右	長宜孫子。
154	変形四葉夔龍鏡	Ⅲ	隷書・右	君宜高官、宜子大吉。
155	変形四葉双鳳鏡	Ⅲ	隷書・右	君宜長官。
156	変形四葉四鳳鏡	Ⅲ	隷書・右	君宜上位。

157	変形四葉夔鳳鏡	Ⅲ	隷書・右	君位公卿、位至三公。
158	変形四葉夔鳳鏡	Ⅲ	篆書・右	長宜子孫。
160	高官双鳳鏡	ⅢⅤ	隷書・右	高官。
161	君宜高官夔紋鏡	ⅢⅤ	隷書・右	君宜高官。
159	位至三公双鳳鏡	ⅢⅤ	隷書・右	位至三公。
162	位至三公双鳳鏡	ⅢⅤ	隷書・右	位至三公。
163	位至三公双夔鏡	ⅢⅤ	隷書・右	位至三公。
164	五銖青羊龍虎鏡	ⅢⅣ	隷書・右	青羊作竟、佳且好分。五朱
165	五銖盤龍鏡	ⅢⅣ	隷書・右	五朱。
166	五銖七鳥紋鏡	ⅢⅤ	隷書・右	五朱。

　銘文の型式類似により順序を付け排列した。なお、時代欄はⅠは前漢時代、Ⅱは新朝王莽時代、Ⅲは後漢時代、Ⅳは西晋東晋の両晋時代、Ⅴは六朝（南北朝）時代であり、Aは早期乃至前期、Bは晩期乃至後期を示す。この欄の一覧により時代策定が全く不能であることが了解されよう。次の書体は篆書か隷書か、書順右左とは円周一周を右廻り（時計廻り）順であるか、左廻り（逆時計廻り）順であるかの区別である。中に反文とあるのは左字である。そして最右欄が銘文欄である。1連弧草葉紋鏡の銘文以下を次のように排列している。

　　○常貴富、楽未央、長相思、母相忘。……1連弧草葉鏡
　　○富貴安、楽未央、長母相忘。……15円帯花卉紋鏡
　　○大富昌、楽未央、千万歳、宜弟兄。……25富昌連弧鏡
　　○久不相見、長母見忘。……11母見忘草葉花卉鏡
　　○愁思曾、□欲見、母説相思、愿母絶。……131蟠虺鏡
　　○秋風起、予志悲、久不見、侍前稀。……12予志悲草葉花卉鏡
　　○心思君王、天上見長。……13／14君王草葉紋鏡
　　○長楽未央、極楽富昌。……37長楽連弧銘帯鏡
　　○常楽未央。……24常楽連弧鏡
　　○常楽未央、長母相忘。……57／58／59／60／61常楽未央四乳銘文鏡
　　○常楽貴而大富。……23常楽銘文鏡
　　○家常貴富（常家富貴）。……51家常貴富連弧雲雷紋鏡
　　○家常貴陽。……62四乳銘文鏡
　　○見日之光、長楽未央。……2日光草葉花卉鏡
　　○見日之光、天下大明。……3日光草葉紋鏡、4日光草葉花卉鏡、6日光花卉紋鏡
　　○見日之光、天下大陽。……64日光草葉博局鏡
　　○見日之光、天下大明、服者君王。……5日光草葉花卉鏡
　　○見日之光、長母相忘。……10母相忘草葉花卉鏡
　　○見日之光、〔天〕下大明、千秋万歳、長楽未央。……22日光銘帯鏡
　　○見日之光。……63見日之光四乳銘文鏡
　　○日有憙、得所喜、長貴富、楽母事。……7日有憙草葉花卉鏡

○日有憙、宜酒食、長貴富、楽母事。……8／9日有憙草葉花卉鏡

○日有憙、月有富、楽母事、宜酒食、居必安、母憂患、竽瑟侍、心志驩、楽已茂、固然日。……26／27日有憙連弧銘帯鏡

○日有憙、月有富、楽母事、官得意、美人会、竽瑟侍、賈市程、万年老復丁。……28日有憙連弧銘帯鏡

○日有憙、月有富、楽母事、宜酒食、居必安、母憂患、竽瑟侍、心志驩、楽已茂、尚（常）然。……64日有憙四神博局鏡

○至氏作竟真大好、上有山人子喬赤誦子、□□辟邪左有青龍、喜怒無央咎、千秋万歳青長久。……104四乳四獣鏡

○内清以昭明、□□夫日月。……35昭明連弧銘帯鏡

○内清以召明、光象夫日月。……36昭明連弧銘帯鏡

　以上のように【表4－2】は鏡銘文の文型式の変化をよく伝えてくれる。なお、鏡番号16は省略するが、【表4－2】によりその文型変化、展開が理解できる。ここにはすでに鏡銘文の基本型が備わり、前漢と後漢の特徴ある銘文の型が示される。65の十二支名が新莽・後漢時代への境界で、それ以降の銘文は新莽・後漢時代以降となる。もちろん古い銘文はその後の時代にも継承されるが、多くは省略形になる。以上については陳介祺氏はそのことに気付いていない。なお、165と166の○五朱とは漢代制銭である五銖銭をそのまま鏡中紋様としたもので、銭幣の文字「五朱」を鏡銘文とみたものである。

　次に、陳介祺拓本銅鏡直径大小順に並べた【表4－3】陳介祺拓本銅鏡直径順整理表を作成しよう。

【表4－3】　陳介祺拓本銅鏡直径順整理表

	頁	名称	直径／cm	時代	西暦	書体・書順右左	銘文
78	086	尚方四神博局鏡	23.00	前漢晩期―後漢前期	前206―8、25―220	隷書・右	尚方作竟佳敖紙、巧工刻□成調文、請□説□告諸君、上有山見神人、□駕交龍乗浮雲、与□萌乃大同□、去名山□昆命、過玉闕入金門、上玉堂何□□、□□□□子孫。内区篆書十二地支名。
76	083	尚方四神博局鏡	21.00	前漢晩期―後漢前期	前206―8、25―220	隷書・右	尚方御竟大母傷、巧工刻之成文章、左龍右虎辟不羊、朱鳥玄武調陰陽、子孫備具居中央、長保二親楽富昌、寿敝金石如侯王兮。内区篆書十二地支名。
77	084	尚方四神博局鏡	21.00	前漢晩期―後漢前期	前206―8、25―220	隷書・右	尚方御竟莫母傷、巧工刻之成文章、左龍右虎辟不羊、朱鳥玄武調陰陽、子孫備具居中央、上有仙人以為常、長保二親楽富昌、寿敝金石侯王。内区篆書十二地支名。
83	091	佳銅四神博局鏡	21.00	前漢晩期―後漢前期	前206―8、25―220	隷書・右	漢有佳銅出丹陽、□剛作鏡莫母傷、凍治銀錫清且明、昭于宮室日月光、左龍右虎主四方、八子十二孫治中央。内区篆書十二地支名。
55	058	連弧雲雷紋鏡	20.50	漢	前206―220	篆書・右	内：長宜子孫。　外：大楽未央、延年益寿。
75	082	尚方四神博局鏡	20.50	前漢晩期―後漢早期	前206―8、25―220	隷書・右	尚方作竟真大好、上有仙人不知老、左龍右虎辟除道、朱鳳玄武銜芝草、子孫備具長相保、寿如金石。内区篆書十二地支名。
137	154	吾作環状乳神獣鏡	20.50	後漢―晋	25―220、265―420	隷書・右	吾作明竟、幽涷三商、周刻無極、配像萬疆、白牙陳楽、衆神見容、天禽四首、□□□□、□□□□、子孫番昌、曾年益寿、其師命長。

34	037	銅華連弧銘帯鏡	19.00	後漢	25—220	隷書・右	湅治銅華而清明、以為鏡而宜文章、延年益寿去不羊、与天無極而日月之光長未央。
15	017	圏帯花卉紋鏡	18.90	前漢中晩期	前206—8	篆書・左	富貴安、楽未央、長相忘。
33	036	銅華連弧銘帯鏡	18.80	後漢	25—220	隷書・右	湅治銅華而清明、以為鏡而宜文章、延年益寿去不羊、与天無極而日月之光長未央。
101	111	黍言四神博局鏡	18.80	後漢	25—220	篆書・右	黍言之紀従竟始、湅治銅錫going其宰（滓）、以之為竟保二親楽毋（慈）、以之為竟保二親楽母、寿敝金石西王母、常安作。内区篆書十二地支名。
93	102	王氏四神博局鏡	18.60	前漢晩期—後漢	前206—8、25—220	隷書・右	王氏昭竟四夷服、多賀新家人民息、風雨時節五穀熟、長保二親子孫力、伝告後世楽無極兮。内区篆書十二地支名。
95	104	朱氏四神博局鏡	18.60	後漢	25—220	隷書・右	朱氏明竟快人意、上有龍虎四時宜、常保二親宜酒食、君宜官秩家大富、楽未央宜牛羊。内区篆書十二地支名。
123	138	七乳神獣蟠虺紋鏡	18.60	漢	前206—220	篆書・右	宜子孫。
89	098	佳鏡四神博局鏡	18.50	前漢晩期—後漢	前206—8、25—220	隷書・右	作佳竟哉真大好、上有仙人不知老、渇飲玉泉飢食棗、浮游天下敖四海、寿敝金石如国保。内区篆書十二地支名。
114	126	青龍四乳仙人鏡	18.50	漢	前206—220	篆書・右	青龍作竟自有常、長保二親宜侯王、辟去兇悪追不羊、楽未央兮。
122	137	七乳四神禽獣鏡	18.50	漢	前206—220	篆書・右	宜子孫。
74	081	尚方禽獣博局鏡	18.00	前漢晩期—後漢前期	前206—8、25—220	篆書・右	尚方作竟真大好、上有仙人不知老、渇飲玉泉飢食棗、浮游天下敖四海、非回（徘徊）名山采芝草、寿如金石為国保。 内区篆書十二地支名。
82	090	善銅四神博局鏡	18.00	新・王莽	9—23	隷書・右	新有善銅出丹陽、湅治銀華清而明、尚方御竟大母傷、巧工刻之成文章、子孫備具居中央、長保二親富昌兮。
117	130	袁氏四乳仙人神獣鏡	17.50	後漢	25—220	隷書・右	袁氏作竟真、上有東王父西王母、仙人子僑侍左右、辟邪、喜怒母央咎、長保二親生久。
1	001	連弧草葉鏡	17.30	前漢中晩期	前206—8	篆書・右	常貴富、楽未央、長相思、母相忘。
158	176	変形四葉夔鳳鏡	17.10	後漢	25—220	篆書・右	長宜子孫。
28	031	日有憙連弧銘帯鏡	17.00	前漢中晩期—後漢	前206—8、25—220	篆書・右	日有憙、月有富、楽母事、官得意、美人会、竽瑟侍、賈市程、万年老復丁。
7	008	日有憙草葉花卉鏡	16.50	前漢中晩期	前206—8	篆書・右	日有憙、得所喜、長貴富、楽母事。
64	067	日有憙四神博局鏡	16.50	前漢中晩期	前206—8	篆書・右	日有憙、月有富、楽母事、宜酒食、居必安、母憂患、竽瑟侍、心志驩、楽已茂、尚（常）然。
67	072	四神博局鏡	16.50	漢	前206—220	篆書・右	子丑寅卯辰巳午未申酉戌亥。
73	080	尚方四神博局鏡	16.50	前漢晩期—後漢早期	前206—8、25—220	隷書・右、内反文隷書・右	尚方作竟真大好、上有仙人不知老、渇飲玉泉飢食棗、浮游天下敖四海、寿金石之天保。内、長宜子孫。
98	108	上大山四神博局鏡	16.50	後漢	25—220	篆書・右	上大山見仙人、食玉英飲澧泉、駕交龍憑浮雲、白虎□□□而宜官秩、保子孫。内区篆書十二地支名。
99	109	上峰山神獣博局鏡	16.50	後漢	25—220	篆書・右	上峰山見神人、食玉英飲澧泉、駕交龍乗浮雲、宜官秩保孫子、貴富昌楽未央。内区篆書十二地支名。
104	114	四乳四獣鏡	16.50	前漢中晩期	前206—8	反文隷書・右	至氏作竟真大好、上有山人子喬赤誦子、□□辟邪左有青龍、喜怒無央咎、千秋万歳青長兮。
124	139	煉石七乳神獣鏡	16.50	漢	前206—220	篆書・右	湅石峰下之菁、見乃已知、人清心志得、楽長生兮。
121	136	青蓋六乳四神鏡	16.40	後漢	25—220	隷書・右	青蓋作竟自有紀、辟去不羊宜古市、□□寿命久、保子宜孫、得好為吏高官車生矣。
32	035	銅華連弧銘帯鏡	16.30	後漢	25—220	隷書・右	清治銅清而明、以之為宜文章、延年益寿去不羊、与天無極如日之光、千秋万歳長楽。
91	100	王氏四神博局鏡	16.30	前漢晩期—後漢	前206—8、25—220	隷書・右	王氏昭竟四夷服、多賀新人息、胡虜殄滅天下復、風雨時節五穀熟、伝告後世楽無極兮。内区篆書十二地支名。
92	101	王氏四神博局鏡	16.30	前漢晩期—後漢	前206—8、25—220	隷書・右	王氏佳竟真大好、上有仙人不知老、渇飲玉泉飢食棗、浮游天下敖四海、寿如金石為国保。左龍右虎。内区篆書十二地支名。
52	055	銅華連弧雲雷紋鏡	16.20	前漢晩期—	前206—8、	隷書・左	内：清治銅華以為鏡、昭察衣服観容貌、絲組

第四章　国家図書館蔵陳介祺蔵古拓本選編・銅鏡巻について

				後漢	25—220		雑杳以為信、清光宜佳人。外：家常貴富。
54	057	連弧雲雷紋鏡	16.20	後漢	25—220	篆書・右	長宜孫子。
66	070	四神博局鏡	16.20	前漢晚期—後漢前期	前206—8、25—220	隷書・右	長宜子孫。
86	094	名銅四神博局鏡	16.20	後漢	25—220	篆書・右	漢有名銅出丹陽、雑以銀錫清且明、左龍右虎主四彭、朱雀玄武順陰陽、八子九孫治中央。
100	110	泰言禽獣博局鏡	16.20	後漢	25—220	隷書・右	泰言之始自有紀、凍治銅錫去其宰（滓）、辟除不羊宜古市、長保二親利孫子。　内区銘文：君宜秩官。
71	077	尚方四神博局鏡	16.00	前漢晚期—後漢前期	前206—8、25—220	隷書・右	尚方御竟大母傷、左龍右虎辟不羊、朱雀玄武順陰陽、子孫備具居中央、長保二親楽富昌、寿敵金石如侯王。内区篆書十二地支名。
31	034	銅華連弧銘帯鏡	15.80	後漢	25—220	隷書・右	凍治同華竟而明、以之為竟宜文章、長年益寿去不羊、与天無極。
72	078	尚方四神博局鏡	15.80	前漢晚期—後漢早期	前206—8、25—220	隷書・右	尚方作竟真大好、上有〔仙〕人不知老、渇飲玉泉飢食棗、浮游天下敖四海、寿如金石之天保、大利兮。内区篆書十二地支名。
90	099	王氏四神博局鏡	15.80	前漢晚期—後漢	前206—8、25—220	篆書・右	王氏作竟四夷服、多賀新家人民息、胡虜殄滅天下復、風雨時節五穀熟、長保二親蒙大福、伝告後世子孫力、千秋万歳楽母極。内区篆書十二地支名。
136	152	吾作神人禽獣鏡	15.80	後漢—晋	25—220、265—420	隷書・右	吾作明竟、幽凍三剛、□□出□、□□□□、敬奉臣良、同□□□、□□□食、□□□□、世同光明、位至三公、生如山石、自師命長。
16	018	昭明重圏銘文鏡	15.70	後漢	25—220	篆書・右	内区：内清質以昭明、光輝象夫日月、心忽揚而愿忠、然雍塞而不泄。外区：絜精白而事君、怨陰驩伶明、彼玄錫之流澤、恐疏遠而日忘、懐糜美之究皚、外承驩之可説、慕窰佽而霊泉、愿永思而毋絶。
51	054	家常貴富連弧雲雷紋鏡	15.60	前漢晚期	前206—8	隷書・左	家常貴富。（右　常家富貴）
94	103	李氏禽獣博局鏡	15.60	前漢晚期—後漢	前206—8、25—220	篆書・右	李（王カ？）氏作竟明日月、左龍右虎辟不詳、二親備具子孫昌、寿如金石楽未央。内区篆書十二地支名。
151	169	変形四葉獣首鏡	15.60	後漢—晋	25—220、265—420	隷書・右	外区銘文：三羊作竟□□、明而日月□未有□大富、保母五男四女、凡九子、女宜賢夫、男得好婦兮。　内区銘文：長宜子孫。
118	132	袁氏五乳禽獣鏡	15.50	後漢	25—220	隷書・右	袁氏作竟真大巧、青龍在左白虎居右、上有仙人不知老、渇飲玉泉飢食棗、千秋万年生。
148	166	対置式神獣鏡	15.50	後漢—六朝	25—220、222—589	隷書・右	呉□□□、作竟自有道、服者宜光九卿。
157	175	変形四葉夔鳳鏡	15.40	後漢	25—220	隷書・右	君位公卿、位至三公。
81	089	善銅四神博局鏡	15.20	新・王莽	9—23	隷書・右	新有善銅出丹陽、和以銀錫清且明、左龍右虎掌四彭、朱雀玄武。内区篆書十二地支名。
96	105	吾作四神博局鏡	15.00	後漢	25—220	隷書・右	吾作佳竟自有尚、工師刻像生文章、上有古守辟非羊、服之寿考宜侯王。内区篆書十二地支名。
116	129	袁氏四乳禽獣鏡	15.00	後漢	25—220	隷書・右	袁氏作竟真大巧、東王公西王母、青龍在左白虎居右、仙人子高（喬）赤容（松）子、千秋万復。
120	135	李氏六乳禽獣鏡	15.00	後漢—晋	25—220、265—420	隷書・右	李氏作竟真有道、明而日月世少有、刻治分守大吉。
30	033	清白連弧銘帯鏡	14.80	前漢晚期—後漢	前206—8、25—220	篆書・右	絜清白而事君、志驩之合明、似玄錫之澤疏（流）、而日忘外美、愿忠不絶。
80	088	尚方四神博局鏡	14.70	後漢	25—220	篆書・右	尚方作竟真大巧、上有山人不知老、曷飲玉泉兮云。
70	076	尚方禽獣博局鏡	14.60	前漢晚期—後漢前期	前206—8、25—220	反文隷書・右	尚方作竟真大好、□□□不□□□□□。
29	032	清白連弧銘帯鏡	14.50	後漢	25—220	篆書・右	絜清白而事君、志驩之合明、似玄錫之澤疏（流）、而日忘外美、愿忠不絶。
126	141	龍氏禽獣銘帯鏡	14.50	前漢晚期—後漢	前206—8、25—220	隷書・右	龍氏作竟四夷服、多賀君家人民息、胡光殄滅天下復、風雨時節五、官位尊顕蒙禄食、長保二親楽無已。

146	164	□平元年環状乳神人禽獣鏡	14.50	後漢―晋	25―220、265―420	反文隷書・右	外区銘文：□平元年、吾造作明鏡、百湅□銅、服者老寿、作者長生、宜公卿。　内区銘文：日月照四海、正服光天下。
27	030	日有憙連弧銘帯鏡	14.40	前漢中晩期―後漢	前206―8、25―220	隷書・右	日有憙、月有富、楽母事、宜酒食、居必安、毋憂患、竽瑟侍、心志驩、楽已茂、固然日。
26	029	日有憙連弧銘帯鏡	14.30	前漢中晩期―後漢	前206―8、25―220	隷書・右	日有憙、月有富、楽母事、宜酒食、居必安、毋憂患、竽瑟侍、心志驩、楽已茂、固然日。
97	106	上大山四神博局鏡	14.20	後漢	25―220	篆書・右	上大山見仙人、食玉英飲澧泉、駕交龍乗浮雲、宜官保子孫、長宜子孫去不羊。
115	128	尚方七乳禽獣鏡	14.20	前漢晩期―後漢早期	前206―8、25―220	隷書・右	尚方作竟大毋傷、工馮刻之成文章、左龍右虎辟不羊、朱鳥玄武順陰羊（陽）。
69	075	尚方禽獣博局鏡	14.10	前漢晩期―後漢早期	前206―8、25―220	隷書・右	尚方作竟真大好、上有仙人不知老、渇飲玉泉飢食棗、浮游天下敖四海。
143	161	環状乳神人禽獣鏡	14.10	後漢―晋	25―220、265―420	隷書・右	銘文字迹模糊、待識。
2	002	日光草葉花卉鏡	14.00	前漢中晩期	前206―8	篆書・左	見日之光、長楽未央。
8	009	日有憙草葉花卉鏡	14.00	前漢中晩期	前206―8	篆書・右	日有憙、宜酒食、長貴富、楽母事。
9	010	日有憙四乳草葉花卉鏡	14.00	前漢中晩期	前206―8	篆書・右	日有憙、宜酒食、長貴富、楽母事。
85	093	善銅四神博局鏡	14.00	後漢	25―220	篆書・右	漢有善銅出丹陽、和以銀錫清且明、竟。
87	096	善銅禽獣博局鏡	14.00	漢	前206―220	篆書・右	漢有善銅出丹陽、取之為竟青而□、左龍右虎主。
103	113	蟠螭博局鏡	14.00	前漢晩期―後漢早期	前206―8、25―220	反文篆書・右	大楽貴富得竟好、千秋万歳延年益寿。
154	172	変形四葉夔龍鏡	14.00	後漢	25―220	隷書・右	君宜高官、宜子大吉。
65	068	四神博局鏡	13.90	前漢晩期―後漢	前206―8、25―220	篆書・右	子丑寅卯辰巳午未申酉戌亥。
141	158	環状乳神獣鏡	13.90	後漢―晋	25―220、265―420	隷書・右	君宜高官、□□侯王利。
142	160	環状乳神人禽獣鏡	13.90	後漢―晋	25―220、265―420	隷書・右	君宜高官、位至侯王。
3	004	日光草葉花卉鏡	13.80	前漢中晩期	前206―8	篆書・右	見日之光、天下大明。
84	092	善銅四神博局鏡	13.80	後漢	25―220	篆書・右	漢有善銅出丹陽、和以銀錫清且明。
88	097	佳鏡四神博局鏡	13.80	後漢	25―220	隷書・右	作佳鏡真大好、上有仙人不知老、渇飲玉泉飢食棗、為国保。
102	112	大楽蟠螭紋博局鏡	13.80	漢	前206―220	篆書・右	大楽貴富得所好、千秋万歳延年益寿。
11	012	毋見忘草葉花卉鏡	13.70	前漢中晩期	前206―8	篆書・右	久不相見、長母見忘。
12	014	予志悲草葉花卉鏡	13.70	前漢中晩期	前206―8	篆書・右	秋風起、予志悲、久不見、侍前稀。
68	074	尚方四神博局鏡	13.70	前漢晩期―後漢早期	前206―8、25―220	隷書・右	尚方作竟真大好、上有仙人不知老、渇飲玉泉飢食棗、浮天下敖四海、寿如金石之国保、日用明分。
48	051	銅華雲雷紋銘帯鏡	13.50	後漢	25―220	隷書・右	清治銅華以為鏡、絲組雑沓以為信、清光乎宜佳人。
49	052	銅華雲雷紋銘帯鏡	13.50	後漢	25―220	隷書・右	清治銅華以為鏡、絲組雑沓以為信、清光乎宜佳人。
63	066	日光草葉博局鏡	13.50	前漢中晩期	前206―8	篆書・右	見日之光、天下大陽。
113	125	六乳禽獣鏡	13.40	前漢晩期―後漢早期	前206―8、25―220	隷書・右	□□作竟真大好、青龍在左白虎居右、曾年益寿宜孫。
144	162	環状乳仙人神獣鏡	13.10	後漢―六朝	25―220、222―589	隷書・右	銘文字迹模糊、待識。
149	167	三段区段式神人鏡	12.70	後漢―晋	25―220、265―420	隷書・右	君宜高官、位至三公、大□利。
53	056	連弧雲雷紋鏡	12.60	後漢	25―220	隷書・右	内：長宜孫子。　外：寿如金石。
150	168	君宜三段区段式神人鏡	12.50	後漢晩期―晋	25―220、265―420	隷書・右	君宜高官、位至三公、大□利。
132	148	永康元年環状乳神人禽獣鏡	12.40	後漢永康元年	167	反文隷書・右	外区銘文：永康元年正月丙午日、幽湅三商、早作尚方明竟、買者大富且昌、得宜子孫、延寿命長、上有東王父西王母、君宜高官、位至公侯、大吉利。　内区銘文：吾作明竟、幽湅三商、君宜侯王。
105	115	吾作四乳四獣鏡	12.20	後漢	25―220	隷書・右	吾作□竟、幽煉三商、□徳成道、配像□□（万疆）、□□（曾年）益寿、宜子孫。

112	124	上方四乳神獣鏡	12.20	漢	前206—220	篆書・右	上方作竟真大工、長宜子。
156	174	変形四葉四鳳鏡	12.20	後漢	25—220	隷書・右	君宜上位。
10	011	母相忘草葉花卉鏡	11.80	前漢中晩期	前206—8	篆書・右	見日之光、長母相忘。
79	087	尚方四神博局鏡	11.80	後漢	25—220	隷書・右	尚方作竟佳且好、子孫備具長相保、上有山人。
131	147	蟠螭鏡	11.80	前漢	前206—8	篆書・右	愁思會、□欲見、毋説相思、愿毋絶。
138	155	善銅環状乳神人禽獣鏡	11.80	後漢	25—220	隷書・右	外区銘文：劉氏作明竟、幽涷三商、周刻冊祀、配像萬疆、天禽四守、銜持維剛、大吉、□□□□□者、敬奉賢良、曾宇益寿富貴。内区銘文：漢有善同（銅）出丹陽、太師得同、合涷五金成。
135	151	吾作環状乳神人禽獣鏡	11.70	後漢—晋	25—220、265—420	隷書・右	外区銘文：吾作明竟、幽涷三商、周刻無極、配像萬疆、天禽四首、銜持維剛而大吉、与師長命、□有敬□、□□□、固如山石、□□□。内区銘文：同（銅）出丹陽、師得同合涷五金□。
145	163	太康二年環状乳仙人神獣鏡	11.70	西晋太康二年	281	隷書・右	太康二年三月三日日中、三工立巧、幽涷三商、三公九卿十二大夫□□年□□□侯王。
42	045	四葉連弧圏帯鏡	11.60	後漢—晋	25—220、265—420	隷書右	生如山石。
44	047	連弧圏帯鏡	11.60	後漢—晋	25—220、265—420	篆書・右	長保官位。
134	150	吾作環状乳神人禽獣鏡	11.50	後漢—晋	25—220、265—420	隷書・右	外区銘文：吾作明竟、幽涷三商、周刻無極、配像萬疆、白牙作楽、□□□。　内区銘文：吾作明竟、幽涷三商、周大吉羊。
5	006	日光草葉花卉鏡	11.40	前漢中晩期	前206—8	篆書・左	見日之光、天下大明、服者君王。
41	044	連弧圏帯鏡	11.40	後漢	25—220	篆書・隷書左右	内区篆左：長宜子孫。　外区隷右：□如金石、□宜官秩。
43	046	連弧圏帯鏡	11.40	後漢—晋	25—220、265—420	隷書右	君宜高官。
106	116	四乳神獣鏡	11.40	漢	前206—220	篆書・右	□□□□□、周復始伝子孫、□□□□□。
110	121	上方四乳神獣鏡	11.20	漢	前206—220	篆書・右	上方作竟真大工、青龍百子。
111	122	上方四乳神獣鏡	11.20	漢	前206—220	篆書・右	上方作竟真大工、白子。
130	146	上方盤龍鏡	11.20	漢	前206—220	篆書・右	上方作竟佳且好、明而日月世匈有、刻治分守悉皆在、長流長流、幸矣。
47	050	銅華雲雷紋銘帯鏡	11.10	後漢	25—220	篆書・右	清治銅華以為鏡、昭察衣服観容貌、絲組雑沓以為信、清光宜佳人。
50	053	長楽雲雷紋鏡	11.10	後漢	25—220	反文隷書・右	内：長楽未央、久母相忘。外：家常貴富。
22	025	日光銘帯鏡	11.00	漢	前206—220	隷書・右	見日之光、〔天〕下大明、千秋万歳、長楽未央。
109	120	上方四乳神獣鏡	11.00	漢	前206—220	篆書・右	上方作竟真大工、宜子。
128	144	三羊神獣鏡	11.00	後漢—晋	25—220、265—420	篆書・右	三羊作竟自有方、上首四守辟去不羊、吉。
129	145	上方盤龍鏡	11.00	漢	前206—220	篆書・右	上方作竟佳且好、明而日月世匈有、刻治分守悉皆在、長流長流、幸矣。
155	173	変形四葉双鳳鏡	11.00	後漢	25—220	篆書・右	君宜長官。
164	183	五銖青羊龍虎鏡	11.00	後漢—晋	25—220、265—420	篆書・右	青羊作竟、佳且好兮。五朱。
127	142	君宜高官四神獣鏡	10.90	後漢	25—220	篆書・右	君宜高官、位至公卿。
21	024	草葉銘帯鏡	10.80	後漢	25—220	篆書・右	清銅為鏡見其神、日月所分、宜于酒食、容呼雲賜根。
107	117	上方四乳神獣鏡	10.80	漢	前206—220	篆書・右	上方作竟真大好、青龍白虎宜子。
108	118	上方四乳神獣鏡	10.80	漢	前206—220	篆書・右	上方作竟真大工、子兮。
140	157	環状乳神獣鏡	10.80	後漢—晋	25—220、265—420	篆書・右	生如山石、位至三公。
119	134	劉氏四乳神獣仙人鏡	10.70	後漢—晋	25—220、265—420	篆書・右	劉氏作竟真大巧、上有山人不知老、渇飲玉泉。
40	043	四葉連弧圏帯鏡	10.60	漢	前206—220	篆書・隷書左右	内区篆左：長宜子孫。　外区隷右：生如山石。
34	037	銅華連弧銘帯鏡	19.00	後漢	25—220	隷書・右	涷治銅華而清明、以為鏡而宜文章、延年益寿而去不羊、与天無極而日月之光長未央。

133	149	吾作環状乳神人禽獣鏡	10.50	後漢	25—220	反文隷書・右	吾作明竟、幽凍三剛、配像萬疆、敬奉臣良、周刻典祀、衆□主陽、聖徳光明、子孫番昌、買者大吉、生如山不知老、其師命長。
39	042	四葉連弧圏帯鏡	10.40	漢	前206—220	隷書・右	君宜高官。
161	180	君宜高官夔紋鏡	10.40	後漢—六朝	25—220、222—589	反文隷書・右	君宜高官。
163	182	位至三公双夔鏡	10.40	後漢—六朝	25—220、222—589	隷書・右	位至三公。
4	005	日光草葉紋鏡	10.20	前漢中晩期	前206—8	篆書・右	見日之光、天下大明。
46	049	銅華雲雷銘帯鏡	10.10	後漢	25—220	隷書・右	清治銅華以為鏡、昭察衣服観容貌、絲組雑沓以為信、清光宜佳人。
17	020	昭明圏帯銘帯鏡	10.00	後漢	25—220	篆書・右	内清質以昭明、光輝象夫日月、心忽揚而愿忠、然雍塞而不泄。
18	021	昭明圏帯銘帯鏡	10.00	後漢	25—220	篆書・右	内清質以昭明、光輝象夫日月、心忽揚而愿忠、然雍塞而不泄。
25	028	富昌連弧鏡	10.00	漢	前206—220	篆書・左	大富昌、楽未央、千万歳、宜弟兄。
36	039	昭明連弧銘帯鏡	10.00	漢	前206—220	隷書・右	内清以召(昭)明、光象夫日月。
45	048	銅華圏帯雲雷紋鏡	10.00	後漢	25—220	隷書・右	清治銅華以為鏡、昭察衣服観容貌、絲組雑沓以信、清光宜佳人。
166	186	五鈷七鳥紋鏡	9.90	後漢—六朝	25—220、222—589	隷書・右	五朱。
20	023	銅華銘帯鏡	9.70	漢	前206—220	篆書・左	清治銅華以為竟、絲組為組以為信。
24	027	常楽連弧鏡	9.60	前漢	前206—8	篆書・左	常楽未央。
19	022	銅華圏帯銘帯鏡	9.50	後漢	25—220	篆書・左	清治銅華以為竟、絲組為組以為信。
37	040	長楽連弧銘帯鏡	9.50	漢	前206—220	隷書・右	長楽未央、極楽富貴。
125	140	四獣銘帯鏡	9.50	後漢—晋	25—220、265—420	隷書・右	三羊作竟、真大不傷。
147	165	黄羊環状乳神獣鏡	9.50	晋	265—420	隷書・右	黄羊作竟、好而光明。
13	015	君王草葉紋鏡	9.10	前漢晩期	前206—8	隷書・右	心思君王、天上見長。
14	016	君王草葉紋鏡	9.00	前漢	前206—8	隷書・右	心思君王、天上見長。
35	038	昭明連弧銘帯鏡	9.00	漢	前206—220	隷書・右	内清以昭明、□夫日月。
139	156	環状乳神獣鏡	8.80	後漢—晋	25—220、265—420	隷書・右	□□□年五月丙午日、□□□□□作尚方明竟、幽凍三商、周刻無極、世得光明、長楽未央富且昌、宜侯王、師命長生如石、位至三公、寿如東王父西王母、仙人保、立至公王。
160	179	高官双鳳鏡	8.70	後漢—六朝	25—220、222—589	隷書・右	高官。
38	041	四葉連弧圏帯鏡	8.50	漢	前206—220	篆書・左	長宜子孫。
59	062	常楽未央四乳銘文鏡	8.50	漢	前206—220	篆書・左	常楽未央、長母相忘。
60	063	常楽未央四乳銘文鏡	8.50	漢	前206—220	篆書・左	常楽未央、長母相忘。
152	170	変形四葉夔龍鏡	8.50	漢	前206—220	篆書・右	長宜孫子。
153	171	変形四葉夔龍鏡	8.50	後漢—晋	25—220、265—420	篆書・右	長宜孫子。
162	181	位至三公双鳳鏡	8.00	後漢—六朝	25—220、222—589	隷書・右	位至三公。
62	065	見日之光四乳銘文鏡	7.70	漢—六朝	前206—220—589	篆書・左	見日之光。
61	064	四乳銘文鏡	7.60	漢	前206—220	隷書・右	家常貴陽。
58	061	常楽未央四乳銘文鏡	7.50	漢	前206—220	篆書・左	常楽未央、長母相忘。
6	007	日光花卉紋鏡	7.30	漢	前206—220	篆書・右	見日之光、天下大明。
57	060	常楽未央四乳銘文鏡	7.30	漢	前206—220	篆書・左	常楽未央、長母相忘。
159	178	位至三公双鳳鏡	7.20	後漢—六朝	25—220、222—589	隷書・右	位至三公。
56	059	常楽未央四乳銘文鏡	7.00	漢	前206—220	篆書・左	常楽未央、長母相忘。
165	184	五鈷盤龍鏡	6.50	後漢—晋	25—220、265—420	隷書・右	五朱。
23	026	常楽銘文鏡	6.30	漢	前206—220	篆書・左	常楽貴而大富。

【表4—3】は前漢後漢六朝鏡の鏡の大小順を一覧にしたものであるが、これから78

尚方四神博局鏡23.0cm、 76 尚方四神博局鏡21.0cm、77 尚方四神博局鏡21.0cm、83 佳銅四神博局鏡21.0cm、55 連弧雲雷紋鏡20.5cm、75 尚方四神博局鏡20.5cmとなり、いずれも前漢鏡と考えられる。後漢時代の鏡は最大がその次の137 吾作環状乳神獣鏡 20.5cmで、33 銅華連弧銘帯鏡 18.8cmや101 泰言四神博局鏡18.8cmが大きい鏡になる。93 王氏四神博局鏡は王莽時代の新莽鏡である。逆に下位に在る鏡の10cm以下の鏡は後漢末から両晋、六朝時代のものが多い。

　こうして銘文の型式や鏡の大小によって、鏡の製造時期は大体見当が付けられる。

　結　　び

　本章は国家図書館蔵陳介祺蔵古拓本選編・銅鏡巻について、データベースの作成を通して紹介した。ここには拓本により鏡紋様型式と鏡銘文のそれぞれの研究が本格的に開始されていることが分かる。

　注
（１）　川勝守「中国近世都市漢口と『漢口叢談』」九州大学文学部『史淵』百二十九輯、1993年、後同著『明清貢納制と巨大都市連鎖』後編第六章、汲古書院、2009年所収、参照。
（２）　【表４－１】の書体・書順右左は篆書か隷書か、その円順が右廻り（時計廻り）か左廻り（逆時計廻り）かを表示した。篆・隷は原『陳介祺蔵古拓本選編。銅鏡巻』に記載されているが、書順の右左については明示がない。なお書体は原書にほぼよったが、例えば１　連弧草葉録は一見すると篆書に見えるが、原書では隷書としているので、これに従った。篆書と隷書の区別は字によって必ずしも明確に区別できるわけではないのが分かる。
（３）　十二地支名とは子丑寅卯辰巳午未申酉戌亥の十二干支のそれぞれの漢字である。

第五章　王綱懐編著『三槐堂蔵鏡』について

はじめに

　『三槐堂蔵鏡』とは編著者王綱懐氏によれば、五代（907～960年）の際、先祖晋国公王祐が庭前に三本の槐、三槐を植え、後に王氏宗族の堂名にしたことに因む。同家は相当古くから古銅鏡を蒐集してきた。王綱懐氏自身もその轍を踏み、鋭意古銅鏡蒐集に努力しつつ、研究を重ねて来た。氏の活動拠点は上海であり、ここで家伝と編著者収蔵の銅鏡149面を一書にまとめて、2003年7月に北京で上梓したのが本書である[1]。銅鏡149面のうち、先秦鏡8面、前漢鏡35面、新莽鏡14面、後漢鏡19面、魏晋南北朝鏡14面が当面の分析対象になる。前漢鏡が多いことが一大特色であろう。本書の各鏡解説説明はそのまま、中国銅鏡文化史となるばかりか、前漢、新莽すなわち王莽時代、後漢、さらに魏晋南北朝の時代史、書道文化史、黄老思想、仏教・道教思想史の優れた学術研究になっている。まずは王綱懐編著『三槐堂蔵鏡』のデータベースを作成してみよう。ただ、データ処理を簡便にするため、各番号鏡の下段に付す当該鏡の解説中より先秦・秦・前漢・新莽・後漢・魏晋・南北朝の各時期の銅鏡文化の時代相をまず抜き書きして第一節としたい。

第一節　中国古代銅鏡文化史

　各鏡の形態の説明文中には次に列挙するような先秦以降、中国古代各代銅鏡文化史の叙述がある。これを以下のように抜き書きして説明しよう。ただし、華文は日本語訳を付して読者の理解の便を図ることにしたい。

【1　素鏡　殷周】[2]

　　　銅鏡問世的最早年代是四千年前之斉家文化。斉家文化以後的千余年中、各地出土銅鏡約百面、既有素鏡、也有各不相同的幾何紋鏡。這説明在銅鏡起源之始、不僅注重実用、而且講究美観。此鏡年代応是商末至西周、同時代器物以素鏡居多、欠乏幾何紋、少有重環紋、罕見禽獣紋。事実証明、這個時期用作祭祀的青銅礼器数量很多、且鋳造精美。而同時代的銅鏡却顕得較為原始、応是照容仍多用盛水銅鑑之故。

　　　銅鏡が世に出現した最も早い年代は4千年前の斉家文化（龍山文化）である。斉家文化以後の1千余年中、各地出土の銅鏡は約100面、既に素鏡が有り、いろいろあい同じからざる幾何紋鏡もまた有る。この説明では銅鏡起源の始めに在っては、実用を重視するのみならず、また美観も講究している。この鏡の年代はまさに殷末から西周に至るであろうが、同時代の器物では素鏡が多くあり、幾何紋はなく、少しく重環紋

が有り、まれに禽獣紋を見る。（考古学的）事実より証明するに、この時期は用いて祭祀を作す青銅礼器の数量がはなはだ多い。かつ鋳造（技術）は精美である。しかして同時代の銅鏡はかえって顕らかに甚だ原始的で、応に是れ顔を写すことができるによって多く水を張った銅鑑を用いた故であろう。

【2 素鏡 周】

此類素鏡製作粗陋、在当時有一定代表性。ｍ値小、説明銅材稀少、鋳鏡時用料節約。当時生産水平低下、有限的国力以及鉱産・工匠祇能為王室和諸侯等少数人服務、普通日常生活用品難出精品、当在情理之中。

この類の素鏡は製作粗陋で、当時として一定の代表性はある。ｍ値（銅鏡単位面積当たりの平均重量値g／cm²）は小さく、銅材は稀少、鋳鏡の時に用料に節約があったと説明される。当時生産力の水準は低く、有限な国力のゆえに鉱産者・工匠はただ能く王室と諸侯など少数の人のために服務し、普段の日常生活用品に精品を出すのが難しいのは、当然なのだ。

【3 素地十一連弧紋鏡（拓本） 春秋・戦国】

査『中国科技史』度量衡巻、東周１尺約合今天的23.1厘米、這是中国歴史上有拠可査的最早的標準尺度。此鏡直径合東周尺７寸、整数現象絶非偶然。其雖不見於『中国銅鏡図典』、（以下簡称『図典』）、但与『図典』図12相似、年代似応為春秋・戦国時期。

盧嘉錫『中国科学技術史』[3] 度量衡巻を査べると、東周の１尺はほぼ今日の23.1cmに合い、これは中国歴史上で根拠有る依るべき最も早い標準尺度である。この鏡は直径が東周尺の７寸に合い、整数現象をみせるのはけっして偶然ではない。それは孔祥星・劉一曼『中国銅鏡図典』[4]（以下『図典』と簡称する）には見えず、ただ『図典』図12とあい似、年代も応に春秋・戦国の時期らしい。

【4 四山鏡 戦国】

此鏡与湖北鄂城出土之鏡相似、鏡面為水銀古包漿、鏡体砕裂成多塊、断面処已呈「酥餅」状。

この鏡と湖北鄂城市出土の鏡とはあい似、鏡面は水銀アマルガムとなり、鏡体が砕裂して多塊となり、断面のところはすでに酥餅（菓子のおこし）状になっている

【5 四山鏡（拓本） 戦国】

山字鏡在戦国較為普遍、有三山・四山・五山・六山鏡不等、其中以四山鏡最為常見。関於「山」字紋飾的考証、比較可靠的解釈是「山」字象徴大山。在中国神話伝説中、人居地面、神居天上、人世受上天管轄。高山聳立、離神仙最近、因此、中国自古就有封山祭祀的習俗。山字鏡反映古人的崇山思想。此鏡直径為戦国標準尺之五寸、結合春秋・戦国十一連弧紋鏡的標準化、可見中国古代銅鏡的標準化由来已久。

山字鏡は戦国期にわりあい普遍であり、三山・四山・五山・六山鏡などが有り、その中で四山鏡が最もよく見られるものである。「山」字の紋飾の考証に関して、比較

的たよりになる解釈は「山」字は大山を象徴する。中国神話の伝説中では、人間は地面に居り、神は天上に居り、人世（人の一生）は上天の管轄を受ける。高山聳立し、離昇した神仙のみ最も近づき、これにより、中国では古くから封山祭祀の習俗が有ることになる。山字鏡は古人の崇山思想を反映した。この鏡は直径が戦国標準尺の５寸であり、春秋・戦国十一連弧紋鏡の標準化と結合し、中国古代銅鏡の標準化の由来がすでに久しいことを見ることができる。

【6 四龍菱紋鏡　戦国・前漢】

此鏡問世年代早至戦国晩期、晩至西漢初年。

この鏡の出現年代は早くて戦国晩期、晩きは前漢初年に至る。

【7 四龍菱紋鏡（拓本）　戦国・前漢】

中国龍文化源遠流長、自河南濮陽新石器晩期仰韶文化的蚌塑龍算起、距今已有六、七千年、而在銅鏡中出現龍紋、却以戦国時期為最早。本書採用目前約定俗成的称謂、将蟠螭紋中頭部特徴明顕的称作龍紋。頭部特徴不明顕的称作螭紋。頭部看不清楚或是没有的称作虺紋。

中国龍文化は源遠く流れ長く、河南濮陽の新石器晩期仰韶文化の蚌塑龍より算起して、今を距ることすでに６、７千年有り、しかして銅鏡中に龍紋が出現したのは、ややくだって戦国時期をもって最も早しとする。本書は目前約定せる俗成の称謂を採用し、蟠螭紋中で頭部の特徴が明確なものをもって称して龍紋と作す。頭部特徴の明確でないものは称して螭紋と作す。頭部が不明瞭に看え、或いは無いものは称して虺紋と作した。

【8 三葉蟠螭菱紋鏡（拓本）　戦国・前漢】

西漢草葉紋鏡是本書重点之一。有学者提出、与其説是草葉紋、不如説是麦穂紋（或稷紋）。此鏡草紋形似花蕾、為草葉紋的源頭、中間的過渡紋飾即麦穂芽紋。此類蟠螭鏡或為葉紋、或為菱紋。此鏡二者兼有、再以蟠螭勾連、頗為独特。拠『中国古代銅鏡』記、「菱紋鏡的出現、晩於四山鏡」。

前漢草葉紋鏡は本書重点の一である。有る学者の提出するに、その説に与すれば草葉紋であり、麦穂紋（或稷紋）であるという説よりはよい。この鏡の草紋形は花蕾に似、草葉紋の源流であり、中間の過渡の紋飾はすなわち麦穂の芽紋である。この類の蟠螭鏡は或いは葉紋と為し、或いは菱紋と為す。この鏡は二者兼ねて有り、再び蟠螭勾連をもって、頗る独特とする。孔祥星・劉一曼『中国古代銅鏡』[5]の記述に拠ると、「菱紋鏡の出現は、四山鏡に晩れる」と。

【9 八連弧蟠螭紋鏡（拓本）　秦】

此類鏡紋飾少有異同。『故宮蔵鏡』図11鏡為八連弧外四螭四虎内四鳥八蘷、『長安漢鏡』図８鏡為七連弧外三奔馳螭四巻曲螭、『上海博物館蔵青銅鏡』（以下簡称『上海蔵鏡』）図25鏡為八連弧外四螭四鳳両両相間。

この類の鏡は紋飾に少しく異同が有る。『故宮蔵鏡』図11鏡は8連弧の外に4螭4虎で内に4鳥8螭をつくり、『長安漢鏡』図8鏡は7連弧の外に3奔馳螭と4巻曲螭をつくり、『上海博物館蔵青銅鏡』[6]（以下、『上海蔵鏡』と簡称する。）図25鏡は8連弧の外に4螭4鳳が互いにあい間をおくとする。

【10 素地七連弧紋鏡　秦・前漢】

西漢前期、与蟠螭鏡同時、出現了一些素地或帯有各種地紋的連弧紋鏡、有的還帯有蟠螭紋或龍紋・鳳紋。迄今所知的連弧紋数有七個和八個両種。另外、此鏡素地処呈現明顕的鋳造収縮紋、凹面環形帯和連弧圏帯処呈現光亮的加工痕跡。

前漢前期、蟠螭鏡とともに時を同じくして、若干素地或いは帯に各種の地紋有る連弧紋鏡が出現したが、あるものはまた帯に蟠螭紋或いは龍紋・鳳紋が有る。今まで知られている連弧紋数には7個と8個の両種が有る。特別には、この鏡素地のところに明確な鋳造収縮紋を浮かび現わし、凹面環形帯と連弧圏帯のところに光亮たる加工痕跡を現出させている。

【11 大楽貴富蟠螭紋鏡　前漢】

日本学者在『蟠螭紋的文化史』一書中提出、草葉鏡之草葉紋即麦穂紋、起源於麦穂芽紋、類似本鏡紋飾。麦穂芽紋又起源於花蕾紋。

日本の学者が『蟠螭鏡的文化史』[7]中で提出した、草葉鏡の草葉紋はすなわち麦穂紋であり、麦穂芽紋に起源しているという説があり、本鏡の紋飾に類似する。麦穂芽紋また花蕾紋に起源するという説がある。

【12 大楽貴富蟠螭紋博局鏡（拓本）　前漢】

対ＴＬＶ紋飾学界歴来称謂不一、或称博局紋、或称規矩紋、或称六博紋、或称八極紋。此類鏡無論尺寸大小、其図案比例基本相同。

ＴＬＶ紋飾に対して学界のこれまでの称謂は一定せず、或いは博局紋といい、或いは規矩紋といい、或いは六博紋といい、或いは八極という。この類の鏡は尺寸の大小を論ぜず、その図案比例の基本はあい同じである。

【13 大楽貴富蟠螭紋博局鏡（局部、拓本）　前漢】

此鏡是中国早期的文字鏡、也是中国早期的博局鏡、故影響深遠。雖係文字鏡、但文字不是銅鏡的主体紋飾、鏡銘框内（除鏡鈕）面積僅佔整個銅鏡面積的百分之十左右。此鏡与河北満城中山靖王劉勝之妻竇綰墓出土之鏡相似、雖規格偏小、然「麻雀雖小、五臓倶全」。其文字書体円転、是標準的小篆。『岩窟蔵鏡』将此類鏡的年代定為秦末。

この鏡は中国早期の文字鏡であり、中国早期の博局鏡でもあり、故に影響は深遠である。文字鏡に係るとしても、ただ文字は銅鏡の主体紋飾ではなく、鏡銘の框内（鏡鈕を除き）面積はわずかに全体銅鏡面積の百分の十ほどを占めるだけだ。この鏡は河北省満城県中山靖王劉勝妻竇綰墓の出土の鏡とあい似、規格は偏小としても、然して「麻雀は小といえども、五臓倶に全し」である。その文字書体は円転しているが、標

準の小篆である。梁上椿『巖窟蔵鏡』(8)（1935年）はこの類の鏡の年代を秦末であると定めた。

【14 四乳獣面蟠螭紋鏡（拓本） 前漢】

此鏡可研討之処頗多。1、三弦鈕・四乳釘与寛巻素縁同処一鏡、形制的年代似跨越戦国時期至西漢。2、四個獣面奇特。3、主紋作不対称分布。

この鏡は研究すべきところが頗る多い。1、三弦鈕・四乳釘と寛巻（辺）素縁とが同じく一鏡に処し、比較的優勢の年代はほぼ戦国時期から前漢に跨る。2、四個の獣面は奇特、独特である。3、主紋は不対称の分布を作すという諸点である。

【15 圏帯畳圧蟠螭紋鏡（拓本） 前漢】

此類鏡多以変形蟠螭紋為主紋、再繁複者即襯以四片桃形花弁作点綴。此鏡風格与広州西漢前期墓出土之鏡相似。

この類の鏡は多く変形蟠螭紋をもって主紋とし、さらに繁雑複雑なものはすなわち襯（はだぎ）に四片の桃形花弁をもって点綴をなす。この鏡の風格は広州前漢前期の墓出土の鏡とあい似ている。

【16 常貴銘方格蟠虺紋鏡（拓本） 前漢】

此鏡与『図典』図176鏡紋飾幾無差異、僅銘文方向相反。『岩窟蔵鏡』将此類鏡的年代定為秦末。

この鏡と『図典』図176鏡とは紋飾が幾んど差異がなく、わずかに銘文方向が相反するだけだ。『巖窟蔵鏡』はこの類の鏡の年代をもって秦末であると定めた。

【17 日光銘方格蟠虺紋鏡（拓本） 前漢】

此鏡的銘文面積佔鏡面百分之二十以上、銘文已完全是主体紋飾、応可称為銘文鏡。其字体書法是最早的繆篆。此鏡鏡体軽薄、加之脱胎失重、以致m値小到難以置信的0.45。

この鏡の銘文面積は鏡面百分の二十以上を占め、銘文はすでに完全に主体的紋飾であり、応に称して銘文鏡となすことができる。その字体書法は最も早い繆篆である。この鏡は鏡体軽薄で、さらに脱胎失重させて、もってm値を小に致し、その結果、信じられない0.45というものに到った。

【18 双龍鏡 前漢】

此鏡曾不慎断裂、断口呈「酥餅」状。鏡面包漿顔色豊富多彩。青銅器鑑賞中、常有「紅銅・緑銹・孔雀藍」的説法。此鏡大面積的紅銅地子中、伴以局部緑銹、雖無孔雀藍、却有局部水銀古包漿。

この鏡はかつてうかつに断裂させ、断り口は酥餅（おこし）状になっている。鏡面は色彩を豊富多彩に貼り付ける。青銅器の鑑賞中で、常に「紅銅・緑銹・孔雀藍」の言い方がある。この鏡の大面積の紅銅地質中、ところどころ局部に緑銹が出、孔雀藍は無いとしても、かえって局部の水銀アマルガムが有る。

【19 双龍鏡（拓本） 前漢】

在年代相近的草葉鏡紋飾中、常見類似此鏡龍紋的各種小型龍紋図案。可以説、這両個鏡種中的龍紋図案有着重要的連繋、祇是此鏡的年代比草葉鏡紋要早。

年代のあい近きにある草葉鏡紋飾中、常にこの鏡の龍紋に類似した各種小型龍紋図案を見る。説明することができるのは、この両個の鏡種中の龍紋図案は重要な連繋があり、ただこの鏡の年代が草葉鏡紋にくらべて早そうだということである。

【20 四花弁蟠螭紋鏡（拓本）　前漢】

此鏡直径大、紋飾繁複清晰、属於典型的「蟠」・「螭」難弁鏡。其紋飾線条・形制和芸術風格与大楽貴富鏡相類、故当為西漢早期之器物。四花紋飾与河北満城中山靖王劉勝墓出土之草葉紋鏡相似。

この鏡は直径が大きく、紋飾も複雑さがハッキリして、典型的な「蟠」・「螭」を区分しがたい鏡に属す。その紋飾線条・形制と芸術風格は大楽貴富鏡とともにあい類し、故に当に前漢早期の器物と為すべきで、四花紋飾は河北省満城県中山靖王劉勝墓出土の草葉紋鏡とあい似ている。

【21 四花弁銘文鏡（拓本）　前漢】

鏡無鈕座、形似古幣、年代応比草葉鏡要早。

鏡は鈕座なく、形は古幣に似、年代は応に草葉鏡にくらべてやや早そうだ。

【22 四葉銘文鏡（拓本）　前漢】

此鏡形制如同円内方的古銭幣、書体為部分方折的小篆体。銘文書体及内容与四川成都出土的四花葉鏡完全相同、但紋飾簡潔得多。同類鏡一般無大鏡。

この鏡は形制（型式成立）がちょうど円の内に方（四角）がある古銭幣と同じく、書体は部分的に四角にまがる小篆体である。銘文の書体及び内容は四川省成都市出土の四花葉鏡と完全にあい同じく、ただ紋飾はたいへん簡潔である。同類鏡は一般に大鏡が無い。

【23 四乳草葉銘文鏡（拓本）　前漢】

此鏡与1971年陝西千陽漢墓出土之鏡類同、書体為規範的小篆体。同類鏡在西漢中期的資料中多有記載。此鏡応係標準日光鏡之始。就草葉紋飾而言、其年代当在草葉鏡盛行期之前。

この鏡と1971年に陝西省千陽県漢墓出土の鏡とは類が同じく、書体は規範的な小篆体である。同類の鏡は前漢中期の資料中に在っては記載が多く有る。この鏡は応に標準日光鏡の始めであるとしてよい。草葉紋飾について言えば、その年代は当に草葉鏡盛行期の前に在る。

【24 四花弁銘文鏡　前漢】

花弁（花葉・花卉）鏡在戦国時期已有出現、但在武帝時基本不見。此鏡年代疑在文景之治時期、当為草葉紋鏡問世前不久的承前啓後鏡種。在西漢銘文鏡中、此鏡的三弦鈕年代応係最晩、十六連弧縁該是最早。其文字書体基本上完成了由小篆至繆篆的演変。

花弁（花葉・花卉）鏡は戦国時期に在ってすでに出現しており、ただ（前漢）武帝の時には基本的に見えない。この鏡の年代はおそらくは文帝景帝の治の時期に在り、当に草葉紋鏡の出現直前の、前を承け後を啓くの鏡種であるとすべきだ。前漢銘文鏡中に在っては、この鏡の三弦鈕の年代は応に最も晩いとすべきで、十六連弧紋縁は広く最も早い。その文字書体は基本的には小篆から繆篆に至る演変を完成させている。

【25 四花弁銘文鏡（拓本）　前漢】

関於此類鏡銘文的資料査到多処、首句与末句完全一様、中間両句則大同小異、如『歴代著録吉金目』頁1248為「与美相長、歓楽如志」。『浙江省出土銅鏡』頁34和『銅鏡』頁141両処皆係「与地相長、歓楽未央」。博局山房蔵鏡和『長安漢鏡』図10—2鏡係同模、中間両句是「与美相長、歓楽相志」。此鏡主要特点在於精美的書法。1、銘文書法在総体上属小篆。2、小篆特点為円転、此鏡銘文字形却多方折、可謂「小篆結構、繆篆形態」。3、銘文中僅「天」字多円転、其第一筆両端下垂、状如懸針、4、銘文「亟」字筆画完全方折、已是標準繆篆。

　　この類の鏡の銘文に関する資料は査べると多処に到り、首句は末句と完全に一様、中間の両句は則ち大同小異、『歴代著録吉金目』[9]頁1248の如きは「与地相長、歓楽未央」と為す。『浙江省出土銅鏡』[10]頁34と『中国古代銅鏡』頁141の両処は皆「与地相長、歓楽未央」である。博局山房蔵鏡と『長安漢鏡』[11]図10—2鏡は同じ模型である、中間の両句は「与美相長、歓楽相志」である。この鏡の主要特点は精美な書法に在る。1、銘文の書法は総体的には小篆に属す。2、小篆の特点は円転であり、この鏡の銘文字形はかえって多く四角にまがり、「小篆は（書法の）構造であり、繆篆が形態である」と謂うべきである。3、銘文中わずかに「天」字が円転多く、その第一筆の両端は下に垂れ、状が懸針のごとくである。4、銘文「亟」字の筆画は完全に四角にまがり、すでにこれ標準の繆篆である。

【26 四乳草葉銘文鏡　前漢】

草葉銘文鏡方框四角的幾何図案亜少有雷同、起到均匀分布与美化補白的効果。草葉紋鏡製作規範、版模精緻。品種繁多、銘文突出、是中国銅鏡史上有劃時代意義的大鏡種。此鏡是典型的草葉紋鏡。風格与河北満城中山靖王劉勝墓出土之草葉紋鏡相同、祇是銘文内容略有差異。

　　草葉銘文鏡の方框四角の幾何図案はやや少しく無分別に同じで有り、平均的分布と美化補白の効果をもたらしている。草葉紋鏡の製作規範は、わりあい精緻である。品種繁多で、銘文は突出し、これは中国銅鏡史上画期的な時代意義のある大鏡種であり、この鏡は典型的草葉紋鏡である。風格は河北省満城県中山靖王劉勝墓出土の草葉紋鏡とあい同じく、ただ銘文内容にやや差異が有る。

【27 四乳草葉銘文鏡（拓本）　前漢】

草葉銘文鏡在西漢早中期面世、是中国最早的系列化正規文字鏡。銘文書体已従円

転的小篆演変到中国最早的方塊字—繆篆。此類鏡的盛行期標準器物多為標準寸（今2.31厘米）之整数倍、而且従大到小形成系列。成都青白江区出土之鏡直径是漢尺十寸、河北満城劉勝墓出土之鏡和本書附録中的銅華（錯刀）四霊博局鏡是漢尺九寸、此鏡是漢尺八寸。現存世所見之鏡多為漢尺七寸、六寸、五寸、少見八寸或八寸以上属王侯公卿所用的大鏡。草葉鏡銘文字数多為八字、十二字、少見四字、十六字。

　草葉銘文鏡は前漢早、中期に出現し、中国で最も早くに系列化した正規の文字鏡である。銘文の書体はすでに円転した小篆から演変して中国の最も早い四角な塊の字—繆篆に到っている。この類の鏡の盛行期は標準器物が多く標準寸（今の2.31cm）の整数倍となり、かつ大より小に到る形成系列にあった。四川省成都市青白江区出土の鏡は直径が漢尺10寸（23.10cm）であり、河北省満城県中山靖王劉勝墓出土の鏡と本書附録中の銅華（錯刀）四霊博局鏡は漢尺9寸（20.80cm）であり、この鏡は漢尺8寸（18.20cm）である。現存して現在見ることのできる鏡は多く漢尺7寸、6寸、5寸であり、8寸或いは8寸以上は珍しく、王侯公卿が用いる大鏡に属す。草葉鏡銘文の字数は多く8字、12字であり、4字、16字は珍しい。

【28 四乳草葉銘文鏡　前漢】
　此鏡不是円形鈕、m値偏高、製作略顕在粗糙、応不是盛行期的標準器物、疑為西漢中晩期或東漢時的再鋳之鏡。

　この鏡は円形鈕でなく、m値は高いほうで、製作はやや粗糙が在るのが目立ち、応に盛行期の標準器物ではないとすべきで、おそらくは前漢中、晩期或いは後漢時の再鋳の鏡であろう。

【29 四乳草葉銘文鏡（拓本）　前漢】
　西漢草葉銘文鏡在盛行期的標準器物極為規整、除尺寸成系列外、m値範囲也有規律、一般在1.5～2.0之間。此後的昭明大鏡・清白鏡・君忘忘鏡・銅華鏡・日有憙鏡・君有遠行鏡等鋳製精良的大尺寸鏡多係官鋳、其m値一般在2.5～3.5之間。自草葉紋鏡之後、銅鏡由薄軽趨向厚重。日光鏡和昭明小鏡多係民間鋳製、与此規律無関。従草葉鏡開始、地紋消失，主紋突出。草葉銘文鏡框（除鈕座）面積一般佔整個銅鏡面積的百分之二十以上、這個数字是秦漢之際的大楽貴富蟠螭鏡的一倍左右。

　前漢草葉銘文鏡は盛行期の標準器物に在って極く規整（規格基準）であり、尺寸基準の系列を除くほか、m値範囲もまた規律が有り、一般に1.5～2.0の間に在る。この後の昭明大鏡・清白鏡・君忘忘鏡・銅華鏡・日有憙鏡・君有遠行鏡などの鋳製精良の大尺寸の鏡は多く官鋳であり、そのm値は一般に2.5～3.5の間に在った。草葉紋鏡の後より、銅鏡は薄軽より一気に厚重に向った。日光鏡と昭明小鏡とは多く民間鋳製であり、この規律とは関わりない。草葉鏡の開始より、地紋は消失し，主紋が突出した。草葉銘文鏡の框（鈕座を除く）面積は一般に全体銅鏡面積の百分の二十以上を占め、この数字は秦漢の際の大楽貴富蟠螭鏡の一倍前後である。

【30 四乳草葉銘文鏡　前漢】

漢尺六寸即13.80厘米、這個尺寸在以後歷代被使用得最多。

　　漢尺6寸はすなわち13.80cm、この尺寸は以後の歴代に在り、使用されることが最も多いことになる。

【31 四乳草葉銘文鏡（拓本）　前漢】

　　草葉鏡不僅構図大気、紋飾有序、而且製作精良、文字規整。無論字数多寡、少有通仮・減筆・反向・欠部首・錯別字。関於草葉鏡中的草葉紋、歴来説法不一。有人認為是火焔紋、此論似依拠不足。孫機和日本学者認為是麦穂紋、且是由麦穂芽紋演変而来。其出現与西漢初年「重農抑商」「以農為本」等国策有関。在古代以稷（或黍属或粟属）為百穀之長、並将之奉為穀神。草葉紋鏡之主題紋飾如認定為稷紋、似乎更符号合歴史真実。草葉紋出現并流行於西漢早中期。此鏡m值小於2.0、製作精良、当属盛行期標準器物。

　　草葉鏡はただ構図が堂々としており、紋飾に序が有り、かつ製作精良、文字規整がとれている。字数の多寡に拘わらず、少しく通仮・減筆・反向・欠部首・錯別字が有る。草葉鏡中の草葉紋に関して、従来説明は一定していない。有る人はこれは火焔紋だとしたが、この論はやや根拠が不足している。孫機氏[12]と日本の学者[13]はこれは麦穂紋であるとし、かつ麦穂芽紋より演変して由来したとした。その出現は前漢初年の「重農抑商」「以農為本」などの国策に関わりが有る。古代に在っては稷（或いは黍属或いは粟属）をもって百穀の長となし、並びにこれをもって穀神に奉為した。草葉紋鏡の主題紋飾はもしくは稷紋と認定して、ややいっそう符号のようになったというのが歴史真実に合う。草葉紋は前漢早、中期に出現し流行した。この鏡のm値は2.0より小さく、製作は精良であって、当に盛行期の標準器物に属すといえる。

【33 四乳草葉銘文鏡（拓本）　前漢】

　　従西漢草葉鏡開始、以文字為主体的主紋突出、増加了銅鏡的文化内涵、令使用者有煥然一新之感。在八字草葉銘文鏡中、前四字大多為「見日之光」、後四字多為「天下大明」。另外、還有「天下大陽」、「長母相忘」「長楽未央」「明者君王」等。漢尺五寸、是草葉銘文鏡中最小規格的標準器物、小於漢尺五寸的草葉銘文鏡幾乎不見整数倍現象。

　　前漢草葉鏡の開始より、文字をもって主体となす主紋が突出し、銅鏡の文化内容を増加させ、使用者をして煥然として一新するの感を有らしめた。8字の草葉銘文鏡の中に在っては、前4字は大体が「見日之光」であり、つぎの4字は多く「天下大明」である。特別には、また「天下大陽」、「長母相忘」「長楽未央」「明者君王」などが有る。漢尺の5寸は、草葉銘文鏡中最も小規格の標準器物であって、漢尺5寸より小さな草葉銘文鏡はほとんど整数倍の現象を見ない。

【34 四乳草葉銘文鏡　前漢】

　　此鏡銘文内容在草葉紋鏡中較少見。

この鏡の銘文内容は草葉紋鏡中に在って珍しい。

【35 四乳草葉銘文鏡（拓本）　前漢】

　　伝説伏羲氏為農耕観天象、最早提出了「天円地方」之説。西漢草葉紋鏡的基本図形就是「天（鏡形）円、地（方框）方」。在将草葉紋看作是麦穂紋（稷紋）時、由方框外側伸出的麦穂紋、便寓意着大地生長糧食。這種紋飾布局顧名恩義地代表了「社稷」、也就是国家。

　　伝説では伏羲氏が農耕観天象をつくり、最も早く「天は円く地は方（四角）」の説を提出した。前漢草葉紋鏡の基本図形はたしかに「天（鏡形）円、地（方框）方」となる。草葉紋をもって看ると、これ麦穂紋（稷紋）と作す時に在っては、方框より外側に伸出した麦穂紋は、すなわち大地に生長せる糧食を寓意する。この種の紋飾は布衍すると顧名恩義に「社稷」を代表し、かつまた国家でもあることになる。

【36 星雲鏡　前漢】

　　星雲鏡産生和流行的時代在西漢中晩期的武宣之際。有学者認為、連接乳釘曲線的水紋是伝統「天蓋説」観念在銅鏡文化中的反映。

　　星雲鏡の発生と流行の時代は前漢中、晩期の武帝・宣帝の際に在った。有る学者が主張するには、連接せる乳釘曲線の水紋は伝統的な「天蓋説」観念が銅鏡文化中に在って反映しているとのことである。

【37 日光重圏鏡（拓本）　前漢】

　　此鏡m値高、較厚重、並減去西漢中期銅鏡鈕座外的連弧紋、応是西漢晩期之鏡、但銘文書体沿用了西漢早期連弧紋日光鏡的小篆体。此鏡内外区用圏帯間隔、応為重圏銘文鏡的雛形。

　　この鏡はm値高く、比較的に厚く重く、並びに前漢中期の銅鏡鈕座外の連弧紋を取り去り、応に前漢晩期の鏡とすべきであるが、ただ銘文の書体は前漢早期の連弧紋日光鏡の小篆体を踏襲している。この鏡の内外区は圏帯を用いて間隔をつくり、応に重圏銘文鏡の雛形となすことができる。

【38 久不相見連弧紋鏡　前漢】

字体非篆非隷容易弁識、可称簡化的篆隷変体。

　　字体は篆書でもなく隷書でもないことは容易に弁識でき、簡化の篆隷変体というべきである。

【39 久不相見連弧紋鏡（拓本）　前漢】

　　此鏡完全是日光鏡的制式。日光鏡存世量大、銘文内容各異、起句四字多為「見日之光」、此鏡以「久不相見」開頭、較少見。査閲『長安漢鏡』共出土九十二面日光鏡、未見類似鏡。日光鏡盛行的西漢中晩期、正是草葉鏡消失的年代。此鏡銘文内容与草葉銘文鏡相近、由此可以推測、其年代応在日光鏡的初期。文字演変出現簡隷（「忘」字）有両種含義、一是普及化後有粗糙之嫌、二是銘文効能突出装飾性。

この鏡は完全に日光鏡の制式（型式）である。日光鏡の出現量は大きく、銘文内容は各々異なり、起句四字は多くが「見日之光」となり、この鏡は「久不相見」をもって開始し、やや珍しい。『長安漢鏡』を査閱するにともに出土の92面日光鏡では、未だ類似の鏡を見ない。日光鏡盛行の前漢中、晚期、正しく草葉鏡の消失の年代である。この鏡の銘文内容と草葉銘文鏡とはあい近く、これにより推測することができるが、その年代は応に日光鏡の初期に在るとしてよい。文字演変して簡隷（「忘」字）を出現させたのには両種の含義が有り、一は普及化の後に粗糙の嫌が有ったとするもの、二は銘文の効能が装飾性を突出させたとするものである。

【40 日光昭明重圏銘帯鏡　前漢】

　　此鏡与『図典』図242鏡相近、僅外区少「乎」「甕」字、多「揚」字。

　　この鏡と『図典』図242鏡はあい近く、ただ外区に「乎」「甕」字が少なく、「揚」字が多い。

【41 日光昭明重圏銘帯鏡（拓本）　前漢】

　　重圏銘帯鏡内外区的排列組合形式很多、銘文字数一般是根拠鏡面大小而定。拠『図典』載、「清白銘完整的可達四十七字」。此鏡与『図典』実例皆説明重圏銘文鏡的篆書尤多円転、若干文字的筆画竟別開生面地全部採用円弧。這在其他鏡銘中并不多見、可称之為「円弧篆」。

　　重圏銘帯鏡の内外区の排列組合せ形式はたいへんに多く、銘文の字数も一般に鏡面大小を根拠として定めている。『図典』によれば、「清白銘の全体のものは47字に達することができる」と載る。この鏡は『図典』実例とともに皆、重圏銘文鏡の篆書がもっとも多く円転したと説明し、若干の文字の筆画はとうとう別に新生面を開き全部に円弧を採用した。これはその他の鏡銘中にはけっして多く見えず、大体これを「円弧篆」というべきだろう。

【42 昭明銘帯鏡　前漢】

　　産生於漢武帝時期、盛行於西漢中晚期直至東漢早期的昭明銘帯鏡、是中国銅鏡史上製造数量多、流行範囲広、流伝時間長的鏡種。規格略大的昭明銘帯鏡、在整体風格上与清白鏡・銅華鏡比較一致。其中、並蒂連珠紋鈕座的鏡型較少、而円鈕座較多、且風格与日光鏡相近。

　　前漢武帝時期に発生し、前漢中、晚期に盛行して直ちに後漢早期に至った昭明銘帯鏡は、中国銅鏡史上に製造数量多く、流行範囲広く、流伝時間の長かった鏡種である。規格がやや大きな昭明銘帯鏡は、全体として風格上は清白鏡・銅華鏡と比較して一致する。その中で、並びに蒂連珠紋鈕座の鏡型はやや少なく、円鈕座がやや多く、かつ風格は日光鏡とあい近いものがある。

【43 昭明銘帯鏡（局部、拓本）　前漢】

　　西漢昭明鏡的銅質和鋳造工芸一般変化不大、文字内涵却明顕降低、有「粗製濫造」

之嫌。究其原因、当時官府管理較鬆、銅鏡鑄製及使用趨於平民化和大衆化、民間鑄鏡随意而導致良莠不斉。昭明鏡存世数量大、跨越時間長、其書体最為豊富、有小篆変体、篆隷変体、装飾隷書、簡化隷書等。此鏡為小篆美術体、「以」「昭」「明」「象」四字経過了美術処理。字間多「而」字、応是西漢晩期偏後的鏡型。此鏡有厳重脱胎現象、m値很小、鏡体中心已有裂縫。経孫克譲指点、証明其係西漢著名的「透光鏡」。

　前漢昭明鏡の銅質と鋳造工芸は一般に変化が大きくなく、文字内容はかえって明確に低下し、「粗製濫造」の嫌いが有る。その原因を究明すると、当時官府の管理がいいかげんで、銅鏡鋳製及び使用が平民化と大衆化にはしり、民間鋳鏡が随意におこなわれて良・莠不斉を導くを致した。昭明鏡の世に出た数量は大きく、跨越時間も長く、その書体は最も豊富であり、小篆変体、篆隷変体、装飾隷書、簡化隷書などが有る。この鏡で小篆美術体とするのは、「以」「昭」「明」「象」4字が美術処理を経過している。字間に「而」字が多く、応に前漢晩期やや後の鏡の型とすべきである。この鏡は厳重な脱胎現象が有り、m値はたいへん小さく、鏡体の中心にすでに裂縫が有る。孫克譲氏の指摘を経て、それが前漢で著名な「透光鏡」だと証明された。

【44　清白銘帯鏡　前漢】

　銘文内容有「美人」的不多、与『長安漢鏡』図31―3鏡基本相似。

　銘文内容に「美人」が有るものは多くなく、『長安漢鏡』図31―3鏡とともに基本的にあい似ている。

【45　清白銘帯鏡（拓本）　前漢】

　西漢文化受楚文化影響頗深、一些銅鏡銘文帯有幽怨追思的楚辞韻味。清白鏡与昭明鏡的銘文多在重圏銘文鏡上合併使用。常為内圏用昭明鏡銘文、外圏用清白鏡銘文、応注意弁識。其六言八句四十八字的標準内容是「内清質以昭明、光輝象夫日月、心忽揚而願忠、然壅塞而不泄。慎靡美之窮皚、外承歓之可説、慕窈窕於霊泉、願永思而毋絶」。

　前漢文化は楚文化の影響を受けていることが頗る深く、若干の銅鏡銘文帯は幽怨追思の楚辞の韻味が有る。清白鏡と昭明鏡の銘文は重圏銘文鏡と使用を合併させたものが多い。常に内圏に昭明鏡の銘文を用い、外圏に清白鏡の銘文を用いるとし、応に弁識に注意すべきである。その6言8句48字の標準内容は、

　　「内は清くして質すにもって昭明なるべく、光輝を象どるはそれ日月、心は忽に揚りて忠を願い、然して壅塞して泄さず。靡美を慎むの窮皚、承歓を外にすと説くべき、窈窕を霊泉に慕い、永思を願いて絶ゆることなかれ」と。

【47　清白銘帯鏡（拓本）　前漢】

　清白鏡始於西漢中期、盛行於西漢晩期。目前所見到的清白鏡大多製作精良、且無小鏡、直径在15～18厘米。清白鏡m値較高、且有変化、規格上按漢尺整寸的現象幾乎未見、原因待考。研究古銅鏡銘文須仔細弁識・揣摩。在此鏡中、銘文末句尾「絶」字前顕然遺漏「毋」字、若望文生義則語意全反。漢字書体演変在清白鏡上已明顕表現出来、

これらの文字は草葉鏡銘文の繆篆書体の厳謹なるに雖も、但し西漢晩期の漢隷が正に成熟に走向していることをも表明しており、文字演変の一大進歩を体現している。

清白鏡は前漢中期に始まり、前漢晩期に盛行した。目前所見に到った清白鏡は大多数が製作精良で、かつ小鏡がなく、直径は15〜18cmに在る。清白鏡はｍ値がやや高く、かつ変化が有り、規格上で漢尺整数寸を按配した現象がほとんど見られず、原因は後考を待つ。古銅鏡の銘文を研究するには須く仔細に弁識し、揣摩すべし。この鏡中に在っては、銘文末句尾の「絶」字の前にはあきらかに「母」字を遺漏させており、もし文生義則を望めば語意は全く反対になる。漢字は書体演変して清白鏡上に在りてはすでに明確な表現が出来、この若干の文字は草葉鏡の銘文としても繆篆書体のものは厳に謹み、ただ前漢晩期の漢隷書体が正しく成熟に走向していることを表明するものでもあり、文字演変の一大進歩を体現している。

【49 清白銘帯鏡（拓本）　前漢】

　　西漢中晩期流行大規格的文字鏡、其円鈕・連珠紋鈕座・輻射紋・内向連弧紋等鏡心装飾基本相同、相互之間的差異主要是銘文内容不同。常見的銘文内容至少有五種、除清白鏡・銅華鏡外、還有君忘忘鏡・日有憙鏡和君有遠行鏡。其中前両種多見、後三種則較少見。更少見的銘文内容、重圏銘文鏡中有「皎光」銘鏡、雲雷紋鏡中則有「清光宜佳人」銘鏡等。

　　前漢中、晩期に流行した大規格な文字鏡は、その円鈕・連珠紋鈕座・輻射紋・内向連弧紋などの鏡心装飾は基本的にあい同じく、相互のあいだの差異は主要には銘文内容の不同である。常に見るところの銘文内容は至って少なく５種が有り、清白鏡・銅華鏡を除く外には、また君忘忘鏡・日有憙鏡と君有遠行鏡が有るだけだ。その中で前両種が多く見え、後の３種は則ちやや少ししか見られない。さらに珍しいものは銘文内容の、重圏銘文鏡中に「皎光」銘鏡が有り、雲雷紋鏡中には則ち「清光宜佳人」銘鏡などが有る。

【50 銅華銘帯鏡　前漢】

　　此鏡歴経両千年、紋飾未傷、通体黒漆古包漿。

　　この鏡は両千年を経歴して、紋飾は未だ傷つかず、全体に黒漆の水銀アマルガムを呈している。

【51 銅華銘帯鏡（拓本）　前漢】

　　銅華鏡形制雖与清白鏡類同、但銘文句式倣效楚辞的色彩已減弱、内容由讃美銅鏡材質・功能開始転為祈盼避凶趨吉・益寿延年的吉祥語。若将此鏡銘文句尾符号視読為「兮」、則更易領会銘文的意境及鋳製的用心。此鏡年代応在西漢中期。「千秋萬歳」一詞貫穿銘文鏡的千年歴史、早至秦漢之際的大楽貴富蟠螭紋博局鏡、晩到五代十国的千秋萬歳銘文鏡。

　　銅華鏡の型式の成立は清白鏡と類同じと雖も、ただ銘文の句式は楚辞を模倣した色

第五章　王綱懷編著『三槐堂蔵鏡』について　277

彩はすでに減少し、内容は銅鏡の材質・功能を讃美したものより開始して転じて避凶
趨吉・益寿延年を祈願する吉祥語となっている。もしこの鏡の銘文句尾の符号を視読
して「兮」とすれば、則ち更に容易く銘文の意境及び鋳製の用心を領会できる。この
鏡の年代は応に前漢中期に在るべきだ。「千秋萬歳」一詞は銘文鏡の千年の歴史を貫
穿して、早きは秦漢の際の大楽貴富蟠螭紋博局鏡に至り、晩きは五代十国の千秋萬歳
銘文鏡に到るのである。

【52　銅華銘帯鏡（拓本）　前漢】
　　在西漢晩期、根拠同形制・同紋飾的銅鏡系列分析、銅華鏡的延続使用年代最長。在
同類鏡中、此鏡語句較完整。
　　前漢晩期に在って、同じ型式規格・同じ紋飾の銅鏡系列を根拠として分析すると、
銅華鏡の延続使用年代は最も長い。同類の鏡中に在っては、この鏡の語句はやや完整
である。

【53　銅華銘帯鏡（拓本）　前漢】
　　草葉紋鏡是中国規整銘文鏡始祖、其形制・紋飾・m値・標準尺整数倍現象等、都規
整有序、唯銘文方向性随意。而後的日光鏡・昭明鏡・清白鏡・日有憙鏡等、在規整有
序上均不及草葉紋、然其銘文的方向性却皆為順時針方向、這個特点一直延続到新莽銘
文鏡。
　　草葉紋鏡は中国規格整序銘文鏡の始祖であり、その型式成立・紋飾・m値・標準尺
整数倍現象など、すべて規格整序に秩序が有り、ただ銘文方向性のみが随意である。
その後の日光鏡・昭明鏡・清白鏡・日有憙鏡などは、規整に秩序がある上では均しく
草葉紋に及ばず、然してその銘文の方向性はかえって皆時計の針の順の方向であり、
この特点は直ちに経続して新莽（王莽時代）の銘文鏡に到る。

【54　日有憙銘帯鏡　前漢】
　　此鏡形制、銘文内容及文字書体均与『長安漢鏡』図33鏡相近。
　　この鏡の型式規格、銘文内容及び文字書体は均しく『長安漢鏡』図33鏡とあい近い。

【55　日有憙銘帯鏡（拓本）　前漢】
　　『長安漢鏡』図33鏡、銘文共三十四字。其曰、
　　　「日有憙、月有富、楽無有事、宜酒食、居而必安、無憂患、竽瑟侍兮、心志歓、
　　　楽以茂極、固常然」。
　　『陳介祺蔵鏡』図36鏡也為此類鏡。楚漢文化一脈相承。従銘文内容看、昭明鏡・清
白鏡・君忘忘鏡等与楚文化関係密切、而銅華鏡・日有憙鏡・君有遠行鏡等則趨向現実
生活、属於同一系列的西漢連弧銘帯鏡。本鏡銘文書体雖有簡筆、却為工整方折的隷書、
説明在西漢中晩期時、隷書已趨成熟。日有憙鏡存世較少、其主要内容在新莽鏡中也時
有出現。
　　『長安漢鏡』図33鏡は、銘文ともに34字。それ曰わく、

278　第二部　中国における古代銅鏡文化研究の伝統と各博物館銅鏡目録データベース

　　　「日び熹（喜び）有り、月ごとに冨有り、楽（音楽）には有事なく、酒食に宜しく、
　　居りて必ず安じ、憂患なく、竽瑟もて侍すれば、心は歓を志し、楽しみはもって
　　いよいよ極り、固より常に然り」と。

　　陳介祺『簠斎蔵鏡』⁽¹⁴⁾図36鏡もまたこの類の鏡である。楚漢文化は脈々と相承さ
れた。銘文内容より看て、昭明鏡・清白鏡・君忘忘鏡などは楚文化との関係が密接で、
しかして銅華鏡・日有熹鏡・君有遠行鏡などは則ち現実生活に趣り向い、同一系列の
前漢連弧銘帯鏡に属す。本鏡の銘文書体は簡筆が有ると雖も、かえって工芸技術的な
四角にまがった隷書となり、前漢中、晩期の時に在って、隷書がすでに成熟に趣って
いたことを説明している。日有熹鏡の世に出たものはやや少なく、その主要な内容は
新莽鏡中に在ってもまた時に出現した。

【56 君忘忘銘帯鏡　前漢】

　　此鏡銘文字体多有簡筆、文字的毎一筆画在起始和収尾処都有局部放大且皆出尖角、
別具一格、在鏡銘書法中尚無先例。

　　この鏡の銘文の字体は多く簡筆が有り、文字の一筆画ごとの起始と収尾のところに
はすべて局部を大きくし、かつ皆尖角を出し、別に一格を具したものが有り、鏡銘書
法中に在ってなお先例がない。

【57 君忘忘銘帯鏡（拓本）　前漢】

　　西漢文化受楚文化影響頗深、「楚風」亦波及西漢鏡。此鏡銘文従語言形式到思想内
容皆帯有楚辞色彩。同類鏡銘文抒懐表志十分明確、『歴代著録吉金目』名曰、「先志鏡」、
不無道理。

　　前漢文化が楚文化の影響を受けたことは頗る深いものがあり、「楚風」また前漢鏡
に波及した。この鏡の銘文は語言形式から思想内容に到るまで皆楚辞の色彩を帯びて
いる。同類の鏡銘文は懐いを抒（おく）るを志に表わすことが十分に明確であり、
『歴代著録吉金目』（アメリカ合衆国福開森、中国書店、1991年）では名づけて「先志鏡」
というのも道理がないわけではない。

【58 居必忠銅華重圏銘帯鏡　前漢】

　　重圏銘帯鏡組合形式多様、常見的有日光与清白、日光与昭明等、少見的是昭明与皎
光（『図典』図244鏡）、日光与皎光（博局山房蔵鏡）、君行有日返与君有遠行（賞心斎蔵鏡）。

　　重圏銘帯鏡の組合せ形式は多様で、常に見るものは日光と清白、日光と昭明などが
有り、少しく見るものは昭明と皎光（『図典』図244鏡）、日光と皎光（博局山房蔵鏡）、
君行有日返と君有遠行（賞心斎蔵鏡）である。

【59 居必忠銅華重圏銘帯鏡（拓本）　前漢】

　　『左伝』僖公九年、杜預注曰、「往、死者。居、生者」。一般認為、銅鏡銘文反映儒
家思想是従新莽鏡開始。此鏡出現在西漢、応是一個特例。此鏡特点、1、「居必忠」
与「銅華」重圏与衆不同、2、此類鏡銘文多為「絲組雑遝」、此鏡係少見的「絲組為

紀」、3、西漢中晩期銘文鏡品種繁多、但銘文方向皆為順時針方向、而此鏡内外圈銘文均為少見的逆時針方向。

　『左伝』僖公九年、杜預注に曰わく、「往は、死者なり。居は、生者なり」。一般にいわれるには、銅鏡銘文が儒家思想を反映するのは新莽鏡の開始からである。この鏡の出現は前漢に在り、応にこれ一個の特例であるとすべきである。この鏡の特点は、1、「居必忠」と「銅華」重圏と多くは不同、2、この類の鏡銘文は多く「絲組雑逐」と為り、この鏡は少しく見るところの「絲組為紀」であり、3、前漢中、晩期の銘文鏡は品種繁多で、ただ銘文方向は皆時計針の廻る方向と為り、しかしてこの鏡の内外圏の銘文は均しく珍しい逆時計廻り方向となっている。

【60　四乳四虺鏡　前漢】
　此類鏡流行於西漢晩期、直至東漢初年還可見到。
　この類の鏡は前漢晩期に流行し、そのまま後漢初年に至ってもまだ続いていることがわかる。

【61　四乳四虺鏡（拓本）　前漢】
　在文化内涵上、此鏡表現了鑄鏡者祈盼五毒不侵、避凶趨吉的心理取向。在古人観念中、龍蛇具有某種同源性、而且往往会龍蛇不分。東漢王充在『論衡』一書中曰、「龍在時似蛇、蛇在時似龍。……龍鱗有文、於蛇為神」。時至今日、人們還常称蛇為小龍。此鏡在同類中属大型鏡。
　文化内容上では、この鏡は鑄鏡者が五毒が侵さないように祈願し、避凶趨吉の心理取向を表現した。古人の観念の中では、龍と蛇は具するに某種の同源性が有り、かつまた往々に龍蛇を会して分けない。後漢の王充は『論衡』の中で、「龍は在る時に蛇に似、蛇は在る時に龍に似る。……龍の鱗に文が有り、蛇において神となる」といっている。時今日に至り、人びとはまた常に蛇を称して小龍とする。この鏡は同類中に在って大型鏡に属す。

【62　四乳龍虎鏡　前漢】
　龍源為中国神話中的東方之神、属五行之木、色為青、故称青龍。虎為西方之神、属五行之金、呈白色、故称白虎。此鏡紋飾為両龍・両虎同向奔走。綜合其鏡型、似定為西漢晩期較妥。這此亦応是最早的龍虎鏡之一。龍虎鏡的問世和流行与道家思想的産生和発展密切相関。
　龍は源と中国神話中の東方の神であり、五行の木に属し、色は青とされるので、故に青龍と称す。虎は西方の神であり、五行の金に属し、白色を呈し、故に白虎と称す。この鏡の紋飾は両龍・両虎が同じ向きに奔走するものである。その鏡型を綜合するに、前漢晩期に定まったとするのがやや妥当であるようだ。これはまた応に最も早いものとすべき龍虎鏡の一である。龍虎鏡の出現と流行は道家思想の発生と発展とに密接にあい関わるものである。

【63 四乳八禽鏡（拓本） 前漢】

　　此鏡与銅華鏡同属西漢晩期、其紋飾是鳥文化在西漢鏡中的体現。

　　この鏡と銅華鏡とは同じく前漢晩期に属し、その紋飾は鳥文化が前漢鏡中にも体現しているとするものである。

【64 家常貴富銘文鏡（拓本） 前漢】

　　在古銭幣中、銭文字体有「長寶蓋」一説。此鏡銘文「家」・「常」・「富」三字均為「長寶蓋」。以往多称之為家常富貴銘文鏡、読法似有誤。此鏡与『中国青銅器全集・銅鏡』図52鏡相比、除大小不同和鈕座稍異外、字形・乳釘・鏡体風格等無不相似、両鏡m値也接近。樸実的銘文・大衆化的紋飾及厚重的鏡体、是西漢晩期銅鏡的風格特徴。

　　古銭幣中に在って、銭文の字体は「長寶蓋」という説が有る。この鏡の銘文「家」・「常」・「富」3字は均しく「長寶蓋」である。これまで多くこれを称して家常富貴銘文鏡としたが、読法にやや誤が有る。この鏡と『中国青銅器全集・銅鏡』図52鏡をあい比べると、大小の不同があるのと鈕座がやや異なることを除くほか、字形・乳釘・鏡体風格などはあい似ていないものはない、両鏡m値もまた接近する。朴実な銘文や大衆化の紋飾及び厚重な鏡体は、前漢晩期銅鏡の風格特徴である。

【65 尚方四霊博局鏡（拓本） 新莽】

　　漢代宮廷少府下属「右尚方」、掌管包括銅鏡在内的皇室生活用品、故尚方鏡当為標準的官製鏡。其流行時間甚長、自西漢晩期至東漢早期均有、一般不易確切断代。此鏡方位正確、且有「子孫備、具中央」内容、可定為新莽鏡。

　　漢代宮廷の少府の下属の「右尚方」局は、銅鏡を含めた内的皇室生活用品を管掌し、故に尚方鏡は当に標準的官製鏡であった。その流行時間は甚だ長く、前漢晩期より後漢早期に至るまで均しく有り、一般的に明確に時代を決められない。この鏡は方位正確で、かつ「子孫備わり、中央に具す」内容が有り、定めて新莽鏡となすことができる。

【66 鳳凰翼翼四霊博局鏡　新莽】

　　古代「四霊」位置多上為南、下為北、左為東、右為西、今人観図正好相反。

　　古代で「四霊」位置は多く上を南とし、下を北とし、左を東とし、右を西とするが、今人の観図では正しく好くあい反するのである。

【67 鳳凰翼翼四霊博局鏡（拓本） 新莽】

　　銘文首句「鳳皇翼翼在鏡則（側）」。鳳皇、『爾雅』釈鳥曰、「鷗・鳳、其雌皇」。雄為「鳳」、雌為「皇」、後世写作「凰」。『尚書』益稷云、「鳥獣蹌蹌、《簫韶》九成、鳳皇来儀」。唐孔穎達『尚書正義』釈曰、「鳥獣化徳，相率而舞」。鳥見鏡起舞的典故出於『異苑』、「山鶏愛其毛羽、映水則舞」。公子蒼舒令置大鏡其前、鶏鑑形而舞不止、遂乏死」。此鏡与『中国青銅器全集・銅鏡』図59「始建国二年（公元10年）紀年鏡」銘文書体均為標準的懸針篆、但書体似更成熟老到。

第五章　王綱懐編著『三槐堂蔵鏡』について　281

　銘文の首句「鳳皇翼翼として鏡側に在る」と。鳳皇は、『爾雅』釈鳥に曰わく、「鷗・鳳は、それ雌の皇なり」と。雄は「鳳」と為し、雌は「皇」と為し、後世写すに「凰」に作る。『尚書』益稷に、「鳥獣蹌蹌とし、《簫韶》九たび成れば、鳳皇来る儀」。唐孔穎達『尚書正義』釈して曰わく、「鳥獣徳に化し，あい率いて舞う」。鳥は鏡を見て舞を起こすの典故は『異苑』に出で、「山鶏はその毛羽を愛で、水に映せば則ち舞う」。公子蒼舒令は大鏡をその前に置き、鶏は形を鑑みて舞止まず、遂に乏死せり」。この鏡と『中国青銅器全集・銅鏡』図59「始建国二年（西暦10年）紀年鏡」とは銘文書体均しく標準の懸針篆であり、ただ書体は更にやや成熟老到している。

【69　上華山鳳凰侯四霊博局鏡（拓本）　新莽】

　陳介祺『簠斎蔵鏡』中収録有類似之鏡、銘文字数和内容完全相同、四霊旁紋飾略有差異、主要不同在鈕座、『簠斎蔵鏡』是大四葉紋鈕座。新莽鏡的銘文内容種類較多、常見「上大山」・「上太山」、而「上華山」鏡則較少見。古人崇拝大山。拠『史記』巻二十八封禅書載、「自古受命帝王、曷嘗不封禅」。舜巡五嶽、「八月、巡狩到西嶽。西嶽、華山也」。新莽標準尺九寸鏡応為皇室宗親所用、此鏡製作雖欠精細、但按制度、使用者当非尋常百姓。其玄武紋飾僅取蛇形、中段亀身、且両頭合一、与衆不同。

　陳介祺『簠斎蔵鏡』中の収録には類似の鏡が有り、銘文の字数と内容も完全にあい同じであるが、四霊の旁の紋飾にやや差異が有り、主に同じでないのは鈕座に在り、『簠斎蔵鏡』では大四葉紋鈕座である。新莽鏡の銘文内容には種類がやや多く、常には「上大山」・「上太山」を見、しかして「上華山」鏡は則ちやや珍しい。古人は太山（泰山）を崇拝した。『史記』巻28封禅書によるに、「古より受命の帝王は、なんぞ嘗て封禅せざらん」と載す。舜は五嶽を巡り、「八月、巡狩して西嶽に到る。西嶽は、華山なり」と。新莽の標準尺9寸の鏡は応に皇室宗親の用うるところであるはずで、この鏡の製作は精細を欠くと雖も、ただ制度を按ずるに、使用者は当に尋常の百姓に非らざるべし。その玄武の紋飾はただ蛇形を取るのみにて、中段に亀身、かつ両頭合一し、衆と同じからず。

【70　刻婁銘四霊博局鏡　新莽】

　此鏡是最早的新莽鏡之一、与始建国二年（公元10年）的紀年鏡書体相比、似応還早些。

　　この鏡は最も早い新莽鏡の一であり、始建国2年（西暦10年）の紀年鏡と書体あい比べ、応にまたいささか早いものとすべきだろう。

【71　刻婁銘四霊博局鏡（拓本）　新莽】

　此鏡銘文中首字「新」係指王莽篡漢後的「新」王朝、故此鏡為明確的新莽鏡。史載、「始建国元年（公元9年）、王莽廃漢登基、輔佐凡十一公」、以太師王舜為首的大司徒・大司空・衛将軍・前将軍等高官要職皆為王姓、故鏡銘第五句、「八子九孫治中央」並非虚言、乃確有所拠。依銘文第五・七・八句推断、加之直径為莽尺之整八寸、此鏡似為慶賀王莽登基而鋳。中国国家博物館蔵拓本直径20.50厘米、四十九字銘文僅欠末句。

日本西田守夫蔵拓本直径不詳、五十六字銘文完全相同。

　この鏡銘文中の首字「新」は王莽が漢を簒した後の「新」王朝を指すもので、故にこの鏡は明確な新莽鏡である。史には、「始建国元年（西暦9年）、王莽は漢を廃して登基即位し、輔佐するはおよそ十一公」と載せ、太師王舜をもって首と為し、大司徒・大司空・衛将軍・前将軍などの高官要職は皆、王姓である、故に鏡銘の第5句、「八子九孫は中央に治せり」はけっして虚言にあらず、すなわち確として拠るところが有る。銘文の第5・7・8句により推断するに、またそれだけでなく直径の莽尺の整8寸であるのは、この鏡は王莽の登基即位を慶賀するために鋳たようだ。中国国家博物館蔵拓本は直径20.50cm、49字の銘文はわずかに末句を欠く。日本の西田守夫蔵拓本は直径不詳であるが、56字の銘文は完全にあい同じである。

【72 刻婁銘四霊博局鏡（局部、拓本）　新莽】

　与『中国青銅器全集・銅鏡』図59・60・61鏡対比、此鏡製作更規整、銘文更斉全、字数也更多、且通体黒漆古包漿。其銘文書体也比較奇特、大多為漢隷、少数字如「八子九孫」又為典型的懸針篆。鋳鏡者為奉迎王莽登基、祈祝「新朝」千秋万歳而突出「八子九孫」、以顕家族興旺。另外、孫機還認為、博局鏡中ＴＬＶ紋「自身帯有【法象天地】的意義。換言之、博局鏡的形制与紋飾在辟邪効能上、有其特殊的作用。李零在『中国方術考』中説、「清楚地顕示出此種紋飾是代表着宇宙模型、同時還具有厭除不祥的神秘含義」。

　『中国青銅器全集・銅鏡』(15) 図59・60・61鏡と対比するに、この鏡の製作は更に規整がとれ、銘文も完備し、字数もさらに多く、かつ全体的に黒漆の水銀アマルガムである。その銘文は書体も比較的独特で、大多数は漢隷書体であり、「八子九孫」のごとき少数の字がまた典型的懸針篆である。鋳鏡者は王莽の登基即位を奉迎するために、「新朝」の千秋万歳を祈祝して、「八子九孫」を突出させ、もって家族の興旺を顕現ならしめた。とりわけ、孫機氏がまた主張するように、博局鏡中ＴＬＶ紋は「自身が【法象天地】を有する意義を帯びる。これを換言すれば、博局鏡の型式成立と紋飾が辟邪効能上に在ることに、その特殊な作用が有る。李零氏の『中国方術考』(16) 中に在って説くには、「はっきりとこの種の紋飾の意味を顕示すれば宇宙の模型を代表しており、同時にまた不祥を厭除することを具えた神秘含義が有る」と。

【73 刻婁銘四霊博局鏡（局部、拓本）　新莽】

　本鏡銘文第六句、「婁」字通「鏤」、「羊」字通「祥」。学界対有ＴＬＶ紋飾的銅鏡歴来称謂不一、或称規矩鏡、或称六博鏡、或称博局鏡。因此鏡有銘文「刻婁博局去不羊」的内容、故命名「博局」引証有拠、称之「博局」言之有理。六博是一種始於商代、興於春秋戦国時期、最盛於秦漢的遊戯。江蘇徐州銅山漢墓曾出土両人席地而坐、中間置六博棋盤的画像石。此鏡辺縁紋飾不僅精美、而且与四霊紋飾相対応、羽人導龍的形象亦栩栩如生。

第五章　王綱懷編著『三槐堂藏鏡』について　283

　本鏡の銘文第６句、「婁」字は「鏤」に通じ、「羊」字は「祥」に通じる。学界はＴＬＶ紋飾が有る銅鏡に対してこれまで称謂が一でなく、或いは規矩鏡と称し、或いは六博鏡と称し、或いは博局鏡と称した。この鏡は銘文に「博局を刻婁して不羊（不祥）を去る」の内容が有るに因り、故に命じて「博局」と名づける引証には拠が有り、これを称して「博局」と言うのは理が有る。六博は一種が殷代に始まり、春秋戦国時期に興り、秦漢に最も盛んな遊戯であった。江蘇徐州銅山漢墓に曾って出土した両人が地に席して坐り、中間に六博棋盤を置く画像石がある。此鏡の辺縁紋飾はただ精美でないだけでなく、かつまた四霊紋飾とあい対応し、羽人が龍を導く形象また栩栩（喜喜）として喜び、生けるがごとしである。

【74　刻婁銘四霊博局鏡　新莽】
　此鏡整体風格和文字書体与西鏡相似、当為同時代的器物。
　この鏡は全体の風格と文字書体は前鏡とあい似、当に同時代の器物とすることができる。

【75　刻婁銘四霊博局鏡（拓本）　新莽】
　在銅鏡上出現「刻婁博局」銘文、目前所見如下、１、中国国家博物館蔵拓本（唐蘭先生旧蔵、今下落不明）、四十九字銘文、欠末句「千秋萬歳楽未央」。２、日本西田守夫之拓本、五十六字銘文、３、本書前鏡、五十六字銘文。４、拠『文物』1996年第８期載、江蘇東海尹湾漢墓群出土直径27.50厘米（漢尺一尺二寸）之東漢銅鏡、上有八十四字銘文、「……刻治六博中兼方、左龍右虎游四彭、朱爵玄武順陰陽、八子九孫治中央……」。５、河南省博物館蔵鏡四十九字銘文与『図典』図266鏡相同。銘文中所欠両字、按本書附録中東漢対置式神獣鏡的読法似為「則封」。
　銅鏡上に「刻婁博局」を出現させている銘文は、現今見るところ次のごとし、１、中国国家博物館蔵拓本（唐蘭先生旧蔵、今は所在不明）、49字銘文、末句「千秋萬歳楽未央」を欠く。２、日本西田守夫氏の拓本、56字銘文、３、本書の前鏡、56字銘文。４、『文物』1996年第８期掲載記事に拠ると、江蘇東海尹湾漢墓群出土の直径27・50（漢尺一尺二寸）の後漢銅鏡、上に84字銘文有り、「……刻治六博中兼方、左龍右虎游四彭、朱爵玄武順陰陽、八子九孫治中央……」。５、河南省博物館蔵鏡49字銘文と『図典』図266鏡とあい同じ。銘文中欠くところの両字は、按ずるに本書附録中の後漢対置式神獣鏡の読法は「則封」と為すらしい。

【76　刻婁銘四霊博局鏡（局部、拓本）　新莽】
　拠上述資料分析、其共同点是銘文中皆有「八子九孫治中央」的字句、内容頌揚王莽家族的権力無限、推測其年代応在始建国元年（公元９年）以後的幾年間。此鏡銘文是唯一没有出現「八子九孫治中央」字句的刻婁銘鏡。従字体分析、「四」字用四横代替、是新莽鏡的重要特徴。然此鏡字体与新朝中期盛行的懸針篆相去甚遠、故其不在前即在後。再従四霊布局的龍虎錯位来分析、年代似応在新莽晩期。

上述資料の分析に拠れば、その共通点は銘文中に皆「八子九孫治中央」の字句が有り、内容が王莽家族の権力が無限であることを頌揚しており、その年代は応に始建国元年（西暦9年）以後のいく年かの間に在るはずと推測される。この鏡の銘文は唯一「八子九孫治中央」字句の刻婁を出現させていない銘鏡である。字体の分析により、「四」字は4横代替を用い、これが新莽鏡の重要特徴である。然してこの鏡の字体は新朝中期に盛行した懸針篆とあい去ること甚だ遠く、故にそれは前に在らず即ち後に在るとなる。さらに四霊配置の龍虎が位置を錯っていることから分析すると、年代は応に新莽晩期に在るべきだろう。

【77 刻婁銘四霊博局鏡（局部、拓本） 新莽】

『左伝』成公五年曰、「晋侯以伝召伯宗」。古時「伝」字亦指駅站上所備的車馬。『説文解字』馬部曰、「駟、一乗也」。段玉裁注、「四馬為一乗」。銘文前四句「作佳鏡、清且明、葆子孫、楽未央」、為常用吉祥語。第五、第六句主要講的是身分与排場。第七句「男則封侯女嫁王」主要講的是当時的做人目標。第八句切入主題「刻婁（鏤）博局去不羊（祥）」。

『左伝』成公五年に曰わく、「晋侯、伝をもって伯宗を召す」と。古時「伝」字はまた駅站上に備うるところの車馬を指す。『説文解字』馬部に曰わく、「駟は、一乗なり」。段玉裁の注に、「四馬を一乗と為す」。銘文の前4句の「佳き鏡を作り清にして明、子孫を葆（しげく）し楽未だ央（つ）きず」、常用の吉祥語である。第5、第6句の主要に講ずるところは身分と格式である。第7句の「男ならば則ち封侯、女ならば王に嫁げり」主要に講ずるものは当時の人生目標である。第8句は主題「博局を刻婁して不祥を去る」に接近したものである。

【78 賢者戒己四霊博局鏡（拓本） 新莽】

銘文開頭突出「礼」。『穀梁伝』曰、「使賢者佐仁者」。范寧集解、「賢者、多才也」。銘文結尾注重「孝」挙。此鏡m値偏高、文字減筆、其年代似可定在新莽晩期至東漢早期。

銘文の書き出しは「礼」を突出させる。『穀梁伝』に曰わく、「賢者をして仁者を佐けしむ」と。范寧の集解に、「賢者、多才なり」。銘文結尾は「孝」挙を重視する。この鏡はm値がやたらと高く、文字は減筆あり、その年代は大体新莽晩期から後漢早期に至るに在ると定むべきだろう。

【79 日有憙四霊博局鏡（拓本） 新莽】

此鏡特点、1、十二地支銘文字方向不是常規的放射式、而是少見的向心式。2、銘文内容取自西漢中晩期的日有憙連弧紋鏡。3、辺縁紋飾尤為精美、少見長頸牛和螭形龍。

この鏡の特点は、1、十二支銘の文字方向が通常の放射式ではなく、珍しい向心式である。2、銘文内容は前漢中、晩期の日有憙連弧紋鏡より取っている。3、辺縁の

第五章　王綱懐編著『三槐堂蔵鏡』について　285

紋飾はもっとも精美であり、長頸牛と螭形龍とは珍しい。

【80　照匋脅四霊博局鏡　新莽】
此鏡採用幾何図形塡布空間、也是新莽鏡的一個特色。不同鏡的類似図案也会有差異、疑是某些作坊的「標記符号」。

　この鏡が幾何図形を採用して空間を塡めているのは、また新莽鏡の一つの特色である。同じからざる鏡の類似な図案もまた差異が有るはずで、おそらくは某処作坊の「標記符号（登録意匠）」ではないか。

【81　善銅四霊博局鏡（拓本）　新莽】
　東漢早期鏡可能会習慣性地沿用新莽鏡的一些特徴和懸針篆書体、以致造成断代上的困惑。但銘文開頭的「新」就是指新莽、「漢」就是東漢。此鏡雖四霊位置已乱、白虎与朱雀錯位、但却不可帰入東漢、年代仍応定為新莽晩期。

　後漢早期の鏡は能く新莽鏡の若干の特徴と懸針篆書体を沿用することができたので、もって時期決定上の困惑を致している。ただ銘文書き出しの「新」は新莽を指すので、「漢」は後漢である。この鏡は四霊の位置がすでに乱れ、白虎と朱雀は位置をまちがえていると雖も、ただかえって後漢に帰入させるべきではなく、年代は応に定めて新莽晩期とすべきである。

【82　駕蜚龍神獣博局鏡　新莽】
　此鏡雖是懸針篆書体、但用円形粗凸弦紋代替凹面方框、在博局紋中又欠少Ｌ紋、再就是将四霊改神獣、其年代応在新莽晩期至東漢早期。

　この鏡は懸針篆書体であると雖も、ただ円形粗凸弦紋を用いて凹面方框に代替し、博局紋中に在ってはまた少しくＬ紋を欠き、さらに四霊をもって神獣に改めたので、その年代は応に新莽晩期から後漢早期に至るに在るとするのがよい。

【83　駕蜚龍神獣博局鏡（拓本）　新莽】
　銘文内容一般、但第一句是「駕非（蜚）龍」較少見。「上大山見神人」銘文的新莽鏡多為三言句、也有特殊情況。此鏡書体為典型的懸針篆。王愔『文字志』曰、「懸針、小篆体也。字必垂画、細末繊直如針、故曰「懸針」。其又称「垂露篆」、或「垂露書」。始建国二年（公元10年）、王莽第三次貨幣改制、銭文書法尚非典型懸針篆。天鳳元年（公元14年）、実行第四次貨幣改制、鋳行「貨布」・「貨泉」時、懸針篆書体已正式成型。地皇四年（公元23年）、新莽覆滅、懸針篆逐漸消失。此鏡和一些典型懸針篆的新莽鏡、其問世年代応在公元14年或稍晩的九年之間。

　銘文内容は一般的であるが、ただ第一句の「蜚龍に駕し」はやや珍しい。「上大山見神人」銘文のものは新莽鏡では多く三言句となり、また特殊な情況が有る。この鏡の書体は典型的懸針篆である。王愔『文字志』に曰わく、「懸針は、小篆体なり。字は必ず垂画、細末は繊直たること針のごとし、故に「懸針」という。それまた「垂露篆」、或いは「垂露書」と称す。始建国二年（西暦10年）、王莽は第３次貨幣改革を行っ

たが、銭文書法はなお典型的懸針篆ではなかった。天鳳元年（西暦14年）、第4次貨幣改革を実行し、「貨布」・「貨泉」を鋳行した時、懸針篆書体はすでに正式の型式に成った。地皇四年（西暦23年）、新莽覆滅し、懸針篆もおいおい漸く消失した。この鏡と若干の典型懸針篆の新莽鏡とは、その出世年代は応に西暦14年或いはやや晩いとして9年の間に在る。

【84 新朝治竟四霊博局鏡（拓本） 新莽】

此鏡年代似応在始建国元年（公元9年）之後的幾年間。新莽鏡以其国号「新」字開頭的銘文、現知三種、多見「新有善銅出丹陽」、少見「新興辟雍見明堂」、罕見此鏡銘文。在『漢印徴』中可見「朝」字的右偏旁相近。

この鏡の年代は大体応に始建国元年（西暦9年）の後の幾年間に在るとしてよい。新莽鏡はその国号「新」字をもって書き出しとした銘文で、現今三種が知られ、多く見るは「新は善銅を有し丹陽に出づ」、「新興りて辟雍は明堂に見わる」は珍しく、ごくまれに見るのがこの鏡の銘文である。『漢印徴』中に在っては「朝」字の右偏旁あい近きを見るべし。

【85 朱氏四霊博局鏡（拓本） 新莽】

此鏡「四」字用四横筆代替、年代応定為新莽。然龍虎反向錯位、似新莽末至東漢初期之器物。銘文書体是帯有懸針篆韻味的隷書。「宜牛羊」銘文較少見。

この鏡の「四」字は4横筆代替を用い、年代は応に定めて新莽とすべきである。然して龍虎反向して位置を間違えているのは、新莽末から後漢初期の器物らしい。銘文の書体は懸針篆の韻味を帯有した隷書である。「牛羊に宜し」銘文はやや珍しい。

【86 桼言四霊博局鏡 新莽】

西漢末年至東漢早期是博局鏡的繁栄時期。査『欽定四庫全書』子部、「重修宣和博古図」、巻二十八、其第一図即係此類鏡、主紋区四十三字銘文。拠称、該鏡「徑七寸重二斤四両」。宋七寸即今22厘米、宋二斤四両為今1487克。

前漢末年から後漢早期に至るまでが博局鏡の繁栄時期である。『欽定四庫全書』子部、重修宣和博古図、巻二十八を査するに、その第一図はすなわちこの類の鏡であり、主紋区43字の銘文がある。検証によれば、該鏡は「徑七寸重二斤四両」とある。宋代の7寸は即ち今の22cmであり、宋代の2斤4両は今の1487gである[17]。

【87 桼言四霊博局鏡（拓本） 新莽】

新莽博局鏡問世後、令人耳目一新。其一、新莽鏡形制規整、少見随意作、多数銘文鏡語句完整。其二、新莽鏡銅質与西漢鏡一致、製作精良、紋飾清晰。其三、新莽銘文鏡直径多在六寸以上、少見五寸以下、無小鏡。其四、新莽鏡銘文書体秀美、尤其是新莽後十年、在銭文和鏡銘上流行的懸針篆、瀟灑俊逸、賞心悦目。銘文第一字「桼」、歴来有不同的読法、或「黍」或「来」。経孔祥星指点、応為「漆」的通仮字、与「七」字諧音。当時的重要鏡銘大多七言、銘文句首之「桼（七）言」係新莽風尚。

新莽博局鏡が世に出現した後、人をして耳目を一新させた。その１、新莽鏡の支配的規格が整い、随意の作が珍しく、多数の銘文鏡の語句が完全に整備されている。その２、新莽鏡の銅質は前漢鏡と一致し、製作技術は精良、紋飾はハッキリしている。その３、新莽銘文鏡は直径が多く６寸以上に在り、５寸以下は珍しく、小鏡がない。その４、新莽鏡銘文の書体は秀美で、もっともそれが新莽後10年であるものは、銭文と鏡銘上に在って流行の懸針篆は、瀟灑俊逸、鑑賞の心目を悦ばせる。銘文第１字の「㭉」は、これまで同じからざる読法があり、或いは「黍」或いは「来」である。孔祥星氏の指摘では、応に「漆」の通仮字と為すべきで、「七」字と音を諧（とも）にする。当時の重要鏡銘は大多数が七言であり、銘文句首の「㭉（七）言」は新莽の風尚である。

【88　王氏四霊博局鏡（拓本）　新莽】

　　此鏡与『図典』図271鏡類同。其四霊・羽人・禽鳥的紋飾総数多達二十八個、而羽人騎鹿和羽人拝鳥形象、在銅鏡紋飾中較少見。用「新家」代替「国家」係新莽鏡銘文的重要特徴。

　　この鏡と『図典』図271鏡は類同じ。その四霊・羽人・禽鳥の紋飾は総数多く28個に達し、しかして羽人の鹿に騎すと羽人の鳥形を拝す形象は、銅鏡紋飾中ではやや珍しい。「新家」を用いて「国家」に代替するは新莽鏡の銘文の重要な特徴である。

【89　四霊博局鏡（拓本）　後漢】

　　此鏡東西方向錯位、説明新莽晩期至東漢早期在銅鏡上出現混乱的現象。此鏡鋳製精良、少有使用痕跡、唯惜断裂。其地支銘文書体俊美、保留了新莽懸針篆的韻味。

　　この鏡の東西方向は位置を間違えており、新莽晩期から後漢早期に至り銅鏡上に出現した混乱の現象と説明される。この鏡は鋳製精良、少しく使用の痕跡があり、ただ断裂が惜しまれる。その十二地支（えと）の銘文は書体俊美で、新莽懸針篆の韻味を保留している。

【90　照容銘博局鏡（拓本）　後漢】

　　辺縁紋飾与常規的新莽鏡相同。此鏡通体緑漆古包漿、博局紋完整、但四霊不全、減筆通仮厳重、年代応定東漢早期為宜。

　　辺縁の紋飾は通常の新莽鏡とあい同じ。この鏡は全体として緑漆の水銀アマルガムで、博局紋が完全に整い、ただ四霊が不完全で、減筆通仮も厳しく重ぜられており、年代は応に後漢早期に定めるのが宜しいだろう。

【91　禽獣博局鏡（拓本）　後漢】

　　此鏡是較為簡単的博局鏡。

　　この鏡はやや簡単な博局鏡である。

【92　四乳禽獣鏡（拓本）　後漢】

　　四乳鏡是東漢中晩期的一個銅鏡品種。四乳禽獣鏡在西漢即有、由此可見中国銅鏡文

化的延続和発展。此鏡直径較大、紋飾清晰、図案新奇、「雀鳥望獣」之獣九尾狐是伝説中的異獣、『山海経』南山経載、「有獣焉、其状如狐而九尾、其音如嬰児、食者不蠱」。古人以為祥瑞。王褒『四子講徳論』曰、「昔文王応九尾狐而東夷帰周」。

　四乳鏡は後漢中、晩期の一種の銅鏡品種である。四乳禽獣鏡は確かに前漢に存在し、これより中国銅鏡文化の継続と発展を見ることができる。この鏡は直径がやや大きく、紋飾もハッキリしており、図案は新奇で「雀鳥獣を望む」の獣は九尾の狐でこれは伝説中の異獣であり、『山海経』南山経に載すには、「獣有り、その状は狐のごとくして九尾あり、その音は嬰児のごとく、食す者は不蠱」と。古人はもって祥瑞と為す。王褒『四子講徳論』に曰わく、「昔文王は九尾狐に応じて東夷は周に帰す」と。

【94　八連弧雲雷紋鏡（拓本）　後漢】
　此類鏡在東漢時期流行甚広。其規格一般較大、拠『河北定県北荘漢墓発掘報告』一書称、最大的雲雷紋鏡直径36厘米。日本一直倣製、故亦有較多出土。

　この類の鏡は後漢時期に在って流行が甚だ広い。その規格は一般的にやや大きく、『河北定県北荘漢墓発掘報告』一書の称するに拠れば、最大の雲雷紋鏡は直径36cmである。日本がただちに倣製し、故にまたやや出土が多く有る。

【95　長宜子孫八字連弧紋鏡（拓本）　後漢】
　此鏡書体有美術化傾向、「子」・「公」両字尤為突出。懸針篆書体、有如蚊脚、又称蚊脚書、書家論其是「蚊脚旁舒、鵠首仰立」。此鏡銘文為吉祥語、有保佑子孫平安及祝願子孫興旺之義。

　この鏡の書体は美術化傾向が有り、「子」・「公」両字がもっとも突出している。懸針篆書体は、蚊脚ごときが有り、また蚊脚書と称し、書家はそれを論じて「蚊脚旁らにのばし、鵠首は仰立す」と。この鏡の銘文は吉祥語であり、子孫の平安を保佑し及び子孫興隆を祝願するの義が有る。

【96　吾作変形四葉獣首鏡　後漢】
　此鏡是典型的南陽鏡。河南南陽是漢代著名的鋳鏡中心、南陽鏡質地優良、鋳造精細。

　この鏡は典型的南陽鏡である。河南南陽（郡）は漢代著名な鋳鏡センターであり、南陽鏡は鏡質優良、鋳造技術も精細である。

【97　吾作変形四葉獣首鏡（拓本）　後漢】
　此鏡与『図典』図376鏡類同、最大差別在於後者銘文帯多在内向連弧紋内、而前者銘文帯却在鏡縁内側。此鏡鏡径不大、却環鋳四十七銘文。獣首鏡常為紀年鏡、用於時間的銘文多是某年某月某日。此鏡雖少了一個年号、却多了一個「日中時」。在風水学上、「五月五日丙午日中時」即「火月火日火時」。陰陽五行中、火克金、銘文也即表示「吉月吉日吉時」。另外、還出現此類鏡銘文内容所没有的「得三光」。『白虎通』封公侯云、「天有三光、日・月・星」。

　この鏡と『図典』図376鏡とは類同じく、最大の差異として後者に在っては銘文帯

が多く内向連弧紋内に在り、しかして前者の銘文帯がかえって鏡縁内側に在ることにある。この鏡は鏡径が大きくなく、かえって47銘文を環鋳させる。獣首鏡は常は紀年鏡であり、時間の銘文に用いるのは多くは某年某月某日である。この鏡は一個の年号を少なくしたと雖も、かえって一個の「日中時」を多くした。風水学上に在って、「五月五日丙午日中の時」は即ち「火月火日火時」である。陰陽五行中、火は金に克つに、銘文もまた即ち「吉月吉日吉時」を表示する。特別には、またこの類の鏡の銘文内容に無いところの「得三光」を出現させている。『白虎通』封公侯にいう、「天に三光有り、日・月・星なり」と。

【99 変形四葉瑞獣対鳳鏡（拓本） 後漢】

此鏡与『図典』図397鏡相似、年代跨度較大、早及東漢遅至六朝。其鏡鈕特大、約為鏡径四分之一、且有脱胎現象、年代似応在東漢晩期与両晋之間。

この鏡と『図典』図397鏡はあい似、年代もはばがやや大きく、早くて後漢に及び遅れば六朝に至る。その鏡鈕は特に大きく、およそ鏡径四分の一であり、かつ脱胎現象が有り、年代は応に後漢晩期と両晋の間に在るようだ。

【100 変形四葉鏡（拓本） 後漢】

変形四葉紋鏡出自東漢中期和帝年間、流行於晩期的桓霊時期、係東漢新創之鏡類。常見紋飾為仏像・瑞獣・夔龍夔鳳・対龍対鳳等。這応与東漢中晩期社会動乱、仏道盛行有関。此鏡神秘色彩濃重、紋飾誇張。

変形四葉紋鏡は出現が後漢中期の和帝年間より、晩期の桓霊時期に流行して、後漢新創の鏡類である。常に見る紋飾は仏像・瑞獣・夔龍夔鳳・対龍対鳳などである。これは応に後漢中、晩期の社会動乱に与かり、仏教が盛行したことと関わりが有る。この鏡は神秘な色彩濃重で、紋飾も誇張している。

【101 対置式神獣鏡（拓本） 後漢】

此鏡与『図典』図420鏡相近、図案清晰。全鏡黒漆古包漿。

この鏡と『図典』図420鏡はあい近く、図案はスッキリしている。全鏡が黒漆の水銀アマルガムである。

【103 神人車馬画像鏡（拓本） 後漢】

六駕馬車是帝王出巡的標示。『漢書』王莽伝載、「或言黄帝時建華蓋以登仙、莽乃造華蓋九重、高八丈一尺、金瑵羽葆、載以秘機四輪車、駕六馬」。辺縁五虎有「虎賁」之意。虎賁為皇宮中衛戍部隊的将領、漢有虎賁中郎将・虎賁郎等職。此鏡五虎紋飾喩示着最高層次的拱衛之意、恰到好処地襯托出生主紋飾六駕馬車的帝王身分。在此類鏡中、東王公与西王母的紋飾大同小異。

六駕の馬車は帝王出巡の標示である。『漢書』王莽伝に載するに、「あるひと言えり黄帝の時に華蓋を建てもって仙に登ると、莽はすなわち華蓋九重を造り、高さ八丈一尺、金瑵羽葆あり、載するに秘機四輪車を以てし、六馬に駕す」と。辺縁の五虎は

「虎賁」の意有り。虎賁は皇宮中衛戍部隊の将領であり、漢は虎賁中郎将・虎賁郎などの職有り。この鏡の五虎紋飾は最高層次の護衛の意を喩示し、恰かも好いところに到り襯托出生する主紋は六駕馬車の帝王身分を飾る。この類の鏡中に在って、東王公と西王母の紋飾は大同小異である。

【105 神人白馬画像鏡（拓本） 後漢】

漢人尚武、対馬有特殊的感情。漢武帝為得到西域大宛的汗血宝馬、曾両度西征。此馬頭小頸長、胸囲寛厚、躯体壮実、四肢修長、被喩為「天馬」。白色的汗血馬更是人們心目中聖潔的神馬。在東漢画像鏡中、馬的造型很多、但帯文字並注明顔色的較少見。王充『論衡』道虚篇云、「好道之人……能生毛羽、毛羽具備、能昇天也」。新莽鏡多有「駕非（蜚）龍、乗浮雲」的銘文、古人対羽化登仙之向往、亦在此鏡羽人馭龍飛昇的紋飾中得到了充分体現。

漢の人は武を尚び、馬に対しては特殊な感情が有った。漢武帝は西域大宛の汗血宝馬を得るとして、曾って両度も西征した。この馬は頭小さく頸長く、胸囲寛厚で、躯体は壮実、四肢修に長く、喩られて「天馬」とされた。白色の汗血馬はさらに人びとの心目中に聖潔なものとされる神馬であった。後漢画像鏡中には、馬の造型がたいへんに多いが、ただ帯文字に色彩をハッキリ注記しているものは珍しい。王充『論衡』道虚篇にいう、「道を好むの人……能く毛羽を生じ、毛羽具備して、能く天に昇るなり」と。新莽鏡は多く「蜚龍に駕し、浮雲に乗ず」の銘文が有って、古人は羽化登仙することに対してあこがれ、またこの鏡では羽人が龍を駆して飛昇することが紋飾中に充分に体現していることがわかる。

【106 袁氏神人龍虎画像鏡 後漢】

東漢鏡紋飾之精緻不在西漢鏡或隋唐鏡之下、其工芸令人歎為観止。東漢画像鏡多出於紹興・鄂州・徐州三地、此鏡応属徐州地区製作。

後漢鏡の紋飾の精緻さは前漢鏡或いは隋唐鏡の下ではない。その工芸は人をして感歎のあまり見とれるほどである。後漢画像鏡は多く紹興・鄂州・徐州の３地より出づるが、この鏡は応に徐州地区の製作に属す。

【107 袁氏神人龍虎画像鏡（拓本） 後漢】

『神異経』東荒経載、「東荒山中有大石室、東王公居焉。長一丈、頭髪皓白、人形鳥面而虎尾、載一黒熊、左右顧望」。『山海経』西次三経曰、「西王母、其状如人、豹尾、虎歯而善嘯、蓬髪戴勝」。這些記載与銅鏡中東王公・西王母的形象相去甚遠。後逐漸演変、在『集説詮真』中已為男仙之主和女仙之宗。子喬（也作僑）・赤誦（也作松）子、均為伝説中的道教仙人。

『神異経』東荒経に載せり、「東荒山中に大いなる石室有り、東王公これに居る。長さ一丈、頭髪皓白、人の形に鳥の面しかして虎の尾、１黒熊を載せ、左右顧み望む」と。『山海経』西次三経に曰わく、「西王母は、その状は人の如く、豹の尾、虎の歯、

しかして善く嘯き、蓬髪勝を戴す」と。これらの記載は銅鏡中の東王公・西王母の形象とあい去ること甚だ遠し。後においおい漸く演変し、『集説詮真』中に在ってはすでに男仙の主と女仙の宗となる。子喬（また僑に作る）・赤誦（また松に作る）子は、均しく伝説中の道教仙人である。

【109 神人神獣画像鏡（拓本） 後漢】

西漢中期始、提唱儒学。後又崇信神仙、於是方士興起。到東漢晩期、黄老被尊奉為神、道教色彩更濃。王充『論衡』無形篇、「図仙人之形、体身毛、臂変為翼、行於雲、則年増矣。千歳不死」。羽化成仙是漢人追求的思想。在西漢晩期鏡和新莽鏡紋飾中、羽人還祇是一個小小的配角、到東漢中晩期、羽人已成了紋飾的主角。

前漢中期始めて、儒学を提唱した。後にまた神仙を崇信し、ここに於いて方士が興起した。後漢晩期に到り、黄老が尊奉され神とされ、道教の色彩がさらに濃くなった。王充『論衡』無形篇に、「仙人の形を図とすれば、体は身毛、臂は変じて翼となり、雲に行けば、則ち年増せり。千歳も死なず」と。羽化して仙と成るは漢人が追求する思想である。前漢晩期鏡と新莽鏡の紋飾中に在っては、羽人はただ一個の小小たる脇役であったが、後漢中、晩期に到ると、羽人はすでに紋飾の主役となっていた。

【111 吾作神人神獣画像鏡（拓本） 後漢】

在東漢鏡中、除紀年鏡外、数此類鏡銘文較多、且常以「吾作明竟」四字作為首句、前半部分内容大同小異、後半部分内容変化較大。此鏡紋飾配置如常、鏡体有明顕脱胎而呈緑色、m値偏小。在五十五字銘文中有十二字因簡筆太多而不能釈読。拠可弁認的四十三字可知、銘文主題思想是希望子孫陞官発財。

後漢鏡中に在って、紀年鏡を除くほかは、しばしばこの類の鏡銘文がやや多く、かつ常に「吾作明竟」4字をもって作りて首句とし、前半部分の内容は大同小異で、後半部分の内容は変化がやや大きい。この鏡の紋飾の配置は常のごとく、鏡体は明確な脱胎が有って緑色を呈し、m値はめっぽう小さい。55字の銘文中に在って有る12字は簡筆はなはだ多きに因って釈読できない。解読しえた43字に拠って知ることができるのは、銘文の主題思想は子や孫が陞官発財することを希望するものである。

【113 龍虎瑞獣画像鏡（拓本） 後漢】

東漢画像鏡上作倒立的羽人在其他類型的漢鏡上亦較為常見。『山海経』大荒西経載、「羽民国、其民皆生毛羽」。『山海経』海外南経云、「羽民国在其東南、其為人長頭、身生羽」。『抱朴子』対俗篇言、「古之得仙者、或身生羽翼、変化飛行、失人之本、更受異形」。『楚辞』遠遊曰、「仍羽人於丹丘兮、留不死之旧郷」。

後漢の画像鏡上に倒立した羽人を作ることは、他の類型の漢鏡上に在ってもまた比較的よく見るものである。『山海経』大荒西経に載するに、「羽民の国あり、その民は皆毛羽を生ず」と。『山海経』海外南経にいう、「羽民の国はその東南に在り、それ人となり長頭、身に羽を生ず」。『抱朴子』対俗篇に言う、「古の仙を得たる者、或い

は身に羽翼を生じ、変化して飛行し、人の本を失い、更に異形を受く」と。『楚辞』遠遊に曰わく、「よりて羽人は丹丘に於いてか、不死の旧郷に留む」と。

【115 龍虎禽獣画像鏡（拓本） 後漢】

此鏡係瑞禽瑞獣鏡。除龍鳳外、另両獣為天禄・辟邪。『漢書』西域伝載、「烏弋山、……有桃抜」。孟康注、「桃抜一名符抜、似鹿、長尾、一角或為天鹿、両角者或為辟邪」。拠此、辟邪・天鹿二而一也。明・周祈『名義考』巻十「天禄辟邪」条云、「祓除不祥、故謂之辟邪。永綏百禄、故謂之天禄。漢立天禄於閣門、古人置辟邪於歩揺上、皆取祓除永綏之意」。此四獣在漢代被認為可以辟邪・祛凶・禳災・駆鬼。

この鏡は瑞禽瑞獣鏡である。龍鳳を除くほか、別に両獣は天禄・辟邪である。『漢書』西域伝に載す、「烏弋山、……桃抜有り」。孟康の注に、「桃抜は一名符抜、鹿に似、長尾、一角は或いは天鹿と為し、両角なる者は或いは辟邪と為す」と。これに拠り、辟邪・天鹿は二にして一なり。明の周祈『名義考』巻十「天禄辟邪」条にいう、「祓は不祥を除き、故にこれを辟邪と謂う。永く百禄を綏ず、故にこれを天禄と謂う。漢は天禄を閣門に立て、古人は辟邪を歩揺上に置き、皆、祓除永綏の意を取れり」と。この四獣は漢代に在りては辟邪・祛凶・禳災・駆鬼がよいと思われる。

【116 龍虎鏡 後漢・魏晋】

精工細雕是東漢鏡的特色之一。此鏡紋飾中虎的形象極為生動。龍虎鏡係東漢晩期創製的銅鏡新品種、盛行於三国・六朝時期。此鏡出現当与道教盛行密切相関。

精工な細彫りは後漢鏡の特色の一である。この鏡は紋飾中の虎の形象が極めて生き生きとしている。龍虎鏡は後漢晩期に創製された銅鏡の新品種であり、三国・六朝時期に盛行した。この鏡の出現は当に道教の盛行と密接にあい関わる。

【117 双虎鏡 三国】

此鏡正面大部分光亮如新、至今仍可使用。

この鏡は正面の大部分が光亮としていて新品のごとくであり、今に至るもなお使用できよう。

【119 龍虎戯銭鏡（拓本） 三国】

東漢晩期、道教盛行。道教以龍・虎為保護神。此鏡鋳以龍虎紋、顕然有祈保平安之意。五銖銭自前漢武帝元狩五年（公元前118年）廃半両銭始造、直到唐武徳四年（公元621年）更行「開元通寶」纔被廃棄、是我国銭幣史上流行最久的幣種。鏡鋳五銖銭紋、反映了鋳鏡者和用鏡者祈盼長寿、財源広進的願望。

後漢晩期、道教が盛行した。道教は龍・虎をもって保護神とした。この鏡は鋳るに龍虎紋を以てし、顕然として平安を祈願護持するの意が有る。五銖銭は前漢武帝の元狩5年（西暦前118年）より半両銭を廃して始めて造られ、そのままで、唐武徳4年（西暦621年）に「開元通寶」を更行するにようやく廃棄されるに到った、我が国銭幣史上最も久しく流行した幣種のものである。鏡が五銖銭紋を鋳するは、鏡を鋳す者と

鏡を用いる者とが長寿を祈願し、財源の広進を願望することを反映している。

【120 伯牙陳楽鏡（残片）　魏晋】

拠推測、全文応為「吾作明竟、幽凍三商、周刻無亞。配象萬疆、白（伯）耳（牙）陳楽、衆神見容、天禽並存、福禄是従、富貴常至、子孫蕃昌、曾（増）年益寿、其師命長、唯此明竟」。

推測によれば、全文は応に、

「吾れ作れる明鏡は、幽かに三商を凍（ね）り、周刻極なく。配象萬疆なり、伯牙が楽を陳すれば、衆くの神が容を見（あら）わし、天禽並びに存し、福禄これ従う、富貴は常に至り、子孫蕃よ昌ん、年を増し寿を益し、それ師命は長にし、ただこれ明鏡なればなり」。

となすべきである

【121 伯牙陳楽鏡（残片、拓本）　魏晋】

由残片可知、此鏡銘文書体為標準的漢碑体、難得一見。経与『張遷碑』・『熹平残碑』・『白石神君碑』・『西狭頌』対比、字体極其相近。漢碑多出自於教育発達・文化昌盛的後漢桓霊之際、与魏晋年代相去不遠。推測此鏡是先由書法家或芸術家定稿、再交名匠鋳製。

残片より知ることができるのは、この鏡の銘文書体は標準的漢碑体であり、一見の価値がある。経と『張遷碑』・『熹平残碑』・『白石神君碑』・『西狭頌』を対比すれば、字体は極めてそれとあい近い。漢碑は教育が発達し文化が盛大な後漢桓・霊の際に多く出で、魏晋年代とあい去ること遠からず。推測するにこの鏡は先ず書法家或いは芸術家が稿を定め、さらに名匠に交して鋳製したものであろう。

【122 飛鳥雲紋鏡　南北朝】

山東大汶口文化遺址75号墓中曾出土一件背壺、壺上図案与此鏡紋飾如出一轍。紋飾中心有一大円点、既為鳥体、又代表太陽。此鳥也被称為太陽鳥。浙江河姆渡遺址中亦曾出土双鳥太陽紋牙雕。

山東大汶口文化の遺址75号墓中に曾って一件の背壺を出土したが、壺上の図案とこの鏡の紋飾とは同じ型から出たもののようである。紋飾の中心に一大円点が有り、すでに鳥の体とし、また太陽を代表するとした。この鳥はまた太陽鳥として称された。浙江河姆渡の遺址中にもまた曾って双鳥太陽紋の象牙彫刻を出土した。

王綱懐氏の中国古代銅鏡文化史についての主要主張点の整理やそれらの問題点の検討は以下の王綱懐編著『三槐堂蔵鏡』データベース各表作成と併せて整理したい。

第二節　王綱懐編著『三槐堂蔵鏡』データベース研究

王綱懐編著『三槐堂蔵鏡』の説明内容をデータベース的表に作成しよう（【表5－1】）。

第二部　中国における古代銅鏡文化研究の伝統と各博物館銅鏡目録データベース

ただし、説明文中より前節の中国古代銅鏡文化史については除外してある。

【表5－1】　三槐堂蔵鏡（王綱懐編著）データベース

番号	名称	時代	径／cm	重・g	m値	縁厚／mm	鈕・鈕座形式	形態	辺縁	銘文
1	素鏡	殷周	6.40	56.00	1.75	0.25-0.30	円形・弓形鈕	円整度較差、鏡面無凸凹、製作工芸簡単。		
2	素鏡	周	8.30	33.00	0.61	0.09	円形・橄欖形鈕	此鏡円整度規範、辺縁処略有凸起、可見加工痕跡、鏡体軽薄、応属早期銅鏡的典型器物。流行時間較長、年代定為西周和東周（春秋）皆可。		
3	素地十一連弧紋鏡（拓本）	春秋・戦国	16.30（東周尺7寸）	241.00	1.15	0.33	円形・三弦鈕	鈕外有極浅双線方格、鏡身平展。此鏡与『岩窟蔵鏡』図35鏡相似、鏡面為呈現緑色斑点之黒漆古。『岩窟蔵鏡』一書称、「秦初作淮域出土」。		
4	四山鏡	戦国	11.70（戦国尺5寸）	209.00	1.92	0.50	円形・三弦鈕・方鈕座	座周囲以凹面帯方格。鏡背紋飾由主紋与地紋組合而成、地紋為羽状紋。在鈕座四角、向外各伸出四組両個相接的花弁、将鏡背分成四区、其中各有一「山」字紋。内凹弧直立辺。	素縁	
5	四山鏡（拓本）	戦国						此鏡直径為戦国尺之5寸、結合春秋・戦国十一連弧紋鏡的標準化、可見中国古代銅鏡的標準化由来已久。		
6	四龍菱紋鏡	戦国・前漢	14.50	177.00	1.07	0.45	円形・三弦鈕・円形鈕座	座外囲以一圈清晰的雲雷地紋。座外両周凹面形寬帯（含凸弦紋）之間、是布有雲雷地紋的主紋区。主紋為四龍紋、四龍皆引頸昂首、対天長吟。其前肢粗壮、龍爪鋭利、一爪按地。龍身中部緊貼鏡縁、龍尾作C形蜷曲。四組菱紋両両相対、両組為標準的連貫式、両組簡化成V形、勾連龍尾。内凹弧直立辺。	凹素縁	
7	四龍菱紋鏡（拓本）	戦国・前漢						此鏡特点、1、此類鏡龍紋常見三組、少見四組、2、両組V紋及其間装飾符号、与衆不同。		
8	三葉蟠螭菱紋鏡（拓本）	戦国・前漢	17.20	307.00	1.32	0.48	円形・三弦鈕・円形鈕座	座外囲以一圈細雲地紋。座外両周凹面形寬帯（含短斜線紋）之間、是布有雲雷地紋的主紋区、地紋渦状由内向外呈順時針方向旋転。主紋為三葉紋。		
9	八連弧蟠螭紋鏡（拓本）	秦	19.70	402.00	1.32	0.51	円形・金字塔形弦鈕・円鈕座	外囲雲雷紋・凹面圈帯・縄紋。地紋為渦紋和三角雷紋組成的雲雷紋、上有螭紋四個。螭紋和菱紋上又被八個連弧同面圏帯畳圧。八連弧的交角与縄紋圏相接、将弧外分成八区、相間排列四個頭部明顕的螭龍。	寬巻素縁	
10	素地七連弧紋鏡	秦・前漢	17.70	250.00	1.07	0.15	円形・拱形三弦鈕・鈕座外囲以凹面環形帯	其外有凹面寬帯圏成的七内向連弧圏、連弧外角尖直抵鏡縁。此鏡与四川成都洪家包出土前漢前期之鏡相似、其年代応戦国晩期至漢初、『岩窟蔵鏡』則定為秦初。	寬辺素縁	
11	大楽貴富蟠螭紋鏡	前漢	13.50（漢尺6寸）	272.00	1.90	0.74	円形・三弦鈕・双龍鈕座	座外囲以双線圈帯。其間為順時針方向十一字小篆体銘文。迄今所見的円鈕座大楽貴富鏡、基本類同。這一時期的大楽貴富鏡和愁思悲鏡、雖在鏡面上已出現文字、但文字祗作為陪		大楽貴富、千秋萬歳、宜酒食。

第五章　王綱懐編著『三槐堂蔵鏡』について　295

							襯、佔有的面積較小。因文字不是主体紋飾、所以不応称為「銘文鏡」。		
12	大楽貴富蟠螭紋博局鏡（拓本）	前漢	13.60（漢尺6寸）	172.00	1.17	0.54	円形・三弦鈕（残）・双龍鈕座	座外囲以双線方框、框内有順時針方向十五字銘文。銘文首尾之間有一作為起訖符号的小魚紋。方框外四辺中点処伸出一個T形、与鏡縁的L形紋相対、TLV紋均為細密的四線式。	直立辺、巻素縁	大楽貴富、得所好、千秋萬歳、延年益寿。
13	大楽貴富蟠螭紋博局鏡（局部、拓本）	前漢								大楽貴富、得所好、千秋萬歳、延年益寿。
14	四乳獣面蟠螭紋鏡（拓本）	前漢	8.10	60.00	1.15	0.32	円形・三弦鈕・鈕座外囲以凹面環形帯	紋飾由主紋与地紋組合而成、地紋為雲雷紋、主紋為不対称分布的四組獣面蟠螭紋、其注三獣似兎、一獣似猴、前所未見。		
15	圏帯畳圧蟠螭紋鏡（拓本）	前漢	12.40	140.00	1.16	0.43	円形・三弦鈕・円鈕座	座外囲以凹面圏帯。地紋為螺旋放射紋、主紋為四組蟠螭紋呈纏繞状。蟠螭紋上畳圧以一周凹面圏帯、圏帯上対称排布四枚乳釘紋。鏡面為典型的水銀古包漿。	巻素縁	
16	常貴銘方格蟠螭紋鏡(拓本)	前漢	8.60	41.00	0.71	0.19	円形・三弦鈕・鈕座外囲以凹面小方框及双線大方框	両方框間有作為主紋的銘文、順時針方向八字連続為。銘文書体係小篆改円転為方折、是繆篆的雛形。紋飾由地紋与蟠螭紋組合而成、地紋為斜線紋及重畳三角紋。	巻素縁	常貴、楽未央、母相忘。
17	日光銘方格蟠螭紋鏡(拓本)	前漢	7.30	19.00	0.45	0.15	円形・三弦鈕・鈕座外囲以凹面小方框及双線大方框	此鏡紋飾与前鏡類似、唯銘文内容有異。同類鏡中、『岩窟蔵鏡』中鏡之銘為「見日之光、所言必当」。遼寧西豊西漢墓出土鏡銘文為「見日之光、長母相忘」。本鏡銘文与同類鏡均不同、却与以後的標準日光鏡相同、応為前漢中期纔問世之日光鏡的源頭器物。		見日之光、天下大明。
18	双龍鏡	前漢	9.90	106.00	1.38	0.31	円形・円鈕・四葉紋鈕座	座外囲以一圏縄紋。主紋為岩画式的単線双龍、呈隔鈕相対状。龍的双眼・嘴・鼻突出、龍爪極其鮮明。四乳釘均布在龍身和龍首尾処。	巻素縁	
19	双龍鏡（拓本）	前漢						華夏民族的崇龍歴史悠久、但在前漢早期銅鏡上出現如此具象・写実的龍紋、似不多見。此鏡龍紋雖係岩画速写式簡体単線龍、然線条簡而有神、栩栩如生。		
20	四花弁蟠螭紋鏡（拓本）	前漢	16.90	295.00	1.32	0.45	円形・三弦鈕・鈕外囲一凹面圏帯	在以円渦紋為地紋的主紋区内、由四乳釘分割為四区、并巧妙以乳釘為花蕊、囲繞乳釘配以四片凹面桃形葉弁、組合成四朵花。在分割的各区内、分別配置相同的蟠螭紋。	巻素縁	
21	四花弁銘文鏡（拓本）	前漢	12.50	172.00	1.40	0.52	円形・円鈕・鈕外囲以両個凹面方框	其間按逆時針方向均布十二字小篆変体銘文。外框外四辺中心各有一個帯弁花苞。	巻素縁	見日之光、天下大陽、服者君卿。
22	四葉銘文鏡(拓本)	前漢	10.30	110.00	1.33	0.51	円形・三弦鈕・鈕外囲以凹面方框及細線方格	両者間以逆時針方向環繞排列十二字小篆変体銘文。四角処為対三角図案、方框四辺中心処各向伸出一片葉弁紋、以為襯托和点綴。	巻素縁	長相思、母相忘、常貴富、楽未央。

23	四乳草葉銘文鏡（拓本）	前漢	8.30	60.00	1.05	0.26	円形・両弦鈕・鈕外囲以凹面方框	方框四角各伸出一組双畳草葉紋。主紋以均布的四乳草釘与草葉分割為八区、其中各嵌一字、共八字。銘文云。	巻素縁	見日之光、天下大明。
24	四花弁銘文鏡	前漢	11.20（漢尺5寸）	194.00	1.97	0.30	円形・三弦鈕・円鈕座	座外依次為一周短斜線紋、凹面圏帯和双線大方格、方格内逆時針方向均布十六字「準繆篆」書体銘文、連続為。	十六連弧縁	与天無亟（極）、与地相長、驩（歓）楽如言、長母相忘。
25	四花弁銘文鏡（拓本）	前漢								与天無亟（極）、与地相長、驩（歓）楽如言、長母相忘。
26	四乳草葉銘文鏡	前漢	18.20（漢尺8寸）	430.00	1.65	0.46	円形・円鈕・四葉紋鈕座。座外囲以両個凹面方框	其間以逆時針方向繞鈕分布十六字繆篆体銘文。方框外各辺中心処皆置一枚乳釘。乳釘両側各有一組双畳草葉紋。	内向十六連弧紋縁	日有憙、宜酒食、長富貴、願相思、久母相忘。
27	四乳草葉銘文鏡（拓本）	前漢								日有憙、宜酒食、長富貴、願相思、久母相忘。
28	四乳草葉銘文鏡	前漢	16.10（漢尺7寸）	473.00	2.32	0.40	円形・伏獣鈕・鈕外為四個凹面方框	其間以順時針方向繞鈕分布八字繆篆体銘文。方框外四辺中心処各有一乳釘、乳釘両側各有一組双畳草葉紋。	内向十六連弧紋縁	見日之光、天下大明。
29	四乳草葉銘文鏡（拓本）	前漢								見日之光、天下大明。
30	四乳草葉銘文鏡	前漢	13.80（漢尺6寸）	240.00	1.63	0.36	円形・円鈕・四葉紋鈕座	座外囲以両個凹面方框、其間按順時針方向繞鈕均布八字繆篆体銘文。方框外四辺中心処各有一枚乳釘、乳釘両側各置一組双畳草葉紋（麦穂紋）。方框四角各向外伸出一双弁花枝紋。	内向十六連弧紋縁	見日之光、長母相忘。
31	四乳草葉銘文鏡（拓本）	前漢								見日之光、長母相忘。
32	四乳草葉銘文鏡	前漢	11.50（漢尺5寸）	143.00	1.40	0.31	円形・円鈕・四葉紋鈕座	座外囲以細線方格紋和凹面方框各一周、其間環鈕四辺按順時針方向均布八字繆篆体銘文。方框外四辺中心処各有一乳釘、釘外接一花苞、乳釘両側各有一組単畳草葉紋（麦穂紋）。方框四角各向外伸出一双弁花枝紋。	内向十六連弧紋縁	見日之光、長楽未央。
33	四乳草葉銘文鏡（拓本）	前漢								見日之光、長楽未央。
34	四乳草葉銘文鏡	前漢	10.20	102.00	1.25	0.28	円形・三弦鈕・鈕外囲以凹面方框和細線方格各一周	其間按逆時針方向環鈕均布八字繆篆体銘文。框外四個帯座乳釘均匀分布形成四区、每区主紋飾皆為単畳草葉紋、両側各有一片巻葉。	内向十六連弧紋縁	天上見長、心思君王。
35	四乳草葉銘文鏡（拓本）	前漢								天上見長、心思君王。
36	星雲鏡	前漢	11.20（漢尺5寸）	240.00	2.42	0.51	円形・連峰鈕・円鈕座	其外囲以内向十六連紋。主紋区被均分的四枚帯円座乳釘分割成四区。各区内為一組由五枚小乳釘和曲線組成的星雲紋。	内向十六連弧紋縁	
37	日光重圏鏡（拓本）	前漢	8.70	165.00	2.80	0.58	円形・円鈕・円鈕座	座外一周凸面圏帯。主紋区是在両周斜輻射紋之間、按順時針方向配置的八字小篆体銘文。各字間分別間隔以斜「田」字	寛平素縁	見日之光、天下六明。

第五章　王綱懷編著『三槐堂蔵鏡』について　297

								和螺旋紋符号。
38	久不相見連弧紋鏡	前漢	7.30	76.00	1.80	0.34	円形・円鈕・円鈕座	座外為一圈内向八連弧紋、鈕座周囲均匀地伸出四条短弧線。連弧紋外有両条細弦紋圏帯、其間按順時針方向配置八字銘文。毎字間隔以斜「田」字或螺旋紋符号。	寛素縁	久不相見、長母相忘。
39	久不相見連弧紋鏡（拓本）	前漢								久不相見、長母相忘。
40	日光昭明重圏銘帯鏡	前漢	15.20	494.00	2.73	0.56	円形・円鈕・並蒂連珠紋鈕座	鈕座外両周凸弦紋圏及細弦紋圏將鏡背分為内外両区、両区皆為篆体銘文。内区為順時針方向八字銘文。毎字之間都夾有一渦形符号。外区為順時針方向二十四字銘文。	平素縁	内区：見日之光、長母相忘。外区：内清質以昭明、光輝象乎夫日月、心忽揚而願忠、然塞而不泄。
41	日光昭明重圏銘帯鏡（拓本）	前漢								内区：見日之光、長母相忘。外区：内清質以昭明、光輝象乎夫日月、心忽揚而願忠、然塞而不泄。
42	昭明銘帯鏡	前漢	9.00	72.00	1.13	0.28	円形・円鈕・円鈕座	座外為内向八連弧紋、連弧与鈕座間均匀布以短直線組相連。主紋区両周輻射紋間、有九字小篆美術体銘文。字間有「而」字。	寛平素縁	内清以昭明、光象日月。
43	昭明銘帯鏡（局部、拓本）	前漢								
44	清白銘帯鏡	前漢	17.40	720.00	3.03	0.70	円形・円鈕・並蒂十二連珠紋鈕座	座外囲以一周窄輻射紋与凸面圏帯紋及内向八連弧紋、弧下点綴簡単図紋。外区両周輻射紋、其間按順時針方向配置三十一字変体篆隷銘文。鏡中銘文字体簡筆較多。		絜清白而事君、志汙之合明、玄錫之流澤、恐疏而日忘、美人外承可兌（说）、願思母絶。
45	清白銘帯鏡（拓本）	前漢								絜清白而事君、志汙之合明、玄錫之流澤、恐疏而日忘、美人外承可兌（说）、願思母絶。
46	清白銘帯鏡	前漢	15.50	515.00	2.72	0.58	円形・円鈕・並蒂十二連珠紋鈕座	座外為一周窄輻射紋及内向八連弧紋、弧間有簡単図紋作為点綴。外区有両周窄輻射紋、其間按順時針方向配置四十二字銘文。銘文書体為多円転的装飾隷書。	平素縁	絜精（清）白而事君、怨歓之合明、煥玄錫之流澤、恐疏而日忘、慎靡美之窮皚、外承歓之可説、□□泉、願永思而（毋）絶。
47	清白銘帯鏡（拓本）	前漢								絜精（清）白而事君、怨歓之合明、煥玄錫之流澤、恐疏而日忘、慎靡美之窮皚、外承歓之可説、□□泉、願永思而（毋）絶。
48	清白銘帯鏡	前漢	14.50	355.00	2.15	0.50	円形・円鈕・並蒂十二連珠紋鈕座	座外為一周窄輻射紋与凸面圏帯及内向八連弧紋、弧間有簡単図紋作為点綴。外区有両周窄輻射紋、其間按順時針方向配置二十七字銘文。此鏡銘文書体為多方折的装飾隷書。	平素縁	絜清白而事君、志之流澤、恐疏而日忘、而可説兮。
49	清白銘帯鏡（拓本）	前漢								絜清白而事君、志歓之合明、□玄錫之流澤、恐疏而日忘、而可説兮。
50	銅華銘帯	前漢	18.90	965.00	3.43	0.66	円形・円	鈕座以凹面素地紋將相鄰的三	寛平素	涑治銅華清而明、

	鏡		(漢尺8寸)				鈕・並蒂十二連珠紋鈕座	個連珠合成一組、共四組拱鈕而圍。座外為斜輻射紋与凸面圈帯及内向八連弧、弧間点綴簡単紋飾。外区有両周斜輻射紋、其間按順時針方向配置三十六字銘文。此鏡銘文首尾有字形区分符号、末句応欠「未央」両字。書体為規範的漢隷、文字筆画稍有簡化。	縁	以之為鏡宜文章、延年益寿去不羊、与天無亟（極）如日月之光、千秋萬歳、長楽。
51	銅華銘帯鏡(拓本)	前漢							凍治銅華清而明、以之為鏡宜文章、延年益寿去不羊、与天無亟（極）如日月之光、千秋萬歳、長楽。
52	銅華銘帯鏡(拓本)	前漢	18.70 (漢尺8寸)	922.00	3.35	0.65	円形・円鈕・並蒂十二連珠紋鈕座	鈕座以凹面素地紋将相隣的三個連珠合成一組、共分四組拱鈕而圍。座外為斜輻射紋与凸面圈帯及内向八連弧、弧間点綴簡単紋飾。外区有両周斜輻射紋、其間按順時針方向配置四十字漢隷銘文。	寬平素縁	凍治銅華清而明、以之為鏡宜文章、延年益寿去不羊、与天無亟（極）如日月、千秋萬歳、長楽未央、長母相忘。
53	銅華銘帯鏡(拓本)	前漢	15.30	605.00	3.29	0.51	円形・円鈕・四葉紋鈕座	座外為一周斜輻射紋与凸面圈帯及内向八連弧、弧間点綴簡単図紋。外区按順時針方向配置二十八字漢隷銘文。	寬平素縁	凍治銅華清明而、以之為鏡因宜文章、延年益寿而去不羊、与天無亟（極）而。
54	日有憙銘帯鏡	前漢	14.60	481.00	2.22	0.56	円形・円鈕・並蒂十二連珠紋鈕座	座外有三周窄輻射紋及一周凸弦紋帯、凸弦紋外為内向八連弧紋飾帯、連弧間及頂部均有装飾紋様。両周短斜線紋間按順時針方向均布三十二字隷書銘文。	寬素縁	日有憙、月有富、楽母事、宜酒食、居而必安、母憂患、竽瑟侍、心志歓、楽以茂兮、固常然。
55	日有憙銘帯鏡（拓本）	前漢							日有憙、月有富、楽母事、宜酒食、居而必安、母憂患、竽瑟侍、心志歓、楽以茂兮、固常然。
56	君忘忘銘帯鏡	前漢	17.00	615.00	2.71	0.74	円形・円鈕・並蒂十二連珠紋鈕座	座外有一周窄輻射紋与凸面圈帯及向八連弧紋、弧間有四蜜蜂紋和四山林紋等図紋作点綴。外句有両周輻射紋、其間按順時針方向配置三十一字美術体隷書銘文。	寬平素縁	君忘忘而先志兮、愛使心兒者、央不可尽行、心汙結而独愁、明知非不可久、更已。
57	君忘忘銘帯鏡（拓本）	前漢							君忘忘而先志兮、愛使心兒者、央不可尽行、心汙結而独愁、明知非不可久、更已。
58	居必忠銅華重圈銘帯鏡	前漢	13.20	310.00	2.26	0.47	円形・円鈕・並蒂十二連珠紋鈕座	座外両圈凸弦紋、将鏡面分為内外両区。内区按逆時針方向均布十八字銘文。銘文起訖有渦紋。外区按逆時針方向均布三十二字銘文。		内区：居必忠必信、久而益親、而不信不忠、久而日窮。外区：清治銅華以為鏡、絲組為紀以為信、清光明乎服君卿、千秋萬世、長母相忘。
59	居必忠銅華重圈銘帯鏡（拓本）	前漢							内区：居必忠必信、久而益親、而不信不忠、久而日窮。外区：清治銅華以為鏡、絲組為紀以為信、清光明乎服君卿、千秋萬世、長母相忘。
60	四乳四虺鏡	前漢	16.00	720.00	3.33	0.59	円形・円鈕・四葉紋鈕座	座外囲以一周斜輻射紋和凸弦紋圈。主紋区在両周斜輻射紋之間、以四枚帯座乳釘分割成	特寬平素縁	

61	四乳四虺鏡(拓本)	前漢						四区、区内格配置一条鈎状虺蟲。虺体上下各有一帯羽冠立鳥和無羽冠立鳥。全鏡黒漆古包漿。	
62	四乳龍虎鏡	前漢	11.80	365.00	3.27	0.59	円形・円鈕・円鈕座	座外囲以両周斜輻射紋、其間以帯座四乳釘将主紋区分割成四区、区内交錯配置両龍・両虎。寛平素縁中嵌入一周双線鋸歯紋圏帯。此鏡通体黒漆古包漿。	鏡縁変為窄平素縁
63	四乳八禽鏡(拓本)	前漢	9.80	226.00	3.00	0.58	円形・円鈕・円鈕座	座外囲以一周凸弦紋圏。主紋区有両周窄輻射紋圏、其間以帯座四乳釘将主紋区分割成四区、八隻立鳥両両分布、相対而立。上佳黒漆古包漿。	特寛平素縁
64	家常貴富銘文鏡(拓本)	前漢	13.50	422.00	2.95	0.65	円形・円鈕・四葉紋鈕座	主紋区為両周縄紋圏帯、其間以囲有八連珠乳座的四乳釘分為四区、並按逆時針方向在四区内均布「家常貴富」四字。	鏡縁為高差較大的十六連弧紋縁	家常貴富
65	尚方四霊博局鏡(拓本)	新莽	18.60(莽尺8寸)	791.00	2.91	0.55	円形・円鈕・大四葉紋鈕座	座外細銭方格和凹面方框間均布十二乳釘和十二地支。主紋区外沿順時針方向均布五十一字漢隷銘文。		尚方作竟真大好、上有仙人不知老、渇飲玉泉飢食棗、浮游天下敖四海、徘回(徊)名山采之(芝)草、寿如金石為国保、大富昌、子孫備、具中央。
66	鳳凰翼翼四霊博局鏡	新莽	21.10(莽尺9寸)	1055.00	3.01	0.62	円形・円鈕・四葉紋鈕座	座外囲以細銭方格和凹面方框各一周。方框内間隔均布十二乳釘及十二地支文。方框外有八乳及TLV博局紋区分的四方、分別配置青龍・朱雀・白虎・玄武。博局紋区外按順時針方向環布四十二字懸針篆銘文曰。其中「二」字用双魚表示、極富想像力。	窄素縁	鳳皇翼翼在鏡則(側)、致賀君家受大福、官位尊顯蒙禄食、幸達時年獲嘉徳、長保二親得天力、伝之後世楽母已。
67	鳳凰翼翼四霊博局鏡(拓本)	新莽								鳳皇翼翼在鏡則(側)、致賀君家受大福、官位尊顯蒙禄食、幸達時年獲嘉徳、長保二親得天力、伝之後世楽母已。
68	上華山鳳凰侯四霊博局鏡	新莽	20.70(莽尺9寸)	1142.00	3.39	0.54	円形・円鈕・円鈕座	座外囲以細銭方格和凹面方框各一周。方框内間隔均布十二乳釘及十二地支文。框外由帯座八乳及TLV博局紋区分四方、分別配置青龍・朱雀・白虎・玄武。博局紋区外按順時針方向環布四十二字懸針篆銘文。	窄素縁	上華山、鳳皇侯、見神鮮(仙)、保長命、寿萬年、周復始、伝子孫、福禄祚、日以前、食玉英、飲澧(醴)泉、駕青龍、乗浮雲、白虎弓(引)。
69	上華山鳳凰侯四霊博局鏡(拓本)	新莽								上華山、鳳皇侯、見神鮮(仙)、保長命、寿萬年、周復始、伝子孫、福禄祚、日以前、食玉英、飲澧(醴)泉、駕青龍、乗浮雲、白虎弓(引)。
70	刻妻銘四霊博局鏡	新莽	18.70(莽尺8寸)	830.00	3.02	0.51	円形・円鈕・円鈕座	座外囲以細銭方格和凹面方框各一周。其内間隔環繞十二乳釘和十二地支文。方框外有帯連弧紋座的八乳釘及TLV博	辺縁紋飾為常規的連綿雲気	新有善銅出丹陽、和以銀錫清且明、左龍右虎掌四彭、朱雀玄武順陰陽、

№	名称	時代	直径	重量	厚	鈕高	形式	紋様	縁	銘文
								局紋区分的四方八極、均布四霊及伴獣。主紋外按順時針方向布五十六字少篆多隷的銘文。通体黒漆古包漿。	紋	八子九孫治中央、刻婁博局去不羊、家常大富宜君王、千秋萬歳楽未央。
71	刻婁銘四霊博局鏡（拓本）	新莽								新有善銅出丹陽、和以銀錫清且明、左龍右虎掌四彭、朱雀玄武順陰陽、八子九孫治中央、刻婁博局去不羊、家常大富宜君王、千秋萬歳楽未央。
72	刻婁銘四霊博局鏡（局部、拓本）	新莽								
73	刻婁銘四霊博局鏡（局部、拓本）	新莽								
74	刻婁銘四霊博局鏡	新莽	15.70	606.00	3.12	0.48	円形・円鈕・円鈕座	座外囲以細銭方格和凹面方框各一周。框内間隔均布十二乳釘及十二地支銘文。框外由帯座八乳及ＴＬＶ博局紋区分四方、分別配置四霊、龍虎位置反向。博局紋区外按順時針方向環布四十六字漢隷銘文。「出園四馬」的「四」字用四横通仮、唯新莽鏡独有。	窄素縁	作佳鏡清且明、葆子孫楽未央、車當伝駕騎趣荘、出園四馬自有行、男□□侯女嫁王、刻婁博局去不羊、服此鏡為上卿。
75	刻婁銘四霊博局鏡（拓本）	新莽								作佳鏡清且明、葆子孫楽未央、車當伝駕騎趣荘、出園四馬自有行、男□□侯女嫁王、刻婁博局去不羊、服此鏡為上卿。
76	刻婁銘四霊博局鏡（局部、拓本）	新莽								
77	刻婁銘四霊博局鏡（局部、拓本）	新莽								
78	賢者戒己四霊博局鏡（拓本）	新莽	16.30（莽尺7寸）	770.00	3.69	0.54	円形・円鈕・円鈕座	座外囲以両周凸弦紋、其内間隔均布八乳釘及雲気紋。凸弦紋外由帯座四乳及ＴＬＶ博局紋区分的四方、分別配置四霊、青龍・白虎・朱雀・玄武。四霊之間布有雲気紋。博局紋区外按逆時針方向環布二十三字簡隷書体銘文。		賢者戒己乍（作）為右、怠忘（荒）毋以象君子、二親有疾常在、時時（侍侍）。
79	日有憙四霊博局鏡（拓本）	新莽	16.60（莽尺7寸）	588.00	2.72	0.42	円形・円鈕・円鈕座	座外囲以細銭方格和凹面方框各一周。方框内間隔均布十二乳釘及十二地支銘文。方框外由八乳及ＴＬＶ博局紋区分四方、分別配置四霊、博局紋区外按順時針方向環布二十九字懸針篆銘文。		日有憙、楽母事、宜酒食、居而必安、毋憂患、于（竽）瑟侍、心志歓、楽以哉、故常然、月内。
80	照匈脅四霊博局鏡	新莽	16.60（莽尺7寸）	632.00	2.93	0.56	円形・円鈕・円鈕座	座外囲以細銭方格和凹面方框各一周。細銭方格内四角有「長宜子孫」四字。框内十二乳釘之間的十二地支位置、皆以相似的四角幾何図形代替。紋飾間按順時針方向環布四十二字篆隷変体銘文。	窄素縁	内：長宜子孫。外：照匈脅身萬全、象衣服好可観、宜佳人心意歓、長裳（堂）志固常然、食玉英飲澧（醴）泉、駕蜚龍乗浮雲、周復始伝子孫。

第五章　王綱懷編著『三槐堂蔵鏡』について　301

81	善銅四霊博局鏡（拓本）	新莽	17.10	716.00	3.11	0.51	円形・円鈕・円鈕座	座外囲以凸弦紋和凹面方框各一周、框内間隔均布十二乳釘及十二地支銘文。框外博局紋区外按順時針方向環布二十六字懸針篆書体銘文。	連綿雲気紋縁	新有善銅出丹陽、和巳銀錫清且明、左龍右虎主四彭、朱爵（雀）玄武順。
82	駕蜚龍神獣博局鏡	新莽	14.30	517.00	3.23	0.52	円形・円鈕・円鈕座	座外囲以一周円形粗凸弦紋、其内均布帯座八乳釘、乳釘間有四組三角斜線紋和雲気紋。凸弦紋外為無L紋的TV博局紋、其間均布神獣。紋外按順時針方向環布二十四字懸針篆銘文。	窄素縁	駕非（蜚）龍、無（乗）浮雲、上大山、見神人、食玉英、飲禮（醴）泉、宜官秩、葆子孫。
83	駕蜚龍神獣博局鏡（拓本）	新莽							駕非（蜚）龍、無（乗）浮雲、上大山、見神人、食玉英、飲禮（醴）泉、宜官秩、葆子孫。
84	新朝治竟四霊博局鏡（拓本）	新莽	19.70	828.00	2.72	0.47	円形・円鈕・円鈕座	座外囲以細銭方格和凹面方框各一周。其内間隔均布十二乳釘和十二地支。框外均布八乳釘和TLV博局紋。主紋区内按順時針方向環布三十七字懸針篆銘文。	連綿雲気紋縁	新朝治竟子孫息、多賀君家受大福、位至公卿蒙禄食、幸得時年獲嘉徳、伝之後世楽無亟、大吉。
85	朱氏四霊博局鏡（拓本）	新莽	17.10	560.00	2.43	0.47	円形・円鈕・円鈕座	座外省略十二地支後直接囲以凹面方框、框外有短粗TLV博局紋和八乳釘均布形成四区八極。主紋区外順時針方向均布三十七字漢隷銘文。全鏡水銀古包漿。		朱（朱）氏明竟（鏡）快人竟（息）、上有龍虎四時宜、常保二親宜酒食、君宜高官大富、楽未央、貴富昌、宜牛羊。
86	泰言四霊博局鏡	新莽	16.40（莽尺7寸）	550.00	2.23	0.42	円形・円鈕・円鈕座	座外一周細銭方格和凹面方框。其内間隔均布十二乳釘和十二地支。框外TLV博局紋和八乳均布。両局細弦紋間順時針方向環布三十五字懸針篆変体銘文。		泰言之紀従鏡始、倉（蒼）龍在左虎在右、辟去布羊宜古市、長保二親□□□、寿□金石□王母。
87	泰言四霊博局鏡（拓本）	新莽							泰言之紀従鏡始、倉（蒼）龍在左虎在右、辟去布羊宜古市、長保二親□□□、寿□金石□王母。
88	王氏四霊博局鏡（拓本）	新莽	18.70（漢尺8寸）	650.00	2.36	0.49	円形・円鈕・大四葉紋鈕座	座外細銭方格和凹面方框。其間環鈕均布十二乳釘和十二地支。框外博局紋和乳釘形成四区八極、均布四霊。主紋区外順時針方向均布四十八字漢隷銘文。	連綿雲気紋素縁	王氏作竟四夷服、多賀新家人民息、胡虜殄滅天下復、風雨時節五穀熟、長保二親子孫力、官位尊顕蒙禄食、伝告後世同敬。
89	四霊博局鏡(拓本)	後漢	16.50（漢尺7寸）	557.00	2.60	0.43	円形・円鈕・円鈕座	座外囲以細銭方格和凹面方框各一周。方框内間隔均布十二乳釘和十二地支文。方框外有八乳及TLV博局紋区分的四方、分別配置青龍・朱雀・白虎・玄武等。四霊間布満雲気紋。	連綿花枝紋縁	子丑寅卯辰巳午未申酉戌亥。
90	照容銘博局鏡（拓本）	後漢	14.00	517.00	3.36	0.51	円形・円鈕・円鈕座	座外囲以凹面方框、框外均布八乳釘和四個博局紋的T紋。T紋与LV紋之間按順時針方向均布十八字多減筆通仮的懸針篆銘文。銘文外有不規則的四霊図案（欠玄武）、在青龍和白虎対面皆有匍匐的羽人与之相対。		召（照）容□（貌）身萬泉（全）、見衣服好可□（観）、宜佳人心意歓。
91	禽獣博局鏡(拓本)	後漢	9.90	133.00	1.73	0.30	円形・円鈕・円鈕座	座外為細銭方格和凹面方框。主紋区TLV博局紋和四乳均布分成四区。伝統的四霊在此	素縁	

							鏡中出現変化、上方為張口展翅両朱雀、下方為亀蛇分離的玄武、青龍・白虎変成両虎隔鈕相対。主紋区空間満布雲気紋。外区由内向外三周紋飾分別是斜輻射紋・凸面寛弦紋和双線波紋。		
92	四乳禽獣鏡(拓本)	後漢	17.80	791.00	3.18	0.63	円形・円鈕・大四葉紋鈕座	座外主紋区両周輻射紋内、由帯座四乳区分成四区。毎区両個禽獣、依次為猛虎逐鹿、雀鳥望獣。神鹿喚龍、双禽呼応。	寛平巻素縁	
93	七乳瑞獣鏡(拓本)	後漢	18.40(漢尺8寸)	491.00	1.85	0.58	円形・円鈕・円鈕座	整体紋飾呈環形分布、由内向外依次為八個帯座乳釘間隔八個地支符号。向外依次為短斜線紋・粗凸弦紋・連続紋飾短斜線紋及両周細弦紋。主紋飾為七乳釘間配置的羽人・神獣等。辺縁為羽人・神獣・禽鳥・遊魚等。	斜辺窄素縁	
94	八連弧雲雷紋鏡(拓本)	後漢	17.70	561.00	2.28	0.47	円形・円鈕・大四葉紋鈕座	四葉間各布一字、按順時針方向連続為「長宜子孫」。座外各有一周斜輻射紋和凸弦紋圏。圏外為内向八連弧紋、再外為両周斜輻射紋、其間主紋飾為八組雲雷紋、雲雷紋由円圏紋及対称的双重尖三角紋組成。	斜辺寛素縁	長宜子孫。
95	長宜子孫八字連弧紋鏡(拓本)	後漢	13.80(漢尺6寸)	218.00	1.45	0.24	円形・円鈕・四片蝙蝠形葉紋鈕座	其葉間均布変体懸針篆四字銘文、「長宜子孫」。葉紋和銘文外囲以一凸面圏帯和内向八連弧紋、其間八個小空間内、均匀間隔分布四個小圏紋和四字銘文「位至三公」	斜辺寛素縁	内：長宜子孫。外：位至三公。
96	吾作変形四葉獣首鏡	後漢	12.20	251.00	2.15	0.27	円形・円鈕・円鈕座	座外囲以蝙蝠形四葉紋、四葉内有粗体懸針篆四字銘文、「長宜子孫」。四葉間配置不同獣首各一。按順時針方向均布四十七字隷書銘文曰。銘文書体為典型的漢碑書体、規整華美。	斜辺窄素縁	内：長宜子孫。外：吾作明竟、幽涷三剛、周刻無亟、衆童主陽、聖徳神明、五月五日丙午日中時、得三光製作師、照見人形、位至三公、子孫吉昌。
97	吾作変形四葉獣首鏡(拓本)	後漢								内：長宜子孫。外：吾作明竟、幽涷三剛、周刻無亟、衆童主陽、聖徳神明、五月五日丙午日中時、得三光製作、師照見人形、位至三公、子孫吉昌。
98	変形四葉瑞獣対鳳鏡	後漢	13.40	305.00	2.16	0.40	円形・円鈕・円鈕座	四弁桃形葉将紋飾分成四区、毎区有両隻相対而立的鳳鳥、振翅翹尾。四葉弁中部有神獣図案。靠近鏡縁処有内向十六連弧圏、毎個圏内皆有各種姿態之動物。	斜辺寛素縁	
99	変形四葉瑞獣対鳳鏡(拓本)	後漢								
100	変形四葉鏡(拓本)	後漢	10.90	215.00	2.31	0.42	円形・円鈕・円鈕座	座外伸出四片双弁葉、将主紋分成四区。其外為凸面十六連弧紋及一圏凹圏帯。	斜辺寛平素縁	
101	対置式神獣鏡(拓本)	後漢	13.70(漢尺6寸)	345.00	2.35	0.56	円形・円鈕・円鈕座	主紋区間隔配置四神四獣。主紋外布半円和方枚各十個、相間環繞。方枚中各有一字、除「官」字外、余者皆難弁識。辺縁内為図案化的珍禽異獣。	巻草紋縁	
102	神人車馬画像鏡	後漢	21.00	956.00	2.76	1.15	円形・円鈕・外囲	円座四乳将主紋区分成四区。両区皆為六駕馬車、車有華蓋、	斜三角縁	

第五章　王綱懷編著『三槐堂蔵鏡』について　303

						連珠紋圏帯	車輿為方形、両側及前面有屏蔽、上部開窓。一区一神三侍、主神体態較大、戴官帽端坐、後有両個長袖起舞之羽人。一区一神一侍、主神体態又大、髪髻高聳、端坐、後有四個舞者。両主神当是東王公・西王母。主紋区外依次囲以細弦紋・輻射紋。辺縁以五虎頭為主紋飾。	
103	神人車馬画像鏡（拓本）	後漢						
104	神人白馬画像鏡	後漢	19.00	544.00	1.96	0.83	円形・円鈕・円鈕座	座外為一圏凹面方框。框外円座四乳将主紋区分成四区。一区為羽人駕飛龍、羽人長髪後飄、飛龍長角・細耳・張嘴・吐舌、龍身呈S形。一区神人頭戴高冠、駕騎疾馳。白馬曲頸回顧、一前足誇張地伸向半空。一区為東王公、戴高冠端坐、前有両羽人跪拝、後有羽人倒立献技。一区為西王母、辺侍羽人等。紋飾空間処有銘文「東王公」・「西王母」・「白馬」。	斜三角縁
105	神人白馬画像鏡（拓本）	後漢						
106	袁氏神人龍虎画像鏡	後漢	18.30（漢尺8寸）	652.00	2.48	0.69	円形・円鈕・円鈕座	連珠紋円座四乳将主紋区分成四区、両区分別為一龍一虎、另両区皆為一神二侍、従冠飾可区分為東王公・西王母。図案之間布満雲気紋。四乳外按順時針方向環布五十一字隷書銘文。	斜三角縁	袁氏作竟真大巧、上有東王公・西王母、青龍在左辟邪居右、仙人子喬赤誦子、千秋萬年不知老、位至三公賈萬倍、辟去不羊利孫子。
107	袁氏神人龍虎画像鏡(拓本)	後漢							
108	神人神獣画像鏡	後漢	17.80	423.00	1.70	0.52	円形・円鈕・円鈕座	座外囲以凹面方框、框外帯円座四乳将主紋区分成四区。分別飾以龍・虎・双角獣和羽人。羽人双手手掌伸開、掌心向上。羽人身後有長頸禽鳥。主紋外依次囲以細弦紋・輻射紋・長鋸歯紋等。	斜三角縁
109	神人神獣画像鏡（拓本）	後漢						
110	吾作神人神獣画像鏡	後漢	11.90	181.00	1.63	0.33	円形・円鈕・円鈕座	内区四神及四獣相間環繞、其間有八枚環状乳。四神皆稍側坐、身後帔帛飄揚。両組主神両側二侍。主紋外有半円和方枚各十二個、毎個方枚中一字、連続為銘文。外区有順時針方向五十五字簡隷銘文。	連綿雲紋縁	内区方枚中：吾作明竟、幽凍三商、周克無亟。外区：吾作明竟、幽凍三商、周克無亟。□象萬疆、白（伯）耳（牙）□□□□、□□禄兒子孫、曾（増）年蕃昌、長宜孫子、□□□如宜官、位至三公、六大吉鏡宜命長。
111	吾作神人神獣画像鏡(拓本)	後漢							内区方枚中：吾作明竟、幽凍三商、周克無亟。外区：吾作明竟、幽凍三

										商、周克無亟。□象萬疆、白（伯）耳（牙）□□□□□、□□禄児子孫、曾（増）年蕃昌、長宜孫子、□□□□如宜孫、位至三公、六大吉鏡宜命長。
112	龍虎瑞獣画像鏡	後漢	19.90	759.00	2.44	0.98		円形・円鈕・円鈕座	座外連珠紋円座四乳将主紋区分成四区、分別飾以龍・虎・独角獣和馬。龍作前視、余三獣作回首状。馬背上為羽人。虎尾上方有一倒立羽人。虎口大張、尖歯外露、虎尾処有「白虎」明。主紋外依次囲以細弦紋・輻射紋・細鋸歯紋・連綿雲藻紋等。	窄素縁	
113	龍虎瑞獣画像鏡（拓本）	後漢								
114	龍虎瑞獣画像鏡	後漢	17.70	422.00	1.72	0.51		円形・円鈕・円鈕座	座外為一周粗弦紋和一周細弦紋、再外囲以凹面方框、框内四角有四字、「長宜子孫」。框外円座四乳将主紋区分成四区、分別飾以四禽獣。四乳与主紋之間満布雲気紋、向外依次囲以細弦紋・輻射紋・鋸歯紋・装飾性紋等。	斜辺窄素縁	長宜子孫。
115	龍虎禽獣画像鏡（拓本）	後漢								長宜子孫。
116	龍虎鏡	後漢・魏晋	10.50	183.00	2.10	0.60		円形・円鈕・円鈕座	座外主紋区一龍一虎環鈕相対。外区紋飾依次為輻射紋・鋸歯紋・細弦紋和鋸歯紋等。	斜三角縁	
117	双虎鏡	三国	9.70	120.00	1.62	0.38		円形・円鈕	鈕外双虎相対。由主紋区向外四周紋飾依次是為細弦紋・輻射紋・鋸歯紋等。	斜三角縁	
118	龍虎戯銭鏡	三国	9.30	121.00	1.78	0.36		円形・円鈕・円鈕	座外双虎相対、二者頭部之間有一五銖銭紋、尾部相接処也有一古銭紋。主紋外紋飾是細弦紋・輻射紋・鋸歯紋和単線波形紋等。	斜三角縁	
119	龍虎戯銭鏡（拓本）	三国								
120	伯牙陳楽鏡（残片）	魏晋	復原：15.20 残片長：10.00 寛3.60	60.00		0.38		円形・円鈕・円鈕座	由残片弧度復原、此鏡完整直径応為15.20。根拠残片弧度60度内有銘文八個半字推算、全鏡応有銘文五十二字。拠推測、全文応為。残片僅剰十字。其紋飾精美。	斜辺窄素縁	残片僅剰十字：疆、白（伯）耳（牙）陳楽、衆神見容、天。
121	伯牙陳楽鏡（残片、拓本）	魏晋								残片僅剰十字：疆、白（伯）耳（牙）陳楽、衆神見容、天。
122	飛鳥雲紋鏡	南北朝	8.20	120.00	2.26	0.51		円形・円鈕座	鈕及鈕座下畳圧一飛鳥。其外依次為間距較寛的輻射紋・細長鋸歯紋和細弦紋。	斜三角縁	

　まず表を一見して分かることは、各番号の銅鏡は実物と拓本が同時に挙げられていることがある。ただし、拓本はその前に鏡の実物が挙げられている場合と、拓本のみが挙げられている場合とがあり、さらに各鏡（拓本）の前同の局部を示したものがある。これらを各鏡について分類する。

【A】実物鏡； 1 素鏡、2 素鏡、4 四山鏡、6 四龍菱紋鏡、10 素地七連弧紋鏡、11 大楽貴富蟠螭紋鏡、18 双龍鏡、24 四花弁銘文鏡、26 四乳草葉銘文鏡、28 四乳草葉銘文鏡、30 四乳草葉銘文鏡、32 四乳草葉銘文鏡、34 四乳草葉銘文鏡、36 星雲鏡、38 久不相見連弧紋鏡、40 日光昭明重圏銘帯鏡、42 昭明銘帯鏡、44 清白銘帯鏡、46 清白銘帯鏡、48 清白銘帯鏡、50 銅華銘帯鏡、54 日有憙銘帯鏡、56 君忘忘銘帯鏡、58 居必忠銅華重圏銘帯鏡、60 四乳四虺鏡、62 四乳龍虎鏡、66 鳳凰翼翼四霊博局鏡、68 上華山鳳凰侯四霊博局鏡、70 刻婁銘四霊博局鏡、74 刻婁銘四霊博局鏡、80 照匈脅四霊博局鏡、82 駕蜚龍神獣博局鏡、86 棽言四霊博局鏡、96 吾作変形四葉獣首鏡、98 変形四葉瑞獣対鳳鏡、102 神人車馬画像鏡、104 神人白馬画像鏡、106 袁氏神人龍虎画像鏡、108 神人神獣画像鏡、110 吾作神人神獣画像鏡、112 龍虎瑞獣画像鏡、114 龍虎瑞獣画像鏡、116 龍虎鏡、117 双虎鏡、118 龍虎戯銭鏡、120 伯牙陳楽鏡（残片）、122 飛鳥雲気紋鏡　　　　　　　　　　　　　　　　　47鏡

【B】前同拓本： 5 四山鏡（拓本）、7 四龍菱紋鏡（拓本）、19 双龍鏡（拓本）、25 四花弁銘文鏡（拓本）、27 四乳草葉銘文鏡（拓本）、29 四乳草葉銘文鏡（拓本）、31 四乳草葉銘文鏡（拓本）、35 四乳草葉銘文鏡（拓本）、39 久不相見連弧紋鏡（拓本）、41 日光昭明重圏銘帯鏡（拓本）、45 清白銘帯鏡（拓本）、47 清白銘帯鏡（拓本）、49 清白銘帯鏡（拓本）、51 銅華銘帯鏡（拓本）、55 日有憙銘帯鏡（拓本）、57 君忘忘銘帯鏡（拓本）、59 居必忠銅華重圏銘帯鏡（拓本）、61 四乳四虺鏡（拓本）、67 鳳凰翼翼四霊博局鏡（拓本）、69 上華山鳳凰侯四霊博局鏡（拓本）、71 刻婁銘四霊博局鏡（拓本）、75 刻婁銘四霊博局鏡（拓本）、83 駕蜚龍神獣博局鏡（拓本）、87 棽言四霊博局鏡（拓本）、97 吾作変形四葉獣首鏡（拓本）、99 変形四葉瑞獣対鳳鏡（拓本）、103 神人車馬画像鏡（拓本）、105 神人白馬画像鏡（拓本）、107 袁氏神人龍虎画像鏡（拓本）、109 神人神獣画像鏡（拓本）、111 吾作神人神獣画像鏡（拓本）、113 龍虎瑞獣画像鏡（拓本）、115 龍虎禽獣画像鏡（拓本）、119 龍虎戯銭鏡（拓本）、121 伯牙陳楽鏡（残片、拓本）　　　　　　　　　　　　　　　　　　　　　　　35鏡

【C】拓本のみ： 3 素地十一連弧紋鏡（拓本）、8 三葉蟠螭菱紋鏡（拓本）、9 八連弧蟠螭紋鏡（拓本）、12 大楽貴富蟠螭紋博局鏡（拓本）、14 四乳獣面蟠螭紋鏡（拓本）、15 圏帯畳圧蟠螭紋鏡（拓本）、16 常貴銘方格蟠虺紋鏡（拓本）、17 日光銘方格蟠虺紋鏡（拓本）、20 四花弁蟠螭紋鏡（拓本）、21 四花弁銘文鏡（拓本）、22 四葉銘文鏡（拓本）、23 四乳草葉銘文鏡（拓本）、33

四乳草葉銘文鏡（拓本）、37 日光重圏鏡（拓本）、52 銅華銘帯鏡（拓本）、53 銅華銘帯鏡（拓本）、63 四乳八禽鏡（拓本）、64 家常貴富銘文鏡（拓本）、65 尚方四霊博局鏡（拓本）、78 賢者戒己四霊博局鏡（拓本）、79 日有憙四霊博局鏡（拓本）、81 善銅四霊博局鏡（拓本）、84 新朝治竟四霊博局鏡（拓本）、85 朱氏四霊博局鏡（拓本）、88 王氏四霊博局鏡（拓本）、89 四霊博局鏡（拓本）、90 照容銘博局鏡（拓本）、91 禽獣博局鏡（拓本）、92 四乳禽獣鏡（拓本）、93 七乳瑞獣鏡（拓本）、94 八連弧雲雷紋鏡（拓本）、95 長宜子孫八字連弧紋鏡（拓本）、100 変形四葉鏡（拓本）、101 対置式神獣鏡（拓本）　　　　　　　　　　　　　　　　　　　　34鏡

【D】前同鏡（拓本）の局部：13 大楽貴富蟠螭紋博局鏡（局部、拓本）、43 昭明銘帯鏡（局部、拓本）、72 刻婁銘四霊博局鏡（局部、拓本）、73 刻婁銘四霊博局鏡（局部、拓本）、76 刻婁銘四霊博局鏡（局部、拓本）、77 刻婁銘四霊博局鏡（局部、拓本）　　　　　　　　　　　　　　　　　　　　　　　　　　6鏡

　【A】実物鏡47鏡（殷周鏡1、周鏡1、戦国鏡1、戦国前漢鏡1、秦前漢鏡1、前漢鏡21、新莽鏡7、後漢鏡9、後漢魏晋鏡1、三国鏡2、魏晋鏡1、南北朝鏡1）、【B】前同拓本35鏡（戦国鏡1、戦国前漢鏡1、前漢鏡16、新莽鏡6、後漢鏡8、三国鏡1、魏晋鏡1）、【C】拓本のみ34鏡（春秋戦国鏡1、戦国前漢鏡1、秦鏡1、前漢鏡15、新莽鏡7、後漢鏡9）、【D】前同鏡（拓本）の局部6鏡（前漢鏡2、新莽鏡4）となっている。以上のうち【B】前同拓本35鏡と【D】前同鏡（拓本）の局部6鏡とは【A】実物鏡47鏡と同一鏡の関係にあり、径長以下の鏡データや鏡銘文の記載はない。ただ、前節の中国古代銅鏡文化史の記事は【B】前同拓本35鏡と【D】前同鏡（拓本）の局部6鏡に多くの叙述がなされている。これで王綱懐氏が編著『三槐堂蔵鏡』中に【B】【D】を【A】実物鏡なみに一頁を割いた企図がよく分かる。次に【C】拓本のみ34鏡には【A】実物鏡47鏡と同様の径長以下の鏡データや鏡銘文の記載がある。これは鏡拓本が実物鏡と研究上は同様の資料価値を有するという中国銅鏡文化研究の伝統的特徴をよく説明するものである。

　さて、次に一見して分かることに、鏡の年代推定であるが、これは【A】【C】を合算して殷周鏡1、周鏡1、春秋戦国鏡1、戦国鏡1、戦国前漢鏡2、秦鏡1、秦前漢鏡1、前漢鏡36、新莽鏡14、後漢鏡18、後漢魏晋鏡1、三国鏡2、魏晋鏡1、南北朝鏡1となる。前漢鏡36が一番多いが、後漢鏡18、新莽鏡14も多くて、これらを加えた漢鏡は68となり、【A】【C】の合算数81の83.95％を占める。これは王綱懐氏の研究の特徴を示すが、その研究成果は参考にすべき重要な指摘が多く見られると同時に古鏡研究、特に鏡思想についての重大な疑義も含まれるので、その十全な紹介検討は、王綱懐編著『三槐堂蔵鏡』データを各種表に展開した後に行うこととしたい。

　鏡紋様形式分類は、日光銘方格蟠螭紋鏡とか銅華銘帯鏡などのように紋様鏡や銘文鏡かの分類を重視している。ひとつには殷周以来、春秋・戦国鏡や前漢・新・後漢鏡を通して

みると、戦国・前漢に有力な山字鏡や蟠螭紋鏡のような特殊紋様の要素を重視するためであろう。それでも、草葉紋鏡・連弧紋鏡・博局鏡・禽獣鏡・獣首鏡・画像鏡・龍虎鏡などの大まかな鏡形式分類が浮かんでくる。しかし、日本で特別に重視される神獣鏡という概念は成立していない。神人車馬画像鏡とか、神人白馬画像鏡、神人龍虎画像鏡、神人神獣画像鏡の名が見えるだけである。前章で見た陳介祺氏の銅鏡研究中の漢代銅鏡文様が草葉紋鏡、博局鏡、禽獣鏡、連弧銘帯鏡の四種を主とし、まれに星雲紋鏡があり、さらに後漢から晋代では博局鏡・雲雷紋鏡・変形四葉紋鏡が流行し、後漢最終時期に三段区段式銅鏡が出現したというような鏡紋形式の展開を考察する視点に欠けているのである。

第三節　銘文の形式類型——王綱懐編著『三槐堂蔵鏡』について——

次に【表５－１】から、中国銅鏡研究の伝統的中心をなす銘文研究について、【表５－２】三槐堂蔵鏡・銘文集成を作成しよう。ただし、前番号の拓本の銘文は繰り返さない。形態欄は銘文が鏡のどこに在るかを示すもので、参考的資料である。

【表５－２】　三槐堂蔵鏡・銘文集成（王綱懐編著）

番号	名称	時代	形態	銘文
11	大楽貴富蟠螭紋鏡	前漢	座外囲以双線圏帯。其間為順時針方向十一字小篆体銘文。迄今所見的円鈕座大楽貴富鏡、基本類同。這一時期的大楽貴富鏡和愁思悲蔵、雖在鏡面上已出現文字、但文字祇作為陪襯、佔有的面積較小。因文字不是主体紋飾、所以不応称為「銘文鏡」。	大楽貴富、千秋萬歲、宜酒食。
12	大楽貴富蟠螭紋博局鏡（拓本）	前漢	座外囲以双線方框、框内有順時針方向十五字銘文。銘文首尾之間有一作為起記符号的小魚紋。方框外四辺中点処伸出一個T形、与鏡縁的L形紋相対、TLV紋均為細密的四線式。	大楽貴富、得所好、千秋萬歲、延年益寿。
16	常貴銘方格蟠螭紋鏡（拓本）	前漢	両方框間有作為主紋的銘文、順時針方向八字連続為。銘文書体係小篆改円転為方折、是繆篆的雛形。紋飾由地紋与蟠螭紋組合而成、地紋為斜線紋及重畳三角紋。	常貴、楽未央、母相忘。
17	日光銘方格蟠螭紋鏡（拓本）	前漢	此鏡紋飾与前鏡類似、唯銘文内容為異。同類鏡中、『岩窟蔵鏡』中鏡之銘文為「見日之光、所言必当」。遼寧西豊西漢墓出土鏡銘文為「見日之光、長母相忘」。本鏡銘文与同類鏡均不同、却与以後的標準日光鏡相同、応為前漢中期纔問世的日光鏡的源頭器物。	見日之光、天下大明。
21	四花弁銘文鏡（拓本）	前漢	其間按逆時針方向均布十二字小篆変体銘文。外框外四辺中心各有一個帯弁花苞。	見日之光、天下大陽、服者君卿。
22	四葉銘文鏡（拓本）	前漢	両者間以逆時針方向環繞排列十二字小篆変体銘文。四角処為対三角図案、方框四辺中心処各向伸出一片葉弁紋、以為襯托和点綴。	長相思、母相忘、常貴富、楽未央。
23	四乳草葉銘文鏡（拓本）	前漢	方框四角各伸出一組双畳草葉紋。主紋以均布的四乳釘与草葉分割為八区、其中各嵌一字、共八字。銘文云。	見日之光、天下大明。
24	四花弁銘文鏡	前漢	座外依次為一周短斜線紋、凹面圏帯和双線大方格、方框内逆時針方向均布十六字「準繆篆」書体銘文、連続為。	与天無亟（極）、与地相長、驩（歓）楽如言、長母相忘。
26	四乳草葉銘文鏡	前漢	其間以順時針方向繞鈕分布八字繆篆体銘文。方框外四辺中心処各有一枚乳釘。乳釘両側各有一組双畳草葉紋。方框四角各伸出一枝双葉含苞花枝紋。	日有憙、宜酒食、長富貴、願相思、久母相忘。
28	四乳草葉銘文鏡	前漢	其間以順時針方向繞鈕分布八字繆篆体銘文。方框外四辺中心処各有一乳釘、乳釘両側各有一組	見日之光、天下大明。

			双畳草葉紋。	
30	四乳草葉銘文鏡	前漢	座外囲以両個凹面方框、其間按順時針方向繞鈕均布八字繆篆体銘文。方框外四辺中心処各有一枚乳釘、乳釘両側各置一組双畳草葉紋(麦穂紋)。方框四角各向外伸出一双弁花枝紋。	見日之光、長母相忘。
32	四乳草葉銘文鏡	前漢	座外囲以細線方格紋和凹面方框各一周、其間環鈕四辺按順時針方向均布八字繆篆体銘文。方框外四辺中点処各有一枚乳釘、釘外接一花苞、乳釘両側各有一組単畳草葉紋(麦穂紋)。方框四角各向外伸出一双弁花枝紋。	見日之光、長楽未央。
34	四乳草葉銘文鏡	前漢	其間按逆時針方向環鈕均布八字繆篆体銘文。框外四個帯座乳釘均匀分布形成四区、毎区主紋飾皆為単畳草葉紋、両側各有一片巻葉。	天上見長、心思君王。
37	日光重圏鏡(拓本)	前漢	座外一周凸面圏帯。主紋区是在両周斜輻射紋之間、按順時針方向配置的八字繆篆体銘文。各字間分別間隔以斜「田」字和螺旋紋符号。	見日之光、天下大明。
38	久不相見連弧紋鏡	前漢	座外為一圏内向八連弧紋、鈕座周囲均匀地伸出四条短弧線。連弧紋外有両条細弦紋圏帯、其間按順時針方向配置八字銘文。毎字間隔以斜「田」字或螺旋紋符号。	久不相見、長母相忘。
40	日光昭明重圏銘帯鏡	前漢	鈕座外両周凸弦紋圏及細弦紋圏将鏡背分為内外両区、両区皆為篆体銘文。内区為順時針方向八字銘文。毎字之間都夾有一渦形符号。外区為順時針方向二十四字銘文。	内区：見日之光、長母相忘。外区：内清質以昭明、光輝象乎夫日月、心忽揚而願忠、然塞而不泄。
42	昭明銘帯鏡	前漢	座外為内向八連弧紋、連弧与鈕座間均布以短直線組相連。主紋区両周輻射紋間、有九字小篆美術体銘文。字間有「而」字。	内清以昭明、光象日月。
44	清白銘帯鏡	前漢	座外囲以一周窄輻射紋及凸面圏帯紋及内向八連弧紋、弧間点綴簡単図紋。外区両周輻射紋、其間按順時針方向配置三十一字変体篆隷銘文。鏡中銘文体簡筆較多。	絜清白而事君、志汙之合明、玄錫之流澤、恐疏而日忘、美人外承可兌(説)、願思母絶。
46	清白銘帯鏡	前漢	座外為一周窄輻射紋及内向八連弧紋、弧間有簡単図紋作為点綴。外区有両周窄輻射紋、其間按順時針方向配置四十二字銘文。銘文書体為多円転的装飾隷書。	絜精(清)白而事君、怨歓之合明、煥玄錫之流澤、恐疏而日忘、慎靡美之窮皚、外承歓之可説、□□泉、願永思而(母)絶。
48	清白銘帯鏡	前漢	座外為一周窄輻射紋与凸面圏帯紋及向内八連弧紋、弧間有簡単図紋作為点綴。外区有両周窄輻射紋、其間按順時針方向配置二十七字銘文。此鏡銘文書体為多方折的装飾隷書。	絜清白而事君、志歓之合明、□玄錫之流澤、恐疏而日忘、而可説兮。
50	銅華銘帯鏡	前漢	鈕座以凹面素地紋将相隣的三個連珠合成一組、共四組拱鈕而囲。座外為斜輻射紋与凸面圏帯及及内向八連弧、弧間点綴簡単紋飾。外区有両周斜輻射紋、其間按順時針方向配置三十六字銘文。此鏡銘文首尾有字形区分符号、末似応欠「未央」両字。書体為規範的漢隷、文字筆画稍有簡化。	湅治銅華清而明、以之為鏡宜文章、延年益寿去不羊、与天無亟(極)如日月之光、千秋萬歳、長楽。
52	銅華銘帯鏡(拓本)	前漢	鈕座以凹面素地紋将相隣的三個連珠合成一組、共分四組拱鈕而囲。座外為斜輻射紋与凸面圏帯及内向八連弧、弧間点綴簡単紋飾。外区有両周斜輻射紋、其間按順時針方向配置四十字漢隷銘文。	湅治銅華清而明、以之為鏡宜文章、延年益寿去不羊、与天無亟(極)如日月、千秋萬歳、長楽未央、長母相忘。
53	銅華銘帯鏡(拓本)	前漢	座外為一周斜輻射紋与凸面圏帯及内向八連弧、弧間点綴簡単紋。外区按順時針方向配置二十八字漢隷銘文。	湅治銅華清明而、以之為鏡因宜文章、延年益寿而去不羊、与天無亟(極)而。
54	日有憙銘帯鏡	前漢	座外有三周窄輻射紋及一周凸弦紋帯、凸弦紋外為内向八連弧紋帯、連弧間及頂部均勻有装飾紋様、両周短斜線紋間按順時針方向均布三十二字隷書銘文。	日有憙、月有富、楽母事、宜酒食、居而必安、母憂患、芋瑟侍、心志歓、楽以茂兮、固常然。
56	君忘忘銘帯鏡	前漢	座外有一周窄輻射紋与凸面圏帯及向八連弧紋、弧間有四蜜蜂紋和四山林紋等図紋作点綴。外句有両周輻射紋、其間按順時針方向配置三十一字美術体隷書銘文。	君忘忘而先志兮、愛使心臾者、臾不可尽行、心汙結而独愁、明知非不可久、更已。
58	居必忠銅華重圏銘帯鏡	前漢	座外両圏凸弦紋、将鏡面分為内外両区。内区按逆時針方向均布十八字銘文。銘文起記有渦紋。外区按順時針方向均布三十二字銘文。	内区：居必忠必信、久而益親、而不信不忠、久而日窘。外区：清治銅華以為鏡、絲組為紀以為信、清光明乎服君卿、千秋萬世、長母相忘。
64	家常貴富銘文鏡	前漢	主紋区為両周縄紋圏帯、其間以囲有八連珠紋乳座	家常貴富

	(拓本)		的四乳釘分為四区、並按逆時針方向在四区内均布「家常貴富」四字。	
65	尚方四霊博局鏡（拓本）	新莽	座外細銭方格和凹面方框間均布十二乳釘和十二地支。主紋区外沿順時針方向均布五十一字漢隷銘文。	尚方作竟真大好、上有仙人不知老、渇飲玉泉飢食棗、浮游天下敖四海、徘回（佪）名山采之（芝）草、寿如金石為国保、大富昌、子孫備、具中央。
66	鳳凰翼翼四霊博局鏡	新莽	座外囲以細銭方格和凹面方框各一周。方框内間隔均布十二乳釘及十二地支文。方框外有八乳及ＴＬＶ博局紋区分的四方、分別配置青龍・朱雀・白虎・玄武。博局紋区外按順時針方向環布四十二字懸針篆銘文曰。其中「二」字用双魚表示、極富想像力。	鳳皇翼翼在鏡則（側）、致賀君家受大福、官位尊顕蒙禄食、幸逹時年獲嘉徳、長保二親得天力、伝之後世楽毋已。
68	上華山鳳凰侯四霊博局鏡	新莽	座外囲以細銭方格和凹面方框各一周。方框内間隔均布十二乳釘及ＴＬＶ博局紋区分四方、分別配置青龍・朱雀・白虎・玄武。博局紋区外按順時針方向環布四十二字懸針篆銘文。	上華山、鳳皇侯、見神鮮（仙）、保長命、寿萬年、周復始、伝子孫、福禄祚、日以前、食玉英、飲澧（醴）泉、駕青龍、乗浮雲、白虎弓（引）。
70	刻妻銘四霊博局鏡	新莽	座外囲以細銭方格和凹面方框各一周。其内間隔環繞十二乳釘及十二地支文。方框外有帯連弧紋座的八乳釘及ＴＬＶ博局紋区分的四方八極、均布四霊及伴獣。主紋外按順時針方向環布五十六字少篆多隷的銘文。通体黒漆古包漿。	新有善銅出丹陽、和以銀錫清且明、左龍右虎掌四彭、朱雀玄武順陰陽、八子九孫治中央、刻妻博局去不羊、家常大富宜君王、千秋萬歳楽未央。
74	刻妻銘四霊博局鏡	新莽	座外囲以細銭方格和凹面方框各一周。框間均布十二乳釘和十二地支文。框外由帯座八乳及ＴＬＶ博局紋区分四方、分別配置四霊、龍虎位置反向。博局紋区外按順時針方向環布四十六字漢隷銘文。「出園四馬」的「四」字用四横通仮、唯新莽鏡独有。	作佳鏡清且明、葆子孫楽未央、車當伝駕騎趣荘、出園四馬自有行、男□□侯女嫁王、刻妻博局去不羊、服此鏡為上卿。
78	賢者戒己四霊博局鏡（拓本）	新莽	座外囲以両周凸弦紋、其内間隔均布八乳釘及雲気紋。凸弦紋外由帯座四乳及ＴＬＶ博局紋区分的四方、分別配置四霊、青龍・白虎・朱雀・玄武。四霊之間布有雲気紋。博局紋区外按逆時針方向環布二十三字簡隷書体銘文。	賢者戒已乍（作）為右、怠忘（荒）毋以象君子、二親有疾身常在、時時（侍侍）。
79	日有憙四霊博局鏡（拓本）	新莽	座外囲以細銭方格和凹面方框各一周。方框内間隔均布十二乳釘及十二地支銘文。方框外由八乳及ＴＬＶ博局紋区分四方、分別配置四霊、博局紋区外按順時針方向環布二十九字懸針篆銘文。	日有憙、楽毋事、宜酒食、居而必安、毋憂患、于（芋）瑟侍、心志歓、楽以哉、故常然、月内。
80	照匃脅四霊博局鏡	新莽	座外囲以細銭方格和凹面方框各一周。細銭方格内四角有「長宜子孫」四字。框内十二乳釘之間的十二地支位置、皆以相似的四角幾何図形代替。紋飾間按順時針方向環布四十二字篆隷変体銘文。	内：長宜子孫。　外：照匃脅身萬全、象衣服好可観、宜佳人心意歓、長裳（堂）志固常然、食玉英飲澧（醴）泉、駕蛟龍乗浮雲、周復始伝子孫。
81	善銅四霊博局鏡（拓本）	新莽	座外囲以凸弦紋和凹面方框各一周、間隔均布十二乳釘及十二地支銘文。框外博局紋区外按順時針方向均布二十六字懸針篆書体銘文。	新有善銅出丹陽、和巳銀錫清且明、左龍右虎主四彭、朱爵（雀）玄武順。
82	駕蛟龍神獣博局鏡	新莽	座外囲以一周円形粗凸弦紋、其内均布帯座八乳釘、乳釘間有四組三角斜線紋和雲気紋。凸弦紋外為無Ｌ紋的ＴＶ博局紋、其間均布神獣。紋外按順時針方向環布二十四字懸針篆銘文。	駕非（蜚）龍、無（乗）浮雲、上大山、見神人、食玉英、飲禮（醴）泉、宜官秩、葆子孫。
84	新朝治竟四霊博局鏡（拓本）	新莽	座外囲以細銭方格和凹面方框各一周。其内間隔均布十二乳釘和十二地支。框外均布八乳釘和ＴＬＶ博局紋。主紋区内按順時針方向環布三十七字懸針篆銘文。	新朝治竟子孫息、多賀君家受大福、位至公卿蒙禄食、幸得時年獲嘉徳、伝之後世楽無亟、大吉。
85	朱氏四霊博局鏡（拓本）	新莽	座外囲省略十二地支後直接以凹面方框、框外有短粗ＴＬＶ博局紋和八乳釘均布形成四区八極。主紋区外順時針方向均布三十七字漢隷銘文。全鏡水銀古包漿。	未（朱）氏明竟（鏡）快人竟（息）、上有龍虎四時宜、常保二親宜酒食、君宜高官百大富、楽未央、貴富昌、宜牛羊。
86	泰言四霊博局鏡	新莽	座外一周細銭方格和凹面方框。其内間隔均布十二乳釘和十二地支。框外ＴＬＶ博局紋和八乳均布。両周弦紋間按順時針方向環布三十五字懸針篆変体銘文。	泰言之紀従鏡始、倉（蒼）龍在左虎在右、辟去布羊宜古市、長保二親□□□、寿□金石□王母。
88	王氏四霊博局鏡（拓本）	新莽	座外細銭方格和凹面方框。其間環鈕均布十二乳釘和十二地支。框外博局紋和乳釘形成四区八極、座均布四霊。主紋区外順時針方向均布四十八字漢隷銘文。	王氏作竟四夷服、多賀新家人民息、胡虜殄滅天下復、風雨時節五穀熟、長保二親子力、官位尊顕蒙禄食、伝告後世同敬。
89	四霊博局鏡（拓本）	後漢	座外囲以細銭方格和凹面方框各一周。方框内隔均布十二乳釘和十二地支文。方框外有八乳及	子丑寅卯辰巳午未申酉戌亥。

			ＴＬＶ博局紋区分的四方、分別配置青龍・朱雀・白虎・玄武等。四霊間布満雲気紋。	
90	照容銘博局鏡（拓本）	後漢	座外囲以凹面方框、框外均布八乳釘和四個博局紋的Ｔ紋。Ｔ紋与ＬＶ紋之間按順時針方向均布十八字多減筆通仮的懸針篆銘文。銘文中有不規則的四霊図案（欠玄武）、在青龍和白虎対面皆有匍匐的羽人与之相対。	召（照）容□（貌）身萬泉（全）、見衣服好可□（観）、宜佳人心意歓。
94	八連弧雲雷紋鏡（拓本）	後漢	四葉間各布一字、按順時針方向連続為「長宜子孫」。座外各有一周斜輻射紋和凸弦紋圏。圏外為内向八連弧紋、再外為両周斜輻射紋、其間主紋飾為八組雲雷紋、雲雷紋由円圏紋及対称的双重尖三角紋組成。	長宜子孫。
95	長宜子孫八字連弧紋鏡（拓本）	後漢	其葉間均布変体懸針篆四字銘文、「長宜子孫」。葉紋和銘文外囲以一凸面圏帯和内向八連弧紋、其間八個小空間内、均匀間隔分布四個小圏紋和四字銘文「位至三公」。	内：長宜子孫。外：位至三公。
96	吾作変形四葉獣首鏡	後漢	座外囲以蝙蝠形四葉紋、四葉内有粗懸針篆四字銘文、「長宜子孫」。四葉間配置不同獣首各一。按順時針方向均布四十七字隷書銘曰。銘文書体為典型的漢碑書体、規整華美。	内：長宜子孫。外：吾作明竟、幽凍三剛、周刻無亟、衆童主陽、聖徳神明、五月五日丙午日中時、得三光製作師、照見人形、位至三公、子孫吉昌。
106	袁氏神人龍虎画像鏡	後漢	連珠紋円座四乳将主紋区分成四区、両区分別為一龍一虎、另両区皆為一神二侍、従冠飾可区分為東王公・西王母。図案之間布満雲気紋。四乳外按順時針方向環布五十一字隷書銘文。	袁氏作竟真大巧、上有東王公・西王母、青龍在左辟邪居右、仙人子喬赤誦子、千秋萬年不知老、位至三公賈萬倍、辟去不羊利孫子。
110	吾作神人神獣画像鏡	後漢	内区四神及四獣相間環繞、其間有八枚環状乳。四神皆稍側坐、身後鮫帛飄揚。両組主神両側二侍。主紋外有半円和方枚各十二個、毎個方枚中一字、連続為銘文。外区有順時針方向五十五字簡隷銘文。	内区方枚中：吾作明竟、幽凍三商、周刻無亟。外区：吾作明竟、幽凍三商、周刻無亟。□象萬疆、白（伯）耳（牙）□□□□、□□禄児子孫、曾（増）年番昌、長宜孫子、□□□□如宜官、位至三公、六大吉鏡宜命長。
114	龍虎瑞獣画像鏡	後漢	座外為一周粗弦紋和一周細弦紋、再外囲以凹面方框、框内四角有四字、「長宜子孫」。框外円座凹乳将主紋区分成四区、分別飾以四禽獣。四乳与主紋之間満布雲気紋、向外依次囲以細弦紋・輻射紋・鋸歯紋・装飾性紋等。	長宜子孫。
120	伯牙陳楽鏡（残片）	魏晋	由残片弧度復原、此鏡完整直径応為15.20。根拠残片弧度60度内有銘文八個半字推算、全鏡応有銘文五十二字。拠推測、全文応為。残片僅剰十字。其紋飾精美。	残片僅剰十字：□疆、白（伯）耳（牙）陳楽、衆神見容、天。

【表５－２】三槐堂蔵鏡・銘文を銘文の形式に分類しよう。ただし、鏡銘文形式ごとにＡ～前後を付け、必ずしも王綱懐氏の鏡番号順ではない。

Ａ○大楽貴富、千秋萬歳、宜酒食。……11 大楽貴富蟠螭紋鏡・前漢

　○大楽貴富、得所好、千秋萬歳、延年益寿。……12 大楽貴富蟠螭紋博局鏡・前漢

Ｂ○見日之光、天下大明。……17 日光銘方格蟠螭紋鏡・前漢、23 四乳草葉銘文鏡・前漢、28 四乳草葉銘文鏡・前漢

　○見日之光、天下大陽、服者君卿。……21 四花弁銘文鏡・前漢

　○見日之光、長楽未央。……32 四乳草葉銘文鏡・前漢

　○見日之光、長母相忘。……30 四乳草葉銘文鏡・前漢

　○内区：見日之光、長母相忘。

　　外区：内清質以昭明、光輝象乎夫日月、心忽揚而願忠、然塞而不泄。……40 日光昭明重圏銘帯鏡・前漢

　○内清以昭明、光象日月。……42 昭明銘帯鏡・前漢

Ｃ○常貴、楽未央、母相忘。……16 常貴銘方格蟠螭紋鏡・前漢

第五章　王綱懷編著『三槐堂蔵鏡』について　311

　○長相思、毋相忘、常貴富、楽未央。……22 四葉銘文鏡・前漢
　○日有憙、宜酒食、長富貴、願相思、久毋相忘。……26 四乳草葉銘文鏡・前漢
　○日有憙、月有富、楽毋事、宜酒食、居而必安、毋憂患、竽瑟侍、心志歓、楽以茂兮、
　　　固常然。……54 日有憙銘帯鏡・前漢
　○日有憙、楽毋事、宜酒食、居而必安、毋憂患、于（竽）瑟侍、心志歓、楽以哉、故常
　　　　　然、月内。……79 日有憙四霊博局鏡・新莽
　○上華山、鳳皇侯、見神鮮（仙）、保長命、寿萬年、周復始、伝子孫、福禄祚、日以前、
　　食玉英、飲灃（醴）泉、駕青龍、乗浮雲、白虎弓（引）。……68 上華山鳳凰侯四霊博
　　局・新莽
　○駕非（蜚）龍、無（乗）浮雲、上大山、見神人、食玉英、飲禮（醴）泉、宜官秩、葆
　　　　　子孫。……82 駕蜚龍神獣博局鏡・新莽
D○与天無亟（極）、与地相長、驪（歓）楽如言、長毋相忘。……24 四花弁銘文鏡・前漢
　○久不相見、長毋相忘。……38 久不相見連弧紋鏡・前漢
　○天上見長、心思君王。……34 四乳草葉銘文鏡・前漢
E○絜（潔）清白而事君、志汙之合明、玄錫之流澤、恐疏而日忘、美人外承可兌（説）、願
　　　　　思毋絶。……44 清白銘帯鏡・前漢
　○絜清白而事君、志歓之合明、□玄錫之流澤、恐疏而日忘、而可説兮。……48 清白銘
　　　　　帯鏡・前漢
　○絜精（清）白而事君、愬歓之合明、煥玄錫之流澤、恐疏而日忘、慎靡美之窮皚、外承
　　歓之可説、□□泉、願永思而（毋）絶。……46 清白銘帯鏡・前漢
F○湅治銅華清而明、以之為鏡宜文章、延年益寿去不羊、与天無亟（極）如日月之光、千
　　　　秋萬歳、長楽。……50 銅華銘帯鏡・前漢
　○湅治銅華清而明、以之為鏡宜文章、延年益寿去不羊、与天無亟（極）如日月、千秋萬
　　　　　歳、長楽未央、長毋相忘。……52 銅華銘帯鏡・前漢
　○湅治銅華清明而、以之為鏡因宜文章、延年益寿而去不羊、与天無亟（極）而。……53
　　　　　銅華銘帯鏡・前漢
　○内区：居必忠必信、久而益親、而不信不忠、久而日窮。
　　外区：清治銅華以為鏡、絲組為紀以為信、清光明乎服君卿、千秋萬世、長毋相忘。……
　　　　　58 居必忠銅華重圏銘帯鏡・前漢
G○君忘忘而先志兮、愛使心奥者、奥不可尽行、心汙結而独愁、明知非不可久、更已。……
　　　　　56 君忘忘銘帯鏡・前漢
H○家常貴富……64 家常貴富銘文鏡・前漢
I○尚方作竟真大好、上有仙人不知老、渇飲玉泉飢食棗、浮游天下敖四海、徘回（徊）名
　　山采之（芝）草、寿如金石為国保、大富昌、子孫備、具中央。……65 尚方四霊博局
　　鏡・新莽

J○鳳皇翼翼在鏡則（側）、致賀君家受大福、官位尊顕蒙禄食、幸達時年獲嘉徳、長保二親得天力、伝之後世楽母已。……66 鳳凰翼翼四霊博局・新莽

K○新有善銅出丹陽、和以銀錫清且明、左龍右虎掌四彭、朱雀玄武順陰陽、八子九孫治中央、刻婁博局去不羊、家常大富宜君王、千秋萬歳楽未央。……70 刻婁銘四霊博局鏡・新莽

○新有善銅出丹陽、和巳銀錫清且明、左龍右虎主四彭、朱爵（雀）玄武順。……81 善銅四霊博局鏡・新莽

○新朝治竟子孫息、多賀君家受大福、位至公卿蒙禄食、幸得時年獲嘉徳、伝之後世楽無亟、大吉。……84 新朝治竟四霊博局鏡・新莽

○作佳鏡清且明、葆子孫楽未央、車當伝駕騎趣莊、出園四馬自有行、男□□侯女嫁王、刻婁博局去不羊、服此鏡為士師。賢者戒已乍（作）為右、怠忘（荒）母以象君子、二親有疾身常在、時時（侍侍）。……74刻婁銘四霊博局鏡・新莽

○賢者戒已乍（作）為右、怠忘（荒）母以象君子、二親有疾身常在、時時（侍侍）。……78 賢者戒已四霊博局鏡・新莽

L○内：長宜子孫。
　外：照匈脅身萬全、象衣服好可観、宜佳人心意歓、長裳（堂）志固常然、食玉英飲澧（醴）泉、駕蚩龍乗浮雲、周復始伝子孫。……80 照匈脅四霊博局鏡・新莽

○召（照）容□（貌）身萬泉（全）、見衣服好可□（観）、宜佳人心意歓。……90 照容銘博局鏡・後漢

M○未（朱）氏明竟（鏡）快人竟（息）、上有龍虎四時宜、常保二親宜酒食、君宜高官大富、楽未央、貴富昌、宜牛羊。……85 朱氏四霊博局鏡・新莽

○黍言之紀従鏡始、倉（蒼）龍在左虎在右、辟去布羊宜古市、長保二親□□□、寿□金石□王母。……86 黍言四霊博局鏡・新莽

○王氏作竟四夷服、多賀新家人民息、胡虜殄滅天下復、風雨時節五穀熟、長保二親子孫力、官位尊顕蒙禄食、伝告後世同敬。……88 王氏四霊博局鏡・新莽

N○子丑寅卯辰巳午未申酉戌亥。……89 四霊博局鏡・後漢

O○長宜子孫。……94 八連弧雲雷紋鏡・後漢、114龍虎瑞獣画像鏡・後漢
　○内：長宜子孫。
　　外：位至三公。……95 長宜子孫八字連弧紋鏡・後漢
　○内：長宜子孫。
　　外：吾作明竟、幽涷三剛、周刻無亟、衆童主陽、聖徳神明、五月五日丙午日中時、得三光製作師、照見人形、位至三公、子孫吉昌。……96 吾作変形四葉獣首鏡・後漢

P○袁氏作竟真大巧、上有東王公・西王母、青龍在左辟邪居右、仙人子喬赤誦子、千秋萬

年不知老、位至三公賈萬倍、辟去不羊利孫子。……106 袁氏神人龍虎画像鏡・後漢
Q〇内区方枚中：吾作明竟、幽涷三商、周克無亟。

外区：吾作明竟、幽涷三商、周克無亟。□象萬疆、白（伯）耳（牙）□□□□、□□禄児子孫、曾（増）年蕃昌、長宜孫子、□□□□如宜官、位至三公、六大吉鏡宜命長。……110 吾作神人神獣画像鏡・後漢

以上であるが、11、12 の大楽貴富蟠螭紋鏡・蟠螭紋博局鏡の〇大楽貴富、千秋萬歳、宜酒食や〇大楽貴富、得所好、千秋萬歳、延年益寿を一番早いＡ群としたのは、王綱懐氏が前節に引いた古代中国銅鏡文化史の説明中の【13 大楽貴富蟠螭紋博局鏡（局部、拓本）前漢】に、

この鏡は中国早期の文字鏡であり、中国早期の博局鏡……文字鏡に係るとしても、ただ文字は銅鏡の主体紋飾ではなく、鏡銘の框内（鏡鈕を除き）面積はわずかに全体銅鏡面積の百分の十ほどを占めるだけだ。この鏡と河北省満城県中山靖王劉勝妻寶綰墓の出土の鏡とあい似、……『巖窟蔵鏡』はこの類の鏡の年代を秦末と為した。

という指摘を是としたからである。

次に17 日光銘方格蟠虺紋鏡・前漢、18 双龍鏡・前漢、23 四乳草葉銘文鏡・前漢、28 乳草葉銘文鏡・前漢などの「見日之光、天下大明」銘文をＢ群とした。17 日光銘方格蟠虺紋鏡の説明に、

この鏡の銘文面積は鏡面百分の二十以上を占め、銘文はすでに完全に主体的紋飾であり、応に称して銘文鏡であるといえる。その字体書法は最も早い繆篆である。

この王綱懐氏の理解にも賛同した。いずれも、銘文帯面積の鏡面全体との割合で銘文が重視されているか否かの判定は重要である。なお、33 四乳草葉銘文鏡（拓本）の説明は次の指摘をする。

前漢草葉鏡の開始より、文字をもって主体となす主紋が突出し、銅鏡の文化内容を増加させ、使用者をして煥然として一新するの感を有らしめた。8字の草葉銘文鏡の中に在っては、前４字は大体が「見日之光」であり、つぎの４字は多く「天下大明」である。特別に「天下大陽」、「長母相忘」「長楽未央」「明者君王」などが有る。

なお、Ａ群の11、12 の大楽貴富蟠螭紋鏡・蟠螭紋博局鏡が「大楽貴富」「千秋萬歳」「延年益寿」としていること、さらにＢ群の「見日之光、天下大明」の展開銘文中に〇見日之光、天下大陽、服者君卿（21 四花弁銘文鏡）、〇見日之光、長楽未央（32、33 四乳草葉銘文鏡）、〇見日之光、長母相忘（30 四乳草葉銘文鏡）とある「服者君卿」「長楽未央」「長母相忘」という語句は鏡銘文の常用句となる。

次にＣ群は三字句（三言句）であるが、これについては特に王綱懐氏の古代中国銅鏡文化史の説明はないが、銘文の趣向からいかにも前漢鏡の銘文らしい牧歌的素朴な趣きのある韻文である。ただ、日有憙四霊博局鏡の影響ないし伝統は新莽（王莽）時代まで続き、68 上華山鳳凰侯四霊博局鏡や79 日有憙四霊博局鏡の展開を見た。なお、【69 上華山鳳凰

侯四霊博局鏡（拓本）新莽】の説明には、

> 陳介祺『簠斎蔵鏡』中の収録には類似の鏡が有り、銘文の字数と内容も完全にあい同じであるが、四霊の旁の紋飾にやや差異が有り、主に同じでないのは鈕座に在り、『簠斎蔵鏡』では大四葉紋鈕座である。新莽鏡の銘文内容には種類やや多く、常には「上大山」・「上太山」を見、しかして「上華山」鏡は則ちやや珍しい。古人は太山（泰山）を崇拝した。『史記』巻28封禅書によるに、「古より受命の帝王は、なんぞ嘗て封禅せざらん」と載す。舜は五嶽を巡り、「八月、巡狩して西嶽に到る。西嶽は、華山なり」と。新莽の標準尺9寸の鏡は応に皇室宗親の用うるところであるはずで、この鏡の製作は精細を欠くと雖も、ただ制度を按ずるに、使用者は当に尋常の百姓に非らざるべし。その玄武の紋飾はただ蛇形を取るのみにて、中段に亀身、かつ両頭合一し、衆と同じからず。

王莽即位の状況と関連させているのが重要な指摘である。さらに【82 駕蜚龍神獣博局鏡 新莽】の銘文は、

○駕非（蜚＝飛）龍、無（乗）浮雲、上大山、見神人、食玉英、飲禮（醴）泉、宜官秩、葆子孫。

この「飛龍に駕し、浮雲に乗じ、太山（泰山）に上り」も王莽即位の状況と考えられよう。前節の【82】に引いた王綱懷氏の説明では、

> この鏡は懸針篆書体であると雖も、ただ円形粗凸弦紋を用いて凹面方框に代替し、博局紋中に在ってはまた少しくL紋を欠き、さらに四霊をもって神獣に改めたので、その年代は応に新莽晩期から後漢早期に至るに在るとするのがよい。

とする理解にはやや留保が付こう。なお、次の【83 駕蜚龍神獣博局鏡（拓本）新莽】には、同じく前節の説明文に次のようにある。

> 銘文内容は一般的であるが、ただ第一句は「蜚龍に駕し」でやや珍しい。「上大山見神人」銘文のものは新莽鏡では多く三言句となり、また特殊な情況が有る。この鏡の書体は典型的懸針篆である。王愔『文字志』に曰わく、「懸針は、小篆体なり。字は必ず垂画、細末は繊直たること針のごとし、故に「懸針」という。それまた「垂露篆」、或いは「垂露書」と称す。始建国2年（西暦10年）、王莽は第3次貨幣改革を行なったが、銭文書法はなお典型的懸針篆ではなかった。天鳳元年（西暦14年）、第4次貨幣改革を実行し、「貨布」・「貨泉」を鋳行した時、懸針篆書体はすでに正式の型式に成った。地皇4年（西暦23年）、新莽覆滅し、懸針篆もおいおい漸く消失した。この鏡と若干の典型懸針篆の新莽鏡とは、その出世年代は応に西暦14年或いはやや晩いとして9年の間に在る。

次にDは四字句ではあるが、前漢鏡銘文らしい趣きのある「長母相忘」「心思君王」という語句で終わる。ただ、原型はもっと長文の銘文の可能性はある。

さて、E、F、G、Hの四群は銘文文型によって分類した。王綱懷氏はE群のやはり第

第五章　王綱懷編著『三槐堂蔵鏡』について　315

一節の【45 清白銘帯鏡（拓本）前漢】に、

　　前漢文化は楚文化の影響を受けていることが頗る深く、若干の銅鏡銘文帯は幽怨追思の楚辞の韻味が有る。清白鏡と昭明鏡の銘文は重圏銘文鏡と使用を合併させたものが多い。常に内圏に昭明鏡の銘文を用い、外圏に清白鏡の銘文を用いるとし、応に弁識に注意すべきである。その6言8句48字の標準内容は、

　　「内は清くして質すにもって昭明なるべく、光輝を象どるはそれ日月、心は忽に揚りて忠を願い、然して壅塞して泄さず。靡美を慎むの窮皚、承歓を外にすと説くべき、窈窕を霊泉に慕い、永思を願いて絶ゆることなかれ」と。

といい、さらに第一節【57 君忘忘銘帯鏡（拓本）前漢】のG群に次の説明をする。

　　前漢文化が楚文化の影響を受けたことは頗る深いものがあり、「楚風」また前漢鏡に波及した。この鏡の銘文は言語形式から思想内容に到るまで皆楚辞の色彩を帯びている。同類の鏡銘文は懐（おも）いを抒（おく）るを志に表わすことが十分に明確であり、『歴代著録吉金目』では名づけて「先志鏡」というのも道理がないわけではない。

　前漢鏡銘文にそれの源流には、前漢文化が楚地方の江南文化の影響を受けたとする指摘を王綱懷氏が行なっている。

　ところが、F群の【51 銅華銘帯鏡（拓本）前漢】についての説明で、

　　銅華鏡の型式の成立は清白鏡と類同じと雖も、ただ銘文の句式は楚辞を模倣した色彩はすでに減少し、内容は銅鏡の材質・功能を讃美したものより開始して転じて避凶趨吉・益寿延年を祈願する吉祥語となっている。もしこの鏡の銘文句尾の符号を視読して「兮」とすれば、則ち更に易すく銘文の意境及び鋳製の用心を領会できる。この鏡の年代は応に前漢中期に在るべきだ。「千秋萬歳」一詞は銘文鏡の千年の歴史を貫穿して、早きは秦漢の際の大楽貴富蟠螭紋博局鏡に至り、晩きは五代十国の千秋萬歳銘文鏡に到るのである。

「千秋萬歳」の用語は本来は宰相が千秋であり、皇帝が万歳であることを意味する。政権政治の永遠性を謳う政治讃歌であったが、次には単なる目出度い吉祥語となる。ただ、上のような王綱懷氏の古代中国銅鏡文化史上の説明では、前漢時代にすでに楚辞を模倣した色彩から、銅鏡の材質・功能を讃美したものより開始して転じて避凶趨吉・益寿延年を祈願する吉祥語となっているとするのは、やや早計であろう。先のC群の79 日有憙四霊博局鏡、68 上華山鳳凰侯四霊博局鏡、82 駕蚩龍神獣博局鏡を含めて、Ⅰ群の65 尚方四霊博局鏡、J群の66 鳳凰翼翼四霊博局、K群の70 刻婁銘四霊博局鏡、及びL群の80 照匈脅四霊博局鏡、M群の85 朱氏四霊博局鏡、86 秦言四霊博局鏡、88 王氏四霊博局鏡などは、いずれも新莽鏡、すなわち王莽時代に鏡銘文であった。王莽の時代だから内容のない、単なる吉祥語の銘文だというのは一見当然に見える。そして鏡銘文は吉祥語を繋げた常用文に過ぎないとなろう。しかし、これはだから王莽の政治行政は周礼などの制度の復

活を図っただけの復古的政治であり、現実離れして有効性に欠けたという理解が出てくる。ただ、その判定は鏡データ全体を見てから決定したい。その前に検討したいのは、H群の64 家常貴富銘文鏡は銘文が「家常貴富」だけである前漢鏡であるが、これに文章を増幅したものが後漢から南北朝に及ぶ。この場合、家常貴富が単なる願望を表明する吉祥語か、歴史的現実を表現したものかはケース・バイ・ケースであろう。例えば、やはり第一節【71 刻夔銘四霊博局鏡（拓本）新莽】には、

> 史には、「始建国元年（西暦9年）、王莽は漢を廃して登基即位し、輔佐するはおよそ十一公」と載せ、太師王舜をもって首と為し、大司徒・大司空・衛将軍・前将軍などの高官要職は皆、王姓である、故に鏡銘の第5句、「八子九孫は中央に治せり」はけっして虚言にあらず、すなわち確として拠るところが有る。

とあり、次に同じく【76 刻夔銘四霊博局鏡（局部、拓本）新莽】にも、

> 上述資料の分析に拠れば、その共通点は銘文中に皆「八子九孫治中央」の字句が有り、内容が王莽家族の権力が無限であることを頌揚しており、その年代は応に始建国元年（西暦9年）以後のいく年かの間に在るはずと推測される。この鏡の銘文は唯一「八子九孫治中央」字句の刻夔を出現させていない銘鏡である。字体の分析により、「四」字は4横代替を用い、これが新莽鏡の重要特徴である。然してこの鏡の字体は新朝中期に盛行した懸針篆とあい去ること甚だ遠く、故にそれは前に在らず即ち後に在るとなる。さらに四霊配置の龍虎が位置を錯っていることから分析すると、年代は応に新莽晩期に在るとしてよい。

新莽鏡、すなわち王莽時代の鏡銘文の歴史研究の重要性は従来看過されてきた嫌いがある。その点の重要性を王綱懐氏の古代中国銅鏡文化史が気付かせてくれた。

なお、新莽鏡、王莽時代の鏡銘文に従来注目を引かない重要な銘文がある。すなわち、88 王氏四霊博局鏡には、

> ○王氏作竟四夷服、多賀新家人民息、胡虜殄滅天下復、風雨時節五穀熟、長保二親子孫力、官位尊顕蒙禄食、伝告後世同敬。

「王氏が作った鏡は四夷が服し、多く新家を賀して人民息い、胡虜殄滅して天下復せり」というもので、高句麗をうち破って、「下句麗」としたとか、南匈奴、西羌や西域に軍を送った王莽の国内向け政治宣伝の気がする。それでもこの銘文の形式は後漢から呉鏡などの三国時代に継承されているのである。さらに、この【88 王氏四霊博局鏡（拓本）新莽】についての第一節の王綱懐氏の説明は次である。

> この鏡と『図典』図271鏡は類同じ。その四霊・羽人・禽鳥の紋飾は総数多く28個に達し、しかして羽人の鹿に騎すと羽人の鳥形を拝す形象は、銅鏡紋飾中ではやや珍しい。「新家」を用いて「国家」に代替するは新莽鏡の銘文の重要な特徴である。

88銘文冒頭の「王氏」とは誰であろう。鏡作者の工人であろうが、王莽の王氏とも取れる。しかし他に「朱氏」、「陳氏」「劉氏」「龍氏」などが有るので、やはり鏡作者の工人と

第五章　王綱懐編著『三槐堂蔵鏡』について　317

すべきであろう。さらに「王氏」の部分が「尚方」となり、「尚方作竟」の起句で始まる銘文鏡が新莽鏡から見られる。これがⅠ群の65 尚方四霊博局鏡である。

○尚方作竟真大好、上有仙人不知老、渇飲玉泉飢食棗、浮游天下敖四海、徘回（徊）名山采之（芝）草、寿如金石為国保、大富昌、子孫備、具中央。……65 尚方四霊博局鏡・新莽、

この文型も後漢時代の常用文となっている。尚方とは王綱懐氏は第一節の【65 尚方四霊博局鏡（拓本）新莽】に説明する。

　　漢代宮廷の少府の下属「右尚方」は、銅鏡を含め内的皇室生活用品を管掌し、故に尚方鏡は当に標準的官製鏡であった。その流行時間は甚だ長く、前漢晩期より後漢早期に至るまで均しく有り、一般的に明確に時代を決められない。この鏡は方位正確で、かつ「子孫備わり、中央に具す」内容が有り、定めて新莽鏡となすことができる。

さらに注目すべき新莽鏡の銘文にK群の70 刻婁銘四霊博局鏡、81 善銅四霊博局鏡の次の銘文がある。

○新有善銅出丹陽、和以銀錫清且明、左龍右虎掌四彭、朱雀玄武順陰陽、八子九孫治中央、刻婁博局去不羊、家常大富宜君王、千秋萬歳楽未央。……70 刻婁銘四霊博局鏡・新莽

○新有善銅出丹陽、和巳銀錫清且明、左龍右虎主四彭、朱爵（雀）玄武順。……81 善銅四霊博局鏡・新莽

善い銅が出る地は丹陽郡だという。また、銅に銀と錫を和して、良質の白銅を作る。なお、前者には、「八子九孫治中央、刻婁博局去不祥、家常大富宜君王、千秋萬歳楽未央。」と「吉祥語」「常用句」が完全に揃っている。これの検証にはデータの総合的判断が必要である。

ところで、鏡銘文が次第に吉祥語を連ねた文章になるという事例に次がある。すなわち、第一節の【97 吾作変形四葉獣首鏡（拓本）後漢】の説明にいう。

　　この鏡と『図典』図376鏡とは類同じく、最大の差異として後者に在っては銘文帯が多く内向連弧紋内に在り、しかして前者の銘文帯がかえって鏡縁内側に在ることにある。この鏡は鏡径が大きくなく、かえって47銘文を環鋳させる。獣首鏡は常は紀年鏡であり、時間の銘文に用いるのは多くは某年某月某日である。この鏡は一個の年号を少なくしたと雖も、かえって一個の「日中時」を多くした。風水学上に在って、「五月五日丙午日中の時」は即ち「火月火日火時」である。陰陽五行中、火は金に克つに、銘文もまた即ち「吉月吉日吉時」を表示する。特別には、またこの類の鏡の銘文内容に無いところの「得三光」を出現させている。『白虎通』封公侯にいう、「天に三光有り、日・月・星なり」と。

これについては日本でも早く、戦前期から富岡謙蔵氏や梅原末治氏らの間で問題にされている事柄で、すでに本書第一部第二章で紹介したところである。以上で鏡銘文の形式分

類の検討は終了して、次に銘文書体の検討に移る。

第四節　銘文の書体——篆書か隷書か——

　王綱懐氏がその編著『三槐堂蔵鏡』中で鏡銘文の書体について述べているところは、【表5—1】の【表5—2】の形態欄にデータとして示した通りであるが、その銘文の書体—篆書か隷書か—のみを各鏡形態欄から抜き出せば次の通りである。これも日本語訳を付しておこう。

【11　大楽貴富蟠螭紋鏡　前漢】

　　座外囲以双線圏帯。其間為順時針方向十一字小篆体銘文。

　　　鈕座外を囲むに双線圏帯をもってす。その間に時計（廻り）方向に順い11字の小篆体銘文を為す。

【12　大楽貴富蟠螭紋博局鏡（拓本）前漢】

　　座外囲以双線方框、框内有順時針方向十五字銘文。銘文首尾之間有一作為起訖符号的小魚紋。

　　　鈕座外を囲むに双線方框をもってし、框内に時計（廻り）方向に順い15字銘文有り。銘文の首尾の間に一には起・訖の符号たる小魚紋がある。

【16　常貴銘方格蟠螭紋鏡（拓本）　前漢】

　　両方框間有作為主紋的銘文、順時針方向八字連続為。銘文書体係小篆改円転為方折、是繆篆的雛形。

　　　両方框の間に作りて主紋の銘文と為す有り、時計（廻り）方向に順い8字連続して為す。銘文の書体は小篆であり円転を改め方折（四角に折れる）と為した、繆篆の雛形である。

【21　四花弁銘文鏡（拓本）　前漢】

　　其間按逆時針方向均布十二字小篆変体銘文。

　　　その間に逆時計方向に按じて均しく12字の小篆変体の銘文を布く。

【22　四葉銘文鏡（拓本）　前漢】

　　両者間以逆時針方向環繞排列十二字小篆変体銘文。

　　　両者の間に逆時計方向をもって12字の小篆変体の銘文を環繞排列せり。

【24　四花弁銘文鏡　前漢】

　　方格内逆時針方向均布十六字「準繆篆」書体銘文、連続為。

　　　方格内に逆時計方向に均しく16字の「準繆篆」書体の銘文を布き、連続して為す。

【26　四乳草葉銘文鏡　前漢】

　　其間以順時針方向繞鈕分布八字繆篆体銘文。

　　　その間にもって時計方向に順い8字の繆篆体の銘文を繞鈕分布す。

【28 四乳草葉銘文鏡　前漢】

其間以順時針方向繞鈕分布八字繆篆体銘文。

　その間にもって時計方向に順い鈕を繞り8字の繆篆体の銘文を分布す。

【30 四乳草葉銘文鏡　前漢】

座外囲以両個凹面方框、其間按順時針方向繞鈕均布八字繆篆体銘文。

　　座外囲むに両個の凹面方框をもってし、その間に時計方向に順次して鈕を繞りて8字の繆篆体銘文を均布す。

【32 四乳草葉銘文鏡　前漢】

座外囲以細線方格紋和凹面方框各一周、其間環鈕四辺按順時針方向均布八字繆篆体銘文。

　　座外囲むに細線方格紋と凹面方框各一周をもってし、その間に鈕の四辺に環り時計方向に順い按じ8字の繆篆体の銘文を均布す。

【34 四乳草葉銘文鏡　前漢】

其間按逆時針方向環鈕均布八字繆篆体銘文。

　その間に逆時計方向に按じて鈕を環り8字の繆篆体銘文を均布す。

【37 日光重圏鏡　前漢】

座外一周凸面圏帯。主紋区是在両周斜幅射紋之間、按順時針方向配置的八字小篆体銘文。

　　座外に一周の凸面圏帯あり。主紋区は両周斜幅射紋の間に在り、時計方向に順番に配置した8字の小篆体の銘文がある。

【40 日光昭明重圏銘帯鏡　前漢】

鈕座外両周凸弦紋圏及細弦紋圏将鏡背分為内外両区、両区皆有篆体銘文。

　　鈕座外両周凸弦紋圏及び細弦紋圏は鏡背をもって分かちて内外両区と為し、両区に皆篆体の銘文有り。

【42 昭明銘帯鏡　前漢】

主紋区両周輻射紋間、有九字小篆美術体銘文。字間有「而」字。

　主紋区は両周輻射紋の間に、9字の小篆美術体の銘文有り。字間に「而」字有り。

【44 清白銘帯鏡　前漢】

外区両周輻射紋、其間按順時針方向配置三十一字変体篆隷銘文。鏡中銘文字体簡筆較多。

　　外区は両周の輻射紋あり、その間に時計方向に順次して31字の変体篆隷銘文を配置す。鏡中の銘文の字体は簡筆やや多し。

【46 清白銘帯鏡　前漢】

外区有両周窄輻射紋、其間按順時針方向配置四十二字銘文。銘文書体為多円転的装飾隷書。

外区は両周の窄輻射紋有り、その間に時計方向に順次して42字の銘文を配置す。銘文の書体は多く円転の装飾隷書為り。

【48 清白銘帯鏡　前漢】

外区有両周窄輻射紋、其間按順時針方向配置二十七字銘文。此鏡銘文書体為多方折的装飾隷書。

外区は両周の窄輻射紋有り、その間に時計方向に順次して27字の銘文を配置す。この鏡銘文の書体は多く方折（四角にまがった）装飾隷書である。

【50 銅華銘帯鏡　前漢】

外区有両周斜輻射紋、其間按順時針方向配置三十六字銘文。此鏡銘文首尾有字形区分符号、末句応欠「未央」両字。書体為規範的漢隷、文字筆画稍有簡化。

外区は両周斜輻射紋有り、その間に時計方向に順次して36字の銘文を配置す。この鏡は銘文の首尾に字形区分の符号有り、末句に応に「未央」両字を欠くべし。書体は規範的漢隷為り、文字筆画やや簡化有り。

【52 銅華銘帯鏡（拓本）　前漢】

外区有両周斜輻射紋、其間按順時針方向配置四十字漢隷銘文。

外区は両周の斜輻射紋有り、その間も時計方向に順次して40字の漢隷の銘文を配置す。

【53 銅華銘帯鏡（拓本）　前漢】

外区按順時針方向配置二十八字漢隷銘文。

外区は時計方向に順次して28字の漢隷銘文を配置す。

【54 日有憙銘帯鏡　前漢】

両周短斜線紋間按順時針方向均布三十二字隷書銘文。

両周の短斜線紋間に時計方向に順次して均しく32字の隷書銘文を布く。

【56 君忘忘銘帯鏡　前漢】

外句有両周輻射紋、其間按順時針方向配置三十一字美術体隷書銘文。

外句は両周輻射紋有り、その間に時計方向に順次して31字の美術体隷書銘文を配置す。

【58 居必忠銅華重圏銘帯鏡　前漢】

座外両圏凸弦紋、将鏡面分為内外両区。内区按逆時針方向均布十八字銘文。銘文起訖有渦文。外区按逆時針方向均布三十二字銘文。

座外は両圏凸弦紋あり、鏡面をもって分かちて内外両区と為す。内区は逆時計方向に按じて均しく18字の銘文を布く。銘文は起訖に渦紋有り。外区は逆時計方向に按じて均しく32字の銘文を布く。

【64 家常貴富銘文鏡（拓本）　前漢】

並按逆時針方向在四区内均布「家常貴富」四字。

並びに逆時計方向に按じて四区内に在り均しく「家常貴富」4字を布く。

【65 尚方四霊博局鏡（拓本）　新莽】

主紋区外沿順時針方向均布五十一字漢隷銘文。

　主紋区外に時計方向に沿って均しく51字の漢隷銘文を布く。

【66 鳳凰翼翼四霊博局鏡　新莽】

　　　座外囲以細銭方格和凹面方框各一周。方框内間隔均布十二乳釘及十二地支文。方框外有八乳及ＴＬＶ博局紋区分的四方、分別配置青龍・朱雀・白虎・玄武。博局紋区外按順時針方向環布四十二字懸針篆銘文曰。其中「二」字用双魚表示、極富想像力。

　　　座外囲むに細銭方格と凹面方框各一周をもってす。方框内に間隔均しく12乳釘及び十二地支文を布く。方框外に八乳及びＴＬＶ博局紋区を分かちて四方有り、分別するに青龍・朱雀・白虎・玄武を配置す。博局紋区の外に時計方向に順次して42字の懸針篆の銘文を環布して曰わく。その中に「二」字は双魚を用いて表示し、極めて想像力に富めり。

【68 上華山鳳凰侯四霊博局鏡　新莽】

　　　座外囲以細銭方格和凹面方框各一周。方框内間隔均布十二乳釘及十二地支文。框外由帯座八乳及ＴＬＶ博局紋区分四方、分別配置青龍・朱雀・白虎・玄武。博局紋区外按順時針方向環布四十二字懸針篆銘文。

　　　座外囲むに細銭方格と凹面方框各一周をもってす。方框内に間隔均しく12乳釘及び十二地支文を布く。框外に帯（鈕）座より8乳及びＴＬＶ博局紋区を四方に分け、分別するに青龍・朱雀・白虎・玄武を配置す。博局紋区の外に時計方向に順次して42字の懸針篆の銘文を環布す。

【70 刻婁銘四霊博局鏡　新莽】

　　　座外囲以細銭方格和凹面方框各一周。其内間隔環繞十二乳釘及十二地支文。方框外有帯連弧紋座的八乳釘及ＴＬＶ博局紋区分的四方八極、均布四霊及伴獣。主紋外按順時針方向布五十六字少篆多隷的銘文。通体黒漆古包漿。

　　　座外囲むに細銭方格と凹面方框各一周をもってす。その内に間隔とり12乳釘及び十二地支文を環繞す。方框外に帯連弧紋座の8乳及びＴＬＶ博局紋区を分けたる四方八極有り、均しく四霊（四神）及び伴獣を布く。主紋の外に時計方向に順次して56字の少篆多隷（篆書少なく隷書多し）の銘文を布く。全体が黒漆の水銀アマルガムである。

【74 刻婁銘四霊博局鏡　新莽】

　　　座外囲以細銭方格和凹面方框各一周。框内間隔均布十二乳釘及十二地支銘文。框外由帯座八乳及ＴＬＶ博局紋区分四方、分別配置四霊、龍虎位置反向。博局紋区外按順時針方向環布四十六字漢隷銘文「作佳鏡、清且明、葆子孫、楽未央、車當傳駕騎趣荘、出園三馬自有行、男□□侯女嫁王、刻婁博局去不羊、服此鏡、為上卿」。窄素縁。「出園四馬」的「四」字用四横通仮、唯新莽鏡独有。

　　　座外囲むに細銭方格と凹面方框各一周をもってす。框内に間隔とり均しく12乳釘及び十二地支文を布く。框外に帯座より8乳及びＴＬＶ博局紋区を四方に分け、分別し

て四霊（四神）を配置するに、龍虎は位置反向せり。博局紋区の外に時計方向に順次して46字の漢隷の銘文「作りし佳い鏡は、清且つ明、子孫を葆くし、楽は未だ央きず、車は当に伝駕して騎趣荘ん、園より4馬を出し自ら行有り、男□□侯女嫁王、博局を刻妻して不祥を去り、この鏡を服せば、上卿となる」を環布す。窄素縁。「出園四馬」の「四」字は4本棒を横にした通仮（の字）を用いるに、ただ新莽鏡のみ独り有り。

【78 賢者戒已四霊博局鏡（拓本）　新莽】
　　　座外囲以両周凸弦紋、其内間隔均布八乳釘及雲気紋。凸弦紋外由帯座四乳及ＴＬＶ博局紋区分的四方、分別配置四零、青龍・白虎・朱雀・玄武。四霊之間布有雲気紋。博局紋区外按逆時針方向環布二十三字簡隷書体銘文。

　　　座外囲むに両周凸弦紋をもってす。その内に間隔均しく8乳釘及び雲気紋を布く。凸弦紋の外に帯座より4乳及ＴＬＶ博局紋区を分かちたる四方に、分別するに四霊、青龍・朱雀・白虎・玄武を配置す。四霊の間に布くに雲気紋有り。博局紋区の外に逆時計方向に23字の簡隷書体の銘文を環布す。

【79 日有熹四霊博局鏡（拓本）　新莽】
　　　座外囲以細銭方格和凹面方框各一周。方框内間隔均布十二乳釘及十二地支銘文。方框外由八乳及ＴＬＶ博局紋区分四方、分別配置四霊、博局紋区外按順時針方向環布二十九字懸針篆銘文。

　　　座外囲むに細銭方格と凹面方框各一周をもってす。方框内に間隔均しく12乳釘及び十二地支文を布く。方框外に八乳及ＴＬＶ博局紋区より四方に分け、分別して四霊（四神）を配置し、博局紋区の外に時計方向に順次して29字の懸針篆の銘文を布く。

【80 照匃脅四霊博局鏡　新莽】
　　　座外囲以細銭方格和凹面方框各一周。細銭方格内四角有「長宜子孫」四字。框内十二乳釘之間的十二地支位置、皆以相似的四角幾何図形代替。紋飾間按順時針方向環布四十二字篆隷変体銘文。

　　　座外囲むに細銭方格と凹面方框各一周をもってす。細銭方格内の四角に「長宜子孫（長く子孫に宜ろし）」の4字有り。框内12乳釘の間の十二地支位置、皆相似の四角幾何図形を以て代替す。紋飾の間に時計方向に順次して42字の篆隷変体の銘文を環布す。

【81 善銅四霊博局鏡（拓本）　新莽】
　　　座外囲以凸弦紋和凹面方框各一周。框内間隔均布十二乳釘及十二地支銘文。框外博局紋区外按順時針方向環布二十六字懸針篆書体銘文。

　　　座外囲むに凸弦紋と凹面方框各一周をもってす。框内に間隔均しく12乳釘及び十二地支銘文を布く。框外の博局紋区の外に時計方向に順次して26字の懸針篆書体の銘文

第五章　王綱懷編著『三槐堂蔵鏡』について　323

を環布す。

【82 駕蜚龍神獸博局鏡　新莽】

　　座外圍以一周円形粗凸弦紋、其内均布帯座八乳釘、乳釘間有四組三角斜線紋和雲気紋。凸弦紋外為無Ｌ紋的ＴＶ博局紋、其間均布神獸。紋外按順時針方向環布二十四字懸針篆銘文。

　　座外囲むに一周の円形粗い凸弦紋をもってし、その内に均しく帯座8乳釘を布き、乳釘間に4組の三角斜線紋と雲気紋が有り。凸弦紋の外はＬ紋無きのＴＶ博局紋と為し、その間に均しく神獸を布く。紋外に時計方向に順次して24字の懸針篆の銘文を環布す。

【84 新朝治竟四靈博局鏡（拓本）　新莽】

　　座外圍以細銭方格和凹面方框各一周。其内間隔均布十二乳釘和十二地支。框外均布八乳釘和ＴＬＶ博局紋。主紋区内按順時針方向環布三十七字懸針篆銘文。

　　座外囲むに細銭方格と凹面方框各一周をもってす。その内に間隔均しく12乳釘及び十二地支を布く。框外に均しく8乳釘とＴＬＶ博局紋を布く。主紋区の内に時計方向に順次して37字の懸針篆の銘文を環布す。

【85 朱氏四靈博局鏡（拓本）　新莽】

　　座外省略十二地支後直接囲以凹面方框、框外有短粗ＴＬＶ博局紋和八乳釘均布形成四区八極。主紋区外順時針方向均布三十七字漢隷銘文。全鏡水銀古包漿。

　　座外に省略十二地支の後に直接に囲むに凹面方框をもってし、框外に短粗のＴＬＶ博局紋と8乳釘有り均しく布き四区八極を形成す。主紋区外に時計方向に順いて均しく37字の漢隷の銘文を布く。鏡はすべて水銀アマルガムである。

【86 泰言四靈博局鏡　新莽】

　　座外一周細銭方格和凹面方框。其内間隔均布十二乳釘和十二地支。框外ＴＬＶ博局紋和八乳均布。両周細弦紋間按順時針方向環布三十五字懸針篆変体銘文。

　　座外に一周の細銭方格と凹面方框あり。その内に間隔均しく12乳釘と十二地支を布く。框外にＴＬＶ博局紋と8乳均しく布けり。両周細弦紋の間に時計方向に順次して35字の懸針篆変体の銘文を環布す。

【88 王氏四靈博局鏡（拓本）　新莽】

　　座外細銭方格和凹面方框。其間環鈕均布十二乳釘和十二地支。框外博局紋和乳釘形成四区八極、均布四靈。主紋区外順時針方向均布四十八字漢隷銘文。

　　座外に細銭方格と凹面方框あり。その間に鈕を環りて均しく12乳釘と十二地支を布く。框外に博局紋と乳釘が四区八極を形成し、均しく四靈を布く。主紋区の外に時計方向に順い均しく48字漢隷銘文を布く。

【89 四靈博局鏡（拓本）　後漢】

　　座外圍以細銭方格和凹面方框各一周。方框内間隔均布十二乳釘和十二地支文。方框

外有八乳及ＴＬＶ博局紋区分的四方、分別配置青龍・朱雀・白虎・玄武等。四霊間布満雲気紋。

　　座外囲むに細銭方格と凹面方框各一周をもってす。方框内に間隔均しく12乳釘と十二地支文を布く。方框外に８乳及びＴＬＶ博局紋区の分かつ四方有り、分別し青龍・朱雀・白虎・玄武等を配置す。四霊間に満雲気紋を布く。

【90　照容銘博局鏡（拓本）　後漢】

　　座外囲以凹面方框、框外均布八乳釘和四個博局紋的Ｔ紋。Ｔ紋与ＬＶ紋之間按順時針方向均布十八字多減筆通仮的懸針篆銘文。銘文外有不規則的四霊図案（欠玄武）、在青龍和白虎対面皆有葡萄的羽人与之相対。

　　座外囲むに凹面方框をもってし、框外に均しく８乳釘と４個の博局紋のＴ紋を布く。Ｔ紋とＬＶ紋の間に時計方向に順次して均しく18字の多く減筆ある通仮の懸針篆の銘文を布く。銘文外に不規則な四霊図案（玄武を欠く）有り、青龍と白虎の対面在りては皆葡萄の羽人有りこれと相対す。

【95　長宜子孫八字連弧紋鏡（拓本）　後漢】

　　其葉間均布変体懸針篆四字銘文、「長宜子孫」。葉紋和銘文外囲以一凸面圏帯和内向八連弧紋、其間八個小空間内、均勻間隔分布四個小圏紋和四字銘文「位至三公」。

　　その葉の間に均しく布変体懸針篆の４字銘文を布く。「長宜子孫（長く子孫に宜し）」なり。葉紋と銘文の外に囲むに一凸面圏帯と内向八連弧紋をもってし、その間の８個小空間内に、間隔を均勻して４個の小圏紋と４字の銘文「位至三公」を分布す。

【96　吾作変形四葉獣首鏡　後漢】

　　座外囲以蝙蝠形四葉紋、四葉内有粗体懸針篆四字銘文、「長宜子孫」。四葉間配置不同獣首各一。按順時針方向均布四十七字隷書銘文曰。銘文書体為典型的漢碑書体、規整華美。

　　座外囲むに蝙蝠（コウモリ）形四葉紋をもってし、四葉内に粗体懸針篆の四字銘文有り、「長宜子孫（長く子孫に宜し）」なり。四葉間に同じからざる獣首各一を配置す。時計方向に順次して均しく47字の隷書の銘文を布き、曰わく。銘文書体は典型的漢碑の書体であり、規整華美なり。

【106　袁氏神人龍虎画像鏡　後漢】

　　連珠紋円座四乳将主紋区分成四区、両区分別為一龍一虎、另両区皆為一神二侍、従冠飾可区分為東王公・西王母。図案之間布満雲気紋。四乳外按順時針方向環布五十一字隷書銘文。

　　連珠紋円座四乳は主紋区をもって分かちて四区と成し、両区分別して１龍１虎と為し、べつに両区は皆１神２侍と為し、冠飾より区分して東王公・西王母と為すべし。図案の間に満雲気紋を布く。４乳の外に時計方向に順次して51字の隷書の銘文を環布す。

【110 吾作神人神獣画像鏡　後漢】

内区四神及四獣相間環繞、其間有八枚環状乳。四神皆稍側坐、身後岐帛飄揚。両組主神両側有二侍。主紋外有半円和方枚各十二個、毎個方枚中一字、連続為銘文。外区有順時針方向五十五字簡隷銘文。

内区の四神及び四獣は互に間隔をとって環繞し、その間に8枚の環状乳有り。四神皆ほぼ側に坐し、身の後に帛を被り飄揚たり。両組の主神両側に2侍有り。主紋の外に半円と方枚各12個有り、毎個方枚中の一字、連続して銘文と為る。外区に時計方向に順い55字の簡隷の銘文有り。

以上の鏡銘文書体についての諸データを【表5－3】三槐堂蔵鏡・銘文書体データを作成しよう。

【表5－3】　三槐堂蔵鏡・銘文書体データ

番号	名称	時代	銘文所在	書順時計方向	銘文文字数	書体	備考
11	大楽貴富蟠螭紋鏡	前漢	鈕座外	順	11字	小篆体	
12	大楽貴富蟠螭紋博局鏡（拓本）	前漢	鈕座外	順	15字		銘文首尾之間有一作為起訖符号的小魚紋。
16	常貴銘方格蟠螭紋鏡（拓本）	前漢	鈕座外框内	順	8字	繆篆体	小篆改円転為方折
21	四花弁銘文鏡（拓本）	前漢	両方框間	逆	12字	小篆変体	
22	四葉銘文鏡（拓本）	前漢	両方框間	逆	12字	小篆変体	
24	四花弁銘文鏡	前漢	方格内	逆	16字	「準繆篆」書体	
26	四乳草葉銘文鏡	前漢	方框間	順	8字	繆篆体	
28	四乳草葉銘文鏡	前漢	方框間	逆	16字	繆篆体	
30	四乳草葉銘文鏡	前漢	方框間	順	8字	繆篆体	
32	四乳草葉銘文鏡	前漢	方框間	順	8字	繆篆体	
34	四乳草葉銘文鏡	前漢	方框間	逆	8字	繆篆体	
38	久不相見連弧紋鏡	前漢	両条細弦紋圏帯間	順	8字	簡化的篆隷変体	毎字間隔以斜「田」字或螺旋紋符号。非篆非隷体。
40	日光昭明重圏銘帯鏡	前漢	内外両区	順	内区：8字 外区：24字	篆体	
42	昭明銘帯鏡	前漢	主紋区両周輻射紋間	順	9字	小篆美術体	字間有「而」字。
44	清白銘帯鏡	前漢	外区両周輻射紋間	順	31字	変体篆隷	鏡中銘文字体簡筆較多。
46	清白銘帯鏡	前漢	外区有両周窄輻射紋間	順	42字	多円転的装飾隷書	
48	清白銘帯鏡	前漢	外区有両周窄輻射紋間	順	27字	多方折的装飾隷書	
50	銅華銘帯鏡	前漢	外区有両周斜輻射紋間	順	36字	規範的漢隷	此鏡銘文首尾有字形区分符号。文字筆画稍有簡化。
52	銅華銘帯鏡（拓本）	前漢	外区有両周斜輻射紋間	順	40字	漢隷	
53	銅華銘帯鏡（拓本）	前漢	外区	順	28字	漢隷	
54	日有憙銘帯鏡	前漢	両周短斜線紋間	順	32字	隷書	
56	君忘忘銘帯鏡	前漢	外句有両周輻射紋間	順	31字	美術体隷書	
58	居必忠銅華重圏銘帯鏡	前漢	内区	逆	32字		銘文起訖有渦紋。
64	家常貴富銘文鏡（拓本）	前漢	両周縄紋圏帯間	逆	4字		
65	尚方四霊博局（拓本）	新莽	主紋区外	順	51字	漢隷	
66	鳳凰翼翼四霊博局鏡	新莽	方框内.博局紋区外	順	方框内：12字、博局紋区外：42字	懸針篆	其中「二」字用双魚表示、極富想像力。
68	上華山鳳凰侯四霊博局鏡	新莽	方框内.博局紋区外	順	方框内：12字、博局紋区外：42字	懸針篆	
70	刻妻銘四霊博局鏡	新莽	方框内.博局紋区外	順	方框内：12	少篆多隷	

					字、博局紋区外：56字		
74	刻妻銘四霊博局鏡	新莽	方框内.博局紋区外	順	方框内：12字、博局紋区外：46字	漢隷	「出園四馬」的「四」字用四横通仮、唯新莽鏡独有。
78	賢者戒己四霊博局鏡（拓本）	新莽	博局紋区外	逆	23字	簡隷書体	
79	日有意四霊博局鏡（拓本）	新莽	方框内.博局紋区外	順	方框内：12字、博局紋区外：29字	懸針篆	
80	照匃脅四霊博局鏡	新莽	方框内.博局紋区外	順	方框内：12字、博局紋区外：42字	篆隷変体	
81	善銅四霊博局鏡（拓本）	新莽	方框内.博局紋区外	順	方框内：12字、博局紋区外：26字	懸針篆書体	
82	駕蜚龍神獣博局鏡	新莽	博局紋、神獣紋外	順	24字	懸針篆	
84	新朝治竟四霊博局鏡（拓本）	新莽	方框内.博局紋区外	順	方框内：12字、博局紋区外：37字	懸針篆	
85	朱氏四霊博局鏡（拓本）	新莽	博局紋区外	順	37字	漢隷	
86	泰言四霊博局鏡	新莽	方框内.博局紋区外	順	方框内：12字、博局紋区外：35字	懸針篆変体	
88	王氏四霊博局鏡（拓本）	新莽	方框内.博局紋区外	順	方框内：12字、博局紋区外：48字	漢隷	
89	四霊博局鏡（拓本）	後漢	方框内		方框内：12字		十二地支銘文書体俊美。
90	照容銘博局鏡（拓本）	後漢	T紋与ＬＶ紋之間	順	18字	懸針篆	
94	八連弧雲雷紋鏡（拓本）	後漢	大四葉紋鈕座四葉間	順	4字	懸針篆	
95	長宜子孫八字連弧紋鏡（拓本）	後漢	蝙蝠形葉紋鈕座葉間	順	4字	変体懸針篆	
96	吾作変形四葉獣首鏡	後漢	蝙蝠形葉紋鈕座葉間、主紋区外	順	葉間：4字、主紋区外：47字	隷書	銘文書体為典型的漢碑書体、規整華美。
106	袁氏神人龍虎画像鏡	後漢	四乳外	順	51字	隷書	
110	吾作神人神獣画像鏡	後漢	主紋外方枚中、外区	順	方枚中：12字、外区：55字	簡隷	
114	龍虎瑞獣画像鏡	後漢	方框内	順	4字		
120	伯牙陳楽鏡（残片）	魏晋	主紋区外	順	残存8字半、推定全鏡52字		

　まず書体欄に注目して数を拾うと、小篆体（篆体含む）2、繆篆体（準繆篆体含む）7、小篆美術体1、小篆変体2、懸針篆体8、懸針篆変体2、漢隷（隷書）10、装飾隷書2、美術体隷書1、簡隷書体2、篆隷混在1、篆隷変体3となる。数的には漢隷（隷書）10が懸針篆体8より多い。篆体全体の計は23で、隷書体15よりはるかに多い。特に王莽時代の懸針篆体的なものの多さが注目される。さらに、篆体・隷書いずれにしても、変体的な書体は繆篆体などを含めて20と多い。懸針篆体を含めると過半になる。これに篆隷混在や篆隷変体など書体混合のあることも留意すべきである。以上から鏡銘文書体は伝統的篆書、隷書ではないことが言える。書体と時代との関係を整理する。

　前漢……小篆体（篆体含む）2、繆篆体（準繆篆体含む）7、小篆美術体1、小篆変体2、
　　　　漢隷（隷書）4、装飾隷書2、美術体隷書1、篆隷変体2

　新莽……漢隷（隷書）4、簡隷書体1、懸針篆体6、懸針篆変体1、篆隷混在1、篆隷

　　　　変体１
後漢……懸針篆体２、懸針篆変体２、漢隷（隷書）２、簡隷書体１
　意外なことに前漢の鏡銘文書体は漢隷（隷書）書体が必ずしも多いわけでなく、むしろ篆体系統が圧倒的に多い。新莽、王莽時代の鏡銘文には懸針篆体が創設され、さらに篆書系統が多くを占めるが、漢隷（隷書）の伝統は堅持されていたといえる。後漢は王莽時代の鏡銘文書体の傾向がそのまま継承された。
　次に【表５－３】から、書順時計方向、つまり円一周の銘文が右廻りの順時計廻りであるか、左廻りの逆時計廻りであるかの欄の数を見よう。順38、逆８である。これも時代ごとに整理してみよう。
　前漢……順17、逆７
　新莽……順13、逆１
　後漢……順８
　逆の数も前漢時代が多い。新莽、後漢と逆は減少する。ただし、この傾向は王綱懐氏編著『三槐堂蔵鏡』のデータから言えることで、これをそのまま一般化するのは危険である。他の資料データを作成すべきである。
　なお、懸針篆体については、【83 駕蜚龍神獣博局鏡（拓本）新莽】には、
　　　この鏡の書体は典型的懸針篆である。王愔『文字志』に曰わく、「懸針は、小篆体なり。字は必ず垂画、細末は繊直たること針のごとし、故に懸針という。それまた「垂露篆」、或いは「垂露書」と称す。始建国２年（西暦10年）、王莽は第３次貨幣改革を行ったが、銭文書法はなお典型的懸針篆ではなかった。天鳳元年（西暦14年）、第４次貨幣改革を実行し、「貨布」・「貨泉」を鋳行した時、懸針篆書体はすでに正式の型式に成った。地皇４年（西暦23年）、新莽覆滅し、懸針篆もおいおい漸く消失した。この鏡と若干の典型懸針篆の新莽鏡とは、その出世年代は応に西暦14年或いはやや晩いとして９年の間に在る。
　さらに、【95 長宜子孫八字連弧紋鏡（拓本）後漢】の懸針篆書体の説明も面白い。
　　　この鏡の書体は美術化傾向が有り、「子」・「公」両字がもっとも突出している。懸針篆書体は、蚊脚ごときが有り、また蚊脚書と称し、書家はそれを論じて「蚊脚旁らにのばし、鵠首は仰立す」と。この鏡の銘文は吉祥語であり、子孫の平安を保佑し及び子孫興隆を祝願するの義が有る。

第五節　王綱懐編著『三槐堂蔵鏡』のその他のデータ

　次に【表５－１】から、中国銅鏡研究に関する王綱懐氏の資料の活用を図ろう。まず径長を大小順に並べた【表５－４】三槐堂蔵鏡径大小順データを作成した。

【表5－4】 三槐堂蔵鏡（王綱懐編著）径大小順データ

番号	名称	時代	径／cm	重・g	m値	縁厚／mm	鈕・鈕座形式	形態	辺縁	銘文
66	鳳凰翼翼四霊博局鏡	新莽	21.10（莽尺9寸）	1055.00	3.01	0.62	円形・円鈕・四葉紋鈕座	座外囲以細銭方格和凹面方框各一周。方框内間隔均布十二乳釘及十二地支文。方框外有八乳及TLV博局紋区分的四方、分別配置青龍・朱雀・白虎・玄武。博局紋区外按順時針方向環布四十二字懸針篆銘文曰。其中「二」字用双魚表示、極富想像力。	窄素縁	鳳皇翼翼在鏡則（側）、致賀君家受大福、官位尊顕蒙禄食、幸達時年獲嘉徳、長保二親得天力、伝之後世楽母已。
102	神人車馬画像鏡	後漢	21.00	956.00	2.76	1.15	円形・円鈕・外囲連珠紋圏帯	円座四乳将主紋区分成四区。両区皆為六駕馬車、車有華蓋、車輿為方形、両側及前面有屏蔽、上部開窓。一区一神三侍、主神体態較大、戴官帽端坐、後有両個長袖起舞之羽人。一区一神一侍、主神体態又大、髪髻高聳、端坐、後有四個舞者。両主神当是東王公・西王母。主紋区外依次囲以細弦紋・輻射紋。辺縁以五虎頭為主紋飾。	斜三角縁	
68	上華山鳳凰侯四霊博局鏡	新莽	20.70（莽尺9寸）	1142.00	3.39	0.54	円形・円鈕・円鈕座	座外囲以細銭方格和凹面方框各一周。方框内間隔均布十二乳釘及十二地支文。框外由帯座八乳及TLV博局紋区分四方、分別配置青龍・朱雀・白虎・玄武。博局紋区外按順時針方向環布四十二字懸針篆銘文。	窄素縁	上華山、鳳皇侯、見神鮮（仙）、保長命、寿萬年、周復始、伝子孫、福禄祚、日以前、食玉英、飲澧（醴）泉、駕青龍、乗浮雲、白虎弓（引）。
112	龍虎瑞獣画像鏡	後漢	19.90	759.00	2.44	0.98	円形・円鈕・円鈕座	座外連珠紋円座四乳将主紋区分成四区、分別飾以龍・虎・独角獣和馬。龍作前視、余三獣作回首状。馬背上為羽人。虎尾上方有一倒立羽人。虎口大張、尖歯外露、虎尾処有「白虎」明。主紋外依次囲以細弦紋・輻射紋・細鋸歯紋・連綿雲藻紋等。	窄素縁	
9	八連弧蟠螭紋鏡（拓本）	秦	19.70	402.00	1.32	0.51	円形・金字塔形弦鈕・円鈕座	外囲雲雷紋・凹面圏帯・縄紋。地紋為渦紋和三角雷紋組成的雲雷紋、上有螭紋和菱紋。螭紋和菱紋上又被八個連弧凹面圏帯畳圧。八連弧的交角与縄紋圏相接、将弧外分成八区、相間排列四個頭部明顕的螭龍。	寛巻素縁	
84	新朝治竟四霊博局鏡(拓本)	新莽	19.70	828.00	2.72	0.47	円形・円鈕・円鈕座	座外囲以細銭方格和凹面方框各一周。其内間隔均布十二乳釘和十二地支。框外均布八乳釘和TLV博局紋。主紋区内按順時針方向環布三十七字懸針篆銘文。	連綿雲気紋縁	新朝治竟子孫息、多賀君家受大福、位至公卿蒙禄食、幸得時年獲嘉徳、伝之後世楽無亟、大吉。
104	神人白馬画像鏡	後漢	19.00	544.00	1.96	0.83	円形・円鈕・円鈕座	座外為一圏凹面方框。框外円座四乳将主紋区分成四区。一区為羽人駕飛龍、羽人長髪後飄、飛龍長角・細耳・張嘴・吐舌、龍身呈S形。一区神人頭戴高冠、駕騎疾馳。白馬曲頸回顧、一前足誇張地伸向半空。一区為東王公、戴高冠端坐、前有両羽人跪拝、後有羽人倒立献技。一区為西王母、辺侍羽人等。紋飾空間処有銘文「東王公」・「西王母」・「白馬」。	斜三角縁	

第五章　王綱懷編著『三槐堂藏鏡』について　329

50	銅華銘帯鏡	前漢	18.90（漢尺8寸）	965.00	3.43	0.66	円形・円鈕・並蒂十二連珠紋鈕座	鈕座以凹面素地紋将相隣的三個連珠合成一組、共四組拱鈕而囲。座外為斜輻射紋与凸面圏帯及内向八連弧、弧間点綴簡単紋飾。外区有両周斜輻射紋、其間按順時針方向配置三十六字銘文。此鏡銘首尾有字形区分符号、末句応欠「未央」両字。書体為規範的漢隷、文字筆画稍有簡化。	寛平素縁	湅治銅華清而明、以之為鏡宜文章、延年益寿去不羊、与天無極如日月之光、千秋萬歳、長楽。
70	刻婁銘四霊博局鏡	新莽	18.70（莽尺8寸）	830.00	3.02	0.51	円形・円鈕・円鈕座	座外囲以細銭方格和凹面方框各一周。其内間隔環繞十二乳釘及十二地支文。方框外有帯連弧紋座的八乳釘及ＴＬＶ博局紋区分的四方八極、均布四霊及伴獣。主紋外按順時針方向布五十六字少篆多隷的銘文。通体黒漆古包裹。	辺縁紋飾為常規的連綿雲気紋	新有善銅出丹陽、和以銀錫清且明、左龍右虎掌四彭、朱雀玄武順陰陽、八子九孫治中央、刻婁博局去不羊、家常大富宜君王、千秋萬歳楽未央。
52	銅華銘帯鏡（拓本）	前漢	18.70（漢尺8寸）	922.00	3.35	0.65	円形・円鈕・並蒂十二連珠紋鈕座	鈕座以凹面素地紋将相隣的三個連珠合成一組、共分四組拱鈕而囲。座外為斜輻射紋与凸面圏帯及内向八連弧、弧間点綴簡単紋飾。外区有両周斜輻射紋、其間按順時針方向配置四十字漢隷銘文。	寛平素縁	湅治銅華清而明、以之為鏡宜文章、延年益寿去不羊、与天無極如日月之光、千秋萬歳、長楽未央、長毋相忘。
88	王氏四霊博局鏡（拓本）	新莽	18.70（漢尺8寸）	650.00	2.36	0.49	円形・円鈕・大四葉紋鈕座	座外細銭方格和凹面方框。其間環繞均布十二乳釘和十二地支。框外博局紋和鏡形成四区八極、均布四霊。主紋区外順時針方向均布四十八字漢隷銘文。	連綿雲気紋素縁	王氏作竟四夷服、多賀新家人民息、胡虜殄滅天下復、風雨時節五穀熟、長保二親子孫力、官位尊顕蒙禄食、伝告後世同敬。
65	尚方四霊博局鏡（拓本）	新莽	18.60（莽尺8寸）	791.00	2.91	0.55	円形・円鈕・大四葉紋鈕座	座外細銭方格和凹面方框間均布十二乳釘和十二地支文。主紋区外沿順時針方向均布五十一字漢隷銘文。		尚方作竟真大好、上有仙人不知老、渇飲玉泉飢食棗、浮游天下敷四海、徘回（徊）名山采之（芝）草、寿如金石為国保、大富昌、子孫備、具中央。
93	七乳瑞獣鏡（拓本）	後漢	18.40（漢尺8寸）	491.00	1.85	0.58	円形・円鈕・円鈕座	整体紋飾呈環形分布、由内向外依次為八個帯座乳釘間隔八個地支符号。向外依次為短斜線紋・粗凸弦紋・連続紋飾・短斜線紋及両周細弦紋。主紋飾為七乳釘間配置的羽人・神獣等。辺縁為羽人・神獣・禽鳥・遊魚等。	斜辺窄素縁	
106	袁氏神人龍虎画像鏡	後漢	18.30（漢尺8寸）	652.00	2.48	0.69	円形・円鈕・円鈕座	連珠紋円乳座四乳将主紋区分成四区、両区分別為一龍一虎、另両区皆為一神二侍、従鈕簾可区分為東王公・西王母。図案之間布満雲気紋。四乳外按順時針方向環布五十一字隷書銘文。	斜三角縁	袁氏作竟真大巧、上有東王公、西王母、青龍在左辟邪居右、仙人子喬赤誦子、千秋萬年不知老、位至三公賈萬倍、辟去不羊利孫子。
26	四乳草葉銘文鏡	前漢	18.20（漢尺8寸）	430.00	1.65	0.46	円形・円鈕・四葉紋鈕座。座外囲為両個凹面方框	其間以逆時針方向繞鈕分布十六字繆篆体銘文。方框外各辺中心処皆置一枚乳釘。乳釘両側各有一組双畳草葉紋。	内向十六連弧紋縁	日有憙、宜酒食、長富貴、願相思、久毋相忘。
92	四乳禽獣鏡（拓本）	後漢	17.80	791.00	3.18	0.63	円形・円鈕・大四葉紋鈕座	座外主紋区両周輻射紋内、由帯座四乳分成四区。毎区両個禽獣、依次為猛虎逐鹿、雀鳥望獣。神鹿喚龍、双禽呼応。	寛平巻素縁	

108	神人神獣画像鏡	後漢	17.80	423.00	1.70	0.52	円形・円鈕・円鈕座	座外囲以凹面方框、框外帯円座四乳将主紋区分成四区。分別飾以龍・虎・双龍和羽人。羽人双手手掌伸開、掌心向上。羽人身後有長頸禽鳥。主紋外依次囲以細弦紋・輻射紋・長鋸歯紋等。	斜三角縁	
10	素地七連弧紋鏡	秦・前漢	17.70	250.00	1.07	0.15	円形・拱形三弦鈕・鈕座外囲以凹面環形帯	其外有凹面寛帯圏成的七内向連弧圏、連弧外角尖直抵鏡縁。此鏡与四川成都洪家包出土前漢前期之鏡相似、其年代応戦国晩期至漢初、『岩窟蔵鏡』則定為秦初。	寛辺素縁	
94	八連弧雲雷紋鏡（拓本）	後漢	17.70	561.00	2.28	0.47	円形・円鈕・大四葉紋鈕座	四葉間各布一字、按順時針方向連続為「長宜子孫」。座外各有一周斜輻射紋和凸弦紋圏。圏外為内向八連弧紋、再外為両周斜輻射紋、其間主紋飾為八組雲雷紋、雲雷紋由円圏紋及対称的双重尖三角紋組成。	斜辺寛素縁	長宜子孫。
114	龍虎瑞獣画像鏡	後漢	17.70	422.00	1.72	0.51	円形・円鈕・円鈕座	座外為一周粗弦紋和一周細弦紋、再外囲以凹面方框、框内四角有四字、「長宜子孫」。框外円座四乳将主紋区分成四区、分別飾以四禽獣。四乳与主紋之間満布雲気紋、向外依次囲以細弦紋・輻射紋・鋸歯紋・装飾性紋等。	斜辺窄素縁	長宜子孫。
44	清白銘帯鏡	前漢	17.40	720.00	3.03	0.70	円形・円鈕・並蒂十二連珠紋鈕座	座外囲以一周窄輻射紋与凸面圏帯紋及内向八連弧紋、弧間点綴簡単図紋。外区両周輻射紋、其間按順時針方向配置三十一字変体篆隷銘文。鏡中銘文字体簡筆較多。		絜清白而事君、志汙之合明、玄錫之流澤、恐疏而日忘、美人外承可兌（説）、願思母絶。
8	三葉蟠螭菱紋鏡（拓本）	戦国・前漢	17.20	307.00	1.32	0.48	円形・三弦鈕・円形鈕座	座外囲以一圏細雲雷地紋。座外両周凹面形寛帯（含短斜線紋）之間、是布有雲雷地紋的主紋区、地紋渦状由内向外呈順時針方向旋転。主紋為三葉紋。		
81	善銅四霊博局鏡（拓本）	新莽	17.10	716.00	3.11	0.51	円形・円鈕・円鈕座	座外囲以凸弦紋和凹面方框各一周、框内間隔均布十二乳釘及十二地支銘文。框外博局紋区外按順時針方向環布二十六字懸針篆書体銘文。	連綿雲気紋縁	新有善銅出丹陽、和已銀錫清且明、左龍右虎主四彭、朱爵（雀）玄武順。
85	朱氏四霊博局鏡（拓本）	新莽	17.10	560.00	2.43	0.47	円形・円鈕・円鈕座	座外省略十二地支後直接囲以凹面方框、框外有短粗ＴＬＶ博局紋和八乳釘均布形成四区八極。主紋区外順時針方向布三十七字漢隷銘文。全鏡水銀古包漿。		朱（朱）氏明竟（鏡）快人竟（息）、上有龍虎四時宜、常保二親宜酒食、君宜高官大富、楽未央、貴富昌、宜牛羊。
56	君忘忘銘帯鏡	前漢	17.00	615・00	2.71	0.74	円形・円鈕・並蒂十二連珠紋鈕座	座外有一周窄輻射紋与凸面圏帯及向八連弧紋、弧間有四蜜蜂紋和四山林紋等図紋点綴。外旬有両周輻射紋、其間按順時針方向配置三十一字美術体隷書銘文。	寛平素縁	君忘忘而与志兮、愛使心臾者、奐不可尽行、心汙結而独愁、明知非不可久、更已。
20	四花弁蟠螭紋鏡（拓本）	前漢	16.90	295.00	1.32	0.45	円形・三弦鈕・鈕外囲一凹面圏帯	在以円渦紋為地紋的主紋区内、由四乳釘分割為四区、并巧妙以乳釘為花蕊、囲繞乳釘配以四片凹面桃形葉弁、組合成四朵花。在分割的各区内、分別配置相同的蟠螭紋。	巻素縁	
79	日有意四霊博局鏡（拓本）	新莽	16.60（莽尺7寸）	588.00	2.72	0.42	円形・円鈕・円鈕座	座外囲以細銭方格和凹面方框各一周。方框内間隔均布十二乳釘及十二地支銘文。方框外		日有意、楽母事、宜酒食、居而必安、母憂患、于（芋）

第五章　王綱懷編著『三槐堂蔵鏡』について　331

							由八乳及ＴＬＶ博局紋区分四方、分別配置四霊、博局紋区外按順時針方向環布二十九字懸針篆銘文。		瑟侍、心志歡、楽以哉、故常然、月内。
80	照匈脅四霊博局鏡	新莽	16.60（莽尺7寸）	632.00	2.93	0.56	円形・円鈕・円鈕座	座外囲以細銭方格和凹面方框各一周。細銭方格内四角有「長宜子孫」四字。框内十二乳釘之間的十二地支位置、皆以相似的四角幾何図形代替。紋飾間按順時針方向環布四十二字篆隷変体銘文。	窄素縁	内：長宜子孫。外：照匈脅身萬全、象衣服好可観、宜佳人心意歡、長裳（堂）志固常然、食玉英飲澧（醴）泉、駕蛟龍乗浮雲、周復始伝子孫。
89	四霊博局鏡（拓本）	後漢	16.50（漢尺7寸）	557.00	2.60	0.43	円形・円鈕・円鈕座	座外囲以細銭方格和凹面方框各一周。方框内間隔均布十二乳釘和十二地支文。方框外有八乳及ＴＬＶ博局紋区分的四方、分別配置青龍・朱雀・白虎・玄武等。四霊間布満雲気紋。	連綿花枝紋縁	子丑寅卯辰巳午未申酉戌亥。
86	泰言四霊博局鏡	新莽	16.40（莽尺7寸）	550.00	2.23	0.42	円形・円鈕・円鈕座	座外一周細銭方格和凹面方框。其内間隔均布十二乳釘和十二地支。框外ＴＬＶ博局紋和八乳均布。両周細弦紋間按順時針方向環布三十五字懸針篆変体銘文。		泰言之紀従鏡始、倉（蒼）龍在左虎在右、辟去布羊宜古市、長保二親□□□、寿□金石□王母。
78	賢者戒己四霊博局鏡（拓本）	新莽	16.30（莽尺7寸）	770.00	3.69	0.54	円形・円鈕・円鈕座	座外囲以両周凸弦紋、其内間隔均布八乳釘及雲気紋。凸弦紋外由帯座四乳及ＴＬＶ博局紋区分的四方、分別配置四霊、青龍・白虎・朱雀・玄武。四霊之間布有雲気紋。博局紋区外按逆時針方向環布二十三字簡隷書体銘文。		賢者戒己乍（作）為右、怠忘（荒）母以象君子、二親有疾身常在、時時（侍侍）。
3	素地十一連弧紋鏡（拓本）	春秋・戦国	16.30（東周尺7寸）	241.00	1.15	0.33	円形・三弦鈕	鈕外有極浅双線方格、鏡身平展。此鏡与『岩窟蔵鏡』図35鏡相似、鏡面为呈現緑色斑点之黒漆古。『岩窟蔵鏡』一書称、「秦初作淮域出土」。		
28	四乳草葉銘文鏡	前漢	16.10（漢尺7寸）	473.00	2.32	0.40	円形・伏獣鈕・四葉紋鈕座	鈕座外为四個凹面方框、其間按順時針方向繞鈕分布八字繆篆体銘文。方框外四辺中心処各有一乳釘、乳釘両側各有一組双畳草葉紋。	内向十六連弧紋縁	見日之光、天下大明。
60	四乳四鷹鏡	前漢	16.00	720.00	3.33	0.59	円形・円鈕・四葉紋鈕座	座外囲以一周斜輻射紋和凸弦紋圏。主紋区在両周斜輻射紋之間、以四枚帯座乳釘分割成四区、区内格配置一条鈎状鷹。鷹体上下各有一帯羽冠立鳥和無羽冠立鳥。全鏡黒漆古包漿。	特寛平素縁	
74	刻婁銘四霊博局鏡	新莽	15・70	606.00	3.12	0.48	円形・円鈕・円鈕座	座外囲以細銭方格和凹面方框各一周。框内間隔均布十二乳釘及十二地支銘文。框外由帯座八乳及ＴＬＶ博局紋区分四方、分別配置四霊、龍虎位置反向。博局紋区外按順時針方向環布四十六字漢隷銘文。「出圍四馬」的「四」字用四横通仮、唯新莽鏡独有。	窄素縁	作佳鏡清且明、葆子孫楽未央、車當伝駕騎荘、出圍四馬自有行、男□□侯女嫁王、刻婁博局去不羊、服此鏡为士卿。
46	清白銘帯鏡	前漢	15.50	515.00	2.72	0.58	円形・円鈕・並蒂十二連珠紋鈕座	座外为一周窄輻射紋及内向八連弧紋、弧間有簡単図紋作为点綴。外区有両周窄輻射紋、其間按順時針方向配置四十二字銘文。銘文書体为多円転的装飾隷書。	平素縁	絜精（清）白而事君、怨歡之合明、煥玄錫之流澤、恐疏而日志、慎雍美之窮皚、外承歡之可説、□□泉、願永思而（毋）絶。
53	銅華銘帯	前漢	15.30	605.00	3.29	0.51	円形・円	座外为一周斜輻射紋与凸面圏	寛平素	湅治銅華清明而、

	鏡（拓本）						鈕・四葉紋鈕座	帯及内向八連弧、弧間点綴簡単図紋。外区按順時針方向配置二十八字漢隷銘文。	縁	以之為鏡因宜文章、延年益寿而去不羊、与天無極而。
40	日光昭明重圏銘帯鏡	前漢	15.20	494.00	2.73	0.56	円形・円鈕・並蒂連珠紋鈕座	鈕座外両周凸弦紋圏及細弦紋圏将鏡背分為内外両区、両区皆有篆体銘文。内区為順時針方向八字銘文。毎字之間都夾有一渦形符号。外区為順時針方向二十四字銘文。	平素縁	内区：見日之光、長母相忘。外区：内清質以昭明、光輝象夫日月、心忽揚而願忠、然塞而不泄。
120	伯牙陳楽鏡（残片）	魏晋	復原：15.20 残片長：10.90 寛3.60	60.00		0.38	円形・円鈕・円鈕座	由残片弧度復原、此鏡完整直径応為15.20。根拠残片弧度60度内有銘文八個半字推算、全鏡応有銘文五十二字。拠推測、全文応為。残片僅剰十字。其紋飾精美。	斜辺窄素縁	残片僅剰十字：疆、白（伯）耳（牙）陳楽、衆神見容、天。
54	日有憙銘帯鏡	前漢	14.60	481.00	2.22	0.56	円形・円鈕・並蒂十二連珠紋鈕座	座外有三周窄輻射紋及一周凸弦紋帯、凸弦紋外為内向八連弧紋帯、連弧紋及頂部均有装飾紋様。両周短斜線紋間按順時針方向均布三十二字隷書銘文。	寛素縁	日有憙、月有富、楽毋事、宜酒食、居而必安、毋憂患、芋瑟侍、心志歓、楽以茂兮、固常然。
6	四龍菱紋鏡	戦国・前漢	14.50	177.00	1.07	0.45	円形・三弦鈕・円形鈕座	座外囲以一圏清晰的雲雷地紋。座外両周凹面形寛帯（含凸弦紋）之間、是布有雲雷地紋的主紋区。主紋為四龍紋、四龍皆引頸昂首、対天長吟。其前肢粗壮、龍爪鋭利、一爪上掲、一爪按地。龍身中部緊貼鏡縁、龍尾作Ｃ形蜷曲。四組菱紋両両相対、両組為標準的連貫式、両組簡化成Ｖ形、勾連龍尾。内凹弧直立辺。	凹素縁	
48	清白銘帯鏡	前漢	14.50	355.00	2.15	0.50	円形・円鈕・並蒂十二連珠紋鈕座	座外為一周窄輻射紋与凸面圏帯及内向八連弧紋、弧間有簡単図紋作為点綴。外区有両周窄輻射紋、其間按順時針方向配置二十七字銘文。此鏡銘文書体為多方折的装飾隷書。	平素縁	絜清白而事君、志歓之合明、□玄錫之流澤、恐疏而日忘、而可説兮。
82	駕蛮龍神獣博局鏡	新莽	14.30	517.00	3.23	0.52	円形・円鈕・円鈕座	座外囲以一周円形粗凸弦紋、其内均布帯座八乳釘、乳釘間有四組三角斜線紋和雲気紋。凸弦紋外為無Ｌ紋的ＴＶ博局紋、其間均布神獣。紋外按順時針方向環布二十四字懸針篆銘文。	窄素縁	駕非（蜚）龍、無（乗）浮雲、上大山、見神人、食玉英、飲禮（醴）泉、宜官秩、葆子孫。
90	照容銘博局鏡（拓本）	後漢	14.00	517.00	3.36	0.51	円形・円鈕・円鈕座	座外囲以凹面方框、框外均布八乳釘和四個博局紋的Ｔ紋。Ｔ紋与ＬＶ紋之間按順時針方向均布十八字多減筆仮的懸針篆銘文。銘文外有不規則的四霊図案（欠玄武）、在青龍和白虎対面皆有匍匐的羽人与之相対。		召（照）容□（貌）身萬泉（全）、見衣服好可□（観）、宜佳人心意歓。
30	四乳草葉銘文鏡	前漢	13.80（漢尺6寸）	240.00	1.63	0.36	円形・円鈕・四葉紋鈕座	座外囲以両個凹面方框、其間按順時針方向繞鈕均布八字繆篆体銘文。方框外四辺中心処各有一枚乳釘、乳釘両側各置一組双畳草葉紋（麦穂紋）。方框四角各向外伸出一双弁花枝紋。	内向十六連弧紋縁	見日之光、長母相忘。
95	長宜子孫八字連弧紋鏡（拓本）	後漢	13.80（漢尺6寸）	218.00	1.45	0.24	円形・円鈕・四片蝙蝠形葉紋鈕座	其葉間均布変体懸針篆四字銘文、「長宜子孫」。葉文和銘文外囲以一凸面圏帯和内向八連弧紋、其間八個小空間内、均匀間隔分布四個小圏紋和四字銘文「位至三公」。	斜辺寛素縁	内：長宜子孫。外：位至三公。
101	対置式神	後漢	13.70	345.00	2.35	0.56	円形・円	主紋区間隔配置四神四獣。主	巻草紋	

第五章　王綱懷編著『三槐堂蔵鏡』について　333

	獣鏡（拓本）		（漢尺6寸）			鈕・円鈕座	紋外布半円和方枚各十個、相間環繞。方枚中各有一字、除「官」字外、余者皆難弁識。辺縁内為図案化的珍禽異獣。	縁
12	大楽貴富蟠螭紋博局鏡（拓本）	前漢	13.60（漢尺6寸）	172.00	1.17	0.54	円形・三弦鈕（残）・双龍鈕座	座外囲以双線方框、框内有順時針方向十五字銘文。銘文首尾之間有一作為起訖符号的小魚紋。方框外四辺中点処伸出一個T形、与鏡縁的L形相対、TLV紋均為細密的四線式。	直立辺、卷素縁	大楽貴富、得所好、千秋萬歳、延年益寿。
11	大楽貴富蟠螭紋鏡	前漢	13.50（漢尺6寸）	272.00	1.90	0.74	円形・三弦鈕・双龍鈕座	座外囲以双線圏帯。其間為順時針方向十一字小篆体銘文。迄今所見的円鈕座大楽貴富鏡、基本類同。這一時期的大楽貴富鏡和愁思悲鏡、雖在鏡面上已出現文字、但文字祗作為陪襯、佔有的面積較小。因文字不是主体紋飾、所以不応称為「銘文鏡」。		大楽貴富、千秋萬歳、宜酒食。
64	家常貴富銘文鏡（拓本）	前漢	13.50	422.00	2.95	0.65	円形・円鈕・四葉紋鈕座	主紋区為両周縄紋圏帯、其間以囲有八連珠乳座的四乳釘分為四区、並按逆時針方向在四区内均布「家常貴富」四字。	鏡縁為高差較大的十六連弧紋縁	家常貴富。
98	変形四葉瑞獣対鳳鏡	後漢	13.40	305.00	2.16	0.40	円形・円鈕・円鈕座	四弁桃形葉将紋飾分成四区、毎区有両隻相対而立的鳳鳥、振翅翹尾。四葉弁中部有神獣図案。靠近鏡縁処有内向十六連弧圏、毎個圏内皆有各種姿態之動物。	斜辺寛素縁	
58	居必忠銅華重圏銘帯鏡	前漢	13.20	310.00	2.26	0.47	円形・円鈕・並蒂十二連珠紋鈕座	座外両圏凸弦紋、将鏡面分為内外両区。内区按逆時針方向均布十八字銘文。銘文起訖有渦紋。外区按逆時針方向均布三十二字銘文。		内区：居必忠必信、久而益親、而不信不忠、久而日窮。外区：清治銅華以為鏡、絲組為紀以為信、清光明乎服君卿、千秋萬世、長母相忘。
21	四花弁銘文鏡（拓本）	前漢	12.50	172.00	1.40	0.52	円形・円鈕・鈕外囲以両凹面方框	其間按逆時針方向均布十二字小篆変体銘文。外框外四辺中心各有一個帯弁花苞。	卷素縁	見日之光、天下大陽、服者君卿。
15	圏帯畳圧蟠螭紋鏡（拓本）	前漢	12.40	140.00	1.16	0.43	円形・三弦鈕・円鈕座	座外囲以凹面圏帯。地紋為螺旋放射文、主紋為四組蟠螭紋呈纏繞状。蟠螭紋上畳圧以一周凹面圏帯、圏帯上対称排布四枚乳釘紋。鏡面為典型的水銀古包漿。	卷素縁	
96	吾作変形四葉獣首鏡	後漢	12.20	251.00	2.15	0.27	円形・円鈕・円鈕座	座外囲以蝙蝠形四葉紋、四葉内有粗体懸針篆四字銘文、「長宜子孫」。四葉間配置不同獣首各一。按順時針方向均布四十七字隸書銘文曰。銘文書体為典型的漢碑書体、規整華美。	斜辺窄素縁	内：長宜子孫。外：吾作明竟、幽涷三剛、周彫無亟、衆董主陽、聖徳神明、五月五日丙午日中時、得三光製作師、照見人形、位至三公、子孫吉昌。
110	吾作神人神獣画像鏡	後漢	11.90	181.00	1.63	0.33	円形・円鈕・円鈕座	内区四神及四獣相間環繞、其間有八枚環状乳。四神皆稍側坐、身後啵帛飄揚。両組主神両側二侍。主紋外有半円和方枚各十二個、毎個方枚中一字、連続為銘文。外区有順時針方向五十五字簡隸銘文。	連綿雲紋縁	内区方枚中：吾作明竟、幽涷三商、周克無亟。外区：吾作明竟、幽涷三商、周克無亟。□象萬疆、白（伯）耳（牙）□□□□、□□禄児子孫、曾（増）年蕃昌、長宜孫子、□□□

									□如宜官、位至三公、六大吉鏡宜命長。
62	四乳龍虎鏡	前漢	11.80	365.00	3.27	0.59	円形・円鈕・円鈕座	座外囲以両周斜輻射紋、其間以帯座四乳釘将主紋区分割成四区、区内交錯配置両龍、両虎。寛平素縁中嵌入一周双線鋸歯紋圏帯。此鏡通体黒漆古包漿。	鏡縁変為窄平素縁
4	四山鏡	戦国	11.70（戦国尺5寸）	209.00	1.92	0.50	円形・三弦鈕・方鈕座	座周囲為凹面帯方格。鏡背紋飾由主紋与地紋組合而成、地紋為羽状紋。在鈕座四角、向外各伸出四組両個相接的花弁、将鏡背分成四区、其中各有一「山」字紋。内凹弧直立辺。	素縁
5	四山鏡（拓本）	戦国	11.70（戦国尺5寸）					此鏡直径為戦国尺之5寸、結合春秋・戦国以十一連弧紋鏡的標準化、可見中国古代銅鏡的標準化由来已久。	
32	四乳草葉銘文鏡	前漢	11.50（漢尺5寸）	143.00	1.40	0.31	円形・円鈕・四葉紋鈕座	座外囲以細線方格紋和凹面方框各一周、其間環鈕四辺按順時針方向均布八字繆篆体銘文。方框外四角処各有一枚乳釘、釘外接一花苞、乳釘両側各有一組単畳草葉紋（麦穂紋）。方框四角各向外伸出一双弁花枝紋。	内向十六連弧紋縁	見日之光、長楽未央。
24	四花弁銘文鏡	前漢	11.20（漢尺5寸）	194.00	1.97	0.30	円形・三弦鈕・円鈕座	座外依次為一周短斜線紋、凹面圏帯和双線大方格、方格内逆時針方向均布十六字「準繆篆」書体銘文、連続為。	十六連弧紋縁	与天無亟（極）、与地相長、驩（歓）楽如言、長母相忘。
36	星雲鏡	前漢	11.20（漢尺5寸）	240.00	2.42	0.51	円形・連峰鈕・円鈕座	其外囲以内向十六連弧紋。主紋区被均分的四枚帯円座乳釘分割成四区。各区内為一組由五枚小乳釘和曲線組成的星雲紋。	内向十六連弧紋縁
100	変形四葉鏡（拓本）	後漢	10.90	215.00	2.31	0.42	円形・円鈕・円鈕座	座外伸出四片双弁葉、将主紋分成四区。其外為凸面十六連弧紋及一圏凹面圏帯。	斜辺寛平素縁
116	龍虎鏡	後漢・魏晋	10.50	183.00	2.10	0.60	円形・円鈕・円鈕座	座外主紋区一龍一虎環鈕相対。外区紋飾依次為輻射紋・鋸歯紋・細弦紋和鋸歯紋等。	斜三角縁
22	四葉銘文鏡（拓本）	前漢	10.30	110.00	1.33	0.51	円形・三弦鈕・鈕外囲以凹面方框及細線方格	両者間以逆時針方向環繞排列十二字小篆変体銘文。四角処為対三角図案、方框四辺中心処各向外伸出一片葉弁紋、以為襯托和点綴。	巻素縁	長相思、母相忘、常貴富、楽未央。
34	四乳草葉銘文鏡	前漢	10.20	102.00	1.25	0.28	円形・三弦鈕・鈕外囲以凹面方框和細線方格各一周	其間按逆時針方向環鈕均布八字繆篆体銘文。框外四個帯座乳釘均匀分布形成四区、毎区主紋飾皆為単畳草葉紋、両側各有一片巻葉。	内向十六連弧紋縁	天上見長、心思君王。
18	双龍鏡	前漢	9.90	106.00	1.38	0.31	円形・円鈕・四葉紋鈕座	座外囲以一圏縄紋。主紋為岩画式的単線双龍、呈隔鈕相対状。双龍的眼・嘴・鼻突出、龍爪極其鮮明。四乳釘均布在龍身和龍首尾処。	巻素縁
91	禽獣博局鏡（拓本）	後漢	9.90	133.00	1.73	0.30	円形・円鈕・円鈕座	座外為細銭方格和凹面方框。主紋区ＴＬＶ博局紋和四乳均布分成四区。伝統的四霊在此鏡中出現変化、上方為張口展翅朱雀、下方為亀蛇分離的玄武、青龍・白虎変成両虎隔鈕相対。主紋区空間満布雲気紋。外区由内向外三周紋飾分別是斜輻射紋・凸面寛弦紋和	素縁

第五章　王綱懷編著『三槐堂蔵鏡』について　335

							双線波紋。		
63	四乳龍虎鏡(拓本)	前漢	9.80	226.00	3.00	0.58	円形・円鈕・円座	座外囲以一周凸弦紋圏。主紋区有両周窄幅射紋圏、其間以帯座四乳釘将主紋区分割成四区、八隻立鳥両両分布、相対而立。上佳黒漆古包漿。	特寛平素縁	
117	双虎鏡	三国	9.70	120.00	1.62	0.38	円形・円鈕	鈕外双虎相対。由主紋区向外四周紋飾依次是為細弦紋・輻射紋・鋸歯紋等。	斜三角縁	
118	龍虎戯銭鏡	三国	9.30	121.00	1.78	0.36	円形・円鈕・円鈕座	座外双虎相対、二者頭部之間有一五銖銭紋、尾部相接処也有一古銭紋。主紋外紋飾是細弦紋・輻射紋・鋸歯紋和単線波形紋等。	斜三角縁	
42	昭明銘帯鏡	前漢	9.00	72.00	1.13	0.28	円形・円鈕・円鈕座	座外為内向八連弧紋、連弧与鈕座間均布以短直線組相連。主紋区両周輻射紋間、有九字小篆美術体銘文。字間有「而」字。	寛平素縁	内清以昭明、光象日月。
37	日光重圏鏡(拓本)	前漢	8.70	165.00	2.80	0.58	円形・円鈕・円鈕座	座外一周凸面圏帯。主紋区是在両周斜輻射紋之間、按順時針方向配置的八字小篆銘文。各字間分別間隔以斜「田」字和螺旋紋符号。	寛辺素縁	
16	常貴銘方格蟠螭紋鏡(拓本)	前漢	8.60	41.00	0.71	0.19	円形・三弦鈕・鈕座外囲以凹面小方框及双線大方框	両方框間有作為主紋的銘文、順時針方向八字連続為。銘文書体係小篆改円転為方折、是繆篆的雛形。紋飾由地紋与蟠螭紋組合而成、地紋為斜線紋及重畳三角紋。	巻素縁	常貴、楽未央、母相忘。
2	素鏡	周	8.30	33.00	0.61	0.09	円形・橄欖形鈕	此鏡円整度規範、辺縁処略有凸起、可見加工痕跡、鏡体軽薄、応属早期銅鏡的典型器物。流行時間較長、年代定為西周和東周（春秋）皆可。		
23	四乳草葉銘文鏡(拓本)	前漢	8.30	60.00	1.05	0.26	円形・両弦鈕・鈕外囲以凹面方框	方框四角各伸出一組双畳草葉紋。主紋以均布的四乳釘与草葉分割為八区、其中各嵌一字、共八字。銘文云。	巻素縁	見日之光、天下大明。
122	飛鳥雲紋鏡	南北朝	8.20	120.00	2.26	0.51	円形・円鈕・円鈕座	鈕及鈕座下畳圧一飛鳥。其外依次為間距較寛的輻射紋・細長鋸歯紋和細弦紋。	斜三角縁	
14	四乳獣面蟠螭紋鏡(拓本)	前漢	8.10	60.00	1.15	0.32	円形・三弦鈕・鈕座外囲以凹面環形帯	紋飾由主紋与地紋組合而成、地紋為雲雷紋、主紋為不対称分布的四組獣面蟠螭紋、其注三獣似兔、一獣似猴、前所未見。		
17	日光銘方格蟠螭紋鏡(拓本)	前漢	7.30	19.00	0.45	0.15	円形・三弦鈕・鈕座外囲以凹面小方框及双線大方框	此鏡紋飾与前鏡類似、唯銘文内容為異。同類鏡中、『岩窟蔵鏡』中鏡之銘文為「見日之光、所言必当」。遼寧西豊西漢墓出土鏡銘文為「見日之光、長母相忘」。本鏡銘文与同類鏡均不同、却与以後的標準日光鏡相同、応為前漢中期纔問世之日光鏡的源頭器物。		見日之光、天下大明。
38	久不相見連弧紋鏡	前漢	7.30	76.00	1.80	0.34	円形・円鈕・円鈕座	座外為一圏内向八連弧紋、鈕座周囲均匀地伸出四条短弧線。連弧紋外有両条細弦紋圏帯、其間按順時針方向配置八字銘文。毎字間隔以斜「田」字或螺旋紋符号。	寛素縁	久不相見、長母相忘。
1	素鏡	殷周	6.40	56.00	1.75	0.25-0.30	円形・弓形鈕	円整度較差、鏡面無凸凹、製作工芸簡単。		

最大は新莽鏡の尚方鳳凰翼翼四霊博局鏡の21.10cmであるが、20cmを超える大鏡は3鏡

で、新莽鏡2，後漢鏡1である。王綱懐氏が大鏡の基準とした漢尺8寸、18.2cm以上は15鏡であるが、時代別内訳は新莽鏡6、後漢鏡5鏡、前漢鏡3鏡、秦鏡1となる。これも新莽鏡、後漢鏡に大鏡が多く、前漢鏡は少ないということなる。

次に【表5－1】から、王綱懐氏がいうm値についてデータ整理をしてみよう。m値は銅鏡の単位面積当たりの平均重量という。これの計算方法など、その基礎データの詳細は示されていないが、先の第一節　中国古代銅鏡文化史中で、各鏡のなかで、【2　素鏡周】について、

> この類の素鏡は製作粗陋で当時として一定の代表性はある。m値（銅鏡単位面積当たりの平均重量g／cm²）は小さく、銅材は稀少、鋳鏡の時に用料に節約があったと説明される。当時生産力の水準は低く、有限な国力のゆえに鉱産者、工匠はただ能く王室と諸侯など少数の人のために服務し、普段の日常生活用品に精品を出すのが難しいのは、当然なのだ。

とか、【17　日光銘方格蟠螭紋鏡（拓本）前漢】について、

> この鏡の銘文面積は鏡面百分の二十以上を占め、銘文はすでに完全に主体的紋飾であり、応に称して銘文鏡となすことができる。その字体書法は最も早い繆篆である。この鏡は鏡体軽薄で、さらに脱胎失重させて、もってm値を小に致し、その結果信じられない0.45というものに到った。

また、【28　四乳草葉銘文鏡】について、

> この鏡は円形鈕でなく、m値は高いほうで、製作はやや粗製が在るのが目立ち、応に盛行期の標準器物ではないとすべき。

さらに、【29　四乳草葉銘文鏡（拓本）前漢】には、

> 前漢の草葉銘文鏡は盛行期の標準器物に在って、極めて規整であり、尺寸基準の系列を除くほか、m値の範囲もまた規律が有り、一般に1.5～2.0の間に在る。この後の昭明大鏡・清白鏡・君忘忘鏡・銅華鏡・日有憙鏡・君有遠行鏡などの鋳製精良の大尺寸の鏡は多く官鋳であり、そのm値は一般に2.5～3.5の間に在った。

と見えている。ともかく示されたm値に注目して、【表5－5】三槐堂蔵鏡・m値大小順データを作成しよう。

【表5－5】　三槐堂蔵鏡（王綱懐編著）m値大小順データ

番号	名称	時代	径／cm	重・g	m値	縁厚／mm	鈕・鈕座形式	形態	辺縁	銘文
78	賢者戒己四霊博局鏡（拓本）	新莽	16.30（莽尺7寸）	770.00	3.69	0.54	円形・円鈕・円鈕座	座外囲以両周凸弦紋，其内間隔均布八乳釘及雲気紋。凸弦紋外由帯座四乳及ＴＬＶ博局紋区分的四方，分別配置四零、青龍・白虎・朱雀・玄武。四霊之間布有雲気紋。博局紋区外按逆時針方向環布二十三字簡隷書体銘文。		賢者戒己乍（作）為右、忘忘（荒）母以象君子、二親有疾身常在、時時（侍侍）。
50	銅華銘帯鏡	前漢	18.90（漢尺8寸）	965.00	3.43	0.66	円形・円鈕・並蒂十二連珠	鈕座以凹面素地紋将相隣的三個連珠合成一組，共四組拱鈕而囲。座外為斜輻射紋与凸面	寛平素縁	凍治銅華清而明、以之為鏡宜文章、延年益寿去不羊、

第五章　王綱懐編著『三槐堂蔵鏡』について　337

						紋鈕座	圈帯及及内向八連弧、弧間点綴簡単紋飾。外区有両周斜幅射紋、其間按順時針方向配置三十六字銘文。此鏡銘文首尾有字形区分符号、末句応欠「未央」両字。書体為規範的漢隷、文字筆画稍有簡化。		与天無極如日月之光、千秋萬歳、長楽。
68	上華山鳳凰侯四霊博局鏡	新莽	20.70（莽尺9寸）	1142.00	3.39	0.54	円形・円鈕・円鈕座	座外囲以細銭方格和凹面方框各一周。方框内間隔均布十二乳釘及十二地支文。框外由帯座八乳及ＴＬＶ博局紋区分四方、分別配置青龍・朱雀・白虎・玄武。博局紋区外按順時針方向環布四十二字懸針篆銘文。	窄素縁	上華山、鳳皇侯、見神鮮（仙）、保長命、寿萬年、周復始、伝子孫、福禄祉、日以前、食玉英、飲禮（醴）泉、駕青龍、乗浮雲、白虎弓（引）。
90	照容銘博局鏡（拓本）	後漢	14.00	517.00	3.36	0.51	円形・円鈕・円鈕座	座外囲以凹面方框、框外均布八乳釘和四個博局紋的Ｔ紋。Ｔ紋与ＬＶ紋之間按順時針方向均布十八字多減筆減仮的懸針篆銘文。銘文外有不規則的四霊図案（欠玄武）、在青龍和白虎対首皆有匍匐的羽人与之相対。		召（照）容□（貌）身萬泉（全）、見衣服好可□（観）、宜佳人心意欲。
52	銅華銘帯鏡（拓本）	前漢	18.70（漢尺8寸）	922.00	3.35	0.65	円形・円鈕・並蒂十二連珠紋鈕座	鈕座以凹面素地紋将相隣的三個連珠合成一組、共分四組拱鈕而囲。座外為斜幅射紋与凸面圏帯及内向八連弧、弧間点綴簡単紋飾。外区有両周斜幅射紋、其間按順時針方向配置四十字漢隷銘文。	寛平素縁	凍治銅華清而明、以之為鏡宜文章、延年益寿去不羊、与天無極如日月、千秋萬歳、長楽未央、長母相忘。
60	四乳四鳦鏡	前漢	16.00	720.00	3.33	0.59	円形・円鈕・四葉紋鈕座	座外囲以一周斜幅射紋和凸弦紋圏。主紋区在両周斜幅射紋之間、以四枚帯座乳釘分割成四区、区内格配置一条鈎状鳦蟲。鳦体上下各有一帯羽冠立鳥和無羽冠立鳥。全鏡黒漆古包裹。	特寛平素縁	
53	銅華銘帯鏡（拓本）	前漢	15.30	605.00	3.29	0.51	円形・円鈕・四葉紋鈕座	座外為一周斜幅射紋与凸面圏帯及向内八連弧、弧間点綴簡単図紋。外区按順時針方向配置二十八字漢隷銘文。	寛平素縁	凍治銅華清明而、以之為鏡因宜文章、延年益寿而去不羊、与天無極而。
62	四乳龍虎鏡	前漢	11.80	365.00	3.27	0.59	円形・円鈕・円鈕座	座外囲以両周斜幅射紋、其間以帯座四乳釘将主紋区分割成四区、区内交錯配置両龍・両虎。寛平素縁中嵌入一周双線鋸歯紋匿帯。此鏡通体黒漆古包裹。	鏡縁変為窄平素縁	
82	駕蜚龍神獣博局鏡	新莽	14.30	517.00	3.23	0.52	円形・円鈕・円鈕座	座外囲以一周円形粗凸弦紋、其内均布帯座八乳釘、乳釘間有四組三角斜線紋和雲気紋。凸弦紋区外為無Ｌ紋的ＴＶ博局紋、其間均布神獣。紋外按順時針方向環布二十四字懸針篆銘文。	窄素縁	駕非（蜚）龍、無（乗）浮雲、上大山、見神人、食玉英、飲禮（醴）泉、宜官秩、葆子孫。
92	四乳禽獣鏡（拓本）	後漢	17.80	791.00	3.18	0.63	円形・円鈕・大四葉紋鈕座	座外主紋区両周幅射紋内、由帯座四乳分成四区。毎区両個禽獣、依次為猛虎逐鹿、雀鳥望獣。神鹿喚龍、双禽呼応。	寛平巻素縁	
74	刻妻銘四霊博局鏡	新莽	15・70	606.00	3.12	0.48	円形・円鈕・円鈕座	座外囲以細銭方格和凹面方框各一周。框内間隔均布十二乳釘及十二地支銘文。框外由帯座八乳及ＴＬＶ博局紋区分四方、分別配置四霊、龍虎位置反向。博局紋区外按順時針方向環布四十六字漢隷銘文。「出園四馬」的「四」字用四横通仮、唯新莽鏡独有。	窄素縁	作佳鏡清且明、葆子孫楽未央、車當伝駕騎趣荘、出園四馬自有行、男□□侯女嫁王、刻妻博局去不羊、服此鏡為上卿。

338　第二部　中国における古代銅鏡文化研究の伝統と各博物館銅鏡目録データベース

81	善銅四霊博局鏡(拓本)	新莽	17.10	716.00	3.11	0.51	円形・円鈕・円鈕座	座外囲以凸弦紋和凹面方框各一周、框内間隔均布十二乳釘及十二地支銘文。框外博局紋外按順時針方向環布二十六字懸針篆書体銘文。	連綿雲気紋縁	新有善銅出丹陽、和已銀錫清且明、左龍右虎主四彭、朱爵(雀)玄武順。
44	清白銘帯鏡	前漢	17.40	720.00	3.03	0.70	円形・円鈕・並蒂十二連珠紋鈕座	座外囲以一周窄輻射紋与凸面圏帯紋及内向八連弧紋、弧間点綴簡単図紋。外区両周輻射紋、其間按順時針方向配置三十一字変体篆隷銘文。鏡中銘文字体簡筆較多。		絜清白而事君、志汙之合明、玄錫之流澤、恐疏而日忘、美人外承可兌(説)、願思written絶。
70	刻婁銘四霊博局鏡	新莽	18.70(莽尺8寸)	830.00	3.02	0.51	円形・円鈕・円鈕座	座外囲以細銭方格和凹面方框各一周。其内間隔環繞十二乳釘及十二地支文。方框外有帯連弧紋座的八乳及ＴＬＶ博局紋区分的四方八極、均布四霊及伴獣。主紋外按順時針方向布五十六字少篆多隷的銘文。通体黒漆古包漿。	辺縁紋飾為常規的連綿雲気紋	新有善銅出丹陽、和以銀錫清且明、左龍右虎掌四彭、朱雀玄武順陰陽、八子九孫治中央、刻婁博局去不羊、家常大富宜君王、千秋萬歳楽未央。
66	鳳凰翼翼四霊博局鏡	新莽	21.10(莽尺9寸)	1055.00	3.01	0.62	円形・円鈕・四葉紋鈕座	座外囲以細銭方格和凹面方框各一周。方框内間隔均布十二乳釘及十二地支文。方框外有八乳及ＴＬＶ博局紋区分的四方、分別配置青龍・朱雀・白虎・玄武。博局紋区外按順時針方向環布四十二字懸針篆銘文曰。其中「二」字用双魚表示、極富想像力。	窄素縁	鳳皇翼翼在鏡則(側)、致賀君家受大福、官位尊顕蒙禄食、幸達時年獲嘉徳、長保二親得天力、伝之後世楽母已。
63	四乳八禽鏡(拓本)	前漢	9.80	226.00	3.00	0.58	円形・円鈕・円鈕座	座外囲以一周凸弦紋圏。主紋区有両周窄輻射紋圏、其間以帯座四乳釘将主紋区分割成四区、八隻立鳥両両分布、相対而立。上佳黒漆古包漿。	特寛平素縁	
64	家常貴富銘文鏡(拓本)	前漢	13.50	422.00	2.95	0.65	円形・円鈕・四葉紋鈕座	主紋区為両周縄紋圏帯、其間以囲有八連珠乳座的四乳釘分為四区、並按逆時針方向在四区内均布「家常貴富」四字。	鏡縁為高差較大的十六連弧紋縁	家常貴富。
80	照匈脅四霊博局鏡	新莽	16.60(莽尺7寸)	632.00	2.93	0.56	円形・円鈕・円鈕座	座外囲以細銭方格和凹面方框各一周。細銭方格内四角有「長宜子孫」四字。框内十二乳釘之間的十二地支位置、皆以相似的四角幾何図形代替。紋飾間按順時針方向環布四十二字篆隷変体銘文。	窄素縁	内：長宜子孫。外：照匈脅身萬全、象衣服好可観、宜佳人心意歓、長裳(堂)志固常然、食玉英飲澧(醴)泉、駕蛟龍乗浮雲、周復始伝子孫。
65	尚方四霊博局鏡(拓本)	新莽	18.60(莽尺8寸)	791.00	2.91	0.55	円形・円鈕・大四葉紋鈕座	座外細銭方格和凹面方框間均布十二乳釘和十二地支。主紋区外沿順時針方向均布五十一字漢隷銘文。		尚方作竟真大好、上有仙人不知老、渇飲玉泉飢食棗、浮游天下敖四海、徘回(徊)名山采之(芝)草、寿如金石為国保、大富昌、子孫備、具中央。
37	日光重圏鏡(拓本)	前漢	8.70	165.00	2.80	0.58	円形・円鈕・円鈕座	座外一周凸面圏帯。主紋区是在両周斜輻射紋之間、按順時針方向配置的八字小篆体銘文。各字間分別間隔以斜「田」字和螺旋紋符号。	寛平素縁	見日之光、天下大明。
102	神人車馬画像鏡	後漢	21.00	956.00	2.76	1.15	円形・円鈕・外囲連珠紋圏帯	円座四乳将主紋区分成四区。両区皆為六駕馬車、車有華蓋、車輿為方形、両側及前面有帷蔽、上部開窗。一区一神侍、主神体態較大、戴官帽端坐、後有両個長袖起舞之羽人。一区一神一侍、主神体態又大、	斜三角縁	

第五章　王綱懐編著『三槐堂蔵鏡』について　339

							髪髻高聳、端坐、後有四個舞者。両主神当是東王公・西王母。主紋区外依次囲以細弦紋・輻射紋。辺縁以五虎頭為主紋飾。		
40	日光昭明重圏銘帯鏡	前漢	15.20	494.00	2.73	0.56	円形・円鈕・並蒂連珠紋鈕座	鈕座外両周凸弦紋圏及細弦紋圏将鏡背分為内外両区、両区皆以篆体銘文。内区為順時針方向八字銘文。毎字之間都夾有一渦形符号。外区為順時針方向二十四字銘文。	平素縁	内区：見日之光、長母相忘。外区：内清質以昭明、光輝象乎夫日月、心忽揚而願忠、然塞而不泄。
46	清白銘帯鏡	前漢	15.50	515.00	2.72	0.58	円形・円鈕・並蒂十二連珠紋鈕座	座外為一周窄輻射紋及内向八連弧紋、弧間有簡単図紋作為点綴。外区有両周窄輻射紋、其間按順時針方向配置四十二字銘文。銘文書体為多円転的装飾隷書。	平素縁	絜精（清）白而事君、怨歓之合明、煥玄錫之流澤、恐疏而日忘、慎靡美之窮體、外承歓之可説、□□泉、願永思而（母）絶。
84	新朝治竟四霊博局鏡（拓本）	新莽	19.70	828.00	2.72	0.47	円形・円鈕・円鈕座	座外囲以細銭方格和凹面方框各一周。其内間隔均布十二乳釘和十二地支。框外均布八乳釘和ＴＬＶ博局紋。主紋区内按順時針方向環布三十七字懸針篆銘文。	連綿雲気紋縁	新朝治竟子孫息、多賀君家受大福、位至公卿蒙禄食、幸得時年獲嘉徳、伝之後世楽無亟、大吉。
79	日有憙四霊博局鏡（拓本）	新莽	16.60（莽尺7寸）	588.00	2.72	0.42	円形・円鈕・円鈕座	座外囲以細銭方格和凹面方框各一周。方框内間隔均布十二乳釘及十二地支銘文。方框外由八乳及ＴＬＶ博局紋区分四方、分別配置四霊、博局紋区外按順時針方向環布二十九字懸針篆銘文。		日有憙、楽母事、宜酒食、居而必安、母憂患、于（芋）瑟侍、心志歓、楽以哉、故常然、月内。
56	君忘忘銘帯鏡	前漢	17.00	615・00	2.71	0.74	円形・円鈕・並蒂十二連珠紋鈕座	座外有一周窄輻射紋与凸面圏帯及向八連弧紋、弧間有四蜜蜂紋和四山林等図紋作点綴。外句有両周輻射紋、其間按順時針方向配置三十一字美術体隷書銘文。	寛平素縁	君忘忘而先志兮、愛使心央者、与不可尽行、心汙結而独愁、明知非不可久、更已。
89	四霊博局鏡（拓本）	後漢	16.50（漢尺7寸）	557.00	2.60	0.43	円形・円鈕・円鈕座	座外囲以細銭方格和凹面方框各一周。方框内間隔均布十二乳釘和十二地支文。方框外有八乳及ＴＬＶ博局紋区分的四方、分別配置青龍・朱雀・白虎・玄武等。四霊間布満雲気紋。	連綿花枝紋縁	子丑寅卯辰巳午未申西戌亥。
106	袁氏神人龍虎画像鏡	後漢	18.30（漢尺8寸）	652.00	2.48	0.69	円形・円鈕・円鈕座	連珠紋円座四乳将主紋区分成四区、両区分別為一龍一虎、另両区皆為一神二侍、従冠飾可区分為東王公・西王母。図案之間布満雲気紋。四乳外按順時針方向環布五十一字隷書銘文。	斜三角縁	袁氏作竟真大巧、上有東王公・西王母、青龍在左辟邪居右、仙人子喬赤誦子、千秋萬年不知老、位至三公賈萬倍、辟去不羊利孫子。
112	龍虎瑞獣画像鏡	後漢	19.90	759.00	2.44	0.98	円形・円鈕・円鈕座	座外連珠紋円座四乳将主紋区分成四区、分別飾以龍・虎・独角獣和馬。龍作前視、余三獣作回首状。馬背上為一羽人。龍尾上方有一倒立羽人。虎口大張、尖歯外露、虎尾処有「白虎」明。主紋外依次囲以細弦紋・輻射紋・細鋸歯紋・連綿雲藻紋等。	窄素縁	
85	朱氏四霊博局鏡（拓本）	新莽	17.10	560.00	2.43	0.47	円形・円鈕・円鈕座	座外省略十二地支後直接囲以凹面方框、框外有短粗ＴＬＶ博局紋和八乳釘均布形成四区八極。主紋区内順時針方向均布三十七字漢隷銘文。全鏡水銀古包漿。		未（朱）氏明竟（鏡）快人竟（息）、上有龍虎四時宜、常保二親宜酒食。

36	星雲鏡	前漢	11.20（漢尺5寸）	240.00	2.42	0.51	円形・連峰鈕・円鈕座	其外囲以内向十六連紋。主紋区被均分的四枚帯円座乳釘分割成四区。各区内為一組由五枚小乳釘和曲線組成的星雲紋。	内向十六連弧紋縁	
88	王氏四霊博局鏡（拓本）	新莽	18.70（漢尺8寸）	650.00	2.36	0.49	円形・円鈕・大四葉紋鈕座	座外細銭方格和凹面方框。其間環鈕均布十二乳釘和十二地支。框外博局紋和乳釘形成四区八極、均布四霊。主紋区外順時針方向布四十八字漢隷銘文。	連綿雲気紋素縁	王氏作竟四夷服、多賀新家人民息、胡虜珍滅天下復、風雨時節五穀熟、長保二親子孫力、官位尊顕蒙禄食、伝告後世同敬。
101	対置式神獣鏡（拓本）	後漢	13.70（漢尺6寸）	345.00	2.35	0.56	円形・円鈕・円鈕座	主紋区間隔配置四神四獣。主紋外布半円和方枚各四個、相間環繞。方枚中各有一字、除「官」字外、余者皆難弁識。辺縁内為図案化的珍禽異獣。	巻草紋縁	
28	四乳草葉銘文鏡	前漢	16.10（漢尺7寸）	473.00	2.32	0.40	円形・伏獣鈕	鈕座外為四個凹面方框。其間以順時針方向繞鈕分布八字繆篆体銘文。方框外四辺中心処各有一乳釘、乳釘両側各有一組双畳草葉紋。	内向十六連弧紋縁	見日之光、天下大明。
100	変形四葉鏡（拓本）	後漢	10.90	215.00	2.31	0.42	円形・円鈕・円鈕座	座外伸出四片双弁葉、将主紋分成四区。其外為凸面十六連弧紋及一圏凹面圏帯。	斜辺寛平素縁	
94	八連弧雲雷紋鏡（拓本）	後漢	17.70	561.00	2.28	0.47	円形・円鈕・大四葉紋鈕座	四葉間各布一字、按順時針方向連続為「長宜子孫」。座外各有一周斜輻射紋和凸弦紋圏。圏外為内向八連弧紋、再外為両周斜輻射紋、其間主紋飾為八組雲雷紋、雲雷紋由円圏紋及対称的双重尖三角紋組成。	斜辺寛素縁	長宜子孫。
58	居必忠銅華重圏銘帯鏡	前漢	13.20	310.00	2.26	0.47	円形・円鈕・並蒂十二連珠紋鈕座	座外両圏凸弦紋、将鏡面分為内外両区。内区按逆時針方向均布十八字銘文。銘文起訖有渦紋。外区按逆時針方向均布三十二字銘文。		内区：居必忠必信、久而益親、而不信不忠、久而曰窮。外区：清治銅華以為鏡、絲組為紀以為信、清光明乎服君卿、千秋萬世、長母相忘。
122	飛鳥雲紋鏡	南北朝	8.20	120.00	2.26	0.51	円形・円鈕・円鈕座	鈕及鈕座下畳圧一飛鳥。其外依次為間距較寛的輻射紋・細長鋸歯紋和細弦紋。	斜三角縁	
86	泰言四霊博局鏡	新莽	16.40（莽尺7寸）	550.00	2.23	0.42	円形・円鈕・円鈕座	座外一周細銭方格和凹面方框。其内間隔均布十二乳釘和十二地支。框外TLV博局紋和八乳均布。両周細弦紋間按順時針方向環布三十五字懸針篆変体銘文。		泰言之紀従鏡始、倉（蒼）龍在左虎在右、辟去布羊宜古市、長保二親□□□、寿□金石□王母。
54	日有憙銘帯鏡	前漢	14.60	481.00	2.22	0.56	円形・円鈕・並蒂十二連珠紋鈕座	座外有三周窄輻射紋、一周凸弦紋帯、凸弦紋外為内向八連弧紋帯、連弧間及頂部均有装飾紋様。両周短斜線紋間按順時針方向均布三十二字隷書銘文。	寛素縁	日有憙、月有富、楽母事、宜酒食、居而必安、母憂患、芉瑟侍、心志歓、楽以茂与、官常然。
98	変形四葉瑞獣対鳳鏡	後漢	13.40	305.00	2.16	0.40	円形・円鈕・円鈕座	四弁桃形葉将紋飾分成四区、毎区有両隻相対而立的鳳鳥、振翅翹尾。四葉弁中部有神獣図案。靠近鏡縁処有内向十六連弧圏、毎個圏内皆有各種姿態之動物。	斜辺寛素縁	
48	清白銘帯鏡	前漢	14.50	355.00	2.15	0.50	円形・円鈕・並蒂十二連珠紋鈕座	座外為一周窄輻射紋与凸面圏帯及及内向八連弧紋、弧間有簡単図紋作為点綴。外区有両周窄輻射紋、其間按順時針方向配置二十七字銘文。此鏡銘文書体為多方折的装飾隷書。	平素縁	絜清白而事君、志歓之合明、□玄錫之流澤、恐疏而日忘、而可説兮。

第五章　王綱懐編著『三槐堂蔵鏡』について　341

96	吾作変形四葉獣首鏡	後漢	12.20	251.00	2.15	0.27	円形・円鈕・円座	座外囲以蝙蝠形四葉紋、四葉内有粗懸針篆四字銘文、「長宜子孫」。四葉間配置不同獣首各一。按順時針方向均布四十七字隷書銘文曰。銘文書体為典型的漢碑書体、規整華美。	斜辺窄素縁	内：長宜子孫。外：吾作明竟、幽涷三剛、周刻無亟、衆童主陽、聖徳神明、五月五日丙午日中時、得三光製作、師照見人形、位至三公、子孫吉昌。
116	龍虎鏡	後漢・魏晋	10.50	183.00	2.10	0.60	円形・円鈕・円座	座外主紋区一龍一虎環鈕相対。外区紋飾依次為輻射紋、鋸歯紋、細弦紋和鋸歯紋等。	斜三角縁	
24	四花弁銘文鏡	前漢	11.20（漢尺5寸）	194.00	1.97	0.30	円形・三弦鈕・円鈕座	座外依次為一周短斜線紋、凹面圏帯和双線大方格、方格内逆時針方向均布十六字「準繆篆」書体銘文、連続為。	十六連弧縁	与天無亟（極）、与地相長、驩（歓）楽如言、長母相忘。
104	神人白馬画像鏡	後漢	19.00	544.00	1.96	0.83	円形・円鈕・円座	座外為一圏凹面方框。框外円座四乳将主紋区分成四区。一区為羽人駕飛龍、羽人長髪後飄、飛龍長角・細耳・張嘴・吐舌、龍身呈S形。一区神人頭戴高冠、駕騎疾駆。白馬曲頸回顧、一前足誇張地伸向半空。一区為東王公、戴高冠端坐、前有両羽人跪拝、後有羽人倒立献技。一区為西王母、辺侍羽人等。紋飾空間処有銘文「東王公」・「西王母」・「白馬」。	斜三角縁	
4	四山鏡	戦国	11.70（戦国尺5寸）	209.00	1.92	0.50	円形・三弦鈕・方鈕座	座周囲以凹面帯方格。鏡背紋飾由主紋与地紋組合而成、地紋為羽状紋。在鈕座四角、向外各伸出四組両個相接的花弁、将鏡背分成四区、其中各有一「山」字紋。内凹弧直立辺。	素縁	
11	大楽貴富蟠螭紋鏡	前漢	13.50（漢尺6寸）	272.00	1.90	0.74	円形・三弦鈕・双龍鈕座	座外囲以双線圏帯。其間為順時針方向十一字小篆体銘文。迄今所見的円鈕座大楽貴富鏡、基本類同。此一時期的大楽貴富鏡和愁思悲鏡、雖在鏡面上已出現文字、但文字祇作為陪襯、佔有的面積較小。因文字不是主体紋飾、所以不応称為「銘文鏡」。		大楽貴富、千秋萬歳、宜酒食。
93	七乳瑞獣鏡（拓本）	後漢	18.40（漢尺8寸）	491.00	1.85	0.58	円形・円鈕・円座	整体紋飾呈環形分布、由内向外依次為八個帯座乳釘間隔八個地支符号。向外依次為短斜線紋・粗凸弦紋・連続紋飾・短斜線紋及両周細弦紋。主紋飾為七乳釘間配置的羽人・神獣等。辺縁為羽人・神獣・禽鳥・遊魚等。	斜辺窄素縁	
38	久不相見連弧紋鏡	前漢	7.30	76.00	1.80	0.34	円形・円鈕・円座	座外為一圏内向八連弧紋、鈕座周囲均匀地伸出四条短弧線。連弧紋外有両条細弦紋圏帯、其間按順時針方向配置八字銘文。毎字間隔以斜「田」字或螺旋紋符号。	寛素縁	久不相見、長母相忘。
118	龍虎戯銭鏡	三国	9.30	121.00	1.78	0.36	円形・円鈕・円座	座外双虎相対、二者頭部之間有一五鉢銭紋、尾部相接処也有一古銭紋。主紋外紋飾是細弦紋・輻射紋・鋸歯紋和単線波形紋等。	斜三角縁	
1	素鏡	殷周	6.40	56.00	1.75	0.25-0.30	円形・弓形鈕	円整度較差、鏡面無凸凹、製作工芸簡単。		
91	禽獣博局鏡（拓本）	後漢	9.90	133.00	1.73	0.30	円形・円鈕・円座	座外為細銭方格和凹面方框。主紋区ＴＬＶ博局紋和四乳均布分成四区。伝統的四霊在此	素縁	

							鏡中出現変化、上方為張口展翅両朱雀、下方為亀蛇分離的玄武、青龍・白虎変成両虎隔鈕相対。主紋区空間満布雲気紋。外区由内向外三周紋飾分別是斜幅射紋・凸面寛弦紋和双線波紋。		
114	龍虎瑞獣画像鏡	後漢	17.70	422.00	1.72	0.51	円形・円鈕・円鈕座	座外為一周粗弦紋和一周細弦紋、再外囲以凹面方框、框内四角有四字、「長宜子孫」。框外円座四乳将主紋区分成四区、分別飾以四禽獣。四乳与主紋之間満布雲気紋、向外依次囲以細弦紋・輻射紋・鋸歯紋・装飾性紋等。	斜辺窄素縁	長宜子孫。
108	神人神獣画像鏡	後漢	17.80	423.00	1.70	0.52	円形・円鈕・円鈕座	座外囲以凹面方框、框外帯円座四乳将主紋区分成四区。分別飾以龍・虎・双角獣和羽人。羽人双手掌伸開、掌心向上。羽人身後有長頸禽鳥。主紋外依次囲以細弦紋・輻射紋・長鋸歯紋等。	斜三角縁	
26	四乳草葉銘文鏡	前漢	18.20（漢尺8寸）	430.00	1.65	0.46	円形・円鈕・四葉紋鈕座。鈕外囲以両個凹面方框	其間以逆時針方向繞鈕分布十六繆篆体銘文。方框外各辺中心処皆設置一枚乳釘。乳釘両側各有一組双畳草葉紋。	内向十六連弧紋縁	日有憙、宜酒食、長富貴、願相思、久母相忘。
30	四乳草葉銘文鏡	前漢	13.80（漢尺6寸）	240.00	1.63	0.36	円形・円鈕・四葉紋鈕座	座外囲以両個凹面方框、其間按順時針方向繞鈕均分布八字繆篆体銘文。方框外四辺中心処各有一枚乳釘、乳釘両側各置設一組双畳草葉紋（麦穂紋）。方框四角各向外伸出一双弁花枝紋。	内向十六連弧紋縁	見日之光、長母相忘。
110	吾作神人神獣画像鏡	後漢	11.90	181.00	1.63	0.33	円形・円鈕・円鈕座	内区四神及四獣相間環繞、其間有八枚環状乳。四神皆稍側坐、身後岐帛飄揚。両組主神両側二侍。主紋外有半円和方枚各十二個、每個方枚中一字、連続為銘文。外区有順時針方向五十五字簡隷銘文。	連綿雲紋縁	内区方枚中：吾作明竟、幽涷三商、周克無亟。外区：吾作明竟、幽涷三商、周克無亟。□象萬疆、白（伯）耳（牙）□□□□□、□□禄児子孫、曾（増）年蕃昌、長宜孫子、□□□□如宜官、位至三公、六大吉鏡宜命長。
117	双虎鏡	三国	9.70	120.00	1.62	0.38	円形・円鈕	鈕外双虎相対。由主紋区向外四周紋飾依次是為細弦紋・輻射紋・鋸歯紋等。	斜三角縁	
95	長宜子孫八字連弧紋鏡（拓本）	後漢	13.80（漢尺6寸）	218.00	1.45	0.24	円形・円鈕・四片蝙蝠形葉紋鈕座	其葉間均作変体懸針篆四字銘文、「長宜子孫」。葉紋名銘文外囲以一凸面圏帯和内向八連弧紋、其間八個小空間内、均匀間隔分布四個小圏紋和四字銘文「位至三公」。	斜辺寛素縁	内：長宜子孫。外：位至三公。
21	四花弁銘文鏡（拓本）	前漢	12.50	172.00	1.40	0.52	円形・円鈕・鈕外囲以両個凹面方框	其間按逆時針方向均分布十二字小篆変体銘文。外框外四辺中心各有一個帯弁花苞。	巻素縁	見日之光、天下大陽、服者君卿。
32	四乳草葉銘文鏡	前漢	11.50（漢尺5寸）	143.00	1.40	0.31	円形・円鈕・四葉紋鈕座	座外囲以細線方格紋和凹面方框各一周、其間環鈕四辺按順時針方向均分布八字繆篆体銘文。方框外四辺中点処各有一枚乳釘、釘外接一花苞、乳釘両側各有一組単畳草葉紋（麦穂紋）。	内向十六連弧紋縁	見日之光、長楽未央。

第五章　王綱懷編著『三槐堂蔵鏡』について　343

							方框四角各向外伸出一双弁花枝紋。		
18	双龍鏡	前漢	9.90	106.00	1.38	0.31	円形・円鈕・四葉紋鈕座	座外囲以一圏縄紋。主紋為岩画式的単線双龍、呈隔鈕相対状。龍的眼、嘴、鼻突出、龍爪極其鮮明。四乳釘均布在龍身和龍首尾処。	巻素縁	見日之光、天下大明。
22	四葉銘文鏡（拓本）	前漢	10.30	110.00	1.33	0.51	円形・三弦鈕・鈕外囲以凹面方框及細線方格	両者間以逆時針方向環繞排列十二字小篆変体銘文。四角処為対三角図案、方框四辺中心処各向伸出一片葉弁紋、以為襯托和点綴。	巻素縁	長相思、毋相忘、常貴富、楽未央。
9	八連弧蟠螭紋鏡(拓本)	秦	19.70	402.00	1.32	0.51	円形・金字塔形弦鈕・円鈕座	外囲雲雷紋・凹面圏帯・縄紋。地紋為渦紋和三角雷紋組成的雲雷紋、上有螭紋和菱紋。螭紋和菱紋上又被八個連弧凹面圏帯畳圧。八連弧的交角与縄紋圏相接、将弧外分成八区、相間排列四個頭部明顕的螭龍。	寛巻素縁	
8	三葉蟠螭菱紋鏡(拓本)	戦国・前漢	17.20	307.00	1.32	0.48	円形・三弦鈕・円形鈕座	座外囲以一圏細雲雷地紋。座外周凹面形寛帯（含短斜線紋）之間、是布有雲雷地紋的主紋区、地紋渦状由内向外呈順時針方向旋転。主紋為三葉紋。		
20	四花弁蟠螭紋鏡（拓本）	前漢	16.90	295.00	1.32	0.45	円形・三弦鈕・鈕外囲一凹面圏帯	在以円渦紋為地紋的主紋区内、由四乳釘分割為四区、并巧妙以乳釘為花蕊、囲繞乳釘配以四片凹面桃形葉弁、組合成四朵花。在分割的各区内、分別配置相同的蟠螭紋。	巻素縁	
34	四乳草葉銘文鏡	前漢	10.20	102.00	1.25	0.28	円形・三弦鈕・鈕外囲以凹面方框和細線方格各一周	其間按逆時針方向環鈕均布八字繆篆体銘文。框外四個帯座乳釘均匀分布形成四区、毎区主紋飾皆為単畳草葉紋、両側各有一片巻葉。	内向十六連弧紋縁	天上見長、心思君王。
12	大楽貴富蟠螭紋博局鏡(拓本)	前漢	13.60（漢尺6寸）	172.00	1.17	0.54	円形・三弦鈕（残）・双龍鈕座	座外囲以双線方框、框内有順時針方向十五字銘文。銘文首尾之間有一作為起訖符号的小魚紋。方框外四辺中点処伸出一個T形、与鏡縁的L形紋相対、TLV紋均為細密的四線式。	直立辺、巻素縁	大楽貴富、得所好、千秋萬歳、延年益寿。
15	圏帯畳圧蟠螭紋鏡（拓本）	前漢	12.40	140.00	1.16	0.43	円形・三弦鈕・円鈕座	座外囲以凹面圏帯。地紋為螺旋放射状、主紋為四組蟠螭紋呈纏繞状。蟠螭紋上畳圧以一周凹面圏帯、圏帯上対称排布四枚乳釘紋。鏡面為典型的水銀古包漿。	巻素縁	
3	素地十一連弧紋鏡（拓本）	春秋・戦国	16.30（東周尺7寸）	241.00	1.15	0.33	円形・三弦鈕	鈕外有極浅双線方格、鏡身平展。此鏡与『岩窟蔵鏡』図35鏡相似、鏡面為呈現緑色斑点之黒漆古。『岩窟蔵鏡』一書称、「秦初作淮域出土」。		
14	四乳獣面蟠螭紋鏡（拓本）	前漢	8.10	60.00	1.15	0.32	円形・三弦鈕・鈕座外囲以凹面環形帯	紋飾由主紋与地紋組合而成、地紋為雲雷紋、主紋為不対称分布的四組獣面蟠螭紋、其注三獣似兎、一獣似猴、前所未見。		
42	昭明銘帯鏡	前漢	9.00	72.00	1.13	0.28	円形・円鈕・円鈕座	座外為内向八連弧紋、連弧与鈕座間均布以短直線組相連。主紋区両周輻射状間、有九字小篆美術体銘文。字間有「而」字。	寛平素縁	内清以昭明、光象日月。
10	素地七連弧	秦・	17.70	250.00	1.07	0.15	円形・拱	其外有凹面寛帯圏成的七内向	寛辺素	

344　第二部　中国における古代銅鏡文化研究の伝統と各博物館銅鏡目録データベース

		紋鏡	前漢					形三弦鈕・鈕座外囲以凹面環形帯	連弧圏、連弧外角尖直抵鏡縁。此鏡与四川成都洪家包出土前漢前期之鏡相似、其年代応戦国晩期至漢初、『岩窟蔵鏡』則定為秦初。	縁	
6		四龍菱紋鏡	戦国・前漢	14.50	177.00	1.07	0.45	円形・三弦鈕・円形鈕座	座外囲以一圏清晰的雲雷地紋。座外両周凹面形寛帯（含凸弦紋）之間、是布有雲雷地紋的主紋区。主紋為四龍紋、四龍皆引頸昂首、対天長吟。其前肢粗壮、龍爪鋭利、一爪上抛、一爪按地。龍身中部緊貼鏡縁、龍尾作C形蜷曲。四組菱紋両両相対、両組為標準的連貫式、両組簡化成V形、勾連龍尾。内凹弧直立辺。	凹素縁	
23		四乳草葉銘文鏡（拓本）	前漢	8.30	60.00	1.05	0.26	円形・両弦鈕・鈕外囲以凹面方框	方框四角各伸出一組双畳草葉紋。主紋以均布的四乳釘与草葉分割為八区、其中各嵌一字、共八字。銘文云。	巻素縁	見日之光、天下大明。
16		常貴銘方格蟠螭紋鏡（拓本）	前漢	8.60	41.00	0.71	0.19	円形・三弦鈕・鈕座外囲以凹面小方框及双線大方框	両方框間有作為主紋的銘文、順時針方向八字連続為。銘文書体係小篆改円転為方折、是繆篆的雛形。紋飾由地紋与蟠螭紋組合而成、地紋為斜線紋及重畳三角紋。	巻素縁	常貴、楽未央、母相忘。
2		素鏡	周	8.3C	33.00	0.61	0.09	円形・橄欖形鈕	此鏡円整度規範、辺縁処略有凸起、可見加工痕跡、鏡体軽薄、応属早期銅鏡的典型器物。流行時間較長、年代定為西周和東周（春秋）皆可。		
17		日光銘方格蟠螭紋鏡（拓本）	前漢	7.30	19.00	0.45	0.15	円形・三弦鈕・鈕座外囲以凹面小方框及双線大方框	此鏡紋飾与前鏡類似、唯銘文内容為異。同類鏡中、『岩窟蔵鏡』中鏡之銘文為「見日之光、所言必当」。遼寧西豊漢墓出土鏡銘文為「見日之光、長母相忘」。本鏡銘文与同類鏡均不同、却与以後的標準日光鏡相同、応為前漢中期纔問世之日光鏡的源頭器物。		見日之光、天下大明。
120		伯牙陳楽鏡（残片）	魏晋	復原：15.20 残片長10.00 寛3.60	60.00		0.38	円形・円鈕・円鈕座	由残片弧度復原、此鏡完整直径応為15.20。根拠残片弧度60度内有銘文八個半字推算、全鏡応有銘文五十二字。拠推測、全文応為。其紋飾精美。残片僅剰十字。	斜辺窄素縁	残片僅剰十字：彊、白（伯）耳（牙）陳楽、衆神見容、天。
5		四山鏡（拓本）	戦国	11.70（戦国尺5寸）					此鏡直径為戦国尺之5寸、結合春秋・戦国十一連弧紋鏡的標準化、可見中国古代銅鏡的標準化由来已久。		
25		四花弁銘文鏡（拓本）	前漢	11.20（漢尺5寸）							与天無亟（極）、与地相長、驩（歓）楽如言、長母相忘。

　m値が大きいということは単位当たりの鏡銅重量が重いということで、m値が大きいほど立派な鏡である。これも最大は新莽鏡の78 刻妻銘四霊博局鏡のm値3.69である。次は前漢鏡の50 銅華銘帯鏡3.43であり、それに前漢鏡が続く、これもm値上位を2.50以上とすると27鏡あるが、時代別内訳は、前漢鏡12鏡、新莽鏡11，後漢鏡4となり、前漢鏡が若干多い。しかし、全体から見ると新莽鏡がm値においても優勢であり、新莽鏡はなかなか

立派な鏡である。逆に後漢鏡はm値が大きくなく、軽い貧弱な鏡であったとなろう。なお、王綱懐氏も新莽鏡が立派な大鏡であったことを、【87 泰言四霊博局鏡（拓本） 新莽】の中で次のように指摘した。

> 新莽博局鏡が世に出現した後、人をして耳目を一新させた。その１、新莽鏡の支配的規格が整い、随意の作が珍しく、多数の銘文鏡の語句が完全に整備されている。その２、新莽鏡の銅質は前漢鏡と一致し、製作技術は精良、紋飾はハッキリしている。その３、新莽銘文鏡は直径が多く６寸以上に在り、５寸以下は珍しく、小鏡がない。その４、新莽鏡銘文の書体は秀美で、もっともそれが新莽後10年であるものは、銭文と鏡銘上に在って流行の懸針篆は、瀟灑俊逸、鑑賞の心目を悦ばせる。

第六節　漢鏡尺寸の問題

王綱懐編著『三槐堂蔵鏡』中の鏡面径長の寸法に漢尺とか莽尺とかの注記にあるものがある。このデータを【表５－６】三槐堂蔵鏡東周尺・戦国尺・漢尺・莽尺径寸鏡にしてみよう。

【表５－６】　三槐堂蔵鏡東周尺・戦国尺・漢尺・莽尺径寸鏡

番号	名称	時代	径／cm	重・g	m値	縁厚／mm
3	素地十一連弧紋鏡（拓本）	春秋・戦国	16.30（東周尺7寸）	241.00	1.15	0.33
4	四山鏡	戦国	11.70（戦国尺5寸）	209.00	1.92	0.50
11	大楽貴富蟠螭紋鏡	前漢	13.50（漢尺6寸）	272.00	1.90	0.74
12	大楽貴富蟠螭紋博局鏡（拓本）	前漢	13.60（漢尺6寸）	172.00	1.17	0.54
24	四花弁銘文鏡	前漢	11.20（漢尺5寸）	194.00	1.97	0.30
26	四乳草葉銘文鏡	前漢	18.20（漢尺8寸）	430.00	1.65	0.46
28	四乳草葉銘文鏡	前漢	16.10（漢尺7寸）	473.00	2.32	0.40
30	四乳草葉銘文鏡	前漢	13.80（漢尺6寸）	240.00	1.63	0.36
32	四乳草葉銘文鏡	前漢	11.50（漢尺5寸）	143.00	1.40	0.31
50	銅華銘帯鏡	前漢	18.90（漢尺8寸）	965.00	3.43	0.66
52	銅華銘帯鏡（拓本）	前漢	18.70（漢尺8寸）	922.00	3.35	0.65
65	尚方四霊博局鏡（拓本）	新莽	18.60（莽尺8寸）	791.00	2.91	0.55
66	鳳凰翼翼四霊博局鏡	新莽	21.10（莽尺9寸）	1055.00	3.01	0.62
68	上華山鳳凰侯四霊博局鏡	新莽	20.70（莽尺9寸）	1142.00	3.39	0.54
70	刻婁銘四霊博局鏡	新莽	18.70（莽尺8寸）	830.00	3.02	0.51
78	賢者戒己四霊博局鏡（拓本）	新莽	16.30（莽尺7寸）	770.00	3.69	0.54
79	日有憙四霊博局鏡（拓本）	新莽	16.60（莽尺7寸）	588.00	2.72	0.42
80	照匃脅四霊博局鏡	新莽	16.60（莽尺7寸）	632.00	2.93	0.56
86	泰言四霊博局鏡	新莽	16.40（莽尺7寸）	550.00	2.23	0.42
88	王氏四霊博局鏡（拓本）	新莽	18.70（漢尺8寸）	650.00	2.36	0.49
89	四霊博局鏡（拓本）	後漢	16.50（漢尺7寸）	557.00	2.60	0.43
93	七乳瑞獣鏡（拓本）	後漢	18.40（漢尺8寸）	491.00	1.85	0.58
95	長宜子孫八字連弧紋鏡（拓本）	後漢	13.80（漢尺6寸）	218.00	1.45	0.24
101	対置式神獣鏡（拓本）	後漢	13.70（漢尺6寸）	345.00	2.35	0.56
106	袁氏神人龍虎画像鏡	後漢	18.30（漢尺8寸）	652.00	2.48	0.69

　これを王綱懐氏は整数尺と呼んでいる。これに言及した各鏡の説明は以下がある。前掲

のものを和訳だけ再掲する。

【3　素地十一連弧紋鏡（拓本）春秋・戦国】

　　盧嘉錫『中国科学技術史』度量衡巻（科学出版社、2001）を査べると、東周の１尺はほぼ今日の23.1cmに合い、これは中国歴史上で根拠有る依るべき最も早い標準尺度である。この鏡は直径が東周尺の７寸に合い、整数現象をみせるのはけっして偶然ではない。それは『中国銅鏡図典』、（以下『図典』と簡称する）には見えず、ただ『図典』図12とあい似、年代も応に春秋・戦国の時期らしい。

【5　四山鏡（拓本）　戦国】

　　山字鏡は……この鏡は直径が戦国標準尺の５寸であり、春秋・戦国十一連弧紋鏡の標準化と結合し、中国古代銅鏡の標準化の由来がすでに久しいことを見ることができる。

【30　四乳草葉銘文鏡　前漢】

　　漢尺６寸はすなわち13.80cm、この尺寸は以後の歴代に在り、使用されることが最も多いことになる。

【33　四乳草葉銘文鏡（拓本）　前漢】

　　漢尺の５寸は、草葉銘文鏡中最も小規格の標準器物であって、漢尺５寸より小さな草葉銘文鏡はほとんど整数倍の現象を見ない。

【75　刻婁銘四霊博局鏡（拓本）　新莽】

　　銅鏡上に「刻婁博局」を出現させている銘文は、現今見るところ次のごとし、……４、『文物』1996年第８期掲載に拠ると、江蘇東海尹湾漢墓群出土の直径27.50cm（漢尺一尺二寸）の後漢銅鏡、上に84字銘文有り……

　なお、【86　泰言四霊博局鏡　新莽】は径16.40cm（莽尺７寸）といい、王莽尺が漢尺を準拠として同様の効果を見せている。また、【89　四霊博局鏡（拓本）　後漢】も 径16.50cm（漢尺７寸）と後漢時代にも漢尺整数尺の用例が継承されていることが分かる。ただ、王綱懐氏は以上のような鏡面径が漢尺等の整数尺であったという極めて重要な事例を指摘したのであるが、その歴史的意義や意味については、【27　四乳草葉銘文鏡（拓本）前漢】に、

　　草葉銘文鏡は前漢早、中期に出現し、中国で最も早くに系列化した正規の文字鏡である。銘文の書体はすでに円転した小篆から演変して中国の最も早い四角な塊の字―繆篆に到っている。この類の鏡の盛行期は標準器物が多く標準寸（今の2.31cm）の整数倍となり、かつ大より小に到る形成系列にあった。四川省成都市青白江区出土の鏡は直径は漢尺10寸（23.10cm）であり、河北省満城県中山靖王劉勝墓出土の鏡と本書附録中の銅華（錯刀）四霊博局鏡は漢尺９寸（20.80cm）であり、この鏡は漢尺８寸（18.20cm）である。現存して現在見ることのできる鏡は多く漢尺７寸、６寸、５寸であり、８寸或いは８寸以上は珍しく、王侯公卿が用いる大鏡に属す。草葉鏡銘文の字数は多

第五章　王綱懷編著『三槐堂蔵鏡』について　347

く8字、12字であり、4字、16字は珍しい。
「八寸或八寸以上は王侯公卿が用いる大鏡」というのである。

第七節　後漢鏡と道教思想の関係に関する問題

　王綱懷編著『三槐堂蔵鏡』中には特に後漢鏡に道教思想の影響がある画像が多く紹介されている。ただ、道教思想の源流である道家思想となると、すでに戦国鏡からその影響が認められるとする。第一節の各文言を引こう。【5　四山鏡（拓本）戦国】には、
　　山字鏡は戦国期にわりあい普遍であり、三山・四山・五山・六山鏡などが有り、その中で四山鏡が最もよく見られるものである。「山」字の紋飾の考証に関して、比較的たよりになる解釈は「山」字は大山を象徴する。中国神話の伝説中では、人間は地面に居り、神は天上に居り、人世（人の一生）は上天の管轄を受ける。高山聳立し、離昇した神仙のみ最も近づき、これにより、中国では古くから封山祭祀の習俗が有ることになる。山字鏡は古人の崇山思想を反映した。
さらに、【62　四乳龍虎鏡　前漢】には、
　　龍は源と中国神話中の東方の神であり、五行の木に属し、色は青とされるので、故に青龍と称す。虎は西方の神であり、五行の金に属し、白色を呈し、故に白虎と称す。この鏡の紋飾は両龍・両虎が同じ向きに奔走するものである。その鏡型を綜合するに、前漢晩期に定まったとするのがやや妥当であるようだ。これはまた応に最も早いものとすべき龍虎鏡の一である。龍虎鏡の出現と流行は道家思想の発生と発展とに密接にあい関わるものである。
陰陽五行思想は確かに戦国期から中国人の思想に大きな比重を占めているが、それがそのまますべて道家思想であるというのは誤りであろう。先の山字鏡が古人の崇山思想を反映したものであるというのも同様である。一般的に古代中国人の思想観念に窺えるもので、道家思想に限定はできないのである。さらに、【69　上華山鳳凰侯四霊博局鏡（拓本）新莽】には、王莽時代の同鏡について次の説明が注目される。
　　新莽鏡の銘文内容には種類がやや多く、常には「上大山」・「上太山」を見、しかして「上華山」鏡は則ちやや珍しい。古人は太山（泰山）を崇拝した。『史記』巻28封禅書によるに、「古より受命の帝王は、なんぞ嘗て封禅せざらん」と載す。舜は五嶽を巡り、「八月、巡狩して西嶽に到る。西嶽は、華山なり」と。新莽の標準尺9寸の鏡は応に皇室宗親の用うるところであるはずで、この鏡の製作は精細を欠くと雖も、ただ制度を按ずるに、使用者は当に尋常の百姓に非らざるべし。その玄武の紋飾はただ蛇形を取るのみにて、中段に亀身、かつ両頭合一し、衆と同じからず。
確かに泰山封禅は秦始皇帝や前漢武帝も試みている。その皇帝の政治的演出としての効果はあろう。しかし両名が不死、不老不死を狙ったとしたら、当然のことながら失敗であ

る。

　両名は実は不老不死を狙わなかった。京都大学中国美術史の曾布川寛氏[18]が喝破したように、始皇帝陵と兵馬俑の存在から始皇帝はむしろ墓中に死んで永遠に生き続けることを選んだ。昇天思想や昇仙思想も退けられたのである。道士や方士の出る幕はない。漢武帝も広大な茂陵中で思いは始皇帝と同様である。前漢時代、武帝よりそう経たない宣帝時代に儒者劉向は、そうした始皇帝や武帝の陵墓建設に猛反対している。

　しかし、始皇帝や武帝の陵墓建設はその後の中国に絶大な影響を残した。明清時代から孫文の中山陵まで継承される。死生観も同様である。金縷玉衣・銀縷玉衣を纏い、手の中に玉豚を握る墓中の王侯も同様であろう。一般庶民に墓が造られたか否かは別の考証が必要であろうが、俑や家屋模型、動物から家財道具一切を墓中に持っていく人々も同様であろう。ただ、それらが道家思想や道教思想と関係するとはならないであろう。後世の道教の道士の術に尸解といい、死体が消えて神仙になる。ただ後に残った肉体は生時と変わらぬとして、その臨床事例を多く挙げている道教文献がある。ここには霊魂が神仙になって昇天し、肉体は地上に残るという折衷案が提示されているのであるが、その考え方は当面、漢魏時代の２、３世紀には存在しなかったと言えるであろう。

　次に、では銅鏡と道教の神々の存在との関係は如何であろうか。【107 袁氏神人龍虎画像鏡（拓本）後漢】には、

　　『神異経』東荒経に載せり、「東荒山中に大いなる石室有り、東王公これに居る。長さ一丈、頭髪皓白、人の形に鳥の面しかして虎の尾、一黒熊を載せ、左右顧み望む」と。『山海経』西次三経に曰わく、「西王母は、その状は人の如く、豹の尾、虎の歯、しかして善く嘯き、蓬髪勝を戴す」と。これらの記載は銅鏡中の東王公・西王母の形象とあい去ること甚だ遠し。後においおい漸く演変し、『集説詮真』中に在ってはすでに男仙の主と女仙の宗となる。子喬（また僑に作る）・赤誦（また松に作る）子は、均しく伝説中の道教仙人である。

『神異経』東荒経、『山海経』西次三経に載せる東王公・西王母の神像としての描写のされかた、それが「これら記載は銅鏡中の東王公・西王母の形象とあい去ること甚だ遠し」と言われるところに注目したい。『神異経』東荒経、『山海経』西次三経に載せる東王公・西王母の神像は奇怪かつ恐ろしい形相をして、人に好まれる顔かたち、容姿をしていない。しかし、鏡中の東王公・西王母の神像の容貌は如何といえば、衣冠こそ身に纏ってはいるが、およそ人々の崇拝の対象になるようには造形されていない。それでも、前文後半には、後においおい漸く演変し、『集説詮真』中に在ってはすでに男仙の主と女仙の宗となる。子喬（また僑に作る）・赤誦（また松に作る）子は、均しく伝説中の道教仙人であるとする。さらに事例を見よう。【109 神人神獣画像鏡（拓本）後漢】には次のようにいう。

　　前漢中期始めて、儒学を提唱した。後にまた神仙を崇信し、ここに於いて方士が興起した。後漢晩期に到り、黄老が尊奉され神とされ、道教の色彩がさらに濃くなった。

王充『論衡』無形篇に、「仙人の形を図とすれば、体は身毛、臂は変じて翼となり、雲に行けば、則ち年増せり。千歳も死なず」と。羽化して仙と成るは漢人が追求する思想である。前漢晩期鏡と新莽鏡の紋飾中に在っては、羽人はただ一個の小小たる脇役であったが、後漢中、晩期に到ると、羽人はすでに紋飾の主役となっていた。

とあり、また【113 龍虎瑞獣画像鏡（拓本）後漢】にも同様の説明をする。

後漢の画像鏡上に倒立した羽人を作ることは、他の類型の漢鏡上に在ってもまた比較的によく見るものである。『山海経』大荒西経に載するに、「羽民の国あり、その民は皆毛羽を生ず」と。『山海経』海外南経にいう、「羽民の国はその東南に在り、それ人となり長頭、身に羽を生ず」。『抱朴子』対俗篇に言う、「古の仙を得たる者、或いは身に羽翼を生じ、変化して飛行し、人の本を失い、更に異形を受く」と。『楚辞』遠遊に曰わく、「よりて羽人は丹丘に於いてか、不死の旧郷に留む」と。

ここに出てくる羽人もやはり「人の本を失い、更に異形を受く」姿であって、古代中国人が憧れる、崇拝される存在とは縁遠い神仙である。なお、王綱懐編著『三槐堂蔵鏡』には全く出てこないが、後漢神獣鏡中で最も発展したと考えられる重列式神獣鏡（階段式神獣鏡）の図像には東王公・西王母、羽人、伯牙、子喬（また僑に作る）・赤誦（また松に作る）子の神仙像の他に黄帝、天皇大帝、その他諸帝、蠡形水神、鍾子期、それに南極老人など多数の賑やかな神々の登場がある。しかも、それはすべてユーモラスな児童画の趣である。それに絡まる青龍、白虎以下の獣鳥もまるで漫画・アニメの類である。これに例外的感じを持たせるのは白馬、獅子、象などの他、仏像などインド・南アジア伝来の造形画像文化である。これについてはここでは深く入らないようにしたい。

結　び

王綱懐編著『三槐堂蔵鏡』データベース表を作成し、これを各種の側面から漢式鏡の特徴の分析の一助とした。ここでは王綱懐氏がもっとも力点を置いた草葉鏡などの前漢鏡の紋様研究は敢えて割愛した。それは日本へ将来された中国鏡は王莽・後漢時代以降が殆どであるためである。考察の最後を後漢鏡と道教思想の関係に関する問題としたのも、神獣鏡、特に三角縁神獣鏡の歴史的前提を確認したいがためである。この点については考察の結びを行っておきたい。

王綱懐氏は【111 吾作神人神獣画像鏡（拓本）後漢】に次の説明をする。

後漢鏡中に在って、紀年鏡を除くほかは、しばしばこの類の鏡銘文がやや多く、かつ常に「吾作明竟」4字をもって作りて首句とし、前半部分の内容は大同小異で、後半部分の内容は変化がやや大きい。この鏡の紋飾の配置は常のごとく、鏡体は明確な脱胎が有って緑色を呈し、m値はめっぽう小さい。55字の銘文中に在って有る12字は簡筆はなはだ多きに因って釈読できない。解読しえた43字に拠って知ることができる

のは、銘文の主題思想は子や孫が陞官発財することを希望するものである。

さらに、【73 刻婁銘四霊博局鏡（局部、拓本）新莽】にも同様の理解がある。

　　本鏡の銘文第6句、「婁」字は「鏤」に通じ、「羊」字は「祥」に通じる。学界はＴＬＶ紋飾が有る銅鏡に対してこれまで称謂が一でなく、或いは規矩鏡と称し、或いは六博鏡と称し、或いは博局鏡と称した。この鏡は銘文に「博局を刻鏤して不羊（不祥）を去る」の内容が有るに因り、故に命じて「博局」と名づける引証には拠が有り、これを称して「博局」と言うのは理が有る。六博は一種が殷代に始まり、春秋戦国時期に興り、最も秦漢時代に盛んな遊戯であった。江蘇徐州銅山漢墓に曾って出土した両人が地に席して坐り、中間に六博棋盤を置く画像石がある。此鏡の辺縁紋飾はただ精美でないだけでなく、かつまた四霊紋飾とあい対応し、羽人が龍を導く形象また栩栩（喜喜）として喜び、生けるがごとしである。

そして、【119 龍虎戯銭鏡（拓本）三国】に漢式鏡から魏晋鏡への転換に関して次の指摘をする。

　　後漢晩期、道教が盛行した。道教は龍・虎をもって保護神とした。この鏡は鋳るに龍虎紋を以てし、顕然として平安を祈願護持するの意が有る。五銖銭は前漢武帝の元狩5年（西暦前118年）より半両銭を廃して始めて造られ、そのままで唐武徳4年（西暦621年）に「開元通寶」を更行するにようやく廃棄されるに到った、我が国銭幣史上最も久しく流行した幣種のものである。鏡が五銖銭紋を鋳するは、鏡を鋳す者と鏡を用いる者とが長寿を祈願し、財源の広進を願望することを反映している。

要するに中国における銅鏡はあくまで生者、生前の持ち物、生活道具であって、死後の鎮魂追善に供するものではなかった。その画像や銘文の主題思想は子や孫が陞官発財し、長寿を祈願するものであった。

なお、鏡材料の銅の産出地とか後漢時代における銅鏡製作地の説明を行っており有益である。【96 吾作変形四葉獣首鏡　後漢】には、

　　この鏡は典型的南陽鏡である。河南南陽（郡）は漢代著名な鋳鏡センターであり、南陽鏡は鏡質優良、鋳造技術も精細である。

さらに、【106 袁氏神人龍虎画像鏡　後漢】には、次の文言が貴重である。

　　後漢鏡の紋飾の精緻さは前漢鏡或いは隋唐鏡の下ではない。その工芸は人をして感歎のあまり見とれるほどである。後漢画像鏡は多く紹興・鄂州・徐州の三地より出づるが、この鏡は応に徐州地区の製作に属す。

注
（1）　本書には2003年7月北京で孔祥星氏がつけた序と同年同月上海寓所で王綱懷氏がつけた前言があるが、表紙口絵風扉書には2003年10月史樹書という祝言的揮毫がつく。
（2）　本書39頁の「一　商周素鏡」を日本流の表現に改めた。以下同。

第五章　王綱懐編著『三槐堂蔵鏡』について　351

（3）　盧嘉錫『中国科学技術史』科学出版社、北京、2001年。
（4）　孔祥星・劉一曼『中国銅鏡図典』文物出版社、北京、1992年。
（5）　孔祥星・劉一曼『中国古代銅鏡』文物出版社、北京、1984年。日本語訳、高倉洋彰・田崎博之・渡辺芳郎訳『図説　中国古代銅鏡史』海鳥社、1991年。
（6）　陳佩芬編『上海博物館蔵青銅鏡』上海書画出版社、上海、1987年。
（7）　岡村秀典『蟠螭鏡之文化史』、1998年（ただし王綱懐氏の引用のまま、当該著の日本語原著の所在は未詳。）。
（8）　梁上椿『巌窟蔵鏡』大業印刷局育華印刷所、1935年。
（9）　〔アメリカ〕福開森『歴代著録吉金目』中国書店、1991年。
（10）　王士倫編著『浙江出土銅鏡』文物出版社、北京、1987年。本書第七章参照。
（11）　程林泉・韓国和『長安漢鏡』陝西人民出版社、西安、2002年。
（12）　孫機『漢代物質文化資料図説』文物出版社、1990年。
（13）　岡村秀典、前掲書。
（14）　陳介祺『簠齊蔵経』蟬隠廬石印本、1925年。
（15）　中国青銅器全集編輯委員会『中国青銅器全集』銅鏡、文物出版社、北京、1998年。
（16）　李零『中国方術考』東方出版社、2001年。
（17）　ここはやや分かり難い。かつ誤解を生む。正確には「宋の1尺は30.72cm、その7寸は22.00cm。宋の1斤は596.82ｇ、2斤4両（1斤16両）は1487.00ｇ」となる。それが新王莽時代では「1尺は23.04cm、1斤は218.79ｇ」であるから、それぞれ「7寸は16.40cm、2斤4両は550ｇ」になるというのである（【表5－1】86参照）。
（18）　曾布川寛「秦漢美術の性格」、及び同「秦始皇帝陵兵馬俑と銅馬車」、いずれも『世界美術大全集　東洋編』二「秦・漢」小学館、1998年所収。

第六章　陳佩芬編『上海博物館蔵青銅鏡』について

はじめに

　前章で紹介した『三槐堂蔵鏡』は著者王綱懐氏が上海市で長期に亘り研鑽を積まれた一大成果である。上海市はまた前清以来の古銅鏡の研究拠点の一大中心である。上海博物館には中国古来の青銅鏡を多く架蔵する。これについて、陳佩芬氏は『上海博物館蔵青銅鏡』を1987年10月に上梓された（同書前言による）。上海博物館蔵鏡は伝世鏡のみならず、1949年の建国以来各地出土の大量の青銅鏡の蒐集が架蔵された。図録編集には馬承源先生の指導と幇助を仰いでいるという。なお、例によって、『上海博物館蔵青銅鏡』には青銅鏡現物だけでなく、拓本も同時に掲載している。実物の写真は郭林福氏の撮影、墨拓は韋志明氏の工作になるという。

第一節　上海博物館蔵戦国青銅鏡

　上海博物館には戦国時代の青銅鏡が数多く架蔵されている。中国古来の青銅鏡が多く見られるのである。古代青銅鏡の図録解説をデータベース表に作成する場合、戦国時代鏡には全く銘文が無いなど、前秦・漢以降を前章までのように同じ表にするのでは無理が生じる。そこで陳佩芬編『上海博物館蔵青銅鏡』から戦国時代鏡のみを抜き出して【表6-1】上海博物館蔵戦国時代青銅鏡の表を作成した。

【表6-1】　上海博物館蔵戦国時代青銅鏡（陳佩芬編）

番号	名称	径／cm	鈕長／cm	連鈕厚／cm	辺厚／mm	鏡心最薄／cm	辺寛／mm	重・g	鈕・鈕座形式	形態
1	四虎紋鏡	12.20	1.30	1.30	0.80～0.87	0.58	1.20	710.00	橋形鈕・三環鈕座	整個鏡背作四等分、飾四虎、紋飾規整、作高浮雕、虎耳聳起甚高、厚度已超過辺縁。四虎横置于同一方向、頭対准鈕座、作噬咬状、足皆有利爪、形体似臥趺姿勢、尾部較小。虎頭有毛片、体躯上有精緻的雲雷紋、這是匠人的精心設計。鏡辺平直、面縁上所留存的四等分線出自陶范。可見此鏡浅鋳、脱范後未経任何加工。
2	三龍紋鏡	16.40	1.50	1.30	0.59～0.65	0.12	1.40	325.00	三弦鈕・三角雲紋鈕座	外囲凹弧形帯一周。主紋為三龍、作浅浮雕、龍頭居中、作回顧状、張口吐舌、龍角的線条向左連接一菱形回紋、体躯蟠旋作蔓枝状。三龍之間蔓枝相連、組成繁密的図案、空間以細点和雷紋為地。鏡面平坦、狭縁上巻。
3	三龍紋鏡	16.70	1.40	1.15	0.54～0.59	0.17	1.60	360.00	三弦鈕・截取菱形格的雷紋和細点紋作為鈕座的地紋	外囲浅凹弧形円周、外又有一圏極狭複線。主要紋飾為三組蟠龍、龍頭較小、張口、後頂処有一向下湾曲的角。蟠龍作蟠旋環較之形、有不甚顕著的双爪、両側有複雑交連紋飾組成的変形龍翼。素平寛辺上巻、鏡体極薄、鏡面平坦。

4	三龍紋鏡	15.90	1.10	0.70	0.33〜0.40	0.15	1.00	260.00	三弦鈕・弦紋円鈕座	主紋是三蟠龍紋作浅浮雕、毎一組紋飾的龍、体躯紐結近似菱形。長尾細屈而展開、略似鳳尾形。其中、両龍尾上有燕形翼、而一龍尾則作花蒂状、頗為奇特。三龍皆一足而立、顕然是図案的又一種変形。地紋用鉤連雷紋、間以極規則的細点。其範精刻細雕、実足惊人。鏡面平坦、狭辺上巻。
5	三龍連弧紋鏡	11.80	0.70	0.60	0.14〜0.20	0.14	0.85〜1.55	120.00	双弦鈕・三線円鈕座	主紋是三組龍、空隙処填以菱紋組成的三角雷紋図案、并以細密的点紋作為辺框、具有繁麗的効果。龍紋用実線表現、没有細部紋飾。以此、主紋和地紋構成了明顕的対比。外囲十二内向連弧作為鏡縁、鏡面平坦、鏡辺亦平整而薄、与楚鏡的辺式不同。
6	四龍紋鏡	14.20	1.00	1.00	0.39〜0.52	0.15	1.30	160.00	三弦鈕・円鈕座	外囲凹弧形一円周。主紋為四龍、龍頭居中、緊靠辺縁、与通常龍頭靠近鏡鈕座的不同。張吻露歯、体躯蟠旋、尾短而上巻、龍翼向両側作対称展開、前龍後翼与後龍前翼以鋭角形条紋相交連、構図安排極為巧妙。以雷紋和点紋為地、地紋稍模糊。寛辺上巻、鏡面平坦。
7	四龍紋鏡	16.70	1.30	1.20	0.53〜0.65	0.14	1.30	240.00	三弦鈕・円鈕座	外囲雷紋、光滑的凹弧形帯一周。主紋是四蟠龍四龍、作浅浮雕、龍頭居中、与鈕座外囲相接、龍張吻舞爪、角・吻・爪及尾部都拡展成為蔓枝、組成很複雑的弧形枝条、四龍緊複的線条完全相同、相互交連、構成連綿不断的画面。空隙処以雷紋為地。鏡面平坦、狭辺上巻。
8	四龍紋鏡	16.80	1.80	1.20	0.41〜0.51	0.18	1.50	290.00	獣鈕・円鈕座	外囲凹弧形素面一円周、寛為1・1cm、外有四弁扁葉紋分置四方。主紋為四龍、作浅浮雕、龍頭居中作回顧式、張吻露歯、体躯及爪向前展開、尾短而粗而前巻、両側的環形線条是龍翼、因此、可以説這是飛龍、線条活発流暢。地紋是菱形格内的雷紋和細点紋。鏡面平坦、寛辺上巻。
9	龍鳳紋鏡	16.80	1.00	1.00	0.74〜0.85	0.15	1.50	280.00	三弦鈕・円鈕座	外囲雷紋、絢紋和凹弧形円周各一圏。主紋為三組龍鳳紋。龍頭居中下俯、張吻露歯、体躯向上旋、四爪而巻尾。両側為菱形紋、中有一欄相連、龍尾纏于此欄上、両龍相間処有一鳳佇立廻首、両翅間両側展開上巻、与菱形紋相鉤連。整個紋飾為浅浮雕、空隙処以雷紋為地。鏡面平坦、寛辺上巻。
10	鳳鳥紋鏡	11.20	0.80	0.80	0.16〜0.26	0.10	0.80	100.00	双弦鈕・方框凹弧形面鈕座	鈕座四隅飾四鳳、鳳頭居中、長啄似鉤、目似獣、有冠羽、頸部有鱗紋、頭末有巻曲的羽翅。鳳的体躯向左旋転、過鳳頭而直向上、爪不甚顕著、尾有両条分枝、形体迥異。両鳳之間有一小鳥、停在折畳式的菱紋上、図形恰和鳳紋倒置、因為貼近鏡辺、倒置的構図在視覚上是合理的。整個紋飾作浅浮雕、空隙処填以菱形格、格中為雷紋和細点紋。鏡面平坦、狭辺上巻。
11	四鳳紋鏡	11.60	0.90	0.60	0.33〜0.42	0.10	1.10	360.00	三弦鈕・円鈕座	鈕座外有四葉、近鏡縁的葉尖延長線上有一三叉戟形物。以此為隔、鏡背紋飾被分為四組。毎組有一側形的鳳鳥、羽冠・長頸・展尾、一足曲而、一足竚立、地紋為戦国青銅器上通常所見変形獣紋組成的羽翅紋。鏡面平坦、狭縁上巻。
12	四獣紋鏡	17.20	1.50	1.20	0.70〜0.88	0.12	1.50	300.00	三弦鈕・円鈕座	外囲凹弧形円周、主紋為四獣、獣有竪耳、張口露歯、吐長舌、尾很長、

									伸展後又向上巻起、四足向四方伸展、獣的両足践于鏡的外辺縁、一足践于鈕座的周囲、另一足与前一獣的長尾相接、四獣作連続式排列。獣形似熊、舞爪而立、甚壮偉。長尾巻曲、出于図案変形的需要。此獣類可能是熊羆的形象。以羽翅紋為地、鏡面平坦、鏡縁上巻。
13	四獣紋鏡	16.80	1.70	1.30	0.69～0.77	0.13	1.50	310.00	三弦鈕・円鈕座	外囲浅凹弧形、寛為1cm的円周。主紋為四獣、獣頭似熊而短耳、四足分別在獣駆的両側、従整体看是一周鉤連的獣紋、很清楚、他是熊羆形図案的変形所致。此四獣鏡的構図、在青銅器紋飾中尚未見過、用純熟流利的単線勾出輪郭的勾画方法、也是前此未見的。因此、這是戦国鏡中的新種図式。鏡以羽翅紋為地。鏡面平坦、寛縁上巻。
14	羽翅紋鏡	12.00	0.65	0.75	0.38～0.58	0.17	1.00	180.00	双弦鈕・小円周鈕座	鈕座旁連接四葉。此外、整個鏡背紋飾都是羽翅紋、横竪排列較為整斉、狭縁上巻、鏡面平坦。羽翅紋是変形獣紋的一種、不具備動物整体的形状、他截取于青銅器紋飾飛竜騰蛇体駆上的小羽翅。将他構成密集的図像、在春秋晚期和戦国早期的青銅器上、曽風行一時。此種紋飾雖然非常精細和複雑、但他還是有規律的。紋飾是用同一単位的印模連続圧印拼接而成的、実際的制作并不会過于費時。范制技術的精湛、有時可達到繊毫可弁的程度。
15	連弧紋鏡	18.70	1.20	1.30	0.59～0.74	0.15	1.50	430.00	三弦鈕・浅凹弧形円周鈕座	主紋是凹弧形的内向連弧紋、共七弧、寛度為0・9cm。地紋為両三角形和雷紋的四方連続、鋳造極為精湛。寛疎的連弧和繁密的地紋、構成清新而強烈的対比。外囲絢紋一周、寛辺上巻、鏡面平坦。連弧紋鏡一般都是円形、弧数有六至十二個不等。飾以雷紋為地的連弧紋青銅鏡、弧数通常為七到八個。此鏡為七個連弧紋、特点是連弧的交角已超出外囲絢紋。
16	四山紋鏡	16.40	0.80	0.80	0.63～0.68	0.15	1.30	400.00	三弦鈕・浅凹弧形方格鈕座	鈕座四隅有四葉。葉尖翹起、毎葉有狭帯囲繞、分三道引出。中間一道直上、連接一個相同的葉紋、頂端又向右横出一個長形的葉紋。其余両道狭帯紋、自葉紋的左右両側向相反方向伸出、与另一葉紋所伸出的狭帯紋相交、相交処也置一葉紋。以上的葉紋是剖開生面的。主紋是四個左旋的山字形、寛度為0・75cm、両辺高于中間、寛度為0・05cm、山字形的横画与鈕座的一辺相平行、山字形中間一竪頂住鏡辺、其余両竪之頂端各有一段向里転折的尖角。山字形的外框有一細辺、空隙処填以羽翅紋、狭縁上巻、鏡面平坦。
17	四山四鹿紋鏡	17.30	0.90	1.10	0.67～0.80	0.22	1.10	680.00	三弦鈕・浅凹弧形円周鈕座	主紋是四個山字形、左旋、傾斜度較大、山字形中間一竪偏右、故意形成不平衡状態。両山字形間有浮雕鹿紋、鹿作回顧状、竪耳、体飾斑紋、鋳作甚精。此鏡以羽翅紋為地、狭縁上巻、鏡面平坦。
18	五山紋鏡	16.70	1.00	1.00	0.73～0.75	0.23	1.40	560.00	三弦鈕・浅凹弧形円周鈕座	鈕座外囲以五弁葉作為等分基点。葉有象徴性的葉茎和葉脈。鈕座外置五山字形、向右旋。山字形中間竪道頂住鏡縁、其余両道較短并均向里転折呈尖角状、中間竪道寛度為0・8cm、

第六章　陳佩芬編『上海博物館蔵青銅鏡』について　355

									両旁為0・95cm、山字形的外框鑲有細辺、左面一道細辺超出原画而伸向另一山字形的底辺、彼此相連。五個山字形排列整斉、間距基本相等。空隙処以羽翅紋為填充、狹縁上巻、鏡面平坦。
19	六山紋鏡	14.30	0.90	0.70	0.65～0.70	0.13	1.60	355.00	四弦鈕・浅凹弧形円周鈕座	鏡的主紋是左旋式六個山字形、傾斜度很大、中間竪道上端頂住鏡縁、毎一山字的左下角有一条双線呈曲折形、一端託住山字形、另一端連接上一山字形的底辺、山字形紋道較狹。其空隙処填以羽翅紋、狹縁上巻、鏡面平坦。
20	四葉紋鏡	12.50	0.90	0.70	0.45～0.50	0.12	1.30	150.00	三弦鈕	鈕座外区是一圏帯彼此反斜的斜線条、寬度為0・6cm。主紋是従鈕向四方伸出的四葉。葉呈扁円形。浅平雕、上有圏鈎形線条。地紋是雷紋、相間処飾三角形紋、作四方連続排列、極為繁密而有規律。外囲有短斜的細紋一周、較寬的辺上巻、鏡面平坦。
21	菱形四弁花紋鏡	11.50	0.80	0.70	0.35～0.41	0.15	0.50	60.00	三弦鈕・双圏円鈕座	外囲四花弁、呈十字形、鏡背面以微凹的曲尺形寬帯為欄、交錯相畳、形成対称的菱紋、将鏡背分成九塊、完整的形状是以鏡鈕為中心的一塊、其余均不完整。中心塊和与其相接的四大塊中均飾一花朶、其余四小塊中都只飾一花弁。以羽状紋為地、作浅浮雕。這種紋飾的青銅鏡也有称為方連紋鏡或菱形紋鏡、狹縁上巻、鏡面平坦。

　鏡データが数多く、情報は豊富である。鏡面径長のほか、鈕長、連鈕厚、辺厚、鏡心薄さ、辺寬、そして鏡の重さである。連鈕厚は中央鈕（鏡の摘み）部分の厚さであり、鏡径の一番長いのは15　連弧紋鏡の18.70cm，最も短いのは10　鳳鳥紋鏡の11.20cmで16cmくらいが多い。鏡の重さは1　四虎紋鏡の710.00ｇ，ついで17　四山四鹿紋鏡680.00、18　五山紋鏡の560.00である。データ数字に続く鈕・鈕座形式欄は三弦鈕・円鈕座が比較的に多いとしても、実にさまざまな形態の鈕・鈕座形式が見られる。

　各鏡形態欄は各鏡の紋様等の観察が丁寧詳細に行われている。なお、前章と同じく形態欄にはそれに続いて、各青銅鏡の考証、特に考古学的発掘情報への注記的叙述が多く見られる。これを以下に引用して、中国戦国鏡に関する知見を得ることにしたい。例によって、解説の中国文には日本語訳を付けることにする。

【1　四虎紋鏡】
　此鏡相伝于1948年河南洛陽金村出土、鏡体厚重、鏡面較平坦、与通常的戦国鏡不同。紋飾和山西侯馬出土鋳青銅器的陶範紋飾頗相似、鋳作年代不会晩于戦国早期。相伝大量的戦国薄型鏡、大多是戦国中期鋳品。此鋳較早、代表了三晋地区的一種式様。四虎紋鏡的伝世、使我們知道当時範鋳技術已非常高超。

　この鏡は1948年河南洛陽金村出土と相伝し、鏡体は厚重で、鏡面はやや平坦、通常の戦国鏡とは同じでない。紋飾は山西の侯馬出土の青銅器を鋳した陶範の紋飾と頗るあい似ており、鋳作年代は戦国早期を晩れない。相伝した大量の戦国薄型鏡は、多く戦国中期の鋳造品である。この鋳造はやや早く、三晋（山西）地区の一般的様式を代

表している。四虎紋鏡の伝世は、我々に当時の范鋳技術がすでに非常に高く超えていたことを知らせる。

【2　三龍紋鏡】

龍作為紋飾起源很早。商代早期青銅器上的龍紋形象不太具体、商代中期已有比較明確的形象。在商代青銅器紋飾中、凡是蜿蜒形体躯的動物、都可帰之于龍類。商到西周時代以爬行龍紋為主、除了少数有立体龍的装飾以外、一般平雕的紋飾只見龍的側面形象。到了西周晩期以巻体回顧式龍紋為多。春秋・戦国之際盛行巻龍紋和交龍紋、即龍的体躯作蜷曲状或是両龍相交状、這種紋飾比較粗壮的称蟠龍紋、較小而作繁密式排列的蟠虺紋。在戦国青銅鏡上、一般都是蟠龍紋、也就是形体比較大的龍、体部弯曲、蟠旋。鏡背上一般以三組到四組構成一個整体的図案。這類題材的紋飾、在戦国青銅鏡上曾流行一時、但在同一地区、不同工匠設計的図案、只能大致相同。湖南長沙容園864号戦国墓出土的龍紋鏡、粗看花紋形式与此鏡相同、也是三組龍紋和菱形回紋、仔細看、結構就不尽相同了。

龍を作って紋飾と為す起源はたいへん早い。殷代早期の青銅器上の龍紋形象ははなはだ具体的でないが、殷代中期にはすでに比較的明確な形象が有る。殷代青銅器紋飾中にあって、およそ蜿蜒（くねくねまがる）形をした体躯の動物であるものは、すべてこれを龍類に帰すとしてよい。殷から西周時代に到り爬行龍紋をもって主とし、少数の立体的龍の装飾が有るのを除く以外は、一般に平彫りの紋飾はただ龍の側面形象を見るだけだ。西周晩期に到って巻体回顧式龍紋が多くなった。春秋・戦国の際に盛行した巻龍紋と交龍紋は、即ち龍の体躯を蜷曲（うずまき）状或いは両龍相交る状なるものに作り、この種の紋飾は比較的粗放壮大なものは蟠龍紋と称し、やや小にして繁密式排列に作ったものは蟠虺紋と称した。戦国青銅鏡上に在っては、一般にすべて蟠龍紋であり、わずかに形体の比較的大なるものが龍であり、体部彎曲して、蟠旋する。鏡背上には一般に三組から四組に到るをもって一個の整体的図案を構成する。この類の題材の紋飾は、戦国青銅鏡上で曾って一時流行したが、同一地区に在っては、工匠の設計の図案は全く同じでないとしても、だいたいは同じである。湖南省長沙市容園864号戦国墓出土の龍紋鏡は、おおよそ花紋形式と看てこの鏡とあい同じで、かつまた三組の龍紋と菱形回紋は、仔細に看れば、構図構成がやはりあい同じというわけにはいかない。

【3　三龍紋鏡】

這種形的蟠龍紋、在春秋晩期和戦国早・中期的青銅器上都有発現、大多是文献中所記載的巻龍紋和交龍紋之類。這種紋飾的構図非常複雑、都是単体糾結成或相互交纏、有的還有角。1955年湖南長沙侯家塘第13号戦国墓曾出土過雲紋地龍紋鏡、与此鏡形制、紋飾都相似。

この種の形の蟠龍紋は、春秋晩期と戦国早・中期の青銅器上ではすべて発生出現し

ているが、大多数は文献中に記載された巻龍紋と交龍紋の類である。この種の紋飾の構図は非常に複雑で、すべて単体を紆合結成したものか或いは相互に交り纏い付くものもあるが、まだ角が有るものはない。1955年に湖南省長沙市侯家塘第13号戦国墓でかって出土した雲紋地龍紋鏡は、この鏡の形制や紋飾とすべてあい似ている。

【4　三龍紋鏡】

這類龍紋在図案結構上為追逐式、線条流暢活発。在戦国鏡中至今尚未出土過与此鏡相同紋飾。『岩窟蔵鏡』図43、細地紋三獣鏡、地紋与此鏡相同、主紋就是三条回顧的龍、龍尾部的装飾与此鏡相同。拠載此器為河南開封附近出土。

この類の龍紋は図案構成上に在って（互いに勢を競う）追逐式とし、線条は流暢で活発である。戦国鏡中から今に至るに在っては、なお未だこの鏡とあい同じ紋飾は出土していない。梁上椿『巌窟蔵鏡』（1941年）図43の細地紋三獣鏡は、地紋はこの鏡とあい同じで、主紋はすなわち3条回顧の龍であり、龍の尾部の装飾はこの鏡とあい同じ。文献によればこの器は河南省開封市附近の出土である。

【5　三龍連弧紋】

龍紋的頭居中、作回顧式、体躯蟠旋、右面為龍之長尾、曲折而下垂、左面従龍腹部下伸出一条花枝，弯曲向下、形成対称図象。這類以連弧紋為鏡縁的青銅鏡、湖南長沙潘家坪第6号戦国墓曾経出土。但此鏡鏡面上有青銅本色、未尽腐食、故当是中原地区的出土物。河南洛陽金村曾出土三龍紋鏡、与此鏡紋飾相似。根拠此鏡龍紋的結構、地紋的繊細、特小的鈕、較薄的鏡心等特点、他的年代応属于戦国。

龍紋の頭に居る中で、回顧式と作すは、体躯蟠旋し、右面は龍の長尾をなし、曲り折れて下に垂れ、左面は龍の腹部に従い下に伸びて1条の花枝を出し、弯曲して下に向かい、対称図象を形成する。連弧紋をもって鏡縁と為した青銅鏡は、湖南省長沙市潘家坪第6号戦国墓で曾ってすでに出土している。ただこの鏡は鏡面上に青銅の本色が有り、未だぜんぶ腐食せず、故に当に中原地区の出土物であるとしてよい。河南省洛陽市金村で曾って出土した三龍紋鏡は、この鏡と紋飾があい似ている。この鏡の龍紋の構成によれば、地紋の繊細さ、特に小さい鈕、やや薄い鏡心などの特徴で、その年代が応に戦国に属するといえる。

【6　四龍紋鏡】

這類対称式蟠龍紋図案、在戦国時代的青銅器上也有、有的蟠龍還鑲嵌金銀片。湖南長沙侯家塘第13号墓中、曾出土類似的青銅鏡、主紋作蟠龍紋、但地紋細密清晰、拠載此鏡与鼎、豆、壺同出、応是戦国中期器物。

この類の対称式蟠龍紋図案は、戦国時代の青銅器だとしてもまた、ある蟠龍がはたまた金銀片を鑲嵌している。湖南省長沙市侯家塘第13号墓中に、曾って出土した類似の青銅鏡は、主紋が蟠龍紋であるが、地紋は細密でハッキリしており、文献によればこの鏡と鼎、豆、壺はともに同じく出たので、応に戦国中期の器物とすべきである。

【7　四龍紋鏡】

　　這種蔓枝形龍紋是戰國楚地通常流行的紋飾、在長沙烈士公園第3号戰國墓出土的絲織品上、曾発現類似蔓枝状的刺繡。這類龍紋鏡在湖南長沙侯家塘戰國墓曾経出土、同出的器物尚有陶鼎、敦・壺・鎏金帯鈎等。

　　この種の蔓枝の形の龍紋は戰國楚地で通常流行した紋飾であり、長沙市烈士公園第3号戰國墓出土の絹織物品上に在って、曾って類似の蔓枝状の刺繡を発見した。この類の龍紋鏡は湖南省長沙市侯家塘戰國墓で曾ってすでに出土しており、同じく出た器物には陶鼎、敦・壺・鎏金帯鈎などが有る。

【8　四龍紋鏡】

　　此鏡的鈕作龍形、龍頭作回顧式向上、与湖南長沙一帯出土戰國鏡的三弦鈕・四弦鈕和蟠龍鏤空鈕都不相同、与以後西漢時代厚実的獣鈕鏡之鈕也有明顕的区別。由于此鈕極薄、形成了鋳造中的欠陥、使獣目下出現了両個小洞。湖南長沙一帯出土的戰國時代的青銅鏡、龍鳳題材很多、但主紋大多相互交纏、連成一起、而此鏡四龍却分置、且已出現柿蒂形葉紋、似是戰國晩期器、也有可能是西漢早期的鋳品。

　　この鏡の鈕は龍形に作り、龍頭は回顧式に作って上を向き、湖南省長沙市一帯に出土する戰國鏡の三弦鈕・四弦鈕や蟠龍鏤空鈕らとすべてあい同じではなく、以後の前漢時代の厚実な獣鈕鏡の鈕ともまた明確な区別が有る。この鈕の極く薄いことが、鋳造中の欠陥を形成し、獣の目の下に両個の小洞を出現ならしめた。湖南省長沙市一帯に出土した戰國時代の青銅鏡は、龍鳳の題材がたいへん多く、主紋はおおく相互に交じ纏い、一連のものとなり、しかしてこの鏡は4龍が却って分置され、かつすでに柿蒂形葉紋を出現させており、戰國晩期の器であるらしいが、あるいはまた前漢早期の鋳品であるとすることも可能である。

【9　龍鳳紋鏡】

　　湖南長沙一帯出土的青銅鏡以龍鳳紋為多、但同類紋飾間用較大菱形図案的并不多。1956年湖南長沙銀盆嶺第31号戰國墓出土的青銅鏡、与此鏡紋飾類同。『広州漢墓』第1103号西漢早期墓葬也曾出土過這類龍鳳紋鏡、因此、此鏡的鋳造当不晩于西漢早期。

　　湖南長沙一帯に出土したる青銅鏡は龍鳳紋をもって多しとし、ただ同類の紋飾はやや大きな菱形の図奕のものをまま用いるがけっして多くない。1956年に湖南省長沙市銀盆嶺第31号戰國墓出土の青銅鏡は、この鏡と紋飾が同類である。『広州漢墓』第1103号の前漢早期墓葬にもまた曾ってこの類の鳳紋鏡を出土したことがあり、これにより、この鏡の鋳造は当に前漢早期より晩れない。

【10　鳳鳥紋鏡】

　　類似此鏡的紋飾伝世極少、這類鳳也有称為夔鳳的、即似龍似鳳的形象。従鏡的銅質及氧化層来看、他不属湖南長沙出土、但是地紋純為楚鏡作風。四川成都羊子山工地曾収集到一面与此鏡紋飾相同的青銅鏡、径11厘米、可知這類青銅鏡都属于較小的形式。

この鏡に類似した紋飾の伝世は極めて少なく、この類の鳳もまた称して夔鳳とするものであり、即ち龍に似て鳳に似ている形象である。鏡の銅質及び酸化層より看るに、それは湖南省長沙市出土に属さず、ただ地紋は純ら楚鏡の作風である。四川省成都市羊子山工場地でかって収集した一面とこの鏡は紋飾あい同じ青銅鏡であり、径11cmで、この類の青銅鏡はすべてやや小さな形式に属したことを知ることができる。

【11　四鳳紋鏡】

商代早期和中期的青銅器上、已有変形的鳥紋。商代晩期的鳳鳥紋已很華麗。商末・西周早期至西周中期、鳳鳥紋已大量出現、体態変化也很多。到了春秋・戦国時期、鳳鳥紋的数量又減少了、而且形式与早期的也不相同。此鏡的鳳紋在一般青銅鏡和其他青銅器中都未見過。従此鏡氧化情況来看、類似中原地区出土。鳳紋中一鳳頭部紋飾較模糊、和蠟型没有翻印清楚的情形是一模一様的、而和陶范未鋳清的情形不一様、這点可以明確地証明此鏡是用失蠟法鋳造的。

殷代早期と中期の青銅器上、すでに変形の鳥紋が有る。殷代晩期の鳳鳥紋はすでにたいへん華麗である。殷末・西周早期より西周中期に至り、鳳鳥紋はすでに大量に出現し、体態の変化もまたたいへん多い。春秋・戦国時期に到るや、鳳鳥紋の数量はまた減少してしまったうえに、かつまた形式は早期のものとはあい同じではなくなった。この鏡の鳳紋は一般の青銅鏡とその他の青銅器中に在ってすべて未だ見たことのないものである。この鏡の酸化情況したるより看て、中原地区の出土に類似する。鳳紋中の一鳳頭部の紋飾はややぼやけており、蠟型をはっきりと翻刻しなかったものとの情形は全く同じものであるが、陶范（鋳型）を完全に鋳造したものでなく、この点明確にこの鏡が失蠟法を用いて鋳造したものであると証明できる。

【12　四獣紋鏡】

這類青銅鏡、在五十年代初湖南長沙月亮山第55号墓、子弾庫第41号墓、桂花園第27号墓等戦国墓中都曾出土過。

この類の青銅鏡は、50年代初に湖南省長沙市月亮山第55号墓、子弾庫第41号墓、桂花園第27号墓など戦国墓中に在ってすべて曾って出土したものである。

【13　四獣紋鏡】

這一類紋飾青銅鏡、其出土的所知地点皆在湖南長沙。此鏡従銅質氧化層和形制・風格来看、確実也出于湖南長沙。可見他是典型的楚鏡。

この一類の紋飾の青銅鏡は、その出土が知られる地点は皆、湖南省長沙市に在る。この鏡は銅質・酸化の層と形の作り方・風格から看ると、確実にまた湖南長沙より出ている。それは典型的楚鏡であると見るべきである。

【14　羽翅紋鏡】

此鏡鈕特小、鈕座也小。這類紋飾的青銅鏡、湖南長沙桂花園第115号戦国墓、長沙月亮山第18号戦国墓都曾出土過、但鏡鈕及鈕座都比此鏡大得多。按戦国時代青銅鏡鈕

的演変、発展規律、早期為小鈕、以後逐漸加大、故此鏡的時代可到戦国早期。

　　この鏡の鈕は特に小さく、鈕座もまた小さい。この類の紋飾の青銅鏡は、湖南省長沙市桂花園第115号戦国墓、長沙市月亮山第18号戦国墓ですべて曾って出土したことがあり、ただ鏡鈕及び鈕座はすべてこの鏡の大きさに比べると過大にすぎる。戦国時代の青銅鏡鈕の演変を按ずるに、発展の規律は、早期は小鈕であり、以後だんだんと漸く大きさを加え、故にこの鏡の時代は戦国早期に到ることができる。

【15　連弧紋鏡】

　　1953年湖南長沙南門広場第9号戦国中期墓曾出土与此鏡形式完全相同的連弧紋鏡、1955年四川成都羊子山第162号西漢早期墓出土過雲紋地的七連弧紋鏡、可知此類鏡的時代起自戦国中期、沿用到西漢早期。

　　1953年湖南省長沙市南門広場第9号戦国中期墓で曾ってこの鏡と形式が完全にあい同じ連弧紋鏡を出土したし、1955年に四川省成都市羊子山第162号前漢早期墓からは雲紋地の七連弧鏡が出土したとあり、この類の鏡の時代が戦国中期より起こり、沿用して前漢早期に到ったことを知ることができる。

【16　四山紋鏡】

　　山字紋鏡大多是湖南長沙出土、亦称楚鏡、銅胎薄、大多是三弦鈕、狭辺辺沿上巻、鏡背紋没有内外区之別、主紋採用浅凹弧形的粗線条組成山字形、与繁密的細地紋主次分明。従四山紋鏡出土的情況来看、湖南長沙冬瓜山1号墓出土四山紋鏡、径10厘米、仰天湖25号墓出土四山紋鏡、径11.6厘米、東塘6号墓出土四山紋鏡、径12厘米、東北郊新開舗2号墓出土四山紋鏡、径12厘米、湖南常徳東郊徳山地区出土四山紋鏡、径14厘米、長沙燕山嶺17号和855号墓出土四山紋鏡、径均為14.2厘米、長沙市楊家湾6号墓出土四山紋鏡、径17厘米。四山紋鏡都比較小、此鏡較大、但一般很少有超過20厘米的。山字形紋在鏡背有三山・四山・五山・六山不等、其中以三山為少見、以四山為多。這種斜置的山字形紋飾、在戦国青銅器上可以找到淵源、只是由于器不同而表現形式各異。青銅器上有一種幾何形紋飾、俗称鈎連雷紋、殷墟中期器上常見、商周之際的方鼎上也有、後来消失、春秋晩期至戦国的器上又重新出現、由交畳的、鈎連状的幾何形線条所構成、他的基本結構就是斜置的山字形相互交錯鈎連。青銅鏡上的表現、只是截取山字形、在局部中作単独安排、在整体上以四到六個山字形有規則地囲成一周、形成一種独特的紋飾。『広州漢墓』西漢早期墓葬曾出土五面四山紋鏡、可知山字紋鏡的時代従戦国可到西漢早期。

　　山字紋鏡はだいたい湖南省長沙市出土であり、また楚鏡と称し、銅胎は薄く、だいたいは三弦鈕であり、狭い辺に辺に沿って上に巻き、鏡背の紋には内外区の別はなく、主紋は浅い凹弧形の粗線条を採用して山字形を組成し、繁密な細地紋とはっきり見分けられる。四山紋鏡の出土情況からみて、湖南省長沙市冬瓜山1号墓出土の四山紋鏡は、径10cm、仰天湖25号墓出土の四山紋鏡は、径11.6cm、東塘6号墓出土の四山紋鏡

は、径12㎝、東北郊新開舗 2 号墓出土の四山紋鏡は、径12㎝、湖南省常徳市東郊徳山地区出土の四山紋鏡は、径14㎝、長沙市燕山嶺17号と855号墓出土の四山紋鏡は、径均しく14.2㎝であり、長沙市楊家湾 6 号墓出土の四山紋鏡は、径17㎝。四山紋鏡はすべて比較的小さく、この鏡はやや大きいが、一般に20㎝を超過するものは大変珍しい。山字形紋は鏡背に三山・四山・五山・六山などが有り、その中で三山はもって珍しく、四山をもって多しとする。この種の斜置の山字形の紋飾は、戦国青銅器上に在って淵源を探しだすことができ、ただこれは器の不同によりて表現形式が各々異なる。青銅器の上に一種の幾何形の紋飾が有り、俗に鈎連雷紋と称し、殷墟中期の器上によく見、殷周の際の方鼎上にもまた有り、後になって消失し、春秋晩期より戦国に至る器の上にまた重ねて新たに出現し、交互に折り畳んだものにより、鈎連（チエーン）状の幾何形線条に構成されており、その基本構造はすなわち斜置した山字形が相互に交錯し鈎連している。青銅鏡上の表現は、ただ山字形を截取っただけのもので、局部中に在っては単独に処理をなし、全体的には 4 から 6 個に到る山字形をもって規則的に一周を囲み成すものが有り、一種独特の紋飾を形成する。『広州漢墓』前漢早期の墓葬から曾って出土した 5 面の四山紋鏡で、山字紋鏡の時代が戦国より前漢早期に到るとすることができよう。

【17　四山四鹿紋鏡】

　　山字紋鏡是戦国青銅鏡中的大類、分布的区域相当広範、其中以湖南地区出土的為多。但三山鏡僅見法国巴黎所蔵、在三個山字形中間隔以双鹿和一犬。四山四鹿鏡伝世也甚少見。一般四山到六山鏡、山字間均無鹿紋。日本東京蔵一枚、与四山相間隔的是両豹和両狗。此鏡体厚実、応是戦国晩期之器。

　　山字紋鏡は戦国青銅鏡中の大類目であり、分布の区域は相当に広範で、その中で湖南地区の出土のものをもって多しとする。ただ三山鏡はわずかにフランス国パリに蔵され、三個の山字形の中間に在って隔つに 2 頭の鹿と 1 匹の犬をもってしている。四山四鹿鏡の伝世もまた甚だ珍しい。一般に四山から六山に到る鏡は、山字間に均しく鹿紋がない。日本の東京に一枚を蔵し、四山とあい間隔したもので両豹と両狗である。この鏡体は厚実で、応に戦国晩期の器とすることができる。

【18　五山紋鏡】

　　五山字紋鏡出土数量比四山字紋鏡少得多。湖南長沙月亮山第15号墓和湖南常徳徳山第 7 号墓曾出土五山紋鏡。此両墓的時代為戦国晩期、因此五山紋鏡的相対時代比之四山紋鏡可能要略晩一些。在山字紋鏡中、山字、鈕座、辺縁及部分紋飾中的平面都很光亮平滑、而鈕座内圏却都無光澤、這是銅鏡在脱范後、経過加工的痕跡。山字紋鏡従羽翅紋的地紋看、他是用失蠟法鋳造的、有些同類鏡中曾有明顕的縮蠟痕跡。

　　五山字紋鏡の出土数量は四山字紋鏡に比べて少しく多いものとなる。湖南省長沙市月亮山第15号墓と湖南省常徳市徳山第 7 号墓は曾って五山紋鏡を出土した。この両墓

の時代は戦国晩期であり、これにより五山紋鏡の相対的時代はこれを四山紋鏡と比べてかならずや晩いものだとすることは可能であろう。山字紋鏡中に在っては、山字、鈕座、辺縁及び部分紋飾中の平面はすべてよく光り平滑であり、しかも鈕座内の圏は却ってすべて光澤無く、これは銅鏡が脱范後に在って加工を経過した痕跡である。山字紋鏡は、羽翅紋の地紋より看れば、それは失蠟法を用いて鋳造したものであり、同類の鏡中には曾って明顕な縮蠟の痕跡が有るものが少し有る。

【19　六山紋鏡】

六山字紋鏡出土甚少、遠比伝世的四山・五山少得多。従主紋和地紋的布局及鏡的形式来看、其時代応属戦国晩期。1983年広東省広州市象崗山西漢南越王墓出土了六山紋鏡、這佐証了六山紋鏡的時代沿達西漢早期。六山紋鏡的尺寸一般比較小、中国国家博物館所蔵六山字紋鏡形体較大、直径為23厘米、這是已知的最大山字紋銅鏡。

六山字紋鏡の出土は甚だ少なく、伝世した四山・五山が少し多いこととは隔りがある。主紋と地紋の布局及び鏡の形式より看ると、その時代は応に戦国晩期に属すべきである。1983年広東省広州市象崗山の前漢南越王墓から六山紋鏡を出土したが、これは六山紋鏡の時代が前漢早期にも達していたことを証明する。六山紋鏡の尺寸は一般に比較的小さく、中国国家博物館所蔵の六山字紋鏡の形体はやや大きく、直径23cmであり、これはこれまで知られた最大の山字紋銅鏡である。

【20　四葉紋鏡】

這類青銅鏡有三葉・四葉和八葉数種、其中以四葉為多、葉的形式是常見的漢代柿蒂紋的雛形。四葉紋鏡的鏡面一般較小、湖南長沙月亮山第18号墓出土的両面四葉紋鏡、径分別為11.5和12.2厘米。長沙桂花園第6号墓出土的為11厘米、長沙絲茅冲第78号出土的径11.5厘米。此鏡也属同一類型。鏡地紋上有明顕的蠟模拚接痕跡和縮蠟痕跡、応是失蠟鋳造的又一例証。時代為戦国晩期。

この類の青銅鏡は三葉・四葉と八葉の数種有り、その中で四葉をもって多しとし、葉の形式で常に見るものは漢代柿蒂紋の雛形である。四葉紋鏡の鏡面は一般にやや小さく、湖南省長沙市月亮山第18号墓出土の二面の四葉紋鏡は、径は分別して11.5と12.2cmである。長沙市桂花園第6号墓出土のものは11cmであり、長沙市絲茅冲第78号墓出土のものは径11.5cmである。この鏡もまた同一の類型に属す。鏡の地紋上に明顕な蠟模拚接の痕跡と縮蠟痕跡が有り、応に失蠟鋳造のものの一例証である。時代は戦国晩期である。

【21　菱形四弁花紋鏡】

這種凹形寛帯欄、象山字紋一様、是戦国時代盛行的曲折雷紋的又一変体。這類紋飾的青銅鏡也与山字紋鏡的時代相当或稍晩。此鏡是戦国晩期的鋳品。1955年湖南長沙廖家湾第38号墓出土的菱形四弁花紋鏡、紋飾与此鏡完全相同、只是辺縁略寛而直径為12厘米、可見此鏡亦応是長沙出土。此鏡鏡体極薄、総重量僅60克。狭巻辺已有氧化磁損、

但在一定程度的破綻処。還没有見到青銅本質。此鏡已処于基本脱胎状態、基体僅存極薄如紙的銅片、能完整保存至今、很是難得。

　この種は凹形寛帯欄、象山字紋が同じで、戦国時代に盛行した曲折雷紋のもののまた一変体である。この類の紋飾の青銅鏡もまた山字紋鏡の時代とあい当たるか或いはやや晩い。この鏡は戦国晩期の鋳品である。1955年湖南省長沙市廖家湾第38号墓出土の菱形四弁花紋鏡は、紋飾がこの鏡と完全にあい同じく、ただ辺縁はほぼ寛くて直径が12cmである。鏡また応に長沙出土であると見ることができる。この鏡の鏡体は極く薄く、総重量わずかに60ｇ。狭い巻辺はすでに酸化破損しており、ただある程度破綻しかかっている。それでも青銅の内味を現わしてはいない。この鏡はすでに基本的に脱胎状態に処理され、基体はわずかに極く薄い紙のごとき銅片を存するのみで、能く全体が保存されて今に至っているが、たいへん得がたいことである。

以上であるが、戦国時代鏡の紋様の解説に止まらず、その鋳造時期が戦国から前漢のどの時期なのかを考証し、中国における鏡研究の成果を示している。紋様図像学的な説明や鏡材質銅の現状観察もそれなりに注意が払われているが、金属分析など科学的考察の配慮はない。また以上の諸鏡について、湖南省長沙市出土品との類比は叙述されているが、発掘報告の参考に終わっている。結局のところ以上の戦国鏡がどこから入手された鏡であるかは確認されておらず、不明である。

第二節　上海博物館蔵前漢・新莽・後漢青銅鏡

　上海博物館蔵青銅鏡を戦国青銅鏡につづいて、前漢・新莽・後漢についてデータベース表を作成してみよう。これが【表6－2】上海博物館蔵前漢・新莽・後漢青銅鏡であるが、銘文の出現があるのでこれに一欄を設けた。なお、鏡番号は戦国鏡のそれに続いている。また形態欄の◆印は説明が長文で適宜省略したことを示す。

【表6－2】　上海博物館蔵前漢・新・後漢・三国青銅鏡（陳佩芬編）

番号	名称	径／cm	鈕長／cm	連鈕厚／cm	辺厚／mm	鏡心最薄／cm	辺寛／mm	重・g	時代	鈕・鈕座形式	形態	【銘文】
22	四猴紋鏡	11.90	0.80	0.70	0.22～0.30	0.12	1.00	110.00	前漢	小円鈕・三線方格鈕座	主要紋飾是方格毎一辺所飾的一猴、方座四角各飾一花苞、形成猴和花苞一一相間。猴作側面爬行状、双臂甚長、空隙処填以繁密的鈎連雷紋、在鈎連雷紋中又有小点和方格図案、狭縁上巻。鏡面平坦。	
23	四猴紋鏡	10.85	1.00	0.65	0.40～0.46	0.12	1.20	100.00	前漢	三弦鈕・双線円鈕座	主紋飾四猴、并与四弁花一一相間。猴作正面形、額部寛大、鼻子特大而長、下連嘴、両側有小眼睛、前臂特別長、舒張而下垂、曲足作騰跳状、情態生動。空隙処以雷紋為地、狭縁上	

#	名称								説明	銘文
									巻。鏡面平坦。	
24	四龍連弧紋鏡	17.10	1.90	1.30	0.42～0.53	0.16	1.00～2.00	240.00	前漢	獣鈕・葡萄式、獣頭回顧、双線絢紋円鈕座	鈕座旁有四闊葉、紋似柿蒂、外囲浅凹弧形円周。主紋為四組蟠龍、両両対称。龍首偏于一方、体躯纏繞成蔓枝状、両龍之間的円圏、将整個主紋相隔成四等分、及為漢代青銅鏡中紋飾的濫觴。以菱形格雲雷為地、外縁由十六内向連弧紋組成、鏡面平坦。	
25	連弧鳳紋鏡	17.30	1.50	1.20	0.50～0.63	0.17	1.60	270.00	前漢	三弦鈕・円鈕座	外囲寛平帯区。這種帯区已不再象戦国鏡那様作凹弧形、他是鑑別年代的特徴之一、内区飾有二圏細斜紋和網紋。主紋作八曲内向連弧紋、両弧飾一鳳紋。鳳尾分三叉、一短尾、一巻尾、主尾穿過円弧沿鈕座外円転向鳳首方向、再穿過另一円弧、而成一喇叭花形尾飾。図案的結構和変形極為精巧。鏡面平坦、狭縁上巻。	
26	星雲紋鏡	18.00	2.20	1.40	0.63～0.69	0.24	2.20	690.00	前漢	連峰鈕・星雲紋鈕座	外囲十六内向連弧紋。外区紋飾有四枚、囲以連珠紋配列四方、将整個紋飾分為四組。毎組紋飾相同、都由十三個小枚和弧線組成星雲状図案、不施地紋。辺縁為十六内向連弧紋、与鈕座旁的連弧紋完全相対応。有密集的乳釘状突起、是此類鏡中最複雑密集的紋飾、尋常的雲紋鏡是他的簡化式様。此鏡范鋳極規正、四方有制范留下的設計線条。鏡面平坦。	
27	大楽貴富六博紋鏡	19.00	2.20	1.00	0.81～0.91	0.14	1.40	430.00	前漢	葡獣鈕・双龍鈕座	外囲双線方格。方格内有銘十五字。壽字和大字之間置一小魚紋、以為詞句的起迄記号。方座毎辺連接T形紋、和T形紋対応的是L形紋、方座四角相対的有V形紋。以V形紋為中心、飾有蟠旋的龍紋四組。毎組有一蟠龍、龍頭較小而体躯多弧圏形線条、前爪在L形紋内、後爪在V形紋内、尾部則成為交叉的形象。紋飾外囲以細縄紋、寛縁、辺上口甚薄、鏡面平坦。	大楽貴富得所好、千秋万歳、延年益壽。
28	大楽貴富蟠龍紋鏡	13.80	1.30	0.95	0.77～0.90	0.20	0.90	430.00	前漢	三弦鈕・双龍鈕座	外囲銘文帯一周十一字、以魚紋為句首尾的間隔。主紋為分列于四方的火焔形図案和以此形成的四組蟠龍紋。龍頭居中而甚小、体躯作複雑的蟠旋糾結之状、比戦国鏡上的龍紋更変形、如不細察、就認為是一組繚繞的雲紋。此鏡、狭	貴富、千秋万蔵、宜酒食。

									辺、折而向上、鏡面平坦。	
29	長母相忘鏡	13.70	1.80	1.00	0.45～0.49	0.20	1.30	120.00	前漢	半円鈕・柿蒂紋鈕座	外囲双線方格。方格的毎辺有二字、連続為「長母相忘、貴楽未央」。方格四角各有一花苞、両旁為円形枝葉。方格外囲毎辺的中心処有一枚和一桃形紋飾、花苞与枚間火焔形紋。鏡縁為十六内向連弧。鏡面平坦。	長母相忘、貴楽未央。
30	道路遼遠鏡	16.10	1.90	1.10	0.35～0.46	0.19	1.80	420.00	前漢	半円鈕・柿葉紋鈕座	外囲双線方格。方格毎辺有四字、連続為「道路遼遠、中有関梁、鑒不隠請（情）、修母相忘。」方格四隅的毎一対角線引出両個円形枝葉、両枝葉間有一枚和桃形紋飾、其両側為火焔形紋。鏡縁十六内向連弧紋。鏡面平坦。	道路遼遠、中有関梁、鑒不隠請（情）、修母相忘。
31	禽獣六博紋鏡	20.40	2.50	1.70	0.45～0.61	0.27	2.50	1040.00	前漢	半円鈕・柿蒂紋鈕座	外囲双線浅凹弧形方框、鏡背紋飾分内・中・外三個区。方框的毎辺連接双線T字紋、在三個T字紋之間、各有両種動物、有兎・鹿・燕・鳥・魚等。其中有一辺紋飾是生動的雁食魚形象。以外囲弦紋為界、這是内区。在他外面是中区。中区有十個小枚、近内区均匀排列、在与鈕座外方框四角的対応処。設双線V字形紋、而在与内区T字紋的対応処、設双線L字紋。此外、枚間隔処各有龍・虎・羽人・玄武・獅和其他動物。外区有八個外囲円圏較大的枚、枚与枚之間均有一形態不同的動物、或虎、或牛、或鳥、或獣等表示天禄・辟邪之類的瑞獣。最外囲用細斜条紋、寛縁、鏡面微凸有曲率、能放大影像。	
32	見日之光透光鏡	7.10	1.10	0.80	0.27～0.31	0.07	0.70	50.00	前漢	半円鈕・円形鈕座	内区為八曲連弧紋、毎一曲有一直線与鈕座垂直、外囲帯状銘文、「見日之光、天下大明」八字、毎両字之間夾一個渦文与◇符号、最外囲以寛縁。此鏡正面平滑光亮、仍可鑒人、但在陽光或直束光線照耀下、能在鏡面上反映出与鏡背紋飾相対応的亮影図像、故名透光鏡。◆	見日之光、天下大明。
33	内清以昭明透光鏡	12.10	1.60	1.00	0.57～0.60	0.09	1.80	280.00	前漢	半円鈕・円形鈕座	内区有同心円及八曲連弧紋、外囲銘文一周、字体方正、毎両字中間夾一「而」字、日下衍「Ψ」字、共二十一字。銘文的左右各有細斜条	内清以昭明、光象夫日月兮。不世（泄）。

									紋一周、最外是凸起的闊邊。這一類青銅鏡、因銘文的第一句中有「昭明」両字、以前有稱為昭明鏡的。以昭明鏡為多。拠著録或伝世的実物、這類青銅鏡比較多。◆	
34	君有遠行鏡	17.80	2.20	1.50	0.58〜0.66	0.18	1.30	460.00	前漢	半円鈕・連珠紋鈕座	外囲凸起帯紋一周。内区為内向八曲連弧紋。外区銘文一周為隷書三十八字。銘文帯両側是直条紋、狭縁平面、鏡面平坦。◆	君有遠行、妾口私喜、饒自次稟止、君従行来、何以為信、祝父母耳。何木母庇（疵）、何人母友、相恵有常可長。
35	四霊鏡	20.60	2.50	1.70	0.57〜0.63	0.25	2.40	1140.00	前漢	半円鈕・柿蒂紋鈕座	外囲斜線紋及円周、内区為内向八曲連弧紋、外区有四枚、将紋飾分為四組、毎組有双鈎雲紋線条貫穿其間、四方并飾青龍・白虎・朱雀・玄武及熊・鳥等禽獣図像。寛縁、鏡面微凸。	
36	内清四霊鏡	18.80	2.20	1.40	0.62〜0.71	0.17	2.20	940.00	前漢	半円鈕・連珠紋鈕座	外囲寬容帯一周。内区為銘文一周。毎両字中隔一「而」字。銘文中明作目、世為「泄」之訛。不泄之不排在最後。行一「召」字、「召」字作「古」、也是訛変。銘文共25字。外区是四枚、并有柿蒂紋分列四方。枚間有以流暢的細線条組成青龍・白虎・朱雀・玄武四霊。青龍是両条相対、白虎旁有一羽人作戯弄之状、朱雀亦対称、玄武旁亦有一羽人作調弄状、以雲気紋填充其間。寛縁、鏡面微凸。	内清以召明、光象夫日月、世召不。
37	涷治銅華鏡	16.50	2.00	1.30	0.62〜0.69	0.22	1.80	280.00	前漢	半円鈕・柿蒂紋鈕座	其間有「長宜子孫」四字。外囲斜線紋和凸起弦紋。内区為八曲内向連弧紋、外囲銘文一周三十一字。辺縁有双線曲折紋、鏡面微凸。	涷治銅華清而明、以之為鏡宜文章、延年益壽去不羊（祥）、与天母（無）亟（極）日月光、長楽。
38	始建国天鳳二年（15）常楽富貴鏡	16.60	2.10	0.30	0.52〜0.62	0.30	2.70	690.00	新・王莽始建国天鳳二年（15）	半円鈕・外囲十二辰方形双線鈕座	毎一辺為三辰、亥子丑、寅卯辰、巳午未、申酉戌、毎両辰之間有一小枚、内区紋飾極繊細、按方形鈕座分為四組、毎組各有両枚及双線ＴＬＶ六博紋飾。毎組紋飾可安置二獣、其中青龍・白虎・朱雀・玄武各占一方、右旁各配蟾蜍・羊・羽人等紋様。外為銘文帯、字作隷書三十八字。銘外図以細直線紋及鋸歯紋各一周、辺縁為纒枝葉紋。鏡面凸起。	始建国天鳳二年作好鏡、常楽富貴庄君上、長保二親及妻子、為吏高遷位公卿、世世封伝于母窮。
38	始建国天鳳二年	16.60	2.10	0.30	0.52〜0.62	0.30	2.70	690.00	新・王莽	半円鈕・外囲十二	毎一辺為三辰、亥子丑、寅卯辰、巳午未、申酉	始建国天鳳二年作好鏡、常

	(15)常楽富貴鏡							始建国天鳳二年(15)	辰方形双線鈕座	戌、毎両辰之間有一小枚、内区紋飾極繊細、按方形鈕座分為四組、毎組各有両枚及双線TLV六博紋飾。毎組紋飾可安置二獣、其中青龍・白虎・朱雀・玄武各占一方、右旁各配蟾蜍・羊・羽人等紋様。外為銘文帯、字作隷書三十八字。銘外図以細直線紋及鋸歯紋各一周、辺縁為纏枝葉紋。鏡面凸起。	楽富貴庄君上、長保二親及妻子、為吏高遷位公卿、世世封伝于母窮。
39	新興辟雍鏡	13.50	2.10	1.20	0.42～0.47	0.18	2.10	380.00	新・王莽時代	半円鈕・柿蒂紋鈕座	外囲双線方格。并有六博点紋、分布八枚、空隙処墳以雲紋、紋飾外囲有銘文一周、三十一字。辺縁平寛、鏡面微凸。自内至外、次第為鋸歯紋、雲紋組成的幾何形図案和連点紋。内区的紋飾是漢鏡六博紋的簡化式、可能空間較小、僅有Tが没有L・V紋。銘文「新興辟雍建明堂」、反映了王莽托古改制的背景。	新興辟雄（雍）建明堂、然于挙士列侯王、将軍令尹民戸行、諸王万舎在北方、楽未央。
40	新興辟雍鏡	14.10	2.00	1.50	0.46～0.53	0.31	2.20	550.00	新・王莽時代	半円鈕・双線円鈕座	外囲双線方格、方格四角為六博紋、毎辺均有両枚、六博紋的空隙処墳以両獣、其中青龍・白虎・朱雀・玄武各占一方、青龍配一獣、白虎及朱雀各配一鳥、玄武是亀配蛇、玄武的形象、是亀配蛇分置両処、這是很少見的図像、外囲銘文一周二十一字、文字極簡略、僅有三句、都是一般常見語。鏡縁是粗鋸歯紋、曲折紋和細鋸歯紋各一周、鏡面凸起、王莽鏡伝世較少。	新興辟雍建明堂、然于挙士列侯王、子孫復具治中央。
41	王氏四霊六博紋鏡	18.50	2.10	1.30	0.53～0.60	0.20	2.80		新・王莽時代	半円鈕・柿蒂形鈕座	外囲凹弧双線方格、方格内有十二支名和十二枚相間、方格外毎辺均有両枚和TLV凹弧双線紋。四方的紋飾除青龍・白虎・朱雀・玄武外還配置其他禽獣、紋飾緊密。外囲銘文一周五十字。以「新家」代「国家」是為新・王莽時鏡。銘文中毎句背有標点、以鳥紋為銘文的起迄記号。辺縁内圏為鋸歯紋、外圏為雲気紋。鏡面凸起。	王氏昭竟（鏡）四夷服、多賀新家人民息、胡虜珍滅天下復、風雨時節五谷（穀）熟、長保二親子孫力、伝告後世楽母亟、日月光大富貴昌兮。
42	四霊鏡	21.10	3.40	2.05	0.91～0.96	0.21	2.80	1100.00	後漢	半円鈕・特高・四個有長角的獣頭連成鈕座	外囲双線方格、方格四角各有一枚、均有七内向連弧紋相囲、将鏡面分為四組、皆細雕、左為青龍、右為白虎、上為朱雀、下為玄武。青龍的形象是蛇頸・長角、似獣而体躯有斑紋。龍的頭部前後各有一羽人、	

368　第二部　中国における古代銅鏡文化研究の伝統と各博物館銅鏡目録データベース

										空隙処填以一獣三鳥。白虎張口吐舌、身有毛片紋、頭部前後各有一羽人、尾部有一鳥。朱雀取象于孔雀、鶏頭・蛇頸・鳥翅、開屏而舞的長尾、左上角有一羽人、前有一小鳥。玄武的形象是亀和蛇的合体、蛇纏住亀身、蛇首下俯、与亀首相対、空隙処填以三鳥一小蛇。外囲篦紋一周、鏡縁是鋸歯紋和粗細条的長条形的四霊紋、鏡面微凸。	
43	鳥獣紋鏡	18.30	2.20	1.50	0.59～0.68	0.23	2.10	1000.00	後漢	半円鈕・円鈕座	外囲九個小枚、枚間是三線雲紋、再外層是0.8cm寛的凸起的一円周帯、両旁都是斜条篦紋、主紋為七個相隔的大枚和以流利単線作条描状的龍・双朱雀・蟾蜍及雲気等紋飾。辺縁是三角形鋸歯紋和双線曲折紋。鏡面微凸。	
44	尚方鳥獣紋神人奏楽鏡	20.30	0.60	1.70	0.78～0.86	0.19	2.30	860.00	後漢	半円鈕・円鈕座	外囲九個小枚、枚間有簡単雲気紋和反書的「長宜子孫」四字、外囲両道較粗弦紋、中間為実心円点和幾何形雲紋一一相連的紋飾、主紋是七個枚、毎一枚外囲飾似柿蒂的四弁葉紋、以子字為基準、其下両枚間為青龍和羽人、左旋次第是玄武、神人吹排簫、二羽人相向而舞、神人奏琴、朱雀。最外面是反書的二十五字銘文一周。文字有欠筆、文義未尽、完整的銘文、下面応是「浮遊天下遨四海、徘徊名山采芝草、壽如金石為国保。」辺縁是一周篦紋、三角形鋸歯紋和連続雲気紋。鏡面微凸。	「長宜子孫」「尚方作竟(鏡)真大巧、上有仙人不知老、渇飲玉泉飢食棗、浮遊天下(遨四海、徘徊名山采芝草、壽如金石為国保。)」
45	下除十二支六博紋鏡	17.80	2.20	1.20	0.55～0.65	0.22	2.40	680.00	後漢	半円鈕・柿蒂紋鈕座	座外連成双線方框、内区為十二支銘文、毎両支間有一個小枚。外区、在方格四角和四辺皆有六博盤上的界欄形紋、紋飾分為四方八小区、小区内有八種動物、自左至右是青鳥・青龍・羽人・玄武・蟾蜍・白虎・羊・朱雀等、主要是四個方位神。紋飾外囲銘文一周、為三十三字。銘文外囲篦紋、辺縁是鋸歯紋及連続雲気紋。鏡面略有凸起。	下除作竟(鏡)真大巧、上大山、見神人、食玉英、飲澧泉、駕文(交)龍、葉(乗)浮云(雲)、君宜官。(秩保子孫、壽万年、昌楽未央。)
46	長宜子孫鏡	22.70	4.10	3.00	0.85～0.95	0.20	2.50	1480.00	後漢	半円鈕・柿蒂紋鈕	毎両蒂葉之間鋳有銘文、文作「長宜子孫」、外座囲篦紋一周。主紋為内向八連弧紋、毎両弧間有銘、全文為「壽如金石佳且好兮。」外囲小	「長宜子孫」、主紋為内向八連弧紋、毎両弧間有銘、全文為「壽如金石佳且好兮。」

第六章　陳佩芬編『上海博物館蔵青銅鏡』について　369

										圏和斜線紋、両側有篦紋、辺甚寛而厚、鏡面凸起。此鏡紋飾簡潔、鏡鈕特高。	
47	長宜子孫鏡	14.00	2.40	1.50	0.52〜0.57	0.20	2.20	500.00	後漢	半円鈕・甚高	内区浮雕双龍、作蚰蜓起伏状、尾端相接、両龍頭中間為一羽人。外区為内向八連弧紋、每両連弧間有一帯銘的方枚、銘為「長宜子孫、富貴高□」八字、最後一字因筆画変形而不可確釈。鏡縁較寛、其中一半作浮雕紋飾、依一神人捧日和一神人捧月為界、共分両組、一組為三龍駕雲車、車上端坐神人乗獣、一神人跨鼉、再前両神人作舞踐状。鏡面微凸。	長宜子孫、富貴高□
48	龍虎画像鏡	20.70	3.60	2.00	0.87〜0.98	1.90	2.10	1140.00	後漢	半円鈕	外囲花弁和双線方格、方格四角各有一枚、每枚外囲七内向連弧紋、四枚将内区紋飾、分為四組、第一組為飛龍、其前後各有一小鳥。第二組為人面羊角神獣、獣背及右下方各有一小鳥。第三組為白虎、回顧式、咧大口、左右有一小鳥。第四組為鹿、亦作回顧状、左面有両小鳥、右面為一羽人。内区紋飾外囲以篦紋。辺縁有両組紋飾、每組有一獣和一鳥、都作粗線条長体波曲状。鏡面凸起。	
49	龍氏神人龍虎画像鏡	21.20	3.40	2.20	1.30〜1.60		2.80	1270.00	後漢	半円鈕・双線円鈕座	鈕突起甚高、鈕座外囲実心連珠紋。内区紋飾以四枚為界、皆為高浮雕。下為東王公、上為西王母、旁各有両侍者、左青龍、右白虎。内区外囲銘文一周、共三十字。外囲篦紋、辺縁為鋸歯紋和雲気紋、鏡面凸起。	龍氏作竟（鏡）自有道、東王公、西王母、青龍在左、白虎在右、刻治□□悉皆在、大吉。
50	神人龍虎画像鏡	19.40	3.10	1.90	0.82〜0.90	0.18	1.80	840.00	後漢	半円鈕	外囲花弁紋和双線方格、方格四角有枚。主紋作高雕、下一組為東王公、旁有方案和提梁壺、左側有「東王公」三字、右側両羽人相侍。上一組為西王母、左右有「西王母」三字、旁一羽人、右有玉女、并各有「玉女侍」三字。左面一組青龍、相対的一組為白虎、均作奔馳状。外囲篦紋、鏡縁為雲気紋、鏡面凸起。◆	龍氏作竟（鏡）自有道、東王公、西王母、青龍在左、白虎在右、刻治□□悉皆在、大吉。
51	柏氏伍子胥画像鏡	20.70	3.90	1.70	0.97〜1.04	0.18	1.80	980.00	後漢	半円鈕、甚高、実心凸起連珠鈕座	内区紋飾以四枚為界、枚周囲各以実心凸起連珠相囲、将紋飾分為四組。第一組為呉王夫差之像、端座在帷幕中、左手上挙、作某種姿態、	呉向里柏氏作竟（鏡）服、多賀国家人民、胡虜殄滅天下復、風雨時節五穀

370　第二部　中国における古代銅鏡文化研究の伝統と各博物館銅鏡目録データベース

										右旁有「呉王」両字。第二組、呉王左面的是伍子胥、他裂眦散須、怒髪冲冠、仗剣作自頸状、左上角有「忠臣伍子胥」字様。第三組、呉王右面是越王勾践和范蠡、越王執節而立、范蠡席地坐、相持作策謀状、左辺分別有「越王」及「范蠡」字様。第四組有両女并立、両側各有一提梁壺、右上有「王女両人」四字。外囲銘文一周四十五字。此是一般美好願望的祝辞・文句「多賀国家人民」後奪一「息」字、銘文外囲以篋紋、鋸歯紋和曲折紋。鏡面凸起。◆	（穀）孰（熟）、長保二親得天力、伝告後世楽無亟（極）兮。
52	伍子胥画像鏡	19.50	3.30	2.00	0.92〜1.00	0.17	2.20	840.00	後漢	半円鈕。甚高、実心連珠鈕座	鏡心紋飾以四枚為界、枚旁亦囲一周実心連珠紋、将紋飾分為四組。第一組為呉王夫差、端座在帷幕中、左手上挙、在左上角有「呉王」二字。呉王的第二組伍子胥、裂眦散須、昂首瞪目、手持長剣置於頸下、作自頸状、左下角有「忠臣伍子胥」字様。再左面是越王勾践和范蠡、越王側見侍立、范蠡席地而坐、相対交談、越王和范蠡的左右有「范蠡」・「越王」字様、其下各置一提梁壺。第四組是著長裙的王女両人、両旁各有一提梁壺。整個紋飾外囲以篋紋・鋸歯紋和曲折紋。鏡面凸起。	
53	羽人騎獣画像鏡	21.40	3.80	2.00	0.75〜0.87	0.20	2.30	1060.00	後漢	半円鈕	外囲花弁紋和双線方格、方格四角有枚。在四組紋飾中、其中一組為羽人騎白虎、虎前另有一羽人。其余三組均為羽人駕龍、龍的前或後亦有一羽人、龍及虎皆作奔馳状。此鏡図象中飾羽人較多、并作各種姿態、羽人的形象与漢代画像石的羽人相似。◆羽人之説、当時非常流行。鏡心紋飾外囲以篋紋。辺縁的紋飾分為両圈、内圈為鋸歯紋、外圈有飛禽・走獣和双魚図像、還有一組両人相対撃鼓和狩猟図像。鏡面凸起。	
54	永康元年(167)神人神獣画像鏡	10.30	3.10	1.50	0.67〜0.71	0.22	1.60	820.00	後漢永康元年(167)	半円鈕。連珠紋鈕座	内区紋飾作高浮雕、以四辟邪為界、将紋飾分四組、作放射形排列。以永康元年年号銘文為基準、下為東王公、上為西王母、両旁均左為	永康元年、正月午日、幽湅黄白、早作明竟（鏡）、買者大富、延寿命長、上如王

第六章　陳佩芬編『上海博物館蔵青銅鏡』について　371

										神鳥神獣相守。左面一組頭戴冕旒者是黄帝、右旁有一侍者、并有一神鳥。右側一組為伯牙奏琴、琴横于膝上、旁有両人、右旁一人側首傾听、似入神者、為鐘子期、左旁有一人相随。外区有凸起的半円和方塊枚相間排列、毎一方枚有銘文四字、共十二塊四十八字、左旋読。字多反書。外囲鋸歯紋。鏡縁紋飾亦分両圏、内圏有両組、一組是六龍駕雲車、車上有端座的神人、車前有両神人御龍。◆　鏡面凸起。	父、西王母兮。君宜高位、立（位）至公侯、長生大吉、太師命長。
55	中平4年（187）神人神獣画像鏡	19.20	4.10	1.60	0.67～0.78	0.30	0.80	1360.00	後漢中平4年（187）	半円鈕。連珠紋鈕座	内区為高浮雕紋飾、有四神獣、似天禄・辟邪・飛廉和龍雀之類分守四角、将紋飾分四組、作放射形排列。若以「天王日月、太師命長」銘文為基準、下面是東王公、相対的上首是西王母、東王公左為玉女、右為神獣、西王母左為青鳥、右為神獣。左面一組為黄帝、戴冕旒、右側有一柱状冠鳥、並有一侍者。相対的右面一組是伯牙奏琴、琴横于膝上、旁有両人、一人側首傾听、似陶酔状者、当為鐘子期、表現為伯牙善奏琴、鐘子期善听。外区有凸起的半円和方塊枚相間排列、毎一方塊有銘文四字、共十三塊五十二字、左旋読。字多反書。銘文外囲以鋸歯紋。鏡外縁紋飾亦分両圏、内圏有両組、一組是六龍駕雲車、車上有神人和羽人、車前有両神人御龍。鏡面凸起。	中平四年、五月午日、幽凍白同（銅）、早作明竟（鏡）、買者大富、長宜子孫、延年命長、上如王父、西王母兮。大楽未央、長生大吉、天王日月、太師命長。
56	建安10年（205）神人神獣画像鏡	13.20	2.90	1.00	0.37～0.40	0.13	0.80	300.00	後漢建安10年（205）	扁円鈕	鏡心浮雕十三神人、十二神獣、横列成五排、神人之衣襞褶細密、頭頂有髻或有冠、拱手而坐、背有雲気。鏡鈕上下各有「君宜官」三字、神人排列成界欄。第一排、中間為一長髯的神人正面坐、左青龍、右白虎皆有羽翼、青龍旁有一神鳥、白虎旁有一神獣。第二排、左側有両人、近中間的一個応是伯牙、挽袖作撫琴状、但琴形并不明顕、右側有両神人、一神人挽一袖、半側面坐、另一神人、全然側面坐、界欄外有一長冠鳥、左側辺上尚有一飛翼獣在其旁。	建安十年朱氏造、大吉羊（祥）、□□□、幽凍官商、周縁容象、五帝天皇、白（伯）牙単（弾）琴、黄帝除凶、朱鳥玄武、白虎青龍、君宜高官、位至三公、子孫番（蕃）昌。

									第三排、四神人皆正面坐、右側近鏡鈕的神人戴冠、余皆綰髪髻、亦以界欄相間隔。第四排、「君宜官」両側有両髪人。一戴三梁冠、一綰髪髻、神人、右朱雀、左玄武、外縁銘文一周存五十字、自左旋読。銘文内容為当時吉語。◆ 鏡面凸起。	
57	建安10年(205)神人神獣画像鏡	13.90	3.00	1.20	0.43〜0.48	0.18	1.30	400.00	後漢建安10年(205)	扁円鈕	鏡心浮雕十個神人、十二個神獣、横列成五排、鏡鈕上下各有「君宜」両字、神人・神獣排列成界欄状。第一排、中間為一長髯的神人正面坐、左側為青龍・白虎、右側為朱雀・玄武。第二排、左側有両人、近中間的一個応是伯牙、挽袖作撫琴状、但琴不明顕、旁有一神人、俯首恭聴、該是鐘子期、右旁両人半側面坐、聆聴琴声。第三排、鏡鈕両側為両神人、正面坐、旁各有一侍者、界欄外両側各有一龍和一虎。第四排、近中間為両神人、両側為天禄・辟邪。最下面一排為正坐的神人、両側有神獣。外縁銘文一周、四十字。銘文内容与一般建安鏡相同、周象是「周縁容象」的省略写或漏写。◆ 鏡面凸起。	建安十年三月、吾作明竟(鏡)、幽宮東(凍)商、周象、五帝天皇、白(伯)牙単(弾)琴、黄帝余(除)凶、朱鳥・玄武、白虎・青龍、君宜高官。
58	張氏車騎神獣画像鏡	23.20	3.70	2.00	1.20		2.50	1500.00	後漢	半円鈕。甚高、連珠紋鈕座	内区四方設枚、枚縁均蟠一龍、龍体各倶形態。内区的紋飾分為内外両圏、以極細的線条為界。内圏為青龍・白虎・天禄・辟邪四獣、獣背上騎一羽人、并以鳳凰・鸞鳥和飛廉神人為間隔。外圏作車騎人物、車駕両馬飛馳、車上端座神人、車後有一騎士、手執武器、若衛侍。此種紋飾連続三組。另一組為雲車、有神人以手扶輿而端座、一羽人駕車輿、後有両侍者、車輪作巻雲状、与『九歌・東君』「駕龍輈兮乗雷、載雲旗兮逶蛇」相合、車後有一神人捧日、当是義和浴日的故事、此一組紋飾大体以東君和太陽神為主題。鏡外縁有龍虎紋飾一周。銘四十六字。最後一句当是「大吉永昌」之誤、銘文外囲以篦紋。外縁是四獣構成的纏枝和鋸歯紋。鏡面凸起。	張氏作竟(鏡)四夷服、多賀国家人民息、胡虜殄成(滅)天下復、風羽節時五谷(穀)孰(熟)、長保二親得天力、伝告後世楽無亟(極)、大吉無昌。
59	神人車馬	21.10	3.50	1.80	1.03〜	0.20	1.30	1070.00	後漢	半円鈕	外囲以小枚。内区有四	

第六章　陳佩芬編『上海博物館蔵青銅鏡』について　373

	画像鏡				1.21				枚、外亦囲小枚。主紋是下為東王公、左旁有両羽人、右旁有三羽人。上為西王母、左旁有両羽人、右旁為一侍者。其左右両側均為四馬駕車、三馬向前奔地、一馬回首、車輿甚高、并有方格状欄、外囲篦紋及雲気紋各一周。雲気紋分四組、以三禽獣為界。鏡外縁素面、鏡面凸起。	
60	神人車馬画像鏡	20.20	3.20	1.70	1.02〜1.06	0.17	1.60	950.00	後漢	半円鈕	外囲二十個小枚。主紋以四枚間隔。下為東王公、左旁是侍者、右旁有両羽人。上為西王母、左羽有羽人相侍。左側是三馬駕車、車有高輿、側面有一窗、大蓋頂、車後曳長帛、作用不明、或是奔馳時擋塵之用。右側是羽人騎龍。外囲篦紋、鏡縁作両層鋸歯紋。鏡面凸起。	
61	吾作神人神獣画像鏡	17.70	3.00	1.50	0.69〜0.78	0.22	1.90	960.00	後漢	半円鈕	外囲連珠紋。鏡心紋飾作高浮雕。内区紋飾以四神獣為界分為四組、中段左為東王公、右為西王母、皆有一獣衛座托、東王公両側為両獣、有柱状分枝形的冠、一正・一側、下有怪獣托座。西王母両側為青鳥和人面鳥身神。再上方有両獣、口内各銜曲尺形的座、座中三人。中間為伯牙弾琴、旁両人作聆听状。下方中間是黄帝、頭戴冕旒、旁有青龍和白虎。龍身上騎一羽人、白虎背騎一戴盆形帽的神人。外圏相間排列着厚而凸起的円枚和帯銘的方枚。毎一方枚鋳銘文四字、共十六枚八十四字、自左旋読。外囲鋸歯紋。鏡縁浮雕両組紋飾、一組是三龍張口作飛翔状、其中両龍背騎神人、後面是六龍駕雲車、車上有神人、羽人共三人。另一組有一飛龍、両青鳥、後面有両独角獣、背上騎仙人、還有両羽人各駕一青鳥。両組紋飾相隔処、有一神人捧日和一神人捧月。鏡面凸起。	吾作明竟(鏡)、幽東(湅)三商、周(雕)刻無極、雕刻万方、四祭像元、六合設長、挙貪方庚、通距虚空、統徳序道、祇霊是興、百牙陳楽、衆神見容、天禽衛持、維剛大吉、服者公卿、其師命長。
62	吾作神人神獣画像鏡	18.40	2.80	1.60	0.42〜0.50	0.17	1.60	800.00	後漢	半円鈕・連珠紋鈕座	内区浮雕神人神獣、内圏分置四枚、外圏有凹形三叉式紋様為界欄。主紋横列分成三排。鈕上方為第一排、中間為伯牙奏琴、琴横于膝上、其下両人俯首傾听、一為鐘子期、両側為天禄・辟邪。鈕的左右為第二	「吾作明竟(鏡)」「子孫番(蕃)昌」「天王日月」「位至三公」等、其余因蠟模受損而字跡模糊。

										排、左為東王公、右為西王母、東王公両側為青龍和朱雀、西王母両側為青鳥和白虎、鈕的下方有神人、旁有両侍者、左為青龍、右為白虎。神人下有野猪・熊等動物、空隙処墳以雲気紋。外区方枚和半円形一一相間。方枚共十四塊、毎塊四字。銘文除「吾作明竟（鏡）」「子孫番（蕃）昌」「天王日月」「位至三公」等、其余因蠟模受損而字迹模糊。外囲鋸歯紋。辺縁有両種紋飾。内圏有六龍駕雲車、車上有四神人、前有両羽人騎龍、還有飛鳳和羽人。外圏為菱形雲紋。鏡面凸起。	
63	神人画像鏡	9.60	1.60	0.90	0.38〜0.48	0.10	1.00	160.00	後漢	半円鈕	内区浮雕東王公・西王母、伯牙弾琴、鐘子期傾听等画像、按順時針廻旋式排列。在後漢画像鏡中、紋飾的排列方式有放射式、四分式、階梯式等、而以廻旋式最為少見。外区方枚和半円形相間。方枚有銘、右旋読、共十字。匠人随意排列、不成文句。辺縁紋飾分両圏、内圏為銘文。外圏是雲気紋。鏡面略凸起。銘文中数字筆画不清、皆空欠釈。	外区方枚有銘、「吾作商巨三東（湅）目明作□」、内圏為銘文、「吾自作明竟（鏡）」幽湅三商、周（雕）刻規矩、無□□□疆、□□挙楽、容□貝、衆夫二禽□、大吉羊（祥）。」
64	八子神人神獣画像鏡	16.70	2.20	1.20	0.44〜0.52	0.15	2.50	370.00	後漢	半円鈕・円鈕座	内区紋飾分二層、以双線平面為界、第一層中間是一柱子、柱頂有帳、以礎為柱礎、旁両神一在舞踏、一側面坐。柱左神人端座、頭戴如意高冠、両旁有三個侍者。柱右四神人側面佇立、頭上都有高冠。第二組、鈕之両側為天禄・辟邪。第三組、紋飾倒置、両龍在両側、相続呈8字形、両側各有神人端座、并各有一侍者。外囲十塊、帯銘的方枚与象・双鷲・双魚・鹿・龍・鳥等相間。毎塊方枚横銘両字、連読為。此縁作纏枝紋、鏡面凸起。	八子明竟（鏡）、幽湅川岡、巧工刻之□文、上有□□吉昌。
65	天王日月神人神獣画像鏡	17.40	2.80	1.30	0.62〜0.70	0.12	1.70	720.00	後漢	半円鈕・連珠紋鈕座	内区近辺有八枚、毎枚上有一神人。下方為東王公、上方為西王母、両神人左右各有天禄和辟邪、還有両個神人、神獣頭部作高浮雕。外区有相間的方枚与半円塊、共十二塊、枚上皆有「天王日月」四字。毎一半円形塊上飾各種小動物。外囲有凸起的鋸歯紋和双弦紋。辺縁	天王日月

											紋飾分両圏、内圏為六龍駕雲車、車上有神人・羽人。後面有三羽人各跨一青鳥。外囲菱形雲紋。鏡面凸起。	
66	蓋方神人神獣鏡	13.80	2.60	1.00	0.46〜0.50	0.19	1.20	300.00	三国	扁円鈕	鏡背浮雕十二個神人和十二個神獣、横列成五排、神人・神獣的安排与前述建安鏡的紋飾大致相同。紋飾外囲銘文一周七十九字。此類紋飾的青銅鏡、外囲銘文帯的很少見、此鏡除有二字不弁外、其余皆可通読、是難得的材料。鏡面略凸起。	蓋方作竟（鏡）自有已、余（除）去（祛）不羊（祥）宜番（蕃）市、青龍・白虎居左右、与天相保無究（窮）之、東有王父、西有王母、仙人子喬赤松子、夫（天）王日月為祖始、位至三公宜□□、寿命久長、主如山石、富貴宜侯王、合東（涷）三黄（潢）、明竟（鏡）起大吉。

　以上は、前漢鏡16、新莽鏡4、後漢鏡24、三国鏡1と後漢鏡が若干多い。全体としては前漢鏡と後漢鏡が多くを占め、新莽鏡と三国鏡は少ない。銘文鏡は前漢鏡9、新莽鏡4、後漢鏡18で時代における文字銘鏡の割合を正確に反映している。その内、銘文に紀元名があるいわゆる紀年銘鏡は新莽鏡1と後漢鏡4である。全体として多くない。

　紋様による分類を行うと、やや大分類と小分類の組合せが必要である。

　鏡紋様形式分類は、日光銘方格蟠螭紋鏡とか銅華銘帯鏡などのように紋様鏡や銘文鏡かの分類を重視している。ひとつには殷周以来、春秋・戦国鏡や前漢・新・後漢鏡を通してみると、戦国・前漢に有力な山字鏡や蟠螭紋鏡のような特殊紋様の要素を重視するためであろう。それでも、草葉紋鏡・連弧紋鏡・博局鏡・禽獣鏡・獣首鏡・画像鏡・龍虎鏡などの大まかな鏡形式分類が浮かんでくる。しかし、日本で特別に重視される神獣鏡という概念は成立していない。神人車馬画像鏡とか、神人白馬画像鏡、神人龍虎画像鏡、神人神獣画像鏡の名が見えるだけである。以上、陳佩芬編『上海博物館蔵青銅鏡』の漢三国鏡の紋様型式分類にあっても、先章の王綱懐氏の分類同様に鏡紋形式の展開を考察する視点に欠けているのである。それでも、各鏡の紋様に如何なる意味があるか、それは他の考古発掘になる古鏡事例といかなる関連があるのかなど、戦国鏡同様の考証、説明記事がある。各鏡について次に列挙しよう。

【22　四猴紋鏡　前漢】

　　青銅鏡中飾猴為壽徴。『初学記』猴第十五引、『抱朴子』玉策記曰、「山中申日称人君猴也、猴壽八百歳」。引『繁露』曰、「蝯似猴、大而黒、長前臂、壽八百、好引其気也」。在青銅鏡中猴的紋飾極少見、湖南長沙一帯曾出土数量較多的山字紋鏡和蟠龍紋鏡、但猴紋僅一見。湖南省汨羅県第15号西漢早期墓曾出土過猴紋鏡的残片。従此鏡的

小鈕・地紋和質薄、略有巻辺及腐蝕情況来看、其時代可早到戦国晩期。

　青銅鏡中に猴を飾るのは壽徴とするのである。『初学記』猴第十五に引く『抱朴子』玉策記に曰わく「山中申（さるの）日に人君は猴なりと称すなり、猴の壽は八百歳」と。（同じく）引く『（春秋）繁露』に曰わく、「蝯（てながざる）は猴に似て、大にして黒く、前臂を長くし、壽は八百、好んでその気を引くなればなり」と。青銅鏡中にあって猴の紋飾は極く珍しく、湖南省長沙市一帯に曾って出土した数量はやや多いものは山字紋鏡と蟠龍紋鏡であって、ただ猴紋はわずかに一つ発見しただけである。湖南省汨羅県第15号前漢早期墓に曾って猴紋鏡の残片を出土したことがある。この鏡の小鈕・地紋と（銅）質の薄さ、ほぼ巻辺及び腐蝕が有る情況より看れば、その時代は早くて戦国晩期に到るとしてよい。

【23　四猴紋鏡　前漢】

　此鏡与湖南省汨羅県第15号西漢早期墓中出土的猴紋残鏡紋飾類似、因而此鏡的時代也可能属于西漢早期、并応是湖南長沙出土之物。

　この鏡と湖南省汨羅県第15号前漢早期墓中に出土の猴紋残鏡は紋飾が類似し、因ってこの鏡の時代もまた前漢早期に属すことが可能であり、あわせて応にこれは湖南長沙出土の物であるはずだ。

【24　四龍連弧鏡　前漢】

　蟠龍紋在戦国時代青銅器上常見。在戦国青銅鏡上、蟠龍紋都組成廻旋的対称的形態。此鏡龍紋已不如戦国鏡上同類紋飾複雑、但線条却較為霊活流暢。辺縁是半円形的連続図案、習称為連弧紋。在青銅鏡的紋飾中、連弧紋不施任何図案、是大塊的円弧形平面、和精細的紋飾形式強烈的対比、従而更突出主題紋飾、顕得主次分明。湖南長沙潘家坪第6号戦国墓、曾出土過這一類青銅鏡、但是三弦鈕。此鏡鈕的鋳作極精、器形也較大、時代属西漢早期。

　蟠龍紋は戦国時代の青銅器上に在ってよく見る。戦国青銅鏡上では、蟠龍紋はすべて廻旋した対称的形態を組成する。この鏡の龍紋はすでに戦国鏡上にある同類紋飾の複雑さに及ばず、ただ線条は却ってやや霊活（霊妙活発）流暢となっている。辺縁は半円形の連続図案であり、習慣として称して連弧紋としている。青銅鏡の紋飾中では、連弧紋はどんな図案にも施すのではなく、これは大きな塊の円弧形平面で、精細な紋飾形式の強烈なものに対比して、よって更に（円弧という）主題紋飾を突出させ、区別を明確にすることができる。湖南省長沙市潘家坪第6号戦国墓は、曾ってこの一類の青銅鏡を出土したことがあったが、ただ三弦鈕であった。この鏡の鈕の鋳作は極めて精（精巧）で、器形もまたやや大きく、時代は前漢早期に属す。

【25　連弧鳳紋鏡　前漢】

　連弧鳳紋、在西漢早期的青銅鏡上是又一新型的構図形式。這鏡和1956年湖南長沙陳家大山第2号戦国墓出土的連弧龍紋鏡形式相似、只是図案再為複雑些、系従戦国時代

連弧龍紋鏡的形式発展而来。因此、不能排除戦国時代同様会出現連弧紋鏡的可能。

　連弧鳳紋は、前漢早期の青銅器上に在ってこれまた一新型の構図形式であり、この鏡と1956年湖南省長沙市陳家大山第2号戦国墓出土の連弧紋鏡は形式あい似て、ただ図案がさらに複雑さがやや増したものであり、戦国時代の連弧龍紋鏡の形式から発展して来たものである。これにより、戦国時代同様に連弧紋鏡が出現できたという可能性を排除できない。

【26 星雲紋鏡　前漢】

　星雲紋鏡各地都有出土、但鏡的尺寸都比較小。1953年湖南長沙子弾庫出土的星雲紋鏡、径10.5厘米、同年陝西西安東郊紅慶村第22号漢墓出土的星雲紋鏡、径13.2厘米、同地82号漢墓出土的星雲紋鏡、径11.3厘米、1956年陝西西安東郊路家湾第18号漢墓出土的星雲紋鏡、径10.1厘米、四川成都羊子山出土両面星雲紋鏡、径分別為11.1和17.9厘米。河南洛陽焼溝西漢墓在出土星雲紋鏡的同時、還出土武帝和昭帝的五銖銭。1980年江蘇揚州市邗江県胡場第5号墓出土星雲紋鏡、同出木牘遺文有、「卅（四）十七年十二月丙子朔辛卯広陵宮司空長前丞国敢告土主」。拠考為属王胥四十七年、即漢宣帝本始三年、公元前71年。1975年北京豊台区郭公庄大葆台出土星雲紋鏡、同出尚有昭明鏡和針刻「廿四年五月丙辰丞」等字様的残漆器底、拠報道推断、応是漢武帝太始三年、即公元前94年。因此星雲紋鏡的時代、可定為西漢中・晩期。此鏡在星雲紋鏡中是属于較大的。

　星雲紋鏡は各地にすべて出土が有り、ただ鏡の尺寸はすべて比較的に小さい。1953年湖南省長沙市子弾庫出土の星雲紋鏡は、径10.5cm、同年陝西省西安市東郊紅慶村第22号漢墓出土の星雲紋鏡は、径13.2cm、同地82号漢墓出土の星雲紋鏡は、径11.3cm、1956年陝西省西安市東郊路家湾第18号漢墓出土の星雲紋鏡は、径10.1cm、四川省成都市羊子山出土の二面の星雲紋鏡、径は分別して11.1と17.9cmである。河南省洛陽市焼溝前漢墓で星雲紋鏡を出土したのと同時に在って、また武帝と昭帝の五銖銭を出土した。1980年江蘇省揚州市邗江県胡場第5号墓出土の星雲紋鏡は、同時に出土した木牘遺文に、「四十七年十二月丙子朔辛卯に広陵宮の司空長前丞国□敢て土主に告ぐ」とある。考証に拠ると（広陵）厲王胥47年は、即ち漢宣帝本始3年、西暦前71年である。1975年北京市豊台区郭公庄大葆台出土の星雲紋鏡は、同じく出た尚有昭明鏡と針刻「廿四年五月丙辰丞」などの字様の残る漆器の底があり、報道により推断するに、応に漢武帝太始3年のものであり、即ち西暦前94年である。これにより星雲紋鏡の時代は、前漢中・晩期に定めることができる。この鏡は星雲紋鏡中にあってやや大きいものに属するのである。

【27　大楽貴富六博紋鏡　前漢】

　在青銅鏡上有ＴＬＶ紋飾的、歴代都称為規矩鏡。因為這種紋飾象工具中的規矩。這種規矩紋在銅鏡上的安排很有規律、一般在鈕座外有一方框、方框的毎辺中間是Ｔ、其

対面はＬ、方框的四角則対着Ｖ。近年来、中外学者対這一紋飾有了新的概念。出土的漢代六博盤和湖南長沙馬王堆出土六博格道図案、都是以ＴＬＶ線条作為界線、後来発現河北平山県中山国王墓出土的玉制龍紋盤、就有這類紋飾、是最早的六博盤。青銅鏡上的規矩紋、応是自此移植、故称為六博紋。但也有学者認為規矩紋是由草葉紋或山字紋変化而来、也有認為来源于占星盤、与天文学有関、象徴東西南北四方。青銅鏡上的六博紋始行于西漢末年、盛行于新莽和東漢早・中期。1953年湖南長沙月亮山第１号西漢墓出土的雲紋地蟠螭規矩紋鏡与此鏡銘文・花紋相同。河北満城中山靖王之妻竇綰墓出土蟠螭紋規矩鏡、紋飾亦与此鏡相同。

　青銅鏡上に在ってＴＬＶ紋飾の有るものは、歴代すべて称して規矩鏡となった。よってこの種の紋飾は工具中の規矩（ものさし、コンパス）を象るとした。この種の規矩紋は銅鏡上に在るもので排列にたいへん規律が有り、一般に鈕座の外には一つの方框が有り、方框の辺ごとの中間はＴであり、その対面はＬであり、方框の四角（すみ）は則ちＶに対することになる。近年来、中国と外国の学者はこの一紋飾に対して新しい概念が有るようになった。出土した漢代六博盤と湖南省長沙市の馬王堆出土の六博格道図案は、すべてＴＬＶ線条をもって界線を作為したものであり、後になって発現した河北省平山県中山国王墓出土の玉制龍紋盤には、すなわちこの類の紋飾が有り、最も早い六博盤である。青銅鏡上の規矩紋は、応にこれより移植であり、故に称して六博紋とする。ただまたある学者の説では規矩紋は草葉紋或いは山字紋より変化して来ったものであるとし、またあるは占星盤に来源し、天文学と関係が有り、東西南北の四方を象徴すると説く。青銅鏡上の六博紋は始めて前漢末年に行われ、新莽と後漢早・中期に盛行した。1953年湖南省長沙市月亮山第１号前漢墓出土の雲紋地蟠螭規矩紋鏡とこの鏡は銘文・花紋があい同じである。河北省満城県中山靖王の妻竇綰墓出土の蟠螭紋規矩鏡は、紋飾またこの鏡とあい同じである。

【28　大楽貴富蟠龍紋鏡　前漢】

　1956年湖南長沙子弾庫第41号西漢土坑墓出土一鏡、紋飾和銘文均与此相同。1956年湖南長沙燕子嘴第３号西漢土坑墓出土的青銅鏡、銘文与此相同而紋飾略異。這類紋飾的青銅鏡銘文大多与此相同。銘文也有作「大楽未央、長相思、愿母相忘」等祝愿辞的、都属于西漢早期。

　1956年湖南省長沙市子弾庫第41号前漢土坑墓出土の一つの鏡は、紋飾と銘文が均しくこれとあい同じ。1956年湖南省長沙市燕子嘴第３号前漢土坑墓出土の青銅鏡は、銘文がこれとあい同じであって紋飾がやや異なる。この類の紋飾の青銅鏡の銘文はだいたいこれとあい同じである。銘文はまた「大楽は未だ央きず、長くあい思い、つつしみてあい忘るなかれ」と作るなど祈願文句のものであり、すべて前漢早期に属する。

【29　長母相忘鏡　前漢】

　這一類紋飾的青銅鏡、銘文都很簡潔、大多為「見日之光」和「長母相忘」等句、字

数有八、十二和十六字三種。山東濟南地區曾出土過比較完整的鑄造這類銅鏡的陶范、而銘文略異。1953年陝西西安東郊紅慶村第64号漢墓、廣東省廣州市第1143号西漢前期墓、四川成都羊子山漢墓和安徽壽県等地都出土過与此同類紋飾青銅鏡、唯銘文有所不同。瞿鳳起先生捐贈。

　この一類紋飾の青銅鏡は、銘文すべてたいへん簡潔で、大多数は「見日之光」と「長母相忘」などの句であり、字数には8、12と16字の3種が有る。山東省済南市地区で曾って比較的完全なこの類の銅鏡を鋳造する陶范を出土したことがあるが、しかして銘文はやや異なる。1953年陝西省西安市東郊紅慶村第64号漢墓、広東省広州市第1143号前漢前期墓、四川省成都市羊子山漢墓と安徽省壽県などの地はすべてこれと同類の紋飾の青銅鏡を出土したことがあるが、ただ銘文は同じからざるところが有る。瞿鳳起先生が寄贈した。

【30　道路遼遠鏡　前漢】

　這類紋飾的青銅鏡、旧称草葉紋鏡、形式和紋飾大致相同。此鏡文字較多、極罕見、可補充同類鏡銘之不足。鏡中枚・桃形紋飾及内向連弧紋等都是浅浮雕的平面、表面光潔平整、素地的表面如細砂磨状、無光澤、乃鏡脱范後未経加工所致。他与光潔処形成強烈的対比。

　この類の紋飾の青銅鏡は、旧と草葉紋鏡と称され、形式と紋飾は大いにあい同じに致している。この鏡の文字がやや多いものが極くまれに見られ、同類の鏡銘の不足を補充することができる。鏡中の枚（ばい）・桃形の紋飾及び内向連弧紋などは、すべて浅い浮き彫りの平面であり、表面は光潔平整（てかてかして平ら）であり、素地の表面は細砂で磨いた状のごとくで、光澤なく、すなわち鏡は脱范後に未だ加工されるまでに到っていない。それは光潔のところとは強烈な対比を形成する。

【31　禽獣六博紋鏡　前漢】

　鏡背的紋飾、鳥獣都作騰跃之態、線条流利似素描、繊毫畢露、絵画的技巧已相当純熟、和漢代的漆絵図案不相上下、由此可見当時鋳鏡術的高超、此鏡与一般青銅鏡紋飾構図有所不同、除鏡鈕・鈕座外、整個紋飾分為三区、頗為少見。鏡辺闊而無紋飾、当是西漢晚期之作。

　鏡背の紋飾は、鳥獣すべて飛び跳ねた態に作り、線条なめらかで素描に似ており、繊の細い先の毫まですべて露わされ、絵画の技巧はすでに相当純熟して、漢代の漆絵図案とあい同等であり、これより当時の鋳鏡技術の高い水準を見ることができるし、この鏡と一般の青銅鏡の紋飾構図と同じでないところは、鏡鈕・鈕座を除いて、全体の紋飾を分かって3区としているのが、頗る珍しい。鏡辺は闊くて紋飾が無く、当に前漢晚期の作であるとしてよい。

【32　見日之光透光鏡[2]　前漢】

　「見日之光、天下大明」、是漢鏡習慣的用語。這類青銅鏡各地都有出土、陝西西安東

郊紅慶村第11号漢墓、四川省広元下西壩工地、浙江紹興等地都有出土。河南洛陽焼溝漢墓出土見日之光鏡、同時出土昭・宣以後的五銖。江蘇揚州邗江県西湖公社胡場出土見日之光鏡与宣帝五銖同出、可知這類銅鏡的時代応是西漢中・晩期。

「見日之光、天下大明」は、漢鏡の習慣的用語である。この類の青銅鏡は各地にすべて出土が有り、陝西省西安市東郊紅慶村第11号漢墓、四川省広元市下西壩工業地、浙江省紹興市などの地はすべて出土が有る。河南省洛陽市焼溝漢墓は見日之光鏡を出土し、同じ時に昭帝・宣帝以後の五銖銭を出土した。江蘇省揚州市邗江県西湖公社胡場は見日之光鏡を出土するとともに、宣帝の五銖銭も同時に出土し、この類の銅鏡の時代を応に前漢中・晩期とすることができることがわかる。

【33　内清以昭明透光鏡　前漢】

這一類青銅鏡、因銘文的第一句中有「昭明」両字、以前有称為昭明鏡的。在河南洛陽西工段漢墓、洛陽焼溝漢墓和広州漢墓都出土過較多的昭明鏡。江蘇揚州、山東高密等地出土有銘文的漢鏡中、也以昭明鏡為多。拠著録或伝世的実物、這類青銅鏡比較多。昭明鏡完整的銘文是、「内清質以昭明、光輝象夫兮日月、心忽揚而愿忠、然雍塞而不泄」。但在昭明鏡上的銘文、絶大部分是不完整的、有作「内清質以昭明、光象夫日月、心忽不泄」、也有作「内清以昭明、光象夫日月」。除基本辞意外、其他的字大都可以忽略、有的偶爾加幾個「而」字、也有毎両字中均加一個「而」字、并不厳格。北京豊台区郭公庄大葆台1号墓曾出土星雲紋鏡和昭明鏡、同墓尚出針刻「廿四年五月丙辰丞」等字的残漆器底、拠推断此墓葬時代応是武帝太始三年、即公元前94年、属于西漢中・晩期。昭明鏡是西漢中・晩期之器、但他主要流行的時代是在西漢晩期。在伝世和出土衆多的昭明鏡中、此鏡与一般不同、微凸的表面平滑光亮、仍可鑒人、在日光和直束光反射下、也会出現与鏡背文字線条対応的亮影、因此這也是一面透光鏡。這類文字的青銅鏡、在一定条件下能産生出透光効応、起始可能是偶然発現、以後掌握了磨鏡的特殊工芸、就能有意識地彫造了。

この一類の青銅鏡は、銘文の第一句中に「昭明」2字が有るにより、以前は称して昭明鏡なるものとすることが有った。河南省洛陽市西工段漢墓、洛陽市焼溝漢墓と広州漢墓に在ってはすべてやや多くの昭明鏡を出土したことがある。江蘇省揚州市、山東省高密県などの地は出土した銘文が有る漢鏡中、また昭明鏡をもって多とする。著録或いは伝世の実物によるに、この類の青銅鏡は比較的多い。昭明鏡の完全な銘文は、「内清質以昭明、光輝象夫兮日月、心忽揚而愿忠、然雍塞而不泄。(内の清なる質もって昭かに明かし、光輝は象るに夫れ日月か、心は忽として揚がり而してつつしんで忠たり、然して雍塞して泄さず)」。ただし昭明鏡上に在る銘文の圧倒的部分は不完全なものであり、あるは「内清質以昭明、光象夫日月、心忽不泄」と作り、またあるは「内清以昭明、光象夫日月」と作る。基本文意を除くほか、その他の字はおおむね省略してよく、あるものは二つに幾つかの「而」字を加え、また有るは2字中ごとに均しく1個の「而」

字を加え、けっして厳格なものではない。北京市豊台区郭公庄大葆台１号墓は曾って星雲紋鏡と昭明鏡を出土したが、同墓はなお針刻「廿四年五月丙辰丞」などの字の残る漆器底を出し、推断に拠るとこの墓葬時代は応に武帝太始３年（西暦前94）であり、前漢中・晩期に属す。昭明鏡は前漢中・晩期の器であり、ただその主要な流行の時代は前漢晩期にあったのである。伝世と出土の衆多の昭明鏡中、この鏡と一般とは同じでなく、微凸な表面は平滑で光亮としており、よって人の鑑賞に耐え、日光の直射光の反射の下では、また鏡背の文字線条と対応した光亮の影を出現でき、これによりこれまた一面の透光鏡であることになる。この類の文字の青銅鏡は、一定条件下では能く透光を出す効果を発生し、それを可能ならしめたのは偶然であって、以後磨鏡の特殊工芸を掌握して、はじめてよく意識的に彫造することができた。

【34　君有遠行鏡　前漢】

　　此銘是一首古諺、字多欠筆訛変、「妾」下少一字、漢鏡銘有、「君有遠行妾心優」、故「妾」下疑少一「敢」字、其一句二字不可確識、今闕釈。「君旋行来」、這句是説君言旋行即来、是指不会長久遠行的意思。「何以為信、祝父母耳」、祝父母是大不孝、是説如其不信、守旋行即帰。以上是一段閨中妻子対丈夫別離的一段話。「何木無疵」至「相恵有常可長」、是朋友間的互勉語。這鏡的形式与湖南白泥塘９号西漢墓、陝西西安東郊紅慶村、四川成都羊子山出土的昭明鏡、河南洛陽西漢墓出土的内清鏡、陝西西安東郊高楼村・鄠県八天河村第15号墓出土的清白鏡等均相同、但銘文却不同、此種銘文甚少見。此鏡在西漢鏡中是属于晩期的。

　　この銘は一首の古い諺であり、字は欠筆訛変が多く、「妾」下に一字少なく、漢鏡の銘の、「君有遠行妾心優（あなたが遠出すればわたしは心優しい）」に、「妾」下に「敢」一字が少ないのではないか、その一句２字は認識できず、今は欠いて釈した。「君旋行来」、この句は君が旋回して帰宅したというもので、長久遠行の意思はだめだと指摘したものである。「何をもって信と為す、父母を祝すのみ」、父母を祝すとは大不孝であり、それは不信のごときだと説き、帰宅を守ってすぐ帰った。以上は一段の夫婦関係中妻子が夫に対して別離するという一段の話である。「何木無疵」から「相恵有常可長」に至るは、朋友間の互に勉励する語である。この鏡の形式と湖南省長沙市白泥塘９号前漢墓、陝西省西安市東郊紅慶村、四川省成都市羊子山出土の昭明鏡、河南省洛陽市前漢墓出土の内清鏡、陝西省西安市東郊高楼村・鄠県八天河村第15号墓出土の清白鏡などはみな同じく均しく、ただ銘文だけが不同であるが、この種の銘文は甚だ珍しい。この鏡は前漢鏡中の晩期に属するものである。

【35　四霊鏡　前漢】

　　1956年湖南長沙黄泥坑第５号西漢墓曾出土一鏡、紋飾与此鏡相同、但形制較小、直径為10厘米、不足此鏡的一半。這類紋飾的青銅鏡一般都很小、此鏡乃属于大型。

　　1956年湖南省長沙市黄泥坑第５号前漢墓で曾って出土した一鏡は、紋飾がこの鏡と

あい同じく、ただ形制がやや小さく、直径10cmであり、この鏡の半にも足りない。この類の紋飾の青銅鏡は一般にすべてたいへん小さく、この鏡はすなわち大型に属す。

【36　内清四霊鏡　前漢】

内清鏡在西漢中・晩期青銅鏡中較多見、但紋飾極簡単。此鏡銘文帯布于内区、而在外区飾四霊図案很少見、連珠紋鈕座是西漢晩期青銅鏡中常見的、鏡縁上的双線曲折紋、西漢晩期或王莽時均有。

内清鏡は前漢中・晩期青銅鏡中に在ってやや多く見られるが、ただ紋飾は極めて簡単である。この鏡の銘文帯は内区に布き、しかして外区に在って四霊図案を飾るのはたいへん珍しく、連珠紋鈕座は前漢晩期青銅鏡中でよく見るもので、鏡縁上の双線曲折紋は、前漢晩期或いは王莽時に均しく有る。

【37　凍治銅華鏡　前漢】

銘文的内容是対青銅鏡的賛美和祈求長寿、最後応有「未央」二字失鋳。這一類紋飾及銘文相同的、四川省重慶市江北工地採集一面、定為西漢「延年益壽」鏡。1953年河南洛陽第103号墓出土一鏡銘文為「日光凍治鏡華清而明、以之為鏡而宜文章、以延年益壽去不羊。」新莽時代与此鏡紋飾相同的、有居摂元年銘文鏡。但1954年陝西西安東郊郭家灘出土与此相同的鏡、却是属于東漢墓。可見這一類紋飾的銅鏡、自西漢晩期沿用到東漢早期。本器可能属西漢晩期。李蔭軒・邱輝先生捐贈。

銘文の内容は青銅鏡に対する賛美と長寿を祈求するものであり、最後に応に「未央」2字あるべきだが失鋳した。この一類の紋飾及び銘文のあい同じ鏡は、四川省重慶市江北工業地採集の一面で、前漢「延年益壽」鏡である。1953年河南省洛陽市第103号墓出土の一鏡の銘文は「日光凍治鏡華清而明、以之為鏡而宜文章、以延年益壽去不羊。（日光凍り鏡華を治すれば清にして明、これをもって鏡を為りて文章に宜しく、もって年を延ばし寿を益し不祥を去る）」である。新・王莽時代にこの鏡の紋飾とあい同じものに居摂元年（西暦6年）銘文鏡が有る。ただし1954年陝西省西安市東郊郭家灘出土はこれと紋飾があい同じ鏡でも後漢墓から出土したものである。この一類の紋飾の銅鏡は、前漢晩期より沿用して後漢早期に到ったと見るべきであり、本器は前漢晩期に属すことが可能である。李蔭軒・邱輝先生が寄贈した。

【38　常楽富貴鏡　新莽始建国天鳳二年】

始建国天鳳共有六年、其二年為公元15年、銘辞為漢鏡的套語、因而是新莽時的標准器。鏡上出現的鋸歯紋和鏡辺的纏枝葉紋、乃是這一時期或稍前所出現的新形式。新莽時代的青銅鏡、有紀年銘的并不多。此鏡拓片流伝較広、為浙江紹興出土。徐景淑先生捐贈。

新・王莽の始建国と天鳳はともに六年有り、天鳳2年は西暦15年、銘辞は漢鏡の常套語であって、よって新・王莽時の標準器である。鏡上に出現した鋸歯紋と鏡辺の纏枝葉紋は、すなわちこの一時期或いはやや前に出現したところの新形式のものである。

新莽時代の青銅鏡で、紀年銘の有るものはけっして多くはない。この鏡の拓本の流伝はやや広いが、浙江省紹興市で出土したものである。徐景淑先生が寄贈した。

【39　新興辟雍鏡　新莽】

　1963年湖南零陵李家園新莽墓曾出土新莽銘青銅鏡、河南南陽百里奚・午陽県・方城二里庄也都出土過新莽銘青銅鏡、唯銘文与此鏡不同。

　1963年湖南省零陵県李家園新莽墓で曾って新莽銘青銅鏡を出土し、河南省南陽県百里奚、午陽県、方城県二里庄もまたすべて新莽銘青銅鏡を出土したことがあるが、ただ銘文はこの鏡と同じでない。

【41　王氏四霊六博文鏡　新莽】

　此鏡経『善斎吉金録』鏡二、七十一著録。李蔭軒・邱輝先生捐贈。

　この鏡はすでに『善斎吉金録』鏡二、七十一に著録した。李蔭軒・邱輝先生の寄贈。

【42　四霊鏡　後漢】

　四霊的図案在西漢時代的青銅鏡上已有出現、東漢鏡上很盛行、為常見的題材、而且作為主紋使用。四霊図案不僅在青銅鏡上使用、而且在漢代的壁画・帛画・瓦当・印章和画像石上也経常出現。這類青銅鏡、浙江紹興出土較多。

　四霊の図案は前漢時代の青銅鏡上に在ってすでに出現が有り、後漢鏡の上でもたいへん盛行し、常に見る題材であったが、さらにそのうえ主紋の使用となった。四霊図案はただ青銅鏡上に在って使用するだけでなく、漢代の壁画・帛画・瓦当・印章と画像石の上でもまたつねに出現していた。この類の青銅鏡は、浙江省紹興市の出土がやや多い。

【43　鳥獣紋鏡　後漢】

　在浙江紹興漓渚出土的同様青銅鏡、7枚内除有禽獣外還有赤誦虎・王喬馬・辟邪・銅柱等字様、可見青銅鏡上的禽獣都是有専名的。此一類青銅鏡、陝西西安城東南環城路第10号漢墓、西安東郊高楼村5号補第1号漢墓、湖南長沙絲茅冲4区第3号墓和山東高密等地都出土過、応属東漢早期。

　浙江省紹興市漓渚出土の同様な青銅鏡は、七枚内に禽獣が有るのを除くほかまた赤誦虎・王喬馬・辟邪・銅柱などの字様が有り、青銅鏡上の禽獣はすべて専名の有るものであることを見ることができる。この一類の青銅鏡は、陝西省西安市城東南環城路第10号漢墓、西安市東郊高楼村5号補第1号漢墓、湖南省長沙市絲茅冲4区第3号墓と山東省高密県などの地ですべて出土したことがあり、応に後漢早期に属すとしてよい。

【44　尚方鳥獣紋神人奏楽鏡　後漢】

　尚方、是漢代官名。『漢書』百官公卿表、「少府属官、有鈎盾・尚方・御府。」顔師古注、「尚方、主作禁器物。」『通典』職官典・諸卿下・少府監、「中尚署、周官為王府、秦置尚方令、漢因之、後漢掌上手工作御刀剣玩好器物。」但刻有尚方銘的也有不是尚

方所作之器、某些鑄作粗劣者当為民間所仿造。

　　尚方は、漢代の官名である。『漢書』百官公卿表に、「少府属官、鈎盾・尚方・御府有り。」顔師古の注に、「尚方は禁（帝室）の器物を作るを主る」と。『通典』職官典・諸卿下・少府監に、「中尚署、周官王府と為し，秦は尚方令を置き，漢これに因れり，後漢は上の手工をして御刀剣・玩好器物を作らしむるを掌る」とあり。ただし刻に尚方銘のもの有るもまた尚方の作るところの器ではなく、某処の鋳作粗劣なるものは当に民間で仿造されたものであるはずだ。

【45　下除十二支六博紋鏡　後漢】

　　這一類紋飾的青銅鏡、湖南長沙掃地塘、浙江紹興漓渚、陝西西安賀家村1号墓都曾出土過、唯銘文与此不同。銘文中「下除作竟」在青銅鏡中甚少見、自第二句起、与一般上大山鏡銘文相同。上大山鏡銘文為、「上大山、見神人、食玉英、飲澧泉、駕交龍、乗浮雲、君宜官、秩保子孫、寿万年、昌楽未央」。反映了漢人崇尚道家神仙之説、『楚辞』九章・渉江、「吾与重華游兮瑤之圃、登昆侖兮食玉英」。王逸注、「瑤圃、玉英皆美言之」。又補注、「玉英、玉有英姿之色也」。伸引之、則為花之美称。澧泉即醴泉、『礼記』礼運、「故天降膏露、地出醴泉」。是甘美之泉、由地而出。「駕交龍、乗浮雲」是漢人昇天思想的一種反映。此鏡范鑄技術極精、有明顕的失蠟鑄造痕跡、全鏡正背面布満黒色氧化層。

　　この一類の紋飾の青銅鏡は、湖南省長沙市掃地塘、浙江省紹興市漓渚、陝西省西安市賀家村1号墓すべて曾って出土したことがあり、ただ銘文はこれと同じでない。銘文中に「下除作竟」が青銅器中に在るものは甚だ珍しく、第二句より起こり、一般に上大山鏡銘文とあい同じ。上大山鏡銘文は、「上大山、見神人、食玉英、飲澧泉、駕交龍、乗浮雲、君宜官、秩保子孫、寿万年、昌楽未央（大山に上り、神人に見え、玉英を食い、澧泉を飲み、交龍に駕して、浮雲に乗り、君は官に宜しく、秩は子孫を保ち、寿は万年、昌んな楽は未だ央きず）」である。漢人の道家神仙を崇尚するの説を反映している、『楚辞』九章・渉江に、「吾与重華游兮瑤之圃、登昆侖兮食玉英（吾れ重華とともに瑤の圃に游び、昆侖に登り玉英を食らう）」とあり。王逸の注に、「瑤圃、玉英皆美しくこれを言う」と。また補注に、「玉英は、玉に英姿の色有ればなり」。拡張解釈すれば、花の美称である。澧泉は即ち醴泉なり、『礼記』礼運に、「故に天降り膏露れ、地は醴泉を出す」。甘美の泉であり、地より出づ。「駕交龍、乗浮雲」は漢人の昇天思想の一種の反映である。この鏡の范鑄技術は極めて精しく、明顕な失蠟鑄造の痕跡が有り、全鏡正しく背面は一面まっ黒色な酸化層を布く。

【46　長宜子孫鏡　後漢】

　　這一類紋飾的青銅鏡、漢墓出土較多、1954年陝西省宝鶏市東郊斗鶏台第14号漢墓、1954年西安白家口第9号漢墓都曾出土。広東省広州市動物園麻鷹崗和小港路大元崗東漢晩期墓出土之鏡、紋飾与此鏡相同、但没有銘文。河南洛陽焼溝第1009、1029号東漢

墓出土之鏡与此鏡相同、也銘「長宜子孫」。同属東漢時代的1953年発掘的湖南長沙容園 5 区第22号墓和長沙絲茅冲 5 区第24号墓、出土過与此鏡紋飾相同的青銅鏡。1964年河南新安県古路溝村出土的長宜子孫鏡、時代為東漢中・晩期。1955年河南陝県劉家渠東漢晩期墓也出土了長宜子孫鏡。這一類紋飾的青銅鏡器形一般都比較大、最大的一件為河北定県北庄出土、径36厘米、鈕高 6 厘米。同墓尚出「建武卅二年二月虎賁官治十湅銅……」之銘的弩機、此墓的年代為東漢光武帝建武三十二年、即公元56年。1978年江蘇徐州銅山県潘塘公社出土長宜子孫鏡、同墓尚出「建初二年蜀郡西工官王愔造五十湅……」銘剣、東漢章帝建初二年為公元76年。1973年天津武清県高村公社蘭城大隊鮮于璜墓出土長宜子孫鏡、鮮于璜的卒年為東漢安帝延光四年、即公元125年。因此、這一類紋飾的青銅鏡流行的時代応在東漢中期到晩期、而以晩期為多。

　　この一類の紋飾の青銅鏡は、漢墓出土がやや多く、1954年陝西省宝鶏市東郊斗鶏台第14号漢墓、1954年西安市白家口第 9 号漢墓はすべて曾って出土した。広東省広州市動物園麻鷹崗と小港路大元崗後漢晩期墓出土の鏡は、紋飾この鏡とあい同じ、ただ銘文はない。河南省洛陽市焼溝第1009、1029号後漢墓出土の鏡とこの鏡はあい同じで、また銘は「長宜子孫」である。同じく後漢時代に属すものが1953年発掘の湖南省長沙市容園 5 区第22号墓と長沙市絲茅冲 5 区第24号墓で、この鏡と紋飾あい同じの青銅鏡を出土したことがある。1964年河南省新安県古路溝村出土の長宜子孫鏡は、時代は後漢中・晩期である。1955年河南省陝県劉家渠後漢晩期墓でもまた長宜子孫鏡を出土したことがある。この一類の紋飾の青銅鏡の器形は一般にすべて比較的大きく、最大の一件は河北省定県北庄出土で、径36cm、鈕高 6 cm。同墓からなお「建武卅二年二月虎賁官治十湅銅……」の銘の弩機を出し、この墓の年代は後漢光武帝建武32年、即ち西暦56年である。1978年江蘇省徐州市銅山県潘塘公社は長宜子孫鏡を出土し、同じ墓からなお「建初二年蜀郡西工官王愔造五十湅……」銘の剣を出したので、後漢章帝建初 2 年西暦76年と為した。1973年天津市武清県高村公社蘭城大隊の鮮于璜墓は長宜子孫鏡を出土したが、鮮于璜の卒年は後漢安帝延光 4 年、すなわち西暦125年である。これにより、この類の紋飾の青銅鏡は流行の時代が応に後漢中期から晩期に到るに在り、しかして晩期をもって多しとしてよい。

【47　長宜子孫鏡　後漢】

　　此鏡紋飾結構特殊、未見相同出土材料、但高円鈕、高浮雕的双龍、特大的連弧紋和縁上的紋飾、足以証明他是東漢晩期的青銅鏡。

　　この鏡は紋飾構成が特殊で、未だあい同じ出土材料を見ないが、ただ高い円鈕、高い浮彫りの双龍、特大の連弧紋と縁上の紋飾は、もってそれが後漢晩期の青銅鏡だとすることを証明するに足る。

【48　龍虎画像鏡　後漢】

　　這類画像鏡、浙江紹興一帯出土較多。四組紋飾中的龍・人面羊角獣・虎・鹿在古代

都是吉祥的図案。人面羊角獣的形象、漢人常用羊来隠喩吉祥。鹿、隠喩禄、即為福。

　　この類の画像鏡は、浙江省紹興市一帯出土がやや多い。4組の紋飾中の龍・人面羊角獣・虎・鹿は古代ではすべて吉祥の図案である。人面羊角獣の形象は、漢人が常に羊を用いて隠に吉祥に喩えてきた。鹿は、隠に禄に喩え、即ち福である。

【49　龍氏神人龍虎画像鏡　後漢】

　　伝世的龍氏所作之鏡在十面以上、一般都在浙江紹興出土。東漢時代青銅鏡的銘文、起首有某某作鏡的、除尚方作鏡・上方作鏡・吾作明鏡・青蓋作鏡・青羊作鏡・三羊作鏡・青勝作鏡・周仲作鏡・下除作鏡外、均著氏称、有秦氏・劉氏・馬氏・魯氏・李氏・龍氏・陳氏・蘇氏・宋氏・昌氏・蒙氏・張氏・田氏・王氏・潘氏・至氏・蔡氏・鄒氏・肖氏・許氏・朱氏等。這説明当時私人鋳鏡的普遍。

　　伝世の龍氏作るところの鏡は10面以上が在り、一般にすべて浙江省紹興市で出土した。後漢時代青銅鏡の銘文は、起首に某某作る鏡と有るもの、尚方作鏡・上方作鏡、吾作明鏡・青蓋作鏡・青羊作鏡・三羊作鏡・青勝作鏡・周仲作鏡・下除作鏡を除くほか、均しく氏称を著し、秦氏・劉氏・馬氏・魯氏・李氏・龍氏・陳氏・蘇氏・宋氏・昌氏・蒙氏・張氏・田氏・王氏・潘氏・至氏・蔡氏・鄒氏・肖氏・許氏・朱氏などが有る。これは当時私人の鏡を鋳ることが普遍であることを説明する。

【50　神人龍虎画像鏡　後漢】

　　『礼記』曲礼上、「行前朱雀而後玄武、左青龍而右白虎」。孔穎達疏、「朱鳥・玄武・青龍・白虎、四方宿名也」。又『淮南子』天文訓、「西方金也、其神為太白、其獣白虎」。『三輔黄図』、「蒼龍・白虎・朱雀・玄武、天之四霊、以征四方」。鏡的紋様、左青龍、右白虎、上為西王母、下為東王公、有星宿、有神人、表示為東西周天。此鏡鋳作極精、神人面部線条清晰、龍虎体躯、毛片可弁。雲気紋、在東漢晩期鏡上開始出現、在南北朝鏡上已極為盛行。此一類型的青銅鏡、浙江省紹興曾有出土。『浙江出土銅鏡選集』十六、十七主紋与此鏡類似。

　　『礼記』曲礼上に、「行くに前は朱雀しかして後は玄武、左は青龍しかして右は白虎」とある。孔穎達の疏に、「朱鳥・玄武・青龍・白虎は、四方の宿の名なり」と。また『淮南子』天文訓に、「西方は金なり、その神は太白たり、その獣は白虎なり」と。『三輔黄図』に、「蒼龍・白虎・朱雀・玄武は、天の四霊なり、もって四方を征す」と。鏡の紋様は、左に青龍、右は白虎、上は西王母であり、下は東王公であり、星宿有り、神人有り、表示して東西周天を為す。この鏡は鋳作が極めて精しく、神人の面部の線条は明晰ハッキリとしており、龍虎の体躯は、毛の先まで弁ずることができる。雲気紋は、後漢晩期の鏡上に在って出現を開始し、南北朝の鏡上に在ってはすでに極めて盛行であった。この一類型の青銅鏡は、浙江省紹興市に曾って出土が有る。『浙江出土銅鏡選集』16、17主紋はこの鏡と類似する。

【51　柏氏伍子胥画像鏡　後漢】

鏡之画像呉王和伍子胥即指此事。漢人崇信儒家、提唱忠臣孝子、漢代画像中這種故事甚多。此鏡鋳作極精、藝人們運用熟暗的手法、生動地刻劃了人物的不同姿態和表情、是東漢画像鏡中的精華、伝浙江省紹興出土。

鏡の画像は呉王と伍子胥ですなわちこの事を指す。漢人は儒家を崇信し、忠臣孝子を提唱し、漢代画像中にはこの種の故事が甚だ多い。この鏡は鋳作極めて精しく、芸人たちは熟練の手法を運用し、生き生きとして人物の同じからざる姿態と表情を刻み込んだ、後漢画像鏡中の精華であるもので、浙江省紹興市出土と伝える。

【52　伍子胥画像鏡　後漢】

此鏡的題材属歴史人物故事、与上鏡相同、而不著吉語銘文。這一類画像鏡的鋳作、一般都很精緻。這両鏡紋雖相類、但存世甚少、頗珍貴。伝浙江省紹興出土。

この鏡の題材は歴史人物故事に属すること、上鏡とあい同じく、しかして吉語銘文を著わさない。この一類の画像鏡の鋳作は、一般にすべてたいへん精緻である。この二鏡は紋があい類すと雖も、ただ世に伝わり残るものが甚だ少なく、頗る珍しく貴重である。浙江省紹興市出土と伝える。

【53　羽人騎獣画像鏡　後漢】

此鏡伝浙江省紹興出土。羽人騎獣画像鏡雖有伝世、但紋飾大多粗疏。此鏡紋飾勁細、鋳作精美、在同類器中很少見。

この鏡は浙江省紹興市出土と伝える。羽人騎獣画像鏡は伝世が有ると雖も、ただ紋飾は大多数が粗疏である。この鏡は紋飾がつよく繊細で、鋳作も精美、同類器中に在ってたいへん珍しい。

【54　神人神獣画像鏡　後漢永康元年】

漢永康元年、史載僅一年、実際不足一年、因于六月改元。西晋亦有永康年号。但此鏡形式・銘文・字体・内容和紋飾、均与中平四年鏡相同、紋飾很難積百余年而不変。従各種条件比較、仍当是東漢桓帝劉志時所鋳、即公元167年。此鏡是東漢紀年銘的珍品、伝河南出土。張鳳林先生捐贈。

漢永康元年は、史に載すにわずかに一年、実際に一年に足らず、六月改元による。西晋また永康年号が有る。ただこの鏡の形式・銘文・字体・内容と紋飾は、均しく中平四年鏡とあい同じく、紋飾が100余年を積んで変わらないことはたいへん難しい。各種の条件より比較して、よって当に漢桓帝劉志の鋳するところであるはずで、即ち西暦167年である。この鏡は後漢紀年銘の珍品であり、河南出土と伝える。張鳳林先生が寄贈した。

【55　神人神獣画像鏡　後漢中平四年】

此鏡的形式、紋飾及主要銘文辞句均与永康元年鏡相同、所不同者為年号。中平為東漢霊帝劉宏年号、共有六年、四年為公元187年。銘文「五月午日」就是五月吉日、「買者大富、長宜子孫、延年命長、……大楽未央、長生大吉」等都是当時鏡銘中習用的吉

語。此鏡通体有黒色氧化層、模鋳極精、線条清晰、一絲不苟、在鋸歯紋的平地上、明顕露出縮蠟痕跡、説明是用失蠟法鋳成的。

　この鏡の形式は、紋飾及び主要な銘文辞句が均しく永康元年鏡とあい同じであり、同じからざるところは年号である。中平は後漢霊帝劉宏の年号であり、ともに六年有り、四年は西暦187年である。銘文「五月午日」はすなわち五月吉日であり、「買者大富、長宜子孫、延年命長、……大楽未央、長生大吉」などすべて当時の鏡銘中の習慣的に用いる吉語である。この鏡は全体として黒色酸化層が有り、模鋳極めて精しく、線条明晰でハッキリしており、一絲もおろそかにしていない、鋸歯紋の平地の上に在っては、明確に縮蠟した痕跡を露出させ、失蠟法を用いて鋳成したものであったことを説明する。

【56　神人神獣画像鏡　後漢建安十年】

　建安是東漢献帝劉協年号、共25年、十年為公元205年。建安年所鋳之鏡、大都為這種界欄格式。此鏡上段紋飾精致、下段部分模糊、是蠟型没有翻制清晰的迹象。線条的清晰与部分模糊構成対比、是鑑別這時用失蠟法鋳鏡的絶好資料。建安鏡紋飾大都質量不高而紋飾不清、此件大部紋飾極清晰、当是建安鏡中的精品。

　建安は後漢献帝劉協の年号であり、ともに25年、十年は西暦205年である。建安年に鋳るところの鏡は、たいていこの種の境界欄格方式である。この鏡の上段紋飾は精緻であり、下段の部分はあいまい模糊としており、蠟型が翻制の清晰さを無くした痕跡のものである。線条の清晰と部分模糊の構成の対比は、この時に失蠟法を用いて鋳鏡したことを鑑別する絶好な資料である。建安鏡の紋飾はたいてい質量が高くなく紋飾もはっきりしないが、これだけは大部分の紋飾が極めて明晰で、当に建安鏡中の精品であるべきことになる。

【57　神人神獣画像鏡　後漢建安十年】

　関于伯牙弾琴故事、『呂氏春秋』本味、『淮南子』説山訓、『荀子』勤学。建安十年為公元205年。

　伯牙弾琴の故事に関し、『呂氏春秋』本味、『淮南子』説山訓、『荀子』勤学がある。建安十年は西暦205年である。

【58　張氏車騎神獣画像鏡　後漢】

　此鏡画像全係浮雕、工細華麗、線条流利、如用筆勾勒、為東漢鋳鏡技術之最高超者之一。従画像看、内区紋飾分為両圏、而且是不同的内容、這在浙江紹興出土的画像鏡中也是極為少見的。

　この鏡の画像は全て浮き彫りであり、工芸は繊細華麗であり、線条はなめらか、筆を用いてデッサンしたようで、後漢鋳鏡技術の最高度のものの一である。画像より看て、内区紋飾は分かって両圏とし、かつまた不同の内容であり、これは浙江省紹興市出土の画像鏡中に在ってもなお極く珍しいものである。

【59　神人車馬画像鏡　後漢】

　　在神人車馬画像鏡中、車輿有高低之不同、此為最高式様、有的輿上開有各式的小窓、車後曳長帛。駕車之馬有三匹・四匹・五匹不等、車輪有八幅到十二幅不等、此等為工匠拠図像地位随意増減、不能作為制度来考証。此鏡紋飾作高浮雕、刻鋳極精、人物面貌、羽人衣褶、奔馬姿態都細緻生動。鏡的保存状況良好、整体為光亮的黒色氧化層。伝浙江省紹興出土

　　神人車馬画像鏡中では、車輿に高低の不同が有り、これは最も高い式様であり、有るものは輿上に有る各式の小窓を開き、車の後に長い帛を曳く。駕る車の馬は３匹・４匹・５匹などが有り、車輪は８幅から12幅などに到るものが有り、これらは工匠が図像の地位によって随意に増減したもので、作って制度としたことを考証することはできない。この鏡は紋飾を高い浮き彫りに作り、刻鋳は極めて精しく、人物の面貌、羽人の衣褶、奔馬の姿態すべて繊細精緻に生き生きとしている。鏡の保存状況は良好で、全体的にテカテカした黒色の酸化層となっている。浙江省紹興市出土と伝える。

【60　神人車馬画像鏡　後漢】

　　在漢代画像石中、西王母和東王公的形象、完全人格化了、既無虎歯、也無豹尾、而是荘重華貴、張着双翅的神像。此鏡鋳作精美、紋飾清晰、人物画像一絲不苟、辟邪毛片繊細可弁、是同類鏡中的佳品。伝浙江省紹興出土

　　漢代画像石中に在って、西王母と東王公の形態は、完全に人格化しており、既に虎歯無く、また豹尾も無く、しかして荘重華やか貴くなり、二枚の羽翅を張った神像である。この鏡は鋳作が精美で、紋飾明晰ハッキリして、人物画像はすこしもおろそかにせず、辟邪の毛先まで繊細に識別でき、同類の鏡中の佳品である。浙江省紹興市出土と伝える。

【61　吾作神人神獣画像鏡　後漢】

　　此鏡鋳作精湛、非通常漢鏡可比。伝浙江省紹興出土、紋飾部分除極少量被銹掩蓋外、其余部分皆甚清晰。

　　この鏡は鋳作精しく湛え、通常の漢鏡の比ぶべくに非ず。浙江省紹興市出土と伝え、紋飾の部分は極く少量の銹で掩蓋されているのを除くほか、その余の部分は皆甚だ清晰である。

【62　吾作神人神獣画像鏡　後漢】

　　東漢時代的画像鏡、在内区有四枚的、一般紋飾分為四組、作放射状排列、而此鏡紋飾作横向排列、較為少見。這類紋飾与建安年的紀年銘鏡相同、其時代応属後漢末年。

　　後漢時代の画像鏡は、内区には４枚のものが有り、一般に紋飾は分かちて４組となし、放射状の排列に作っているが、しかるにこの鏡の紋飾は横向の排列に作り、やや珍しい。この類の紋飾は建安年の紀年銘鏡とあい同じく、その時代は応に後漢末年に属すとしてよい。

【63　神人画像鏡　後漢】

　　在東漢画像鏡中、紋飾的排列方式有放射式、四分式、階梯式等、而以廻旋式最為少見。

　　後漢画像鏡中に在って、紋飾の排列方式には放射式、四分式、階梯式などが有り、もって廻旋式が最も珍しい。

【64　八子神人神獣画像鏡　後漢】

　　此鏡紋飾鋳造極精、鏡中、少数銘文不能確認、主要因文字詭謬。有些銘文与一般習慣不同、如将幽涷三商作幽涷川岡。此類紋飾的青銅鏡1955年5月陝西西安東郊壩橋第457号漢墓曾有出土、此外1955年11月陝西乾県六区和1956年10月陝西西安東郊韓森寨4号房第1号漢墓中有出土、紋飾与建安年鏡類似、時代応在東漢末年。

　　この鏡は紋飾鋳造極めて精しい。鏡中に、少数の銘文は能く確認できず、主な要因は文字の詭謬である。あるいくつかの銘文は一般の習慣と同じでなく、幽涷三商をもって幽涷川岡と作るがごとくである。この類の紋飾の青銅鏡は1955年5月陝西省西安市東郊壩橋第457号漢墓に曾って出土が有り、このほか1955年11月陝西省乾県六区と1956年10月陝西省西安市東郊韓森寨4号房第1号漢墓中に出土が有り、紋飾は建安年鏡と類似し、時代は応に在後漢末年に在るとしてよい。

【65　天王日月神人神獣画像鏡　後漢】

　　此鏡紋飾在画像鏡中比較特殊。1965年4月安徽壽県茶庵馬家古堆東漢墓出土的青銅鏡、紋飾和銘文与此鏡相似。

　　この鏡の紋飾は画像鏡中に在って比較的特殊である。1965年4月安徽省壽県茶庵馬家古堆後漢墓が出土した青銅鏡は、紋飾と銘文がこの鏡とあい似る。

【66　蓋方神人神獣鏡　三国】

　　『岩窟蔵鏡』第二集下図一一、為此鏡相似的階梯式十神禽獣鏡、文謂、「此鏡雖銘帯模糊、無法弁識、但依傍証而推定、為建安時代而作、応無疑義。」拠此鏡紋飾、尤其銘文書体、隷中有楷意、時代当晩于後漢而至三国時代。

　　『巌窟蔵鏡』第2集下図11は、この鏡とあい似た階梯式十神禽獣鏡であるが、文に謂う、「この鏡は銘帯模糊とし、弁識の方法なしといっても、ただ傍証によって推定するに、後漢建安時代の作であることは、応に疑義無かるべし」とある。この鏡の紋飾によるに、もっともその銘文書体は、隷中に楷意が有るので、時代は当に後漢より晩れて三国時代に至るであろう。

　以上であるが、前漢・新莽・後漢の各鏡にわずかに一例ながら三国時代鏡を加えた文字通り漢鏡研究に対する中国学界の関心のあり方とその学的水準が示されている。それは前節の戦国時代鏡の研究と同様に紋様の解説に止まらず、その鋳造時期が前漢・新莽・後漢・三国のどの時期なのかを考証し、紋様と銘文の関係を考証した上に、対象とする鏡が中国各地における発掘発見事例の鏡といかなる共通性や異質性が見られるかを具体的に考証している。それに加えて戦国鏡では紋様図像学的な説明に終始したが、前漢・新莽・後漢・

三国各時代ごとに展開する紋様図像の構成の仕方、図像題材の出典考証なども大いに参考になる。さらに中国各地発見の鏡の漢代墓の指定努力は今後の研究展開の手がかりになる。なお、湖南省長沙市や四川省成都市、陝西省西安市などの各周辺地出土品との類比のほかに、特に浙江省紹興市出土鏡に関係することが叙述されている。しかしここでも発掘報告の参考に終わっている。伝浙江省紹興市出土とあるままでその発掘事例の確認は取れて居ない。

極めて重要な考証研究であるのは前漢中・晩期以来、新莽・後漢に中国銅鏡文化史上に一大光輝を加えた四霊（青龍・白虎・朱雀・玄武）や子丑寅卯辰巳午未申酉戌亥の十二支地図像、さらに神仙と瑞獣などの紋様や各種型式銘文がそれぞれの物語性をもって鏡背面に登場したことである。ただ、ここでも神獣鏡という鏡の紋様型式名はほとんど登場せず、せいぜい神人神獣画像鏡という名称が見られるだけである。それにしてもここで後漢時代の画像鏡という鏡紋飾の新登場は同時代における画像石といかなる関係を有するかの新研究課題を提出しているのである。そこで特に次節では、前漢・新莽・後漢各鏡図像の考証に問題を絞ってみよう。

第三節　陳佩芬編『上海博物館蔵青銅鏡』における前漢・新莽・後漢各鏡図像考証

陳佩芬編『上海博物館蔵青銅鏡』の考証説明文中から図像説明の部分に限って引用しよう。なお、データベース表の【表6－2】上海博物館蔵前漢・新莽・後漢青銅鏡の形態欄と重なるものもある。各鏡は【表6－2】最左欄の鏡番号、鏡名、時代を表示する。例によって、意訳的日本語訳を理解のために付す。

【31　禽獣六博紋鏡　前漢】

　　方框的毎辺連接双線T字紋、在三個T字紋之間、各有両種動物、有兎・鹿・燕・鳥・魚等。其中有一辺紋飾是生動的雁食魚形象。……此外、枚間隔処各有龍・虎・羽人・玄武・獅和其他動物。外区有八個外囲円圏較大的枚、枚与枚之間均有一形態不同的動物、或虎、或牛、或鳥、或獣等表示天禄・辟邪之類的瑞獣。

　　方框の毎辺に連接した双線にT字紋があり、3個のT字紋の間には、各々両種の動物が有り、兎・鹿・燕・鳥・魚などが有る。その中一辺紋飾に有るものは生き生きとした雁が魚を食う造形である。……このほか、枚の間を隔てるところに各々龍・虎・羽人・玄武・獅子とその他の動物が有る。外区には8個の外囲円圏が有り、やや大きい枚は、枚と枚の間に均しく一形態の同じからざる動物が有り、或いは虎、或いは牛、或いは鳥、或いは獣などが天禄・辟邪の類の瑞獣を表示している。

【35　四霊鏡　前漢】

　　四方并飾青龍・白虎・朱雀・玄武及熊・鳥等禽獣図像。……四霊的図像在東漢鏡中是常用的題材、在西漢鏡中却較少。四霊代表方位、是漢人崇拝的神霊、在漢代的壁画・

帛画・瓦当・印章和画像石上、経常有所反映。対于四霊的観念過去并不統一。如『三輔黄図』：「蒼龍・白虎・朱雀・玄武是四霊」。但『礼記』礼運：「何謂四霊、麟・鳳・亀・龍謂之四霊」。従大量漢鏡四霊紋来看、漢代的四霊是東方青龍・西方白虎・南方朱雀・北方玄武。

　四方ならびに青龍・白虎・朱雀・玄武及び熊・鳥などの禽獣図像を飾る。……四霊の図像は後漢中では常用の題材であったが、前漢鏡中では却ってやや少ない。四霊は方位を代表しており、漢人が崇拝する神霊であり、漢代の壁画・帛画・瓦当・印章と画像石上に在っても、すでに常に反映するところが有った。四霊の観念に対しては過去けっして統一されていない。『三輔黄図』のごときは、「蒼龍・白虎・朱雀・玄武は四霊である」と。ただし『礼記』礼運には、「何を四霊と謂うか、麟・鳳・亀・龍これを四霊と謂う」とある。大量の漢鏡の四霊紋より看れば、漢代の四霊は東方青龍・西方白虎・南方朱雀・北方玄武である。

【36　内清四霊鏡　前漢】

　枚間有以流暢的細線条組成青龍・白虎・朱雀・玄武四霊。青龍是両条相対、白虎旁有一羽人作戯弄之状、朱雀亦対称、玄武亦旁有一羽人作調弄状、以雲気紋填充其間。

　枚間に流暢な細線条組をもって青龍・白虎・朱雀・玄武の四霊を成す有り。青龍は両条あい対するものであり、白虎は旁に1羽人が有って戯弄の状を作し、朱雀また対称であり、玄武また旁に1羽人が有って調弄状を作り、雲気紋をもってその間に充填している。

【38　常楽富貴鏡　新莽始建国天鳳二年】

　毎一辺為三辰、亥子丑、寅卯辰、巳午未、申酉戌、毎両辰之間有一小枚、内区紋飾極繊細、按方形鈕座分為四組、毎組各有両枚及双線TLV六博紋飾。毎組紋飾可安置二獣、其中青龍・白虎・朱雀・玄武各占一方、右旁各配蟾蜍・羊・羽人等紋様。

　一辺ごとに3辰と為し、亥子丑、寅卯辰、巳午未、申酉戌であり、両辰の間ごとに1小枚が有り、内区紋飾は極めて繊細であり、按ずるに方形鈕座は分かって4組と為し、組ごとに各々両枚及び双線TLV六博紋飾が有る。組ごとに紋飾は2獣を安置すべく、その中に青龍・白虎・朱雀・玄武は各々一方を占め、右旁に各々蟾蜍・羊・羽人などの紋様を配す。

【40　新興辟雍鏡　新莽】

　外囲双線方格、方格四角為六博紋、毎辺均有両枚、六博紋的空隙処毎辺填以両獣、其中青龍・白虎・朱雀・玄武各占一方、青龍配一獣、白虎及朱雀各配一鳥、玄武是亀配蛇。玄武的形象、是亀和蛇分置両処、這是很少見的図像、外囲銘文一周二十一字、「新興辟雍建明堂、然于挙士列侯王、子孫復具治中央」。文字極簡略、僅有三句、都是一般常見語。鏡縁是粗鋸歯紋・曲折紋和細鋸歯紋各一周。

　外は双線もて方格を囲み、方格の四角は六博紋と為し、辺ごとに均しく両枚有り、

六博紋の空隙の処辺ごとに塡むるに両獣を以てし、その中は青龍・白虎・朱雀・玄武各々一方を占め、青龍は一獣を配し、白虎及び朱雀は各々一鳥を配し、玄武は亀に蛇を配すものである。玄武の形象は、亀と蛇を両処に分置するものであり、これはたいへん珍しい図像であり、外を囲む銘文は一周21字、「新興辟雍建明堂、然于挙士列侯王、子孫復具治中央（新は辟雍を興こし明堂を建て、挙士列侯王を然り、子孫復た中央を具治す）」と。文字極めて簡略なるは、わずかに3句有るのみ、すべて一般常に見る語である。鏡縁は粗い鋸歯紋・曲折紋と細鋸歯紋各一周である。

【41　王氏四霊六博紋鏡　新莽】

　　外囲凹弧双線方格、方格内有十二支名和十二枚相間。方格外毎辺有両枚和ＴＬＶ凹弧双線紋。四方的紋飾除青龍・白虎・朱雀・玄武外還配置其他禽獣、紋飾繁密。外囲銘文一周五十字、「王氏昭竟（鏡）四夷服、多賀新家人民息、胡虜殄滅天下復、風雨時節五谷（穀）熟、長保二親子孫力、伝告後世楽母亟、日月光大富貴昌兮。」以「新家」代「国家」是為新莽時鏡。銘文中毎句皆有標点、以鳥紋為銘文的起訖記号。辺縁内圏為鋸歯紋、外圏為雲気紋。

　　外は凹弧双線もて方格を囲み、方格内に十二支名と12枚あい間する有り。方格の外は辺ごとに両枚とＴＬＶ凹弧双線紋が有る。四方の紋飾は青龍・白虎・朱雀・玄武を除くほかまたその他の禽獣を配置し、紋飾は繁密たり。外は銘文一周50字を囲み、「王氏昭竟（鏡）四夷服、多賀新家人民息、胡虜殄滅天下復、風雨時節五谷（穀）熟、長保二親子孫力、伝告後世楽母亟、日月光大富貴昌兮。（王氏の昭らかな鏡に四夷は服し、多く新家を賀して人民息い、胡虜は殄滅して天下復せり、風雨時節あり五穀熟し、長く二親を保ち子孫力め、伝えて後世に告げよ楽は極むことなく、日月の光は大にして富貴昌んなり）」と。「新家」をもって「国家」に代うるは新莽の時の鏡であるからである。銘文中に句ごとに皆標点が有り、鳥紋をもって銘文の起訖記号とする。辺縁は内圏が鋸歯紋であり、外圏は雲気紋である。

【42　四霊鏡　後漢】

　　将鏡面分為四組、皆細雕、左為青龍、右為白虎、上為朱雀、下為玄武。青龍的形象是蛇頸・長角、似獣而体躯有斑紋。龍的頭部前後各有一羽人、空隙処塡以一獣三鳥。白虎張口吐舌、身有毛片紋、頭部前後各有一羽人、尾部有一鳥。朱雀取象于孔雀、鶏頭・蛇頸・鳥翅、開屏而舞的長尾、左上角有一羽人、前有一小鳥。玄武的形象是亀和蛇的合体、蛇纏住亀身、蛇首下俯、与亀首相対、空隙処塡以三鳥一小蛇。外囲篾紋一周、鏡縁是鋸歯紋・粗細条的長条形的四霊紋。

　　鏡面をもって分かちて4組と為し、皆細い彫りであり、左は青龍、右は白虎、上は朱雀、下は玄武である。青龍の形象は蛇頸で長角の、獣に似て体躯に斑紋が有るものである。龍の頭部には前後に各々1羽人が有り、空隙の処には1獣3鳥を塡めている。白虎は口を張り舌を吐き、身には毛片紋が有り、頭部の前後各々1羽人が有り、尾部

には1鳥が有る。朱雀は孔雀に形象を取って、鶏の頭、蛇の頸、鳥の翅があり、開屛して舞うの長尾であり、左上角に1羽人が有り、前に1小鳥が有る。玄武の形象は亀と蛇の合体であり、蛇は亀身に纏いつき、蛇首は下に俯し、亀首とあい対し、空隙の処には塡むるに3鳥1小蛇を以てす。外に篦紋一周を囲み、鏡縁は鋸歯紋・粗い細条の長条形の四霊紋である。

【43　鳥獣紋鏡　後漢】
　　主紋為七個相隔的大枚和以流利単線作素描状的龍・双朱雀・蟾蜍及雲気等紋飾。辺縁是三角形鋸歯紋和双線曲折紋。……。鏡背紋飾中的枚、内区九個、外区七個、這個数字在図案中不可能作通常的対称排列。東漢鏡中這一類紋飾又称四霊三瑞鏡、但在主紋七枚中所間隔的紋飾各不相同、有蟾蜍・青龍・朱雀・綿羊・白虎・鹿・玄武和羽人等組成、也有朱雀・長尾鳥・白虎・独角獣・玄武・羽人・青龍等組成。在浙江紹興漓渚出土的同様青銅鏡、七枚内除有禽獣外還有赤誦虎・王喬馬・辟邪・銅柱等字様、可見青銅鏡上的禽獣都是有専名的。

　　主紋は7個のあい隔てた大きな枚と流れるような滑らかな単線を以て素描の状の龍、2羽の朱雀、蟾蜍及び雲気の紋飾を作る。辺縁は三角形鋸歯紋と双線曲折紋である。……鏡背の紋飾中の枚は、内区に9個、外区に7個、これらの数字は図案中では通常の対称排列を作ることは不可能である。後漢鏡中でこの一類の紋飾はまた四霊三瑞鏡と称し、ただ主紋の7枚中では間隔とするところの紋飾は各々あい同じではなく、蟾蜍・青龍・朱雀・綿羊・白虎・鹿・玄武と羽人などの組成が有るもの、さらにまた朱雀・長尾鳥・白虎・独角獣・玄武・羽人・青龍などの組成が有るものがある。浙江省紹興市漓渚出土の同様な青銅鏡では、7枚の内に禽獣が有るのを除くほかはまた赤誦虎・王喬馬・辟邪・銅柱などの字様が有り、青銅鏡上に見ることができる禽獣はすべて専名が有るものである。

【44　尚方鳥獣紋神人奏楽鏡　後漢】
　　外囲九個小枚、枚間有簡単雲気紋和反書的「長宜子孫」四字、外囲両道較粗弦紋、中間為実心円点和幾何形雲紋一一相連的紋飾、主紋是七個枚、毎一枚外囲飾似柿蒂的四弁葉紋、以子字為基準、其下両枚間為青龍和羽人、左旋次第是玄武、神人吹排簫、二羽人相向而舞、神人奏琴、朱雀。最外面是反書的二十五字銘文一周、「尚方作竟真大巧、上有仙人不知老、渇飲玉泉飢食棗、浮游天下」。文字有欠筆、文義未尽、完整的銘文、下面応是「浮遊天下遨四海、徘徊名山采芝草、壽如金石為国保」。辺縁是一周篦紋、三角形鋸歯紋和連続雲気紋。

　　外は9個の小枚を囲み、枚の間に簡単な雲気紋と反書した「長宜子孫」4字が有り、外は2本のやや粗い弦紋を囲み、中間は実心円点と幾何形雲紋の一つ一つあい連なる紋飾であり、主紋は7個枚であり、一枚ごとに外囲は柿蒂に似た4弁葉紋を飾り、子の字をもって基準とし、その下2枚の間は青龍と羽人であり、左旋次第して玄武であ

り、神人が排簫を吹き、2羽人があい向かいて舞い、神人が琴を奏し、朱雀である。最も外の面は反書の25字の銘文一周「尚方が作った鏡は真に大いに巧みであり、上には仙人有り老を知らず、渇れば玉泉を飲み飢えれば棗を食い、天下に浮游し」である。文字は欠筆有り、文義未だ尽さず、完全な銘文は、下面に応に「浮遊天下遨四海、徘徊名山采芝草、壽如金石為国保」があるべきである。辺縁は一周の篦紋、三角形鋸歯紋と連続雲気紋である。

【45 下除十二支六博紋鏡　後漢】

　座外連成双線方框、内区為十二支銘文、毎両支間有一個小枚。外区、在方格四角和四辺皆有六博盤上的界欄形紋、紋飾分為四方八小区、小区内有八種動物、自左至右是青鳥・青龍・羽人・玄武・蟾蜍・白虎・羊・朱雀等、主要是四個方位神。紋飾外囲銘文一周、「下除作竟真大巧、上大山、見神人、食玉英、飲澧泉、駕文龍、葉浮雲、君宜官、保子孫分云」、為三十三字。銘文外囲篦紋、辺縁是鋸歯紋及連続雲気紋。

　座外は連成二本線を連成方框、内区は十二支銘文、2支ごとの間は1個の小枚が有る。外区は、方格四角と四辺には皆六博盤上の界欄形の紋が有り、紋飾は分ちて四方八小区と為し、小区内に8種の動物が有り、左より右に至り青鳥・青龍・羽人・玄武・蟾蜍・白虎・羊・朱雀などであり、主要には四つの方位神である。紋飾外は銘文一周を囲み、「下除作鏡真大巧、上大山見神人、食玉英飲澧泉、駕交龍乗浮雲、君宜官保子孫分云（下除の作った鏡は真に大いに巧み、大山（泰山）に上り、神人に見え、玉英を食らい、澧泉を飲み、交龍に駕し、浮雲に乗り、君は官に宜しく、子孫を保つなりと云）」と、33字である。銘文外囲は篦紋、辺縁は鋸歯紋及び連続雲気紋。

【47　長宜子孫鏡　後漢】

　内区浮雕双龍、作蜿蜒起伏状、尾端相接、両龍頭中間為一羽人。外区為内向八連弧紋、毎両連弧間有一帯銘的方枚、銘為「長宜子孫、富貴高□」八字、最後一字因筆画変形而不可確釈。鏡縁較寛、其中一半作浮雕紋飾、依一神人捧日和一神人捧月為界、共分両組、一組為三龍駕雲車、車上端坐神人和羽人共三人、車前有両神人分駕両龍。另一組両神人各駕一青鳥、一神人乗獣、一神人跨鼉、再前両神人作舞踏状。

　内区は浮き彫りの2匹の龍、蜿蜒とした起伏状に作り、尾の端はあい接し、2匹の龍の頭の中間は1羽人である。外区は内向八連弧紋であり、二つの連弧間ごとに一つの帯銘の方枚が有り、銘は「長宜子孫、富貴高□」8字であり、最後の1字は筆画変形によりて確釈できない。鏡縁はやや寛く、その中は一半は浮き彫り紋飾に作り、1神人は日を捧げ、1神人は月を捧げるにより界と為して、ともに2組に分け、1組は3龍が雲車に駕し、車上には端坐せる神人と羽人ともに3人、車前には2神人が分かちて駕2匹の龍に駕するのが有る。別に1組2神人が各々1青鳥に駕し、1神人は獣に乗り、1神人は鼉に跨り、再び前の2神人が舞踏状を作す。

【48　龍虎画像鏡　後漢】

外囲花弁和双線方格、方格四角各有一枚、毎枚外囲七内向連弧紋、四枚将内区紋飾、分為四組、第一組為飛龍、其前後各有一小鳥。第二組為人面羊角神獣、獣背及右下方各有一小鳥。第三組為白虎、回顧式、咧大口、左右有一小鳥。第四組為鹿、亦作回顧状、左面有両小鳥、右面為一羽人。内区紋飾外囲以篦紋。辺縁有両組紋飾、毎組有一獣和一鳥、都作粗線条長体波曲状。

外は花弁と双線もて方格を囲み、方格の四角は各々1枚有り、枚ごとに外は七内向連弧紋で囲み、4枚は内区の紋飾をもって、分かちて4組と為し、第1組は飛龍であり、その前後に各々1小鳥が有る。第2組は人面羊角神獣であり、獣の背及び右下方には各々1小鳥が有る。第3組は白虎であり、回顧式、咧えて大口、左右に1小鳥が有る。第4組は鹿であり、また回顧状に作り、左面には2羽の小鳥が有り、右面は1羽人である。内区の紋飾は外を囲むに篦紋をもってす。辺縁は2組の紋飾が有り、組ごとに1獣と1鳥が有り、すべて粗い線条長体波曲状に作る。

【49 龍氏神人龍虎画像鏡 後漢】

内区紋飾以四枚為界、皆為高浮雕。下為東王公、上為西王母、旁各有両侍者、左青龍、右白虎。内区外囲銘文一周、共三十字、「龍氏作竟自有道、東王公、西王母、青龍在左、白虎居右、刻治□□悉皆在、大吉」。外囲篦紋、辺縁為鋸歯紋和雲気紋。

内区紋飾は4枚をもって界と為し、皆高い浮き彫りである。下は東王公であり、上は西王母であり、旁に各々有2侍者が有り、左は青龍、右は白虎である。内区は外に銘文一周を囲み、ともに30字、「龍氏が作る鏡は自と道が有り、東王公、西王母、青龍は左に在り、白虎は右に居り、刻治□□悉く皆在り、大吉」とある。外囲は篦紋、辺縁は鋸歯紋と雲気紋である。

【50 神人龍虎画像鏡 後漢】

外囲花弁紋和双線方格、方格四角有枚。主紋作高雕、下一組為東王公、旁有方案和提梁壺、左側有「東王公」三字、右側両羽人相侍。上一組為西王母、左有「西王母」三字、旁一羽人、右有玉女、并各有「玉女侍」三字。左面一組青龍、相対的一組為白虎、均作奔馳状。外囲篦紋、鏡縁為雲気紋。

外は花弁紋と双線もて方格を囲み、方格の四角は枚が有る。主紋は高い彫りに作り、下の1組は東王公であり、旁に方案（四角な机）と提梁（ちょうちん壺）壺が有り、左側に「東王公」の3字が有り、右側は2羽人があい侍す。上の1組は西王母であり、左に「西王母」の3字が有り、旁に1羽人、右は玉女が有り、并せて各々「玉女侍」の3字が有る。左面の1組は青龍、あい対した1組は白虎であり、均しく奔馳状に作る。外囲は篦紋、鏡縁は雲気紋である。

【51 柏氏伍子胥画像鏡 後漢】

内区紋飾以四枚為界、枚周囲各以実心凸起連珠相囲、将紋飾分為四組。第一組為呉王夫差之像、端座在帷幕中、左手上挙、作某種姿態、右旁有「呉王」両字。第二組、

呉王左面的是伍子胥、他裂眦散須、怒髪沖冠、仗剣作自頸状、左上角有「忠臣伍子胥」字様。第三組、呉王左面是越王勾践和范蠡、越王執節而立、范蠡席地坐、相持作策謀状、左辺分別有「越王」及「范蠡」字様。第四組有両女并立、両側各有一提梁壺、右上有「王女両人」四字。外囲銘文一周四十五字、「呉向里柏氏作竟（鏡）四夷服、多賀國家人民、胡虜珍滅天下復、風雨時節五谷（穀）孰（熟）、長保二亲（親）得天力、伝告後世楽無亟（極）兮」。這是一般美好願望的祝辞。文句「多賀国家人民」後奪一「息」字、銘文外囲以篊紋、鋸歯紋和曲折紋。……『史記』「越王勾践世家」載、「呉敗越、呉王囲之会稽、越王謂范蠡曰、『以不聴子故至于此、為之奈何』。蠡対曰、『持満者与天、定傾者与人、節事者以地、卑辞厚礼以遺之、不許、而身与之市』。勾践曰、『諾』」。画像中越王与范蠡作商討之状、即是表達這一段史事。又「呉太伯世家」載、「越王勾践率其衆以朝呉、厚献遺之、呉王喜。唯子胥懼、曰、『是棄呉也』。諫曰、『越在腹心、今得志于斉、猶石田、無所用。且盤庚之誥有顛越勿遺、商之以興』、呉王不聴、使子胥于斉、子胥属其子于斉鮑氏、還報呉王、呉王聞之、大怒。賜子胥属鏤之剣以死、将死、曰、『樹吾墓上以梓、令可為器。抉吾眼置之呉東門、以観越之滅呉也』」。鏡之画像呉王和伍子胥即指此事。漢人崇信儒家、提唱忠臣孝子、漢代画像中這種故事甚多。

　内区の紋飾は 4 枚をもって界となし、枚の周囲は各々実心凸起連珠をもってあい囲み、紋飾をもって分かちて 4 組と為す。第 1 組は呉王夫差の像であり、端座して帷幕中に在り、左手は上に挙げ、某種の姿態を作り、右旁に「呉王」の 2 字が有る。第 2 組は、呉王左面のものは伍子胥であり、かれは眦（まなじり）を裂き鬚を散じ、怒髪冠を沖し、剣を仗てて自頸の状を作り、左上角に「忠臣伍子胥」の字様が有る。第 3 組は、呉王右面は越王勾践と范蠡であって、越王は節を執りて立ち、范蠡は地に席して坐り、あい持ちて策謀の状を作り、左辺に分別して「越王」及び「范蠡」の字様が有る。第 4 組は 2 女がならび立つ有り、両側に各々 1 提梁壺が有り、右上に「王女両人」4 字が有る。外に銘文一周 45 字を囲み、「呉の向里柏氏の作れる鏡は四夷服し、多く國家を賀し人民、胡虜珍滅して天下復し、風雨時節あり五穀熟し、長く二親を保ちて天力を得、伝えて後世に告げよ楽は極り無らんことを」と。これは一般に美しく好い願望の祝辞である。文句「多賀国家人民」の後に「息」1 字を奪い、銘文の外囲は篊紋を以てし、鋸歯紋と曲折紋がある。……『史記』「越王勾践世家」に載せる、「呉は越を敗り、呉王はこれを会稽に囲み、越王は范蠡に謂いて曰わく、『子に聞かざるを以ての故にこれに至れり、これをいかんせん』と。蠡対えて曰わく、『満を持つ者は天とともにし、傾を定む者は人とともにし、節事する者は地をもってし、辞を卑く礼を厚くしてもってこれに遺れ、許さざれば、しかして身これを市する（殺す）に与らん』と。勾践曰わく、『諾』と」とある。画像中に越王と范蠡の商討の状を作るは、即ちこの一段の史事を表現するのである。また『史記』「呉太伯世家」に載せり、

「越王勾践その衆を率いてもって呉に朝し、厚く献じてこれに遺るに、呉王喜ぶ。ただ子胥のみ懼れて、曰わく、『これ呉を弃ればなり』と。諫めて曰わく、『越は腹心に在り、今志を斉に得るは、猶お石田のごとく、用うるところ無し。かつ盤庚の誥に顚越遺るなかれと有り、これを商りてもって興る』と、呉王聴かず、子胥を斉にゆかしむるに、子胥はその子を斉鮑氏に属せしめ、また呉王に報ずるに、呉王これを聞き、大いに怒る。子胥に賜うに鏤之剣を属し死をもってするに、将に死せんとするに、曰わく、『樹吾が墓の上に樹えるに梓をもってし、器と為す可からしむ。吾が眼を抉りてこれを呉の東門に置け、もって越の呉を滅すを観ればなり』と」とある。鏡の画像は呉王と伍子胥の即ちこの事を指す。漢人は儒家を崇信し、忠臣孝子を提唱し、漢代画像中にこの種の故事は甚だ多い。

【52 伍子胥画像鏡 後漢】

鏡心紋飾以匹枚為界、枚旁亦囲一周実心連珠紋、将紋飾分為四組。第一組為呉王夫差、端座在帷幕中、左手上挙、在左上角有「呉王」二字。呉王的第二組伍子胥、裂眦散須、昂首瞪目、手持長剣置于頸下、作自頸状、左下角有「忠臣伍子胥」字様。再左面是越王勾践和范蠡、越王側見侍立、范蠡席地而坐、相対交談、越王和范蠡的左右有「范蠡」・「越王」字様、其下各置一提梁壷。第四組是著長裙的王女両人、両旁各有一提梁壷。整個紋飾外囲以筬紋・鋸歯紋和曲折紋。

鏡心の紋飾は4枚をもって界と為し、枚の旁また一周の実心連珠紋を囲み、紋飾をもって分かちて4組と為す。第1組は呉王夫差であり、端座して帷幕中に在り、左手は上に挙げ、左上角には「呉王」の2字が有る。呉王のものの第2組は伍子胥で、眦を裂き鬚を散じ、首を昂げ目を瞪らき、手に長剣を持ち頸を下に置き、自頸の状を作り、左下角に「忠臣伍子胥」字様が有る。再び左面が越王勾践と范蠡であり、越王は身を側して侍立し、范蠡は地に席して坐り、相対して交談し、越王と范蠡の左右に「范蠡」・「越王」字様が有り、その下に各々1提梁壷を置く。第4組は長裙を著けた王女2人であり、両旁に各々1提梁壷が有る。全体紋飾外は囲むに筬紋・鋸歯紋と曲折紋を以てしている。

【53 羽人騎獣画像鏡 後漢】

外囲花弁紋和双線方格、方格四角有枚。在四組紋飾中、其中一組為羽人騎白虎、虎前另有一羽人。其余三組均為羽人駕龍、龍的前或後亦有一羽人、龍及虎皆作奔馳状。此鏡図象中飾羽人較多、并作各種姿態、羽人的形象与漢代画像石的羽人相似。『楚辞』遠游、「仍羽人于丹丘兮、留不死之旧郷」。王逸注、「『山海経』言、有羽人之国。或曰、「人得道、身生毛羽也」。補注、「羽人、飛仙也」。『論衡』道虚篇、「能昇之物皆有羽翼、昇而復降、羽翼如故」。又曰、「人能生毛羽、毛羽備、其能昇天也、且夫物之生長、無卒成暴起、皆有浸漸、為道学仙之人、能先生教寸之毛羽、従地自奮、昇楼台之陛、乃可謂昇天」。漢人対当時人世不永、俗情艱険、于是尋求神仙、翺翺六合之外、産生了

第六章　陳佩芬編『上海博物館蔵青銅鏡』について　399

昇天的願望。龍本是天上之物、羽人駕龍便能昇天。『漢魏叢書拾遺記』巻二載、「昭王即位二十年、王坐祇明之室、昼而仮寝、忽夢曰、雲翁蔚而起、有人衣服并皆毛羽、因名羽人。夢中与語問以上仙之述、羽人曰、大王精智未開、欲求長生、久世不可得也」。由于道教的発展、羽人之説、当時非常流行。鏡心紋飾外囲以篚紋。辺縁的紋飾分為両圏、内圏為鋸歯紋、外圏有飛禽・走獣和双魚図像、還有一組両人相対撃鼓和狩猟図像。

　外は花弁紋と双線もて方格を囲み、方格の四角に枚が有る。4組の紋飾中では、その中の1組は羽人騎白虎であり、虎前は別に1羽人が有る。その余の3組は均しく羽人駕龍であり、龍の前或いは後にまた1羽人が有り、龍及び虎が皆奔馳状を作る。この鏡の図象中に羽人を飾るはやや多く、ならびに各種の姿態に作り、羽人の形象は漢代画像石の羽人とあい似ている。『楚辞』遠游に、「よりて羽人は丹丘においてか、不死の旧郷に留まる」とある。王逸注に、「『山海経』に言へり、羽人の国有ると。或るひと曰わく、『人は道を得れば、身に毛羽を生ずるなり』と。補注に、『羽人は、飛仙なり』と」。『論衡』道虚篇、「能く昇るの物は皆羽翼有り、昇りて復た降るに、羽翼故のごとし」と。また曰わく、「人能く毛羽を生じ、毛羽備われば、それ能く天に昇るなり、かつそれ物の生長は、卒に成暴起を成す無く、皆浸漸有り、道を為し仙を学ぶの人は、能く先ず数寸の毛羽を生じ、地より自奮し、楼台の陛に昇り、すなわち天に昇ると謂うべし」と。漢人は当時人世の永ならずに対し、俗情艱険、ここにおいて神仙を尋ね求め、六合（天地と四方）の外に翺翔として飛び出し、昇天の願望を生産する。龍は本より天上の物であり、羽人は龍に駕しすなわち能く天に昇る。『漢魏叢書拾遺記』巻二に載す、「昭王即位二十年、王は祇明の室に坐し、昼にして仮寝するに、忽ちに夢みて曰く、雲翁蔚として起ち、有る人衣服ならびに皆毛羽、因りて羽人と名づく。夢中にともに語問し上仙の述を以てするに、羽人曰わく、大王は精智未だ開かざる、長生を求めんとするに、久世は不可得なり」と。道教の発展により、羽人の説は、当時非常に流行す。鏡心の紋飾の外は囲むに篚紋を以てす。辺縁の紋飾は分かちて両圏と為し、内圏は鋸歯紋であり、外圏は飛禽・走獣と双魚図像であり、また一組の両人相対して撃鼓し、また狩猟する図像が有る。

【54　神人神獣画像鏡　後漢永康元年（167年）】

　内区紋飾作高浮雕、以四辟邪為界、将紋飾分四組、作放射形排列。以永康元年年号銘文為基准、下為東王公、上為西王母、両旁均左為神鳥神獣相守。左面一組頭戴冕旒者是黄帝、右旁有一侍者、并有一神鳥。右側一組為伯牙奏琴、琴横于膝上、旁有両人、右旁一人側首傾听、似入神者、為鐘子期、左旁有一人相随。外区有凸起的半円和方塊枚相間排列、毎一方枚有銘文四字、共十二塊四十八字、左旋読、「永康元年、正月午日、幽凍黄白、早作明竟、買者大富、延寿命長、上如王父、西王母兮。君宜高位、立至公侯、長生大吉、太師命長」。字多反書。外囲鋸歯紋。鏡縁紋飾亦分両圏、内圏有両組、一組是六龍駕雲車、車上有端座的神人、車前有両神人御龍。拠『楚辞』九歌、

天皇太乙、「有龍駕兮帝服」。這一件紋飾、以此神人地位最為顯要、在日神和月神之上且駕龍、応是天神東皇太乙。另一組是両羽人各騎独角獣奔馳、後面両羽人各乗一黿、最後両羽人各駕一青鳥。両組紋飾相隔処有一神人捧日、日中有金鳥。另一神人捧月、月中有蟾蜍。金鳥・蟾蜍為日月之別名。『淮南子』精神訓、「日中有踆鳥、而月中有蟾蜍」。神人是日神、和月神義和、日神之旁有一個長翼的人面神、旁有雲気流動、当是鳳伯。

内区の紋飾は高い浮き彫りに作り、4辟邪を以て界と為し、紋飾をもって4組に分かち、放射形の排列を作る。永康元年年号の銘文を以て基準と為し、下は東王公であり、上は西王母であり、両旁は均しく左に神鳥神獣が守っている。左面の1組では頭に冕旒を戴する者は黄帝であり、右旁は1侍者が有り、ならびに1神鳥が有る。右側の1組では伯牙奏琴であり、琴は膝上に横たえ、旁に両人が有り、右旁の1人は首を側て傾聴し、やや入神する者、鐘子期であり、左旁は1人があい随って有る。外区は凸起の半円と方块の枚のあい間して排列して有り、1方枚ごとに銘文4字が有り、ともに12块48字、左に旋して読むに、「永康元年、正月午日、幽涷黄白、早作明竟、買者大富、延寿命長、上如王父、西王母兮。君宜高位、立至公侯、長生大吉、太師命長。（永康元年正月午日、幽かに黄白を涷り、早に明鏡を作り、買う者は大いに富み、寿を延ばし命長く、上は王父、西王母のごときか。君は高位に宜しく、位は公侯に至り、長く生き大吉、太師は命長し）」と。字は反書多し。外は鋸歯紋を囲む。鏡縁紋飾はまた両圏に分け、内圏は両組有り、1組は六龍駕雲車であり、車上に端座の神人有り、車前に両神人の御龍を御す有り。『楚辞』九歌、天皇太乙に拠るに、「龍は帝服に駕す有り」と。この一件の紋飾は、この神人地位を以て最も顕要と為し、日神と月神の上に在り、かつ龍に駕し、応に天神東皇太乙であるはずだ。別の1組は両羽人が各々独角獣に騎り奔馳するものであり、後面の両羽人は各々1黿に乗り、最も後の両羽人は各々1青鳥に駕す。両組の紋飾はあい隔つ処に1神人の日を捧げる有り、日の中に金鳥が有る。別の1神人は月を捧げ、月の中には蟾蜍が有る。金鳥・蟾蜍は日月の別名である。『淮南子』精神訓に、「日の中に踆鳥有り、而して月の中に蟾蜍有り」と。神人は日の神であり、月の神と義和し、日の神の旁に1個長翼の人面神が有り、旁に雲気流動有り、当に鳳伯であるはずである。

【55　神人神獣画像鏡　後漢中平四年（187年）】

内区為高浮雕紋飾、有四神獣、似天禄・辟邪・飛廉和龍雀之類分守四角、将紋飾分四組、作放射形排列。若以「天王日月、太師命長」銘文為基准、下面是東王公、相対的上首是西王母、東王公左為玉女、右為神獣、西王母左為青鳥、右為神獣。左面一組為黄帝、戴冕旒、右側有一柱状冠鳥、并有一侍者。相対的右面一組是伯牙奏琴、琴横于膝上、旁有両人、一人側首傾听似陶酔状者、当為鐘子期、表現為伯牙善奏琴、鐘子期善听（聴）。外区有凸起的半円和方块枚相間排列、毎一方块有銘文四字、共十三块

第六章　陳佩芬編『上海博物館蔵青銅鏡』について　401

五十二字、左旋読、「中平四年、五月午日、幽涷白同、早作明竟、買者大富、長宜子孫、延年命長、上如王父、西王母兮。大楽未央、長生大吉、天王日月、太師命長」。字多反書。銘文外囲以鋸歯紋。鏡外縁紋飾亦分両圏、内圏有両組、一組是六龍駕雲車、車上有神人和羽人、車前有両神人御龍。另一組是両羽人分騎両龍、後有両羽人各駕一青鳥。最後是両羽人乗一黿。両組紋飾相隔処、有一神人捧日、相対的另一面有一神人捧月。此鏡的形式、紋飾及主要銘文辞句均与永康元年鏡相同、所不同者為年号。

　　内区は高い浮き彫りの紋飾であり、4神獣が有り、天禄・辟邪・飛廉と龍雀に似るの類は分かちて四角を守り、紋飾をもって4組に分かち、放射形の排列に作る。もしくは「天王日月、太師命長」銘文を以て基準と為せば、下面は東王公であり、相対する上首は西王母であり、東王公の左は玉女であり、右は神獣であり、西王母左は青鳥であり、右は神獣である。左面の1組は黄帝であり、冕旒を戴し、右側は一柱状の冠鳥有り、併せて1侍者が有る。相対する右面1組は伯牙奏琴であり、琴を膝上に横たえ、旁に両人有り、1人は首を側だて傾聴しやや陶酔状なる者は、当に鐘子期であるべきで、表現は伯牙が善く琴を奏すのであり、鐘子期が善く聴くのである。外区は凸起の半円と方塊枚があい間てて排列する有り、一の方塊ごとに銘文4字有り、ともに13塊52字、左に旋して読むに、「中平四年、五月午日、幽涷白銅、早作明竟、買者大富、長宜子孫、延年命長、上如王父、西王母兮。大楽未央、長生大吉、天王日月、太師命長。(中平四年五月午日、幽かに白銅を凍り、早に作れる明鏡は、買う者は大いに富み、長く子孫に宜しく、年を延ばし命長く、上は王父、西王母のごとくなり。大いなる楽みは未だ央きず、長生大吉なり、天王日月、太師命は長し)」と。字は反書多し。銘文の外は囲むに鋸歯紋を以てす。鏡外の縁紋飾はまた両圏に分かち、内圏は両組有り、1組は六龍駕雲車であり、車上に神人と羽人が有り、車前に両神人の龍を御す有る。別の1組は両羽人の分騎両龍であり、後に両羽人各々1青鳥に駕す有り。最も後は両羽人1黿に乗るである。両組の紋飾はあい隔つ処は、1神人の日を捧ぐ有り、相対して別の一面には1神人の月を捧ぐ有る。この鏡の形式、紋飾及び主要な銘文辞句は均しく永康元年鏡とあい同じ、不同なるところは年号である。

【56　神人神獣画像鏡　後漢建安十年 (205年)】

　　鏡心浮雕十三神人、十二神獣、横列成五排、神人之衣襞褶細密、頭頂有髻或有冠、拱手而坐、背有雲気。鏡鈕上下各有「君宜官」三字、神人排列成界欄。第一排、中間為一長髯的神人正面坐、左青龍、右白虎皆有羽翼、青龍旁有一神鳥、白虎旁有一神獣。第二排、左側有両人、近中間的一個応是伯牙、挽袖作撫琴状、但琴形并不明顕、右側有両神人、一神人挽一袖、半側面坐、另一神人、全然側面坐、界欄外有一長冠鳥、左側辺上尚有一飛翼獣在其旁。第三排、四神人皆正面坐、右側近鏡鈕的神人戴冠、余皆綰髪髻、亦以界欄相間隔。第四排、「君宜官」両側有両髪人。一戴三梁冠、一綰髪髻、神人両旁分別是両人頭、神鳥和神獣、最下面為一正坐的神人、右朱雀、左玄武、外縁

銘文一周存五十字、自左旋読、「建安十年朱氏造、大吉羊（祥）、……幽凍官商、周縁容象、五帝天皇、白（伯）牙弾琴、黄帝除凶、朱鳥玄武、白虎青龍、君宜高官、位至三公、子孫潘（藩）昌」。銘文内容為当時吉語。「黄帝除凶」見『史記』五帝本紀、「蚩尤作乱、不用帝命、于是黄帝乃征師諸侯、与諸侯戦于涿鹿之野、遂禽殺蚩尤」。所謂「除凶」即誅殺蚩尤。朱鳥・玄武・白虎・青龍是四方的方位神、在鏡中占較小的地位。

　　鏡心は13神人、12神獣を浮き彫りにし、横列して5排を成し、神人の衣襞は褶りが細密で、頭頂は髻が有り或いは冠が有り、拱手して坐し、背には雲気が有る。鏡鈕上下に各々「君宜官」3字が有り、神人は排列して成界欄を成す。第1排は、中間は1長髻の神人の正面に坐するのであり、左は青龍、右は白虎で皆羽翼が有り、青龍の旁に1神鳥が有り、白虎の旁に1神獣が有る。第2排は、左側は両人が有り、中間近くのものは一個の応に伯牙なるべきものであり、袖を挽き撫琴の状を作すが、ただ琴の形はけっして明瞭ではなく、右側は両神人が有り、1神人は1袖を挽き、半側面に坐し、別の1神人は、全然側面して坐し、界欄外に1長冠鳥有り、左側辺の上になお1飛翼獣がその旁に在る有り。第3排は、4神人が皆正面に坐し、右側の鏡鈕に近い神人は冠を戴し、余は皆綰髪髻、また界欄を以てあい間隔する。第4排は、「君宜官」両側に両髪人有り。1は三梁冠を戴し、1は綰髪髻、神人両旁は分別するに両人の頭であり、神鳥と神獣、最も下面は1正坐の神人であり、右は朱雀、左は玄武、外縁の銘文は一周50字を存し、左より旋って読むに、「建安十年朱氏造、大吉祥、……幽凍官商、周縁容象、五帝天皇、伯牙弾琴、黄帝除凶、朱鳥玄武、白虎青龍、君宜高官、位至三公、子孫藩昌。(建安十年朱氏造れり、大吉祥、……幽かに官商を凍り、彫りは容象に縁り、五帝天皇、伯牙は琴を弾じ、黄帝は凶を除き、朱鳥玄武、白虎青龍、君は高官に宜しく、位三公に至り、子孫藩昌せり)」と。銘文内容は当時の吉語。「黄帝除凶」は『史記』五帝本紀に見え、「蚩尤乱を作り、帝命を用いず、ここにおいて黄帝すなわち師を諸侯に征し、諸侯とともに涿鹿の野に戦い、遂に蚩尤を禽殺す」。いわゆる「除凶」とは即ち蚩尤の誅殺である。朱鳥・玄武・白虎・青龍は四方方位神であり、鏡中に在りてはやや小さな地位を占める。

【57　神人神獣画像鏡　後漢建安十年（205年）】

　　鏡心浮雕十個神人、十二個神獣、横列成五排、鏡鈕上下各有「君宜」両字、神人・神獣排列成界欄状。第一排、中間為一長髻的神人正面坐、左側為朱雀・神獣、右側為朱雀・玄武。第二排、左側有両人、近中間的一個応是伯牙、挽袖作撫琴状、但琴不明顕、旁有一神人、俯首恭听、該是鐘子期、右旁両人半側面坐、聆听琴声。第三排、鏡鈕両側為両神人、正面坐、旁各有一侍者、界欄外両側各有一龍和一虎。第四排、近中間為両神人、両側為天禄・辟邪。最下面一排為正坐的神人、両側有神獣。外縁銘文一周、四十字、「建安十年三月、吾作明竟、幽宮東（凍）商、周象五帝天皇、白（伯）牙

単(弾)琴、黄帝余(除)凶、朱鳥玄武、白虎青龍、君宜高官」。銘文内容与一般建安鏡相同周象是「周縁容象」的省写或漏写。関于伯牙弾琴故事、『呂氏春秋』本味、「伯牙鼓琴、鍾子期聴之方鼓琴而在太山、鍾子期又曰、善哉乎鼓琴、巍巍乎若太山、少選之間而志在流水。鍾子期又曰、善哉乎鼓琴、湯湯乎若流水。鍾子期死、伯牙破琴絶弦、終身不復鼓琴、以為世無是復鼓琴者」。『淮南子』説山訓云、「伯牙鼓琴而馺馬仰秣」。高誘注、「仰秣、仰頭吹吐、謂馬笑也」。『荀子』勧学、「伯牙鼓琴、而六馬仰秣」。簡直以為伯牙琴芸之高、可感応馬匹了。

　鏡心は10個の神人、12個の神獣を浮き彫りにし、横列して5排と成し、鏡鈕上下に各々「君宜」両字が有り、神人・神獣排列は界欄状を成す。第1排、中間は1長髯の神人であり、正面坐、左側は朱雀・神獣であり、右側は朱雀・玄武である。第2排、左側に両人が有り、中間近くのものは一個の応に伯牙であるはずで、袖を挽き撫琴の状を作るが、ただ琴は明顕ではなく、旁に1神人が有り、首を俯げ恭しく聴き、鍾子期に該当するもので、右旁の両人は半側面坐し、よく琴声を聴く。第3排、鏡鈕両側は両神人であり、正面して坐し、旁は各々一侍者が有り、界欄外の両側は各々1龍と1虎が有る。第4排、中間近く両神人と為し、両側は天禄・辟邪であり。最も下面の1排は正坐の神人であり、両側は神獣である。外縁の銘文一周は、40字、「建安十年三月、吾作明鏡、幽凍宮商、周象五帝天皇、伯牙弾琴、黄帝除凶、朱鳥玄武、白虎青龍、君宜高官。(建安十年三月、吾れ作れる明鏡は、幽かに宮商を凍り、彫りて五帝天皇を象り、伯牙は琴を弾じ、黄帝は凶を除き、朱鳥玄武、白虎青龍、君は高官に宜ろし)」。銘文内容は一般の建安鏡とあい同じく、周象は「周縁容象」の省写或いは漏写である。伯牙弾琴の故事に関して、『呂氏春秋』本味に、「伯牙は琴を鼓し、鍾子期はこれを聴く、方に琴を鼓して太山に在り、鍾子期また曰わく、善いかな琴を鼓すや、巍巍乎として太山のごとし、少しくこれを選ぶ間にして志は流水に在る。鍾子期また曰わく、善いかな琴を鼓すや、湯湯乎として流水のごとし。鍾子期死し、伯牙は琴を破し弦を絶ち、終身復た琴を鼓せず、以て世に復た琴を鼓する者であること無し」と。『淮南子』説山訓にいえり、「伯牙琴を鼓して馺馬も仰秣す」。高誘の注に、「仰秣は、頭を仰ぎ吹吐す、馬の笑いを謂うなり」と。『荀子』勧学に、「伯牙琴を鼓す、而して六馬仰秣す」と。簡直に以て伯牙琴芸の高きを為し、馬匹を感応させることができたのだ。

【58　張氏車騎神獣画像鏡　後漢】

　内区四方設枚、枚縁均蟠一龍、龍体各俱形態。内区的紋飾分為内外両圏、以極細的線条為界。内圏為青龍・白虎・天禄・辟邪四獣、獣背上騎一羽人、并以鳳凰・鷺鳥和飛廉神人為間隔。外圏作車騎人物、車駕両馬飛馳、車上端座神人、車後有一騎士、手執武器、若衛侍。這種紋飾連続三組。另一組為雲車、有神人以手扶輿而端座、一羽人駕車輿、後有両侍者、車輪作巻雲状、与『九歌』東君、「駕龍輈兮乗雷、戴雲旗兮逶蛇」相合、車後有一神人捧日、当是羲和浴日的故事、這一組紋飾大体以東君和太陽神

為主題。鏡外緣有龍虎紋飾一周。銘四十六字、「張氏作竟（鏡）四夷服、多賀国家人民息、胡虜殄滅天下復、風雨時節五穀（穀）孰（熟）、長保二亲（親）子孫力、伝告後世楽無亟（極）、大吉無昌」。最後一句当是「大吉永昌」之誤。銘文外囲以箆紋。外縁是四獣構成的纏枝和鋸歯紋。

内区は四方に枚を設け、枚縁均しく1龍を蟠り、龍体は各々倶なる形態なり。内区の紋飾は分かちて内外両圏と為し、極細の線条を以て界と為す。内圏は青龍・白虎・天禄・辟邪の四獣であり、獣背上に1羽人を騎せ、ならびに鳳凰・鸞鳥と飛廉神人を以て間隔と為す。外圏は車騎の人物、車駕の両馬飛馳し、車上に端座せる神人、車後に1騎士有り、手に武器を執り、衛侍するがごときを作る。この種の紋飾は連続3組なり。別に1組は雲車であるが、神人が手を以て輿を扶けて端座する有り、1羽人が車輿に駕し、後に両侍者が有り、車輪は巻雲状に作り、『九歌』東君に、「駕龍輈を乗雷に駕し、雲旗を逶蛇に戴す」とあい合い、車後に1神人の日を捧げる有り、当に羲和浴日の故事なるべく、この1組の紋飾は大体東君と太陽神を以て主題と為す。鏡の外縁は龍虎の紋飾一周が有る。銘は46字、「張氏作竟（鏡）四夷服、多賀国家人民息、胡虜殄滅天下復、風雨時節五穀（穀）孰（熟）、長保二亲（親）子孫力、伝告後世楽無亟（極）、大吉無昌（張氏の作れる鏡は四夷が服し、多く国家を賀し人民息い、胡虜殄滅して天下復し、風雨時節あり五穀熟し、長く二親を保ち子孫力あり、伝えて後世に告げよ楽は極り無けん、大吉無昌）」と。最後の一句は当に「大吉永昌」の誤であるべし。銘文の外は囲むに箆紋を以てす。外縁は四獣構成の纏枝と鋸歯紋である。

【59　神人車馬画像鏡　後漢】

内区有四枚、外亦囲小枚。主紋是下為東王公、左旁有両羽人、右旁有三羽人。上為西王母、左旁有両羽人、右旁為一侍者。其左右両側均為四馬駕車、三馬向前奔地、一馬回首、車輿甚高、并有方格状欄、外囲箆紋及雲気紋各一周。雲気紋分四組、以三禽獣為界。鏡外縁素面、鏡面凸起。

内区は4枚有り、外はまた小枚を囲む。主紋は下が東王公であり、左旁は両羽人が有り、右旁は3羽人が有る。上は西王母であり、左旁は両羽人が有り、右旁は1侍者である。その左右両側は均しく四馬駕車であり、3馬は前を向き奔地し、1馬は首を回し、車輿甚だ高く、ならびに方格状の欄が有り、外は箆紋及び雲気紋各一周を囲む。雲気紋は4組に分け、3禽獣を以て界と為す。鏡の外縁は素面である。

【60　神人車馬画像鏡　後漢】

主紋以四枚間隔。下為東王公、左旁是侍者、右旁有両羽人。上為西王母、左右有羽人相侍。左側是三馬駕車、車有高輿、側面有一窓、大蓋頂、車後曳長帛、作用不明、或是奔馳時擋塵之用。右側是羽人騎龍。外囲箆紋、鏡縁作両層鋸歯紋。鏡面凸起。

主紋は4枚を以て間隔つ。下は東王公であり、左旁は侍者であり、右旁は両羽人が有る。上は西王母であり、左右に羽人があい侍して有る。左側は三馬駕車であり、車

は高興が有り、側面に 1 窓が有り、大蓋頂あり、車後に長帛を曳くが、作用（用法）は不明であり、或いは奔馳の時に擋塵の用である。右側は羽人騎龍である。外は篋紋を囲み、鏡縁は両層鋸歯紋を作る。

【61　吾作神人神獣画像鏡　後漢】

　　鏡心紋飾作高浮雕。内区紋飾以四神獣為界分為四組、中段左為東王公、右為西王母、皆有一獣銜座托、東王公両側為両獣、有柱状分枝形的冠、一正・一側、下有怪獣托座。西王母両側為青鳥和人面鳥身神。再上方有両獣、口内各銜曲尺形的座、座中三人。中間為伯牙弾琴、旁両人作聆听状。下方中間是黄帝、頭戴冕旒、旁有青龍和白虎。龍身上騎一羽人、白虎背騎一戴盆形帽的神人。外圏相間排列着厚而凸起的円枚和帯銘的方枚。毎一方枚鋳銘文四字、共十六枚八十四字、自左旋読、「吾作明竟、幽涷三商、周（雕）刻無極、雕刻万方、四祭像元、六合設長、挙貪方庚、通距虚空、統徳序道、祗霊是興、白牙陳楽、衆神見容、天禽銜持、維剛大吉、服者公卿、其師命長」。外囲鋸歯紋。外縁浮雕両組紋飾。一組是三龍張口作飛翔状、其中両龍背騎神人、後面是六龍駕雲車、車上有神人、羽人共三人。另一組有一飛龍、両青鳥、後面有両独角獣、背上騎仙人、還有両羽人各駕一青鳥。両組紋飾相隔処、有一神人捧日和一神人捧月。鏡面凸起。

　　鏡心の紋飾は高い浮き彫りに作る。内区の紋飾は四神獣を以て界と為し分かちて 4 組と為し、中段左は東王公であり、右は西王母であり、皆 1 獣の銜座托有り、東王公両側は両獣であり、柱状分枝形の冠が有り、一正・一側、下は怪獣托座が有る。西王母両側は青鳥と人面鳥身神である。再び上方に両獣が有り、口内に各々曲尺形のものを銜えて座り、座中 3 人いる。中間は伯牙弾琴で、旁の両人は聆聴の状に作る。下方中間は黄帝であり、頭に冕旒を戴せ、旁は青龍と白虎が有る。龍は身上に 1 羽人を騎せ、白虎は背に 1 戴盆形帽の神人を騎せる。外圏あい間に排列着厚く凸起的円枚と帯銘の方枚がある。1 方枚ごとに銘文 4 字を鋳し、ともに16枚84字、左より旋り読み、「吾作明竟、幽涷三商、周（雕）刻無極、雕刻万方、四祭像元、六合設長、挙貪方庚、通距虚空、統徳序道、祗霊是興、白牙陳楽、衆神見容、天禽銜持、維剛大吉、服者公卿、其師命長。（吾れ作れる明鏡は、幽かに三商を凍り、雕刻極め無く、雕刻万方、四に像元を祭り、六合設くるに長じ、挙げて方庚を貪り、通く虚空を距て、徳を統べ道を序し、祗霊のみこれ興し、伯牙楽を陳し、衆神は容を見わし、天禽銜持し、維れ剛にして大吉、服す者は公卿、その師は命長し）」と。外は囲鋸歯紋を囲む。外縁は浮き雕り両組紋飾あり。1 組は 3 龍張口であり飛翔状に作り、その中に両龍背に神人を騎せ、後面は六龍駕雲車であり、車上に神人有り、羽人ともに 3 人。別に一組は 1 飛龍、両青鳥有り、後面は両独角獣有り、背上に仙人を騎せ、また両羽人が各々 1 青鳥に駕す有る。両組の紋飾のあい隔つ処は、1 神人が日を捧げ 1 神人が月を捧ぐ有る。

【62　吾作神人神獣画像鏡　後漢】

内区浮雕神人神獣、内圏分置四枚、外圏有冏形三叉式紋様為界欄。主紋横列分成三排。鈕上方為第一排、中間為伯牙奏琴、琴横于膝上、其下両人俯首傾听、一為鐘子期、両側為天禄・辟邪。鈕的左右為第二排、左為東王公、右為西王母、東王公両側為青龍和朱雀、西王母両側為青鳥和白虎、鈕的下方有神人、旁有両侍者、左為青龍、右為白虎。神人下有野猪・熊等動物、空隙処填以雲気紋。外区方枚和半円形一一相間。方枚共十四块、毎块四字。銘文除「吾作明竟（鏡）」「子孫番（蕃）昌」「天王日月」「位至三公」等、其余因蠟模受損而字迹模糊。外囲鋸歯紋。辺縁有両種紋飾。内圏有六龍駕雲車、車上有四神人、前有両羽人騎龍、還有飛鳳和羽人。外圏為菱形雲紋。鏡面凸起。

内区は神人神獣を浮彫りにし、内圏は4枚を分置、外圏は冏形三叉式紋様が有り界欄と為す。主紋は横列に分かち3排を成す。鈕上方は第1排、中間は伯牙奏琴であり、琴は膝上に横たえ、その下の両人は首を俯して傾聴し、1は鐘子期であり、両側は天禄・辟邪である。鈕の左右は第2排、左は東王公であり、右は西王母であり、東王公の両側は青龍と朱雀であり、西王母両側は青鳥と白虎であり、鈕の下方は神人が有り、旁に両侍者が有り、左は青龍であり、右は白虎である。神人の下には野猪・熊など動物が有り、空隙のところは塡めるに雲気紋を以てす。外区は方枚と半円形が一一あい間をとる。方枚はともに14块、块ごとに4字ある。銘文は「吾作明竟（鏡）」「子孫番（蕃）昌」「天王日月」「位至三公」などを除けば、その余は蠟模（蠟型）の損傷を受けたのに因り字迹（筆跡）は模糊として読めない。外は鋸歯紋を囲み。辺縁は両種の紋飾が有る。内圏は六龍駕雲車が有り、車上に4神人が有り、前に両羽人の騎龍が有り、また飛鳳と羽人が有る。外圏は菱形雲紋である。

【63　神人画像鏡　後漢】

内区浮雕東王公・西王母、伯牙弾琴、鐘子期傾听等画像、按順時針廻旋式排列。外区方枚和半円形相間。方枚有銘、右旋読、共十字、「吾作商巨三凍目明作百」。匠人随意排列、不成文句。辺縁紋飾分両圏、内圏為銘文。外圏是雲気紋。鏡面略凸起。銘文中数字筆画不清、皆空欠釈。

内区は東王公・西王母を浮き彫りにし、伯牙弾琴、鐘子期傾聴などの画像が、時針廻りに順って旋る式に排列される。外区は方枚と半円形がかわるがわるに在る。方枚は銘が有り、右に旋って読むに、ともに10字、「吾作商巨三凍目明作百」。匠人は随意に排列し、文章文句の体を成さない。辺縁の紋飾は両圏に分かち、内圏は銘文である。外圏は雲気紋である。銘文中の数字は筆画不清で、皆空しく釈を欠く。

【64　八子神人神獣画像鏡　後漢】

内区紋飾分二層、以双線平面為界、第一層中間是一柱子、柱頂有帳、以黽為柱礎、旁両神一在舞踏、一側面坐。柱左神人端座、頭戴如意高冠、両旁有三個侍者。柱右四神人側面佇立、頭上都有高冠。第二組、鈕之両側為天禄・辟邪。第三組、紋飾倒置、両龍在両側、相繞呈8字形、両側各有神人端座、并各有一侍者。外囲十块、帯銘的方

枚与象・双鷲・双魚・鹿・鰲龍・鳥等相間。毎块方枚横銘両字、連読為、「八子明竟、幽涷川岡、巧工刻之□文、上有□□吉昌」。這縁作纏枝紋。

　内区の紋飾は二層に分かち、双線平面をもって界と為し、第１層は中間が１柱子であり、柱頂に帳が有り、罍を以て柱礎と為し、旁に両神あり一は舞踏に在り、一は側面して坐す。柱の左は神人端座し、頭に如意高冠を戴し、両旁は３個侍者が有り。柱の右４神人は側面佇立し、頭上にすべて高冠が有る。第２組、鈕の両側は天禄・辟邪である。第３組、紋飾は倒置し、両龍は両側に在り、あい続いて８字形を呈し、両側は各々神人の端座するが有り、ならびに各々１侍者が有る。外は10块を囲み、帯銘の方枚と象・双鷲・双魚・鹿・鰲龍・鳥などが次第に続く。块ごとに方枚は銘の両字を横たえ、連読すれば、「八子明竟、幽涷川岡、巧工刻之□文、上有□□吉昌」。である。この縁は纏枝紋を作す。

【65　天王日月神人神獣画像鏡　後漢】

　内区近辺有八枚、毎枚上有一神人。下方為東王公、上方為西王母、両神人左右各有天禄和辟邪、還有両個神人・神獣頭部作高浮雕。外区有相間的方枚与半円块、共十二块、枚上皆有「天王日月」四字。毎一半円形块上飾各種小動物。外囲有凸起的鋸歯紋和双弦紋。辺縁紋飾分両圏、内圏為六龍駕雲車、車上有神人・羽人。後面有三羽人各跨一青鳥。外囲菱形雲紋。鏡面凸起。

　内区は辺に近く８枚が有り、枚ごとに上に１神人が有る。下方は東王公であり、上方は西王母であり、両神人左右は各々天禄と辟邪が有り、また両個の神人・神獣が有り、頭部を高い浮き彫りに作る。外区には方枚と半円块がかわるがわる有り、ともに12块、枚上は皆「天王日月」４字が有る。１半円形の块ごとに上に各種の小動物を飾る。外囲は凸起の鋸歯紋と双弦紋が有り。辺縁紋飾は両圏を分かち、内圏は六龍駕雲車であり、車上に神人・羽人が有る。後面は３羽人の各々１青鳥に跨る有る。外は菱形雲紋を囲む。

【66　盖方神人神獣鏡　三国】

　鏡背浮雕十二個神人和十二個神獣、横列成五排、神人・神獣的安排与前述建安鏡的紋飾大致相同。紋飾外囲銘文一周七十九字、「盖方作自有已、余（除）去不羊（祥）宜番（蕃）市、青龍白虎居左右、与天相保無窮之、東有王父西有王母、仙人子喬赤松子、夫（天）王日月為祖始、位至三公宜□□、寿命久長主如山石、富貴宜侯王、合涷三黄明竟起大吉」。這類紋飾的青銅鏡、外囲銘文帯的很少見、此鏡除有二字不弁外、其余皆可通読、是難得的材料。

　鏡背は浮雕12個の神人と12個の神獣を浮き彫りにし、横列して５排を成し、神人・神獣の配列は前述の建安鏡の紋飾と大体は同様である。紋飾外は銘文一周79字を囲み、「盖方作自有已、除去不祥宜蕃市、青龍白虎居左右、与天相保無窮之、東有王父西有王母、仙人子喬赤松子、天王日月為祖始、位至三公宜□□、寿命久長主如山石、富貴

宜侯王、合凍三黄明竟起大吉。(蓋方作れるは自ら已に有り、不祥を除去し蕃市に宜し、青龍白虎は左右に居り、天とともにあい保てばこれを無窮にし、東に王父有り西に王母有り、仙人子喬赤松子、天王（北極星）日月は始祖であり、位は三公に至り□□に宜しく、寿命は久えに長く主ること山石のごとく、富貴は侯王に宜しく、合さに三黄を凍りたるべき明鏡は大吉を起こす。)」。この類の紋飾の青銅鏡で、外に銘文帯を囲むものは珍しく、この鏡は2字不明なものがあるほか、その余は皆通読でき、得難い材料である。

以上であるが、前漢晩期の【31 禽獣六博紋鏡】にはT・L・Vの六博紋、すなわち規矩紋ととともに兎・鹿・燕・鳥・魚、雁、さらに龍・虎・羽人・玄武・獅子、また牛、鳥、天禄・辟邪の姿がある。玄武が有っても青龍・白虎・朱雀はなく、まだ四霊（四神）は不完全である。それでも天禄・辟邪の瑞獣はすでに登場し、また獅子など外来の動物も有るほか、羽人の存在が注目される。それが同じく前漢晩期の【35 四霊鏡】では青龍・白虎・朱雀・玄武の四霊が熊・鳥などの禽獣とともに図案に登場してはいるが、当時の文献的には当時四霊の定義は定まっておらず、『三輔黄図』は「蒼龍・白虎・朱雀・玄武は四霊である」といい、『礼記』礼運は「何を四霊と謂うか、麟・鳳・亀・龍これを四霊と謂う」とある。四霊が青龍・白虎・朱雀・玄武に確定するのは前漢極末の王莽時代に入ってからであろう。【36 内清四霊鏡】は「枚間に流暢な細線条組をもって青龍・白虎・朱雀・玄武の四霊を成す有り。青龍は両条あい対するものであり、白虎は旁に1羽人が有って戯弄の状を作し、朱雀また対称であり、玄武また旁に1羽人が有って調弄状を作り、雲気紋をもってその間に充塡している」とある。四霊いずれも羽人を配している。因みに羽人は殷の青銅器文明に匹敵する長江文明の三星堆遺跡文物にすでに確認され、やがて羽人は神仙思想に結びつき、その文化伝統は長江流域の江南文化に流れていた。前章で王綱懐氏がいうように前漢鏡の銘文には楚辞文学の影響があるという指摘を併せ考え、また山字鏡や【22 四猴紋鏡】など戦国鏡の道家思想伝統を考えると、前漢鏡が四霊とその他多くの諸動物を図案にしている意図はまさに無為自然の「自然」の具現に他ならない。ただ、天禄・辟邪の瑞獣や獅子は外来の、多分にインド文化的な思想によるものであって前漢晩期における西域との文物交流が背景にある。事態が一変するのは王莽が政権を取った時代からである。すなわち新莽の始建国から天鳳二年（西暦15年）の【38 常楽富貴鏡】はまず規矩・六博と十二支の動物図様を内周に描き、外周に青龍・白虎・朱雀・玄武が他の獣、鳥、羽人とともに描かれ、紋様はすべて浅い線彫りで表現されている。十二支と四霊、四神が組み合わさったことが注目される。これは【40 新興辟雍鏡】【41 王氏四霊六博紋鏡】も同様である。なお、新莽時代には雲気紋が盛行したが、鋸歯紋と纏枝葉紋も初めて登場した。後漢時代も当初は【42 四霊鏡】のように王莽時代の新莽鏡そのものの図案的鏡であったが、青龍、白虎、朱雀、玄武の造形は具体的詳細になり、主紋の位置を確立する。それが【43 鳥獣紋鏡】になると、四霊・羽人に加えて、蟾蜍（ひきがえる）・綿羊・鹿・長尾鳥・独角獣・赤誦虎・王喬馬・辟邪・銅柱などの諸動物が描かれる。さらに【44 尚方鳥獣紋神人

奏楽鏡】では排簫を吹く神人が線描され、銘文は左右ひっくり返しの反書の銘文一周「尚方が作った鏡は真に大いに巧みであり、上には仙人有り老を知らず、渇れば玉泉を飲み飢えれば棗を食い、天下に浮游し」である。文字は欠筆が多くなる。【45 下除十二支六博紋鏡】も同様な鏡紋様である。なお、この頃、各鏡は鏡心中心部の鈕近くの部分が単なる円圏か方形框が作られるかの2種が併行している。なお、辺縁は鋸歯紋及び連続雲気紋である。【47 長宜子孫鏡】も同様であるが、四霊の姿はなく2匹の龍と羽人、さらにその他の獣と何人かの神人となっているが、一見すると外区の内向八連弧紋が目立つ。ただ、未だ神人の活動は説明的ではない。【48 龍虎画像鏡】も四霊から朱雀・玄武が抜けたというより、龍を左に虎を右に具象的に描く龍虎鏡で陰陽表現を強調している。ここにも飛龍や人面羊角神獣という西方起源的な想像の動物がある。内区外囲紋飾りの篦紋も新しい。また、後漢で始めて登場したとされる画像鏡はこの龍虎画像鏡からである。

さらに事態が変わって後漢鏡の一大特色である神人神獣画像鏡が登場したのは、【49 龍氏神人龍虎画像鏡】であり、銘文にもまた「東王公、西王母、青龍は左に在り、白虎は右に居り」とある。また鏡作者ないし製造販売者と思われる人名が銘文冒頭の「龍氏が作る鏡」に刻されるのも注目すべきである。なお、外囲は篦紋、辺縁は鋸歯紋と雲気紋であるのも後漢鏡の特色を表わす。ただし、この鏡などの神人である東王公・西王母は後漢鏡の代表的人物表現を取っているが、それが日本の三角縁神獣鏡の表現と全く異質の表現であることに留意しておくべきだろう。【50 神人龍虎画像鏡】は、主紋は高い彫りに作り、下の1組は東王公であり、旁に方案（四角な机）と提梁壺（ちょうちん壺）が有り、左側に「東王公」の3字が有り、右側は2羽人があい侍す。上の1組は西王母であり、左に「西王母」の3字が有り、旁に1羽人、右は玉女が有り、并せて各々「玉女侍」の3字が有る。左面の1組は青龍、あい対した一組は白虎であり、均しく奔馳状に作るといった、「東王公」「西王母」に焦点を絞ったやや物語的場面、情景の造形表現となった。「玉女」が登場したことにも注目すべきであろう。外囲は篦紋、鏡縁は雲気紋も雰囲気を盛り上げる。

ところが、ここに後漢鏡で注目すべき鏡紋様表現がある。【51 柏氏伍子胥画像鏡】と【52 伍子胥画像鏡】であるが、いずれも司馬遷『史記』に記述される春秋時代の江南呉越の歴史の名場面が鏡背面に展開し、4組に構成される。第1組は呉王夫差の像、端座して帷幕中に在り、左手は上に挙げ、某種の姿態を作り、右旁に「呉王」の2字が有る。第2組は、呉王左面に子胥が居り、眥を裂き鬚を散じ、怒髪冠を沖し、剣を仗てて自頸の状を作り、左上角に「忠臣伍子胥」字様が有る。第3組は、越王勾踐と范蠡であって、越王は節を執りて立ち、范蠡は地に席して坐り、あい持ちて策謀の状を作り、左辺に分別して「越王」及び「范蠡」の字様が有る。第4組は2女がならび立つ有り、両側に各々1提梁壺が有り、右上に「王女両人」4字が有る。先の【50 神人龍虎画像鏡】に出てくる西王母に付す「玉女」である。ただ、鏡背の画像には説明はなく、鏡を見ただけでは両者の関係は分からない。とすれば、この伍子胥画像鏡に描写される「王女」はあくまで「忠臣伍

子胥」の添え物である。むしろ後漢時代の江南人士は、司馬遷『史記』に記述される春秋時代の江南呉越の歴史が格別に好きな題材で、これを鏡画像に取り込んだものと考えられる。これは後漢時代の鏡画像や銘文の意味を考察する際に留意すべきことであろう。さらに、鏡銘文は「呉の向里柏氏の作れる鏡は四夷服し、多く國家を賀し人民息い、胡虜殄滅して天下復し、風雨時節あり五穀熟し、長く二親を保ちて天力を得、伝えて後世に告げよ楽は極り無らんことを」であるが、これは「一般に美しく好い願望の祝辞である」として済ますことはできない。この一文は冒頭の「「呉の向里柏氏」を除けば、すでに新莽鏡にあった、「多賀国家人民」型の銘文である。銘文の眼目は「鏡は四夷服し」「胡虜殄滅して天下復し」の語句群にあることに注意すべきである。後漢200年に渉り、未曾有の戦争状態が続いたチベット民族羌族との西羌戦争に注目する必要がある[3]。臥薪嘗胆の故事も後漢人には人ごとでは無かったのである。呉王と伍子胥の故事をもって、「漢人は儒家を崇信し、忠臣孝子を提唱し、漢代画像中にこの種の故事は甚だ多い」というだけでは鏡画像の意味は分からない。

　さて、【53 羽人騎獣画像鏡】以下の数鏡は神人としても羽人が主役である。しかも羽人騎白虎や羽人駕（青）龍というように、四霊の青龍・白虎も羽人の乗り物である。ただ、狭い周回式画像鏡では昇天の表現は描かれない。羽人はただ龍虎に乗って奔走疾駆している状態である。「羽人の形象は漢代画像石の羽人とあい似ている」という説明には注意したい。【54 神人神獣画像鏡】は後漢永康元年（167年）の年号銘文のある著名な神獣鏡で本書第一部第二章の梅原末治氏の鏡銘文研究にすでに取り挙げられている。先の【53 羽人騎獣画像鏡】とは異なり、本【54 神人神獣画像鏡】には神人と怪獣の組み合わせが上下、左右に4組造形されている。しかも超重要な点はその神人の顔や姿態にしても、怪獣の顔・姿態にしても、我が国に将来された三角縁神獣鏡のそれと極似している。同一系統のデッサンであることが間違いではない。銘文は左に旋して読むに、「永康元年、正月午日、幽涷黄白、早作明竟、買者大富、延寿命長、上如王父、西王母兮。君宜高位、立至公侯、長生大吉、太師命長。（永康元年正月午日、幽かに黄白を凍り、早に明鏡を作り、買う者は大いに富み、寿を延ばし命長く、上は東王父、西王母のごときか。君は高位に宜しく、位は公侯に至り、長く生き大吉、太師は命長し）」とこれまた三角縁神獣鏡に圧倒的に多い形式である。「外は鋸歯紋を囲む」とこれまた三角縁神獣鏡に近づいた。しかし鏡縁は三角縁にはなっていない。ここの神人は下は東王公であり、上は西王母であり、左面の1組は頭に冕旒を戴する者は黄帝であり、右側の1組は伯牙奏琴であり、琴は膝上に横たえ、旁に両人が有り、右旁の1人は首を側て傾聴し、やや入神する者は、鐘子期、さらに日神と月神も居るという後漢時代鏡の神々が総出演してきた。同じく、後漢中平四年（187年）の紀年銘鏡である【55 神人神獣画像鏡】もほとんど同内容の画像鏡である。ただ、紀年年号の違いのほか、東王公・西王母らの神人の造形が変形して分かりにくい。それでも全体として画像紋様は同趣向である。

次に【56 神人神獣画像鏡】は後漢極末の建安十年（205年）の紀年銘鏡であるが、まず鏡鈕上下に各々「君宜官」3字が有るのが目立つ。これは三国、両晋、南北朝に「位至三公」の字銘を入れる傾向に繋がるものである。もう一つ注目されるのは鏡の上下が定まり、一定の方向で鏡画像を眺めることになっている。この神人、怪獣ともよく見ると日本の三角縁神獣鏡と似ているが、永康元年の【54 神人神獣画像鏡】には及ばない。伯牙弾琴の琴が明瞭でないのも、形が崩れた証拠である。同じ後漢建安十年の紀年銘鏡である【57 神人神獣画像鏡】は【56 神人神獣画像鏡】に比較して鋳造が一段と良くなく、画像紋様は判読できない個所が多い。

　次に【58 張氏車騎神獣画像鏡】は文字通り車騎、車馬の紋様が目立つ画像であるが、神人の姿は明瞭でない。明らかに東王公・西王母・黄帝や玉女、さらに伯牙奏琴、鐘子期傾聴、日神と月神の姿は消えた。羽人も居ない。それが、【59 神人車馬画像鏡】で再び東王公・西王母、羽人が居るが、車馬との取り合わせは不自然である。題材がステロタイプ化しているのである。なお、鏡面画像は再び回転式となり一方から見るものでない。神人画像造形は三角縁神獣鏡とは全く異質である。【60 神人車馬画像鏡】も同趣向である。やや神人の顔や姿態は丁寧になっているが、左側の三馬駕車、右側の羽人騎龍が大振りの画像に作られ注目を引く。【61 吾作神人神獣画像鏡】は馬車は消え、再び神人と怪獣になったが、画像が混雑混乱している感じがする。これも三角縁神獣鏡的ではない。東王公・西王母それに怪獣、青鳥と人面鳥身神があり、加えて伯牙弾琴と鐘子期傾聴の場面はある。また青龍・白虎がそれぞれ背に羽人を騎乗させている。銘文は1方枚ごとに銘文4字ずつ配すといった装飾性を加えている。【62 吾作神人神獣画像鏡】もほぼ同様な趣向で鋳造された画像鏡である。次に【63 神人画像鏡】【64 八子神人神獣画像鏡】【65 天王日月神人神獣画像鏡】は以上の後漢神人神獣画像鏡の簡略形態で、銘文も同一形式の短絡文であることは明らかである。ただ、【64 八子神人神獣画像鏡】は階段式神獣鏡とか、三段式神獣鏡、あるいは重列神獣鏡と呼ばれる鏡様式に似ているが、趣向は大分異なる。最後の【66 蓋方神人神獣鏡】が後漢の神人神獣画像鏡系統であろう。神人が数多く描かれているが、画像は壊れ判明できず、神人神獣鏡としたもので、日本の三角縁神獣鏡とは全く異質である。

結　　び

　陳佩芬編『上海博物館蔵青銅鏡』データベースを作成し、また考証説明を他鏡との比較、紋様展開、また特に後漢時代における画像鏡図様の紹介をやや詳細に見てきた。それは3世紀に三国魏王朝から倭国女王卑弥呼に下賜されたとする三角縁神獣鏡のルーツを探るためである。注目すべき鏡はただ一面、後漢永康元年（167年）の年号銘文のある【54 神人神獣画像鏡】だけである。これはすでに戦前期に梅原末治氏らによって確認されている。

さて、陳佩芬編『上海博物館蔵青銅鏡』データベースについて、三角縁神獣鏡研究に活用できるデータとして、各鏡の径寸長さの大小一覧表の作成がある。これを【表6－3】として示し結びとしたい。

【表6－3】 上海博物館蔵前漢・新・後漢・三国青銅鏡径大小順

番号	名称	径／cm	鈕長／cm	連鈕厚／cm	辺厚／mm	鏡心最薄／cm	辺寛／mm	重・g	時代	鈕・鈕座形式	【銘文】
58	張氏車騎神獣像鏡	23.20	3.70	2.00	1.20		2.50	1500.00	後漢	半円鈕。甚高、連珠紋鈕座	張氏作竟（鏡）四夷服、多賀国家人民息、胡虜殄成（滅）天下復、風羽節時五谷（穀）孰（熟）、長保二親得天力、伝告後世楽無亟（極）、大吉無昌。
46	長宜子孫鏡	22.70	4.10	3.00	0.85～0.95	0.20	2.50	1480.00	後漢	半円鈕・柿蒂紋鈕座	「長宜子孫」、主紋為内向八連弧紋、毎両弧間有銘、全文為「壽如金石佳且好兮。」
53	羽人騎獣画像鏡	21.40	3.80	2.00	0.75～0.87	0.20	2.30	1060.00	後漢	半円鈕	
49	龍氏神人龍虎画像鏡	21.20	3.40	2.20	1.30～1.60		2.80	1270.00	後漢	半円鈕・双線円鈕座	龍氏作竟（鏡）自有道、東王公、西王母、青龍在左、白虎在右、刻治□□悉皆在、大吉。
42	四霊鏡	21.10	3.40	2.05	0.91～0.96	0.21	2.80	1100.00	後漢	半円鈕・特高・四個有長角的獣頭連成鈕座	
59	神人車馬画像鏡	21.10	3.50	1.80	1.03～1.21	0.20	1.30	1070.00	後漢	半円鈕	
48	龍虎画像鏡	20.70	3.60	2.00	0.87～0.98	1.90	2.10	1140.00	後漢	半円鈕	
51	柏氏伍子胥画像鏡	20.70	3.90	1.70	0.97～1.04	0.18	1.80	980.00	後漢	半円鈕。甚高、実心凸起連珠鈕座	呉向里柏氏作竟（鏡）四夷服、多賀国家人民、胡虜殄滅天下復、風雨時節五谷（穀）孰（熟）、長保二親得天力、伝告後世楽無亟（極）兮。
35	四霊鏡	20.60	2.50	1.70	0.57～0.63	0.25	2.40	1140.00	前漢	半円鈕・柿蒂紋鈕座	
44	尚方鳥獣紋神人奏楽鏡	20.30	0.60	1.70	0.78～0.86	0.19	2.30	860.00	後漢	半円鈕・円鈕座	「長宜子孫」「尚方作竟（鏡）真大巧、上有仙人不知老、渇飲玉泉飢食棗、浮遊天下（邀四海、徘徊名山采芝草、壽如金石為国保。）」
60	神人車馬画像鏡	20.20	3.20	1.70	1.02～1.06	0.17	1.60	950.00	後漢	半円鈕	
31	禽獣六博紋鏡	20.40	2.50	1.70	0.45～0.61	0.27	2.50	1040.00	前漢	半円鈕・柿蒂紋鈕座	
52	伍子胥画像鏡	19.50	3.30	2.00	0.92～1.00	0.17	2.20	840.00	後漢	半円鈕。甚高、実心連珠鈕座	
50	神人龍虎画像鏡	19.40	3.10	1.90	0.82～0.90	0.18	1.80	840.00	後漢	半円鈕	龍氏作竟（鏡）自有道、東王公、西王母、青龍在左、白虎在右、刻治□□悉皆在、大吉。
55	中平4年(187)神人神獣画像鏡	19.20	4.10	1.60	0.67～0.78	0.30	0.80	1360.00	後漢中平4年(187)	半円鈕。連珠紋鈕座	中平四年、五月午日、幽涷白同（銅）、早作明竟（鏡）、買者大富、長宜子孫、延年命長、上如王父、西王母兮。大楽未央、長生大吉、天王日月、太師命長。
27	大楽貴富六博紋鏡	19.00	2.20	1.00	0.81～0.91	0.14	1.40	430.00	前漢	匍獣鈕・双龍鈕座	大楽貴富得所好、千秋万歳、延年益壽。
36	内清四霊鏡	18.80	2.20	1.40	0.62～0.71	0.17	2.20	940.00	前漢	半円鈕・連珠紋鈕座	内清以召明、光象夫日月、世召不。
41	王氏四霊六博紋鏡	18.50	2.10	1.30	0.53～0.60	0.20	2.80		新・王莽時代	半円鈕・柿蒂形鈕座	王氏昭竟（鏡）四夷服、多賀新家人民息、胡虜殄滅天下復、風雨時節五谷（穀）熟、長保二親子孫力、伝告後世楽母亟、日月光大富貴昌兮。

第六章　陳佩芬編『上海博物館蔵青銅鏡』について　413

62	吾作神人神獣画像鏡	18.40	2.80	1.60	0.42～0.50	0.17	1.60	800.00	後漢	半円鈕・連珠紋鈕座	「吾作明竟（鏡）」「子孫番（蕃）昌」「天王日月」「位至三公」等、其余因蠟模受損而字迹模糊。
43	鳥獣紋鏡	18.30	2.20	1.50	0.59～0.68	0.23	2.10	1000.00	後漢	半円鈕・円鈕座	
26	星雲紋鏡	18.00	2.20	1.40	0.63～0.69	0.24	2.20	690.00	前漢	連峰鈕・星雲紋鈕座	
34	君有遠行鏡	17.80	2.20	1.50	0.58～0.66	0.18	1.30	460.00	前漢	半円鈕・連珠紋鈕座	君有遠行、妾口私喜、饒自次粟止、君従行来、何以為信、祝父母耳。何木母庇（疵）、何人母友、相恵有常可長。◆
45	下除十二支六博紋鏡	17.80	2.20	1.20	0.55～0.65	0.22	2.40	680.00	後漢	半円鈕・柿蔕紋鈕座	下除作竟（鏡）真大巧、上大山、見神人、食玉英、飲灃泉、駕文（交）龍、葉（乗）浮云（雲）、君宜官。(秩保子孫、壽万年、昌楽未央。)
61	吾作神人神獣画像鏡	17.70	3.00	1.50	0.69～0.78	0.22	1.90	960.00	後漢	半円鈕	吾作明竟（鏡）、幽東（涷）三商、周（雕）刻無極、雕刻万方、四祭像元、六合設長、挙貪方庚、通距虚空、統徳序道、祇霊是興、百牙陳楽、衆神見容、天禽銜持、維剛大吉、服者公卿、其師命長。
65	天王日月神人神獣画像鏡	17.40	2.80	1.30	0.62～0.70	0.12	1.70	720.00	後漢	半円鈕・連珠紋鈕座	天王日月
25	連弧鳳紋鏡	17.30	1.50	1.20	0.50～0.63	0.17	1.60	270.00	前漢	三弦鈕・円鈕座	
24	四龍連弧紋鏡	17.10	1.90	1.30	0.42～0.53	0.16	1.00–2.00	240.00	前漢	獣鈕・匍匐式獣頭回顧、双線絢紋円鈕座	
64	八子神人神獣画像鏡	16.70	2.20	1.20	0.44～0.52	0.15	2.50	370.00	後漢	半円鈕・円鈕座	八子明竟（鏡）、幽涷川岡、巧工刻之□文、上有□□吉昌。
38	始建国天鳳二年（15）常楽富貴鏡	16.60	2.10	0.30	0.52～0.62	0.30	2.70	690.00	新・王莽始建国天鳳二年（15）	半円鈕・外囲十二辰方形双線鈕座	始建国天鳳二年作好鏡、常楽富貴庄君上、長保二親及妻子、為吏高遷位公卿、世世封伝于母窮。
37	涷治銅華鏡	16.50	2.00	1.30	0.62～0.69	0.22	1.80	280.00	前漢	半円鈕・柿蔕紋鈕座	涷治銅華清而明、以之為鏡因宜文章、延年益壽去不羊（祥）、与天母（無）亟（極）日月光、長楽。
30	道路遼遠鏡	16.10	1.90	1.10	0.35～0.46	0.19	1.80	420.00	前漢	半円鈕・柿葉紋鈕座	道路遼遠、中有関梁、鑒不隠請（情）、修母相忘。
40	新興辟雍鏡	14.10	2.00	1.50	0.46～0.53	0.31	2.20	550.00	新・王莽時代	半円鈕・双線円鈕座	新興辟雍建明堂、然于挙士列侯王、子孫復具治中央。
47	長宜子孫鏡	14.00	2.40	1.50	0.52～0.57	0.20	2.20	500.00	後漢	半円鈕・甚高	長宜子孫、富貴高□
66	蓋方神人神獣鏡	13.80	2.60	1.00	0.46～0.50	0.19	1.20	300.00	三国	扁円鈕	蓋方作竟（鏡）自有巳、余（除）去（祛）不羊（祥）宜番（蕃）市、青龍・白虎居左右、与天相保無究（窮）之、東有王父、西有王母、仙人子喬赤松子、夫（天）王日月為祖始、位至三公宜□□、寿命久長、主如山石、富貴宜侯王、合東（涷）三黄（潢）、明竟（鏡）起大吉。
39	新興辟雍鏡	13.50	2.10	1.20	0.42～0.47	0.18	2.10	380.00	新・王莽時代	半円鈕・柿蔕紋鈕座	新興辟雄（雍）建明堂、然于挙士列侯王、将軍令尹民行、諸王万舎在北方、楽未央。
57	建安10年（205）神人神獣画像鏡	13.90	3.00	1.20	0.43～0.48	0.18	1.30	400.00	後漢建安10年（205）	扁円鈕	建安十年三月、吾作明竟（鏡）、幽宮東（涷）商、周象五帝三皇、白（伯）牙単（弾）琴、黄帝余（除）凶、朱鳥・玄武、白虎・青龍、君宜高官。

28	大楽貴富蟠龍紋鏡	13.80	1.30	0.95	0.77〜0.90	0.20	0.90	430.00	前漢	三弦鈕・双龍鈕座	大楽未央、長相思、願母相忘。
29	長母相忘鏡	13.70	1.80	1.00	0.45〜0.49	0.20	1.30	120.00	前漢	半円鈕・柿蒂紋鈕座	長母相忘、貴楽未央。
56	建安10年(205)神人神獣画像鏡	13.20	2.90	1.00	0.37〜0.40	0.13	0.80	300.00	後漢建安10年(205)	扁円鈕	建安十年朱氏造、大吉羊(祥)、□□□□、幽凍官商、周縁容象、五帝天皇、白(伯)牙単(弾)琴、黄帝除凶、朱鳥玄武、白虎青龍、君宜高官、位至三公、子孫番(藩)昌。
33	内清以昭明透光鏡	12.10	1.60	1.00	0.57〜0.60	0.09	1.80	280.00	前漢	半円鈕・円形鈕座	内清以昭明、光象夫日月兮。不世(泄)。
22	四猴紋鏡	11.90	0.80	0.70	0.22〜0.30	0.12	1.00	110.00	前漢	小円鈕・三線方格鈕座	
23	四猴紋鏡	10.85	1.00	0.65	0.40〜0.46	0.12	1.20	100.00	前漢	三弦鈕・双線円鈕座	
54	永康元年(167)神人神獣画像鏡	10.30	3.10	1.50	0.67〜0.71	0.22	1.60	820.00	後漢永康元年(167)	半円鈕。連珠紋鈕座	永康元年、正月午日、幽凍黄白、早作明竟(鏡)、買者大富、延壽命長、上如王父、西王母兮。君宜高位、立(位)至公侯、長生大吉、太師命長。
63	神人画像鏡	9.60	1.60	0.90	0.38〜0.48	0.10	1.00	160.00	後漢	半円鈕	外区方枚有銘、「吾作商巨三東(凍)目明作□」、内圈為銘文、「吾自作明竟(鏡)」幽凍三商、周(雕)刻規矩、無□□□疆、□□挙楽、容□貝、衆夫二禽□、大吉羊(祥)。」
32	見日之光透光鏡	7.10	1.10	0.80	0.27〜0.31	0.07	0.70	50.00	前漢	半円鈕・円形鈕座	見日之光、天下大明

　【58 張氏車騎神獣画像鏡】の23.20cm以下、20cmを超える後漢鏡は数多い。画像が三角縁神獣鏡に一番似ているとした永康元年の【54 神人神獣画像鏡】は、10.30cm、相当に小さい鏡に属する。当時の江南製造の優良な鏡の標準的大きさよりもやや小さい。ましてや日本の三角縁神獣鏡より格段に小さいのである。中国の漢式鏡における三角縁神獣鏡のルーツ探しは緒に就いたばかりである。

　注
（１）　『漢書』巻十四、諸侯王表第二によれば、
　　　　広陵厲王胥、武帝子、元狩六年（117）四月乙巳立、六十三年、五鳳四年、坐祝詛上、自殺。
　　　計算するに確かに厲王胥の四十七年は西暦前71年、前漢宣帝の本始三年である。
（２）　透光鏡は光をよく透すマジック鏡であり、魔鏡とよばれた。本書もこれについて累説する。
（３）　川勝守『チベット諸族の歴史と東アジア世界』刀水書房、2010年、参照。

第七章　浙江出土銅鏡について

はじめに

　浙江省紹興市附近のある古墓から、前漢鏡・後漢鏡を含む大量の古代銅鏡が出土したことはすでに戦前期から国内のみならず、遠く日本・欧米にも知られていた。梅原末治氏は昭和14年（1939）の『紹興古鏡聚英』（桑名文星堂）、ならびに昭和18年（1943）の『漢三国六朝紀年図説』（京都帝国大学文学部考古学資料叢刊第一冊、桑名文星堂刊）を相継いで刊行し、その銘文の考証研究とその集成は同時に浙江出土銅鏡の紹介になっていた。これについては本書第一部第二章で扱った通りである。さらに先章第六章で見た陳佩芬編『上海博物館蔵青銅鏡』の鏡図録でも考証解説中にその言及があった。しかし、そうした従来の鏡研究は現に眼前にある鏡現物、ないしその拓影に即して研究がなされたもので、その鏡が浙江のどこの地でいかように出土したものか、考古学的情報は皆無に近かった。それが1949年以後浙江省域各地の地下から発見された鏡たちは、現地の諸機関に架蔵され、全体として集成される中で浙江出土銅鏡の全貌が判明しつつある。

第一節　王士倫編著・王牧修訂本『浙江出土銅鏡』について

　浙江省文物考古研究所所長王士倫氏は、『浙江出土銅鏡選集』（中国古典出版社、1957年）、『浙江出土銅鏡』（文物出版社、1987年）を刊行し、1949年以後に浙江省紹興市附近で発見された鏡のみならず、浙江省各市県各地で発見された古銅鏡資料を鋭意蒐集につとめ、戦前期に日本梅原末治氏によって緒に就いた浙江出土銅鏡の考古資料を現地の諸機関に架蔵し、その全貌把握に努められた。さらに1987年以降、中国における改革開放の一段の進展に伴い浙江省各地で今日までまた夥しい数量の両漢・隋唐・宋元明清鏡の発見が相継ぎ、それらの資料収集目録は新たな修正追加を必要とするに至った。それが王士倫氏の男王牧氏の修訂本『浙江出土銅鏡』で文物出版社から2006年10月に刊行された。因みに本書には王牧氏の修訂版序言と王士倫氏の『浙江出土銅鏡』原序が付いているが、両者は中国銅鏡文化研究の研究状況とその学術水準を具体的に教示している。ここでは両序言の内容に直接に立ち入ることは避けるが、それらが修訂版『浙江出土銅鏡』各鏡の「説明」にいかんなく反映されていることを表明して、早速修訂版『浙江出土銅鏡』各鏡の「説明」をデータベースに作成し、両漢・三国・両晋時期の浙江出土銅鏡の全貌解明につとめたい。これが【表7－1】浙江出土銅鏡修訂本（王士倫編著・王牧修訂）である。

【表7-1】 浙江出土銅鏡修訂本（王士倫編著、王牧修訂）形態等説明欄の★印は第二節画像鏡・神獣鏡

彩・図版別	番号	名称	時代	所蔵機関	発掘年	出土地場所	径／cm	鈕・鈕座形式	形態等説明	【銘文】	縁形式
彩版	1	蟠螭紋鏡	前漢	安吉博物館	1998年	安吉県良朋上柏	10.50	三弦鈕・蟠螭鈕座	座外囲以一周銘文。主紋由四蟠螭紋組成、用図案分隔成四句。	愁思悲、愿見忠、君不悦、相思愿、毋絶。	素巻縁
彩版	2	清白連弧銘帯鏡	前漢	安吉博物館	1998年	安吉県良朋上柏	16.30	円鈕・并蒂蓮珠紋鈕座	座外向内八連弧紋、間以図案。銘文為：	潔清白而事君、志之윽明、天作玄兮流澤、恐疏思日望、美人外可説、永思而毋絶。	
彩版	3	四乳蟠螭紋鏡	前漢	紹興市文物管理局		紹興市南池公社上謝墅	19.00	半円鈕・柿蒂紋鈕座	其外為素凸圏一周、櫛歯紋両周。主紋分為四区、毎区飾蟠螭紋。		素辺凸起
図版	1	昭明連弧銘帯鏡	前漢	嵊州市文物管理処		嵊州市	12.80	半円鈕	鈕外飾連珠紋、囲以素圏、外飾連弧紋。再外為周銘。此類鏡為西漢末之作品。	内清以昭明、光象夫日之月、心忽忠□雍塞忠不世（泄）。	
図版	2	日光鏡	前漢			紹興県	8.40	小円鈕・素圏鈕座	外飾内向連弧紋。周銘。	見日之光、天下大明。	寛素辺縁
図版	3	四乳七曜鏡	前漢	衢州市博物館	1979年	龍游県	10.40	連弧式鈕座	外飾四組乳紋連珠、間以七曜。		縁飾内向連弧紋
図版	4	長相思鏡	前漢	紹興市文物管理局		紹興県	11.30	半円鈕・柿蒂紋鈕座	座外銘文。銘文外囲以凹紋方格、方格四条辺線外各飾一乳丁四葉紋、四角飾変形草葉紋。	長相思、毋相忘、常貴富、楽未央。	鏡外飾内向連弧紋
図版	5	四乳四螭鏡	前漢	紹興市文物管理局		紹興県	11.20	半円鈕直径1.5cm、高0.8cm			
図版	6	四乳四螭鏡	前漢	紹興市文物管理局		紹興県坡塘公社芳泉大隊	19.00	半円鈕・柿蒂紋鈕座	再外為周銘。	内青質□以□明、光夫象日月不□。	
彩版	4	内連弧紋鏡	後漢	紹興県文物保護所	2003年	紹興県富盛金家嶺村薛家山後漢墓	14.40	円鈕・柿蒂紋鈕座	鈕座間分置「君宜高官」四字、座外一周凸弦紋、再外一周十内連弧紋。伴出的有黛板・釉陶罐・砥石等。	君宜高官	素寛縁
彩版	5	八乳博局鏡	後漢	紹興市文物管理局	1979年	紹興県上蔣鳳凰山	14.50	半円鈕直径2cm、高0.7cm、重圏方格鈕座	内区飾八乳、禽獣及博局紋。周銘。外区飾画文帯及鋸歯紋。	泰言之紀従鏡始、長葆二親利孫子、辟去不羊宜古市、寿如金石西王母、楽乃始。	
彩版	6	漢有善銅博局鏡	後漢	上虞博物館		上虞県	13.70	円鈕・円形鈕座	外囲以双線方框、框外分飾T字紋。T字紋下方飾L字紋、其間分飾青龍・白虎・玄武・羽人等神獣。篆書銘文。	漢有名銅出丹陽、取之為鏡青且明、八子九孫。	辺飾画文帯・禽獣紋
彩版	7	博局四神鏡	後漢	紹興市文物管理局		紹興県	15.50	半円鈕・変形柿蒂紋鈕座	内区飾博局紋、乳丁紋、青龍・白虎・玄武等。周銘。内外区間飾櫛歯紋、外区飾鋸歯紋、双線波浪等。	尚方作竟（鏡）真大巧、上有仙人不知老、渇飲玉泉飢食。	近似三角縁
彩版	8	博局禽獣鏡	後漢	紹興市文物管理局		紹興県	18.30	半円鈕・柿蒂紋凹形方格鈕座	方格内周飾乳紋、間以子丑寅卯辰巳午未申酉戌亥。内区飾博局紋及禽獣紋。周銘。内外区間飾櫛歯紋。外区飾鋸歯紋、双線波浪紋。	尚方作竟（鏡）真大巧、上有山（仙）人不知老、渇飲玉泉飢食棗、浮由（游）。	

第七章　浙江出土銅鏡について　417

彩版	9	博局禽獣鏡	後漢	衢州市博物館	1974年	衢州市造紙廠工地	13.30	半球形鈕・柿蒂紋凹形框鈕座	鈕座外飾博局紋・禽獣紋。外囲飾櫛歯紋。外区飾鋸歯紋・波浪紋。	
彩版	10	鎏金五乳四神鏡	後漢	義烏博物館		義烏県徐村郷	14.00	円錐形鈕・重圏鈕座	内区以五乳間隔五区、分別飾青龍・白虎・玄武・羽人。周銘。外区飾変形蟠螭紋。鏡背鎏金。	尚方作竟（鏡）真大巧、上有仙人不知老、渇飲玉泉飢食。	
彩版	11	貞夫画像鏡	後漢	浙江省文物考古研究所	2004年	余杭県星橋鎮蠟触庵後漢磚槨墓	24.00	大円鈕・連珠紋鈕座	四乳丁将画面分為四組。★外有一圏銘文。伴出的有黛板・陶罐等。	周是作竟（鏡）四夷服、多賀國家人民息、胡虜殄滅天下復、風雨時節五穀（穀）熟、長保二親得天力、伝告天下楽無亟兮。	辺縁獣文帯
彩版	12	神仙車馬画像鏡	後漢	紹興市文物管理局	1982年	紹興県上灶	22.10	半円鈕	紋飾分為四区。両区飾六馬駕輻車、駿馬昂首疾馳、車後曳長帛、車上立一人、作張弓状。★另一区為神仙、可能是東王公和西王母、均有侍者。周銘。外飾櫛歯紋・鋸歯紋・双線波浪紋。	呉向陽周是作竟（鏡）四夷服、多賀國家人民息、胡虜殄滅天下復、風雨時節五穀（穀）熟、長保二親得天力、伝告後世楽無亟。	三角縁
彩版	13	神仙車馬画像鏡	後漢	諸曁博物館	1984年	諸曁県楊梅橋郷董公村	21.00		内区紋飾作四分法布置、★其中両組為四馬駕輻車、車後拖長帛、馬前為山巒。另両組為神仙和侍者。周銘。外区画文帯一周。	石氏作竟（鏡）四夷、多賀國家人民息、胡虜殄滅天下復、風雨時節五穀（穀）熟、長保二親。	
彩版	14	神仙車馬画像鏡	後漢	奉化博物館	2003年	奉化県蕭王廟後竺村後漢墓	21.70	円鈕・連珠紋鈕座	主紋内区以四乳丁為界分成四区。★外区有一圏銘文。	石氏作竟（鏡）四夷服、多賀國家人民息、胡虜殄滅天下復、風雨時節五穀（穀）熟、長保二親得天力、楽無已。	辺縁禽獣帯
彩版	15	神仙車馬画像鏡	後漢	紹興市文物管理局	1971年	紹興県婁宮	21.60	円錐形鈕・連珠紋鈕座	内区紋飾布局採用四分法。★外区由櫛歯紋・鋸歯紋和双線波浪紋組成。	驕氏作竟（鏡）四夷服、多賀國家人民息、胡虜殄滅天下復、風雨時節五穀（穀）孰（熟）、長保二親。	三角縁
彩版	16	神仙車馬画像鏡	後漢	徳清博物館	1983年	徳清県澉山郷蠶山	20.50	半円鈕直径3cm、高1.5cm、連珠紋鈕座	内区分四組、青龍一組、車馬一組、神仙両組。★外区飾鋸歯紋両周、内側飾櫛歯紋一周。		
彩版	17	神仙車馬画像鏡	後漢	安吉博物館	2002年	安吉県逓舗三官磚槨墓	19.80	円鈕・連珠紋鈕座	以乳丁為界画面分四組。★此鏡的独特之処是呈色豊富、有専家称之為「花鏡」。		縁部禽獣帯
彩版	18	神仙車馬画像鏡	後漢	嵊州市文物管理処	1987年	嵊州市三国東呉墓	18.40	円鈕・円鈕座、外囲以連珠紋	主紋以四乳丁為界分為四区。★	蔡氏作竟（鏡）佳且好、明而日月世少有、刻治分守悉皆在、令人富貴宜孫子。	辺縁雲気紋
彩版	19	神仙車馬画像鏡	後漢	奉化文物保護所	2005年	奉化県白杜林場南鏊一山廠古墓群後漢磚槨墓	19.80	円鈕	古墓群。東漢墓出土。紋飾以四乳丁分為四区。★		三角縁

彩版	20	神仙戯馬舞踏鏡	後漢	浙江省博物館			21.00		内区紋飾以四乳隔作四組。★	
彩版	21	瑞獣神仙車馬画像鏡	後漢	紹興市文物管理局		紹興県坂塘公社安山大隊傅家塢		17.70	円錐形鈕・双線方格鈕座	内区紋飾分四区。★外区飾画文帯。	三角縁
彩版	22	龍虎神仙画像鏡	後漢	浙江省博物館		紹興県	18.60	半円鈕・連珠紋及双線方格鈕座	内区紋飾作四分法布局。★外区・鋸歯紋両周・弦紋一周、其内為櫛歯紋。	斜縁
彩版	23	龍虎神仙画像鏡	後漢	諸曁博物館	1973年	諸曁県新壁郷五湖村	18.00		内区紋飾分四組。★外区飾蟠螭紋一周。	
彩版	24	龍虎騎馬画像鏡	後漢	紹興市文物管理局	1975年	紹興県五星公社新建大隊	18.30	円錐形鈕・円圏凹形方格鈕座	内区紋飾分四組。★外区飾画文帯。	三角縁
彩版	25	龍虎騎馬画像鏡	後漢	紹興市文物管理局		紹興県夏履公社野塢大隊	17.80	円錐形鈕	内区以四乳分隔成四区。★外区為流雲紋画文帯。	近似三角縁
彩版	26	神人神獣画像鏡	後漢	浙江省博物館		紹興県漓渚	19.80		四乳丁将画面分成四区。★	
彩版	27	屋舎人物画像鏡	後漢	上虞博物館		上虞県	21.30		内区以四乳分為四組。★外区鋸歯紋両周、内側為櫛歯紋。	斜縁
彩版	28	四神画像鏡	後漢	安吉博物館	2001年	安吉県高禹五福後漢磚室墓	15.10	円鈕・方鈕座、座之四角綴以巻草紋	主紋以乳丁為界分成四区。★伴出的有東漢船形瓷灶	
彩版	29	四獣画像鏡	後漢	紹興市文物管理局		紹興県	21.00	円鈕・方鈕座、座之四角綴以巻草紋	内区飾龍・虎・鹿及独角獣。独角獣後有一羽人。外区櫛歯紋・鋸歯紋及画文帯組成。	
彩版	30	環状乳半円方枚神獣鏡	後漢	紹興市文物管理局		紹興県	13.50		神獣作環状布局。★神人神獣下端分置八個円輪状物、通常称為環状乳。外区画文帯。	平縁渦紋
彩版	31	環状乳半円方枚神獣鏡	後漢	上虞博物館		上虞県	15.50	円鈕・連珠紋座	紋上方為伯牙弾琴、一神作側耳聆聴状。★縁部内区為画文帯、上飾六龍駕雲車・鳳鳥等。外区飾菱形雲紋。通体紋飾精緻細密。	吾作明竟（鏡）、天王日月、幽東（凍）三商、天王日月、世得光明、天王日月、大吉命長。	
彩版	32	環状乳半円方枚神獣鏡	後漢	龍游博物館	1991年	龍游県東華山後漢磚室墓	16.40	円鈕・連珠紋鈕座	主紋為四組神人神獣繞鈕列一周。★辺縁内区画文帯、飾飛龍・亀、羽人騎虎・騎鳳、六龍駕雲車等。均朝同一方向作奔騰状、動感十足。		外縁雲紋
彩版	33	環状乳半円方枚神獣鏡	後漢	奉化市文物保護所	2005年	奉化県白杜林場南嶴一山廠古墓群六朝磚室墓	12.60	円鈕・連珠紋鈕座	主紋以四辟邪分成四組、東王公・西王母、伯牙弾琴。★此鏡的独特之処為半円内各飾有獣首紋。同墓出土的還有青瓷小水盂。	吾作明竟（鏡）、子孫成王、統得序道、幽凍三商。	辺縁画文帯
彩版	34	環状乳半円方枚神獣鏡	後漢	紹興市文物管理局		紹興県	14.20	円鈕・円鈕座、外囲以連珠紋	主紋基本以四辟邪将紋飾分成四組神人神獣。★縁部内区為画文帯、外区飾雲紋。	吾作明竟（鏡）等	

彩版	35	鎏金環状乳半円方枚神獣鏡	後漢	上虞博物館		上虞県	15.40	円鈕・連珠紋鈕座	主紋有四組神人神獣。★半円内有雲紋。縁部画文帯、有六龍駕雲車、羽人騎龍、羽人騎鳳等紋。	吾作明竟（鏡）、幽凍三商、其師命長。	縁部為変形雲紋
彩版	36	環状乳半円方枚神獣鏡	後漢	紹興市文物管理局		紹興県	14.00	円鈕・円鈕座、外囲以連珠紋	主紋基本以四辟邪将紋飾分成四組神人神獣。★縁内区画文帯、飾六龍駕雲車、羽人騎龍、鳳鳥、羽人騎虎等、紋飾精緻、極富動感。	吾作明竟（鏡）、幽凍三商、子孫番昌、利□命長、自作百師。	外縁雲紋
彩版	37	環状乳半円方枚神獣鏡	後漢	紹興県文物保護所	1987年	紹興県富盛鎮半山方欒村	12.00	円鈕・外囲以連珠紋鈕座紋	主紋基本以四辟邪将紋飾分成四組神人神獣。★画文帯飾有飛龍・禽鳥・羽人騎鳥、六龍駕雲車等。	吾作明竟（鏡）、幽凍三商、周刻無極。	雲紋縁
彩版	38	環状乳半円方枚神獣鏡	後漢	紹興市文物管理局	1997年	紹興県福全公社直埠老家橋対岸	10.50	円鈕	主紋基本以四辟邪将紋飾分成四組神人神獣。★縁内区有銘文。	主紋十一個半円方枚内銘文：吾作明竟（鏡）、幽凍三商、其師□。内区銘文：吾作明竟（鏡）、幽凍三商。	外縁雲紋
彩版	39	環状乳半円方枚神獣鏡	後漢	紹興県文物保護管理所	2001年	紹興県平水鎮下灶	13.60	円鈕	主紋内区為四辟邪、間以図案式花草紋。外区半円方枚中、有銘文★辺縁内区画文帯。	吾作明竟（鏡）、幽凍三商、配像萬疆、統徳序道、敬奉賢良、千秋日利、百年楽寿、富貴安楽、子孫蕃昌、其師命長。	外縁雲紋
彩版	40	半円方枚重列神獣鏡	後漢	浙江省博物館		余杭県	9.90	円鈕・円鈕座	主紋三段、上段中為伯牙弾琴、中段東王公・西王母・・・方枚内有銘文・・・縁部内区銘文有。★	方枚内銘文：吾作明竟（鏡）、福富貴楽安師命。縁部内区銘文：吾作明竟（鏡）、幽凍三商、雕刻極無、配像萬疆、伯牙楽挙、衆神容見、百福存并、福禄従是、富貴延□、子孫番昌、曽年（益寿）。	外区雲紋
彩版	41	建安十年重列神獣鏡	後漢	紹興市文物管理局		紹興県	14.80	半円鈕大而扁、直径4.8cm、高0.6cm・連珠紋鈕座	三段重列、上段四神、中段両神三獣、下段一神一侍三獣。周銘。★外区雲紋。	吾作明竟（鏡）、幽凍宮商、周羅容象、五帝天皇、伯牙弾琴、黄帝除凶、朱鳥玄武、白虎青龍、服者豪貴、延寿益年、子孫番□。建安十年。	平縁、其上飾双線連環紋
彩版	42	建安十年重列神獣鏡	後漢	紹興県文物保護所	2001年	紹興県平水鎮剣灶村	13.40	円鈕。	主紋為五段重列。		
彩版	43	重列神獣鏡	後漢	武義博物館		武義県履坦公社	12.20	扁円鈕、直径2.8cm、高0.4cm			
彩版	44	重列神獣鏡	後漢	蘭渓市博物館	1976年	蘭渓県永昌郷	12.30	半円鈕	神獣作五段重列、周銘	吾作明竟（鏡）、商周幽凍、□雕容象、□□□□、白（伯）牙弾琴、黄帝除凶、朱鳥玄武、白虎青龍、君宜高官、位至三公、子孫番。	

彩版	45	重列神獣鏡	後漢	紹興市文物管理局	1977年	紹興県蘭亭大鍫頭墩	11.50		五段重列。		平縁上飾流雲紋
彩版	46	重列神獣鏡	三国呉	諸曁博物館		諸曁県紫雲郷辺旺村淡西山	13.60		五段重列。周銘減筆甚多。		
彩版	47	重列神獣鏡	三国呉	武義博物館	1994年	武義県履坦棺山	12.40	扁円鈕	主紋五段重列。		
彩版	48	重列神獣鏡	三国呉	龍游博物館	1990年	龍游県	14.10	円鈕	主紋為五段重列。		
彩版	49	重列神獣鏡	三国呉	武義博物館	1994年	武義県履坦棺山	12.50	扁円鈕	主紋紋飾分成。★縁部銘文不易識読。		
彩版	50	回向式神獣鏡	三国呉	龍游博物館	2004年	龍游県寺底袁後漢磚室墓	13.80	扁円鈕・連珠紋鈕座	主紋分三組。★縁内区一圏銘文、字迹漫漶不易識読。伴出的有釉陶盤口壺両件。		外縁為雲紋
彩版	51	半円方枚回向式神獣鏡	三国呉	蘭渓市博物館	1973年	蘭渓県白沙郷太陽嶺	11.90	円鈕・花弁形鈕座	主紋分内外両区、内区有六神人四神獣呈回向式排列。		
彩版	52	半円方枚対置式神獣鏡	三国呉	龍游博物館	1988年	龍游県岩頭村	14.00	扁円鈕	主紋基本以一神両雀両辟邪為組合、共四組、両両相対繞鈕排列。十半円方枚・縁部内区有「黄龍三商」等銘。	黄龍三商	
彩版	53	永安七年半円方枚神獣鏡	三国呉	衢州市博物館	1982年	衢州市白塢口公社	14.50	半円鈕略扁、直径3.6cm、高0.6cm	六神四獣、作対置式布局。方枚銘文。周銘。	方枚銘文：吾作明鏡、等。　周銘：永安七年五月廿四日、造作明鏡、百煉清銅、服者老寿、□□□□、家有五馬千頭羊、楽未央。	
彩版	54	龍虎鏡	後漢	紹興県文物保護所	2002年	紹興県漓渚	14.80	円鈕	主紋以龍虎繞鈕作相峙翻騰状、下另有一猴。外区銘文。伴出的有漢代黛板・釉陶罐等。	杜氏作鏡善毋傷、和以銀錫清且明、□用造成文章、□侯天禄居中央、十男五女楽無憂兮如侯王。	
彩版	55	龍虎鏡	後漢	浙江省博物館			9.70	半円鈕	鈕外龍虎対峙、其旁有「青羊志兮」四字。	青羊志兮	
彩版	56	龍虎鏡	後漢	上虞県博物館		上虞県	14.50	円鈕	主紋為龍虎繞鈕対峙作咆哮翻騰状、鈕下跪坐一羽人。銘文。	石氏作竟（鏡）世少有、蒼龍在左、白虎居右、仙人子喬于後、為吏喜、価萬倍、辟去不羊利孫子、千秋萬歳、生長久。	
彩版	57	盤龍鏡	後漢	紹興市文物管理局		紹興県	11.40	円錐形鈕	鈕外盤龍、下部一亀一蛇。外区蟠螭紋帯。		斜縁
彩版	58	四葉龍鳳鏡	三国	武義博物館	1992年	武義県端村	15.20	扁円鈕	主紋為桃形四葉、葉内各飾龍鳳紋。四葉間飾有対鳳・十六連弧紋内飾等。		寛素縁
彩版	59	四葉飛天対鳳鏡	三国	武義博物館		武義県	15.00	扁円鈕	沿紐有四片桃形葉、両葉内飾有飛天・巨蟹・朱雀・蟾蜍・九尾狐・赤烏・宝瓶・天秤等。		
彩版	60	四葉人物鏡	西晋	金華侍王府紀念館	1976年	金華県古方窯廠	16.70	半円鈕	鈕外伸出四葉紋、毎葉飾一人、題曰「弟子仲由」、「弟子顔淵」、「弟子子		

第七章　浙江出土銅鏡について　421

								貢」、「聖人(孔子)」。毎葉間飾双鳥。此鏡紋飾較少見。		
図版	7	内連弧紋鏡	後漢	上虞県博物館		上虞県	11.50	円鈕・柿蒂紋鈕座	八内向連弧紋、外囲以篦紋。		素寛縁
図版	8	内連弧紋鏡	後漢	上虞県博物館	1981年	上虞県横塘	16.00				
図版	9	尚方作鏡博局鏡	後漢	上虞県博物館		上虞県	12.80	円鈕・柿蒂紋鈕座	主紋以八乳丁和博局紋分隔成四区、区間有青龍・白虎・朱雀・玄武。外囲以一圏銘文。	尚方作竟(鏡)真大巧、上有仙人不知老、渇飲玉泉飢食棗、吉羊(祥)兮。	
図版	10	博局禽獣鏡	後漢			紹興県	16.00	半円鈕・三線方格鈕座	内飾八乳、間以「長宜子孫」四字。内区飾博局・乳丁和禽獣紋。周銘。	漢有善銅出丹陽、取之為鏡清且明、左龍右虎備四旁、朱爵(雀)玄武順陰陽、八子。	
図版	11	博局禽獣鏡	後漢	慈渓市博物館		慈渓市	16.30	半円鈕・凹形方格鈕座	上飾乳紋一周、間以「子丑寅卯辰巳午未申酉戌亥」十二字。内区博局・禽獣及乳紋。周銘。	上大山、見神人、食玉英、飲澧泉、駕蜚龍、乗浮雲、官□秩、保子孫、楽未央、貴富昌。	
図版	12	博局禽獣鏡	後漢	紹興市文物管理局		紹興県	18.30	半円鈕・凹線方格鈕座	内飾乳紋、間以「子丑寅卯辰巳午未申酉戌亥」。内区飾乳丁・博局及禽獣紋。周銘。外区飾鋸歯紋両周和双線波浪紋一周。	尚方作竟(鏡)真大巧、上有仙人不知老、飲玉泉飢食棗。	三角縁
図版	13	博局四神禽獣鏡	後漢	嵊州市文物管理処		嵊県	18.00	半円鈕・柿蒂紋凹形方框鈕座	上飾乳紋、間以「子丑寅卯辰巳午未申酉戌亥」。内区飾博局紋・四神及禽獣紋。周銘。外区飾鋸歯紋両周和双線波浪紋一周。	尚方作竟(鏡)真大巧、上有仙人不知老、渇飲玉泉食飢棗。	三角縁
図版	14	博局四神禽獣鏡	後漢	嵊州市文物管理処		嵊県	14.90	半円鈕・鈕座由九乳、重圏及凹形方格組成	内区飾八乳、博局紋・四神和禽獣紋。周銘。外区飾弦紋・鋸歯紋・双線波浪和連珠紋。	食玉英、飲澧泉、駕蜚龍、乗浮雲、周復始、伝子孫、昭□雩、直萬金、象衣服、好可観、宜街人、心意歓、長潤志、固常然。	
図版	15	博局四神鏡	後漢	紹興市文物管理局		紹興県	12.50	半円鈕・柿蒂紋凹形方格鈕座	内区以四枚乳紋作間隔、分為四区、毎区飾T紋及青龍・白虎・朱雀・玄武。周銘。外区飾龍鳳等図案。	李言之止(此)鏡、青龍居左虎居右、辟去不祥宜。	平縁
図版	16	博局四神鏡	後漢	龍游博物館	1978年	龍游県	10.90	半球形鈕・柿蒂紋凹形方框鈕座	方格内周飾乳紋、間以「子丑寅卯辰巳午未申酉戌亥」。内区飾青龍・白虎・朱雀・玄武・博局紋和禽獣紋。周銘。外区飾鋸歯紋和双線波浪紋。	尚方作竟(鏡)真大巧、上有仙人不知老、渇飲玉泉飢食棗、天下敖。	
図版	17	博局四神鏡	後漢	紹興市文物管理局		紹興県	16.80	半円鈕・凹形方框	内飾乳紋及「子丑寅卯辰巳午未申酉戌亥」。内区飾乳紋・博局紋及四神等。周銘。内外区之間飾櫛歯紋一周、外区飾鋸歯紋両周、双線波浪紋一周。	新有善銅出丹陽、和以銀錫清且明、左龍右虎掌四彭(旁)、朱爵(雀)玄武順陰陽、八子九孫治中央。	
図版	18	七乳禽獣	後漢	瑞安市文	1978年	温州市白	18.80	半円鈕・鈕	里圏環列九乳、并	内而明而光涷、石	

		帯鏡		物館	象公社		外飾重圏	有「宜子孫」三字。外圏銘文。又外飾龍・虎・鳳・雀・羽人等。間以七乳。辺飾鋸歯紋和変形蟠螭紋。	峰下之清見、乃已知人菁、心志得楽長生。趙。
図版	19	七乳禽獣帯鏡	後漢	浙江省博物館		18.00	半円鈕	其外有「長宜子孫」四字、間以乳紋。重圏外飾朱雀・長尾鳥・白虎・独角獣・玄武・羽人・青龍、間以乳紋、再外飾鋸歯紋及画文帯。	長宜子孫
図版	20	神獣帯鏡	後漢	1949年前散失、係原物拓片	紹興県漓渚	20.20	半円鈕	此鏡紋飾極精、採用重圏環帯形式構図。里圏銘文：★。囲以櫛歯紋、素圏和勾連紋。其外飾神仙・霊獣等、分別題刻。	里圏銘文：富貴長寿宜子孫大吉。分別題刻、「赤誦馬」・「王喬馬」・「辟邪」・「銅柱」。另有「柏師作」。
図版	21	禽獣人物画像鏡	後漢	紹興市文物管理局	1983年	紹興県禹陵公社王丁大隊	16.40		五乳、有弄雑伎二人。外区画文帯四枚銭文、其中両枚為「五銖」。周銘。	尚方作竟（鏡）真巧、上有仙人不知老。	斜縁
図版	22	神仙車馬画像鏡	後漢	1949年前散失、係原物拓片	伝紹興県	21.00	半円鈕・素圏鈕座	此鏡紋飾極精、紋飾分為四区、実際上是両組題材、描写穆天子会見西王母的故事。★	
図版	23	神仙車馬画像鏡	後漢		紹興県	22.00	半円鈕・素圏鈕座	内区作四分法布置。一組車馬、三組神仙。★周銘。外区両周鋸歯紋、一周双線波浪紋、其内側為櫛歯紋。	田氏作竟（鏡）□□□、多賀國家人民息、胡虜殄滅天下復、風雨時節五谷（穀）熟、長保二親得天力、伝告後世楽無極	三角縁
図版	24	神仙車馬画像鏡	後漢	浙江省博物館	紹興県	20.60	半円鈕・連珠紋鈕座	紋飾作四分法布置、其中両組車馬、車後拖長帛。★周銘。	尚方作竟（鏡）四夷服、多賀國家人民息、胡虜朱（誅）滅天下復、風雨時節五谷（穀）熟、長保二親得天力、伝告。	
図版	25	呉王・伍子胥画像鏡	後漢	1949年前散失、係原物拓片	紹興県漓渚	20.50	半円鈕・連珠紋鈕座	此鏡紋飾極精、紋飾描写伍子胥歴史故事、作四分法布置。★周銘。	騶氏作竟（鏡）四夷服、多賀國家人民息、胡虜殄滅天下復、風雨時節五谷（穀）熟、長保二親得天力、伝告後世楽無極。	
図版	26	呉王・伍子胥画像鏡	後漢		伝紹興県	20.00	半円鈕・連珠紋鈕座	内区作四分法布局。★周銘。	呉向里柏作竟（鏡）四夷服、多賀國家人民、胡虜殄滅天下復、風雨時節五谷（穀）熟、長保二親得天力、伝告後世楽無極兮。	
図版	27	龍虎神仙画像鏡	後漢	蘭渓市博物館	1978年	蘭渓県煤砿廠工地	17.10	半円鈕・凹形方框鈕座	内区飾龍虎各一組、神仙両組。★外区飾櫛歯紋和鋸歯紋。		斜縁
図版	28	龍虎神仙画像鏡	後漢		紹興県	19.80	半円鈕・双線方格鈕座	内区作四分法布置。★其中龍虎各一組、神仙両組。神仙旁有侍者或羽人。外区飾鋸歯紋両周、双線波浪紋一周。		三角縁

第七章　浙江出土銅鏡について　423

図版	29	龍虎神仙画像鏡	後漢	紹興市文物管理局		紹興県	19.00	半円鈕・重圏鈕座	内区紋飾分為四区、★分別飾以東王公(有題榜)・西王母・青龍・白虎。外区飾変形蟠螭紋。		
図版	30	龍虎神仙画像鏡	後漢	浙江省博物館			21.60	半円鈕・重圏鈕座	内区以四乳分作四組、★両組為神仙、旁有羽人。另両分別為青龍・白虎。外区飾変形蟠螭紋。		三角縁
図版	31	龍虎神仙画像鏡	後漢	紹興市文物管理局		紹興県紅衛公社勝利大隊	20.50	半円鈕・凹形方框鈕座	毎角飾一鳥。内区以四乳分隔成四組、★分別為青龍・白虎及両組神仙。外区為変形蟠螭紋。		三角縁
図版	32	神仙画像鏡	後漢			紹興県	20.50	半円鈕・連珠紋鈕座	内区飾神人四組、以四乳分隔、分別題榜為「東王公」・「西王母」「王女二人」「盛王」。★外区画文帯。		素平凸辺
図版	33	雑伎舞踏画像鏡	後漢			紹興県	20.80	半円鈕・草節紋圏鈕座	内区四分法布局。★毎組間一乳紋。一組飾雑伎、有立于畳器之上者、有倒立亀上者。一組為単人舞踏。另両組神人、長鬚者大約是東王公。外区画文帯。		斜縁
図版	34	西王母舞踏画像鏡	後漢	浙江省博物館		紹興県	22.00	半円鈕	内区紋飾四分法布局。一組為四馬駕輜車。★周銘。	田氏作四服、多賀國家人民息、胡虜殄滅天下復、風雨時五穀(穀)熟、長保二親得天力、伝告後世楽無極。	
図版	35	羽人四獣画像鏡	後漢	紹興市文物管理局		紹興県	21.90		獣背上騎有羽人。外区為獣紋画文帯。		三角縁
図版	36	禽獣画像鏡	後漢	紹興市文物管理局	1983年	紹興県坡塘公社獅子山	18.00		内区飾龍・虎・鳳和独角獣。外区飾鋸歯紋及画文帯各一周。		
図版	37	禽獣画像鏡	後漢			紹興県漓渚	18.60	半円鈕・双線方格鈕座	内区作四分法布置。★題材為孔雀・龍・虎・独角獣。外区飾鋸歯紋及画文帯。		近似三角縁
図版	38	禽獣画像鏡	後漢	此鏡原物1949年散失、係原物拓片		紹興県漓渚	20.80	半円鈕・双線方格鈕座	内区四分法、★飾二龍・一虎・一孔雀。外区為鋸歯紋和画文帯各一周。		
図版	39	四獣画像鏡	後漢	浙江省博物館			18.40	半円鈕・双線方格鈕座	内区分飾四組、★分別為二龍・一虎・一馬。外区画文帯。		
図版	40	四神画像鏡	後漢			紹興県	17.30	半円鈕・双線方格鈕座	上飾「長宜子孫」四字。内区飾青龍・白虎・朱雀・玄武。外区飾鋸歯紋和画文帯。	長宜子孫	斜縁
図版	41	禽獣羽人画像鏡	後漢			杭州市黄家山	17.30		内区以四分法布置。★三獣・一羽人。外区画文帯。	作竟(鏡)真大巧、上有山(仙)人不□老。	三角縁
図版	42	獣首鏡	後漢	紹興県文物保護所	2003年	紹興県蘭亭鎮王家塢後漢墓。	14.00	円鈕	朱紋分内外両区、内区以鈕為中心囲以蝙蝠形四葉紋、内各有一獣首紋、四葉間亦分置獣首、	獣首下銘文:「三公」「宜公王」「富貴」「大吉祥」。外区銘文:吾作明竟(鏡)、幽湅	

									下有直書銘文。外区有23個内向連弧紋、間以如意形図案。縁部内区有一圏銘文。伴出有鉄矛・銅帯鈎等。	三商、雕模祖無、□□□康自身、興楽衆神、貴商天命、向西游、福禄自天、嬰常服、為富貴番昌、侯年番臣、子孫蕃昌、大吉祥、其師命長。	
図版	43	中平四年環状乳半円方枚神獣鏡	後漢			伝紹興県		半円鈕・草節紋圏鈕座	神獣作環状布局。★方枚紀年銘文。	中平四年五月	
図版	44	獣鈕環状乳半円方枚神獣鏡	後漢			紹興県漓渚	14.00	獣首鈕・草節紋圏鈕座	神獣作環状布局。★方枚十二、毎枚二字。多減筆、或省偏旁。	吾作明竟（鏡）、幽涷三商、雕刻萬疆、四気象元、六合言（設）長（張）、其師命長。	
図版	45	環状乳半円方枚神獣鏡	後漢	嵊州市文物管理処	1987年	嵊州三国後東呉墓	11.30	円鈕・円鈕座	主紋内区有三神人六神獣繞鈕環列。六環状乳分列其間、上置神人神獣。外区為十一個半円方枚、方枚内有。縁内区画文帯、上飾羽人騎鳳・仙鶴・神人及六龍駕雲車等。	吾作明竟（鏡）、幽涷三商、大吉分。	雲紋縁
図版	46	環状乳半円方枚神獣鏡	後漢	衢州市博物館	1979年	衢州市横路公社	13.00	半円鈕較扁	鈕外環列四神四獣和環状乳・鏡辺画文帯。		
図版	47	環状乳半円方枚神獣鏡	後漢	浙江省博物館			14.20	円鈕・円鈕座	神獣作環状布局。★方枚十四、毎枚一字。外区画文帯。	尚作竟（鏡）自有紀、除去不祥宜古（賈）市。	
図版	48	環状乳半円方枚神獣鏡	後漢	浙江省博物館			11.90	半円鈕・草節紋圏鈕座	神獣作環状布局。★有些神獣下部飾円輪、円輪作飛転状、這種可輪也通常称作環状乳紋。方枚銘文。	吾自作明竟（鏡）、幽涷三商、雕刻無。	
図版	49	環状乳半円方枚神獣鏡	後漢	衢州博物館	1981年	龍游県	11.90	半円鈕	鈕外環列四神四獣及環状乳、再外飾半円方枚。方枚銘文。周銘。	方枚銘文：吾作明竟（鏡）、幽涷三商、丙午□□。周銘：吾作明竟（鏡）、幽涷三商、規矩無涯、□刻萬疆、四気象元、六合□□。□□秉員、通佢虚空、統徳序道、祇霊是興、白牙陳氏、衆神見容、□。	
図版	50	環状乳半円方枚神獣鏡	後漢	紹興市文物管理局	1973年	紹興県上游公社	11.60	小円鈕	神獣作環状布置。★有円輪八（亦称環状乳）。方枚十二、毎枚二字。周銘。	方枚銘文：吾作明竟（鏡）、幽涷三商、長宜子孫。周銘：呉郡胡陽張元、□□□□無自異于衆、造為明（鏡）、□□□萌、四時永別、水□□王、光□和亲（親）、富貴番（蕃）昌、百煉并存、其師命長。	平縁渦紋
図版	51	環状乳半円方枚神獣鏡	後漢	紹興市文物管理局		紹興県	13.00		神獣作環状布局。★有環状乳八。方枚十二、毎枚二字。外区為獣紋帯。	吾自作明竟（鏡）、幽涷三商、雕刻萬疆、四夷媚、青□吉羊（祥）、其師命長。	平縁渦紋

第七章　浙江出土銅鏡について　425

図版	52	環状乳半円方枚神獣鏡	後漢	紹興市文物管理局		紹興県	12.20	半円鈕	神獣作環状布局。★有環状乳六、均飾于神獣下部。方枚十二、毎枚一字。周銘。	方枚銘文：利父宜兄、位至三公、其師命長。周銘：盖惟貨鏡、変巧名工、攻山采錫、伐石索銅、□火炉冶、幽凍三商、和□白□、昌象月明、五帝□□、建師四方、玄象□威、白虎□□、青龍□。其師命長。
図版	53	環状乳半円方枚神獣鏡	後漢	寧波天一閣博物館		寧波市	11.60		神獣作環状布局。★方枚上有銘文。	吾作明竟（鏡）、幽凍三商、周（雕）刻無□。
図版	54	環状乳半円方枚神獣鏡	後漢	嵊州市文物管理処		嵊県	12.50		神獣作環状布置。★外区画文帯。	
図版	55	環状乳半円方枚神獣鏡	後漢	浙江省博物館			10.10	半円鈕・草節紋圏鈕座	神獣作回向式布置。★方枚十二、毎枚一字。周銘。	方枚銘文：吾作明竟（鏡）、幽凍三商、周（雕）刻□秫。周銘：吾作明竟（鏡）、幽凍三商、周（雕）刻□秫。配像萬疆、四気像元、六合設張、挙方乗員、通距虚空、統徳序道、祇霊是興、白（伯）牙陳楽、衆神見容、其師□□命長。
図版	56	環状乳半円方枚神獣鏡	後漢	紹興市文物管理局		紹興県	9.70	半円鈕、直径1.4cm、高0.5cm	方枚十二、毎枚一字。周銘。	方枚銘文：吾作明竟（鏡）、幽凍三商、周（雕）刻無亟（極）。周銘：吾作明竟（鏡）、幽凍三商、周（雕）刻無亟（極）、天禽□□、衆神□□、□此竟（鏡）、高遷□公大夫、長命久寿、宜子孫、吉。
図版	57	環状乳半円方枚神獣鏡	後漢	寧波天一閣博物館		鄞県横渓区麗水公社模山大隊	10.50		方枚銘文。	吾作明竟（鏡）、幽凍三商、周（雕）刻無亟（極）、配像萬疆、白（伯）牙奏楽、衆神見容、天禽并存、福禄是従、富貴□□、子孫番（蕃）昌、□□□有馬、三千萬白。
図版	58	建安二十年半円方枚神獣鏡	後漢	新昌県文物管理弁公室		新昌県抜芽	13.00	半円鈕	神獣作環状布局。★周銘。	建安二十年十二月八日辛卯日作、・・・宜富貴、老寿□夫妻、宜子孫、好妻八九舎、・・・得□者吉也。
図版	59	建安七年重列神獣鏡	後漢	余姚市文物管理弁公室		余姚県環城区双河公社涼湖大隊	13.60	扁円鈕	神獣五段重列。上部銘文。下部銘文。周銘。「安」之上一字模糊、但拠此鏡的風格判断、似応為「建」字。★	上部銘文：君宜官位。下部銘文：君宜館。周銘：・・・三商、周□容象、五帝天皇、白（伯）牙単

								銘。	（弾）琴、黄帝除凶、朱鳥玄武、白虎青龍、□安七年四月示氏作竟（鏡）、君宜高官、子孫番（蕃）昌、大吉羊（祥）。	
図版	60	重列神獣鏡	後漢	義烏博物館		義烏県	12.10	扁円鈕	五段重列。	
図版	61	黄武五年重列神獣鏡	三国呉		1973年	衢州市横路公社	15.50	半球形紐略扁、直径3.5cm、高0.4cm	周銘。★梅原末治『漢三国六朝紀年鏡図説』載。	吾作明竟（鏡）、宜‥‥安吉羊（祥）、位至□公、美侯王、官位禄寿、当萬年、而願即得長□、黄武五年太歳、在丙午五月辛未朔七日、天下太平、呉国孫王治□太師鮑唐而作。
図版	62	重列神獣鏡	三国呉	紹興市文物管理局		紹興県	13.20		五段重列。周銘模糊不清。	
図版	63	重列神獣鏡	三国呉			金華市古方	13.30		五段重列。銘文多減筆。	
図版	64	重列神獣鏡	三国呉	浙江省博物館			13.00	扁円鈕	神獣作五段重列。周銘。	吾作明竟（鏡）、□□咄叱諸史何屈屈急趣怒書当自投三公九卿従書出駕乗田乙□跌□□□（親）入関□□□黄□□□堂□□□□□開車自生□戴鉄鉞建国治民。
図版	65	建安四年回向式神獣鏡	後漢	龍游博物館	1989年	龍游県寺底袁後漢磚室墓	14.00	円鈕	主紋由三組神人神獣環鏡作回向式排列。縁部有銘文一圏、可弁識為等二十一字銘文、字体潦草、減筆甚多。	建安四年六月辛巳朔廿五日、一乙造、吾作明竟（鏡）、□□。	雲紋縁
図版	66	回向式神獣鏡	後漢	紹興市文物管理局		紹興県	13.60	円鈕	銘文不清。	
図版	67	半円方枚回向式神獣鏡	後漢	金華地区文物管理局			12.40		神獣作回向式布置。★方枚十一、毎枚一字。周銘。	方枚銘文：利父宜兄、仕至三公、其師命。周銘：盖惟貨鏡、変巧名工、攻山采錫、伐石索銅、穎火炉冶、幽凍三商、□日曜、象月明、五帝昔□、建師四方。玄。
図版	68	半円方枚回向式神獣鏡	後漢	紹興県文物保護所	1986年	紹興県解放郷古竹村	11.00	円鈕	主紋以四組神人神獣依同一方向繞紐一圏。外区十一半円方枚、内有銘文。鏡縁内区一圏銘文不易識読。	三朝王光日作半子□王兮。	外縁雲紋
図版	69	半円方枚環状式神獣鏡	後漢	諸暨博物館		諸暨県外陳郷後畈村	14.00	円鈕	神獣作環状布局。★周銘有。	「吾作明竟（鏡）」、「幽凍三商」、「衆神見容」、「天禽并存」、「子孫番（蕃）昌」等句。
図版	70	半円方枚環状式神獣鏡	三国呉	紹興市文物管理局	1979年	紹興県紅旗公社向陽大隊	12.10	紐径2.9cm、高0.4cm	神獣作環状式布局。★周銘。従形制和風格判断当是三国時的作品。	□□元年五月十日造作明□□□□□□□□。
図版	71	永安元年	三国	武義博物		武義県	12.30	扁円紐、径	二神四獣、作環状	永安元年造作明鏡、

第七章　浙江出土銅鏡について　427

		半円方枚環状式神獣鏡	呉	館			3.0cm、高0.4cm	式布局。★周銘。	可□□□、服者老寿、作者長生。	
図版	72	永安七年半円方枚環状式神獣鏡	三国呉	金華侍王府紀念館	1976年	金華県古方窯廠	12.50	神獣作環状乳布局。★周銘。	永安七年九月三日、将軍楊勛所作鏡、百煉精銅、服者萬歳、宜侯王公卿。	
図版	73	半円方枚環状式神獣鏡	三国呉			紹興県	17.40	扁円鈕・草節紋鈕座	神獣作環状乳布置。★方枚銘文。外区画文帯。	三公九卿十二大夫。	
図版	74	建安廿四年対置式神獣鏡	後漢	衢州市博物館	1980年	衢州市万田公社	11.10	扁円紐、径2.9cm	紐外六神四獣、対置式排列★、外飾半円方枚、縁内銘文。	吾作明竟（鏡）、宜公卿家有□馬千頭羊萬・・・建安廿四年六月辛巳朔廿日、□子造。	
図版	75	建興年半円方枚対置式神獣鏡	三国呉	紹興市文物管理局	1983年	紹興県上謝墅	16.70	紐残	方枚銘文。「建興」応是三国会稽王孫亮的年号。主区大部残。外区画文帯。	建興□年五月壬午造作□竟（鏡）、服之。	外縁飾流雲紋
図版	76	赤烏元年半円方枚対置式神獣鏡	三国呉	臨海博物館		臨海三国呉墓葬	14.20	半円鈕	主紋四神四獣作対置式布局★、外囲八個半円方枚。外区有銘文一圏、可弁。与此墓同出土有青瓷陶罐・青瓷虎子・青瓷洗等。	赤烏元年五月制造明竟（鏡）、□□□□、長楽未央。	
図版	77	赤烏□年半円方枚対置式神獣鏡	三国呉	浦江博物館		浦江県大許公社	12.10	半円鈕較扁径2.5cm、高0.3cm	四神四獣作対置式布局★、周環半円方枚。銘文。	□赤烏□年五月丙午朔□日造作此竟（鏡）、服者吉□。	
図版	78	半円方枚対置式神獣鏡	三国呉	蘭渓博物館	1977年	蘭渓県游埠	11.80	半円鈕	神獣作対置式布局★、方枚八、毎枚一字。周銘。	青盖明竟（鏡）以発陽、攬睹四方照中英、朱鳥玄武師子翔、左龍右虎。	近似三角縁
図版	79	方枚対置式神獣鏡	三国呉	衢州市博物館	1980年	衢州市万田	12.40		同時出土的建安廿四年神獣鏡及楼閣青瓷瓶。		
図版	80	方枚対置式神獣鏡	三国呉	紹興市文物管理局		紹興県	13.70	扁円紐	神獣作対置式布置。★周繞方枚及花朵。		平縁渦紋
図版	81	太康二年半円方枚対置式神獣鏡	西晋	金華侍王府紀念館		金華市		半円鈕、径2.6cm、高0.4cm	周銘。	太康二年三月九日、呉郡工清羊造作之竟（鏡）、東王公西王母、此里人豪貴、士患（宦）高遷、三公丞相九卿。	
図版	82	神獣鏡	西晋	温州市博物館	1965年	温州市郊白象弥陀山西晋永寧二年墓	14.00	半円鈕較扁	紋飾和銘文均模糊。		
図版	83	四乳四神鏡	西晋	新昌県文物管理委員会弁公室	1978年	新昌県西晋太康元年墓	10.40				
図版	84	四乳四神鏡	西晋	龍游博物館	2004年	龍游県寺底袁東晋偏早時期墓葬	10.90	円鈕	主紋以四乳丁為界分作四1区、毎区内均有一神人、拱手端坐。外有半円紋。		斜縁
図版	85	五乳五神鏡	東晋	義鳥博物館		義鳥県徐村郷	9.40	半円鈕、径1.6cm、高0.4cm	該墓磚上有「太元十年（孝武帝、西暦385年）」紀年銘文。		
図版	86	四乳四神鏡	東晋			新昌県孟家塘大壠底東晋墓	10.00	半円鈕、径1.6cm、高0.4cm	墓磚上有銘文「太元十八年（孝武帝、西暦393年）七月六日梁孜」。		

428　第二部　中国における古代銅鏡文化研究の伝統と各博物館銅鏡目録データベース

図版	87	龍虎鏡	後漢	紹興市文物管理局		紹興県漓渚	12.00	半円紐	紐外龍虎相峙、其下立羊一只。周銘。其外鋸歯紋両周・双線波浪紋一周。此類銅鏡浙江出土甚多、其時代始自東漢初迄于西晋、与画像鏡・神獣鏡同時盛行于会稽。	呂氏作竟（鏡）四夷服、多賀国家人民息、胡虜殄滅天下復、風雨時節五。	斜縁
図版	88	龍虎鏡	後漢	紹興市文物管理局		紹興県	11.90	円錐形紐	紐外龍虎対峙。周銘。外区飾櫛歯紋一周、鋸歯紋両周・双線波浪紋一周。	尚方作竟（鏡）自有紀、羊吉晴、保父母、長宜兄弟、夫妻子、為吏高、宜易天分。	
図版	89	龍虎鏡	後漢	浙江省博物館			14.50	半円紐	紐外龍虎対峙、其下羽人側坐。周銘。銘文「遺杜氏」、有学者読作「上虞杜氏」。	遺杜氏造珍奇竟（鏡）兮、世之竕（通妙）砌、名工所刻劃兮、練五斛之英華、□而無極兮、辟邪配天禄、奇守（獣）并□出兮、三鳥・・・吏人服之曾（増）秩禄、大吉利。	
図版	90	龍虎鏡	後漢	浙江省博物館			11.80	半円紐	内区龍虎対峙。周銘。外区鋸歯紋二周・双線波浪紋一周、其内櫛歯紋一周。	□□作（鏡）四夷服、多賀国家人民息、胡虜殄滅天下復、風雨時節五谷（穀）熟、長保二親（親）得天力兮。	斜縁
図版	91	龍虎鏡	後漢	浙江省博物館			11.90	半円紐	内区龍虎対峙。周銘。外区鋸歯紋両周・弦紋一周。	石氏作竟（鏡）四夷服、多賀国家人民息、胡虜殄滅天下復、風雨時節五谷（穀）熟、長保二親（親）得。	斜縁
図版	92	龍虎鏡	後漢	浙江省博物館			11.00	半円紐	紐外龍虎対峙。周銘。	孟氏作竟（鏡）世少有、倉（蒼）龍在左、白虎。	
図版	93	龍虎鏡	後漢			紹興県	13.30	半円紐	紐外纏繞一龍二虎。周銘。原鏡鋳壊、内外区間流有銅迹、辺縁変形。★	呉向里柏氏作竟（鏡）四夷服、多賀国家人民、胡虜殄滅天下復、風雨時節五谷（穀）孰（熟）、長保二親得天力、伝告後世楽無亟（極）兮。	
図版	94	龍虎鏡	後漢			永康県	13.40	半円紐	内区龍虎対峙。周銘。外区画文帯。	青蓋作竟（鏡）四夷服、多賀国家人民、胡虜殄滅天下復、風雨時節五谷（穀）孰（熟）、長保二親得天力。	近似三角縁
図版	95	青蓋龍虎鏡	後漢	武義博物館	1994年	武義県履坦棺山	11.40	円紐	主紋内区為龍虎相峙する咆哮翻騰状。外区周銘。	青蓋作竟（鏡）自有紀、辟邪不羊（祥）宜古市、長保二親（親）孫子、為吏高官、寿命久。	
図版	96	龍虎鏡	三国呉	鎮海区文物管理会		鎮海県	9.40	半円紐	内区龍虎対峙。周銘。内外区之間飾櫛歯紋、外区飾鋸歯紋・波浪紋一周。		近似三角縁
図版	97	盤龍鏡	三国呉	紹興市文物管理局		紹興県	11.10	半円紐	内区飾盤龍、外区飾鋸歯紋及弦紋。		斜縁
図版	98	三龍鏡	三国呉			奉化県	8.20	半円紐	紐外飾盤龍三条、再外飾弦紋・櫛歯紋・鋸歯紋。		近似三角縁

第七章　浙江出土銅鏡について　429

図版	99	二龍一虎鏡	三国呉	東陽市博物館		東陽県	8.50	半円鈕、徑1.5cm、高0.6cm	紐外飾二龍一虎。		斜縁
図版	100	元康三年龍虎四神鏡	西晋	蘭渓博物館		蘭渓県博物館徵集	17.90	半円形鈕	正・背面両片分鋳、然後焊接。紐外盤纒龍虎、首尾相接。外飾七乳、間以四神及瑞獣。外区飾鋸歯紋両周、双線波浪紋一周。周銘。★	元康三年五月造、大母傷、左龍右虎辟易不羊(祥)、朱鳥玄武順陰陽、長保二親(親)楽富昌、寿敝金石如。	
図版	101	長宜子孫鏡	後漢	金華地区文物管理委員会			12.00	変形四葉紋紐座	内有「長宜子孫」四字、外有「君宜高官」四字。四葉之間均飾双鳳、鏡縁飾連弧紋和漩渦紋。	内有「長宜子孫」四字、外有「君宜高官」四字。	
図版	102	四葉八鳳鏡	三国呉			金華市湖鎮洪畈	12.60	扁円鈕	外飾方座、每角伸出葉紋、内有「□□宜官」四字、外有「□□三公」四字。葉間飾双鳳図案、其外為連弧紋。		素辺
図版	103	四葉鳳凰鏡	三国呉	武義博物館	1979年	武義県壹山鎮	13.30	扁円鈕	外飾四葉紋、中為龍紋。葉間飾双鳳。再外十六連弧紋、上飾龍・鳳等禽獣紋。		寛素辺
図版	104	四葉八鳳鏡	三国呉	紹興市文物管理局		紹興県	13.90	扁円鈕			寛素辺
図版	105	四葉龍鳳鏡	三国呉	紹興県文物保護所	2002年	紹興県富盛鎮下旺村三国墓葬	14.00	円鈕	主紋変形四葉内有四龍紋、四葉間有双鳳。十六内連弧内有回首龍・虎・鳳等。辺縁纒枝図案中間以獣紋。伴出的有滑石猪・青瓷鉢・小碗。		
図版	106	四葉瑞獣対鳳鏡	三国呉	紹興県文物保護所	1987年	紹興県上蒋郷鳳凰山西晋永嘉七年(313年)墓			I、II式両面鏡均在。伴出的有完整精美的青瓷谷倉・青瓷罐等。I式：扁円鈕、主紋為桃形四葉組成、葉内飾以四対鳳。十六内連弧。II式：扁円鈕、因銹蝕較重、部分図紋漫漶不清、可弁主紋為桃形四葉、葉内飾四獣。四葉間加回首対鳳。十六連弧内為渦雲紋、辺縁飾鳳等。		
図版	107	鳳凰銜蕊鏡	三国呉	瑞安文物館	1970年	瑞安県曹樹公社	17.40	扁円鈕、徑4.0cm、高1.3cm	外飾四組双鳳相向銜蕊、四組相背回首銜蕊。再外為十六枚内向連弧紋一圏、每枚連弧紋上飾禽獣図案。鏡辺飾画文帯。		

　修訂本『浙江出土銅鏡』(王士倫)各鏡のうち両漢・三国・両晋時期の浙江出土銅鏡は鏡原物(若干の拓影を含む)の彩版(カラー写真)と図版(白黒写真)に二分され、各時代に分けて表示すると次のようになる。

Ⅰ。前漢鏡…………彩版 3　　　　　図版 6　　　　　　　彩版図版計　　9
Ⅱ。後漢鏡…………彩版42＋3　小計46　図版54＋5＋1＋9＋1　小計70
　　彩版図版計116
Ⅲ。三国呉鏡………彩版 8　　　　　図版 4＋4＋6＋4＋6　小計24
　　彩版図版計32
　　三国鏡…………彩版 2　　　　　　　　　　　　　　彩版図版計　　2
Ⅳ。西晋鏡…………彩版 1　　　　　図版 4＋1　　　　　小計 5
　　彩版図版計 6
Ⅴ。東晋鏡…………　　　　　　　　図版 2　　　　　　　彩版図版計　　2
　　　　　　　　　　彩版計60　　　図版計107　　　　　彩版図版計　167

　浙江出土銅鏡には秦以前の戦国鏡は無く、また王莽時代の新莽鏡が一面も出土していないことが注目される。時代ごとでは前漢鏡9、後漢鏡116、三国呉鏡・三国鏡34、西晋鏡6、東晋鏡2となる。後漢鏡が圧倒的に多く、ついで三国呉鏡が多いのは浙江出土銅鏡が江南鏡を代表するものであることを示している。

　次にとりわけ注目すべきは鏡名称であるが、前漢鏡は数が少なく目立つことが無いが、問題は後漢三国両晋鏡である。さすがに方格規矩鏡の名称は使わず博局鏡とし、また同様に内行花文鏡とせず連弧紋鏡とするのは中国銅鏡研究に従ったものであるが、獣首鏡、獣帯鏡、さらに環状乳神獣鏡や半円方形帯神獣鏡、重列神獣鏡などは中国学界では例外的な鏡名称であり、完全に梅原末治氏らの日本学界の鏡名称と共通している。これに関連して【表7－1】最右欄の縁形式では日本出土事例しか確認されていないとされる三角縁神獣鏡の三角縁は彩版12神仙車馬画像鏡、彩版15神仙車馬画像鏡、彩版19神仙車馬画像鏡、彩版21瑞獣神仙車馬画像鏡、彩版24龍虎騎馬画像鏡、図版12博局禽獣鏡、図版13博局四神禽獣鏡、図版23神仙車馬画像鏡、図版28龍虎神仙画像鏡、図版30龍虎神仙画像鏡、図版31龍虎神仙画像鏡、図版35羽人四獣画像鏡、図版41禽獣羽人画像鏡という、いずれも後漢鏡13事例に確認でき、近似三角縁鏡は彩版7博局四神鏡、彩版25龍虎騎馬画像鏡、図版37後漢禽獣画像鏡、図版78三国呉・半円方枚対置式神獣鏡、図版94龍虎鏡、図版96三国呉・龍虎鏡、図版98三国呉・三龍鏡に確認できる。しかも以上の三角縁鏡の中で彩版12神仙車馬画像鏡は径22.10cm、彩版15神仙車馬画像鏡は径21.60cm、彩版19神仙車馬画像鏡は径19.80cm、彩版21瑞獣神仙車馬画像鏡は径17.70cm、彩版24龍虎騎馬画像鏡は径18.30cm、図版12博局禽獣鏡は径18.30cm、図版13博局四神禽獣鏡は径18.00cm、図版23神仙車馬画像鏡は径22.00cm、図版28龍虎神仙画像鏡は径19.00cm、図版30龍虎神仙画像鏡は径21.60cm、図版31龍虎神仙画像鏡は径20.50cm、図版35羽人四獣画像鏡は径21.90cm、図版41禽獣羽人画像鏡は径17.30cmという、いずれも後漢鏡事例としては大形鏡で、日本の三角縁神獣鏡の20.00cmを超える鏡も6事例が認められる。ただ、日本の考古学者の実見によると、それら中国の三角縁は日本の三角縁神獣鏡とは異質とされる[1]。

三角縁・近似三角縁とされる各鏡について、特に神仙像と神獣像に注目して写真を詳細に見ると、彩版12、彩版15、彩版19、彩版21、彩版24、図版12、図版13、図版23、図版30、図版31、図版35、図版41のそれぞれ三角縁とされる各鏡、及び彩版7、彩版25、図版37、図版78、図版94、図版96、図版98のそれぞれ近似三角縁とされる各鏡、要するに三角縁関係とされる鏡は全部がその神仙・神獣画像は日本発見の三角縁神獣鏡とは全く異質の画質である。浙江出土銅鏡と日本発見の三角縁神獣鏡との関係はまた別の視角が必要である。

　浙江出土銅鏡の発掘発見地点の所属市県、郷、公社（人民公社）、村などの行政区画名称さらに小さな地名であるが、市・県以下を示しているのは85事例とやや半数である。さらに東漢（後漢）墓などの考古学的調査によると断定できるものは彩版4紹興県富盛金家嶺村薛家山後漢墓、彩版11余杭県星橋鎮蠟触庵後漢磚槨墓、彩版14奉化県蕭王廟後竺村後漢墓、彩版17安吉県逓舗三官磚槨墓、彩版18嵊州市三国東呉墓、彩版19奉化県白杜林場南嶴一山廠古墓群後漢磚槨墓、彩版28安吉県高禹五福後漢磚室墓、彩版32龍游県東華山後漢磚室墓、彩版33奉化県白杜林場南嶴一山廠古墓群六朝磚室墓、彩版50龍游県寺底袁後漢磚室墓、図版42紹興県蘭亭鎮王家塢後漢墓、図版45嵊州市三国東呉墓、図版65龍游県寺底袁後漢磚室墓、図版76臨海県三国呉墓葬、図版82温州市郊白象弥陀山西晋永寧二年墓、図版83新昌県西晋太康元年墓、図版84龍游県寺底袁東晋偏早時期墓葬、図版86新昌県孟家塘大嶴底東晋墓、図版105紹興県富盛鎮下旺村三国墓葬、図版106紹興県上蒋郷鳳凰山西晋永嘉七年墓の20事例である。

　先に日本の三角縁神獣鏡の20.00cmを超える鏡について述べたが、【表7－1】を径大小順に並べた【表7－2】浙江出土銅鏡・径長大小順　修訂本（王士倫編著・王牧修訂）を作成してみよう。

【表7－2】　浙江出土銅鏡・径長大小順修訂本（王士倫編著、王牧修訂）

彩・図版別	番号	名称	時代	所蔵機関	発掘年	出土地場所	径／cm	鈕・鈕座形式	形態等説明	【銘文】	縁形式
彩版	11	貞夫画像鏡	後漢	浙江省文物考古研究所	2004年	余杭県星橋鎮蠟触庵後漢磚墓槨	24.00	大円鈕・連珠紋鈕座	四乳丁将画面分為四組。★外有一圏銘文。伴出的有黛板・陶罐等。	周是作竟（鏡）四夷服、多賀國家人民息、胡虜殄滅天下復、風雨時節五谷（穀）熟、長保二親得天力、伝告天下楽無亟兮。	辺縁獣文帯
彩版	12	神仙車馬画像鏡	後漢	紹興市文物管理局	1982年	紹興県上灶	22.10	半円鈕	紋飾分為四区。両区飾六馬駕輻車、駿馬昂首疾馳、車後曳帛、車上立一人、作張望状。★另両区為神仙、可能是東王公和西王母、均有侍者。周銘。外飾櫛歯紋・鋸歯紋・双線波浪紋。	呉向陽周是作竟（鏡）四夷服、多賀國家人民息、胡虜殄滅天下復、風雨時節五谷（穀）熟、長保二親得天力、伝告後世楽無亟。	三角縁
図版	23	神仙車馬画像鏡	後漢			紹興県	22.00	半円鈕・素圏鈕座	内区作四分法布置。一組車馬、三組神仙。★周銘。外区両周鋸歯紋、一周双線波浪紋、其内	田氏作竟（鏡）□□、多賀國家人民息、胡虜殄滅天下復、風雨時節五谷（穀）熟、長保	三角縁

								側為櫛歯紋。	二親得天力、伝告後世楽無極。	
図版	34	西王母舞踏画像鏡	後漢	浙江省博物館		紹興県	22.00	半円鈕	内区紋飾四分法布局。一組為四馬駕輻車。★周銘。	田氏作四服、多賀家人民息、胡虜殄滅天下復、風雨時節五穀（穀）熟、長保二親得天力、伝告後世楽無極。	
図版	35	羽人四獣画像鏡	後漢	紹興市文物管理局		紹興県	21.90		獣背上騎有羽人。外区為獣紋画文帯。		三角縁
彩版	14	神仙車馬画像鏡	後漢	奉化博物館	2003年	奉化県蕭王廟後竺村後漢墓	21.70	円鈕・連珠紋鈕座	主紋内区以四乳丁為界分成四区。★外区有一圏銘文。	石氏作竟（鏡）四夷服、多賀國家人民息、胡虜殄滅天下復、風雨時節五穀（穀）熟、長保二親得天力、楽無已。	辺縁禽獣帯
彩版	15	神仙車馬画像鏡	後漢	紹興市文物管理局	1971年	紹興県婁宮	21.60	円錐形鈕・連珠紋鈕座	内区紋飾布局採用四分法。★外区由櫛歯紋・鋸歯紋和双線波浪紋組成。	駢氏作竟（鏡）四夷服、多賀國家人民息、胡虜殄滅天下復、風雨時節五穀（穀）熟（熟）、長保二親。	三角縁
図版	30	龍虎神仙画像鏡	後漢	浙江省博物館			21.60	半円鈕・重圏鈕座	内区以四乳分作四組。★両組為神仙、旁有羽人。另両分別為青龍・白虎。外区飾変形蟠螭紋。		三角縁
彩版	27	屋舎人物画像鏡	後漢	上虞博物館		上虞県	21.30		内区以四乳分為四組。★外区鋸歯紋両周、内側為櫛歯紋。		斜縁
図版	22	神仙車馬画像鏡	後漢			伝紹興県	21.00	半円鈕・素圏鈕座	此鏡紋飾極精、1949年前散失。係原物拓片。紋飾分為四区、実際上是両組題材、描写穆天子会見西王母的故事。★		
彩版	13	神仙車馬画像鏡	後漢	諸曁博物館	1984年	諸曁県楊梅橋郷董公村	21.00		内区紋飾作四分法布置、★其中両組為四馬駕輻車、車後拖ેં車帛、馬前為山巒。另両組為神仙和侍者。周銘。外区画文帯一周。	石氏作竟（鏡）四夷、多賀國家人民息、胡虜殄滅天下復、風雨時節五穀（穀）熟、長保二親。	
彩版	20	神仙戯馬舞踏鏡	後漢	浙江省博物館	2005年		21.00		内区紋飾以四乳隔作四組。★		
彩版	29	四獣画像鏡	後漢	紹興市文物管理局		紹興県	21.00	円鈕・方鈕座、座之四角綴以卷草紋	内区飾龍・虎・鹿及独角獣。独角獣後有一羽人。外区櫛歯紋・鋸歯紋及画文帯組成。		
図版	33	雑伎舞踏画像鏡	後漢			紹興県	20.80	半円鈕・草節紋圏鈕座	内区四分法布局。★毎組間一乳紋。一組飾雑伎、有立于畳器之上者、有倒立亀上者。一組為単人舞踏。另両組神人、長鬚者大約是東王公。外区画文帯。		斜縁
図版	38	禽獣画像鏡	後漢	此鏡原物1949年散		紹興県漓渚	20.80	半円鈕・双線方格鈕座	内区四分法、★飾二龍・一虎・一孔		

第七章　浙江出土銅鏡について　433

			失、係原物拓片				雀。外区為鋸歯紋和画文帯各一周。		
図版	24	神仙車馬画像鏡	後漢	浙江省博物館		紹興県	20.60	半円鈕・連珠紋鈕座	紋飾作四分布置、其中両組車馬、車後拖長帛。★周銘。	尚方作竟（鏡）四夷服、多賀國家人民息、胡虜朱（誅）滅天下復、風雨時節五谷（穀）熟、長保二親得天力、伝告	
彩版	16	神仙車馬画像鏡	後漢	徳清博物館	1983年	徳清県澉山郷蠡山	20.50	半円鈕直径3cm、高1.5cm、連珠紋鈕座	内区分四組、其中青龍一組、車馬一組、神仙両組。★外区飾鋸歯紋両周、内側飾櫛歯紋一周。		
図版	25	呉王・伍子胥画像鏡	後漢	1949年前散失、係原物拓片		紹興県漓渚	20.50	半円鈕・連珠紋鈕座	此鏡紋飾極精、紋飾描写伍子胥歴史故事、作四分布置。★周銘。	驕氏作竟（鏡）四夷服、多賀國家人民息、胡虜殄滅天下復、風雨時節五谷（穀）熟、長保二親得天力、伝告後世楽無極。	
図版	31	龍虎神仙画像鏡	後漢	紹興市文物管理局		紹興県紅衛公社勝利大隊	20.50	半円鈕・凹形方框鈕座	毎角飾一鳥。内区以四乳分隔四組、★分別為青龍・白虎及両組神仙。外区為変形蟠螭紋。		三角縁
図版	32	神仙画像鏡	後漢			紹興県	20.50	半円鈕・連珠紋鈕座	内区飾神人四組、以四乳分隔、分別題榜為「東王公」・「西王母」「王女二人」「盛王」。★外区画文帯。		素平凸辺
図版	20	神獣帯鏡	後漢	1949年前散失、係原物拓片		紹興県漓渚	20.20	半円鈕	此鏡紋飾極精、採用重圏環帯形式構図。里圏銘文。★、囲以櫛歯紋、素圏和勾連紋。其外飾神仙・霊獣等、分別題刻。	里圏銘文：富貴長寿宜子孫大吉。分別題刻、「赤誦馬」・「王喬馬」・「辟邪」・「銅柱」。另有「柏師作」。	
図版	26	呉王・伍子胥画像鏡	後漢			伝紹興県	20.00	半円鈕・連珠紋鈕座	内区作四分布局。★周銘。	呉向里柏作竟（鏡）四夷服、多賀國家人民息、胡虜殄滅天下復、風雨時節五谷（穀）熟、長保二親得天力、伝告後世楽無極兮。	
彩版	17	神仙車馬画像鏡	後漢	安吉博物館	2002年	安吉県递舗三官磚墓	19.80	円鈕・連珠紋鈕座	以乳丁為界画面分四組。★此鏡的独特之処是呈色豊富、有専家称之為「花鏡」。		縁部禽獣帯
彩版	19	神仙車馬画像鏡	後漢	奉化文物保護所	2005年	奉化県白杜林場南塞一山廠	19.80	円鈕	古墓群。東漢墓出土。紋飾以四乳丁分為四区。★		三角縁
彩版	26	神人神獣画像鏡	後漢	浙江省博物館		紹興県漓渚	19.80		四乳丁将画面分成四区。★		
図版	28	龍虎神仙画像鏡	後漢			紹興県	19.80	半円鈕・双線方格鈕座	内区作四分法布置。★其中龍虎各一組、神仙両組。神仙旁有侍者或羽人。外区飾鋸歯紋両周、双線波浪紋一周。		三角縁
図版	29	龍虎神仙画像鏡	後漢	紹興市文物管理局		紹興県	19.00	半円鈕・重圏鈕座	内区紋飾分為四区、★分別飾以東王公（有題榜）・西王母・		

							青龍・白虎。外区飾変形蟠螭紋。			
彩版	3	四乳蟠螭紋鏡	前漢	紹興市文物管理局		紹興市南池公社上謝墅	19.00	半円鈕・柿蒂紋鈕座	其外為素凸圈一周、櫛歯紋両周。主紋分為四区、毎区飾蟠螭紋。		素辺凸起
図版	6	四乳四螭鏡	前漢	紹興市文物管理局		紹興県坡塘公社芳泉大隊	19.00	半円鈕・柿蒂紋鈕座	再外為周銘。	内青質□以□明、光夫象日月不□。	
図版	18	七乳禽獣帯鏡	後漢	瑞安市文物館	1978年	温州市白象公社	18.80	半円鈕・鈕飾外飾重圏	里圈環列九乳、并有「宜子孫」三字。外圈銘文。又外飾龍・虎・鳳・雀・羽人等。間以七乳。辺飾鋸歯紋和変形蟠螭紋。	内而明而光凍、石峰下之清見、乃已知人菁、心志得楽長生。趙。	
彩版	22	龍虎神仙画像鏡	後漢	浙江省博物館		紹興県	18.60	半円鈕・連珠紋及双線方格鈕座	内区紋飾作四分法布局。★外区・鋸歯紋両周・弦紋一周、其内為櫛歯紋。		斜縁
図版	37	禽獣画像鏡	後漢			紹興県漓渚	18.60	半円鈕・双線方格鈕座	内区作四分法布置。★題材為孔雀・龍・虎・独角獣。外区飾鋸歯紋及画文帯。		近似三角縁
彩版	18	神仙車馬画像鏡	後漢	嵊州市文物管理処	1987年	嵊州市三国東呉墓	18.40	円鈕・円鈕座、外囲以連珠紋	主紋以四乳丁為界分為四区。★	蔡氏作竟（鏡）佳且好、明而日月世少有、刻治分守悉皆在、令人富貴宜孫子。	辺縁雲気紋
図版	39	四獣画像鏡	後漢	浙江省博物館			18.40	半円鈕・双線方格鈕座	内区分飾四組、★分別為二龍・一虎・一馬。外区画文帯。		
彩版	8	博局禽獣鏡	後漢	紹興市文物管理局		紹興県	18.30	半円鈕・柿蒂紋凹方格鈕座	方格内周飾乳紋、間以子丑寅卯辰巳午未申酉戌亥。内区飾博局紋及禽獣紋。周銘。内外区間飾櫛歯紋。外区飾鋸歯紋・双線波浪紋。	尚方作竟（鏡）真大巧、上有山（仙）人不知老、渇飲玉泉飢食棗、浮由（游）。	
彩版	24	龍虎騎馬画像鏡	後漢	紹興市文物管理局	1975年	紹興県五星公社新建大隊	18.30	円錐形鈕・円圏凹形方格鈕座	内区紋飾分四組。★外区飾画文帯。		三角縁
図版	12	博局禽獣鏡	後漢	紹興市文物管理局		紹興県	18.30	半円鈕・凹線方格鈕座	内飾乳紋、間以「子丑寅卯辰巳午未申酉戌亥」。内区飾乳丁・博局及禽獣紋。周銘。外区飾鋸歯紋両周和双線波浪紋一周。	尚方作竟（鏡）真大巧、上有仙人不知老、飲玉泉飢食棗。	三角縁
彩版	23	龍虎神仙画像鏡	後漢	諸曁博物館	1973年	諸曁県新壁郷五湖村	18.00		内区紋飾分四組。★外区飾蟠螭紋一周。		
図版	13	博局四神禽獣鏡	後漢	嵊州市文物管理処		嵊県	18.00	半円鈕・柿蒂紋凹形方框鈕座	上飾乳紋、間以「子丑寅卯辰巳午未申酉戌亥」。内区博局紋・四神及禽獣紋。周銘。外区飾鋸歯紋両周和双線波浪紋一周。	尚方作竟（鏡）真大巧、上有仙人不知老、渇飲玉泉食飢棗。	三角縁
図版	19	七乳禽獣帯鏡	後漢	浙江省博物館			18.00	半円鈕	其外有「長宜子孫」四字、間以乳紋。重圏外飾朱雀・長尾鳥・白虎・独角獣・玄武・羽人・青龍、間以乳紋、	長宜子孫	

第七章　浙江出土銅鏡について　435

							再外飾鋸歯紋及画文帯。		
図版	36	禽獣画像鏡	後漢	紹興市文物管理局	1983年	紹興県坡塘公社獅子山	18.00		内区飾龍・虎・鳳和独角獣。外区飾鋸歯紋及画文帯各一周。	
図版	100	元康三年龍虎四神鏡	西晋	蘭渓博物館		蘭渓県博物館徴集	17.90	半円形鈕	正・背面両片分鋳、然後灯接。鈕外盤纏龍虎、首尾相接。外囲七乳、間以四神及瑞獣。外区飾鋸歯紋両周、双線波浪紋一周。周銘。★	元康三年五月造、大母傷、左龍右虎辟易不羊（祥）、朱鳥玄武順陰陽、長保二亲（親）楽富昌、寿敞金石如。
彩版	25	龍虎騎馬画像鏡	後漢	紹興市文物管理局		紹興県夏暦公社野塢大隊	17.80	円錐形鈕	内区以四乳分隔成四区。★外区為流雲紋画文帯。	近似三角縁
彩版	21	瑞獣神仙車馬画像鏡	後漢	紹興市文物管理局		紹興県坡塘公社安山大隊傅家塢	17.70	円錐形鈕・双線方格鈕座	内区紋飾分四区。★外区飾画文帯。	三角縁
図版	73	半円方枚環状式神獣鏡	三国呉			紹興県	17.40	扁円鈕・草節紋鈕座	神獣作環状乳布置。★方枚銘文。外区画文帯。	三公九卿十二大夫。
図版	107	鳳凰銜蕊鏡	三国呉	瑞安文物館	1970年	瑞安県曹樹公社	17.40	扁円鈕、径4.0cm、高1.3cm	外飾四組双鳳相向銜蕊、四組相背回首銜蕊。再外為十六枚内向連弧紋一圏、毎枚連弧紋上飾禽獣図案。鏡辺飾画文帯。	
図版	40	四神画像鏡	後漢			紹興県	17.30	半円鈕・双線方格鈕座	上飾「長宜子孫」四字。内区飾青龍・白虎・朱雀・玄武。外区飾鋸歯紋和画文帯。	長宜子孫。	斜縁
図版	41	禽獣羽人画像鏡	後漢			杭州市黄家山	17.30		内区以四分法布置。★三獣・一羽人。外区画文帯。	作竟（鏡）真大巧、上有山（仙）人不□老。	三角縁
図版	27	龍虎神仙画像鏡	後漢	蘭渓市博物館	1973年	蘭渓県煤砿廠工地	17.10	半円鈕・凹形方框鈕座	内区飾龍虎各一組、神仙両組。★外区飾櫛歯紋和鋸歯紋。		斜縁
図版	17	博局四神鏡	後漢	紹興市文物管理局		紹興県	16.80	半円鈕・凹形方框	内飾乳紋及「子丑寅卯辰巳午未申西戌亥」。内区飾乳紋、博局紋及四神等。周銘。内外区之間飾櫛歯紋一周、外区飾鋸歯紋両周、双線波浪紋一周。	新有善銅出丹陽、和以銀錫清且明、左龍右虎掌四彭（旁）、朱爵（雀）玄武順陰陽、八子九孫治中央。
彩版	60	四葉人物鏡	西晋	金華侍王府紀念館	1976年	金華県古方窯廠	16.70	半円鈕	鈕外伸出四葉紋、毎葉飾一人、題曰「弟子仲由」、「弟子顔淵」、「弟子子貢」、「聖人（孔子）」。毎葉間飾双鳥。此鏡紋飾較少見。	
図版	75	建興年半円方枚対置式神獣鏡	三国呉	紹興市文物管理局	1983年	紹興県上謝墅	16.70	鈕残	方枚銘文。「建興」応是三国会稽王孫亮的年号。主区大部残。外区画文帯。	建興□年五月壬午造作□竟（鏡）、服之。	外縁飾流雲紋
彩版	32	環状乳半円方枚神獣鏡	後漢	龍游博物館	1991年	龍游県東華山後漢磚墓	16.40	円鈕・連珠紋鈕座	主紋為四組神人神獣繞鈕環列一周。★辺縁内区画文帯、飾飛鳥・亀、羽人騎虎・騎鳳、六龍		外縁雲紋

								駕雲車等。均朝同一方向作奔騰状、動感十足。		
図版	21	禽獣人物画像鏡	後漢	紹興市文物管理局	1983年	紹興県禹陵公社王丁大隊	16.40		五乳、有弄雑伎二人。外区画文帯四枚銭文、其中両枚為「五銖」。周銘。	尚方作竟（鏡）真巧、上有仙人不知老。	斜縁
彩版	2	清白連弧銘帯鏡	前漢	安吉博物館	1998年	安吉県良朋上柏	16.30	円鈕・并蒂蓮珠紋鈕座	座外向八連弧紋、間以図案。銘文為：	潔清白而事君、志之弇明、天作玄兮流澤、恐疏思日望、美人外可説、永思而母絶。	
図版	11	博局禽獣鏡	後漢	慈渓市博物館		慈渓市	16.30	半円鈕・凹形方格鈕座	上飾乳紋一周、間以「子丑寅卯辰巳午未申酉戌亥」十二字。内区博局・禽獣及乳紋。周銘。	上大山、見神人、食玉英、飲醴泉、駕蛟龍、乗浮雲、官□秩、保子孫、楽未央、貴富昌。	
図版	8	内連弧紋鏡	後漢	上虞県博物館	1981年	上虞県横塘	16.00				
図版	10	博局禽獣鏡	後漢		紹興県	16.00	半円鈕・三線方格鈕座	内飾八乳、間以「長宜子孫」四字。内区飾博局・乳丁和禽獣紋。周銘。	漢有善銅出丹陽、取之為鏡清且明、左龍右虎備四旁、朱爵（雀）玄武順陰陽、八子。	
彩版	7	博局四神鏡	後漢	紹興市文物管理局		紹興県	15.50	半円鈕・変形柿蒂紋鈕座	内区飾博局紋、乳丁紋、青龍・白虎・玄武等。周銘。内外区間飾櫛歯紋、外区飾鋸歯紋・双線波浪等。	尚方作竟（鏡）真大巧、上有仙人不知老、渇飲玉泉飢食。	近似三角縁
彩版	31	環状乳半円方枚神獣鏡	後漢	上虞博物館		上虞県	15.50	円鈕・連珠紋座	紋上方為伯牙弾琴、一神作側耳聆聴状。★縁部内区為画文帯、上飾六龍駕雲車・鳳鳥等。外区飾菱形雲紋。通体紋飾精緻細密。	吾作明竟（鏡）、天王日月、幽東（凍）三商、天王日月、世得光明、天王日月、大吉命長。	
図版	61	黄武五年重列神獣鏡	三国呉		1973年	衢州市横路公社	15.50	半球形鈕略扁、直径3.5cm、高0.4cm	周銘。★梅原末治『漢三国六朝紀年鏡図説』載。	吾作明竟（鏡）、宜‥‥安吉羊（祥）、位至□公、美侯王、官位禄寿、当萬年、而願即得長□、黄武五年太歳、在丙午五月辛未朔七日、天下太平、呉国孫王治□□太師鮑唐而作。	
彩版	35	鎏金環状乳半円方枚神獣鏡	後漢	上虞博物館		上虞県	15.40	円鈕・連珠紋鈕座	主紋有四組神人神獣。★半円内有雲紋。縁部画文帯、有六龍駕雲車、羽人騎龍、羽人騎鳳等紋。	吾作明竟（鏡）、幽凍三商、其師命長。	縁部為変形雲紋
彩版	58	四葉龍鳳鏡	三国	武義博物館	1992年	武義県端村	15.20	扁円鈕	主紋為桃形四葉、葉内各飾龍紋。四葉間飾有対鳳、十六連弧紋内飾等。		寛素縁
彩版	28	四神画像鏡	後漢	安吉博物館	2001年	安吉県高禹五福後漢磚墓	15.10	円鈕・方鈕座、座之四角綴以巻草紋	主紋以乳丁紋界分成四区。★伴出的有東漢船形瓷灶。		
彩版	59	四葉飛天対鳳鏡	三国	武義博物館		武義県	15.00	扁円鈕	沿紐有四片桃形葉、両葉内飾有飛天・巨蟹・朱雀・蟾蜍・九尾狐・赤鳥・宝瓶・天秤等。		

第七章　浙江出土銅鏡について　437

図版	14	博局四神禽獣鏡	後漢	嵊州市文物管理処		嵊県	14.90	半円鈕・鈕座由九乳、重圏及凹形方格組成	内区飾八乳・博局紋・四神和禽獣紋。周縁外区飾弦紋・鋸歯紋・双線波浪和連珠紋。	食玉英、飲澧泉、駕蜚龍、乗浮雲、周復始、伝子孫、昭□脅、直萬金、象衣服、好可観、宜街人、心意歓、長潤志、固常然。	
彩版	41	建安十年重列神獣鏡	後漢	紹興市文物管理局		紹興県	14.80	半円鈕大而扁、直径4.8cm、高0.6cm・連珠紋鈕座	三段重列、上段四神、中段両神三獣、下段一神一侍三獣。周銘。★外区雲紋。	吾作明竟（鏡）、幽湅宮商、周羅容象、五帝天皇、伯牙弾琴、黄帝除凶、朱鳥玄武、白虎青龍、服者豪貴、延寿益年、子孫番□。建安十年。	平縁、其上飾双線連環紋
彩版	54	龍虎鏡	後漢	紹興県文物保護所	2002年	紹興県漓渚	14.80	円鈕	主紋以龍虎繞鈕作相峙翻騰状、下似有一猴。外区銘文。伴出的有漢代黛板・釉陶罐等。	杜氏作鏡善母傷、和以銀錫清且明、□用造成文章、□侯天禄居中央、十男五女楽無憂兮如侯王。	
彩版	5	八乳博局鏡	後漢	紹興市文物管理局	1979年	紹興県上蔣鳳凰山	14.50	半円鈕直径2cm、高0.7cm、重圏方格鈕座	内区飾八乳、禽獣及博局紋。周銘。外区画文帯及鋸歯紋	泰言之紀従鏡始、長葆二亲利孫子、辟不羊宜古市、寿如金石西王母、楽乃始。	
彩版	53	永安七年半円方枚神獣鏡	三国呉	衢州市博物館	1982年	衢州市白塢口公社	14.50	半円鈕略扁、直径3.6cm、高0.6cm	六神四獣、作対置式布局。方枚銘文。周銘。	方枚銘文：吾作明鏡、等。周銘：永安七年五月廿四日、造作明鏡、百煉清銅、服者老寿、□□□□、家有五馬千頭羊、楽未央。	
彩版	56	龍虎鏡	後漢	上虞県博物館		上虞県	14.50	円鈕	主紋為龍虎繞鈕対峙作咆哮翻騰状、鈕下跪坐一羽人。銘文。	石氏作竟（鏡）世少有、蒼龍在左、白虎居右、仙人子喬于後、為吏高、価萬倍、辟去不羊利孫子、千秋萬歳、生長久。	
図版	89	龍虎鏡	後漢	浙江省博物館			14.50	半円鈕	鈕外龍虎対峙、其下羽人側坐。周銘。銘文「遺杜氏」、有学者読作「上虞杜氏」。	遺杜氏造珍奇竟（鏡）号、世之眇（通妙）砂、名工所刻割分、練五斛之英華、□而無極兮、辟邪配天禄、奇守（獣）并□出分、三鳥・・・吏人服之曾（増）秩禄、大吉利。	
彩版	4	内連弧紋鏡	後漢	紹興県文物保護所	2003年	紹興県冨盛金家嶺薛家山後漢墓	14.40	円鈕・柿蒂紋鈕座	鈕座間分置「君宜高官」四字、座外一圏凸弦紋、再外一周十内連弧紋。伴出的有黛板・釉陶罐・砥石等。	君宜高官	素寛縁
彩版	34	環状乳半円方枚神獣鏡	後漢	紹興市文物管理局		紹興県	14.20	円鈕・円鈕座、外囲以連珠紋	主紋基本以四辟邪将紋飾分成四組神人神獣。★縁部内区為画文帯、外区飾雲紋。	吾作明竟（鏡）等	
図版	47	環状乳半円方枚神獣鏡	後漢	浙江省博物館			14.20	円鈕・円鈕座	神獣作環状布局。★方枚十四、毎枚一字。外区画文帯。	尚方作竟（鏡）自有紀、除去不祥宜古（賈）市。	
図版	76	赤烏元年半円方枚	三国呉	臨海博物館		臨海三国呉墓葬	14.20	半円鈕	主紋四神四獣作対置式布局★、外囲	赤烏元年五月制造明竟（鏡）、□□	

		対置式神獣鏡						八個半円方枚。外区有銘文一圏、可弁。与此墓同出土有青瓷陶罐・青瓷虎子・青瓷洗等。	□□、長楽未央。	
彩版	48	重列神獣鏡	三国呉	龍游博物館	1990年	龍游県	14.10	円鈕	主紋為五段重列。	
彩版	36	環状乳半円方枚神獣鏡	後漢	紹興市文物管理局		紹興県	14.00	円鈕・円鈕座、外囲以連珠紋	主紋基本以四辟邪将紋飾分成四組神人神獣。★縁内区画文帯、飾六龍駕雲車、羽人騎龍、鳳鳥、羽人騎虎等、紋飾精緻、極富動感。	吾作明竟（鏡）、幽凍三商、子孫番昌、利□命長、自作百師。	外縁雲紋
彩版	52	半円方枚対置式神獣鏡	三国呉	龍游博物館	1988年	龍游県岩頭村	14.00	扁円鈕	主紋基本以一神両雀両辟邪為組合、共四組、両両相対繞鈕排列。十半円方枚・縁部内区有「黄龍三商」等銘。	黄龍三商	
図版	42	獣首鏡	後漢	紹興県文物保護所	2003年	紹興県蘭亭鎮王家塢後漢墓。	14.00	円鈕	朱紋分内外両区、内区以鈕為中心囲以蝙蝠形四葉紋、内各有一獣首紋、四葉間亦分置獣首、下有直書銘文。外区有23個内向連弧紋、間以如意形図案。縁部内区有一圏銘文。伴出有鉄矛・銅帯鈎等。	獣首下銘文：「三公」「宜公王」「富貴」「大吉祥」。外区銘文：吾作明竟（鏡）、幽凍三商、雕模祖無、□□□康自身、興楽衆神、貴商天命、向西游、福禄自天、要常服、為富貴番昌、侯年番臣、子孫番昌、大吉祥、其師命長。	
図版	44	獣鈕環状乳半円方枚神獣鏡	後漢			紹興県漓渚	14.00	獣首鈕・草節紋圏鈕座	神獣作環状布局。★方枚十二、毎枚二字。多減筆、或省偏旁。	吾作明竟（鏡）、幽凍三商、雕刻萬疆、四気象元、六合言（設）長（張）、其師命長。	
図版	65	建安四年回向式神獣鏡	後漢	龍游博物館	1989年	龍游県寺底袁後漢磚室墓	14.00	円鈕	主紋由三組神人神獣環紐者回向式排列。縁部有銘文一圏、可弁識為等二十一字銘文、字体潦草、減筆甚多。	建安四年六月辛巳朔廿五日、一巳造、吾作明竟（鏡）、□□。	雲紋縁
図版	69	半円方枚環状式神獣鏡	後漢	諸曁博物館		諸曁県外陳郷後畈村	14.00	円鈕	神獣作環状布局。★周銘有。	「吾作明竟（鏡）」、「幽凍三商」、「衆神見容」、「天禽并存」、「子孫番（蕃）昌」等句。	
図版	82	神獣鏡	西晋	温州市博物館	1965年	温州市郊白象弥陀山西晋永寧二年墓	14.00	半円鈕較扁	紋飾和銘文均模糊。		
図版	105	四葉龍鳳鏡	三国呉	紹興県文物保護所	2002年	紹興県富盛鎮下旺村三国墓葬	14.00	円鈕	主紋変形四葉内有四龍紋、四葉間有双鳳。十六内連弧内有回首龍・虎・鳳等。辺縁纏枝図案中間以獣紋。伴出的有滑石猪・青瓷鉢・小碗。		
彩版	10	鎏金五乳四神鏡	後漢	義烏博物館		義烏県徐村郷	14.00	円錐形鈕・重圏鈕座	内区以五乳間隔五区、分別飾青龍・白虎・玄武・羽人、周銘。外区飾変形蟠螭紋。鏡背鎏金。	尚方作竟（鏡）真大巧、上有仙人不知老、渇飲玉泉飢食。	

第七章　浙江出土銅鏡について　439

図版	104	四葉八鳳鏡	三国呉	紹興市文物管理局		紹興県	13.90	扁円鈕			寛素辺
彩版	50	回向式神獣鏡	三国呉	龍游博物館	2004年	龍游県寺底後漢磚室墓	13.80	扁円鈕・連珠紋鈕座、	主紋分三組。★縁内区一圏銘文、字迹漫漶不易識読。伴出的有釉陶盤口壺両件。		外縁為雲紋
彩版	6	漢有善銅博局鏡	後漢	上虞博物館		上虞県	13.70	円鈕・円形鈕座	外囲以双線方框、框外分飾T字紋。T字紋下方配L字紋，其間分飾青龍・白虎・玄武・羽人等神獣。篆書銘文。	漢有名銅出丹陽、取之為鏡青且明、八子九孫。	辺飾画文帯・禽獣紋
図版	80	方枚対置式神獣鏡	三国呉	紹興市文物管理局		紹興県	13.70	扁円鈕	神獣作対置式布置。★周繞方枚及花朵。		平縁渦紋
彩版	39	環状乳半円方枚神獣鏡	後漢	紹興県文物保護管理所	2001年	紹興県平水鎮下灶	13.60	円鈕	主紋内区為四辟邪、間以図案式花草紋。外区十半円方枚中、有銘文★辺縁内区画文帯。	吾作明竟（鏡）、幽凍三商、配像萬疆、統徳序道、敬奉賢良、千秋日利、百年楽寿、富貴安楽、子孫蕃昌、其師命長。	外区雲紋
彩版	46	重列神獣鏡	三国呉	諸暨博物館		諸暨県紫雲郷旺旺村淡西山	13.60		五段重列。周銘減筆甚多。		
図版	59	建安七年重列神獣鏡	後漢	余姚市文物管理弁公室		余姚県環城区双河公社涼湖大隊	13.60	扁円鈕	神獣五段重列。上部銘文。下部銘文。周銘。「安」之上一字模糊、但拠此鏡之風格判断、似応為「建」字。★	上部銘文：君宜官位。下部銘文：君宜館。周銘：‥‥三商、周□容象、五帝天皇、白（伯）牙単（弾）琴、黄帝除凶、朱鳥玄武、白虎青龍、□安七年四月示氏作竟（鏡）、君宜高官、子孫番（蕃）昌、大吉羊（祥）。	
図版	66	回向式神獣鏡	後漢	紹興市文物管理局		紹興県	13.60	円鈕	銘文不清。		
彩版	30	環状乳半円方枚神獣鏡	後漢	紹興市文物管理局		紹興県	13.50		神獣作環状布局。★神人神獣下端分置八個円輪状物、通常称為環状乳。外区画文帯。		平縁渦紋
彩版	42	建安十年重列神獣鏡	後漢	紹興県文物保護所	2001年	紹興県平水鎮剣灶村	13.40	円鈕。	主紋為五段重列。		
図版	94	龍虎鏡	後漢			永康県	13.40	半円鈕	内区龍虎対峙。周銘。外区画文帯。	青蓋作竟（鏡）四夷服、多賀国家人民、胡虜殄滅天下復、風雨時節五穀（穀）孰（熟）、長保二親得天力。	近似三角縁
彩版	9	博局禽獣鏡	後漢	衢州市博物館	1974年	衢州市造紙廠工地	13.30	半球形鈕・柿蒂紋凹形框鈕座	鈕座外飾博局紋・禽獣紋。外囲飾櫛歯紋。外区飾鋸歯紋・波浪紋。		
図版	63	重列神獣鏡	三国呉			金華市古方	13.30		五段重列。銘文多減筆。		
図版	93	龍虎鏡	後漢			紹興県	13.30	半円鈕	鈕外繚繞一龍二虎。周銘。原鏡鋳壊、内外区間流有銅迹、辺縁変形。★	呉向里柏氏作竟（鏡）四夷服、多賀国家人民、胡虜殄滅天下復、風雨時節五穀（穀）孰（熟）、長保二親得	

								天力、伝告後世楽無亟（極）兮。	
図版	103	四葉鳳凰鏡	三国呉	武義博物館	1979年	武義県壺山鎮	13.30	扁円鈕	外飾四葉紋、中為龍紋。葉間飾双鳳。再外十六連弧紋、上飾龍・鳳等禽獣紋。		寛素辺
図版	62	重列神獣鏡	三国呉	紹興市文物管理局		紹興県	13.20		五段重列。周銘模糊不清。		
図版	46	環状乳半円方枚神獣鏡	後漢	衢州市博物館	1979年	衢州市横路公社	13.00	半円鈕較扁	紐外環列四神四獣和環状乳・鏡辺画文帯。		
図版	51	環状乳半円方枚神獣鏡	後漢	紹興市文物管理局		紹興県	13.00		神獣作環状布局。★有環状乳八。方枚十二、毎枚二字。外区為獣紋帯。	吾自作明竟（鏡）、幽凍三商、雕刻萬疆、四夷媚、青□吉羊（祥）、其師命長。	平縁渦紋
図版	58	建安二十年半円方枚神獣鏡	後漢	新昌県文物管理弁公室		新昌県抜芽	13.00	半円鈕	神獣作環状布局。★周銘。	建安二十年十二月八日辛卯日作、・・・宜富貴、老寿□夫妻、宜子孫、好妻八九舎、・・・得□者吉也。	
図版	64	重列神獣鏡	三国呉	浙江省博物館			13.00	扁円鈕	神獣作五段重列。周銘。	吾作明竟（鏡）、□咄叱諸史何屈屈急趣怒書当自投三公九卿従書出駕乗田乙□跣□□□（棚）入関□□□黄□□堂□□□□□□□開車自生□戴鉄鉞建国治民。	
図版	1	昭明連弧銘帯鏡	前漢	嵊州市文物管理処		嵊州市	12.80	半円鈕	鈕外飾連珠紋、囲以素圏、外飾連弧紋。再外為周銘。此類鏡為西漢末之作品。	内清以昭明、光象夫日之月、心忽忠□雍塞忠不世（泄）。	
図版	9	尚方作鏡博局鏡	後漢	上虞県博物館		上虞県	12.80	円鈕・柿蒂紋鈕座	主紋以八乳丁和博局紋分隔成四区、区間有青龍・白虎・朱雀・玄武。外囲以一圏銘文。	尚方作竟（鏡）真大巧、上有仙人不知老、渇飲玉泉飢食棗、吉羊（祥）兮。	
彩版	33	環状乳半円方枚神獣鏡	後漢	奉化市文物保護所	2005年	奉化県白杜林場南墺一山廠古墓群六朝磚室墓	12.60	円鈕・連珠紋鈕座	主紋以四辟邪分成四組、東王公・西王母、伯牙弾琴。★此鏡的独特之処為半円内各飾有獣首紋。同墓出土的還有青瓷小水盂。	吾作明竟（鏡）、子孫成王、統得序道、幽凍三商。	辺縁画文帯
図版	102	四葉八鳳鏡	三国呉			金華市湖鎮洪畈	12.60	扁円鈕	外飾方座、毎角伸出葉紋、内有「□□宜官」四字、外有「□□三公」四字。葉間飾双鳳図案、其外為連弧紋。		素辺
彩版	49	重列神獣鏡	三国呉	武義博物館	1994年	武義県履坦棺山	12.50	扁円鈕	主紋飾分成。★縁部銘文不易識読。		
図版	15	博局四神鏡	後漢	紹興市文物管理局		紹興県	12.50	半円鈕・柿蒂紋凹形方格鈕座	内区以四枚乳紋作間隔、分為四区、毎区飾T紋及青龍・白虎・朱雀・玄武。周銘。外区飾龍鳳等図案。	柰言之止（此）鏡、青龍居左虎居右、辟去不祥宜。	平縁
図版	54	環状乳半円方枚神獣鏡	後漢	嵊州市文物管理処		嵊県	12.50		神獣作環状布置。★外区画文帯。		

第七章　浙江出土銅鏡について　441

図版	72	永安七年半円方枚環状式神獣鏡	三国呉	金華侍王府紀念館	1976年	金華県古方窯廠	12.50		神獣作環状乳布局。★周銘。	永安七年九月三日、将軍楊勛所作竟、百煉精銅、服者萬歳、宜侯王公卿。	
彩版	47	重列神獣鏡	三国呉	武義博物館	1994年	武義県履坦棺山	12.40	扁円鈕	主紋五段重列。		
図版	67	半円方枚回向式神獣鏡	後漢	金華地区文物管理局			12.40		神獣作回向式布局。★方枚十一、毎枚一字。周銘。	方枚銘文：利父宜兄、仕至三公、其師命。周銘：盖惟貨鏡、変巧名工、攻山采錫、伐石索銅、穎火炉冶、幽涷三商、□日曜、象月明、五帝昔□、建師四方。玄。	
図版	79	方枚対置式神獣鏡	三国呉	衢州市博物館	1980年	衢州市万田	12.40		同時出土的建安廿四年神獣鏡及楼閣青瓷瓶。		
彩版	44	重列神獣鏡	後漢	蘭渓市博物館	1976年	蘭渓県永昌郷	12.30	半円鈕	神獣作五段重列、周銘	吾作明竟（鏡）、商周幽涷、□雕容象、□□□□、白（伯）牙弾琴、黄帝除凶、朱鳥玄武、白虎青龍、君宜高官、位至三公、子孫番。	
図版	71	永安元年半円方枚環状式神獣鏡	三国呉	武義博物館		武義県	12.30	扁円鈕、径3.0cm、高0.4cm	二神四獣、作環状式布局。★周銘。	永安元年造作明鏡、可□□□、服者老寿、作者長生。	
彩版	43	重列神獣鏡	後漢	武義博物館		武義県履坦公社	12.20	扁円鈕、直径2.8cm、高0.4cm			
図版	52	環状乳半円方枚神獣鏡	後漢	紹興市文物管理局		紹興県	12.20	半円鈕	神獣作環状布局。★有環状乳六、均飾于神獣下部。方枚十二、毎枚一字。周銘。	方枚銘文：利父宜兄、位至三公、其師命長。周銘：盖惟貨鏡、変巧名工、攻山采錫、伐石索銅、□火炉冶、幽涷三商、和□白□、昌象月明、五帝□□、建師四方、玄象□威、白虎□□、青龍□。其師命長。	
図版	60	重列神獣鏡	後漢	義烏博物館		義烏県	12.10	扁円鈕	五段重列。		
図版	70	半円方枚環状式神獣鏡	三国呉	紹興市文物管理局	1979年	紹興県紅旗公社向陽大隊	12.10	紐径2.9cm、高0.4cm	神獣作環状式布局。★周銘。従形制和風格判断当是三国時的作品。	□□元年五月十日造作明□□□□□□□□□。	
図版	77	赤烏□年半円方枚対置式神獣鏡	三国呉	浦江博物館		浦江県大許公社	12.10	半円鈕較扁径2.5cm、高0.3cm	四神四獣作対置式布局★、周環半円方枚。銘文。	□赤烏□年五月丙午朔□日造作此竟（鏡）、服者吉□。	
彩版	37	環状乳半円方枚神獣鏡	後漢	紹興県文物保護所	1987年	紹興県冨盛鎮半山方礜村	12.00	円鈕・外囲以連珠紋鈕座紋	主紋基本以四辟邪将紋飾分成四組神人神獣。★画文帯飾有飛龍・禽鳥・羽人騎兎、六龍駕雲車等。	吾作明竟（鏡）、幽涷三商、周刻無極。	雲紋縁
図版	87	龍虎鏡	後漢	紹興市文物管理局		紹興県漓渚	12.00	半円紐	紐外龍虎相峙、其下立羊一只。周銘。其外鋸歯紋両周、双線波浪紋一周。	呂氏作竟（鏡）四夷服、多賀国家人民息、胡虜殄滅天下復、風雨時節五。	斜縁

								此類銅鏡浙江出土甚多、其時代始自東漢初迄于西晋、与画像鏡・神獣鏡同時盛行于会稽。		
図版	101	長宜子孫鏡	後漢	金華地区文物管理委員会			12.00	変形四葉紋紐座	内有「長宜子孫」四字、外有「君宜高官」四字。四葉之間均飾双鳳。鏡縁飾連弧紋和漩渦紋。	内有「長宜子孫」四字、外有「君宜高官」四字。	
彩版	51	半円方枚回向式神獣鏡	三国呉	蘭渓市博物館	1973年	蘭渓県白沙郷太陽嶺	11.90	円鈕・花弁形鈕座	主紋分内外両区、内区有六神人四獣呈回向式排列。		
図版	48	環状乳半円方枚神獣鏡	後漢	浙江省博物館			11.90	半円鈕・草節紋圏鈕座	神獣作鏈状布置。★有些神獣下部飾円輪、円輪作飛転状、這種円輪也通常称作鏈状乳紋。方枚銘文。	吾自作明竟（鏡）、幽凍三商、雕刻無。	
図版	49	環状乳半円方枚神獣鏡	後漢	衢州博物館	1981年	龍游県	11.90	半円鈕	紐外環列四神四獣及環状乳、再外飾半円方枚。方枚銘文。周銘。	方枚銘文：吾作明竟（鏡）、幽凍三商、丙午□□。周銘：吾作明竟（鏡）、幽凍三商、規矩無涯、□刻萬疆、四気象元、六合□□。□□秉員、通但虚空、統徳序道、祇霊是興、白牙陳氏、衆神見容、□。	
図版	88	龍虎鏡	後漢	紹興市文物管理局		紹興県	11.90	円錐形紐	紐外龍虎対峙。周銘。外区飾櫛歯紋一周、鋸歯紋両周・双線波浪紋一周。	尚方作竟（鏡）自有紀、羊吉晴、保父母、長宜兄弟、夫孫子、為吏高、宜易天兮。	
図版	91	龍虎鏡	後漢	浙江省博物館			11.90	半円紐	内区龍虎対峙。周銘。外区鋸歯紋両周・弦紋一周。	石氏作竟（鏡）四夷服、多賀国家人民息、胡虜珍滅天下復、風雨時節五穀（穀）熟、長保二親（親）得。	斜縁
図版	78	半円方枚対置式神獣鏡	三国呉	蘭渓博物館	1977年	蘭渓県游埠	11.80	半円鈕	神獣作対置式布局★、方枚八、毎枚一字。周銘。	青盖明竟（鏡）以発陽、攬睇四方照中英、朱鳥玄武師子翔、左龍右虎。	近似三角縁
図版	90	龍虎鏡	後漢	浙江省博物館			11.80	半円紐	内区龍虎対峙。周銘。外区鋸歯紋二周・双線波浪紋一周、其内櫛歯紋一周。	□作（鏡）四夷服、多賀国家人民息、胡虜珍滅天下復、風雨時節五穀（穀）熟、長保二親（親）得天力兮。	斜縁
図版	50	環状乳半円方枚神獣鏡	後漢	紹興市文物管理局	1973年	紹興県上游公社	11.60	小円鈕	神獣作環状布置。★有円輪八（亦称環状乳）。方枚十二、毎枚二字。周銘。	方枚銘文：吾作明竟（鏡）、幽凍三商、長宜子孫。周銘：呉郡胡陽張元、□□□□無自異于衆、造為明（鏡）、□□□萌、四時永別、水□□玉、光□和親（親）、富貴番（蕃）昌、百煉并存、其師命長。	平縁渦紋
図版	53	環状乳半円方枚神	後漢	寗波天一閣博物館		寗波市	11.60		神獣作環状布局。★方枚上有銘文。	吾作明竟（鏡）、幽凍三商、周（雕）	

第七章　浙江出土銅鏡について　443

		獣鏡							刻無□。	
彩版	45	重列神獣鏡	後漢	紹興市文物管理局	1977年	紹興県蘭亭大鐶頭墩	11.50		五段重列。		平縁上飾流雲紋
図版	7	内連弧紋鏡	後漢	上虞県博物館		上虞県	11.50	円鈕・柿蒂紋鈕座	八内向連弧紋、外囲以筬紋。		素寛縁
彩版	57	盤龍鏡	後漢	紹興市文物管理局		紹興県	11.40	円錐形鈕	鈕外盤龍、下部一亀一蛇。外区蟠螭紋帯。		斜縁
図版	95	青蓋龍虎鏡	後漢	武義博物館	1994年	武義県履坦棺山	11.40	円鈕	主紋内区為龍虎相峙作咆哮翻騰状。外区周銘。	青蓋作竟（鏡）自有紀、辟邪不羊（祥）宜古市、長保二亲（親）孫子、為吏高官、寿命久。	
図版	4	長相思鏡	前漢	紹興市文物管理局		紹興県	11.30	半円鈕・柿蒂紋鈕座	座外銘文。銘文外囲飾以凹紋方格、方格四条辺縁外各飾一乳丁四葉紋、四角飾変形草葉紋。	長相思、母相忘、常貴富、楽未央。	鏡外飾内向連弧紋
図版	45	環状乳半円方枚神獣鏡	後漢	嵊州市文物管理処	1987年	嵊州三国東呉墓	11.30	円鈕・円鈕座	主紋内区有三神人六神獣繞鈕環列。六環状乳分列其間、上置神人神獣。外区為十一個半円方枚内有。縁内区画文帯、上飾羽人騎鳳・仙鶴・神人及六龍駕雲車等。	吾作明竟（鏡）、幽涑三商、大吉分。	雲紋縁
図版	5	四乳四螭鏡	前漢	紹興市文物管理局		紹興県	11.20	半円鈕直径1.5cm、高0.8cm			
図版	74	建安廿四年対置式神獣鏡	後漢	衢州市博物館	1980年	衢州市万田公社	11.10	扁円鈕、径2.9cm	鈕外六神四獣、対置式排列★、外飾半円方枚、縁内銘文。	吾作明竟（鏡）、宜公卿家有□馬千頭羊萬・・・建安廿四年六月辛巳朔廿日、□子造。	
図版	97	盤龍鏡	三国呉	紹興市文物管理局		紹興県	11.10	半円鈕	内区飾盤龍、外区飾鋸歯紋及弦紋。		斜縁
図版	68	半円方枚回向式神獣鏡	後漢	紹興県文物保護所	1986年	紹興県解放郷古竹村	11.00	円鈕	主紋以四組神人神獣依同一方向繞鈕一圏。外区十一半円方枚、内有銘文。鏡縁内区一圏銘文不易識読。	三朝王光日作半子□王兮。	外縁雲紋
図版	92	龍虎鏡	後漢	浙江省博物館			11.00	半円鈕	鈕外龍虎対峙。周銘。	孟氏作竟（鏡）世少有、倉（蒼）龍在左、白虎。	
図版	16	博局四神鏡	後漢	龍游博物館	1978年	龍游県	10.90	半球形鈕・柿蒂紋凹形方框鈕座	方格内周飾乳紋、間以「子丑寅卯辰巳午未申酉戌亥」。内区飾青龍・白虎・朱雀・玄武・博局紋和禽獣紋。周銘。外区飾鋸歯紋和双線波浪紋。	尚方作竟（鏡）真大巧、上有仙人不知老、渇飲玉泉飢食棗、天下敖。	
図版	84	四乳四神鏡	西晋	龍游博物館	2004年	龍游県寺底袁東晋偏早時期墓葬	10.90	円鈕	主紋以四乳丁為界分作4 1区、每区内均有一神人、拱手端坐。外有半円紋。		斜縁
彩版	1	蟠螭紋鏡	前漢	安吉博物館	1998年	安吉県良朋上柏	10.50	三弦鈕・蟠螭鈕座	座外囲以一周銘文。主紋由四蟠螭紋組成、用図案分隔成四句。	愁思悲、愿見忠、君不悦、相思愿、母絶。	素巻縁

彩版	38	環状乳半円方枚神獣鏡	後漢	紹興市文物管理局	1997年	紹興県福全公社直埠老家橋対岸	10.50	円鈕	主紋基本以四辟邪将紋飾分成四組神人神獣。★縁内区有銘文。	主紋十一個半円方枚内銘文：吾作（竟鏡）、幽凍三商、其師□。内区銘文：吾作明竟（鏡）、幽凍三商。	外縁雲紋
図版	57	環状乳半円方枚神獣鏡	後漢	寧波天一閣博物館		鄞県横渓区麗水公社模山大隊	10.50		方枚銘文。	吾作明竟（鏡）、幽凍三商、周（雕）刻無亟（極）、配像萬疆、白（伯）牙奏楽、衆神見容、天禽幷存、福禄是従、富貴□□、子孫番（蕃）昌、□□□有馬、三千萬白。	
図版	3	四乳七曜鏡	前漢	衢州市博物館	1979年	龍游県	10.40	連弧式鈕座	外飾四組乳紋連珠、間以七曜。		縁飾内向連弧紋
図版	83	四乳四神鏡	西晋	新昌県文物管理委員会弁公室	1978年	新昌県西晋太康元年墓	10.40				
図版	55	環状乳半円方枚神獣鏡	後漢	浙江省博物館			10.10	半円鈕・草節紋圏鈕座	神獣作回向式布置。★方枚十二、毎枚一字。周銘。	方枚銘文：吾作明竟（鏡）、幽凍三商、周（雕）刻□祧。周銘：吾作明竟（鏡）、幽凍三商、周（雕）刻。配像萬疆、四気像元、六合設張、挙方乗員、通距虚空、統徳序道、祇霊是興、白（伯）牙陳楽、衆神見容、其師□□命長。	
図版	86	四乳四神鏡	東晋			新昌県孟家塘大嶴底東晋墓	10.00	半円鈕、径1.6cm、高0.4cm	墓磚上有銘文「太元十八年（孝武帝、西暦393年）七月六日梁孜。		
彩版	40	半円方枚重列神獣鏡	後漢	浙江省博物館		余杭県	9.90	円鈕・円鈕座	主紋三段、上段中為伯牙弾琴、中段東王公・西王母‥・方枚内有銘文，‥縁部内区銘文有。★	方枚内銘文：吾作明竟（鏡）、福富貴楽安師命。縁部内区銘文：吾作明竟（鏡）、幽凍三商、雕刻極無配像萬疆、伯牙楽挙、衆神容見、百福存幷、福禄従是、富貴延□、子孫番昌、曾年（益寿）。	外区雲紋
彩版	55	龍虎鏡	後漢	浙江省博物館			9.70	半円鈕	鈕外龍虎対峙、其旁有「青羊志兮」四字。	青羊志兮。	
図版	56	環状乳半円方枚神獣鏡	後漢	紹興市文物管理局		紹興県	9.70	半円鈕、直径1.4cm、高0.5cm	方枚十二、毎枚一字。周銘。	方枚銘文：吾作明竟（鏡）、幽凍三商、周（雕）刻無亟（極）。周銘：吾作明竟（鏡）、幽凍三商、周（雕）刻無亟（極）、天禽□□、衆神□□、□此竟（鏡）、高遷□公大夫、長命久寿、宜子孫、吉。	
図版	85	五乳五神	東晋	義烏博物		義烏県徐	9.40	半円鈕、径	該墓磚上有「太元		

第七章　浙江出土銅鏡について　445

		鏡		館	村郷		1.6cm、高0.4cm	十年（孝武帝、西暦385年）」紀年銘文。		
図版	96	龍虎鏡	三国呉	鎮海区文物管理会	鎮海県	9.40	半円紐	内区龍虎対峙。周銘。内外区之間飾櫛歯紋、外区飾鋸歯紋・波浪紋一周。		近似三角縁
図版	99	二龍一虎鏡	三国呉	東陽市博物館	東陽県	8.50	半円鈕、径1.5cm、高0.6cm	紐外飾二龍一虎。		斜縁
図版	2	日光鏡	前漢		紹興県	8.40	小円鈕・素圏鈕座	外飾内向連弧紋。周銘。	見日之光、天下大明。	寛素辺縁
図版	98	三龍鏡	三国呉		奉化県	8.20	半円紐	紐外飾盤龍三条、再外飾弦紋・櫛歯紋・鋸歯紋。		近似三角縁
図版	43	中平四年環状乳半円方枚神獣鏡	後漢		伝紹興県		半円鈕・草節紋圏鈕座	神獣作環状布局。★方枚紀年銘文。	中平四年五月。	
図版	81	太康二年半円方枚対置式神獣鏡	西晋	金華侍王府紀念館	金華市		半円鈕、径2.6cm、高0.4cm	周銘。	太康二年三月九日、呉郡工清羊造作之竟（鏡）、東王公西王母、此里人豪貴、士患（宦）高遷、三公丞相九卿。	
図版	106	四葉瑞獣対鳳鏡	三国呉	紹興県文物保護所	紹興県上蒋郷鳳凰山西晋永嘉七年（313年）墓	1987年		I、II式両面鏡均在。伴出的有完整精美的青瓷穀倉・青瓷罐等。I式：、扁円鈕、主紋為桃形四葉組成、葉内飾以四対鳳。十六内連弧。II式：扁円鈕、因銹蝕較重、部分図紋漫漶不清、可弁主紋為桃形四葉、葉内飾四獣。四葉間飾加回首対鳳。十六連弧内為渦雲紋、辺縁飾鳳凰等。		

　これによれば彩版11貞夫画像鏡・後漢が24.00cmと最大である。これが１鏡、さらに22.00cmクラスが２鏡、21.00cmクラスが９鏡、20.00cmクラスが10鏡となっている。20.00cmを超える鏡は22鏡であるが、すべて後漢鏡であることが注目される。

第二節　画像鏡と作四分法布置

　中国における前清以来の古鏡研究、銅鏡文化研究にあってはその鏡紋飾型式称呼に神獣鏡という呼び方は稀であった。多くが画像鏡としたのである。しかるに王士倫・王牧両氏は、漢代鏡においては画像鏡と神獣鏡の区別と相互関連の問題が、特に後漢・三国の江南呉鏡研究の上で極めて重要であるという指摘をした[2]。特に王士倫「原序」（4）の冒頭に「画像鏡和神獣鏡的浮雕、芸術風格完全不同」といい、鏡背画像・紋様の芸術性や風格趣向に注目したのは重要な研究観点である。さらに王牧「修訂版序言」では、その章節題目に（二）関于画像鏡和神獣鏡中虎与辟邪的定名確認問題、（三）関于神獣鏡的流行時間、

(四) 関于故事類画像鏡的流行時間及産地問題と示して画像鏡と神獣鏡の虎と辟邪の紋様表現の差異や神獣鏡的流行時間、故事類画像鏡的流行時間及産地問題など具体的な分析考証をする。

王士倫編著・王牧修訂本『浙江出土銅鏡』に収録された画像鏡・神獣鏡各鏡について説明した重要な文言(【表7－1】【表7－2】の形態等説明欄の★印)を採録しよう。ただし、読者の便のために華文を和文に意訳しておくことにする。また、画像鏡・神獣鏡を二つに分け、A～Cの型式に分ける。本節はまず画像鏡を取り上げる。

画像A。【彩版11　貞夫画像鏡　後漢】

　　　　四乳丁将画面分為四組。一組、立有一帯冠着袍男子、榜題「宋王」、一側立有二侍従、榜題「侍郎」。另一側下方置一博局盤。一組、立有一婦人、両手上挙、一手拿弓、榜題「貞夫」。其身側立有一婦人、身下有両婦人（人像較小、可能是表現主次関係）。一組、中為一楼閣建築、閣内立有一人、楼閣之外有一人牽有一馬。一組、両人挙剣、怒目円睁的模様。外有一圏銘文、「周是作竟（鏡）四夷服、多賀国家人民息、胡虜殄滅天下復、風雨時節五谷（穀）孰（熟）、長保二亲（親）得天力、伝告天下楽無亟（極）兮」。此画像鏡的故事是漢代流伝的韓朋与貞夫的愛情故事、而鏡中所題的宋王、很有可能就是故事中的宋康王。1979年敦煌馬圏湾漢代烽燧遺址中発現的西漢晚期残簡、拠考証、其中的一枚残簡記載有韓朋的故事片断。此故事還被収進晋干寶的『捜神記』、唐代敦煌変文中的『韓朋賦』等文学作品中。

　　　　4乳丁は画面をもって分かちて4組と為す。1組は、1人の冠を帯び袍を着た男子の立つ有り、榜に「宋王」と題し、1側に2侍従が立つ有り、榜に「侍郎」と題す。別に1側には下方に1博局盤を置く。1組は、1婦人が立つ有り、両手は上に挙げ、1手は弓を拿(つか)み、榜に「貞夫」と題す。その身の側に1婦人が立つ有り、身の下には二人の婦人（人の像はやや小さく、能く主次関係を表現できている）が有る。1組は、中を1楼閣建築と為し、閣内に1人が立つ有り、楼閣の外に1人有り、1馬を牽く有り。1組は、両人が剣を挙げ、目を怒らせ睁を円くした模様である。外に一圏の銘文が有り、「周是が作れる鏡は四夷が服し、多く国家を賀して人民息い、胡虜は殄滅して天下復せり、風雨は時節あり五穀は熟し、長く二親を保ち天力を得、伝えて天下に告げよ楽しみ極り無きことを」と。この画像鏡の故事は漢代に流伝した韓朋と貞夫の愛情故事であり、しかして鏡中に題するところの宋王は、すなわち故事中の宋康王である可能性が有る。1979年に敦煌馬圏湾漢代烽燧遺址中に発見された前漢晚期の残簡は、考証によれば、その中の1枚の残簡に記載された韓朋の故事断片が有る。この故事はまた後に晋干寶の『捜神記』、唐代敦煌変文中の『韓朋賦』などの文学作品中に収められている。

画像B。【彩版12　神仙車馬画像鏡　後漢】

　　　　紋飾分為四区。両区飾六馬駕輈車、駿馬昂首疾馳、車後曳長帛、車上立一人、作張

望状。另両区為神仙、可能是東王公和西王母、均有侍者。周銘、「呉向陽周是作竟（鏡）四夷服、多賀国家人民息、胡虜殄滅天下復、風雨時節五谷（穀）孰（熟）、長保二亲（親）得天力、伝告後世楽無亟（極）」。

紋飾は分かちて四区と為す。両区は六馬駕輻車を飾り、駿馬が首を昂げ疾馳し、車の後に長帛を曳き、車上に１人が立ち、張望状を作る（見得を切る）。とりわけ両区は神仙であり、恐らくは東王公と西王母であろう。それぞれに侍者が有る。周銘は、「呉向陽の周是が作れる鏡は四夷服し、多く国家を賀し人民息い、胡虜は殄滅して天下復し、風雨は時節あり五穀熟し、長く二親を保ち天力を得、伝えて後世に告げよ楽しみ極り無きを」と。

画像Ｂ。【彩版13　神仙車馬画像鏡　後漢】

内区紋飾作四分法布置、其中両組為四馬駕輻車、車後拖長帛、馬前為山巒。另両組神仙和侍者。周銘、「石氏作竟（鏡）四夷、多賀国家人民息、胡虜殄滅天下復、風雨時節五谷（穀）孰（熟）、長保二亲（親）」。文未完。

内区の紋飾は四分法布置を作り、その中の両組は四馬駕輻車であり、車の後に長帛を拖き、馬の前は山巒である。別の両組は神仙と侍者である。周銘は、「石氏が作れる鏡は四夷（服し）、多く国家を賀し人民息い、胡虜は殄滅して天下復し、風雨は時節に五穀熟し、長く二親を保ち……」と。文は未完。

画像Ｂ。【彩版14　神仙車馬画像鏡　後漢】

主紋内区以四乳丁為界分成四区。一区、東王公拱手而坐、榜題「東王公」、両側有四個一組的羽人。与之対応的区域為西王母、拱手而坐、肩背部有具象的翅膀紋、在画像鏡中少見、這是此鏡的特別之処。両側有羽人。另二組均為奔騰馬、一組奔馬後有一組羽人、另一組為五馬駆一輻車。外区有一圏銘文、「石氏作竟（鏡）四夷服、多賀国家人民息、胡虜殄滅天下復、風雨時節五谷（穀）孰（熟）、長保二亲（親）得天力、楽無已」。

主紋内区は四乳丁を以て界と為し分かちて４区となる。１区は、東王公は拱手（両手を相合わせて敬をなす）して坐り、榜に「東王公」と題し、両側に４個１組の羽人が有る。これと対応した区域は西王母であり、拱手して坐り、肩背の部に具象的な翅膀紋が有るのは、画像鏡中に在って珍しく、これはこの鏡の特別な処である。両側に羽人が有る。べつの２組は均しく奔騰馬であり、１組は奔馬の後に１組の羽人が有り、別の１組は５馬が一輻車を駆るである。外区は一圏の銘文が有り、「石氏の作れる鏡は四夷服し、多く国家に賀あり人民息い、胡虜殄滅して天下復し、風雨は時節あり五穀が熟し、長く二親を保ち天力を得、楽しみ已むこと無し」と。

画像Ｂ。【彩版15　神仙車馬画像鏡　後漢】

内区紋飾布局採用四分法。両組四馬駕輻車、両組神仙、其中一組有「東王公」榜題、另一組当為西王母、均有侍者。周銘、「驕氏作竟（鏡）四夷服、多賀国家人民息、胡

虜殄滅天下復、風雨時節五谷（穀）孰（熟）、長保二亲（親）」。文未完。外区由櫛歯紋・鋸歯紋和双線波浪紋組成。三角縁。

　　内区の紋飾の布局は四分法を採用する。両組は四馬駕輻車、両組は神仙、その中1組は「東王公」の榜題が有り、別の1組は当に西王母であるべきで、均しく侍者が有る。周銘は、「驕氏が作れる鏡は四夷服し、多く国家を賀して人民息い、胡虜は殄滅して天下復し、風雨は時節あり五穀が熟り、長く二親を保ち……」と。文未完。外区は櫛歯紋・鋸歯紋と双線波浪紋より組成する。三角縁である。

画像B。【彩版16　神仙車馬画像鏡　後漢】

　　内区分四組、其中青龍一組、車馬一組、神仙両組。

　　内区は四組に分かち、その中青龍1組、車馬1組、神仙両組である。

画像B。【彩版17　神仙車馬画像鏡　後漢】

　　以乳丁為界画面分為四組、一組東王公、両側有三個一組的羽人。榜題「東王公」。与之対応的当為西王母、両側跪有三個一組的羽人。另一組画面為回首翹尾的虎、与之対応的是車馬図案、二馬駆一輻車。此鏡的独特之処是呈色豊富、有専家称之為「花鏡」。

　　乳丁を以て界と為し画面は分かちて4組と為し、1組は東王公、両側に3個1組の羽人が有る。榜に「東王公」と題す。これに対応したものは当に西王母であるべきで、両側に跪く3個1組の羽人が有る。別の1組は画面が首を回し尾を翹ねた虎であり、これと対応するものは車馬の図案であり、2馬が1輻車を駆る。この鏡の独特なところは色彩を呈することが豊富であり、有る専家はこれを称して「花鏡」と為す。

画像B。【彩版18　神仙車馬画像鏡　後漢】

　　主紋以四乳丁為界画面分為四区、一区為西王母、拱手端坐、榜題「母」、辺有侍者。与此紋飾相対応的一組紋飾幾乎一様、只是榜題東王公。一為回首獣紋。対応的為一馬駕一軺車、馬車上坐一人、作探頭状。外区有一圏銘文、「蔡氏作竟（鏡）佳且好、明而日月世少有、刻治分守悉皆在、令人富貴宜孫子」。

　　主紋は4乳丁を以て界と為し画面は分かちて4区と為し、1区は西王母であり、拱手端坐し、榜に「母」と題し、辺に侍者が有る。この紋飾と相対応した1組紋飾はほとんど一様であるが、ただ榜題は東王公である。一は首を回した獣紋である。これに対応して1馬が1軺車を駕したものがあり、馬車上に1人が坐り、探頭状を作る。外区は一圏銘文が有り、「蔡氏の作れる鏡は佳麗でかつ好く、明にして日月（のような光は）世に珍しく、刻治分守悉く皆在り、人をして富貴ならしめ孫子に宜しい」と。

画像B。【彩版19　神仙車馬画像鏡　後漢】

　　紋飾以四乳丁分為四区、東王公・西王母各一組、辺有侍者・羽人。一区飾虎紋、姿態張揚。一区為二馬駕輻車。

　　紋飾は4乳丁を以て分かちて4区と為し、東王公・西王母各1組で、辺に侍者・羽人が有る。1区は虎紋を飾り、姿態張揚す。1区は二馬駕輻車である。

画像B。【彩版20　神仙戯馬画像舞踏鏡　後漢】

　　　内区紋飾以四乳隔作四組、一組為四人騎馬奔馳、作游戯状。一組為東王公。一組為西王母、均有題榜。一組為二人舞踏、旁有人奏楽、表演倒立。構図別致、在東漢画像鏡中是罕見的。

　　　内区紋飾は4乳を以て隔てて4組と作し、1組は4人騎馬奔馳であり、游戯状を作る。1組は東王公である。1組は西王母であり、均しく題榜が有る。1組は2人の舞踏であり、旁に奏楽しながら、倒立を演じている者が居る。構図は別の趣きがあり、後漢の画像鏡中に在ってまれに見るものである。

画像C。【彩版21　瑞獣神仙画像鏡　後漢】

　　　内区紋飾分四区、其中両区飾龍、另両区分別為鳳和羽人。

　　　内区紋飾は四区に分かち、その中両区は龍を飾り、別の両区は分別するに鳳と羽人である。

画像C。【彩版22　龍虎神仙画像鏡　後漢】

　　　内区紋飾作四分法布局。龍・虎各一組、東王公・西王母各一組。

　　　内区紋飾は四分法布局を作る。龍・虎が各々1組、東王公・西王母が各々1組である。

画像C。【彩版23　龍虎神仙画像鏡　後漢】

　　　内区紋飾分四組。龍・虎各一組、另両組為神仙。神仙両側有侍者或羽人。

　　　内区紋飾は4組に分かつ。龍・虎各1組、別に両組は神仙である。神仙両側に侍者或いは羽人が有る。

画像C。【彩版24　龍虎騎馬画像鏡　後漢】

　　　内区紋飾為四組、分別為青龍・白虎・異獣・羽人騎馬。線条粗獷雄渾、神態逼真。

　　　内区紋飾は4組と為し、分別するに青龍・白虎・異獣・羽人騎馬である。線条は荒々しく雄渾であり、神態は真に逼る。

画像C。【彩版25　龍虎騎馬画像鏡　後漢】

　　　内区以四乳分隔成四区、分別飾龍・虎・辟邪・羽人騎馬。

　　　内区は4乳を以て分隔して4区となし、分別するに飾りは龍・虎・辟邪・羽人騎馬である。

画像B。【彩版26　神人神獣画像鏡　後漢】

　　　四乳丁将画面分成四区、分別為西王母・東王公・馬及帯翼虎。

　　　4乳丁画面をもって分かちて4区となし、分別するに西王母・東王公・馬及び帯翼虎である。

画像B。【彩版27　屋舎人物画像鏡　後漢】

　　　内区以四乳分為四区、対称布局。一組為重檐屋舎、中立一柱。一組為重檐屋舎、舎前舗路。両側各有一人相対而坐、作交談状。一組為人物、其中一人居中坐、左右各立侍者。一組為重檐屋舎、舎前道路曲折、路辺一獣作奔馳状。

内区は 4 乳を以て分かちて 4 区と為し、対称布局なり。 1 組は重檐屋舎であり、中に 1 柱を立つ。 1 組は重檐屋舎であり、舎前に舗路。両側に各一人相対して坐る有り、交談状を作る。 1 組は人物であり、その中一人は中坐に居り、左右各侍者を立つ。 1 組は重檐屋舎であり、舎前道路は曲折し、路辺に一獣が奔馳状を作る。

画像Ｃ。【彩版28　四獣画像鏡　後漢】

主紋以乳丁為界分成四区、分別飾朱雀・白虎・双角獣・青龍。

主紋は乳丁を以て界と為し分かちて 4 区となし、分別するに飾りは朱雀・白虎・双角獣・青龍なり。

画像Ｂ。【図版22　神仙車馬画像鏡　後漢】

紋飾分為四区、実際上是両組題材、描写穆天子会見西王母的故事。一組為四馬駕車、駿馬飛奔、長帛飄揚。另一組為神仙、儀態安詳、旁立侍者。

紋飾は分かちて 4 区と為すが、実際上は両組の題材であり、穆天子が西王母に会見した故事を描写する。 1 組は四馬駕車、駿馬飛奔、長帛飄揚である。とりわけ 1 組は神仙であり、その姿態は物腰が静かで落ちつきがあり、旁に侍者が立つ。

画像Ｂ。【図版23　神仙車馬画像鏡　後漢】

内区作四分法布置。一組車馬、三組神仙。神仙中一組為揮長袖起舞的西王母、題榜為「東王母」、「東」係「西」之誤刻。周銘、「田氏作竟（鏡）□□□、多賀國家人民息、胡虜珍滅天下復、風雨時節五谷（穀）熟、長保二親得天力、伝告後世楽無極」。

内区は四分法布置を作る。 1 組は車馬、 3 組は神仙。神仙中の 1 組は長袖を振い舞いを起すの西王母であるが、題榜は「東王母」であり、「東」は「西」の誤刻である。周銘は、「田氏が作りし鏡は□□□、多く國家を賀し人民息い、胡虜珍滅して天下復し、風雨時節あり五穀熟し、長く二親を保ち天力を得、伝えて後世に告げよ楽しみ極り無しを」と。

画像Ｂ。【図版24　神仙車馬画像鏡　後漢】

紋飾作四分法布置、其中両組車馬、車後拖長帛。另両組為神仙、旁有侍者和羽人。周銘、「尚方作竟（鏡）四夷服、多賀國家人民息、胡虜朱（誅）滅天下復、風雨時節五谷（穀）熟、長保二親得天力、伝告。文未完。

紋飾は四分法布置を作し、その中の両組は車馬、車の後に長帛を拖く。別の両組は神仙であり、旁に侍者と羽人が有る。周銘は、「尚方の作れる鏡は四夷服し、多く國家に賀あり人民息い、胡虜誅滅して天下復し、風雨は時節あり五穀熟り、長く二親を保ち天力を得たり、伝えて告げよ……と。文未完。

画像Ａ。【図版25　呉王・伍子胥画像鏡　後漢】

紋飾描写伍子胥歴史故事、作四分法布置。一組為伍子胥挙剣自刎、題曰、「忠臣伍子胥」。一組立二人、題曰、「越王」・「范蠡」。一組是二女及宝器、題曰、「越王二女」。另一人題曰「呉王」。周銘、「驂氏作竟（鏡）四夷服、多賀國家人民息、胡虜珍滅天下

復、風雨時節五穀（穀）孰（熟）、長保二亲（親）得天力、伝告後世楽無極」。

　紋飾は伍子胥の歴史故事を描写し、四分法布置を作す。1組は伍子胥が剣を挙げ自刎するであり、題して曰わく、「忠臣伍子胥」と。1組は立つ2人、題して曰わく、「越王」・「范蠡」と。1組は二女及び宝器であり、題して曰わく、「越王二女」と。別の1人は題して「呉王」という。周銘は、「驂氏が作れる鏡は四夷服し、多く國家を賀して人民息い、胡虜殄滅して天下復し、風雨時節あり五穀熟し、長く二親を保ち天力を得、伝えて後世に告げよ楽しみは極り無し」と。

画像A。【図版26　呉王・伍子胥画像鏡　後漢】

　内区作四分法布局。一組為伍子胥挙剣自刎、題曰、「忠臣伍子胥」。一組為呉王、有「呉王」二字題榜。一組為越王和范蠡。一組為二女及宝器、題曰、「王女二人」。周銘、「呉向里柏氏作竟（鏡）四夷服、多賀國家人民、胡虜殄滅天下復、風雨時節五穀（穀）孰（熟）、長保二亲（親）得天力、伝告後世楽無極兮」。

　内区は四分法布局を作る。1組は伍子胥が剣を挙げ自刎するであり、題して曰わく、「忠臣伍子胥」と。1組は呉王であり、「呉王」の二字の題榜が有る。1組は越王と范蠡である。1組は2女及び宝器であり、題して曰わく、「王女二人」と。周銘は、「呉の向里の柏氏が作りし鏡は四夷服し、多く國家を賀して人民（息い）、胡虜殄滅して天下復し、風雨時節あり五穀は熟し、長く二親を保ち天力を得、伝えて後世に告げよ楽しみは極り無からんことを」と。

画像B。【図版29　龍虎神仙画像鏡　後漢】

　内区紋飾分為四組、分別飾以東王公（有題榜）・西王母・青龍・白虎。

　内区紋飾は分かちて四組と為し、分別するに飾は東王公（題榜有り）・西王母・青龍・白虎を以てす。

画像B。【図版32　神仙画像鏡　後漢】

　内区飾神人四組、以四乳分隔、分別題榜為「東王公」・「西王母」・「女王二人」（応是王女二女）・「盛王」（盛王、可能即『尚書大伝』金縢、「周公盛養成王」之成王）。

　内区は神人4組を飾り、4乳を以て分隔し、分別して題榜は「東王公」・「西王母」・「女王二人」（応に西王母の王女二女であるだろう）・「盛王」（盛王は、すなわち『尚書大伝』金縢によって、「周公盛養成王」とある成王であることを可能にする）である。

画像B。【図版33　雑伎舞踏画像鏡　後漢】

　内区四分法布局。毎組間一乳紋。一組飾雑伎、有立于畳器之上者、有倒立亀上者。一組為単人舞踏。另両組神人、長鬚者大約是東王公。

　内区は四分法布局。組ごとに1乳紋がかわるがわるある。1組は雑伎を飾り、畳器の上に立つ者が有り、亀上に倒立する者が有る。1組は単人の舞踏である。別の両組は神人、長鬚なる者はおおよそ東王公であろう。

画像B。【図版34　西王母舞踏画像鏡　後漢】

内区紋飾作四分法布局。一組為四馬駕輜車。一組為西王母、但題榜誤作「東王母」。西王母右手執巾、作舞踏状。另両組為神仙、両側有侍者及羽人。周銘「田氏作四服、多賀國家人民息、胡虜殄滅天下復、風雨時五谷（穀）熟、長保二親得天力、伝告後世楽無極」。

　　内区紋飾は四分法布局を作る。1組は四馬駕輜車である。1組は西王母であり、ただし題榜は誤って「東王母」と作る。西王母は右手に巾を執り、舞踏状を作る。別の両組は神仙であり、両側に侍者及び羽人が有る。周銘は「田氏が作は四服し、多く國家を賀して人民息い、胡虜殄滅して天下復し、風雨時あり五穀は熟し、長く二親を保ち天力を得、伝えて後世に告げよ楽しみ極り無し」と。

画像C。【図版37　禽獣画像鏡　後漢】

　　内区作四分法布置。題材為孔雀・龍・虎・独角獣。

　　内区は四分法布置を作る。題材は孔雀・龍・虎・独角獣である。

画像C。【図版38　禽獣画像鏡　後漢】

　　内区四分法、飾二龍、一虎、一孔雀。

　　内区は四分法、2龍、1虎、1孔雀を飾る。

　以上の画像鏡は、まず画像Aが故事類画像鏡と言われる紋飾型式で、【彩版11貞夫画像鏡】が「宋王」と「貞夫」の情愛場面を鏡の四方に表現したものであるが、これは漢代に流伝した韓朋と貞夫の愛情故事が典拠とされる。同じく【図版25・26】はいずれも呉王・伍子胥画像鏡で、これは前章に見た上海博物館蔵鏡にも含まれ、すでに紹介検討したものであるが、司馬遷『史記』に記載される春秋時代呉・越の歴史故事を「忠臣伍子胥」に絞って鏡題目にしたものである。次に画像Bは数多いが、東王公・西王母を中心とした神仙説話をこれも鏡四方の四場面に構成したものであるが、五馬駆一輜車や四馬駕車、駿馬飛奔、長帛飄揚、羽人騎馬などが題材となるほかは、龍虎、四霊や馬、辟邪など動物紋様が一組を作っている。人物故事だけの画像Aと画像Bとの差異である。それが画像Cになると、龍虎乃至龍鳳や孔雀獅子らを中心とした瑞獣説話が題材の画像鏡である。ただ、いずれも作四分法布置、作四分法布局、内区四分法という四部分、四組の場面構成であることが画像鏡の特色である。鏡の中心部の紐の外側の地帯、これを内区という舞台に見立てた劇場演劇が展開する。とすれば、画像Aは歴史故事、画像Bは神仙説話、画像Cは龍虎等瑞獣説話をモチーフとしいずれも江南人士の日常生活内の娯楽要素が後漢画像鏡の題目となるのである。

　　第三節　神獣鏡と作環状布局四分法布置

　次に神獣鏡を見よう。神獣鏡も画像鏡同様にA〜Cの型式に分類する。神獣鏡Aは神仙説話の物語が明確なもの、ただ、実際は東王公・西王母の存在と伯牙弾琴と一神作側耳聆

聴状の説話の場面があるものである。神獣鏡Bは神仙として東王公・西王母の存在のみであり、神獣鏡Cはただ神仙と四霊瑞獣がからむだけで、東王公・西王母の存在確認ができないもの、以上三類とする。

神獣C。【彩版30　環状乳半円方枚神獣鏡　後漢】

　　神獣作環状布局。神人神獣下端分置八個円輪状物、通常称為環状乳。外区画文帯。

　　　神獣が環状布局を作る。神人神獣の下端は8個の円輪状物を分置し、通常称して環状乳と為す。外区は画文帯である。

神獣A。【彩版31　環状乳半円方枚神獣鏡　後漢】

　　紐上方為伯牙弾琴、一神作側耳聆聴状。下側両辺飾辟邪。紐両側為東王公・西王母。紐下方有一神人。辺有羽人及辟邪。有十五半円方枚、四字一枚、内可弁銘文、「吾作明竟（鏡）天王日月、幽凍三商、天王日月、世得光明、天王日月、大吉命長」。縁部内区為画文帯、上飾六龍駕雲車・鳳鳥等。

　　　紐の上方は伯牙弾琴であり、1神が耳を側だて聆聴の状を作る。下側の両辺は辟邪を飾る。紐の両側は東王公・西王母である。紐の下方に1神人が有る。辺に羽人及び辟邪が有る。15の半円方枚が有り、4字が1枚、内に弁ずべき銘文は、「吾作れる明鏡は天王日月（の光のごとく）、幽かに三商を凍（ね）り、天王（星＝北極星）日月（のごとく）、世に光明を得、天王日月（のごとく）、大吉にして命は長し」と。縁部内区は画文帯であり、上は六龍駕雲車・鳳鳥等を飾る。

神獣A。【彩版32　環状乳半円方枚神獣鏡　後漢】

　　主紋為四組神人神獣繞紐環列一周。一組、西王母拱手端坐、側有辟邪。与之対応的為東王公、辺側飾辟邪。一組伯牙弾琴、両旁有両神人、其中一神作側耳聆聴状、辺有辟邪。一組一神人端坐、做張掌的姿態、似在論道、旁坐一神人、似在聆聴。側飾雀与辟邪。十二方枚、毎枚有四字銘、字迹模糊。辺縁内区画文帯、飾飛龍・亀・羽人騎虎・騎鳳、六龍駕雲車、均朝同一方向奔騰状、動感十足。

　　　主紋は4組の神人神獣が紐を繞って環列一周するものである。1組は、西王母が拱手端坐し、側に辟邪が有る。これと対応するものは東王公であり、辺側に辟邪を飾る。1組は伯牙弾琴、両旁に両神人が有り、その中の1神は耳を側だて聆聴する状を作り、辺に辟邪が有る。1組は1神人が端坐し、張掌の姿態をつくり、論道にあるようで、旁に坐る1神人は、聆聴にあるようだ。側は雀と辟邪を飾る。12方枚、枚ごとに4字銘が有るが、字迹模糊としている。辺縁は内区は画文帯、飛龍・亀・羽人騎虎・騎鳳、六龍駕雲車を飾り、均しく同一方向に朝す奔騰状で、動感は十足している。

神獣A。【彩版33　環状乳半円方枚神獣鏡　後漢】

　　主紋以四辟邪分成四組。一組東王公、与之対応為西王母。一組為伯牙弾琴、伯牙居中、両側有神人、其中一神人作側耳聆聴状。一組為一神。八環状乳分別其間、上均置神人神獣。十二半円方枚、方枚内四字銘文、可弁有「吾作明竟（鏡）、子孫成王、統

得序道、幽湅三商」等。

　　主紋は4辟邪を以て分かちて4組となす。1組は東王公、これと対応は西王母である。1組は伯牙弾琴であり、伯牙が中に居り、両側に神人が有り、その中の1神人は耳を側だて聆聴の状を作る。1組は1神である。八つの環状乳がその間を分別し、上に均しく神人・神獣を置く。12の半円と方枚があり、方枚内の四字銘文は、弁ずべきは「吾れ作る明鏡は、子孫が王となり、統べて序道（役人の位に登ること）を得、幽かに三商を湅る」などと有る。

神獣C。【彩版34　環状乳半円方枚神獣鏡　後漢】

　　主紋基本以四辟邪将紋飾分成四組神人神獣。八環状乳環列其間、上飾神人神獣。十二半円方枚、方枚内有銘文、一枚四字、有「吾作明鏡」等、其余難弁識。

　　主紋の基本は四辟邪を以て紋飾をもって4組の神人神獣に分成する。8環状乳がその間に環列し、上に神人・神獣を飾る。12の半円と方枚あり、方枚内に銘文が有り、1枚4字、「吾れ作る明鏡」などが有るが、その余は弁識しがたい。

神獣A。【彩版35　環状乳半円方枚神獣鏡　後漢】

　　主紋有四組神人神獣。一組東王公拱手端坐。与之対応的為西王母。另一組神人神獣、応為伯牙弾琴、両辺各坐一神、其中一神人作側耳聆聴状。与之対応已欠失一塊、僅残留側身神人紋飾。十二半円方枚、方枚内可弁銘文「吾作明竟（鏡）、幽湅三商、其師命長」。半円内有雲紋。縁部画文帯、有六龍駕雲車、羽人騎龍、羽人騎鳳等紋。

　　主紋は4組の神人神獣が有る。1組は東王公が拱手して端坐する。これと対応するのは西王母である。別の1組の神人神獣は、応に伯牙弾琴なるべく、両辺に各1神を坐す、その中の1神人は耳を側だて聆聴の状を作る。これと対応は已に1塊を欠失し、わずかに側身神人の紋飾を残留するのみである。12の半円と方枚あり、方枚内に弁ずべき銘文は「吾れ作る明鏡は、幽かに三商を湅り、その師は命長し」と。半円内に雲紋が有る。縁部画文帯は、六龍駕雲車、羽人騎龍、羽人騎鳳などの紋が有る。

神獣A。【彩版36　環状乳半円方枚神獣鏡　後漢】

　　主紋基本以四辟邪分四組神人神獣、繞紐環列。一組西王母。与之対応的東王公。一組伯牙弾琴、有両神人在其側、其中一神人作側耳聆聴状。一組一神人拱手端坐。八個環状乳分別其間。十二方枚内有銘文、四字一枚排列、可弁「吾作明竟（鏡）、幽湅三商、子孫番昌、利□命長、自作、百師」等。縁内区画文帯、飾六龍駕雲車、羽人騎龍、鳳鳥、羽人騎虎等、紋飾精緻、極富動感。

　　主紋の基本は四辟邪を以て4組の神人神獣、繞紐環列に分ける。1組は西王母。これと対応するものは東王公。1組は伯牙弾琴、両神人がその側に在る有り、その中の1神人は耳を側だて聆聴の状を作る。1組の1神人は拱手して端坐する。8個の環状乳がその間を分別する。12方枚内に銘文が有り、4字が1枚に排列し、弁ずべきは「吾れ作る明鏡は、幽かに三商を湅り、子孫番昌、利□命長、自ら作る、百師」など。

縁内区の画文帯は、六龍駕雲車、羽人騎龍、鳳鳥、羽人騎虎などを飾り、紋飾は精緻で、極めて動感に冨む。

神獣A。【彩版37　環状乳半円方枚神獣鏡　後漢】

　　主紋基本以四辟邪将画面分成四区、区内四組神人神獣。一組西王母、与之相対的為東王公。一組為伯牙弾琴、一神作側耳聆聴状。一組有両神人。八個環状乳分別其間。外区十二半円方枚中、上有銘文、「吾作明竟（鏡）、幽凍三商、周（雕）刻無亟（極）」。画文帯飾有飛龍・禽鳥・羽人騎鳥・六龍駕雲車等。

　　主紋の基本は４辟邪を以て画面をもって４区に分成し、区内は４組の神人神獣あり。１組は西王母、これと相対すものは東王公である。１組は伯牙弾琴であり、１神は耳を側だて聆聴状を作る。１組は両神人有り。８個の環状乳がその間を分別する。外区は12の半円と方枚中に、上に銘文有り、「吾れ作る明鏡は、幽かに三商を凍り、彫刻は極まり無し」と。画文帯の飾りに飛龍・禽鳥・羽人騎鳥・六龍駕雲車などが有る。

神獣C。【彩版38　環状乳半円方枚神獣鏡　後漢】

　　主紋基本以四辟邪将画面分成四組神人神獣、両組夾紐相対而置。四環状乳分列其間、上置神人神獣。十一個半円方枚、内有銘文、合為「吾作明竟（鏡）、幽凍三商、其師□」。縁内区有銘文、「吾作明竟（鏡）、幽凍三商」。

　　主紋の基本はもって４辟邪が画面をまさに４組の神人神獣に分け、両組は紐を夾んで相対して置かれる。四環状乳がその間を分列し、上に神人神獣を置く。11個の半円と方枚があり、内に銘文が有って、合せて「吾れ作る明鏡は、幽かに三商を凍り、その師は□」となる。縁の内区に銘文が有り、「吾れ作る明鏡は、幽かに三商を凍る」という。

神獣A。【彩版40　環状乳半円方枚重列神獣鏡　後漢】

　　主紋三段、上段中為伯牙弾琴、両側坐有神人、其中一神作側耳聆聴状。中段東王公・西王母、侍者分置于紐之両側。半円方枚十、方枚内有銘文、「吾作明竟（鏡）、福富貴、楽安師命」。縁部内区有、「吾作明竟（鏡）、幽凍三商、雕刻極無、配像疆萬、伯牙楽挙、衆神容見、百福存并、福禄従是、富貴延□、子孫蕃昌、曾年（益寿）」。

　　主紋は三段、上段中は伯牙弾琴であり、両側に神人が坐して有り、その中の１神は耳を側だて聆聴状を作る。中段は東王公・西王母、侍者は紐の両側に分置す。半円・方枚は10、方枚内に銘文有り、「吾れ作る明鏡は、福は富貴、楽は師命を安んず」と。縁部の内区に有り、「吾れ作る明鏡は、幽かに三商を凍り、雕刻は極り無く、像を域内全面に配し、伯牙楽挙して、衆神は見とれたようす、百福存并し、福禄是に従い、富貴延□、子孫蕃昌、曾年（益寿）」と。

神獣C。【彩版41　建安十年重列神獣鏡　後漢】

　　三段重列、上段四神、中段両神三獣、下段一神一侍三獣。周銘、「吾作明竟（鏡）、幽凍宮商、周羅容象、五帝天皇、伯牙弾琴、黄帝除凶、朱鳥玄武、白虎青龍、服者豪

貴、延寿益年、子孫番□、建安十年造」。平縁。

　　三段重列、上段は四神、中段は両神3獣、下段は1神1侍3獣。周銘は、「吾れ作る明鏡は、幽かに宮商を凍り、周羅して像を容れ、五帝天皇（の星の光）、伯牙は弾琴し、黄帝は凶を除き、朱鳥（朱雀）玄武、白虎青龍、服す者は豪貴、延寿益年、子孫蕃昌たり、建安10年（205年）造る」。平縁。

神獣C。【彩版49　三国呉重列神獣鏡　後漢】

　　主体紋飾分成五段、第一段一拱手端坐神人、左右両側朱雀。第二段居中為両神人、旁有二側身侍者。中直書「君宜」両字。第三段即紐両側各有一神端坐。第四段為両神獣。中直書「高官」両字。第五段中為両神人、両旁一辺為側身侍者、另一辺有一神獣。縁部銘文不易識読。

　　主体紋飾は分かちて五段となり、第1段は1拱手の端坐せる神人、左右両側に朱雀。第2段は中に居るは両神人であり、旁に2側身の侍者が有る。中に直に「君宜」両字を書す。第3段は即ち紐両側に各1神が端坐して有る。第4段は両神獣である。中に直に「高官」両字を書す。第五段は中は両神人であり、両旁一辺は身を側てた侍者であり、別に一辺に1神獣が有る。縁部の銘文は易しく識読できず。

神獣C。【彩版50　後漢回向式神獣鏡　後漢】

　　主紋分三組、笋一組位于紐上方、有三神、一神居中端坐、左右一神側身而坐。下方左右各飾有辟邪。紐両辺各有一神人端坐。紐下方有両神人、両頭微向前傾靠攏、似在交談。両側各有辟邪。

　　主紋は3組に分かち、第1組は紐上方に位し、3神が有り、1神は中に居り端坐し、左右の1神は身を側だてて坐る。下方の左右は各飾に辟邪が有る。紐の両辺に各1神人の端坐が有る。紐の下方に両神人有り、両頭は微かに前に向き傾靠攏し、交談しているようだ。両側は各辟邪が有る。

神獣C。【彩版52　半円方枚対置式神獣鏡　三国呉】

　　主紋基本以一神両雀両辟邪為組合、共四組、両両相対繞紐排列。十半円方枚。縁部内区有「黄龍三商」等銘。

　　主紋の基本は1神両雀両辟邪を以て組合せを為し、共に4組、両両相対して紐を繞って排列する。10の半円方枚ある。縁部内区に「黄龍三商」などの銘が有る。

神獣C。【図版59　後漢建安七年重列神獣鏡　後漢】

　　神獣五段重列。……「天皇」即「天皇上帝」。「五帝」為道教掌管五方之神。即、東方句芒子、南方祝融子、西方蓐収子、北方禺強子、中央黄裳子。「黄帝除凶」在鏡銘中屢見不鮮。蓋因伝説中的黄帝不僅立有戦功、且能為人治病・増寿。

　　神獣五段重列。……「天皇」即ち「天皇上帝」。「五帝」は道教でいう五方を掌管する神である。即ち、東方は句芒子、南方は祝融子、西方は蓐収子、北方は禺強子、中央は黄裳子。「黄帝除凶」は鏡銘中にしばしば見るがよく分からない。けだし伝説中

の黄帝は戦功を立てたという話だけでなく、かつ人の治病・増寿をよく治したという伝説もあるのに因る。

　以上であるが、神獣鏡の３型式といっても浙江出土銅鏡では実は神獣Ａと神獣Ｃの２型式のみあって、神仙である東王公・西王母の画像のみを描くＢ型式の事例は存在しない。この点、東王公・西王母の神仙像を主要に描くＢ型式を中心とした日本の三角縁神獣鏡の型とは全く異質である。この点は従来の神獣鏡に対する見解に修正を迫るものがある。神獣Ａと神獣Ｃの２型式の意味を考えてみよう。

　神獣鏡Ａは神仙説話の物語が明確なもの、ただ、実際は東王公・西王母の存在と伯牙弾琴と一神作側耳聆聴状（鍾子期）の説話の場面があるものである。事例は東王公・西王母の存在と伯牙弾琴・鍾子期善聴説話の組合せであるが、これの画像思想は単なる不老長寿ではない。しかし、伯牙弾琴説話は難しい。伯牙弾琴・鍾子期善聴は終わりは鍾子期の死亡により、自分の琴を善く聴く者が居なくなったとして、伯牙絶絃となり、伯牙は二度と琴を弾じなかった。音楽を理解する漢代士人の心意気が感じられる。因みに我が国正倉院宝物の楽器紋様などにも伯牙弾琴説話は取り入れられている。天平人士の人気の題材であった。正倉院宝物の楽器紋様と江南呉鏡の伯牙弾琴に共通したものがあるとしたら、恐らくは太平の世、平和な世への願望であろう。後漢一代を通じて、チベット諸族・西羌との戦争は200年を超えた[3]。ところで、伯牙弾琴・鍾子期善聴説話と東王公・西王母の存在は矛盾が感じられる。前者は楽の有限、断絶で有り、後者は無限の長寿である。ただ画像鏡には西王母と穆天子の面会の説話や西王母の舞踏の場面があった。そうした説話的内容を持たない神獣鏡Ａ型式の東王公・西王母の存在は何の意味もない、単なる鏡背面の飾りと成っているのかもしれない。神獣Ｂ形式、すなわち東王公・西王母のみを取り上げた鏡が存在しないということにも関係しよう。

　さて神獣鏡Ｃ型式は従来は「黄帝除凶」のみ注目して不祥を除くとしたが、ここは王士倫・王牧両氏の説明通り人の治病・増寿であろう。人の無病息災を祈願するのである。ただ、そうしたものは道教であるというのは誤りである。未だ道教成立の契機はない。因みに後漢後半期に山東や陝西漢中地方に五斗米道、太平道が興ったが、これらは後漢神獣鏡を所持する士人とは地域も階層も全く異なる。別の考察が必要である。

第四節　王士倫編著・王牧修訂本『浙江出土銅鏡』に収録された神獣鏡画像について

　問題は『浙江出土銅鏡』に収録された神獣鏡画像に日本出土の三角縁神獣鏡画像といかに共通した画質内容が確認できるかである。王士倫編著・王牧修訂本『浙江出土銅鏡』の彩版・図版を実見すると、彩版33東漢環状乳半円方枚神獣鏡、彩版34東漢環状乳半円方枚神獣鏡、彩版35東漢鎏金環状乳半円方枚神獣鏡、彩版36東漢環状乳半円方枚神獣鏡、彩版37東漢環状乳半円方枚神獣鏡、彩版38東漢環状乳半円方枚神獣鏡、彩版39東漢半円方枚神

獣鏡、彩版40東漢半円方枚重列神獣鏡、彩版41東漢建安十年重列神獣鏡、彩版44東漢重列神獣鏡、彩版45東漢重列神獣鏡、彩版46三国呉重列神獣鏡、彩版47三国呉重列神獣鏡、彩版48三国呉重列神獣鏡、彩版50東漢回向式神獣鏡、彩版51東漢半円方枚回向式神獣鏡、彩版52三国呉半円方枚対置式神獣鏡、彩版53三国呉永安七年（西暦264年）半円方枚対置式神獣鏡、図版45東漢環状乳半円方枚神獣鏡、図版46東漢環状乳半円方枚神獣鏡、図版48東漢環状乳半円方枚神獣鏡、図版49東漢環状乳半円方枚神獣鏡、図版51東漢環状乳半円方枚神獣鏡、図版52東漢環状乳半円方枚神獣鏡、図版54東漢環状乳半円方枚神獣鏡、図版55東漢半円方枚神獣鏡、図版57東漢半円方枚神獣鏡、図版58東漢建安二十年半円方枚神獣鏡、図版59東漢建安七年重列神獣鏡、図版60東漢重列神獣鏡、図版61三国呉黄武五年（西暦226年）重列神獣鏡、図版62三国呉重列神獣鏡、図版63三国呉重列神獣鏡、図版64三国呉重列神獣鏡、図版65東漢建安四年回向式神獣鏡。図版66東漢回向式神獣鏡。図版68東漢半円方枚回向式神獣鏡、以上の諸鏡の図像は特に神仙像、神獣像ともに日本出土三角縁神獣鏡その他諸神獣鏡のそれと、全く同質の画像デザイン、同系統の画像造形としても良いと判断できる。これは三角縁神獣鏡を実見した中国考古学者王仲殊氏が三角縁神獣鏡は3世紀に日本に渡来した江南・呉の工人の手になるとした判断の重要要素となると思われる[4]。

結　　び

王士倫編著・王牧修訂本『浙江出土銅鏡』には戦前期の梅原末治氏の鏡銘文研究などがふんだんに取り入れられ、日中古鏡研究の見事な合作合弁が見られる。これに関して『浙江出土銅鏡』各鏡の説明文を引用して結びに代える。

【図版61　黄武五年重列神獣鏡　三国呉】

　　　周銘、「吾作明竟（鏡）、宜……安吉羊（祥）、位至□公、美侯王、官位禄寿、当萬年、而願即得長□」、黄武五年太歳在丙午五月辛未朔七日、天下太平、呉国孫王治□□太師鮑唐而作」。孫権称帝前称呉王、而在鏡銘中称呉王者僅見此例。梅原末治『漢三国六朝紀年鏡図説』載黄初四年五月「会稽（師）鮑作明鏡」、可能与鮑唐為同一人。

これについて、本書第二章の梅原末治『漢三国六朝紀年鏡図説』についての【魏3】黄初四年半円方形帯神獣鏡でその銘文について、

【銘】　黄初四年五月壬午朔十四日□。会稽師鮑作明鏡。行之大吉宜貴人。王民治服者也。□□今造□□□。

　　　黄初四年が魏代のものたること言うまでもないが、『三正綜覧』に依ると其四年の五月朔日は戊子であって、壬午は五年に当たっている。日の下の一字もと「未」と釈して疑問を附したが上に近接した画が乙と見得るとせば、またそれに合致する。されば此鏡また【漢38】の後漢延康元年鏡と同じく実は五年の鋳造品とすべきかも知れぬ。次に銘文中に見える会稽は古く揚州と呼ばれた江南の勝地で今の浙江省紹興に当たる

ことは明らかである。既に三国鼎立の形勢が明らかとなったこの年において、呉の領域たる同地鮑氏の作鏡に魏の紀年を表わしていることはまた一つの注意すべき点と言わねばならぬ。

　黄初4年5月壬午朔問題についての梅原末治氏の指摘は、【漢38】後漢延康元年鏡と同じく重要である。梅原氏の理解を是とすれば、江南呉と華北魏帝国との君臣関係、冊封関係に関わる問題である。黄初4年、5年当時、呉国が魏の正朔を奉じていたとすればすぐに解決する問題ではあるが、魏明帝景初四年三角縁神獣鏡等にも関係する重要な課題を含む、次の指摘も重要である。

【図版93　龍虎鏡　後漢】
　　梅原末治『紹興古鏡聚英』第四十九図、「呉王伍子胥画像鏡」銘文開首為「呉尚里伯氏鏡四夷服」、応与本鏡為同一作者。

【図版100　元康三年龍虎四神鏡　西晋】
　　此鏡将東漢的龍虎鏡和禽獣帯鏡的紋飾結合在一起、而且采用分片鋳造的方法、在古代銅鏡中是少見的。此鏡与梅原末治『漢三国六朝紀年鏡図説』一書中収録的一枚幾乎一様、書中認為是贋品。作者本人未見到実物、僅憑照片来判断、認為「元康三年五月造」幾字漢隷書較笨拙、与其他書体風格有異、感覚是紋飾磨掉後再加上去的。其次鏡紋整体構図有異様感。綜合各種因素分析、此鏡可能為宋以後仿品。

　浙江出土銅鏡が日本出土銅鏡と密接に関係することは十分に確認された。さらに三角縁などに注目する必要もあろう。しかし浙江では画像鏡の伝承が強い。三角縁神獣鏡を中核とする日本出土鏡の意味はまだ確認の余地が残る。

注
（1）　王士倫編著『浙江出土銅鏡』文物出版社、1987年、「序言」、及び王士倫編著・王牧修訂本『浙江出土銅鏡』文物出版社、2006年、王士倫「原序」（四）で浙江出土銅鏡と日本出土三角縁神獣鏡との紋様形式の詳細な検証が試みられている。
（2）　前掲、王士倫編著・王牧修訂本『浙江出土銅鏡』の王士倫「原序」及び王牧「修訂版序言」、参照。
（3）　川勝守『チベット諸族と東アジア世界』刀水書房、2010年、参照。
（4）　王仲殊著、西嶋定生監修、尾形勇・杉本憲司編訳『三角縁神獣鏡』（学生社、1992年）。

460　第二部　中国における古代銅鏡文化研究の伝統と各博物館銅鏡目録データベース

第八章　湖南省長沙市出土銅鏡について

はじめに

　湖南長沙出土銅鏡についても、すでに戦前期から国内外に知られ、梅原末治氏の昭和18年（1943）の『漢三国六朝紀年図説』（京都帝国大学文学部考古学資料叢刊第一冊、桑名文星堂刊）に何点かが紹介されていた。これは本書第二章で見た通りであるが、さらにそれを上回る数多い湖南省長沙出土銅鏡との関連に言及しているのは、第六章で紹介した陳佩芬編『上海博物館蔵青銅鏡』である。

　ところが最近、長沙市博物館編著『楚風漢韻―長沙市博物館蔵鏡』文物出版社、2010年12月が刊行され、湖南省長沙出土銅鏡の全貌が分かるようになった。長沙市博物館蔵鏡についても陳佩芬編『上海博物館蔵青銅鏡』について扱ったと同じ方式で『楚風漢韻―長沙市博物館蔵鏡』の書誌学的紹介とそのデータベース化を試みたい。なお、『楚風漢韻―長沙市博物館蔵鏡』には、湖南省博物館原館長・研究員・国家文物鑑定委員会青銅器鑑定委員である高至喜氏の2009年8月付けの序文が付く。また巻頭の「長沙市博物館蔵銅鏡綜述」は長沙市博物館員の王立華・李夢璋両氏の手になり、同「中国古代銅鏡及其思想文化概論」は長沙市博物館員の邱東聯・潘鈺両氏の手になる。いずれも有益な研究であるが、ここでは内容に立ち入ることは避けたい。その研究は以下の各鏡の説明に十分に反映されているからである。

第一節　長沙市博物館編著『楚風漢韻―長沙市博物館蔵鏡』の戦国鏡について

　湖南長沙出土銅鏡はまず戦国鏡の出土事例が多いことで注目される[1]。長沙市博物館編著『楚風漢韻―長沙市博物館蔵鏡』の戦国鏡は38事例であるが、この部分を【表8－1】湖南長沙市博物館蔵鏡・戦国鏡として表にした。

【表8－1】　湖南長沙市博物館蔵鏡・戦国鏡

番号	名称	時代	径／cm	重／g	鈕・鈕座形式	形態等説明	縁形式	出土年	出土地
1	羽翅地紋鏡	戦国	14.40	289	三弦鈕・方形鈕座	鏡背漫飾鈍羽翅地紋。両組呈正反排列的羽翅紋和渦状紋組成一個長方形的地紋図案、粗端作雷紋盤旋、組端呈尖鋭状。			
2	雲錦地紋鏡	戦国	11.90	152	三弦鈕・円鈕座	鈕座外有絢紋及短斜細紋一組、主体紋飾為三角雲組成的雲錦紋・線条細膩、富有流動感。鏡面平坦。	鏡縁上巻	1988年	長沙市韶山路友誼商店工地M18
3	羽翅地四山紋鏡	戦国	12.30	180	三弦鈕・双重四方鈕座	鏡面平坦。主題紋飾為四個「山」形紋。「山」形的両側竪筆向内勾、呈尖角状、中間一竪筆頂住鏡縁、筆劃寛度均為0.49厘米、其外框鑲有辺縁。四個「山」	鏡縁上巻	1954年	長沙市南門広場M7

第八章　湖南省長沙市出土銅鏡について　461

					形排列欠整斉、間距不均、地紋為羽翅紋。該鏡保存完好、色沢作「黒漆古」状。同時出土仿銅陶礼器鼎・敦・壺一組及鉄小刀一件。			
4	羽翅地四山紋鏡	戦国	15.10	106	四弦鈕・双重四方鈕座	稍有欠損、鏡面平坦。主題紋飾為四個「山」形紋。「山」形右旋、筆劃寛度均為0.26厘米。其外框鑲有辺縁、但底部一半辺縁欠失。該情況在「山」形紋鏡中較為少見。此鏡四個「山」形排列均匀欠、間距基本相等、空隙処以羽翅紋填充。該墓為長方形豎穴土坑墓、随葬物件除該銅鏡外還有鼎・敦・纏・薫炉・匜各一件及龍紋玉佩二件。	鏡縁上巻	1981年	長沙市工農橋酒廠M3
5	羽翅地四山八葉紋鏡	戦国	11.20	99	三弦鈕・双重四方鈕座	鏡面平坦。主題紋飾為四個「山」形紋。左旋、「山」形略顕痩長。「山」形外框鑲有辺沿、地紋以羽翅紋為主体、飾以草葉紋十二枚、其中四方鈕座毎角伸出一枚、其葉尖再向上伸出綬帯状紋、分別連接其他四枚草葉紋。	鏡縁上巻	1992年	長沙市徳雅村国防科学技術大学M5
6	羽翅地四山八葉紋鏡	戦国	9.70	121	三弦鈕・双重四方鈕座	鏡面光滑平坦。主題紋飾為四「山」形紋。左旋、「山」形的中間夾相連的両葉紋。四個「山」字紋整斉劃一、間距相等。其地紋為羽翅紋、胎薄。	鏡縁上巻	1981年	長沙市袁家嶺大同小学M2
7	羽翅地四山八葉柿蒂紋鏡	戦国	13.35	102	三弦鈕・双重四方鈕座	鈕座四角各接一葉紋。地紋為羽翅紋、排布均匀、精緻。主題紋飾為四山紋。「山」左旋、筆劃痩長、其外框鑲有辺縁。「山」紋腰部各夾有葉紋一組、両「山」之間各飾一組由四葉与双重円圏組成的柿蒂紋。該鏡為山形鏡中的精品、保存完好、紋飾精細、鏡面尚有光沢。鏡面平坦。	鏡縁上巻	1985年	長沙市長嶺有機化工廠M4
8	羽翅地四山八葉四柿蒂紋鏡	戦国	12.20	145	三弦鈕・双重方鈕座	鈕座四角各伸出一枚草葉紋、分別対応近鏡縁処的四柿蒂紋、主題紋飾為四山紋、左旋。「山」字外框鑲有辺沿、毎一「山」字紋中間又有一草葉紋装飾。鏡背空隙由羽翅地紋填充。1955年長沙市燕山嶺M17出土一面銅鏡与此鏡形制基本一致、此墓時代為戦国晩期。	薄胎巻沿	1984年	長沙市赤崗冲鉄道学院M2
9	羽翅地四山十二葉紋鏡	戦国	13.40	129	鈕残・双重四方鈕座	鏡面平坦。主題紋飾為四個「山」形紋、左旋、「山」形的両短豎筆向内勾、呈尖角状、寛0.26厘米、中間一長豎筆j頂住鏡縁、寛0.2厘米。「山」形外框鑲有辺、地紋以羽翅紋為主体、飾以草葉紋十二枚、其中四方鈕座毎角伸出一枚、其草尖再向上、左、右方各伸出三条綬帯状紋、分別与其他八枚草葉紋交錯連接、与其上方連接的草葉紋頂端又向左旋出一道水滴状変形草葉紋、整個鏡面紋飾分布規整、十分精美。	鏡縁上巻	1981年	長沙市主左家塘省電力局M3
10	羽翅地四山十二葉紋鏡	戦国	22.60	661	三弦鈕・双重四方鈕座	鏡面平坦。主題紋飾為四個「山」形紋、左旋、「山」形痩長。其外框鑲辺。地紋為羽翅紋、飾以草葉紋十二枚、其中四方鈕座毎角伸出一枚、其草尖再向上、左、右方各伸出三条綬帯状紋、分別与其他八枚草葉紋交錯連接、与其上方連接的草葉紋頂端又向左旋出一道水滴状花枝。墓内同出的仿銅陶礼器鼎・敦・壺2組以及銅剣・鈹和玻璃環等、具有典型的戦国晩期特徴。	鏡縁上巻	1987年	長沙市労働路賀龍体育場M40
11	羽翅地十葉五山紋鏡	戦国	14.40	364	四弦鈕・円鈕座	鈕座及鏡縁分別伸出五方草葉紋、草葉略呈菱形、其内飾有細密的葉脈。五個左旋山形鏡鈕合囲成一個五角星状区域、葉紋正好鑲嵌其中。地紋為羽翅紋。該鏡系戦国晩期小型豎穴土坑墓、随葬器物除此鏡外、僅有陶鼎・壺各一。五山鏡是戦国銅鏡中較為珍貴的鏡種、拠報道、到目前為止、経科学考古発掘		1992年	長沙市勝利路市十五中学M14

						出土的五山鏡僅有4枚。如湖南長沙月亮山M15和常德德山M7，其年代均為戰國晩期。			
12	羽翅地折疊式菱形紋鏡	戰國	11.70	97	三弦鈕・小双重円鈕座	鈕座与其外伸出的四弁葉紋形成一組柿蒂状紋、鏡面平坦。地紋為羽翅紋、在地紋之上有凹面寬条带組成的菱形紋、将整個鏡面分割成九個区域、其中菱形区域五個、三角形（半個菱形）区域四個。中心菱形与其四辺相接的四区各飾一柿蒂紋、其他四個三角形区域各有一従鏡縁内側伸出的葉紋。該鏡鋳造精美、布局均衡、紋飾清晰。1955年長沙市廖家湾M38出土同類器物、直径12厘米、与此鏡大小相仿。	鏡縁上巻	1987年	長沙市人民路曙光電子管廠M1
13	羽翅地折疊式菱形紋鏡	戰國	10.50	77	双弦鈕・円形鈕座	鈕座為柿蒂紋的花蕊部分。主題紋飾為折疊菱形紋、地紋為羽翅紋、鏡背分為九個区域、五個菱形区域中装飾柿蒂紋、其他四個半菱形区僅装飾一片花葉。1955年長沙市廖家湾M38号墓、長沙市沙湖橋25号墓、1954年湖南省衡陽公行山27号墓都出土過与此鏡形制完全一致的銅鏡。		1982年	長沙市人民路建設銀行M1
14	雲錦地四龍紋鏡	戰國	19.20	268	三弦鈕・円鈕座	鈕座其外飾一周雲錦紋、鏡面平坦。雲錦地紋上主題紋飾為四龍紋、龍張口瞪目、首尾相互纏繞。紋飾更趨図案化、線条繁雜、流暢清晰。主紋区域内、外側均有一圏短斜線紋。	鏡縁上巻	1992年	長沙市左家塘曙光電子管廠M2
15	雲錦地三龍紋鏡	戰國	15.60	242	三弦鈕・円形鈕座	鈕座上亦飾有雲紋与細点紋組成的地紋。主題紋飾為交連式変形三龍紋。龍首近鏡縁、前屈而微垂、双角、水滴形眼珠、呈張牙舞爪状、四肢与躯干向外拡展為蔓枝状、三龍勾連交錯、刻割生動。空隙処以雲錦地紋填充。該墓為長方形竪穴土坑墓、同時還出土有仿銅陶礼器鼎・敦・壷・豆・薰炉・盤・勺、另有玉佩・玻璃壁等、従這些随葬器物来看、此墓時代為長沙戰國晩期。		1987年	長沙市五里牌M1
16	雲錦地三龍紋鏡	戰國	14.70	167	三弦鈕・円形鈕座	鈕座飾雲錦紋。鏡面平坦。主題紋飾為雲錦地上飾三龍、龍紋相互纏繞。	鏡縁上巻	1984年	長沙市解放路向韶村M5
17	雲錦地四龍紋鏡	戰國	15.60	292	三弦鈕・円形鈕座	鈕座外另有一圏凹面粗弦紋。地紋為不甚清晰的雲電紋。在地紋之上、于鈕座外圏伸出四枚草葉、将鏡背主題紋飾分為四個区域。毎区内飾一為変形龍紋、龍紋已趨簡化。龍頭居中、躯体由平滑的曲線構成、一足伸至鏡縁、另一足踏在鈕座外的弦紋圏之上。同墓出土的仿銅陶礼器組合為鼎・敦・壷・豆、従陶器組合判断、此墓的年代応為戰國中・晩期。		1987年	長沙市労働路賀龍体育場M3
18	雲錦地三龍紋鏡	戰國	17.00	258	三弦鈕・円形鈕座	鈕座外飾有一周雲錦紋。主題紋飾為変形三龍紋、龍紋作浅浮雕状、龍頭在靠近鏡縁的外側、龍身呈盤旋的蔓枝状、龍吻、四肢与龍尾以平滑的線条互相勾連、三龍之間則又以似蔓枝的曲線相連、形成環環相扣、細致緊密的図案、空隙処以雲錦地紋填充、更増添其精美之観感。1959年長沙柳家大山M43出土一面銅鏡与此鏡形制基本一致。		1987年	長沙市近郊火星大隊M4
19	雲錦地三龍紋鏡	戰國	11.50	130	三弦鈕・円形鈕座	鈕座外環繞飾三周細弦紋、弦紋間以細線紋装飾。地紋為円渦紋与細密点紋組成的雲錦地紋。主題紋飾為変形三龍紋、龍頭靠近鈕座、呈昂首向前状、龍吻抵住外囲弦紋、頂部有向後伸出的彎向的長角。身躯盤曲、三龍首尾相連、互相纏繞、形成連続図案。線条円潤流暢、主題紋飾尤為清晰。該鏡形制較小、随葬器物除此銅鏡外僅有陶豆一件、1955		1992年	長沙市王公塘東風銅廠M1

第八章　湖南省長沙市出土銅鏡について　463

					年長沙市侯家塘M3出土一面銅鏡与此鏡形制基本一致。			
20	雲錦地変形四龍紋鏡	戦国	11.60	114	三弦鈕・円形鈕座	鈕座外三圈凸弦紋間細線紋。主題紋飾為変形四龍紋、龍頭居于近鈕座的一側、姿態呈回顧状。龍吻、龍頸長而曲繞、前肢較短、後肢長而粗壮、已有蔓枝状。龍尾則与另一龍頸相環繞。四龍紋整体為微凸的浅浮雕、其間隙用雲錦地填充、但地紋已不甚明顕、線条也較為粗糙。該墓系長方形竪穴土坑墓、出土陶鼎、敦・壺各2、陶薫炉、銅鏡及玻璃環各1、墓葬年代為戦国晩期。此鏡地紋已経不像其他楚鏡一般精細繁復、雲錦地也極不規整、雲紋与圏点紋相雑、説明地紋已経出現了逐歩消失的迹象、此鏡鋳造年代当為戦国晩期。	薄胎巻沿	1982年	長沙市麻園湾小学M1
21	雲錦地四龍紋鏡	戦国	14.30	135	三弦鈕・双重円鈕座	外囲飾以両道弦紋間短斜線紋、鏡面平坦。主題紋飾為四条変形龍紋、龍呈張嘴状、躯于盤曲交錯、双爪清晰。線条流暢連貫、緊密排布、地紋為巻雲紋。	鏡縁上巻	1981年	長沙市火車站銀行M10
22	雲錦地二龍紋鏡	戦国	10.40	68	三弦鈕・双重円鈕座	鏡面平坦。鈕座辺沿及鏡縁内側均有一周粗弦紋間短斜線紋、地紋為雲錦紋、主紋為両条較為具象的浅浮雕龍紋、龍首形象為頂視、張嘴瞠目、躯干盤曲、上飾巻翅紋、爪部不明顕、鋳造不甚精緻、部分区域模糊。該龍龍首造型与同時代図案化側視龍紋有所不同、是為頂視、猶如在水中游嬉一般、此造型在戦国鏡中較為少見、応為戦国晩期産品。	鏡縁上巻	1987年	長沙市人民路曙光電子管廠M7
23	雲錦地四龍紋鏡	戦国晩期至前漢初	13.50	192	橋形鈕・上飾雲錦紋・円形鈕座	主題紋飾為藤蔓状龍紋、共計四組、龍首貼近鈕座、張嘴、瞠目、其一爪前伸、一爪後抵、躯干巻曲、呈流雲状、線条流暢円潤。地紋為雲錦紋。鏡面平坦。此鏡主題紋飾及鏡縁帯有明顕的戦国晩期風格、但此雲錦地橋形鈕的特徴表明其制造年代応該在戦国晩期到西漢初期。	鏡縁上巻		
24	雲錦地連弧四龍紋鏡	戦国	15.00	153	三弦鈕・円鈕座、鈕座外連接四枚●状花紋	主題紋飾為四組変形龍紋、龍首居中、爪一前一後抵住連弧紋及鈕座、身体巻曲、上有点段。龍紋間以三角紋以及心形葉紋近接、其間飾雲錦地紋。鏡縁為十四内向連弧紋。此鏡従其連弧縁来看已有西漢銅鏡風格、但従龍紋造型以及鏡体較薄、地紋繊細、縁不上巻等特点又具戦国銅鏡特点、其中鈕座上之●紋、与上海博物館所蔵西漢早期四龍連弧紋鏡上見到的○紋応該有着一定的承接関係。故此鏡鋳造年代応為戦国末。	鏡縁上巻		
25	雲錦地龍鳳紋鏡	戦国	11.70	100	三弦鈕・円鈕座	其外有両圈絢紋、鏡面平坦。地紋為巻雲紋。主紋繁雑、不対称、計有鳳紋一組龍紋三組。鳳鳥作仰視状、瞠目、喙上方飾一如意雲紋。鳥羽飄逸。其一龍紋単成一組、龍首貼于鏡縁内側、長吻円目、躯干盤曲交錯、与另一龍首緊貼鈕座、作回顧状、另一龍瞠目吐舌、整個鏡面図案雑乱、不規整、鏡背尚有范痕一道。一鳳三龍紋在楚式銅鏡中鮮見。類似紋飾在湖北包山楚墓出土之紡織刺繍残件中可見一例、『楚文物図典』将其称為「龍鳳相嬉」紋。	鏡縁上巻	1981年	長沙市火車站郵電局M7
26	雲錦地三龍紋鏡	戦国	19.50	463	三弦鈕・円鈕座	鏡面平坦尚有光沢。鈕座周囲有獣紋三組、獣紋為龍首獣身、作回顧状、長尾蜷曲、相互勾連。獣紋間夾有一尊蹲式人物作舞踏状、昂首屈足、左手上揚、右手下垂。主題紋飾為三龍紋、龍首張嘴瞠目、前爪一只外伸、一只抵住鏡縁内弦、并与一組折畳式菱形紋相接、後	鏡縁上巻	1980年	長沙市火車新站郵局工地M4

					爪及躯干部分已図案化為忍冬藤状、相互盤曲勾連、線条流暢飄逸。該墓為竪穴土坑墓、随葬仿銅陶礼器、組合鼎・盒・壷、時代為戦国晩期。該鏡保存完整、系『長沙楚墓』D型Ⅲa式標準器、更為難得的是、鏡鈕部位的人物紋飾在楚式鏡中極其罕見、値得重視。			
27	巻雲地三龍紋鏡	戦国	14.30	207	三弦鈕・円鈕座	鏡面平坦。主題紋飾為三条変形龍紋与三組菱形紋交錯穿插連結、其線条平滑規整、部分区域有点断。龍首居于内側、躯干巻曲連結菱形紋、毎両組線条交叉処均有一組被刻意磨浅、很好的交代了図案的善後虚実関係、組成了繁密、布局均衡的紋様。空隙処以巻雲紋為地、層次豊富、主次分明。此鏡龍紋造型趨于簡化、中穿插菱形紋、為戦国龍紋鏡的変式、鋳造年代当為戦国末期至西漢初期。	鏡縁上巻	1984年	長沙市解放路向韶村M1
28	雲雷地獣紋鏡	戦国	14.20	144	三弦鈕・円形鈕座	主題紋飾為三獣紋。十分具象、有実吻与長首鹿角、体躯如蟒蛇蜿曲。獣首做回顧状、四肢粗短、獣身有若干象徴性鱗片。尾長于身、細而狭、中部装飾燕形翼、末端則成花蒂状、内巻。三獣均為浅浮雕。地紋為排列規整的勾連雷紋、雷紋縫隙処填充以細点紋。該墓為長方形竪穴土坑墓、随葬器物有仿銅陶礼器鼎・敦・壷両組及銅剣・石環等。時代為戦国中晩期。	鏡縁上巻	1985年	長沙市伍家嶺有色金属加工廠M3
29	羽翅地変形四獣紋鏡	戦国	14.00	175	三弦鈕・双重円鈕座	鏡面平坦。地紋為羽翅紋。鈕座外弧紋四周均凸出一小方塊、与四個変形獣紋頭部相連、獣紋幾何化、躯干作「c」型巻曲、頭部寛大、由両個向内巻曲的渦紋構成、中部細長、尾部似喇叭花。鏡縁内側有弦紋一道、与獣紋連為一体、但不連続。該墓頭端有台階、随葬器物有陶鼎・敦・豆一組。	鏡縁上巻	1992年	長沙市勝利路M10
30	羽翅地四獣紋鏡	戦国	12.20	292	三弦鈕・双重円鈕座	鏡面平坦。主題紋飾為四条相互勾連的獣紋、獣首為頂目・瞪目、作回顧状、躯干呈「s」状巻曲、造型流暢飄逸。四獣擺布均衡、部分区域模糊。地紋為羽翅紋。同墓出土陶礼器鼎・敦・壷一組、玻璃璧一件。	鏡縁上巻	1987年	長沙市労働広場賀龍体育場M1
31	羽翅地四葉紋鏡	戦国	11.30	138	三弦鈕・円鈕座	鏡面平坦。鈕座辺縁伸出四組変形浅浮雕式葉紋、地紋為羽翅紋。該鏡紋飾精美。該墓為長方形竪穴土坑墓、帯有長方形頭龕、四壁有寛12cm、高50cmの台階、随葬器物除此枚銅鏡外還有仿銅陶礼器鼎・敦・壷一組。1954年長沙市月亮山M18出土同類鏡一面。	鏡縁上巻	1983年	長沙市袁家嶺・警M3
32	四葉飛鳥龍鳳紋鏡	戦国	21.20	456	三弦鈕・円形鈕座	鈕座外囲另有微凸的凹面粗弦紋以及細線紋各一圏。鏡背為凹面寛帯組成的変形葉紋、四葉内与鈕座形成一個「亞」字形的区域。四葉外部与鏡縁也形成了二龍二鳳紋。其中龍紋伸嘴吐舌、頭部呈回顧状、四肢粗壮、尾部巻曲、鳳紋則瞪眼、長喙内鉤、頭頂有羽冠、羽翅微展。外四区飾以四鳥、双翅展開、頭頸伸直。以折畳菱形格与雲紋与三角雷紋為地紋、塡充満整個鏡背。地紋極其規整細膩、線条清晰。「亞」字形四葉紋鏡中極為少見。此墓為竪穴土坑墓、随葬物除此件銅鏡外還有陶器・鼎2・盒2・壷3・罐3・勺1、従這些器物来看、該墓為一座典型的西漢墓葬。該鏡三弦鈕・円鈕座、寛凹素縁巻辺的作風具有典型的戦国楚式鏡特徴、只是地紋与常見的雲錦紋不同、為有折畳菱形紋和巻	寛辺巻沿	1988年	長沙市長嶺水電八局M2

第八章　湖南省長沙市出土銅鏡について　465

						雲紋組合而成的複合態紋飾。因此、他可能是一件難得的珍品、対研究銅鏡嬗変史有一定的参考価値。類似鏡江蘇揚州曾有出土、直径為19cm。			
33	雲錦地四葉紋鏡	戦国	11.80	112	三弦鈕・円鈕座	鏡面平坦。保存完好。地紋為雲錦紋、主紋為四葉、分別従鈕座四面伸出、葉紋呈寛扁桃葉形、上飾雲紋。四葉紋鏡為典型戦国鏡、其葉紋多作桃葉・蟠桃・山字・楕円形、地紋多作羽翅紋、此雲錦地寛扁桃葉上飾雲紋的形制較為鮮見。	鏡縁上巻	1988年	長沙市東風路烈士公園M21
34	十連弧紋鏡	戦国	14.30	191	三弦鈕・円鈕座	主題紋飾為十連弧。由細単線条組成、内凹、天地紋。在戦国連弧紋鏡中、一般為六、七、八、十二連弧、連弧均為粗寛帯状。此鏡之連弧為単細線条、且為十弧。較為少見。湖南省博物館蔵有一件、形制類似、但為十一連弧、1993長沙市出土。『岩窟蔵鏡』中亦記載有一例、称其「秦初作淮域出土」。	素寛縁、稍巻	1993年	長沙市鉄路銀行M6
35	雲錦地連弧紋鏡	戦国	11.00	195	鈕残・円鈕座	鏡面平坦。外囲有一圏絢紋、地紋為巻雲紋与三角雲電紋組成的雲錦紋。主題紋飾為七連弧、弧面下凹、弧尖穿出鏡縁内側之一圏絢紋。此鏡鏡縁外側鏽触処有紡織物印痕、入葬当時有鏡衣包裹。1953年長沙市南門広場M9出土同類鏡一枚、直径14.90厘米。	鏡縁上巻	1985年	長沙市人民路地質中学M1
36	雲雷地連弧紋鏡	戦国	21.00	349	三弦鈕・円形鈕座	鏡面平坦。主題紋飾為凹面寛帯組成的内向八連弧紋。地紋為三角電紋和雲紋組成的雲紋、地紋不甚緊密、但線条疎朗与主題紋飾的寛帯形成強烈対比。1955年長沙市南門広場M9出土一面銅鏡与此鏡紋飾基本一致、但形制略有差別、為巻辺。	素沿直辺	1992年	長沙市紅旗区標準件廠M3
37	雲雷地連弧紋鏡	戦国	14.50	217	三弦鈕・円鈕座	座外飾絢紋一周。主体紋為内向八連弧紋、連弧表面下凹・抛光。地紋為三角雲紋与巻雲紋組成的雲雷紋飾、其上有較為明顕的接范痕。内側有斜短線紋与絢紋各一周与連弧紋衔接。	鏡縁上巻	1980年	長沙市火車站郵電局M3
38	素面弦紋鏡	秦	17.80	158	三弦鈕	鏡背飾両道寛弦紋。造型素雅大方、鏡体較薄。中心鈕区有一長方形范痕。鏡面平坦、尚有光沢、作黒漆古状。此鏡為典型秦式鏡風格。該墓為帯墓道的長方形竪穴土坑墓、随葬有陶壺5・陶罐4・銅鏡1・石璧1、另有泥質郢称和泥半両若干。秦統治長沙的時間十分短暫、但仍留下了小量秦墓。従墓葬出土陶器的組合特徴及銅鏡的風格判断該墓応為一座秦墓。	素寛縁	1980年	長沙市火車站郵電局M7

　全体として見ると、右欄最後の2項の出土年、出土地の記載の無いものが、鏡番号1、23、24の3銅鏡であって、35事例の出土情況が考古学的に確認されていること[2]がまず注目される。次に紋様について分類すれば、まず地紋については、羽翅地が番号1、3～13、29～31の15事例、雲錦地が番号2、14～26、33、35の16事例、雲雷地が28、36、37の3事例、その他、巻雲地が番号27の1事例、地紋複数が番号32、38の2事例、地紋無しが鏡番号34と38の2事例となる。羽翅地と雲錦地に二分されて数多く、その他は少ないことが分かる。主紋、主題紋についてみると、山字鏡は番号3～10四山紋鏡7と同11の五山紋鏡の計8事例、龍紋鏡は番号14、17、20、21、23、24、の6鏡が四龍紋鏡、15、16、18、19、26、27の6鏡が三龍紋鏡、番号22は二龍紋鏡で、計13事例である。獣紋鏡は番号28、29、30の3事例、龍鳳紋鏡は25、32の2事例で、瑞獣動物紋鏡は計18事例と38戦国鏡の半

466　第二部　中国における古代銅鏡文化研究の伝統と各博物館銅鏡目録データベース

ばに近い。菱形紋鏡は12、13の２事例、連弧紋鏡は34、35、36、37の４事例、草葉紋鏡は31、33の事例、それに弦紋鏡が38秦鏡の１事例と無紋鏡が最初の番号１、２との２事例である。地紋と主題紋との関係でみると、山字鏡は８事例すべて羽翅地であり、龍紋鏡は13事例とも雲錦地であり、獣紋鏡は雲雷地１鏡、羽翅地２鏡と分かれ、龍鳳紋鏡は雲錦地１事例と地紋複数１事例である。さらに菱形紋鏡は２鏡とも羽翅、連弧紋鏡は雲雷地２鏡、雲錦地１鏡、地紋無し１鏡となり、草葉紋鏡は羽翅地１、雲錦地１と分かれる。以上から湖南長沙の戦国鏡を概観すれば、羽翅地山字鏡が早く、雲錦地龍紋鏡が新しく、その他の混合的なものも比較的新しく、前漢鏡に続くと思われる。なお、直径や重さ、つまり鏡の質量に関したデータを見ると、番号10が径22.60cmの重661ｇ、同11が径14.40cmの重364ｇ、同26が径19.50cmの重463ｇ、同32が径21.20cmの重456ｇ、同36が径21.00cmの重349ｇと、以上５鏡はやや径大きく、重さも400ｇ内外ある立派な鏡と言えるが、他は大きさはともかく軽量軽薄な鏡であるのが特徴である。鏡縁も上巻が多く、装飾的ではなく、銘文鏡は全く見られない。

第二節　長沙市博物館編著『楚風漢韻―長沙市博物館蔵鏡』の前漢鏡について

次に長沙市博物館編著『楚風漢韻―長沙市博物館蔵鏡』の前漢・後漢鏡について、この部分を【表８―２】湖南長沙市博物館蔵鏡・前漢後漢鏡として表にした。

【表８―２】　湖南長沙市博物館蔵鏡・前漢後漢鏡

番号	名称	時代	径／cm	重／g	鈕・鈕座形式	形態等説明	縁形式	【銘文】	出土年	出土地
39	雲錦地大楽貴富四葉龍紋鏡	前漢	15.00	312	四弦鈕・双龍円鈕座	鈕座外囲有銘文一周。銘文首尾加飾一魚紋分隔、毎字間夾一菱形巻葉紋、不甚清晰、極浅。主題紋飾為四個変形葉紋分隔開的四条変形龍紋。葉紋分為三層、作宝塔状、以巻曲的渦紋分隔、葉尖呈「山」形。龍紋図案化、龍首為側視、瞠目張嘴作呑雲状、躯干巻曲、肢体盤曲糾結。★	鏡縁狭窄、巻辺	大楽貴富、千秋萬歳、宜酒食。	1980年	長沙市杜家坡M3
40	雲錦地大楽貴富龍紋鏡	前漢	11.30	122	鈕残・双龍円鈕座	座外有銘文一周共十四字、并装飾一魚紋銘文結尾。主題紋飾大体分為四区、毎区有一組龍紋。龍首・四肢与体躯都已無法一一分弁。地紋已接近消隠不見、略可分弁出若干細微的雲紋。★	寛素縁巻辺	大楽貴富、得享寿、千秋萬歳、宜酒食魚。	1983年	長沙市曙光電子廠M1
41	雲錦地大楽貴富四葉龍紋鏡	前漢	16.00	357	橋鈕・円鈕座	鈕面飾有巻雲紋、円鈕座内飾有一圏獣紋、鈕座外有銘文一周、内容為。主題紋飾為鈕座伸出的四組変形葉紋将其分割的四葉紋、葉紋上各飾一鳥紋。龍紋躯干巻曲、其形態図案化、地紋為雲錦地。鏡面平坦。★	素縁上巻	大楽貴富、得享寿、千秋萬歳、宜酒食。		長沙市
42	雲錦地四葉龍紋鏡	前漢	18.70	594	獣形鈕・伏螭紋鈕座	座外飾三周絢紋。絢紋外伸出均匀対称的四株三畳式花弁紋（亦有学者称為火焔紋）将鏡背飾分為四区、毎区内有一三線勾勒的変形龍紋。龍頭居中、	素縁上巻		1988年	長沙市五一路郵電局M2

第八章　湖南省長沙市出土銅鏡について　467

					体躯向両辺対称分布。線条盤旋纏繞、曲線流転、極尽繁復。巻沿上翻、沿較厚。				
43	雲錦地大楽貴富博局蟠螭紋鏡	前漢	16.00	275	三弦鈕・伏螭紋鈕座	鈕座外接双線方格、方格之内飾有銘文、三辺四字、一辺三字、以魚紋為断句、合為。主題紋飾以「ＴＬＶ」紋分割為四方八区、「ＴＬＶ」紋均為細密的四線勾勒。毎区内飾有勾連纏繞的蟠螭紋。均為三線勾勒。★		大楽貴富、得所好、千秋萬歳、延年益寿。	1984年	長沙市赤崗冲M7
44	雲錦地双龍連弧紋鏡	前漢	12.30	157	三弦鈕・円鈕座	鏡面平坦、有裂紋。其内側飾十六連弧紋。鈕座外有両条龍紋相互連、龍首為頂視、瞪目張嘴、咬住另一条龍之尾部、四爪分別頂住鈕座外側与連弧紋区域、躯干細長呈波浪状、地紋為巻雲状。★	寛素縁巻辺		1988年	長沙市五一広場M1
45	見日之光連弧紋鏡	前漢	7.20	33	半球形鈕・円形鈕座	鈕座外飾一周内向八連弧紋、其間以放射状線紋相連。外囲飾一周銘文、内容為。毎両個字之間夾有一個巻雲紋図案、鏡縁寛平、胎極薄。★	鏡縁寛平	見日之光、天下大明。	1994年	長沙市二里牌投資公司M6
46	見日之光連弧紋鏡	前漢	7.80	108	半球形鈕・円形鈕座	座外飾八連弧紋、鈕座与連弧紋以「川」形紋連接、外有銘文帯、其内容為。文字之間有較多的圈点紋装飾、銘文帯外均有一周斜短線紋。鏡面平坦。★	高縁寛辺	見日之光、長勿相忘。	1985年	長沙市人民路地質中学M3
47	日有熹連弧紋鏡	前漢	14.80	496	半球形鈕・并蒂連珠鈕座	座外一周凸起粗弦紋、弦紋与八連弧之間有変形山字紋・短斜線紋以及巻雲紋環列。外接内向八連弧紋。外圏銘文為。字体方正、属于方篆。★	寛平縁	日有熹、月有富、楽母事、宜酒食、居而必安、毋憂患、芋瑟侍、心志歓、楽已茂極、固常然。	1982年	長沙市楊家山鉄路保衛処M8
48	清白連弧紋鏡	前漢	14.60	377	半球形鈕・連珠鈕座	短弧線条以及由変形山字紋与巻雲紋組成的紋飾相間環列于鈕座与八連弧紋之間。外圏銘文為。★	素縁寛厚	潔清白而事君、志汚之弇明、作玄錫而流澤、恐疏日忌美人、外可楽。		
49	銅華連弧紋鏡	前漢	13.30	325	半球形鈕・十二連珠鈕座	座外飾短斜線紋・粗弦紋及内向八連弧紋。銘文帯位于鏡縁内側、内外均有一圏斜短細紋、銘文為。鏡面平坦、略凸。★	素高縁	凍治銅華清而明、以之為鏡而宜文章、以延年益寿去不羊（祥）、而日月之光兮。		
50	長宜子孫連弧紋鏡	前漢	16.20	676	半球形鈕・柿蒂紋鈕座	柿蒂紋之間飾有「長宜子孫」其該飾有一周凸環帯、外接内向八連弧紋・短弧線紋以及由変形山字紋与巻雲紋組成的紋飾相間環列。外圏銘文為。時代多為西漢晩期。★		外圏銘文：凍治銅華清而明、以之為鏡宜文章、延年益寿去不羊（祥）而日光、長楽未央。	1989年	長沙市袁家嶺第六中学M2
51	日光・昭明重圏銘文鏡	前漢	10.10	161	半球形鈕・円形鈕座	座外有寛凸双環、外環内外圏各飾一線銘文帯、内圏銘文為。毎字間夾有菱形「田」字或雲紋符号。外圏銘文為。鏡面平坦。★	素寛鏡縁	内圏：見日之光、長不相忘。外圏：内清之以昭明、光而象夫日月、心忽揚忠、然壅塞不泄。		
52	日光・昭明重圏銘文鏡	前漢	9.60	155	博山鈕	鏡背被平滑双環隔離成三区。鈕外以双線与内環連接、外環内外飾有一周銘文、銘文為。毎字之間以菱形田字格和雲紋分隔。外圏銘文為。鏡面平坦。	素縁寛厚	内圏：見日之光、長勿相忘。外圏：内清質以昭明、光而象夫日月、心忽揚而愿忠、而不一。		
53	清白連弧紋鏡	前漢	14.40	289	半球形鈕・円鈕座飾十二連珠紋	外囲飾以八連弧紋、縁内銘文為。短弧線条以及由変形山字紋与巻雲紋組成的紋飾相間環列于鈕座与八連弧紋之間。外圏銘文為。★	素寛縁	潔而清白而事君、志汚之合（弇）而□光、玄揚流而澤、恐而日忘□。	1983年	長沙市燕山街芙蓉賓館M23
54	昭明連弧	前漢	11.40	328	半球形鈕・	鈕座外飾内向十二連弧紋、外	素縁凸起、	内清以昭明、光象		

	紋鏡				円形鈕座	圏銘文為。毎一字以「而」間隔。銘文内外圏各有細斜線紋一周、鏡面坦。	寬厚	夫日月不泄。	
55	昭明連弧紋鏡	前漢	10.40	296	半球形鈕・円形鈕座	鈕座外為凸起的一圏弦紋、其外為内向八連弧紋。外区銘文為。★	鏡縁寬厚	内清以昭明、光象夫日月之号。	
56	昭明連弧紋鏡	前漢	8.40	92	博山鈕・円形鈕座	外囲飾有一圏粗弦紋及内向八連弧紋。外圏銘文為。胎薄。	鏡縁狭	内清之以昭明、光而象夫日月。心忽揚而不泄。	
57	鋪首鈕花葉紋鏡	前漢	18.28	436	鋪首銜環鈕・方形鈕座	鏡面平坦。無地紋。鈕座四辺正中各伸出一矩形、短形外飾一葉紋。四個花葉紋之間分別飾柿蒂状紋、柿蒂紋中心及下部有凹面圏点。★	鏡辺上巻		
58	花葉連弧紋鏡	前漢	23.10	666	三弦鈕・円形鈕座	鈕座外囲飾内向九連弧紋。主飾区一圏凹面窄弦紋、其上均匀分布有四枚乳釘紋、乳釘囲以桃形四花弁、構成一雑正面展開的花紋。四乳釘之間有重畳式的双葉花卉紋等。縁内側飾内向二十連弧紋。★	寛鏡縁上巻		1985年	長沙市燕定王台M2
59	博局草葉連弧紋鏡	前漢	13.50	189	博山鈕・方鈕座	主題紋飾為博局紋、「ＴＬＶ」形中間飾以「ｃ」形紋和変形草葉紋。為西漢中期長沙漢墓的典型墓葬。	鏡縁為十六連弧		1994年	長沙市砂子塘長沙酒廠M1
60	見日之光草葉連弧紋鏡	前漢	10.90	101	三弦鈕・方鈕座	外囲有一方框、框内銘文為。方框四隅各飾有一花枝、両旁為円形花苞、方格外毎辺的中心処有一乳釘和一桃形紋飾。花苞与乳釘之間均飾有両組花蒂紋。鏡面平坦。★	鏡縁為十六内向連弧紋	見日之光、天下大明。		
61	見日之光草葉連弧紋鏡	前漢	11.50	296	半球形鈕・方形鈕座飾柿蒂紋	外囲飾凹面寛弦紋与鈕座形成銘文框、銘文為。鈕座四辺中心処及四隅均飾有葉紋、方框四隅各飾有一変形葉紋、将鏡背分為四個部分、毎部分中心飾一乳釘、其上再飾一桃形紋、両辺也各飾一巻葉紋。鏡縁内側貫穿一圏范痕。	鏡縁為内向十六連弧紋	見日之光、天下大明。	1981年	長沙市火車站郵電局M16
62	日有熹草葉連弧紋鏡	前漢	16.20	471	半球形鈕・柿蒂紋鈕座	外囲双線方框、方框毎辺各有三字計十二字銘文、内容為。方框内四角各飾一組対称雷紋。方框外四隅各伸出一花葉紋、表面下凹、有刀銼痕。方框外毎辺的中心処飾一乳釘。乳釘上部以一小短線連接一桃形葉紋。乳釘両側各飾二畳式対称草葉紋。鏡面平坦、尚有光沢。★	鏡縁為十六内向連弧紋	日有熹、長貴富、宜酒食、楽母事。	1984年	長沙市五一東路曉園公園M1
63	四乳四虺紋鏡(3)	前漢	15.20	441	半球形鈕・円形鈕座	外囲有一圏凸起高于鈕座的弦紋、鈕座与弦紋之間飾有放射状的細線紋。四顆乳釘将鏡背主題紋飾分為四個区、毎区配置一虺紋、虺身両側各飾有一隻雀鳥。画面線条一致、簡単流暢。★	素縁寛平			
64	四乳四虺紋鏡	前漢	9.10	167	半球形鈕・円形鈕座	主題紋飾由四枚乳釘将紋飾分為四区、毎区飾有一虺、虺体左右各飾有一隻飛鳥及雲紋。鏡面平坦暢。★	素寛縁			
65	四乳禽獣紋鏡	前漢	12.10	231	半球形鈕・円形鈕座飾十二連珠紋	外囲有凸弧紋一道。其内外夾短斜竪細線紋。主題紋飾由四枚乳釘分為四区、毎区内分別飾有龍、虎、朱雀、白鹿紋、并間以変形虺紋。鏡面平坦。★	素寛縁			

第八章　湖南省長沙市出土銅鏡について　469

66	四乳禽獣紋鏡	前漢	12.20	363	半球形鈕・柿蒂鈕座	外囲飾一周凸弦紋、与鈕座之間以四条線紋相連。主紋区被四枚乳釘分為四区、每区均飾有瑞獣図案。★該鏡線条流暢、形象生動。鏡面平坦、属西漢晩期製品。	素縁寛厚			
67	四乳雲龍連弧紋鏡	前漢	14.60	205	三弦鈕・円鈕座	鏡面平坦。鏡縁内側有一圏十六連弧紋、鈕座外側飾八連弧。両道連弧中間的凹弦紋上飾四乳釘、弦紋両側有両両相対的変形龍紋組合成一椿円形。椿円中飾巻雲紋。★	鏡縁稍巻		1981年	長沙市杜家坡省微波総站M5
68	四乳家常貴富銘文鏡	前漢	8.80	167	三弦鈕・円鈕座	鈕座外有凸弦紋一道、並以短竪紋与鈕座相連。縁内側有「家常貴富」銘文帯一周、銘文間夾四乳釘、乳釘左右各飾一禽鳥、禽鳥双岐冠、覆翼、尾巻曲、形態較為簡単。鏡面平坦。	素寛縁	家常貴富		
69	星雲連弧紋鏡	前漢	10.20	138	連峰鈕・星雲紋鈕座	鈕座外有内向十六連弧紋。主題紋飾為星雲紋、由四枚乳釘分為四組、每組有小乳釘四枚以雲気状線条近接、線条流暢飄逸。★	鏡縁為与鈕座連弧対応的十六内向連弧紋		1983年	長沙市窯嶺M7
70	星雲連弧紋鏡	前漢	13.60	303	博山鈕・放射状線紋鈕座	鈕座外飾内向十六連弧紋。主紋区以四枚乳釘分為四区、每区有八枚小乳釘錯落、并由三線勾勒的弧線相連、其形状恰似天文星象中的帯j状星雲、故称星雲紋鏡。★時代為西漢中期。	鏡縁亦内向十六連弧紋		1980年	長沙市杜家坡省微波総站M2
71	長宜子孫連弧雲雷紋鏡	後漢	13.40	267	半球形鈕・柿蒂紋鈕座	柿蒂紋四葉之間有「長宜子孫」四字銘文。主題紋飾為内向八連弧紋、間以「山」形紋以及草葉紋。連弧紋外囲飾有巻雲紋間斜線三角雷紋、両側有短細斜線紋一周。鏡面微凸。★	素寛縁	長宜子孫	1979年	長沙市水利電力庁
72	長宜子孫連弧雲雷紋鏡	後漢	22.10	1096	半円鈕・柿蒂紋鈕座	柿蒂四葉間鋳有「長宜子孫」四字銘文。主題紋飾為内向的八連弧紋。連弧紋外飾有巻雲紋間三角雷紋。★	素寛縁	長宜子孫	1986年	長沙市五里牌長島飯店M1
73	長宜子孫連弧雲雷紋鏡	後漢	21.40	961	半球形鈕・柿蒂紋鈕座	蒂弁間鋳「長宜子孫」四字銘文。主題紋飾為内向八連弧紋。弧間飾簡単細線図案、弧外飾巻雲紋間三角雷紋。鏡面稍凸、其上有紡織物印痕。★	素寛縁	長宜子孫	1985年	長沙市桐蔭里五金廠M1
74	長宜子孫連弧雲雷紋鏡	後漢	20.20	785	半球形鈕・柿蒂紋鈕座	蒂弁間鋳「長宜子孫」四字銘文。主題紋飾為内向八連弧紋。弧間飾簡単細線図案、弧外飾巻雲紋間三角雷紋。鏡面略凸。	素寛縁	長宜子孫	1979年	長沙市湖南省林業局M3
75	尚方十二辰博局紋鏡	後漢	18.00	505	鈕残・柿蒂紋鈕座	鈕座外囲方框内有十二辰銘、每一辺為三辰、分別為、亥子丑、寅卯辰、巳午未、申酉戌。每辰之間有一小乳釘。主題紋飾以博局紋及八乳釘分為四方八区、每方分別有一神獣。青龍・白虎・朱雀・玄武各位于卯・酉・丑・子方。★	鏡縁飾両圏鋸歯紋夾双層波浪紋	尚方作竟（鏡）真大巧、上有仙人不知老、渇飲玉泉飢食棗、寿如金石兮。	1979年	長沙市湖南省水電局M3
76	尚方十二辰博局紋鏡	後漢	16.40	466	半球形鈕・柿蒂紋鈕座	座外方框内有十二辰銘、之間以乳釘紋間隔開。方框外八乳及博局紋分的四方八区之丑寅与申未方位飾四鳥紋、其余方位飾有虎紋・龍紋以及羽人。外区銘文為。★	鏡縁部分為両周鋸歯紋夾双線波浪紋	尚方作竟（鏡）真大巧、上有仙人不知老、渇飲玉泉飢食棗。		
77	飛鳥博局紋鏡	後漢	10.50	162	円形鏡、半球形鈕・柿	博局紋将主紋区分為四方八区、每区飾一枚乳釘和一飛鳥。鳥	鏡縁上飾二周鋸歯		1979年	長沙市湖南省林業

470　第二部　中国における古代銅鏡文化研究の伝統と各博物館銅鏡目録データベース

					蒂紋双重方鈕座	紋作双鳥対視状、其啄相対、間隙処配以小横条紋、其外有櫛歯紋一組。同時出土有「長宜子孫」連弧紋銅鏡一枚。	紋間水波紋			局M3
78	尚方四神博局紋鏡	後漢	15.5C	390	半球形鈕・方鈕座	其上飾以小方横条紋及小橄欖形紋。博局紋将主紋区分為四方八区、毎区飾乳釘一枚、其間分別配以四神及鳳鳥・獣紋、外囲有銘文一周、釈為。銘文帯外囲飾短斜線紋。鏡面較平坦、紋飾清晰、規整。	鏡縁厚	尚方佳竟（鏡）真大好、上有仙人不知老、渇飲玉泉飢食棗兮。	1981年	長沙市火車站郵電局M19
79	広方四神博局紋鏡	後漢	13.30	192	半球形鈕・柿蒂鈕座	外囲飾有双線方框。博局紋将内区分為四方八区、毎区均有一枚乳釘、分別配置青龍・白虎・朱雀・玄武・羽人与飛鳥区銘文為。	厚胎高縁、鏡縁上装飾有両圏鋸歯紋	広方作竟（鏡）真大好、上有仙人不知老、渇飲玉泉飢食棗、孚好。		
80	尚方四神博局紋鏡	後漢	12.80	412	半球形鈕・柿蒂紋鈕座	主体紋飾由博局紋分割成四方八区、毎区飾小乳釘一枚、博局紋夾飾有四神・鳥獣以及細砕点紋。紋飾区外銘文帯、銘文為。鏡面稍凸、尚有光沢。★	鏡縁寛平凸起、上飾鋸歯紋間水波紋	尚方佳竟（鏡）真大好、上有仙人不知老、渇飲玉泉飢食棗、浮游天下敖四海、寿如金石為国保		
81	漢有善銅博局鏡	後漢	13.80	473	半球形鈕・柿蒂紋鈕座	座外接双線勾勒的凹弧面方框。主題紋飾以博局紋、乳釘分為四方八区、毎区内分別飾有青龍・白虎・朱雀・山羊・羽人紋飾。主紋区外為銘文帯、篆書十六字、内容為。銘文結尾処飾一魚紋。間以変形的纏枝紋、形象生動、線条極其優美。鏡面平坦、光可照人。★	鏡縁飾青龍・朱雀・山羊与魚紋	漢有善銅出丹陽、取□清如明、左龍右。		
82	尚方四神博局紋鏡	後漢	12.10	361	半球形鈕・柿蒂紋鈕座	鈕座外囲飾有双線方框。鏡背主題紋飾以博局紋分為四方八区、毎区飾乳釘一枚。四方八区配置的紋飾分別是、青龍配羽人、白虎配蟒蛇、朱雀・玄武配禽鳥。外圏銘文為。同時還有尚方博局紋銅鏡一枚。	鏡縁装飾鋸歯紋及双線波浪紋	尚方佳竟（鏡）真大可、上有山（仙）人不知老、渇飲玉	1981年	長沙市火車新站郵電局M19
83	尚方四神博局紋鏡	後漢	13.20	285	半球形鈕・柿蒂鈕座	主体紋飾以博局紋分為四方八区、毎区飾有一枚乳釘。其内飾四象与瑞獣。外圏有銘文一周、内容為。鏡面平坦。★	鏡縁飾鋸歯紋与回旋雲気紋	尚方作竟（鏡）真大好、上有仙人不知老、渇飲玉泉飢食棗分。		
84	侯氏六乳鳥紋鏡	後漢	12.00 厚0.4	173	半球形鈕・円鈕座	座外飾鳥紋六組、并以六枚乳釘紋相間、其外為銘文帯、銘文為。鏡面稍凸、保存完好。	鏡縁凸起	侯氏作竟（鏡）世中未有、食人利宜孫子。		
85	五乳鳥紋鏡	後漢	9.60	165	半球形鈕・円形鈕座	鈕座外囲装飾一周由線紋和圏点紋組成的図案。主題紋飾以五枚乳釘分為五個区、毎区配置有一隻鳥。其中有一隻為正視図案、其余四隻為側視図。飛鳥或引頭回顧或昂首展翅。鏡縁飾有一周鋸歯紋以及一圏双線水波紋。厚胎高縁。鏡面平坦。	鏡縁飾有一周鋸歯紋以及一圏双線水波紋。厚胎高縁		1977年	長沙市九尾冲中薬二廠工地M1
86	楽如侯王四神博局紋鏡	後漢	14.00	468	半球形鈕・柿蒂紋鈕座	博局紋将主紋区分為四方八区、毎区飾乳釘一枚、其間分別配以四神以及鹿・鳳鳥等紋様。外区有銘文帯、釈文曰。銘文帯外囲以櫛歯紋及三角鋸歯紋帯装飾。鏡面平坦、器物大部呈水銀光沢。★	鏡縁飾雲気紋、如剪紙状	楽如侯王作佳竟（鏡）哉、真大好、上有仙人不知老、浮游天下敖四海。		
87	禽獣博局鏡	後漢	9.70	170	半球形鈕・柿蒂鈕座	外囲双線方框、方框四角対応四顆乳釘将鏡背主題紋飾分為四方四区、四区内分別飾青龍・白虎・鳥頭獣・山羊。	鏡縁飾双線鋸歯紋			
88	四神博局	後漢	11.20	303	半球形鈕・	主題紋飾以博局紋和凹面圏点	寛素平縁			

第八章　湖南省長沙市出土銅鏡について　471

	紋鏡				柿蒂紋鈕座	分為四方八区、每一方分別配置両両相対的四神。			
89	尚方四乳紋鏡	後漢	10.20	126	半球形鈕・円鈕座	鈕座外飾一圈凸弦紋、主紋区内飾以五枚乳釘分為五個区、每区配置有一鳥紋。其中有一隻為正視図案、其余四隻為側視図。飛鳥或引頸回顧或昂首展翅。鏡縁飾有一周鋸歯紋以及一圈双線水波紋。厚胎高縁。鏡面平坦。該鏡局紋已簡化、此情況在小型漢鏡中常見。	鏡縁飾鋸歯紋・弦紋	尚方佳竟（鏡）真大好、上有仙人分。		
90	四神博局紋鏡	後漢	12.20	363	半球形鈕・柿蒂紋鈕座	座外為双線方框。主題紋飾為四神博局紋。青龍・白虎・朱雀・玄武四神分布于四区、以乳釘紋分隔。胎較薄。	素寛平縁			
91	新佳鏡四神博局紋鏡	新莽	13.60	377	半球形鈕・変形柿蒂紋鈕座	主紋区以博局紋分為四方八区内飾玉兔・白虎・乳鳥・青龍等瑞獣。外圏銘文為。鏡面平坦、有紡織物印痕。★	鏡縁飾鋸歯紋与雲気紋	新佳竟（鏡）真大好、上有仙人不知老、渇飲玉泉飢食棗。		
92	新有四神博局紋鏡	新莽	12.80	281	半球形鈕・簡化柿蒂紋鈕座	主題紋飾被四乳及博局紋分為四方八区、区内飾・白虎・青龍・瑞獣及禽鳥紋。外圏銘文為。字体為篆文。鏡面平坦。	鏡縁飾有繁複纏繞的連続雲気紋	新有□紀作（佳？）竟（鏡）□□左右日□□。	1983年	長沙市窯嶺M7
93	四獣博局紋鏡	後漢	11.40	245	半球形鈕・円鈕座	鈕座外囲是双線方格紋。博局紋将鏡背主題紋飾分為四方。每一方在T型博局紋之下飾有一瑞獣、横跨整個方位。瑞獣形象不甚清晰、不形似任何一具体的禽獣、為較相似的線条勾勒手法稍加変形而成。	鏡縁上飾鋸歯紋与双線水波紋			
94	簡化博局紋鏡	後漢	9.40	179	半球形鈕・円形鈕座	鈕座外接双線凹面的方框、方框外為簡化博局紋中的T形紋。主題紋飾為双重勾勒的弦紋夾有一周双線鋸歯紋。	鏡縁高起、飾有一圏双線鋸歯紋			
95	陳氏龍虎紋鏡	後漢	13.00	464	半球形鈕・円鈕座	鈕座外為主紋区、上飾龍虎紋各一。両獣獣首相対、皆瞪目張嘴、作吐舌状、其躯干呈高浮雕状上凸。周囲飾以雲紋及小砕点紋。銘文内容為。銘文帯外飾短斜細紋一周。接双線凹面的方框、方框外為簡化博局紋中的T形紋。主題紋飾為双重勾勒的弦紋夾有一周双線鋸歯紋。鏡面稍凸。1953年長沙市月亮山M28出同類鏡一面、但銘文無「陳氏」二字。	縁寛厚、飾双波紋及櫛歯紋	青盖陳氏作竟（鏡）四夷服、多賀國家人民息、胡虜殄滅天下復、風雨時節五穀（穀）熟、長保二親得天力分。	1989年	長沙市南郊公園M4
96	尚方龍虎紋鏡	後漢	12.60	397	半球形鈕高凸・円鈕座	主体紋飾為両龍一虎。其中一龍一虎呈対峙状、另一龍位于其尾部、形態皆瞪目張嘴、作咆哮状、躯体高凸、上飾羽鱗。龍虎間夾雑小砕点紋。近銘文帯処間飾「宜子孫」三字篆体銘文。主紋区外一周銘文帯、内容為。銘文帯外分別飾以短斜細紋、双線水波紋・鋸歯紋。鏡面稍凸。	鏡縁凸起	尚方作竟（鏡）四夷服、多賀國家人民息、胡虜殄滅天下復、風雨時節五穀（穀）熟、長保二親得天力分。		
97	李氏龍虎紋鏡	後漢	11.50	188	半球形鈕・円鈕座	主体紋飾為龍虎紋。虎双目円瞪、露四歯、張嘴吐舌。龍角上楊、躯干飾鱗紋、龍虎之間尚夾一羊紋、呈跪乳状、躯干肥胖、四肢細小。主題紋飾外飾一周銘文帯、其内容為。銘文外飾一圏短斜細紋、上飾鋸歯・双線水波及弦紋。鏡面稍凸。★	鏡縁寛厚、上飾鋸歯・双線水波及弦紋	李氏作竟（鏡）夷服、多賀國家人民息、胡虜殄滅天下復、風雨時節五穀（穀）熟、長保二親得天力。		
98	黄氏仙人龍虎紋鏡	後漢	9.50	309	半球形鈕・円鈕座	主題紋飾呈高浮雕状凸起于鏡背之上、呈現出凌厲之勢。整	鏡縁寛厚、上飾鋸歯	黄氏作竟（鏡）四夷服、多賀國家人民		

	金銅鏡				個鏡面覆有鎏金、色呈金黄、大部分已被銅緑鏽蝕。主題紋飾為龍虎紋、龍張嘴吐舌、与虎相対。龍虎身後為昂首直立的鹿紋、一跪坐的仙人、二者亦呈両両相対状。主題紋飾之外飾一圈銘文、其内容為。銘文外飾一圈短斜細紋、上飾鋸歯・双線水波及弦紋。鏡面稍凸。★	・双線水波及弦紋	民息、胡虜殄滅天下復、風雨時節五谷（穀）熟、長保二親得天力、□告後□□□□。		
99	侯氏双龍紋鏡	後漢	12.20	413	円形鏡。半円形鈕高凸・円鈕座	主題紋飾為双龍紋、龍紋張嘴睜目、相互対視。躯干作高浮雕状、飾鱗紋、紋飾間夾有「侯氏」銘文。主題紋飾区有一圈短斜線紋環繞。其上飾有細密複雑的動物紋飾、呈剪紙状、有鳥・九尾狐・牛・蛇・魚等、間以雲気紋。鏡面平坦。	鏡縁高凸寬厚	侯氏。	1977年	長沙市九尾冲中薬二廠工地M1
100	龍虎紋鏡	後漢	11.30	264	半球形鈕・円形鈕座	主題紋飾為龍虎紋。虎頭為正視図、龍頭為側視図。龍虎均生有羽翅、間條有短條紋、或直或鈎、位置也不甚規則。中間一周双線勾勒的波浪紋。鏡面微弧。★	鏡縁高起、其上飾有両周鋸歯紋		1986年	長沙市五里牌長島飯店M1
101	五銖龍紋鏡	後漢	8.40	153	半球形鈕・円鈕座	主題紋飾為龍紋。両龍身躯均呈波浪状、一左一右相互対峙、睜目張嘴。龍首間夾飾一五銖銅銭紋方孔円形、上有篆体銘文「五銖」二字。其外飾有一圈弦紋及短竪紋。整個銅鏡鑄造不甚清晰、応為東漢末期制品、此一時期為銅鏡制造的中衰期、産品一般較為粗糙。★	寬縁、上飾鋸歯紋及弦紋			
102	王氏神獣紋鏡	後漢	9.70	123	半球形鈕・円鈕座	鈕座外飾弦紋、主題紋飾為三組首尾相連之神獣。獣目円睜、躯干上飾羽翅状浮雕状凸起。主題紋飾外一周銘文帯、内容為。其外飾短斜細紋・鋸歯及水波紋各一組。★	鏡縁呈尖状凸起	王氏作竟（鏡）自宜古市人。		
103	変形四葉四龍紋鏡	後漢	12.80	267	半球形鈕・円鈕座	「X」形紋飾将鏡背主題紋飾分為四個区、毎区配置一変形夔紋由鈕座向外伸出、龍紋則由右至左延伸、龍吻・龍角・龍鬚均清晰可見、呈剪紙型半浮雕状。此鏡整体呈現出古朴渾厚的風格、顔色也較為少見、通体呈褐色。	鏡縁極寬、素面平整			
104	変形四葉四龍紋鏡	後漢	14.00	293	半球形鈕・円鈕座	四個矩形格将鏡背分為相等四個区、呈現出「十」字形。矩形格内又由対角線分割為四区。鈕座処毎区伸出一変形的葉紋、毎区均配置有一完全相同的変形龍紋、龍角・龍鬚均清晰可見、呈現出張牙舞爪的姿態。★			1975年	長沙市銀盆嶺黄沙坡M5
105	変形四葉四龍紋鏡	後漢	14.30	404	半球形鈕・円鈕座	鏡背主題紋飾被異形「Z」字紋分為四区。毎区飾有一変形龍紋、其中両龍為正視図、両龍為側視図、均銜住Z形的中間竪道。八半円枚中的紋飾図案各異、分別為兎・鳥・花・鳳・虎頭・馬・鳥頭・花。線條均較為粗糙随意。鏡面微弧。	鏡縁寬、厚		1984年	長沙市曹家坡橡膠皮靴廠M1
106	尚方七乳禽獣紋鏡	後漢	19.30	445	半球形鈕・円形鈕座	座外一周飾九顆枚乳釘囲繞、其外接一周粗弦紋。鏡面主題紋飾被七枚乳釘分為七区。毎区分別装飾有山羊・白虎・山	鏡縁部分為両周鋸歯紋夾双線波浪紋	尚方作竟（鏡）大母傷、巧工利之戌文章、左龍右虎辟不羊（祥）、朱鳥		

第八章　湖南省長沙市出土銅鏡について　473

					羊・鳳鳥・青龍・羽人・玄武、大致也与四神方位相符。主題紋飾外装飾一周銘文帯、其内容為。		（雀）玄武順陰陽、子孫備具居中央、長保二亲（親）富貴昌。		
107	尚方四神紋鏡	後漢	19.20	878	半球形鈕・円鈕座	鈕座外有一圏九枚細小乳釘、釘間除一処夾有「宜」字銘文外、其他均飾一鳥紋。主題紋飾為四神及瑞獣、共七組、以七枚乳釘相隔。銘文帯用兩組細双弦紋隔出、主題紋飾外飾一周銘文帯、其内容為。此昌尹応為作鏡人名。此鏡保存完整、鏡面微凸、光沢可鑑、為東漢銅鏡中的精品。★	鏡縁寛厚、飾鋸歯紋	尚方作竟（鏡）真大好、上有仙人不知老、渇飲玉泉飢食棗、浮游天下□□□□昌尹。	1985年	長沙市郊区武装部M1
108	杜氏神獣紋鏡	後漢	19.20	953	半球形鈕・円形鈕座	鈕座外内圏主題紋飾以五顆乳釘分為五区、毎区均装飾一隻鳳鳥、曲頸昂首、做振翅欲飛状。内外圏紋飾之間以一周凸弦紋隔開。外圏主題紋飾以六顆柿蒂座乳釘分為六区、各区之中紋飾相異、但基本可帰為各色人物活動図、或是舞踏、或是弾奏、或是烹飪。線條勾勒優美、人物栩栩如生。外圏一周銘文帯、其内容為。中間一周双線勾勒的水波紋。鏡面平坦。★	鏡縁寛厚、上飾有兩周鋸歯紋	杜氏作竟（鏡）大母傷、漢有善同（銅）出丹陽、家當□□□□□□□有奇、辟不羊（祥）、長宜之竟。		長沙市
109	三羊神獣連弧紋鏡	後漢	22.00	1019	半球形鈕・円鈕座飾連珠細点紋	主題紋飾区以四枚柿蒂紋乳釘分隔為四個部分、毎個部分各飾有神獣一対。其形態各異、呈高浮雕状、或兩兩相対、或張牙舞爪、或交錯纏繞、粗壮厚重却又形象生動。主題紋飾外飾内向十二連弧紋、毎処連弧夾角処均飾有一銘文。銘文内容。鏡縁飾五銖・龍虎・羽人・鳥獣紋、均呈剪紙状、刻画較浅。鏡面稍凹、保存完好。此鏡鋳造風格与東漢龍虎鏡・神獣鏡一致、但更為複雑精緻、時代応為東漢中晩期。★	鏡縁寛厚、飾五銖・龍虎・羽人・鳥獣紋	三羊作竟（鏡）自有紀、除去不羊（祥）宜古市。		
110	位至三公変形四葉紋鏡	後漢	13.70	315	半球形鈕・円鈕座	主題紋飾為呈心形的変形四葉紋。其内容銘文、「位至三公」。葉紋外間隙夾飾変形夔鳳紋、計四組、極度変形。主紋飾区以一圏弦紋包囲、弦紋外突起八組不規則小方塊、其外有十二枚内向連弧紋帯。此鏡紋飾整体呈剪紙状、表面光滑、鏡地粗糙。鏡面略凸。★	鏡縁寛厚、飾五銖・龍虎・羽人・鳥獣紋。	位至三公		
111	長宜子孫連弧紋鏡	後漢	12.60	251	半球形鈕・柿蒂形鈕座	蒂弁間鋳「長宜子孫」四字銘文、其外飾弦紋及短斜細紋。主題紋飾為内向八連弧紋。此鏡之連弧紋的弧間已有分開趨勢、是為東漢晩期半円紋銅鏡之雛形。★	鏡縁寛厚	長宜子孫		
112	長宜子孫四葉四龍紋鏡	後漢	14.00	447	半球形鈕・円形鈕座	座外四方分別装飾四字銘文、「長宜子孫」。銘文外飾変形四葉紋。四葉分別四方、以平滑内向弧線相連、将鏡背主題紋飾分為四区、毎区配飾一龍紋。龍形為昂首向前、張牙舞爪、龍身極式簡略、以帯弧形的弦紋組成、従龍頸処又伸出一条与龍身類似的弦紋、在靠近葉紋折転形成葉状。主紋区装飾有内向的十六連弧紋、鏡縁、	鏡縁寛厚	長宜子孫	1985年	長沙市郊区武装部M2

474　第二部　中国における古代銅鏡文化研究の伝統と各博物館銅鏡目録データベース

					其上装飾有変形龍紋、線条極抽象、勉強可弁頭身。鏡面微凸。				
113	正月午日神人神獣画像鏡	晋	20.10	877	半球形鈕・円鈕座	鈕座上飾連珠細点紋。主題紋飾為神人神獣、作高浮雕状。神獣計四組、★上面一組為黄帝与侍者、相対一組為伯牙奏琴、伯牙善奏、子期善聴。左面是西王母、右面是東王公、其旁均有青鳥和神獣相守。黄帝頭戴冕旒、紋飾区外為銘文帯、銘文鋳于十四個方枚上、毎枚一字、内容為。毎間飾有十四半円凸起、其上飾「冏」形紋。銘文外囲飾的鋸歯紋。最内側飾有一道凸弦紋、鏡面分為両層、内層為六駕雲車、神人坐于車上、車前為連続衛接龍紋。外層為菱形幾何状流雲紋。鏡面稍凸、尚有光沢。	鏡縁稍凸	正月午日作此竟（鏡）、上人守皆食太倉。	
114	鄭氏神人神獣画像鏡	後漢	18.60	955	半球形鈕・蓮花形鈕座	鏡背主題紋飾被五顆帯座枚分為五区、紋飾帯有濃厚的画像石故事風格、呈高浮雕状、分別描述了。東王公・西王母相見故事。并有蟾蜍・座駕・羽人等環繞。外囲有一圏隷体銘文、其内容為。鏡縁飾有一周鋸歯紋、外囲飾有変形青龍・白虎・朱雀・蟾蜍・魚等紋飾、并以五鉢線与眼紋間隔。★	鏡縁稍凸	鄭氏作竟（鏡）自有紀、上東王公・西王母、公君陽遠、宜子孫、長保二親（親）不知老。	長沙市
115	尚方神人龍虎画像鏡	後漢	15.60	398	半球形鈕・円鈕座	座外両圏細弦紋中間一周実心連珠紋。主題紋飾被円鈕尖状枚分為四区、青龍与白虎隔区相対、上為西王母、下為東王公、均正面端坐、侍者側身跪地。主題紋飾均為高浮雕、凸起于鏡面、極富立体感。其外為一圏銘文其内容為。鏡縁飾有一周鋸歯紋及一周双線波浪紋。鏡面微弧。	鏡縁飾有一周鋸歯紋及一周双線波浪紋。	尚方作竟（鏡）佳且好、明而日月世少有、刻治今守吉。	
116	君宜高官神人半円方枚神獣画像鏡	後漢	8.50	236	半球形鈕・円鈕座	鈕座外飾一周半弧竪形圏帯紋、以若干棗核形紋飾分隔。主題紋飾為仙人神獣、呈高浮雕状。神獣両組、形如辟邪、昂首挺胸、張嘴睜目、形似飛馳。仙人端坐車騎之上、表情厳粛、頭梳髪髻、服飾寛松、衣帯飄揚、并籠袖、目不斜視。其旁有二人相対而坐、旁又有仙人長袖起舞。紋飾外圏為半円方枚状的銘文帯、十二枚方枚被劃分為田字格、毎格均有文字、文字已不甚清晰、約有提到東王公・西王母、説明鏡背主題紋飾為東王公与西王母故事。其間亦有「君宜高官」等東漢銅鏡常用吉祥祝語。	鏡外縁飾一周変形雲気紋。	君宜高官	
117	四獣紋鏡	南朝	11.30	225	半球形鈕・無鈕座	主題紋飾為瑞獣紋、均作奔跑状、身躯粗壮、四肢細小、其間穿插有藤蔓紋。主紋区外有一高高凸起的弦紋。鏡縁内側飾有奔馬・鳥等紋様、以蔓草紋相連。整個銅鏡紋飾鋳造模糊、夾有范痕。該鏡為南朝制造、此一時期是我国銅鏡制造工芸的中衰期、這対研究当時的鋳鏡工芸以及衰落原因有一定参考価値。	鏡縁上凸。飾一周細点紋。		

全体として見ると、前漢鏡32、新莽鏡2、後漢鏡43、晋鏡1、南朝鏡1の計79鏡事例である。なお、掲載順でみると、新莽鏡は後漢鏡の中に含まれ、晋鏡・南朝鏡は後漢鏡の附属であり、結局湖南長沙市出土銅鏡の漢─六朝鏡は前漢鏡と後漢鏡に二大別される。次に右欄最後の2項の出土年、出土地の記載が両方とも有るものは前漢鏡で17事例、後漢鏡で17事例と、戦国鏡に較べて考古学的裏付け確認が悪い。それでも、長沙市博物館編著『楚風漢韻─長沙市博物館蔵鏡』は前漢・後漢鏡についての考古学や歴史学の学術的知見を多く提供している。これについては【表8─2】では敢えて割愛し、以下に別個引用する。その個所は表中に★印を付した。まず、前漢鏡について整理しよう。なお、中国文は日本語訳を付した。

【39 雲錦地大楽貴富四葉龍紋鏡　前漢】
　　該墓為竪穴土坑墓、出土物除銅鏡外、還有滑石璧一枚、陶器組合有鼎・盒・方壺・瓿・盂・罐等、時代為西漢早期。該鏡与1956年長沙市弾庫所出龍紋鏡以及上海博物館蔵「大楽貴富」蟠螭紋銅鏡類似。此類銅鏡亦有「大楽未央、長相思、願勿相忘」銘文、同属西漢早期。

　　該墓は竪穴土坑墓であり、出土物は銅鏡を除くほか、また滑石璧1枚が有り、陶器の組み合せには鼎・盒・方壺・瓿・盂・罐などが有り、時代は前漢早期である。該鏡と1956年長沙市弾庫所で出た龍紋鏡ならびに上海博物館蔵「大楽貴富」蟠螭紋銅鏡とは類似する。この類の銅鏡はまた「大楽未央、長相思、願勿相忘」の銘文が有り、同じく前漢早期に属す。

【40 雲錦地大楽貴富龍紋鏡　前漢】
　1956年長沙市燕子嘴M3出土鏡与此鏡紋飾基本一致。
　1956年長沙市燕子嘴M3出土鏡とこの鏡は紋飾の基本が一致する。

【41 雲錦地大楽貴富四葉龍紋鏡　前漢】
　　此鏡鋳于西漢景帝時期、其特点在于鈕面飾有紋飾、這在同類鏡中属精美品。
　　この鏡は前漢景帝の時期に鋳され、その特色は鈕面の飾に紋飾が有るに在り、これは同類鏡中に在って精美品に属す。

【42 雲錦地四葉龍紋鏡　前漢】
　　此墓為長方形竪穴土坑墓、随葬器物除此鏡外、還有陶罐8・陶紡・陶鼎各2・銅刀1・鎏金髪簪1、以及泥半両若干、時代為西漢前期。西漢早期龍紋鏡与戦国時期相比、呈現出由薄変厚的特点、龍紋由平滑実線変為了双線勾勒。此鏡中的双体龍紋旧称双尾龍紋、他的基本模式和獣面紋的体躯向両側展開的規律相同、為使龍的体躯充分展開而呈帯状、所謂双体龍紋、実際上是龍的正視展開図。

　　この墓は長方形竪穴土坑墓であり、随葬器物はこの鏡を除くほか、また陶罐8・陶紡・陶鼎各2・銅刀1・鎏金髪簪1、ならびに泥半両若干が有り、時代は前漢前期である。前漢早期龍紋鏡と戦国時期鏡とあい比べると、器物は薄より厚に変じた特色を

現出させ、龍紋は平滑実線より変じて双線ギザギザになっている。この鏡中の２体の龍紋は旧と双尾龍紋と称し、その基本模式と獣面紋の体躯が両側に向き展開している方則性をあい同じくし、為に龍の体躯をして充分に展開させて帯状を呈し、所謂る双体龍紋となり、実際上は龍の正視展開図である。

【43 雲錦地大楽貴富博局蟠螭紋鏡　前漢】

　　在銅鏡上有「ＴＬＶ」紋飾的、後代都称為規矩鏡、因為紋飾像工具中的「規」和「矩」、這種規矩紋在銅鏡上的安排很有規律、一般在鈕座外有一方框、方框的毎一辺中間是「Ｔ」、其外面是「Ｌ」、方框的四角対着「Ｖ」、近年来中外学者対這一紋飾有了新的理解。湖北江陵鳳凰山Ｍ８西漢墓、雲夢睡虎地Ｍ11・Ｍ13出土了漢代的「雲錦盤」、湖南長沙馬王堆漢墓出土了漆木制六博盤及配套博具一組。六博是一種博戯、各有六子、以「ＴＬＶ」線条為界。後来又在河北平山県戦国中山国王室墓中出土了玉制龍紋盤、其上也有這類紋飾、是最早的「六博盤」。這種紋飾在戦国時已出現、銅鏡上的規矩紋、応是移植、故応称為「博局紋」或「六博紋」但也有学者認為、規矩紋是由規矩紋是由草葉紋式山字紋演変過来的、也有学者認為来源于占星盤・日冕、及天文学相関、象徴四方。銅鏡上的博局紋始于西漢早期、盛行于西漢末期到東漢中晩期。此鏡1984年出土于長沙市赤崗冲Ｍ７、墓葬為「刀」型竪穴土坑墓、墓坑長880cm、寛250cm、深265cm、墓道在東端、呈台階状。随葬器物除該面銅鏡外、還有陶鼎・陶盒・陶鍾・陶円壺・陶敦・陶罐及泥五銖若干、石壁・滑石鼎１・鉄盃１、時代為西漢前期。此墓形制較大、為長沙漢墓的典型墓葬。該鏡出土時周囲還有装鏡的漆盒印痕、因此其入葬時当有鏡盒及鏡衣包裹。河北満城竇綰墓出土一面銅鏡与此鏡形制基本一致。

　　銅鏡上には「ＴＬＶ」紋飾とするものが有り、後代ではすべて称して規矩鏡とし、因って紋飾は工具中の「規（こんぱす）」と「矩（かねじゃく）」を像るとし、この種の規矩紋は銅鏡上の処置ではたいへん規律が有り、一般に鈕座外には一方框が有り、方框の毎一辺の中間は「Ｔ」であり、その外面は「Ｌ」であり、方框の四角に対して「Ｖ」を着けるが、近年来中外の学者はこの一紋飾に対して新しい理解が有る。湖北江陵鳳凰山Ｍ８前漢墓、雲夢睡虎地Ｍ11・Ｍ13は漢代の「雲錦盤」を出土したし、湖南長沙馬王堆漢墓は漆塗り木製六博盤及び配套博具一組を出土している。六博は一種の博戯であり、各六子有り、「ＴＬＶ」線条をもって界となす。後来また河北平山県戦国中山国王室墓中では玉制龍紋盤を出土したが、その上にもこの類の紋飾が有り、最も早い「六博盤」である。この種の紋飾は戦国時にすでに出現し、銅鏡上の規矩紋は、応に移植になるものとすべきで、故に応に「博局紋」或いは「六博紋」と称すべきだが、或る学者は主張するに、規矩紋は草葉紋式山字紋が演変して来ったものであるとし、また或る学者の主張では来源は占星盤であるとし、天文学に相関し、四方を象徴するとする。銅鏡上の博局紋は前漢早期に始まり、盛行は前漢末期から後漢中晩期に到った。この鏡は1984年に長沙市赤崗冲Ｍ７から出土したが、墓葬は「刀」型竪

穴土坑墓であり、墓坑の長さ880cm、寛さ250cm、深さ265cm、墓道は東端に在り、階段状を呈す。随葬器物は該面銅鏡を除くほか、また陶鼎・陶盒・陶鍾・陶円壺・陶敦・陶罐及泥五銖若干、石壁・滑石鼎1・鉄盂1が有り、時代は前漢前期である。この墓は形制がやや大きく、長沙漢墓の典型墓葬である。該鏡は出土時に周囲にまた鏡を装塡した漆盒印痕が有り、これによりその入葬時に当に鏡盒及び鏡衣包裹が有ったはずだ。河北省満城県の竇綰墓から出土した一面の銅鏡とこの鏡は形制が基本的に一致する。

【44 雲錦地双龍連弧紋鏡　前漢】

該鏡弧紋鋳造清晰、但龍紋較為模糊、為西漢早期風格。

該鏡は弧紋が鋳造ハッキリし、ただ龍紋がやや模糊であり、前漢早期の風格がある。

【45 見日之光連弧紋鏡　前漢】

　此鏡当是西漢晩期的遺物。鏡胎薄而易砕、其装飾銘文可以看出受漢代晩期興起的方隷的影響、布局也変得較為稀松。

　この鏡は当に前漢晩期の遺物である。鏡胎薄く砕れ易く、その装飾銘文は前漢代晩期に興起した方隷（四角な隷書体）の影響を受けているとみなせ、布局もまた変じてやや月並みになっている。

【46 見日之光連弧紋鏡　前漢】

　此類銘文鏡通常被称為「日光鏡」、在已出土的西漢鏡中占到三分之一的数量、可見西漢時期使用之広泛、他出現于漢武帝初年、流行于西漢中・晩期以及王莽時期、個別可晩到東漢早期。銘文常為「見日之光、長勿相忘」、「見日之光、天下大明」、「見日之光、象夫日月」。日光鏡部分無穿、形体較小、時代越晩則鏡越薄、鋳工也越見粗糙。

　この類の銘文鏡は通常「日光鏡」と称され、これまで出土した前漢鏡中に三分の一の数量を占めるに到り、前漢時期の使用の広泛を見ることができ、それは漢武帝の初年に出現し、前漢中・晩期および王莽時期に流行したが、個別には晩く後漢早期に到ることができる。銘文は常に「見日之光、長勿相忘」、「見日之光、天下大明」、「見日之光、象夫日月」である。日光鏡は部分に穿つ無く、形体はやや小であり、時代は晩くなればなるほど鏡は薄くなり、鋳造の工芸技術はまた粗糙である。

【47 日有熹連弧紋鏡　前漢】

　外圏銘文字体方正、属于方隷篆。日有熹鏡在山西・河南等地有発現、全国発現較少。1991年満城漢墓第138号墓出土一面与此鏡極為相似的銅鏡、収録在『長安漢墓』、満城漢墓亦出土一枚日有熹草葉紋鏡、銘文為「長富貴、口母事、日有熹、常得所喜、宜酒食」。

　外圏銘文は字体方に正しく、四角な隷篆（隷書と篆書）の合体に属す。日有熹鏡は山西・河南などの地に発現が有り、全国では発現がやや少ない。1991年満城漢墓第138号墓に出土した一面とこの鏡は極めて相似の銅鏡であり、収録して『長安漢鏡』に在

るが、満城漢墓で出土した一枚の日有熹草葉紋鏡は、銘文が「長く富貴、口に事なかれ、日に熹び有り、常に喜ぶところを得て、宜しく酒食あるべし」である。

【48 清白連弧紋鏡　前漢】

　　清白鏡的銘文按照梁上椿先生綜合各鏡所得全銘文為「潔清白而事君、怨陰弆明、作玄錫而流澤、志疏遠而日忘、慎糜美之究䚡、外承弆之可説、慕窈窕于霊泉、愿永思而毋絶」。類似的清白鏡、河北定県八角廊西漢懐王劉修第40号墓、西臨高速公路漢墓都有出土。

　　清白鏡の銘文は梁上椿先生が各鏡を綜合して得たところを按照するに全銘文は「（心）潔く清白にして君に事え、怨は陰に弆明し、玄錫を作りて流れ澤し、志は疏遠にして日に忘れ、糜美の究䚡を慎み、承弆の説くべきを外にし、窈窕を霊泉に慕い、永思を愿にして絶つことなかれ」と。類似の清白鏡は、河北省定県八角廊前漢懐王劉修第40号墓、西臨高速公路の漢墓にすべて出土している。

【49 銅華連弧紋鏡　前漢】

　　保存完好。銘文字体方正、鋳造精細。該鏡銘文中出現較多「而」字、時代応属西漢晩期。該鏡常称為銘文帯鏡、以昭明・日光・銅華銘居多、鏡鈕常作半球形。時代較早的鏡縁素而高、偏寛薄者時代較晩。

　　保存は完全で好い。銘文は字体が方しく正しく、鋳造は精細なり。該鏡の銘文中にやや多く「而」字を出現させ、時代は応に前漢晩期に属すだろう。該鏡は常に称して銘文帯鏡となし、昭明・日光・銅華の銘が多く居り、鏡鈕は常に半球形に作る。時代がやや早いものは鏡縁が素にして高く、ただ寛薄なるものは時代がやや晩い。

【50 長宜子孫連弧紋鏡　前漢】

　　此鏡又名「銅華鏡」。陝西・四川・湖南・江蘇・広西等地均有発現。時代多為西漢晩期。従目前発現的資料来看、銅華鏡一般分為三類、第一類為連弧紋銘文鏡、第二類為雲雷紋銘文鏡、第三類為圏帯銘文鏡、字体多方正。

　　この鏡はまた「銅華鏡」と名づく。陝西・四川・湖南・江蘇・広西などの地に均しく発現が有る。時代は多く前漢晩期である。実際に実見した資料から言えるのは、銅華鏡は一般に分かちて３類となし、第１類は連弧紋銘文鏡であり、第２類は雲雷紋銘文鏡であり、第３類は圏帯銘文鏡であり、字体は多く方正（四角い正しい隷書）である。

【51 日光・昭明重圏銘文鏡　前漢】

　　此鏡同時鋳有「日光」銘文与「昭明」銘文。字体為篆体、但隷化明顕。昭明銘文之中不添加西漢晩期到新莽時期流行的「而」字、因此此鏡年代応為西漢中期。

　　この鏡は同時に鋳た「日光」銘文と「昭明」銘文が有る。字体は篆体であるが、ただ隷化が明らかに顕在化している。昭明銘文の中に前漢晩期から新王莽時期に到り流行した「而」字を添加せず、これによりこの鏡の年代は応に前漢中期と言える。

【53 清白連弧紋鏡　前漢】

清白鏡出現于西漢中期偏晚、多見于西漢晚期、与「日有熹」、「銅華」等鏡一様、因其制作精良被人們所喜愛。「清白」銘文亦常用于重圈銘文鏡上。

清白鏡は前漢中期やや晩くに出現し、多く前漢晩期に見て、「日有熹」、「銅華」などの鏡と一様に、その制作精良により人びとから喜愛された。「清白」銘文はまた常に重圏銘文鏡の上にも用いる。

【55 昭明連弧紋鏡　前漢】

昭明鏡完整的銘文是、「内清質以昭明、光輝象夫兮日月、心忽揚而愿忠、然壅塞而不泄」。銘文的「内清」指銅鏡是青銅鋳造、其内部干浄無雑質。「光象夫日月」是表達此鏡的鏡面非常光亮、就好像日月一般。昭明鏡的銘文体現了漢代人対于被称為「金精」所鋳的銅鏡的一種称頌。

昭明鏡の完全な銘文は、「内清質以昭明、光輝象夫兮日月、心忽揚而愿忠、然壅塞而不泄」である。銘文の「内清」は銅鏡が青銅鋳造であることを指し、その内部は清潔で雑質が無い。「光象夫日月」はこの鏡の鏡面が非常に光亮としていることを表わすものであり、就いては好く日月一般に像る。昭明鏡の銘文は漢代人が「金の精」と称したものを体現した銅鏡に対する一種の称賛の辞である。

【57 鋪首鈕花葉紋鏡　前漢】

銅鏡出土于該墓南辺西便房、其紋飾布局為同時期所鮮見、鋪首銜環用于鏡鈕僅此一例。其寛凹縁巻辺、鏡面平坦、以花草紋為主題紋飾、仍具有楚式鏡的遺風、但方鈕座外的矩形装飾及周辺的凹面円点紋、似与後来的乳釘紋有一定連系、他対研究戦国秦漢時期銅鏡紋飾演変有着重要的参考価値。

銅鏡は該墓の南辺西便房に出土し、その紋飾の布局は同時期に鮮れに見るところのものであり、鋪首銜環を鏡鈕に用いるは僅かにこの一例のみである。その寛凹縁巻辺、鏡面平坦、花草紋をもって主題紋飾となすは、なお具さに楚式鏡の遺風有り、ただ方鈕座の外の矩形装飾及び周辺の凹面円点紋は、やや後発の乳釘紋と一定の関係が有り、それが戦国秦漢時期の銅鏡紋飾の変化を研究することに重要な参考価値を有することになる。

【58 花葉連弧紋鏡　前漢】

河北満城西漢中山靖王劉勝妻竇綰墓中出土的「四花弁圧圏帯」的構図与此鏡基本一致、時代西漢中期偏早。

河北省満城県前漢中山靖王劉勝妻竇綰墓中に出土した「四花弁圧圏帯」の構図とこの鏡は基本的に一致し、時代は前漢中期のやや早い時期である。

【59 博局草葉連弧紋鏡　前漢】

1994年長沙市砂子塘長沙酒廠M1出土。此墓随葬器物除此件銅鏡外、尚有鼎1、盒1、陶鈁・壺各2、鐎壺1、燈1、陶罐、銅印、箭簇・弩機各1、鉄鐶首刀・剣・剣飾各1、石璧1、及陶銭及陶金幣若干。為西漢中期長沙漢墓的典型墓葬。連弧紋変形

草葉紋鏡為西漢時期独有、此類鏡中凡方鈕、未飾弦紋者、均可在鏡縁内側割到一圈范痕。此范痕極浅、不易発現、但亦有比較明顕的。如本館所蔵「見日之光」連弧縁草葉紋銅鏡、陝西西安出土之日光博局対称連畳草葉鏡。此前大部分描述中将此范痕視為「細弦紋」。此種接范方法為研究我国制鏡技術提供了珍貴的参考資料。

1994年長沙市砂子塘長沙酒廠M１出土。この墓の随葬器物はこの件の銅鏡を除くほか、なお鼎１、盒１、陶鈁・壺各２、鐎壺１、燈１、陶罐、銅印、箭簇・弩機各１、鉄繰首刀・剣・剣飾各１、石璧１、及び陶銭及び陶金幣若干が有る。前漢中期長沙漢墓の典型墓葬である。連弧紋変形草葉紋鏡は前漢時期にだけ有るものである、この類の鏡中凡そ方鈕は、未だ弦紋なるものを飾らず、均しく鏡縁内側に一個の鋳型の跡を確認できる。この范痕は極めて浅く、見つけにくい。ただまた比較的に明顕なものが有る。本館所蔵の「見日之光」連弧縁草葉紋銅鏡のごときは、陝西省西安市出土の日光博局対称連畳草葉鏡と同じである。これまで大部分の叙述の中でこの范痕を「細弦紋」として来た。こうした鋳型に接近する方法は我国制鏡技術を研究するために貴重な参考資料を提供したのである。

【60 見日之光草葉連弧紋鏡　前漢】

此類銅鏡紋飾基本一致、銘文略有不同、『小校経閣金文拓本』収録了８面此類鏡子、対称二畳式的草葉紋鏡是漢初最流行的式様。銘文多為「日有熹」、「見日之光」「天下大明」以及「勿相忘」等。分布地点也較為広泛、従四川成都到山東臨沂的金雀山西漢中晩期墓都有出土、1952年長沙市杜家山第797号墓出土一面与此鏡基本類似的銅鏡。

この類の銅鏡は紋飾が基本的に一致し、銘文は大体同じものであり、『小校経閣金文拓本』は８面のこの類の鏡を収録しているが、対称二畳式草葉紋鏡は漢初最も流行した式様である。銘文は多く「日有熹」、「見日之光」「天下大明」ならびに「勿相忘」などである。分布地点もまたやや広範囲で、四川省成都市より山東省臨沂地方の金雀山に到り前漢中晩期墓はすべて出土が有り、1952年長沙市杜家山第797号墓出土の一面とこの鏡は基本的に類似した銅鏡である。

【62 日有熹草葉連弧紋鏡　前漢】

這一類的銅鏡、銘文都較簡潔、字体大方、大多為「見日之光」、「長母相忘」和「日有熹」等句、字数有八、十二和十六字三種。1953年陝西西安東郊紅慶村Ｍ64漢墓、広東省広州市Ｍ1143西漢早期墓、四川成都羊子山漢墓和安徽寿県軍地以及上海博物館都出土或収蔵此類紋飾的銅鏡、只是銘文有所不同、時代為西漢早・中期。山東済南地区曾出土比較完整的鋳造此類銅鏡的陶范。

この一類の銅鏡は、銘文すべてやや簡潔、字体はおおようで、だいたいが「見日之光」、「長母相忘」と「日有熹」らの句であり、字数は８、12と16字の三種が有る。1953年陝西省西安市東郊紅慶村Ｍ64漢墓、広東省広州市Ｍ1143前漢早期墓、四川省成都市羊子山漢墓と安徽省寿県軍地ならびに上海博物館はすべてこの類の紋飾の銅鏡を

第八章　湖南省長沙市出土銅鏡について　481

出土或いは収蔵し、ただ銘文に相違があり、時代は前漢早・中期である。山東省済南市地区は曾って比較的に完全なこの類の銅鏡を鋳造した陶范を出土した。

【63　四乳四虺紋鏡　前漢】

蟠虺紋又称虺紋及蛇紋、以蟠曲的小蛇（虺）的形象構成幾何図形。有的作二方連続排列、有的構成四方連続紋様。一般都作主紋応用。商末周初的蛇紋、有三角形或三角形的頭部、一対突出的円眼、体有鱗節、呈巻曲長条形、蛇的特徴很明顕、往往作為附飾縮得很小、有人認為是蚕紋。個別有作為主紋的、大多是単個排列、多見于青銅器上。春秋戦国時代的蛇紋大多很細小、作蟠旋交連状。漢代蟠虺紋更加具象化、且開始出現変形趨勢。此鏡中的帯翅虺紋、似為双鈎雲線紋発展而来。1956年湖南長沙黄泥坑第5号西漢墓曾経出土一枚四乳四霊紋銅鏡、其紋飾為四神禽獣紋、毎組神獣有双鈎雲紋貫穿其間、与此鏡的虺紋極其相似、但時代当晩于此鏡。

蟠虺紋はまた虺紋及び蛇紋と称し、蟠曲の小蛇（虺）の形象をもって幾何図形を構成した。あるものは二方に連続して排列を作り、あるものは四方に連続した紋様を構成する。一般にすべて主紋の応用に作る。殷末周初の蛇紋は、三角形或いは三角形の頭部が有り、一対の突出した円眼、体に鱗節が有り、巻曲長条形を呈し、蛇の特徴をよく明らかにして、だいたい附け飾りは縮小し、ある人は蚕紋であると主張する。個別に主紋と作為するものが有り、おおくは単個排列であり、青銅器上に多く見え、春秋戦国時代の蛇紋は多くはたいへんに細小である。蟠旋は交連状に作る。漢代の蟠虺紋は更に具象化を加え、かつ変形趨勢を開始出現させた。この鏡中の帯翅虺紋は、双鈎雲線紋が発展して来たものであるようだ。1956年湖南長沙黄泥坑第5号前漢墓で、かって一枚の四乳四霊紋銅鏡を出土したが、その紋飾は四神禽獣紋であり、組ごとに神獣に双鈎雲紋がその間を貫穿しており、この鏡の虺紋と極めてあい似ているが、ただ時代は当にこの鏡より晩いようだ。

【64　四乳四虺紋鏡　前漢】

四乳四虺紋鏡出土数量多、分布地域広、『洛陽焼溝漢墓発掘報告』以及『洛陽焼溝漢墓』収録了19面、『洛陽出土銅鏡』収録了2面、『吉林出土銅鏡』収録了1面、『広州漢墓』収録了4面、青海『上孫家寨漢晋墓』収録了10面、出土地域基本上嚢括了漢代疆域的全境。

四乳四虺紋鏡は出土数量多く、分布地域広く、『洛陽焼溝漢墓発掘報告』および『洛陽焼溝漢墓』は19面を収録したし、『洛陽出土銅鏡』は2面を収録し、『吉林出土銅鏡』は1面を収録し、『広州漢墓』は4面を収録、青海省『上孫家寨漢晋墓』は10面を収録しており、出土地域は基本的に漢代疆域の全境を包括している。

【65　四乳禽獣紋鏡　前漢】

主題紋飾由四枚乳釘分為四区、毎区内分別飾有龍・虎・朱雀・白鹿紋、并間以変形虺紋。西漢銅鏡中鹿紋的出現、応当和「鹿之祥瑞」的故事以及西漢上林苑中飼養或者

狩猪鹿的活動相関。鹿紋是漢代漆器紋飾中較多的一種。先秦至漢代視白鹿為仙獣、『楚辞』哀時命、就有「浮霊霧而入冥兮、騎白鹿而容与」的記載。『漢楽府』長歌行、説白鹿乃是仙人的坐騎、「仙人騎白鹿、髪短耳何長」。『瑞応図』曰、「天鹿者、純善之獣也、道備則白鹿見、王者名恵及下則見」。

主題紋飾は4枚乳釘より分かちて4区となし、区内ごとに飾りを分別して龍・虎・朱雀・白鹿紋が有り、まれに変形虺紋が出てくる。前漢銅鏡中に鹿紋の出現は、応に当「鹿の祥瑞」の故事ならびに前漢上林苑中に飼養し或いは猪鹿を狩した活動と相関があるはずだ。鹿紋は漢代漆器紋飾中やや多いものの一種である。先秦より漢代に至るまで白鹿を仙獣と視なし、『楚辞』哀時命には、すなわち「霊霧に浮かんでて冥に入るか、白鹿に騎りて従容とするか」の記載が有る。『漢楽府』長歌行に、白鹿を説きてすなわち仙人の坐騎であるとし、「仙人は白鹿に騎り、髪短きも耳は何ぞ長き」。『瑞応図』に曰わく、「天鹿なる者は、純善の獣なり、道備われば則ち白鹿見われ、王者名恵下に及べば則ち見わる」と。

【66 四乳禽獣紋鏡　前漢】

主紋区被四枚乳釘分為四区、毎区均飾有瑞獣図案。其中一区為鳳凰紋。一区為白虎配飾羊紋。一区為青龍配飾羽人、羽人回身作戯弄状。一区為羊配飾羽人、羽人側身作牧羊状。這類紋飾多是作為一種祥瑞置于器物上、如「羊」表現的可能是取間「祥」之意、而羽人可能是表達「羽化成仙」的神仙思想、這種情況在漢代銅鏡上是比較普遍的。

主紋区は4枚乳釘により分かちて4区とされ、区ごとに均しく飾るに瑞獣図案が有る。その中一区は鳳凰紋である。一区は白虎に配して羊紋を飾るものである。一区は青龍に配して羽人を飾るものであり、羽人は身を回転させて戯弄の状を作る。一区は羊に配して羽人を飾り、羽人は身を側だて牧羊の状を作る。この類の紋飾は多く一種の祥瑞を作為して器物上に置くものであり、「羊」のごとき表現のものは「祥」の意を取ったものとできるし、しかして羽人は「羽化成仙」の神仙思想を表現したものとすることもでき、この種の情況は漢代銅鏡上では比較的に普遍なものである。

【67 四乳雲龍連弧紋鏡　前漢】

這類龍紋鏡常見于西漢時期、但如此変化程度所見不多、如湖南衡陽鳳凰山西漢墓出土的一面「圏帯畳圧蟠虺鏡」便可看出較為明顕的盤龍形態。

この類の龍紋鏡は常に前漢時期に見るが、ただこの変化をみせる程度のごときは珍しいもので、湖南省衡陽県鳳凰山前漢墓出土の「圏帯畳圧蟠虺鏡」一面のごときはすなわちやや明確に盤龍形態とみなせる。

【69 星雲連弧紋鏡　前漢】

此鏡1983年長沙地区窯嶺Ｍ７出土。該墓時代為西漢中・晩期。墓坑坑底有枕木溝3道、但已残損、僅存陶罐3・硬陶罐1・銅鏡1・鉄剣及鉄小刀各1。同類器物長沙地区另有1953年子弾庫出土一枚、形制基本一致。

第八章　湖南省長沙市出土銅鏡について　483

　　この鏡は1983年長沙地区窯嶺Ｍ７出土。該墓時代は前漢中・晩期である。墓坑坑底に枕木溝３道が有るが、ただすでに残損しており、僅かに陶罐３・硬陶罐１・銅鏡１・鉄剣及び鉄小刀各１存すのみ。同類器物は長沙地区別に1953年子弾庫出土一枚が有り、形制は基本的に一致する。

【70 星雲連弧紋鏡　前漢】

　　主紋区以四枚乳釘分為四区、毎区有八枚小乳釘錯落、并由三線勾勒的弧線相連、其形状恰似天文星象中的帯ｊ状星雲、故称星雲紋鏡。該墓為長方形豎穴土坑墓、出土陶鼎・陶盒・陶罐・甑・鍑・釜・泥金錠及銅鏡、縹首鉄刀、銅格鉄剣等、時代為西漢中期。星雲紋鏡、也称百乳鏡。是西漢鏡中的一大類、主要出土地点為長安及其周辺的中原地区。洛陽焼溝漢墓出土了六面星雲紋鏡、広州漢墓・洛陽漢墓・長沙漢墓等地星雲紋鏡的比例都無法与之相比。另外、星雲紋出土時的保存状況也好于其他類型的銅鏡。拠報道、洛陽焼溝漢墓在出土銅鏡時還出土了武帝和昭帝時期的五銖銭、1980年江蘇邗江胡場Ｍ５出土星雲銅鏡的墓葬里還出土了載有「卅七年十月丙子」即漢宣帝本始三年的紀年木牘、由此推断、此類銅鏡流行的時代可能為西漢中晩期。対于星雲紋鏡的来源、『中国古代銅鏡』一書指出、「其形状似天文星象、故有星雲之名。也有的学者認為、所謂星雲紋完全由蟠螭紋漸次演変而成、小乳釘系蟠螭骨節変換、雲紋則為蟠螭体之化身。

　　主紋区は４枚乳釘をもって分かちて４区となし、区ごとに８枚小乳釘の鋳造欠落が有り、并せて３線がまといつく弧線が連がって、その形状はあたかも天文星象中の帯状星雲に似て、故に星雲紋鏡と称す。該墓は長方形豎穴土坑墓であり、陶鼎・陶盒・陶罐・甑・鍑・釜・泥金錠及び銅鏡、縹首鉄刀、銅格鉄剣などを出土し、時代は前漢中期である。星雲紋鏡は、また百乳鏡と称す。前漢鏡中の一大類であり、主要出土地点は長安及びその周辺の中原地区である。洛陽焼溝漢墓は６面の星雲紋鏡を出土したし、広州漢墓・洛陽漢墓・長沙漢墓などの地は星雲紋鏡の出土例はすべてこれと比較できるものではない。とりわけ、星雲紋出土時の保存状況もまたその他の類型の銅鏡よりよい。報道によれば、洛陽焼溝漢墓は銅鏡を出土時に、また武帝と昭帝時期の五銖銭を出土しているし、1980年江蘇県揚州市邗江県胡場Ｍ５出土の星雲銅鏡の墓葬個所に出土したものに記載する「卅七年十月丙子」は即ち漢宣帝本始三年の紀年木牘が有り、これより推断すると、この類の銅鏡流行の時代は前漢中晩期であるとすることができる。星雲紋鏡の来源については、『中国古代銅鏡』一書が指摘しているのは、「その形状は天文星象に似、故に星雲の名が有る。またある学者が主張するに、所謂る星雲紋は完全に蟠虺紋より漸次変化して成立し、小乳釘は蟠虺骨節の変換に関係し、雲紋は則ち蟠虺体の化身である」というのである。

　以上から、湖南省長沙市附近前漢墓などから出土した前漢鏡の特色を次のように纏めることができる。

　第一に例えば【42 雲錦地大楽貴富四葉龍紋鏡】には、「前漢早期龍紋鏡と戦国時期鏡と

あい比べると、器物は薄より厚に変じた特色を現出させ、龍紋は平滑実線より変じて双線ギザギザになっている。この鏡中の2体の龍紋は旧と双尾龍紋と称し、その基本模式と獣面紋の体躯が両側に向き展開している方則性を同じくし、為に龍の体躯をして充分に展開させて帯状を呈し、所謂る双体龍紋となり、実際上は龍の正視展開図である。」といい、鏡の体質の相違や龍紋の展開を通じて戦国鏡から前漢鏡への転換を具体的に指摘している。なお、【57 鋪首鈕花葉紋鏡】も戦国鏡から前漢鏡への展開を研究する上で重要な資料を提供するという。

第二に湖南省長沙市出土鏡について、前漢時代における鏡の形態・紋様・銘文の変化発展を時期ごとに整理した。

前漢早期　【39 雲錦地大楽貴富四葉龍紋鏡】、【40 雲錦地大楽貴富龍紋鏡】、【44 雲錦地双龍連弧紋鏡】

前漢前期　【41 雲錦地大楽貴富四葉龍紋鏡】（前漢景帝期）、【42 雲錦地四葉龍紋鏡】、【43 雲錦地大楽貴富博局蟠虺紋鏡】

前漢早中期　【62 日有熹草葉連弧紋鏡】

前漢中期　【51 日光・昭明重圏銘文鏡】、【58 花葉連弧紋鏡】、【59 博局草葉連弧紋鏡】、【64 四乳四虺紋鏡】、【70 星雲連弧紋鏡】

前漢中晩期　【46 見日之光連弧紋鏡】、【48 清白連弧紋鏡】、【53 清白連弧紋鏡】、【60 見日之光草葉連弧紋鏡】、【69 星雲連弧紋鏡】

前漢晩期　【45 見日之光連弧紋鏡】、【49 銅華連弧紋鏡】、【50 長宜子孫連弧紋鏡】、【66 四乳禽獣紋鏡】

他鏡はなおよく検討すれば時期の決定ができるかも知れないものが多いが、ここではそのまま保留とする。以上だけでも湖南省長沙市出土鏡は前漢鏡のほぼ全時期の資料を提供しており、古代銅鏡文化研究に重要な対象である。

第三に時期決定の方法には、その一として、墓葬様式、出土物や出土地の考古学的確認によるものがあり、【39 雲錦地大楽貴富四葉龍紋鏡】、【42 雲錦地四葉龍紋鏡】が代表である。次にその二として、同類鏡の関係が確認できるもの、これは数多いが、【40 雲錦地大楽貴富龍紋鏡】が代表である。次にその三として、各時期の鏡の風格が問題にされる。これは中国古銅鏡研究の特色の一であるが、【44 雲錦地双龍連弧紋鏡】に「該鏡弧紋鋳造清晰、但龍紋較為模糊、為西漢早期風格」とあるのが代表的事例である。

第四に前漢鏡の紋飾様式の概要、ないし傾向の説明について、【46 見日之光連弧紋鏡】は「日光鏡」とも呼ばれ、出土前漢鏡中に三分の一の数量を占め、その他、【47 日有熹連弧紋鏡】（「日有熹鏡」）、【48 清白連弧紋鏡】（「清白鏡」）、【49 銅華連弧紋鏡】（「銅華鏡」）、【50 長宜子孫連弧紋鏡】、【55 昭明連弧紋鏡】（「昭明鏡」）など、比較的銘文を重視して鏡紋飾を分類している。それに比して、【59 博局草葉連弧紋鏡】は「博局鏡」（「六博鏡」）として、その定義の正当性を主張し、従来日本などに多い「規矩鏡」という呼び方を排除し

ている。なお、【60 見日之光草葉連弧紋鏡】も「連弧紋鏡」とし、日本の「内行花紋鏡」という呼び方を採らない。ただし、【69 星雲連弧紋鏡】、【70 星雲連弧紋鏡】は「星雲紋鏡」として、その意味や紋様形成を説明している。以上の湖南省長沙市出土前漢鏡の全体を見ると他地方、特に陝西省長安市や河南省洛陽市で前漢鏡の代表の一とされる「草葉紋鏡」が全くみられないことが注目される。これは前章で見た浙江紹興出土鏡などでも同様で、この「草葉紋鏡」が「麦穂紋」とも称されるといわれることに関係し、長江流域では漢代麦作が無かった事になるかも知れない。

　最後に湖南省長沙市出土鏡は所謂楚鏡と呼ばれることに就いて、どうしても言及すべきは戦国時代の「楚辞文学」との関係であるが、それと関係する鏡例は、【65 四乳禽獣紋鏡】の主題紋飾に「龍・虎・朱雀・白鹿」紋があり、とりわけ白鹿が『楚辞』哀時命に、すなわち「霊霧に浮かんで冥に入るか、白鹿に騎りて従容とするか」の記載が有り、また『漢楽府』長歌行に、白鹿を説きてすなわち仙人の坐騎であるとし、「仙人は白鹿に騎り、髪短きも耳は何ぞ長き」。『瑞応図』に曰わく、「天鹿なる者は、純善の獣なり、道備われば則ち白鹿見ゆとあり、いずれも神仙思想的描写のあることが注目される。さらに、【66 四乳禽獣紋鏡】には、主紋区を四区に分け、一区は鳳凰紋、一区は白虎と羊紋、一区は青龍と羽人、この場合羽人は身を回わし戯弄の状を作るもの、一区は羊に配して羽人を飾り、羽人は身を側だて牧羊の状を作るという。この類の紋飾は多く一種の祥瑞を作為して器物上に置くものであり、「羊」のごとき表現のものは「祥」の意を取ったものとできるし、しかして羽人は「羽化成仙」の神仙思想を表現したものとすることもでき、この種の情況は漢代銅鏡上では比較的に普遍なものであるとする。それでも、湖南長沙市は「楚辞文学」の本拠であり、また羽人が「羽化成仙」の神仙思想である伝統的土地柄であることを考えれば、これらに関係した前漢鏡がいずれも一例ずつとは数量的に寂しい感じがする。

第三節　長沙市博物館編著『楚風漢韻―長沙市博物館蔵鏡』の後漢鏡について

　長沙市博物館編著『楚風漢韻―長沙市博物館蔵鏡』後漢鏡について、この部分の【表8－2】を検討する。扱い方は前漢鏡の部分と同様である。
【71 長宜子孫連弧雲雷紋鏡　後漢】
　　1955年長沙市蓉園路5区M22出土一面銅鏡与此鏡完全一致。
【72 長宜子孫連弧雲雷紋鏡　後漢】
　　1986年長沙市五里牌長島飯店M1出土。
【73 長宜子孫連弧雲雷紋鏡　後漢】
　　　其上有紡織物印痕、1985年長沙市桐萌里五金廠M1出土。此類銅鏡陝西・河南・広東・湖南等地均有出土、其形制一般較大、河北定県漢墓曾出土此類鏡、同出有帯「建武卅二年二月虎賁官治湅銅……」銘文之弩機、其年代為光武帝建武三十二年。另外、

1928年江蘇徐州銅山県潘塘公社出土一件此類鏡、同墓出土「建初二年蜀郡西工官王愔造□涑……」銘文剣、時代為章帝建初二年、由此看出、這類銅鏡主要盛行于東漢、尤以東漢早・中期居多。

　その上に紡織物の印痕が有り、1985年長沙市桐蔭里五金廠M１出土。この類の銅鏡は陝西・河南・広東・湖南などの地で均しく出土が有り、その形制は一般にやや大きく、河北定県漢墓でかってこの類の鏡を出土したが、同出に「建武卅二年二月虎賁官治涑銅……」の銘文を帯した弩機が有り、その年代は光武帝建武32年（西暦56年）である。とりわけ、1928年江蘇省徐州銅山県潘塘公社はこの類の鏡を一件出土したが、同墓は「建初二年蜀郡西工官王愔造□涑……」の銘文の剣を出土し、時代は章帝の建初二年（西暦77年）であり、これよりこの類の銅鏡は主要には後漢に盛行したとみなせるが、もっとも後漢早・中期をもって多数を占めている。

【75　尚方十二辰博局紋鏡　後漢】

　鈕座外囲方框内有十二辰銘、毎一辺為三辰、分別為、亥子丑、寅卯辰、巳午未、申酉戌。毎辰銘之間有一小乳釘。主題紋飾以博局紋及八乳釘分為四方八区、毎方分別配有一神獣。青龍・白虎・朱雀・玄武各位于卯・酉・丑・子方、四神間飾有禽鳥・羽人・蟾蜍・瑞獣。紋区外囲銘文為、「尚方作竟真大好、上有山人不知老、渇飲玉泉飢食棗、寿如金石兮」。関于羽人、最早有『山海経』記載、「羽民国在其東南、其為人長頭、身生羽。」『海外南経』中有周霊王太子、王子喬上嵩山修煉成仙、双臂化為両翼的故事。王充在『論衡』無形篇提道、「図仙人之形、体生毛、臂変為翼、行于雲、則上増矣、千歳不死。」説明他認為羽人之説的盛行。在東漢画像鏡「上華山、駕蜚龍」（漢鏡銘文、「蜚」字即「飛」）、就是対漢人羽化登仙的向往的一種具体描述。古人追求羽化登仙、向往神仙世界、在這里得到生動的体現。

　鈕座外囲の方框内に十二辰銘が有り、一辺ごとに３辰であり、分別すれば、亥子丑、寅卯辰、巳午未、申酉戌である。辰銘の間ごとに１小乳釘が有る。主題紋飾は博局紋及び八乳釘をもって分かちて四方八区となし、方ごとに分別して配するに１神獣が有る。青龍・白虎・朱雀・玄武は各々卯・酉・丑・子方に位し、四神の間に飾るに禽鳥・羽人・蟾蜍・瑞獣が有る。紋区外囲の銘文は、「尚方が作りし竟（鏡）は真に大いに好く、上に仙人有り老を知らず、渇すれば玉泉を飲み飢えれば棗を食らい、寿は金石のごとし」である。羽人に関して、最も早く『山海経』の記載が有り、「羽民国はその東南に在り、その人となり長頭、身に羽を生ず」と。『海外南経』中に周霊王太子、王子喬は嵩山に上り修煉して仙となり、双臂は化して両翼となるの故事有り。王充は『論衡』無形篇に在りて提道するに、「仙人の形を図り、体は毛を生え、臂は変じて翼となり、雲に行けば、則ち上増して、千歳死なず」と。それが羽人の説が盛行したことを認めるものだと説明する。後漢画像鏡に在る「華山に上り、飛龍に駕す」（漢鏡銘文では、「蜚」字は即「飛」）は、すなわち漢人が羽化登仙に対して向往（あこがれ）

【76 尚方十二辰博局紋鏡　後漢】

　　座外方框内有十二辰銘、之間以乳釘紋間隔開。方框外八乳及博局紋区分的四方八区之丑寅与申未方位飾四鳥紋、其余方位飾有虎紋・龍紋以及羽人。外区銘文為、「尚方作竟真大巧、上有山人不知老、渇飲玉泉飢食棗」。東漢銅鏡中常有十二辰出現、按照「子丑寅卯辰巳午未申酉戌亥」排列。其「辰」本意指日、日交会点、「十二辰」則為夏暦十二個月的月朔時太陽的位置、是中国古代伝統暦法的体現、另外在這件十二辰鏡上配有「尚方」銘文、銘文描述的是羽化昇仙的神仙思想。両者結合使銅鏡有了濃厚的神話色彩。

　　座外方框内に十二辰の銘が有り、銘の間は乳釘紋をもって間隔を開く。方框外 8 乳及び博局紋区分の四方八区の丑寅と申未の方位は四鳥紋を飾り、その余の方位は飾るに虎紋・龍紋および羽人が有る。外区銘文は、「尚方作竟真大巧、上有山人不知老、渇飲玉泉飢食棗」である。後漢銅鏡中には常に十二辰出現が有り、按照するに「子丑寅卯辰巳午未申酉戌亥」排列である。その「辰」の本意は日を指し、日の交会点で、「十二辰」は則ち夏暦十二個月の月朔（ついたち）時の太陽の位置であり、中国古代伝統暦法の体現であり、とりわけこの件の十二辰鏡では配するに「尚方」銘文が有り、銘文が描述するところは羽化昇仙の神仙思想である。両者の結合は銅鏡に神話色彩を濃厚ならしむることになる。

【80 尚方四神博局紋鏡　後漢】

　　「尚方」是漢武帝時期設立的銅鏡制作官坊。『漢書』百官公卿表中的少府下有「尚方」。顔師古注、「尚方主作禁器物」。『後漢書』百官志、「尚方令一人、六百石。本注曰、掌上手工作御刀剣諸好器物、丞一人」。後漢時期的銅鏡銘文、起首有某作鏡的、除了尚方作鏡、青盖作鏡、三羊作鏡等能還有大量的姓氏著于文首的、如侯氏・王氏・李氏等説明当時私人鋳鏡的現象相当普遍。

　　「尚方」は漢武帝時期設立の銅鏡制作官坊である。『漢書』百官公卿表中の少府下に「尚方」が有る。顔師古注に、「尚方は主に禁（中）の器物を作る」と。『後漢書』百官志に、「尚方令一人、六百石。本注に曰わく、上手に御刀剣・諸好器物を工作するを掌る、丞一人」と。後漢時期の銅鏡銘文は、起首に某作る鏡なるものが有り、尚方作鏡、青盖作鏡、三羊作鏡などを除けば、姓氏を文首に著けた鏡が大量にあり、侯氏・王氏・李氏などのごときは当時私人鋳造鏡の現象が相当普遍的であったことを説明する。

【81 漢有善銅博局鏡　後漢】

　　毎区内分別飾有青龍・白虎・朱雀・山羊・羽人紋飾。主紋区外為銘文帯、篆書十六字、内容為、「漢有善銅出丹陽、取□清如明、左龍右」。銘文結尾処飾一魚紋。間以変

形的纏枝紋、形象生動、線条極其優美。鏡面平坦、光可照人。漢丹陽鏡以紋飾華美、質地精良広受人們的喜愛、而鏡中具有広告意識的宣伝用語、在欠乏商品経済意識的古代是不多見的。漢之丹陽、西周至春秋属呉・越、戦国属楚、秦設鄣郡。其地大約相当于今天的皖南大部及浙江・江蘇部分地区、地処我国著名的長江中下游銅鉄砿帯、有着豊富的銅砿資源、是先秦時期重要的銅産地之一。拠考古資料分析、這里至遅在西周時期即已使用了硫化銅砿煉銅技術、大規模采治活動自西周始、歴春秋・戦国・秦・漢・六朝・唐・宋等歴史時期、延続時間長達2000多年、至今仍為我国六大産銅基地之一。漢武帝元狩二年（前121年）改鄣郡為丹陽郡、同時在今銅陵銅官山下設置全国唯一的銅官、主領丹陽郡銅冶事宜。至此皖南境内銅砿的開采、冶煉日漸興盛、丹陽銅也随之名揚四海。大量冶煉精良、純度較高的丹陽銅源源不断的輸送至各地、極大地促進了漢代制鏡業的発展。以丹陽銅為原料制成的丹陽鏡因其質地精良、做工精美而広受青睞、成為当時購鏡者的首選之物和歴代蔵家争相追逐的対象。今天屢見鏡背鋳有「漢有善銅出丹陽」、「新有善銅出丹陽」、「新有名銅出丹陽」等記載銅料産地、賛美銅鏡質量的具有広告性質銘文的漢鏡、反映了当時人們商品意識的増強。

　　区内ごとに飾を分別して青龍・白虎・朱雀・山羊・羽人の紋飾が有る。主紋区の外は銘文帯であり、篆書16字、内容は、「漢は善き銅を丹陽に出す有り、□（鏡）に取れば清にして明、左に龍右に」である。銘文の結尾のところに一魚紋を飾る。間隔を置いて変形の纏枝紋があり、形象は生動、線条は極めてそれ優美なり。鏡面平坦、光は人を照らすことができる。漢の丹陽鏡は紋飾の華美、質地精良をもって広く人びとの喜愛を受け、而して鏡中に具に広告意識の宣伝用語が有り、商品経済意識が欠乏した古代に在っては珍しいことである。漢の丹陽は、西周より春秋に至るは呉・越に属し、戦国は楚に属し、秦は鄣郡を設く。その地は大約今日の皖南の大部及び浙江・江蘇部分地区に相当し、地処は著名な長江中下流銅鉄砿帯で、豊富な銅砿資源を有し、先秦時期には重要な銅産地の一である。考古資料の分析によれば、ここは遅くとも西周時期にはすでに硫化銅砿の煉銅技術を使用しており、大規模な採治活動は西周より始まり、春秋・戦国・秦・漢・六朝・唐・宋を経て、存続年数は長く2000余年に達し、今に至るまでなお我国六大産銅基地の一である。漢武帝元狩2年（前121年）鄣郡を改め丹陽郡となし、同時に今の銅陵銅官山下には全国唯一の銅官を設置し、主に丹陽郡銅冶事宜を領した。これに至り皖南境内の銅砿の開採は、鋳造は日ごとに漸く興盛し、丹陽銅またこれに随い名は四海に揚った。大量の冶煉は精良で、純度は甚だ高いものである丹陽銅はつぎつぎと輸送して各地に至り、極めて大きく漢代制鏡業の発展を促進したのである。丹陽銅をもって原料として制成した丹陽鏡はその質地の精良により、做工精美にして広く青睞（青眼で視る、すなわち喜んで視ること）を受け、当時購鏡者がまっ先に選ぶ物と歴代蔵家争ってあい追いかける対象となった。今日しばしば見る鏡背に鋳て「漢有善銅出丹陽」、「新有善銅出丹陽」、「新有名銅出丹陽」などの記載有

る銅料の産地、銅鏡質量を賛美した広告性質の銘文を具有する漢鏡は、当時の人びととの商品意識の増強を反映している。

【83 尚方四神博局紋鏡　後漢】

　　其内飾四象及瑞獣。外圏有銘文一周、内容為「尚方作竟真大好、上有山人不知老、渇飲玉泉飢食棗兮」。銅鏡銘文中的「昇仙」内容也正是西漢時期人們普遍存在的一種対于死後世界的想象。銘文中所提到的「玉泉」在此類銅鏡銘文中又通「王泉」・「黄泉」。『左伝』隠公元年記載的鄭伯克段的故事、鄭伯誓曰、「不及黄泉、母相見也」、這是最早関于「黄泉」的説法。長沙子弾庫的人物御龍帛画、馬王堆出土的Ｔ型帛画中上層天界的主神、以及金烏、扶桑和蟾蜍、臨沂金雀山９号墓出土的帛画之中的金烏（日）与蟾蜍（月）、都体現了漢代人們対于死後世界的想象和敬畏。

　　その内は四象及び瑞獣を飾る。外圏に銘文一周有り、内容は「尚方作竟真大好、上有山人不知老、渇飲玉泉飢食棗兮」である。銅鏡銘文中の「昇仙」内容はまた正しく前漢時期の人びとに普遍的に存在した死後世界に対する一種の想像である。銘文中に提到したところの「玉泉」はこの類の銅鏡銘文中ではまた「王泉」・「黄泉」に通じる。『左伝』隠公元年の記載の鄭伯克段の故事に、鄭伯誓って曰わく、「黄泉に及ばざれば、あい見ゆなきなり」と、これは最も早い「黄泉」に関わる言い方である。長沙子弾庫の人物御龍の帛画、馬王堆出土のＴ型帛画中の上層天界の主神、もっておよび金烏、扶桑と蟾蜍（ひきがえる）、臨沂金雀山９号墓出土の帛画の中の金烏（日）と蟾蜍（月）、すべて漢代の人びとが死後世界に対しての想像と敬畏を体現したものである。

【86 楽如侯王四神博局紋鏡　後漢】

　　博局鏡亦称規矩鏡、其図形作「ＴＬＶ」状。規矩鏡這一命名最早由梅原末治使用、梁上椿在『岩窟蔵鏡』中引用、因此我国学術界一直沿用「規矩鏡」作為此類銅鏡的名称。西方学者因其構図類似字母ＴＬＶ、也称之為ＴＬＶ鏡。著名漢学家魯惟一在『ＴＬＶ銅鏡及其象徴意義』一文中、一方面従図像上比較了式盤和ＴＬＶ銅鏡的相関因素、另一方面還指出ＴＬＶ銅鏡与式盤各自的不同特徴。他認為ＴＬＶ銅鏡暗示着宇宙図式中的最佳位置、銅鏡設計制作者希望通過有意地模倣式盤上的一些特徴、従而使得式盤上出現的最有利的局面永遠固定下来、以保証銅鏡的所有者—不論生者還是死者—和宇宙保持一種正確的連系、擁有一個通向永生的最佳位置和最佳時機。規矩鏡和ＴＬＶ鏡両種説法在長期内均為此類銅鏡約定俗成的名称。近年来考古発現的突破性進展為此類銅鏡的命名引起了新的争論。継湖南長沙馬王堆漢墓出土了漆木制六博盤及配套博具一組、六博盤盤面与此類銅鏡紋飾整体構図極為一致、後来又在河北平山県戦国中山国王室墓中出土了玉制龍紋盤、其上也有這類紋飾、是最早的「六博盤」。『説文解字』竹部、「簙（博）、局戯也。六箸十二棋也」。故称六博、是秦漢時期十分流行的一種游戯。清段玉裁『説文解字注』曰、「簙、古戯也。今不得実」。在新莽銅鏡銘文中自称「刻類博局去不羊」、由此正名。馬王堆及中山王墓出土的六博盤不但佚失千年的古博戯重見天

日、也譲此類銅鏡獲得了更為准確的名称与更豊富的詮釈。沿襲数十年的「規矩鏡」一名逐歩被学界以「博局鏡」取代。

　博局鏡また規矩鏡と称するは、その図形は「ＴＬＶ」状を作る。規矩鏡という命名は最も早くは梅原末治氏の使用がある。梁上椿氏が『巌窟蔵鏡』中に引用し、これにより我国学術界は「規矩鏡」を沿用してこの類の銅鏡の名称と作為した。西方学者はその構図が字母ＴＬＶに類似するにより、またこれを称してＴＬＶ鏡とした。著名な漢学家の魯惟一氏は『ＴＬＶ銅鏡及其象徴意義』で、一方面は図像上より式盤とＴＬＶ銅鏡の相関因素を比較し、別の一方面はまたＴＬＶ銅鏡と式盤各自の同じからざる特徴を指出した。かれはＴＬＶ銅鏡が宇宙図式中の最もよい位置を暗示したものと認識し、銅鏡設計制作者は有る意によって模倣した式盤上のささいな特徴を希望し、従って式盤上に出現したものをして最も有利な局面を永遠に固定させ、もって銅鏡の所有者（生者であるかまた死者であるかを論ぜず）と宇宙を一種の正確な連系を保持させることを保証し、永く最もよい位置と最もよい時機に生きるように向かうことを擁護する。規矩鏡とＴＬＶ鏡両種の呼び方は長期の内に均しくこの類の銅鏡約定の俗成した名称となっていた。近年来考古発現の突出した進展はこの類の銅鏡の命名に新しい争論を引起したのである。湖南長沙馬王堆漢墓が漆塗製六博盤及び配套博具一組を出土したのにつぎ、六博盤盤面とこの類の銅鏡紋飾について全体の構図が極めて一致をなし、後にまた河北省平山県戦国中山国王室墓中には玉製龍紋盤を出土したが、その上もまたこの類の紋飾が有り、最も早い「六博盤」である。『説文解字』竹部に、「簙（博）は、局戯なり。六箸十二棋なり」と。故に六博と称し、秦漢時期に十分流行した一種の遊戯である。清段玉裁『説文解字注』曰わく、「簙は、古の戯なり。今は実を得ず」と。新莽銅鏡の銘文中には自ら「博局を刻類して不祥を去る」と称しているので、これにより博局鏡が正しい名となる。馬王堆及び中山王墓出土の六博盤はただ佚失して千年の古博戯を重ねて天日を見せただけでなく、この類の銅鏡が更に根拠が確実である名称と更に豊富な注釈を獲得した。沿襲数十年の「規矩鏡」一名を学界から逐いだし「博局鏡」をもって取って代らせた。

【91 新佳鏡四神博局紋鏡　新莽】

　東・西漢之交的新莽時期是銅鏡発展承前啓後的重要階段。此時六博紋銅鏡開始流行、因其制作精良、図案美倫美奐是漢代銅鏡的佼佼者。其特点是鏡縁中帯状花辺装飾逐漸盛行、除西漢時期常見的素面平折縁外、幾何紋和双線波折最流行、其次是流雲紋、同時也有少量鋸歯波折紋和巻葉紋等、主題紋飾多神獣紋、四神図形逐漸完備。1963年湖南省永州市李家園新莽墓曾出土此類銅鏡。

　前・後漢の交の新莽時期は銅鏡発展の前を承け後に啓く重要な段階である。この時六博紋銅鏡は流行を開始し、その制作精良により、図案の美しい形態は漢代銅鏡の花形となった。その特点は鏡縁中に帯状花辺装飾がようやく盛行することであり、前漢

時期に常に見た素面平折縁を除くほか、幾何紋と双線波折が最も流行し、その次は流雲紋であり、同時にまた少量の鋸歯波折紋と巻葉紋などが有るが、主題紋飾は神獣紋が多く、四神図形はようやく完備した。1963年湖南省永州市李家園新莽墓はかってこの類の銅鏡を出土した。

【96 尚方龍虎紋鏡　後漢】

龍虎紋是東漢銅鏡中的常用題材、這類銅鏡鏡体一般較為厚重而形体略小、図案呈浅浮雕状。由于龍虎相対、有的学者還将其称為「龍虎交媾鏡」。龍虎相対的題材在我国出現較早、早有西水坡遺址中就有龍虎図案的貝殻擺朔図案。這類図像在東漢讖緯之学盛行的情況下変得更加流行、青龍白虎就這一形像也広泛地滲透到日常生活之中。

龍虎紋は後漢銅鏡中の常用題材であり、この類の銅鏡鏡体は一般にやや厚重であって形体はほぼ小さく、図案は浅浮雕状を呈す。龍虎相対すより、有る学者はまたその称をば「龍虎交媾鏡」と為す。龍虎相対するの題材は我国では出現が甚だ早く、早くも西水坡遺址中にはすなわち龍虎図案の貝殻擺朔図案が有る。この類の図像は後漢では讖緯の学が盛行した情況下で変化して更に流行を加え、青龍白虎はすなわちこの一形像もまた広範囲に滲透して日常生活の中に入りこんだ。

【97 李氏龍虎紋鏡　後漢】

主題紋飾外飾一周銘文帯、其内容為、「李氏作竟（鏡）夷服、多賀国家人民息、胡虜殄滅天下復、風雨時節五穀孰（熟）、長保二亲（親）得天力」。此鏡的銘文内容、将漢代時一般民衆的理想和愿望淋漓尽致的表達出来。其一他表現了当時人民心目中、「民族国家」観念的形成。漢朝建国以来一直到漢武帝時期与匈奴的対外戦争、数百年的歴史使人們対于「中国」的認識与過去区別開来。其二則為祈求上天風調雨順、五穀豊登。其三則為企盼家庭幸福和子孫綿延。

主題紋飾外に一周銘文帯を飾り、その内容は、「李氏が作る鏡に夷は服し、多く国家に賀あり人民息い、胡虜は殄滅して天下復し、風雨時節あり五穀は熟し、長く二親を保ち天力を得る」である。この鏡の銘文内容は、漢代の時に一般民衆の理想と愿望が淋漓としてつくりあげたものを表現して出来た。その一は、それは当時の人民の心目中に、「民族国家」観念の形成を表現したことがある。漢朝は建国以来一貫して漢武帝時期に到るまで匈奴との対外戦争があり、数百年の歴史は人びとに「中国」に対する認識と過去の区別を明確にさせた。その二は則ち上天に風雨順調を祈求し、五穀豊登を為す。その三は則ち家庭幸福と子孫綿延を願うためである。

【98 黄氏仙人龍虎紋鎏金銅鏡　後漢】

整個鏡面覆有鎏金、色呈金黄、大部分已被銅緑銹蝕。銅鏡採用鎏金工芸始于戦国、但多為局部紋飾錯金。西漢以後、出現了鏡背紋飾大面積鎏金的装飾工芸、但多装飾簡単的博局紋等、此鏡在鏡背紋飾精緻複雑的情況下大面積的採用鎏金、説明東漢時期的銅鏡鎏金技術已経達到較為成熟的階段。此鏡為我館館蔵唯一一面東漢鎏金銅鏡。

全体の鏡面を覆って鎏金（メッキ）が有り、色は金黄を呈したが、大部分は已に銅緑で銹蝕された。銅鏡に鎏金工芸を採用するは戦国に始まるが、ただ多くは局部紋飾錯金である。前漢以後、鏡背紋飾の大面積に鎏金した装飾工芸を出現させたが、ただ多くは簡単な博局紋などを装飾し、この鏡は鏡背紋飾が精緻複雑な情況下に在って大面積に鎏金を採用し、後漢時期の銅鏡鎏金技術がすでに甚だ成熟の段階に達し到ったことを説明している。この鏡は我が館館蔵の唯一の一面の後漢鎏金銅鏡である。

【100 龍虎紋鏡 後漢】

龍虎紋是東漢中晩期出現的紋飾、通常採用浮雕装飾手法、使鏡背紋飾呈半立体状、形象更為逼真。

龍虎紋は後漢中晩期に出現した紋飾であり、通常浮雕装飾手法を採用し、鏡背紋飾をして半立体状を呈せしめ、形象は更に迫真のものである。

【101 五銖龍紋鏡 後漢】

整個銅鏡鋳造不甚清晰、応為東漢末期製品、此一時期為銅鏡制造的中衰期、産品一般較為粗糙。

全体に銅鏡鋳造は甚だ清晰でなく、応に後漢末期製品とすべき、この一時期は銅鏡制造の中衰期であり、産品は一般にはなはだ粗糙である。

【102 王氏神獣紋鏡 後漢】

従目前見到的銅鏡実物中可以看到、戦国・西漢鏡的鏡面基本是平坦的、至東漢開始、方才大量出現鏡面微凸的実例。関于鏡面的凹凸問題、沈括在『夢渓筆談』中有過相関的論述、「古人鋳鑑、鑑大則平、鑑小則凸。凡鑑窪則照人面大、凸則照人面小。小鑑不能全視人面、故令微凸、収人面令小、則鑑雖小而能全納人面」。這個原理跟現代汽車反光鏡是相同的。

目前に見得る銅鏡実物中よりみることができるのは、戦国・前漢鏡の鏡面は基本的に平坦なものであり、後漢開始に至り、まさにはじめて大量に鏡面微凸な実例を出現させた。鏡面の凹凸問題に関して、沈括は『夢渓筆談』中で相関有るとするものの論述に、「古人は鑑を鋳るに、鑑大なれば則ち平に、鑑小なれば則ち凸なり。凡そ鑑は窪れば則ち人面を照らすに大に、凸なれば則ち人面を照らすに小なり。小鑑は人面を全視する能わず、故に微凸ならしめ、人面を収めるに小ならしめ、則ち鑑は小なりと雖も而して能く人面を全納す」と。こうした原理は現代の自動車の反射盤鏡と相同じなものである。

【104 変形四葉四龍紋鏡 後漢】

紋飾中的矩形対角線紋更近似漢代漆器上的変形龍紋。『中国銅鏡図典』収録一枚与此相似的銅鏡。

紋飾中の矩形対角線紋は更に漢代漆器上の変形龍紋に近似する。『中国銅鏡図典』収録の一枚とこれは相似の銅鏡である。

【107 尚方四神紋鏡　後漢】

　　主題紋飾外装飾一周銘文帯、其内容為、「尚方作竟（鏡）真大好、上有山（仙）人不知老、渇飲玉泉飢食棗、浮游天下□□□□昌尹」。此昌尹応為作鏡人名。此鏡保存完整、鏡面微凸、光沢可鑑、為東漢銅鏡中的精品。

　　主題紋飾外に一周の銘文帯を装飾し、その内容は、「尚方の作れる鏡は真に大いに好く、上に仙人有り老を知らず、渇すれば玉泉を飲み飢えれば棗を食い、天下に浮遊し□□□□昌尹」である。この昌尹は応に作鏡の人名であるはずだ。この鏡は保存が完全で、鏡面微凸、光沢が鑑賞でき、後漢銅鏡中の精品である。

【108 杜氏神獣紋鏡　後漢】

　　外圏主題紋飾以六顆柿蒂紋座乳釘分為六区、各区之中紋飾相異、但基本可帰為各色人物活動図、或是舞踏、或是弾奏、或是烹飪。線条勾勒優美、人物栩栩如生。外圏一周銘文帯、其内容為、「杜氏作竟（鏡）大母傷、漢有善銅出丹陽、家當大富□□□□□□□□有奇辟不羊（祥）、長宜之鏡」。

　　外圏主題紋飾は六顆柿蒂紋座乳釘を以て分かちて六区となし、各区の中に紋飾はあい異なり、ただ基本的には各色人物の活動図であるに帰すことができ、或いは舞踏であり、或いは弾奏であり、或いは烹飪（調理）である。線条はまがりくねり優美で、人物は飛びあがって生きているようである。外圏に一周銘文帯、その内容は、「杜氏が作れる鏡は大いに傷つくなかれ、漢は善き銅を丹陽に出す有り、家は当に大いに富み□□□□□□□□有奇不祥を避け、長く宜しきの鏡」である。

【109 三羊神獣連弧紋鏡　後漢】

　　主題紋飾区以四枚柿蒂紋乳釘分隔為四個部分、毎部分各飾有神獣一対。其形態各異、呈高浮雕状、或両両相対、或張牙舞爪、或交錯纏繞、粗壮厚重却又形象生動。主題紋飾外飾内向十二連弧紋、毎処連弧夾角処均飾有一銘文。銘文内容、「三羊作竟（鏡）自有紀、除去不羊（祥）宜古（賈）市」。鏡縁飾五銖・龍虎・羽人・鳥獣紋、均呈剪紙状、刻画較浅。鏡面稍凹、保存完好。此鏡鋳造風格与東漢龍虎鏡・神獣鏡一致、但更為複雑精緻、時代応為東漢中晩期。

　　主題紋飾区は四枚柿蒂紋乳釘を以て分隔して四個部分となし、部分ごとに各飾るに神獣一対が有る。その形態は各異なり、高い浮き彫り状を呈し、或いは両両相対し、或いは牙を張り爪を舞い、或いは交錯纏繞し、粗壮厚重にして却てまた形象は生動。主題紋飾外に内向十二連弧紋を飾り、連弧の夾角のところに均しく飾るに一銘文が有る。銘文内容は、「三羊作る鏡は自と紀有り、不祥を除去して賈市に宜し」と。鏡縁に五銖・龍虎・羽人・鳥獣紋を飾り、均しく剪紙状を呈し、刻画やや浅い。鏡面稍凹、保存完好。この鏡は鋳造風格が後漢龍虎鏡・神獣鏡と一致し、ただ更に複雑精緻であり、時代は応に後漢中晩期であるとしてよい。

【110 位至三公変形四葉紋鏡　後漢】

其内容銘文、「位至三公」。此類鏡為東漢中晚期産品、銘文多作「位至三公」、「君宜高官」、「長宜子孫」等吉祥用語。

　　その内容銘文は、「位は三公に至る」である。この類の鏡は後漢中・晩期の産品であり、銘文は多く「位は三公に至る」、「君は宜しく高官なるべし」、「長く子孫に宜し」など吉祥用語に作る。

【111 長宜子孫連弧紋鏡　後漢】

　　此鏡之連弧紋的弧間已有分開趨勢、是為東漢晚期半円紋銅鏡之雛形。

　　この鏡の連弧紋の弧間はすでに分開趨勢が有り、これは後漢晚期の半円紋銅鏡の雛形である。

【113 正月午日神人神獣画像鏡　晋】

　　主題紋飾為神人神獣、作高浮雕状。神獣計四組、状如天禄・辟邪、皆挺胸翹首、張嘴瞪目、両両相対、口内均含一棒状物。以「月午」和「人守」銘文為基準、上面一組為黄帝与侍者、相対一組為伯牙奏琴、伯牙善奏、子期善聴。左面是西王母、右面是東王公、其旁均有青鳥和神獣相守。神人表情厳粛、頭梳髪髻、服飾寛松、衣帯作飄楊状、黄帝頭戴冕旒。紋飾区外為銘文帯、銘文鋳于十四個方枚上、每枚一字、内容為、「正月午日作此鏡、上人守皆食太倉」。每間飾有十四半円凸起、其上飾「冏」形紋。銘文外囲飾的鋸歯紋。最内側飾有一道凸弦紋、鏡面分為両層、内層為六駕雲車、神人坐于車上、車前為連続銜接龍紋。外層為菱形幾何状流雲紋。鏡面稍凸、尚有光澤。整個銅鏡紋飾華美精細、鋳造精良、銘文精緻鮮見。既有東漢遺風、又開始出現隋唐銅鏡的凸弦分割模式、這一転変時期的銅鏡、具有較高的芸術価値。此類銅鏡浙江出土数量較多、上海博物館蔵有「永康元正月午日」以及「中平四年五月午日」神人神獣画像鏡。

　　主題紋飾は神人神獣であり、高く浮き彫りした状に作る。神獣は計四組、状は天禄・辟邪のごときで、皆挺胸翹首、張嘴瞪目、両両相対し、口内に均しく一棒状物を含む。「月午」と「人守」銘文を以て基準とし、上面一組は黄帝と侍者であり、相対する一組は伯牙奏琴、伯牙善奏、子期善聴である。左面は西王母であり、右面は東王公であり、その旁に均しく青鳥と神獣あい守るが有る。神人は表情厳粛で、頭は髪髻を梳り、服飾寛松、衣帯は飄楊たる状を作り、黄帝は頭に冕旒を戴す。紋飾区外は銘文帯であり、銘文は14個の方枚上に鋳て、枚ごとに一字、内容は、「正月午日この鏡を作る、上人守り皆太倉を食う」である。間ごとに飾るに14の半円凸起が有り、その上に「冏」形紋を飾る。銘文外は飾りの鋸歯紋を囲む。最も内側は飾るに一道の凸弦紋が有り、鏡面は分かちて両層をなし、内層は六駕雲車であり、神人が車上に坐し、車前は連続して接合した龍紋である。外層は菱形幾何状流雲紋である。鏡面やや凸、なお光沢が有る。全体銅鏡紋飾は華美精細で、鋳造は精良、銘文は精緻でまれに見るものである。いまだに後漢の遺風が有り、また隋唐銅鏡の凸弦分割模式を開始出現させ、これが一転変時期の銅鏡で、非常に高い芸術価値を具有している。この類の銅鏡は浙江出土の

数量が甚だ多く、上海博物館蔵には「永康元正月午日」さらに「中平四年五月午日」神人神獣画像鏡が有る。

【114 鄭氏神人神獣画像鏡　後漢】

鏡背主題紋飾被五顆帯座枚分為五区、紋飾帯有濃厚的画像石故事風格、呈高浮雕状、分別描述了東王公・西王母相見故事。并有蟾蜍・座駕・羽人等環繞。外囲有一圏隷体銘文、其内容為、「鄭氏作竟（鏡）自有紀、上有東王公・西王母、公君陽遠、宜子孫、長保二亲（親）不知老」。鏡縁飾有一周鋸歯紋、外囲飾有変形青龍・白虎・朱雀・蟾蜍・魚等紋飾、并以五銖銭与眼紋間隔。東王公・西王母是我国流伝已久的神話中的人物。東王公又叫東王父・東公・木公、即周穆王、伝説中最早居于「東荒山」的一個「大石室」中、「長一丈、頭髪皓白、人形鳥面而虎尾」、後来成了道教的「扶桑大帝、冠三危之冠、服九色雲霞之服。居于雲房之間、以紫雲為蓋、青雲為城、仙童侍立、玉女散香。真僚仙宮、皆尊其命而朝奉翼衛」。而西王母又称金母・九天元女、伝説中居于西辺的昆侖山、最早「其状如人、豹尾、虎歯而善嘯、蓬髪戴勝」、曾是統管刀兵瘟疫的凶殺之神、後来演変為「雍容和平」、頭髪大花髻、身穿漢式大袖袍、年約三十、「修短得中、天姿掩靄、容顔絶世」的美人、也成了統管「天上天下，三界十方」的道教女仙。此鏡鈕座較為特殊。蓮花紋作為銅鏡紋飾開始出現、応是受到了仏教文化的影響。仏教対中国文化的影響、在東漢末期初見端倪。

鏡背主題紋飾は五顆帯座枚をかぶり分かちて五区となし、紋飾帯には濃厚な画像石故事の風格が有り、高く浮き彫りした状を呈し、分別して東王公・西王母相見の故事を描述しており、あわせて蟾蜍・座駕・羽人などが有って環繞する。外囲は一圏の隷体銘文が有り、その内容は、「鄭氏の作る鏡は自ら紀が有り、上に東王公・西王母が有り、公君陽遠、子孫に宜しく、長く二親を保ち老を知らず」である。鏡縁の飾は一周鋸歯紋が有り、外囲の飾は変形青龍・白虎・朱雀・蟾蜍・魚等紋飾が有り、ならびに五銖銭と眼紋を以て間隔をとる。東王公・西王母は我国に流伝已に久しき神話中の人物である。東王公はまた東王父・東公・木公といい、即ち周穆王で、伝説中に最も早きは「東荒山」の一個の「大石室」中に居り、「長一丈、頭髪皓白、人の形で鳥の面にして虎の尾」と、後になって道教の「扶桑大帝、三危の冠を冠り、九色雲霞の服を服し。雲房の間に居し、紫雲を以て蓋となし、青雲を城となし、仙童が侍立し、玉女が香を散ず。真僚仙宮、皆その命を尊んで朝して翼衛を奉ず」と成った。しかして西王母また金母・九天元女と称し、伝説中に西辺の昆侖山に居り、最も早くは「その状人のごとく、豹尾、虎歯にして善く嘯き、蓬髪にして勝を戴す」と、かっては刀兵瘟疫を統管する凶殺の神であり、後になって演変して「雍容和平」であり、頭髪は大花髻、身は漢式大袖袍を穿ち、年約三十、「修短得中、天姿掩靄、容顔絶世」の美人、また「天上天下、三界十方」を統管する道教女仙となった。この鏡の鈕座は甚だ特殊で、蓮花紋を銅鏡紋飾に作為することが始まり、応に仏教文化の影響を受けるに到っ

496　第二部　中国における古代銅鏡文化研究の伝統と各博物館銅鏡目録データベース

たものである。仏教が中国文化に対した影響は、後漢末期に初めて推測することができる。

【115 尚方神人龍虎画像鏡　後漢】

　　　　座外両圏細弦紋中間一周実心連珠紋。主題紋飾被円鈕尖状枚分為四区、青龍与白虎隔区相対、上為西王母、下為東王公、均正面端坐、侍者側身跪地。主題紋飾均為高浮雕、凸起于鏡面、極富立体感。其外為一圏銘文其内容為、「尚方作竟（鏡）佳且好、明而日月世少有、刻治今守吉」。鏡縁飾有一周鋸歯紋及一周双線波浪紋。鏡面微弧。此類銅鏡在洛陽・湖北鄂城均有出土、上海博物館蔵有「龍氏神人龍虎画像鏡」与此鏡類似、其流行時代一直延続到六朝。

　　　　座外の両圏は細弦紋が中間に一周連珠紋を実たしている。主題紋飾は円鈕尖状枚を被り分かちて四区となし、青龍と白虎は区を隔てて相対し、上は西王母であり、下は東王公であり、均しく正面に端坐し、侍者は身を側だて地に跪く。主題紋飾は均しく高浮雕であり、鏡面に凸起し、極く立体感に富む。その外は一圏の銘文があり、その内容は「尚方の作れる鏡は佳かつ好、明にして日月も及ばず、刻治は今吉を守る」である。鏡縁の飾に一周の鋸歯紋及び一周の双線波浪紋が有る。鏡面は微弧である。この類の銅鏡は洛陽・湖北鄂城には均しく出土が有り、上海博物館蔵に有る「龍氏神人龍虎画像鏡」とこの鏡は類似し、その流行の時代はやがて六朝に到った。

【117 四獣紋鏡　南朝】

　　該鏡為南朝制造、此一時期是我国銅鏡制造工芸的中衰期、這対研究当時的鋳鏡工芸以及衰落原因有一定参考価値。

　　該鏡は南朝制造であるが、この一時期は我国銅鏡制造工芸の中で衰期であり、これは当時の鋳鏡工芸ならびに衰落原因を研究することに対して一定の参考価値が有る。

　以上であるが、ここで湖南長沙市における出土鏡から当地方の後漢鏡の特色や傾向を窺うと、やはり古代銅鏡文化研究上で実に良質の資料を提供していることをまず確認しておくべきだろう。それにしても、湖南長沙市の出土鏡では王莽時代の新莽鏡が極端に少なく、ために両漢代がきれいに二分されている。前漢鏡については前節でまとめたが、後漢鏡ではどうかとなると、銅鏡彫造の精良さや紋様浮彫の工芸技術の繊細さの指摘はあるのであるが、紋様飾については、明確でない。それは一つには湖南長沙市における出土鏡に画像鏡の比重が低いことが原因かとも思われるが、なお、他の分野も含めて今後の課題となろう。

　最後に長沙市博物館編著『楚風漢韻―長沙市博物館蔵鏡』前漢・後漢鏡について、各鏡の径の大小順で【表8―3】の表を作成しよう。最大は前漢鏡の【58花葉連弧紋鏡】で後漢鏡は【72】【73】【74】【109】【113】の五鏡がある。

【表8―3】　湖南長沙市博物館蔵鏡・前漢後漢鏡径大小順

	名称	時代	径/cm	重/g	鈕・鈕座　形式	【銘文】
58	花葉連弧紋鏡	前漢	23.10	666	三弦鈕・円形鈕座	

第八章　湖南省長沙市出土銅鏡について　497

72	長宜子孫連弧雲雷紋鏡	後漢	22.10	1096	半円鈕・柿蒂紋鈕座	長宜子孫
109	三羊神獣連弧紋鏡	後漢	22.00	1019	半球形鈕・円鈕座飾連珠細点紋	三羊作竟（鏡）自有紀、除去不羊（祥）宜古市。
73	長宜子孫連弧雲雷紋鏡	後漢	21.40	961	半球形鈕・柿蒂紋鈕座	長宜子孫
74	長宜子孫連弧雲雷紋鏡	後漢	20.20	785	半球形鈕・柿蒂紋鈕座	長宜子孫
113	正月午日神人神獣画像鏡	晋	20.10	877	半球形鈕・円鈕座	正月午日作此竟（鏡）、上人守皆食太倉。
106	尚方七乳禽獣紋鏡	後漢	19.30	445	半球形鈕・円形鈕座	尚方作竟（鏡）大母傷、巧工利之戌文章、左龍右虎辟不羊（祥）、朱鳥（雀）玄武順陰陽、子孫備居中央、長保二亲（親）富貴昌。
107	尚方四神紋鏡	後漢	19.20	878	半球形鈕・円形鈕座	尚方作竟（鏡）真大好、上有仙人不知老、渇飲玉泉飢食棗、浮游天下□□□□昌尹。
108	杜氏神獣紋鏡	後漢	19.20	953	半球形鈕・円形鈕座	杜氏作竟（鏡）大母傷、漢有善同（銅）出丹陽、家當□□□□□□□□有奇辟不羊（祥）長宜之鏡。
42	雲錦地四葉龍紋鏡	前漢	18.70	594	獣形鈕・伏螭紋鈕座	
114	鄭氏神人神獣画像鏡	後漢	18.60	955	半球形鈕・蓮花形鈕座	鄭氏作竟（鏡）自有紀、上東王公・西王母、公君陽遠、宜子孫、長保二亲（親）不知老。
57	鋪首鈕花葉紋鏡	前漢	18.28	436	鋪首衝環鈕・方形鈕座	
75	尚方十二辰博局紋鏡	後漢	18.00	505	鈕残・柿蒂紋鈕座	尚方作竟（鏡）真大巧、上有仙人不知老、渇飲玉泉飢食棗、寿如金石令兮。
76	尚方十二辰博局紋鏡	後漢	16.40	466	半球形鈕・柿蒂紋鈕座	尚方作竟（鏡）真大巧、上有仙人不知老、渇飲玉泉飢食棗。
50	長宜子孫連弧紋鏡	前漢	16.20	676	半球形鈕・柿蒂紋鈕座	外圏銘文：湅治銅華清而明、以之為鏡宜文章、延年益寿去不羊（祥）其無母亟（極）而日光、長楽未央。
62	日有熹草葉連弧紋鏡	前漢	16.20	471	半球形鈕・柿蒂紋鈕座	日有熹、長貴富、宜酒食、楽母事。
41	雲錦地大楽貴富四葉龍紋鏡	前漢	16.00	357	橋鈕・円鈕座	大楽貴富、得享寿、千秋萬歳、宜酒食。
43	雲錦地大楽貴富博局蟠螭紋鏡	前漢	16.00	275	三弦鈕・伏螭紋鈕座	大楽貴富、得所好、千秋萬歳、延年益寿。
115	尚方神人龍虎画像鏡	後漢	15.60	398	半球形鈕・円鈕座	尚方作竟（鏡）佳且好、明而日月世少有、刻治今守吉。
78	尚方四神博局紋鏡	後漢	15.50	390	半球形鈕・方鈕座	尚方佳竟（鏡）真大好、上有仙人不知老、渇飲玉泉飢食棗兮。
63	四乳四虺紋鏡	前漢	15.20	441	半球形鈕・円形鈕座	
39	雲錦地大楽貴富四葉龍紋鏡	前漢	15.00	312	四弦鈕・双龍円鈕座	大楽貴富、千秋萬歳、宜酒食。
47	日有熹連弧紋鏡	前漢	14.80	496	半球形鈕・并蒂連珠鈕座	日有熹、月有冨、楽母事、宜酒食、居而心安、母憂患、竽瑟侍、心志歓、楽已茂極、固常然。
48	清白連弧紋鏡	前漢	14.60	377	半球形鈕・連珠鈕座	潔清白而事君、志汚之弇明、作玄錫而流澤、恐疏日忘美人、外可爭。
67	四乳雲龍連弧紋鏡	前漢	14.60	205	三弦鈕・円形座	
53	清白連弧紋鏡	前漢	14.40	289	半球形鈕・円鈕座飾十二連珠紋	潔而清而白而事君、志汚之合（弇）而□光、玄揚流而澤、恐而日忘□。
105	変形四葉四龍紋鏡	後漢	14.30	404	半球形鈕・円形鈕座	
86	楽如侯王四神博局紋鏡	後漢	14.00	468	半球形鈕・柿蒂紋鈕座	楽如侯王作佳竟（鏡）哉、真大好、上有仙人不知老、浮游天下放四海。
104	変形四葉四龍紋鏡	後漢	14.00	293	半球形鈕・円形鈕座	
112	長宜子孫四葉四龍紋鏡	後漢	14.00	447	半球形鈕・円鈕座	長宜子孫
81	漢有善銅博局鏡	後漢	13.80	473	半球形鈕・柿蒂紋鈕座	漢有善銅出丹陽、取□清如明、左龍右。
110	位至三公変形四葉紋鏡	後漢	13.70	315	半球形鈕・円鈕座	位至三公
70	星雲連弧紋鏡	前漢	13.60	303	博山鈕・放射状線紋鈕座	
91	新佳鏡四神博局紋鏡	新莽	13.60	377	半球形鈕・変形柿蒂紋鈕座	新佳竟（鏡）真大好、上有仙人不知老、渇飲玉泉飢食棗。
59	博局草葉連弧紋鏡	前漢	13.50	189	博山鈕・方鈕座	
71	長宜子孫連弧雲雷紋鏡	後漢	13.40	267	半球形鈕・柿蒂紋鈕座	長宜子孫
49	銅華連弧紋鏡	前漢	13.30	325	半球形鈕・十二連珠鈕座	湅治銅華清而明、以之為鏡而宜文章、以延年益寿去不羊（祥）、而日月之光兮。
79	広方四神博局紋鏡	後漢	13.30	192	半球形鈕・柿蒂鈕座	広方作竟（鏡）真大好、上有仙人不知老、渇飲玉泉飢食棗、字好。
83	尚方四神博局紋鏡	後漢	13.20	285	半球形鈕・柿蒂鈕座	尚方作竟（鏡）真大好、上有仙人不知老、渇飲玉泉飢食棗兮。
95	陳氏龍虎紋鏡	後漢	13.00	464	半球形鈕・円鈕座	青盖陳氏作竟（鏡）四夷服、多賀國家人民息、

						胡虜殄滅天下復、風雨時節五谷（穀）熟、長保二親得天力兮。
80	尚方四神博局紋鏡	後漢	12.80	412	半球形鈕・柿蒂紋鈕座	尚方佳竟（鏡）真大好、上有仙人不知老、渇飲玉泉飢食棗、浮游天下敖四海。
92	新有四神博局紋鏡	新莽	12.80	281	半球形鈕・簡化柿蒂紋鈕座	新有□紀作（佳？）竟（鏡）□□左右日□□。
103	変形四葉四龍紋鏡	後漢	12.80	267	半球形鈕・円鈕座	
96	尚方龍虎紋鏡	後漢	12.60	397	半球形鈕高凸・円鈕座	尚方作竟（鏡）四夷服、多賀國家人民息、胡虜殄滅天下復、風雨時節五谷（穀）熟、長保二親得天力兮。
111	長宜子孫連弧紋鏡	後漢	12.60	251	半球形鈕・柿蒂形鈕座	長宜子孫
44	雲錦地双龍連弧紋鏡	前漢	12.30	157	三弦鈕・円鈕座	
66	四乳禽獣紋鏡	前漢	12.20	363	半球形鈕・柿蒂形鈕座	
90	四神博局紋鏡	後漢	12.20	363	半球形鈕・柿蒂紋鈕座	
99	侯氏双龍紋鏡	後漢	12.20	413	円形鏡。半円鈕高凸・円鈕座	侯氏。
65	四乳禽獣紋鏡	前漢	12.10	231	半球形鈕・円形鈕座飾十二連珠紋	
82	尚方四神博局紋鏡	後漢	12.10	361	半球形鈕・柿蒂紋鈕座	尚方佳竟（鏡）真大可、上有山（仙）人不知老、渇飲玉
84	侯氏六乳鳥紋鏡	後漢	12.00 厚0.4	173	半球形鈕・円鈕座	侯氏作竟（鏡）世中未有、食人利宜孫子。
61	見日之光草葉連弧紋鏡	前漢	11.50	296	半球形鈕・方形鈕座飾柿蒂紋	見日之光、天下大明。
97	李氏龍虎紋鏡	後漢	11.50	188	半球形鈕・円鈕座	李氏作竟（鏡）夷服、多賀國家人民息、胡虜殄滅天下復、風雨時節五谷（穀）熟、長保二親得天力。
54	昭明連弧紋鏡	前漢	11.40	328	半球形鈕・円形鈕座	内清以昭明、光象夫日月不泄。
93	四獣博局紋鏡	後漢	11.40	245	半球形鈕・円鈕座	
40	雲錦地大楽貴富龍紋鏡	前漢	11.30	122	鈕残・双龍円鈕座	大楽貴富、得享寿、千秋萬歳、宜酒食魚。
100	龍虎紋鏡	後漢	11.30	264	半球形鈕・円鈕座	
117	四獣紋鏡	南朝	11.30	225	半球形鈕・無鈕座	
88	四神博局紋鏡	後漢	11.20	303	半球形鈕・柿蒂紋鈕座	
60	見日之光草葉連弧紋鏡	前漢	10.90	101	三弦鈕・方鈕座	見日之光、天下大明。
77	飛鳥博局紋鏡	後漢	10.50	162	円形鏡、半球形鈕・柿蒂紋双重方鈕座	
55	昭明連弧紋鏡	前漢	10.40	296	半球形鈕・円形鈕座	内清以昭明、光象夫日之月兮。
69	星雲連弧紋鏡	前漢	10.20	138	連峰鈕・星雲紋鈕座	
89	尚方四乳紋鏡	後漢	10.20	126	半球形鈕・円鈕座	尚方佳竟（鏡）真大好、上有仙人兮。
51	日光・昭明重圏銘文鏡	前漢	10.10	161	半球形鈕・円鈕座	内圏：見日之光、長不想忘。外圏：内清之以昭明、光而象夫日月、心忽揚忠、然壅塞不泄。
87	禽獣博局鏡	後漢	9.70	170	半球形鈕・柿蒂鈕座	
102	王氏神獣紋鏡	後漢	9.70	123	半球形鈕・円鈕座	王氏作竟（鏡）自宜古市人。
52	日光・昭明重圏銘文鏡	前漢	9.60	155	博山鈕	内圏：見日之光、長勿相忘。外圏：内清質以昭明、光而象夫日月、心忽揚而愿忠、而不一。
98	黄氏仙人龍虎紋鎏金銅鏡	後漢	9.50	309	半球形鈕・円鈕座	黄氏作竟（鏡）四夷服、多賀國家人民息、胡虜殄滅天下復、風雨時節五谷（穀）熟、長保二親得天力、□告後□□□□。
94	簡化博局紋鏡	後漢	9.40	179	半球形鈕・円鈕座	
64	四乳四虺紋鏡	前漢	9.10	167	半球形鈕・円鈕座	
68	四乳家常貴富銘文鏡	前漢	8.80	167	三弦鈕・円鈕座	家常貴富
116	君宜高官神人半円方枚神獣画像鏡	後漢	8.50	236	半球形鈕・円鈕座	君宜高官
56	昭明連弧紋鏡	前漢	8.40	92	博山鈕・円形鈕座	内清之以昭明、光而象夫日月。心忽揚而不泄。
101	五鉢龍紋鏡	後漢	8.40	153	半球形鈕・円鈕座	
46	見日之光連弧紋鏡	前漢	7.80	108	半球形鈕・円鈕座	見日之光、長勿相忘。
45	見日之光連弧紋鏡	前漢	7.20	33	半球形鈕・円鈕座	見日之光、天下大明。

結　　び

　前章第七章の浙江出土銅鏡と対比すると、湖南長沙市出土鏡の戦国・前漢・後漢各代の銅鏡文化の特色は明瞭である。戦国鏡は何と言っても戦国の雄、楚国の文化と関連し、前漢時代は長沙王国文化との関連があって、壮大かつ基準となる銅鏡文化が見られた。それが後漢鏡になると、やや迫力を欠く。20cmを超える鏡は【72】【73】【74】【109】【113】の5鏡しかなく、割合は浙江出土銅鏡に比して低い。また、画像鏡鏡や重列神獣鏡など、賑やかな神々の活動を描写したものはほとんど無い。仏教文化との関連もせいぜい蓮花紋が一面あるだけで、獅子や天馬は見られず、ましてや仏像の痕跡はない。なお、規矩紋鏡か博局紋鏡かの議論は結論が出た感じはするが、博局紋が「辟不羊」に関係するとしても、博局紋はなぜ不祥を除けられるかの説明はない。博局紋鏡とはどんな意味を込めた鏡紋飾であるかの基本的課題は未だ不明である。さらに東王公・西王母や黄帝などの神仙も同様である。

　それにしても、私の当面の課題である日本の三角縁神獣鏡のルーツ捜査は湖南長沙市出土鏡では何の手がかりも見いだせなかった。三角縁はおろか、似ている鏡が一面もないのである。それでも長江中流の湖南省長沙市附近出土鏡は長江下流浙江省紹興市出土鏡と共通する要素は多いのである。

　注
（１）　湖南出土鏡に戦国鏡の事例が多いということは、戦国時代に長沙市が楚鏡のセンターであったことを示すものである。
（２）　他地方鏡でもまた鏡と伴出する出土遺物を示すことがあるが、湖南長沙の事例ではそれが特に多く例示されている。【表８－１】の最右欄出土地と形態等説明欄中の伴出物参照。
（３）　前第七章の浙江出土銅鏡【表７－１】図版５、６では四乳四螭鏡前漢とした。四乳四虺紋銅鏡の方が正しい。

第九章　湖北省鄂州市出土銅鏡について

はじめに

　湖北省鄂州市が銅鏡産地であり、その出土事例が多く知られていることは、すでに戦前期から国内外の研究者の間の常識であった。しかし、現地の確認は無かった。それが鄂州市並びに湖北省の考古学者により、新中国における当地の銅鏡資料が整理された。すなわち、湖北省博物館、鄂州市博物館編『鄂城漢三国六朝銅鏡』文物出版社、1986年3月である。これについても、先に扱った長沙市博物館などと同様な方法で各鏡の紹介を行うこととする。

　『鄂城漢三国六朝銅鏡』には、北京大学歴史系考古専業俞偉超氏の「序」と湖北省博物館員管惟良氏「鄂城漢三国六朝銅鏡概述」が付く。いずれも当地方の銅鏡についての有益な研究であるが、内容に立ち入ることは避けたい。

　なお、本書が対象にしている鄂城は今日湖北省鄂州市であるが、史上特に鄂城と称された。湖北省都武漢市の東方40キロメートルにある。昔はすべて長江を下った。さらに東方の先に黄石市がある。長江南部沿いにあり、武漢市の半分である武昌は鄂城市の上流にある。武昌もまた鄂州の古地名とされる。三国呉の孫権はここに築城して蜀・魏に対した。武昌の上流100キロメートルには赤壁があり、三国時代の古戦場である。なぜ、赤壁か。今日鄂州市と呼ばれる鄂城は鉄鉱産地で、その城市西門外の長江南岸は一体赤色の赤鉄鉱岩である。これが赤壁まで続く。

第一節　湖北省博物館、鄂州市博物館編『鄂城漢三国六朝銅鏡』について

　最初に指摘して置きたいのは、研究者は銘文採録に手書き筆写を中心に努力している点である。また、日本の学界との交流発展のために、日本側が関心を持つ三角縁の辺状や神獣鏡の紋飾に研究の焦点を当てていることも注目される。そこで本書『鄂城漢三国六朝銅鏡』の漢三国六朝銅鏡を【表9－1】湖北鄂州市漢三国六朝銅鏡に表示しよう。

【表9－1】　湖北鄂州市漢三国六朝銅鏡

番号	名称	時代	径／cm	辺厚／cm	鈕・鈕座形式	形態等説明	縁形式	【銘文】	出土年	出土地
1	日光鏡	前漢	9.10	0.20	円鈕・円座	座外飾八内向連弧、再外為一周輻線紋。縁内為輻線紋一周、其内即銘文。毎字間用「e」或「田」間隔。	素縁	見日之光、天下大明。	1977年4月。	鄂鋼第73号墓
2	昭明鏡	前漢	9.00	0.35	円鈕・円座	座外飾十二内向連弧、縁内為斜輻線紋一周、再内	素縁	内清以昭明、光夫日月。	1974年2月16日。	城関鎮郊菜園頭大

第九章　湖北省鄂州市出土銅鏡について　501

						為銘文。每字之間有個「而」字。			隊
3	昭明鏡	前漢	10.90	0.60	円鈕・重圏座	座外飾内向八連弧、再外為輻線紋一周、靠縁亦有輻線紋一周、其内即銘文。每字之間有個「而」字。通体呈漆黒色而発亮。	素縁	内清以昭明、光象夫日月。	1976年3月28日。	鄂鋼弾簧鋼板廠
4	四乳四螭鏡	前漢	9.90	0.30	円鈕・円座	主紋為四乳釘相間四変形簡易螭紋。	素縁		1972年6月26日。	鄂鋼五四四工地第46号墓
5	規矩四神鏡	新莽	17.20	0.40	円鈕・重方柿蒂座	主紋為規矩紋間青龍・白虎・朱雀・玄武四神、其間還有鳥・獣・蛙・羽人之類図案、并間以八乳釘。辺紋（由外到内、下同）為鋸歯紋・波折紋・鋸歯紋・輻線紋共四周。銘文曰。方格座内銘為十二地支、每字間以乳釘。		尚方作竟（鏡）真大巧、上有仙人不知老、渇飲玉泉。　方格内銘：子丑寅卯辰巳午未申酉戌亥。	1973年2月28日。	新化肥廠第1号墓
6	規矩四神鏡	新莽	16.00	0.40	円鈕・重方柿蒂座	主紋為規矩紋間青龍・白虎・朱雀・玄武四神、雑以鳥・獣、間以八乳釘。辺紋有流雲紋・鋸歯紋・輻線紋各一周、其内為銘文。方格座内銘為十二地支、每字間以乳釘。		尚方作竟（鏡）大母傷、左龍右虎除不羊（祥）、朱鳥玄武順陰陽、子孫備具居中央、長保二亲（親）具富昌、如侯王。　方格内銘：子丑寅卯辰巳午未申酉戌亥。	1972年3月。	八一鋼廠
7	規矩八禽鏡	新莽	16.90	0.40	円鈕・重方柿蒂座	已残。主紋為規矩間八鳥紋、有八乳釘。辺紋為鋸歯紋・波折紋・鋸歯紋・輻線紋各一周。銘文曰。方格座内銘為十二地支、每字間以一乳釘。		尚方乍（作）竟（鏡）真巧、上有仙〔人〕不知老、飢食棗、飲真玄入□□。　座内銘：子丑寅卯辰巳午未申酉戌亥。	1963年8月。	西山
8	四乳八禽鏡	新莽	9.80	0.50	円鈕・重圏座	主紋為四乳釘相間的八立禽、主紋外有一周輻線紋一周。採集于県慶品収購站。	素縁		1975年10月。	
9	四乳四禽鏡	新莽	10.10	0.35	円鈕・円座	主紋為四禽間四乳釘、其外為輻線紋・鋸歯紋各一周。	素縁		1963年8月。	西山
10	四乳四禽鏡	後漢	8.70	0.30	円鈕・円座	主紋為四禽間四乳釘、其外為輻線紋一周、鋸歯紋二周。			1963年8月。	西山
11	四乳浮雕式四禽鏡	後漢	6.70	0.25	円鈕・円座	主紋為浅浮雕式四禽、間以円圏小乳釘。辺紋為鋸歯紋・輻線紋各一周。			1963年8月。	西山
12	五乳五禽鏡	後漢	9.90	0.50	円鈕・円座	略残。主紋五禽間以五乳釘、其外為輻線紋一周、辺紋為一周簡易夔紋。			1963年8月。	西山
13	簡化規矩四神鏡	後漢	11.20	0.30	円鈕・方座	主紋為青龍・白虎・朱雀・玄武和一獣、規矩紋簡化為僅剰四「T」、辺紋亦是由図案式的青龍・白虎・朱雀・玄武組成。辺紋内為輻線紋一周、其内為銘文。		漢有善銅出丹陽、和以銀錫清照□。	1971年3月6日。	西山水泥廠
14	七乳七鳥紋帯鏡	後漢	14.40	0.30	円鈕・連珠重圏座	主紋為七乳間七鳥組成的紋帯、主紋内外各有輻線紋一周。辺紋為双線鋸歯紋。			1976年10月11日。	城関鎮郊百子畈大隊養猪場
15	鳥獣紋帯鏡	後漢	16.10	0.70	円鈕・連珠座	座外為重圏輻線紋。主紋為四乳釘相間的、由龍・虎・麒麟・鳥及一些奇禽異獣組成的紋帯、主紋外有輻線紋一周。	素縁		1963年11月。	鄂城（地点不詳）
16	鳥獣紋帯鏡	後漢	12.50	0.50	円鈕・重圏雲紋乳釘座	主紋為五乳相間虎・鳳・熊・麒麟・羽人組成的紋			1963年8月。	西山

					飾帯、主紋外有輻線紋一周。辺紋為流雲紋・鋸歯紋各一周。				
17	鳥獣紋帯鏡	後漢	11.00	0.40	円鈕・重圏座、毎圏有部分輻線紋	主紋為七乳釘相間七鳥獣、其外還有一周輻線紋。辺紋為鋸歯紋二周。			1964年11月2日。	輪渡公路
18	鳥獣紋帯鏡	後漢	11.90	0.35	円鈕・柿蒂単圏座	座外有断続輻線紋・輻線紋一周。主紋為由五乳相間的朱雀・玄武・獅豸・白虎・異獣・羽人組成的紋帯、主紋外有輻線紋一周。辺紋為双線鋸歯紋・鋸歯紋各一周。			1975年9月1日。	鄂鋼五四工地第17号墓
19	変異四神鏡	後漢	9.80	0.30	円鈕・円座	主紋四神間四乳釘、但玄武已与白虎易位。其外為輻線紋与鋸歯紋各一周。	素縁		1970年9月18日。	鄂鋼五四三工地
20	変異四神鏡	後漢	12.70	0.40	円鈕・重方座	座内有「子丑寅卯辰巳午未申酉戌亥」十二地支銘。主紋是很草率的四神、玄武看不清楚。辺有断続輻線紋一周・鋸歯紋一周。			1973年8月4日。	鄂鋼五四四工地第91号墓
21	浮雕式変異四神鏡	後漢	14.40	0.55	円鈕・重圏座	已残。主紋為浮雕式青龍・白虎・朱雀・麒麟組成的変異四神、其外為銘文一周。銘文外為輻線紋・鋸歯紋・波折紋各一周。	三角縁	至氏作竟（鏡）真大工（巧）、□□□□寿、富貴益昌、功成事見、其師命長兮。	1970年8月16日。	鄂鋼六三〇工地
22	浮雕式変異四神鏡	後漢	12.70	0.70	円鈕・円座	主紋為浮雕式変異四神、即青龍・白虎・朱雀・麒麟、主紋外為輻線紋一周、鋸歯紋二周。			1964年5月16日。	新廟公社司徒大隊
23	浮雕式鳥獣紋帯龍虎鏡	後漢	17.80	0.80	円鈕・円座	主紋内為浮雕的龍虎、外為龍・虎・鳳・兕・鳥・羽人組成的鳥獣紋帯、間為六個柿蒂座乳釘。外圏銘文。銘外還有輻線紋・鋸歯紋各一周。辺紋為鳥獣魚紋組成的紋帯。		李氏作竟（鏡）四夷服、多賀國家人民息、胡虜殄滅天下復、風雨時節五谷（穀）熟、長保二親得天力。	1964年11月20日。	西山
24	浮雕式鳥獣紋帯龍虎鏡	後漢	20.50	0.65	円鈕・連珠圏座	主紋内為浮雕的龍虎各一、外為羽人狩猪・龍・鳳・虎・怪獣・魚・蛇・鳥組成的鳥獣紋帯、并間為七個柿蒂座乳釘。其外為銘文一周。銘文外為輻線紋一周、辺紋為鋸歯紋・波浪紋・鋸歯紋各一周。		青盖作竟（鏡）大傷、巧工刻之成文章、左龍右虎辟不羊（祥）、朱鳥玄武順陰陽、子孫備具居中央、長保二親（親）楽富昌、寿敝金石如侯王兮。	1970年8月。	鄂鋼六三〇工地
25	浮雕式鳥獣紋鏡	後漢	9.20	0.25	円鈕	主紋為浅浮雕的鳥獣紋、其外有一周輻線紋。辺紋為倒鋸歯紋二周。該鏡制作較粗、紋飾僅具輪郭。			1970年10月2日。	武沙鉄路複線第7号墓
26	浮雕式鳥獣紋鏡	後漢	10.80	0.30	円鈕・円座	主紋為四個帯円座的乳釘相間的四龍二鳳。其外有銘文一周、再外為輻線紋一周。辺紋為一周単線鋸歯紋。		三月二日乍（作）氏。	1970年9月16日。	八一鋼廠
27	雲雷連弧紋鏡	後漢	12.90	0.35	円鈕・柿蒂座	已残。主紋外為雲雷紋、内為内向八連弧、在雲雷紋外和雲雷紋与連弧紋之間各有輻線紋一周。	素縁		1963年8月。	西山
28	連弧紋鏡	後漢	16.30	0.30	扁円鈕・連点重圏座	主紋為八内向連弧、副紋為輻線紋・単圏乳釘紋・輻線紋二周。	素縁		1976年2月10日。	城関鎮郊百子畈大隊
29	連弧紋鏡	後漢	11.60 ★	0.25	円鈕・柿蒂座、蒂間有雲紋	主紋為八内向連弧、其外為輻線紋一周。素縁、其上刻十一字。	素縁	煉年平東鄭李鏡一里六寸。★(1)	1971年8月31日。	鄂鋼五四四工地
30	単線連弧紋鏡	後漢	7.50	0.30	円鈕・重圏座	主紋為単線八連弧。	素縁		1971年3月20日。	西山水泥廠

第九章　湖北省鄂州市出土銅鏡について　503

31	蝙蝠形柿蒂座連弧紋鏡	後漢	18.90	0.35	円鈕・蝙蝠形柿蒂座	已残。但已拡大為主紋、蒂間有長脚花式篆「長宜子孫」四個字。其外并有八連内向弧紋、弧間四圏相間四字「生如山石」。	素縁	「長宜子孫」「生如山石」。	1970年7月18日。	鄂鋼六三〇工地
32	蝙蝠形柿蒂紋鏡	後漢	8.60	0.25	円鈕	主紋為蝙蝠形柿蒂、四蒂間各伸出一尖弁、尖弁両側有簡易雲紋。其間有八個内飾雲紋的単線半円紋、外為一周輻線紋。辺縁上有渦雲紋一周。			1963年8月。	西山
33	永康元年獣首鏡	後漢	14.70	0.30	円鈕・円座	主紋蝙蝠形柿蒂紋間四獣首、其外為銘文一周。柿蒂内有銘文四字「長宜高官」。銘文帯為簡易雲紋・連弧紋各一周。辺紋為菱格雲紋。		「長宜高官」。「永康元年六月八日庚申、天下大祝、吾造作尚方明竟、合湅黄白、周（雕）兮。」	1963年8月。	西山
34	熹平二年獣首鏡	後漢	13.30	0.30	浮雕盤龍紋鈕・円座	主紋蝙蝠形柿蒂紋間四獣首、柿蒂内有「君宜高官」四字。主紋外為銘文一周。銘外為簡易雲紋対連弧紋各一周。辺紋為一周渦雲紋。		「君宜高官」「熹平二年正月丙午日、吾作明竟、長楽未央、君宜高官、吉師命長、□□古市、□□□□、富貴延年」。	1970年12月13日。	田魯湾排灌站
35	獣首鏡	後漢	11.20	0.30	扁円鈕・丹座	主紋蝙蝠形柿蒂紋間四獣首、蒂内為四個「公」字。主紋外為連弧紋一周。辺為一周簡易獣形紋。		公。	1966年7月9日。	石山公社梁新星大隊
36	獣首鏡	後漢	11.50	0.35	扁円鈕	主紋蝙蝠形柿蒂紋間四獣首、蒂内有銘文「位至三公」。主紋外為連弧紋一周。辺為菱格雲紋一周。		位至三公。	1973年8月。	鄂鋼五四四工地
37	獣首鏡	後漢	17.40	0.35	扁円鈕	主紋蝙蝠形柿蒂紋間四獣首、柿蒂内為鳥・蛙・網紋。主紋外為三角紋対連弧紋一周。辺為菱格雲紋一周。鏡鈕上針刻五字。		陸凱士李匱。	1963年8月。	西山
38	双夔鏡	後漢	15.60	0.25	円鈕・円座	残。主紋為対称双首夔紋、中有直行銘文「立（位）至三公」、「三羊至官」、両銘文反向対称。主紋外為連弧紋・蔓草紋・輻線紋各一周。	素縁	「立（位）至三公」、「三羊至官」。	1970年9月28日。	鄂鋼六三〇工地
39	簡易双夔鏡	後漢	11.00	0.40	扁円鈕・円座	主紋為対称的簡易双夔、中有反向対称的直銘、「宜子」。其外有輻線紋一周。	素縁	宜子。	1970年10月30日。	鄂鋼六三〇工地
40	渦雲紋鏡	後漢	8.90	0.25	円鈕・円座	主紋渦雲紋、其外為連点和輻線紋一周。辺飾雲紋。			1970年10月30日。	鄂鋼六三〇工地
41	直銘渦雲紋鏡	後漢	10.50	0.40	円鈕・連点重圏座	主紋渦雲紋分飾于中間直行銘文「天皇」・「君臣」的両辺。再外為連点紋・小型外向連弧紋・輻線紋・小型外向連弧紋等四周紋飾。辺飾雲紋。		「天皇」、「君臣」。	1970年8月16日。	鄂鋼六三〇工地
42	神獣鏡	後漢	10.60	0.25	扁円鈕・円座	主紋是二神四獣的浮雕画像、与重圏乳釘四枚相間。再外有輻線紋一周。辺飾雲紋。			1963年8月。	西山
43	熹平七年半円方枚神獣鏡	後漢	12.10	0.30		已残。主紋神獣、其外有半円方枚一周、再外為一周内向鋸歯紋。辺紋外為雲紋、内為銘文。方枚上每枚一字、合為。		「熹平七年正月廿五日丙午、暴氏作尚方明竟、幽湅三商、天王日月、上有□□□□富且昌、長楽未央」、「吾作明竟、天王日月、立（位）至三公」。	1972年7月28日。	鄂鋼焦化工地第51号墓
44	建安二十一年半円方枚神獣	後漢	13.70	0.40	扁円鈕・円座	主紋二神・二侍・二人・四獣、其外有半円方枚一周、方枚上每枚一字。		建安廿一年四戊午朔十九日起弋師也道其者、會稽所作中有六寸、一千也人	1975年。	

	鏡					（不詳）再外為鋸歯紋一周。辺紋外為勾連蟠螭、内為銘文。1975年採集于県収購站	者、服之千萬年長仙、作吏宜官、吉羊（祥）、宜侯王、家有五馬千頭羊、羊□女子見□□□□。		
45	半円方枚神獣鏡	後漢	11.60	0.40	扁円鈕・小連弧座	主紋四神・二人・四獣、其外為半円方枚一周、方枚上毎枚一字。（不詳）再外為鋸歯紋一周。辺紋外為変異雲紋、内容銘文。	今年丙午五月七日丙午、清浪主吉日、志于弓日、毎出當須安佳、時可住善矣、太一為将軍吉。	1975年7月10日。	五里墩第16号墓
46	半円方枚神獣鏡	後漢	12.30	0.30	浮雕盤龍紋鈕・円座	主紋二神・二侍・二人、其外為半円方枚一周、方枚上毎枚一字。合為、其外為鋸歯紋一周。辺紋外為変異雲紋、内為銘文。	方枚銘文「吾作明竟（鏡）、幽湅三商、立（位）至三公」、辺紋内銘文「正月丙日王作明竟自有方、除去不祥、宜古（賈）市大吉利、幽湅三商、天王日月、上有東王父西王母、主如山石、宜西北萬里、富昌長楽」。	1963年8月。	鄂城（地点不詳）
47	半円方枚神獣鏡	後漢	14.20	0.45	扁円鈕・連珠座	主紋五神・四獣・四鳥、外為半円方枚一周、方枚上毎枚一字。其外為輻線紋一周。辺紋外為簡易雲紋、内為銘文。	辺紋内銘文「吾作明竟（鏡）、青（清）同（銅）、商周羅象、□□天皇、白（伯）牙弾琴、黄帝除凶、布帛□昔（錯）萬、真□□自曰」方枚銘文「五子三公九夫十二大卿」。	1963年8月。	西山
48	重列神獣鏡	後漢	13.10	0.30	扁円鈕・円座	主紋五神・四獣上下重迭排列、其外有輻線紋一周、辺紋雲紋。		1973年5月22日。	八一鋼廠第3号墓
49	建安六年直銘重列神獣鏡	後漢	13.60	0.45	扁円鈕・円座	主紋上下重列十三神・二侍・四禽・一獣、中有直銘曰「君高官」・「高官」。辺有銘文一周。	「君高官」・「高官」、「建安六年、君宜高（官）、吾五月廿四日氏作竟（鏡）、幽湅官商、刻三容象、五帝天皇、白（伯）牙単（弾）琴、黄帝吉羊（祥）、三公」。	1963年8月。	西山
50	建安六年直銘重列神獣鏡	後漢	12.20	0.35	扁円鈕・円座	主紋十一神・一侍・四鳳等重迭排列、中間直銘曰「君宜官」・「君宜官」。辺為銘文。	「君宜官」・「君宜官」、「建安六年五月廿四日、示氏作竟、幽湅宮商、周羅容象、五帝天皇、白（伯）牙単（弾）琴、黄帝吉羊（祥）、三公」。	1976年12月23日。	新廟公社英山大隊十二隊
51	建安十年直銘重列神獣鏡	後漢	13.20	0.40	扁円鈕・円座	主紋十一神・一侍・四鳳等重迭排列、中間直銘曰「君宜官」・「君宜官」。辺為銘文。	「君宜官」・「君宜官」、「建安十年、吾作明竟（鏡）、幽湅宮商、周刻容象、五帝天皇、白（伯）牙単（弾）琴、黄帝除凶、朱鳥玄武、白虎青龍、君宜高官、位至王公、子孫番（蕃）昌」。	1972年5月15日。	鄂鋼西山鉄砿
52	建安十九年直銘重列神獣鏡	後漢	12.00	0.35	扁円鈕・円座	主紋十一神・一侍・三鳥・一獣上下重迭排列、中有直銘「君宜」・「高官」。辺為銘文一周。	「君宜」・「高官」、「建（安）十九年八月五日、吾作竟（鏡）、（天王）日月、白（伯）牙単（弾）琴、黄帝、仙人東王父西母、宜元先、大吉羊（祥）、位至三公、□□夫」。	1975年7月4日。	七里界省冶建工地
53	直銘重列神獣鏡	後漢	11.80	0.40	扁円鈕・円座	主紋八神・一侍・二鳥、三獣重迭排列、中有直銘「君宜官」・「君官」。辺為銘文一周。	吾作明竟（鏡）、幽湅宮商、周羅容象、五帝天皇、白（伯）牙単（弾）琴、黄帝除凶、朱鳥玄武、白虎青龍、君宜高官、位至三公。	1976年7月20日。	鄂鋼西山鉄砿
54	直銘重列神獣鏡	後漢	13.30	0.35	扁円鈕・円座	主紋十一神・三侍・三鳥、三獣、重迭排列、中為直銘「君宜高官」・「君官官」。辺為銘文一周。	「君宜高官」・「君官官」、「吾作明竟、幽湅宮商、周刻、五帝天皇、白（伯）牙単（弾）琴、黄	1975年9月。	鄂鋼五四四工地第21号墓

第九章　湖北省鄂州市出土銅鏡について　505

							帝除凶、朱鳥玄武、□□□□、□宮東母、左有王公、君宜高官、子孫藩昌、□□王父」。		
55	鋸歯紋鏡	後漢	9.50	0.28	扁円鈕・円座	主紋為両周鋸歯紋、其外有内向連弧紋一周	素縁		1971年正月15日。	紅旗採砿廠
56	翔鶴飛鴻鏡	六朝	10.10	0.50	円鈕・円座	主紋四乳釘相間浅浮雕四隻飛翔中的鴻鶴、其外為一周輻線。辺紋為鋸歯紋・双線紋・鋸歯紋各一周。			1975年6月3日。	鄂鋼医院
57	方格乳釘紋鏡	六朝	7.80	0.35	円鈕・円座	主紋為双線方格、毎辺外側有一乳釘紋。再外為輻線紋和鋸歯紋各一周。	三角縁		1973年3月27日。	鄂鋼五四四工地
58	簡易鳥獣紋鏡	六朝	9.60	0.30	円鈕・荷葉（蓮華）辺形座	已残。主紋為極簡易的単線鳥獣紋、其外繞以単線連弧紋一周、再外為一周輻線紋。辺紋為不規整的単線鋸歯紋各一周。			1972年6月25日。	鄂鋼五四四工地第45号墓
59	龍虎鏡	六朝	13.10	0.70	円鈕・円座	主紋為高浮雕状的龍虎各一、部分示意圧在鈕下、主紋下端有一鳥一獣和一人持叉、是為狩猟形象。其外為銘文一周。再外為輻線紋一周。辺紋由鋸歯紋・双線鋸歯紋・鋸歯紋三周組成。		李氏作竟（鏡）四夷服、多賀國家人民息、胡虜殄滅天下復、風雨時節五穀孰（熟）、長保二親得天力、伝告后世楽無〔極〕。	1964年。	西山
60	龍虎鏡	六朝	11.20	0.75	円鈕・円座	主紋為浮雕龍虎各一、部分示意圧在鈕下、龍虎下端有熊熊之類的動物。其外為銘文。再外為輻線紋一周。辺飾鋸歯紋一周。	三角縁	朱氏作竟（鏡）四夷服、多賀國家人民〔息〕、胡虜殄滅天下復、風雨時節五菽孰（熟）。	1973年10月5日。	鄂鋼五四四工地第100号墓
61	変異龍虎鏡	六朝	11.60	0.35	円鈕・重圏座	主紋為浮雕龍虎、部分示意圧在鈕下、鈕側有一人。其外為銘文一周。再外為輻線紋一周。辺紋外為連点波線、内為鋸歯紋。		吾作明竟（鏡）、幽凍三商、八公所造、後人相承、照者益好、工命吉長。	1975年5月19日。	鄂鋼邱家湾第2号墓
62	三龍鏡	六朝	11.30	0.30	円鈕・重圏座	主紋為浮雕的三龍、其外為銘文一周。再外為輻線紋一周。辺紋為双線波紋和輻線紋各一周。1975年10月採集于県慶品収購站。		吾作明竟（鏡）自有紀、刻治禽守（獣）世多有、吉。	1975年10月。	
63	四虎鏡	六朝	11.00	0.60	円鈕・円座	主紋為浮雕的両両相対的四隻虎、其外為銘文一周。再外為輻線紋一周。辺紋為二周双線鋸歯紋。		三羊作竟（鏡）真工大巧乍（作）。	1970年12月6日。	田魯湾排涟站
64	三獣鏡	六朝	8.30	0.40	円鈕・円座	主紋為浅浮雕的三獣、図案粗放、僅具輪郭、其外為輻線紋・鋸歯紋各一周。	三角縁		1970年12月18日。	鄂鋼六三〇工地
65	三獣鏡	六朝	9.20	0.45	扁円鈕・円座	主紋為浮雕相逐的三獣、其外為輻線紋・鋸歯紋・双線波折紋各一周。	三角縁		1970年10月5日。	武沙鉄路複線第8号墓
66	怪獣鏡	六朝	9.40	0.20	扁円鈕・円座	其形与神獣鏡之獣相似。主紋外為輻線紋一周、辺飾一周卷雲紋。			1963年8月。	西山
67	飛鳥鏡	六朝	8.90	0.55	円鈕・円座	主紋僅為一大飛鳥、鳥身被圧在鈕下、其外有輻線紋・鋸歯紋・波折紋各一周。	三角縁		1972年10月8日。	城関鎮郊百子畈大隊
68	飛鳳鏡	六朝	8.90	0.30	円鈕・円座	主紋為一大飛鳳、鳳身被圧在鈕下。其外為銘文。在外為輻線紋・鋸歯紋各一周。	三角縁	三羊作竟自有紀。	1970年12月1日。	鄂鋼制氧站
69	帯鬚状蝙蝠形柿蒂鏡	六朝	10.00	0.30	扁円鈕	主紋為両翼拡大的帯鬚状蝙蝠形柿蒂紋、内有銘文「三公九卿」四字、其外		三公九卿。	1963年8月。	西山

					為小内向連弧紋和菱格雲紋各一周。				
70	帯鬚状蝙蝠形柿蒂鏡	六朝	10.50	0.25	扁円鈕・重圏座	主紋帯鬚状蝙蝠形柿蒂、蒂内・蒂間皆飾三出葉紋、其外為小内向連弧紋和菱格雲紋各一周。			1973年5月23日。	八一鋼廠第5号墓
71	柿蒂八鳳鏡	六朝	11.00	0.30	扁円鈕・円座	主紋為柿蒂紋間八鳳、蒂内有「位至三公」四字。其外為内向連弧紋一周。		位至三公。	1975年8月8日。	鄂鋼西山鉄砿
72	柿蒂八鳳鏡	六朝	14.10	0.50	扁円鈕・円座	主紋内為柿蒂、外間八鳳、蒂内有「位至三公」四字。其外為内向連弧紋一周。	素縁	位至三公。	1975年。	鄂鋼五四四工地
73	柿蒂八鳳鏡	六朝	9.10	0.30	扁円鈕	主紋内為柿蒂、外為八鳳、蒂間下飾雲紋。其外為十六連弧紋。	素縁		1973年5月23日。	八一鋼廠第8号墓
74	柿蒂八鳳鏡	六朝	11.10	0.30	扁円鈕・円座	主紋内為柿蒂、外為八鳳、蒂内有銘文「位至三公」四字。主紋外繞以内向十六連弧紋一周。	素縁	位至三公。	1963年8月。	西山
75	変異柿蒂八鳳鏡	六朝	12.60	0.30	扁円鈕・円座	座外有「吾作明竟」四字。主紋内為変異的葉状柿蒂、蒂弁内有雲紋。外為八鳳、再外為内飾焔状雲紋的十六単線内向連弧。対鳳頭頂上各有一銘、合為「幽涷三商」。	素縁	「吾作明竟」・「幽涷三商」。	1963年。	西山
76	変異柿蒂八鳳鏡	六朝	17.00	0.30	扁円鈕・円座	座外四辺有「位爵明公」四字。主紋内為変異的葉状柿蒂、蒂弁内有雲紋。中為八鳳、対鳳頭頂上各有一銘、合為「大宜天子」。再外為内飾各種鳥獣紋的単線十六連弧、連弧外為一周簡易雲紋。		「位爵明公」・「大宜天子」。	1978年5月4日。	鄂鋼西山鉄砿
77	四葉八鳳鏡	六朝	16.80	0.40	扁円鈕・輻線単圏座	主紋四桃形葉間四対鳳一八鳳、葉内分別飾龍・虎・鳳及一獣。其外繞以十六個内向連弧紋、紋内填以変異雲紋、辺紋亦為棱形変異雲紋。			1965年4月9日。	城関鎮郊廟鵞嶺大隊
78	四葉八鳳鏡	六朝	16.00	0.30	扁円鈕・円座	主紋四桃形葉間四対鳳、葉内各有一獣、対鳳皆執儀仗、有三対鳳下各有一獣、一対鳳下飾一物。主紋外為一周内填変異雲紋的十六内向連弧、辺紋為一周鳥獣図案。			（出土時間不詳）。	五里墩第13号墓
79	四葉八鳳鏡	六朝	18.50	0.45	扁円鈕・重圏座	主紋四桃形葉間四対鳳、葉内各有一獣、三対鳳下各有一亀。其外繞以十六個単線内向連弧、弧内各有一獣、多為龍・麒麟・鳳・兔之類。辺紋為蔓草間十六鳥獣。全鏡共有鳥獣四十八隻、図案布局適当、疎密合宜、頗具匠心。			1974年3月。	城関鎮郊百子畈大隊
80	四葉八鳳鏡	六朝	14.10	0.35	扁円鈕・円座	主紋四桃形葉間四対鳳、葉内各有一獣、鳳下有一帯柄錘式図案。其外為十六連弧、弧内各有一鳥或獣。	素縁		1963年8月。	西山
81	四葉八鳳仏獣鏡	六朝	16.30	0.40	扁円鈕・単圏座	主紋四桃形葉間四対鳳、葉内各有一仏、其中三尊為結跏趺坐、一尊為半跏趺坐。後者面前跪一供養人、作礼仏状、仏背後一	素縁		1975年7月9日。	鄂鋼五里墩工地

第九章　湖北省鄂州市出土銅鏡について　507

						人可能為脇侍弟子。前者座下蓮台両辺各有二龍、即天龍、為「八部護法」之一。対鳳持儀仗、其外為内含鳥獣的単線十六連弧。			
82	四葉八鳳鏡	六朝	14.20	0.25	扁円鈕・円座	主紋四桃形葉間四対鳳、葉内各有一獣、対鳳持下端帯有雲状尖的儀仗、鳳外繞以十六単線内向連弧、弧内飾有鳳・鶴・鳥・兎之類動物。	素縁	1963年8月。	西山
83	神獣鏡	六朝	8.40	0.35	円鈕・円座	主紋為四乳釘相間二神二獣、其外為輻線紋和鋸歯紋各一周。	三角縁	1970年7月18日。	鄂鋼六三〇工地
84	黄武六年半円方枚神獣鏡	六朝呉	11.60	0.45	扁円鈕・連珠座	主紋六神四獣。外為半円方枚一周、方枚上毎枚一字、合為、「市北王古師左也工大主士吉兮」。再外為鋸歯紋一周。辺紋外為変異雲紋、内即銘文。	黄武六年三月十日壬巳朔、身吏高度之什羊吉者、宜市来□□□□、令史命平天、人可大吉。	1964年正月11日。	鄂城（地点不詳）
85	黄龍元年半円方枚神獣鏡	六朝呉	12.90	0.35	扁円鈕・円座	主紋為五神・四獣・三鳥、其外為半円方枚一周、方枚上毎枚一字、合為、「□□朔、十二大夫入命三」。辺紋外為波線紋、内為銘文一周。	黄龍元年太歳在丁巳、乾坤合化、帝道始平、五月丙午、□□日中、造作明竟、百凍青銅、服者萬年、位至三公、辟除不祥。	1974年2月13日。	西山水泥廠
86	赤烏三年半円方枚神獣鏡	六朝呉	12.20	0.40	扁円鈕	已残。主紋剰二神・三獣、其外為半円方枚一周、再外為尖歯紋一周。辺為銘文一周。	赤烏三年五月□□□□〔造〕作・・・・・宜侯王。		鄂城（地点不詳）
87	太平元年半円方枚神獣鏡	六朝呉	12.80	0.40	扁円鈕・円座	主紋五神・四獣（其中一神未鋳清楚）、其外為半円方枚一周、方枚上毎枚一字、合為、「君子□□□□□□」。辺為銘文一周。	太平元年歳在丁卯、帝道始（平）、造作明竟、百凍正（銅）、□□。	1964年。	西山
88	太平元年半円方枚神獣鏡	六朝呉	11.50	0.40	扁円鈕・円座	主紋四神・四獣、其外為半円方枚一周、方枚上毎枚一字、合為、「音作又□天□□□」。辺有銘文一周。	太平元年・・・・・明竟、百凍正同（銅）、太平十五、作吉、呂風（鳳）。	1963年8月。	鄂城（地点不詳）
89	太平元年半円方枚神獣鏡	六朝呉	12.30	0.35	扁円鈕・円座	主紋六神・四獣・四鳳。其外為半円方枚一周、方枚上毎枚一字、合為、「太平元年歳在丁卯」。其外為輻線紋一周。辺為銘文。	「太平元年歳在丁卯」、「□□四年、造作明竟、可以昭明、服者老寿、宜公卿、居□如此、楽未央」。	1956年9月30日。	郭家垴第10号墓
90	永安四年半円方枚神獣鏡	六朝呉	12.10	0.30	扁円鈕	主紋五神・四獣。其外為半円方枚一周、再外為鋸歯紋。辺為一周銘文。	永安四年五月五日丙午日造鏡、寿如東王公西王母、□□□宜長者吏人。	1975年7月8日。	鄂鋼五里墩工地第9号墓
91	永安六年半円方枚神獣鏡	六朝呉	13.70	0.30	扁円鈕	主紋共四神・四獣。其外為半円方枚一周、辺為銘文。	永安六年五月廿五日、費氏作竟、五□青石竟、服竟者位至三公、九（卿）十二（大）夫、長生□□宜子、（家）有有馬千頭羊、子孫昌、宜侯王光。	1956年。	澤林公社澤林嘴
92	宝鼎二年半円方枚神獣鏡	六朝呉	12.10	0.30	扁円鈕	已残。主紋四神・四獣。其外為半円方枚一周、方枚上毎枚一字、合為、「天王日月、天王日月」。再外為尖歯紋一周。辺為銘文一周。	宝鼎二年十月廿五日、造作明竟、百凍青(銅)・・・・・。	1977年12月20日。	鄂鋼
93	□□四年半円方枚神獣鏡	六朝呉	13.00	0.45	扁円鈕・連珠座	主紋四神・四獣、外有為半円方枚一周、方枚上毎枚一字（少数為符号）、	□□四年五月丙午朔十四日、會稽師鮑作明鏡、行之大吉、宜貴人王侯、□	1970年7月21日。	鄂鋼六三〇工地

					「一十三日□□□王□二□□」。再外為鋸歯紋一周。辺紋外為変異雲紋一周、内即一周銘文。	服者□□□、今造大母王三。			
94	半円方枚神獣鏡	六朝	12.60	0.50	円鈕・連珠座	主紋四神・四獣、外有半円方枚一周、方枚上毎枚一字、合成、「利父宜兄、仕至三公、其師命長」。再外有一周尖歯紋。辺紋外為変異雲紋、内即銘文一周。	方枚「利父宜兄、仕至三公、其師命長」、辺紋「盖惟貨竟（鏡）、変巧名工、破山采（採）易（錫）、作石索同（銅）、単（丹）火炉冶、幽凍三商、吐師日翟、容象月明、五帝昔（錯）」。	1975年3月28日。	鄂鋼西山鉄砿
95	鎏金画紋帯神獣鏡	六朝	13.10	0.45	扁円鈕・円座	鈕上有錯金獣紋。主紋六神・四獣、外為半円方枚一周、方枚上毎枚一字、合為、「九子作世而□服者吉利」一語、再外為鋸歯紋一周。辺紋外為変異雲紋、内為由龍・鳳・獣・羽人等組成的画紋帯、縁側亦有「个」形錯金紋飾一周、画面通体鎏金、十分富麗。	九子作世而□服者吉利。	1971年。	鄂鋼五四四工地
96	鎏金画紋帯神獣鏡	六朝	14.60	0.45	扁円鈕・連珠圏座	鈕上有錯金獣紋。主紋五神・一侍及四獣、其外有鳥獣相間的方枚一周、毎枚一字、合為、「呉造明鏡、神経設容、服者卿公」。再外為尖歯紋一周。辺紋外為蟠螭状雲紋、内為由羽人操舟・奔龍・飛鳳・走獣等組成的画紋帯、縁外側有錯金双線鋸歯紋。	呉造明鏡、神聖設容、服者卿公。	1977年12月。	涂鎮公社毛壙大隊
97	鎏金画紋帯神獣鏡	六朝	14.00	0.45	円鈕・連珠座	鈕面原有錯金紋飾、因磨損已不清楚。主紋四神・三侍・四獣、再外為半円方枚一周、半円方枚上鋳有羽人・鳥獣図案、方枚上毎枚四字。其外為菱格雲紋一周。辺紋外為雲紋、内為由羽人操舟・飛龍・飛鳳・羽人騎獣等組成的画紋帯。	吾作明竟（鏡）、幽凍三商、合凍黄白、□□□□、□□□□、周刻無亟（極）、白（伯）牙聖□、照頭大明、子孫番（蕃）昌、□□□□、吉師命長。	1976年6月28日。	鄂鋼西山鉄砿第55号墓
98	画紋帯神獣鏡	六朝	11.30	0.45	円鈕・円座	主紋三神・一侍・三獣。其外為半円方枚一周、方枚上毎枚一字、合為。再外為尖歯紋一周。辺紋外為雲紋、内為由羽人騎獣・羽人操舟・龍鳳等組成的画紋帯。	吾作明竟（鏡）、幽凍三商、宜子孫。	1974年3月3日。	新廟公社司徒大隊
99	画紋帯神獣鏡	六朝	14.10	0.50	扁円鈕・小連弧座	主紋五神・二侍・四獣・四鳥。其外有半円方枚一周、半円枚上飾雲紋、方枚上有銘文一到三個字不等、合為。再外為尖歯紋一周。這紋外為雲紋、内為由羽人騎獣・羽人操舟・羽人乗鳳・奔獣組成的画紋帯。	吾作明竟（鏡）、幽凍三商、周（雕）刻容象萬疆、白（伯）牙、大吉羊（祥）。	1970年7月。	鄂鋼六三〇工地
100	画紋帯神獣鏡	六朝	14.80	0.50	扁円鈕・小連弧座	主紋四神・三侍・四獣・四鳥。外有半円方枚一周、半円枚上飾雲紋、方枚上毎枚二字、合為六句。再外為尖歯紋一周。辺紋外為雲紋、内為由羽人騎獣・羽人操舟・羽人乗亀・龍等図案組成的画紋帯。	吾作明竟（鏡）、幽凍三商、周（雕）刻萬疆、白（伯）牙奏楽、象神見容、吉羊（祥）命長。	1972年3月23日。	洋瀾湖電排站張家窯

第九章　湖北省鄂州市出土銅鏡について　509

101	画紋帯神獣鏡	六朝	15.30	0.45	扁円鈕・連珠座	主紋四神・三侍・四獣・五鳥。外有半円方枚一周、半円枚上飾雲紋、方枚上二到四字不等、合為。再外為輻射紋一周。辺紋外為雲紋、内為由羽人騎獣・羽人操舟・羽人騎鳳・飛禽走獣等組成的画紋帯。	吾作明竟（鏡）、幽凍三商、周（雕）刻容象、萬疆、白番（伯）牙曾（増）主、曰番（蕃）昌、長宜子、孫大吉羊（祥）、宜居侯公、王官貴、陽曰昌、居已目。	1963年8月。	西山
102	画紋帯神獣鏡	六朝	15.00	0.40	扁円鈕・円座	主紋五神・四獣・一鳥。外有半円方枚一周、方枚上每枚一字、合為。再外為鋸歯紋一周。辺紋外為雲紋、内圏外由羽人操舟・羽人逐日・羽人騎鳳・奔龍・飛鳳等組成的画紋帯。	九日員婁象異、服者命長。	1964年。	寒溪公路
103	画紋帯神獣鏡	六朝	18.00	0.55	扁円鈕・連珠座	主紋六神・五獣・三鳥。其外有半円方枚一周、半円枚上飾雲紋、方枚上每枚一字、合為。再外為鋸歯紋一周雲紋、内為一周由羽人煉丹・羽人操舟・飛龍・飛鳳等組成的画紋帯。	天下作竟（鏡）明而青（清）、服者宜先皇。	1971年8月20日。	鄂鋼五四四工地
104	黄武四年重列神獣鏡	六朝呉	11.80	0.35	扁円鈕・円座	主紋六神・六獣・二鳳・一亀蛇、上下重迭排列。辺紋外為変異雲紋、内即銘文。	黄武四年六月五日丙辰、作長明竟（鏡）、服者大吉、寿得萬年、鮑師揚名、天已人去之。	1956年9月24日。	瓦房湾第8号墓
105	重列神獣鏡	六朝	12.10	0.35	扁円鈕・小連弧圏座	主紋五神・一侍・四獣上下重列。辺紋外為変異雲紋、内即銘文。	吾作明竟（鏡）、無極、白（伯）牙奏楽、象申（神）百罔（網）、□□□	1973年7月23日。	鄂鋼五四四焼結工地第85号墓
106	重列神獣鏡	六朝	11.70	0.35	扁円鈕・円座	主紋四神五獣上下重迭排列、外繞鋸歯紋一周。辺有一周銘文。	吾人作上竟（鏡）、照下□昌□□青黒□己、在日月之上、自有□□之中、不可熏。	1970年7月18日。	鄂鋼六三〇工地
107	重列神獣鏡	六朝	11.70	0.35	扁円鈕・連珠圏座	主紋六神四獣上下排列、其外有鋸歯紋一周。辺紋外圏為変異雲紋、内圏即銘文一周。	王言昔者、見東方之光、日月之明、西方是火光、南方金色、北方水清、中黄主宰、（按、応是「西方金色、南方是火光」之誤鋳）。	1970年12月13日。	田魯湾排溝站
108	黄初二年半円方枚重列神獣鏡	三国魏（2）	13.10	0.40	扁円鈕・円座	已残。主紋剰四神・一侍・四獣、上下重迭排列、外為半円方枚一周、方枚上每枚一字、合為。再外為鋸歯紋一周。辺紋外為変異雲紋、内圏為銘文。	方枚銘文：「天王日月□□三商」、内圏銘文「黄初二年十一月丁卯朔廿七日癸巳、揚州會稽山陰師薛豫所作鏡、大六寸清昌、服者高遷、秩公美、宜侯王、子孫藩昌」。	1970年7月10日。	鄂鋼六三〇工地
109	黄初二年半円方枚重列神獣鏡	三国魏	13.10★	0.35	扁円鈕・円座	鈕上有刻銘。主紋七神・四獣上下重列、外為半円方枚一周、方枚上每枚一銘。其外為鋸歯紋一周。辺紋外圏為変異雲紋、内圏為銘文。	鈕上銘文：「上大将軍校尉李周鏡」、方枚銘文：「天王日月□□三商」、内圏銘文「黄初二年十一月丁卯朔廿七日癸巳、揚州會稽山陰薛豫所作鏡、大六寸清昌、服者高遷、秩公美、宜侯王、子孫藩昌」。★（3）	1975年7月15日。	鄂鋼五里墩工地第14号墓
110	黄武六年分段式重列神獣鏡	六朝呉	13.00	0.35	扁円鈕・円座	主紋七神二侍・一龍・二虎・三鳳・四獣・一亀蛇、分五段上下重列。辺紋外圏為変異雲紋、内圏為銘文。	黄武六年十一月丁巳朔七日丙辰、會稽山陰作師鮑唐竟、照明服者也、宜子孫、陽遂、富貴老寿、匯先牛羊馬、家在武昌、思其少、天下命吉服、吾王千昔□。	1956年8月31日。	樊口朱家塘第21号墓
111	黄龍元年分段式重	六朝呉	12.00	0.35	扁円鈕・連弧圏座	已残。主紋八神・六獣・一鳳・一亀蛇、分五段上	黄龍元年太歳在丁酉七月壬子朔十三日甲子□、陳	1966年3月。	水泥廠

	列神獣鏡	呉				下重列。辺紋外圏為変異雲紋、内圏為銘文一周。	世（厳）造作、三凍明竟（鏡）、□□□□、□□□□人富貴		
112	黄龍二年分段式重列神獣鏡	六朝呉	13.00	0.30	扁円鈕・円座	主紋七神・三侍・五獣・二鳳・一亀蛇、分五段上下重列。辺紋外圏為変異雲紋、内圏為銘文一周。	黄龍二年七月丁未朔七日癸丑、大師鮑豫而作明鏡、玄凍三（商）、減絶孫福、服者高遷、位至竹帛、寿復者石如也。	1978年5月4日。	鄂鋼西山鉄砿
113	嘉禾二年分段式重列神獣鏡	六朝呉	11.70	0.30	扁円鈕・円座	主紋八神・三侍・四獣・二鳳、分五段上下重列。辺有銘文一周。	嘉禾二年正月大歳在□巳、五帝作竟（鏡）、宜□□□（以下字跡不清）	1973年5月22日。	八一鋼廠第4号墓
114	赤烏五年分段式重列神獣鏡	六朝呉	11.30	0.35	扁円鈕・円座	残。主紋神獣分五段重列。辺紋為不規則変異雲紋、其内為銘文。	赤烏五年三月七日、直夫天下青□奉之世言貴□夷吾（以下残欠）	1963年8月。	西山
115	分段式重列神獣鏡	六朝	14.80	0.40	扁円鈕	主紋為十三神・三侍・十三獣・三鳳・一亀蛇、分上下五段重列。辺紋為雲紋、其内為銘文。	吾作明竟（鏡）、幽凍三萬廻、商周刻無、師伯德萬疅（疆）、白（伯）牙伯楽、衆神見岡（網）、天禽逆孝、福師自象、富貴所周、曾（増）年益寿、子孫蕃□□□□。	1973年7月23日。	鄂鋼焼結工地第85号墓
116	分段式重列神獣鏡	六朝	13.30	0.45	扁円鈕・円座	主紋八神・七侍・八獣・一鳳・一亀蛇、分上下五段重列。辺紋為雲紋、其内為銘文。	吾作明竟（鏡）自有紀、幽凍三衆芋出范氏、其師長甘禄百旦、月日吉萬皆利、東王公西王母、朱人王喬赤松子、長孚天公廿。	1964年10月1日。	新廟公社司徒大隊
117	分段式重列神獣鏡	六朝	15.10	0.55	扁円鈕・連弧圏座	主紋十一神・六侍・八獣・二鳳・一亀蛇、分五排上下重列。辺為変異雲紋、其内為銘文、此銘文奇特、起首為。	三日四日五日六日七日八日九月月大（以下不能識認的記号）。	1972年4月11日。	鄂鋼基建科
118	神人鳥獣画像鏡	六朝	20.20	0.60	円鈕・円座	座外為浅浮雕四虎。主紋為擲丸神人二対及四獣二鳥、整個図案由六乳釘相間。其外為銘文一周。銘文外為輻線紋・鋸歯紋及変異鳥獣紋組成的図案共三周。	三羊作竟（鏡）自有紀、除去不羊（祥）宜古（賈）市、上有東王公西王母、君宜子。	三角縁	1963年8月。	西山
119	神人鳥獣画像鏡	六朝	16.10 ★（4）	0.52	円鈕・連珠座	主紋為四神人・二獣・一鳥間五乳釘、其外為銘文一周。銘間有後来鏨刻的字、其中有的字刻後又劃掉。内容為「価人竟（鏡）六寸半」、銘外則有輻線紋・鋸歯紋・双線波浪紋各一周。	「三羊作竟（鏡）自有紀、除去不〔羊〕宜古（賈）市、上有東王父西王母」。「価人竟（鏡）六寸半」★（4）	三角縁	1973年12月22日。	八一鋼廠
120	神人鳥獣画像鏡	六朝	16.30 ★（5）	0.50	円鈕・重圏連珠座	主紋二神・二侍・四鳥獣相間四乳釘、其外為銘文一周。再外為輻線紋・鋸歯紋以及由変異龍虎鳥獣組成的図案各一周。鏡縁外側有刻銘、「番琚鏡徊二尺一寸」・「米」。	「栄氏竟（鏡）佳且好、明而日月、世少有、宜子孫兮」。「番琚鏡徊二尺一寸」・「米」★（5）	三角縁	1963年8月。	西山
121	単線連弧雲紋鏡	六朝	10.10	0.30	扁円鈕・重圏座	主紋内為内向連弧紋、外為内壇雲紋的単線十六連弧。		素縁	1963年8月。	西山
122	鳳尾鏡	六朝	10.10	0.30	円鈕・円座	主紋形若十条飄動的鳳尾翎、其外為内向連弧一周、辺紋為菱格雲紋。			1973年7月2日。	鄂鋼五四焼結工地第85号墓
123	位至三公鏡	六朝	7.40	0.35	円鈕	主紋為四乳釘相間「位至三公」四字、其外為輻線紋一周、辺飾一周双線波折紋。	位至三公。		1972年5月15日。	鄂鋼玉石門第31号墓
124	絇紋鏡	六朝	7.90	0.30	円鈕・単線連弧紋座	主紋為絇紋、其外為単線鋸歯紋一周。		素縁	1963年8月。	西山

第九章　湖北省鄂州市出土銅鏡について　511

　これを時代別に分けると、全体124鏡中、前漢鏡4、新莽鏡5、後漢鏡46、六朝鏡69となる。戦国鏡は無い。六朝鏡が多いのが注目される。鏡名称についてみよう。

A　【1　日光鏡】【2・3　昭明鏡】【4　四乳四螭鏡】

B　【5・6　規矩四神鏡】【7　規矩八禽鏡】【13　簡化規矩四神鏡】

C　【8　四乳八禽鏡】【9・10　四乳四禽鏡】【11　四乳浮雕式四禽鏡】【12　五乳五禽鏡】【14　七乳七鳥紋帯鏡】
　　【15・16・17・18　鳥獣紋帯鏡】【19・20　変異四神鏡】【21・22　浮雕式変異四神鏡】【23・24　浮雕式鳥獣紋帯龍虎鏡】【25・26　浮雕式鳥獣紋鏡】

D　【27　雲雷連弧紋鏡】【28・29　連弧紋鏡】【30　単線連弧紋鏡】【31・32　蝙蝠形柿蔕座連弧紋鏡】

E　【33　永康元年獣首鏡】【34　熹平二年獣首鏡】【35・36・37　獣首鏡】

F　【38　双夔鏡】【39　簡易双夔鏡】

G　【40　渦雲紋鏡】【41　直銘渦雲紋鏡】

H①【42・83　神獣鏡】
　②【43　熹平七年半円方枚神獣鏡】【44　建安二十一年半円方枚神獣鏡】【84　黄武六年半円方枚神獣鏡】【85　黄龍元年半円方枚神獣鏡】【86　赤烏三年半円方枚神獣鏡】【87・88・89　太平元年半円方枚神獣鏡】【90　永安四年半円方枚神獣鏡】【91　永安六年半円方枚神獣鏡】【92　宝鼎二年半円方枚神獣鏡】【93　□□四年半円方枚神獣鏡】【45・46・47・94　半円方枚神獣鏡】
　③【48・105・106・107　重列神獣鏡】【104　黄武四年重列神獣鏡】
　④【49・50　建安六年直銘重列神獣鏡】【51　建安十年直銘重列神獣鏡】【52　建安十九年直銘重列神獣鏡】【53・54　直銘重列神獣鏡】
　⑤【108・109　黄初二年半円方枚重列神獣鏡】
　⑥【110　黄武六年分段式重列神獣鏡】【111　黄龍元年分段式重列神獣鏡】【112　黄龍二年分段式重列神獣鏡】【113　嘉禾二年分段式重列神獣鏡】【114　赤烏五年分段式重列神獣鏡】【115・116・117　分段式重列神獣鏡】
　⑦【95・96・97　鎏金画紋帯神獣鏡】
　⑧【98・99・100・101・102・103　画紋帯神獣鏡】

I　【55　鋸歯紋鏡】【56　翔鶴飛鴻鏡】【57　方格乳釘紋鏡】【58　簡易鳥獣紋鏡】

J　【59・60　龍虎鏡】【61　変異龍虎鏡】【62　三龍鏡】【63　四虎鏡】

K　【64・65　三獣鏡】【66　怪獣鏡】【67　飛鳥鏡】【68　飛鳳鏡】

L　【69・70　帯鬚状蝙蝠形柿蔕鏡】【71・72・73・74　柿蔕八鳳鏡】【75・76　変異柿蔕八鳳鏡】

M①【77・78・79・80・82　四葉八鳳鏡】
　②【81　四葉八鳳仏獣鏡】

N 【118・119・120 神人鳥獣画像鏡】
O 【121 単線連弧雲紋鏡】【122 鳳尾鏡】【123 位至三公鏡】【124 絢紋鏡】

以上も鏡名称は飾紋様式と紀年銘の組合せを中心としている。最近の中国で一般的に使用される博局鏡の鏡称を使わず規矩鏡とするなど、日本の戦前期の梅原末治氏の研究をよく参照している。本書の刊行が1986年3月であれば、逆に中国で博局鏡の鏡称が普及したのはそれ以後と分かる。他に獣首鏡や神獣鏡も同様である。特に神獣鏡については、H①神獣鏡、②半円方枚神獣鏡、③重列神獣鏡、④直銘重列神獣鏡、⑤半円方枚重列神獣鏡、⑥半円方枚重列神獣鏡、⑦鎏金画紋帯神獣鏡、⑧画紋帯神獣鏡と数種に分類している。それにしても各種神獣鏡は累計48鏡とこの地方の漢三国六朝銅鏡の一大特色を示している。

各鏡写真図版を観察すると、日本の三角縁神獣鏡の図像とよく似ているのが、【44建安二十一年半円方枚神獣鏡】【45半円方枚神獣鏡】【46半円方枚神獣鏡】【47半円方枚神獣鏡】【49・50建安六年直銘重列神獣鏡】【53・54直銘重列神獣鏡】【93□□四年半円方枚神獣鏡】【94半円方枚神獣鏡】【95・96鎏金画紋帯神獣鏡】【99・102・103画紋帯神獣鏡】【115・116・117分段式重列神獣鏡】である。他も基本構図は同じであるが鋳崩れが目立つ。

当地方では画像鏡がNの【118・119・120神人鳥獣画像鏡】わずか3事例と極端に少ないが、その内画像鮮明な【118神人鳥獣画像鏡】の画像はこれまで見て来た上海博物館や浙江省紹興出土鏡、また湖南省長沙出土鏡と同様である。つまり日本の三角縁神獣鏡の図像の故郷はこの湖北省鄂州市であると断定できる。

径・辺厚の鏡サイズのデータもよく整理されており、鈕・鈕座形式や鏡形態欄の説明は簡明で分かり易い。銘文欄の記入に工夫が有る。特筆すべきは出土年・出土地点が多く確認が取れていることである。

六朝鏡69の内、紀年銘鏡が多くある。【表9―1】から紀年銘鏡を抜出したのが【表9―2】湖北鄂州市漢三国六朝銅鏡・紀年鏡であるが、これには時期がほぼ限定できる新莽鏡5を加えた。

【表9―2】 湖北鄂州市漢三国六朝銅鏡・紀年鏡

番号	名称	西暦	時代	径/cm	辺厚/cm	鈕・鈕座形式	形態等説明	縁形式	【銘文】
5	規矩四神鏡	8～25	新莽	17.20	0.40	円鈕・重方柿蒂座	主紋為規矩紋間青龍・白虎・朱雀・玄武四神、其間還有鳥・獣・蛙・羽人之類図案、并間以八乳釘紋。辺紋（由外到内、下同）為鋸歯紋・波折紋・鋸歯紋・輻線紋共四周。銘文曰。方格座内銘為十二地支、毎字間以乳釘。		尚方作竟（鏡）真大巧、上有仙人不知老、渇飲玉泉。 方格内銘：子丑寅卯辰巳午未申酉戌亥。
6	規矩四神鏡	8～25	新莽	16.00	0.40	円鈕・重方柿蒂座	主紋為規矩紋間青龍・白虎・朱雀・玄武四神、雜以鳥・獣、間以八乳釘。辺紋有流雲紋・鋸歯紋・輻線紋各一周、其内為銘文。方格座内銘為十二地支、毎字間以乳釘。		尚方作竟（鏡）大毋傷、左龍右虎除不羊（祥）、朱鳥玄武順陰陽、子孫備具居中央、長保二亲（親）具富昌、如侯王。 方格内銘：子丑寅卯辰巳午未申酉戌亥。
7	規矩八禽鏡	8～25	新莽	16.90	0.40	円鈕・重方柿蒂座	已残。主紋為規矩間八鳥紋、有八乳釘。辺紋為鋸歯紋・波折紋・鋸歯紋・輻線紋各一周。銘文曰。方格座内銘為十二地支、毎字間以一乳釘。		尚方乍（作）竟（鏡）真巧、上有仙〔人〕不知老、飢食棗、飲真玄入□□。 座内銘：子丑寅卯辰巳午未申酉戌亥。

8	四乳八禽鏡	8～25	新莽	9.80	0.50	円鈕・重圏座	主紋為四乳釘相間的八立禽、主紋外有一周輻線紋一周。採集于県慶品収購站。	素縁
9	四乳四禽鏡	8～25	新莽	10.10	0.35	円鈕・円座	主紋為四禽間四乳釘、其外為輻線紋・鋸歯紋各一周。	素縁
33	永康元年獣首鏡	167	後漢	14.70	0.30	円鈕・円座	主紋蝙蝠形柿蒂紋間四獣首、其外為銘文一周。柿蒂内有銘文四字「長宜高官」。銘文帯外簡易雲紋・連弧紋各一周。辺紋為菱格雲紋。	「長宜高官」。「永康元年六月八日庚申、天下大祝、吾造作尚方明竟、合凍黄白、周（雕）兮。」
34	熹平二年獣首鏡	173	後漢	13.30	0.30	浮雕盤龍紋鈕・円座	主紋蝙蝠形柿蒂紋間四獣首、柿蒂内有「君宜高官」四字。主紋外為銘文。銘外為簡易雲紋対連弧紋各一周。辺紋為一周渦雲紋。	「君宜高官」「熹平二年正月丙午日、吾作明竟、長楽未央、君宜高官、吉師命長、□□古市、□□□□、富貴延年」。
43	熹平七年半円方枚神獣鏡	178	後漢	12.10	0.30		已残。主紋神獣、其外有半円方枚一周、再外為一周内向鋸歯紋。辺紋外為雲紋、内為銘文。方枚上毎枚一字、合為。	「熹平七年正月廿五日丙午、暴氏作尚方明竟、幽凍三商、天王日月、上有□□□富且昌、長楽未央」、「吾作明竟、天王日月、立（位）至三公」。
49	建安六年直銘重列神獣鏡	201	後漢	13.60	0.45	扁円鈕・円座	主紋上下重列十三神・二侍・四禽・一獣、中有直銘曰「君高官」・「高官」。辺有銘文一周。	「君高官」・「高官」、「建安六年、君宜高（官）、吾五月廿四日氏作竟（鏡）、幽凍宮商、刻三容象、五帝天皇、白（伯）牙単（弾）琴、黄帝吉羊（祥）、三公」。
50	建安六年直銘重列神獣鏡	201	後漢	12.20	0.35	扁円鈕・円座	主紋十一神・一侍・四鳳等重迭排列、中間直銘曰「君宜官」・「君宜官」。辺為銘文。	「君宜官」・「君宜官」、「建安六年五月廿四日、示氏作竟、幽凍宮商、周羅容象、五帝天皇、白（伯）牙単（弾）琴、黄帝吉羊（祥）、三公」。
51	建安十年直銘重列神獣鏡	205	後漢	13.20	0.40	扁円鈕・円座	主紋十一神・一侍・四鳳等重迭排列、中間直銘曰「君宜官」・「君宜官」。辺為銘文。	「君宜官」・「君宜官」、「建安十年、吾作明竟（鏡）、幽凍宮商、周刻容象、五帝天皇、白（伯）牙単（弾）琴、黄帝除凶、朱鳥玄武、白虎青龍、君宜高官、位至王公、子孫番（蕃）昌」。
52	建安十九年直銘重列神獣鏡	214	後漢	12.00	0.35	扁円鈕・円座	主紋十一神・一侍・三鳥・一獣上下重迭排列、中有直銘「君宜」・「高官」。辺為銘文一周。	「君宜」・「高官」、「建（安）十九年八月五日、吾作竟（鏡）、（天王）日月、白（伯）牙単（弾）琴、黄帝、仙人東王父西母、宜子先、大吉羊（祥）、位至三公、□□夫」。
44	建安二十一年半円方枚神獣鏡	216	後漢	13.70	0.40	扁円鈕・円座	主紋二神・二侍・二人・四獣、其外有半円方枚一周、方枚上毎枚一字。（不詳）再外為鋸歯紋一周。辺紋外為勾連蟠螭、内為銘文。1975年採集于県収購站。	建安廿一年四戊午朔十九日起弋師也道其者、會稽所作中有六寸、一千也人者、服之千萬年長仙、作吏宜官、吉羊（祥）、宜侯王、家有五馬千頭羊、羊□女子見畜□□□□。
108	黄初二年半円方枚重列神獣鏡	221	三国魏	13.10	0.40	扁円鈕・円座	已残。主紋剩四神・一侍・四獣、上下重迭排列、外為半円方枚一周、方枚上毎枚一字、合為。再外為鋸歯紋一周。辺紋外為変異雲紋、内圏為銘文。	方枚銘文：「天王日月□□三商」、内圏銘文「黄初二年十一月丁卯朔十七日癸巳、揚州會稽山陰薛豫所作鏡、大六寸清昌、服者高遷、秩公美、宜侯王、子孫藩昌」。
109	黄初二年半円方枚重列神獣鏡	221	三国魏	13.10	0.35	扁円鈕・円座	鈕上有刻銘。主紋七神・四獣上下重列、外為半円方枚一周、方枚上毎枚一銘。其外為鋸歯紋一周。辺紋外圏為変異雲紋、内圏為銘文。	鈕上銘文：「上大将軍校尉李周鏡」、方枚銘文：「天王日月□□三商」、内圏銘文「黄初二年十一月丁卯朔十七日癸巳、揚州會稽山陰薛豫所作鏡、大六寸清昌、服者高遷、秩公美、宜侯王、子孫藩昌」。
104	黄武四年重列神獣鏡	225	六朝呉	11.80	0.35	扁円鈕・円座	主紋六神・六獣・二鳳・一亀蛇、上下重迭排列。辺紋外為変異雲紋、内即銘文。	黄武四年六月五日丙辰、作長明竟（鏡）、服者大吉、寿得萬年、鮑師揚名、天已人去之。
84	黄武六年半円方枚神獣鏡	227	六朝呉	11.60	0.45	扁円鈕・連珠座	主紋六神四獣。外為半円方枚一周、方枚上毎枚一字、合為、「市北王古師左也工大主士吉兮」。	黄武六年三月十日壬巳朔、長吏高度之什羊吉者、宜市来□□□□、令史命平天、人可大吉。

							再外為鋸歯紋一周。辺紋外為変異雲紋、内即銘文。	
110	黄武六年分段式重列神獣鏡	227	六朝呉	13.00	0.35	扁円鈕・円座	主紋七神二侍・一龍・二虎・三鳳・四獣・一亀蛇、分五段上下重列。辺紋外圏為変異雲紋、内圏為銘文。	黄武六年十一月丁巳朔七日丙辰、會稽山陰作師鮑唐竟、照明服者也、宜子孫、陽遂、富貴老寿、匿先牛羊馬、家在武昌、思其少、天下命吉服、吾王千昔□□。
85	黄龍元年半円方枚神獣鏡	229	六朝呉	12.90	0.35	扁円鈕・円座	主紋為五神・四獣・三鳥、其外為半円方枚一周、方枚上每枚一字、合為、「□□朔、十二大夫入命三」。辺紋外為波線紋、内為銘文一周。	黄龍元年太歳在丁巳、乾坤合化、帝道始平、五月丙午、□□日中、造作明竟、百湅青銅、服者萬年、位至三公、辟除不祥。
111	黄龍元年分段式重列神獣鏡	229	六朝呉	12.00	0.35	扁円鈕・連弧圏座	主紋八神・六獣・一鳳・亀蛇、分五段上下重列。辺紋外圏為変異雲紋、内圏為銘文一周。	黄龍元年太歳在丁酉七月壬子朔十三日甲子、陳世（厳）造作、三湅明竟（鏡）、□□□□、□□□人富貴。
112	黄龍二年分段式重列神獣鏡	230	六朝呉	13.00	0.30	扁円鈕・円座	主紋七神・三侍・五獣・二鳳・一亀蛇、分五段上下重列。辺紋外圏為変異雲紋、内圏為銘文一周。	黄龍二年七月丁未朔七日癸丑、大師鮑豫而作明鏡、玄湅三（商）、滅絶学穢、服者高遷、位至竹帛、寿復者石如也。
113	嘉禾二年分段式重列神獣鏡	233	六朝呉	11.70	0.30	扁円鈕・円座	主紋八神・三侍・四獣・二鳳、分五段上下重列。辺為銘文一周。	嘉禾二年正月大歳在□巳、五帝作竟（鏡）、宜□□□（以下字迹不清）。
86	赤烏三年半円方枚神獣鏡	240	六朝呉	12.20	0.40	扁円鈕	已残。主紋剰二神・三獣、其外為半円方枚一周、再外為尖歯紋一周、辺為銘文一周。	赤烏三年五月□□□〔造〕作・・・・・宜侯王。
114	赤烏五年分段式重列神獣鏡	242	六朝呉	11.30	0.35	扁円鈕・円座	残。主紋神獣分五段重列。辺紋為不規則変異雲紋、其内為銘文。	赤烏五年三月七日、直夫天下青□奉之世言貴□夷吾（以下残欠）。
87	太平元年半円方枚神獣鏡	256	六朝呉	12.80	0.40	扁円鈕・円座	主紋五神・四獣（其中一神未鋳清楚）、其外為半円方枚一周、方枚上每枚一字、合為、「君子□□□□□」。辺為銘文一周。	太平元年歳在丁卯、帝道始（平）、造作明竟、百湅正（銅）、□□。
88	太平元年半円方枚神獣鏡	256	六朝呉	11.50	0.40	扁円鈕・円座	主紋四神・四獣、其外為半円方枚一周、方枚上每枚一字、合為、「音文又□天□□□」。辺有銘文一周。	太平元年・・・・明竟、百湅正同（銅）、太平十五、作吉、呂風（鳳）。
89	太平元年半円方枚神獣鏡	256	六朝呉	12.30	0.35	扁円鈕・円座	主紋六神・四獣・四鳳。其外為半円方枚一周、方枚上每枚一字、合為、「太平元年歳在丁卯」。其外為輻輳紋一周。辺為銘文。	「太平元年歳在丁卯」、「□□四年、造作明竟、可以昭明、服者老寿、宜公卿、居□如此、楽未央」。
90	永安四年半円方枚神獣鏡	261	六朝呉	12.10	0.30	扁円鈕	主紋五神・四獣。其外為半円方枚一周、再外為鋸歯紋。辺為一周銘文。	永安四年五月五日丙午日造鏡、寿如東王公西王母、□□□宜長者更人。
91	永安六年半円方枚神獣鏡	263	六朝呉	13.70	0.30	扁円鈕	主紋共四神・四獣。其外為半円方枚一周、辺為銘文。	永安六年五月廿五日、費氏作竟、五□青石竟、服者位至三公、九（卿）十二（大）夫、長生□宜子、（家）有五馬千頭羊、子孫昌、宜侯王光。
92	宝鼎二年半円方枚神獣鏡	267	六朝呉	12.10	0.30	扁円鈕	已残。主紋四神・四獣。其外為半円方枚一周、方枚上每枚一字、合為、「天王日月、天王日月」。再外為尖歯紋一周。辺為銘文一周。	宝鼎二年十月廿五日、造作明竟、百湅青（銅）・・・・・
93	□□四年半円方枚神獣鏡	269？	六朝呉	13.00	0.45	扁円鈕・連珠座	主紋四神・四獣、外有為半円方枚一周、方枚上每枚一字（少数一符号）、「一十三日□□□二□」。再外為鋸歯紋一周。辺紋外為変異雲紋一周、内即一周銘文。	□□四年五月丙午朔十四日、會稽師鮑作明鏡、行之大吉、宜貴人王侯、□服者□□□、今造大母王三。

新莽鏡以外では後漢鏡が8、六朝魏鏡が2、六朝呉鏡が16鏡有る。【表9−1】中の六朝鏡とされる他鏡の中にはこの六朝呉鏡の16と銘文や紋飾がよく似たものも多く、六朝鏡69の内、六朝呉鏡以外の両晋・南朝鏡は合計10鏡もないのではないかと推測される。紀年

銘鏡で注目されるのは、わずか2鏡の事例ではあるが三国魏の紀年銘を鋳したものがあることだ。ただ、これは極めて重要な問題であるので、他のデータの分析を終わらせた後に改めて考察することにする。

それにしても【表9―2】では後漢時代の紀年銘鏡より、六朝呉鏡、すなわち三国時代の呉鏡の紀年銘鏡がほぼ倍増している。それに、これは戦前期の梅原末治氏の紀年銘鏡研究でも同様な指摘があったが、紀年銘はほぼ正しく読めても、以下の鏡銘文が実に解読不能が多い。その場合、梅原末治氏の研究に付加することとして、銘文が型式的でなく、個性を持った文章だということがある。そこで【表9―1】から鏡銘文に注目して、【表9―3】湖北鄂州市漢三国六朝銅鏡・銘文鏡を作成した。この場合、銘文のみに注目するより、銘文内容と鏡紋飾の関係などに注目することも重要である。

【表9―3】　湖北鄂州市漢三国六朝銅鏡・銘文鏡

番号	名称	時代	径／cm	辺厚／cm	鈕・鈕座形式	形態等説明	縁形式	【銘文】
1	日光鏡	前漢	9.10	0.20	円鈕・円座	座外飾八内向連弧、再外為一周輻線紋。縁内為輻線紋一周、其内即銘文。毎字間用「e」或「田」間隔。	素縁	見日之光、天下大明。
2	昭明鏡	前漢	9.00	0.35	円鈕・円座	座外飾十二内向連弧、縁内為斜輻線紋一周、再内為銘文。毎字之間有個「而」字。	素縁	内清以昭明、光夫日月。
3	昭明鏡	前漢	10.90	0.60	円鈕・重圏座	座外飾内向八連弧、再外為輻線紋一周。靠縁亦有輻線紋一周、其内即銘文。毎字之間有個「而」字。通体呈漆黒色而発亮。	素縁	内清以昭明、光象夫日月。
5	規矩四神鏡	新莽	17.20	0.40	円鈕・重方柿蒂座	主紋為規矩紋間青龍・白虎・朱雀・玄武、其間還有鳥・獣・蛙・羽人之類図案、并間以八乳釘紋。辺紋（由外到内、下同）為鋸歯紋・波折紋・鋸歯紋・輻線紋共四周、銘文曰。方格座内銘為十二地支、毎字間以乳釘。		尚方作竟（鏡）真大巧、上有仙人不知老、渇飲玉泉。　方格内銘：子丑寅卯辰巳午未申酉戌亥。
6	規矩四神鏡	新莽	16.00	0.40	円鈕・重方柿蒂座	主紋為規矩紋間青龍・白虎・朱雀・玄武四神、雑以鳥・獣、間以八乳釘。辺紋為流雲紋・鋸歯紋・輻線紋各一周、其内為銘文。方格座内銘為十二地支、毎字間以乳釘。		尚方作竟（鏡）大母傷、左龍右虎除不羊（祥）、朱鳥玄武順陰陽、子孫備具居中央、長保二亲（親）具富昌、如侯王。　方格内銘：子丑寅卯辰巳午未申酉戌亥。
7	規矩八禽鏡	新莽	16.90	0.40	円鈕・重方柿蒂座	已残。主紋為規矩間八禽紋、有八乳釘紋。辺紋為鋸歯紋・波折紋・鋸歯紋・輻線紋各一周。銘文曰。方格座内銘為十二地支、毎字間以一乳釘。		尚方乍（作）竟（鏡）真巧、上有仙〔人〕不知老、飢食棗、飲真玄入□□。　座内銘：子丑寅卯辰巳午未申酉戌亥。
13	簡化規矩四神鏡	後漢	11.20	0.30	円鈕・方座	主紋為青龍・白虎・朱雀・玄武和一獣、規矩紋簡化為僅剰四「T」、辺紋亦是由図案式的青龍・白虎・朱雀・玄武組成。辺紋内為輻線紋一周、其内為銘文。		漢有善銅出丹陽、和以銀錫清照□。
21	浮雕式変異四神鏡	後漢	14.40	0.55	円鈕・重圏座	已残。主紋為浮雕式青龍・白虎・朱雀・麒麟組成的変異四神、其外為銘文一周。銘文外為輻線紋・鋸歯紋・波折紋各一周。	三角縁	至氏作竟（鏡）真大工（巧）、□□□寿、富貴益昌、功成事見、其師命長兮。
23	浮雕式鳥獣紋帯龍虎鏡	後漢	17.80	0.80	円鈕・円座	主紋内為浮雕的龍虎、外為龍・虎・鳳・兕・鳥・羽人組成的鳥獣紋帯、間以六個柿蒂座乳釘。外圏銘文。銘文外還有輻線紋・鋸歯紋各一周。辺紋為鳥獣魚紋組成的紋帯。		李氏作竟（鏡）四夷服、多賀國家人民息、胡虜殄滅天下復、風雨時節五穀（穀）熟、長保二親得天力。
24	浮雕式鳥獣紋帯龍	後漢	20.50	0.65	円鈕・連珠圏座	主紋内為浮雕的龍虎各一、外為羽人狩猪・龍・鳳・虎・怪獣・魚・		青盖作竟（鏡）大傷、巧工刻之成文章、左龍右虎辟不羊（祥）、朱

#	名称	時代	直径	厚	鈕・座	紋飾	縁	銘文
	虎鏡					蛇・鳥組成的鳥獣紋帯、并間以七個柿蒂座乳釘。其外為銘文一周。銘文外為輻線紋一周、辺紋為鋸歯紋・波浪紋・鋸歯紋各一周。		鳥玄武順陰陽、子孫備具居中央、長保二亲（親）楽富昌、寿敝金石如侯王兮。
26	浮雕式鳥獣紋鏡	後漢	10.80	0.30	円鈕・円座	主紋為四個帯円座的乳釘相間的四龍二鳳。其外有銘文一周、再外為輻線紋一周。辺紋為一周単線鋸歯紋。		三月二日乍（作）氏。
29	連弧紋鏡	後漢	11.60 ★	0.25	円鈕・柿蒂座、蒂間有雲紋	主紋為八内向連弧、其外為輻線紋一周。素縁、其上刻十一字。	素縁	煉年平東鄭李鏡一里六寸。★
31	蝙蝠形柿蒂座連弧紋鏡	後漢	18.90	0.35	円鈕・蝙蝠形柿蒂座	已残。但已拡大為主紋、蒂間有長脚花式篆「長宜子孫」四個字。其外并有八連内向弧紋、弧間四円圈相間四字「生如山石」。	素縁	「長宜子孫」「生如山石」。
33	永康元年獣首鏡	後漢	14.70	0.30	円鈕・円座	主紋蝙蝠形柿蒂紋間四獣首、其外為銘文一周。柿蒂内有銘文四字「長宜高官」。銘文帯外簡易雲紋・連弧紋各一周。辺紋為菱格雲紋。		「長宜高官」。「永康元年六月八日庚申、天下大祝、吾造作尚方明竟、合凍黄白、周（雕）兮。」
34	熹平二年獣首鏡	後漢	13.30	0.30	浮雕盤龍紋鈕・円座	主紋蝙蝠形柿蒂紋間四獣首、柿蒂内有「君宜高官」四字。主紋外為銘文。銘外為簡易雲紋対連弧紋各一周。辺紋為一周渦雲紋。		「君宜高官」「熹平二年正月丙午日、吾作明竟、長楽未央、君宜高官、吉師命長、□□古市、□□□□、富貴延年」。
35	獣首鏡	後漢	11.20	0.30	扁円鈕・円座	主紋蝙蝠形柿蒂紋間四獣首、蒂内為四個「公」字。主紋外為連弧紋一周。辺為一周簡易獣形紋。		公。
36	獣首鏡	後漢	11.50	0.35	扁円鈕	主紋蝙蝠形柿蒂紋間四獣首、蒂内有銘文「位至三公」。主紋外為連弧紋一周。辺為菱格雲紋一周。		位至三公。
37	獣首鏡	後漢	17.40	0.35	扁円鈕	主紋蝙蝠形柿蒂紋間四獣首、柿蒂内為鳥・蛙・網紋。主紋外為三角紋対連弧紋一周。辺為菱格雲紋一周。鏡鈕上針刻五字。		陸凱士李匱。
38	双夔鏡	後漢	15.60	0.25	円鈕・円座	残。主紋為対称双首夔紋、中有直行銘文「立（位）至三公」、「三羊至官」、両銘文反向対称。主紋外為連弧紋・蔓草紋・輻線紋各一周。	素縁	「立（位）至三公」、「三羊至官」。
39	簡易双夔鏡	後漢	11.00	0.40	扁円鈕・円座	主紋為対称的簡易双夔、中有反向対称的直銘、「宜子」。其外有輻線紋一周。	素縁	宜子。
41	直銘渦雲紋鏡	後漢	10.50	0.40	円鈕・連点重圏座	主紋渦雲紋分飾于中間直行銘文「天皇」・「君臣」的両辺。再外為連点紋・小型外向連弧紋・輻線紋・小型外向連弧紋等四周紋飾。辺飾雲紋。		「天皇」・「君臣」。
43	熹平七年半円方枚神獣鏡	後漢	12.10	0.30		已残。主紋神獣、其外有半円方枚一周、再外為一周内向鋸歯紋。辺紋外為雲紋、内為銘文。方枚上毎枚一字、合為。		「熹平七年正月廿五日丙午、暴氏作尚方明竟、幽凍三商、天王日月、上有□□□□富且昌、長楽未央」、「吾作明竟、天王日月、立（位）至三公」。
44	建安二十一年半円方枚神獣鏡	後漢	13.70	0.40	扁円鈕・円座	主紋二神・二侍・二人・四獣、其外有半円方枚一周、方枚上毎枚一字。（不詳）再外為鋸歯紋一周。辺紋為勾連蟠螭、内為銘文。1975年採集于県収購站。		建安廿一年四戊午朔十九日起弋師也道其者、會稽所作中有六寸、一千也人者、服之千萬年長仙、作吏宜官、吉羊（祥）、宜侯王、家有五馬千頭羊、羊□女子宜畜□□□□。★
45	半円方枚神獣鏡	後漢	11.60	0.40	扁円鈕・小連弧座	主紋四神・二人・四獣、其外為半円方枚一周、方枚上毎枚一字。（不詳）再外為鋸歯紋一周。辺紋外為変異雲紋、内容銘文。		今年丙午五月七日丙午、清浪主吉日、志于弓日、毎出當須安佳、時可住善矣、太一為将軍吉。
46	半円方枚神獣鏡	後漢	12.30	0.30	浮雕盤龍紋鈕・円座	主紋二神・二侍・二人、其外為半円方枚一周、方枚上毎枚一字。合為、其外為鋸歯紋一周。辺紋外為変異雲紋、内為銘文。		方枚銘文「吾作明竟（鏡）、幽凍三商、立（位）至三公」、辺紋内銘文「正月丙日王作明竟自有方、除去不祥、宜古（賈）市大吉利、幽凍三商、天王日月、上有東王父

第九章　湖北省鄂州市出土銅鏡について　517

						西王母、主如山石、宜西北萬里、富昌長楽。	
47	半円方枚神獣鏡	後漢	14.20	0.45	扁円鈕・連珠座	主紋五神・四獣・四鳥、外為半円方枚一周、方枚上每枚一字。合為。其外為輻線紋一周。辺紋外為簡易雲紋、内為銘文。	辺紋内銘文「吾作明竟（鏡）、背刻、商周羅象、□□天皇、白（伯）牙弾琴、黄帝除凶、布帛□昔（錯）萬、真□□自日」。方枚銘文「五子三公九夫十二大卿」。
49	建安六年直銘重列神獣鏡	後漢	13.60	0.45	扁円鈕・円座	主紋上下重列十三神・二侍・四禽・一獣、中有直銘曰「君高官」・「高官」。辺有銘文一周。	「君高官」・「高官」、「建安六年、君宜高（官）、吾五月廿四日氏作竟（鏡）、幽涷官商、刻三容象、五帝天皇、白（伯）牙単（弾）琴、黄帝吉羊（祥）、三公」。
50	建安六年直銘重列神獣鏡	後漢	12.20	0.35	扁円鈕・円座	主紋十一神・一侍・四鳳等重迭排列、中間直銘曰「君宜官」・「君宜官」。辺為銘文。	「君宜官」・「君宜官」、「建安六年五月廿四日、示氏作竟（鏡）、幽涷宮商、周羅容象、五帝天皇、白（伯）牙単（弾）琴、黄帝吉羊（祥）、三公」。
51	建安十年直銘重列神獣鏡	後漢	13.20	0.40	扁円鈕・円座	主紋十一神・一侍・四鳳等重迭排列、中間直銘曰「君宜官」・「君宜官」。辺為銘文。	「君宜官」・「君宜官」、「建安十年、吾作明竟（鏡）、幽涷宮商、周刻容象、五帝天皇、白（伯）牙単（弾）琴、黄帝除凶、朱鳥玄武、白虎青龍、君宜高官、位至三公、子孫番（蕃）昌」。
52	建安十九年直銘重列神獣鏡	後漢	12.00	0.35	扁円鈕・円座	主紋十一神・一侍・三鳥・一獣上下重迭排列、中有直銘「君宜」・「高官」。辺為銘文一周。	「君宜」・「高官」、「建（安）十九年八月五日、吾作竟（鏡）、（天王）日月、白（伯）牙単（弾）琴、黄帝、仙人東王父西母、宜子先、大吉羊（祥）、位至三公、□□夫」。
53	直銘重列神獣鏡	後漢	11.80	0.40	扁円鈕・円座	主紋八神・一侍・二鳥・三獣重迭排列、中有直銘「君宜官」・「君官」。辺為銘文一周。	吾作明竟（鏡）、幽涷宮商、周羅容象、五帝天皇、白（伯）牙単（弾）琴、黄帝除凶、朱鳥玄武、白虎青龍、君宜高官、位至三公。
54	直銘重列神獣鏡	後漢	13.30	0.35	扁円鈕・円座	主紋十一神・三侍・三鳥・三獣、重迭排列、中為直銘「君宜高官」・「君宜官」。辺為銘文一周。	「君宜高官」・「君宜官」、「吾作明竟（鏡）、幽涷宮商、周刻、五帝天皇、白（伯）牙単（弾）琴、黄帝除凶、朱鳥玄武、□□□、□宮東母、左有王公、君宜高官、子孫藩昌、□□王父」。
59	龍虎鏡	六朝	13.10	0.70	円鈕・円座	主紋為高浮雕状的龍虎各一、部分示意圧在鈕下、主紋下端有一鳥一獣和一人持叉、是為狩猟形象。其外為輻線紋一周。辺紋由鋸歯紋、双線鋸歯紋、鋸歯紋三周組成。	李氏作竟（鏡）四夷服、多賀國家人民息、胡虜殄滅天下復、風雨時節五穀孰（熟）、長保二親得天力、伝告后世楽無〔極〕。
60	龍虎鏡	六朝	11.20	0.75	円鈕・円座	主紋為浮雕龍虎各一、部分示意圧在鈕下、龍下端有熊羆之類的動物。其外為銘文一周。再外為輻線紋一周。辺飾鋸歯紋一周。	三角縁	朱氏作竟（鏡）四夷服、多賀國家人民〔息〕、胡虜殄滅天下復、風雨時節五穀孰（熟）。
61	変異龍虎鏡	六朝	11.60	0.35	円鈕・重圏座	主紋為浮雕龍虎、部分示意圧在鈕下、龍側有一人。其外為銘文一周。再外為輻線紋一周。辺紋外為連点波線、内為鋸歯紋。	吾作明竟（鏡）、幽涷三商、八公所造、後人相承、照者益好、工命吉長。
62	三龍鏡	六朝	11.30	0.30	円鈕・重圏座	主紋為浮雕的三龍、其外為銘文一周。再外為輻線紋一周。辺紋為双線波紋和輻線紋各一周。1975年10月採集于県慶品収購站。	吾作明竟（鏡）自有紀、刻治禽守（獣）世少有、吉。
63	四虎鏡	六朝	11.00	0.60	円鈕・円座	主紋為浮雕的両両相対的四隻虎、其外為銘文一周。再外為輻線紋一周。辺紋為二周双線鋸歯紋。	三羊作竟（鏡）真工大巧乍（作）。
68	飛鳳鏡	六朝	8.90	0.30	円鈕・円座	主紋為一大飛鳳、身被圧在鈕下。其外為銘文。在外為輻線紋、鋸歯紋各一周。	三角縁	三羊作竟自有紀。
69	帯鬚状蝙蝠形柿蒂鏡	六朝	10.00	0.30	扁円鈕	主紋為両翼拡大的帯鬚状蝙蝠形柿蒂紋、内有銘文、「三公九卿」四字、其外為小内向連弧紋和菱格雲紋各一周。	三公九卿。

71	柿蒂八鳳鏡	六朝	11.00	0.30	扁円鈕・円座	主紋為柿蒂紋間八鳳、蒂内有「位至三公」四字。其外為内向連弧紋一周。		位至三公。
72	柿蒂八鳳鏡	六朝	14.10	0.50	扁円鈕・円座	主紋内為柿蒂、外間八鳳、蒂内有「位至三公」四字。其外為内向連弧紋一周。	素縁	位至三公。
74	柿蒂八鳳鏡	六朝	11.10	0.30	扁円鈕・円座	主紋内為柿蒂、外為八鳳、蒂内有銘文「位至三公」四字。主紋外繞以内向十六連弧紋一周。	素縁	位至三公。
75	変異柿蒂八鳳鏡	六朝	12.60	0.30	扁円鈕・円座	座外有「吾作明竟」四字。主紋内為変異的葉状柿蒂、蒂弁内有雲紋。外為八鳳、再外為内飾焔状雲紋的十六単線内向連弧。対鳳頭頂上各有一銘、合為「幽涷三周」。	素縁	「吾作明竟」・「幽涷三商」。
76	変異柿蒂八鳳鏡	六朝	17.00	0.30	扁円鈕・円座	座外四辺有「位爵明公」四字。主紋内為変異的葉状柿蒂、蒂弁内有雲紋。中為八鳳、対鳳頭頂上各有一銘、合為「大宜天子」。再外為内飾各種鳥獣紋的単線十六連弧、連弧外為一周簡易雲紋。		「位爵明公」・「大宜天子」。
84	黄武六年半円方枚神獣鏡	六朝呉	11.60	0.45	扁円鈕・連珠座	主紋六神四獣。外為半円方枚一周、方枚上每枚一字、合為、「市北王古師左也工大主士吉兮」。再外為鋸歯紋一周。辺紋外為変異雲紋、内即銘文。		黄武六年三月十日壬巳朔、身吏高度之什羊吉者、宜市来□□□、令史命平天、人可大吉。
85	黄龍元年半円方枚神獣鏡	六朝呉	12.90	0.35	扁円鈕・円座	主紋為五神・四獣・三鳥、其外為半円方枚一周、方枚上毎枚一字、合為、「□□朔、十二大夫入命三」。辺紋外為波線紋、内為銘文一周。		黄龍元年太歳在丁巳、乾坤合化、帝道始平、五月丙午、□□日中、造作明竟、百涷青銅、服者萬年、位至三公、辟除不祥。
86	赤烏三年半円方枚神獣鏡	六朝呉	12.20	0.40	扁円鈕	已残。主紋剰二神・三獣、其外為半円方枚一周、再外為尖歯紋一周。辺為銘文一周。		赤烏三年五月□□□□〔造〕作・・・・宜侯王。
87	太平元年半円方枚神獣鏡	六朝呉	12.80	0.40	扁円鈕・円座	主紋五神・四獣（其中一神未鋳清楚）、其外為半円方枚一周、方枚上毎枚一字、合為、「君子□□□□」。辺為銘文一周。		太平元年歳在丁卯、帝道始（平）、造作明竟、百涷正（銅）、□□。
88	太平元年半円方枚神獣鏡	六朝呉	11.50	0.40	扁円鈕・円座	主紋四神・四獣、其外為半円方枚一周、方枚上毎枚一字、合為、「音作又□天□□□」。辺有銘文一周。		太平元年・・・・明竟、百涷正同（銅）、太平十五、作吉、呂風（鳳）。
89	太平元年半円方枚神獣鏡	六朝呉	12.30	0.35	扁円鈕・円座	主紋六神・四獣・四鳳。其外為半円方枚一周、方枚上毎枚一字、合為、「太平元年歳在丁卯」。其外為輻線紋一周。辺為銘文。		「太平元年歳在丁卯」、「□□四年、造作明竟、可以昭明、服者老寿、宜公卿、居□如此、楽未央」。
90	永安四年半円方枚神獣鏡	六朝呉	12.10	0.30	扁円鈕	主紋五神・四獣。其外為半円方枚一周、再外為鋸歯紋。辺為一周銘文。		永安四年五月五日丙午日造鏡、寿如東王公西王母、□□□宜長者吏人。
91	永安六年半円方枚神獣鏡	六朝呉	13.70	0.30	扁円鈕	主紋共四神・四獣。其外為半円方枚一周、辺為銘文。		永安六年五月廿五日、費氏作竟、五（卿）青石竟、服竟者位至三公、九（卿）十二（大）夫、長生□□宜子、（家）有五馬千頭羊、子孫昌、宜侯王光。
92	宝鼎二年半円方枚神獣鏡	六朝呉	12.10	0.30	扁円鈕	已残。主紋四神・四獣。其外為半円方枚一周、方枚上毎枚一字、合為、「天王日月、天王日月」。再外為尖歯紋一周。辺為銘文一周。		宝鼎二年十月廿五日、造作明竟、百涷青（銅）・・・・・。
93	□□四年半円方枚神獣鏡	六朝呉	13.00	0.45	扁円鈕・連珠座	主紋四神・四獣、外有半円方枚一周、方枚上毎枚一字（少数為符号）、「一十三日□□□王□二□□」。再外為鋸歯紋一周。辺紋外為変異雲紋一周、内即一周銘文。		□□四年五月丙午朔十四日、會稽師鮑作明鏡、行之大吉、宜貴人王侯、服者□□□、今造大母王三。
94	半円方枚神獣鏡	六朝	12.60	0.50	円鈕・連珠座	主紋四神・四獣、外有半円方枚一周、方枚上毎枚一字、合成、「利父宜兄、仕至三公、其師命長」。再外有一周尖歯紋。辺紋外為変異		方枚「利父宜兄、仕至三公、其師命長」、辺紋「盖惟貨竟（鏡）、変巧名工、破山采（採）易（錫）、作石索同（銅）、単（丹）火炉治、

					雲紋、内即銘文一周。		幽湅三商、吐師日翟、容象月明、五帝昔（錯）」。
95	鎏金画紋帯神獣鏡	六朝	13.10	0.45	扁円鈕・円座	鈕上有錯金獣紋。主紋六神・四獣、外為半円方枚一周、方枚上毎枚一字、合為、「九子作世而□服者吉利」一語、再外為鋸歯紋一周。辺紋外為変異雲紋、内為由龍・鳳・獣・羽人等組成的画紋帯、縁側亦有「个」形錯金紋飾一周、画面通体鎏金、十分富麗。	九子作世而□服者吉利。
96	鎏金画紋帯神獣鏡	六朝	14.60	0.45	扁円鈕・連珠圏座	鈕上有錯金獣紋。主紋五神・一侍及四獣、其外有鳥獣相間的方枚一周、毎枚一字、合為、「呉造明鏡、神経設容、服者卿公」。再外為尖歯紋一周。辺紋外為蟠螭状雲紋、内為由羽人操舟・奔龍・飛鳳・走獣等組成的画紋帯、縁外側有錯金双線鋸歯紋。	呉造明鏡、神聖設容、服者卿公。
97	鎏金画紋帯神獣鏡	六朝	14.00	0.45	円鈕・連珠座	鈕面原有錯金紋飾、因磨損已不清楚。主紋四神・四侍・四獣、再外有半円方枚一周、半円方枚上鋳有羽人・鳥獣図案、方枚上毎枚四字。其外為菱格雲紋一周。辺紋外為雲紋、内為由羽人操舟・飛龍・飛鳳・羽人騎獣等組成的画紋帯。	吾作明竟（鏡）、幽湅三商、合湅黄白、□□□□、□□□□、周刻無亟（極）、白（伯）牙聖□、□□□□、照頭大明、子孫番（蕃）昌、□□□□、吉師命長。
98	画紋帯神獣鏡	六朝	11.30	0.45	円鈕・円座	主紋三神・一侍・三獣。其外為半円方枚一周、方枚上毎枚一字、合為。再外為尖歯紋一周。辺紋外為雲紋、内為由羽人騎獣・羽人操舟・龍鳳等組成的画紋帯。	吾作明竟（鏡）、幽湅三商、宜子孫。
99	画紋帯神獣鏡	六朝	14.10	0.50	扁円鈕・小連弧座	主紋五神・二侍・四獣・四鳥。其外有半円方枚一周、半円枚上飾雲紋、方枚上有銘文一到三個字不等、合為。再外為尖歯紋一周。這紋外為雲紋、内為由羽人騎獣・羽人操舟・羽人乗鳳・奔獣組成的画紋帯。	吾作明竟（鏡）、幽湅三商、周（雕）刻容象萬疆、白（伯）牙、大吉羊（祥）。
100	画紋帯神獣鏡	六朝	14.80	0.50	扁円鈕・小連弧座	主紋四神・三侍・四獣・四鳥。外有半円方枚一周、半円枚上飾雲紋、方枚上毎枚二字、合為六句。再外為尖歯紋一周。辺紋外為雲紋、内為由羽人騎獣・羽人操舟・羽人乗亀・龍等図案組成的画紋帯。	吾作明竟（鏡）、幽湅三商、周（雕）刻萬疆、白（伯）牙奏楽、象神見容、吉羊（祥）命長。
101	画紋帯神獣鏡	六朝	15.30	0.45	扁円鈕・連珠座	主紋四神・三侍・四獣・五鳥。外有半円方枚一周、半円枚上飾雲紋、方枚上二到四字不等、合為。再外為輻射紋一周。辺紋外為雲紋、内為由羽人騎獣・羽人操舟・羽人騎鳳・飛禽走獣等組成的画紋帯。	吾作明竟（鏡）、幽湅三商、周（雕）刻容象、萬疆、白（伯）牙曾（増）主、王番（蕃）昌、長宜子、孫大吉羊（祥）、宜居侯公、王官貴、陽曰昌、居已目。
102	画紋帯神獣鏡	六朝	15.00	0.40	扁円鈕・円座	主紋五神・四獣・一鳥。外有半円方枚一周、方枚上毎枚一字、合為。再外為鋸歯紋一周。辺紋外為雲紋、内圏外由羽人操舟・羽人逐日・羽人騎鳳・奔龍・飛鳳等組成的画紋帯。	九日員嬰象異、服者命長。
103	画紋帯神獣鏡	六朝	18.00	0.55	扁円鈕・連珠座	主紋六神・五獣・三鳥。其外有半円方枚一周、半円枚上飾雲紋、方枚上毎枚一字、合為。再外為鋸歯紋一周。辺紋外為一周雲紋、内為一周由羽人煉丹・羽人操舟・飛龍・飛鳳等組成的画紋帯。	天下作竟（鏡）明而青（清）、服者宜先皇。
104	黄武四年重列神獣鏡	六朝呉	11.80	0.35	扁円鈕・円座	主紋六神・六獣・二鳳・一亀蛇、上下重迭排列。辺紋外為変異雲紋、内即銘文。	黄武四年六月五日丙辰、作長明竟（鏡）、服者大吉、寿得萬年、鮑師揚名、天已人夫之。
105	重列神獣鏡	六朝	12.10	0.35	扁円鈕・小連弧圏座	主紋五神・一侍・四獣上下重列。辺紋外為変異雲紋、内即銘文。	吾作明竟（鏡）、無極、白（伯）牙奏楽、象申（神）百罔（網）、□□□□。

106	重列神獸鏡	六朝	11.70		扁円鈕・円座	主紋四神五獸上下重迭排列、外繞鋸歯紋一周。辺有一周銘文。	吾人作上竟（鏡）、照下□昌□□青龍□己□、在日月之上、自有□□之中、不可薫。
107	重列神獸鏡	六朝	11.70	0.35	扁円鈕・連珠圏座	主紋六神四獸上下排列、其外有鋸歯紋一周。辺紋外圏為変異雲紋、内圏即銘文一周。	王言昔者、見東方之光、日月之明、西方是火光、南方金色、北方水清、中黄主作。（按、応是「西方金色、南方是火光」之誤鋳）。
108	黄初二年半円方枚重列神獸鏡	六朝魏	13.10	0.40	扁円鈕・円座	已残。主紋剰四神・一侍・四獸、上下重迭排列、外為半円方枚一周、方枚上每枚一字、合為。再外為鋸歯紋一周。辺紋外為変異雲紋、内圏為銘文。	方枚銘文：「天王日月□□三商」、内圏銘文「黄初二年十一月丁卯朔廿七日癸巳、揚州會稽山陰師薛豫所作鏡、大六寸清昌、服者高遷、秩公美、宜侯王、子孫藩昌」。
109	黄初二年半円方枚重列神獸鏡	六朝魏	13.10	0.35	扁円鈕・円座	鈕上有刻銘。主紋七神・四獸上下重列、外為半円方枚一周、方枚上每枚一銘。其外為鋸歯紋一周。辺紋外圏為変異雲紋、内圏為銘文。	鈕上銘文：「上大将軍校尉李周鏡」、方枚銘文：「天王日月□□三商」、内圏銘文「黄初二年十一月丁卯朔廿七日癸巳、揚州會稽山陰薛豫所作鏡、大六寸清昌、服者高遷、秩公美、宜侯王、子孫藩昌」。★
110	黄武六年分段式重列神獸鏡	六朝呉	13.00	0.35	扁円鈕・円座	主紋七神二侍・一龍・二虎・三鳳・四獸・一亀蛇、分五段上下重列。辺紋外圏為変異雲紋、内圏為銘文。	黄武六年十一月丁巳朔七日丙辰、會稽山陰作師鮑唐竟、照明服者也、宜子孫、陽遂、富貴老寿、匿先牛羊馬、家在武昌、思其少、天下命吉服、吾王干昔□□。
111	黄龍元年分段式重列神獸鏡	六朝呉	12.00	0.35	扁円鈕・連弧圏座	主紋八神・六獸・一鳳・一亀蛇、分五段上下重列。辺紋外圏為変異雲紋、内圏為銘文一周。	黄龍元年太歳在丁酉七月壬子朔十三日甲子□、陳世（厳）造作、三涷明竟（鏡）、□□□□□人官富。
112	黄龍二年分段式重列神獸鏡	六朝呉	13.00	0.30	扁円鈕・円座	主紋七神・三侍・五獸・二鳳・一亀蛇、分五段上下重列。辺紋外圏為変異雲紋、内圏為銘文一周。	黄龍二年七月丁未朔七日癸丑、大師鮑豫而作明鏡、玄涷三（商）、滅絶字穢、服者高遷、位至竹帛、寿復者石如也。
113	嘉禾二年分段式重列神獸鏡	六朝呉	11.70	0.30	扁円鈕・円座	主紋八神・二侍・四獸・二鳳、分五段上下重列。辺有銘文一周。	嘉禾二年正月大歳在□巳、五帝作竟（鏡）、宜□□□（以下字迹不清）。
114	赤烏五年分段式重列神獸鏡	六朝呉	11.30	0.35	扁円鈕・円座	残。主紋神獸分五段重列。辺紋為不規則変異雲紋、其内為銘文。	赤烏五年三月七日、直夫天下青□奉之世言貴□夷吾（以下残欠）。
115	分段式重列神獸鏡	六朝	14.80	0.40	扁円鈕	主紋為十三神・五侍・十三獸・三鳳・一亀蛇、分上下五段重列。辺紋為雲紋、其内為銘文。	吾作明竟（鏡）、幽涷三萬廻、商周刻無、師伯徳萬疆（彊）、白（伯）牙伯楽、衆神見岡（網）、天禽逆孝、福師白象、富貴祚周、曾（増）年益寿、子孫番□□□□。
116	分段式重列神獸鏡	六朝	13.30	0.45	扁円鈕・円座	主紋八神・七侍・八獸・一鳳・一亀蛇、分上下五段重列。辺紋為雲紋、其内為銘文。	吾作明竟（鏡）、自有紀、幽涷三衆芋出范氏、其師長甘緑百旦、月日吉萬皆利、東王公西王母、朱人王喬赤松子、長予天公卄。
117	分段式重列神獸鏡	六朝	15.10	0.55	扁円鈕・連弧圏座	主紋十一神・六侍・八獸・二鳳・一亀蛇、分五排上下重列。辺為変異雲紋、其内為銘文、此銘文奇特、起首為。	三日四日五日六日七日八日九日月大（以下不能識認的記号）。
118	神人鳥獸画像鏡	六朝	20・20	0.60	円鈕・円座	座外為浅浮雕四虎。主紋為擲丸神人二対及四獸二鳥、整個図案由六乳釘相間。其外為銘文一周。銘文外為輻線紋・鋸歯紋及変異鳥獸紋組成的図案共三周。	三羊作竟（鏡）自有紀、除去不羊（祥）宜古（賈）市、上有東王公西王母、君宜子。	三角縁
119	神人鳥獸画像鏡	六朝	16.10	0.52	円鈕・連珠座	主紋為四神人・二獸・一鳥間五乳釘、其外為銘文一周。銘間有後来鑽刻的字、其中有的字刻後又割掉。内容為「価人竟（鏡）六寸半」、銘外則有輻線紋・鋸歯紋、双線波浪紋各一周。	「三羊作竟（鏡）自有紀、除去不〔羊〕宜古（賈）市、上有東王父西王母」。「価人竟（鏡）六寸半」★	三角縁
120	神人鳥獸画像鏡	六朝	16.30	0.50	円鈕・重圏連珠座	主紋二神・二侍・四鳥獸相間四乳釘、其外為銘文一周。再外為輻線紋、鋸歯紋以及由変異龍虎鳥獸組成的図案各一周。鏡縁外側有刻銘、「番琚鏡彻二尺一寸」・「米」。	「栄氏竟（鏡）佳且好、明而日月、世少有、宜子孫兮」。「番琚鏡彻二尺一寸」・「米」。★	三角縁

湖北省鄂州市の出土鏡では後漢時代から三国呉時代（六朝初期）にかけて画像鏡よりも各種神獣鏡の割合が高い。特に重列神獣鏡など神々がたくさん登場する賑やかな紋飾が多い。その内容は次節で検討しよう。

　銘文は各種多様であるが、「尚方作竟真大巧、上有仙人不知老」型か、「吾作明竟、幽凍三商、周羅容像、五帝天皇」型が多い。なお、「某氏作竟四夷服、多賀国家人民息、胡虜殄滅天下服」が、【59龍虎鏡】や【60龍虎鏡】など、三国呉以降の六朝にも続いているのは南北対立の政治状況を反映していると考えるべきものであろう。

第二節　『鄂城漢三国六朝銅鏡』における神獣鏡と仏獣鏡、並びに神仙思想・仏教思想との関係

　『鄂城漢三国六朝銅鏡』の各鏡に神獣や神仙がいかに扱われるか。【表9－1】から、【表9－4】湖北鄂州市漢三国六朝銅鏡・神仙仏像鳥獣鏡を作成した。各鏡の形態等説明だけでなく銘文内容も合わせて考えることが必要である。

【表9－4】　湖北鄂州市漢三国六朝銅鏡・神仙仏像鳥獣鏡

番号	名称	時代	径／cm	辺厚／cm	鈕・鈕座形式	形態等説明	縁形式	【銘文】
5	規矩四神鏡	新莽	17.20	0.40	円鈕・重方柿蒂座	主紋為規矩紋間青龍・白虎・朱雀・玄武四神，其間還有鳥・獣・蛙・羽人之類図案，并間以八乳釘紋。辺紋（由外到内，下同）為鋸歯紋・波折紋・鋸歯紋・輻線紋共四周。銘文曰：方格座内銘為十二地支，毎字間以乳釘。		尚方作竟（鏡）真大巧，上有仙人不知老，渇飲玉泉。　方格内銘：子丑寅卯辰巳午未申酉戌亥。
6	規矩四神鏡	新莽	16.00	0.40	円鈕・重方柿蒂座	主紋為規矩紋間青龍・白虎・朱雀・玄武四神，有鳥・獣，間以八乳釘。辺紋有流雲紋・鋸歯紋・輻線紋各一周，其内為銘文。方格座内銘為十二地支，毎字間以乳釘。		尚方作竟（鏡）大母傷，左龍右虎除不羊（祥），朱鳥玄武順陰陽，子孫備具居中央，長保二亲（親）具富昌，如侯王。　方格内銘：子丑寅卯辰巳午未申酉戌亥。
7	規矩八禽鏡	新莽	16.90	0.40	円鈕・重方柿蒂座	已残。主紋為規矩間八鳥紋，有八乳釘。辺紋為鋸歯紋・波折紋・鋸歯紋・輻線紋各一周。銘文曰：方格座内銘為十二地支，毎字間以一乳釘。		尚方乍（作）竟（鏡）真巧，上有仙〔人〕不知老，飢食棗，飲支玄入□□。　座内銘：子丑寅卯辰巳午未申酉戌亥。
13	簡化規矩四神鏡	後漢	11.20	0.30	円鈕・方座	主紋為青龍・白虎・朱雀・玄武和一獣，規矩紋簡化為僅剰四「T」，辺紋亦是由図案式的青龍・白虎・朱雀・玄武組成。辺紋内為輻線紋一周，其内為銘文。		漢有善銅出丹陽，和以銀錫清照□。
15	鳥獣紋帯鏡	後漢	16.10	0.70	円鈕・連珠座	座外為重圏輻線紋。主紋為四乳釘相間的，由龍・虎・麒麟・鳥及一些奇禽異獣組成的紋帯，主紋外有輻線紋一周。	素縁	
16	鳥獣紋帯鏡	後漢	12.50	0.50	円鈕・重圏雲紋乳釘座	主紋為五乳相間虎・鳳・熊・麒麟・羽人組成的紋飾帯，主紋外有輻線紋一周。辺紋為流雲紋・鋸歯紋各一周。		
18	鳥獣紋帯鏡	後漢	11.90	0.35	円鈕・柿蒂単圏座	座外有断続輻線紋・輻線紋一周。主紋為由五乳相間的朱雀・玄武・獬豸・白虎・異獣・羽人組成的紋帯，主紋外有輻線紋一周。辺紋為双線鋸歯紋・鋸歯紋各一周。		
21	浮雕式変	後漢	14.40	0.55	円鈕・重圏	已残。主紋為浮雕式青龍・白虎・	三角縁	至氏作竟（鏡）真大工（巧），□

	異四神鏡				座	朱雀・麒麟組成的変異四神、其外為銘文一周。銘文外為輻線紋・鋸歯紋・波折紋各一周。	□□寿、富貴益昌、功成事見、其師命長兮。
22	浮雕式変異四神鏡	後漢	12.70	0.70	円鈕・円座	主紋為浮雕式変異四神、即青龍・白虎・朱雀・麒麟、主紋外為輻線紋一周、鋸歯紋二周。	
23	浮雕式鳥獣紋帯龍虎鏡	後漢	17.80	0.80	円鈕・円座	主紋内為浮雕的龍虎、外為龍・虎・鳳・咒・鳥・羽人組成的鳥獣紋帯、間以六個柿蒂座乳釘。外圏銘文。銘外還有輻線紋・鋸歯紋各一周。辺紋為鳥獣魚紋組成的紋帯。	李氏作竟（鏡）四夷服、多賀國家人民息、胡虜殄滅天下復、風雨時節五穀（穀）熟、長保二親得天力。
24	浮雕式鳥獣紋帯龍虎鏡	後漢	20.50	0.65	円鈕・連珠圏座	主紋内為浮雕的龍虎各一、外為羽人狩猪・龍・鳳・虎・怪獣・魚・蛇・鳥組成的鳥獣紋帯、并間以七個柿蒂座乳釘。其外為銘文一周。銘文外為輻線紋一周、辺紋為鋸歯紋・波浪紋・鋸歯紋各一周。	青盖作竟（鏡）大傷、巧工刻之成文章、左龍右虎辟不羊（祥）、朱鳥玄武順陰陽、子孫備具居中央、長保二親（親）楽富昌、寿敝金石如侯王兮。
42	神獣鏡	後漢	10.60	0.25	扁円鈕・円座	主紋為二神四獣的浮雕画像、与重圏乳釘四枚相間。再外有輻線紋一周。辺飾雲紋。	
43	熹平七年半円方枚神獣鏡	後漢	12.10	0.30		已残。主紋神獣、其外有半円方枚一周、再外為一周内向鋸歯紋。辺紋外為雲紋、内為銘文。方枚上毎枚一字、合為。	「熹平七年正月廿五日丙午、暴氏作尚方明竟、幽凍三商、天王日月、上有□□□富旦昌、長楽未央」、「吾作明竟、天王日月、立（位）至三公」
44	建安二十一年半円方枚神獣鏡	後漢	13.70	0.40	扁円鈕・円座	主紋二神・二侍・二人・四獣、其外有半円方枚一周、方枚上毎枚一字。（不詳）再外為鋸歯紋一周。辺紋外為勾連蟠螭、内為銘文。1975年採集于県収購站。	建安廿一年四戊午朔十九日起弋師也道其者、會稽所作中有六寸、一千也人者、服之千萬年長仙、作吏宜官、吉羊（祥）、宜侯王、家有五馬千頭羊、羊□女子見畜□□□。
45	半円方枚神獣鏡	後漢	11.60	0.40	扁円鈕・小連弧座	主紋四神・二人・四獣、其外為半円方枚一周、方枚上毎枚一字。（不詳）再外為鋸歯紋一周。辺紋外為変異雲紋、内容銘文。	今年丙午五月七日丙午、清浪主吉日、志于弓日、毎出當須安佳、時可住善矣、太一為将軍吉。
46	半円方枚神獣鏡	後漢	12.30	0.30	浮雕盤龍紋鈕・円座	主紋二神・二侍・二人、其外為半円方枚一周、方枚上毎枚一字。合為、其外為鋸歯紋一周。辺紋外為変異雲紋、内為銘文。	方枚銘文「吾作明竟（鏡）、幽凍三商、立（位）至三公」、辺紋内銘文「正月丙日王作明竟自有方、除去不祥、宜古（賈）市大吉利、幽凍三商、天王日月、上有東王父西王母、主如山石、宜東北萬里、富昌長楽」。
47	半円方枚神獣鏡	後漢	14.20	0.45	扁円鈕・連珠座	主紋五神・四獣・四鳥、外為半円方枚一周、方枚上毎枚一字。合為。其外為輻線紋一周。辺紋外為簡易雲紋、内為銘文。	辺紋内銘文「吾作明竟（鏡）、背刻、商周羅象、□□天皇、白（伯）牙弾琴、黄帝除凶、布帛□昔（錯）萬、真□□曰日」。方枚銘文「五子三公九夫十二大卿」。
48	重列神獣鏡	後漢	13.10	0.30	扁円鈕・円座	主紋五神・四獣上下重迭排列、其外有輻線紋一周、辺紋雲紋。	
49	建安六年直銘重列神獣鏡	後漢	13.60	0.45	扁円鈕・円座	主紋上下重列十三神・二侍・四禽・一獣、中有直曰「君高官」・「高官」。辺有銘文一周。	「君高官」・「高官」、「建安六年、君宜高（官）、吾五月廿四日氏作竟（鏡）、幽凍官商、刻三容象、五帝天皇、白（伯）牙単（弾）琴、黄帝吉羊（祥）、三公」。
50	建安六年直銘重列神獣鏡	後漢	12.20	0.35	扁円鈕・円座	主紋十一神・一侍・四鳳等重迭排列、中間直銘曰「君宜官」・「君宜官」。辺為銘文。	「君宜官」・「君宜官」、「建安六年五月廿四日、示氏作竟（鏡）、幽凍宮商、周羅容象、五帝天皇、白（伯）牙単（弾）琴、黄帝吉羊（祥）、三公」。
51	建安十年直銘重列神獣鏡	後漢	13.20	0.40	扁円鈕・円座	主紋十一神・一侍・四鳳等重迭排列、中間直銘曰「君宜官」・「君宜官」。辺為銘文。	「君宜官」・「君宜官」、「建安十年、吾作明竟（鏡）、幽凍宮商、周刻容象、五帝天皇、白（伯）牙単（弾）琴、黄帝除凶、朱鳥玄武、白虎青龍、君宜高官、位至王公、子孫番（蕃）昌」。
52	建安十九	後漢	12.00	0.35	扁円鈕・円	主紋十一神・一侍・三鳥・一獣上	「君宜」・「高官」、「建（安）十九

第九章　湖北省鄂州市出土銅鏡について　523

	年直銘重列神獣鏡				座	下重迭排列、中有直銘「君宜」・「高官」。辺為銘文一周。	年八月五日、吾作竟（鏡）、（天王）日月、白（伯）牙単（弾）琴、黄帝、仙人東王父西母、宜子先、大吉羊（祥）、位至三公、□□夫。
53	直銘重列神獣鏡	後漢	11.80	0.40	扁円鈕・円座	主紋八神・一侍・二鳥・三獣重迭排列、中有直銘「君宜官」・「君官」。辺為銘文一周。	吾作明竟（鏡）、幽凍宮商、周羅容象、五帝天皇、白（伯）牙単（弾）琴、黄帝除凶、朱鳥玄武、白虎青龍、君宜高官、位至三公。
54	直銘重列神獣鏡	後漢	13.30	0.35	扁円鈕・円座	主紋十一神・三侍・三鳥・三獣、重迭排列、中為直銘「君宜高官」・「君官」。辺為銘文一周。	「君宜高官」・「君官官」、「吾作明竟（鏡）、幽凍宮商、周刻、五帝天皇、白（伯）牙単（弾）琴、黄帝除凶、朱鳥玄武、□□□□、宮東母、左有王公、君宜高官、子孫藩昌、□□王父」。
59	龍虎鏡	六朝	13.10	0.70	円鈕・円座	主紋為高浮雕状的龍虎各一、部分示意圧在鈕下、主紋下端有一鳥一獣和一人扶支、是為狩獵形象。其外為銘文一周。再外為輻線紋一周。辺紋由鋸歯紋、双線鋸歯紋・鋸歯紋三周組成。	李氏作竟（鏡）四夷服、多賀國家人民息、胡虜殄滅天下復、風雨時節五穀孰（熟）、長保二親得天力、伝告后世楽無〔極〕。
60	龍虎鏡	六朝	11.20	0.75	円鈕・円座	主紋為浮雕龍虎各一、部分示意圧在鈕下、龍虎下端有熊羆之類的動物。其外為銘文。再外為輻線紋一周。辺飾鋸歯紋一周。	三角縁	朱氏作竟（鏡）四夷服、多賀國家人民〔息〕、胡虜殄滅天下復、風雨時節五穀孰（熟）。
61	変異龍虎鏡	六朝	11.60	0.35	円鈕・重圏座	主紋為浮雕龍虎、部分示意圧在鈕下、龍側有一人。其外為銘文一周。再外為輻線紋一周。辺紋外為連点波線、内為鋸歯紋。	吾作明竟（鏡）、幽凍三商、八公所造、後人相承、照者益好、工命吉長。
62	三龍鏡	六朝	11.30	0.30	円鈕・重圏座	主紋為浮雕的三龍、其外為銘文一周。再外為輻線紋一周。辺紋為双線波紋和輻線紋各一。1975年10月採集于県慶品収購站。	吾作明竟（鏡）自有紀、刻治禽守（獣）世少有、吉。
63	四虎鏡	六朝	11.00	0.60	円鈕・円座	主紋為浮雕的両両相対的四隻虎、其外為銘文一周。再外為輻線紋一周。辺紋為二周双線鋸歯紋。	三羊作竟（鏡）真工大巧乍（作）。
81	四葉八鳳仏獣鏡	六朝	16.30	0.40	扁円鈕・単圏座	主紋四桃形葉間四対鳳、葉内各有一仏、其中三尊為結跏趺坐、一尊為半跏趺坐。後者面前跪一供養人、作礼仏状、仏背後一人可能為脇侍弟子。前者座下蓮台両辺各有二龍、即天龍、為「八部護法」之一。対鳳持儀仗、其外為内含鳥獣的単線十六連弧。	素縁	
84	黄武六年半円方枚神獣鏡	六朝呉	11.60	0.45	扁円鈕・連珠座	主紋六神四獣。外為半円方枚一周、方枚上毎枚一字、合為、「市北王古師左也工大主士吉兮」。再外為鋸歯紋一周。辺紋外為変異雲紋、内即銘文。	黄武六年三月十日壬辰朔、身吏丁度之什羊吉者、宜市来□□□□、令史命平天、人可大吉。
85	黄龍元年半円方枚神獣鏡	六朝呉	12.90	0.35	扁円鈕・円座	主紋為五神・四獣・三鳥、其外為半円方枚一周、方枚上毎枚一字、合為、「□□朔、十二大夫入命三」。辺紋外為波線紋、内為銘文一周。	黄龍元年太歳在丁巳、乾坤合化、帝道始、五月丙午、□□日中、造作明竟、百凍青銅、服者萬年、位至三公、辟除不祥。
86	赤烏三年半円方枚神獣鏡	六朝呉	12.20	0.40	扁円鈕	已残。主紋剰二神・三獣、其外為半円方枚一周、再外為尖歯紋一周。辺為銘文一周。	赤烏三年五月□□□□〔造〕作・・・・・宜侯王。
87	太平元年半円方枚神獣鏡	六朝呉	12.80	0.40	扁円鈕・円座	主紋五神・四獣（其中一神未鋳清楚）、其外為半円方枚一周、方枚上毎枚一字、合為、「君子□□□□□□」。辺為銘文一周。	太平元年歳在丁卯、帝道始（平）、造作明竟、百凍正（銅）、□□。
88	太平元年半円方枚神獣鏡	六朝呉	11.50	0.40	扁円鈕・円座	主紋四神・四獣、其外為半円方枚一周、方枚上毎枚一字、合為、「音作又□天□□□」。辺有銘文一周。	太平元年・・・・・明竟、百凍正同（銅）、太平十五、作吉、呂風（鳳）。
89	太平元年半円方枚神獣鏡	六朝呉	12.30	0.35	扁円鈕・円座	主紋六神・四獣・四鳳。其外為半円方枚一周、方枚上毎枚一字、合為、「太平元年歳在丁卯」。其外	「太平元年歳在丁卯」、「□□四年、造作明竟、可以昭明、服者老寿、宜公卿、居□如此、楽未央」。

					輻線紋一周。辺為銘文。		
90	永安四年半円方枚神獣鏡	六朝呉	12.10	0.30	扁円鈕	主紋五神・四獣。其外為半円方枚一周、再外為鋸歯紋。辺為一周銘文。	永安四年五月五日丙午日造鏡、寿如東王公西王母、□□□宜長者吏人。
91	永安六年半円方枚神獣鏡	六朝呉	13.70	0.30	扁円鈕	主紋共四神・四獣。其外為半円方枚一周、辺為銘文。	永安六年五月廿五日、費氏作竟、五□青石竟、服竟者位至三公、九（卿）十二（大）夫、長生□□宜子、（家）有五馬千頭羊、子孫昌、宜侯王光。
92	宝鼎二年半円方枚神獣鏡	六朝呉	12.10	0.30	扁円鈕	已残。主紋四神・四獣。其外為半円方枚一周、方枚上毎枚一字、合為、「天王日月、天王日月」。再外為尖歯紋一周。辺為銘文一周。	宝鼎二年十月廿五日、造作明竟、百湅青（銅）・・・・・
93	□□四年半円方枚神獣鏡	六朝呉	13.00	0.45	扁円鈕・連珠座	主紋四神・四獣、外有為半円方枚一周、方枚上毎枚一字（少数為符号）、「一十三日□□王□二□」。再外為鋸歯紋一周。辺紋外為変異雲紋一周、内即一周銘文。	□□四年五月丙午朔十四日、會稽師鮑作明竟、行之大吉、宜貴人王侯、□服者□□□、今造大母王三。
94	半円方枚神獣鏡	六朝	12.60	0.50	円鈕・連珠座	主紋四神・四獣、外有半円方枚一周、方枚上毎枚一字、合成、「利父宜兄、仕至三公、其師命長」。再外有一周尖歯紋。辺紋外為変異雲紋、内即銘文一周。	方枚「利父宜兄、仕至三公、其師命長」、辺紋「盖惟貨竟（鏡）、変巧名工、破山采（採）易（錫）、作石索同（銅）、単（丹）火炉冶、幽湅三商、吐師日翟、容象月明、五帝昔（錯）」。
95	鎏金画紋帯神獣鏡	六朝	13.10	0.45	扁円鈕・円座	鈕上有錯金獣紋。主紋六神・四獣、外為半円方枚一周、方枚上毎枚一字、合為、「九子作世而□服者吉利」一語、再外為鋸歯紋一周。辺紋外為変異雲紋、内為由龍・鳳・獣・羽人等組成的画紋帯、縁側亦有「个」形錯金飾一周、画面通体鎏金、十分富麗。	九子作世而□服者吉利。
96	鎏金画紋帯神獣鏡	六朝	14.60	0.45	扁円鈕・連珠圏座	鈕上有錯金獣紋。主紋五神・一侍及四獣、其外有鳥獣相間的方枚一周、毎枚一字、合為、「呉造明鏡、神経設容、服者卿公」。再外為尖歯紋一周。辺紋外為蟠螭状雲紋、内為由羽人操舟・奔龍・飛鳳・走獣等組成的画紋帯、縁外側有錯金双線鋸歯紋。	呉造明鏡、神聖設容、服者卿公。
97	鎏金画紋帯神獣鏡	六朝	14.00	0.45	円鈕・連珠座	鈕面原有錯金紋飾、因磨損已不清楚。主紋四神・三侍・四獣、再外有半円方枚一周、半円方枚上鋳有羽人・鳥獣図案、方枚上毎枚四字。其外為菱格雲紋一周。辺紋外為雲紋、内為由羽人操舟・飛龍・飛鳳・羽人騎獣等組成的画紋帯。	吾作明鏡（鏡）、幽湅三商、合湅黄白、□□□□、□□□□、周刻無亟（極）、白（伯）牙聖□、□□□□、照頭大明、子孫番（蕃）昌、□□□□、吉師命長。
98	画紋帯神獣鏡	六朝	11.30	0.45	円鈕・円座	主紋三神・一侍・三獣。其外為半円方枚一周、方枚上毎枚一字、合為。再外為尖歯紋一周。辺紋外為雲紋、内為由羽人騎獣・羽人操舟・龍鳳等組成的画紋帯。	吾作明竟（鏡）、幽湅三商、宜子孫。
99	画紋帯神獣鏡	六朝	14.10	0.50	扁円鈕・小連弧座	主紋五神・二侍・四獣・四鳥。其外有半円方枚一周、半円方枚上飾雲紋、方枚上有銘文一到三個字不等、合為。再外為尖歯紋一周。這紋外為雲紋、内為由羽人騎獣・羽人操舟・羽人乗鳳・奔獣組成的画紋帯。	吾作明竟（鏡）、幽湅三商、周（雕）刻容象萬疆、白（伯）牙、大吉羊（祥）。
100	画紋帯神獣鏡	六朝	14.80	0.50	扁円鈕・小連弧座	主紋四神・三侍・四獣・四鳥。外有半円方枚一周、半円枚上飾雲紋、方枚上毎枚二字、合為六句。再外為尖歯紋一周。辺紋外為雲紋、内為由羽人騎獣・羽人操舟・羽人乗龍・龍等図案組成的画紋帯。	吾作明竟（鏡）、幽湅三商、周（雕）刻萬疆、白（伯）牙奏楽、象神見容、吉羊（祥）命長。
101	画紋帯神獣鏡	六朝	15.30	0.45	扁円鈕・連珠座	主紋四神・三侍・四獣・五鳥。外有半円方枚一周、半円方枚上飾雲紋、	吾作明竟（鏡）、幽湅三商、周（雕）刻容象、萬疆、白（伯）牙

第九章　湖北省鄂州市出土銅鏡について　525

						方枚上二到四字不等、合為。再外為輻射紋一周。辺紋外為雲紋、内為由羽人騎獣・羽人操舟・羽人騎鳳・飛禽走獣等組成的画紋帯。	曾（増）主、曰番（蕃）昌、長宜子、孫大吉羊（祥）、宜居侯公、王官貴、陽曰昌、居已目。
102	画紋帯神獣鏡	六朝	15.00	0.40	扁円鈕・円座	主紋五神・四獣・一鳥。外有半円方枚一周、方枚上毎枚一字、合為。再外為鋸歯紋一周。辺紋外為雲紋、内圈外由羽人操舟・羽人逐日・羽人騎鳳・奔龍・飛鳳等組成的画紋帯。	九日員嬰象異、服者命長。
103	画紋帯神獣鏡	六朝	18.00	0.55	扁円鈕・連珠座	主紋六神・五獣・三鳥。其外有半円方枚一周、半円枚上飾雲紋、方枚上毎枚一字、合為。再外為鋸歯紋一周。辺紋外為一周雲紋、内為一周由羽人煉丹・羽人操舟・飛龍・飛鳳等組成的画紋帯。	天下作竟（鏡）明而青（清）、服者宜先皇。
104	黄武四年重列神獣鏡	六朝呉	11.80	0.35	扁円鈕・円座	主紋六神・六獣・二鳳・一亀蛇、上下重迭排列。辺紋外為変異雲紋、内即銘文。	黄武四年六月五日丙辰、作長明竟（鏡）、服者大吉、寿得萬年、鮑師揚名、天已人去之。
105	重列神獣鏡	六朝	12.10	0.35	扁円鈕・小連弧圏座	主紋五神・一侍・四獣上下重列。辺紋外為変異雲紋、内即銘文。	吾作明竟（鏡）、無極、白（伯）牙奏楽、象申（神）百岡（網）、□□□□。
106	重列神獣鏡	六朝	11.70	0.35	扁円鈕・円座	主紋四神五獣上下重迭排列、外繞鋸歯紋一周。辺有一周銘文。	吾人作上竟（鏡）、照下□昌□□青龍□己□、在日月之上、自有□□之中、不可熹。
107	重列神獣鏡	六朝	11.70	0.35	扁円鈕・連珠圏座	主紋六神四獣上下排列、其外有鋸歯紋一周。辺紋外圏為変異雲紋、内圏即銘文一周。	王言昔者、見東方之光、日月之明、西方是火光、南方金色、北方水清、中黄主作。（按、応是「西方金色、南方是火光」之誤鑄）。
108	黄初二年半円方枚重列神獣鏡	六朝魏	13.10	0.40	扁円鈕・円座	已残。主紋剰四神・一侍・四獣、上下重迭排列、外為半円方枚一周、方枚上毎枚一字、合為。再外為鋸歯紋一周。辺紋外為変異雲紋、内圏為銘文。	方枚銘文：「天王日月□□三商」、内圏銘文「黄初二年十一月丁卯朔廿七日癸巳、揚州會稽山陰師薛豫所作鏡、大六寸清昌、服者高遷、秩公美、宜侯王、子孫藩昌」
109	黄初二年半円方枚重列神獣鏡	六朝魏	13.10★	0.35	扁円鈕・円座	鈕上有刻銘。主紋七神・四獣上下重列、外為半円方枚一周、方枚上毎枚一銘。其外為鋸歯紋一周。辺紋外圏為変異雲紋、内圏為銘文。	鈕上銘文：「上大将軍校尉李周鏡」、方枚銘文：「天王日月□□三商」、内圏銘文「黄初二年十一月丁卯朔廿七日癸巳、揚州會稽山陰師薛豫所作鏡、大六寸清昌、服者高遷、秩公美、宜侯王、子孫藩昌」。★
110	黄武六年分段式重列神獣鏡	六朝呉	13.00	0.35	扁円鈕・円座	主紋七神二侍・一龍・二虎・三鳳・四獣・一亀蛇、分五段上下重列。辺紋外圏為変異雲紋、内圏為銘文。	黄武六年十一月丁朔七日丙辰、會稽山陰作師鮑唐竟、照明服者也、宜子孫、陽遂、富貴老寿、賈先牛羊馬、家在武昌、思其少、天下命吉服、吾王千昔□□。
111	黄龍元年分段式重列神獣鏡	六朝呉	12.00	0.35	扁円鈕・連弧圏座	主紋八神・六獣・一鳳・一蛇、分五段上下重列。辺紋外圏為変異雲紋、内圏為銘文一周。	黄龍元年太歳在丁酉七月壬子朔十三日甲子□、陳世（厳）造作、三凍明竟（鏡）、□□□□、□□□□人富貴。
112	黄龍二年分段式重列神獣鏡	六朝呉	13.00	0.30	扁円鈕・円座	主紋七神・三侍・五獣・二鳳・一亀蛇、分五段上下重列。辺紋外圏為変異雲紋、内圏為銘文一周。	黄龍二年七月丁未朔七日癸丑、大師鮑豫而作明鏡、玄陳三（商）、滅絶孕穢、服者高遷、位至竹帛、寿復有石如之。
113	嘉禾二年分段式重列神獣鏡	六朝呉	11.70	0.30	扁円鈕・円座	主紋八神・三侍・四獣・二鳳、分五段上下重列。辺有銘文一周。	嘉禾二年正月大歳在□巳、五帝作竟（鏡）、宜□□□（以下字迹不清）。
114	赤烏五年分段式重列神獣鏡	六朝呉	11.30	0.35	扁円鈕・円座	残。主紋神獣分五段重列。辺紋為不規則変異雲紋、其内為銘文。	赤烏五年三月七日、直夫天下青□奉之世言貴□夷吾（以下残欠）。
115	分段式重列神獣鏡	六朝	14.80	0.40	扁円鈕	主紋為十三神・五侍・十三獣・三鳳・一亀蛇、分上下五段重列。辺紋為雲紋、其内為銘文。	吾作明竟（鏡）、幽凍三萬廻、商周刻無、師伯徳萬罝（疆）、白（伯）牙伯楽、衆神見岡（網）、天禽逆孝、福師白象、富貴所照、曾（増）年益寿、子孫蕃□□□□□。
116	分段式重列神獣鏡	六朝	13.30	0.45	扁円鈕・円座	主紋八神・七侍・八獣・一鳳・一亀蛇、分上下五段重列。辺紋為雲	吾作明竟（鏡）自有紀、幽凍三衆芋出范氏、具師長甘禄百旦、月日

						紋、其内為銘文。		吉萬皆利、東王公西王母、朱人王喬赤松子、長予天公廿。
117	分段式重列神獣鏡	六朝	15.10	0.55	扁円鈕・連弧圏座	主紋十一神・六侍・八獣・二鳳・一亀蛇、分五排上下四列。辺為変異雲紋、其内為銘文、此銘文奇特、起首為。		三日四日五日六日七日八日九日月大（以下不能識認的記号）。
118	神人鳥獣画像鏡	六朝	20.20	0.60	円鈕・円座	座外為浅浮雕四虎。主紋為擲丸神人二対及四獣二鳥、整個図案由六乳釘相間。其外為銘文一周、銘文外為輻線紋・鋸歯紋及変異鳥獣紋組成的図案共三周。	三角縁	三羊作竟（鏡）自有紀、除去不羊（祥）宜古（賈）市、上有東王公西王母、君宜子。
119	神人鳥獣画像鏡	六朝	16.10★	0.52	円鈕・連珠座	主紋為四神人・二獣・一鳥間五乳釘、其外為銘文一周。銘間有後来鐫刻的字、其中有的字刻後又劃掉。内容為「価人竟（鏡）六寸半」、銘外則有輻線紋・鋸歯紋・双線波浪紋各一周。	三角縁	「三羊作竟（鏡）自有紀、除去不〔羊〕宜古（賈）市、上有東王父西王母」。「価人竟（鏡）六寸半」★
120	神人鳥獣画像鏡	六朝	16.30★	0.50	円鈕・重圏連珠座	主紋二神・二侍・四鳥獣相間四乳釘、其外為銘文一周。再外為輻線紋・鋸歯紋以及由変異龍虎鳥獣組成的図案各一周。鏡縁外側有刻銘、「番琚鏡徊二尺一寸」・「米」。	三角縁	「栄氏竟（鏡）佳且好、明而日月、世少有、宜子孫兮」。「番琚鏡徊二尺一寸」・「米」★

　『鄂城漢三国六朝銅鏡』の諸種神獣鏡に登場する神々、神仙は予想に反して伯牙弾琴などの故事的説話が中心で東王公西王母や黄帝などが主とは言えない。なお、それに加えて神々、神仙は東王公であるか、西王母であるか、また黄帝であるか、などの個別名称はどうでもよく、単に「主紋二神・二侍・四禽・四獣」と神獣の数が問題であった。重列は十一神、十三神と多くの数を上げる。この事例が【44】【45】【46】【47】【48】【49】【50】【51】【52】【53】【54】【84】【85】【86】【87】【88】【89】【90】【91】【92】【93】【94】【95】【96】【97】【98】【99】【100】【101】【102】【103】【104】【105】【106】【107】【108】【109】【110】【111】【112】【113】【115】【116】【117】【118】【119】【120】と神獣鏡また画像鏡に展開している。なかでも分段式重列鏡の【110 黄武六年分段式重列神獣鏡】では「主紋七神・一龍・二虎・三鳳・四獣・一亀蛇」と五段に分かって登場している。神と龍虎、亀蛇と一体的であるのが注目される。さらに羽人関係の画像も長江下流の浙江省紹興地方や長江中流の湖南省長沙地方と様子が異なる。画像に羽人が登場するものは【5】【16】【23】【24】【95】【96】【97】【98】【99】【100】【101】【102】【103】であるが、【5】【16】【23】【24】【95】は龍・虎・鳳・熊・麒麟・蛙などと組成された鳥獣紋の一部であり、【96】【97】【98】【99】【100】【101】【102】【103】は多くが「羽人操舟」の場面、さらに「羽人騎獣」「羽人操舟」「羽人乗鳳」「羽人乗亀」があり、また少数であるが【102】に「羽人逐日」、【103】に「羽人煉丹」がある。最後の「羽人煉丹」の煉丹は『抱朴子』の外丹法に関係するもので、早くて４世紀を上らない東晋時代以降のものであろう。いずれにしても神獣鏡の主役というべき東王公・西王母、また黄帝などと羽人の関係は窺えない。日本の三角縁神獣鏡には羽人がほとんど登場しないことと関連するであろう。

　三角縁神獣鏡と道教思想の関係がよく指摘されるが、羽人の存在を媒介にしないとその関係自体が肯定できない。むしろ注目すべきは、【81】鏡に仏像が登場しているのである。この部分の説明を再度引用しよう。

【81 四葉八鳳仏獣鏡 六朝】

主紋四桃形葉間四対鳳、葉内各有一仏、其中三尊為結跏趺坐、一尊為半跏趺坐。後者面前跪一供養人、作礼仏状、仏背後一人可能為脇侍弟子。前者座下蓮台両辺各有二龍、即天龍、為「八部護法」之一。対鳳持儀仗、其外為内含鳥獣的単線十六連弧。

主紋は四桃形葉間に四対の鳳あり、葉内に各々一仏有り、その中の三尊は結跏趺坐であり、一尊は半跏趺坐である。後者で面前に跪く一供養人は、礼仏の状を作り、仏の背後の一人は能く脇侍の弟子であるとしてよい。前者は座下の蓮台の両辺に各々二龍が有り、即ち天龍で、「八部護法」の一である。対の鳳は儀仗を持ち、その外は内に鳥獣を含んだ単線十六連弧である。

この【81四葉八鳳仏獣鏡】に近い紋様は【77・78・79・80・82 四葉八鳳鏡】であるが、そこでは仏の代わりに龍が鋳されている。鳳凰の図像は仏像とともにインド以来の仏教文化である可能性がある。なお、その時代は六朝のいつかであるが、まず【81四葉八鳳仏獣鏡】の出土地を【表9―1】で見ると、鄂鋼五里墩工地で1975年7月9日の出土年月日である。これと関連するのは、【45半円方枚神獣鏡】が五里墩第16号墓出土で1975年7月10日の出土年月日である。これは後漢鏡である。さらに【78四葉八鳳鏡】も五里墩第13号墓出土であるが、出土年月不詳とある。以上から【81四葉八鳳仏獣鏡】は後漢以降三国呉の時代である可能性が無いわけではない。この仏獣鏡の存在は日本の三角縁仏獣鏡や仏獣画像鏡との関係を考える上で重要な資料を提供することになる。

最後に再び日本の三角縁神獣鏡との関係を考える時、鏡の要素で重要な問題は鏡サイズであるが、【表9―1】から【表9―5】湖北鄂州市漢三国六朝銅鏡・徑大小順を作成した。

【表9―5】 湖北鄂州市漢三国六朝銅鏡・徑大小順

番号	名称	時代	径/cm	辺厚/cm	鈕・鈕座形式	形態等説明	縁形式	【銘文】
24	浮雕式鳥獣紋帯龍虎鏡	後漢	20.50	0.65	円鈕・連珠圏座	主紋内為浮雕的龍虎各一、外為羽人狩猪・龍・鳳・虎・怪獣・魚・蛇・鳥組成的鳥獣紋帯、并間以七個柿蒂座乳釘。其外為銘文一周。銘文外為輻線紋一周、辺紋為鋸歯紋・波浪紋・鋸歯紋各一周。		青盖作竟（鏡）大傷、巧工刻之成文章、左龍右虎辟不羊（祥）、朱鳥玄武順陰陽、子孫美具居中央、長保二亲（親）楽富昌、寿敝金石如侯王兮。
118	神人鳥獣画像鏡	六朝	20.20	0.60	円鈕・円座	座外為浅浮雕四虎。主紋為擱丸神人二対及四獣二鳥、整個図案由六乳釘相隔。其外為銘文一周。銘文外為輻線紋・鋸歯紋及変異鳥獣紋組成的図案共三周。	三角縁	三羊作竟（鏡）自有紀、除去不羊（祥）宜古（賈）市、上有東王公西王母、君宜子。
31	蝙蝠形柿蒂座連弧紋鏡	後漢	18.90	0.35	円鈕・蝙蝠形柿蒂座	已残。但已拡大為朱紋、蒂間有長脚花式篆「長宜子孫」四個字。其外并有八連内向弧紋、弧間四円圏相間四字「生如山石」。	素縁	「長宜子孫」「生如山石」。
79	四葉八鳳鏡	六朝	18.50	0.45	扁円鈕・重圏座	主紋四桃形葉間四対鳳、葉内各有一獣、三対鳳下各有一亀。其外繞以十六個単線内向連弧、弧内各有一獣、多為龍・麒麟・鳳・兎之類。辺紋為蔓草間十六鳥獣。全鏡共有鳥獣四十八隻、図案布局適当、疎密合宜、頗具匠心。		

103	画紋帯神獣鏡	六朝	18.00	0.55	扁円鈕・連珠座	主紋六神・五獣・三鳥。其外有半円方枚一周、半円枚上飾雲紋、方枚上每枚一字、合為。再外為鋸歯紋一周。辺紋外為一周雲紋、内為一周由羽人煉丹・羽人操舟・飛龍・飛鳳等組成的画紋帯。		天下作竟（鏡）明而青（清）、服者宜先皇。
23	浮雕式鳥獣紋帯龍虎鏡	後漢	17.80	0.80	円鈕・円座	主紋内為浮雕的龍虎、外為龍・虎・鳳・凰・鳥・羽人組成的鳥獣紋帯、間以六個柿蒂紋乳釘。外圏銘文。銘外還有輻線紋・鋸歯紋各一周。辺紋為鳥獣魚紋組成的紋帯。		李氏作竟（鏡）四夷服、多賀國家人民息、胡虜殄滅天下復、風雨時節五谷（穀）熟、長保二親得天力。
37	獣首鏡	後漢	17.40	0.35	扁円鈕	主紋蝙蝠形柿蒂紋間四獣首、柿蒂内為鳥・蛙・網紋。主紋外為三角紋対連弧紋一周。辺為菱格雲紋一周。鏡鈕上針刻五字。		陸凱士李置。
5	規矩四神鏡	新莽	17.20	0.40	円鈕・重方柿蒂座	主紋為規矩紋間青龍・白虎・朱雀・玄武四神、其間還有鳥・獣・蛙・羽人之類図案、并間以八乳釘紋。辺紋（由外到内、下同）為鋸歯紋・波折紋・鋸歯紋・輻線紋共四周。銘文曰。方格座内銘為十二地支、每字間以乳釘。		尚方作竟（鏡）真大巧、上有仙人不知老、渴飲玉泉。 方格内銘：子丑寅卯辰巳午未申酉戌亥。
76	変異柿蒂八鳳鏡	六朝	17.00	0.30	扁円鈕・円座	座外四辺有「位爵明公」四字。主紋内為変異的葉状柿蒂、蒂弁内有雲紋。中為八鳳、対鳳頭頂上各有一銘、合為「大宜天子」。再外為内飾各種鳥獣紋的単線十六連弧、連弧外為一周簡易雲紋。		「位爵明公」・「大宜天子」。
7	規矩八禽鏡	新莽	16.90	0.40	円鈕・重方柿蒂座	已残。主紋為規矩間八鳥紋、有八乳釘。辺紋為鋸歯紋・波折紋・鋸歯紋・輻線紋各一周。銘文曰。方格座内銘為十二地支、每字間以一乳釘。		尚方乍（作）竟（鏡）真巧、上有仙〔人〕不知老、飢食棗、飲真玄入□□。 座内銘：子丑寅卯辰巳午未申酉戌亥。
77	四葉八鳳鏡	六朝	16.80	0.40	扁円鈕・輻線単圏座	主紋四桃形葉間四対鳳—八鳳、葉内分別飾龍・虎・鳳及一獣。其外繞以十六個内向連弧紋、紋内填以変異雲紋、辺紋亦為棱形変異雲紋。		
81	四葉八鳳仏獣鏡	六朝	16.30	0.40	扁円鈕・単圏座	主紋四桃形葉間四対鳳、葉内各有一仏、其中三尊為結跏趺坐、一尊為半跏趺坐。後者面前跪一供養人、作礼仏状、仏背後一人可能為脇侍弟子。前者座下蓮台両辺各有二龍、即天龍、為「八部護法」之一。対鳳持儀仗、其外為内含鳥獣的単線十六連弧。	素縁	
120	神人鳥獣画像鏡	六朝	16.30★	0.50	円鈕・重圏連珠座	主紋二神・二侍・四鳥獣相間四乳釘、其外為銘文一周。再外為輻線紋・鋸歯紋及由変異龍虎鳥獣組成的図案各一周。鏡縁外側有刻銘、「番琚鏡徊二尺一寸」・「米」。	三角縁	「栄氏竟（鏡）佳且好、明而日月、世少有、宜子孫兮」。「番琚鏡徊二尺一寸」・「米」★
28	連弧紋鏡	後漢	16.30	0.30	扁円鈕・連点重圏座	主紋為八内連弧、副紋為輻線紋・単圏乳釘紋・輻線紋二周。	素縁	
119	神人鳥獣画像鏡	六朝	16.10★	0.52	円鈕・連珠座	主紋為四神人・二獣・一鳥間五乳釘、其外為銘文一周。銘間有後来鏨刻的字、其中有的字刻後又劃掉。内容為「価人竟（鏡）六寸半」、銘外則有輻線紋・鋸歯紋・双線波浪紋各一周。	三角縁	「三羊作竟（鏡）自有紀、除去不〔羊〕宜古（賈）市、上有東王父西王母」。「価人竟（鏡）六寸半」★
15	鳥獣紋帯鏡	後漢	16.10	0.70	扁円鈕・連珠座	座外為重圏輻線紋。主紋為四乳釘相間的、由龍・虎・麒麟・鳥及一些奇禽異獣組成的紋帯、主紋外有輻線紋一周。辺紋為双線鋸歯紋。	素縁	
6	規矩四神鏡	新莽	16.00	0.40	円鈕・重方柿蒂座	主紋為規矩紋間青龍・白虎・朱雀・玄武四神、雑以鳥・獣、間以八乳釘。辺紋有流雲紋・鋸歯紋・輻線紋各一周、其内為銘文。方格座内銘為十二地支、每字間以乳釘。		尚方作竟（鏡）大母傷、左龍右虎除不羊（祥）、朱鳥玄武順陰陽、子孫備具居中央、長保二楽（親）具富昌、如侯王。 方格内銘：子丑寅卯辰巳午未申酉戌亥。

第九章　湖北省鄂州市出土銅鏡について

78	四葉八鳳鏡	六朝	16.00	0.30	扁円鈕・円座	主紋四桃形葉間四対鳳、葉内各有一獣、対鳳皆執儀仗、有三対鳳下各有一獣、一対鳳下飾一物。主紋外為一周内壔変異雲紋的十六内向連弧、辺紋為一周鳥獣図案。		
38	双夔鏡	後漢	15.60	0.25	円鈕・円座	残。主紋為対称双首夔紋、中有直行銘文「立（位）至三公」、「三羊至官」、両銘文反向対称。主紋外為連弧紋・蔓草紋・輻線紋各一周。	素縁	「立（位）至三公」、「三羊至官」。
101	画紋帯神獣鏡	六朝	15.30	0.45	扁円鈕・連珠座	主紋四神・三侍・四獣・五鳥。外有半円方枚一周、半円枚上飾雲紋、方枚上二到四字不等、合為。再外為輻射紋一周。辺紋外為雲紋、内為由羽人騎獣・羽人操舟・羽人騎鳳・飛禽走獣等組成的画紋帯。		吾作明竟（鏡）、幽凍三商、周（雕）刻容象、萬疆、白（伯）牙曾（増）主、曰番（蕃）昌、長宜子孫大吉羊（祥）、宜居侯公、王官貴、陽曰昌、居已日。
117	分段式重列神獣鏡	六朝	15.10	0.55	扁円鈕・連弧圏座	主紋十一神・六侍・八獣・二鳳・一亀蛇、分五排上下重列。辺為変異雲紋、其内為銘文、此銘文奇特、起首為。		三日四日五日六日七日八日九日月大（以下不能識認的記号）。
102	画紋帯神獣鏡	六朝	15.00	0.40	扁円鈕・円座	主紋五神・四獣・一鳥。外有半円方枚一周、半円方枚上毎枚一字、合為。再外為鋸歯紋一周。辺紋外為雲紋、内圏外由羽人操舟・羽人逐日・羽人騎鳳・奔龍・飛鳳等組成的画紋帯。		九日員嬰象異、服者命長。
100	画紋帯神獣鏡	六朝	14.80	0.50	扁円鈕・小連弧座	主紋四神・三侍・四獣・四鳥。外有半円方枚一周、半円枚上飾雲紋、方枚上毎枚二字、合為六句。再外為尖歯紋一周。辺紋外為雲紋、内為由羽人騎獣・羽人操舟・羽人乗亀・龍等図案組成的画紋帯。		吾作明竟（鏡）、幽凍三商、周（雕）刻萬疆、白（伯）牙奏楽、象神見容、吉羊（祥）命長。
115	分段式重列神獣鏡	六朝	14.80	0.40	扁円鈕	主紋為十三神・五侍・十三獣・三鳳・一亀蛇、分上下五段重列。辺紋為雲紋、其内為銘文。		吾作明竟（鏡）、幽凍三萬廻、商周刻無、師伯徳萬置（疆）、白（伯）牙伯楽、衆神見罔（網）、天禽逆孝、福臨白象、富貴所属、曾（増）年益寿、子孫蕃□□□□。
33	永康元年獣首鏡	後漢	14.70	0.30	円鈕・円座	主紋蝙蝠形柿蒂紋間四獣首、其外為銘文一周、柿蒂内有銘文四字「長宜高官」。銘帯外簡易雲紋・連弧紋各一周。辺紋為菱格雲紋。		「長宜高官」。「永康元年六月八日庚申、天下大祝、吾造作尚方明竟、合湅黄白、周（雕）兮。」
96	鎏金画紋帯神獣鏡	六朝	14.60	0.45	扁円鈕・連珠圏座	鈕上有錯金獣紋。主紋五神・一侍及四獣、其外有鳥獣相間的方枚一周、毎枚一字、合為、「呉造明鏡、神経設容、服者卿公」。再外為尖歯紋一周。辺紋外為蟠螭状雲紋、内為由羽人操舟・奔龍・飛鳳・走獣等組成的画紋帯、縁外側有錯金双線鋸歯紋。		呉造明鏡、神聖設容、服者卿公。
14	七乳七鳥紋帯鏡	後漢	14.40	0.30	円鈕・連珠重圏座	主紋為七乳間七鳥組成的紋帯、主紋内外各有輻線紋各一周。辺紋為双線鋸歯紋。		
21	浮雕式変異四神鏡	後漢	14.40	0.55	円鈕・重圏座	已残。主紋為浮雕式青龍・白虎・朱雀・麒麟組成的変異四神、其外為銘文一周。銘文外為輻線紋・鋸歯紋・波折紋各一周。	三角縁	至氏作竟（鏡）真大工（巧）、□□□□寿、富貴昌盛、功成事見、其師命長兮。
47	半円方枚神獣鏡	後漢	14.20	0.45	扁円鈕・連珠座	主紋五神・四獣・四鳥、外為半円方枚一周、方枚上毎枚一字。合為。其外為輻線紋一周。辺紋外為簡易雲紋、内為銘文。		方枚銘文「五子三公九夫十二大卿」、辺紋内銘文「吾作明竟（鏡）、背刻、商周羅象、□□天皇、白（伯）牙弾琴、黄帝除凶、布帛□昔（錯）萬、真□□自曰」。
82	四葉八鳳鏡	六朝	14.20	0.25	扁円鈕・円座	主紋四桃形葉間四対鳳、葉内各有一獣、対鳳持下端帯有雲状尖的儀仗、鳳外繞以十六単線内向連弧、弧内飾有鳳・鶴・鳥・兎之類動物。	素縁	
72	柿蒂八鳳	六朝	14.10	0.50	扁円鈕・円	主紋内為柿蒂、外間八鳳、蒂内有	素縁	位至三公。

	鏡				座	「位至三公」四字。其外為内向連弧紋一周。	
80	四葉八鳳鏡	六朝	14.10	0.35	扁円鈕・円座	主紋四桃形葉間四対鳳、葉内各有一獣、鳳下有一帯柄錘式図案。其外為十六連弧、弧内各有一鳥或獣。	素縁
99	画紋帯神獣鏡	六朝	14.10	0.50	扁円鈕・小連弧座	主紋五神・二侍・四獣・四鳥。其外有半円方枚一周、半円方枚上飾雲紋、方枚上有銘文一到三個字不等、合為。再外為尖歯紋一周。這紋外為雲紋、内為由羽人騎獣・羽人操舟・羽人乗鳳・奔獣組成的画紋帯。	吾作明竟（鏡）、幽凍三商、周（雕）刻容象萬疆、白（伯）牙、大吉羊（祥）。
97	鎏金画紋帯神獣鏡	六朝	14.00	0.45	円鈕・連珠座	鈕面原有錯金紋飾、因磨損已不清楚。主紋四神・三侍・四獣、再外有半円方枚一周、半円方枚上鋳有羽人・鳥獣図案、方枚上每枚四字。其外為菱格雲紋一周。辺紋外為雲紋、内為由羽人操舟・飛龍・飛鳳・羽人騎獣等組成的画紋帯。	吾作明竟（鏡）、幽凍三商、合凍黄白、□□□□、□□□□、周刻無亟（極）、□□□、白（伯）牙聖□、□□□、照頭大明、子孫番（蕃）昌、□□□□、吉師命長。
44	建安二十一年半円方枚神獣鏡	後漢	13.70	0.40	扁円鈕・円座	主紋二神・二侍・二人・四獣、其外有半円方枚一周、方枚上每枚一字。（不詳）再外為鋸歯紋一周。辺紋外為勾連蟠螭、内為銘文。1975年採集于県収購站。	建安廿一年四戊午朔十九日起弋師也道其者、會稽所作中有六寸、一千也人者、服之千萬年長仙、作吏宜官、吉羊（祥）、宜侯王、家有五馬千頭羊、羊□女子見畜□□□。
91	永安六年半円方枚神獣鏡	六朝呉	13.70	0.30	扁円鈕	主紋共四神・四獣。其外為半円方枚一周、辺為銘文。	永安六年五月十五日、費氏作竟、五□青石竟、服竟者位至三公、九（卿）十二（大）夫、長生□□子、（家）有五馬千頭羊、子孫昌、宜侯王光。
49	建安六年直銘重列神獣鏡	後漢	13.60	0.45	扁円鈕・円座	主紋上下重列十三神・二侍・六禽・一獣、中有直銘曰「君高官」・「高官」。辺有銘文一周。	「君宜高官」・「高官」、「建安六年、君宜高（官）、吾五月十四日氏作竟、幽凍宮商、刻三容象、五帝天皇、白（伯）牙単（弾）琴、黄帝吉羊（祥）、三公」。
34	熹平二年獣首鏡	後漢	13.30	0.30	浮雕盤龍紋鈕・円座	主紋蝙蝠形柿蒂紋間四獣首、柿蒂内有「君宜高官」四字。主紋外為銘文。銘外為簡易雲紋対連弧紋各一周。辺紋為一周渦雲紋。	「君宜高官」「熹平二年正月丙午日、吾作明竟、長楽未央、君宜高官、吉師命長、□□古市、□□□□、富貴延年」。
54	直銘重列神獣鏡	後漢	13.30	0.35	扁円鈕・円座	主紋十一神・三侍・三鳥・三獣、重迭排列、中為直銘「君宜高官」・「君宜官」。辺為銘文一周。	「君宜高官」・「君宜官」、「吾作明竟（鏡）、幽凍宮商、周刻、五帝天皇、白（伯）牙単（弾）琴、黄帝除凶、朱鳥玄武、□宮東母、左有王公、君宜高官、子孫藩昌、□□王父」。
116	分段式重列神獣鏡	六朝	13.30	0.45	扁円鈕・円座	主紋八神・七侍・八獣・一鳳・一亀蛇、分上下五段重列。辺紋為雲紋、其内為銘文。	吾作明竟（鏡）自有紀、幽凍三衆芋出范氏、其師長甘禄百旦、月日吉萬皆利、東王公西王母、朱人王喬赤松子、長予天公廿。
51	建安十年直銘重列神獣鏡	後漢	13.20	0.40	扁円鈕・円座	主紋十一神・一侍・四鳳等重迭排列、中間直銘曰「君宜官」・「君宜官」。辺為銘文。	「君宜官」・「君宜官」、「建安十年、吾作明竟（鏡）、幽凍宮商、周刻容象、五帝天皇、白（伯）牙単（弾）琴、黄帝除凶、朱鳥玄武、白虎青龍、君宜高官、位至王公、子孫番（蕃）昌」。
109	黄初二年半円方枚重列神獣鏡	三国魏	13.10 ★	0.35	扁円鈕・円座	鈕上有刻銘。主紋七神・四獣上下重列、外為半円方枚一周、方枚上每枚一銘。其外為鋸歯紋一周。辺紋外圏為変異雲紋、内圏為銘文。	鈕上銘文：「上大将軍校尉李周鏡」、方枚銘文：「天王日月□□三商」、内圏銘文「黄初二年十一月丁卯朔廿七日癸巳、揚州會稽山陰薛豫所作鏡、大六寸清昌、服者高遷、秩公美、宜侯王、子孫藩昌」。★
48	重列神獣鏡	後漢	13.10	0.30	扁円鈕・円座	主紋五神・四獣上下重迭排列、其外有輻線紋一周、辺紋雲紋。	
59	龍虎鏡	六朝	13.10	0.70	円鈕・円座	主紋為高浮雕状的龍虎各一、部分示意圧在鈕下、主紋下端有一鳥一獣和一人持叉、是為狩猟形象。其外為銘文一周。再外為輻線紋一周。	李氏作竟（鏡）四夷服、多賀國家人民息、胡虜殄滅天下復、風雨時節五穀孰（熟）、長保二親得天力、伝告后世楽無〔極〕。

							辺紋由鋸歯紋・双線鋸歯紋・鋸歯紋三周組成。	
95	鎏金画紋帯神獣鏡	六朝	13.10	0.45	扁円鈕・円座		鈕上有錯金獣紋。主紋六神・四獣、外為半円方枚一周、方枚上毎枚一字、合為、「九子作世而□服者吉利」一語、再外為鋸歯紋一周。辺紋外為変異雲紋、内為由龍・鳳・獣・羽人等組成的画紋帯、縁側亦有「个」形錯金紋飾一周、画面通体鎏金、十分富麗。	九子作世而□服者吉利。
108	黄初二年半円方枚重列神獣鏡	三国魏	13.10	0.40	扁円鈕・円座		已残。主紋剰四神・一侍・四獣、上下重迭排列、外為半円方枚一周、方枚上毎枚一字、合為。再外為鋸歯紋一周。辺紋外為変異雲紋、内圏為銘文。	方枚銘文：「天王日月□□三商」、内圏銘文「黄初二年十一月丁卯廿七日癸巳、揚州會稽山陰師薛豫所作鏡、大六寸清昌、服者高遷、秩公美、宜侯王、子孫藩昌」。
93	□□四年半円方枚神獣鏡	六朝呉	13.00	0.45	扁円鈕・連珠座		主紋四神・四獣、外有為半円方枚一周、方枚上毎枚一字（少数為符号）、「一十三日□□□王□二□□」。再外為鋸歯紋一周。辺紋外為変異雲紋一周、内即一周銘文。	□□四年五月丙午朔十四日、會稽師鮑作明鏡、行之大吉、宜貴人王侯、□服者□□□、今造大母王三。
110	黄武六年分段式重列神獣鏡	六朝呉	13.00	0.35	扁円鈕・円座		主紋七神二侍・一龍・二虎・三鳳・四獣・一亀蛇、分五段上下重列。辺紋外圏為変異雲紋、内圏為銘文。	黄武六年十一月丁巳朔七日丙辰、會稽山陰師鮑唐竟、照明服者也、宜子孫、陽遂、富貴老寿、匱先牛羊馬、家在武昌、思其少、天下命吉服、吾王千昔□□。
112	黄龍二年分段式重列神獣鏡	六朝呉	13.00	0.30	扁円鈕・円座		主紋七神・三侍・五獣・二鳳・一亀蛇、分五段上下重列。辺紋外圏為変異雲紋、内圏為銘文一周。	黄龍二年七月丁未朔七日癸丑、大師鮑豫而作明鏡、玄凍三（商）、滅絶孚穢、服者高遷、位至竹帛、寿復者石如也。
27	雲雷連弧紋鏡	後漢	12.90	0.35	円鈕・柿蒂座		已残。主紋外為雲雷紋、内為内向八連弧、在雲雷紋外和雲雷紋与連弧紋之間各有輻線紋一周。	素縁	
85	黄龍元年半円方枚神獣鏡	六朝呉	12.90	0.35	扁円鈕・円座		主紋為五神・四獣・三鳥、其外為半円方枚一周、方枚上毎枚一字、合為、「□□朔、十二大夫入命三」。辺紋外為波線紋、内為銘文一周。	黄龍元年太歳在丁巳、乾坤合化、帝道始平、五月丙午、□□日中、造作明竟、百湅青銅、服者萬年、位至三公、辟除不祥。
87	太平元年半円方枚神獣鏡	六朝呉	12.80	0.40	扁円鈕・円座		主紋五神・四獣（其中一神未鋳清楚）、其外為半円方枚一周、方枚上毎枚一字、合為、「君子□□□□□□」。辺為銘文一周。	太平元年歳在丁卯、帝道始（平）、造作明竟、百湅正（銅）、□□。
20	変異四神鏡	後漢	12.70	0.40	円鈕・重方座		座内有「子丑寅卯辰巳午未申酉戌亥」十二地支銘。主紋是很草率的四神、玄武看不清楚。辺有断続輻線紋一周、鋸歯紋一周。	素縁	
22	浮雕式変異四神鏡	後漢	12.70	0.70	円鈕・円座		主紋為浮雕式変異四神、即青龍・白虎・朱雀、麒麟、主紋外為輻線紋一周、鋸歯紋二周。	
75	変異柿蒂八鳳鏡	六朝	12.60	0.30	扁円鈕・円座		座外有「吾作明竟」四字。主紋内為変異的葉状柿蒂、蒂弁内有雲紋。外為八鳳、再外為内飾焔状雲紋的十六単線内向連弧。対鳳頭頂上各有一銘、合為「幽凍三周」。	素縁	「吾作明竟」・「幽凍三商」。
94	半円方枚神獣鏡	六朝	12.60	0.50	円鈕・連珠座		主紋四神・四獣、外有半円方枚一周、方枚上毎枚一字、合成、「利父宜兄、仕至三公、其師命長」。再外有一周尖歯紋。辺紋外為変異雲紋、内即銘文一周。	方枚「利父宜兄、仕至三公、其師命長」、辺紋「盖惟貨竟（鏡）、変巧名工、破山采（採）易（錫）、作石索同（銅）、単（丹）火炉冶、幽凍三商、吐節日翟、容象月明、五帝昔（錯）」。
16	鳥獣紋帯鏡	後漢	12.50	0.50	円鈕・重圏雲紋乳釘座		主紋為五乳相間虎・鳳・熊・麒麟・羽人組成的紋飾帯、主紋外為輻線紋一周。辺紋為流雲紋・鋸歯紋各一周。	
46	半円方枚神獣鏡	後漢	12.30	0.30	浮雕盤龍紋鈕・円座		主紋二神・二侍・二人、其外為半円方枚一周、方枚上毎枚一字。合為、其外為鋸歯紋一周。辺紋外為変異雲紋、内為銘文。	方枚銘文「吾作明竟（鏡）、幽凍三商、立（位）至三公」、辺紋内銘文「正月丙日王作明竟自有方、除去不祥、宜古（賈）市大吉利、

								幽湅三商、天王日月、上有東王父西王母、宜如山石、宜西北萬里、富昌長楽」。
89	太平元年半円方枚神獣鏡	六朝呉	12.30	0.35	扁円鈕・円座		主紋六神・四獣・四鳳。其外為半円方枚一周、方枚上每枚一字、合為、「太平元年歳在丁卯」。其外為輻線紋一周。辺為銘文。	「太平元年歳在丁卯」、「□□四年、造作明竟、可以昭明、服者老寿、宜公卿、居□如此、楽未央」。
50	建安六年直銘重列神獣鏡	後漢	12.20	0.35	扁円鈕・円座		主紋十一神・一侍・四鳳等重迭排列、中間直銘曰「君宜官」・「君宜官」。辺為銘文。	「君宜官」・「君宜官」、「建安六年五月十四日、示氏作竟（鏡）、幽湅宮商、周羅容象、五帝天皇、白（伯）牙単（弾）琴、黄帝吉羊（祥）、三公」。
86	赤烏三年半円方枚神獣鏡	六朝呉	12.20	0.40	扁円鈕		已残。主紋剰二神・三獣、其外為半円方枚一周、再外為尖歯紋一周。辺為銘文一周。	赤烏三年五月□□□□作‥‥‥宜侯王。
43	熹平七年半円方枚神獣鏡	後漢	12.10	0.30			已残。主紋神獣、其外有半円方枚一周、再外為一周内向鋸歯紋、内為銘文。方枚上每枚一字、合為。	「熹平七年正月廿五日丙午、暴氏作尚方明竟、幽湅三商、天王日月、上有□□□□富且昌、長楽未央」、「吾作明竟、天王日月、立（位）至三公」。
90	永安四年半円方枚神獣鏡	六朝呉	12.10	0.30	扁円鈕		主紋五神・四獣。其外為半円方枚一周、再外為鋸歯紋。辺為一周銘文。	永安四年五月五日丙午日造鏡、寿如東王公西王母、□□□宜長者吏人。
92	宝鼎二年半円方枚神獣鏡	六朝呉	12.10	0.30	扁円鈕		已残。主紋四神・四獣。其外為半円方枚一周、方枚上每枚一字、合為、「天王日月、天王日月」。再外為為尖歯紋一周。辺為銘文一周。	宝鼎二年十月廿五日、造作明竟、百湅青（銅）‥‥‥。
105	重列神獣鏡	六朝	12.10	0.35	扁円鈕・小連弧圏座		主紋五神・一侍・四獣上下重列。辺紋外為変異雲紋、内即銘文。	吾作明竟（鏡）、無極、白（伯）牙奏楽、象申（神）百罔（網）、□□□□。
52	建安十九年直銘重列神獣鏡	後漢	12.00	0.35	扁円鈕・円座		主紋十一神・一侍・三鳥・一獣上下重迭排列、中有直銘「君宜」・「高官」。辺為銘文一周。	「君宜」・「高官」、「建（安）十九年八月五日、吾作竟（鏡）、（天王）日月、白（伯）牙単（弾）琴、黄帝、仙人東王父西母、宜子先、大吉羊（祥）、位至三公、子□夫」。
111	黄龍元年分段式重列神獣鏡	六朝呉	12.00	0.35	扁円鈕・連弧圏座		主紋八神・六獣・一鳳・一亀蛇、分五段上下重列。辺紋外圏為変異雲紋、内圏為銘文一周。	黄龍元年太歳在丁酉七月壬子朔十三日甲子□、陳世（厳）造作、三湅明竟（鏡）、□□□□、□□□□人富貴。
18	鳥獣紋帯鏡	後漢	11.90	0.35	円鈕・柿蒂単圏座		座外有断続輻線紋・輻線紋一周。主紋為由五乳相間的釘相間的、由龍・虎・麒麟・鳥及一些奇禽異獣組成的紋帯、主紋外有輻線紋一周。辺紋為双線鋸歯紋・鋸歯紋各一周。	
53	直銘重列神獣鏡	後漢	11.80	0.40	扁円鈕・円座		主紋八神・一侍・二鳥・三獣重迭排列、中有直銘「君宜官」・「君官」。辺為銘文一周。	吾作明竟（鏡）、幽湅宮商、周羅容象、五帝天皇、白（伯）牙単（弾）琴、黄帝除凶、朱鳥玄武、白虎青龍、君宜高官、位至三公。
104	黄武四年重列神獣鏡	六朝呉	11.80	0.35	扁円鈕・円座		主紋六神・六獣・二鳳・一亀蛇、上下重迭排列。辺紋外為変異雲紋、内即銘文。	黄武四年六月五日丙辰、作長明竟（鏡）、服者大吉、寿得萬年、鮑師揚名、天已人去之。
106	重列神獣鏡	六朝	11.70	0.35	扁円鈕・円座		主紋四神五獣上下重迭排列、外繞鋸歯紋一周。辺有一周銘文。	吾人作上竟（鏡）、照下□昌□□青龍□己□、在日月之上、自有□□之中、不可熹。
107	重列神獣鏡	六朝	11.70	0.35	扁円鈕・連珠圏座		主紋六神四獣上下排列、其外有鋸歯紋一周。辺紋外圏為変異雲紋、内圏即銘文一周。	王言昔者、日東方之光、日月之明、西方是火光、南方金色、北方水清、中黄主作。（按、応是「西方金色、南方是火光」之誤鋳）
113	嘉禾二年分段式重列神獣鏡	六朝呉	11.70	0.30	扁円鈕・円座		主紋八神・三侍・四鳳・二鳳、分五段上下重列。辺有銘文一周。	嘉禾二年正月大歳在□巳、五帝作竟（鏡）、宜□□□（以下字迹不清）。
29	連弧紋鏡	後漢	11.60 ★	0.25	円鈕・柿蒂座、蒂間有雲紋		主紋為八内向連弧、其外為輻線紋一周。素縁、其上刻十一字。	素縁	煉年平東鄭李鏡一里六寸。★
45	半円方枚	後漢	11.60	0.40	扁円鈕・小		主紋四神・二人・四獣、其外為半		今年丙午五月七日丙午、清浪吉

第九章　湖北省鄂州市出土銅鏡について　533

					円方枚一周、方枚上毎枚一字。（不詳）再外為鋸歯紋一周。辺紋外為変異雲紋、内容銘文。		日、志于弓日、毎出當須安佳、時可住善矣、太一為将軍吉。
61	変異龍虎鏡	六朝	11.60	0.35	円鈕・重圏座	主紋為浮雕龍虎、部分示意圧在鈕下、龍側有一人。其外為銘文一周。再外為輻線紋一周。辺紋外為連点波線、内為鋸歯紋。		吾作明竟（鏡）、幽凍三商、八公所造、後人相承、照者益好、工命吉長。
84	黄武六年半円方枚神獣鏡	六朝呉	11.60	0.45	扁円鈕・連珠座	主紋六神四獣。外為半円方枚一周、方枚上毎枚一字、合為、「市北王古師左也工大主吉兮」。再外為鋸歯紋一周。辺紋外為変異雲紋、内即銘文。		黄武六年三月十日壬子朔、長吏高度之什羊吉者、宜市来□□□、令史命平天、人可大吉。
36	獣首鏡	後漢	11.50	0.35	扁円鈕	主紋蝙蝠形柿蒂紋間四獣首、蒂内有銘文「位至三公」。主紋外為連弧紋一周。辺為菱格雲紋一周。		位至三公。
88	太平元年半円方枚神獣鏡	六朝呉	11.50	0.40	扁円鈕・円座	主紋四神・四獣、其外為半円方枚一周、方枚上毎枚一字、合為、「音作又□天□□□」。辺有銘文一周。		太平元年・・・・・明竟、百湅正同（銅）、太平十五、作吉、呂風（鳳）。
62	三龍鏡	六朝	11.30	0.30	円鈕・重圏座	主紋為浮雕的三龍、其外為銘文一周。再外為輻線紋一周。辺紋為双線波紋和輻線紋各一周。1975年10月採集于県慶品収購站。		吾作明竟（鏡）自有紀、刻治禽守（獣）世少有、吉。
98	画紋帯神獣鏡	六朝	11.30	0.45	円鈕・円座	主紋三神・一侍・三獣。其外為半円方枚一周、方枚上毎枚一字、合為。再外為尖歯紋一周。辺紋外為雲紋、内為由羽人騎獣・羽人操舟・龍鳳等組成的画紋帯。		吾作明竟（鏡）、幽凍三商、宜子孫。
114	赤烏五年分段式重列神獣鏡	六朝呉	11.30	0.35	扁円鈕・円座	残。主紋神獣分五段重列。辺紋為不規則変異雲紋、其内為銘文。		赤烏五年三月七日、直夫天下盲□奉之世言貴□夷吾（以下残欠）。
13	簡化規矩四神鏡	後漢	11.20	0.30	円鈕・方座	主紋為青龍・白虎・朱雀・玄武和一獣、規矩紋簡化為僅剰四「T」、辺紋亦是由図案式的青龍・白虎・朱雀・玄武組成。辺紋内為輻線紋一周、其内為銘文。		漢有善銅出丹陽、和以銀錫清照□。
35	獣首鏡	後漢	11.20	0.30	扁円鈕	主紋蝙蝠形柿蒂紋間四獣首、蒂内為四個「公」字。主紋外為連弧紋一周。辺為一周簡易獣形紋。		公。
60	龍虎鏡	六朝	11.20	0.75	円鈕・円座	主紋為浮雕龍虎各一、部分示意圧在鈕下、龍虎下端有熊羆之類的動物。其外為銘文。再外為輻線紋一周。辺飾鋸歯紋一周。	三角縁	朱氏作竟（鏡）四夷服、多賀國家人民〔息〕、胡虜殄滅天下復、風雨時節五穀孰（熟）。
74	柿蒂八鳳鏡	六朝	11.10	0.30	扁円鈕・円座	主紋内為柿蒂、外為八鳳、蒂内有銘文「位至三公」四字。主紋外繞以内向十六連弧紋一周。	素縁	位至三公。
71	柿蒂八鳳鏡	六朝	11.00	0.30	扁円鈕・円座	主紋為柿蒂紋間八鳳、蒂内有「位至三公」四字。其外為内向連弧紋一周。		位至三公。
17	鳥獣紋帯鏡	後漢	11.00	0.40	円鈕・重圏座・毎圏有部分輻線紋	主紋為七乳釘相間七鳥獣、其外還有一周輻線紋。辺紋為鋸歯紋二周。		
39	簡易双夔鏡	後漢	11.00	0.40	扁円鈕・円座	主紋為対称的簡易双夔、中有反向対称的直銘、「宜子」。其外有輻線紋一周。	素縁	宜子。
63	四虎鏡	六朝	11.00	0.60	円鈕・円座	主紋為浮雕的両両相対的四虎、其外為銘文一周。再外為輻線紋一周。辺紋為二周双線鋸歯紋。		三羊作竟（鏡）真工大巧乍（作）。
3	昭明鏡	前漢	10.90	0.60	円鈕・重圏座	座外飾内向八連弧、再外為輻線紋一周。靠縁亦有輻線紋一周、其内即銘文。毎字之間有個「而」字。通体呈漆黒色而発亮。	素縁	内清以昭明、光象夫日月。
26	浮雕式鳥獣紋鏡	後漢	10.80	0.30	円鈕・円座	主紋為四個帯円座的乳釘相間的四龍二鳳。其外有銘文一周、再外為輻線紋一周。辺紋為一周単線鋸歯紋。		三月二日午（作）氏。

42	神獣鏡	後漢	10.60	0.25	扁円鈕・円座	主紋是二神四獣的浮雕画像、与重圏乳釘四枚相間。再外有輻線紋一周。辺飾雲紋。		
41	直銘渦雲紋鏡	後漢	10.50	0.40	円鈕・連点重圏座	主紋渦雲紋分飾于中間直行銘文「天皇」・「君臣」的両辺。再外為連点紋・小型外向連弧紋・輻線紋・小型外向連弧紋等四周紋飾。辺飾雲紋。		「天皇」・「君臣」。
70	帯鬚状蝙蝠形柿蒂鏡	六朝	10.50	0.25	扁円鈕・重圏座	主紋帯鬚状蝙蝠形柿蒂、蒂内・蒂間皆飾三出葉紋、其外為小内向連弧紋和菱格雲紋各一周。		
9	四乳四禽鏡	新莽	10.10	0.35	円鈕・円座	主紋為四禽間四乳釘、其外為輻線紋・鋸歯紋各一周。	素縁	
56	翔鶴飛鴻鏡	六朝	10.10	0.50	円鈕・円座	主紋四乳釘相間浅浮雕四隻飛翔中的鴻鶴、其外為一周輻線。辺紋為鋸歯紋・双線紋・鋸歯紋各一周。		
121	単線連弧雲紋鏡	六朝	10.10	0.30	扁円鈕・重圏座	主紋内為内向連弧紋、外為内填雲紋的単線十六連弧。	素縁	
122	鳳尾鏡	六朝	10.10	0.30	円鈕・円座	主紋形若十条飄動的鳳尾翎、其外為内向連弧一周、辺紋為菱格雲紋。		
69	帯鬚状蝙蝠形柿蒂鏡	六朝	10.00	0.30	扁円鈕	主紋為両翼拡大的帯鬚状蝙蝠形柿蒂紋、内有銘文、「三公九卿」四字、其外為小内向連弧紋和菱格雲紋各一周。	三角縁	三公九卿。
4	四乳四虺鏡	前漢	9.90	0.30	円鈕・円座	主紋為四乳釘相間四変形簡易螭紋。	素縁	
12	五乳五禽鏡	後漢	9.90	0.50	円鈕・円座	略残。主紋五禽間以五乳釘、其外為輻線紋一周、辺紋為一周簡易夔紋。		
8	四乳八禽鏡	新莽	9.80	0.50	円鈕・重圏座	主紋為四乳釘相間的八立禽、主紋外有一周輻線紋一周。採集于県慶品収購站。	素縁	
19	変異四神鏡	後漢	9.80	0.30	円鈕・円座	主紋四神間四乳釘、但玄武已与白虎易位。其外為輻線紋与鋸歯紋各一周。	素縁	
58	簡易鳥獣紋鏡	六朝	9.60	0.30	円鈕・荷葉辺形座	已残。主紋為極簡易的単線鳥獣紋、其外繞以単線連弧紋一周、再外為一周輻線紋。辺紋為不規整的単線鋸歯紋各一周。		
55	鋸歯紋鏡	後漢	9.50	0.28	扁円鈕・円座	主紋為両周鋸歯紋、其外有内向連弧紋一周。	素縁	
66	怪獣鏡	六朝	9.40	0.20	扁円鈕・円座	其形与神獣鏡之獣相似。主紋外為輻線紋一周、辺飾一周巻雲紋。		
65	三獣鏡	六朝	9.20	0.45	円鈕・円座	主紋為浮雕相逐的三獣、其外為輻線紋・鋸歯紋・双線波折紋各一周。	三角縁	
25	浮雕式鳥獣紋鏡	後漢	9.20	0.25	円鈕	主紋為浅浮雕的鳥獣紋、其外有一周輻線紋。辺紋為倒鋸歯紋二周。該鏡制作較粗、紋飾僅具輪郭。		
1	日光鏡	前漢	9.10	0.20	円鈕・円座	座外飾八内向連弧、再外為一周輻線紋。縁内為輻線紋一周、其内即銘文。每字間用「e」或「田」間隔。	素縁	見日之光、天下大明。
73	柿蒂八鳳鏡	六朝	9.10	0.30	扁円鈕	主紋内為柿蒂、外為八鳳、蒂内飾雲紋。其外為十六連弧紋。	素縁	
2	昭明鏡	前漢	9.00	0.35	円鈕・円座	座外飾十二内向連弧、縁内為斜輻線紋一周、再内為銘文。每字之間有個「而」字。	素縁	内清以昭明、光夫日月。
40	渦雲紋鏡	後漢	8.90	0.25	円鈕・円座	主紋渦雲紋、其外為連点和輻線紋一周。辺飾雲紋。		
67	飛鳥鏡	六朝	8.90	0.55	円鈕・円座	主紋僅為一大飛鳥、鳥身被圧在鈕下、其外有輻線紋・鋸歯紋・波折紋各一周。	三角縁	
68	飛鳳鏡	六朝	8.90	0.30	円鈕・円座	主紋為一大飛鳳、鳳身被圧在鈕下。其外為銘文。在外為輻線紋・鋸歯紋各一周。	三角縁	

第九章　湖北省鄂州市出土銅鏡について　535

10	四乳四禽鏡	後漢	8.70	0.30	円鈕・円座	主紋為四禽間四乳釘，其外為輻線紋一周，鋸歯紋二周。採集于県慶品收購站。		
32	蝙蝠形柿蒂紋鏡	後漢	8.60	0.25	円鈕	主紋為蝙蝠形柿蒂、四蒂間各伸出一尖弁，尖弁両側有簡形雲紋。其間有八個内飾雲紋的単線半円紋，外為一周輻線紋。辺縁上有渦雲紋一周。		
83	神獣鏡	六朝	8.40	0.35	円鈕・円座	主紋為四乳釘相間二神二獣，其外為輻線紋和鋸歯紋各一周。	三角縁	
64	三獣鏡	六朝	8.30	0.40	円鈕・円座	主紋為浅浮雕的三獣，図案粗放，僅具輪郭，其外為輻線紋・鋸歯紋各一周。	三角縁	
124	絢紋鏡	六朝	7.90	0.30	円鈕・単線連弧紋座	主紋為絢紋，其外為単線鋸歯紋一周。	素縁	
57	方格乳釘紋鏡	六朝	7.80	0.35	円鈕・円座	主紋為双線方格，毎辺外側有一乳釘紋。再外為輻線紋和鋸歯紋各一周。	三角縁	
30	単線連弧紋鏡	後漢	7.50	0.30	円鈕・重圏座	主紋為単線八連弧。	素縁	
123	位至三公鏡	六朝	7.40	0.35	円鈕	主紋為四乳釘相間「位至三公」四字，其外為輻線紋一周，辺飾一周双線波折紋。		
11	四乳浮雕式四禽鏡	後漢	6.70	0.25	円鈕・円座	主紋為浅浮雕式四禽，間以円圏小乳釘。辺紋為鋸歯紋・輻線紋各一周。		

　最大は後漢鏡の【24浮雕式鳥獣紋帯龍虎鏡】20.50cmであり、次は【118神人鳥獣画像鏡】の20.20cmで、2鏡のみが20.00cmを超えるだけである。湖北省鄂州市漢三国六朝銅鏡の鏡径は概して小振りである。

　【表9－1】中の銘文中に★印を付けたものがある。次の四鏡である。
【29 連弧紋鏡　後漢】には、

　　径11.60厘米、素縁上刻、「煉年平東鄭李鏡一里六寸」。按、東漢一尺合今23.7厘米左右、六寸合今14.2厘米、所刻直径比実際大2.6厘米。

　　径11.60cm、素縁上に、「煉年平東鄭李鏡一里六寸」と刻す。按ずるに、後漢1尺はまさに今の23.7cmくらい、6寸はまさに今の14.2cm、刻すところの直径は実際に比べて2.6cm大きい。

【109黄初二年半円方枚重列神獣鏡　六朝・三国魏】

　　径13.10厘米、鈕上銘文、「上大将軍校尉李周鏡」、方枚銘文、「天王日月□□三商」、内圏銘文「黄初二年十一月丁卯朔廿七日癸巳、揚州會稽山陰薛豫所作鏡、大六寸清昌、服者高遷、秩公美、宜侯王、子孫藩昌」。按、自銘、直径六寸、合今13.3厘米、相差僅0.2厘米。

　　径13.10cm、鈕上の銘文に、「上大将軍校尉李周鏡」とあり、方枚銘文に、「天王日月□□三商」とあり、内圏銘文に「黄初二年十一月丁卯朔廿七日癸巳、揚州會稽山陰薛豫作るところの鏡、大きさ六寸清昌、服す者は高遷し、秩公美、宜しく侯王なるべく、子孫蕃昌す」と。按ずるに、自銘する直径6寸は、今の13.3cmに合い、その差はわずかに0.2cmである。

【119神人鳥獣画像鏡　六朝】

　　　徑16.10厘米、「三羊作竟（鏡）自有紀、除去不〔羊〕宜古（買）市、上有東王父西王母」。「価人竟（鏡）六寸半」。按、当時六寸半合今15.9厘米、很接近実際数字。

　　　徑16.10cm、「三羊作る鏡は自ら紀有り、不祥を除去し宜しく市に買すべし、上に東王父西王母有り」と。「価人の鏡は六寸半」なるべし。按ずるに、当時の6寸半はまさに今の15.9cmなるべく、実際の数字にたいへん接近している。

【120神人鳥獣画像鏡　六朝】

　　　徑16.3厘米、「栄氏竟（鏡）佳且好、明而日月、世少有、宜子孫兮」。「番琚鏡个二尺一寸」・「米」。按个字、意即周長、二尺一寸合今50.6厘米、而鏡実際周長為51.18厘米、相差僅0.58厘米。

　　　徑16.3cm、「栄氏の鏡は佳くかつ好まれる、明にして日月のあかり、世に珍しいもので、子孫に宜しき」と。「番琚鏡の周長は二尺一寸」・「米」と。按ずるに个字の意は即ち周長なるべく、2尺1寸は今の50.6cmに合い、しかして鏡の実際周長は51.18cmであり、その差はわずかに0.58cmである。

以上は鏡作鋳時に刻銘した寸法が現在の実測数値と近いものだという注記である。

結　　び

以上、『湖北鄂州市漢三国六朝銅鏡』について、各種のデータを表にして種々検討を加えたが、鏡の径大小を除けば、紋飾の神獣、さらには仏獣など日本の三角縁神獣鏡に甚だ近似した鏡が多いことが判明した。それに加えて、さらに重要な史実が実は鏡の紀年号銘鏡から分かるのである。すなわち、【108黄初二年半円方枚重列神獣鏡】と【109黄初二年半円方枚重列神獣鏡】の黄初二年とは六朝というより、三国魏の年号を持つ鏡である。それぞれの銘文は次のごとくである。まず、【108】では、内圏の銘文は次のものである。

　　　黄初二年十一月丁卯朔廿七日癸巳、揚州會稽山陰師薛豫所作鏡、大六寸清昌、服者高遷、秩公美、宜侯王、子孫藩昌。

さらに【109】の内圏の銘文は次のものである。

　　　黄初二年十一月丁卯朔廿七日癸巳、揚州會稽山陰師薛豫所作鏡、大六寸清昌、服者高遷、秩公美、宜侯王、子孫藩昌。

両者の銘文は全く同じである。因みに径長は13.1厘米（cm）で全く同じ、辺厚は、【108】が0.4厘米（cm）、【109】が0.35厘米（cm）と若干の差がある。さて、問題点をいえば、黄初2年は三国魏の初代皇帝文帝（曹丕）の年号で西暦221年である。それが呉の領域の揚州會稽山陰師薛豫に鏡を鋳造させているのである。これは倭国女王卑弥呼に与えた魏の年号である景初三年や正始元年、また青龍元年などの諸鏡が呉の領域の鏡工匠の手になることの可能性を否定しない資料になるのである。

注

（１）　徑／cm欄と銘文欄の★印は銘文に「煉年平東鄭李鏡一里六寸」の六寸について、「按、東漢一尺今23.7厘米左右、六寸合今14.2厘米、所刻直徑比実際大2.6厘米」とある。

（２）　原書は108・109を六朝としてあるが、黄初二年の年号は三国魏であるので六朝を改めて三国魏とした。これは湖北省鄂州が三国魏制作の銅鏡を埋葬していることの証拠である。

（３）　前注（１）と同じ。109黄初二年半円方枚重列神獣鏡の銘文中に「大六寸清昌」とあるのについて「按自銘、直徑六寸、合今13.3厘米、相差僅0.2厘米」とある。

（４）　前注（１）（３）と同じ。銘文「六寸半」について、「按、当時六寸半合今15.9厘米、很接近実際数字」とある。

（５）　前注と同じ。銘文「個二尺一寸」について、「按個字、意即周長、二尺一寸合今50.6厘米、而鏡実際周長為51.18厘米、相差僅0.58厘米」とある。

第十章　安徽省六安市出土銅鏡について

はじめに

　安徽省壽県などの六安市も銅鏡産地であることは相当古くから学者に知られていた。六安市は、2010年現在700万人以上の人口がある経済開発区域である。毛沢東時代は淮河開発区の安徽省六安専区の県で、専署所在地であった。春秋時代の六国の地で、漢代には廬江郡に属し、その後数次の改廃を経て、北宋末の政和年間（1111～18年）に六安軍が置かれ、元代に六安州となり廬江路に属し、明初に鳳陽府、ついで廬州府に属した。民国初年の1912年に州を廃し、六安県となった。古来、江淮の要地として知られ、附近は水稲作の北限であったため、殷代以来黄河中原から禾稲を求めに来ていた。他方、当地は中国南北抗争の前線地点で古戦場が多い。後漢末、三国時代に魏曹操をはじめ群雄豪傑が往来し、陣営を設営する地であった。因みに魏曹操の本拠である河南許州とは至近の距離にある。要するに当六安地方は南北商業交通の要地で、米・麻・藍などが商品として知られていたほか、茶は六安茶として天下に著名である。

　1960年代、ならびに1970年代の『文物』『考古』には古代銅鏡発掘・発見の報告はほんの少々記事が載っていた。それが1980年代の改革開放時代に入るや俄に銅鏡発見の報告が増え、特に当所に六安経済技術開発区が建設された1993年以降、21世紀に入るころには所属各県各地の古代銅鏡発掘は爆発的なものとなった。ここに2007年2月、当地の考古研究者・工作者は累計400面以上の古代銅鏡の図版刊行の気運となり、2008年5月に安徽省文物考古研究所・六安市文物局編著『六安出土銅鏡』文物出版社の上梓となった。

第一節　安徽省文物考古研究所・六安市文物局編著『六安出土銅鏡』について

　安徽省文物考古研究所・六安市文物局編著『六安出土銅鏡』には巻頭に李徳文氏の2008年5月付けの「概述」が載る。簡にして要を得た『六安出土銅鏡』刊行の縁起と、当地出土銅鏡の説明である。以下、本『六安出土銅鏡』の各鏡、六朝鏡以前149鏡について、その説明をデータ化してみよう。これが次の【表10―1】六安出土銅鏡（安徽省文物考古研究所・六安市文物局）である。

【表10―1】　六安出土銅鏡（安徽省文物考古研究所・六安市文物局）

	名称	時代	文物編号	収蔵個所	出土年	出土個所	径/cm	鈕・鈕座形式	形態	辺縁状態	【銘文】
001	蟠螭紋鏡	戦国	A2940	六安市文物局	2003	六安城東開発区	14.10	三弦鈕・円形鈕座	座外飾一周絢索紋和一周寛凹面形環帯。主紋飾為三対蟠螭紋作纏繞式排列。以細密的雲雷紋為地紋。	素寛巻辺	

第十章　安徽省六安市出土銅鏡について　539

002	蟠螭紋鏡	戦国	07LD38 M184：1	安徽省文物考古研究所	2007	六安経済技術開発区	9.90	三弦鈕・円形鈕座	内区有寛凹面形環帯一周。外区以細密的雲雷紋為地紋，主紋以草葉紋相隔分為三大区，毎組間一変形蟠螭紋互相纏繞、蟠螭由寛平凸起的単線条組成。主区内外飾射線紋。	素寛巻辺
003	蟠螭紋鏡	戦国	07LDS M499：1	安徽省文物考古研究所	2007	六安経済技術開発区	9.40	三弦鈕・円形鈕座	内区有寛凹面形環帯一周。外区以細密的雲雷紋為地紋，主題紋飾為纏繞式蟠螭紋。	素寛巻辺
004	蟠螭紋鏡	戦国	07LD3 XM13：8	安徽省文物考古研究所	2007	六安経済技術開発区	14.40	三弦鈕・円形鈕座	内区有寛凹面形環帯一周。外区以細密的雲雷紋為地紋，主紋為蟠螭紋作纏繞式排列、蟠螭由寛平凸起的単線条組成。	素寛巻辺
005	蟠螭紋鏡	戦国	霍邱T20 3	霍邱県文物管理所	1996・10・23	霍邱県洪集鎮大橋村	11.00	橋形鈕・草葉紋鈕座	座外飾凹面形環帯一周。兩圏弦紋間為主題紋飾，主紋為淺線雕相互纏繞的蟠螭。以雲紋襯地。	窄素縁
006	蟠螭菱紋鏡	戦国	07LDS M520：1	安徽省文物考古研究所	2007	六安経済技術開発区	7.90	三弦鈕・円形鈕座	内区有寛凹面形環帯一周。外区地紋為細線雲雷紋，主紋為三大蟠螭紋、其身軀作菱形折畳、互相纏繞。	素寛低巻辺
007	蟠螭菱紋鏡	戦国	07LDS M306：1	安徽省文物考古研究所	2007	六安経済技術開発区	11.50	獸面橋形鈕・蟠螭紋鈕座	座外飾素寛凹面形環帯一周。外区以細密的雲雷紋為地紋，主紋以蟠螭紋和折畳菱形紋分三大区作纏繞式排列。菱形紋毎兩個為一組，与蟠螭首尾相互纏繞。	素寛巻辺
008	蟠螭菱紋鏡	戦国	07LD38 M90：1	安徽省文物考古研究所	2007	六安経済技術開発区	11.50	三弦鈕・円形鈕座	座外飾素寛凹面形環帯一周。外区以細密的雲雷紋為地紋，主紋以折畳菱形和蟠螭紋分三大区作纏繞式排列。菱形紋由寛平凸起的双線条組成。	素寛巻辺
009	蟠螭菱紋鏡	戦国	寿県01	寿県博物館	1994・6	寿県板橋鎮両巷窯厰	18.50	三弦鈕・円形鈕座	座外飾一周寛凹面形環帯。主紋為三条等距排列的変形蟠螭、身軀作曲繞状，尾部折繞成菱形。空白処均飾円渦地紋。	
010	蟠螭菱紋鏡	戦国	寿県48	寿県博物館	1966・12	寿県化肥廠排水渠	8.20	三弦鈕・円形鈕座	座外飾凹面形環帯一周。其外飾三組減地平雕変形蟠螭紋、蟠螭首尾相連、曲身纏繞、尾部与另一組蟠螭尾部勾折成菱紋。空白処均飾円渦地紋。	
011	蟠螭紋鏡	戦国	A1189	皖西博物館	1991・5・12	六安市城北	8.20	鏡体軽薄、細橋形鈕・円形鈕座	座外飾八個長方塊。細密的点状地紋上飾相互纏繞的八条鷹紋、鷹首呈三角形，分布于鏡身辺縁。	
012	四山紋鏡	戦国	07LD38 M79：1	安徽省文物考古研究所	2007	六安経済技術開発区	11.80	三弦鈕・凹面方框鈕座	鈕座之四角引出条帯紋、上綴綜葉。「山」字左旋、字体粗短、底辺与方框辺線平行，上下兩組与左右兩組相垂直。地紋為羽状紋。	素窄巻辺
013	四山紋鏡	戦国	舒城308	舒城県文物管理所	1978・2・1	舒城県柏林郷秦家橋馬場支渠三号墓	12.00	三弦鈕・凹面方框鈕座	紋飾由地紋和主紋結合而成。地紋為羽状紋。地紋之上、在方框鈕座四角伸出四組連貫式桃形花弁、毎組兩弁，将鏡背飾紋分為四区、毎区置一「山」字，「山」字粗短、右旋、底辺与方框鈕座平行，縁内側飾一道凸弦紋。	素巻縁

014	四山紋鏡	戦国	寿県46	寿県博物館	1970	寿県双橋鎮孫拐村	9.70	四弦鈕・凹面方框鈕座	方框鈕座的四角対応処飾左旋斜向凹面「山」字紋。在方框鈕座四辺中部向外和鏡縁向内対応処各飾両枚桃形葉弁、并以細線勾出葉茎。空白処満飾羽地紋。	鏡縁上凸
015	四山紋鏡	戦国	A1347	皖西博物館			11.00	三弦鈕・凹面方框鈕座	羽状地紋上対置四個大輪廓「山」字、左旋、底辺与鈕座辺平行。四「山」之間沿鈕座的両対角線方向対置八枚葉紋。	素巻縁
016	五山紋鏡	戦国	A2849	六安市文物局		六安城東開発区	16.00	三弦鈕・円形鈕座	座外飾凹面形環帯一周。其外飾五個左旋「山」字紋、「山」字底辺与相隣「山」字的一辺斜対配列呈五星芝形、其間以草葉花弁紋装飾、羽状紋作地紋。	素窄巻辺
017	四葉紋鏡	戦国	07ＬＤ38M235：1	安徽省文物考古研究所	2007	六安経済技術開発区	12.50	三弦鈕・円形鈕座	座外飾一周射線紋。主題紋飾為四葉紋、地紋為雲雷紋、三角紋和点紋。主紋帯外飾一周射線紋。	素寛巻辺
018	四龍紋鏡	戦国	07ＬＤ3ＸM21：3	安徽省文物考古研究所	2007	六安経済技術開発区	15.60	三弦鈕・円形鈕座	内区有寛凹面形環帯一周、并伸出有「十」字形四葉。主題紋飾為四条盤曲的龍、張口巻尾、相間配列。以細密的雲雷紋為地紋。辺縁飾内向十二連弧一周。	
019	龍虎紋鏡	戦国	A2832	六安市文物局	2003	六安市皋城東路	11.50	三弦鈕・花弁紋鈕座	鈕座外圏引出六枝草葉花朶。内外区以内向六連弧紋相隔、飾対称三龍三虎。以雲紋・三角紋作地紋。	寛素縁
020	鳥紋鏡	戦国	ＬＺ437	皖西博物館	1988・12	六安市城東地区磚瓦廠	13.70	三弦鈕・円形鈕座	座外飾凹面形環帯一周、其間以雲雷紋襯地。両周弦紋間為主紋飾、三隻回首直立的鳳鳥与三組蔓草環飾其間。雲雷紋襯地。	素巻縁
021	弦紋鏡	戦国	舒城240	舒城県文物管理所	1978・2・1	舒城県柏林郷秦家橋馬場支渠	22.00	三弦鈕・方鈕座	鏡的形体大、制作精良。座外有三周凹面形環帯、配列成三輪形。	
022	重菱紋鏡	戦国	ＬＺ386	皖西博物館	1987・12・21	六安市城北九里溝窯廠	12.30	三弦鈕・円形鈕座	座外飾一周寛凹面形環帯、其外両周弦紋間夾主題紋飾、三個重菱紋与三組変形葉紋相間纏繞。以雲雷紋襯地。	素巻縁
023	四乳四虺紋鏡	前漢	07ＬＤ38M113：1	安徽省文物考古研究所	2007	六安経済技術開発区	9.40	円鈕・円形鈕座	座外飾短線紋和一周射線紋。内区四乳丁将紋飾分為四組、主飾虺紋。虺的腹背両側有不同紋飾、以禽鳥・走獣為主。外飾一周射線紋和双線鋸歯紋。	窄素縁
024	四乳四虺紋鏡	前漢	07ＬＤ38M178：1	安徽省文物考古研究所	2007	六安経済技術開発区	16.20	円鈕・円形鈕座	座外飾一周素凸弦紋、円形鈕座与凸弦紋之間以短線相連。外区于両周射線紋間四乳配置四方、将主飾虺形紋分為四組、虺的腹・背両側有禽鳥・獣頭。	寛平素縁
025	四乳四虺紋鏡	前漢	A1457	六安市文物局	1992	六安市城東開発区	13.90	円鈕・円形鈕座	座外飾一周凸弦紋和八個内向連弧紋。外区両周射線紋、間飾四乳四虺紋。虺的腹・背両側綴有禽鳥・獣首紋。	寛素縁

第十章　安徽省六安市出土銅鏡について　541

026	四乳四虺紋鏡	前漢	07ＬＤＳM523：1	安徽省文物考古研究所	2007	六安経済技術開発区	18.90	円鈕・十二連弧珠紋鈕座	座外飾一周素寛凸弦紋、両辺飾射線紋。外区四乳配置四方、其間飾四虺。虺的腹・背両側綴有禽鳥、獣頭。外区与辺縁間飾射線紋。| 寛平素縁	
027	四乳四虺紋鏡	前漢	07ＬＤ38M23：1	安徽省文物考古研究所	2007	六安経済技術開発区	18.90	円鈕・十二連弧珠紋鈕座	座外飾一周素寛凸弦紋、両辺飾射線紋。外区四乳配置四方、四乳均為連弧珠紋座、其間分飾四虺。虺的腹・背両側綴有禽鳥・獣頭。| 寛平素縁	
028	四乳四虺紋鏡	前漢	A2329	六安市文物局	1998	六安市城西	16.50	円鈕・柿蒂紋鈕座	座外飾両周射線紋和一周寛帯状凸弦紋。以四個円座乳丁相隔、分飾四虺。虺的腹・背部綴有鳥紋和獣首紋。| 寛平素縁	
029	四乳四虺紋鏡	前漢	霍邱Ｔ204	霍邱県文物管理所	1996・10・23	霍邱県洪集鎮大橋村	10.00	円鈕・円形鈕座	座外飾短線紋和弧線。外飾射線紋両周、間飾主題紋飾。以四乳丁将紋飾分為四組、毎区為一鈎形虺紋、尖尾、尖嘴、有翅。紋飾較為簡潔。| 寛平素縁	
030	四乳四神紋鏡	前漢	07ＬＤ38M225：1	安徽省文物考古研究所	2007	六安経済技術開発区	17.10	円鈕・柿蒂紋鈕座	蒂葉間飾草葉紋、座外飾一圏寛平素凸弦紋。四個柿蒂座乳丁将主紋均分為四組、主紋帯為青龍・白虎・玄武・朱雀及天禄・辟邪・奔鹿等。環主紋帯両辺飾射線紋。| 寛平素縁	
031	四乳四神紋鏡	前漢	07ＬＤ38M244：1	安徽省文物考古研究所	2007	六安経済技術開発区	14.20	円鈕・柿蒂紋鈕座	蒂葉間飾草葉紋、座外飾一圏平素凸弦紋。四個柿蒂座乳丁将主紋帯分為四組、主紋帯為青龍・白虎・朱雀・玄武及巻雲紋。環主紋帯両辺飾射線紋。| 寛平素縁	
032	四乳禽獣紋鏡	前漢	07ＬＤＳM506：1	安徽省文物考古研究所	2007	六安経済技術開発区	11.90	円鈕・円形鈕座	内区飾一圏平素凸弦紋。外区四乳将主題紋分為四組、禽獣相対成双而立・主紋帯両辺飾射線紋。縁内側環飾双線波折紋。| 窄平素縁	
033	四乳鳥紋鏡	前漢	07ＬＤ38M231：1	安徽省文物考古研究所	2007	六安経済技術開発区	7.70	半円鈕・円形鈕座	四枚円座乳丁把整個主題紋均分為四組、両乳丁間配置両si変形鳥紋。環主紋帯外飾射線紋。| 寛平素縁	
034	「得相思」銘蟠螭局紋鏡	前漢	07ＬＤＴＹM3：1	安徽省文物考古研究所	2007	六安経済技術開発区	22.90	獣鈕・円形鈕座	座外双線方框内置十一字銘文。方框四辺正中向外伸出一双線寛「Ｔ」形、与「Ｌ」形符号相対、「Ｔ」、「Ｌ」間飾｛Ｖ｝形。主紋為凸線蟠螭紋。雲雷紋為地紋。| 素寛巻辺	得相思、愿母相忘、長楽未央。
035	「大楽貴富」銘蟠螭博局紋鏡	前漢	07ＬＤ38M332：1	安徽省文物考古研究所	2007	六安経済技術開発区	8.80	三弦鈕・鈕周飾蟠螭紋	座外囲以双線方框、框内配置十五字銘文。方框四辺正中向外伸出一双線「Ｔ」形、与之相対的為双線「Ｌ」形、在両「Ｌ」形間加飾｛Ｖ｝形、博局紋将鏡面紋飾整斉割分為四区八等份。在博局紋間配置蟠螭紋。| 素寛巻辺	大楽貴富、得所好、千秋万歳、延年益寿。
036	蟠螭紋銘文鏡	前漢	寿県45	寿県博物館		寿県東津分社東津大隊呉家嘴	11.40	三弦鈕・鈕周飾蟠螭紋	座外飾三周細弦紋和一周細縄紋、在両周弦紋之間有一周小篆銘文帯、銘文十三字。内外弦紋間用細凸線順時計方向飾四組八条抽象巻局的蟠螭紋。| 縁外沿上勾	欲見母、説相思、煩母□□、思其悲哀。

037	蟠螭紋鏡	前漢	A1489	六安市文物局	1992	六安城東開発区	14.10	三弦鈕・円形鈕座	座外飾凹面形環帯一周。内外両周凸弦紋間飾三組蟠螭紋、螭身作相互纏繞状。	素寛巻辺
038	蟠螭紋鏡	前漢	A1346	六安市文物局	1983	六安市城北九里溝	16.20	三弦鈕・双重円形鈕座	座外飾凹面形環帯一周。紐座外圏伸出四葉将主紋分為四区、毎区飾一変形蟠螭紋。以雲雷紋作地紋。	素寛巻辺
039	蟠螭紋鏡	前漢	A3003	六安市文物局		六安城東開発区	13.50	三弦鈕・双重円形鈕座	座外飾凹面形環帯一周。四周射線紋間飾盤曲的三条龍紋、龍身纏繞如枝蔓。以細密雲雷紋作地紋。	素寛巻辺
040	「漢有善銅」銘七乳禽獣紋鏡	前漢	A214	六安市文物局	1978	六安市単王郷	17.00	円鈕・円形鈕座	紐座用七乳丁相間、飾鳥紋一周。外飾弦紋三周。其外用四柿蒂紋座乳丁間隔、飾七只禽獣。外飾銘文一周。其外飾一周短線紋。寛縁内飾鋸歯紋和変形雲紋。	寛縁	漢有善銅出丹陽、煉錫銀清且明、召工刻之成文章、青□。
041	七乳神獣紋鏡	前漢	A618	六安市文物局			14.20	円鈕・円形鈕座	座外飾九枚円座乳丁、間有八字銘文一周。其外有両周短線紋夾一周凸弦紋。主紋以七乳丁間飾朱雀・玄武・羽人及四獣、外環弦紋、短線紋各一周。寛縁内飾鋸歯紋和流雲紋。		張氏作竟、家宜友好。
042	七乳四神禽獣紋鏡	前漢	A1354	皖西博物館			13.50	円鈕・柿蒂紋鈕座	座外飾寛平凸弦紋一周。両周短線紋之間等距離分布七個柿蒂紋座乳丁、其間飾青龍・白虎・朱雀・玄武・瑞獣和禽鳥図案。其外依次飾鋸歯紋・弦紋・双勾波折紋各一周。	窄素縁
043	星雲紋鏡	前漢	07ＬＤ38 M244∶2	安徽省文物考古研究所	2007	六安経済技術開発区	9.20	連峰式鈕・円形鈕座	内区飾弦紋和内向十六連弧紋。外区四方置四枚大乳丁、其間飾三枚小乳丁併用弧線相連、組成星雲紋。辺縁飾内向十六連弧紋一周。	
044	星雲紋鏡	前漢	07ＬＤＳ M426∶2	安徽省文物考古研究所	2007	六安経済技術開発区	15.40	連峰式鈕・円形鈕座	座外置四枚小乳丁併用曲線与鈕座相連、両乳之間飾曲線・半円紋、外為内向十六連弧紋。外区四乳均為八乳連珠紋座。四乳間有七個小乳丁以曲線相連、組成星雲紋。辺縁飾内向十六連弧紋一周。	
045	星雲紋鏡	前漢	07ＬＤＳ M535∶1	安徽省文物考古研究所	2007	六安経済技術開発区	10.60	連峰式鈕・円形鈕座	座外為内向十六連弧紋。外区四乳配列四方、四乳間有七個小乳丁以曲線相連、組成星雲紋。辺縁飾内向十六連弧紋一周。	
046	星雲紋鏡	前漢	A2860	六安市文物局		六安城東開発区	9.80	連峰式鈕・円形鈕座	内区飾草葉紋・弦紋和連弧紋。外区等距離四枚大乳丁、八乳連珠紋座、把飾紋分成四区。毎区置七顆乳丁、用三道弦線相連、組成星雲紋。辺縁飾内向十六連弧紋一周。	
047	星雲紋鏡	前漢	A3037	六安市文物局		六安城東開発区	10.00	連峰式鈕・円形鈕座	座外飾内向十六連弧紋。外区等距離飾四四座乳丁、其間用弦線相連四顆小乳丁、組成星雲紋。辺縁飾内向十六連弧紋一周。	
048	「内清」銘連弧紋鏡	前漢	06ＬＤＪ M76∶3	安徽省文物考古研究所	2006	六安経済技術開発区	9.00	円鈕・円形鈕座	座外飾一周内向八連弧紋。外区両周射線紋間為十五字銘文。	寛平素縁	内清質以昭明、光而厚夫日月、心不泄。

第十章　安徽省六安市出土銅鏡について　543

049	「内清」銘連弧紋鏡	前漢	07ＬＤＳM597：6	安徽省文物考古研究所	2007	六安経済技術開発区	10.00	円鈕・円形鈕座	内区飾一周素凸弦紋和内向八連弧紋。凸弦紋与連弧紋之間飾「十」字対称的「田」字紋和半円紋。外区両周射線紋間為十七字銘文一周。	窄平素縁	内清之以昭明、光之象夫日月、心忽而不泄。
050	「内清」銘連弧紋鏡	前漢	07ＬＤ38M65：1	安徽省文物考古研究所	2007	六安経済技術開発区	9.20	円鈕・円形鈕座	座外飾一周内向十二連弧紋、連弧紋与鈕座之間飾簡単的線条和曲線紋。外区両周射線紋間有銘文一周。毎両字間以一「而」字。銘文帯両辺飾射線紋。	寛平素縁	内清已昭明、光夫日月兒。
051	「内清」銘連弧紋鏡	前漢	07ＬＤＪM24：1	安徽省文物考古研究所	2007	六安経済技術開発区	10.20	円鈕・円形鈕座	内区飾一周凸弦紋和内向十六連弧紋。外区銘文一周。毎両字間以一「而」字。銘文帯両辺飾射線紋。	寛平素縁	内清已昭明、光象夫日月、不。
052	「内清」銘連弧紋鏡	前漢	07ＬＤ38M201：5	安徽省文物考古研究所	2007	六安経済技術開発区	11.10	円鈕・十二連珠紋鈕座	内区為内向八連弧紋。連弧相互処飾有巻雲紋・雲雷紋。外区為銘文二十四字。	寛平素縁	内清質以昭明、光而象夫日月、心忽揚而愿忠、然雍塞而不泄。
053	「内清」銘連弧紋鏡	前漢	07ＬＤＳM554：1	安徽省文物考古研究所	2007	六安経済技術開発区	12.90	円鈕・十二連珠紋鈕座	内区為内向八連弧紋。在両周射線紋間飾銘文二十五字。	寛平素縁	内清而以昭明、光而象夫日月、心忽而揚愿忠、然雍塞而不泄。
054	「内清」銘連弧紋鏡	前漢	A19	皖西博物館			10.50	円鈕・十二連珠紋鈕座	内区飾内向十二連弧紋。其間飾以三劃短弧線。外区両周射線紋間飾銘文帯一周、銘文為十六字、毎両字間以一「而」字。	寛平素縁	内清以昭明、光象日月。
055	「内清」銘連弧紋鏡	前漢	A968	六安市文物局	1988	六安城東開発区	11.00	円鈕・円形鈕座	座外飾内向八連弧紋。外区両周射線紋間飾銘文二十三字。	寛素縁	内清質以昭明、光輝象夫日月、心忽而愿忠、然雍塞而不泄。
056	「内清」重圏銘文鏡	前漢	A2384	皖西博物館	1999・2・14	六安市城東	15.50	円鈕・十二連珠紋鈕座	座外依次飾射線紋・寛平素凸弦紋各一周。両周射線紋間為内銘文帯、文曰甲。再外、一周寛平素凸弦紋外両周射線紋間為外銘文帯、文曰乙。	窄平素縁	「内清質以昭明、光輝象夫日月、心忽揚而愿、然雍塞而不泄」。「潔清白而事君、怨陽驩之弇明、彼玄錫之流沢、忘絶靡美而之究皚、外承驩之可説、思窈窕之霊泉、愿永思」。
057	「内清」重圏銘文鏡	前漢	A3046	六安市文物局	2005	六安城東開発区	10.60	円鈕・十二連珠紋鈕座	両周凸弦紋間為内区銘文帯。両周射線紋間為外区銘文帯。	窄平素縁	「見日之光、長不相忘」。「内清質以昭明、光輝象夫日月、心忽而愿忠、然雍塞而不泄」。
058	「日光」銘文鏡	前漢	07ＬＤ38M221：0	安徽省文物考古研究所	2007	六安経済技術開発区	7.20	円鈕・円形鈕座	座外飾平素凸弦紋一周併用短弧線与鈕座相連。外区八字銘文。字間夾以「e」或「田（魚）」形符号。銘文帯両辺飾射線紋。	窄平素縁	見日之光、天下大明。
059	「日光」銘連弧紋鏡	前漢	07ＬＤＳM395：1	安徽省文物考古研究所	2007	六安経済技術開発区	13.50	円鈕・四葉紋鈕座	内区為双線方框、框内有八字銘文。方框四角各向外伸出一組二片葉弁、将方格与辺縁間分成四区、毎区分別以一乳丁為中心、左右飾一対称畳草葉紋。辺縁飾内向十六連弧紋一周。		見日之光、天下大明。
060	「日光」銘連弧紋鏡	前漢	07ＬＤＳM438：1	安徽省文物考古研究所	2007	六安経済技術開発区	11.70	三弦鈕・方形鈕座	内区為双線方框、框内有八字銘文。方框四角各向外伸出一組双弁葉、将方		見日之光、天下大明。

									框与辺縁間分成四区、毎区分別以一乳為中心、乳座為草葉紋。辺縁飾内向十六連弧紋一周。	
061	「日光」銘連弧紋鏡	前漢	07ＬＤ38M162：1	安徽省文物考古研究所	2007	六安経済技術開発区	7.00	半円鈕・円形鈕座	座外飾内向八連弧紋、連弧紋与円形鈕座之間用四条短直線相連。外区両周射線紋間飾八字銘文。字間夾以「e」或「田（魚）」形符号。	窄平素縁	見日之光、天下大明。
062	「煉治銅華」銘連弧紋鏡	前漢	A6	皖西博物館			15.00	円鈕・十二連珠紋鈕座	座外依次飾射線紋与寛平素凸弦紋各一周。外飾内向八連弧紋、其間以三劃短線・半円紋補白。外区両周射線紋間鏨隷書銘文帯、其銘曰。	窄平素縁	煉治銅華清而明、以之為鏡宜文章、延年益寿去不羊、与天母亟、而日光、長楽。
063	「煉銅」銘連弧紋鏡	前漢	A1417	六安市文物局	1992	六安城東開発区	13.00	円鈕・十二連珠紋鈕座	座外一周凸弦紋、弦紋外飾内向八連弧紋、両周射線紋間有一周銘文。	寛平素縁	煉銅善以為鏡、玄衣服能容貌、輝美服之以為信、清光吏宜佳人。
064	「清治銅華」銘連弧紋鏡	前漢	A3160	六安市文物局		六安城東開発区	11.00	半円鈕・四葉紋鈕座	座外飾内向十六連弧紋、内区以四乳丁間飾勾雷雲紋。外区為二十八字的銘文一周。辺縁飾内向十六連弧紋一周。	窄平素縁	清治同（銅）華以為鏡、照察衣服観容貌、絲組雑還以為信、清光召召咸宜佳人。
065	「清治銅華」重圏銘文鏡	前漢	A969	六安市文物局	1988	六安城東開発区	17.60	円鈕・円形鈕座	座外飾両周凸弦紋。主題紋飾為両周銘文帯、内外側各飾両周射線紋。両周銘文同。	窄平素縁	清治銅華以為鏡、照察衣服観容貌、絲組雑還以為信、清光平成宜佳人。
066	「白而事君」銘連弧紋鏡	前漢	A3244	六安市文物局	2006	六安市城北九里溝	14.20	円鈕・十二連珠紋鈕座	内区飾射線紋一周、其外為内向八連弧紋。外区両周射線紋之間銘文曰。	寛素縁	白而事君、怒驤之合明、煥玄錫之流沢、志疏遠而日忘、慎美之程而可説。
067	「家常富貴」銘文鏡	前漢	07ＬＤ38M126：1	安徽省文物考古研究所	2007	六安経済技術開発区	7.80	円鈕・円形鈕座	内外両周射線紋間飾銘文四字。毎両字間置一乳丁并飾有簡単的雲紋。	寛平素縁	家常富貴。
068	「家常富貴」銘文鏡	前漢	06ＬＤＪM57：4	安徽省文物考古研究所	2007	六安経済技術開発区	7.85	円鈕・円形鈕座	座外飾短線紋和一周射線紋。外区有銘文四字。毎両字間置一乳丁并飾有簡単的勾線紋。外環射線紋。	寛平素縁	家常富貴。
069	「富貴」銘連弧紋鏡	前漢	07ＬＤ38M229：1	安徽省文物考古研究所	2007	六安経済技術開発区	11.50	円鈕・円形鈕座	内区飾一周素凸弦紋和内向八連弧紋、凸弦紋与連弧紋之間飾短線相連。外区為十八字銘文一周。	寛平素縁	富貴美玉昭華、以為明光能貝忠、天中成文章。
070	「大楽貴富」銘文鏡	前漢	A2555	皖西博物館	2001・8・22	六安市城北九里溝	18.50	獣面橋形鈕・獣状鈕座	座外有絞索紋両周、其間飾以銘文帯。銘文為。主区以迅雲紋襯地、用変形葉紋将其分為四区、毎区飾一組蟠螭紋。其外一周絞索紋。	素巻縁	大楽貴富、千秋万歳、宜酒食。
071	「日有意」銘連弧紋鏡	前漢	07ＬＤＳM818：1	安徽省文物考古研究所	2007	六安経済技術開発区	8.10	円鈕・円形鈕座	座外飾内向八連弧紋一周、連弧紋与鈕座之間飾短線線条和渦紋。外区飾十五字銘文一周。	寛平素縁	日有意、月有富、楽毎事、常得意、美人会。
072	「長宜子孫」銘文鏡	前漢	A3110	六安市文物局	2006	六安経済技術開発区	16.20	円鈕・柿蒂紋鈕座	蒂葉間有銘文四字。座外飾素凸弦紋和射線紋各一周。主紋帯為青龍・白虎・朱雀・玄武及鳥・獣・羽人等、以四個柿蒂紋座乳丁均分為四組。環主紋帯両辺飾射線紋。鏡縁内側環飾双勾波折紋・点状紋。	窄平素縁	長宜子孫。
073	「新雕」銘四神博局紋鏡	後漢	A17	六安市文物局	1976	六安専区（現、六安市）	19.50	円鈕・円形鈕座	座外双線方框内配列十二個乳丁相間十二支銘文。方框四辺各伸一「Ｔ」形		「子丑寅卯辰巳午羊申酉戌亥」。「新雕治鏡、子

第十章　安徽省六安市出土銅鏡について　545

					紗廠工地			紋和両枚対称式乳丁、外環一周弦紋。弦紋外用四個「L」形和四個「V」形相間飾青龍・白虎・朱雀・玄武、鳥・獣及羽人。其外双弦紋内四十二字銘文一周。縁内飾一周三角鋸歯紋、寛縁上飾一周変形雲紋。		孫見多、賀君家受大福珠、千古蒙禄食丰（豊）得時、佳猴嘉徳采字為紀、有法則伝之後世、楽母函巳」。
074	「尚方」銘四神博局紋鏡	後漢	A3095	六安市文物局	2006	六安経済技術開発区	15.60	円鈕・柿蒂紋鈕座	座外有凹形方框、方框四辺各伸一「T」形与「L」形相対、方框四角与「V」形相対、将鏡的内区分為四方八等份。青龍・白虎・朱雀・玄武各拠一份、其他四辺配以鳥・獣・羽人等。外区銘文曰。鏡辺飾両周三角鋸歯紋。		尚方佳竟真大好、上有仙人不知老、渇飲玉泉飢食棗、寿如。
075	「長宜子孫」銘博局紋鏡	後漢	A3230	六安市文物局	2006	六安経済技術開発区	18.70	円鈕・円形鈕座	座外九乳丁環繞、乳丁間鋳有銘文九字。中間方框内的四角鋳有銘文四字。方框与短線紋間飾乳丁及「T・L・V」博局紋、其間飾有鳥・獣・羽人等図案。辺縁飾鋸歯紋及変形鳥紋各一周。		甲：長富貴、宜牛羊、楽未央。乙：長宜子孫。
076	「長宜子孫」銘文鏡	後漢	A20	皖西博物館			18.50	円鈕・柿蒂紋鈕座	蒂間鋳四字篆書。其外両周射線紋夾一周寛平素凸弦紋。主区分別飾青龍与羽人、白虎与瑞獣、朱雀与禽鳥、玄武与蟾蜍図案。主紋外依次飾射線紋・素寛平凸弦紋・双勾波折紋各一周。	窄平素縁	長宜子孫。
077	盤龍紋鏡	後漢	07LD38 M813：1	安徽省文物考古研究所	2007	六安経済技術開発区	10.50	円鈕・円形鈕座	内区主題紋飾浅浮雕盤龍、環鈕座作首尾相応盤繞。外区分別飾有短線・鋸歯・水波和凸弦紋組成的紋帯。	凸素縁	
078	鳳鳥連珠紋鏡	後漢	07LDS M595：1	安徽省文物考古研究所	2007	六安経済技術開発区	8.20	半円鈕・十二連珠紋鈕座	座外飾「十」字対称的四鳥四鳳和半円紋。縁内側飾一周射線紋。	窄平素縁	
079	龍虎紋鏡	後漢	霍邱T46	霍邱県文物管理所			9.70	円鈕・円形鈕座	主紋飾為高浮雕龍虎対峙、外飾凸弦紋・短線紋和双線水波紋各一周。	窄素縁	
080	三虎紋鏡	後漢	A27	六安市文物局			8.50	円鈕・円形鈕座	座外飾三虎、両虎首相対、張口作吼状、別一個置両虎尾間。其外飾凸弦紋・短線紋両周。	凸素縁	
081	変形四鳥紋鏡	後漢	07LD38 M124：1	安徽省文物考古研究所	2007	六安経済技術開発区	8.40	円鈕・円形鈕座	内区為双線方框、鈕座与方框四角用短線相連。方框外毎辺飾り一変形鳥紋。外区飾両周短線紋。	凸素縁	
082	五乳禽獣紋鏡	後漢	A5	六安市文物局	1977	六安市城北九里溝電站工地	13.30	円鈕・円形鈕座	座外飾三道凸弦紋。内区主紋為五乳丁和青龍・朱雀・禽鳥・走獣、其外飾一周短線紋。縁内側飾鋸歯紋和変形雲紋各一周。		
083	七乳禽獣紋鏡	後漢	霍邱T28	霍邱県文物管理所	1987	霍邱県坎山劉集三里村	14.00	円鈕・円形鈕座	座外等距離飾七枚乳丁、間飾変形雲紋。主紋帯七乳間飾有禽獣紋、内外側飾有短線紋一周。縁内飾勾連雲紋。		
084	「尚方」銘八獣紋鏡	後漢	A18	皖西博物館			17.50	円鈕・円形鈕座	座外有絞索紋一周。外飾八只為高浮雕瑞獣、毎両獣間置一円座乳丁。其外両周弦紋間飾半円・方枚	窄平素縁	尚方作竟有自己明、而日月世少、大吉宝昌、宜古市。

								各二十、方枚内銘文為。再外圍依次有短線紋・鋸歯紋・双行減地雲紋・珠点紋各一周。		
085	「君宜高官」銘連弧紋鏡	後漢	A412	六安市文物局	1978	六安市木廠鎮	12.20	円鈕・柿蒂紋鈕座	柿蒂葉間有銘文四字。其外為内向八連弧紋。	寛平素縁	君宜高官。
086	「張氏」銘神人車馬画像鏡	後漢	A415	六安市文物局			21.00	円鈕・円形鈕座	座外飾連珠紋一周。四枚柿蒂紋座乳丁将内区紋飾分成四組、左右対座両神人、両側各侍立両童男童女、旁有題款「東王公」和「西王母」。外区飾有三十六字銘文一周。其外飾短線紋・鋸歯紋・変形勾連雲紋各一周。	凸素縁	張氏作竟佳且好、明而日月世少有、□治天尚悉皆式念、大富貴宜孫子、上有仙人子喬赤葆子。
087	四乳四神紋鏡	漢	ＬＺ398	皖西博物館			11.60	円鈕・円形鈕座	座外一周寛平素縁凸弦紋。両周射線紋之間等距離分布四枚円座乳丁、乳丁間分別飾青龍・白虎・朱雀・玄武図案。	寛平素縁	
088	四乳四鷹紋鏡	漢	ＬＺ338	皖西博物館	1977・8	六安市淠河化肥廠	14.00	円鈕・十二連珠紋鈕座	座外飾寛平素凸弦紋一周。両周射線紋之間的主紋帯被四枚円座乳丁隔為四区、每区飾双勾紋紋、并于隙間配三雛。	寛平素縁	
089	四乳四鷹紋鏡	漢	霍邱Ｔ153	霍邱県文物管理所	1997・7・16	霍邱県河口鎮窯廠	10.00	円鈕・円形鈕座	内外両周射線紋間飾四枚円座乳丁、両乳間飾一鷹紋。	寛平素縁	
090	四乳四鷹紋鏡	漢	舒城369	舒城県文物管理所			9.70	円鈕・円形鈕座	座外飾一周寛平素凸弦紋。内外両周射線紋間飾四枚円座乳丁、両乳間飾一鷹紋。四鷹成勾形躯体、身両側各飾一只羽鳥紋。	寛平素縁	
091	四乳四鷹紋鏡	漢	霍山0072	霍山県文物管理所	1986・4・29	霍山県三板橋雲盤村	16.50	円鈕・柿蒂紋鈕座	外飾一周射線紋和一周凸弦紋。在両周射線紋間飾四枚八乳連珠紋乳丁和四只鷹紋。	寛素縁	
092	四乳鳥紋鏡	漢	ＬＺ451	皖西博物館	1989・7	六安市三里橋	8.30	円鈕・円形鈕座	座外両周射線紋間的主紋飾躯等距離分布四枚乳丁、四対相向而劃的禽鳥分飾其間。	寛平素縁	
093	四乳四鳳紋鏡	漢	06ＬＤＪM53：1	安徽省文物考古研究所	2007	六安経済技術開発区	7.80	半円鈕・円形鈕座	内外両周射線紋間配置四乳丁将主紋区均分為四区、每区間飾一鳳鳥紋。	寛平素縁	
094	四乳龍虎紋鏡	漢	舒城814	舒城県文物管理所	1990・10・4	舒城県城関鎮鮑墩窯廠	11.00	円鈕・円形鈕座	座外両周射線紋間夾一周素寛凸弦紋。両周細凸弦紋間飾四枚円座乳丁及相対的双龍双虎図案。	寛素縁	
095	四乳神獣紋鏡	漢	舒城608	舒城県文物管理所	1982・12・24	舒城県裳樹郷寒塘村	15.00	円鈕・円形鈕座	座外飾索状紋一周。四枚円座乳丁将内区紋飾分為四組。每両組相対、其中両組為両神獣相向奔走、別両組為両羽人対座。其外為円方枚帯、之間飾円点紋。方枚中各有一字、字迹模糊不清。	凸素縁	
096	四乳神獣紋鏡	漢	A2492	六安市文物局			16.40	半円鈕・柿蒂紋鈕座	座外飾射線紋・凸弦紋各一周、其外両周射線紋間飾四枚円座乳丁、乳丁間分別飾青龍羽人・朱雀羽人・白虎羽人・禽鳥与神獣。	寛平素縁	
097	四乳四獣紋鏡	漢	金寨0013	金寨県文物管理所	1984	金寨県南渓	11.00	円鈕・円形鈕座	主紋飾為四乳相間飾四獣。其外飾両周凸弦紋、一周短線和三周鋸歯紋。	三角縁	◎

第十章　安徽省六安市出土銅鏡について　547

098	五乳神獣紋鏡	漢	A1823	六安市文物局			10.20	円鈕・円形鈕座	内外両圏短線紋間以五個乳丁等分相間飾五只神獣。寛辺内飾両周鋸歯紋。	
099	「尚方」銘六乳禽獣紋鏡	漢	寿県1	寿県博物館	1966	寿県愛国公社槐店郷農中	22.00	半球状円鈕・鈕周置八枚円座尖状小乳丁、并以鏡鈕為中心。	用浅浮雕和細線勾勒相結合表現技法、在八枚小乳丁之間分別飾出亀首・亀尾・亀四爪和蛇頭・蛇尾、使整個鏡鈕酷似一只玄武伏臥在鏡背的中央。其外一周双線凸弦紋中夾一周相間的短線和椭圆線紋。再向外是主題紋飾和一周銘文帯。主題紋飾、置六枚内向八連弧紋座的尖状乳丁、乳丁之間用浅浮雕和細線勾勒出伯牙弾琴・神人馴獣・青龍・白虎・朱雀・玄武・猴・熊・兔・魚等図案。銘文曰。鏡辺飾一周短線紋和一周連続雲気紋。	尚方佳竟大母傷、巧工刻之成文章、八禽九獣更為昌、寿如大山楽未央、浮遊天下敖四方兮。
100	七乳四神禽獣紋鏡	漢	07LDSM576：1	安徽省文物考古研究所	2007	六安経済技術開発区	11.90	円鈕・円形鈕座	座外環飾九枚小乳丁、外繞一周弦紋帯、内飾射線・短線和渦紋。主題紋飾為七枚内向六連弧紋座乳丁、間飾四神・羽人和禽獣紋。其外飾射線紋一周。辺縁飾鋸歯紋和双波折紋。	
101	七乳四神禽獣紋鏡	漢	舒城66	舒城県文物管理所	1975・3・7	舒城県柏林郷大墩村	18.50	円鈕・円形鈕座	座外環飾九枚小乳丁及円鈎紋、外為双弦紋帯間飾以一圏「S」形連続雲気紋、内区分布七枚内向八連弧紋座的乳丁、乳丁之間分別為青龍・白虎・朱雀・玄武等神、禽鳥図案。辺縁飾三角鋸歯紋和双線雲気紋各一周。	窄素縁
102	七乳禽獣紋鏡	漢	A1465	六安市文物局	1992	六安城東開発区	14.00	円鈕・円形鈕座	座外環飾九枚小乳丁和一周纏枝紋。内区主紋飾為鳥獣、以七枚内向八連弧紋座乳丁等距離相隔、其外飾一周射線紋。寛縁上飾鋸歯紋和変体雲紋各一周。	
103	七乳禽獣紋鏡	漢	A1350	六安市文物局	1994	六安市城北九里溝	11.80	円鈕・円形鈕座	座外飾一周平素凸弦紋。其外両周射線紋間飾七乳丁和禽獣紋。寛縁上飾鋸歯紋和禽獣紋各一周。	
104	「泰山」銘七乳禽獣紋鏡	漢	寿県4	寿県博物館			18.60	円鈕・円形鈕座	座外飾八枚円座小乳丁、乳丁之間飾浮雕併用浅細線勾勒出的六獣首和両只禽鳥。向外是両周短線紋中夾飾一周主題紋飾和一周銘文。主題紋飾為。七枚柿蒂紋座的尖状乳丁、乳丁之間填飾以浮雕的玉兔杵葯・熊・鹿・猴・犀牛・禽鳥等、然後在其紋帯内用浅細短直線或短弧線和小点補伯、使整個主題紋飾的結構十分厳緊、与補助的紋飾形成強烈対比。銘文曰。鏡縁飾一周鋸歯紋和両周細凸弦紋中夾一周雲気紋。	泰山作竟四夷服、多賀國家人民息、胡虜殄滅天下復、風雨時節五谷熟、官位尊顕豪禄食、長保二親子孫力、伝告後世楽無亟、宜古市兮。
105	神獣紋銘文鏡	漢	舒城54	舒城県文物管理所	1974・4・12	舒城県八里雲	14.40	円鈕・連珠紋鈕座	内区飾四神人及四獣相間環繞、其間有八枚凹面環	

					霧村		状乳丁。外区為半円・方枚帯、半円中為渦状雲紋、十個方枚中各有一字。辺縁内圏為神人禽獣紋、有神人捧日月、六龍駕舟車・羽人乗禽獣等、外圏飾勾連紋。	
106	鳥紋鏡	漢	ＬＺ256	皖西博物館	1985・12	舒城県大浪電站工地	9.40	円鈕・円形鈕座	座外飾双線方框、四対背向而劃的禽鳥分別飾于方框的四辺外。其外依次飾射線紋・鋸歯紋各一周。	窄平素縁
107	鳥獣紋鏡	漢	無号1	霍邱県文物管理所			18.20	円鈕・柿蒂紋鈕座	座外両周射線紋間夾一道凸弦紋。在内外両周射線紋間飾主題紋、以四枚柿蒂紋座乳丁相隔、間飾蟠螭・禽鳥・獣及四神等。縁内側飾双線浪折紋。	素縁
108	三虎紋鏡	漢	A414	皖西博物館	1979・4	六安市木廠鎮	9.50	円鈕・円形鈕座	座外飾高浮雕三虎。其外三周凸弦紋間依次飾両側短線紋和一周水波紋。	窄素縁
109	四虎紋鏡	漢	A413	皖西博物館			10.00	円鈕・円形鈕座	座外飾高浮雕四虎。其外依次飾双弦紋・短線紋・鋸歯紋・双線水波紋各一周。	窄素縁
110	蟠螭博局紋鏡	漢	寿県51	寿県博物館	1981	寿県双橋鎮孫家祠堂牌坊村	8.60	三弦鈕・双線方框鈕座	在方框的四辺中部各向外伸出「T」形紋与鏡縁向鏡縁向内的「L」形紋相対、方框鈕座的四角与鏡縁内向的「V」形紋相応、構成博局紋。在博局紋的四方以細線飾出対応的両条呈弧曲纏繞博局紋的蟠螭組成主題紋飾、空白処均飾浅細的雲渦紋。其外飾一周縄紋。	鏡縁上勾
111	「大楽貴富」蟠龍紋鏡	漢	舒城823	舒城県文物管理所	1990・12・17	舒城県城関鎮鮑墩窯廠	11.00	獣形鈕・伏螭鈕座	其外双線方框内有銘文、三辺各四字、一辺三字加一魚紋、合為、方框四辺中部向外伸出「T」形紋、与近鏡縁的「L」形紋相対、方框四隅又与近鏡縁的「V」形紋相応、構成博局紋。「TLV」紋均為細密的四線式。四面各飾有線条式蟠螭一組、蟠螭身躯多作弧形盤曲、形態不一。	
112	八乳禽獣博局紋銘文鏡	漢	寿県186	寿県博物館	1984・4	寿県東津郷東関村柏家台	18.80	円鈕・柿蒂紋鈕座	紐座外凹面方框内側飾十二枚円座小乳丁、外側飾八枚円座大乳丁。方框四辺中部「T」形紋与「L」形紋相対応、方框四角与「V」形紋相対、整体構成博局紋様。在博局紋的空白処分別用浅細線飾出青龍・白虎・朱雀・玄武等禽獣紋飾。鏡縁飾雲気紋・凸弦和鋸歯紋各一周。鏡縁内側与主紋飾間飾一周銘文、文曰。	黍言之紀造竟、始倉龍居左虎在右、辟去不羊、宜古市、長保二親和孫子、寿比金石先王母、宜□。
113	「尚方」銘禽獣博局紋鏡	漢	舒城1304	舒城県文物管理所	2001・11・21	舒城県龍河鎮友誼村窯廠	16.00	円鈕・柿蒂紋鈕座	座外細凸弦紋方框角一個、其間飾十二乳丁和十二支銘文。方格外八乳及「T、L、V」博局紋区分的四方八区内分別飾有青龍・白虎・朱雀・瑞獣和禽鳥。外区銘文為。銘文外為一	尚方作竟真大巧、上有仙人不知老、渇飲玉泉飢食棗、浮由天下敖四海、寿比金石為国□、長宜子。

第十章　安徽省六安市出土銅鏡について　549

							周射線紋。寬縁、縁上飾鋸歯紋及巻雲紋各一周。		
114	「尚方」銘鳥獣博局紋鏡	漢	07ＬＤＰＣＭ4：1	安徽省文物考古研究所	2007	六安経済技術開発区	18.50	円鈕・柿蒂紋鈕座	座外方框内飾十二乳丁和十二支銘文。方框外飾乳丁八枚、方框四辺各向外伸出一「Ｔ」形符号与「Ｌ」形符号相対、方框四角与「Ｖ」形符号相対、其間飾鳥獣紋。外飾三十五字銘文一周。辺縁飾短線紋・三角鋸歯紋和双線水波紋。		尚方作竟真大好、上有仙人不知老、渇飲玉泉浮遊天下敖四海、寿比金石為国保。
115	「尚方」銘四神博局紋鏡	漢	07ＬＤ38Ｍ141：1	安徽省文物考古研究所	2007	六安経済技術開発区	15.80	円鈕・柿蒂紋鈕座	座外方框内飾排列有序的短線和点状紋。方框外飾乳丁八枚、四辺正中各向外伸出一「Ｔ」形符号与「Ｌ」形符号相対、四角与「Ｖ」形符号相対、在四方八区間飾有青龍・白虎・朱雀和玄武紋、另配以鳥・獣・羽人等図案。外飾二十一字銘文一周。辺縁飾短線紋・三角鋸歯紋和双線水波紋。		尚佳竟真大好、上有仙人（不）知老、渇飲玉泉飢食棗兮。
116	「䣛氏」銘四神博局紋鏡	漢	ＬＺ536	皖西博物館	1990・4・13	六安市蘇埠鎮窯廠	15.70	円鈕・柿蒂紋鈕座	座外飾単線方框和寬帯凹面方框各一周、框内相間短線和・点状紋。方框外八枚乳丁両両対置、乳丁間均位置博局紋将主区分為八区、八種禽獣紋分別飾于其間。其外一周隷書字銘文、文曰。縁内側飾両周鋸歯紋夾一周双線波折紋。	窄素縁	䣛氏作竟真大好、上有山人不知老、渇玉泉飢食棗兮。
117	四神博局紋鏡	漢	Ａ2346	皖西博物館	1999・4・14	六安経済技術開発区	13.50	円鈕・柿蒂紋鈕座	座外飾三線方框、框外四角各有一円片紋、将主区紋飾分為四組、間飾博局紋・青龍与羽人、白虎与瑞獣、朱雀与禽鳥、玄武与蟾蜍図案、其外依次飾射線紋・寬平素紋和三角波折紋各一周。	窄素縁	
118	「煉銅治華」銘四神博局紋鏡	漢	Ａ1462	皖西博物館	1992・10・21	六安経済技術開発区	18.50	円鈕・柿蒂紋鈕座	座外飾単線和双線方框、両方框之間夾隷書銘文帯、文曰。外框四角各一円点紋、将主区紋飾分為四組、間飾博局紋・四神・羽人和麒麟図案、其外一周射線紋。	寬平素縁	煉銅治華青而明、以之為鏡宜文章、延年益寿去不羊、而日月光。
119	四乳博局紋鏡	漢	無号	霍山県文物管理所			10.00	円鈕・円形鈕座	座外飾凹形長方框、方框四角各置一円乳丁、将主紋分為四区、毎区間飾「ＴＬＶ」博局紋和鳥獣紋。縁内側飾双線鋸歯紋和点状紋。	素縁	
120	「鄭氏」銘神人神獣画像鏡	漢	寿県652	寿県博物館	1990	寿県衆興鎮魯圩	17.60	円鈕・連珠紋鈕座	鈕座向外相対置四枚笠状乳丁、将主区紋飾等分四区、上下対飾両組盤腿端坐神人、両側各相向跪坐両侍者。左右飾羽人馴虎、羽人馴鹿。外囲飾一周銘文。縁内側飾短線紋・鋸歯紋和双線波折紋各一周。縁沿上勾、截面呈三角形。	縁外沿上勾、截面呈三角形（三角縁）。	
121	「尚方」銘神人車馬画像鏡	漢	寿県2	寿県博物館			20.50	円鈕・連珠紋鈕座	鈕座向外相対置四枚柿蒂紋座笠状乳丁、乳丁之間主飾浮雕東王公・西王母	縁外沿上勾、截面呈	

								及侍奉者和人駕車馬・羽人馴鹿等神人画像。在主題紋飾外囲有一周銘文和一周短線紋。銘文曰。鏡縁飾一周鋸歯紋和一周連続雲気紋。縁外沿上勾、截面呈三角形。		三角形（三角縁）。
122	「尚方」銘神人車馬画像鏡	漢	ＬＺ353	皖西博物館	1986・12	六安市先王店郷	18.00	円鈕・連珠紋鈕座	高浮雕主紋被六枚円座状乳丁分為六区、下方両区分別飾端座的王父・王母、其右上方分別正書「東王父寿」和「西王母」題榜、王母旁跪立一侍者。另外四区分別飾飛馳的車・馬・瑞獣・禽鳥、車有華蓋、内坐御者二人。其外鐫隷書銘文一周、曰。縁内側飾依次飾短線紋・鋸歯紋和禽獣鎮雲紋各一周。	窄素縁
123	星雲紋鏡	漢	寿県776	寿県博物館			9.70	連峰式鈕・円形鈕座	円形鈕座由四枚半円形草葉紋和四条短弧線組成。座外両周細凸線紋中夾飾一周凸起的連珠紋。主紋飾為四組連珠座的小乳丁間飾七枚用似雲気紋的短弧線相連的乳丁、組成星雲紋。辺縁飾内向十六連弧紋一周。	
124	「内清」銘連弧紋鏡	漢	霍邱Ｔ116	霍邱県文物管理所	1992・5	霍邱県孟集鎮張台孜	10.30	円鈕・円形鈕座	外環凹凸弦紋各一周、間以短線連接、其外飾内向八連弧紋。在両周射線紋間飾銘文帯、文曰。毎両字間均間一「而」字。	寛素縁	内清質以昭明、光象夫日月。
125	「内清」銘連弧紋鏡	漢	舒城373	舒城県文物管理所	1979・3・19	舒城県白馬梢金東村湯庄	8.70	円鈕・円形鈕座	座外飾内向八連弧紋、鈕座与連弧紋之間有四組短線紋。外区両周射線紋之間有一周銘文、文曰。毎両字間間一「而」字、字体方正。	寛平素縁	内清以明、光日月。
126	「内清」銘連弧紋鏡	漢	Ａ1455	皖西博物館	1992・10・19	六安城東開発区	12.50	円鈕・十二連珠紋鈕座	座外飾寛平素凸弦紋和内向八連弧紋各一周、其間以符号補白。両周射線紋間為篆書銘文帯、銘文為。	寛平素縁	内清之以昭明、光之象夫日月、心忽揚而愿忠、而不。
127	「日光」銘連弧紋鏡	漢	Ａ1510	皖西博物館		六安城東開発区	8.50	円鈕・十二連珠紋鈕座	座外為内向八連弧紋、其間以草葉紋和三劃短線紋補白。其外一周射線紋内為銘文帯、銘文為。八字篆書、毎字間以符号形相隔。	寛平素縁	見日之光、長母相忘。
128	「日光」銘連弧紋鏡	漢	霍邱Ｔ95	霍邱県文物管理所		霍邱県馮井郷梓廟村	7.30	円鈕・円形鈕座	座外八個内向連弧紋、其外両周射線紋間以銘文帯、銘文為、毎両字間有一「ｅ」或「田（魚）」形符号。	寛素縁	見日之光、天下大明。
129	「日光」銘文鏡	漢	霍山0403	霍山県文物管理所	1980	霍山県上元街村	10.10	円鈕・円形鈕座	鈕座分別向外伸出四出短線。双圏銘文帯、間飾一周凸弦紋和一周射線紋。内外圏銘文有等文字、間符号相隔。	平素縁	見日之光、天下大明。
130	「日光」銘連弧紋鏡	漢	霍山0846	霍山県文物管理所	1995	霍山県南岳村	8.40	円鈕・円形鈕座	座外分別伸出四組短線和四条弧線与八段内向連弧紋相交。両周射線紋間飾一周銘文、文曰。字間以「ｅ」和「田（魚）」形符号相隔。	素縁	見日之光、天下大明。
131	「日光」銘文鏡	漢	寿県782	寿県博物館			11.00	円鈕・方形鈕座	座外飾双凸細線方框、双線方框内逆時針排列小篆		見日之光、天下大明。

第十章　安徽省六安市出土銅鏡について　551

								銘八字。銘文帯外四辺有四枚乳丁、各乳丁之間主飾草葉紋至縁処。辺縁飾内向十六連弧紋。		
132	「大楽貴富」銘文鏡	漢	霍山0303	霍山県文物管理所			19.20	三弦鈕・鈕周為龍虎紋飾	内外四圏凸弦紋間飾有銘文、和一魚形紋、字間以重環紋相隔。地紋為雲雷紋、主紋為四組蟠螭紋、以四葉相隔。其外一周絞索紋。	素縁	大楽貴富、千秋万歳、宜酒食。
133	「長宜子孫」銘文鏡	漢	A2379	六安市文物局	1999	六安経済技術開発区	18.50	円鈕・柿蒂紋鈕座	柿蒂間鋳銘文四字。座外射線紋・素寛凸弦紋各一周、其外細凸弦紋両周。四円座乳丁将主紋分為四区、分飾青龍与羽人、朱雀与禽鳥、白虎与瑞獣、瑞獣配朱雀。其外一周射線紋。	寛平素縁	長宜子孫。
134	「長宜子孫」銘連弧紋鏡	漢	寿県201	寿県博物館		寿県	13.20	円鈕・柿蒂紋鈕座	在柿蒂葉之間飾有小篆銘文四字。座外一周凸弦紋、弦紋外飾内向八連弧紋、毎段弧紋之間塡飾浅細短直線和巻曲線。外区飾一浅細線雲雷紋。	寛素縁	長宜子孫。
135	「淮南龍氏」銘龍虎紋鏡	漢	寿県59	寿県博物館	1974・6	寿県板橋鎮黄安村	15.00	円鈕・円形鈕座	鈕周飾高浮雕一龍一虎、龍首・虎首相対峙、在龍虎的尾部、飾一羽人握杵踞坐、作杵臼状。主題紋飾一周短線紋和一周銘文、文曰。鏡縁飾一周鋸歯紋和一周雲気紋。		隆帝章和時、淮南龍氏作竟、湅治同、合会銀易得和忠、刻画云気龍虎虫、上有山人寿無究、長保二親楽不高。
136	「潔清白」銘連弧紋鏡	漢	寿県1009	寿県博物館			13.90	円鈕・十二連珠紋鈕座	座外飾一周櫛歯紋和一周素寛凸弦紋和内向八連弧紋、連弧紋間飾四枚似「毋（田或魚）」字紋和四組三短竪線紋以及八組短弧線紋。在両周射線紋中夾飾一周銘文、文曰。	素縁	絜（潔）而清而白而事君。
137	「潔清白」重圏銘文鏡	漢	寿県263	寿県博物館			13.80	円鈕・併蒂十二連珠紋鈕座	座外飾両周凸弦紋中夾飾浅細線曲繞草葉紋。外区飾一周銘文。	素縁	絜（潔）清白事君、志行之弁明、玄錫之〔流澤〕、□遠而日忘、美人外承可□霊、母絶。
138	「潔清白」銘連弧紋鏡	漢	A1529	皖西博物館	1992・12・11	六安市城東	18.00	円鈕・十二連珠紋鈕座	座外依次飾射線紋・寛平素凸弦紋・内向八連弧紋各一周、弧紋以草葉紋補白。外区両周射線紋間為銘文帯、文曰。	寛平素縁	絜（潔）清白而事君、霊治之弁明之、玄錫之、恐疏而日忘、靡美之究、承之可慕、泉愿永思而母絶。
139	「日有意」銘連弧紋鏡	漢	A1351	六安市文物局	1994	六安市城北九里溝	13.40	円鈕・柿蒂紋鈕座	座外飾凸弦紋和内向八連弧紋、外区両周射線紋間有銘文一周。	寛平素縁	日有意、月有富、楽母有事而宜酒食、君而必臣民、愿恵美霊。
140	「煉治銅華」銘連弧紋鏡	漢	霍山0419	霍山県文物管理所	1980	霍山県三板橋村	16.50	円鈕・十二連珠紋鈕座	座外環一周短斜線紋和一周凸弦紋。中区為内向八連弧紋、間以短直線和半円紋。外区両周射線紋間飾銘文一周。	寛素縁	煉治銅華青而明、以之為鏡因宜文章、延年益寿去不羊、与天母亟、而日月光。
141	連弧紋鏡	漢	霍山0082	霍山県文物管理所			11.00	円鈕・円形鈕座	座外飾内向八連弧紋、両連弧相交処呈葉形。一周凸弦紋内側等距離飾高浮雕半円、間飾点状紋。外環連珠紋和鋸歯紋。	寛素縁	
142	変形龍鳳紋鏡	三国	寿県41	寿県博物館	1966・3	舒城県周公渡	11.50	円鈕・円形鈕座	鏡背主飾減地式浅平雕変形的一龍一鳳和両道細凸	寛平素縁	

#	名称	時代	番号	所蔵	出土地	日期	鈕座	寸法	紋飾	銘文	縁
					公社舒房				弦紋、龍・鳳身軀均呈曲体状、変形誇張的鳳羽和尾似行雲、変幻莫測、充満霊動之感、布満整個画面。		
143	神人神獣紋鏡	三国	寿県203	寿県博物館	寿県原愛国公社槐店農中		14.30	円鈕・鈕座為一周凸起的小円珠和短線相連的円圏紋	鈕座的外囲是高浮雕的神人神獣主題紋飾、分上中下三重列置。上層三神人、中為一神人盤腿正坐、膝上置一琴、似伯牙弾琴、両羽人側跪于神人両側、傍置相対的両只神獣、中層即鈕的両側各置一神人、一端祥正坐于環繞的小神獣之中、一身乗于鳳鳥之上。下層中置一神人、両側配置一龍一虎。主題紋飾与鏡縁之間飾有一周半円・方枚、在半円枚上又加飾有四花弁・獣首・羽人・禽鳥等。方枚上各有「田（魚）字布局的四字銘文、惜過于細小、無法釈読。縁上飾凸弦紋・禽獣紋和連続菱形紋各一周		
144	「尚方」銘神獣奏楽紋鏡	三国	舒城1303	舒城県文物管理所	2001・11・21	舒城県龍河鎮友誼村窯廠	16.00	円鈕・円形鈕座	鈕座圧住龍虎的部分身軀。向区分三部分。鈕左一龍双手撫琴、其頭上一獣。鈕右一虎吭高歌、其頭上一鳥。鈕上方一羽人跪坐、口吹長簫。一獣挺身吹奏排簫。組下一羽人跪坐、高挙双手、一手撫身、一手握長棒。外区一圏銘文。短線紋外為一圏鋸歯紋和連続花葉紋。	尚方作竟真大巧、令人大寿不知老、渇飲玉泉飢食来、敖由（遊）天下長相保、左龍右虎為国保、大吉。	
145	「范氏」銘神人車馬画像鏡	三国	舒城378	舒城県文物管理所			20.50	円鈕・連珠紋鈕座	柿蒂紋座的四乳丁将内区分成四組、各組内分別布以浮雕式神人車馬図案、作環繞式排列。其中一組為車馬、一馬昂首翅尾、奮踏前奔。別三組為神人及侍者・羽人、置「王母」・「諸王」題榜。内外区之間為右旋銘文帯。外有短線紋・鋸歯紋及禽獣紋各一周。	范氏作竟自有縁、呉工刻之及賢事、駒馬在前足不止、白衣自言伏不起、県史□宛不刻李、自題従事州付吏。	三角縁
146	「位至三公」直銘双鳳紋鏡	六朝	寿県60	寿県博物館	寿県		9.00	円鈕・連珠紋鈕座	鈕的上下有直読隷書銘文「位至三公」四字。鈕両側各飾一変形的鳳鳥紋。向外是一周細凸弦紋和一周射線紋。	位至三公。	寛素縁
147	「位至三公」直銘龍鳳紋鏡	六朝	寿県62	寿県博物館			9.40	円鈕・円形鈕座	鈕的上下有直読銘文「位至三公」四字。鈕的左側是一条身軀呈「S」形的曲体龍、右側是一只「S」形的曲体鳳鳥。外囲飾一周射線紋。整個紋飾採用減地式浅平雕表現技法鋳造而成。	位至三公。	寛素縁
148	四乳四神人紋鏡	六朝	寿県182	寿県博物館			10.80	円鈕・浅細線勾飾花弁鈕座	四枚円座小乳丁将主紋分為四区、乳丁之間飾高浮雕盤腿端座的四神人像。外囲飾一周間断半円状花葉和一周短線紋。縁飾一周「S」字勾連紋。		

| 149 | 獣面紋鏡 | 六朝 | A26 | 皖西博物館 | | | 9.50 | 円鈕・円形鈕座 | 四変形葉紋将主紋分為四区、毎区葉脈間飾一獣面。其外両周凸弦紋間密布減地雲紋。 | 窄素縁 | |

まず、各鏡名称を形式分類的に整理してみよう。以下、各鏡番号は頭の00や0は除き、1・2・3・4……とする。鏡の時代区分は〔Ⅰ〕戦国鏡、〔Ⅱ〕前漢鏡、〔Ⅲ〕後漢鏡、〔Ⅳ〕三国鏡、〔Ⅴ〕六朝鏡の五時期とする。原著『六安出土銅鏡』では西漢鏡23〜72と東漢鏡73〜86に続いて、漢87〜141とし、漢87〜141に前・後漢の区別を付けない。【表10―1】六安出土銅鏡では中国側の研究を尊重して一応、前漢鏡、後漢鏡、漢鏡の三区分に表示した。しかし、以下では漢鏡をいくつかの基準に基づき敢えて前漢鏡、後漢鏡に二分した。その第一の基準は、後者漢鏡各鏡の型式、風格、銘文が本書採録の前者、前漢鏡、後漢鏡の各鏡のそれぞれと全く一致するか、ほぼ近似していると認められ、それで漢鏡とされるものはほとんどが前漢鏡、後漢鏡に二分できる。若干残りが出るが、それはこれまで扱ってきた各機関所蔵鏡の時代区分を参考にした。それでも仮説的、便宜の区別であって、今後さらに学問的厳密な時代確定が必要であることは当然である。

〔Ⅰ〕戦国鏡

A① 【1・2・3・4・5　蟠螭紋鏡】、② 【6・7・8・9・10　蟠螭菱紋鏡】、③ 【11　蟠虺紋鏡】

B① 【12・13・14・15　四山紋鏡】、② 【16　五山紋鏡】

C① 【17　四葉紋鏡】、② 【18　四龍紋鏡】

D① 【19　龍虎紋鏡】、② 【20　鳥紋鏡】

E　 【21　弦紋鏡】

F　 【22　重菱紋鏡】

〔Ⅱ〕前漢鏡

A　 【37・39　蟠螭紋鏡】

B　 【36　蟠螭紋銘文鏡】、② 【38　蟠螭紋鏡】、③ 【70・132　「大楽富貴」銘文鏡】

C① 【23・24・25・26・27・28・29・88・89・90・91　四乳四虺紋鏡】、② 【33・92　四乳鳥紋鏡】、③ 【72　「長宜子孫」銘文鏡】、④ 【30・31・87　四乳四神紋鏡】、⑤ 【32　四乳禽獣紋鏡】

D① 【34　「得相思」銘蟠螭博局紋鏡】、② 【35・111　「大楽貴富」銘蟠螭博局紋鏡】、③ 【110　蟠螭博局紋鏡】、

E① 【40　「漢有善銅」銘七乳禽獣紋鏡】、② 【41　七乳神獣紋鏡】、③ 【42・100　七乳四神神獣紋鏡】

F　 【43・44・45・46・47・123　星雲紋鏡】

G① 【48・49・50・51・52・53・54・55・124・125・126　「内清」銘連弧紋鏡】、② 【59・60・61・127・128・130「日光」銘連弧紋鏡】。③ 【62・140　「煉治銅華」銘連弧紋

鏡】、④【63 「煉銅」銘連弧紋鏡】、⑤【64 「清治銅華」銘連弧紋鏡】、⑥【66 「白而事君」銘連弧紋鏡】、⑦【69 「富貴」銘連弧紋鏡】、⑧【71・139 「日有熹」銘連弧紋鏡】

H ①【56・57 「内清」重圏銘文鏡】、②【65 「清治銅華」重圏銘文鏡】、③【137 「潔清白」重圏銘文鏡】

I 　【58・129・131 「日光」銘文鏡】

J 　【67・68 「家常富貴」銘文鏡】

〔Ⅲ〕後漢鏡

A ①【73 「新雕」銘四神博局紋鏡】、②【74・115 「尚方」銘四神博局紋鏡】、③【75 「長宜子孫」銘博局紋鏡】、④【112 八乳禽獣博局紋銘文鏡】、⑤【113 「尚方」銘禽獣博局紋鏡】、⑥【114 「尚方」銘鳥獣博局紋鏡】、⑦【116 「莉氏」銘四神博局紋鏡】、⑦【117 四神博局紋鏡】、⑧【118 「煉銅治華」銘四神博局紋鏡】、⑨【119 四乳博局紋鏡】

B ①【76・133 「長宜子孫」銘文鏡】、②【96 四乳神獣紋鏡】、③【98 五乳神獣紋鏡】

C ①【93 四乳四鳳紋鏡】、②【94 四乳龍虎紋鏡】、③【95 四乳神獣鏡】、④【97 四乳四獣紋鏡】、⑤【101 七乳四神神獣紋鏡】、⑥【102・103 七乳禽獣紋鏡】、⑦【107 鳥獣紋鏡】

D ①【77 蟠螭紋鏡】、②【78 鳳鳥連珠紋鏡】、③【79 龍虎紋鏡】、④【80・108 三虎紋鏡】、⑤【109 四虎紋鏡】、⑥【81 変形四鳥紋鏡】、⑦【106 鳥紋鏡】

E ①【82 五乳禽獣紋鏡】、②【83 七乳禽獣紋鏡】、③【104 「泰山」銘七乳禽獣紋鏡】

F ①【85 「君宜高官」銘連弧紋鏡】、②【134 「長宜子孫」銘連弧紋鏡】、③【136 「潔清白」銘連弧紋鏡】、④【138 「潔清白」銘連弧紋鏡】、⑤【141 連弧紋鏡】

G ①【84 「尚方」銘八獣紋鏡】

H ①【86 「張氏」銘神人車馬画像鏡】、②【120 「尚方」銘神人車馬画像鏡】、③【121 「尚方」銘神人車馬画像鏡】、④【122 「尚方」銘神人車馬画像鏡】

I ①【99 「尚方」銘六乳禽獣紋鏡】、【58 「日光」銘文鏡】

J 　【105 神獣紋銘文鏡】

K 　【135 「淮南龍氏」銘龍虎紋鏡】

〔Ⅳ〕三国鏡

A 　【142 変形龍鳳紋鏡】

B 　【143 神人神獣紋鏡】

C 　【144 「尚方」銘神獣奏楽紋鏡】

D 　【145 「范氏」銘神人車馬画像鏡】

〔Ⅴ〕六朝鏡

A ①【146 「位至三公」直銘双鳳紋鏡】、②【147 「位至三公」直銘龍鳳紋鏡】

第十章　安徽省六安市出土銅鏡について　555

　B　【148　四乳四神人紋鏡】
　C　【149　獣面紋鏡】

　以上で各鏡の時期を計算すると、〔Ⅰ〕戦国鏡22、〔Ⅱ〕前漢鏡72、〔Ⅲ〕後漢鏡48、〔Ⅳ〕三国鏡4、〔Ⅴ〕六朝鏡4となる。やや前漢鏡が多く、後漢鏡が少ないのは、後漢時代にこの附近で黄巾の乱が起こり、鏡を所持した階層が他地方に避難したことが影響したものであろう。また画像鏡や神獣鏡の数量が極端に少ないのも問題である。

　〔Ⅲ〕後漢鏡でHの4種4鏡、〔Ⅳ〕三国鏡のDの1種、いずれも神人車馬画像鏡では5面が画像鏡で、いわゆる神獣鏡は〔Ⅲ〕後漢鏡のJ【105神獣紋銘文鏡】と〔Ⅳ〕三国鏡ではB【143神人神獣紋鏡】のわずかに2鏡である。

第二節　『六安出土銅鏡』から窺える当地方の前・後漢鏡の特質

　まず、【表10−1】六安出土銅鏡（安徽省文物考古研究所・六安市文物局）から、前漢鏡・後漢鏡・三国鏡・六朝鏡のそれぞれの径長データを大小順に並べ替えた【表10−2】六安出土前漢・後漢・三国・六朝銅鏡・径大小順の表を作成しよう。

【表10−2】　六安出土前漢・後漢・三国・六朝銅鏡・径大小順

鏡番号	名称	時代	文物編号	修蔵個所	出土年	出土個所	径／cm	鈕・鈕座形式	形態	辺縁状態	【銘文】
034	「得相思」銘蟠螭博局紋鏡	前漢	07LDTYM3:1	安徽省文物考古研究所	2007	六安経済技術開発区	22.90	獣鈕・円形鈕座	座外双線方框内置十一字銘文。方框四辺正中向外伸出一双線亮「T」形、与「L」形符号相対、「T」、「L」間飾↓「V」形。主紋為凸線蟠螭紋。雲雷紋為地紋。	素寛巻辺	得相思、愿母相忘、長楽未央。
099	「尚方」銘六乳禽獣紋鏡	後漢	寿県1	寿県博物館	1966	寿県愛国公社槐店農中	22.00	半球状円鈕・鈕周置八枚円座尖状小乳丁、并以鏡鈕為中心。	用浅浮雕和細線勾勒相結合表現技法、在八枚小乳丁之間分別飾出亀首・亀尾・亀四爪和蛇頭・蛇尾・使整個鏡鈕酷似一只玄武伏臥在鏡背的中央。其外一周双線凸弦紋中夾一周相間的短線和椭円圈紋。再向外是主題紋飾和一周銘文帯。主題紋飾、置六枚内向八連弧紋座的尖状乳丁、乳丁之間用浅浮雕和細線勾勒出伯牙弾琴・神人馴獣・青龍・白虎・朱雀・玄武・猴・熊・兎・魚等図案。銘文曰。鏡辺飾一周短線紋和一周連続雲気紋。		尚方佳竟大母傷、巧工刻之成文章、八禽九獣更為昌、寿如大山楽未央、浮遊天下敖四方兮。
086	「張氏」銘神人車馬画像鏡	後漢	A415	六安市文物局			21.00	円鈕・円形鈕座	座外飾連珠紋一周。四枚柿蒂紋座乳丁将内区紋飾分成四組、左右対座両神人、両側各侍立両童男女、旁有題款「東王公」和「西王母」。外区飾有三十六字銘文一周。其外飾短線紋、鋸歯紋、変形勾連雲紋各一周。	凸素縁	張氏作竟佳且好、明而日月世少有、□治天尚悉皆式念、大富貴宜孫子、上有仙人子喬赤崧子。
121	「尚方」	後漢	寿県2	寿県博物			20.50	円鈕・連	鈕座向外相対置四枚柿蒂	縁外沿	

	銘神人車馬画像鏡			館			珠紋鈕座	紋座笠状乳丁、乳丁之間主飾浮雕東王公・西王母及侍奉者和人駕車馬・羽人馴鹿等神人画像。在主題紋飾外囲有一周銘文和一周短線紋。銘文曰。鏡縁飾一周鋸歯紋和一周連続雲気紋。縁外沿上勾、截面呈三角形。	上勾、截面呈三角形（三角縁）	
145	「范氏」銘神人車馬画像鏡	三国	舒城378	舒城県文物管理所		20.50	円鈕・連珠紋鈕座	柿蒂紋座的四乳丁将内区分成四組、各組内分別布以浮雕式神人車馬図案、作環繞式排列。其中一組為車馬、一馬昂首翹尾、奮踏前奔。別三組為神人及侍者・羽人、置「王母」・「諸王」題榜。内外区之間為右旋銘文帯。外有短線紋・鋸歯紋及禽獣紋各一周。	三角縁	范氏作竟自有縁、呉工刻之及賢事、駒馬在前足不止、白衣自言伏不起、県吏□宛不刻李、自題従事州付吏。
073	「新雕」銘四神博局紋鏡	後漢	A17	六安市文物局	1976	六安専区（現、六安市）紗廠工地	19.50	円鈕・円形鈕座	座外双線方框内配列十二個乳丁相間十二支銘文。方框四辺各伸一「T」形紋和両枚対称式乳丁、外環一周弦紋。弦紋外用四個「L」形和四個「V」形相間飾青龍・白虎・朱雀・玄武、鳥・獣及羽人。其外双弦紋内四十二字銘文一周。縁内飾一周三角鋸歯紋、寬縁上飾一周変形雲紋。		「子丑寅卯辰巳午羊申酉戌亥」。「新雕治鏡、子孫見多、賀君家受大福珠、千古蒙禄食幸（豊）得時、佳猴嘉徳采字為紀、有法則伝之後世、楽母函已」。
132	「大楽貴富」銘文鏡	前漢	霍山0303	霍山県文物管理所			19.20	三弦鈕・鈕周為龍虎紋飾	内外四圏凸弦紋間飾有銘文、和一魚形紋、字間以重環紋相隔、地紋為雲雷紋、主紋為四組蟠螭紋、以四葉相隔。其外一周絞索紋。	素巻縁	大楽貴富、千秋万歳、宜酒食。
026	四乳四虺紋鏡	前漢	07ＬＤＳM523：1	安徽省文物考古研究所	2007	六安経済技術開発区	18.90	円鈕・十二連弧珠紋鈕座	座外飾一周素寬凸弦紋、両辺飾射線紋。外区四乳配置四方、其間飾四虺。虺的腹・背両側綴有禽鳥・獣頭。外区与辺縁間飾射線紋。	寬平素縁	
027	四乳四虺紋鏡	前漢	07ＬＤ38M23：1	安徽省文物考古研究所	2007	六安経済技術開発区	18.90	円鈕・十二連弧珠紋鈕座	座外飾一周素寬凸弦紋、両辺飾射線紋。外区四乳配置四方、四乳均為連珠紋座、其間分飾四虺。虺的腹・背両側綴有禽鳥・獣頭。	寬平素縁	
112	八乳禽獣博局紋銘文鏡	後漢	寿県186	寿県博物館	1984・4	寿県東津郷東関村柏家台	18.80	円鈕・柿蒂紋鈕座	紐座外凹面方框内側飾十二枚円座小乳丁、外側飾八枚円座大乳丁。方框四辺中部「T」形紋与「L」形紋相対応、方框四角与「V」形紋相対、整体構成博局紋様。在博局紋的空白処分別用浅細線飾出青龍・白虎・朱雀・玄武等禽獣紋飾。鏡縁飾雲気紋・凸弦和鋸歯紋各一周。鏡縁内側与主紋飾間飾一周銘文、文曰。		黍言之紀造竟、始倉龍居左虎在右、辟去不羊、宜古市、長保二親和孫子、寿比金石先王母、宜□。
075	「長宜子孫」銘博局紋鏡	後漢	A3230	六安市文物局	2006	六安経済技術開発区	18.70	円鈕・円形鈕座	座外九乳丁環繞、乳丁間鋳有銘文九字。中間方框内的四角鋳有銘文四字。方框与短線紋間飾乳丁及		甲：長富貴、宜牛羊、楽未央。乙：長宜子孫。

第十章　安徽省六安市出土銅鏡について　557

							「T・L・V」博局紋、其間飾有鳥・獣・羽人等図案。辺縁飾鋸歯紋及変形鳥紋各一周。	
104	「泰山」銘七乳禽獣紋鏡	後漢	寿県4	寿県博物館		18.60	円鈕・円形鈕座	座外飾八枚円座小乳丁、乳丁之間飾浮雕併用浅細線勾勒出的六獣首和両只禽鳥。向外是両周短線紋中夾飾一周主題紋飾和一周銘文。主題紋飾為。七枚柿蒂紋座的尖状乳丁、乳丁之間壇飾以浮雕的玉兎杵薬・熊・鹿・猴・犀牛・禽鳥等、然後在其紋帯内用浅細短直線或短弧線和小点補伯、使整個主題紋飾的結構十分厳緊、与補助的紋飾形成強烈対比。銘文曰。鏡縁飾一周鋸歯紋和両周細凸弦紋中夾一周雲気紋。	泰山作竟四夷服、多賀國家人民息、胡虜殄滅天下復、風雨時節五穀熟、官位尊顕豪禄食、長保二親子孫力、伝告後世楽無亟、宜古市分。
070	「大楽貴富」銘文鏡	前漢	A2555	皖西博物館	2001・8・22	六安市城北九里溝	18.50	獣面橋形鈕・獣状鈕座	座外有絞索紋両周、其間以銘文帯。銘文為。主紋区以渦雲紋襯地、用変形葉紋将其分為四区、毎区飾一組蟠螭紋。其外一周絞索紋。	素巻縁	大楽貴富、千秋万歳、宜酒食。
076	「長宜子孫」銘文鏡	後漢	A20	皖西博物館		18.50	円鈕・柿蒂紋鈕座	蒂間鋳四字篆書。其外両周射線紋夾一周寛平素凸弦紋。主区分別飾青龍与羽人、白虎与瑞獣、朱雀与禽鳥、玄武与蟾蛉図案。主紋外依次飾射線紋・素寛平凸弦紋・双勾波折紋各一周。	窄平素縁	長宜子孫。
101	七乳四神禽獣紋鏡	後漢	舒城66	舒城県文物管理所	1975・3・7	舒城県柏林郷大墩村	18.50	円鈕・円形鈕座	座外環飾九枚小乳丁及円鈎紋、外為双弦紋帯間飾以一圏「S」形連続雲気紋、内区分布七枚内向八連弧紋座的乳丁、乳丁之間分為青龍・白虎・朱雀・玄武等神、禽鳥図案。辺縁飾三角鋸歯紋和双線雲気紋各一周。	窄素縁	
114	「尚方」銘鳥獣博局紋鏡	後漢	07LDPCM4:1	安徽省文物考古研究所	2007	六安経済技術開発区	18.50	円鈕・柿蒂紋鈕座	座外方框内飾十二乳丁和十二支銘文。方框外飾乳丁八枚、方框四辺各向外伸出一「T」形符号与「L」形符号相対、方框四角与「V」形符号相対、其間飾鳥獣紋。外飾三十五字銘文一周。辺縁飾短線紋・三角鋸歯紋和双線水波紋。		尚方作竟真大好、上有仙人不知老、渇飲玉泉飢食棗、浮遊天下敖四海、寿比金石為国保。
118	「煉銅治華」銘四神博局紋鏡	後漢	A1462	皖西博物館	1992・10・21	六安経済技術開発区	18.50	円鈕・柿蒂紋鈕座	座外飾単線和双線方框、両方框之間夾隷書銘文帯、文曰。外框四角各飾一円点紋、将主紋飾分為四組、間飾博局紋・四神・羽人和麒麟図案、其外一周射線紋。	寛平素縁	煉銅治華青而明、以之為鏡宜文章、延年益寿去不羊、而日月光。
133	「長宜子孫」銘文鏡	後漢	A2379	六安市文物局	1999	六安経済技術開発区	18.50	円鈕・柿蒂紋鈕座	柿蒂間鋳銘文四字。座外射線紋・素寛凸弦紋各一周、其外細凸弦紋両周。四円座乳丁将主紋分為四区、分飾青龍与羽人、朱雀与禽鳥、白虎与瑞獣、	寛平素縁	長宜子孫。

								瑞獣配朱雀。其外一周射線紋。	
107	鳥獣紋鏡	後漢	無号1	霍邱県文物管理所			18.20	円鈕・柿蒂紋鈕座	座外両周射線紋間夾一道凸弦紋。在内外両周射線紋間飾主題紋・内向四枚柿蒂紋座乳丁相隔、間飾蟠螭・禽鳥・獣及四神等。縁内側飾双線浪折紋。	素縁
122	「尚方」銘神人車馬画像鏡	後漢	ＬＺ333	皖西博物館	1986・12	六安市先王店郷	18.00	円鈕・連珠紋鈕座	高浮雕主紋被六枚円座状乳丁分為六区、下方両区分別飾端座的王父・王母、其右上方分別正書「東王父寿」和「西王母」題榜、王母旁跪立一侍者。另外四区分別飾飛馳的車・馬、瑞獣・禽鳥、車有華蓋、内坐御者二人。其外隷書銘文一周、曰。縁内側飾依次飾短線紋・鋸歯紋和禽獣鎖雲紋各一周。	窄素縁
138	「潔清白」銘連弧紋鏡	後漢	A1529	皖西博物館	1992・12・11	六安市城東	18.00	円鈕・十二連珠紋鈕座	座外依次飾射線紋・寛平素凸弦紋・内向八連弧紋各一周、弧紋以草葉紋補白。外区両周射線紋間為銘文帯、文曰。	寛平素縁	絜（潔）清白而事君、霊治之拿明之、玄錫之、恐疏而日忘、靡美之究、承之可慕、泉愿永思而毋絶。
065	「清治銅華」重圏銘文鏡	前漢	A969	六安市文物局	1988	六安城東開発区	17.60	円鈕・円形鈕座	座外飾両周凸弦紋。主題紋飾為両周銘文帯、内外側各飾両周射線紋。両周銘文同。	窄平素縁	清治銅華以為鏡、照察衣服観容貌、絲組雑履以為信、清光平成宜佳人。
120	「鄭氏」銘神人神獣画像鏡	後漢	寿県652	寿県博物館	1990	寿県衆興鎮魯圩	17.60	円鈕・連珠紋鈕座	鈕座向外相対置四枚笠状乳丁、将主区紋飾等分四区、上下対飾両組盤腿端座神人、両側各相向跪坐両侍者。左右飾羽人馴虎、羽人馴鹿。外囲飾一周銘文。縁内側飾短線紋・鋸歯紋和双線波折紋各一周。縁沿上勾、截面呈三角形。	縁外沿上勾、截面呈三角形（三角縁）	
084	「尚方」銘八獣紋鏡	後漢	A18	皖西博物館			17.50	円鈕・円形鈕座	座外有絞索紋一周。外飾八只為高浮雕瑞獣、毎両獣間置一円座乳丁。其外両周弦紋間飾半円・方枚各二十、方枚内銘文為。再外囲依次有短線紋・鋸歯紋・双行減地雲紋・珠点紋各一周。	窄平素縁	尚方作竟有自己明、而日月世少、大吉宝昌、宜古市。
030	四乳四神紋鏡	前漢	07ＬＤ38M225：1	安徽省文物考古研究所	2007	六安経済技術開発区	17.10	円鈕・柿蒂紋鈕座	蒂葉間飾草葉紋、座外飾一圏寛平素凸弦紋。四個柿蒂座乳丁将主紋均分為四組、主紋帯為青龍・白虎・玄武・朱雀及天禄・辟邪・奔鹿等。環主紋帯両辺飾射線紋。	寛平素縁	
040	「漢有善銅」銘七乳禽獣紋鏡	前漢	A214	六安市文物局	1978	六安市単王郷	17.00	円鈕・円形鈕座	紐座用七乳丁相間、飾鳥紋一周。外飾弦紋三周。其外用四柿蒂紋座乳丁間隔、飾七只禽獣。外飾銘文一周。其外飾一周短線紋。寛縁内飾鋸歯紋和変形雲紋。	寛縁	漢有善銅出丹陽、煉錫銀清且明、召工刻之成文章、青□。
028	四乳四鳧紋鏡	前漢	A2329	六安市文物局	1998	六安市城西	16.50	円鈕・柿蒂紋鈕座	座外飾両周射線紋和一周寛帯状凸弦紋。以四個円座乳丁相隔、分飾四鳧紋。鳧的腹・背部綴有鳥紋和獣首紋。	寛平素縁	

第十章　安徽省六安市出土銅鏡について　559

091	四乳四虺紋鏡	前漢	霍山0072	霍山県文物管理所	1986・4・29	霍山県三板橋雲盤村	16.50	円鈕・柿蒂紋鈕座	外飾一周射線紋和一周凸弦紋。在両周射線紋間飾四枚八乳連珠座乳丁和四只虺紋。	寬素縁	
140	「煉治銅華」銘連弧紋鏡	前漢	霍山0419	霍山県文物管理所	1980	霍山県三板橋村	16.50	円鈕・十二連珠紋鈕座	座外環一周短斜線紋和一周凸弦紋。中区為内向八連弧紋、間以短直線和半円紋。外区両周射線紋間飾銘文一周。	寬素縁	煉治銅華而明、以之為鏡因宜文章、延年益寿去不羊、与天母亟、而日月光。
096	四乳神獣紋鏡	後漢	A2492	六安市文物局			16.40	半円鈕・柿蒂紋鈕座	座外飾射線紋・凸弦紋各一周、其外両周射線紋間飾四枚円座乳丁、乳丁間分別飾青龍羽人・朱雀羽人・白虎羽人・禽鳥与神獣。	寬平素縁	
024	四乳四虺紋鏡	前漢	07ＬＤ38 M178：1	安徽省文物考古研究所	2007	六安経済技術開発区	16.20	円鈕・円形鈕座	座外飾一周素寬凸弦紋、円形紐座与凸弦紋之間以短線相連。外区于両周射線紋間四乳配置四方、将主飾虺紋分為四組、虺的腹・背両側綴有禽鳥・獣頭。	寬平素縁	
038	蟠螭紋鏡	前漢	A1346	六安市文物局	1983	六安市城北九里溝	16.20	三弦鈕・双重円形鈕座	座外飾凹面形環帯一周。紐座外圏伸出四葉将主紋分為四区、毎区飾一変形蟠螭紋。以雲雷紋作地紋。	素寬巻辺	
072	「長宜子孫」銘文鏡	前漢	A3110	六安市文物局	2006	六安経済技術開発区	16.20	円鈕・柿蒂紋鈕座	蒂葉間有銘文四字。座外飾素凸弦紋和射線紋各一周。主紋帯為青龍・白虎・朱雀・玄武及鳥・獣・羽人等、以四個柿蒂紋座乳丁均分為四組。環主紋帯両辺飾射線紋。鏡縁内側環飾双勾波折紋・点状紋。	窄平素縁	長宜子孫。
113	「尚方」銘禽獣博局紋鏡	後漢	舒城1304	舒城県文物管理所	2001・11・21	舒城県龍河鎮友誼村窯廠	16.00	円鈕・柿蒂紋鈕座	座外細凸弦紋方框角一個、其間飾十二乳丁和十二支銘文。方格外八乳及「Ｔ、Ｌ、Ｖ」博局紋区分的四方八区内分別飾有青龍・白虎・朱雀・瑞獣和禽鳥。外区銘文為。銘文外為一周射線紋。寬縁、縁上飾鋸歯紋及巻雲紋各一周。	寬縁	尚方作竟真大巧、上有仙人不知老、渇飲玉泉飢食棗、浮由天下敖四海、寿比金石為国□、長宜子。
144	「尚方」銘神獣奏楽紋鏡	三国	舒城1303	舒城県文物管理所	2001・11・21	舒城県龍河鎮友誼村窯廠	16.00	円鈕・円形鈕座	鈕座圧住龍虎的部分身躯。向区分三部分。鈕左一龍双手撫琴、其頭上一獣。鈕右一虎吭高歌、其頭上一鳥。鈕上方一羽人跽坐、口吹長簫。一獣挺身吹奏排簫。組下一羽人跽坐、高挙双手、一手撫身、一手握長棒。外区一圏銘文。短線紋外為一圏鋸歯紋和連続花葉紋。		尚方作竟真大巧、令人大寿不知老、渇飲玉泉飢食来、敖由（遊）天下長相保、左龍右虎為国保、大吉。
115	「尚方」銘四神博局紋鏡	後漢	07ＬＤ38 M141：1	安徽省文物考古研究所	2007	六安経済技術開発区	15.80	円鈕・柿蒂紋鈕座	座外方框内飾排列有序的短線和点状紋。方框外飾乳丁八枚、四辺正中各向外伸出一「Ｔ」形符号与「Ｌ」形符号相対、四角与「Ｖ」形符号相対、在四方八区間飾有青龍・白虎・朱雀和玄武紋、另配以鳥・獣・羽人等図案。外飾二十一字銘文一周。辺縁飾短線紋・三角鋸歯紋和双線水波紋。		尚方佳竟真大好、上有仙人（不）知老、渇飲玉泉飢食棗分。
116	「茍氏」	後漢	ＬＺ536	皖西博物	1990・	六安市	15.70	円鈕・柿	座外飾単線方框和寬帯凹	窄素縁	茍氏作竟真大好、

	銘四神博局紋鏡		館	4・13	蘇埠鎮窯廠		蒂紋鈕座	面方框各一周、框内相間短線和・点状紋。方框外八枚乳丁両両対置、乳丁間均置博局紋将主紋分為八区、八種禽獣紋分別飾于其間。其外一周隷書字銘文、文曰。縁内側飾両周鋸歯紋夾一周双線波折紋。		上有山人不知老、渇玉泉飢食棗兮。
074	「尚方」銘四神博局紋鏡	後漢	A3095	六安市文物局	2006	六安経済技術開発区	15.60	円鈕・柿蒂紋鈕座	座外有凹方形框、方框四辺各伸一「T」形与「L」形相対、方框四角与「V」形相対、将鏡的内区分為四方八等份。青龍・白虎・朱雀・玄武各拠一份、其他四区配以鳥・獣・羽人等。外区銘文曰。鏡辺飾両周三角鋸歯紋。		尚方佳竟真大好、上有仙人不知老、渇飲玉泉飢食来、寿如。
056	「内清」重圏銘文鏡	前漢	A2384	皖西博物館	1999・2・14	六安市城東	15.50	円鈕・十二連珠紋鈕座	座外依次飾射線紋・寛平素凸弦紋各一周。両周射線紋間為内銘文帯、文曰甲。再外、一周寛平素凸弦紋外両周射線紋間為外銘文帯、文曰乙。	窄平素縁	「内清質以昭明、光輝象夫日月、心忽揚而愿、然雍塞而不泄」。「潔清白而事君、怨陽驩之弇明、彼玄錫之流沢、忘絶驩美而之究醴、外承驩之可説、思窈窕之霊泉、愿永思」。
044	星雲紋鏡	前漢	07LDSM426：2	安徽省文物考古研究所	2007	六安経済技術開発区	15.40	連峰式鈕・円形鈕座	座外置四枚小乳丁併用曲線与鈕座相連、両乳之間飾曲線・半円紋、外為内向十六連弧紋。外区四乳均為八乳連珠紋帯。四乳間有七個小乳丁以曲線相連、組成星雲紋。辺縁飾内向十六連弧紋一周。		
062	「煉治銅華」銘連弧紋鏡	前漢	A6	皖西博物館			15.00	円鈕・十二連珠紋鈕座	座外依次飾射線紋与寛平素凸弦紋各一周。外飾内向八連弧紋、其間以三劃短線・乳丁紋補白。外区両周射線紋間鏨隷書銘文帯、其銘曰。	窄平素縁	煉治銅華清而明、以之為鏡宜文章、延年益寿去不羊、与天母亟、而日光、長楽。
095	四乳神獣紋鏡	後漢	舒城608	舒城県文物管理所	1982・12・24	舒城県裳樹郷寒塘村	15.00	円鈕・円形鈕座	座外飾索状紋一周。四枚円座乳丁将内区紋飾分為四組。毎両組相対、其中両組為両神獣相向奔走、別両組為両羽人対座。其外為円方枚帯、之間飾円点紋。方枚中各有一字、字迹模糊不清。	凸素縁	
135	「淮南龍氏」銘龍虎紋鏡	後漢	寿県59	寿県博物館	1974・6	寿県板橋鎮黄安村	15.00	円鈕・円形鈕座	鈕周飾高浮雕一龍一虎、龍首・虎首相対峙、在龍虎的尾部、飾一羽人握杵踞坐、作杵臼状。主題紋飾一周短線紋和一周銘文、文曰。鏡縁飾一周鋸歯紋和一周雲気紋。		隆帝章和時、淮南龍氏作竟、湅治同、合会銀易得和忠、刻画云気龍虎虫、上有山人寿無究、長保二親楽不高。
105	神獣紋銘文鏡	後漢	舒城54	舒城県文物管理所	1974・4・12	舒城県八里雲霧村	14.40	円鈕・連珠紋鈕座	内区飾四神人及四獣相間環繞、其間有八枚凹面環状乳丁。外区為半円・方枚帯・半円中為渦状雲紋、十個方枚中各有一字。辺縁内圏為神人禽獣紋、有神人捧日月・六龍駕舟車・羽人乗禽獣等、外圏飾勾連紋。		

第十章　安徽省六安市出土銅鏡について　561

143	神人神獣紋鏡	三国	寿県203	寿県博物館		寿県原愛国公社槐店農中	14.30	円鈕・鈕座為一周凸起的小円珠和短線相連的円圏紋	鈕座的外囲是高浮雕的神人神獣主題紋飾、分上中下三重列置。上層三神人、中為一神人盤腿正坐、膝上置一琴、似伯牙弾琴、両羽人側跪于神人両側、傍置相対的両只神獣、中層即鈕的両側各置一神人、一端祥正坐于環繞的小神獣之中、一側身乗于鳳鳥之上。下層中置一神人、両側配置一龍一虎。主題紋飾与鏡縁之間飾有一周半円・方枚、在半円枚上又加飾有四花弁・獣首・羽人・禽鳥等。方枚上各有「田（魚）」字布局的四字銘文、惜過于細小、無法釈読。縁上飾凸弦紋・禽獣紋和連続菱形紋各一周。	
031	四乳四神紋鏡	前漢	07ＬＤ38M244：1	安徽省文物考古研究所	2007	六安経済技術開発区	14.20	円鈕・柿蒂紋鈕座	蒂葉間飾草葉紋、座外飾一圏平素弦紋。四個円座乳丁将主紋帯分為四組、主紋帯為青龍・白虎・朱雀・玄武及巻雲紋。環主紋帯両辺飾射線紋。	寛平素縁
041	七乳神獣紋鏡	前漢	Ａ618	六安市文物局			14.20	円鈕・円形鈕座	座外飾九枚円座乳丁、間有八字銘文一周。其外有両周短線紋夾一周凸弦紋。主紋以七乳丁間飾朱雀・玄武・羽人及四獣、外環弦紋、短線紋各一周。寛縁内飾鋸歯紋和流雲紋。	張氏作竟、家宜友好。
066	「白而事君」銘連弧紋鏡	前漢	Ａ3244	六安市文物局	2006	六安市城北九里溝	14.20	円鈕・十二連珠紋鈕座	内区飾射線紋一周、其外為内向八連弧紋。外区両周射線紋之間飾銘文曰。	寛素縁	白而事君、怒雛之合明、煥玄錫之流沢、志疏遠而日忘、慎美之程而可説。
037	蟠螭紋鏡	前漢	Ａ1489	六安市文物局	1992	六安城東開発区	14.10	三弦鈕・円形鈕座	座外飾凹面形環帯一周。内外両周凸弦紋間飾三組蟠螭紋、螭身作相互纏繞状。	素寛巻辺
083	七乳禽獣紋鏡	後漢	霍邱Ｔ28	霍邱県文物管理所	1987	霍邱県坎山劉集三里村	14.00	円鈕・円形鈕座	座外等距離七枚乳丁、間飾変形雲紋。主紋帯七乳間飾有禽獣紋、内外側飾有短線紋一周。縁内飾勾連雲紋。	
088	四乳四虺紋鏡	前漢	ＬＺ388	皖西博物館	1977・8	六安市淠河化肥廠	14.00	円鈕・十二連珠紋鈕座	座外飾寛平素凸弦紋一周。両周射線紋之間的主紋帯被四枚円座乳丁隔為四区、毎区飾双勾虺紋、并于隙間配三雛。	寛平素縁
102	七乳禽獣紋鏡	後漢	Ａ1465	六安市文物局	1992	六安城東開発区	14.00	円鈕・円形鈕座	座外環飾九枚小乳丁和一周纏枝紋。内区主紋飾為鳥獣、以七枚内向八連弧紋座乳丁等距離相隔、其外飾一周射線紋。寛縁上飾鋸歯紋和変体雲紋各一周。	
025	四乳四虺紋鏡	前漢	Ａ1457	六安市文物局	1992	六安市城東開発区	13.90	円鈕・円形鈕座	座外飾一周凸弦紋和八個内向連弧紋。外区両周射線紋、間飾四乳四虺紋。虺的腹・背両側綴有禽鳥・獣首紋。	寛素縁
136	「潔清白」銘連弧紋	後漢	寿県1009	寿県博物館			13.90	円鈕・十二連珠紋	座外飾一周櫛歯紋和一周素寛凸弦紋和内向八連弧	素縁	絜（潔）而清而白而事君

	鏡						紐座	紋、連弧紋間飾四枚似「毋（田或魚）字紋和四組三短竪線紋以及八組短弧線紋。在両周射線紋中夾飾一周銘文、文曰。	
137	「潔清白」j重圏銘文鏡	前漢	寿県263	寿県博物館		13.80	円鈕・併蒂十二連珠紋鈕座	座外飾両周凸弦紋中夾飾浅細線曲繞草葉紋。外区飾一周銘文。	素縁	絜（潔）清白事君、志行之弁明、玄錫之〔流澤〕、□遠而日忘、美人外承可□霊、母絶。
039	蟠螭紋鏡	前漢	A3003	六安市文物局	六安城東開発区	13.50	三弦鈕・双重円形鈕座	座外飾凹面形環帯一周。四周射線紋間飾盤曲的三条龍紋、龍身纒繞如枝蔓。以細密雲雷紋作地紋。	素寛巻辺	
042	七乳四神禽獣紋鏡	前漢	A1354	皖西博物館		13.50	円鈕・柿蒂紋鈕座	座外飾寛平凸弦紋一周。両周短線紋之間等距離分布七個柿蒂紋座乳丁、其間飾青龍・白虎・朱雀・玄武・瑞獣和禽鳥図案。其外依次飾鋸歯紋・弦紋・双勾波折紋各一周。	窄素縁	
059	「日光」銘連弧紋鏡	前漢	07ＬＤＳM395：1	安徽省文物考古研究所	六安経済技術開発区	2007	13.50	円鈕・四葉紋鈕座	内区為双線方框、框内有八字銘文。方框四角各向外伸出一組二片葉弁、将方格与辺縁間分成四区、毎区分別以一乳丁為中心、左右僅一対称連畳草葉紋。辺縁飾内向十六連弧紋一周。		見日之光、天下大明。
117	四神博局紋鏡	後漢	A2346	皖西博物館	六安経済技術開発区	1999・4・14	13.50	円鈕・柿蒂紋鈕座	座外飾三線方框、框外四角各有一円片紋、将主区紋飾分為四組、間飾博局紋・青龍与羽人、白虎与瑞獣、朱雀与禽鳥、玄武与蟾蜍図案、其外依次飾射線紋・寛平素紋和三角波折紋各一周。	窄素縁	
139	「日有意」銘連弧紋鏡	前漢	A1351	六安市文物局	六安市城北九里溝	1994	13.40	円鈕・柿蒂紋鈕座	座外飾凸弦紋和内向八連弧紋、外区両周射線紋間有銘文一周。	寛平素縁	日有意、月有富、楽毋有事而宜酒食、君而必臣民、愿恵美霊。
082	五乳禽獣紋鏡	後漢	A5	六安市文物局	六安市城北九里溝電站工地	1977	13.30	円鈕・円形鈕座	座外飾三道凸弦紋。内区主紋為五乳丁和青龍・朱雀・禽鳥・走獣、其外飾一周短線紋。縁内側飾鋸歯紋和変形雲紋各一周。		
134	「長宜子孫」銘連弧紋鏡	後漢	寿県201	寿県博物館	寿県		13.20	円鈕・柿蒂紋鈕座	在柿蒂葉之間飾有小篆銘文四字。座外一周凸弦紋、弦紋外飾内向八連弧紋、毎段弧紋之間填飾浅細短直線和巻曲線。外区飾一浅細線雲雷紋。	寛素縁	長宜子孫。
063	「煉銅」銘連弧紋鏡	前漢	A1417	六安市文物局	六安城東開発区	1992	13.00	円鈕・十二連珠紋鈕座	座外一周凸弦紋、弦紋外飾内向八連弧紋、両周射線紋間有一周銘文。	寛平素縁	煉銅善以為鏡、玄衣服視容貌、輝美服之以為信、清光吏宜佳人。
053	「内清」銘連弧紋鏡	前漢	07ＬＤＳM554：1	安徽省文物考古研究所	六安経済技術開発区	2007	12.90	円鈕・十二連珠紋鈕座	内区為内向八連弧紋。在両周射線紋間飾銘文二十五字。	寛平素縁	内清而以昭明、光而象夫日月、心忽而揚知忠、然雍而塞而不泄。
126	「内清」銘連弧紋鏡	前漢	A1455	皖西博物館	六安城東開発区	1992・10・19	12.50	円鈕・十二連珠紋鈕座	座外飾寛平素凸弦紋和内向八連弧紋各一周、其間以符号補白。両周射線紋間為篆書銘文帯、銘文為。	寛平素縁	内清之以昭明、光之象夫日月、心忽揚而愿忠、而不。
085	「君宜高	後漢	A412	六安市文	六安市	1978	12.20	円鈕・柿	柿蒂葉間有銘文四字。其	寛平素	君宜高官。

第十章　安徽省六安市出土銅鏡について　563

	官」銘連弧紋鏡			物局	木廠鎮		蒂紋鈕座	外為内向八連弧紋。	縁	
032	四乳禽獣紋鏡	前漢	07ＬＤＳM506：1	安徽省文物考古研究所	2007	六安経済技術開発区	11.90	円鈕・円形鈕座	内区飾一圈平素凸弦紋。外区四乳将主題紋分為四組、禽獣相対成双而立。主紋帯両辺飾射線紋。縁内側環飾双線波折紋。	窄平素縁	
100	七乳四神禽獣紋鏡	前漢	07ＬＤＳM576：1	安徽省文物考古研究所	2007	六安経済技術開発区	11.90	円鈕・円形鈕座	座外環飾九枚小乳丁、外繞一周弦紋帯、内飾射線・短線和渦紋。主題紋飾為七枚内向六連弧紋座乳丁、間飾四神・羽人和禽獣紋。其外飾射線紋一周。辺縁飾鋸歯紋和双波折紋。		
103	七乳禽獣紋鏡	後漢	A1350	六安市文物局	1994	六安市城北九里溝	11.80	円鈕・円形鈕座	座外飾一周平素凸弦紋。其外両周射線紋間飾七乳丁和禽獣紋。寛縁上飾鋸歯紋和禽獣紋各一周。		
060	「日光」銘連弧紋鏡	前漢	07ＬＤＳM438：1	安徽省文物考古研究所	2007	六安経済技術開発区	11.70	三弦鈕・方形鈕座	内区為双線方框、框内有八字銘文。方框四角各向外伸出一組双弁葉、将方框与辺縁間分成四区、毎区分別以一乳為中心、乳座為草葉紋。辺縁飾内向十六連弧紋一周。	見日之光、天下大明。	
087	四乳四神紋鏡	前漢	ＬＺ398	皖西博物館			11.60	円鈕・円形鈕座	座外一周寛平縁凸弦紋。両周射線紋之間等距離分布四枚円座乳丁、乳丁間分別飾青龍・白虎・朱雀・玄武図案。	寛平素縁	
069	「富貴」銘連弧紋鏡	前漢	07ＬＤ38M229：1	安徽省文物考古研究所	2007	六安経済技術開発区	11.50	円鈕・円形鈕座	内区飾一周素凸弦紋和内向八連弧紋、凸弦紋与連弧紋之間飾短線相連。外区為十八字銘文一周。	寛平素縁	富貴美玉昭華、以為明光能負忠、天中成文章。
142	変形龍鳳紋鏡	三国	寿県41	寿県博物館	1966・3	舒城県周公渡公社舒房	11.50	円鈕・円形鈕座	鏡背主飾減地式浅平雕変形的一龍一鳳和両道細凸弦紋、龍・鳳身躯均呈曲体状、変形誇張的鳳羽和尾似行雲、変幻莫測、充満霊動之感、布満整個画面。	寛平素縁	
036	蟠螭紋銘文鏡	前漢	寿県45	寿県博物館		寿県東津分社東津大隊呉家嘴	11.40	三弦鈕・鈕周飾蟠螭紋	座外飾三周細弦紋和一周細縄紋、在両弦紋之間有一周小篆銘文帯、銘文十三字。内外弦紋間用細凸線順時計方向飾四組八条抽象巻局的蟠螭紋。	縁外沿上勾	欲見母、説相思、煩母□□、思其悲哀。
052	「内清」銘連弧紋鏡	前漢	07ＬＤ38M201：5	安徽省文物考古研究所	2007	六安経済技術開発区	11.10	円鈕・十二連珠紋鈕座	内区為内向八連弧紋。連弧相互処飾有巻雲紋・雲雷紋。外区為銘文二十四字。	寛平素縁	内清質以昭明、光而象夫日月、心忽揚而愿忠、然雍塞而不泄。
055	「内清」銘連弧紋鏡	前漢	A968	六安市文物局	1988	六安城東開発区	11.00	円鈕・円形鈕座	座外飾内向八連弧紋。外区両周射線紋間飾銘二十三字。	寛素縁	内清質以昭明、光輝象夫日月、心忽而愿忠、然雍塞而不泄。
064	「清治銅華」銘連弧紋鏡	前漢	A3160	六安市文物局		六安城東開発区	11.00	半円鈕・四葉紋鈕座	座外飾内向十六連弧紋、内区以四乳丁間飾勾雷雲紋。外区為二十八字的銘文一周。辺縁飾内向十六連弧紋一周。		清治同（銅）華以為鏡、照察衣服観容貌、絲組雑還以為信、清光召咸宜佳人。
094	四乳龍虎紋鏡	後漢	舒城814	舒城県文物管理所	1990・10・4	舒城県城関鎮鮑墩窯廠	11.00	円鈕・円形鈕座	座外両周射線紋間夾一周素寛凸弦紋。両周細凸弦紋間飾四枚円座乳丁及相対的双龍双虎図案。	寛素縁	
097	四乳四獣紋鏡	後漢	金寨0013	金寨県文物管理所	1984	金寨県南渓	11.00	円鈕・円形鈕座	主紋飾為四乳相間飾四獣。其外飾両周凸弦紋、一周短線和三周鋸歯紋。	三角縁	◎

111	「大楽貴富」蟠龍紋鏡	前漢	舒城823	舒城県文物管理所	1990・12・17	舒城県城関鎮鮑墩窯廠		11.00	獣形鈕・伏螭鈕座	其外双線方框内有銘文、三辺各四字、一辺三字加一魚紋、合為、方框四辺中部向外伸出「T」形紋、与近鏡縁的「L」形紋相対、方框四隅又与近鏡縁的「V」形紋相応、構成博局紋。「TLV」紋均為細密的四線式。四面各飾有線条式蟠螭一組、蟠螭身躯多作弧形盤曲、形態不一。	
131	「日光」銘文鏡	前漢	寿県782	寿県博物館				11.00	円鈕・方形鈕座	座外飾双凸細線方框、双線方框内逆時針排列小篆銘八字。銘文帯外四辺有四枚乳丁、各乳丁之間主飾草葉紋至縁処。辺縁飾内向十六連弧紋。	見日之光、天下大明。
141	連弧紋鏡	後漢	霍山G082	霍山県文物管理所				11.00	円鈕・円形鈕座	座外飾内向八連弧紋、両連弧相交処呈葉形。一周凸弦紋内側等距離飾高浮雕半円、間飾点状紋。外環連珠紋和鋸歯紋。	寛素縁
148	四乳四神人紋鏡	六朝	寿県182	寿県博物館				10.80	円鈕・浅細線勾飾花弁鈕座	四枚円座小乳丁将主紋分為四区、乳丁之間飾高浮雕盤腿端座的四神人像。外囲飾一周間断半円状花葉和一周短紋。縁飾一周「S」字勾連紋。	
045	星雲紋鏡	前漢	07LDSM535：1	安徽省文物考古研究所	2007	六安経済技術開発区		10.60	連峰式鈕・円形鈕座	座外為内向十六連弧紋。外区四乳配列四方、四乳間有七個小乳丁以曲線相連、組成星雲紋。辺縁飾内向十六連弧紋一周。	
057	「内清」重圏銘文鏡	前漢	A3046	六安市文物局	2005	六安城東開発区		10.60	円鈕・十二連珠紋鈕座	両周凸弦紋間為内区銘文帯。両周射線紋間為外区銘文帯。	窄平素縁	「見日之光、長不相忘」。「内清質以昭明、光輝象夫日月、心忽而愿忠、然雍塞而不泄。」
054	「内清」銘連弧紋鏡	前漢	A19	皖西博物館				10.50	円鈕・十二連珠紋鈕座	内区飾内向十二連弧紋。其間飾以三劃短弧線。外区両周射線紋間飾銘文帯一周、銘文為十六字、毎両字間以一「而」字。	寛平素縁	内清以昭明、光象日月。
077	盤龍紋鏡	後漢	07LD38M813：1	安徽省文物考古研究所	2007	六安経済技術開発区		10.50	円鈕・円形鈕座	内区主題紋飾浅浮雕盤龍、環鈕座作首尾相応盤繞。外区分別飾有短線・鋸歯・水波和凸弦紋組成的紋帯。	凸素縁	
124	「内清」銘連弧紋鏡	前漢	霍邱T116	霍邱県文物管理所	1992・5	霍邱県孟集鎮張台孜		10.30	円鈕・円形鈕座	外環凹弦紋各一周、間以短線連接、其外飾内向八連弧紋。在両周射線紋間飾銘文帯、文曰。毎両字間均以一「而」字。	寛素縁	内清質以昭明、光象夫日月。
051	「内清」銘連弧紋鏡	前漢	07LDJM24：1	安徽省文物考古研究所	2007	六安経済技術開発区		10.20	円鈕・円形鈕座	内区飾一周凸弦紋和内向十六連弧紋。外区銘文一周。毎両字間以一「而」字。銘文帯両辺飾射線紋。	寛平素縁	内清已昭明、光象夫日月、不。
098	五乳神獣紋鏡	後漢	A1823	六安市文物局				10.20	円鈕・円形鈕座	内外両圏短線紋間以五個乳丁等分相間飾五只神獣。寛辺内飾両周鋸歯紋。		
129	「日光」銘文鏡	前漢	霍山0403	霍山県文物管理所	1980	霍山県上元街村		10.10	円鈕・円形鈕座	鈕座分別向外伸出四出短線。双圏銘文帯、間飾一周凸弦紋和一周射線紋。内外圏銘文有等文字、間符号相隔。	平素縁	見日之光、天下大明。

第十章　安徽省六安市出土銅鏡について　565

029	四乳四螭紋鏡	前漢	霍邱T20④	霍邱県文物管理所	1996・10・23	霍邱県洪集鎮大橋村	10.00	円鈕・円形鈕座	座外飾短線紋和弧線。外飾射線紋両周、間飾主題紋飾。以四乳丁将紋飾分為四組、毎区為一鈎形螭紋、尖尾、尖嘴、有翅。紋飾較為簡潔。	寛平素縁	
047	星雲紋鏡	前漢	A3037	六安市文物局		六安城東開発区	10.00	連峰式鈕・円形鈕座	座外飾内向十六連弧紋。外区等距離飾四円座乳丁、其間用弦線相連四顆小乳丁、組成星雲紋。辺縁飾内向十六連弧紋一周。		
049	「内清」銘連弧紋鏡	前漢	07LDSM597：6	安徽省文物考古研究所	2007	六安経済技術開発区	10.00	円鈕・円形鈕座	内区飾一周素凸弦紋和内向八連弧紋。凸弦紋与連弧紋之間飾「十」字対称的「田」字紋和半円紋。外区両周射線紋間為十七字銘文一周。	窄平素縁	内清之以昭明、光之象夫日月、心忽而不泄。
089	四乳四螭紋鏡	前漢	霍邱T15③	霍邱県文物管理所	1997・7・16	霍邱県河口鎮窯廠	10.00	円鈕・円形鈕座	内外両周射線紋間飾四枚円座乳丁、両乳間飾一螭紋。	寛平素縁	
109	四虎紋鏡	後漢	A413	皖西博物館			10.00	円鈕・円形鈕座	座外飾高浮雕四虎。其外依次飾双弦紋・短線紋・鋸歯紋・双線水波紋各一周。	窄素縁	
119	四乳博局紋鏡	後漢	無号	霍山県文物管理所			10.00	円鈕・円形鈕座	座外飾凹形長方框、方框四角各置一円座乳丁、将主紋分為四区、毎区間飾「ＴＬＶ」博局紋和鳥獣紋。縁内側飾双線鋸歯紋和点状紋。	素縁	
046	星雲紋鏡	前漢	A2860	六安市文物局		六安城東開発区	9.80	連峰式鈕・円形鈕座	内区飾草葉紋・弦紋和連弧紋。外区等距離飾四枚大乳丁、八乳連珠紋座、把飾紋分成四区。毎区置七顆乳丁、用三道弦線相連、組成星雲紋。辺縁飾内向十六連弧紋一周。		
079	龍虎紋鏡	後漢	霍邱T46	霍邱県文物管理所			9.70	円鈕・円形鈕座	主紋飾為高浮雕龍虎対峙、外飾凸弦紋・短線紋和双線水波紋各一周。	窄素縁	
090	四乳四螭紋鏡	前漢	舒城369	舒城県文物管理所			9.70	円鈕・円形鈕座	座外飾一周寛平素凸弦紋。内外両周射線紋間飾四枚円座乳丁、両乳間飾一螭紋。四螭成勾形躯体、身両側各飾一只羽鳥紋。	寛平素縁	
123	星雲紋鏡	前漢	寿県776	寿県博物館			9.70	連峰式鈕・円形鈕座	円形鈕座由四枚半円形草葉紋和四条短弧線組成。座外両周細凸線紋中夾飾一周凸起的連弧紋。主飾為四組連珠座的小乳丁間飾七枚用似雲気紋的短弧線相連的乳丁、組成星雲紋。辺縁飾内向十六連弧紋一周。		
108	三虎紋鏡	後漢	A414	皖西博物館	1979・4	六安市木廠鎮	9.50	円鈕・円形鈕座	座外飾高浮雕三虎。其外三周凸弦紋間依次飾両周短線紋和一周水波紋。	窄素縁	
149	獣面紋鏡	六朝	A26	皖西博物館			9.50	円鈕・円形鈕座	四変形葉紋将主紋分為四区、毎区葉脈間飾一獣面。其外両周凸弦紋間密布減地雲紋。	窄素縁	
023	四乳四螭紋鏡	前漢	07LD38M113：1	安徽省文物考古研究所	2007	六安経済技術開発区	9.40	円鈕・円形鈕座	座外飾短線紋和一周射線紋。内区四乳丁将紋飾分為四組、主飾螭紋。螭的腹背両側綴有不同紋飾、以禽鳥、走獣為主。外飾一周射線紋和双線鋸歯紋。	窄素縁	

106	鳥紋鏡	後漢	ＬＺ256	皖西博物館	1985・12	舒城県大浪電站工地	9.40	円鈕・円形鈕座	座外飾双線方框、四対背向而劃的禽鳥分別飾于方框的四辺外。其外依次飾射線紋・鋸歯紋各一周。	窄平素縁	
147	「位至三公」直銘龍鳳紋鏡	六朝	寿県62	寿県博物館			9.40	円鈕・円形鈕座	鈕的上下有直読銘文「位至三公」四字。鈕的左側是一条身躯呈「Ｓ」形的曲体龍、右側是一只「Ｓ」形的曲体鳳鳥。外囲銘一周射線紋。整個紋飾採用減地式浅平雕表現技法鋳造而成。	寛素縁	位至三公。
043	星雲紋鏡	前漢	07ＬＤ38M244：2	安徽省文物考古研究所	2007	六安経済技術開発区	9.20	連峰式鈕・円形鈕座	内区飾弦紋和内向十六連弧紋。外区四方置四枚大乳丁、其間飾三枚小乳丁併用弧線相連、組成星雲紋。辺縁飾内向十六連弧紋一周。		
050	「内清」銘連弧紋鏡	前漢	07ＬＤ38M65：1	安徽省文物考古研究所	2007	六安経済技術開発区	9.20	円鈕・円形鈕座	座外飾一周内向十二連弧紋、連弧紋与鈕座之間飾簡単的線条和曲線紋。外区両周射線紋間有銘文一周。毎両字間間以一「而」字。銘文帯両辺飾射線紋。	寛平素縁	内清已昭明、光夫日月児。
048	「内清」銘連弧紋鏡	前漢	06ＬＤＪM76：3	安徽省文物考古研究所	2006	六安経済技術開発区	9.00	円鈕・円形鈕座	座外飾一周内向八連弧紋。外区両周射線紋間為十五字銘文。	寛平素縁	内清質以昭明、光而厚夫日月、心不泄。
146	「位至三公」直銘双鳳紋鏡	六朝	寿県60	寿県博物館		寿県	9.00	円鈕・連珠紋鈕座	鈕的上下有直読隷書銘文「位至三公」四字。鈕両側各飾一変形的鳳鳥紋。向外是一周細凸弦紋和一周射線紋。	寛素縁	位至三公。
035	「大楽貴富」銘蟠螭博局紋鏡	前漢	07ＬＤ38M332：1	安徽省文物考古研究所	2007	六安経済技術開発区	8.80	三弦鈕・鈕周飾蟠螭紋	座外囲以双線方框、框内配置十五字銘文。方框四辺正中向外伸出一双線「Ｔ」形、与之相対的為双線「Ｌ」形、在両「Ｌ」形間加飾 ⊦Ｖ」形、博局紋将鏡面紋飾整斉割分為四区八等螭。在博局紋間配置蟠螭紋。	素寛巻辺	大楽貴富、得所好、千秋万歳、延年益寿。
125	「内清」銘連弧紋鏡	前漢	舒城373	舒城県文物管理所	1979・3・19	舒城県白馬椏金東村湯庄	8.70	円鈕・円形鈕座	座外飾内向八連弧紋、鈕座与連弧紋之間有四組短線紋。外区両周射線紋之間有一周銘文、文曰、毎両字間間一「而」字、字体方正。	寛平素縁	内清質以明、光日月。
110	蟠螭博局紋鏡	前漢	寿県5⊥	寿県博物館	1981	寿県双橋鎮孫家祠堂牌坊村	8.60	三弦鈕・双線方框鈕座	在方框的四辺中部各向外伸出「Ｔ」形紋与鏡縁向鏡縁向内的「Ｌ」形紋相対、方框鈕座的四角与鏡縁内向的「Ｖ」形紋相応、構成博局紋。在博局紋的四方以細線飾出対応的両条呈弧曲繞博局紋的蟠螭組成主題紋飾、空白処均飾浅細的雲渦紋。其外飾一周縄紋。	鏡縁上勾	
080	三虎紋鏡	後漢	Ａ27	六安市文物局			8.50	円鈕・円形鈕座	座外飾三虎、両虎首相対、張口作吼状、別一個置両虎尾間。其外飾凸弦紋・短線紋各周。	凸素縁	
127	「日光」銘連弧紋鏡	前漢	Ａ1510	皖西博物館		六安城東開発区	8.50	円鈕・十二連珠紋鈕座	座外為内向八連弧紋、其間以草葉紋和三劃短線紋補白。其外一周射線紋内為銘文帯、銘文為。八字篆書、毎字間以符号形相隔。	寛平素縁	見日之光、長毋相忘。

081	変形四鳥紋鏡	後漢	07LD38 M124：1	安徽省文物考古研究所	2007	六安経済技術開発区	8.40	円鈕・円形鈕座	内区為双線方框、鈕座与方框四角飾短線相連。方框外毎辺飾一変形鳥紋。外区飾両周短線紋。	凸素縁	
130	「日光」銘連弧紋鏡	前漢	霍山0846	霍山県文物管理所	1995	霍山県南岳村	8.40	円鈕・円形鈕座	座外分別伸出四組短線和四条弧線与八段内向連弧紋相交。両周射線紋間飾一周銘文、文曰。字間以「e」和「田（魚）」形符号相隔。	素縁	見日之光、天下大明。
092	四乳鳥紋鏡	前漢	ＬＺ451	皖西博物館	1989・7	六安市三里橋	8.30	円鈕・円形鈕座	座外両周射線紋間的主紋駆等距離分布四枚乳丁、四対相向而劃的禽鳥分飾其間。	寛平素縁	
078	鳳鳥連珠紋鏡	後漢	07LDS M595：1	安徽省文物考古研究所	2007	六安経済技術開発区	8.20	半円鈕・十二連珠紋鈕座	座外飾「十」字対称的四鳥四鳳和半円紋。縁内側飾一周射線紋。	窄平素縁	
071	「日有意」銘連弧紋鏡	前漢	07LDS M818：1	安徽省文物考古研究所	2007	六安経済技術開発区	8.10	円鈕・円形鈕座	座外飾内向八連弧紋一周、連弧紋与鈕座之間飾短弧線条和渦紋。外区飾十五字銘文一周。	寛平素縁	日有意、月有富、楽母事、常得意、美人会。
068	「家常富貴」銘文鏡	前漢	06LDJ M57：4	安徽省文物考古研究所	2007	六安経済技術開発区	7.85	円鈕・円形鈕座	座外飾短線紋和一周射線紋。外区有銘文四字。毎両字間置一乳丁并飾有簡単的勾線紋。外環射線紋。	寛平素縁	家常富貴。
067	「家常富貴」銘文鏡	前漢	07LD38 M126：1	安徽省文物考古研究所	2007	六安経済技術開発区	7.80	円鈕・円形鈕座	内外両周射線紋間飾銘文四字。毎両字間置一乳丁并飾有簡単的雲紋。	寛平素縁	家常富貴。
093	四乳四鳳紋鏡	後漢	06LDJ M53：1	安徽省文物考古研究所	2007	六安経済技術開発区	7.80	半円鈕・円形鈕座	内外両周射線紋間配置四乳丁将主紋区均分為四区、毎区間飾一鳳鳥紋。	寛平素縁	
033	四乳鳥紋鏡	前漢	07LD38 M231：1	安徽省文物考古研究所	2007	六安経済技術開発区	7.70	半円鈕・円形鈕座	四枚円座乳丁把整個主題紋均分為四組、両乳丁間配置両只変形鳥紋。環主紋帯外飾射線紋。	寛平素縁	
128	「日光」銘連弧紋鏡	前漢	霍邱T95	霍邱県文物管理所		霍邱県馮井郷梓廟村	7.30	円鈕・円形鈕座	座外八個内向連弧紋、其外両周射線紋間以銘文帯、銘文為、毎両字間有一「e」或「田（魚）」形符号。	寛素縁	見日之光、天下大明。
058	「日光」銘文鏡	前漢	07LD38 M221：0	安徽省文物考古研究所	2007	六安経済技術開発区	7.20	円鈕・円形鈕座	座外飾平素凸弦紋一周併用短弧線与鈕座相連。外区八字銘文。字間夾以「e」或「田（魚）」形符号。銘文帯両辺飾射線紋。	窄平素縁	見日之光、天下大明。
061	「日光」銘連弧紋鏡	前漢	07LD38 M162：1	安徽省文物考古研究所	2007	六安経済技術開発区	7.00	半円鈕・円形鈕座	座外飾内向八連弧紋、連弧紋与円形鈕座之間用四条短直線相連。外区両周射線紋間飾八字銘文。字間夾以「e」或「田（魚）」形符号。	窄平素縁	見日之光、天下大明。

　最大は前漢鏡の【34「得相思」銘蟠螭博局紋鏡】22.90厘米（cm）、次は後漢鏡の【99「尚方」銘六乳禽獣紋鏡】22.00厘米（cm）、その次も後漢鏡の【86「張氏」銘神人車馬画像鏡】21.00厘米（cm）、その次も後漢鏡の【121「尚方」銘神人車馬画像鏡】20.50厘米（cm）である。以上4鏡が20厘米（cm）を超える比較的大鏡である。さて、それ以下を見ると、19厘米（cm）台が2鏡で前漢鏡・後漢鏡各1鏡、18厘米（cm）台が14鏡で前漢鏡3鏡・後漢鏡11鏡、17厘米（cm）台が5鏡で前漢鏡3鏡・後漢鏡2鏡、16厘米（cm）台が8鏡で前漢鏡6鏡・後漢鏡2鏡、15厘米（cm）台が8鏡で前漢鏡3鏡・後漢鏡5鏡である。逆に、

小さい鏡は10厘米（cm）未満が27鏡で前漢鏡20鏡・後漢鏡7鏡である。9厘米（cm）台が10鏡で前漢鏡7鏡・後漢鏡3鏡、8厘米（cm）台が10鏡で前漢鏡7鏡・後漢鏡3鏡、7厘米（cm）台が7鏡で前漢鏡6鏡・後漢鏡1鏡となる。全体の漢鏡の最小は、丁度7厘米（cm）で前漢鏡である。大きさから言えば、前漢鏡は大小のばらつきが大きく、また小鏡が多いと言える。後漢鏡は大小の差がなく、粒が揃っていると言える。

六安地方出土の漢・三国・六朝鏡の一大特徴は何といっても前節に指摘した画像鏡や神獣鏡が極端に少ないことである。それでも、各鏡の鋳上がりや鏡質は良質で全国の鏡産地の拠点の一つたるゆえんであろう。

結　び

安徽省六安市周辺で近年、夥しく発見された古代銅鏡について調査した。戦国鏡22面はいずれも、戦国時代を代表する各型式紋様が揃っている。問題が両漢代の鏡である。それでも、前漢鏡は標準的な鏡が数多い。ただ、その鏡の径長に大小のばらつきが著しく、それが鏡所有者の階層性や身分制度との関係を示して興味深い。より問題は後漢鏡であるが、他の地域で後漢鏡の特色とされる画像鏡や神獣鏡の出土が極端に少ない。後漢の王朝命運に大いに関係したはずの黄巾の乱の勃発地点に近いわりには神仙思想との関係を示す鏡は極端に少ない。因みに我が国出土の三角縁神獣鏡に相似た鏡はわずかに一鏡、【105　神獣紋銘文鏡】であり、おそらくは後漢鏡と判断できる。また同じく後漢鏡と思われる【86「張氏」銘神人車馬画像鏡】、【120「尚方」銘神人車馬画像鏡】、【121「尚方」銘神人車馬画像鏡】、【122「尚方」銘神人車馬画像鏡】にはいずれも東王公・西王母とおぼしき神仙が見えるが、いずれも浙江紹興や湖南長沙に見えた後漢末以降に登場する神像の面影があるが、日本の三角縁神獣鏡と似ていない神像である。さらに鏡面に東王父公・西王母の刻銘があるのは【122「尚方」銘神人車馬画像鏡】の1面のみ、同じく銘文中に東王公・西王母の語があるのも同鏡の1事例だけである。他の鏡で神人神獣と称しても、その神人は長江文明以来の羽人であり、しかも戦国鏡以降の全体で5、6事例しか確認できない。

第十一章　遼東半島旅順博物館所蔵銅鏡について

はじめに

遼東半島旅順博物館も戦前期より蒐集の所蔵銅鏡の学術的内容が注目されてきた。『旅順博物館所蔵銅鏡』についても、これまで各章で扱ってきた、特に『上海博物館所蔵銅鏡』と同様の検討をする必要がある。ただ、旅順博物館は遼東半島の旅大市（かっての旅順市）に所在し、漢代は遼東郡であり、周辺の遼西郡や半島の楽浪郡・玄菟郡、さらには夫余国（今日の遼寧省瀋陽市や吉林省長春市）を含む地域の考古学発掘銅鏡を蒐集しているので、日本出土銅鏡との関係でその検討が重要である。

第一節　旅順博物館編著『旅順博物館蔵銅鏡』について

旅順博物館編著『旅順博物館蔵銅鏡』[1]について、戦国以来、六朝鏡以前の80鏡について、その説明をデータ化してみよう[2]。これが次の【表11−1】旅順博物館蔵戦国両漢魏晋南北朝銅鏡である。

【表11−1】　旅順博物館蔵戦国両漢魏晋南北朝銅鏡

番号	名称	時代	径／cm	径・鈕座形式	形態	【銘文】
1	蟠螭菱紋鏡	戦国	19.20	円形・三弦鈕・円鈕座	外囲一寛弦帯。主紋為三個蜿蜒舒展的蟠螭龍紋。其中一龍足蹬鏡像、一龍頭部軽触内弦、一龍双足攀援于三角菱紋之上。三龍均作回首状。且与三角形菱紋相纏繞。地紋由雲紋及斜三角紋組成。素巻縁。	
2	蟠螭菱紋鏡	戦国	16.10	円形・三弦鈕・中弦較高・円鈕座	外囲一圏凹弦紋帯。主紋為三個蟠龍紋、間飾菱紋。近縁飾一圈絢紋、縁薄而上巻。鏡面平。鏡身有絹包裹痕跡。	
3	蟠螭菱紋鏡	戦国	16.15	円形・三弦鈕・円鈕座	外飾一周雷紋及一周絢紋。主紋為三龍紋、龍身蟠旋回、龍首回顧。間飾織錦菱紋。地由雲雷紋構成。鏡面呈黒漆色。	
4	蟠螭紋鏡	戦国	19.50	円形・獣紋鈕・円鈕座	座外飾縄紋両圏、飾凹弦紋・雲雷紋帯各一周。主紋為三蟠螭、身躯婉転、三爪足緊貼外圏弦紋、地由細密的雷紋構成。狭縁上巻。鏡面平坦、呈漆黒色。	
5	蟠螭連弧紋鏡	戦国	14.50	円形・三弦鈕・円鈕座	紋飾分三層、地紋為雲雷紋、其上為蟠螭紋。蟠螭身上飾細繊刻劃的絢紋。最上層為六弧寛弦帯。近縁為一圏絢紋。縁上巻。鏡面平坦。	
6	蟠螭紋鏡	前漢	8.50	円形・環形鈕・円鈕座	内区為三弦紋帯、其中有刻割符号若干。外区為相互纏繞的蟠螭紋、辺縁略上巻。鏡面平坦、鏡身薄、呈黒漆色。	
7	蟠虺四乳連弧紋鏡	前漢	8.80	円形・三弦鈕・腰部較窄、外囲凹面弦帯	主紋由四乳以及与之相間的蟠虺紋構成。其中四乳無座、四蟠虺呈S形、平行線条紋地。主紋与辺縁間飾一周十六内向連弧紋圏。素窄低巻辺縁。鏡身軽薄、鏡面平坦、呈黒色。鏡身上有絹帛包裹痕跡。	
8	大楽貴富・蟠螭規矩紋鏡	前漢	13.40	円形・獣紋鈕・伏螭紋鈕座	外囲方形銘文帯、銘為篆体、銘尾飾一魚図案。主紋為規矩紋、其間装飾簡化了的蟠螭紋、在紋飾之上有細線刻劃。地褫雲雷紋、縁薄而上巻。鏡身平坦、呈黒漆色。	【大楽貴富、得所好、千秋万歳、延年益壽。】
9	見日之光・	前漢	13.95	円形・円鈕	外囲双線方格、方格毎辺各銘有三字。四隅為四桃形	【見日之光、天下大陽、服者

	草葉紋鏡			・四葉紋鈕座	花苞。四外角伸出双芯有苞花枝紋、従可把外区分為四組、毎組為一枚帯圏座乳丁以及配列左右的二畳草葉紋、其中乳丁的上方還有一桃形花苞。縁為十六内向連弧紋。鏡面微凸、上有絹帛包裹痕跡。	君卿。】
10	見日之光・規矩草葉紋鏡	前漢	11.45	円形・蛙形鈕・方鈕座	内有銘文。帯円座四乳占拠四隅。外区為曲ＴＶＬ。組成的規矩紋、間飾草葉紋。縁為十六内向連弧紋。鏡面平坦、呈灰白色。上有絹帛包裹痕跡。	【見日之光、長母見忘。】
11	見日之光・草葉紋鏡	前漢	11.20	円形・小円鈕・四葉紋鈕座	座外為方格銘文帯、毎辺二字、銘有八字。外区為四乳丁、均匀分布于方格四外辺正中。在乳丁両側為単層草葉紋。其上為一桃形花苞。方格四外角伸出一双花弁紋。内向十六連弧縁。有絹帛包裹痕。	【見日之光、天下大明。】
12	星雲鏡	前漢	15.27	円形・連峰紋鈕・星雲鈕座	外囲絢紋及十六内向連弧紋、外区紋飾被四枚帯連珠紋座的乳丁均匀分為四組、毎組由九枚小乳和弧線組成星雲状図案、弧線作三線、或双線刻、外囲一周絢紋。縁為十六内向連弧紋、鏡面平坦、呈銀白色。	
13	星雲鏡	前漢	10.00	円形・円鈕・円鈕座	外囲十六内向連弧紋。外区被四枚帯円座乳丁均匀分為四組、毎組由三枚乳丁及弧線組成星雲図案、弧線由三線、或二線刻成、無地紋。縁為十六内向連弧紋、鏡面平坦、呈灰黒色。	
14	家常富貴鏡	前漢	10.85	円形・連峰鈕・円鈕座	内区為凸起的十六内向連弧紋。外区銘有四字、間隔四枚帯座乳丁。近縁為一圏絢紋、十六内向連弧紋帯。鏡面平坦、呈灰白色。有絹帛包裹痕跡。	【家常富貴。】
15	日光・連弧銘帯鏡	前漢	8.30	円形・円鈕・円鈕座	鈕座外飾一圏内向八連弧紋、連弧紋外有両圏斜篦紋帯、其間配置一圏銘文帯、銘文為毎字間隔以一刻割符号。素平縁。	【見日之光、長不相忘。】
16	日光・連弧銘帯鏡	前漢	6.90	円形・円鈕・円鈕座	鈕座外飾内向八連弧紋一周、両周斜篦紋、間飾銘文為「見日□象、夫母忘」、毎字間有一「而」字。高素縁。	【見而日而月而□而象而夫而母而忘。】
17	昭明・連弧銘帯鏡	前漢	10.50	円形・円鈕・円鈕座	鈕座外飾一周凸弦紋及一周内向十二連弧紋帯、連弧紋処及座外紋上層短線紋。其外両周短線紋之間有銘文。寛平素縁。	【内而清而以而昭而明而光而象而夫而日而月而不。】
18	昭明・連弧銘帯鏡	前漢	10.50	円形・円鈕・円鈕座	鈕座外飾一周凸弦紋及一周内向八連弧紋帯、連弧間飾有短縁月牙状的凸起紋。其外両周斜線紋帯之間有銘文「内清以昭明、光日月、心□而愿忠、然雍塞而不泄。寛平素縁。	【内清以昭明、光日月、心□而愿忠、然雍塞而不泄。】
19	昭明・連弧銘帯鏡	前漢	12.60	円形・円鈕并蒂十二連珠文鈕座	鈕座外飾寛凸弦紋及一周間内八連弧紋、連鈕「の」形紋。両周斜篦紋間為銘文帯。寛平素縁。	【内清質以昭明、光輝象而夫日月、心忽而愿忠、然雍塞而不泄□分。】
20	昭明・連弧銘帯鏡	前漢	10.75	円形・円鈕・円鈕座	内区為八連弧紋、外区為銘文帯。間飾線紋。字体方正。寛縁飾三角鋸歯紋、及双線波折紋、辺縁略凸。鏡面微凸、呈灰色。	【内而青而明而日而月而之而光而宜而。】
21	昭明・連弧銘帯鏡	前漢	9.55	円形・円鈕・円鈕座	内区為十二内向連弧紋、外区為銘文帯。字体方正。間飾斜線紋。寛平素縁。鏡面近平、呈黒漆色。	【内而清而以而昭而明光而象夫日之月心不泄。】
22	清白・連弧銘帯鏡	前漢	16.40	円形・円鈕・十二連珠文鈕座	内区為八内向連弧紋、弧内飾有簡単紋飾。其外為銘文帯。平素縁。鏡面平坦、有絹帛包裹痕。	洁而清白而事君而心志污而慕明光玄而錫之流澤、恐疏而日忘美而相而不絶。】
23	清白・連弧銘帯鏡	前漢	16.80	円形・円鈕・鈕無乳并蒂十二連珠文鈕座	鈕座外飾斜篦紋及凸寛弦紋帯。連珠及斜篦紋間有対称的四組弧紋相連。連弧間飾花弁紋及穂形紋。其外為銘文帯。寛平素縁。	洁清白而事君、志行之合明、作玄錫而流澤、恐疏而日忘、美人外而相而不絶。】
24	四神規矩鏡	前漢	18.70	円形・円鈕・四柿蒂葉紋鈕座	鈕座外飾変形獣紋、一双線四方框以及由ＴＬＶ組成的規矩紋。間飾四小乳、四柿葉紋小座、毎辺各飾二瑞禽獣。外飾斜篦紋。寛平素縁上有一圏双曲折紋。	
25	見日之光鏡	前漢	6.80	円形・円鈕・円鈕座	以一圏絢紋把鏡背分為内外二区、内区為四組単弦線及三弦線、外区為銘文帯。毎個銘文間飾Ｃ形符号。窄平素縁。鏡面平坦、呈黒色。	【見日之象、夫勿相見。】
26	日光昭明重圏鏡	前漢	11.15	円形・円鈕・円鈕座	以粗凸弦紋、直線紋帯把鏡背分為二区、内区為銘文、間飾二刻割符号。外区銘文。平素縁。	内銘【見日之光、長母相忘。】、外銘【内清質而昭明、光輝象日月、心忽而愿忠、然雍塞而不泄。】
27	重圏銘文鏡	前漢	18.10	円形・円鈕・十二連珠文鈕座	以両圏凸弦紋帯把鏡背分為内外二区、二区皆為銘文帯。内区為銘文、外区銘文。平素縁。鏡面平坦。有絹帛包痕。	内銘【内清質以昭明、光輝象夫日月、心忽揚而愿忠、然雍塞而不泄。】、外銘【如皎光而耀美、挟佳都而無間、懐驩察

第十一章　遼東半島旅順博物館所蔵銅鏡について　571

						而性寧、志存神而不遷、得并観而棄精□□□□。】
28	四乳八禽鏡	前漢	8.80	円形・円鈕・円鈕座	外圏一凸弦紋及斜線紋、主紋為四乳八鳳、乳丁帯座、鳳戴双冠両両相対。近縁為一圏斜線紋、寬素縁。鏡面微凸。呈銀灰色。	
29	四乳四鵬鏡	前漢	13.00	円形・円鈕・十二連珠文鈕座	外圏凸弦紋及一周斜篦紋。主紋為四枚帯座、乳丁以及、与之相同的四鵬紋。四龍同向環列、首尾飾形状較小的鹿・鳥・雁。近縁為一周斜篦紋。素寬縁。鏡面微凸。	
30	四乳四禽鏡	前漢	10.10	円形・円鈕・円鈕座	外圏幾何紋、斜篦。主紋為四乳四禽、四乳皆帯円乳座、間飾四禽。近縁為一斜線紋。縁飾双線波折紋。鏡面微凸。呈黒漆色。	
31	四乳四禽鏡	前漢	9.65	円形・円鈕・円鈕座	主紋為四乳四禽、四乳皆帯円乳座。四禽鳥同向環列、三鳥展翅鳴叫。一鳥口銜綬帯。近縁為一周直櫛紋、寬縁中飾双線波折紋。鏡面微凸。呈灰白色。	
32	四神規矩鏡	前漢	11.55	円形・円鈕・四葉紋鈕座	外圏凹弦帯。主紋為由ＴＬＶ組成的規矩紋。間飾青龍・白虎・朱雀・玄武、四神呈四方配列。方框四角有四個帯座乳丁、間飾形状較小的禽獸。近縁為一圏斜篦紋。寬縁中飾連珠紋及双線波折紋。鏡面微凸。呈灰褐色。	
33	上大山四神規矩鏡	前漢晩〜後漢早	16.20	円形・円鈕	座外為方形銘文帯。每字間飾十二枚乳丁。主紋為由ＴＬＶ組成的規矩紋、各区中、分別配置羽人・青龍・白虎・怪獸・朱雀・長尾鳥・玄武和長尾怪獸。其外為銘文帯。近縁為直櫛紋、縁飾三角形鋸歯紋・雲紋。	方銘【子丑寅卯辰巳午未申酉戌亥】、再外銘【上大山見神人、食玉央飲澧泉、駕文龍乗浮云、宜秩保子孫貴富昌楽未央。】
34	尚方羽人禽鳥規矩鏡	前漢晩〜後漢早	16.00	円形・円鈕・四葉紋鈕座	座外弦紋帯内劃刻十二個符号。主紋為由ＴＬＶ組成的規矩紋及八枚小乳、間飾羽人及姿態各異長尾鳥。其外為銘文帯。近縁為一周直櫛紋、縁飾三角形鋸歯紋和双線波折紋。鏡面光亮。	方銘【子丑寅卯辰巳午未申酉戌亥】、再外銘【尚方作竟真大巧、上仙人不知老、渇飲玉泉。】
35	王氏四神規矩鏡	新莽〜後漢	18.90	円形・円鈕・柿蒂紋鈕座	外囲方框銘文帯。其外為八枚乳丁及由ＴＬＶ組成的規矩紋。間飾青龍・長尾鳥・白虎・独角獸・朱雀・羽人騎獸・玄武・羽人及姿態各異的禽鳥。外区銘文帯。近縁為直櫛紋、縁飾三角形鋸歯紋・雲紋。	方銘【子丑寅卯辰巳午未申酉戌亥】、外銘【王氏作竟、四夷服、多賀新家、人民息。風雨時節、五穀熟、長保二親、子孫力伝、告后世、楽無極。】
36	尚方四神規矩鏡	新莽〜後漢	14.20	円形・円鈕・柿蒂紋鈕座	座外為方框弦紋帯。主紋為規矩紋、間飾青龍・白虎・朱雀・玄武及羽人、独角獸・禽鳥・長尾鳥等。外区銘文帯。近縁為一周直櫛紋。寬縁飾三角形鋸歯紋・単弦紋・双線波折紋。	外銘【尚方作竟真大好、上有仙人不知老、渇飲玉泉飢食棗、浮遊天下激四海、壽如金石之天保分。】
37	尚方四神規矩鏡	新莽〜後漢	18.15	円形・円鈕・柿蒂紋鈕座	座外為方形銘文帯。每字間飾十二枚帯座乳丁。主紋為由ＴＬＶ組成的規矩紋、間飾羽人・青龍・白虎・長尾鳥・朱雀・独角怪獸・玄武・小鳥。外為銘文帯。近縁為一直櫛紋、寬縁飾三角形鋸歯紋・単弦紋・双線波折紋・三角形鋸歯紋。	方銘【子丑寅卯辰巳午未申酉戌亥】、外銘【尚方作竟真大巧、上有仙人不知老、渇飲玉泉飢食棗、浮遊天下激四海、壽如金石之分。】
38	尚方四神規矩鏡	新莽〜後漢	17.92	円形・円鈕・四葉紋鈕座	座外為方形銘文帯。每字間飾十二枚帯座乳丁。主紋為由ＴＬＶ組成的規矩紋、間飾青龍・長尾鳥・白虎・独角怪獸・朱雀・羊・玄武・羽人。外為銘文帯。銘文結尾為一鳥図案。近縁為一周直櫛紋、寬縁飾三角形鋸歯紋・単弦紋・双線波折紋・三角形鋸歯紋。	方銘【子丑寅卯辰巳午未申酉戌亥】、外銘【尚方作竟真大巧、上有仙人不知老、渇飲玉泉飢食棗、中央壽敝金石□佳王分。】
39	八乳規矩鏡	後漢	10.60	円形・円鈕・鈕頂稍平双弦紋円鈕座	座外双線方框。内区被「Ｔ」・「Ｌ」・「Ｖ」和重線乳丁紋分轄為八区。外区由斜篦紋帯、間飾点紋的双線三角（波折）圏紋帯組成。窄平縁。	
40	四乳八禽鏡	後漢	9.90	円形・円鈕・鈕頂平。円鈕座	鈕座外飾凸寬弦紋帯、主区夾在両圏篦紋帯、間由四乳八禽和「家常富貴」四字組成。四小乳平頂、円乳座。八禽両両相対、寬平素縁。	【家常富貴。】
41	四乳八禽鏡	後漢	13.50	円形・円鈕・并蒂十二連珠文鈕座	鈕座外飾内向八連弧紋、連弧紋間有綴穂状紋飾。外区有対置的双重三角紋帯和篦紋帯、其間主紋帯由八鳳鳥構成、每両鳥間飾一小禽。寬平素縁。	
42	綵氏鏡	後漢	10.40	円形・円鈕・円鈕座	鈕座外飾四雀和小乳、乳下円座。外区由銘文帯及篦紋帯組成。寬平素縁。	銘文為【綵氏作竟真大巧、上仙人不知老。】
43	長宜子孫鏡	後漢	10.00	円形・円鈕・円鈕座	鈕座外飾四葉紋与内向八連弧紋帯、其間銘有「長宜子孫」四字。連弧紋外為窄平紋帯。凸寬平素縁。	【長宜子孫。】
44	長宜子孫鏡	後漢	11.00	円形・円鈕・円鈕座、連四柿葉紋	葉似蝙蝠。銘文「長宜子孫」。内区還有内向八連弧紋、外区為一素弦帯。凸寬平素縁。	【長宜子孫。】

45	六乳瑞獣鏡	後漢	12.30	円形・円鈕・円鈕座	主区飾六枚帯座乳丁。間飾瑞獣与羽人。因鏽蝕、其形象弁不甚清。外飾銘文帯、字已不可認、辺飾篦紋一周、凸寛平素縁。	
46	四禽簡化規矩鏡	後漢	11.40	円形・円鈕・円鈕座	座外飾一圈弦紋、主区由「T」・「V」紋組成四方八極。四方各置一禽、張翅揚尾。外区由斜篦紋・三角紋帯・凸弦紋帯組成、之間以窄和稍寛弦紋帯相隔。寛平縁、凸窄弦紋縁。	
47	青羊四乳四禽鏡	後漢	11.80	円形・円鈕・円鈕座	主紋為四乳四禽、其中四乳皆帯乳座、四禽造型生動、両両相対。外囲銘文帯。近縁為一周直櫛紋、辺縁呈斜面、飾両周三角鋸歯紋。三角縁。鏡面微凸、呈灰白色。	外銘【青羊作竟大母觔、左蒼龍右白虎辟不。】
48	四乳神獣鏡	後漢	11.50	円形・円鈕・円鈕座	主紋為四枚帯座乳丁、間飾二獣、二神人。外為銘文帯。近縁為一周直櫛紋、縁飾三角鋸歯紋・双線波折紋。三角縁。鏡面凸起、呈黒漆色。	外銘【吾作明竟、幽凍三商、□徳□□、増年益壽兮。】
49	四乳四雁鏡	後漢	11.85	円形・円鈕・円鈕座	主紋為四乳四雁、其中四乳帯円乳座、四雁展翅飛翔、長尾高冠。外囲一周寛弦帯。近縁為一周直櫛紋、縁飾三角鋸歯紋・双線波折紋、縁有坡面。鏡面微凸、呈銀灰色。	
50	四乳四獣鏡	後漢	15.40	円形・円鈕・円鈕座	外飾一周小連珠紋、主紋為枚帯座乳丁以及与之相間的四獣。其中三獣為姿態各異的龍虎、另一為直立上肢伸張的熊、在熊的左下側置一起伏的山丘。近縁為直櫛紋。寛縁坡状、飾両周三角鋸歯紋・三角縁。鏡面微凸、呈黒漆色。	
51	作佳四神規矩鏡	後漢	18.80	円形・円鈕・双弦円鈕座	座外為方形銘文帯。毎字間飾十二枚乳丁。主紋為由TLV組成的規矩紋、間飾青龍・長尾鳥・白虎・怪獣・朱雀・羊、玄武、羊・長尾鳥、怪獣両両相対。外為銘文帯。寛縁飾三角形鋸歯紋・花枝紋。	方銘【子丑寅卯辰巳午未申酉戌亥】、外銘【作佳竟哉真大好、上有仙人不知老、渇飲澧泉飢食棗、浮遊天下激四海、壽敝金石為国保】
52	四禽規矩鏡	後漢	17.67	円形・円鈕・円鈕座	座外為方形銘文帯。毎字間飾十二枚乳丁。主紋為由TLV組成的規矩紋、間点綴幾何紋。近縁為一周直櫛紋、寛縁飾三角形鋸歯紋・単弦紋。	方銘【子丑寅卯辰巳午未申酉戌亥。】
53	幾何紋簡化規矩鏡	後漢	8.65	円形・円鈕・円鈕座	外囲一圈斜篦紋。主紋為簡化僅剰V形符号的規矩紋。間飾S形的花枝紋。近縁為一圈斜篦紋。寛縁中飾単線波折紋。鏡面微凸、呈灰白色。	
54	善銅簡化規矩鏡	後漢	11.60	円形・円鈕・双円鈕座	外囲凹弦紋方框、框内四角有簡単装飾図案。主紋為簡化為僅剰T形符号的規矩紋、間飾帯座乳丁十八枚。其外為銘文帯。字迹工整。近縁為一圈直櫛紋。寛縁飾三角鋸歯紋・忍冬紋。鏡面微凸。	【漢出善銅出丹陽、和已銀錫清且明、左龍右虎主四彭、朱雀玄武順隂陽、八子九孫治中央、千秋万歳楽未央。】
55	簡化規矩鏡	後漢	6.75	円形・円鈕・円鈕座	座外為由双粗弦紋組成的方框、其中、内框四角各置一小乳丁、外框外飾一圈三角鋸歯紋。方框外伸出一T形符号。素縁、截面呈三角形。	
56	尚方七乳禽獣鏡	後漢	18.80	円形・円鈕・円鈕座	双弦紋将鏡背分為両区、内区為龍虎対峙紋、中間夾一獣。外区為七枚帯四葉紋座乳丁、間飾鳳鳥・羽人、亀・羊・鹿・青龍・怪獣。外囲有一圏稍凸起的銘文帯、鳥図案結尾。近縁為直櫛紋。寛縁飾三角鋸歯紋・忍冬紋。辺縁有斜面。鏡面微凸、呈灰白色。	【尚方作竟真大巧、上有仙人不知老、渇飲玉泉飢食棗、壽而金石之天保、大□昌、宜侯王乎。】
57	袁氏四神規矩鏡	新莽～後漢	15.90	円形・大円鈕・円鈕座	外囲八枚帯座乳丁、間飾「長宜子孫」銘文与刻劃符号四個。其外為一周卵形与短線紋相間的凸弦帯。主紋為五枚帯座乳丁、間飾浮雕式四神与一尾鳥。外区為銘文帯。近縁為一直櫛紋、斜縁飾三角形鋸歯紋・雲紋。縁為三角縁。鏡面微凸、呈黒漆色。	袁氏作竟、真大巧、上有仙人不知老、長保二親大吉】
58	五乳禽獣鏡	後漢	11.60	円形・円鈕・円鈕座	主紋為五乳禽獣、乳丁有四葉紋座、間飾帯羽人・龍・虎・雀・獣。近縁処為一圈斜線紋、寛縁為三角鋸歯紋・双線波折紋、辺縁微凸而素面。鏡面微凸。呈黒漆色。	
59	長宜子孫連弧雲雷紋鏡	後漢	21.45	円形・円鈕・四葉紋鈕座	在四葉間銘有篆書「長宜子孫」四字。主紋為八個内向弧紋線、間飾銘文「壽如金石佳且好兮」。其外両圈直線紋、間飾一圏八個三角雲雷紋、素寛縁、略有斜面。鏡面微凸、呈銀灰色。	【長宜子孫。】、【壽如金石佳且好兮。】
60	長宜子孫連弧鏡	後漢	15.55	円形・円鈕・円鈕座	内区為四蝠形葉紋、四葉間銘有篆書「長宜子孫」四字。外区為八個内向連弧紋。寛素縁。鏡面微凸、灰白色。	【長宜子孫。】
61	四神羽人鏡	後漢	18.30	円形・大円鈕・円鈕座	鈕座外飾宝珠状四葉紋。以四個帯八内向連弧紋座的乳丁把主区分為四部分、分別飾以青龍・白虎・朱雀・玄武・羽人。近縁為直櫛紋。寛縁飾一圏禽獣紋。鏡面微凸、呈黒漆色。	

第十一章　遼東半島旅順博物館所蔵銅鏡について　573

62	車馬人物画像鏡	後漢	21.00	円形・大扁円鈕・外囲小連珠紋	主紋為両組車馬人物。一為西王母、頭戴高冠、長服而座。其右側為三侍者、左為二羽童以及人首鳥身的九天元女。与之隔鈕相対的為東王公。也是高冠長服端座。左側是四羽人、右側一侍者甩袖ômô舞、二侍者跪坐下方。在隔鈕的另外二区為六馬拉的輻輳車。其外為直櫛紋、雲気紋和禽獣紋。縁狭鋭、有斜坡。鏡面微凸、呈灰褐色。	
63	車馬人物画像鏡	後漢	23.00	円形・円鈕・外囲小連珠紋	主紋為両組車馬人物。一為西王母、博服端座、左側立二侍者、右側三人。隔鈕相対為東王公、高冠博服、左有二羽人、右三侍者。左鈕的另外二側、皆為五馬輻輳車、後曳長帛。其中左側車中端座二人、右側車窓緊閉。外囲銘文帯、字迹不清。近縁為一周直櫛紋。縁狭鋭、有斜坡。鏡面微凸、呈灰褐色。	外囲銘文帯、字迹不清
64	青勝龍虎鏡	後漢	16.90	円形・円鈕・円鈕座	外囲一周直櫛紋。主紋為一龍一虎、外囲銘文帯。字迹工整秀麗。近縁為一周直櫛紋。寛縁呈坡状、飾両周三角形鋸歯紋、一周双線波折紋、外縁稍厚。鏡面微凸、呈銀灰色。	【青勝作竟大母妨、左龍右虎辟不羊、朱雀玄武順陰陽、子孫備倶居中央、長保二親楽富昌、壽而金石如侯王。】
65	青蓋鍍金龍虎鏡	後漢	9.15	円形・円鈕・円鈕座	主紋為一組対峙的龍虎、並銘有「青蓋」二字。其外為直櫛紋、凸弦紋及三角形鋸歯紋。窄縁凸素縁、鏡面微凸、鏡背鍍金、呈金黄色。	銘【青蓋】
66	盤龍鏡	後漢	10.70	円形・円鈕・円鈕座	主紋為一龍、龍頭長角、作回首怒吼状。龍組対峙的龍虎、並銘有「青蓋」二字。其外為直櫛紋、凸弦紋及三角形鋸歯紋。窄縁凸素縁、鏡面微凸、鏡背鍍金、呈金黄色。	
67	君宜高官双夔鏡	後漢～六朝	14.90	円形・円鈕・円鈕座	鈕座外有二直行銘文帯「位至三公」、「君宜高官」。鈕両側各有一条互為倒置的夔龍紋、其外為内向十二連弧紋圏帯、素縁。鏡面近平、呈銀白色。	直行銘文帯【位至三公】、【君宜高官。】
68	三虎鏡	後漢～六朝	10.76	円形・円鈕・円鈕座	主紋為三虎、三虎繞追逐。縁飾三角形鋸歯紋及波折紋。近似三角縁。鏡面微凸、呈灰色。	
69	龍虎対峙鏡	後漢～六朝	11.95	円形・円鈕・円鈕座	主紋為一組対峙的龍虎、左龍右虎、口皆大張、夾線一方右孔円銭。近縁飾一周斜篦紋。辺縁呈坡状、飾両周三角形鋸歯紋。鏡面微凸、呈黒漆色。	
70	龍虎対峙鏡	後漢～六朝	11.67	円形・円鈕・円鈕座	主紋為一組対峙的龍虎、外圈銘文帯。近縁為一周細密的直櫛紋。縁呈斜坡状、飾三角鋸歯紋、双線波折紋。	【□□作竟自有記、辟去不祥宜古□、□保二親利孫□、為吏高遷壽。】
71	四乳双禽鏡	後漢	9.26	円形・円鈕・円鈕座	主紋為四乳双禽。其中一禽夾一乳丁而立、一禽身為鈕所圧蓋。尾端隔鈕而顕現。近縁為一周直櫛紋、辺縁呈坡状、飾両周三角鋸歯紋。鏡面微凸、呈黒漆色。	
72	永安五年方枚神獣鏡	三国呉	14.60	円形・大扁円鈕・円鈕座	主紋為神獣。二神端座、隔鈕而列、在二神的両旁置羽人和走獣若干。其外為八個方枚銘文帯。近縁為八個方枚、上有簡単的刻劃紋、一圏直櫛紋。縁上有銘文。鏡面微凸、呈灰白色。	方銘【永安五年彭作□銅□。】、縁上有銘文【永安元年十月四日彭作明竟、百涑清銅、服者□□□宜□□。】
73	位至三公龍鳳鏡	三国～六朝	9.20	円形・扁円鈕・円鈕座	鈕座外両側有変形的龍鳳図案、図案中有直書銘文「位至三公」四字。近縁為弦紋・直線紋。平素寛縁。鏡面微凸、呈灰黒色。	銘文【位至三公。】
74	四葉八鳳鏡	三国～六朝	12.60	円形・扁円鈕・円鈕座	内区為一委角方形、四角各一字、連読為「位至三公」。沿委角向外伸展成一宝珠形変形四葉紋、並以此把外区分為四部分、毎一部分装飾図案化対鳥。其外為内向連弧紋。平素縁。鏡面微凸、呈灰黒色。	銘文【位至三公。】
75	位至三公変形四葉対鳳鏡	三国～六朝	11.35	円形・扁円鈕	鈕外飾以弧線四方形連接的宝珠形四葉紋。四委角各銘一字、連読為「位至三公」。四葉把鏡子均勻分為四区、毎区飾図案化的対鳳紋。十六内向連弧紋縁。	銘文【位至三公。】
76	吾作方枚神獣鏡	三国～六朝	13.20	円形・円鈕・円鈕座	内区飾四神獣、以及与之相間的四怪獣。外区為十二個方枚与半円形枚。其中半円形枚外飾蓮花弁紋。方枚上有截記形銘文。内縁飾三角鋸歯紋。寛縁、上有奔龍・羽人・飛鳳・走獣、外為連続菱紋。鏡面微凸、呈黒漆色。	銘文【吾作明竟、幽涑三商、□□□□、□者統徳‥‥‥子孫蕃昌、□□公卿、其師命長。】
77	四乳神獣画像鏡	三国～六朝	11.60	円形・円鈕・円鈕座	主紋為四枚帯座乳丁、以及与之相間的三獣一神人。其中三獣環列呈奔跑状、紋飾不清、一神人躬身跪坐。外囲銘文帯。近縁為一周直櫛紋。寛縁坡状、飾三角鋸歯紋・双線波折紋、外縁凸起。鏡面微凸。	銘文【□□□□自有□青□、□□□□、□。】
78	吾作方枚神獣鏡	三国～六朝	9.41	円形・円鈕・円鈕座	内区主紋為形態各異的神獣。外区方枚有銘文「吾作明竟、幽涑三商、周元」十字。間飾雲紋・粟点紋。縁内側飾三角鋸歯紋。寛縁、上有一周銘文。鏡面微	外銘【吾作明竟、幽涑三商、周元。】、縁上銘【吾作明竟、幽涑三商、周刻元疆、統徳序

| 79 | 三虎鏡 | 六朝 | 10.60 | 円形・円鈕・双層円鈕座 | 主紋為三虎、三虎環鈕同向而列、張口立耳、耳後有五枚小円珠紋。外囲弦紋、直櫛紋。三角鋸歯紋。三角縁。 | 道、祇霊是興、白牙陳楽,衆神見容。】 |
| 80 | 飛鳳鏡 | 三国～六朝 | 8.15 | 円形・円鈕・円鈕座 | 主紋為一展翅飛翔的鳳鳥、頭作回首状、身躯為鈕所圧。外囲銘文帯。近縁飾直櫛紋・三角鋸歯紋。素縁、鏡面近平、呈灰白色。 | 【三羊□□□□大吉乎。】 |

まず、各鏡名称を型式分類的に整理してみよう。鏡の時代区分は〔Ⅰ〕戦国鏡、〔Ⅱ〕前漢鏡、〔Ⅲ〕後漢鏡、〔Ⅳ〕三国鏡、〔Ⅴ〕六朝鏡の五時期とする。なお、時代を跨るものはそのまま原著通りの分類を行って中間に入れた。

〔Ⅰ〕戦国鏡

A① 【1・2・3 蟠螭菱紋鏡】、② 【4 蟠螭紋鏡】

B 【5 蟠螭連弧紋鏡】

〔Ⅱ〕前漢鏡

A 【6 蟠螭紋鏡】

B① 【7 蟠虺四乳連弧紋鏡】、② 【15・16 日光・連弧銘帯鏡】、③ 【17・18・19・20・21 昭明・連弧銘帯鏡】、④ 【22・23 清白・連弧銘帯鏡】

C① 【8 大楽貴富・蟠螭規矩紋】、② 【10 見日之光・規矩草葉紋】、③ 【24・32 四神規矩鏡】

D① 【9・11 見日之光・草葉紋鏡】

E① 【12・13 星雲鏡】

F 【14 家常富貴鏡】

G 【25 見日之光鏡】

H 【26 日光昭明重圏鏡】

I 【27 重圏銘文鏡】

J① 【28 四乳八禽鏡】、② 【29 四乳四虺鏡】、③ 【30・31 四乳四禽鏡】

〔Ⅱ・Ⅲ〕前漢晩期～後漢早期鏡

A① 【33 上大山四神規矩鏡】、② 【34 尚方羽人禽鳥規矩鏡】

〔新・Ⅲ〕新莽～後漢鏡

A① 【35 王氏四神規矩鏡】[3]、② 【36・37・38 尚方四神規矩鏡】、【57 袁氏四神規矩鏡】

〔Ⅲ〕後漢鏡

A① 【39 八乳規矩鏡】、② 【46 四禽簡化規矩鏡】、③ 【51 作佳四神規矩鏡】、④ 【52 四禽規矩鏡】、⑤ 【53 幾何紋簡化規矩鏡】、⑥ 【54 善銅簡化規矩鏡】、⑦ 【55 簡化規矩鏡】

B① 【40・41 四乳八禽鏡】、② 【45 六乳瑞獣鏡】、③ 【47 青羊四乳四禽鏡】、④ 【49 四乳四雁鏡】、⑤ 【50 四乳四獣鏡】、⑥ 【56 尚方七乳禽獣鏡】、⑦ 【58 五乳

禽獣鏡】、⑧【71　四乳双禽鏡】

C①【59　長宜子孫連弧雲雷紋鏡】、②【60　長宜子孫連弧鏡】

D①【42　綴氏鏡】、②【43・44　長宜子孫鏡】

E①【48　四乳神獣鏡】、②【61　四神羽人鏡】

F①【62・63　車馬人物画像鏡】

G①【64　青勝龍虎鏡】、②【65　青蓋鍍金龍虎鏡】

H①【66　盤龍鏡】

〔Ⅲ〜Ⅴ〕後漢〜六朝鏡

A①【67　君宜高官双夔鏡】

B①【68　三虎鏡】、②【69・70　龍虎対峙鏡】

〔Ⅳ〕三国・呉鏡

A　【72　永安五年方枚神獣鏡】

〔Ⅳ〜Ⅴ〕三国〜六朝鏡

A①【73　位至三公龍鳳鏡】、②【74　四葉八鳳鏡】、③【75　位至三公変形四葉対鳳】、④【80　飛鳳鏡】

B①【76・78　吾作方枚神獣鏡】

C　【77　四乳神獣画像鏡】

〔Ⅴ〕六朝鏡

A　【79　三虎鏡】

　以上、鏡の時代区分に応じた各鏡では、〔Ⅰ〕戦国鏡に山字鏡が見られないことを除けば、〔Ⅱ〕前漢鏡、〔Ⅲ〕後漢鏡など標準的な鏡形式が揃っているが、〔Ⅱ〕前漢鏡のC①【8　大楽貴富・蟠螭規矩紋】、②【10　見日之光・規矩草葉紋】、③【24・32　四神規矩鏡】など以来、〔Ⅱ・Ⅲ〕前漢晩期〜後漢早期鏡のA①【33　上大山四神規矩鏡】、②【34　尚方羽人禽鳥規矩鏡】、〔新・Ⅲ〕新莽〜後漢鏡のA①【35・57　王氏四神規矩鏡】、②【36・37・38　尚方四神規矩鏡】、さらには〔Ⅲ〕後漢鏡のA①【39　八乳規矩鏡】、②【46　四禽簡化規矩鏡】、③【51　作佳四神規矩鏡】、④【52　四禽規矩鏡】、⑤【53　幾何紋簡化規矩鏡】、⑥【54　善銅簡化規矩鏡】、⑦【55　簡化規矩鏡】、⑧【35　王氏四神規矩鏡】など規矩鏡（最近の中国では博局鏡という呼び方が一般的）が強固な伝統になっている。次は〔Ⅱ〕前漢鏡のBの各種連弧紋鏡、すなわち、①【7　蟠虺四乳連弧紋鏡】、②【15・16　日光・連弧銘帯鏡】、③【17・18・19・20・21　昭明・連弧銘帯鏡】、④【22・23　清白・連弧銘帯鏡】、また〔Ⅲ〕後漢鏡のC①【59　長宜子孫連弧雲雷紋鏡】、②【60　長宜子孫連弧】であるが、後漢期には連弧銘帯鏡の伝統の力が弱くなっている。それに較べて、〔Ⅲ〕後漢鏡のB①【40・41　四乳八禽鏡】、②【45　六乳瑞獣鏡】、③【47　青羊四乳四禽鏡】、④【49　四乳四雁鏡】、⑤【50　四乳四獣鏡】、⑥【56　尚方七乳禽獣鏡】、⑦【58　五乳禽獣鏡】、⑧【71　四乳双禽鏡】など四乳（稀に五乳等）禽獣鏡が盛大

になっている。

　最後にここでも画像鏡や神獣鏡が数少なく、この地域特別の図像図案がある訳でないことを述べ、併せて日本出土の三角縁神獣鏡に関係がありそうな鏡事例はほとんど発見できないことを付言しておこう。

　なお、いくつかの鏡に備考的注記があるので、それを以下列挙してみる。

【4　蟠螭紋鏡　戦国】
　此鈕形制特殊、上海博物館蔵一件戦国四龍紋鏡的鏡鈕与此相同。

【6　蟠螭紋鏡　前漢】
　主紋蟠螭紋以双線刻、体現了西漢初期有別于戦国蟠螭紋鏡的特色。

【7　蟠虺四乳連弧紋鏡　前漢】
　孔祥星・劉一曼『中国古代銅鏡』中有一鏡与此鏡相似。

【15　日光・連弧銘帯鏡　前漢】
　大連甘井子区営城子一号漢墓出土。

【16　日光・連弧銘帯鏡　前漢】
　大連旅順口区江西鎮魯家村漢代窖蔵出土。

【17　昭明・連弧銘帯鏡　前漢】
　大連営城子一号漢墓出土。

【18　昭明・連弧銘帯鏡　前漢】
　大連旅順口区江西鎮魯家村漢代窖蔵出土。

【19　昭明・連弧銘帯鏡　前漢】
　大連甘井子区営城子一号漢墓出土。

【23　清白・連弧銘帯鏡　前漢】
　大連旅順口区江西鎮魯家村漢代窖蔵出土。

【24　四神規矩鏡　前漢】
　大連甘井子区営城子M53東漢墓出土。此鏡時代為西漢晩期。

【30　四乳四禽鏡　前漢】
　『洛陽出土銅鏡』中有一鏡与此相似。

【39　八乳規矩鏡　後漢】
　1962年出土于大連甘井子区周水子機場漢墓。

【40　四乳八禽鏡　後漢】
　旅順口区双島鎮潘家村漢墓出土。

【41　四乳八禽鏡　後漢】
　大連甘井子区営城子M20号漢墓出土。

【42　綠氏鏡　後漢】
　此鏡出土于旅順口区鉄山鎮南山里東漢磚室墓。湖南長沙東漢中期墓中出土的両件綠氏

鏡与此相似。

【43　長宜子孫鏡　後漢】

　　大連旅順口区双島鎮北海郷李家溝漢墓出土。

【44　長宜子孫鏡　後漢】

　　大連甘井子区営城子M46号漢墓出土。

【45　六乳瑞獣鏡　後漢】

　　大連甘井子区前牧城駅漢墓出土。

【46　四禽簡化規矩鏡　後漢】

　　遼寧省営口市大石橋金屯出土。

　以上であるが戦国鏡の【4　蟠螭紋鏡】は、「この鈕の形制は特殊、上海博物館蔵の戦国四龍紋鏡の鏡鈕とこれとはあい同じ」といい、また前漢鏡最初の【6　蟠螭紋鏡】は、「主紋蟠螭紋は双線を以て刻み、前漢初期に戦国蟠螭紋鏡に別が有る特色を体現したことになる」という研究成果を示す。さらに【7　蟠虺四乳連弧紋鏡】でも「孔祥星・劉一曼『中国古代銅鏡』中に有る一鏡はこの鏡とあい似る」といい、また後漢鏡の【42　緱氏鏡】でも「この鏡は旅順口区鉄山鎮南山里後漢磚室墓で出土した。湖南長沙後漢中期墓中に出土した2件の緱氏鏡はこれとあい似る」と出土地点を示すとともに、他地方出土鏡との類似異同を述べている。他の諸鏡については、すべて出土地点の注記である。

第二節　旅順博物館編著『旅順博物館蔵銅鏡』の各鏡計測調査について

　まず、【表11―1】旅順博物館蔵戦国両漢魏晋南北朝銅鏡から、戦国部分を除いた各鏡の徑厘米（cm）数の大小順並べ替えを行って、これを【表11―2】旅順博物館蔵両漢魏晋南北朝銅鏡・徑大小順とした。

【表11―2】　旅順博物館蔵両漢魏晋南北朝銅鏡・徑大小順

番号	名称	時代	径／cm	鈕・鈕座形式	形態	【銘文】
63	車馬人物画像鏡	後漢	23.00	円形・円鈕・外囲小連珠紋	主紋為両組車馬人物。一為西王母、博服端座、左側立二侍者、右側三人。隔鈕相対為東王公、高冠博服、左有二羽人、右三侍者。左鈕的另外二側、皆為五馬輻輪車、後曳長帛。其中左側車中端端二人、右側車窓緊閉。外囲銘文帯、字迹不清。近縁為一周直櫛紋。縁狭鋭、有斜坡。鏡面微凸、呈灰褐色。	外囲銘文帯、字迹不清
59	長宜子孫連弧雲雷紋鏡	後漢	21.45	円形・円鈕・四葉紋鈕座	在四葉間篆書「長宜子孫」四字。主紋為八個内向弧紋線、間飾銘文「壽如金石佳且好兮」。其外両圏直線紋、間飾一圏八個三角雲雷紋、素寛縁、略有斜面。鏡面微凸、呈銀灰色。	【長宜子孫】、【壽如金石佳且好兮。】
62	車馬人物画像鏡	後漢	21.00	円形・大扁円鈕・外囲小連珠紋	主紋為両組車馬人物。一為西王母、頭戴高冠、長服而座。其右側為三侍者、左為二羽童以及人首鳥身的九天元女。与之隔鈕相対的為東王公。也是高冠長服端座。左側是四羽人、右側一侍者甩袖起舞、二侍者跪坐下方。在隔鈕的另外二区為六馬拉的輻輪車。其外為直櫛紋・雲気紋和禽獣紋。縁狭鋭、有斜坡。鏡面微凸、呈灰褐色。	
35	王氏四神規矩鏡	新莽～後	18.90	円形・円鈕・柿蒂紋鈕	外囲方框銘文帯。其外為八枚乳丁及由TLV組成的規矩紋。間飾青龍・長尾鳥・白虎・独角獣・朱雀・	方銘【子丑寅卯辰巳午未申酉戌亥】、外銘【王氏作竟、四

		漢		座	羽人騎獣・玄武・羽人及姿態各異の禽鳥。外区銘文帯。近縁為直櫛紋、縁飾三角形鋸歯紋・雲紋。	夷服、多賀新家、人民息。風雨時節、五谷熟、長保二親、子孫力伝、告后世、楽無極。】
51	作佳四神規矩鏡	後漢	18.80	円形・円鈕・双弦円鈕座	座外為方形銘文帯。毎字間飾十二枚乳丁。主紋為由TLV組成的規矩紋、間飾青龍・長尾鳥・白虎・朱雀・羊・玄武・羽人。四神与羽人・羊・長尾鳥・怪獣両両相対。外為銘文帯。近縁為一周直櫛紋、寛縁飾三角形鋸歯紋・花枝紋。	方銘【子丑寅卯辰巳午未申酉戌亥】、外銘【作佳竟哉真大好、上有仙人不知老、渇飲澧泉飢食棗、浮遊天下激四海、壽敝金石為国保。】
56	尚方七乳禽獣鏡	後漢	18.80	円形・円鈕・円鈕座	双弦紋将鏡背分為両区、内区為龍虎対峙紋、中間夾一獣。外区為七枚帯四葉紋乳丁、間飾鳳鳥・羽人・亀・羊・鹿・青龍・怪獣。外囲有一圏稍凸起的銘文帯、鳥図案結尾。近縁為直櫛紋、寛縁飾三角形鋸歯紋・忍冬紋。辺縁有斜面。鏡面微凸、呈青灰色。	【尚方作竟真大巧、上有仙人不知老、渇飲玉泉飢食棗、壽而金石之天保、大□昌、宜侯王乎。】
24	四神規矩鏡	前漢	18.70	円形・円鈕・四柿蒂葉紋鈕座	鈕座外飾変形獣紋、一双線四方框以及由TLV組成的規矩紋。間飾四小乳、四柿葉紋小乳、每辺各飾二瑞禽紋。外飾斜篦紋。寛平縁上有一圏双曲折紋。	
61	四神羽人鏡	後漢	18.30	円形・大円鈕・円鈕座	鈕座外飾宝珠状四獣紋。以四個帯八内向連弧紋座的乳丁把主分為四部分、分別飾以青龍・白虎・朱雀・玄武・羽人。近縁為直櫛紋。寛縁飾一圏禽獣紋。鏡面微凸、呈黒漆色。	
37	尚方四神規矩鏡	新莽～後漢	18.15	円形・円鈕・柿蒂紋鈕座	座外為方形銘文帯。毎字間飾十二枚帯円座乳丁。主紋為由TLV組成的規矩紋、間飾羽人・青龍・白虎・長尾鳥・朱雀・独角怪獣・玄武・小鳥。外為銘文帯。近縁為一周直櫛紋、寛縁飾三角形鋸歯紋・単弦紋・双線波折紋・三角形鋸歯紋。	方銘【子丑寅卯辰巳午未申酉戌亥】、外銘【尚方作竟真大巧、上有仙人不知老、渇飲玉泉飢食棗、浮遊天下激四海、壽如金石之分。】
27	重圏銘文鏡	前漢	18.10	円形・円鈕・十二連珠文鈕座	以両圏凸弦紋帯把鏡背分為内外二区、二区皆為銘文帯。内区為銘文、外区為銘文。平素縁。鏡面平坦。有絹帛包痕。	内銘【内清質以昭明、光輝象夫日月、心忽揚而愿忠、然雍塞而不泄。】、外銘【如皎光而耀美、挟佳都而無間、懐驩察而性寧、志存神而不遷、得并観而棄精□□□□。】
38	尚方四神規矩鏡	新莽～後漢	17.92	円形・円鈕・四葉紋鈕座	座外為方形銘文帯。毎字間飾十二枚帯円座乳丁。主紋為由TLV組成的規矩紋、間飾青龍・長尾鳥・白虎・独角怪獣・朱雀・羊・玄武・羽人。外為銘文帯。銘文結尾為一鳥図案。近縁為一周直櫛紋、寛縁飾三角形鋸歯紋・単弦紋・双線波折紋・三角形鋸歯紋。	方銘【子丑寅卯辰巳午未申酉戌亥】、外銘【尚方作竟真大巧、上有仙人不知老、渇飲玉泉飢食棗、中央壽敝金石□佳王兮。】
52	四禽規矩鏡	後漢	17.57	円形・円鈕・円鈕座	座外為方形銘文帯。毎字間飾十二枚乳丁。主紋為由TLV組成的規矩紋、間点綴幾何紋。近縁為一周直櫛紋、寛縁飾三角形鋸歯紋・単弦紋。	方銘【子丑寅卯辰巳午未申酉戌亥】
64	青勝龍虎鏡	後漢	16.90	円形・円鈕・円鈕座	外囲一周直櫛紋。主紋為一龍一虎、外囲銘文帯。字迹工整秀麗。近縁為一周直櫛紋。寛縁呈坡状、縁両周三角形鋸歯紋・一周双線波折紋、外縁稍厚。鏡面微凸、呈銀灰色。	【青勝作竟大母飭、左龍右虎辟不羊、朱雀玄武順陰陽、子孫備倶居中央、長保二親楽富昌、壽而金石如侯王。】
23	清白・連弧銘帯鏡	前漢	16.80	円形・円鈕・鈕無乳并蒂十二連珠文鈕座	鈕座外飾斜篦紋及凸寛弦紋帯。連珠及斜篦紋間有対称的四組弧紋相連。連弧間飾花弁紋及穂形紋。其外為銘文帯。寛平素縁。	【潔清白而事君、志汚之合明、作玄錫而流澤、恐疏而日忘、美人外而相而不絶。】
22	清白・連弧銘帯鏡	前漢	16.40	円形・円鈕・十二連珠文鈕座	内区為八内向連弧線、弧内飾有簡単紋飾。其外為銘文帯。平素縁。鏡面平坦、有絹帛包痕。	【潔而清白而事君而心志汚而慕明光玄而錫之流而澤、恐而疏而日忘美而相而不絶。】
33	上大山四神規矩鏡	前漢晩～後漢早	16.20	円形・円鈕・円鈕座	座外為方形銘文帯。毎字間飾十二枚乳丁。主紋為由TLV組成的規矩紋、各区中、分別配置羽人・青龍・白虎・怪獣・朱雀・長尾鳥・玄武和長尾怪獣。其外為銘文帯。近縁為直櫛紋、縁飾三角形鋸歯紋・雲紋。	方銘【子丑寅卯辰巳午未申酉戌亥】、再外銘【上大山見神人、食玉央飲澧泉、駕文龍乗浮云、宜秩保子孫貴富昌楽未央。】
34	尚方羽人禽鳥規矩鏡	前漢晩～後漢早	16.00	円形・円鈕・四葉紋鈕座	座外弦紋帯内劃刻十二個符号。主紋為由TLV組成的規矩紋及八枚小乳、間飾羽人及姿態各異長尾鳥。其外為銘文帯。近縁為一周直櫛紋、縁飾三角形鋸歯紋和双線波折紋。鏡面光亮。	方銘【子丑寅卯辰巳午未申酉戌亥】、再外銘【尚方作竟真大巧、上仙人不知老、渇飲玉泉。】
57	袁氏四神規矩鏡	新莽～後漢	15.90	円形・大円鈕・円鈕座	外囲八枚帯座乳丁、間飾「長宜子孫」銘文及刻劃符号四個。其外為一周卵形与短線紋相間的凸弦紋。主紋為五枚帯座乳丁、間飾浮雕四神一長尾鳥。外区為銘文帯。近縁為一直櫛紋、斜縁飾三角形鋸歯紋・雲紋。縁為三角縁。鏡面微凸、呈黒漆色。	袁氏作竟、真大巧、上有仙人不知老、長保二親大吉。】
60	長宜子孫連	後漢	15.55	円形・円鈕	内区為四蝙蝠形葉紋、四葉間銘有篆書「長宜子孫」	【長宜子孫。】

第十一章　遼東半島旅順博物館所蔵銅鏡について

	弧鏡		・円鈕座	四字。外区為八個内向連弧紋。寛素縁。鏡面微凸、灰白色。	
50	四乳四獣鏡	後漢	15.40	円形・円鈕・円鈕座	外飾一周小連珠紋、主紋為枚帯座乳丁以及与之相間的四獣。其中三獣為姿態各異的龍虎、另一為直立上肢伸張的熊、在熊的左下側盤一起伏的山丘。近縁為直櫛紋。寛縁坡状、飾両周三角鋸歯紋・三角縁。鏡面微凸、呈黒漆色。	
12	星雲鏡	前漢	15.27	円形・連峰鈕・星雲鈕座	外囲絢紋及十六内向連弧紋、外区紋飾被四枚帯連珠紋座的乳丁均匀分為四組、毎組由九枚小乳和弧線組成星雲状図案、弧線作三線、或双線刻、外囲一周絢紋。縁為十六内向連弧紋、鏡面平坦、呈銀白色。	
67	君宜高官双夔鏡	後漢～六朝	14.90	円形・円鈕・円鈕座	鈕座外有二直行銘文帯「位至三公」、「君宜高官」。鈕両側各有一条互為倒置的夔紋、其外為内向十二連弧紋圏帯、素縁。鏡面近平、呈銀白色。	直行銘文帯【位至三公】、【君宜高官】
72	永安五年方枚神獣鏡	三国呉	14.60	円形・大扁円鈕・円鈕座	主紋為神獣。二神端座、隔鈕而列、在二神的両旁置羽人和走獣若干。外為八個方枚銘紋。近縁為八個円枚、上有簡単的刻画紋、一圏直櫛紋。縁上有銘文。鏡面微凸。呈灰白色。	方銘【永安五年彭作□銅□。】、縁上有銘文【永安元年十月十四日彭作明竟、百湅清銅、服者□□□宜□□。】
36	尚方四神規矩鏡	新莽～後漢	14.20	円形・円鈕・柿蒂紋鈕座	座外為方框弦銘文帯。主紋為規矩紋、間飾青龍・白虎・朱雀・玄武及羽人・独角獣・禽鳥・長尾鳥等。外区銘文帯。近縁為一周直櫛紋。寛縁飾三角形鋸歯紋・単弦紋・双線波折紋。	外銘【尚方作竟真大好、上有仙人不知老、渇飲玉泉飢食棗、浮遊天下遨四海、壽如金石之天保兮。】
9	見日之光・草葉紋鏡	前漢	13.95	円形・円鈕・四葉紋鈕座	外囲双線方格、方格毎辺有銘三字。四隅為四桃形花苞。四外角伸出双芯有苞花枝紋、従而把外区分為四組、毎組為一枚帯座枚乳丁以及四葉紋、其中乳丁的上方還有一桃形花苞。縁為十六内向連弧紋。鏡面微凸、上有絹帛包裹痕跡。	【見日之光、天下大陽、服者君卿。】
41	四乳八禽鏡	後漢	13.50	円形・円鈕・并蒂十二連珠文鈕座	鈕座外飾内向八連弧紋、連弧紋間有綬穂状紋飾。外区有対置的双重三角紋帯和篦紋帯、其間主紋帯由八鳳鳥構成、毎両鳥間一小乳。寛平素縁。	
8	大楽貴富・蟠螭規矩紋鏡	前漢	13.40	円形・獣形鈕・伏螭紋鈕座	外囲方形銘文帯、銘為篆体、銘尾飾一魚図案。主紋為規矩紋、其間装飾簡化了的蟠螭紋、在紋飾之上有細線刻画。地衬雲雷紋、縁薄而上巻。鏡身平坦、呈黒漆色。	【大楽貴富、得所好、千秋万歳、延年益壽。】
76	吾作方枚神獣鏡	三国～六朝	13.20	円形・円鈕・円鈕座	内区飾四神獣、以及与之相間的四怪獣。外区為十二個方枚与半円形枚。其中半円形枚外飾蓮花弁紋。方枚上有截記形銘文。内縁飾三角鋸歯紋。寛縁、上飾奔龍・羽人・飛鳳・走獣、外為連続菱紋。鏡面微凸、呈黒漆色。	銘文【吾作明竟、幽凍三商、□□□、□者統徳・・・・子孫蕃昌、□□公卿、其師命長。】
29	四乳四虺鏡	前漢	13.00	円形・円鈕・十二連珠文鈕座	外圏凸弦紋及一周斜篦紋。主紋為四枚帯圏座、乳丁以及、与之相同的四龍紋。四龍同向環列、首尾飾形状較小的鹿・鳥・雁。近縁為一周斜篦紋。素寛縁。鏡面微凸。	
19	昭明・連弧銘帯鏡	前漢	12.60	円形・円鈕・并蒂十二連珠文鈕座	鈕座外飾凸弦紋及一周間内八連弧紋、連鈕「の」形紋。両周斜篦紋間為銘文帯。寛平素縁。	【内清質以昭明、光輝象而夫日月、心忽而愿忠、然雍塞而不泄而兮。】
74	四葉八鳳鏡	三国～六朝	12.60	円形・扁円鈕・円鈕座	内区為一委角方形、四角各銘一字、連読為「位至三公」。沿委角向外伸展成一宝珠形変形四葉紋、并以此把外区分為四部分、毎一部分装飾図案化対鳥。其外為内向連弧紋。平素縁。鏡面微凸、呈灰黒色。	銘文【位至三公。】
45	六乳瑞獣鏡	後漢	12.30	円形・円鈕・円鈕座	主区飾六枚帯座乳丁。間飾瑞獣与羽人。因銹蝕、其形象弁不甚清。外飾銘文帯、字已不可認、辺飾篦紋一周、凸寛平素縁。	
69	龍虎対峙鏡	後漢～六朝	11.95	円形・円鈕・円鈕座	主紋為一組対峙的龍虎、左龍右虎、口皆大張、夾線一方右孔方銭。近縁飾一周斜篦紋。辺縁呈坡状、飾両周三角鋸歯紋。鏡面微凸、呈黒漆色。	
49	四乳四雁鏡	後漢	11.85	円形・円鈕・円鈕座	主紋為四乳四雁、其中四乳帯円枚座、四雁展翅飛翔、長尾高冠。外囲一周寛弦帯。近縁一周直櫛紋、縁飾三角鋸歯紋・双線波折紋、縁有坡面。鏡面微凸、呈銀灰色。	
47	青羊四乳四禽鏡	後漢	11.80	円形・円鈕・円鈕座	主紋為四乳四禽、其中四乳皆帯乳座、四禽造型生動、両両相対。外囲銘文帯。近縁一周直櫛紋、辺縁呈斜面、飾両周三角鋸歯紋。三角縁。鏡面微凸、呈灰白色。	外銘【青羊作竟大毋飭、左蒼龍右白虎辟不。】
70	龍虎対峙鏡	後漢	11.67	円形・円鈕	主紋為一組対峙的龍虎、外圏銘文帯。近縁為一周細	【□□作竟自有記、辟去不祥

580　第二部　中国における古代銅鏡文化研究の伝統と各博物館銅鏡目録データベース

		～六朝		・円鈕座	密的直櫛紋。縁呈斜坡状、飾三角鋸歯紋・双線波折紋。	宜古□、□保二親利孫□、為吏高遷壽。】
54	善銅簡化規矩鏡	後漢	11.60	円形・円鈕・双円鈕座	外囲凹弦紋方框、框内四角有簡単装飾図案。主紋為簡化為僅剩T形符号的規矩紋、間飾帯座乳丁八枚。其外為銘文帯。字迹工整。近縁為一圈直櫛紋。寛縁飾三角鋸歯紋・忍冬紋。鏡面微凸。	【漢出善銅出丹陽、和已銀錫清且明、左龍右虎主四彭、朱雀玄武順陰陽、八子九孫治中央、千秋万歳楽未央。】
58	五乳禽獣鏡	後漢	11.50	円形・円鈕・円鈕座	主紋為五乳禽獣、乳丁有四葉紋座、間飾帯羽人・龍・虎・雀・獣。近縁処為一圈斜線紋、寛縁為三角鋸歯紋・双線波折紋、辺縁微凸而素面。鏡面微凸。呈黒漆色。	
77	四乳神獣画像鏡	三国～六朝	11.50	円形・円鈕・円鈕座	主紋為四枚帯座乳丁、以及与之相間的三獣一神人。其中三獣排列呈奔跑状、紋飾不清、一神人躬身跪坐。外囲銘文帯。近縁為一周直櫛紋。寛縁坡状、飾三角鋸歯紋・双線波折紋、外縁凸起。鏡面微凸。	銘文【□□□自有□□□、□□□□、□。】
32	四神規矩鏡	前漢	11.55	円形・円鈕・四葉紋鈕座	外圈凹弦帯。主紋為由TLV組成的規矩紋。間飾青龍・白虎・朱雀・玄武、四神呈四方配列。方框四角有四個帯座乳丁、間飾形状較小的禽獣。近縁為一圈斜篦紋。寛縁中飾連珠紋及双線波折紋。鏡面微凸。呈灰褐色。	
48	四乳神獣鏡	後漢	11.50	円形・円鈕・円鈕座	主紋為四枚帯座乳丁、間飾二獣、二神人。外為銘文帯。近縁為一周直櫛紋、縁飾三角鋸歯紋・双線波折紋。三角縁。鏡面凸起、呈黒漆色。	外銘【吾作明竟、幽涷三商、□徳□、□、増年益壽兮。】
10	見日之光・規矩草葉紋鏡	前漢	11.45	円形・蛙形鈕・方鈕座	内区銘文。帯圈座四乳占拠四隅。外区為曲TVL組成的規矩紋、間飾草葉紋。縁為十六内向弧紋。鏡面平坦、呈灰白色。上有絹帛包裹痕跡。	【見日之光、長母見忘。】
46	四禽簡化規矩鏡	後漢	11.40	円形・円鈕・円鈕座	座外飾一圈弦紋、主区由「T」・「V」紋組成四方八極。四方各置一禽、張翅揚尾。外区由斜篦紋・三角紋帯、凸弦紋帯組成、之間以窄和稍寛弦紋帯相隔。寛平縁、凸窄弦紋縁。	
75	位至三公変形四葉対鳳鏡	三国～六朝	11.35	円形・扁円鈕	鈕外飾以弧線四方形連接的宝珠状四葉紋。四委角各銘一字、連読為「位至三公」。四葉比鏡子均分為四区、毎区飾図案化的対鳳紋。十六内向連弧紋縁。	銘文【位至三公。】
11	見日之光・草葉紋鏡	前漢	11.20	円形・小円鈕・四葉紋鈕座	座外為方格銘文帯、毎辺二字、銘有八字。外区為四乳丁、均匀分布于方格四外辺正中。在乳丁両側為単層草葉紋。其上為一桃形花苞。方格四外角伸出一双花弁紋。内向十六連弧縁。有絹帛包裹痕。	【見日之光、天下大明。】
26	日光昭明重圈鏡	前漢	11.15	円形・円鈕・円鈕座	以粗凹弦帯、直線紋帯把鏡背分為二区、内区為銘文、間飾二刻劃符号。外区銘文。平素縁。	内銘【見日之光、長毋相忘。】、外銘【内清質以昭明、光輝象日月、心忽而愿忠、然雍塞而不泄。】
44	長宜子孫鏡	後漢	11.00	円形・円鈕・円鈕座、連四柿葉紋	葉似蝙蝠。銘文「長宜子孫」。内区還有内向八連弧紋、外区為一素弦紋。凸寛平素縁。	【長宜子孫。】
14	家常富貴鏡	前漢	10.85	円形・連峰鈕・円鈕座	内区為凸起的十六内向連弧紋。外区銘有四字、間隔四枚帯座乳丁。近縁為一圈絢紋、十六内向連弧紋縁。鏡面平坦、呈灰白色。有絹帛包裹痕跡。	【家常富貴。】
68	三虎鏡	後漢～六朝	10.76	円形・円鈕・円鈕座	主紋為三虎、三虎繞鈕追逐。縁飾三角形鋸歯紋及波折紋。近似三角縁。鏡面微凸、呈灰色。	
20	昭明・連弧銘帯鏡	前漢	10.75	円形・円鈕・円鈕座	内区為八連弧紋、外区為銘文帯。間飾斜線紋。字体方正。寛縁飾三角鋸歯紋、及双線波折紋、辺縁略凸。鏡面微凸、呈灰色。	【内而青而明而日而月而之而光而宜而。】
66	盤龍鏡	後漢	10.70	円形・円鈕・円鈕座	主紋為一龍、龍頭長角、作回首怒吼状。龍組対峙的龍虎、并銘有「青蓋」二字。其外為直櫛紋、凸弦紋及三角形鋸歯紋。窄平凸素縁、鏡面微凸、鏡背鍍金、呈金黄色。	
39	八乳規矩鏡	後漢	10.60	円形・円鈕・鈕頂稍平・双弦紋円鈕座	座外双線方框。内区被「T」・「L」・「V」和重線乳丁分轄為八区。外区由斜篦紋帯、間飾点紋的双線三角（波折）圏紋帯組成。窄平縁。	
79	三虎鏡	六朝	10.60	円形・円鈕・双層円鈕座	主紋為三虎、三虎環鈕同向而列、張口立耳、耳後有五枚小円珠紋。外囲弦紋、直櫛紋。三角鋸歯紋。三角縁。	
17	昭明・連弧銘帯鏡	前漢	10.50	円形・円鈕・円鈕座	鈕座外飾一周凸弦紋及一周内向十二連弧紋帯、連弧凸処及外紋上層短線紋有之。其外両周短線紋之間為銘文。寛平素縁。	【内而清而以而昭而明而光而象而夫而日而月而不】。

18	昭明・連弧銘帯鏡	前漢	10.50	円形・円鈕・円鈕座	鈕座外飾一周凸弦紋及一周内向八連弧紋帯、連弧間飾有短線月牙状的凸起紋。其外両周短斜線紋帯之間有銘文「内清以昭明、光日月、心□而愿忠、然雍塞而不泄」。寛平素縁。	【内清以昭明、光日月、心□而愿忠、然雍塞而不泄。】
42	緱氏鏡	後漢	10.40	円形・円鈕・円鈕座	鈕座外飾四雀和小乳、乳下円座。外区由銘文帯及篦紋帯組成。寛平素縁。	銘文為【緱氏作竟真大巧、上仙人不知老。】
30	四乳四禽鏡	前漢	10.10		外圏幾何紋・斜篦。主紋為四乳四禽、四乳皆帯円乳座、間飾四禽。近縁為一斜篦紋。縁飾双線波折紋。鏡面微凸。呈黒漆色。	
13	星雲鏡	前漢	10.00	円形・円鈕・円鈕座	外囲十六内向連弧紋。外区被四枚帯円座乳丁均匀分為四組、毎組由三枚乳丁及弧線組成星雲図案、弧線由三線、或二線刻成、無地紋。縁為十六内向連弧紋、鏡面平坦、呈灰黒色。	
43	長宜子孫鏡	後漢	10.00	円形・円鈕・円鈕座	鈕座外飾四柿葉紋与内向八連弧紋帯、其間銘有「長宜子孫」四字。連弧外為窄平紋帯。凸寛平素縁。	【長宜子孫。】
40	四乳八禽鏡	後漢	9.90	円形・円鈕頂平・円鈕座	鈕座外飾上寛弦紋帯、主区夾在両圈篦紋帯、間由四乳八禽和「家常富貴」四字組成。四小乳平頂、円乳座。八禽両両相対、凸寛平素縁。	【家常富貴。】
31	四乳四禽鏡	前漢	9.65	円形・円鈕・円鈕座	主紋為四乳四禽、四乳皆帯円乳座。四禽鳥同向環列、三鳥展翅鳴叫。一鳥口銜綬帯。近縁為一周直櫛紋、寛縁中飾双線波折紋。鏡面微凸。呈灰白色。	
21	昭明・連弧銘帯鏡	前漢	9.55	円形・円鈕・円鈕座	内区為十二内向連弧紋、外区為銘文帯。字体方正。間飾斜篦紋。寛平素縁。鏡面近平、呈黒漆色。	【内而清而以而昭而明光而象夫日之月心不泄。】
78	吾作方枚神獣鏡	三国〜六朝	9.41	円形・円鈕・円鈕座	内区主紋為形態各異的神獣。外区方枚有銘文「吾作明竟、幽涷三商、周元」十字。間飾雲紋・粟点紋。縁内側飾三角鋸歯紋。寛縁、上有一周銘文。鏡面微凸。呈灰黒色。	外銘【吾作明竟、幽涷三商、周元。】、縁上銘【吾作明竟、幽涷三商、周刻元疆、統徳序道、祗霊是興、白牙陳楽、衆神見容。】
71	四乳双禽鏡	後漢	9.26	円形・円鈕・円鈕座	主紋為四乳双禽。其中一禽夾一乳丁而立、一禽身為鈕所圧蓋。尾端隔鈕而顕現。近縁為一周直櫛紋、辺縁呈坡状、飾両周三角鋸歯紋。鏡面微凸。呈黒漆色。	
73	位至三公龍鳳鏡	三国〜六朝	9.20	円形・扁円鈕・円鈕座	鈕座外両側有変形的龍鳳図案、図案中有直書銘文「位至三公」四字。近縁為弦紋・直線紋。平素寛縁。鏡面微凸、呈灰黒色。	銘文【位至三公。】
65	青蓋鍍金龍虎鏡	後漢	9.15	円形・円鈕・円鈕座	主紋為一組対峙的龍虎、并銘有「青蓋」二字。其外為直櫛紋、凸弦紋及三角形鋸歯紋。窄平凸素縁、鏡面微凸、鏡背鍍金、呈金黄色。	銘【青蓋】
7	蟠螭四乳連弧紋鏡	前漢	8.80	円形・三弦鈕・腰部較窄、外囲凹面弦帯	主紋由四乳以及与之相間的蟠螭紋構成。其中四乳無座、四蟠螭呈S形、平行線条紋地。主紋与辺縁間飾一周十六内向連弧紋帯。素寛低巻辺縁。鏡身軽薄、鏡面平坦、呈黒色。鏡身上有絹帛包裹痕跡。	
28	四乳八禽鏡	前漢	8.80	円形・円鈕・円鈕座	外圏一凸弦紋及斜線紋、主紋為四乳八鳳、乳丁帯座、鳳戴双冠両両相対。近縁為一圏斜線紋、寛素縁。鏡面微凸。呈銀灰色。	
53	幾何紋簡化規矩鏡	後漢	8.65	円形・円鈕・円鈕座	外囲一圏斜篦紋。主紋為簡化僅剰V形符号的規矩紋。間飾S形的花枝紋。近縁為一圏斜線紋。寛縁中飾単線波折紋。鏡面微凸、呈灰白色。	
6	蟠螭紋鏡	前漢	8.50	円形・環形鈕・円鈕座	内区為三弦紋帯、其中有刻割符号若干。外区為相互纏繞的蟠螭紋、辺縁略上巻。鏡面平坦、鏡身薄、呈黒漆色。	
15	日光・連弧銘帯鏡	前漢	8.30	円形・円鈕・円鈕座	鈕座外飾一圏内向八連弧紋、連弧紋外有両圏斜篦紋帯、其間配置一圏銘文帯、銘文為毎字間隔以一刻割符号。素平縁。	【見日之光、長不相忘。】
80	飛鳳鏡	三国〜六朝	8.15	円形・円鈕・円鈕座	主紋為一展翅飛翔的鳳鳥、頭作回首状、身躯為鈕所圧。外囲銘文帯。近縁飾直櫛紋・三角鋸歯紋。素縁、鏡面近平、呈灰白色。	【三羊□□□大吉乎。】
16	日光・連弧銘帯鏡	前漢	6.90	円形・円鈕・円鈕座	鈕座外飾内向八連弧紋一周、両側斜篦紋、間飾銘文為「見日月□象、夫母忘」、毎字間有一「而」字。高素縁。	【見而日而月而□而象而夫而母而忘。】
25	見日之光鏡	前漢	6.80	円形・円鈕・円鈕座	以一圏絢紋把鏡背分為内外二区、内区為四組単弦線及三弦線、外区為銘文帯。毎個銘文間飾C形符号。窄平素縁。鏡面平坦，呈黒色。	【見日之象、夫勿相見。】
55	簡化規矩鏡	後漢	6.75	円形・円鈕・円鈕座	座外区由双粗弦紋組成的方框、其中、内框四角各置一小乳丁、外框外飾一圏三角鋸歯紋。方框外伸出一T形符号。素縁、截面呈三角形。	

582 第二部　中国における古代銅鏡文化研究の伝統と各博物館銅鏡目録データベース

最大は、後漢鏡の【63　車馬人物画像鏡】23.00厘米（cm）であり、次いで同じく後漢鏡の【59　長宜子孫連弧雲雷紋鏡】21.45厘米（cm）、その次、後漢鏡の【62　車馬人物画像鏡】21.00厘米（cm）、以上３鏡が20.00厘米（cm）を超える。それ以下でも新莽～後漢鏡の【35　王氏四神規矩鏡】18.90厘米（cm）、【51　作佳四神規矩鏡】及び【56　尚方七乳禽獣鏡】の同じ18.80厘米（cm）といずれも新莽・後漢鏡が大鏡である。それらの次に前漢鏡の【24　四神規矩鏡】18.70厘米（cm）がある。遼東でも後漢鏡が前漢鏡に較べて径寸が大きいと言える。

ところで旅順博物館編著『旅順博物館蔵銅鏡』では、各鏡計測調査について、他に類を見ない詳細な計測値を出している。これを表化したのが【表11－3】旅順博物館蔵戦国両漢魏晋南北朝銅鏡―計測諸データである。参考までに示して置きたい。

【表11－3】　旅順博物館蔵戦国両漢魏晋南北朝銅鏡―計測諸データ―

番号	収蔵号	名称	時代	径／cm	鈕径等／cm	連鈕厚／cm	縁厚／cm	縁寛／cm	重・g
1	1／664	蟠螭菱紋鏡	戦国	19.20	1.30鈕寛0.80	1.20	0.60		230.00
2	1／113	蟠螭菱紋鏡	戦国	16.10	1.05鈕寛1.15	0.90	0.39		193.00
3	1／1714	蟠螭菱紋鏡	戦国	16.15	1.75	1.00	0.39		440.00
4	1／1194	蟠螭紋鏡	戦国	19.50	1.90	1.10	0.60	辺寛1.64	438.00
5	1／111	蟠螭連弧紋鏡	戦国	14.50	0.90鈕寛1.30	0.80			210.00
6	1／126	蟠螭紋鏡	前漢	8.50	1.00鈕寛0.61	0.59	辺縁高0.35	0.63	69.00
7	1／1296	蟠鳳四乳連弧紋鏡	前漢	8.80	0.75	0.45	辺厚0.25	辺寛1.10	49.00
8	1／1663	大楽貴富・蟠螭規矩紋鏡	前漢	13.40	1.89鈕寛0.76	0.90	0.70	0.70	220.00
9	1／1237	見日之光・草葉紋鏡	前漢	13.95	1.67	0.90	0.45	1.55	357.00
10	1／1236	見日之光・規矩草葉紋鏡	前漢	11.45	1.65鈕寛1.15	0.90	0.25	1.19	144.00
11	1／1238	見日之光・草葉紋鏡	前漢	11.20	鈕径1.32	0.31	0.35	1.01	162.00
12	1／1346	星雲鏡	前漢	15.27	2.20	1.90	0.73	1.65	586.00
13	1／1241	星雲鏡	前漢	10.00	1.55	1.00	0.40	1.05	147.00
14	1／1239	家常富貴鏡	前漢	10.85	1.70	1.10	0.43	1.20	200.00
15	18／111	日光・連弧銘帯鏡	前漢	8.30	1.30	0.80	0.40		90.00
16	18／1399	日光・連弧銘帯鏡	前漢	6.90	1.10	0.70	0.50	0.70	65.00
17	18／1085	昭明・連弧銘帯鏡	前漢	10.50	1.30	0.95	0.55	1.25	215.00
18	18／1398	昭明・連弧銘帯鏡	前漢	10.50	1.30	0.80	0.50	0.90	200.00
19	18／1112	昭明・連弧銘帯鏡	前漢	12.60	1.60	1.00	0.50	0.70	325.00
20	1／1203	昭明・連弧銘帯鏡	前漢	10.75	1.65	0.95	0.50	1.80	235.00
21	1／1819	昭明・連弧銘帯鏡	前漢	9.55	1.55	1.10	0.65	1.40	230.00
22	1／1197	清白・連弧銘帯鏡	前漢	16.40	2.20	1.35	0.75	1.10	479.00
23	18／1397	清白・連弧銘帯鏡	前漢	16.80	2.10	2.20	0.60	1.10	495.00
24	18／1169	四神規矩鏡	前漢	18.70	2.30	1.20	0.60	2.60	955.00
25	1／1231	見日之光鏡	前漢	6.80	1.15	0.70	0.30	0.50	40.00
26	1／1200	日光昭明重圏鏡	前漢	11.15	1.70	1.10	0.50	1.05	237.00
27	1／1525	重圏銘文鏡	前漢	18.10	2.10	1.40	0.80	1.65	815.00
28	1／318	四乳八禽鏡	前漢	8.80	1.45	0.95	0.50	1.42	143.00
29	1／334	四乳四虺鏡	前漢	13.00	1.65	1.15	0.70	1.75	478.00
30	1／351	四乳四禽鏡	前漢	10.10	1.70	0.85	0.41	1.51	202.00
31	1／1214	四乳四禽鏡	前漢	9.65	1.80	1.10	0.30	1.74	147.00
32	1／1208	四神規矩鏡	前漢	11.55	1.65	1.00	0.51	1.85	315.00
33	1／342	上大山四神規矩鏡	前漢晩～後漢早	16.20	2.09	0.90	0.50	2.66	525.00
34	1／1803	尚方羽人禽鳥規矩鏡	前漢晩～後漢早	16.00	1.76	1.20	0.66	2.49	525.00
35	1／1727	王氏四神規矩鏡	新莽～後漢	18.90	2.19	1.15	0.52	2.82	816.00
36	1／1729	尚方四神規矩鏡	新莽～後漢	14.20	1.40	0.95	0.55	2.50	424.00
37	1／1802	尚方四神規矩鏡	新莽～後漢	18.15	1.95	1.05	0.55	2.17	535.00

38	1／1470	尚方四神規矩鏡	新莽〜後漢	17.92	1.79	1.00	0.47	2.37	525.00
39	18／1100	八乳規矩鏡	後漢	10.60	1.50	1.00	0.55	1.40	245.00
40	18／376	四乳八禽鏡	後漢	9.90	0.90	1.30	0.50	1.00	200.00
41	18／1083	四乳八禽鏡	後漢	13.50	1.85	1.00	0.65	1.40	385.00
42	18／809	繏氏鏡	後漢	10.40	1.90	1.30	0.50	1.75	200.00
43	18／1422	長宜子孫鏡	後漢	10.00	1.60	0.80	0.30	1.40	125.00
44	18／1086	長宜子孫鏡	後漢	11.00	2.00	1.00	0.35	1.40	190.00
45	18／1421	六乳瑞獣鏡	後漢	12.30	1.70	0.95	0.40	1.30	220.00
46	18／1656	四禽簡化規矩鏡	後漢	11.40	1.50	1.00	0.50	1.50	267.50
47	1／1207	青羊四乳四禽鏡	後漢	11.80	2.05	1.05	0.70		280.00
48	1／336	四乳神獣鏡	後漢	11.50	1.85	1.05	0.69	0.20	287.00
49	1／1209	四乳四雁鏡	後漢	11.85	2.12	1.10	0.41	1.65	222.00
50	1／339	四乳四獣鏡	後漢	15.40	2.60	1.45	0.68	2.05	435.00
51	1／1782	作四神規矩鏡	後漢	18.80	2.25	1.15	0.50	2.85	785.00
52	1／1206	四禽規矩鏡	後漢	17.67	2.39	1.50	0.56	2.84	813.00
53	1／1225	幾何紋簡化規矩鏡	後漢	8.65	1.41	0.70	0.36	1.49	115.00
54	1／350	善銅簡化規矩鏡	後漢	11.60	1.88	0.99	0.51	1.89	293.00
55	1／1227	簡化規矩鏡	後漢	6.75	1.52	1.00	0.51		83.00
56	1／341	尚方七乳禽獣鏡	後漢	18.80	3.20	1.70	0.72	2.74	802.00
57	1／344	王氏四神規矩鏡	新莽〜後漢	15.90	2.65	1.45	0.75	2.20	546.00
58	1／317	五乳禽獣鏡	後漢	11.60	1.61	0.99	0.49	1.90	260.00
59	1／347	長宜子孫連弧雲雷紋鏡	後漢	21.45	3.63	1.90	0.95	2.55	1386.00
60	1／1204	長宜子孫連弧鏡	後漢	15.55	2.55	1.50	0.35	1.60	476.00
61	1／1751	四神羽人鏡	後漢	18.30	3.05	2.80	0.70	2.40	640.00
62	1／1801	車馬人物画像鏡	後漢	21.00	3.60	3.60	1.20	2.60	1010.00
63	1／1753	車馬人物画像鏡	後漢	23.00	3.75	1.90	1.35	1.90	1555.00
64	1／343	青勝龍虎鏡	後漢	16.90	3.30	1.80	0.80	2.15	730.00
65	1／756	青蓋鍍金龍虎鏡	後漢	9.15	1.75	0.90	0.50	0.75	117.00
66	1／353	盤龍鏡	後漢	10.70	2.29	1.40	0.60	1.71	237.00
67	1／338	君宜高官双夒鏡	後漢〜六朝	14.90	2.35	1.50	0.35	1.10	340.00
68	1／1223	三虎鏡	後漢〜六朝	10.76	2.45	1.35	0.85	1.85	327.00
69	1／332	龍虎対峙鏡	後漢〜六朝	11.95	2.31	1.10	0.79	2.15	324.00
70	1／1686	龍虎対峙鏡	後漢〜六朝	11.67	2.15	1.30	0.75	1.85	405.00
71	1／1215	四乳双禽鏡	後漢	9.26	1.90	1.00	0.59	1.51	147.00
72	1／1759	永安五年方枚神獣鏡	三国 呉	14.60	3.32	1.40	0.40	1.35	435.00
73	1／1228	位至三公龍鳳鏡	三国〜六朝	9.20	2.15	0.70	0.25	0.90	122.00
74	1／1716	四葉八鳳鏡	三国〜六朝	12.60	3.40	1.30	0.40		310.00
75	1／321	位至三公変形四葉対鳳鏡	三国〜六朝	11.35	2.14	0.88	0.35		310.00
76	1／1196	吾作方枚神獣鏡	三国〜六朝	13.20	2.10	1.15	0.25	1.95	351.00
77	1／1210	四乳神獣画像鏡	三国〜六朝	11.60	1.70	1.05	0.70		267.00
78	1／1747	吾作方枚神獣鏡	三国〜六朝	9.41	1.50	0.94	0.35	1.30	120.00
79	1／1227	三虎鏡	六朝	10.60	1.92	1.01	0.60	0.80	191.00
80	1／1226	飛鳳鏡	三国〜六朝	8.15	1.50	0.90	0.41	0.49	114.00

鏡の時代区分との対応などが窺えるのであるが、ここでは言及しない。

結　び

　旅順博物館編著『旅順博物館蔵銅鏡』は遼東半島附近出土の戦国・両漢鏡を含む銅鏡所蔵リストとその解説がある。これを例によって、データ分析してみた。交通路からみて、倭国出土鏡との関係の濃いことが予想されたが、結果は期待を裏切るものがある。なお、【72　永安五年方枚神獣鏡】は、三国呉の永安5年（262）の紀年銘鏡であるが、その出

土地がどこかが不明であり、その鏡の歴史は十分に説明できない。また本書第二章で梅原末治氏が指摘した【呉37】太平□年方格乳紋鏡の旅順博物館所蔵は不明である。今後の精査が必要である。

注
（1） 旅順博物館編『旅順博物館蔵銅鏡』文物出版社、1997年。
（2） 前掲「旅順博物館蔵銅鏡」の銅鏡計測データは徑長のほか、紐長、紐寛、連紐厚、縁厚、重さ及び収蔵号が示されているが形態欄重視のために徑長以外は割愛した。
（3） 王莽時代の【35　王氏四神規矩鏡】の外銘文に「王氏作竟、四夷服。多賀新家、人民息。風雨時節、五谷熟、長保二親、子孫力伝、告后世楽無極。」とこの型式の銘文は遼東旅順ではこの一例のみだが、これは当地が北辺の地だからか。なお通常この形式銘文にある「胡虜殄滅天下復」が脱落しているのも当地柄を表わしているのであろうか。

第十二章　広西壮族自治区出土銅鏡について

はじめに

　広西壮族自治区は、中国南部の省級の自治区で、面積22万平方キロメートル、日本が30万平方キロメートルだから、ざっと日本の三分の二の広さである。古く百粤の地と呼ばれたが、秦始皇帝がこの地を平定して北中部に桂林郡、南部からヴェトナムにかけて象郡を置いた。その後、広東方面の南越国に属したが、前漢武帝がこれを滅ぼして、東部に蒼梧郡（郡治は現在の梧州市）、西部に鬱林郡（郡治は現在の貴県の南）をそれぞれ設けたので、漢人の居住も増大した[1]。しかし、今日に至るまで概して少数民族が多くの地域に居住して居り、各王朝はその懐柔撫治に苦心した。前漢王朝以来、当地の首長に贈与下賜された銅鏡が多数に上った所以である。

　さて、1949年、新中国になり当地各地の考古学調査が進められ、夥しい数量の銅鏡が発掘発見され、公的機関に多く所蔵され、銅鏡文化学術研究の資料となった。ここに広西壮族自治区出土銅鏡の集成図録作成の気運が起こり、2004年3月に『広西銅鏡』文物出版社が刊行された。以下本書について、前章までと同様な方法で紹介分析に努めることにしたい。

第一節　広西壮族自治博物館編、黄啓善主編『広西銅鏡』について

　広西壮族自治区博物館編、黄啓善主編『広西銅鏡』について、戦国以来、六朝鏡以前の105鏡について、その説明をデータ化してみよう。これが次の【表12—1】広西銅鏡（広西壮族自治区博物館編）・戦国両漢三国西晋南朝銅鏡である。

【表12—1】　広西銅鏡（広西壮族自治区博物館編）・戦国両漢三国西晋南朝銅鏡

	名称	時代	直径/cm	縁厚/cm	鈕・鈕座形式	形態	辺縁状態	【銘文】
1	四山字紋銅鏡	戦国	11.60	0.45	円形・弦鈕・方形鈕座	座外囲以凹面帯方格。紋飾由地紋与主紋組合而成。地紋為羽状紋。在地紋之上、于凹面方格的四角向外伸出四組二弁連貫式的桃形花弁、将鏡背分為四区、毎区内置一左旋式傾斜的「山」字。★「山」字中間的竪面伸至鏡縁、両側的竪画上端向内転折成尖角、底辺与方格辺平行。	素巻縁	
2	四山字紋銅鏡	戦国	9.20	0.40	円形・鈕残・方鈕座	外囲凹面形帯方格。紋飾由地紋与主紋組合而成。地紋為羽状紋。在地紋上、于凹面方格各辺中部向外伸出一葉、在両葉之間各有一左旋的「山」字紋。★「山」字的底辺与凹面方格的四角相対。	素巻縁	
3	折畳式菱紋銅鏡	戦国	11.00	0.50	円形・三弦鈕・円鈕座	紋飾由地紋与主紋組合而成。地紋為羽状紋。在地紋之上、在鈕座外有一由凹面寛条帯組成的大正方形。正方形各辺中部連接一連貫	素巻縁	

					式菱形紋。上下左右的連貫式菱形紋以鈕為中心両側対称。		
4	四山字紋銅鏡	前漢	11.80	0.30	円形・橋鈕・方鈕座	紋飾由地紋与主紋組合而成。地紋為羽状紋。在地紋之上、鈕座四角向外伸出八花弁、頂端又連接棒槌状長葉紋、花弁与花葉所分四区内各有一「山」字紋。★「山」字傾斜、両側的竪画上端向内転折成尖角、中間竪画伸向鏡縁、頂端与弦紋圏相接。	素巻縁	
5	蟠螭菱紋銅鏡	前漢	10.80	0.35	円形・三弦鈕・円鈕座	座外一周短斜線紋和一周主紋区、主紋区的紋飾由地紋和主紋組成。地紋為巻雲紋。在地紋上飾以三組不規整的菱形図案将紋飾分為三等分、毎等分内飾両条互相交纏的夔龍紋。	素窄縁	
6	蟠螭三葉紋銅鏡	前漢	8.10	0.15	円形・三弦鈕・円鈕座	紋飾由地紋和主紋組成而成。地紋為巻雲紋。在地紋上于鈕座処向外伸出三条棒槌状長葉、将紋飾平均分為区、毎区内均飾夔龍紋。	素巻縁	
7	蟠螭四葉紋銅鏡	前漢	7.30	0.20	円形・橋鈕・方鈕座	鈕座外両個双線方格之間、其四角以桃形葉紋将紋飾分為四区、毎区分別飾変形巻螭紋。其外一圏弦紋。	素縁	
8	日有憙四子草葉紋銅鏡	前漢	14.00	0.70	円形・円鈕・四葉紋鈕座	座外両個一大一小的凹面双線方框、方框内四角有一桃形状葉（或称花苞）、四辺各一句繆篆体三字銘、連続為。大方框的四外角伸出両弁一苞花枝門、四辺外正中均飾一帯円座的子紋、毎個子紋間外伸出一桃形状葉、子紋両側各一枝向外伸出的二畳式草葉紋。	内向十六連弧紋縁	日有憙、宜酒食、長貴富、楽無事。
9	銅華連弧銘帯紋銅鏡	前漢	15.10	0.50	円形・円鈕・十二孫紋鈕座	鈕座外周短斜線紋之間有一周凸寛圏紋帯和一周内向八連弧紋帯、凸寛圏紋与連弧紋之間填以簡単的紋飾。外区銘文為。	素寛平縁	煉治銅華清而明、以之為鏡宜文章、延年益寿去不羊、与天無極長未央。
10	昭明連弧銘帯紋銅鏡	前漢	11.70	0.65	円形・円鈕・十二孫紋鈕座	座外一周凸寛圏紋帯及一周内向十二連弧紋帯、凸寛与連弧紋之間有簡単的弧文飾。外区両圏短斜線紋之間的銘文為。	素寛縁	内清質以昭明、光而象夫日月、心忽而忠不泄已。
11	昭明連弧銘帯紋銅鏡	前漢	8.70	0.40	円形・半球形鈕・円鈕座	座外一周内向八連弧紋帯。外区両周短斜線紋帯之間有銘文。毎両字之間夾一「而」字。首尾二字間以「二」作起止標志、字体較方整。	素寛縁	内清以昭明、光象日月。
12	重圏柿蒂紋貼金鏡	前漢	23.80	0.80	円形・凹面円鈕・四葉柿蒂紋鈕座	座外両凸面寛圏紋、両凸寛圏紋之間及其外均残留有部分金箔、可原紋飾或銘文上均貼金。★漢代鎏金或貼金的鏡十分罕見。可惜此鏡銹触厳重、貼金大部分脱落、原紋飾或銘文已模糊不清。	弦紋縁	
13	昭明重圏銘帯紋銅鏡	前漢	16.30	0.60	円形・円鈕・十二孫紋鈕座	鈕座外両周凸寛圏紋分内外両区。内区両周短斜線紋之間夾銘文甲二十四字。外区両周短斜線紋帯之間夾的銘文為乙。	素縁	甲：内而清而以昭而明、光而象夫日而月、心而忽揚忠、然雍塞不。★ 乙：潔清白而琴君、志□之□明、作玄而流沢、恐疏而日忘、美人外承可兄（説）、毋思而□絶而。
14	日光圏帯銘帯紋銅鏡	前漢	8.40	0.40	円形・円鈕・円鈕座	座与其外的凸寛紋之間有四組三竪短斜線紋分為四小区、毎小区内均填以両短斜線紋之間夾有銘文八字。字間填以「a」雲紋。	素寛平縁	見日之光、長毋相忘。
15	日光圏帯銘帯紋銅鏡	前漢	8.09	0.36	円形・円鈕・円鈕座	座外一周凸寛圏紋帯、座与凸寛圏紋之間有四組三短線紋分成四小区、毎小区的中部填一略呈弧形的斜短線紋。其外両周短斜線紋帯之間夾一周銘文。毎両字之間隔一雲紋或斜方格形田字紋。	素寛平縁	見日之光、天下大明。
16	四子二十孫連弧紋銅鏡	前漢	11.00	0.40	円形・子孫紋・鈕座外為一周双線弦紋	其外為内向十六連弧紋帯、両周双線弦紋之間為四個帯円座的子紋分成四個区、毎区内各有一組三弦紋帯纏繞的帯円座的五孫紋。	内向十六連弧紋縁	
17	四子博局禽獣紋銅鏡	前漢	13.40	0.30	円形・円鈕・四葉紋鈕座	座外大小両個双線方框。大方框的四角外各有一帯円座的子紋、四子紋和博局紋将内区分為四方八極、分別配以禽獣等紋飾。★其配置是長嘴翅尾回頭獣配跪地跪抓獣尾的獣	双線波折紋縁	

第十二章　広西壮族自治区出土銅鏡について　587

					頭羽人。展翅飛雀配巻尾飛鶴。回首飄須的猫頭獣配持叉捉尾的猪頭羽人。回首奔虎配挙首豎耳鹿等。禽獣的姿態十分生動。再外為短斜線紋帯一周。		
18	新有八子十二孫博局紋銅鏡	前漢	23.00	0.50	円形・円鈕・四葉紋鈕座	座外方框内環列帯円座的十二個孫紋間配以甲十二支銘。内区主紋為帯連弧紋座的八個子紋与博局紋区分的四方八極内分別配飾以龍・虎・鳥及他奇禽怪獣。外区銘文為乙。其外一周短斜線紋帯一周。	鋸歯紋及流雲紋縁	甲：子丑寅卯辰巳午羊申酉戌亥。乙：新有善銅出丹陽、湅冶銀錫清而明、尚方御□□□□、巧工刻之成文章、左龍右虎掌四方、朱鳥玄武順陰陽、子孫備具居中央、長保二親如侯王、千秋万歳楽未央。
19	八子九孫博局禽獣紋銅鏡	前漢	15.70	0.40	円形・円鈕・柿蒂四葉紋鈕座	座外円圏内帯円座的九孫紋夾以雲気紋。円圏外囲以凹面双線方框、方框内四角各一桃形雲紋。方框外帯八連弧座的八個子紋与博局紋将内区分為四方八極、其間分別配置白虎与長髪人面獣、翼獣与独角獣、獅子与翼獣、猫頭獣与朱雀。★四個L紋之上還分別有半蹲猴・巻鼻象・回首禽・雲気鳥。禽獣相互顧盼嬉戯、活跃生動、構図有趣。其外短斜線紋一周。	鋸歯紋及幾何形雲紋縁	
20	博局四神紋銅鏡	前漢	10.20	0.30	円形・円鈕・円鈕座	座与其外的凹面双線方框之間有三弦短線紋和双線或単線弧紋。框外博局紋間的四方八極内飾線条式青龍・白虎・朱雀・玄武・狗及其他禽獣。其外一周短斜線紋。	双線波紋縁	
21	簡化博局鳳鳥紋銅鏡	前漢	11.10	0.40	円形・円鈕・円鈕座	座外有方格及四個T与V紋、欠L紋。四区内各飾一同向飛翔的鳥紋。其外為一圏短斜線紋帯。	双線波折紋縁	
22	龍鳳象猴紋銅鏡	前漢	11.00	0.45	円形・橋鈕・十二孫紋鈕座	鈕座外一周高凸寛圏、圏外両周短斜線紋帯之間的主紋為線条式的龍・鳳・象・猴・野猪・小鳥等禽獣環列。動物的種類多、線条粗放、構図簡練、形態憨拙。其中大象・獅子是漢鏡中較少見到的。	素寛平縁	
23	相思四葉蟠螭紋銅鏡	後漢	10.10	0.50	円形・小円鈕・伏螭鈕座	座外囲以両周双線弦紋圏帯、両個弦紋圏帯之間為銘文帯。銘文篆体、内容是。円周外伸出均匀対称的連畳勾巻四葉紋、四葉紋将蟠螭紋飾分為四区、毎区内置一組蟠螭紋、蟠螭頭小円眼尖嘴、身躯蟠旋斜結、曲線流転、細膩繁縟。	高巻辺素縁	得相思、愿母絶、愁思悲、愿怨、君不説。
24	八連弧紋銅鏡	後漢	8.90	0.25	円形・円鈕・円鈕座	座外飾一周凸寛圏紋和一周内向八連弧紋帯、紋帯外為凹面圏帯紋一周。	素寛内斜面縁	
25	長宜子生（孫）連弧紋銅鏡	後漢	12.50	0.40	円形・円鈕・柿蒂形四葉紋鈕座	鈕座的葉紋間有一字銘、合為四字。字形長方、筆画多方折、粗細一致。其外凸寛圏紋和内向八連弧紋各一周。連弧紋外為凹面圏帯紋一周。	素寛平縁	長宜子生（孫）。
26	六連弧鋸歯紋銅鏡	後漢	9.50	0.45	円形・円鈕・円鈕座	座的主紋為一圏内向六連弧紋、其外一周鋸歯紋。	凸弦紋縁	
27	長宜子孫連弧紋銅鏡	後漢	13.50	0.70	円形・円鈕・柿蒂形四葉紋鈕座	四葉間有四字銘。其外為一周凸圏寛紋和一周内向八連弧紋、連弧紋間有花葉紋和変形山字紋。再外為両周短斜線紋之間有八組雲雷紋、雲雷紋為円圏紋与長方形雷紋組成。	素寛平斜面内縁	長宜子孫。
28	昭明圏帯銘帯紋銅鏡	後漢	8.80	0.30	円形・円鈕・円鈕座	座与其外凸圏寛紋之間有四組短線紋与四弧線紋相間。凸圏紋外為両周短斜線紋之間夾以銘文、「内」字前用「□」作為文字起止標示、字体較為方整。	素寛平縁	内而清以而昭而明、光而象而日而月而。
29	四子四鳧紋銅鏡	後漢	9.70	0.40	円形・円鈕・円鈕座	鈕座外有四組竪排三短線紋和四組斜排三線紋相間列。其外両周短斜線紋圏帯之間為主紋。主紋是四個子紋与四条鳧紋相間環繞。四子紋帯円圏、四鳧成鉤形躯体、両端同形、在身躯的内外側各置一隻立鳥。	素寛平縁	
30	尚方四子銘帯紋銅鏡	後漢	7.60	0.30	円形・円拱形鈕・円鈕座	鈕座外為大方格、方格四辺中心点外角有一帯円座的子紋、子紋紋的両側各有一几字形紋、外区銘文為十四字。其外為一周短斜線紋帯。	鋸歯紋縁	尚方作竟真大好、上有仙人不知老。
31	四子四禽	後漢	12.00	0.60	円形・円鈕	座与其外的凸寛圏紋之間四組三竪短線紋和	素寛平縁	

	紋銅鏡			・円鈕座	四条弧線紋相間環列。其外両周短斜線紋之間為主紋。主紋飾以帯円座的四個子紋将紋飾分為四区、每区為一朱雀。朱雀的嘴下有須、頭上有飛羽、背部羽翅舒展、尾羽飛揚、形象生動、別具一格。		
32	四子羽人禽紋銅鏡	後漢	13.20	0.70	円形・円鈕・円鈕座	座外以帯円座的四個子紋将紋飾分為四区、每区飾一線条式的人物或禽獣。其中隔鈕相対的両区飾一跪地彎腰、双手前伸的羽人与一走獣相対。另両区為展翅飛翔的鳳鳥相対。其外一周短斜線紋。	鋸歯紋与双線波紋縁	
33	形興常楽四子紋銅鏡	後漢	10.20	0.50	円形・円鈕・円鈕座	座与其外的凸寛圏紋之間有四組対称排列的三竪短線和四組三短斜線紋相間。其外両周短斜線紋之間的主紋為帯円座的四個子紋及四字銘相間環列、每字的両側各有一禽鳥、二禽夾字相対。双葉冠、覆羽卷尾、双足直立、形態簡単。	素寛平縁	形興常楽。
34	四子四獣紋銅鏡	後漢	11.20	0.60	円形・円鈕・円鈕座	主紋為帯円座的四個子紋間飾浮雕四獣紋。獣有龍・虎・怪獣等、大多作奔騰貴、曲体回首状、獣傍有簡単的雲紋。其外一周短斜線紋、両周鋸歯紋内縁。	素斜辺高凸外縁	
35	四子龍虎紋銅鏡	後漢	11.60	0.40	円形・円鈕・円鈕座	座与其外的一周凸寛圏紋之間、有四組三竪短線紋和四条短斜線紋相間。其外両周短斜線紋之間的主紋。主紋為帯円座的四個子紋与二龍二虎紋相間。其忠相対的両組為龍紋、另両組為虎紋。龍虎均逆時針走向、分別張嘴向着子紋。	双線波紋縁	
36	四子神獣紋銅鏡	後漢	16.30	0.50	円形・円鈕・柿蒂四葉紋鈕座	鈕座及其外短斜線紋之間有四組卷草紋。其外凸寛圏紋一周。再外両周短斜線紋之間為主紋。主紋以帯四葉座的四個子紋将紋飾分為四区、每区各有二神獣、分別是青龍配瑞獣、白虎配鳳、朱雀配鳳鳥、玄武配兎。玄武為亀蛇相依、両頭相対。	鋸歯紋与双線波紋縁	
37	家常貴富四子連弧紋銅鏡	後漢	6.80	0.20	円形・円鈕・円鈕座	内区為内向八連弧紋帯一周、座与連弧間填以簡単的弧線紋。外区両周短斜線紋帯之間為帯円座的四個子紋与四字銘相間環列。	素縁	家常貴富。
38	新有四子簡化博局紋銅鏡	後漢	12.80	0.35	円形・円鈕・円鈕座	座外三周方格、内区四角与座間各有一条向外放射的短線紋。内区方格外四角各有一帯円座的子紋、方格外每辺中部各有一博局紋中的T形紋。T形紋之外各有線条式禽獣紋、分別為龍・虎・両鳥対峙、長須獣。★外銘文為十五字、「辛」字前有両点作起読標示。再外為短斜線紋一周。	S形雲紋縁	辛（新）有善同（銅）出丹陽、□□□竟（鏡）青（清）且明、左。
39	四子簡化博局禽獣紋銅鏡	後漢	12.70	0.45	円形・円鈕・円鈕座	鈕座与其外的双線方格之四内角各有一個三角形填線紋。方格外帯円座的四個子紋及博局紋劃分的四方八極内、分別双鳥・亀蛇・両角獣。再外為双線波紋和短斜線紋各一周。	連珠紋与雲紋縁	
40	四子簡化博局畳雲紋銅鏡	後漢	7.40	0.30	円形・円鈕・円鈕座	座外両周弦紋、弦紋外帯円座的四個子紋分為四区、每区中間一博局紋中T形上部簡化的長方形格紋、長方格紋的両端各飾三畳式雲紋。再外一周短斜線紋。鋸歯紋内縁。	素斜外縁	
41	五子禽獣紋銅鏡	後漢	12.60	0.40	円形・円鈕・柿蒂四葉紋鈕座	鈕座外一周凸寛圏紋帯、其外両周短斜線紋之間為主紋。主紋為五個子紋与線条式五禽獣紋相間環列。五個子紋均帯円座、五禽獣紋分別為禽鳥・龍虎和独角・大腹等怪獣。縁中部双線波紋一圏。	素外縁	
42	五子五龍紋銅鏡	後漢	16.30	0.70	円形・円鈕・円鈕座	座外一周短斜線紋和一周三竪短線珠式紋。主紋為帯円座的五個子紋間飾以浮雕式五条龍紋。龍的形態大同小異、基本都是龍身向前屈曲、昂首卷尾、身上有円圏紋和短斜線等。龍的周囲空白処填以不規則的簡単雲紋。其外一周連珠紋和一周短斜線紋。	縁部為鋸歯紋和卷葉紋、素窄外縁	
43	五子禽鳥紋銅鏡	後漢	9.90	0.50	円形・円鈕・円鈕座	座外帯円座的五個子紋与五禽相間環列。五小禽的位置不一、其中四禽順時針而列、一禽逆時針相向。其外一周短斜線紋帯。鋸歯紋和弦紋内縁。	斜辺素外縁	
44	六子禽獣	後漢	10.70	0.40	円形・円鈕	四葉紋各有一短線分隔、座外一周斜面凸圏	鋸歯紋和	

第十二章　広西壮族自治区出土銅鏡について　589

	紋銅鏡				・柿蒂四葉紋鈕座	紋帯。其外両周短斜線紋之間為主紋。主紋由帯円座的六個子紋与羽人和五禽獣相間環列。五禽獣分別為鶴・鳳・牛・龍・羊。	双線波紋縁	
45	六子神獣紋銅鏡	後漢	12.70	0.35	円形・円鈕・円鈕座	座及其外的弦紋之間有四組三短斜線紋飾以四組双弧線紋。其外両周短斜線紋之間為主紋。主紋由帯円座的六個子紋間飾六神獣組成。六神獣為青龍・白虎・朱雀・雲鳥・玄武・白鶴。六神獣的形象生動、主題突出。	連珠紋和朱雀巻草紋縁	
46	六子連弧紋銅鏡	後漢	9.40	0.30	円形・円鈕・円鈕座	座外以一周弦紋将鏡背分為内外両区、内区飾一圏線条式向内六連弧紋、連弧之間各有一帯円座的子紋、共有六個子紋。外区素地無紋。	素七縁	
47	李氏六子禽獣紋銅鏡	後漢	18.00	0.80	円形・円鈕・円鈕座	座外二虎対峙。其外一周卵形与短線紋相間。主紋為帯四葉座的六個子紋和禽獣。六組紋飾為四組瑞獣、一組朱雀、一組羽人。獣的頭部誇張、其中出現少有的和呪紋。尤其是羽人単腿跪地、彎腰人炉中取丸的図紋在其他鏡中極少見到。外区銘文為。	蟠螭形尾的禽獣紋縁	李氏作竟四夷服、多賀國家人民息、胡虜殄滅天下復、風雨時節五谷熟、長保二親得天為。
48	六子六蟹紋銅鏡	後漢	11.00	0.50	円形・円鈕・円鈕座	鈕座外一周凸寛圏紋与一周短斜線紋帯之間為主紋。主紋為帯円座六個子紋与六蟹紋相間環列。	素寛内斜面縁	
49	呂氏六子六鳥紋銅鏡	後漢	11.70	0.30	円形・円鈕・円鈕座	鈕座外一周凸寛圏紋和三重弦紋圏帯。弦紋圏帯将鏡背分為内外区。内区為帯円座的六個子紋与六隻禽鳥紋相間、六禽鳥均逆時針同向環列、挙首覆羽。双足行走状。每禽的前後均有簡単的巻草和短線紋。外区一圏銘文為十二字。銘文外為一周短斜線紋帯。	鋸歯紋和双線三角紋縁	呂氏作竟真大巧、上有仙人不。
50	尚方六子六孫禽鳥紋銅鏡	後漢	13.30	0.70	円形・子孫紋鈕・円鈕座	座外六個帯円座的孫紋与簡単的渦紋相間向環繞。其外一周三竪短線紋与欖形四横線紋相間而列、主紋為六個帯円座的子紋与六対線条式鳥紋相間環列。鳥為両両挙首相対、両鳥嘴相接、若親吻状。再外一周銘文為二十九字。銘文帯外双斜線紋帯一周。両周鋸歯紋夾一周双線波紋内縁。	素窄外縁	尚方作竟真大巧、上有仙人不知老、渇飲玉泉飢食□、□□天下□四海兮。
51	元和三年七子瑞獣紋銅鏡	後漢	18.80	0.70	円形・円鈕・円鈕座	内区残後修復、原有浮雕式獣紋環列。中区主紋為帯四葉座的七個子紋間飾以浮雕式七瑞獣。外区銘文為四十字。按「元和」為後漢章帝劉恒的年号、三年即公元78年。銘文外為短斜線紋帯一周。	鋸歯紋和禽獣紋縁	元和三年、天下太平、風雨時節、百□□□、□□□□、□□□□、尚方造竟、在于民間、有此竟延寿、未央兮。
52	張氏七子神獣紋銅鏡	後漢	18.40	0.60	円形・円鈕・円鈕座	座外短線紋圏内有両条浮雕式青龍獣環繞、龍口噴水、龍背生翼。中区内主紋為帯円座的七個子紋間飾以浮雕式神獣、分別為鹿・朱雀・蟾蜍・飛龍等七獣。外区銘文為。銘文中有四点紋作起区標示。其外為短斜線紋帯一周。	弦紋和浮雕獣紋縁	張氏作竟大母飾、長保二親楽未央、八子八孫啓高堂、多吏宜王。
53	大駕登龍七子八孫紋銅鏡	後漢	16.20	0.40	円形・円鈕・円鈕座	鈕座外二周弦紋。弦紋外為帯円座的八個孫紋与八字銘相間而置、連続為。其外両周短斜線紋之間為主紋。主紋為帯円座的七個子紋間飾以線条式虎・朱雀・玄武・羽人・兕以独角・花頭等怪獣。縁部双線波形紋圏帯一周。	窄素外縁	大駕登龍親浮□上。
54	七子九孫禽獣紋銅鏡	後漢	16.20	0.45	円形・円鈕・円鈕座	座与其外的凸寛圏紋之間帯円座的九個孫紋間飾以両葉一苞紋和短斜線紋。其外両周短斜線紋之間為主紋。主紋為帯連弧紋座的七個子紋与線条式七禽獣紋相間相間環列。禽獣主要為禽鳥・獅子・蛇以及方臉大眼・双角大眼・長巻独角等怪獣。	鋸歯紋和雲気紋縁	
55	呂氏七子九孫禽獣紋銅鏡	後漢	15.20	0.50	円形・円鈕・円鈕座	座外囲以帯円座的九個孫紋間飾以雲気紋及反書「宜子孫」三字銘。其外一周凸寛圏紋帯。中区主紋為七個帯円座的子紋、子紋間配置線条式的青龍・白虎・羽人・禽獣以及形態各異的瑞獣。外区銘文為。開始和結尾処有四点紋作標示。銘文外一周短斜線紋帯。	両周鋸歯紋夾一周双線波紋縁	呂氏作竟自有紀、上有山人不□□、渇飲玉泉百年兮。
56	七子九孫禽鳥紋銅鏡	後漢	11.50	0.45	円形・円鈕・円鈕座	鈕座外一周帯円座的九個孫紋間飾以簡単的雲紋和一周三竪短銭間飾以畳錯式四条線紋。其外主紋為帯円座的七個子紋与線条式七鳥	鋸歯紋和双線波紋縁	

						紋相間環列。七鳥中除一鳥展翅回首外、其余六鳥均為覆羽挙首、両両隔子紋相対。鳥的周囲填以簡単的円鈎雲紋。再外為一周短斜線紋帯。		
57	尚方七子九孫禽獣紋銅鏡	後漢	18.00	0.60	円形・円鈕・円鈕座	座外帯円座的九個孫紋間飾以雲紋。両周凸寛圏紋帯之間為勾連S雲紋、其外為連弧紋座的七個子紋間飾以青龍・白虎・朱雀等禽獣紋。外区銘文為。外一周短斜線紋帯。	鋸歯紋和雲気紋縁	尚方作竟真大巧、上有仙人不知老、渇飲玉泉飢食棗、浮由天下敖四海、寿如金石。
58	尚方八子八禽紋銅鏡	後漢	12.00	0.50	円形・円鈕・円鈕座	座外一周巻雲紋帯。主紋区為帯円座的八個子紋与八鳥相間環列。八鳥均挙首覆羽站、隔子紋間両両相対。鳥与子紋間填簡単的短線紋。其外一周銘文為二十一字。銘文外一周短斜線紋帯。鋸歯紋和双線波紋内縁。	素窄外縁	尚方作竟大母飾、巧工刻之成章文、左□□辟不羊、末。
59	尚方八子博局四神紋銅鏡	後漢	14.70	0.35	円形・円鈕・四葉紋鈕座	座外一単銭方格与一凹面双線方格之間夾以十二組欖形排列的四短線紋（毎辺三組）。双線方格外為帯円座的八個子紋（毎辺四個）、博局紋。四方八区紋飾的配置是青龍配鳳鳥、朱雀配独角獣、白虎配独角獣、玄武配羽人。外区銘文一周。可識者有二十二字。	辺縁紋飾為二周鋸歯紋夾双線波紋。	尚方作竟真大好、上有仙人不知老、渇飲玉泉飢食棗兮。
60	八子博局禽鳥紋銅鏡	後漢	11.20	0.30	円形・円鈕・柿蒂四葉紋鈕座	鈕座外為凹面双線方格紋、方格外八個円座子紋及博局紋将鏡背分為四方八極。各配置一禽鳥、毎一方両区内的禽鳥両両相立、隔V紋両両相対、T和L之間為欖形四横短線紋。其外為短斜銭紋帯一圏。	両周鋸歯紋夾一周双線波紋縁。	
61	尚方八子博局八禽紋銅鏡	後漢	12.50	0.45	円形・円鈕・四葉紋鈕座	座外凹面双線方格外為帯円座的八個子紋及博局紋将鏡背分為四方八極。毎個極内配一禽鳥。毎方両区内禽鳥相背而立、隔V紋両両相対、T与L両紋間有両竪両横短線紋。外区銘文為。銘帯外一周短斜銭紋。	両周鋸歯紋夾一周双線波紋縁。	尚方作竟真大巧、上有仙人不知老、渇飲石泉兮。
62	王氏八子博局四神紋銅鏡	後漢	14.30	0.45	円形・円鈕・円鈕座	座外其外的凹面双線方格内有四葉形紋与四角相対、葉与葉之間有三竪短線紋。方格外為帯円座的八個子紋及博局紋将鏡背分為四方八極、毎極区内配一線条式神獣、分別青龍・白虎・朱雀・玄武及四禽獣。外区銘文為。其外一周短斜銭紋。	両周鋸歯紋夾一周双線波紋縁。	□□作竟真大好、上有仙人不知老、王氏飲玉泉飢食棗。
63	八子簡化博局四獣紋銅鏡	後漢	11.80	0.40	円形・円鈕・円鈕座	座外有凹面双線方格紋、格内四角各有一雲紋。方格外帯円座的八個子紋与博局紋中的T・V紋将鏡背分為四区、毎区配一線条式獣紋、分別是龍・兎・虎・羊四獣。其外為一周短斜銭紋。	連続雲気紋縁。	
64	長宜八子八孫博局紋銅鏡	後漢	15.90	0.55	円形・円鈕・円鈕座	鈕座与双線方框間為一圏帯円座的八個孫紋間飾以帯円鈎雲紋的三角填銭紋和「長宜子孫」銘文、圏与框的四角対向雲紋。双線方格内有二十字銘。方框外的博局紋間為線条式的青龍・白虎・朱雀等八獣及八個帯円座的子紋。最外為一周短斜銭紋帯。	両周鋸歯紋夾一周双線波紋縁。	大有佳竟真独好、上有仙人不知老、門節礼泉飢時。
65	新有八子八孫博局紋銅鏡	後漢	16.80	0.50	円形・円鈕・円鈕座	鈕座与双線方框間飾以一圏八個帯円座的孫紋・雲紋及三角填銭紋、内框四角有双線括号紋。方框外的博局紋間為帯円座的八個子紋・線条式的青龍・白虎・朱雀・玄武及四獣等。其外為圏帯銘文二十八字。再外為短斜銭紋一周。	鋸歯紋和雲気紋縁	新有善銅出丹陽、和以銀錫清而明、左龍右虎主四彭、八子九孫治中央。
66	漢有八子八孫博局紋銅鏡	後漢	18.40	0.40	円形・円鈕・円鈕座	座外其外的凹面双線方框之間有内切的双線弦紋圏、圏内帯円座的九個孫紋与雲紋相間環列、圏外与方框四内角之間分別有簡単的雲紋。方框外博局紋間為帯円座的八個子紋和線条式的白虎・朱雀・玄武及五禽獣紋等。外区銘文為。再外一周短斜銭紋。	鋸歯紋和雲気紋縁	漢有善銅出丹陽、和以銀錫青且明、左龍右虎主四□、八子九孫治中央。
67	八子十二孫博局紋銅鏡	後漢	16.00	0.45	円形・円鈕・円鈕座	座外弦紋方框及凹面双線方框各一個、其間折繞帯円座的十二個孫紋、十二孫紋間填及三角填銭紋。凹面方框外帯円座的八個子紋及博局紋劃分的四方八区内、分別配置線条式青龍及獣、独角獣及獣、白虎及玄武、朱雀及鳳鳥。其外一周短斜銭紋帯。	鋸歯紋和雲気紋縁	
68	八子十二孫博局紋	後漢	16.40	0.45	円形・円鈕・円鈕座	座外為単弦方框和凹面双弦方框各一個。単弦法框四内角有簡単的雲紋、単銭方框与双	鋸歯紋和雲気紋縁	子、丑、寅、卯、辰、巳、午、未、申、酉、

第十二章　広西壮族自治区出土銅鏡について　591

	銅鏡				線方框之間為帯円座的十二個孫紋間飾以、十二地支銘文。双線方框外博局紋間為帯円座的八個子紋和線条式朱雀・玄武及各種瑞獣紋等。其外一周短斜銭紋。		戊、亥。
69	博局四神紋銅鏡	後漢	11.60	0.40	円形・円座・四葉紋鈕座	四葉間有一短線分界。座外一単弦方格和一双線凹面方格、格外博局紋劃分的四方内配以線条式青龍・白虎・朱雀・玄武四神獣。其外為短斜銭紋帯一圏。	寛大素縁	
70	博局禽獣紋銅鏡	後漢	10.30	0.30	円形・円座・円鈕座	座外其外的凹面双線方格之間有四葉紋和四組三弦短線紋相間繞鈕。禽鳥有的覆羽行走、有的展翅飛翔。其中除両禽隔V紋相対外、其余各禽均順時針走向。其外一周短斜銭紋。	素寛平縁	
71	中国大寧博局紋鎏金銅鏡	後漢	18.40	0.45	円形・円座・四大葉夾四小葉紋鈕座	座外二道弦紋圏将紋飾分為内・中・外三区。内区為凹面双線方格紋及四個T形紋、T形紋両側各飾一線条式禽獣紋。中区一圏銘文為。外区為四個L紋和四個V紋分為八小区、每小区配一線条式神獣紋分別青龍・獣・朱雀・鳳鳥・象・白虎・大腹獣・玄武。其外為帯円点双線波紋帯和短斜銭紋帯各一周。	帯点双折銭紋縁	視容正己鏡□□、得気五行有□紀、□□公于終須始、中国大寧宜孫子。
72	上大山簡化博局紋銅鏡	後漢	13.10	0.35	円形・円座・四葉紋鈕座	鈕座外凹面双線方格、方格外T・V簡化博局紋将紋飾分為四方。在T紋之外和両V紋間分別有線条式龍紋和虎紋。龍与龍、虎与虎両両隔鈕相背向、均逆時針走向。龍与双角長嘴、嘴下有鬚。虎与頭頸粗、身駆小。外区銘文為二十字。銘文帯外一周短斜銭紋。	両周鋸歯紋夾一周連珠紋縁	上大山見神人、食玉英飲白泉、駕交龍乗浮雲、□子。
73	簡化博局四禽紋銅鏡	後漢	7.50	0.30	円形・円座・円鈕座	鈕座外凹面双線方框、方框外「T・L・V」三種常見的博局紋符号已全部簡化棹、在方框的四辺外側各飾一線条式禽鳥。禽鳥為張嘴、長頸、楕円見・小羽翅・無尾羽、身上墳以短線、形体既像雞鳥又像鷺、十分罕見。其外一周短斜銭紋。	鋸歯紋縁	
74	昭明連弧銘帯紋銅鏡	後漢	10.50	0.40	円形・円鈕・円鈕座	座外一周凸寛圏紋及一周内向八連弧紋、座与圏之間有四組三竪短線和四条竪短線相間環列。圏与連弧之間有簡単的四組一横三竪銭紋与四組一横一竪短線紋相間。其外両周短斜線紋之間有銘文、字体比較方正。	素寛平縁	内而清而以昭而明、明光而象夫日而月、心忽而不泄乎。
75	昭明連弧銘帯紋銅鏡	後漢	7.97	0.38	円形・円鈕・円鈕座	座外一周内向十二連弧紋帯、座与連弧紋帯之間有簡単的三線紋和短弧銭紋。其外両周短斜線紋之間的銘文為十六字、字形凸凹。	素寛縁	内而清以而昭而明而、明而明光而日而月忽而。
76	変形四葉獣首紋銅鏡	後漢	16.00	0.40	円形・円鈕・鈕上有雲龍紋、円座	座外囲以蝙蝠形四葉紋、四葉内各飾一獣首紋。獣首為正視形、立眉円眼、長鼻梁、額上飄毛髪、口下有鬚。四葉間亦配有獣首紋各一、獣首呈虎形、面為正視、眉・眼・鼻等形象与葉内的獣首相近、但顕得渾図、頭上両辺毛髪飄巻、臉周有巻雲状絡腮胡。外区為連続纏枝花草紋和二十三個内向連弧紋帯各一周。	菱形紋夾巻葉紋縁	
77	長宜高官変形四葉鳳紋銅鏡	後漢	11.50	0.20	円形・五弁紋円鈕・鈕座	座外弧紋四辺形四委角連接呈蝙蝠j状四葉紋、四葉内各有一字銘、合為「長宜高官」。四葉間各有一組図案化的対鳳紋。内向十八連弧紋縁、在円弧中每隔四個或三個円弧各有二字銘文、銘文不清。	内向十八連弧紋縁	長宜高官。
78	変形四葉龍紋銀蓋銅鏡	後漢	15.50	0.40	円形・円鈕・円鈕座	以鈕為中心、向外伸出十字形端部均右折旋成「卍」字紋、将鏡背分為四区、每区飾一同形龍紋。龍為短方嘴・高円鼻・円突眼・双直角、身駆向上作C形蟠曲、揚首翅尾、呈奔騰游動状。	菱形紋縁	
79	変形四葉四鳳紋銅鏡	後漢	12.30	0.30	円形・円鈕・円鈕座	鈕座外対称十字形方向放射出四枝両弁一苞式葉紋将紋飾分為四区、每区飾一鳳鳥。四鳳鳥的形態基本相同、均為尖嘴・円頭・大眼、身駆作楕円形曲転。其外為内向十二八連弧紋帯。	素寛縁	
80	変形四葉四龍紋銅鏡	後漢	14.00	0.40	円形・円鈕・円鈕座	鈕座外十字形方向放射出四箭式葉紋、葉紋将鏡背等分成四区、在四区内飾一龍紋。四龍的形態基本相同、曲自回首与尾部、頭上双角、張嘴露歯、伸肢巻尾。其外為短斜銭紋一圏。	素寛平縁	

81	簡式四葉夔龍紋銅鏡	後漢	13.30	0.30	円形・円鈕・柿蒂紋鈕座	以鈕為軸心縦横十字形双線夾交叉紋放射出簡化四葉紋、将鏡背分為四区、毎区飾一条夔龍紋。四龍的形態相同、均一首一身、腹外背内、身駆由外向内彎卷略呈C形、夔首順時針朝向、卷尾与柿蒂紋相連、双長角、円眼、張口吐舌、腹有三足、其外寛凸圏紋和短斜銭紋各一圏。	素寛平縁	
82	吾作六子神人禽獣紋銅鏡	後漢	11.60	0.25	円形・円鈕・円鈕座	内区以連珠紋座凹面環状六子紋等分為六小区、毎小区内各飾浮雕式神人或一瑞獣、人獣相間排列。外区有凸起的半円和方枚間環列、毎個方枚中均有一字、合為十二字銘。其外為斜面短斜銭紋高圏。辺縁銘文為。	雲雷紋縁	内：吾作明竟、幽凍三商、其師命長。 外：吾作明竟、幽凍三商、天王日月、上□東王父、西王母、山之子、高志□子、用者大吉、生如金石、位至三公、長楽未央、□□臣道、周□無□、象羊主陽、其師命長、宜子孫。
83	吾作八子神人禽獣紋銅鏡	後漢	12.70	0.35	円形・円鈕・円鈕座	内区以連珠紋座凹面環状八個子紋等分為八区、毎区内各飾一神人或一瑞獣、神人与獣相間排列。外区有凸起的半円和方枚間環列、毎個方枚中有四字。	飛獣紋和雲紋縁	「吾作明竟」、「幽凍三商」、「周示無極」、「位至三公」、「及東西王」、「仙人王女」、「用者吉羊」。
84	位至三公直行明夔紋銅鏡	後漢	11.40	0.30	円形・円鈕・円鈕座	鈕座的上下各有両条平行竪銭、両線之間上有「位至」下有「三公」四字銘文。鈕両側各有一夔龍紋、夔為二頭一身、身駆作S形巻曲、頭若龍頭状、両細長角。其外為両周弦紋和連珠紋及短斜銭紋帯各一圏。	素寛平縁	位至三公。
85	長宜子孫四弁石榴紋銅鏡	後漢	8.90	0.30	円形・円鈕・円鈕座	座的沿四辺向外伸出四弁形線条式有両辺線向外翻巻的図案化石榴形紋、毎個石榴紋中心有四円点籽（寓意）紋。毎両石榴紋之間有一篆体字銘、合為「長宜子孫」四字。其外弦紋一周。	素寛平縁	長宜子孫。
86	張氏盤龍紋銅鏡	後漢	10.50	0.60	円形・円鈕・円鈕座	鈕座圧在龍的身駆上。龍為円雕手法、粗角突眼、張口露牙、曲頸盤身、四肢作奔馳状、尾部彎巻上揚。外区銘文為十四字。其外一周為短斜銭紋帯。	鋸歯紋和波浪紋縁	張氏作佳竟大母極、長保二亲楽未央。
87	盤龍紋銅鏡	後漢	8.90	0.50	円形・円鈕・円鈕座	座外両弦紋圏之間為主紋。主紋為一線条式龍紋、鈕座圧在龍頭下的部分身駆上、外露的龍身繞鈕盤曲、後肢向後彎曲、龍尾長而翻巻。龍体旁墳以簡単的雲紋。其外一周為短斜銭紋帯。	鋸歯紋和波浪紋縁	
88	朱氏龍虎対峙紋銅鏡	後漢	13.30	0.90	円形・円鈕・円鈕座	座外浮雕二龍・一虎・一馬・二鳥・一鳳繞鈕環列。龍的部分身駆圧鈕下。二龍首均逆時針朝向、双角・円突眼・高鼻、部分駆体・肢爪・尾部外露、龍身鱗片突出。前一龍与虎対峙。龍虎爪間為馬・鳥・鳳紋装飾。外区一圏銘文為。其外一周為短斜銭紋。	二周鋸歯紋夾一周双線波浪紋縁	朱氏作竟四夷服、多賀國家人民息、胡虜殄滅天下復、風雨時節五穀熟、長保二亲楽得天為、伝告後世楽無極。
89	龍虎対峙紋銅鏡	後漢	10.40	0.55	円形・円鈕・円鈕座	座外高浮雕式龍虎夾鈕対峙、右龍左虎。龍為昂首・曲身、部分身駆圧鈕座下、独角・張口吐舌・龍身鱗片突出。虎為大円突眼・張嘴露牙・弓身・曲頸尾。龍虎間一鳥紋、紋飾清晰精美。其外一周為短斜銭紋帯。	鋸歯紋内縁・素斜辺外高縁	
90	龍虎対峙紋銅鏡	後漢	10.00	0.60	円形・円鈕・円鈕座	座外高浮雕式左龍右虎夾鈕対峙、龍的身駆部分圧鈕座下。龍為独角、張口露牙、身駆彎曲。虎為昂首拱腰、円眼張嘴。龍与虎的尾間有一禽鳥。其外一周為短斜銭紋帯。	鋸歯紋内縁・素外縁	
91	龍虎対峙紋銅鏡	後漢	10.40	0.80	円形・円鈕・円鈕座	座外左龍右虎夾鈕対峙、龍虎均浮雕式。龍為張嘴凸眼、頭上有角、曲身転尾、部分身駆圧鈕下。虎為張口吐舌、両眼円突、拱背匍匐状。龍虎尾部有一浮雕式走獣。其外一周為短斜銭紋。	鋸歯紋和双線波浪紋縁	
92	龍虎奪珠紋銅鏡	後漢	10.60	0.60	円形・円鈕・円鈕座	座外一圏為主紋。主紋内飾以浮雕龍虎。左龍右虎夾鈕相対。龍虎頭間一火珠紋、若奪珠状、龍的部分身駆圧在鈕下、龍虎尾部一飛禽獣。其外一周為短斜銭紋。	鋸歯紋和双線波浪紋縁	
93	青蓋龍虎	後漢	14.20	0.80	円形・円鈕	座外一圏以七組三竪短線分為七格、毎格内	両圏鋸歯	

第十二章　広西壮族自治区出土銅鏡について　593

	対峙紋銅鏡			・円鈕座	壇以「一二一」短線紋。内区主紋為浮雕式龍虎夾鈕対峙、龍虎均張牙吐舌、龍尾尾部有一龍一亀紋等。外区銘文為：。其外一周為短斜銭紋。	紋夾一圈双線波浪紋縁	
94	二龍奪珠紋銅鏡	後漢	11.40	0.60	円形・円鈕・円鈕座	座外浮雕粗線条式二龍、繞鈕環列。左一龍背外腹内、頭為順時針朝向。右一龍背外腹外、頭為逆時針朝向、与左龍相対。二龍頭右間有一円圏帯「平」字形符号的珠、二龍若奪珠状。両龍均有角・突眼・張牙吐舌、形象生動。其外一周為短斜銭紋。	単銭鋸歯紋和双線波浪紋縁
95	龍虎対峙禽鳥紋銅鏡	後漢	10.40	0.40	円形・円鈕・円鈕座	鈕座外浅浮雕式龍虎対峙紋、龍虎的部分身駆圧在鈕下。龍為張嘴露牙、口噴翻巻的雲気柱。虎為双円眼、嘴両辺鬚毛横飛。鈕下龍虎尾部有三鳥。左一鳥長尾覆羽站立、回首顧盼。右両鳥一大一小、相対互視。其外一周為短斜銭紋帯。	素寬内斜面縁
96	呂氏三龍一虎紋銅鏡	後漢	12.80	0.60	円形・円鈕・円鈕座	鈕座外浅浮雕式三龍一虎紋繞鈕環列、龍的身駆部分圧在鈕下。其中鈕的上方為右龍左虎夾鈕対峙。龍的両短角前彎、曲頸彎駆、身上有短翅和突起的鱗片、両前足外露、一足有三爪。虎為竪耳、張嘴彎腰。★龍虎頭部之間有銘文「呂氏作」三字。鈕的下方為二龍相対、両龍頭之間有銘文「千万」二字。其外一周為短斜銭紋帯。	両周鋸歯紋夾一周双線波浪紋縁	「呂氏作」「千万」
97	王兮三鳥銘帯紋銅鏡	後漢	9.00	0.40	円形・円鈕・円鈕座	座外一圈弦紋帯、内区主紋為線条式三禽鳥繞鈕環列。其中二鳥逆時針向置、一鳥順時針向置。逆時針向置的前一鳥為外向、尖喙。円眼・長尾上翹、呈飛翔状、与順時針一鳥相対。外区一圈銘文為九字。其外有一短斜銭紋和鋸歯紋各一周。	素斜巻縁	王兮三羊、卿重見仏□。
98	三羊子孫銘帯紋銅鏡	後漢	10.40	0.50	円形・円鈕・円鈕座	座外線条式三羊繞鈕環列、羊身大部圧在鈕下。三羊的形態基本相同、均為曲頸回首、順時針朝向。羊頭前各有一組子孫紋、三組子孫紋皆為七個孫紋環繞一個子紋、★構成一幅寓意三羊開泰・子孫吉祥的図案。外区銘文為十五字。其中「三羊」与「青羊」一様、都是後漢時期呉郡呉県（今江蘇蘇州）制鏡工匠家族名号。銘文外有短斜銭紋・鋸歯紋和双線波浪紋各一周。	内側斜辺素窄縁	三羊作竟自有制、上東尋命王命人兮。
99	黄龍元年重列式神獣紋銅鏡	三国	10.90	0.40	円形・扁円鈕・円鈕座	座外一周三十個内向連弧紋、近縁処一双弦凸圈分内外両区。内区主紋自上而下分為五段、階段線明確。第一段為神人、両側有朱雀和龍。第二段四個神人。第三段鈕両側為東王公和西王母。二、三段両側有青龍和白虎。第四段一神四獣。第五段一神、左右両側為朱雀・玄武。外区銘文由右旋的三十七個篆書反体字組成。	縁上飾交錯連続的小矩幾何紋	黄龍元年太歳在丁酉七月壬子（〔朔〕）十三日甲子、（〔師〕）陳（〔世〕）□、（〔造〕）作三明竟、其有（〔服〕）者、命人富貴。
100	変形四葉瑞獣対鳳紋銅鏡	三国	17.00	0.40	円形・扁円鈕・円鈕座	鈕座外四弁宝珠状的葉紋将内区四小区、葉内瑞獣各一、葉間的小区飾同向併列双鳳与相対的双鳳相間。其中一鳳的中間有柱状飾物。近鏡縁処的内向十六連弧圏帯中有星象紋・狩猟紋・鳳鳥紋・瑞獣紋等、連弧内各有一凸面円点紋。	素寬内斜面縁	
101	龍虎対峙紋銅鏡	三国	9.30	0.50	円形・円鈕・円鈕座	座外浮雕式左龍右虎夾鈕対峙。龍的部分身駆壓在鈕下。其外一周為短斜銭紋。鋸歯紋和双線波浪紋内縁。	斜辺素窄外縁	
102	天王日月神獣紋銅鏡	西晋	12.30	0.35	円形・扁円鈕・円鈕座	座外内区主紋為浮雕四組対置式神獣紋。其中二組為一神二獣対置、第三組為一半身神人、第四組為一站立神人。外区為六個凸起的半円与六個凸起的方枚相間環列。毎個方枚一銘文、合為「天王日月固□」六字。其外為短斜銭紋一周。内縁銘文逆時針排列、反書篆文二十字。	素外縁	主銘：天王日月固□。副銘：□作明竟、可以照□、宜侯王、□□羊□□□□。
103	凹面環状神獣紋銅鏡	西晋	14・80	0.50	円形・円鈕・円鈕座	座旁両圏弦紋外為主紋。主紋為八個高浮雕式凹面環状紋与四個龍頭形紋・三神人和獣紋相間環繞。外区有十二個凸起的半円紋和	卷草紋外縁	

					十二個方枚相間環列。毎個方枚中均有四字銘。其外一周為鋸歯紋帯。弦紋和浮雕式禽獣紋内縁。		
104	明如日光神獣紋鎏金銅鏡	南朝	13.80	0.50	円形・扁円鈕・円鈕座	座外有六竪短線与楕円紋圏相間的紋帯一周。内区主紋為浮雕式的四神人和四獣相間夾鈕環列。其中神人為正面端座、有的双手拱于胸前。外区十二個凸起的半円紋和十二個凸起的方枚相間環繞、方枚中各有一字銘、可認者有等字。其外一周為鋸歯二弦凸圏紋帯。	浮雕式禽紋夾花草紋和巻雲紋縁	明如日光、侯王□□、□□□□。
105	潘氏凹面環状神獣紋銅鏡	南朝	9.80	0.30	円形・円鈕・円鈕座	座外四個凸起的凹面環状紋将内区紋飾等分為四区、毎小区飾一神獣。外区十個凸起的内向半円和十個方枚相間環繞、毎個方枚各有一字銘文、合為。其外一周短斜銭紋帯。	双線波紋・弧点紋和雲紋縁	潘氏作竟自有紀、□吉□。

　まず、各鏡名称を型式分類的に整理してみよう。鏡の時代区分は〔Ⅰ〕戦国鏡、〔Ⅱ〕前漢鏡、〔Ⅲ〕後漢鏡、〔Ⅳ〕三国鏡、〔Ⅴ〕六朝鏡の五時期とする。

〔Ⅰ〕戦国鏡

A①【1・2　四山字紋鏡】、②【3　折畳式菱紋鏡】

〔Ⅱ〕前漢鏡

A　【4　四山字紋鏡】

B①【5　蟠螭菱形紋鏡】、②【6　蟠螭三葉紋鏡】、③【7　蟠螭四葉紋鏡】

C①【8　日有憙四子草葉紋鏡】

D①【9　銅華連弧銘帯紋鏡】、②【10・11　昭明連弧銘帯紋鏡】

E①【12　重圏柿蒂紋貼金銅鏡】、②【13　昭明重圏銘帯紋鏡】、③【14・15　日光圏帯銘帯紋鏡】

F①【16　四子二十孫連弧紋鏡】、②【17　四子博局禽獣紋鏡】

G①【18　新有八子十二孫博局紋鏡】、②【19　八子九孫博局禽獣紋鏡】

H①【20　博局四神紋鏡】、②【21　簡化博局鳳鳥紋鏡】

I　【22　龍鳳象猴紋鏡】

〔Ⅲ〕後漢鏡

A　【23　相思四葉蟠螭紋鏡】

B①【24　八連弧紋鏡】、②【25・27　長宜子生（孫）連弧紋鏡】、③【26　六連弧鋸歯紋鏡】

C　【28　昭明圏帯銘帯紋鏡】

D①【29　四子四虺紋鏡】、②【30　尚方四子銘帯紋鏡】、③【31　四子四禽紋鏡】、④【32　四子羽人禽獣紋鏡】、⑤【33　形興常楽四子紋鏡】、⑥【34　四子四獣紋鏡】、⑦【35　四子龍虎紋鏡】、⑧【36　四子神獣紋鏡】、⑨【37　家常貴富四子連呼紋鏡】、⑩【38　新有四子簡化博局紋鏡】、⑪【39　四子簡化博局禽獣紋鏡】、⑫【40　四子簡化博局畳雲紋鏡】

E①【41　五子禽獣紋鏡】、②【42　五子五龍紋鏡】、③【43　五子禽鳥紋鏡】

F①【44　六子禽鳥紋鏡】、②【45　六子神獣紋鏡】、③【46　六子連弧紋鏡】、④【47

李氏六子禽獣紋鏡】、⑤【48　六子六蟹紋鏡】、⑥【49　呂氏六子六鳥紋鏡】、⑦【50　尚方六子六孫禽鳥紋鏡】

G①【51　元和三年七子瑞獣紋鏡】、②【52　張氏七子神獣紋鏡】、③【53　大駕登龍七子八孫紋鏡】、④【54　七子九孫禽獣紋鏡】、⑤【55　呂氏七子九孫禽獣紋鏡】、⑥【56　七子九孫禽鳥紋鏡】、⑦【57　尚方七子九孫禽獣紋鏡】

H①【58　尚方八子八禽紋鏡】、②【59　尚方八子博局四神紋鏡】、③【60　八子博局禽鳥紋鏡】、④【61　尚方八子博局八禽紋鏡】、⑤【62　王氏八子博局四神紋鏡】、⑥【63　八子簡化博局四獣紋鏡】、⑦【64　長宜八子八孫博局紋鏡】、⑧【65　新有八子八孫博局紋鏡】、⑨【66　漢有八子九孫博局紋鏡】、⑩【67・68　八子十二孫博局紋鏡】

I①【69　博局四神紋鏡】、②【70　博局禽鳥紋鏡】、③【71　中国大寧博局紋鎏金銅鏡】、④【72　上大山簡化博局紋鏡】、⑤【73　簡化博局四禽紋鏡】

J　【74・75　昭明連弧銘帯紋鏡】

K①【76　変形四葉獣首紋鏡】、②【77　長宜高官変形四葉鳳紋鏡】、③【78　変形四葉龍紋銀蓋鏡】、④【79　変形四葉四鳳紋鏡】、⑤【80　変形四葉四龍紋鏡】、⑥【81　簡式四葉夔龍紋鏡】

L①【82　吾作六子神人禽獣紋鏡】、②【83　吾作八子神人禽獣紋鏡】

M　【84　位至三公直行銘夔鳳鏡】

N　【85　長宜子孫四弁石榴紋鏡】

O①【86　張氏盤龍紋鏡】、②【87　盤龍紋鏡】、③【88　朱氏龍虎対峙紋鏡】、④【89・90・91　龍虎対峙紋鏡】、⑤【92　龍虎奪珠紋鏡】、⑥【93　青蓋龍虎対峙紋鏡】、⑦【94　二龍奪珠紋鏡】、⑧【95　龍虎対峙禽鳥紋鏡】、⑨【96　呂氏三龍一虎紋鏡】

P①【97　王兮三鳥銘帯紋鏡】、②【98　三羊子孫銘帯紋鏡】

〔Ⅳ〕三国・呉鏡

A　【99　黄龍元年重列式神獣紋鏡】

B　【100　変形四葉瑞獣対鳳紋鏡】

C　【101　龍虎対峙紋鏡】

〔Ⅴ〕西晋鏡

A①【102　天王日月神獣紋鏡】、②【103　凹面環状神獣紋鏡】

〔Ⅵ〕南朝鏡

A①【104　明如日光神獣紋鎏金銅鏡】、②【105　潘氏凹面環状神獣紋鏡】

　以上の広西壮族自治区出土の広西銅鏡の特徴を言えば、第一に中国各地、特に隣接した湖南省長沙市、湖北省鄂州市。また浙江省紹興市出土鏡と共通したものが多いことが言えるが、なお詳細に検討すると、広西壮族自治区特有の鏡型式要素も窺える。結論を述べ

前に、各鏡の説明で特に注意を引く個所を次に列挙し、日本語訳を付す。これを合わせて広西壮族自治区出土の広西銅鏡の各時期の特徴を整理しよう。

〔Ⅰ〕戦国鏡

A①【1 四山字紋鏡】(【2 四山字紋鏡】もほぼ同じ。)

　　　座外囲以凹面帯方格。紋飾由地紋与主紋組合而成。地紋為羽状紋。在地紋之上、于凹面方格的四角向外伸出四組二弁連貫式的桃形花弁、将鏡背分為四区、毎区内置一左旋式傾斜的「山」字。「山」字中間的豎面伸至鏡縁、両側的豎画上端向内転折成尖角、底辺与方格辺平行。

　　　座外囲を凹面帯方格を以てす。紋飾は地紋と主紋の組合せよりなる。地紋は羽状紋である。地紋の上には、凹面方格の四角に外に向かって4組の2弁連貫式の桃形花弁を伸出させ、鏡背をもって分かちて4区となし、区ごとに内に1左旋式の傾斜した「山」字を置く。「山」字中間の豎面は伸びて鏡縁に至り、両側の豎画上端は内に向かい転折して尖角となり、底辺と方格辺は平行である。

②【3 折畳式菱紋鏡】

　　　紋飾由地紋与主紋組合而成。地紋為羽状紋。在地紋之上、在鈕座外有一由凹面寛条帯組成的大正方形。正方形各辺中部連接一連貫式菱形紋。上下左右的連貫式菱形紋以鈕為中心両両対称。

　　　紋飾は地紋と主紋の組合せよりなる。地紋は羽状紋である。地紋の上には、鈕座の外に一つの凹面寛条帯で組成される大きな正方形が有る。正方形の各辺中部に一連貫式菱形紋を連接する。上下左右の連貫式菱形紋は鈕を以て中心とし両両対称である。

〔Ⅱ〕前漢鏡

A　【4 四山字紋鏡】

　　　紋飾由地紋与主紋組合而成。地紋為羽状紋。在地紋之上、鈕座四角向外伸出八花弁，頂端又連接棒槌状長葉紋、花弁与花葉所分四区内各有一「山」字紋。「山」字傾斜，両側的豎画上端向内転折成尖角、中間豎画伸向鏡縁、頂端与弦紋圏相接。

　　　紋飾は地紋と主紋の組合せよりなる。地紋は羽状紋である。地紋の上には、鈕座四角に外に向かい8花弁を伸出させ、頂端また棒槌状長葉紋を連接させ、花弁と花葉の分かつところ4区内に各々一「山」字紋有る。「山」字は傾斜し、両側の豎画上端は内に向かい転折して尖角をなし、中間豎画は伸びて鏡縁に向かい、頂端と弦紋圏はあい接す。

　A①【1】、【2】、【4】の山字紋鏡にしても、【3】の折畳式菱紋鏡にしても山字や折畳式菱紋字体に興味を持っているが、同時に山字や折畳式菱紋が作る大正方形の浮き出しという、いささか遊びを試みたのは中国銅鏡鋳造者の制作意図であるが、広西地方の人びとは、大正方形が鏡背に大きく登場しているように見えることが不思議だと思ったことは明らかである。さらに、山字紋鏡が戦国鏡として長江中流域の湖北・湖南の楚地方で作ら

れたが、戦国時代で終わり、前漢時代には引き継がれることはなかった。これが広西壮族自治区出土の広西銅鏡では戦国鏡から前漢鏡に継承されていることが注目される。広西地方は湖南地方にすぐ隣接していることでもあるが、外国であることの要素もある。これはB①【5　蟠螭菱形紋鏡】、②【6　蟠螭三葉紋鏡】、③【7　蟠螭四葉紋鏡】の蟠螭紋鏡でも同様である。

次にC①【8　日有憙四子草葉紋鏡】の草葉紋鏡、D①【9　銅華連弧銘帯紋鏡】、②【10・11　昭明連弧銘帯紋鏡】の連弧銘帯紋鏡はいずれも前漢鏡の代表鏡であるが、日有憙鏡・銅華鏡・昭明鏡という鏡銘文冒頭語句に因む鏡名称を用いないことに注意したい。またE①【12　重圏柿蔕紋貼金銅鏡】、②【13　昭明重圏銘帯紋鏡】、③【14・15　日光圏帯銘帯紋鏡】では、圏帯紋鏡と類別して圏帯紋という要素を重視する。同じ「昭明」という銘文があっても昭明鏡としないのである。なお【14・15　日光圏帯銘帯紋鏡】を日光鏡としないのも同様である。なお、【12　重圏柿蔕紋貼金銅鏡】は貼金が重要だが、これは後に鎏金鏡と併せて考えたい。

問題はF①【16　四子二十孫連弧紋鏡】、②【17　四子博局禽獣紋鏡】を四子紋鏡とし、G①【18　新有八子十二孫博局紋鏡】、②【19　八子九孫博局禽獣紋鏡】を八子紋鏡としていることである。通常、【16】は連弧紋鏡、【17】【18】【19】は博局紋鏡（規矩鏡）と呼ばれる。連弧紋・博局紋＝規矩紋という紋飾の要素より、四子・八子の子紋要素を優先していることが明らかである。これについて、【16　四子二十孫連弧紋鏡】の説明は次の通りである。

　　鈕外為一周双線弦紋。其外為内向十六連弧紋帯、両周双線弦紋之間為四個帯円座的子紋分成四個区、毎区内各有一組三弦紋帯纏繞的帯円座的五孫紋。

　　鈕外は一周の双線弦紋である。その外は内向十六連弧紋帯であり、両周双線弦紋の間は四個の帯円座の子紋であり分かちて四個区となし、区内ごとに各々一組の三弦紋が有り帯円座の五孫紋を纏繞させる。

鏡中心の鈕（つまみ）の外に一周の2本線の弦弧紋、その外に十六連弧紋があると、一応連弧紋の存在は認めている。しかし、その間の圏帯をより重視し、そこに各5個の孫紋を帯した円座の子紋が一周を四区間に分けているという。子とは大円鏡の小子鏡であり、孫とは小子の細小子、大円鏡の細小孫である。これも、先に山字鏡に見たと同じように大小三重の円の図形に広西地方側の人びとが興味を示したことを理解させるのである。さらに、【17　四子博局禽獣紋鏡】には次の説明がある。

　　座外大小両個双線方框。大方框的四角外各有一帯円座的子紋、四子紋和博局紋将内区分為四方八極、分別配以禽獣等紋飾。其配置是長嘴翅尾回頭獣配跪地抓獣尾的獣頭羽人。展翅飛雀配巻尾飛鶴。回首飄須的猫頭獣配持叉捉尾的猪頭羽人。回首奔虎配挙首竪耳鹿等。禽獣的姿態十分生動。再外為短斜線紋帯一周。

　　座外に大小2個の双線方框。大方框の四角の外に各々一帯円座の子紋が有り、4子

紋と博局紋は内区をもって分かちて四方八極をつくり、分別して配するに禽獣などの紋飾を以てす。その配置は長い嘴翅の尾で頭を回した獣が地に跪ずいて獣尾を抓む獣頭の羽人を配するものである。翅を展した飛雀が尾を巻いた飛鶴を配す。首を回し鬚を飄した猫頭の獣が叉を持ち尾を捉えた猪頭の羽人を配す。首を回し奔る虎が首を挙げ耳を立てた鹿などを配す。禽獣の姿態は十分に生動である。再に外は短斜線紋帯一周である。

鏡は四子・博局・禽獣の紋がある鏡という。博局・禽獣も十分に注意を引き、特にその禽獣紋は十分に生き生きと動くようだ。ただこの禽獣紋を統轄しているのは四子・博局、特に四子である。上下左右の４区分割は博局のＴ字ではなく、４子を中心としていることは明瞭である。次に、【18　新有八子十二孫博局紋鏡】の説明も重要である。

座外方框内環列帯円座的十二個孫紋間配以「子丑寅卯辰巳午未申酉戌亥」十二支銘。内区主紋為帯連弧紋座的八個子紋与博局紋区分的四方八極内分別飾以龍・虎・鳥及他奇禽怪獣。外区銘文為「新有善銅出丹陽、涷冶銀錫清而明、尚方□□□□、巧工刻之成文章、左龍右虎掌四彭（方）、朱鳥（雀）玄武順陰陽、子孫備具中央、長保二亲（親）如侯王、千秋萬歳楽未央」。其外一周短斜線紋帯一周。

座外方框内に円座を帯びた12個の孫紋を環列させ間に配するに「子丑寅卯辰巳午未申酉戌亥」の十二支銘を以てす。内区主紋は連弧紋座を帯びた８個の子紋と博局紋で区分した四方八極内に分別して飾るに龍・虎・鳥及び他の奇禽怪獣を以てするものである。外区銘文は「新は善銅を有し丹陽に出し、銀錫を凍冶して清にして明、尚方□□□□、巧工がこれを刻み文章を成し、左龍右虎が四方を掌り、朱雀玄武は陰陽を順じ、子孫は中央に備具し、長く二親を保ち侯王の如く、千秋萬歳楽は未だ央きず」である。その外に一周の短斜線紋帯あり。

鈕座外方框内には上下に４個ずつ、左右に２個ずつ、計12個の帯円孫紋がある。方框外の主紋区には上下左右に２個ずつ、計８個の子紋がある。この子紋はよく見ると、周りを八連弧紋座を帯する子紋で一周８個という繊細な構図でこの鏡の最も中核的紋飾であることを主張する。なぜ八子十二孫か。鏡銘文は新有の語で始まる。新とは新莽、王莽政権のことである。王氏家族一族の八子十二孫が中央に備具し、一家高位高官を占める、まさに皇帝王莽と王莽一族の千秋萬歳を祝賀するものである。したがって、同鏡はこれまで他の諸機関の解説が異口同音に述べたように前漢鏡というより、新莽鏡と称すべき鏡である。となると、周礼制度を政治行政の根幹とした王莽政権が図形作成工具である規矩を重視したことを考えるべきで、ＴＬＶ紋は遊具の博局でなく、やはり指尺・コンパスの規矩であって、規矩紋とするのが良いことになる。次に【19　八子九孫博局禽獣紋鏡】を見よう。

座外円圏内帯円座的九孫紋夾以雲気紋。円圏外囲以凹面双線方框、方框内四角各一桃形雲紋。方框外帯八連弧座的八個子紋与博局紋将内区分為四方八極、其間分別配置白虎与長髪人面獣、翼獣与独角獣、獅子与翼獣、猫頭獣与朱雀。四個Ｌ紋之上還分別

有半蹲猴・巻鼻象・回首禽・雲気鳥。禽獣相互願盼嬉戯、活跃生動、構図有趣。其外短斜線紋一周。

　　座外円圏内に帯円座の九孫紋は夾むに雲気紋を以てす。円圏外に囲むに凹面双線方框を以てし、方框内四角は各々1桃形雲紋。方框外に八連弧座を帯した8個の子紋と博局紋は内区をもって分かちて四方八極と為し、その間に分別して白虎と長髪人面獣、翼獣と独角獣、獅子と翼獣、猫頭獣と朱雀を配置する。4個のL紋の上にはまた分別して半蹲猴・巻鼻象・回首禽・雲気鳥が有る。禽獣は相互に願盼嬉戯、活跃生動で、構図は趣が有る。その外に短斜線紋一周。

　先の【17　四子博局禽獣紋鏡】には猫頭獣が見えたが、ここには翼獣、独角獣、獅子、猫頭獣、巻鼻象という中国文化の伝統には存在しなかった、インド南アジアやイラン西アジア的動物紋様がふんだんに登場し、これらも八子九孫の統制下に置かれていることが注目される。ここでの博局紋、というより規矩紋の役割は前【18】と同じである。この流れでH①【20　博局四神紋鏡】、②【21　簡化博局鳳鳥紋鏡】の博局紋鏡とされるものを見ると、単に「子」「孫」紋飾が消えて博局紋が残ったと考えられるかもしれない。

　【20　博局四神紋鏡】では、

　　座与其外的凹面双線方框之間有三弦短線紋和双線或単線弧紋。框外博局紋間的四方八極内飾線条式青龍・白虎・朱雀・玄武・狗及其他禽獣。其外一周短斜線紋。

　【21　簡化博局鳳鳥紋鏡】では、

　　座外有方格及四個T与V紋、欠L紋。四区内各飾一同向飛翔的鳥紋。其外為一圏短斜線紋帯。

　いずれも、先の【17　四子博局禽獣紋鏡】などと同じ鏡紋様構図の説明であるが、簡略化されていることが明らかである。特に後者【21　簡化博局鳳鳥紋鏡】ではL紋を欠くという。実はT紋とV紋とで先の四子が作った四区を形成して鳳鳥の存在を物語り画像的に構成しているのである。

　Ⅰ前漢鏡最後の【22　龍鳳象猴紋鏡】は説明文に記述がないが、中心の鈕座外一周に一方三孫ずつ、計十二個の孫が囲繞している。先の【18　新有八子十二孫博局紋鏡】の変形である。鏡銘文も八子も博局紋も総て消えた。

　　鈕座外一周高凸寛圏、圏外両周短斜線紋帯之間的主紋為線条式的龍・鳳・象・猴・野猪・小鳥等禽獣環列。動物的種類多、線条粗放、構図簡練、形態憨拙。其中大象・獅子是漢鏡中較少見到的。

　　鈕座外に一周高凸寛圏、圏外に両周短斜線紋帯の間の主紋は線条式の龍・鳳・象・猴・野猪・小鳥など禽獣環列である。動物の種類多く、線条は粗放で、構図簡練、形態憨拙である。その中大象・獅子は漢鏡中では非常に珍しいものである。

　珍奇な動物の鏡への登場は後に再述しよう。次に〔Ⅲ〕後漢鏡に移ろう。A【23　相思四葉蟠螭紋鏡】について、

座外囲以両周双線弦紋圏帯、両個弦紋圏帯之間為銘文帯、銘文篆体、内容是「相思愿母絶、愁思悲、願怨、君不悦」。円周外伸出均匀対称的連畳勾巻四葉紋、四葉紋将紋飾分為四区、毎区内置一組蟠螭紋、蟠螭頭小円眼尖嘴、身駆蟠旋糾結、曲線流転、細膩繁縟。

　　座外囲むに両周双線弦紋圏帯を以てし、両個の弦紋圏帯の間は銘文帯であり、銘文は篆体で、内容は「相い思い愿んで絶つなかれ、愁思悲しく、怨を願い、君悦ばざる」である。円周外に伸出均匀対称の連畳勾巻の四葉紋を伸出させ、四葉紋は紋飾をもって分かちて四区と為し、区ごとに一組の蟠螭紋を内置し、蟠螭の頭に小円眼尖嘴、身駆は蟠旋糾結し、曲線流転し、細膩繁縟す。

　当広西地方では戦国鏡の蟠螭紋が前漢流行の楚辞的叙情性のある銘文を伴って後漢鏡としても鋳造されているのである。先に述べた伝統の強固な継続性が示されている。これは、【27　長宜子孫連弧紋鏡】中に変形山字の刻名があることでも確認される。なお、Bの連弧紋鏡は【24】・【25】・【26】・【27】とも前漢鏡の継承である。またCの【28　昭明圏帯銘帯紋鏡】でも同様であるが、やはり四子紋鏡等の伝統が後漢にむしろ発展していることが注目される。特にD群の四子紋鏡は、①【29　四子四虺紋鏡】、②【30　尚方四子銘帯紋鏡】、③【31　四子四禽紋鏡】、④【32　四子羽人禽獣紋鏡】、⑤【33　形興常楽四子紋鏡】、⑥【34　四子四獣紋鏡】、⑦【35　四子龍虎紋鏡】、⑧【36　四子神獣紋鏡】、⑨【37　家常貴富四子連呼紋鏡】、⑩【38　新有四子簡化博局紋鏡】、⑪【39　四子簡化博局禽獣紋鏡】、⑫【40　四子簡化博局畳雲紋鏡】と類例化が不可能なほど、多様化している。中でも【32　四子羽人禽獣紋鏡】では、

　　座外以帯円座的四個子紋将紋飾分為四区、毎区飾一線条式的人物或禽獣。其中隔鈕相対的両区飾一跪地彎腰、双手前伸的羽人与一走獣相対。另両区為展翅飛翔的鳳鳥相対。其外一周短斜線紋。

双手前伸の羽人と一走獣とが上下で相対している。また、【35　四子龍虎紋鏡】では、

　　座与其外的一周凸寛圏紋之間、有四組三竪短線紋和四条短斜線紋相間。其外両周短斜線紋之間的主紋飾。主紋為帯円座的四個子紋与二龍二虎紋相間。其忠相対的両組為龍紋、另両組為虎紋。龍虎均逆時針走向、分別張嘴向着子紋。

後漢から三国、南朝に流行した龍虎鏡の形式が見られる。四子紋鏡の最後の3鏡は⑩【38　新有四子簡化博局紋鏡】、⑪【39　四子簡化博局禽獣紋鏡】、⑫【40　四子簡化博局畳雲紋鏡】といずれもT字、しかも最後の⑫はそれさえも簡化され、いずれも博局＝規矩の意味を喪失させた単なる四子紋鏡に変形している。その内の【38　新有四子簡化博局紋鏡】の銘文は、「辛〔新〕有善同（銅）出丹陽、□□□竟（鏡）青（清）而明、左」と先に見た【18　新有八子十二孫博局紋鏡】と同じ銘文のはずが、字形字体も文章も極めて簡化しているのである。これは新莽・王莽時代の鏡でなく、それが模倣された後漢時代の四子紋鏡であることは明瞭である。

四子紋鏡は五子、六子、七子、八子と数が増し、特に六子、八子が多様化した。五子の【41　五子禽獣紋鏡】には、

　　鈕座外一周凸寛圏紋帯、其外両周短斜線紋之間為主紋。主紋為五個子紋与線条式五禽獣紋相間環列。五個子紋均帯円座、五禽獣分別為禽鳥・龍虎和独角・大腹等怪獣。縁中部双線波紋一圏。

やはり独角・大腹等怪獣が注目される。次に六子の【44　六子禽鳥紋鏡】には、

　　四葉間各有一短線分隔、座外一周斜面凸圏紋帯。其外両周短斜線紋之間為主紋。主紋由帯円座的六個子紋与羽人和五禽獣相間環列。五禽獣分別為鶴・鳳・牛・龍・羊。

とあり、ここにも羽人が五禽獣と対応する構図が見られるが、図像は簡化された紋様となっている。また、【45　六子神獣紋鏡】の主紋の説明も、

　　主紋由帯円座的六個子紋間飾六神獣組成。六神獣為青龍・白虎・朱雀・雲鳥・玄武・白鶴。六神獣的形象生動、主題突出。

とあり、やはり線描的な簡略図像を刻している。これが【46　六子連弧紋鏡】となると、

　　内区飾一圏線条式内向六連弧紋、連弧之間各有一帯円座的子紋、共有六個子紋。外区素地無紋。

となって、内区に一圏の線条式内向六連弧紋を飾り、連弧の間には帯円座の子紋を計6個飾るだけという簡素な図像になる。しかし、【47　李氏六子禽獣紋鏡】は、逆に非常に繊細な線条図像となっている。その説明は次である。

　　座外二虎対峙。其外一周卵形与短線紋相間。主紋為帯四葉座的六個子紋和禽獣紋。六組紋飾為四組瑞獣、一組朱雀、一組羽人。獣的頭部誇張、其中出現少有的和兜紋。尤其是羽人単腿跪地、彎腰従炉中取丸的図紋在其他鏡中極少見到。外区銘文為「李氏作竟（鏡）四夷服、多賀国家人民息、胡虜殄滅天下復、風雨時節五穀孰（熟）、長保二亲（親）得天力（李氏が作りし鏡は四夷服し、多く国家を賀して人民息い、胡虜殄滅して天下復し、風雨時節あり五穀熟し、長く二親を保ちて天力を得る）」。

鏡中心の円鈕座にすぐ隣接した圏内に二虎対峙の図像があり、さらにその外側の主紋には帯四葉座の6個の子紋と禽獣紋がある。それで6区に区分されて4組の瑞獣が刻される。一組は朱雀、一組は羽人。獣の頭部は誇張され、その中に珍しい亲紋を出現させている。もっともそれは羽人が片方の腿を地に跪まずき、腰を彎めて炉中より丸（外丹）を取っている図紋であり、その他の鏡中では極めて珍しいものである。銘文紋飾とも湖南省長沙市の【97李氏龍虎紋鏡　後漢】とほとんど一致する銅鏡であるが、名称分類が異なり、龍虎鏡と禽獣紋を重視した。その銘文は「胡虜殄滅して天下復し」は南方国家の北虜に対する言としてリアルである。次に【48　六子六蟹紋鏡】も珍しい。

　　鈕座外一周凸寛圏紋与一周短斜線紋帯之間為主紋。主紋為帯円座六個子紋与六蟹紋相間環列。

主紋は帯円座の六個子紋と六蟹紋がかわるがわる環列されたものである。六子鏡は計7

種が発見された。

七子鏡では【51　元和三年七子瑞獣紋鏡】が紀年銘鏡で重要である。

　　　　内区残後修復、原有浮雕式獣紋環列。中区主紋為帯四葉座的七個子紋間飾以浮雕式七瑞獣。外区銘文為「元和三年、天下太平、風雨時節、百□□□、□□□□、□□□□、尚方造竟（鏡）、在于民間、有此竟（鏡）延寿未央兮」四十字。按「元和」為東漢章帝劉烜的年号、三年即公元78年。銘文外為短斜線紋帯一周。

　　　　内区は残後修復し、もと浮雕式の獣紋環列が有った。中区の主紋は帯四葉座の七個の子紋であり間に飾るに浮雕式の七瑞獣を以てす。外区の銘文は「元和三年、天下太平、風雨時節、百□□□、□□□□、□□□□、尚方鏡を造り、民間に在りては、この鏡を有すれば延寿未だ央きず」の四十字である。按ずるに「元和」は後漢章帝劉烜の年号であり、三年は即ち西暦78年。銘文外は短斜線紋帯一周である。

禽獣紋を浮雕式にしたのは後漢以降らしい。本鏡は後漢章帝の元和三年（78）の紀年銘鏡であるが、紀年銘鏡は当広西出土鏡では極めて珍しいものであった。次に【52　張氏七子神獣紋鏡】の説明を見よう。

　　　　座外短斜線紋圏内有両条浮雕式青龍環繞、龍口噴水、龍背生翼。中区内主紋為帯円座的七個子紋間飾以浮雕式神獣、分別有鹿・朱雀・蟾蜍・飛龍等七獣。外区銘文為「張氏作竟（鏡）大母傷、長保二亲（親）楽未央、八子八孫啓高堂、多吏宜王」。銘文中有四点紋作起句標示。其外為短斜線紋帯一周。弦紋和浮雕獣紋縁。

　　　　座外の短斜線紋圏内に両条浮雕式青龍の環繞が有り、龍の口は水を噴し、龍の背は翼を生ず。中区内の主紋は帯円座の七個子紋であり間に飾るに浮雕式神獣を以てし、分別するに鹿・朱雀・蟾蜍・飛龍など七獣が有る。外区銘文は「張氏作る鏡は大いに傷つくなかれ、長く二親を保ち楽未だ央きず、八子八孫が高堂を啓き、吏多く王に宜しく」である。銘文中に四点紋有り起句標示を作す。その外は短斜線紋帯一周がある。弦紋と浮き彫り獣紋の縁である。

ここにも浮雕式青龍の獣紋がめぐるが、龍の口は水を噴し、龍の背は翼を生ずと従来中国に見られなかった造形がある。鹿・朱雀・蟾蜍（ひきがえる）・飛龍の獣紋も珍しい。蟾蜍は月の中にいる、また月そのものを表現するという。次に【53　大駕登龍七子八孫紋鏡】も珍しい怪獣が登場する。紋様は線条式である。

　　　　鈕座外二周弦紋。弦紋外為帯円座的八個孫紋与八字銘相間而置、連続為。其外両周短斜線紋之間為主紋。主紋為　帯円座的七個子紋間飾以線条式虎・朱雀・玄武・羽人・兕以独角・花頭等怪獣。縁部双線波形紋圏帯一周。

兕は虎に似た動物、独角と花頭など怪獣である。羽人も禽獣である。次に【54　七子九孫禽獣紋鏡】には、

　　　　座与其外的凸寛圏紋之間帯円座的九個孫紋間飾以両葉一苞紋和短斜線紋。其外両周短斜線紋之間為主紋。主紋為帯連弧紋座的七個子紋与線条式七禽獣紋相間相間環列。

禽獣主要有禽鳥・獅子・蛇以及方臉大眼・双角大眼・長巻独角等怪獣。

禽獣の主要なものに禽鳥・獅子・蛇および方臉大眼・双角大眼・長巻独角の怪獣が有る。なお、七子の周りには帯連弧紋座が付き、主紋であることが主張される。これは後の【57 尚方七子九孫禽獣紋鏡】でも同様である。次に【55 呂氏七子九孫禽獣紋鏡】にも羽人が瑞獣禽獣として刻される。

座外囲以帯円座的九個孫紋間飾以雲気紋及反書「宜子孫」三字銘。其外一周凸寛圏紋帯。中区主紋為七個帯円座的子紋、子紋間配置線条式的青龍・白虎・羽人・禽鳥以及形態各異的瑞獣。外区銘文為「呂氏作竟（鏡）自有紀、上大山人不□□□、渇飲玉泉百年兮」。開始和結尾処有四点紋作標示。銘文外一周短斜線紋帯。

銘文は「上有仙人不知老、渇飲玉泉飢食棗」式で東王公・西王母が登場するが、本鏡では瑞獣とされる羽人である。いずれにしても、七子紋鏡には禽獣紋に浮雕式が登場し、また後漢時代に初めて中国に紹介された珍獣が登場する。

さて、八子紋鏡を見よう。【58 尚方八子八禽紋鏡】は八子紋の新たな意味を説明する。

座外一周巻雲紋帯。主紋区為帯円座的八個子紋与八鳥相間環列。八鳥均挙首覆羽站、隔子紋両両相対。鳥与子紋間填簡単的短線紋。其外一周銘文為二十一字。銘文外一周短斜線紋帯。鋸歯紋和双線波紋内縁。

八個子紋を挟んで八鳥が相対する構図である。四子でよさそうだが、八子で双鳥4組がより明確になる。縁近い鋸歯紋が眼に付く。ついで【59 尚方八子博局四神紋鏡】に次の説明がある。

座外一単銭方格与一凹面双線方格之間夾以十二組欖形排列的四短線紋（毎辺三組）。双線方格外為帯円座的八個子紋（毎辺両個）、博局紋。四方八区紋飾的配置是青龍配鳳鳥、朱雀配独角獣、白虎配独角獣、玄武配羽人。外区銘文一周。可識者有二十二字。

これはすでに前漢鏡の八子紋鏡で述べたことだが、鏡面主文句の禽獣紋の環列をどのように区切るか、具体的には四方八区とする境界は何かであるが、博局＝規矩紋より子紋が優先するのである。なお、このうちにも四神に鳳鳥・独角獣・羽人が瑞獣として登場する。また、【65 新有八子八孫博局紋鏡】には兎、羊が登場する。

座外有凹面双線方格紋、格内四角各有一雲紋。方格外帯円座的八個子紋与博局紋中的T・V紋将鏡背分為四区、毎区配一線条式獣紋、分別是龍・兎・虎・羊四獣。其外為一周短斜銭紋。

さて、次はⅠ①～⑤の博局＝規矩紋鏡であるが、これも前述のごとく八子博局＝規矩紋鏡などの子紋が消えて博局＝規矩紋鏡だけが残ったようである。【69 博局四神紋鏡】の説明は次のようにいう。

四葉間有一短線分界。座外一単弦方格和一双線凹面方格、格外博局紋劃分的四方内飾以線条式青龍・白虎・朱雀・玄武四神獣。其外為短斜銭紋帯一圏。

ただ、詳細に見ると、下部の白虎はT字とL字に挟まれ、頭と尾は両端にV字を置いて

区切られている。他の上方の青龍、左方の玄武、右方の朱雀も同じである。ただ、図版印刷を90度左回転させれば、上下に朱雀と玄武、左右に青龍と白虎がくる。従って、青龍白虎朱雀玄武の四神＝四霊はＴ字とＬ字、Ｖ字によって正位置が規格される。規格を正式に作図するのは規矩である。故にこの手の鏡は博局紋鏡と呼ぶのは正しからず、規矩紋鏡とすべきである。

次に【70　博局禽鳥紋鏡】は、次のように説明する。

　　座外其外的凹面双線方格之間有四葉紋和四組三弦短線紋相間繞鈕。禽鳥有的覆羽行走、有的展翅飛翔。其中除両禽隔Ｖ紋相対外、其余各禽均順時針走向。其外一周短斜銭紋。

一組２鳥の禽鳥だけがＴ字とＬ字を隔てて相向かいあっているが、他の三組６鳥はＴ字とＬ字に挟まれた狭い関門をＶ字の障碍物を乗り越えて時計廻りに奔っている。興味は鳥の動きに集中する構図である。さて、次に【71　中国大寧博局紋鎏金銅鏡】は中区に一圏の銘文帯が一周することでイメージが一新する。説明を見よう。

　　座外二道弦紋圏将紋飾分為内・中・外三区。内区為凹面双線方格紋及四個Ｔ形紋、Ｔ形紋両側各飾一線条式禽獣紋。中区一圏銘文為「視容正己鏡□□、得気五行有□紀、□□公于終須始、中国大寧宜孫子」。外区以四個Ｌ紋和四個Ｖ紋分為八個小区、毎小区配一線条式神獣紋分別青龍・獣・朱雀・鳳鳥・象・白虎・大腹獣・玄武。其外為帯円点双線波紋帯和短斜銭紋帯各一周。

４個のＴ形紋はそれで四隅が区画され、そこに獣紋が収まる。銘文外圏はＶ字で上下、左右の４区画が形成され、Ｌ字は通過の障碍物である。そこに青龍・獣・朱雀・鳳鳥・象・白虎・大腹獣・玄武など四神と鳳鳥・象・大腹獣などの異獣が躍動する。それが、【72　上大山簡化博局紋鏡】では、

　　鈕座外凹面双線方格、方格外Ｔ・Ｖ簡化博局紋将紋飾分為四方。在Ｔ紋之外和両Ｖ紋間分別有線条式龍紋和虎紋。龍与龍、虎与虎両両隔鈕相背向、均逆時針走向。龍与双角長嘴、嘴下有鬚。虎与頭頸粗、身駆小。外区銘文為「上大山、見神人、食玉英、飲口泉、駕交（蛟）龍、乗浮雲、□子」二十字。銘文帯外一周短斜銭紋。

これは先の【69　博局四神紋鏡】と同じ構図である。ただ、Ｌ字は消え、Ｔ・Ｖも著しく簡化させている。主題は２頭ずつの龍虎の動きである。それが、さらに【73　簡化博局四禽紋鏡】では、

　　鈕座外凹面双線方框、方框外「Ｔ・Ｌ・Ｖ」三種常見的博局紋符号已全部簡化掉、在方框的四辺外側各飾一線条式禽鳥。禽鳥為張嘴・長頸・楕円見・小羽翅・無尾羽、身上墳以短線、形体既像雞鳥又像鷺、十分罕見。其外一周短斜銭紋。

Ｔ・Ｌ・Ｖ字紋は簡化どころか、消失してしまった。それでも全体の構図は従来の四子、八子鏡から見てきた４区分された空間を躍動する禽獣である。ただ、本鏡の禽鳥はこれこそ簡化の極にある。

次の後漢鏡の大分類はJの【74・75　昭明連弧銘帯紋鏡】の連弧銘帯紋鏡、K①【76　変形四葉獣首紋鏡】、②【77　長宜高官変形四葉鳳紋鏡】、③【78　変形四葉龍紋銀蓋鏡】、④【79　変形四葉鳳紋鏡】、⑤【80　変形四葉四龍紋鏡】、⑥【81　簡式四葉夔龍紋鏡】などの変形四葉紋鏡と呼ばれるものだが、【76】は獣首、②【77】は鳳紋鏡がそれぞれ十分に残っている。しかし、【78】、【79】、【80】、【81】は図像の抽象化が著しく進行している。

さて、L①【82　吾作六子神人禽獣紋鏡】と②【83　吾作八子神人禽獣紋鏡】は、いずれも日本出土の三角縁神獣鏡によく似た神人神獣が見られる。【82　吾作六子神人禽獣紋鏡】には次の解説がある。

　　内区以連珠紋座凹面環状六子紋等分為六小区、毎小区内各飾浮雕式神人或一瑞獣、人獣相間排列。外区有凸起的半円和方枚間環列、毎個方枚中均有一字、合為「吾作明鏡、幽涷三商、其師命長」十二字銘。其外為斜面短斜銭紋高圏。辺縁銘文為「吾作明竟（鏡）、幽涷三商、天王日月、上□東王公・西王母、山（仙）之子、高志□子、用者大吉、生如金石、位至三公、長楽未央、□□臣道、周□無□、象羊主陽、其師命長、宜子孫」。雲雷紋縁。

　　内区は連珠紋座凹面環状六子紋などを以て分かちて六小区と為し、小区ごとに内に各々浮雕式神人或いは一瑞獣を飾り、人獣あい間して排列する。外区に凸起の有る半円と方枚が間して環列し、毎個方枚中に均しく一字有り、合せて「吾れ作る明鏡、幽かに三商を涷り、その師は命長し」十二字銘である。その外は斜面短斜銭紋高圏である。辺縁の銘文は「吾れ作りし明鏡は、幽かに三商を涷り、天王日月、上□東王公・西王母、仙の子、高志□子、用う者は大吉、生きること金石の如く、位は三公に至り、長く楽しみ未だ央きず、□□臣道、周□無□、象羊主陽、その師は命長く、子孫に宜し」である。雲雷紋縁。

因みに怪獣は口に巨（ものさし）を銜えている。日本出土の神獣鏡に多い図像図形である。また、銘文も標準的である。ただ、日本出土の三角縁神獣鏡では銘帯が二重はほとんど無く、しかも半円方枚に収められているものは珍しい。さらに、【83　吾作八子神人禽獣紋鏡】は次の説明がある。

　　内区以連珠紋座凹面環状八個子紋等分為八区、毎区内各飾一神人或一瑞獣、神人与獣相間排列。外区有凸起的半円和方枚間環列、毎個方枚中有四字「吾作明竟（鏡）」、「幽涷三商」、「周（雕）示（得）無亟（極）」、「位至三公」、「及甫西王」、「仙人王女」、「用者吉羊（祥）」。飛獣紋和雲紋縁。

ほぼ同じ紋飾図案であるが、銘文は方枚中に4字ずつの一周である。

最後にM、【84　位至三公直行銘夔鳳鏡】の「位至三公」直行銘付き夔鳳鏡、N、【85　長宜子孫四弁石榴紋鏡】の「長宜子孫」銘文付きの四弁石榴紋鏡、さらに、O、①【86　張氏盤龍紋鏡】、②【87　盤龍紋鏡】、③【88　朱氏龍虎対峙紋鏡】、④【89・90・91　龍

虎対峙紋鏡】、⑤【92　龍虎奪珠紋鏡】、⑥【93　青蓋龍虎対峙紋鏡】、⑦【94　二龍奪珠紋鏡】、⑧【95　龍虎対峙禽鳥紋鏡】、⑨【96　呂氏三龍一虎紋鏡】と九種の龍虎紋が多様に多数ある。後漢鏡の最後はP①【97　王兮三鳥銘帯紋鏡】と②【98　三羊子孫銘帯紋鏡】であるが、いずれも羊は祥に通じるような図像図案や吉祥語を並べた鏡である。

〔Ⅳ〕三国・呉鏡は、A【99　黄龍元年重列式神獣紋鏡】の神獣紋鏡、B【100　変形四葉瑞獣対鳳紋鏡】の瑞獣一対の鳳紋鏡、C【101　龍虎対峙紋鏡】の龍虎鏡、さらに〔Ⅴ〕西晋は、A①【102　天王日月神獣紋鏡】、②【103　凹面環状神獣紋鏡】のいずれも神獣鏡、〔Ⅵ〕南朝鏡は、A①【104　明如日光神獣紋鎏金銅鏡】、②【105　潘氏凹面環状神獣紋鏡】とこれも神獣紋鏡である。種類や数が少ないので、かえって後漢鏡からの継続情況がよく分かる。神獣鏡と龍虎鏡の伝統が残るのである。ただ【99　黄龍元年重列式神獣紋鏡】の神獣紋鏡を除く5鏡はいずれも鋳上がりが悪く、紋飾りの型が崩れている。日本であったら日本製の仿製鏡だとするところである。なお、【99　黄龍元年重列式神獣紋鏡】の銘文は次の文である。

　　　　黄龍元年太歳在丁酉七月壬子（朔）十三日甲子、（師）陳（世）□（造）作三明鏡、
　　　　其有（服）者、令人富貴。

　黄龍元年は三国呉の年号で西暦229年である。先の第九章の湖北省鄂州市出土銅鏡、【111】に黄龍元年分段式重列神獣鏡があり、なお、本書第三章の樋口隆康氏『古鏡』の研究の引用資料の中に、

　17　黄龍元年七月鏡、三国呉、黄龍1年（229）、径11.5cm、守屋孝蔵氏旧蔵、五島美術
　　　館蔵　【呉10】
　18　黄龍元年九月鏡、三国呉、同年、径11.8cm、　富岡謙蔵氏旧蔵　　【呉9】
　19　黄龍元年十月鏡、三国呉、同年、径12.0cm、広西壮族自治区貴県高中出土鏡

というのがあるが、17　黄龍元年七月鏡が本鏡と同鏡であるが、径長は若干異なる。同年ではあるが、月日が異なり、また径長に違いのある同じ重列式神獣鏡が他に2鏡あった。樋口氏の研究は梅原末治氏の研究を前提としているが、本書第二章で検討した梅原氏の【呉9】黄龍元年九月重列神獣鏡は富岡謙蔵氏蒐集鏡の一であって、昭和8年8月23日重要美術品認定。径は3寸9分（11.817cm）あり、その鏡式は【呉6】黄武六年重列神獣鏡と同じく、ただ鈕の上方に長方形の一区を割してうちに脇侍を伴う双神を容れたのが稍々目立っており、また通じて図像の形式化が注意せられ、なお薄手となっていることも挙げられる。外区にある左行の銘は、

　　　　黄龍元年太歳在己酉九月壬子朔十三日甲子。師陳世造三涑明鏡。其有服者久富貴。
　　　　宜□□□□。

とある。似通ってはいるが、九月など字句に若干異が有り、また径長も差があるが、図像紋様は同じである。梅原氏の参考資料はさらに【呉10】黄龍元年七月重列神獣鏡がある。これは年月日が広西鏡と完全に一致するが、径3寸8分（11.514cm）と径長は異なる。こ

れもほぼ同巧の構図を以て背文を飾るもので、その鋳上りは彼よりも佳良に、また外区の銘に若干の出入りがある。

> 黄龍元年太歳在己酉七月壬子朔十〔三〕日甲子。師陳世造作百湅明竟。其有服者命久富貴。宜□□。

こちらは銘文も同じに近い。

第二節　『広西銅鏡』諸データから窺える広西壮族自治区の出土銅鏡の問題点

広西壮族自治区博物館編、黄啓善主編『広西銅鏡』から作成した【表12―1】とはまた別のデータを作成しよう。広西銅鏡の出土所蔵年・出土地等・さらに現蔵個所機関を【表12―2】としよう。

【表12―2】　広西銅鏡・出土所蔵年・出土地等・現蔵個所

	名称	時代	出土・原蔵年	出土地・原蔵機関	現蔵個所
1	四山字紋銅鏡	戦国	1979	湖南省博物館捐贈	柳州市博物館二級蔵品
2	四山字紋銅鏡	戦国	1967	桂林市革命委員会移交	桂林博物館蔵品
3	折畳式菱紋銅鏡	戦国	1967	桂林市革命委員会移交	桂林博物館蔵品
4	四山字紋銅鏡	前漢	1976	貴港市羅泊湾M1出土	広西壮族自治区博物館二級蔵品
5	蟠螭菱紋銅鏡	前漢	1979	貴港市羅泊湾M2出土	広西壮族自治区博物館
6	蟠螭三葉紋銅鏡	前漢	1979	貴港市羅泊湾M2出土	広西壮族自治区博物館
7	蟠螭四葉紋銅鏡	前漢	1976	貴港市羅泊湾M1出土	広西壮族自治区博物館
8	日有憙四子草葉紋銅鏡	前漢	1975	賀州市舗門1号前漢墓出土	広西壮族自治区博物館
9	銅華連弧銘帯紋銅鏡	前漢	1975	合浦県環城鎮堂排M28出土	広西壮族自治区博物館二級蔵品
10	昭明連弧銘帯紋銅鏡	前漢	1978	貴港市大圩路口三角地M1出土	貴港市博物館
11	昭明連弧銘帯紋銅鏡	前漢	1980	梧州市富民坊出土	梧州市博物館二級蔵品
12	重圏柿蒂紋貼金銅鏡	前漢	1978	合浦県北揷塩堆M1出土	合浦県博物館二級蔵品
13	昭明重圏銘帯紋銅鏡	前漢	1992	貴港市鉄路新村出土	貴港市博物館
14	日光圏帯銘帯紋銅鏡	前漢	1984	合浦県凸鬼嶺飼料廠M201出土	合浦県博物館
15	日光圏帯銘帯紋銅鏡	前漢	1982	桂林市九頭山M1出土	桂林博物館二級蔵品
16	四子二十孫連弧紋銅鏡	前漢	1984	合浦県凸鬼嶺飼料廠M201出土	合浦県博物館
17	四子博局禽獣紋銅鏡	前漢	1978	貴港市水電設備廠M5出土	貴港市博物館二級蔵品
18	新有八子十二博局紋銅鏡	前漢	1988	鐘山県公安鎮里太墓群出土	鐘山県文物管理所二級蔵品
19	八子九孫博局禽獣紋銅鏡	前漢	1978	貴港市水電設備廠M5出土	貴港市博物館
20	博局四神紋銅鏡	前漢	1977	貴港市風流嶺M4出土	貴港市博物館
21	簡化博局鳳鳥紋銅鏡	前漢	1977	貴港市風流嶺M2出土	貴港市博物館
22	龍鳳象猴紋銅鏡	前漢	1956	貴港市震塘嶺11号前漢墓出土	広西壮族自治区博物館一級蔵品
23	相思四葉蟠螭紋銅鏡	後漢	1956	貴港市糧食倉庫後漢M15出土	広西壮族自治区博物館
24	八連弧紋銅鏡	後漢	1965	臨桂県街頭M10出土	広西壮族自治区博物館二級蔵品
25	長宜子生（孫）連弧紋銅鏡	後漢	1980	梧州市河西淀粉廠出土	梧州市博物館二級蔵品
26	六連弧鋸歯紋銅鏡	後漢		鐘山県文物管理所旧蔵	
27	長宜子孫連弧紋銅鏡	後漢	1972	梧州市高望出土	梧州市博物館二級蔵品
28	昭明圏帯銘帯紋銅鏡	後漢	1983	興安県石馬坪Ⅰ出土	興安県博物館
29	四子四鷹紋銅鏡	後漢	1955	貴港市風流嶺M24出土	広西壮族自治区博物館二級蔵品
30	尚方四子銘帯紋銅鏡	後漢	1992	合浦県凸鬼嶺汽車歯輪廠M16A出土	合浦県博物館
31	四子四禽紋銅鏡	後漢	1975	梧州市河西蝶山出土	梧州市博物館二級蔵品
32	四子羽人禽紋銅鏡	後漢	1986	蒙山県文圩鎮龍定村追子山漢墓出土	蒙山県文物管理所
33	形興常楽四子銘銅鏡	後漢	1977	合浦県氮肥廠M1出土	合浦県博物館
34	四子四獣紋銅鏡	後漢	1984	興安県石馬坪M20出土	興安県博物館蔵
35	四子龍虎紋銅鏡	後漢	1983	興安県溶江石馬坪M4出土	興安県博物館蔵
36	四子神獣紋銅鏡	後漢	1979	梧州市扶典工農倉出土	梧州市博物館二級蔵品
37	家常貴富四子連弧紋銅鏡	後漢	1955	貴港市火車站M53出土	広西壮族自治区博物館二級蔵品

38	新有四子簡化博局紋銅鏡	後漢	1983	興安県溶江石馬坪M1出土	興安県博物館蔵
39	四子簡化博局禽獣紋銅鏡	後漢	1984	貴港市鉄路新村大路点M1出土	貴港市博物館二級蔵品
40	四子簡化博局畳雲紋銅鏡	後漢	1962	梧州市河西興白後村低山出土	梧州市博物館二級蔵品
41	五子禽獣紋銅鏡	後漢	1956	貴港市加工廠後漢M2出土	広西壮族自治区博物館二級蔵品
42	五子五龍紋銅鏡	後漢	1965	梧州市河西松山出土	梧州市博物館
43	五子禽鳥紋銅鏡	後漢	1983	興安県石馬坪出土	興安県博物館二級蔵品
44	六子禽獣紋銅鏡	後漢	1976	梧州市富民紙箱廠出土	梧州市博物館二級蔵品
45	六子神獣紋銅鏡	後漢	1982	梧州市大塘鶴頭山出土	梧州市博物館二級蔵品
46	六子連弧紋銅鏡	後漢	1983	潅陽県黄関鎮興秀村出土	潅陽県文物管理所
47	李氏六子禽獣紋銅鏡	後漢	1978	貴港市二七三地質隊M1出土	貴港市博物館
48	六子六蟹紋銅鏡	後漢	1986	興安県湘漓郷出土	興安県博物館
49	呂氏六子六鳥紋銅鏡	後漢	1976	鍾山県公安鎮里太墓群出土	鍾山県文物管理所
50	尚方六子六孫禽鳥紋銅鏡	後漢	1978	合浦県罐頭廠墓出土	合浦県博物館
51	元和三年七子瑞獣紋銅鏡	後漢	1958	梧州市旺歩M2出土	広西壮族自治区博物館二級蔵品
52	張氏七子神獣紋銅鏡	後漢	1980	梧州市製薬廠後山出土	梧州市博物館
53	大駕登龍七子八孫紋銅鏡	後漢	1976	梧州市銭鑑路九中出土	梧州市博物館二級蔵品
54	七子九孫禽獣紋銅鏡	後漢	1984	貴港市鉄路新村M2出土	貴港市博物館
55	呂氏七子九孫禽獣紋銅鏡	後漢	1958	貴港市淀粉廠M1出土	広西壮族自治区博物館
56	七子九孫禽鳥紋銅鏡	後漢	1976	賀州市舗門河東出土	賀州市博物館
57	尚方七子九孫禽獣紋銅鏡	後漢	1978	貴港市木材加工廠M1出土	貴港市博物館
58	尚方八子八禽紋銅鏡	後漢	1978	梧州市旺歩水廠出土	梧州市博物館
59	尚方八子博局四神銅鏡	後漢	1973	興安県石馬坪徴集	興安県博物館
60	八子博局禽鳥紋銅鏡	後漢	1973	梧州市出土	梧州市博物館二級蔵品
61	尚方八子博局八禽紋銅鏡	後漢	1975	貴港市火車站M1出土	広西壮族自治区博物館二級蔵品
62	王氏八子博局四神紋銅鏡	後漢	1955	貴港市火車站M34出土	広西壮族自治区博物館二級蔵品
63	八子簡化博局四獣紋銅鏡	後漢	1978	梧州市旺歩水廠出土	梧州市博物館二級蔵品
64	長宜八子八孫博局紋銅鏡	後漢	1973	興安県石馬坪出土	興安県博物館
65	新有八子八孫紋銅鏡	後漢	1956	貴港市葫蘆嶺M5出土	広西壮族自治区博物館二級蔵品
66	漢有八子八孫紋銅鏡	後漢	1982	貴港市鉄路新村M10出土	貴港市博物館二級蔵品
67	八子十二博局紋銅鏡	後漢	1955	貴港市高中部M9出土	広西壮族自治区博物館二級蔵品
68	八子十二孫博局紋銅鏡	後漢	1986	貴港市機耕隊出土	貴港市博物館
69	博局四神紋銅鏡	後漢	1978	鍾山県英家墓群群出土	鍾山県文物管理所二級蔵品
70	博局禽獣紋銅鏡	後漢	1956	貴港市新牛嶺M8出土	広西壮族自治区博物館
71	中国大寧博局紋鎏金鏡	後漢	1958	梧州市低山M2出土	広西壮族自治区博物館二級蔵品
72	上大山簡化博局紋銅鏡	後漢	1955	貴港市風流嶺M26出土	広西壮族自治区博物館二級蔵品
73	簡化博局四禽紋銅鏡	後漢	1975	合浦県炮竹廠M2出土	合浦県博物館
74	昭明連弧銘帯紋銅鏡	後漢	1955	貴港市風流嶺M20出土	広西壮族自治区博物館二級蔵品
75	昭明連弧銘帯紋銅鏡	後漢	1983	柳州市丸頭山M2出土	柳州市博物館
76	変形四葉獣首紋銅鏡	後漢	1980	梧州市富民坊出土	梧州市博物館二級蔵品
77	長宜高官変形四葉鳳紋銅鏡	後漢	1978	昭平県北陀風清M2出土	広西壮族自治区博物館二級蔵品
78	変形四葉龍紋銀蓋鈕鏡	後漢	1965	貴港市深釘嶺後漢M1出土	広西壮族自治区博物館二級蔵品
79	変形四葉四鳳紋銅鏡	後漢	1976	鍾山県公安鎮里太墓群出土	鍾山県文物管理所二級蔵品
80	変形四葉四龍紋銅鏡	後漢	1983	桂林文物商店撥交	桂林博物館蔵
81	簡式四葉夔龍紋銅鏡	後漢	1991	貴港市三聖嶺M4出土	貴港市博物館二級蔵品
82	吾作六子神人禽獣紋銅鏡	後漢	1978	興安県界首城東出土	興安県博物館二級蔵品
83	吾作八子神人禽獣紋銅鏡	後漢	1989	興安県界首城東出土	興安県博物館二級蔵品
84	位至三公直行明夔紋銅鏡	後漢	1978	昭平県北陀風清M2出土	広西壮族自治区博物館二級蔵品
85	長宜子孫四弁石榴紋銅鏡	後漢	1969	貴港市火車站東北出土	広西壮族自治区博物館二級蔵品
86	張氏盤龍紋銅鏡	後漢	1969	貴港市火車站出土	広西壮族自治区博物館
87	盤龍紋銅鏡	後漢	1965	梧州市出土	梧州市博物館蔵
88	朱氏龍虎対峙紋銅鏡	後漢	1979	梧州市西松山出土	梧州市博物館二級蔵品
89	龍虎対峙紋銅鏡	後漢		興安県出土	桂林市文物工作隊蔵
90	龍虎対峙紋銅鏡	後漢	1978	貴港市二七三地質隊M1出土	貴港市博物館二級蔵品
91	龍虎対峙紋銅鏡	後漢	1976	鍾山県公安鎮里太M4出土	鍾山県文物管理所
92	龍虎奪珠紋銅鏡	後漢	1978	昭平県北陀風清M7出土	広西壮族自治区博物館二級蔵品
93	青蓋龍虎対峙紋銅鏡	後漢	1976	鍾山県公安鎮里太M3出土	鍾山県文物管理所
94	二龍奪珠紋銅鏡	後漢	1976	鍾山県公安鎮里太墓群出土	鍾山県文物管理所二級蔵品

95	龍虎対峙禽鳥紋銅鏡	後漢	1966	貴港市高中水利工地出土	広西壮族自治区博物館二級蔵品
96	呂氏三龍一虎紋銅鏡	後漢	1954	貴港市新村M15出土	広西壮族自治区博物館二級蔵品
97	王兮三鳥銘帯銅鏡	後漢	1979	梧州市郊扶典出土	梧州市博物館二級蔵品
98	三羊子孫銘帯銅鏡	後漢	1956	貴港市供銷社M33出土	広西壮族自治区博物館二級蔵品
99	黄龍元年重列式神獣紋銅鏡	三国	1966	貴港市高中水利工地出土	広西壮族自治区博物館一級蔵品
100	変形四葉瑞獣対鳳紋銅鏡	三国	1978	貴港市工農師範広場M3出土	貴港市博物館
101	龍虎対峙紋銅鏡	三国	1982	賀州市賀街鎮寿峰M2出土	賀州市博物館二級蔵品
102	天王日月神獣紋銅鏡	西晋	1974	梧州市白鶴山出土	梧州市博物館二級蔵品
103	凹面環状神獣紋銅鏡	西晋	1980	梧州市富民坊出土	梧州市博物館二級蔵品
104	明如日光神獣紋鎏金銅鏡	南朝	1980	梧州市富民坊出土	梧州市博物館二級蔵品
105	潘氏凹面環状神獣紋銅鏡	南朝		合浦県出土	合浦県博物館象

　広西壮族自治区各地から何年にどこで出土発見されたかのデータになる。ただ、詳細な検討は今後に残したい。一級蔵品、二級蔵品の指定は広西銅鏡の考古資料としての価値だけでなく、美術品としての価値をも証明している。広西銅鏡が出土や所蔵経路に多く確認が取れていること自体も貴重である。

　次に例によって、【表12—1】から前漢鏡以降の各鏡を径大小順に並べた【表12—3】を作成しよう。

　20cmを超える鏡は【12　重圏柿蒂紋貼金銅鏡】の23.80cmと【18　新有八子十二孫博局紋鏡】の23.00cmで、いずれも前漢鏡とされる。ただ、後者は新莽鏡の可能性がある。しかし、2鏡以下は後漢鏡が続く。さて、問題は日本出土の三角縁神獣鏡によく似た図像のL①【82　吾作六子神人禽獣紋鏡】と②【83　吾作八子神人禽獣紋鏡】であるが、前者は11.60cm、後者は12.70cm、さらに三国・呉鏡の【99　黄龍元年重列式神獣紋鏡】は10.90cmである。日本出土の三角縁神獣鏡が大体23.00cm前後であるのに比較して相当に小さいことが分かる。

　次に前・後漢鏡の一大特色だが、線条式が写実性を強め、やがては浮彫式となる。ただこれは後漢末には再び形が簡化され、抽象性が高まり、三国・六朝期に継承される。それでも後漢時代を頂点とする繊細克明な禽獣紋は極めて生動たるものである。その一つの要素に中国在来の動物に加え、外来動物が加わったことがある。猫頭獣（【17　四子博局禽獣紋鏡】）、翼獣・独角獣・獅子・猫頭獣・象（【19　八子九孫博局禽獣紋鏡】）、大象・獅子（【22　龍鳳象猴紋鏡】）、独角・大腹獣（【41　五子獣紋鏡】）、兕・独角・花頭（【53　大駕登龍七子八孫紋鏡】）など、これら珍獣は漢鏡中較少見到的（漢鏡中で非常に珍しいもの）と言われる。それが、青龍・白虎・朱雀・玄武の四神とともに同じ禽獣紋に彫刻される。四神は神獣である。とすれば、珍奇な獣も神獣もしくは瑞獣扱いされるのである。

　そしてこうした獣たちは、「長い嘴翅の尾で頭を回した獣」「翅を展した飛雀」「尾を巻いた飛鶴」「首を回し鬚を飄した猫頭の獣」「首を回し奔る虎」「首を挙げ耳を竪た鹿」（以上、【17　四子博局禽獣紋鏡】）、「半蹲猴・巻鼻象・回首禽・雲気鳥」（【19　八子九孫博局禽獣紋鏡】）といった生動というより極めて躍動的動態を見せるのである。

　瑞獣に羽人が入っていたことを指摘した。あるいは神獣かもしれない。ただ、羽人の鏡

【表12—3】 広西銅鏡・両漢三国西晋南朝銅鏡・徑大小順

	名称	時代	直徑／cm	縁厚／cm		名称	時代	直徑／cm	縁厚／cm
12	重圏柿蒂紋貼金銅鏡	前漢	23.80	0.80	82	吾作六子神人禽獣紋銅鏡	後漢	11.60	0.25
18	新有八子十二孫博局紋銅鏡	前漢	23.00	0.50	56	七子九孫禽鳥紋銅鏡	後漢	11.50	0.45
51	元和三年七子瑞獣紋銅鏡	後漢	18.80	0.70	77	長宜高官変形四葉鳳紋銅鏡	後漢	11.50	0.20
52	張氏七子神獣紋銅鏡	後漢	18.40	0.60	84	位至三公直行明夔紋銅鏡	後漢	11.40	0.30
66	漢有八子八孫博局紋銅鏡	後漢	18.40	0.40	94	二龍奪珠紋銅鏡	後漢	11.40	0.60
71	中国大寧博局紋鎏金銅鏡	後漢	18.40	0.45	34	四子四獣紋銅鏡	後漢	11.20	0.60
47	李氏六子禽獣紋銅鏡	後漢	18.00	0.80	60	八子博局禽鳥紋銅鏡	後漢	11.20	0.30
57	尚方七子九孫禽獣紋銅鏡	後漢	18.00	0.60	21	簡化博局鳳鳥紋銅鏡	前漢	11.10	0.40
100	変形四葉瑞獣対鳳紋銅鏡	三国	17.00	0.40	16	四子二十孫連弧紋銅鏡	前漢	11.00	0.40
65	新有八子八孫博局紋銅鏡	後漢	16.80	0.50	22	龍鳳象猴紋銅鏡	前漢	11.00	0.45
68	八子十二孫博局紋銅鏡	後漢	16.40	0.45	48	六子六蟹紋銅鏡	後漢	11.00	0.50
13	昭明重圏銘帯紋銅鏡	前漢	16.30	0.60	99	黄龍元年重列式神獣紋銅鏡	三国	10.90	0.40
36	四子神獣紋銅鏡	後漢	16.30	0.50	5	蟠螭菱紋銅鏡	前漢	10.80	0.35
42	五子五龍紋銅鏡	後漢	16.30	0.70	44	六子禽獣紋銅鏡	後漢	10.70	0.40
53	大駕登龍七子八孫銅鏡	後漢	16.20	0.40	92	龍虎奪珠紋銅鏡	後漢	10.60	0.60
54	七子九孫禽獣紋銅鏡	後漢	16.20	0.45	74	昭明連弧銘帯紋銅鏡	後漢	10.50	0.40
67	八子十二孫博局紋銅鏡	後漢	16.00	0.45	86	張氏盤龍紋銅鏡	後漢	10.50	0.60
76	変形四葉獣首紋銅鏡	後漢	16.00	0.40	89	龍虎対峙紋銅鏡	後漢	10.40	0.55
64	長宜八子八孫博局紋銅鏡	後漢	15.90	0.55	91	龍虎対峙紋銅鏡	後漢	10.40	0.80
19	八子九孫博局禽獣紋銅鏡	前漢	15.70	0.40	95	龍虎対峙禽鳥紋銅鏡	後漢	10.40	0.40
78	変形四葉龍紋銀蓋銅鏡	後漢	15.50	0.40	98	三羊子孫銘帯紋銅鏡	後漢	10.40	0.50
55	呂氏七子九孫禽獣紋銅鏡	後漢	15.20	0.50	70	博局禽獣紋銅鏡	後漢	10.30	0.30
9	銅華連弧銘帯紋銅鏡	前漢	15.10	0.50	20	博局四神紋銅鏡	前漢	10.20	0.30
103	凹面環状神獣紋銅鏡	西晋	14.80	0.50	33	形興常楽四子紋銅鏡	後漢	10.20	0.50
59	尚方八子博局四神紋銅鏡	後漢	14.70	0.35	23	相思四葉蟠螭紋銅鏡	後漢	10.10	0.50
62	王氏八子博局四神紋銅鏡	後漢	14.30	0.45	90	龍虎対峙紋銅鏡	後漢	10.00	0.60
93	青蓋龍虎対峙紋銅鏡	後漢	14.20	0.80	43	五子禽鳥紋銅鏡	後漢	9.90	0.50
8	日有熹四子草葉紋銅鏡	前漢	14.00	0.70	105	潘氏凹面環状神獣紋銅鏡	南朝	9.80	0.30
80	変形四葉四龍紋銅鏡	後漢	14.00	0.40	29	四子四鳧紋銅鏡	後漢	9.70	0.40
104	明如日光神獣紋鎏金銅鏡	南朝	13.80	0.50	26	六連弧鋸歯紋銅鏡	後漢	9.50	0.45
27	長宜子孫連弧紋銅鏡	後漢	13.50	0.70	46	六子連弧紋銅鏡	後漢	9.40	0.30
17	四子博局禽獣紋銅鏡	前漢	13.40	0.30	101	龍虎対峙紋銅鏡	三国	9.30	0.50
50	尚方六子六孫禽鳥紋銅鏡	後漢	13.30	0.70	97	王兮三鳥銘帯紋銅鏡	後漢	9.00	0.40
81	簡式四葉夔龍紋銅鏡	後漢	13.30	0.30	24	八連弧銅鏡	後漢	8.90	0.25
88	朱氏龍虎対峙紋銅鏡	後漢	13.30	0.90	85	長宜子孫四弁石榴紋銅鏡	後漢	8.90	0.30
32	四子羽人禽紋銅鏡	後漢	13.20	0.70	87	盤龍紋銅鏡	後漢	8.90	0.50
72	上大山簡化博局紋銅鏡	後漢	13.10	0.35	28	昭明圏帯銘帯紋銅鏡	後漢	8.80	0.30
38	新有四子簡化博局紋銅鏡	後漢	12.80	0.35	11	昭明連弧銘帯紋銅鏡	前漢	8.70	0.40
96	呂氏三龍一虎紋銅鏡	後漢	12.80	0.60	14	日光圏帯銘帯紋銅鏡	前漢	8.40	0.40
39	四子簡化博局禽獣紋銅鏡	後漢	12.70	0.45	6	蟠螭三葉紋銅鏡	前漢	8.10	0.15
45	六子神獣紋銅鏡	後漢	12.70	0.35	15	日光圏帯銘帯紋銅鏡	前漢	8.09	0.36
83	吾作八子神人禽獣紋銅鏡	後漢	12.70	0.35	75	昭明連弧銘帯紋銅鏡	後漢	7.97	0.38
41	五子禽獣紋銅鏡	後漢	12.60	0.40	30	尚方四子銘帯紋銅鏡	後漢	7.60	0.30
25	長宜子生（孫）連弧紋銅鏡	後漢	12.50	0.40	73	簡化博局四禽紋銅鏡	後漢	7.50	0.30
61	尚方八子博局八禽紋銅鏡	後漢	12.50	0.45	40	四子簡化博局畳雲紋銅鏡	後漢	7.40	0.30
79	変形四葉四鳳紋銅鏡	後漢	12.30	0.30	7	蟠螭四葉紋銅鏡	前漢	7.30	0.20
102	天王日月神獣紋銅鏡	西晋	12.30	0.35	37	家常貴富四子・連弧紋銅鏡	後漢	6.80	0.20
31	四子四禽紋銅鏡	後漢	12.00	0.60					
58	尚方八子八禽紋銅鏡	後漢	12.00	0.50					
4	四山字紋銅鏡	前漢	11.80	0.30					
63	八子簡化博局四獣紋銅鏡	後漢	11.80	0.40					
10	昭明連弧銘帯紋銅鏡	前漢	11.70	0.65					
49	呂氏六子六鳥紋銅鏡	後漢	11.70	0.30					
35	四子龍虎紋銅鏡	後漢	11.60	0.60					
69	博局四神紋銅鏡	後漢	11.60	0.40					

紋飾への登場のさせ方であるが、【53　大駕登龍七子八孫紋鏡】では「飾以線条式虎・朱雀・玄武・羽人・咒以独角・花頭等怪獣」といい、【55　呂氏七子九孫禽獣紋鏡】でも「配置線条式的青龍・白虎・羽人・禽鳥以及形態各異的瑞獣」と単に他の禽獣と混じって彫刻されているだけであるが、【17　四子博局禽獣紋鏡】では、

> 分別配以禽獣等紋飾。其配置是長嘴翅尾回頭獣配跪地抓獣尾的獣頭羽人。展翅飛雀配巻尾飛鶴。回首飄須的猫頭獣配持叉捉尾的猪頭羽人。回首奔虎配挙首竪耳鹿等。禽獣的姿態十分生動。

他の禽獣の尾をつかみ、かつ「獣頭羽人」「猪頭羽人」という半人半獣的姿態を取って彫刻されている。「長髪人面獣」（【19　八子九孫博局禽獣紋鏡】）も羽人であろう。ただ、『広西銅鏡』では長江流域の湖南・湖北また浙江地方に一般的に見られた「羽人駕龍」「羽人騎虎」という昇天昇仙思想に関係する描写は皆無である。これは『広西銅鏡』には画像鏡的な鏡紋飾が絶無で、四子、五子、六子、七子、八子の子紋鏡や禽獣紋鏡が極めて多いことにも関係しよう。

結　　び

『広西銅鏡』の両漢・三国・晋・南朝の鏡が日本出土の諸鏡、特に三角縁神獣鏡と非常に類似する。もちろん鏡の径長や縁状態などで一致しない要素もある。しかし、今まで注目しなかった要素に金銀で鏡を飾る傾向が広西銅鏡にあることを指摘して結びに代えたい。すなわち、【12　重圏柿蒂紋貼金銅鏡】には次の説明が見られる。

> 座外両周凸面寛圏紋、両凸寛圏紋之間及其外均残留有部分金箔、可見原紋飾或銘文上均貼金。漢代鎏金或貼金的鏡十分罕見。可惜此鏡銹触厳重、貼金大部分脱落、原紋飾或銘文已模糊不清。

> 座外は両周凸面寛圏紋、両凸寛圏紋の間及びその外に均しく有る部分の金箔を残留させ、原と紋飾は或いは銘文上に均しく貼金を見るべし。漢代の鎏金或いは貼金の鏡は十分に罕れに見る（珍しい）。惜むべきはこの鏡は銹触が厳重で、貼金の大部分が脱落し、原との紋飾或いは銘文は已に模糊として不清。

次に鎏金鏡をみよう。【71　中国大寧博局紋鎏金銅鏡】はすでに禽獣紋が詳細に彫刻された後漢鏡だと注目したが、その鏡名に示される通り、鎏金銅鏡である。ただ、その銘文は次の通り、型破りの異形のものである。

> 視容正己鏡□□、得気五行有□（自）紀、□□公于終須始、中国大寧宜孫子。

> 容を視て己を正す鏡は□□、気の五行を得て自ら紀有り、□□公終わりにおいて始めを須（ま）ち、中国は大いに寧らか子孫に宜し。

鏡の効能はまず第一に鏡に己を写して己を正すこと、元気のもとである五行を得て自ら紀律が有り、中国は安寧になって子子孫孫と永続する。外国もしくは周縁である広西地方

の治安維持こそが中国王朝の願望である。鎏金銅鏡を与えて広西地方人民の中国王朝への帰順撫治を期待するのである。そこに彫刻され線条式神獣紋は青龍・獣・朱雀・鳳鳥・象・白虎・大腹獣・玄武と分別される賑やかさである。

次に【104 明如日光神獣紋鎏金銅鏡】の銅鏡にも鎏金が施されている、その説明は次のものである。

> 座外有六竪短線与楕円紋圏相間的紋帯一周。内区主紋為浮雕式的四神人和四獣相間夾鈕環列。其中神人為正面端座、有的双手拱于胸前。外区十二個凸起的半円紋和十二個凸起的方枚相間環繞、方枚中各有一字銘、可認者有等字。其外一周為鋸歯二弦凸圏紋帯。

ここに見える四神人と四獣は正しく三角縁神獣鏡のそれぞれと全く一致する。しかし、画像が不鮮明であるのが惜しまれる。それでも原は鎏金が施された華麗な図像であったものであろう。

以上のような貼金ないし鎏金鏡は3世紀の大分県日田市ダンワラ古墳出土の金銀錯嵌珠龍文鉄鏡を考える上で参考にすべき事柄であろう[2]。

注
（1） 川勝守『日本国家の形成と東アジア世界』吉川弘文館、2008年、132頁以下、「第四章 東アジア古代世界における市の風景―冊封関係と貿易通商関係―」参照。
（2） 川勝守『日本歴史文化概論十五講』岩田書院、2011年、67頁参照。

第三部　日本における出土鏡及び博物館美術館所蔵鏡の研究

第十三章　伊都国平原遺跡出土鏡について

はじめに

　九州福岡市の西方に位置する前原市[1]を中心とする糸島地方は「魏志倭人伝」に記された伊都国に比定される。ここから昭和40年（1965）正月以降、弥生時代の墓地や住居址が多数発見された。考古学発掘調査が進むにつれて銅剣・銅鏡、玉類、また鉄製品など、いずれも大陸や半島との文化交流を物語る貴重な資料が確認された。遺跡は平原遺跡と呼ばれるが、その方形周溝墓群の第1号墓から、特に40面の鏡類が出土した。中に46cmを超える鏡が数面あって、その遺跡の学術研究の進展が期待された。やがて出土遺物は平成2年（1990）6月20日に国の重要文化財の指定を受け、同18年（2006）国の国宝指定を受けた。この間、前原市は平成16年（2004）10月19日、出土遺物を収蔵公開する伊都国歴史博物館を建造した。さらに出土遺物を図録に収録する努力が前原市教育委員会を中心として進められ、出土物の国宝指定を承けた平成18年の翌、平成19年正月31日に図録『国宝　福岡県平原方形周溝墓出土品図録』（伊都国歴史博物館）が完成された。図録収録の各鏡について、本書第二部の中国各地の博物館等の銅鏡と同様な手法で整理研究してみるのが本章の目的である。

第一節　平原1号墓出土銅鏡について

　平原1号墓出土銅鏡についての計測データは、『平原遺跡』（前原市文化財調査報告書第70集、2000年）に表化して示されたが、それを一部改変したものが、『国宝　福岡県平原方形周溝墓出土品図録』（伊都国歴史博物館）64、65頁に表1・表2として示されている。両表をこれまで中国各地の博物館所蔵鏡と同様な形式で合併表化したのが、次の【表13—1】平原1号墓出土銅鏡である。

【表13—1】　平原1号墓出土銅鏡（『国宝福岡県平原方形周溝墓出土品図録』64・65頁修正加筆）

鏡番号	鏡型式名	面徑/cm	背面徑	縁外厚大/cm	縁内厚小/cm	鈕座	鈕座外区	子数	乳座	規矩紋四神紋等	銘文帯	外飾	鏡縁型式	赤色
1	方格規矩四神鏡	23.36	22.95	0.57	0.43	四大葉四小柿蒂	単線方格・帯円座十二孫・十二支銘・凹面双線方框	八	八連弧	規矩紋・四神禽鳥紋	右正	短斜線紋・鋸歯紋	龍雲文縁	有
2	方格規矩四神鏡	21.01	20.68	0.57	0.44	四大葉四小柿蒂	単線方格・帯円座十二孫・十二支銘・凹面双線方框	八	八連弧	規矩紋・四神禽獣紋	右正	短斜線紋・鋸歯紋	龍雲文縁	微
3	方格規矩四神鏡	21.00	20.61	0.52	0.41	四葉柿蒂	単線方格・帯円座十二孫・十二支銘・凹面双線方框	八	線円圏	規矩紋・四神禽獣紋	右正	短斜線紋・鋸歯紋	龍雲文縁	少
4	方格規矩四神鏡	20.90	20.50	0.53	0.40	四大葉四小柿	単線方格・帯円座十二孫・十二支銘・	八	線円圏	規矩紋・四神禽獣	右正	短斜線紋・鋸歯紋	龍雲文縁	少

						蒂	凹面双線方框		紋			
5	方格規矩四神鏡	18.40	18.10	0.56	0.42	円鈕座	単線方格・帯円座十二孫・十二支銘・凹面双線方框	八	線円	規矩紋・四神禽獣紋	右正	短斜線紋・鋸歯紋	龍雲文縁	少
6	方格規矩四神鏡	18.50	18.10	0.57	0.38	円鈕座	単線方格・帯円座十二孫・十二支銘・凹面双線方框	八	線円	規矩紋・四神禽獣紋	右正	短斜線紋・鋸歯紋	龍雲文縁	少
7	方格規矩四神鏡	16.14	15.83	0.48	0.37	四大葉四小柿蒂	凹面双線方框	八	線円	規矩紋・四神禽獣紋	右正	短斜線紋・鋸歯紋	龍雲文縁	微
8	方格規矩四神鏡	16.13	15.88	0.47	0.36	四大葉四小柿蒂	凹面双線方框	八	線円	規矩紋・四神禽獣紋	右正	短斜線紋・鋸歯紋	龍雲文縁	微
9	方格規矩四神鏡	16.13	15.86	0.45	0.37	四葉柿蒂	凹面双線方框	八	線円	規矩紋・四神禽獣紋	右正	短斜線紋・鋸歯紋	龍雲文縁	無
10	内行花文鏡	46.30	45.70	0.93	0.75	八葉柿蒂	凸円圏			内向八連弧		九重円弧	素文縁	微
11	内行花文鏡	46.40	45.80	0.85	0.59	八葉柿蒂	凸円圏			内向八連弧		九重円弧	素文縁	微
12	内行花文鏡	46.50	45.80	0.95	0.76	八葉柿蒂	凸円圏			内向八連弧		九重円弧	素文縁	無
13	内行花文鏡	—	—	—	—	八葉柿蒂	凸円圏			内向八連弧		九重円弧	素文縁	無
14	内行花文鏡	46.50	45.80	0.79	0.63	—	—					—	素文縁	無
15	内行花文鏡	27.06	26.80	0.53	0.42	四葉柿蒂	「大宜子孫」銘・短斜線紋・凹円圏			内向八連弧・弧間簡単図案		短斜線紋・巻雲紋間三角雷紋	素文縁	?
16	内行花文鏡	18.75	18.57	0.48	0.33	四葉柿蒂	「長宜子孫」銘・短斜線紋・凹円圏			内向八連弧・弧間簡単図案		短斜線紋・巻雲紋間三角雷紋	素文縁	無
17	四螭鏡	16.56	16.26	0.61	0.50	四葉柿蒂	簡単図案・短斜線紋・凹円圏	四	線円	四螭紋・2朱雀・龍虎		短斜線紋	素文縁	微
18	方格規矩四神鏡	16.10	15.75	0.60	0.42	四葉柿蒂	凹面双線方框	八	線円	規矩紋・四神禽獣紋	右正	短斜線紋・鋸歯文・双線波線紋	鋸歯文縁	多
19	方格規矩四神鏡	15.95	15.65	0.49	0.44	四葉柿蒂	単線方格・簡単図案・凹面双線方框	八	線円	規矩紋・四神禽獣紋	右正	短斜線紋・鋸歯文・双線波線紋	鋸歯文縁	少
20	方格規矩四神鏡	18.50	18.20	0.47	0.32	四葉柿蒂	単線方格・帯円座十二孫・十二支銘・凹面双線方框	八	線円	規矩紋・四神禽獣紋	右正	短斜線紋・鋸歯文・双線波線紋	鋸歯文縁	多
21	方格規矩四神鏡	20.70	20.47	0.53	0.40	四大葉四小柿蒂	単線方格・帯円座十二孫・十二支銘・凹面双線方框	八	八連弧	規矩紋・四神禽獣紋	右正	短斜線紋・鋸歯文・双線波線紋	鋸歯文縁	微
22	方格規矩四神鏡	18.70	18.30	0.53	0.38	四葉柿蒂	単線方格・帯円座十二孫・十二支銘・凹面双線方框	八	線円	規矩紋・四神禽獣紋	右正	短斜線紋・鋸歯文・双線波線紋	鋸歯文縁	少
23	方格規矩四神鏡	19.10	19.07	0.51	0.34	四大葉四小柿蒂	単線方格・帯円座十二孫・十二支銘・凹面双線方框	八	線円	規矩紋・四神禽獣紋	右正	短斜線紋・鋸歯文・双線波線紋	鋸歯文縁	無
24	方格規矩四神鏡	18.80	18.50	0.54	0.35	円鈕座	単線方格・帯円座十二孫・十二支銘・	八	線円	規矩紋・四神禽獣	右正	短斜線紋・鋸歯文	鋸歯文縁	無

第十三章　伊都国平原遺跡出土鏡について　617

						凹面双線方框		紋		・双線波線紋		
25	方格規矩四神鏡	18.80	18.50	0.55	0.38	円鈕座	単線方格・帯円座十二孫・十二支銘・凹面双線方框	八	線円	規矩紋・四神禽獣紋	右正	短斜線紋・鋸歯文・双線波線紋	鋸歯文縁	少
26	方格規矩四神鏡	18.30	18.00	0.56	0.36	円鈕座	単線方格・帯円座十二孫・十二支銘・凹面双線方框	八	線円	規矩紋・四神禽獣紋	右正	短斜線紋・鋸歯文・双線波線紋	鋸歯文縁	少
27	方格規矩四神鏡	15.80	15.30	0.36	0.26	四葉柿蒂	四葉間二重円弧4個・凹面双線方框	八	線円	規矩紋・四神禽獣紋	右正	短斜線紋・鋸歯文・双線波線紋	鋸歯文縁	少
28	方格規矩四神鏡	18.20	17.80	0.48	0.34	円鈕座	単線方格・帯円座十二孫・十二支銘・凹面双線方框	八	線円	規矩紋・四神禽獣紋	右正	短斜線紋・鋸歯文・双線波線紋	鋸歯文縁	微
29	方格規矩四神鏡	16.50	16.20	0.48	0.41	四葉柿蒂	四葉円弧4個・凹面双線方框	八	線円	規矩紋・四神禽獣紋	右正	短斜線紋・鋸歯文・双線波線紋	鋸歯文縁	少
30	方格規矩四神鏡	18.90	18.60	0.49	0.31	四大葉四小柿蒂	単線方格・帯円座十二孫・十二支銘・凹面双線方框	八	線円	規矩紋・四神禽獣紋	右正	短斜線紋・鋸歯文・双線波線紋	鋸歯文縁	少
31	方格規矩四神鏡	18.63	18.41	0.58	0.42	突圏円座	単線方格・帯円座十二孫・十二支銘・凹面双線方框	八	線円	規矩紋・四神禽獣紋	右正	短斜線紋・鋸歯文・双線波線紋	鋸歯文縁	少
32	方格規矩四神鏡	18.80	18.50	0.49	0.35	四葉柿蒂	四葉間簡単図案・単線方格・帯円座十二孫・十二支銘・凹面双線方框	八	線円	規矩紋・四神禽獣紋	右正	短斜線紋・鋸歯文・双線波線紋	鋸歯文縁	少
33	方格規矩四神鏡	18.80	18.40	0.49	0.36	四葉柿蒂	四葉間簡単図案・単線方格・帯円座十二孫・十二支銘・凹面双線方框	八	線円	規矩紋・四神禽獣紋	右正	短斜線紋・鋸歯文・双線波線紋	鋸歯文縁	少
34	方格規矩四神鏡	16.60	16.20	0.56	0.37	四大葉四小柿蒂	凹面双線方框	八	線円	規矩紋・四神禽獣紋	右正	短斜線紋・鋸歯文・双線波線紋	鋸歯文縁	少
35	方格規矩四神鏡	16.60	16.30	0.55	0.37	四大葉四小柿蒂	凹面双線方框	八	線円	規矩紋・四神禽獣紋	右正	短斜線紋・鋸歯文・双線波線紋	鋸歯文縁	多
36	方格規矩四神鏡	16.20	15.90	0.54	0.40	四葉柿蒂	四葉間二重円弧4個・凹面双線方框	八	線円	規矩紋・四神禽獣紋	右正	短斜線紋・鋸歯文・双線波線紋	鋸歯文縁	微
37	方格規矩四神鏡	16.40	16.00	0.48	0.37	四葉柿蒂	四葉間簡単図案・凹面双線方框	八	線円	規矩紋・四神禽獣紋	右正	短斜線紋・鋸歯文・双線波線紋	鋸歯文縁	多
38	方格規矩四神鏡	18.80	18.50	0.55	0.35	突圏円座	単線方格・帯円座十二孫・十二支銘・凹面双線方框	八	線円	規矩紋・四神禽獣紋	右正	短斜線紋・鋸歯文・双線波線紋	鋸歯文縁	微
39	方格規矩四神鏡	18.60	18.30	0.57	0.33	突圏円座	単線方格・帯円座十二孫・十二支銘・凹面双線方框	八	線円	規矩紋・四神禽獣紋	右正	短斜線紋・鋸歯文・双線波線紋	鋸歯文縁	多
40	方格規矩四神鏡	11.70	11.40	0.45	0.36	円鈕座	凹面円圏・簡単図案・凹面双線方框			規矩紋・四神禽獣紋		短斜線紋・鋸歯文	双線波線紋	多

鏡型式名は原著のままとした。実は四神紋というより、禽獣紋とか禽鳥紋という方が的を射ていると思われる鏡、さらに前第十二章の『広西銅鏡』のように四子、八子や十二孫乳釘を重視することや、銘文冒頭の「尚方」「陶氏」を鏡名に冠させるべきかも知れない。それでも日本の鏡研究の伝統では「方格規矩四神鏡」や「内行花文鏡」はあまりにも著名な大名代であることを尊重したい。「方格規矩四神鏡」は中国だったら、「尚方博局四神禽獣鏡」となろう。同様に「内行花文鏡」は「連弧紋鏡」である。

さて計測値であるが、鏡大を計測するに面径寸法は一般的であるが、背面径も計測している。面径に較べてやや短い。鏡がやや微凸状態であることが分かる。鏡縁は原著では上幅・外厚・内厚でいずれの鏡も数ミリメートルの大小の幅が計上されている。これを一々採用するのは繁雑なので、上幅は割愛し、外厚については大きい方の数値、内厚については小さい方の数値のみを表に記入した。面径等は後に径大小順を作って、鏡の大小を測定しよう。

新味を出そうとしたのは、鈕座形態と鈕座外区の関係、及び主文区域、それに外飾・鏡縁の三重円周圏のそれぞれの状態の説明である。主文区域では規矩紋・四神紋よりも子数、乳座が広西銅鏡で重視されたことを平原遺跡の40面の銅鏡でも考えようとしたのであるが、子紋座、孫紋座の存在が重要であることは十分に分かる。外区では主紋区から鏡縁部にどう繋がるかの造形変化の妙である。

さて、平原遺跡平原1号墓出土銅鏡40面の銘文は無銘鏡7鏡、それに紋座部4字銘文のもの2鏡の計9鏡を除く、31鏡がほぼ同文のもので、これは【表13−2】平原1号墓出土銅鏡銘文で一覧にすると、比較が容易である。

【表13−2】 平原1号墓出土銅鏡銘文（『国宝福岡県平原方形周溝墓出土品図録』64・65頁部分引用）

鏡番号	鏡型式名	面径／cm	【銘文】
	類型		尚方作鏡真大巧、上有仙人不知老、渇飲玉泉飢食棗、浮游天下遨四海、徘徊神山採芝草、寿如金石為国保、避去不祥宜賈市兮。
1	方格規矩四神鏡	23.36	尚方佳竟大○、○有仙人不知老、○飲玉泉飢食棗、○○天下敖四海、××××××××、寿敝今石×××。
2	方格規矩四神鏡	21.01	尚方佳竟大○、上有仙人不知老、渇飲玉泉飢食棗、××××××××、非回名山○○草、寿如今□×××兮。
3	方格規矩四神鏡	21.00	尚○○竟真大巧、上有佃仙人不知□、□飲玉泉飢食□、浮游天下敖四海、××××××××、寿如金石為国保・。
4	方格規矩四神鏡	20.90	尚方作竟○大巧、上有佃仙人不知老、○飲玉泉飢食棗、○○天○○○○、××××××××、○○○○○○保・。
5	方格規矩四神鏡	18.40	○○○竟真大巧、××××××××、渇飲玉×飢食棗、○○○○○○○○、○○○○○○○○。
6	方格規矩四神鏡	18.50	尚方□□□大□、上有□人不知老、渇飲×泉飢食棗、□游□□□四海、□。
7	方格規矩四神鏡	15.14	尚方作竟真大巧、上○仙人不知老、渇飲玉泉飢食棗、×××××××××○○○○○○○、××××××○。
8	方格規矩四神鏡	16.13	尚方作竟真大巧、○有○○○知○、渇飲玉泉飢食棗、××××××××××○○○○○○○、××××××保。
9	方格規矩四神鏡	16.13	尚方作竟真○○、○○○○不知老、渇○○○○○○○、××××××××××○○○○○○○、××××××○。
10	内行花文鏡	46.30	無銘
11	内行花文鏡	46.40	無銘
12	内行花文鏡	46.50	無銘
13	内行花文鏡	—	無銘
14	内行花文鏡	46.50	無銘

15	内行花文鏡	27.06	大宜子孫。
16	内行花文鏡	18.75	長宜子孫。
17	四螭鏡	16.56	無銘
18	方格規矩四神鏡	16.10	尚方□竟真大巧、上有仙人不知○、渇飲玉泉×食棗。
19	方格規矩四神鏡	15.50	尚方佳竟真大好、上有仙人不知老、渇飲玉泉飢食棗兮。
20	方格規矩四神鏡	18.50	尚□作竟真○巧、上有仙人不知○、□飲×泉飢食棗、浮游天下三四海、□・。
21	方格規矩四神鏡	20.70	尚方佳竟真大○、○有○○不知老、渇飲玉泉飢○○、浮游○○敖四海、×××××××、寿如金石之国○、○。
22	方格規矩四神鏡	18.70	尚方作○○○巧、上□仙人不知老、渇飲玉泉飢食棗、×××××××、×××××××、寿如今○之○○・。
23	方格規矩四神鏡	19.10	尚○○○真大巧、上有仙○○○、渇飲玉泉飢○○、○游天下敖三海、×××××××、寿如今石之国保兮・。
24	方格規矩四神鏡	18.80	尚○○真真○○、○○○○○○、渇飲○○○、×××××××、○○□石之国保・。
25	方格規矩四神鏡	18.80	尚方作竟真大巧、上有仙人不知老、渇飲玉泉飢食棗、×××××××、寿○今石之国○・。
26	方格規矩四神鏡	18.30	尚方作○真大巧、上有仙人不知○、渇○○○飢食○、×××××××、×××××××、寿○○○○国保・。
27	方格規矩四神鏡	15.80	尚方佳竟○○○、○○仙人不知老、渇飲玉泉飢食棗、兮・。
28	方格規矩四神鏡	18.20	尚○○○○○好、○○○人不○老、渇飲玉泉飢食棗。
29	方格規矩四神鏡	16.50	○○佳竟真大好、上有仙人不知老、渇飲○泉○○棗、×××××××、×××××××、寿○○。
30	方格規矩四神鏡	18.90	○○佳○○○○○、○○○○○○○○○、○○○○棗、浮游○下敖三海、×××××××、寿如今石之国□。
31	方格規矩四神鏡	18.63	陶氏○竟○○巧、上有仙人不知老、渇○○泉飢食棗、○如今石之国保兮・。
32	方格規矩四神鏡	18.80	陶氏作竟真大巧、上有仙人不知老、渇○泉飢食棗、寿如今石之国□、××××宜古市・。
33	方格規矩四神鏡	18.80	陶氏作竟真大巧、上有仙人不知、○飲玉泉飢食棗、×××××××、寿如今石之国保、××××宜古市・。
34	方格規矩四神鏡	16.60	陶氏作竟真大巧、上○仙人不○○、渇飲玉泉飢食棗、×××××××、寿如今石×××、×××××相保・。
35	方格規矩四神鏡	16.60	陶氏作竟真大巧、上有仙○不知老、渇飲玉泉飢食棗、×××××××、寿如今石×××、×××××相○・。
36	方格規矩四神鏡	16.20	陶○作竟真大巧、上有仙人不知老、渇飲玉泉飢食棗、×××××××、×××××××、○○□石之○×。
37	方格規矩四神鏡	16.40	陶氏作竟真○○、○○仙○○知老、渇飲玉泉飢食棗、×××××××、×××××××、寿如今石×××・。
38	方格規矩四神鏡	18.80	○氏作竟真大巧、上有○○不○老、渇飲玉泉飢食棗、寿如今石○○保、大吉・。
39	方格規矩四神鏡	18.60	陶氏作竟真大巧、上有仙人不知老、渇飲玉泉飢食棗、×××××××、寿如今石之国保、大吉・。
40	方格規矩四神鏡	11.70	無銘

　これによれば、方格規矩四神鏡は1鏡を除き31鏡がほぼ同じ銘文で、長短、欠字その他の情況はさまざまである。なお、31号鏡以下39号鏡までの9鏡はいずれも、「陶氏作竟真大巧」とあり、この陶氏で始まる句は中国でも用例が見られないと原著が指摘しているが、貴重な事例である。

　内行花文鏡は無銘が5鏡、紋座区4字銘が2鏡、四螭鏡1鏡は無銘である。なお、銘文中で鏡の製造年代に関わる史料を提供してくれるのが、23号鏡の「○游天下三○」、及び30号鏡の「浮游○下敖三海」であるが、ここは他鏡の完成文体では「浮游天下敖四海」とある。この2鏡銘文に見える三字について、本書第五章の王綱懐氏は、鏡銘文上で「四海」の四を三と作るのは王莽時代だけであるという[2]。

第二節　平原１号墓出土銅鏡の大鏡の意味

【表13―１】平原１号墓出土銅鏡から、【表13―３】平原１号墓出土銅鏡・面径大小順を作成しよう。

【表13―３】　平原1号墓出土銅鏡・面徑大小順

鏡番号	鏡型式名	面徑/cm	背面徑	縁外厚大/cm	縁内厚小/cm	鈕座	鈕座外区	子数	乳座	規矩紋四神紋等	銘文帯	外飾	鏡縁型式	赤色
12	内行花文鏡	46.50	45.80	0.95	0.76	八葉柿蔕	凸円圏			内向八連弧		九重円弧	素文縁	無
14	内行花文鏡	46.50	45.80	0.79	0.63	―	―			―		―	素文縁	無
11	内行花文鏡	46.40	45.80	0.85	0.59	八葉柿蔕	凸円圏			内向八連弧		九重円弧	素文縁	微
10	内行花文鏡	46.30	45.70	0.93	0.75	八葉柿蔕	凸円圏			内向八連弧		九重円弧	素文縁	微
15	内行花文鏡	27.06	26.80	0.53	0.42	四葉柿蔕	「大宜子孫」銘・短斜線紋・凹円圏			内向八連弧・弧間簡単図案		短斜線紋・巻雲紋間三角雷紋	素文縁	？
1	方格規矩四神鏡	23.36	22.95	0.57	0.43	四大葉四小柿蔕	単線方格・帯円座十二孫・十二支銘・凹面双線方框	八	八連弧	規矩紋・四神禽鳥紋	右正	短斜線紋・鋸歯紋	龍雲文縁	有
2	方格規矩四神鏡	21.01	20.68	0.57	0.44	四大葉四小柿蔕	単線方格・帯円座十二孫・十二支銘・凹面双線方框	八	八連弧	規矩紋・四神禽獣紋	右正	短斜線紋・鋸歯紋	龍雲文縁	微
3	方格規矩四神鏡	21.00	20.61	0.52	0.41	四葉柿蔕	単線方格・帯円座十二孫・十二支銘・凹面双線方框	八	線円圏	規矩紋・四神禽獣紋	右正	短斜線紋・鋸歯紋	龍雲文縁	少
4	方格規矩四神鏡	20.90	20.50	0.53	0.40	四大葉四小柿蔕	単線方格・帯円座十二孫・十二支銘・凹面双線方框	八	線円圏	規矩紋・四神禽獣紋	右正	短斜線紋・鋸歯紋	龍雲文縁	少
21	方格規矩四神鏡	20.70	20.47	0.53	0.40	四大葉四小柿蔕	単線方格・帯円座十二孫・十二支銘・凹面双線方框	八	八連弧	規矩紋・四神禽獣紋	右正	短斜線紋・鋸歯文・双線波線紋	鋸歯文縁	微
23	方格規矩四神鏡	19.10	19.07	0.51	0.34	四大葉四小柿蔕	単線方格・帯円座十二孫・十二支銘・凹面双線方框	八	線円	規矩紋・四神禽獣紋	右正	短斜線紋・鋸歯文・双線波線紋	鋸歯文縁	無
30	方格規矩四神鏡	18.90	18.60	0.49	0.31	四大葉四小柿蔕	単線方格・帯円座十二孫・十二支銘・凹面双線方框	八	線円	規矩紋・四神禽獣紋	右正	短斜線紋・鋸歯文・双線波線紋	鋸歯文縁	少
24	方格規矩四神鏡	18.80	18.50	0.54	0.35	円鈕座	単線方格・帯円座十二孫・十二支銘・凹面双線方框	八	線円	規矩紋・四神禽獣紋	右正	短斜線紋・鋸歯文・双線波線紋	鋸歯文縁	無
25	方格規矩四神鏡	18.80	18.50	0.55	0.38	円鈕座	単線方格・帯円座十二孫・十二支銘・凹面双線方框	八	線円	規矩紋・四神禽獣紋	右正	短斜線紋・鋸歯文・双線波線紋	鋸歯文縁	少
32	方格規矩四神鏡	18.80	18.50	0.49	0.35	四葉柿蔕	四葉間簡単図案・単線方格・帯円座十二孫・十二支銘・凹面双線方框	八	線円	規矩紋・四神禽獣紋	右正	短斜線紋・鋸歯文・双線波線紋	鋸歯文縁	少
33	方格規矩四神鏡	18.80	18.40	0.49	0.36	四葉柿蔕	四葉間簡単図案・単線方格・帯円座十二孫・十二支銘・凹面双線方框	八	線円	規矩紋・四神禽獣紋	右正	短斜線紋・鋸歯文・双線波線紋	鋸歯文縁	少

第十三章　伊都国平原遺跡出土鏡について　621

38	方格規矩四神鏡	18.80	18.50	0.55	0.35	突圏円座	単線方格・帯円座十二孫・十二支銘・凹面双線方框	八	線円	規矩紋・四神禽獣紋	右正	短斜線紋・鋸歯紋・双線波線紋	鋸歯文縁	微
16	内行花文鏡	18.75	18.57	0.48	0.33	四葉柿蒂	「長宜子孫」銘・短斜線紋・凹円圏			内向八連弧・弧間簡単図案		短斜線紋・巻雲紋間三角雷紋	素文縁	無
22	方格規矩四神鏡	18.70	18.30	0.53	0.38	四葉柿蒂	単線方格・帯円座十二孫・十二支銘・凹面双線方框	八	線円	規矩紋・四神禽獣紋	右正	短斜線紋・鋸歯紋・双線波線紋	鋸歯文縁	少
31	方格規矩四神鏡	18.30	18.41	0.58	0.42	突圏円座	単線方格・帯円座十二孫・十二支銘・凹面双線方框	八	線円	規矩紋・四神禽獣紋	右正	短斜線紋・鋸歯紋・双線波線紋	鋸歯文縁	少
39	方格規矩四神鏡	18.60	18.30	0.57	0.33	突圏円座	単線方格・帯円座十二孫・十二支銘・凹面双線方框	八	線円	規矩紋・四神禽獣紋	右正	短斜線紋・鋸歯紋・双線波線紋	鋸歯文縁	多
6	方格規矩四神鏡	18.50	18.10	0.57	0.38	円鈕座	単線方格・帯円座十二孫・十二支銘・凹面双線方框	八	線円	規矩紋・四神禽獣紋	右正	短斜線紋・鋸歯紋	龍雲文縁	少
20	方格規矩四神鏡	18.50	18.20	0.47	0.32	四葉柿蒂	単線方格・帯円座十二孫・十二支銘・凹面双線方框	八	線円	規矩紋・四神禽獣紋	右正	短斜線紋・鋸歯紋・双線波線紋	鋸歯文縁	多
5	方格規矩四神鏡	18.40	18.10	0.56	0.42	円鈕座	単線方格・帯円座十二孫・十二支銘・凹面双線方框	八	線円	規矩紋・四神禽獣紋	右正	短斜線紋・鋸歯紋	龍雲文縁	少
26	方格規矩四神鏡	18.30	18.00	0.56	0.36	円鈕座	単線方格・帯円座十二孫・十二支銘・凹面双線方框	八	線円	規矩紋・四神禽獣紋	右正	短斜線紋・鋸歯紋・双線波線紋	鋸歯文縁	少
28	方格規矩四神鏡	18.20	17.80	0.48	0.34	円鈕座	単線方格・帯円座十二孫・十二支銘・凹面双線方框	八	線円	規矩紋・四神禽獣紋	右正	短斜線紋・鋸歯紋・双線波線紋	鋸歯文縁	微
34	方格規矩四神鏡	16.60	16.20	0.56	0.37	四大葉四小柿蒂	凹面双線方框	八	線円	規矩紋・四神禽獣紋	右正	短斜線紋・鋸歯紋・双線波線紋	鋸歯文縁	少
35	方格規矩四神鏡	16.60	16.30	0.55	0.37	四大葉四小柿蒂	凹面双線方框	八	線円	規矩紋・四神禽獣紋	右正	短斜線紋・鋸歯紋・双線波線紋	鋸歯文縁	多
17	四螭鏡	16.56	16.26	0.61	0.50	四葉柿蒂	簡単図案・短斜線紋・凹円圏	四	線円	四螭紋・2朱雀・龍虎		短斜線紋	素文縁	微
29	方格規矩四神鏡	16.50	16.20	0.48	0.41	四葉柿蒂	四葉円弧4個・凹面双線方框	八	線円	規矩紋・四神禽獣紋	右正	短斜線紋・鋸歯紋・双線波線紋	鋸歯文縁	少
37	方格規矩四神鏡	16.40	16.00	0.48	0.37	四葉柿蒂	四葉間簡単図案・凹面双線方框	八	線円	規矩紋・四神禽獣紋	右正	短斜線紋・鋸歯紋・双線波線紋	鋸歯文縁	多
36	方格規矩四神鏡	16.20	15.90	0.54	0.40	四葉柿蒂	四葉間二重円弧4個・凹面双線方框	八	線円	規矩紋・四神禽獣紋	右正	短斜線紋・鋸歯紋・双線波線紋	鋸歯文縁	微
17	四螭鏡	16.56	16.26	0.61	0.50	四葉柿蒂	簡単図案・短斜線紋・凹円圏	四	線円	四螭紋・2朱雀・龍虎		短斜線紋	素文縁	微
7	方格規矩	16.14	15.86	0.48	0.37	四大葉	凹面双線方框	八	線円	規矩紋・	右正	短斜線紋	龍雲文縁	微

	四神鏡				四小柿蒂				四神禽獣紋	・鋸歯紋		
8	方格規矩四神鏡	16.13	15.88	0.47	0.36	四大葉四小柿蒂	凹面双線方框	八	線円	規矩紋・四神禽獣紋	右正	短斜線紋・鋸歯紋	龍雲文縁	微
9	方格規矩四神鏡	16.13	15.86	0.44	0.37	四葉柿蒂	凹面双線方框	八	線円	規矩紋・四神禽獣紋	右正	短斜線紋・鋸歯紋	龍雲文縁	無
18	方格規矩四神鏡	16.10	15.75	0.60	0.42	四葉柿蒂	凹面双線方框	八	線円	規矩紋・四神禽獣紋	右正	短斜線紋・鋸歯文・双線波線紋	鋸歯文縁	多
19	方格規矩四神鏡	15.95	15.65	0.49	0.44	四葉柿蒂	単線方格・簡単図案・凹面双線方框	八	線円	規矩紋・四神禽獣紋	右正	短斜線紋・鋸歯文・双線波線紋	鋸歯文縁	少
27	方格規矩四神鏡	15.80	15.30	0.36	0.26	四葉柿蒂	四葉間二重円弧4個・凹面双線方框	八	線円	規矩紋・四神禽獣紋	右正	短斜線紋・鋸歯文・双線波線紋	鋸歯文縁	少
40	方格規矩四神鏡	11.70	11.40	0.45	0.36	円鈕座	凹面円圏・簡単図案・凹面双線方框			規矩紋・四神禽獣紋		短斜線紋・鋸歯文	双線波線紋	多
13	内行花文鏡	—	—			八葉柿蒂	凸円圏			内向八連弧		九重円弧	素文縁	無

　これによれば、12号鏡が46.50cm、14号鏡が46.50cm、11号鏡が46.40cm、10号鏡が46.30cmである。それらに次ぐ鏡も15号鏡27.06cmのいずれも内行花文鏡である。それらに続くのが、1号鏡23.36cm、2号鏡21.01cm、3号鏡21.00cm、4号鏡20.90cm、21号鏡20.70cmのいずれも方格規矩四神鏡である。これらも20cmを超える鏡で、これまで見た中国各地の出土鏡に比するに十分大鏡である。

　漢代鏡の径長については、先に引用した本書第五章の王綱懐の「漢鏡尺寸の問題」に王綱懐氏の次の指摘がある。

　　鏡の盛行期は標準器物が多く標準寸（今の2.31cm）の整数倍となり、かつ大より小に到る形成系列にある。

　平原1号墓出土銅鏡の46.50cm、46.40cm、46.30cmというのは漢尺2尺、中国発見の最大級が10寸＝1尺23.10cmの優に2倍である。さらに王綱懐氏は次の指摘を行う。

　　四川省成都市青白江区出土の鏡は直径は漢尺10寸（23.10cm）であり、河北省満城県中山靖王劉勝墓出土の鏡と本書附録中の銅華（錯刀）四霊博局鏡は漢尺9寸（20.80cm）であり、この鏡は漢尺八寸（18.20cm）である。現存して現在見ることのできる鏡は多く漢尺七寸、六寸、五寸であり、少しく見る八寸或八寸以上は王侯公卿が所用の大鏡に属す。

　「八寸或八寸以上は王侯公卿が所用の大鏡」というのである。それにしても漢尺10寸（23.10cm）の2倍という平原1号墓出土大鏡4面は中国に発掘事例の無いことから日本・倭国での仿製鏡という意見も出よう。これは3世紀の倭国女王卑弥呼に下賜されたという三角縁神獣鏡にしても同様なことが問題になり、三角縁神獣鏡また日本での制作鋳造ではないかという意見が依然として存在する。ただ、三角縁神獣鏡は全国での出土事例が余り

にも多く、さらに鏡の青銅質や鋳造が明らかに劣悪で日本での仿製鏡と断定されるものも数多い。しかし、平原１号墓出土鏡40面は鏡の青銅質や鋳造の優秀さ、さらに紋飾の時代性から見て、明らかに中国製である。特に23号鏡の「〇游天下三〇」、及び30号鏡の「浮游〇下敖三海」に王莽時代（8〜22年）にしか使用されない漢字が見えるなど、１世紀から２世紀の鏡であると結論できる。それに12号鏡46.50cm、14号鏡46.50cm、11号鏡46.40cm、10号鏡46.30cm、15号鏡27.06cmの各内行花文鏡５鏡を除けば、後はすべて１号鏡23.36cm、２号鏡21.01cm、３号鏡21.00cm、４号鏡20.90cm、21号鏡20.70cmのいずれも方格規矩四神鏡であるが、さらにその次のランクの鏡は23号鏡19.10cm以下、30・24・24・25・32・33・38・16・22・31・39・6・20・5・26・28の17鏡が王綱懐氏のいう「八寸或八寸以上は王侯公卿が所用の大鏡」である。漢尺八寸は18.20cmである。それ以下でも34・35・17・29・37・36・7・8・9・18・19・27が15.80cm以上、多くは16cm台、すなわち漢尺七寸以上であって、それから外れるのはわずかに40号鏡11.70cmだけである。加えて鏡銘文は「尚方」で始まるものが20鏡以上はあり、それが後漢王朝政府の銅鏡製作であれば、平原１号墓主、すなわち伊都国王が後漢王朝から王として扱われたことを示すものである。なお、他の副葬品としての服飾品にガラス耳璫があり、これも中国皇帝から王侯に下賜されるものである。

第三節　倭国王帥升の東アジア世界での位置

『後漢書』巻五、孝安帝紀に次の記事がある。
　　永初元年冬十月、倭国遣使奉献。
　　永初元年冬十月、倭国は使を遣わして献じ奉る。
この記事は倭国が後漢王朝に遣使奉献してきたという中国後漢王朝の外交記事である。これに対応する別個所の記事が『後漢書』巻八五、東夷伝、倭の条である
　　安帝永初元年、倭国王帥升等献生口百六十人、願請見。
　　安帝永初元年、倭国王帥升らは生口百六十人を献じ、請見を願う。
後漢皇帝は安帝、その永初元年（107）に倭国王帥升が遣使奉献し生口百六十人を献じ、請見を願うという。具体的に倭国王の名を挙げる。ただ、倭国王であって、倭王ではない。上表文をつけ貢物をもった遣使奉献ではないとしたからであろう。こうした倭国の遣使奉献の先例に後漢光武帝に遣使した倭奴国王の例がある。すなわち、『後漢書』巻一下、光武帝紀下に次の記事がある。
　　中元二年春正月、東夷倭奴国王、遣使奉献。
　　中元二年春正月、東夷の倭の奴国の王、使を遣わし献じ奉る。
これも『後漢書』巻八五、東夷伝、倭の条には、
　　建武中元二年、倭奴国奉貢朝賀、使人自称大夫、倭国之極南界也。光武賜以印綬。

建武中元二年、倭の奴国は貢を奉じ朝賀し、使人自ら大夫と称す、倭国の極南界な
　　り。光武賜うに印綬を以てす。

　建武中元二年（57）の光武帝の時は賜うに印綬を以てすとあり、金印を倭の奴国王に下
賜したのである。安帝永初元年では後漢が倭国王帥升に何を下賜したかの記事はない。そ
れでも、倭国の遣使奉献が後漢王朝から歓迎されたことは、当時、後漢王朝をとりまく東
アジア世界は「永初多難」（『後漢書』巻八五、東夷伝序文）であったからである。2世紀に
入って和帝晩年からの東アジア情勢の記事をあげよう。Aは『後漢書』巻初の各帝の本紀
の記事、Bは『後漢書』巻末近くの東夷伝の条である。

　A　元興元年（105）春正月、高句麗寇郡界。
　B　和帝元興元年春、復入遼東、寇略六県、太守耿夔撃破之、斬其渠帥。（高句麗伝）
　A　同年秋九月、遼東太守耿夔撃貊人、破之。
　A　延平元年（106）夏四月、鮮卑寇漁陽、漁陽太守張顕追撃、戦没。
　A　永初元年（107）冬十月、倭国遣使奉献。
　B　安帝永初元年、倭国王帥升等献生口百六十人、願請見。【倭伝】
　A　同三年（109）春正月、高句麗遣使貢献。
　A　同年六月、烏桓寇代郡・上谷・涿郡。
　A　同五年（111）三月、夫余夷犯人塞、殺傷吏人。
　B　至安帝永初五年、夫余王始将兵騎七八千寇鈔楽浪、殺傷吏民、後復帰附。【夫余伝】
　B　安帝永初五年、宮遣使貢献、求属玄菟。【高句麗伝】
　A　元初二年（115）八月、遼東鮮卑囲無慮県。九月、又攻夫犂営、殺県令。
　A　同五年（118）夏六月、高句麗与濊貊寇玄菟。
　B　元初五年、復与濊貊寇玄菟、攻華麗城。【高句麗伝】

　後漢安帝が永初元年、遣使奉献してきた倭国王帥升に対して多くの銅鏡を賜ったことは
事実であると認められる。しかも、倭国の格別な処遇として規格の2倍はあるという型破
りの46cmの大鏡を下賜したのである。これが後漢王朝の外臣とは未だなっていなかった倭
国王帥升、すなわち伊都国に対する処遇であった。倭国王帥升の東アジア世界での位置は
そのように理解する必要があろう。

　　結　　び

　平原1号墓出土銅鏡から2面の王莽時代の鏡、新莽鏡があることも注目される。すなわ
ち23号鏡と30号鏡であり、徑寸は23号鏡19.10cm、30号鏡18.90cm、規格に厳密な王莽政権
とすれば、ぎりぎりに大きな鏡である。銘文は23号鏡が「尚方」で始まる比較的に完全に
近いもの、30号鏡は冒頭の「尚方」は不鮮明であるが、銘文全体は完整に近い。銘文以外
の鈕飾やその他もよく具備しているものである。後漢光武帝に初めて遣使奉献した倭奴国

王より早く中国王朝への使節の派遣を伊都国が行っていた証拠の物品が、平原1号墓出土の王莽時代の鏡、新莽鏡2面である。それが後漢時代に継承され、2世紀初頭の安帝永初年間、東アジア諸国が後漢王朝の国際秩序を揺るがす、まさにその時に、倭国王帥升が生口百六十人を献じ、請見を願ってきた。後漢安帝がこれをいかに歓迎したことか、それは46cmの大鏡4面に表現されるのである。

注
（1）　前原市は平成22年1月1日に二丈町・志摩町と合併して糸島市になった。
（2）　王綱懐『三槐堂蔵鏡』（文物出版社、2004年）116頁、七四、新莽刻婁銘四霊博局鏡の説明に「出園四馬」的「三（四）」字用四横通仮、唯新莽鏡独有」とある。
（3）　王綱懐、前掲『三槐堂蔵鏡』67頁、二七、四乳草葉銘文鏡、参照。

第十四章　宮内庁書陵部陵墓課編『古鏡集成』について

はじめに

　皇位のしるしである八咫鏡・草薙剣（天叢雲剣）・八坂瓊曲玉を三種神器というが、これは弥生時代の墳墓や古墳の副葬品に鏡・剣・玉の組合せが広汎に見られ、記紀等の古典の記述と併せて、古代王権のシンボルとして一般的であったことが知られる。近世中期に九州福岡市の志賀島で1世紀の後漢光武帝の金印が発見され、また福岡平野の西方の糸島地方から古代銅鏡が多数発見された。金印はともかく銅鏡は北九州だけでなく、岡山平野の山陽地方や出雲の山陰地方、さらに瀬戸内海の四国北部一帯、畿内地方から東海・北陸・関東の東方へと発見の輪が広がって行った。本居宣長らの記紀や万葉集の古典研究が盛んになり、国学と呼ばれる日本学がやがて勤王思想と結ぶや、鏡・剣・玉やそれを埋葬する古墳と古代諸天皇陵墓に対する研究意識の高まりは、蒲生君平『山陵志』が文化5年（1808）刊行されたことによく表われている。その事業は明治以降、皇室と宮内庁に継承され、天皇陵墓とその参考地の比定作業が進められたが、帝国大学や高等師範、さらに各府県師範などの教授・教員により、近代的な考古学手法で発掘調査が進められた。また工場や鉄道、道路などの建設工事で偶然発見された銅鏡も多い。銅鏡が三種神器の一種であることは、多くの人々の意識の中に影響を与え、珍奇な或いは重要と思われる銅鏡は全国から東京に報告され、多くが帝室博物館や宮内庁諸陵寮に集められた。宮内庁諸陵寮は戦後御物書籍らとともに宮内庁書陵部となり、陵墓関係文物は陵墓課に収納された。ここで古鏡の整理研究が進められたのである。

第一節　宮内庁書陵部陵墓課編『古鏡集成』の古鏡資料の意義

　平成17年3月、宮内庁書陵部陵墓課は所蔵している109面の古鏡（うち3面は石膏模造）について、過去2度に渉り公開展示し図版を刊行していたが、今回は各鏡にそのレーザー三次元デジタルアーカイブ図面を添えて研究の便を図った。作成に当たっては、奈良橿原考古学研究所（当時、所長樋口隆康氏）の協力を得たという。

　さて、ここで109面の古鏡について、前章までと同様に主要な項目について、数枚の図表を作成しよう。まず、【表14—1】宮内庁書陵部陵墓課編『古鏡集成』修正1は、現在、宮内庁書陵部陵墓課所蔵とされる109面の古の解説記事に後藤守一氏作成の「本邦内地に於ける漢式鏡発掘地地名表」（本書第一章【表1—1】後藤守一本邦内地に於ける漢式鏡発掘地地名表）の宮、諸陵寮とあるものの鏡データの鏡番号・挿絵番号・後藤鏡の種類・直径数

第十四章　宮内庁書陵部陵墓課編『古鏡集成』について　627

値（cm）を併せてみよう。

【表14―1】　宮内庁書陵部陵墓課編『古鏡集成』修正1

鏡番号	発見地名	鏡名	直径／cm	重／g	記号番号	銘文	同笵鏡	後藤鏡番号	挿絵番号	後藤鏡の種類	直径／cm
1	1 奈良県北葛城郡広陵町大字大塚字新山大塚陵墓参考地（新山古墳）	直弧文鏡	28.0	1896.0	官53			169	278①	内行葉文直弧文鏡	27.90
2		直弧文鏡（修捕）	21.0	814.3	官73			171		内行葉文直弧文鏡	21.20
3		素文縁直弧文鏡	26.4	1570.5	官95			170	278②	素帯直弧文鏡	26.00
4		三角縁二神二獣鏡	22.4	1197.7	官69	尚方作竟佳且好、明而日月世少有、刻治今守悉皆右、長保二親宜孫子、官至三公利古市、告后世。（1）	京都府東車塚古墳出土鏡、伝熊本県葦北郡内出土鏡・出土地不明（福原家蔵）鏡	156	94	有銘文帯二神二獣鏡	22.40
5		三角縁三仏三獣鏡	21.2	926.8	官91			157	102	獣文帯三神三獣鏡	21.20
6		三角縁三神三獣鏡	21.6	951.0	官70		大阪府紫金山古墳出土鏡（2面）・兵庫県親王塚古墳出土鏡・山口県長光寺山古墳出土鏡	163	279	波文帯三神三獣鏡	22.10
7		三角縁三神三獣鏡	21.5	925.8	官71		奈良県佐味田宝塚古墳出土鏡	153	275	波文帯三神三獣鏡	22.10
8		三角縁三神三獣鏡	22.1	1122.9	陵158		大阪府真名井古墳出土鏡・群馬県崎蟹沢古墳出土鏡・倉敷考古館蔵鏡（伝京都府南部出土鏡）	160	276	獣帯三神三獣鏡	21.70
9		三角縁三神三獣鏡	22.1	1059.8	官52			162		獣帯三神三獣鏡	21.50
10		三角縁四神四獣鏡	22.1	1261.1	官59	天王、天王、天王、天王、天王、天王、天王、日月。		154	88	獣文帯式四神四獣鏡	21.80
11		三角縁四神四獣鏡	22.6	1406.8	陵141	吾作明竟甚大好、上有神守及龍虎、身有文章口銜巨、古有聖人東王父西母、渇飲玉泉、五男二女長相保、吉昌。傍題、東王父・西王母。	京都府椿丸大塚山古墳出土鏡	155	93	有銘文帯四神四獣鏡	22.40
12		三角縁四神四獣鏡	23.5	1381.3	官96	天王、天王、天王、天王、天王、日月。	奈良県黒塚古墳出土鏡（3面）・岡山県湯迫車塚古墳出土鏡・福岡県石塚山古墳出土鏡	161		獣文帯式四神四獣鏡	22.10
13		画文帯縁環状乳四神四獣鏡	13.2	351.6	官63	吾乍明竟、幽柬（凍）三岡、大吉利兮。		186	280	半円方格帯放射線式四神四獣鏡（平縁）	22.10
14		画文帯縁環状乳四神四獣鏡	13.3	325.6	官92	吾作明竟、幽柬（凍）三岡、天王日月。		158	111	半円方格帯放射線式四神四獣鏡（平縁）	13.20
15		画文帯縁重列式四神四獣鏡	15.1	448.4	官65			159	122	半円方格帯階段式神獣鏡（平縁）	15.00
16		鼉龍鏡（変形神獣鏡）	27.2	2291.1	官54			168	277	鼉龍鏡	27.10
17		変形方格規矩四神鏡（修補）	20.5	903.4	官94			167	61	ＴＬＶ式鏡	20.40

18		変形方格規矩四神鏡	24.3	1307.4	官72			166	60	ＴＬＶ式鏡	24.20
19		変形方格規矩四神鏡	27.3	1938.3	官60			164	276②	ＴＬＶ式鏡	26.70
20		変形方格規矩四神鏡	29.2	2559.3	官61			165	59	ＴＬＶ式鏡	29.10
21		内行花文鏡（修補）	11.9	215.5	官51－1		京都府加悦町明石出土鏡・静岡県富士岡49号墳出土鏡	173	274	内行花文鏡	12.20
22		内行花文鏡	16.2	413.0	官68			176		内行花文鏡	16.10
23		内行花文鏡	16.2	352.9	官64			180		内行花文鏡	16.10
24		内行花文鏡	16.2	398.4	陵104			182		内行花文鏡	16.20
25		内行花文鏡	16.2	339.5	陵105			183		内行花文鏡	16.10
26		内行花文鏡	16.3	393.7	陵103			175		内行花文鏡	16.30
27		内行花文鏡	16.5	424.5	陵101			177		内行花文鏡	16.30
28		内行花文鏡	16.5	431.6	官66			174		内行花文鏡	16.40
29		内行花文鏡	16.5	402.0	官51－2			178		内行花文鏡	16.50
30		内行花文鏡	16.5	372.0	官62			179		内行花文鏡	16.40
31		内行花文鏡	16.7	350.5	陵106			181		内行花文鏡	16.50
32		内行花文鏡	16.7	322.1	官67			184		内行花文鏡	16.50
33		内行花文鏡	16.7	303.4	陵100			185		内行花文鏡	16.80
34		内行花文鏡	17.0	402.6	陵102			172		内行花文鏡	16.70
35	2 奈良県北葛城郡広陵町大字大塚黒石山古墳	神獣画像鏡	12.4	145.2	官120	□□□□、□□□□		189		画象鏡	
36		神人龍虎画像鏡（修補）	20.8	1041.4	官126	袁氏作竟世少有、□□□□母、仙人子僑赤誦子、辟邪□□左右、長保二親□□□□。		187	281	画象鏡	20.60
37		変形五獣鏡	15.6	357.0	官125			188	282	獣形鏡	15.50
38	3 大和国奈良県北葛城郡河合町大字佐味田字貝吹貝吹古墳	三角縁三神二獣博山炉鏡	21.6	913.7	官131		奈良県佐味田宝塚古墳出土鏡・伝兵庫県芦屋市親王塚古墳出土鏡・岡山県田邑円山2号墳出土鏡・広島県掛迫古墳出土鏡・岐阜県円満寺山古墳出土鏡・京都国立博物館所蔵鏡	138	104	波文帯三神三獣鏡	21.50
39		変形四獣鏡	15.7	326.2	官128			150	273	盤龍鏡	15.80
40		変形六獣鏡	21.5	861.5	官129			140	161	獣形鏡	21.50
41		鼉龍鏡（変形神獣鏡）	22.7	1134.3	官133			137	272	鼉龍鏡	22.70
42		内行花文鏡	12.1	142.5	官127			151	136	内行花文鏡	12.10
43		内行花文鏡	17.2	507.7	官130			139	47	内行花文鏡	21.50
44		内行花文鏡	21.4	811.2	官132			136	48	内行花文鏡	21.50
								152	270	鼉龍鏡	22.30
45	4 奈良県北葛城郡河合町大字佐味田貝吹宝塚古墳	家屋文鏡	22.9	1169.7	陵99			127	口絵	変形文鏡（家屋文鏡）	23.40
46		変形神人車馬画像鏡	20.8	1119.8	陵140			126	134	画象鏡	20.90
47		変形六獣鏡	15.3	304.1	陵97			131	269	獣形鏡	25.80
48		鼉龍鏡（変形神獣鏡）	22.4	1162.9	官90			152	270	鼉龍鏡	22.30
49		変形方格規矩四神鏡	15.7	412.2	陵96			133		ＴＬＶ式鏡	16.10
50		変形方格規矩四神鏡	17.6	312.1	陵98			134	271	ＴＬＶ式鏡	17.60
51		変形獣帯鏡	25.2	1381.9	官50			132		獣帯鏡	25.10

第十四章　宮内庁書陵部陵墓課編『古鏡集成』について　629

52	5　奈良県葛城市当麻大字太田字小山小山古墳	変形四獣鏡	13.1	334.6	陵95			190⑬	285	獣形鏡	13.00
53	6　奈良県奈良市佐紀町字衛門戸丸塚古墳	画文帯縁環状乳四神四獣鏡	16.0	470.0	陵166			77		神獣鏡	15.40
54		変形半三角縁二神二獣鏡（修補）	15.7	390.6	陵165			76	242	神獣鏡	15.70
55		変形対置式二神四獣鏡	22.3	1049.2	陵169			80	244	鼉龍鏡	21.60
56		変形対置式二神四獣鏡	22.1	1071.3	陵167			78	166	鼉龍鏡	21.00
57		変形対置式二神四獣鏡	22.3	953.1	陵168			79	243	鼉龍鏡	20.20
58		変形四獣鏡（修補）	12.8	209.0	陵171			74	241	獣形鏡	12.50
59		変形四獣鏡	16.1	492.9	陵172			75		獣形鏡	12.70
60		内行花文鏡（修補）	10.1	146.7	陵175			73	240	内行花文鏡	9.50
61		内行花文鏡	12.0	166.0	陵162-1			67	39	内行花文鏡	11.60
62		内行花文鏡	12.0	177.6	陵162-2			68		内行花文鏡	11.60
63		内行花文鏡	12.0	179.9	陵164			69		内行花文鏡	11.60
64		内行花文鏡（修補）	12.0	120.7	陵173			70		内行花文鏡	11.60
65		内行花文鏡	12.0	142.6	陵174			71		内行花文鏡	11.60
66		内行花文鏡	12.0	169.1	陵170			72		内行花文鏡	11.60
67	7　奈良県奈良市山陵町字御陵前狭木之寺間陵	変形方格規矩四神鏡（石膏模造）	32.7								
68		変形方格規矩四神鏡（石膏模造）	34.9								
69		直弧文帯縁内行花文鏡（石膏模造）	34.3								
70	8　奈良県天理市柳本町字大塚大塚古墳	内行花文鏡	39.7	(4375.0)	陵94			88①	249	内行花文鏡	39.70
71	9　大阪府藤井寺市古室二丁目史跡古室山古墳群大鳥塚古墳	変形四獣鏡	11.0	153.3	官93			201		獣形鏡	11.20
72	10　大阪府藤井寺市津堂藤井寺陵墓参考地（史跡城山古墳）	半三角縁二神四獣鏡（修補）	17.9	605.3	陵178-1	□□□竟、幽凍三商、配象萬疆、曾□□□。		203		神獣鏡	16.40
73		半三角縁二神四獣鏡（破損）	(18.0)	602.3	陵178-2	吾□□□［財］□□□亦王母□、鷖鳳□□昌□。		205	291	神獣鏡	14.00
74		変形神獣鏡破片	(15.0)	79.0	陵180-1			204		神獣鏡	16.40
75		変形龍虎鏡（修補）	13.3	189.8	陵179-2			207	290	盤龍鏡	21.20
76		変形龍虎鏡破片	(12.0)	45.8	陵179-1			206		盤龍鏡	13.30
77		鏡縁破片	(12.0)	20.5	陵180-2			209		鏡片	14.50

#	出土地	鏡種	径(cm)	重量	図版	銘文	備考	番号	番号2	鏡種	径
78		鏡破片	(12.0)	33.6	陵180-3			210		鏡片	13.00
79		鏡破片	不明	22.4	陵180-4			211		鏡片	11.90
								208		神獣鏡	13.90
80	11 大阪府堺市百舌鳥夕雲町一丁目史跡塚廻古墳	変形四獣鏡(修補)	13.20		陵90-1			229	304	獣形鏡	20.60
81		変形五獣鏡	13.90		陵90-2			228	303	獣形鏡	20.60
82	12 兵庫県神戸市西区神出町古神字丸ヶ岡金棒池古墳	鏡縁破片	9.6	40.9	官121			646		不明	
83	13 岡山県岡山市新庄下千足古墳(史跡造山古墳第5古墳)	変形五獣鏡	12.1	157.1	陵163-1			686	499	獣形鏡	11.80
84		変形五獣鏡	17.1	603.2	陵163-2			687	500	獣形鏡	17.00
85	14 岡山県岡山市新庄下榊山古墳(史跡造山古墳第1古墳)	変形三神三獣鏡	14.4	313.5	陵163-3			688	501	変形神獣鏡	14.00
86	15 愛媛県四国中央市妻鳥町字春宮山妻鳥陵墓参考地(東宮山古墳)	内行花文鏡	9.6	121.0	陵70	長宜子孫		750	532	内行花文鏡	
87	16 徳島県板野郡板野町大字大寺字亀山阿王塚古墳	画文帯縁神獣鏡(修補)	14.0	228.0	官135	吾作□□、□□□岡、如師命長兮。		728	526	神獣鏡	
88		画文帯縁神獣鏡(修補)	15.5	371.6	官134	吾作明竟、幽湅三商、周亥無示、天王日月、允之序首、天下安平、四方服兮、天王日月、士官大吉、子孫番昌、□□□、立(位)至三公、其市命長、天王日月。		729		神獣鏡	
89	17 福岡県京都郡苅田町大字与原史跡御所山古墳	変形四獣鏡	8.7	80.1	陵47			804		獣形鏡	
90	18 熊本県八代市岡町字谷川門前の石棺古墳	変形獣首鏡	11.6	169.0	官123			862②	586	獣首鏡	
91		内行花文鏡	10.2	101.6	官124			863		内行花文鏡	
92		内行花文鏡	11.8	165.8	官122			862①	585	内行花文鏡	
93	19 三重県安芸郡安濃町大字東観音寺北浦	変形四神四獣鏡	17.4	626.8	陵66						
94	20 福井県遠敷郡上中町大字脇袋字野口史跡西塚古墳	神人歌舞画像鏡(修補)	20.0	983.4	書8-2	尚方作竟自有紀、辟去不羊宜古市、上有東王父西王母、令君陽遂多孫子兮。傍題 西王母、玉女。	埼玉県秋山所在古墳出土鏡・東京都亀塚古墳出土鏡・根津美術館所蔵鏡(出土地不明)2面・大阪府郡川西塚古墳出土鏡・大阪府伝郡川出土鏡・大	582	451	画象鏡	19.80

第十四章　宮内庁書陵部陵墓課編『古鏡集成』について　631

							阪府長持山古墳出土鏡・京都府トツカ古墳出土鏡・岡山県朱千駄古墳出土鏡。福岡県番塚古墳出土鏡・出土地不明鏡。				
95		変形三獣鏡（修補）	12.5	185.3	書8－1			583	452	獣形鏡	12.10
96	21　岐阜県加茂郡坂祝町大字黒岩字前山前山古墳	変形四獣鏡	9.3	74.6	官56			455	388	獣形鏡	9.40
97		捩文鏡	11.7	158.6	官55			454	194	変形文鏡	11.50
98		珠文鏡	7.1	38.2	官58			457	390	変形文鏡	7.30
99		珠文鏡	7.7	59.7	官57			456	389	変形文鏡	7.90
100	22　千葉県木更津市祇園大塚山古墳	四仏四獣鏡	30.4	2748.0	陵77			394	116	神獣鏡（四仏四獣鏡）	
101	23　群馬県富岡市大字南後筒字北山茶臼山（北山）古墳	三角縁龍虎鏡	24.9	1462.9	陵78		滋賀県大岩山古墳出土鏡・伝奈良県富雄丸山古墳出土鏡・岡山県湯迫車塚古墳出土鏡・久保惣記念美術館（伝大和）蔵鏡		550	150	盤龍鏡	24.30
102	24　滋賀県大津市錦織一丁目字王子山	菊花双鳥鏡	8.2	47.9	官別8－1							
103		山吹双鳥鏡	9.0	66.5	官別8－2							
104	25　愛知県幡豆郡幡豆町大字西幡豆字後田	宝相華文八花鏡	17.6	496.1	陵64－1							
105		伯牙弾琴鏡（破損）	17.5	551.7	陵64－2							
106		海獣葡萄鏡	13.6	467.5	陵65－1							
107		素文鏡	3.1〜3.3	6.6	陵65－2							
108		素文鏡	4.4〜4.6	16.5	陵65－3							
109	26　鹿児島県曾於郡志布志町大字安楽山宮神社遺跡	山水千鳥鏡	11.0	156.5	陵27							
	大和国奈良県南葛城郡秋津村（御所市）室大墓							190②		神獣鏡	21.20
								190③		神獣鏡	12.90
								190④		神獣鏡	
								190⑤		獣形鏡	15.10
								190⑥		不明	
								190⑦		不明	
								190⑧		不明	
								190⑨		不明	
								190⑩		不明	
								190⑪		不明	
								190⑫		不明	
	近江国滋賀県坂田郡北郷村（長浜市）垣籠王塚							421①	381	変形文鏡	6.10
	播磨国兵庫県明石郡神出村（神戸							646		不明	

| | 市垂水区）小神丸岡 | | | | | | | | | |

　これによれば、宮内庁書陵部陵墓課編『古鏡集成』の7、奈良県奈良市山陵町字御陵前狭木之寺間陵の（67）（68）（69）の3鏡、19、三重県安芸郡安濃町大字東観音寺字北浦の（93）鏡、ならびに24、滋賀県大津市錦織一丁目字皇子山の2鏡、25、愛知県幡豆郡幡豆町大字西幡豆字後田の5鏡、それに26、鹿児島県曾於郡志布志町大字安楽山宮神社遺跡の1鏡の記載は、後藤守一氏作成の「本邦内地に於ける漢式鏡発掘地地名表」には見られない。ただ、24、25、26の計8鏡は隋唐鏡であるので「漢式鏡」を主題にした後藤氏は敢えて記載しなかったものと思われる。残るは7の3鏡と19の1鏡の合わせて4鏡の不明があるだけで、109鏡中で97鏡の照合ができたことになる。ただ、逆に後藤氏のリストに諸陵寮とあったうち、大和国南葛城郡秋津村（現、奈良県御所市）室大墓の12鏡（うち神獣鏡3面と獣形鏡は確認可能であるが、その他7鏡は不明）と近江国坂田郡北郷村（現、滋賀県長浜市）垣籠王塚の1鏡、さらに播磨国明石郷神出村（現、神戸市垂水区）小神丸岡の不明鏡1鏡の3個所計14鏡が不明である。さらに、各鏡についての径長寸法も一致もしくは微少な差異の鏡もあれば、相当違う数値が示されているものも多い。なお、敢えて言えば、後藤守一『漢式鏡』は大正15年（1926）の刊行であり、挿絵写真が不鮮明で紋飾も不鮮明であった。それが今回、同一鏡について鮮明な画像が得られたことは研究の便にこの上ないことである。おかげで多くの宮内庁所蔵鏡について後藤守一氏の研究の理解が容易になり、改めて後藤氏の労作が再現できた感じがすると同時に、85年の歳月における研究の進展も宮内庁書陵部陵墓課編『古鏡集成』には如実に示されている。

　鏡計測データは径寸が正確に計測されたのに加えて、重量数値も得られた。銘文も解読釈文作成に進展がある、ただ、宮内庁蔵古鏡のうち銘文鏡は14鏡で資料数としては物足りない。しかし、同笵鏡関係の確認が9鏡について得られ、またここに表示がないものも、鏡形式変遷が説明できる資料を提供しているものなど、極めて有意義である。

第二節　宮内庁書陵部陵墓課蔵古鏡の周縁

　【表14―1】宮内庁書陵部陵墓課編『古鏡集成』の修正1表の後半、すなわち現在、宮内庁書陵部陵墓課所蔵とされる109面の古鏡について、先の後藤守一『漢式鏡』に作成された「本邦内地に於ける漢式鏡発掘地地名表」から、その発見地点の墳墓などの情況や伴出出土物の品々の列挙、さらに当該古墳等についての明治、大正、昭和初期の考古学諸研究、これらを【表14―2】宮内庁書陵部陵墓課編『古鏡集成』修正2としよう。

【表14―2】　宮内庁書陵部陵墓課編『古鏡集成』修正2

鏡番号		発見地名	鏡名	直径/cm	重/g	銘文	同笵鏡	発見年月	遺跡要述	伴出遺物	研究
1	1	奈良県	直弧文鏡	28.0	1896.0			1885・4	前方後円	勾玉、管玉、	富岡謙蔵「日

第十四章　宮内庁書陵部陵墓課編『古鏡集成』について　633

2	北葛城郡広陵町大字大塚字新山大塚陵墓参考地（新山古墳）	直弧文鏡（修捕）	21.0	814.3			墳・竪穴式石室。	帯金具、石製鏃、枕形石製品、巻物軸形石製品、石製刀子柄、車輪石、燭台形石製品、刀剣身、石製斧。	本仿製古鏡に就いて』。梅原末治『佐味田及新山古墳研究』。
3		素文縁直弧文鏡	26.4	1570.5					
4		三角縁二神二獣鏡	22.4	1197.7	尚方作竟佳且好、明而日月世少有、刻治今守悉皆右、長保二親宜孫子、官至三公利古市、告后世。	京都府東車塚古墳出土鏡、伝熊本県葦北郡内出土鏡・出土地不明（福原家蔵）鏡			
5		三角縁三仏三獣鏡	21.2	926.8					
6		三角縁三神三獣鏡	21.6	951.0		大阪府紫金山古墳出土鏡（2面）・兵庫県親王塚古墳出土鏡・山口県長光寺山古墳出土鏡			
7		三角縁三神三獣鏡	21.5	925.8		奈良県佐味田宝塚古墳出土鏡			
8		三角縁三神三獣鏡	22.1	1122.9		大阪府真名井古墳出土鏡・群馬県柴崎蟹沢古墳出土鏡・倉敷考古館蔵鏡（伝京都府南部出土鏡）			
9		三角縁三神三獣鏡	22.1	1059.8					
10		三角縁四神四獣鏡	22.1	1261.1	天王、天王、天王、天王、天王、天王、天王、日月。				
11		三角縁四神四獣鏡	22.6	1406.8	吾作明竟甚大好、上有神守及龍虎、身有文章口銜巨、古有聖人東王父西王母、渇飲玉泉、五男二女長相保、吉昌。傍題、東王父・西王母。	京都府椿井大塚山古墳出土鏡			
12		三角縁四神四獣鏡	23.5	1381.3	天王、天王、天王、天王、天王、天王、天王、日月。	奈良県黒塚古墳出土鏡（3面）・岡山県湯迫車塚古墳出土鏡・福岡県石塚山古墳出土鏡			
13		画文帯縁環状乳四神四獣鏡	13.2	351.6	吾乍明竟，幽東三岡、大吉利兮。				
14		画文帯縁環状乳四神四獣鏡	13.3	325.6	吾作明竟，幽東三岡、天王日月。				
15		画文帯縁重列式四神四獣鏡	15.1	448.4					
16		鼉龍鏡（変形神獣鏡）	27.2	2291.1					
17		変形方格規矩四神鏡（修補）	20.5	903.4					
18		変形方格規矩四神鏡	24.3	1307.4					
19		変形方格規矩四神鏡	27.3	1938.3					

634　第三部　日本における出土鏡及び博物館美術館所蔵鏡の研究

20		変形方格規矩四神鏡	29.2	2559.3					
21		内行花文鏡（修補）	11.9	215.5		京都府加悦町明石出土鏡・静岡県富士岡49号墳出土鏡			
22		内行花文鏡	16.2	413.0					
23		内行花文鏡	16.2	352.9					
24		内行花文鏡	16.2	398.4					
25		内行花文鏡	16.2	339.5					
26		内行花文鏡	16.3	393.7					
27		内行花文鏡	16.5	424.5					
28		内行花文鏡	16.5	431.6					
29		内行花文鏡	16.5	402.0					
30		内行花文鏡	16.5	372.0					
31		内行花文鏡	16.7	350.5					
32		内行花文鏡	16.7	322.1					
33		内行花文鏡	16.7	303.4					
34		内行花文鏡	17.0	402.6					
35	2　奈良県北葛城郡広陵町大字大塚黒石山古墳	神獣画像鏡	12.4	145.2	□□□、□□□□				
36		神人龍虎画像鏡（修補）	20.8	1041.4	袁氏作竟世少有、□□□□母、仙人子橋赤誦子、辟邪□□左右、長保二親□□□□				
37		変形五獣鏡	15.6	357.0					
38	3　大和国奈良県北葛城郡河合町大字佐味田字貝吹貝吹区墳	三角縁三神二獣博山炉鏡	21.6	913.7		奈良県佐味田宝塚古墳出土鏡・伝兵庫県芦屋市親王塚古墳出土鏡・岡山県田邑円山2号墳出土鏡・広島県掛迫古墳出土鏡・岐阜県円満寺山古墳出土鏡・京都国立博物館所蔵鏡	1885・4	円墳カ。	刀身、土器。	富岡謙蔵「日本仿製古鏡に就いて」。
39		変形四獣鏡	15.7	326.2					
40		変形六獣鏡	21.5	861.5					
41		鼉龍鏡（変形神獣鏡）	22.7	1134.3					
42		内行花文鏡	12.1	142.5					
43		内行花文鏡	17.2	507.7					
44		内行花文鏡	21.4	811.2					
45	4　奈良県北葛城郡河合町大字佐味田貝吹宝塚古墳	家屋文鏡	22.9	1169.7			1881	前方後円墳・一種の積石的構築	勾玉、銅鏃、管玉、石製品、銅器、鉄器カ。	三宅米吉「古鏡」『考古学雑誌』1—5。高橋健自「鏡と剣と玉」。同「王莽時代の鏡に就いて」。梅原末治「大和国佐味田宝塚の構造と其の出土の古鏡に就いて」『考古学雑誌』7—3。富岡謙蔵「日本出土
46		変形神人車馬画像鏡	20.8	1119.8						
47		変形六獣鏡	15.3	304.1						
48		鼉龍鏡（変形神獣鏡）	22.4	1162.9						
49		変形方格規矩四神鏡	15.7	412.2						

第十四章　宮内庁書陵部陵墓課編『古鏡集成』について　635

50		変形方格規矩四神鏡	17.6	312.1					の古鏡」。梅原末治『佐味田及新山古墳研究』。後藤守一「銅鏃に就いて」。
51		変形獣帯鏡	25.2	1381.9					
52	5　奈良県葛城市当麻大字太田字小山小山古墳	変形四獣鏡	13.1	334.6					
53	6　奈良県奈良市佐紀町字衛門戸丸塚古墳	画文帯縁環状乳四神四獣鏡	16.0	470.0		1913・5	円墳、粘土槨	刀身、銅鏃。	後藤守一「銅鏃について」。富岡謙蔵「日本仿製古鏡に就いて」。
54		変形半三角縁二神二獣鏡（修補）	15.7	390.6					
55		変形対置式二神四獣鏡	22.3	1049.2					
56		変形対置式二神四獣鏡	22.1	1071.3					
57		変形対置式二神四獣鏡	22.3	953.1					
58		変形四獣鏡（修補）	12.8	209.0					
59		変形四獣鏡	16.1	492.9					
60		内行花文鏡（修補）	10.1	146.7					
61		内行花文鏡	12.0	166.0					
62		内行花文鏡	12.0	177.6					
63		内行花文鏡	12.0	179.9					
64		内行花文鏡（修補）	12.0	120.7					
65		内行花文鏡	12.0	142.6					
66		内行花文鏡	12.0	169.1					
67	7　奈良県奈良市山陵町字御陵前狭木之寺間陵	変形方格規矩四神鏡（石膏模造）	32.7						
68		変形方格規矩四神鏡（石膏模造）	34.9						
69		直弧文帯縁内行花文鏡（石膏模造）	34.3						
70	8　奈良県天理市柳本町字大塚大塚古墳	内行花文鏡	39.7	(4375.0)		1918・11		鉄鏃、鉄片。	「古鏡発掘」『考古学雑誌』9—4。「名柄の鏡と柳本の鏡」『考古学雑誌』9—5。梅原末治・森本六爾「大和礒城郡柳本大塚古墳調査報告」『考古学雑誌』13—8。佐藤小吉「礒城郡柳本字大塚所在大塚発掘古鏡」『奈良県史蹟勝地調査会報告書第六回』。喜田貞吉「我が鏡

										作部製作の大漢式鏡」『民族と歴史』1―1。富岡謙蔵「日本仿製古鏡に就いて」。
71	9 大阪府藤井寺市古室二丁目史迹古室山古墳群大鳥塚古墳	変形四獣鏡	11.0	153.3						
72	10 大阪府藤井寺市津堂藤井寺陵墓参考地（史迹城山古墳）	半三角縁二神四獣鏡（修補）	17.9	605.3		□□□竟、幽凍三商、配象萬疆、曾□□□。	1912・3	前方後円墳、堅穴式石室内長持式石棺。	硬玉製勾玉、碧玉岩製管玉、硬玉製棗玉、剣身、刀身、刀装具木片、小釘、皿形銅製品、平板状銅製品、朱一斗、鉄鏃、巴形銅器、十銅製矢筈、石刀子、石製剣身、車輪石破片、石製鏃形様品、石製品残欠、金銅製櫛金。	大道弘雄「河内国小山村発見の大石棺」『考古学雑誌』2―9。梅原末治「河内国小山村城山古墳の石棺及び遺物に就きて」『歴史地理』19―6。坪井正五郎「河内小山村城山古墳の調査」『人類学雑誌』28―7, 9。富岡謙蔵「日本仿製古鏡に就いて」。梅原末治「河内小山村城山古墳調査報告」『人類学雑誌』35―8, 9, 10。梅原末治「河内小山村城山古墳調査報告補正」『人類学雑誌』36―4, 5, 6, 7。
73		半三角縁二神四獣鏡（破損）	(18.0)	602.3		吾□□□［財］□□□亦王母□、鷲鳳□□昌□。				
74		変形神獣鏡破片	(15.0)	79.0						
75		変形龍虎鏡（修補）	13.3	189.8						
76		変形龍虎鏡破片	(12.0)	45.8						
77		鏡縁破片	(12.0)	20.5						
78		鏡破片	(12.0)	33.6						
79		鏡破片	不明	22.4						
80	11 大阪府堺市百舌鳥夕雲町一丁目史迹塚廻古墳	変形四獣鏡（修補）	13.20	150.2			1912	円墳、単に舟形木棺カ。	剣身、刀身、硬玉製勾玉、ガラス碧玉製、碧玉製勾玉、滑石製勾玉、碧玉製管玉、碧玉製棗玉、ガラス製丸玉、ガラス製小玉。	大道弘雄「大仙領畔の大発見」『考古学雑誌』2―12。富岡謙蔵「日本仿製古鏡に就いて」。
81		変形五獣鏡	13.90	84.3						
82	12 兵庫県神戸市西区神出町古神字丸ヶ岡金棒池古墳	鏡縁破片	9.6	40.9						
83	13 岡山県岡山市新庄下千足古墳（史迹造山古墳第5古墳）	変形五獣鏡	12.1	157.1					巴形銅器、碧玉岩製勾玉、鉄鏃、兜残欠。	明治四十五年二月十六日『山陽新聞』。和田千吉「備中国都窪郡新庄下古墳」『考古学雑誌』9―11。
84		変形五獣鏡	17.1	603.2						
85	14 岡山県岡山市新庄	変形三神三獣鏡	14.4	313.5					帯金具、金具、碧玉岩製卵形	和田千吉「備中国都窪郡新

第十四章　宮内庁書陵部陵墓課編『古鏡集成』について　637

	下榊山古墳（史跡造山古墳第1古墳）							石、砥石、銅製鈴。		庄下古墳」。
86	15　愛媛県四国中央市妻鳥町字春宮山妻陵墓参考地（東宮山古墳）	内行花文鏡	9.6	121.0	長宜子孫		1894ころ	円墳、横穴式石室	土器、鉄刀剣身、環頭柄頭、鉄鏃、鉄兜、水晶切子玉、管玉、銀平玉、金環、金銅冠、馬鐸、轡鏡板。	富岡謙蔵「日本出土の支那古鏡」。高橋健自「銅鉾銅剣考」。
87	16　徳島県板野郡板野町大字大寺字亀山阿王塚古墳	画文帯縁神獣鏡（修補）	14.0	228.0	吾作□□、□□□岡、如師命長兮。					
88		画文帯縁神獣鏡（修補）	15.5	371.6	吾作明竟、幽凍三商、周亥無示、天王日月、允之序首、天下安平、四方服兮、天王日月、士官大吉、子孫番昌、□□□□、立（位）至三公、其市命長、天王日月。					
89	17　福岡県京都郡苅田町大字与原史跡御所山古墳	変形四獣鏡	8.7	80.1						
90	18　熊本県八代市岡町字谷川門前の石棺古墳	変形獣首鏡	11.6	169.0			1884	円墳、石室	勾玉、管玉、小玉、剣身、刀身。	若林勝邦「肥後ノ古墳ノ一二」。高橋健自「本邦鏡鑑沿革考」。濱田耕作・梅原末治『京都帝国大学考古学研究報告』第三冊。
91		内行花文鏡	10.2	101.6						
92		内行花文鏡	11.8	165.8						
93	19　三重県安芸郡安濃町大字東観音寺字北浦	変形四神四獣鏡	17.4	626.8						
94	20　福井県遠敷郡上中町大字脇袋字野口史跡西塚古墳	神人歌舞画像鏡（修補）	20.0	983.4	尚方作竟自有紀、辟去不羊宜市、上有東王父西王母、令君陽遂多孫子兮。傍題西王母・王女。	埼玉県秋山所在古墳出土鏡・東京都亀塚古墳出土鏡・根津美術館所蔵鏡（出土地不明）2面・大阪府郡川西塚古墳出土鏡・大阪府伝郡川出土鏡・大阪府長持山古墳出土鏡・京都府トツカ古墳出土鏡・岡山県朱千駄古墳出土鏡・福岡県番塚古墳出土鏡・出土地不明鏡。	1916・8	前方後円墳、横穴式石室	兜、雲珠、剣身、鉄斧頭、鉄鏃、杏葉、玉製勾玉、管玉、鈴、金製耳飾、帯金具、土器。	琴堂生「古墳発掘」『考古学雑誌』7-3。上田三平「若狭国遠敷郡瓜生村西塚古墳」『考古学雑誌』7-4。同「西塚及び其附近の古墳」『福井県史蹟勝地調査報告』第一冊。
95		変形三獣鏡（修補）	12.5	185.3						
96	21　岐阜県加茂郡坂祝町大字黒岩字前山前山古墳	変形四獣鏡	9.3	74.6					管玉。	富岡謙蔵「日本仿製古鏡に就いて」。
97		捩文鏡	11.7	158.6						
98		珠文鏡	7.1	38.2						
99		珠文鏡	7.7	59.7						

638　第三部　日本における出土鏡及び博物館美術館所蔵鏡の研究

100	22　千葉県木更津市祇園大塚山古墳	四仏四獣鏡	30.4	2748.0		1891・9		兜、鎧小札、刀身、鉄鏃。		
101	23　群馬県富岡市大字南後筒字北山茶臼山（北山）古墳	三角縁龍虎鏡	24.9	1462.9	滋賀県大岩山古墳出土鏡・伝奈良県富雄丸山古墳出土鏡・岡山県湯迫車塚古墳出土鏡・久保惣記念美術館（伝大和）蔵鏡		石室なし	車輪石、勾玉		柴田常恵「上野武蔵の古墳及び先史移籍」『人類学会雑誌』東京233. 梅原末治「近江国野洲郡小篠原大岩山の一古墳調査報告」。
102	24　滋賀県大津市錦織一丁目字王子山	菊花双鳥鏡	8.2	47.9						
103		山吹双鳥鏡	9.0	66.5						
104	25　愛知県幡豆郡幡豆町大字西幡豆字後田	宝相華文八花鏡	17.6	496.1						
105		伯牙弾琴鏡（破損）	17.5	551.7						
106		海獣葡萄鏡	13.6	467.5						
107		素文鏡	3.1〜AX3.3	6.6						
108		素文鏡	4.4〜4.6	16.5						
109	26　鹿児島県曾於郡志布志町大字安楽山宮神社遺跡	山水千鳥鏡	11.0	156.5						
	大和国奈良県南葛城郡秋津村（御所市）室大墓							前方後円墳。		梅原末治「大和御所町附近の遺蹟」。
	近江国滋賀県坂田郡北郷村（長浜市）垣籠王塚					1902		前方後円墳	勾玉、小玉、刀、鏡、鉄棒。	富岡謙蔵「日本仿製古鏡に就いて」。『近江坂田郡志』
	播磨国兵庫県明石郡神出村（神戸市垂水区）小神丸岡									

　【表14—1】【表14—2】を併せると、ほぼ後藤守一『漢式鏡』に作成された「本邦内地に於ける漢式鏡発掘地地名表」の全体と今回の宮内庁書陵部陵墓課編『古鏡集成』との照合が完成する。これに、今回の宮内庁書陵部陵墓課編『古鏡集成』刊行にあたって、各鏡の解説に付した古鏡研究の諸データをさらに勘案展開したものが、【表14—3】宮内庁書陵部陵墓課編『古鏡集成』修正3である。

【表14—3】　宮内庁書陵部陵墓課編『古鏡集成』修正3

鏡番号	発見地名	鏡名	直径／cm	重／g	記号番号	銘文	同笵鏡	鏡種類	舶載・仿製	三角縁神獣鏡性格	後藤鏡の種類
1	1　奈良県北葛城郡広	直弧文鏡	28.0	1896.0	官53			倭鏡			内行葉文直弧文鏡

第十四章　宮内庁書陵部陵墓課編『古鏡集成』について　639

2	北葛城郡広陵町大字大塚字新山大塚陵墓参考地（新山古墳）	直弧文鏡（修捕）	21.0	814.3	官73			倭鏡		内行葉文直弧文鏡
3		素文縁直弧文鏡	26.4	1570.5	官95			倭鏡		素帯直弧文鏡
4		三角縁二神二獣鏡	22.4	1197.7	官69	尚方作竟佳且好、明而日月世少有、刻治今守悉皆右、長保二親宜孫子、官至三公利古市、告后世。	京都府東車塚古墳出土鏡、伝熊本県葦北郡内出土鏡・出土地不明（福原家蔵）鏡	三角縁神獣鏡	古相	有銘文帯二神二獣鏡
5		三角縁三仏三獣鏡	21.2	926.8	官91			三角縁神獣鏡	▲	獣文帯三神三獣鏡
6		三角縁三神三獣鏡	21.6	951.0	官70		大阪府紫金山古墳出土鏡（2面）・兵庫県親王塚古墳出土鏡・山口県長光寺山古墳出土鏡	三角縁神獣鏡	仿製	波文帯三神三獣鏡
7		三角縁三神三獣鏡	21.5	925.8	官71		奈良県佐味田宝塚古墳出土鏡	三角縁神獣鏡	仿製	波文帯三神三獣鏡
8		三角縁三神三獣鏡	22.1	1122.9	陵158		大阪府真名井古墳出土鏡・群馬県蟹崎蟹沢古墳出土鏡・倉敷考古館蔵鏡（伝京都府南部出土鏡）	三角縁神獣鏡	舶載	獣帯三神三獣鏡
9		三角縁三神三獣鏡	22.1	1059.8	官52			三角縁神獣鏡	仿製 新相	獣帯三神三獣鏡
10		三角縁四神四獣鏡	22.1	1261.1	官59	天王、天王、天王、天王、天王、天王、天王、日月。		三角縁神獣鏡	舶載 古相	獣文帯式四神四獣鏡
11		三角縁四神四獣鏡	22.6	1406.8	陵141	吾作明竟甚大好、上有神守及龍虎、身有文章口衘巨、古有聖人東王父西王母、渇飲玉泉、五男二女長相保、吉昌。傍題、東王父・西王母。	京都府椿井大塚山古墳出土鏡	三角縁神獣鏡	舶載 古相	有銘文帯四神四獣鏡
12		三角縁四神四獣鏡	23.5	1381.3	官96	天王、天王、天王、天王、天王、天王、天王、日月。	奈良県黒塚古墳出土鏡（3面）・岡山県湯迫車塚古墳出土鏡・福岡県石塚山古墳出土鏡	三角縁神獣鏡	舶載 古相	獣文帯式四神四獣鏡
13		画文帯縁環状乳四神四獣鏡	13.2	351.6	官63	吾乍明竟、幽東三岡、大吉利兮。		画文帯神獣鏡	新・踏返僑	半円方格帯放射線式四神四獣鏡（平縁）
14		画文帯縁環状乳四神四獣鏡	13.3	325.6	官92	吾作明竟、幽東三岡、天王日月。		画文帯神獣鏡	新・踏返僑	半円方格帯放射線式四神四獣鏡（平縁）
15		画文帯縁重列式四神四獣鏡	15.1	448.4	官65			画文帯神獣鏡	新・踏返僑・呉鏡	半円方格帯階段式神獣鏡（平縁）
16		鼉龍鏡（変形神獣鏡）	27.2	2291.1	官54			倭鏡		鼉龍鏡
17		変形方格規矩四神鏡（修補）	20.5	903.4	官94			仿製鏡	仿製	ＴＬＶ式鏡
18		変形方格規矩四神鏡	24.3	1307.4	官72			仿製鏡	仿製	ＴＬＶ式鏡
19		変形方格規矩四神鏡	27.3	1938.3	官60			仿製鏡	仿製	ＴＬＶ式鏡
20		変形方格規矩四神鏡	29.2	2559.3	官61			仿製鏡	仿製	ＴＬＶ式鏡

21		内行花文鏡（修補）	11.9	215.5	官51－1		京都府加悦町明石出土鏡・静岡県富士岡49号墳出土鏡	仿製鏡	仿製		内行花文鏡
22		内行花文鏡	16.2	413.0	官68			仿製鏡	仿製		内行花文鏡
23		内行花文鏡	16.2	352.9	官64			仿製鏡	仿製		内行花文鏡
24		内行花文鏡	16.2	398.4	陵104			仿製鏡	仿製		内行花文鏡
25		内行花文鏡	16.2	339.5	陵105			仿製鏡	仿製		内行花文鏡
26		内行花文鏡	16.3	393.7	陵103			仿製鏡	仿製		内行花文鏡
27		内行花文鏡	16.5	424.5	陵101			仿製鏡	仿製		内行花文鏡
28		内行花文鏡	16.5	431.6	官66			仿製鏡	仿製		内行花文鏡
29		内行花文鏡	16.5	402.0	官51－2			仿製鏡	仿製		内行花文鏡
30		内行花文鏡	16.5	372.0	官62			仿製鏡	仿製		内行花文鏡
31		内行花文鏡	16.7	350.5	陵106			仿製鏡	仿製		内行花文鏡
32		内行花文鏡	16.7	322.1	官67			仿製鏡	仿製		内行花文鏡
33		内行花文鏡	16.7	303.4	陵100			仿製鏡	仿製		内行花文鏡
34		内行花文鏡	17.0	402.6	陵102			仿製鏡	仿製		内行花文鏡
35	2 奈良県北葛城郡広陵町大字大塚黒石山古墳	神獣画像鏡	12.4	145.2	官120	□□□□、□□□□		画象鏡	舶載		画象鏡
36		神人龍虎画像鏡（修補）	20.8	1041.4	官126	袁氏作竟世少有、□□□□母、仙人子僑赤誦子、辟邪□□左右、長保二親□□□□。		画象鏡	舶載		画象鏡
37		変形五獣鏡	15.6	357.0	官125						獣形鏡
38	3 大和国奈良県北葛城郡河合町大字佐味田字吹貝吹古墳	三角縁三神二獣博山炉鏡	21.6	913.7	官131		奈良県佐味田宝塚古墳出土鏡・伝兵庫県芦屋市親王塚古墳出土鏡・岡山県田邑円山2号墳出土鏡・広島県掛迫古墳出土鏡・岐阜県円満寺山古墳出土鏡・京都国立博物館所蔵鏡				波文帯三神三獣鏡
39		変形四獣鏡	15.7	326.2	官128						盤龍鏡
40		変形六獣鏡	21.5	861.5	官129						獣形鏡
41		鼉龍鏡（変形神獣鏡）	22.7	1134.3	官133						鼉龍鏡
42		内行花文鏡	12.1	142.5	官127						内行花文鏡
43		内行花文鏡	17.2	507.7	官130						内行花文鏡
44		内行花文鏡	21.4	811.2	官132						内行花文鏡
											鼉龍鏡
45	4 奈良県北葛城郡河合町大字佐味田貝吹宝塚古墳	家屋文鏡	22.9	1169.7	陵99			倭鏡			変形文鏡（家屋文鏡）
46		変形神人車馬画像鏡	20.8	1119.8	陵140			仿製鏡	仿製		画象鏡
47		変形六獣鏡	15.3	304.1	陵97						獣形鏡
48		鼉龍鏡（変形神獣鏡）	22.4	1162.9	官90						鼉龍鏡
49		変形方格規矩四神鏡	15.7	412.2	陵96						ＴＬＶ式鏡
50		変形方格規矩四神鏡	17.6	312.1	陵98						ＴＬＶ式鏡
51		変形獣帯鏡	25.2	1381.9	官50						獣帯鏡
52	5 奈良県葛城市当麻大字太田字小山小山古墳	変形四獣鏡	13.1	334.6	陵95						獣形鏡

第十四章　宮内庁書陵部陵墓課編『古鏡集成』について　641

53	6　奈良県奈良市佐紀町字衛門戸丸塚古墳	画文帯縁環状乳四神四獣鏡	16.0	470.0	陵166			画文帯神獣鏡		新・踏返倣	神獣鏡
54		変形半三角縁二神二獣鏡（補修）	15.7	390.6	陵165			倣製鏡	倣製		神獣鏡
55		変形対置式二神四獣鏡	22.3	1049.2	陵169			倣製鏡	倣製		倣龍鏡
56		変形対置式二神四獣鏡	22.1	1071.3	陵167			倣製鏡	倣製		倣龍鏡
57		変形対置式二神四獣鏡	22.3	953.1	陵168			倣製鏡	倣製		倣龍鏡
58		変形四獣鏡（修補）	12.8	209.0	陵171						獣形鏡
59		変形四獣鏡	16.1	492.9	陵172						獣形鏡
60		内行花文鏡（補修）	10.1	146.7	陵175			倭鏡	倣製		内行花文鏡
61		内行花文鏡	12.0	166.0	陵162－1			倭鏡	倣製		内行花文鏡
62		内行花文鏡	12.0	177.6	陵162－2			倭鏡	倣製		内行花文鏡
63		内行花文鏡	12.0	179.9	陵164			倭鏡	倣製		内行花文鏡
64		内行花文鏡（補修）	12.0	120.7	陵173			倭鏡	倣製		内行花文鏡
65		内行花文鏡	12.0	142.6	陵174			倭鏡	倣製		内行花文鏡
66		内行花文鏡	12.0	169.1	陵170			倭鏡	倣製		内行花文鏡
67	7　奈良県奈良市山陵町字御陵前狭木之寺間陵	変形方格規矩四神鏡（石膏模造）	32.7						倣製		
68		変形方格規矩四神鏡（石膏模造）	34.9						倣製		
69		直弧文帯縁内行花文鏡（石膏模造）	34.3					倭鏡			
70	8　奈良県天理市柳本町字大塚大塚古墳	内行花文鏡	39.7	(4375.0)	陵94						内行花文鏡
71	9　大阪府藤井寺市古室二丁目史迹古室山古墳群大鳥塚古墳	変形四獣鏡	11.0	153.3	官93						獣形鏡
72	10　大阪府藤井寺市津堂藤井寺陵墓参考地（史迹城山古墳）	半三角縁二神四獣鏡（修補）	17.9	605.3	陵178－1	□□竟、幽凍三商、配象萬疆、曾□□□。					神獣鏡
73		半三角縁二神四獣鏡（破損）	(18.0)	602.3	陵178－2	吾□□□［財］□□□亦王母□、鷙鳳□□昌□。					神獣鏡
74		変形神獣鏡破片	(15.0)	79.0	陵180－1						神獣鏡
75		変形龍虎鏡（修補）	13.3	189.8	陵179－2						盤龍鏡
76		変形龍虎鏡破片	(12.0)	45.8	陵179－1						盤龍鏡
77		鏡縁破片	(12.0)	20.5	陵180－2						鏡片
78		鏡破片	(12.0)	33.6	陵180－3						鏡片
79		鏡破片	不明	22.4	陵180－4						鏡片

										神獣鏡
80	11 大阪府堺市百舌鳥夕雲町一丁目史跡塚廻古墳	変形四獣鏡（修補）	13.20	150.2	陵90-1					獣形鏡
81		変形五獣鏡	13.90	84.3	陵90-2					獣形鏡
82	12 兵庫県神戸市西区神出町古神字丸ヶ岡金棒池古墳	鏡縁破片	9.6	40.9	官121					不明
83	13 岡山県岡山市新庄下千足古墳（史跡造山古墳第5古墳）	変形五獣鏡	12.1	157.1	陵163-1					獣形鏡
84		変形五獣鏡	17.1	603.2	陵163-2					獣形鏡
85	14 岡山県岡山市新庄下榊山古墳（史跡造山古墳第1古墳）	変形三神三獣鏡	14.4	313.5	陵163-3					変形神獣鏡
86	15 愛媛県四国中央市妻鳥町字春宮山妻鳥陵墓参考地（東宮山古墳）	内行花文鏡	9.6	121.0	陵70	長宜子孫			舶載・伝世	内行花文鏡
87	16 徳島県板野郡板野町大字大寺字亀山阿王塚古墳	画文帯縁神獣鏡（修補）	14.0	228.0	官135	吾作□□、□□□岡、如師命長兮。				神獣鏡
88		画文帯縁神獣鏡（修補）	15.5	371.6	官134	吾作明竟、幽涷三商、周亥無示、天王日月、允之序首、天下安平、四方服兮、天王日月、士官大吉、子孫番昌、□□□、立（位）至三公、其市命長、天王日月。				神獣鏡
89	17 福岡県京都郡苅田町大字与原史跡御所山古墳	変形四獣鏡	8.7	80.1	陵47					獣形鏡
90	18 熊本県八代市岡町字谷川門前の石棺古墳	変形獣首鏡	11.6	169.0	官123					獣首鏡
91		内行花文鏡	10.2	101.6	官124					内行花文鏡
92		内行花文鏡	11.8	165.8	官122					内行花文鏡
93	19 三重県安芸郡安濃町大字東観音寺字北浦	変形四神四獣鏡	17.4	626.8	陵66					
94	20 福井県遠敷郡上中町大字脇袋字野口史跡西塚古墳	神人歌舞画像鏡（修補）	20.0	983.4	書8-2	尚方作竟自有紀、辟去不羊宜古市、上有東王父西王母、令君陽遂多孫子兮。傍題 西王母・玉女。	埼玉県秋山所在古墳出土鏡・東京都亀塚古墳出土鏡・根津美術館所蔵鏡（出土地不明）2面・大阪府郡川西塚古墳出土鏡・大阪府伝郡川出土鏡・大阪府長持山古墳出土鏡・京都府トツカ古墳出土鏡・岡山県朱千駄古墳		新・踏返僑	画象鏡

					出土鏡。福岡県番塚古墳出土鏡・出土地不明鏡。				
95		変形三獣鏡（修補）	12.5	185.3	書8-1				獣形鏡
96	21 岐阜県加茂郡坂祝町大字黒岩字前山前山古墳	変形四獣鏡	9.3	74.6	官56				獣形鏡
97		捩文鏡	11.7	158.6	官55				変形文鏡
98		珠文鏡	7.1	38.2	官58				変形文鏡
99		珠文鏡	7.7	59.7	官57				変形文鏡
100	22 千葉県木更津市祇園大塚山古墳	四仏四獣鏡	30.4	2748.0	陵77			劉宋・踏返僑	神獣鏡（四仏四獣鏡）
101	23 群馬県富岡市大字南後箇字北山茶臼山（北山）古墳	三角縁龍虎鏡	24.9	1462.9	陵78	滋賀県大岩山古墳出土鏡・伝奈良県富雄丸山古墳出土鏡・岡山県湯迫車塚古墳出土鏡・久保惣記念美術館（伝大和）蔵鏡		龍虎鏡		盤龍鏡
102	24 滋賀県大津市錦織一丁目字王子山	菊花双鳥鏡	8.2	47.9	官別8-1				隋唐鏡
103		山吹双鳥鏡	9.0	66.5	官別8-2				隋唐鏡
104	25 愛知県幡豆郡幡豆町大字西幡豆字後田	宝相華文八花鏡	17.6	496.1	陵64-1				隋唐鏡
105		伯牙弾琴鏡（破損）	17.5	551.7	陵64-2				隋唐鏡
106		海獣葡萄鏡	13.6	467.5	陵65-1				隋唐鏡
107		素文鏡	3.1〜3.3	6.6	陵65-2				隋唐鏡
108		素文鏡	4.4〜4.6	16.5	陵65-3				隋唐鏡
109	26 鹿児島県曾於郡志布志町大字安楽山宮神社遺跡	山水千鳥鏡	11.0	156.5	陵27				隋唐鏡

　以上については、私見を加えるというより、従来の後藤守一『漢式鏡』と宮内庁書陵部陵墓課編『古鏡集成』の諸データを比較表化したのであった。それらによって分かったことは、宮内庁書陵部陵墓課所蔵鏡が古代銅鏡について実に多様な情報資料を提供していることであるが、なお古銅鏡研究の非常に困難な事態をみせてもいるのである。それは後藤守一氏が漢式鏡というようにもとは中国で鋳造作成された銅鏡が漢代以降、日本に舶載され、その影響を受けて日本国内でも鏡が鋳造されて来たというような、漢式鏡誕生の歴史が資料学的に研究進化されていることである。問題を端的に言えば、舶載鏡か仿製鏡か、また倭（和）鏡かという鏡の性格の違いや、踏返鏡など二次的作成鏡か、それがどこで行われたか、など、また鏡紋様の変遷問題など、およそ古鏡研究の全体が示されるのである。明治以来の宮内庁諸陵寮における古代銅鏡の蒐集対象は多くは各地の著名な古墳であり、その出土物の管理公開が大いに期待されたが、なお、今後の研究の進展が待たれる。それにしても、戦前期から日本出土銅鏡研究が三角縁神獣鏡を中心として動いてきたことは重要である。これの持つ意味も改めて問題になる。

結　び

　日本の先史時代が縄文、弥生に続いておよそ3世紀ごろ古墳時代とよぶ時代に入った。宮内庁書陵部陵墓課編『古鏡集成』の1新山古墳、3佐味田貝吹古墳、4佐味田貝吹宝塚古墳、6佐紀町衛門戸丸塚古墳など、一古墳で多数、しかも多様な型式の古鏡を出土する事情と、九州から関東まで、各地の地点から極めて難解な課題を提供する古鏡の実態が浮かんできたのである。出土発見されて丁度百年経った鏡も数多い。多くの課題問題が解明されてきた。しかし、未だ未解決の課題も多い。中国国内鏡の考古学的成果が出始めた現在、宮内庁書陵部陵墓課所蔵鏡に研究進展が大いに期待される。

　注
（1）　銘文釈文は若干修正した箇所もある。

第十五章　椿井大塚山古墳と三角縁神獣鏡

はじめに

戦後、各地で急速に進展した古墳の考古学調査研究の中で椿井大塚山古墳と同古墳出土の三角縁神獣鏡の持つ意味は格別なものがある。樋口隆康・小林行雄両氏により領導され、京都大学考古学教室の総力を挙げて進められた椿井大塚山古墳の発掘調査によって32面という大量の三角縁神獣鏡が一度に出土した。種々さまざまな図像を持つ鏡で、これらの研究を精査した京都大学考古学研究者によって、日本の三角縁神獣鏡研究は飛躍的に発展したのであった。

第一節　京都大学文学部博物館図録『椿井大塚山古墳と三角縁神獣鏡』の古鏡資料意義

椿井大塚山古墳の出土品はその後、国の保有とされて京都大学文学部に移管されたが、その手続きが完了したのは昭和61年（1986）8月のことであった。その後京都大学文学部に新しい博物館が建設され、三角縁神獣鏡を中心にそれらの保管品を展示する気運が起こり、京都大学文学部博物館1989年（平成元年）春季企画展として公開することになった。公開に当たり、図録『椿井大塚山古墳と三角縁神獣鏡』が作成された。その内容を前章までと同様に分析、データ表示化してみよう。これが【表15―1】椿井大塚山古墳出土銅鏡である。

【表15―1】　椿井大塚山古墳出土銅鏡（京都大学文学部『椿井大塚山古墳と三角縁神獣鏡』1989年）

鏡番号	鏡型式名	面径/cm	鏡紋様性格	同表現	同笵鏡番号	配置	神獣鏡式名	銘文	備考
1	吾作五神四獣鏡	21.9	写実派	①	14	U	対置式		
2	吾作四神四獣鏡	19.8	写実派	①	19	A	対置式	吾作明竟甚大工、上有王喬以赤松、師子天鹿其莽龍、天下名好世無雙。	
3	吾作四神四獣鏡	19.8	写実派	①	19	A	対置式	吾作明竟甚大工、上有王喬以赤松、師子天鹿其莽龍、天下名好世無雙。	2と同笵
4	櫛歯文帯四神四獣鏡	22.1	写実派	①	23	A	対置式		
5	櫛歯文帯四神四獣鏡	22.1	写実派	①	23	A	対置式		4と同笵
6	張氏作四神四獣鏡	23.8	写実派	①	18	A	対置式	張氏作鏡真大巧、上有仙人赤松子、□□□□□有、渇飲玉泉飢食棗、壽如金石不知老　兮。	
7	張氏作三神五獣鏡	22.6	写実派	①	10	B	対置式	張氏作鏡真大巧、仙人王喬赤松子、師子辟邪世少有、渇飲玉泉飢食棗、生如金石天相保　兮。	
8	天王・獣文帯回向式神獣鏡	23.4	硬直派	②	6		回向式	天王日月、天王日月、天王日月、天王日月、天王日月、天王日月、天王日月。	江南様、伯牙弾琴
9	天王・獣文帯四神四獣鏡	23.4	硬直派	②	40	F2	対置式	天王、天王、天王、天王、天王、天王、天王、日月。	
10	天王・獣文帯四神四獣鏡	23.3	硬直派	②	35	F1	対置式	天王日月、天王日月、天王日月、天王日月、天王日月、天王日月、天王日月。	

11	天王・獣文帯四神四獣鏡	23.4	硬直派	②	36	F1	対置式	天王、天王、天王、天王、天王、天王、天王、日月。	
12	天王・獣文帯四神四獣鏡	22.3	硬直派	②	27	A	対置式	天王日月、天王日月、天王日月、天王日月、天王日月、天王日月、天王日月、天王日月。	
13	天王・獣文帯四神四獣鏡	22.3	硬直派	②	27	A	対置式	天王日月、天王日月、天王日月、天王日月、天王日月、天王日月、天王日月、天王日月。	
14	天王・獣文帯四神四獣鏡	22.3	硬直派	②	27	A	対置式	天王日月、天王日月、天王日月、天王日月、天王日月、天王日月、天王日月、天王日月。	12、13、14は3面同范
15	天王・獣文帯四神四獣鏡	23.0	異形派	③	44	G	対置式		
16	天王・鋸歯文帯四神四獣鏡	23.2	異形派	③	43	G	対置式	天王日月、天王日月、天王日月、天王日月。	
17	天王・獣文帯三神三獣鏡	22.5	異形派	③	60	K1	対置式	天王日月、天王日月、天王日月、天王日月。	
18	画文帯五神四獣鏡	21.8	陳氏作竟群	⑥	30	A	対置式		
19	吾作四神四獣鏡	22.6	陳氏作竟群	⑦	16	E	対置式	吾作明竟甚大好、上有神守及龍虎、身有文章口衛巨、古有聖人東王父西王母、渇飲玉泲、五男二女、長相保吉昌。傍題「東王父」「西王母」	
20	吾作三神五獣鏡	22.5	陳氏作竟群	⑦	12	B	対置式	吾作明竟甚大好、上有神守及龍虎、身有文章口衛巨、古有聖人東王父西王母、渇飲玉泲飢食棗、壽如金石。	
21	吾作三神五獣鏡	21.5	陳氏作竟群	⑦	13	B	対置式	吾作明竟甚大好、上有神守及龍虎、身有文章口衛巨、古有聖人東王父、渇飲玉全飢食棗、壽如金石。	
22	吾作三神五獣鏡	21.5	陳氏作竟群	⑦	13	B	対置式	吾作明竟甚大好、上有神守及龍虎、身有文章口衛巨、古有聖人東王父、渇飲玉全飢食棗、壽如金石。	21と同范
23	天王・唐草文帯四神四獣鏡	23.7	豊満派	④	25	A	対置式	天王日月、天王日月、天王日月、天王日月、天王日月、天王日月。	江南様式
24	陳是作四神二獣鏡	22.0	豊満派	④	9	H(X)	対置式	陳是作竟甚大好、上有王父母、左有蒼龍右白虎、宜遠道相保。	
25	天王・獣文帯二神二獣鏡	22.0	均整派	⑤	51	J1	対置式	天王日月。	
26	天王・獣文帯四神四獣鏡	22.0	均整派	⑤	24	A	対置式	天王日月、天王日月、天王日月、天王日月、天王日月、天王日月。	
27	吾作徐州銘四神四獣鏡	22.4	その他	⑤	20	A	対置式	吾作明竟、幽律三剛、銅出徐州、雕鏤文章、配徳君子、清而且明、左龍右虎、傳世名石、取者大吉、保子宜孫。	
28	陳是作四神四獣鏡	21.8	その他	⑤		A	対置式	陳是作竟甚大好、上有山口宜孫、位至侯王、買竟者冨且昌。	
29	波文帯盤龍鏡	24.5	その他		4				三角縁盤龍鏡
30	陳氏作四神二獣鏡	21.8		④	43	H	対置式	陳氏作竟甚大好、上有戲守及龍虎、身有文章口衛巨、古有聖人王父母、渇飲玉泉飢食棗。傍題「虎」	銘文帯破片
31	陳氏作四神二獣鏡	21.5		④	43	H	対置式		外区破片
32	陳氏作四神二獣鏡	21.5		④	43	H	対置式		外区破片
33	内行花文鏡	27.8							
34	内行花文鏡								破片
35	方格規矩四神鏡	18.4						□□作同竟甚大工、上有山□不知老、服者長生、買主壽羊。	
36	画文帯神獣鏡	13.8					対置式	□□作明如光、服者侯王九子。	

　まず、鏡型式名は神像や獣形の数、及び文帯の種類、それと神像や獣形の造形表現の差異によって分類するが、特に造形表現の差異は次のように分類される[1]。三角縁神獣鏡

第十五章　椿井大塚山古墳と三角縁神獣鏡　647

研究についての京都大学考古学研究室の伝統が集約されているので、そのままその説明を踏襲したい。

写実派（表現①）　三角縁神獣鏡の中で非常に写実的な表現を取る。神像は襟や袂など衣のひだが写実的で、目のふちどりのなかに小さな突起で瞳を表わす。獣は大きく口を開き、上下の歯牙で棒状の巨と呼ばれるものをくわえる。太い眉と鼻梁をもち、頬のふくらみを表現する。体部の羽毛の表現に優れている。配置も共通し、「吾作」の銘文をもつものが多い。乳は径が小さい。蓮華座のある笠松形を１区画の獣像の間に立てることも特徴である。

　　１、吾作五神四獣鏡、２、吾作四神四獣鏡、３、吾作四神四獣鏡、４、櫛歯文帯四神四獣鏡、５、櫛歯文帯四神四獣鏡、６、張氏作四神四獣鏡、７、張氏作三神五獣鏡

硬直派（表現②）　８は画文帯回向式神獣鏡の文様構成を踏襲したもので、三角縁神獣鏡では例が少ないが、ほかに景初三年と正始元年の紀年鏡が知られる。上には琴を弾く伯牙がみえ、右に三山の冠をかぶる東王父が、左に渦状の冠をかぶる西王母がならんでいるが、西王母が頭を鈕に向けることが特異である。文様帯は「天王日月」の方格で区画し、さまざまな姿態の獣や鳥を表わしている。９は神獣像がやや退化し、表現②に特有な配置に変わっている。10番以下の５面はさらに表現が退化し、獣文帯も同一形態のくりかえしになってしまう。

　神像はＶ字形の襟から単線多条で左右対称の翼をのばし、袂のふくらみが手と分離して独立した肉となっている。袖の二重線を残すものの、手の表現を欠くか、あるいは稚拙な３本指を表わす。袂の脇には円形のふくらみをもつ。獣像は羽毛の表現が形骸化し、脚と尾も矮小化している。鼻の先と両頬のふくらみが連続し、上顎を形づくる。

　このグループは、神像の両側に獣像が向かい合う構図が対になる配置（対置式）をとるものがほとんどである。文様格はすべて「天王日月」の方格で区画し、獣文をめぐらせる獣文帯である。笠松形が鈕をはさんで一直線になるように２個配置されることが共通するが、これをどの部位に置くかは一定しない。

　　８、獣文帯回向式神獣鏡、９、獣文帯四神四獣鏡、10、獣文帯四神四獣鏡、11、獣文帯四神四獣鏡、12、獣文帯四神四獣鏡、13、獣文帯四神四獣鏡、14、獣文帯四神四獣鏡

異形派（表現③）　神像は輪郭線でふちどった横長の突帯を腰部にわたす特徴的な表現をとる。上半身は二重線のＶ字形の衿と内彎する弧線によって表わす。よくめだつ太い翼を３本ほどのばす。獣像は太い眉と鼻、そして大きな目をもつ。鼻頭と両頬が小さな３つの突起として表わされ、小さい下顎で巨をくわえる。首は異様に長く、腹も細長くて数本の平行線で表わす形骸化した羽をもつ。神像の間に置かれた獣像は同一方向に駆けめぐる。文様帯は「天王日月」の方格と小乳の間に同じ形態の獣を配する獣文帯であり、櫛歯文を欠くものもある。このグループのなかで三神三獣鏡が出現する。椿井大塚山古墳出土鏡群

のなかで唯一の三神三獣鏡である。

　　15、獣文帯四神四獣鏡、16、鋸歯文帯四神四獣鏡、17、獣文帯三神三獣鏡

陳氏作鏡群（表現⑥、⑦）　18番の表現⑥では獣像は2種の区別があり、角状のものをのばす龍と頭の丸い虎がある。いずれも鼻に横縞をもち、先端は丸い。龍は上顎と下顎が分離しているが、虎は口をひと続きに表わす。18番は画文帯という珍しい文様帯になり、19番以下の4面は表現⑦で、「吾作」の銘文をもつ。神獣像の配置は変化に富む。神獣像はともに表現⑥から変形したものと考えられ、神像は簡略化し、獣像は龍のみを4体くりかえしている。

　　⑥18画文帯五神四獣鏡、⑦19吾作四神四獣鏡、20吾作三神五獣鏡、21吾作三神五獣鏡、
　　22　吾作三神五獣鏡

豊満派（表現④）　神像は数条のひだで上半身の形をくっきりと描くが、なかに裾の先端が巻き上がった独特なものもある。顔はやや横をむく豊満なもので、鼻筋がとおり、頬のふくらみが顕著である。衿は曲線的に右前に合わせ、ふち飾りは小さな半円を下向きに並べる。翼は三角形のものが多く特徴的である。獣像は頭頂のふくらみから鼻梁がまっすぐに降り、先端はふくらむ。目をふちどる輪郭線があり、側方にまつ毛がのびたような表情をともなう。首は太く、体部の羽は写実的で、腹に巨がとりついている。

　このグループは二神二獣、あるいは変形した三神二獣の配置をとるものが多く、また原則として文様帯を唐草文とする。このほか櫛歯が斜行する点や、界圏外斜面に連弧文をいれること、捩座乳であることなど共通する要素は多い。ただし、番号24陳是作四神二獣鏡の神像表現は細部まで表現④の特徴をもち、裾を巻き上げるものになっているが、文様帯は唐草文ではなく、「陳是作」ではじまる銘文を入れている。例外的に神獣像表現と文様帯が対応しないもので、製作者の交流を示すものと考えられる。

　　23、唐草文帯四神四獣鏡、24、陳是作四神二獣鏡

均整派（表現⑤）　神像は頭上部が四角く、原則として三山冠をかぶり、額に3つの小突起をもつ。縦長のV字形の衿に横向きのふち飾りがつく。翼は最上段のみを突起表現とし、間に珠点をともなうものが多い。獣像は大きな目とそれをふちどる輪郭線がある。頭頂はふくらみ、耳と鹿角状の角をもつことが大きな特徴である。鼻筋がとおり、頬は豊にふくらむ。上顎の先端が下方へ巻き、鬚のように見える点が大きな特徴である。腰部の羽は豊かで、下方へふさふさと垂れている。

　このグループは25番の二神二獣の配置がもとになっているが、26番の鏡のように同じ表現を4つずつくりかえした四神四獣鏡も作られ、やがては三神三獣の配置をとるものも現れる。文様帯は青龍・白虎・朱雀・玄武のほか日月や霊芝をもつ神仙などをめぐらす特有の獣文帯である。捩座乳をもち、外区の波文に珠点を加えるものが多い。

　　25、獣文帯二神二獣鏡、26、獣文帯四神四獣鏡

その他　27番は「吾作徐州」銘をもつ四神四獣鏡であり、表現⑭である。神像の下半身あ

第十五章　椿井大塚山古墳と三角縁神獣鏡　649

るいは獣像の顔つきや腰部の表現に特徴がある。外区は複線波文を欠き、縁部断面は典型的な三角縁でない。28番の鏡は神獣像とも変形がはなはだしい。例えば神像の衣は衿の合わせが無視され、手も独立している。「張是作」の銘文をもつ。29番の三角縁盤龍鏡は24.5cmをはかる大きなものである。頭をつきあわせた龍と虎が2対あり、その間に蛙や魚あるいは鳥や亀などが見える。神像はないが、三角縁神獣鏡の一種である。

　27、吾作徐州銘四神四獣鏡、28、陳是作四神四獣鏡、29、波文帯盤龍鏡
　さて、次に各鏡の銘文が問題になる。その内、次の各番の鏡に銘文がある。
【2】　吾作明竟甚大工、上有王喬以赤松、師子天鹿其莽龍、天下名好世無雙。
【3】　吾作明竟甚大工、上有王喬以赤松、師子天鹿其莽龍、天下名好世無雙。
【6】　張氏作鏡真大巧、上有仙人赤松子、□□□□□有、渇飲玉泉飢食棗、壽如金石不知老兮。
【7】　張氏作鏡真大巧、仙人王喬赤松子、師子辟邪世少有、渇飲玉泉飢食棗、生如金石天相保兮。
【19】　吾作明竟甚大好、上有神守及龍虎、身有文章口銜巨、古有聖人東王父西王母、渇飲玉㴞、五男二女、長相保吉昌。　　　　　傍題「東王父」「西王母」
【20】　吾作明竟甚大好、上有神守及龍虎、身有文章口銜巨、古有聖人東王父西王母、渇飲玉㴞飢食棗、壽如金石。
【21】　吾作明竟甚大好、上有神守及龍虎、身有文章口銜巨、古有聖人東王父、渇飲玉全飢食棗、壽如金石。
【22】　吾作明竟甚大好、上有神守及龍虎、身有文章口銜巨、古有聖人東王父、渇飲玉全飢食棗、壽如金石。
【24】　陳是作竟甚大好、上有王父母、左有蒼龍右白虎、宜遠道相保。
【27】　吾作明竟、幽律三剛、銅出徐州、雕鏤文章、配徳君子、清而且明、左龍右虎、傳世右名、取者大吉、保子宜孫。
【28】　陳是作竟甚大好、上有山□宜孫、位至侯王、買竟者冨且昌。
【30】　陳氏作竟甚大好、上有戯守及龍虎、身有文章口銜巨、古有聖人王父母、渇飲玉泉飢食棗。　　　傍題「虎」

　以上の各銘文を前章までみてきた中国後漢鏡を中心とした銘文と比較すると、いずれも完全整序の銘文は一鏡もないこと、これは日本各地の出土銘文に比較しても一次的ではないことが分かる。さらに言えば、「尚方作竟、幽凍三商」型の銘文が全くなく、せいぜい【27】の「吾作明竟、幽律三剛」どまりである。なお、銘文が方格内に4字、まま2字を収めた「天王日月」鏡というべき鏡は【8】【9】【10】【11】【12】【13】【14】【16】【17】【23】【25】【26】と12鏡もあり、そのうち【9】【11】は「天王」のみを7回繰り返し、最後に「日月」としている変形である。この場合、「天王」とは単なる星のこと、日月とあわせて「三光」と称されるものである。天王＝天皇は天皇・地皇・人皇の三皇の一とか、

650　第三部　日本における出土鏡及び博物館美術館所蔵鏡の研究

道教でいう北極星を意味する星という解釈は当面留保しておく必要がある。それは神獣の神の解釈にも関係することになる。椿井大塚山古墳出土三角縁神獣鏡は、後漢の画像鏡や神獣鏡に描写された神仙世界とは全く異質な絵画表現である。敢えて言えば、中国出土鏡のような神仙に関する物語性に欠けると判断せざるえない。

　椿井大塚山古墳出土三角縁神獣鏡ではその代わりに、神と獣との関係が単純化されて神獣鏡の表現意図が分かりやすくなっている。しかし、そうなると神獣鏡の人物がなぜ東王公や西王母であるのか、冠は三山冠であるなどの説明がなぜできるかなど疑問が生ずるのである。さらに人物に両手があり、そのうえ翼があるようにも造形される。これは王充らが説く「両手が変じて羽翼となった」というのと異なる。翼に見えるのは体から湯気のように立ち上る単なる線でしかないようにも見える。

　椿井大塚山古墳出土の三角縁神獣鏡は32面すべて中国舶載鏡であり、仿製鏡が一面もないというのは重要である。そこで次に全国各地出土の三角縁神獣鏡の中での椿井大塚山古墳出土三角縁神獣鏡の位置を確認する必要がある。

第二節　椿井大塚山古墳出土三角縁神獣鏡の位置

　椿井大塚山古墳出土三角縁神獣鏡の位置については、実は京都大学文学部博物館図録『椿井大塚山古墳と三角縁神獣鏡』の末尾の参考古鏡資料「三角縁神獣鏡出土地名表」に具体的明確に示されている[2]。これを若干修正して【表15－2】三角縁神獣鏡出土地名表・修正表を作成した。

【表15－2】　三角縁神獣鏡出土地名表・修正表

	府県	市町村	出土地・古墳名	舶載三角縁神獣鏡 鏡型式名	面径/cm	同笵鏡番号	配置	同表現	仿製三角縁神獣鏡 鏡型式名	面径/cm	同笵鏡番号	配置	同表現	目録番号
1	鹿児島	川内市	新田神社（伝）						唐草文帯三神三獣鏡	21.6		K1		247
2	宮崎	西都市	西都原2号墳						獣文帯三神三獣鏡	22.7	＊	K2		214
3		高鍋町	持田48号墳（推）	天王・獣文帯四神四獣鏡	21.5	33	D	②						64
4		高鍋町	持田古墳群（推）	天王・獣文帯四神四獣鏡	23.3	35	F1	②						68
5	熊本	葦北郡	葦北郡（伝）	尚方作二神二獣鏡	22.7	56	J2	③						100
6		葦北郡	葦北郡（伝）	波文帯三神三獣鏡片				⑪						126
7		八代郡	八代郡（伝）	波文帯四神二獣鏡	21.6		H	⑧						86
8		宇土市	城ノ越古墳	珠文帯四神四獣鏡	21.7	76	A	⑤						49
9	佐賀	伊万里市	杢路寺古墳						獣文帯三神三獣鏡	22.3	110	K2		211
10		浜玉町	谷口古墳西石室						獣文帯三神三獣鏡	21.6	117	K1		234
11		〃	谷口古墳西石室						獣文帯三神三獣鏡	21.6	117	K1		234

第十五章　椿井大塚山古墳と三角縁神獣鏡　651

12		〃	谷口古墳東石室					吾作三神三獣鏡	21.0	116	K1	233
13		〃	谷口古墳東石室					獣文帯三神三獣鏡	21.6	118	K1	235
14	福岡	久留米市	祇園山古墳(推)	天王・獣文帯三神三獣鏡	22.1	62	L1	⑯				109
15		甘木市	神蔵古墳	天王・獣文帯四神四獣鏡	22.3	27	A	②				46
16		甘木市	大願寺	陳氏作三神五獣鏡		10?	B	①?				22
17		筑紫野市	峠山遺跡	外区片								
18		筑紫野市	原口古墳	長宜子孫・獣文帯三神三獣鏡	22.6	57	K1	⑯				102
19		〃	原口古墳	天王・獣文帯三神三獣鏡	22.6	60	K1	③				105
20		〃	原口古墳	天王・獣文帯三神三獣鏡	21.9	62	L1	⑯				109
21		大野城市	御陵古墳	天王・獣文帯四神四獣鏡	21.9	37	F1	②				70
22		那珂川町	妙法寺2号	陳是作六神四獣鏡	21.9	*	A	⑥				58
23		二丈町(糸島市)	一貴山銚子塚古墳						獣文帯三神三獣鏡	22.0	107	K2	208
24		〃	一貴山銚子塚古墳						獣文帯三神三獣鏡	22.0	107	K2	208
25		〃	一貴山銚子塚古墳						獣文帯三神三獣鏡	22.0	108	K2	209
26		〃	一貴山銚子塚古墳						獣文帯三神三獣鏡	22.0	108	K2	209
27		〃	一貴山銚子塚古墳						獣文帯三神三獣鏡	22.2	109	K2	210
28		〃	一貴山銚子塚古墳						獣文帯三神三獣鏡	21.7		K2	212
29		〃	一貴山銚子塚古墳						吾作三神三獣鏡	21.2	116	K1	233
30		〃	一貴山銚子塚古墳						吾作三神三獣鏡	21,2	116	K1	233
31		〃	二丈町付近(伝)						獣文帯三神二獣鏡			K1変	246
32		福岡市	卯内尺古墳						三神三獣鏡	22.0			
33		福岡市	老司古墳3号石室	王氏作徐州銘四神四獣鏡片	22.4	42	G	①				79
34		福岡市	藤崎第6号方形周溝墓	陳氏作神獣車馬鏡	22.3	7	X	⑧				13
35		福岡市	藤崎遺跡	波文帯盤龍鏡	24.5		盤龍	盤				5
36		福岡市	若八幡宮古墳	□是作二神二獣鏡	22.5		J1	③				99
37		福岡市	那珂八幡古墳	画文帯五神四獣鏡	21.8	30	A	⑥				56
38		福岡市	香椎ヶ丘3丁目古墳	天王・獣文帯二神二獣鏡	21.0	53	J1	⑤				95
39		福岡市	天神森古墳	天王・獣文帯三神三獣鏡	22.6	60	K1	③				105
40		福岡市	名島古墳	吾作九神三獣鏡	22.2	61	L1	他				108
41		穂波町	忠隈古墳	波文帯三神三獣鏡	21.5	72	L1	⑩				131
42		大島村	沖ノ島16号遺跡						唐草文帯三神三獣鏡	20.5	119	K1	249
43		〃	沖ノ島17号遺跡						獣文帯三神三獣鏡	24.3	103	K2	204

44		〃	沖ノ島17号遺跡					唐草文帯三神三獣鏡	21.6		K1	244
45		〃	沖ノ島17号遺跡					獣文帯神獣鏡	20.0		K1変	253
46		〃	沖ノ島18号遺跡	天王・獣文帯二神二獣鏡	22.2	50	J1	⑤				91
47		〃	沖ノ島18号遺跡	外区・内区片								
48		〃	沖ノ島18号遺跡					獣文帯三神三獣鏡	20.9		K1	237
49		〃	沖ノ島18号遺跡					獣文帯三神三獣鏡	23.4		K1	240
50		〃	沖ノ島18号遺跡					唐草文帯三神三獣鏡	20.6	119	K1	249
51		〃	沖ノ島18号遺跡（推）					獣文帯三神三獣鏡	21.8	＊	K2	214
52		〃	沖ノ島18号遺跡（推）					外区片	21.9			
53		〃	沖ノ島御金蔵遺跡（推）	波文帯三神三獣鏡	21.7	77	K1	⑪				124
54	北九州市		御座1号墳南主体部	獣文帯三神三獣鏡片？		60？	K1？	③				106
55	苅田町		石塚山古墳	吾作四神四獣鏡	20.0	19	A	①				35
56		〃	石塚山古墳	天王・獣文帯四神四獣鏡	21.8	34	D	他				65
57		〃	石塚山古墳	天王・獣文帯四神四獣鏡	22.0	37	F1	②				70
58		〃	石塚山古墳	天王・獣文帯四神四獣鏡	23.5	39	F2	②				74
59		〃	石塚山古墳	天王・獣文帯三神三獣鏡	22.4	60	K1	③				105
60		〃	石塚山古墳	天王・獣文帯三神三獣鏡	22.4	60	K1	③				105
61		〃	石塚山古墳	天王・獣文帯三神三獣鏡	22.4		K1	③				107
62	大分	宇佐市	免ヶ平古墳					獣文帯三神三獣鏡	21.7	106	K2	207
63		宇佐市	赤塚古墳	波文帯盤龍鏡	24.8		盤龍	盤				4
64		〃	赤塚古墳	天王・鋸歯文帯四神四獣鏡	23.0	43	G	③				80
65		〃	赤塚古墳	唐草文帯二神二獣鏡	21.8	49	J1	④				90
66		〃	赤塚古墳	天王・獣文帯三神三獣鏡	22.4	59	K1	③				104
67		〃	赤塚古墳	天王・獣文帯三神三獣鏡	22.6	60	K1	③				105
68		宇佐市	宇佐付近（伝）	吾作四神四獣鏡	21.7		B変	⑦				27
69		宇佐市	旧宇佐郡内（伝）					獣文帯三神三獣鏡	23.4	115	L2	231
70		大分市	亀甲山古墳	波文帯三神三獣鏡	21.5	69	K1	⑪				123
71		安心院町	大平3号石棺	外区片？								
72	山口	山陽町	長光寺山古墳					獣文帯三神三獣鏡	21.5	105	K2	206
73		〃	長光寺山古墳					獣文帯三神三獣鏡	21.6	106	K2	207
74		〃	長光寺山古墳					獣文帯三神三獣鏡	21.6	106	K2	207
75		宇部市	松崎山古墳					鏡式不明				
76		新南陽市	竹島御家老屋	正始元年陳是	22.8	5	回向	他				8

第十五章　椿井大塚山古墳と三角縁神獣鏡　653

			敷古墳	作回向式神獣鏡								
77		新南陽市	竹島御家老屋敷古墳	天王・獣文帯四神四獣鏡	22.3	27	A	②				46
78		下松市	宮洲古墳	王氏作盤龍鏡	24.5		盤龍	盤				6
79		下松市	宮洲古墳	□作回向式神獣鏡	23.5		回向	他				11
80		下松市	宮洲古墳	天王・獣文帯二神二獣鏡	22.1	50	J1	⑤				91
81	島根	益田市	下本郷町	外区・鈕片	21.8							
82		加茂町	神原神社境内	景初三年陳是作回向式神獣鏡	23.0		回向	他				7
83		松江市	八日山1号墳	波文帯四神二獣鏡	21.9	46	H	⑧				85
84		安来市	大成古墳	唐草文帯二神二獣鏡	23.4	55	J1	④				97
85		安来市	造山1号墳1号石室						獣文帯三神三獣鏡	24.0	115	L2	231
86	鳥取	会見町	普段寺1号墳	惟念此銘唐草文帯二神二獣鏡	23.5	55	J1	④				97
87		会見町	普段寺2号墳	珠文帯四神四獣鏡	21.6	76	A	⑤				49
88		羽合町	馬山4号墳	波文帯三神二獣博山炉鏡	21.6		M	⑩				135
89		倉吉市	大将塚古墳						獣文帯三神三獣鏡	22.3	111	K2	213
90		倉吉市	国分寺古墳	天王・獣文帯三神四獣鏡	22.0	28	A変	②				47
91		倉吉市	旧社村付近（伝）	天王・獣文帯四神四獣鏡	22.1	33	D	②				64
92		倉吉市	旧社村付近（伝）	天王・獣文帯四神四獣鏡	23.6	40	F2	②				75
93	愛媛	伊豫市	広田神社上古墳	天王・獣文帯四神四獣鏡	23.0	44	G	③				81
94		伊豫市	広田神社上古墳	天王・獣文帯四神四獣鏡？		44	G	③				81
95		今治市	国分古墳	吾作九神三獣鏡	21.8	61	L1	他				108
96	香川	多度津町	西山古墳	張氏作？四神四獣鏡		18	A	①				34
97		坂出市	蓮尺茶臼山古墳	獣文帯三神三獣鏡	23.2	67	K1	⑫				118
98		高松市	石清尾山猫塚古墳						獣文帯三神三獣鏡	22.2		K2	222
99		長尾町	是行谷古墳群	波文帯神獣鏡片								137
100		寒川町	奥3号墳	張氏作三神五獣鏡	22.7	10	B	①				21
101	広島	広島市	中小田1号墳	吾作四神四獣鏡	20.1	19	A	①				35
102		東広島市	白鳥神社境内古墳						獣文帯三神三獣鏡	21.8	＊	K1	239
103		新市町	潮崎山古墳	天王・獣文帯三神四獣鏡	22.0	28	A	②				47
104		福山市	掛迫古墳南石室	波文帯三神二獣博山炉鏡	21.6	74	M	⑩				134
105	岡山	総社市	上沼古墳	天王・獣文帯四神四獣鏡	23.3	36	F1	②				69
106		岡山市	一宮（伝）	波文帯二神四獣鏡	20.6		特殊	？				138

107	岡山	岡山市	一宮天神山1号墳	獣文帯三仏三獣鏡	23.0	77	K2変	⑮				120
108		岡山市	湯迫車塚古墳	画像文帯盤龍鏡	25.0	2	盤龍	⑧				1
109		岡山市	湯迫車塚古墳	天王・獣文帯回向式神獣鏡	23.4	6	回向	②				9
110		岡山市	湯迫車塚古墳	陳氏作神獣車馬鏡	22.2	7	X	⑧				13
111		岡山市	湯迫車塚古墳	陳氏作神獣車馬鏡	26.0	8	X	⑧				14
112		岡山市	湯迫車塚古墳	陳是作四神二獣鏡	22.0	9	X（H）	④				16
113		岡山市	湯迫車塚古墳	陳是作四神二獣鏡	22.0	9	X（H）	④				16
114		岡山市	湯迫車塚古墳	新作徐州銘四神四獣鏡	23.2	75	C	⑭				18
115		岡山市	湯迫車塚古墳	吾作二神六獣鏡	22.2		特殊	①				31
116		岡山市	湯迫車塚古墳	画文帯五神四獣鏡	22.0	30	A	⑥				56
117		岡山市	湯迫車塚古墳	波文帯六神四獣鏡	25.0		A	⑨				63
118		岡山市	湯迫亘塚古墳	天王・獣文帯四神四獣鏡	23.6	39	F2	②				74
119		鏡野町	郷観音山古墳	天王・獣文帯四神四獣鏡	23.3		A	⑰				51
120		津山市	田邑2号墳	波文帯三神二獣博山炉鏡	21.3	74	M	⑩				134
121		長船町	金鶏塚古墳	鏡式不明								
122		長船町	花光寺山古墳						獣文帯三神三獣鏡	21.8	114	K2	230
123		備前市	鶴山丸山古墳						唐草文帯三神二獣鏡	21.7	101	I	201
124		備前市	鶴山丸山古墳						唐草文帯三神二獣鏡	21.4	102	J1	203
125		備前市	鶴山丸山古墳（伝）	唐草文帯三神二獣鏡	21.6	49	J1	④				90
126			岡山県内	陳是作竟四神四獣鏡	22.4	17	E	⑦				33
127	兵庫	城崎町	小見塚古墳	波文帯三神三獣鏡	21.3	72	L1	⑩				131
128		豊岡市	森尾古墳中央石室	正始元年陳是作回向式神獣鏡	22.7	5	回向	他				8
129		豊岡市	森尾古墳南石室？	新作徐州銘四神四獣鏡	25.8	*	C	⑭				19
130		和田山町	城の山古墳	獣文帯三神三獣鏡	22.1	66	K1	⑪				115
131		和田山町	城の山古墳	獣文帯三神三獣鏡	24.1		K1	⑪				117
132		和田山町	城の山古墳	波文帯三神三獣鏡	21.6		K1	⑫				119
133		氷上町	親王塚古墳						獣文帯三神三獣鏡	21.5	105	K2	206
134		上郡町	西野山3号墳	唐草文帯四神四獣鏡	22.2	22	A	④				41
135		新宮町	吉島古墳	波文帯盤龍鏡	22.3	3	盤龍	盤				2
136		新宮町	吉島古墳	吾作四神四獣？鏡	18.0		A	①				36
137		新宮町	吉島古墳	天王・唐草文帯四神四獣鏡	23.4	25	A	④				44

第十五章 椿井大塚山古墳と三角縁神獣鏡 655

138		新宮町	吉島古墳	天王・唐草文帯四神四獣鏡	23.4	25	A	④					44
139		龍野市	三ツ塚1号墳	波文帯三神三獣鏡	21.5	69	K1	⑪					123
140		龍野市	三ツ塚1号墳	波文帯三神三獣鏡	22.3	71	K2	⑫					130
141		姫路市	御旅山3号墳	波文帯三神三獣鏡	21.8	72	L1	⑩					131
142		姫路市	安田古墳	天王・獣文帯四神四獣鏡	23.0		A	⑤					48
143		高砂市	牛谷天神山古墳	陳是作竟五神四獣鏡	21.7		A	⑥					59
144		加古川市	東車塚古墳	唐草文帯三神二獣鏡	21.2	47	I	④					88
145		加古川市	勅使塚古墳（伝）						獣文帯三神三獣鏡	22.0	109	K2	210
146		加古川市	南大塚古墳						獣文帯三神三獣鏡片				
147		芦屋市	阿保親王塚古墳	波文帯三神二獣博山炉鏡	21.3	74	M	⑩					134
148		芦屋市	阿保親王塚古墳	陳孝然作波文帯四神三獣博山炉鏡	21.4		特殊	⑩					136
149		芦屋市	阿保親王塚古墳	外区片	21.8								
150		芦屋市	阿保親王塚古墳	外区片	22.1								
151		神戸市	東求女塚古墳	天王・唐草文帯四神四獣鏡	21.9	26	A	⑤					45
152		神戸市	東求女塚古墳	天王・獣文帯三神三獣鏡	22.2	62	L1	⑯					109
153		神戸市	東求女塚古墳	天王・獣文帯二神三獣一虫鏡	22.1		K1	⑤					112
154		神戸市	東求女塚古墳	天王・獣文帯四神四獣鏡	21.5								
155		神戸市	ヘボソ塚古墳	唐草文帯三神二獣鏡	21.5	47	I	④					88
156		神戸市	ヘボソ塚古墳	天王・唐草文帯二神二獣鏡	21.4	52	J1	④					93
157		尼崎市	水堂古墳	吾作三神四獣鏡	23.0	21	A変	④					40
158		洲本市	コヤダニ古墳	吾作三神四獣鏡	21.9	11	B	①					23
159	和歌山	和歌山市	岩橋千塚古墳	波文帯三神三獣鏡	22.1	71	K2	⑫					130
160		和歌山市	岩橋千塚古墳	獣文帯三神三獣鏡			K1	⑪					116
161	大阪	和泉市	黄金塚古墳東榔	波文帯盤龍鏡	24.5	4	盤龍	盤					3
162		羽曳野市	壺井御旅山古墳						獣文帯三神三獣鏡	24.0	103	K2	204
163		羽曳野市	壺井御旅山古墳						獣文帯三神三獣鏡	21.8		K2	223
164		羽曳野市	壺井御旅山古墳						獣文帯三神三獣鏡	22.0		K2	226
165		羽曳野市	壺井御旅山古墳						獣文帯三神三獣鏡	22.0		K2	227
166		羽曳野市	駒ヶ谷宮山古墳前頭部						獣文帯三神三獣鏡	21.1		K1	238
167		富田林市	真名井古墳	獣文帯三神三獣鏡	22.1	65	K1	⑪					114

168		柏原市	ヌク谷北塚古墳					吾作三神三獣鏡	21.2	116	K1	233
169		柏原市	ヌク谷北塚古墳					吾作三神三獣鏡	21.2	116	K1	233
170		柏原市	国分茶臼山古墳	吾作四神二獣鏡	22.3		X(H)	⑧				17
171		柏原市	国分茶臼山古墳	新作徐州銘四神四獣鏡	23.2		C	⑭				18
172		柏原市	茶臼塚古墳					獣文帯三神三獣鏡	21.9		K2	225
173		八尾市	矢作神社境内(伝)					獣文帯三神三獣鏡		111	K2	213
174		東大阪市	石切神社(伝)	天王・獣文帯四神四獣鏡	24		A	⑤				43
175		東大阪市	石切神社(伝)	天王・唐草文帯二神二獣鏡	52		J1	④				93
176		東大阪市	石切神社(伝)	唐草文帯二神二獣鏡	55		J1	④				97
177		池田市	横山古墳	天王・獣文帯二神四獣鏡	21.5	54	J1変	⑤				96
178		豊中市	麻田御神山古墳					獣文帯三神三獣鏡	22.2		K2	220
179		茨木市	紫金山古墳	長宜子孫・獣文帯三神三獣鏡	22.5	57	K1	⑯				102
180		茨木市	紫金山古墳					唐草文帯三神二獣鏡	21.6	101	I	201
181		茨木市	紫金山古墳					獣文帯三神三獣鏡	24.4	103	K2	204
182		茨木市	紫金山古墳					獣文帯三神三獣鏡	24.2	103	K2	204
183		茨木市	紫金山古墳					鳥文帯三神三獣鏡	24.2	104	K2	205
184		茨木市	紫金山古墳					獣文帯三神三獣鏡	21.6	105	K2	206
185		茨木市	紫金山古墳					獣文帯三神三獣鏡	21.6	105	K2	206
186		茨木市	紫金山古墳					獣文帯三神三獣鏡	21.6	106	K2	207
187		茨木市	紫金山古墳					獣文帯三神三獣鏡	21.8	114	K2	230
188		茨木市	紫金山古墳					獣文帯三神三獣鏡	24.5		L2	232
189		茨木市	将軍山古墳(推)	唐草文帯二神二獣鏡	24.0	55	J1	④				97
190		高槻市	阿武山					獣文帯三神三獣鏡	22.1		K2	221
191		高槻市	阿武山					獣文帯三神三獣鏡	21.8	117	K1	234
192		高槻市	弁天山C1号墳	波文帯三神三獣鏡	21.5	70	K1	⑫				127
193		枚方市	万年山古墳	波文帯盤龍鏡	22.0	3	盤龍	盤				2
194		枚方市	万年山古墳	吾作四神四獣鏡	20.1	19	A	①				35
195		枚方市	万年山古墳	陳是作六神四獣鏡	22.0	*	A	⑥				58
196		枚方市	万年山古墳	天王・唐草文帯四神四獣鏡	21.8	41	F2	①				76
197		枚方市	万年山古墳	君宜官・獣文帯三神三獣鏡	22.0	64	L2	⑤				111
198		枚方市	万年山古墳	獣文帯三神三獣鏡	23.3	67	K1	⑫				118

第十五章 椿井大塚山古墳と三角縁神獣鏡 657

199	京都	長岡京市	長岡近郊（伝）	新作徐州銘？四神四獣鏡	18.0		C変	⑭				20
200		長岡京市	長岡近郊（伝）						獣文帯三神三獣鏡	21.0		K2変	218
201		長岡京市	長法寺南原古墳	天王・鋸歯文帯四神四獣鏡	23.0	43	G	③				80
202		長岡京市	長法寺南原古墳	天王・唐草文帯二神二獣鏡	21.5	52	J1	④				93
203		長岡京市	長法寺南原古墳	天王・唐草文帯二神二獣鏡	21.5	52	J1	④				93
204		長岡京市	長法寺南原古墳	君宜高官・獣文帯三神三獣鏡	22.7	58	K1	⑯				103
205		向日市	寺戸大塚古墳後円部	天王・唐草文帯四神四獣鏡	21.6	26	A	⑤				45
206		向日市	寺戸大塚古墳後円部	櫛歯文帯三仏三獣鏡	20.3	68	K1	⑮				122
207		向日市	寺戸大塚古墳前方部						獣文帯三神三獣鏡	21.7		K2	224
208		向日市	妙見山古墳前方部						獣文帯三神三獣鏡	22.0	114	K2	230
209		向日市	北山古墳	新作徐州銘四神四獣鏡	22.7	75	C	⑭				18
210		向日市	寺戸町（伝）						獣文帯三神三獣鏡	21.8	109	K2	210
211		向日市	物集女付近（伝）	天王・獣文帯三神三獣鏡	22.4	59	K1	③				104
212		京都市	百々ヶ池古墳	天王・獣文帯二神二獣鏡	22.3	51	J1	⑤				92
213		京都市	百々ヶ池古墳	櫛歯文帯三仏三獣鏡	20.5	68	K1	⑮				122
214		京都市	百々ヶ池古墳						獣文帯三神三獣鏡	24.2	103	K2	204
215		京都市	百々ヶ池古墳						獣文帯三神三獣鏡	22.3	110	K2	211
216		京都市	稲荷山古墳（伝）						獣文帯三神三獣鏡	22.3	111	K2	213
217		八幡市	西車塚古墳	天王・唐草文帯二神二獣鏡	21.7	52	J1	④				93
218		八幡市	東車塚古墳	尚方作二神二獣鏡	22.7	56	J2	③				100
219		八幡市	内里古墳	陳是作六神四獣鏡	22.4		A	⑨				62
220		城陽市	芝ヶ原11号墳	吾作三神四獣鏡	22.1	21	A変	④				40
221		城陽市	西山第2号墳中央部	陳是作竟四神四獣鏡	22.2	17	E	⑦				33
222		城陽市	久津川車塚古墳	唐草文帯四神四獣鏡	22.1	22	A	④				41
223		城陽市	久津川車塚古墳（伝）						獣文帯三神三獣鏡	21.5	118	K1	235
224		城陽市	久津川箱塚古墳	天王・獣文帯四神四獣鏡	23.6		F2	②				77
225		山城町	平尾城山古墳						内区片				
226		山城町	椿井大塚山古墳	波文帯盤龍鏡	24.5	4	盤龍	盤				3
227		山城町	椿井大塚山古墳	天王・獣文帯回向式神獣鏡	23.4	6	回向	②				9
228		山城町	椿井大塚山古墳	天王・獣文帯回向式神獣鏡片？			回向	②				
229		山城町	椿井大塚山古墳	陳是作四神二獣鏡	22.0	9	H（X）	④				16

230		山城町	椿井大塚山古墳	張氏作三神五獣鏡	22.6	10	B	①					21
231		山城町	椿井大塚山古墳	吾作三神五獣鏡	22.5	12	B	⑦					25
232		山城町	椿井大塚山古墳	吾作三神五獣鏡	21.5	13	B	⑦					26
233		山城町	椿井大塚山古墳	吾作三神五獣鏡	21.5	13	B	⑦					26
234		山城町	椿井大塚山古墳	吾作五神四獣鏡（対置式）	21.9	14	U	①					28
235		山城町	椿井大塚山古墳	吾作四神四獣鏡	22.6	16	E	⑦					32
236		山城町	椿井大塚山古墳	張氏作？四神四獣鏡	23.8	18	A	①					34
237		山城町	椿井大塚山古墳	吾作四神四獣鏡	19.8	19	A	①					35
238		山城町	椿井大塚山古墳	吾作四神四獣鏡	19.8	19	A	①					35
239		山城町	椿井大塚山古墳	吾作徐州銘四神四獣鏡	22.4	20	A	⑭					37
240		山城町	椿井大塚山古墳	櫛歯文帯四神四獣鏡	22.1	23	A	①					42
241		山城町	椿井大塚山古墳	櫛歯文帯四神四獣鏡	22.1	23	A	①					42
242		山城町	椿井大塚山古墳	天王・獣文帯四神四獣鏡	22.4	24	A	⑤					43
243		山城町	椿井大塚山古墳	天王・唐草文帯四神四獣鏡	23.7	25	A	④					44
244		山城町	椿井大塚山古墳	天王・獣文帯四神四獣鏡	22.3	27	A	②					46
245		山城町	椿井大塚山古墳	天王・獣文帯四神四獣鏡	22.3	27	A	②					46
246		山城町	椿井大塚山古墳	天王・獣文帯四神四獣鏡	22.3	27	A	②					46
247		山城町	椿井大塚山古墳	陳是作四神四獣鏡	21.8		A	⑨					53
248		山城町	椿井大塚山古墳	画文帯五神四獣鏡	21.8	30	A	⑥					56
249		山城町	椿井大塚山古墳	天王・獣文帯四神四獣鏡	23.3	35	F1	②					68
250		山城町	椿井大塚山古墳	天王・獣文帯四神四獣鏡	23.4	36	F1	②					69
251		山城町	椿井大塚山古墳	天王・獣文帯四神四獣鏡	23.4	40	F2	②					75
252		山城町	椿井大塚山古墳	天王・鋸歯文帯四神四獣鏡	23.2	43	G	③					80
253		山城町	椿井大塚山古墳	天王・獣文帯四神四獣鏡	23.0	44	G	③					81
254		山城町	椿井大塚山古墳	陳氏作四神二獣鏡片		45	H	⑧					82
255		山城町	椿井大塚山古墳	天王・獣文帯二神二獣鏡	22.0	51	J1	⑤					92
256		山城町	椿井大塚山古墳	天王・獣文帯三神三獣鏡	22.5	60	K1	③					105
257		山城町	椿井大塚山古墳	神獣鏡破片、少なくとも2鏡分									
258		山城町	椿井大塚山古墳	外区分、1個体分、獣文帯	21.5								
259		山城町	椿井大塚山古墳（伝）	吾作三神五獣鏡	22.0	11	B	①					23
260			井手町（伝）	外区片									

第十五章 椿井大塚山古墳と三角縁神獣鏡　659

261		京都府南部(伝)	獣文帯三神三獣鏡	22.1	65	K1	⑪					114
262		南山城(伝)	四神四獣鏡?									
263		園部市	園部垣内古墳榔外	吾作四神三獣博山炉鏡	20.0		A変	⑥					54
264			園部垣内古墳榔外	櫛歯文帯三仏三獣鏡	20.5	68	K1	⑮					122
265			棺小室						獣文帯三神三獣鏡	24.0	112	K2		216
266		加悦町	加悦丸山古墳	天王・獣文帯二神三獣一虫鏡?	22.2		K1?	⑤					113
267	奈良	斑鳩町	龍田(伝)						獣文帯三神三獣鏡	21.5	*	K1		239
268		河合町	佐味田宝塚古墳	陳氏作神獣車馬鏡	25.8	8	X	⑧					14
269		河合町	佐味田宝塚古墳	新作徐州銘四神四獣鏡	26.0	*	C	⑭					19
270		河合町	佐味田宝塚古墳	吾作六神四獣鏡(対置式)	21.8		U	①					29
271		河合町	佐味田宝塚古墳	吾作徐州銘四神四獣鏡	22.6	20	A	⑭					37
272		河合町	佐味田宝塚古墳	天王・唐草文帯四神四獣鏡	23.9	25	A	④					44
273		河合町	佐味田宝塚古墳	陳氏作六神三獣鏡	21.9	32	A	⑧					61
274		河合町	佐味田宝塚古墳	王□吉□神獣鏡	22.7		A?	⑥					60
275		河合町	佐味田宝塚古墳	天王・唐草文帯二神二獣鏡片		52	J1	④					93
276		河合町	佐味田宝塚古墳	君宜官・獣文帯三神三獣鏡	22.1	64	L2	⑤					111
277		河合町	佐味田宝塚古墳	波文帯三神三獣鏡	21.8		K1?	⑪					125
278		河合町	佐味田宝塚古墳	波文帯三神二獣博山炉鏡	21.8	74	M	⑩					134
279		河合町	佐味田宝塚古墳	外区片(その1)									
280		河合町	佐味田宝塚古墳	外区片(その2)									
281		河合町	佐味田宝塚古墳						獣文帯三神三獣鏡	21.2	113	K2	⑪	229
282		河合町	佐味田宝塚古墳	内区片									
283		河合町	佐味田貝吹古墳	波文帯三神二獣博山炉鏡	21.6	74	M	⑩					134
284		河合町	佐味田付近						獣文帯三神三獣鏡		115	L2		231
285		広陵町	新山古墳	吾作四神四獣鏡	22.1	16	E	⑦					32
286			新山古墳	天王・獣文帯四神四獣鏡	22.1		F1	②					71
287			新山古墳	天王・獣文帯四神四獣鏡	23.5	39	F2	②					74
288			新山古墳	尚方作二神二獣鏡	22.5	56	J2	③					100
289			新山古墳	獣文帯三神三獣鏡	22.0	65	K1	⑪					114
290			新山古墳	獣文帯三仏三獣鏡	21.2		K1	⑮					121
291			新山古墳	波文帯三神三獣鏡	22.1		K1	⑮					128

292			新山古墳					獣文帯三神三獣鏡	21.7	105	K2		206
293			新山古墳					獣文帯三神三獣鏡	21.7	113	K2		229
294	御所市	宮山古墳後円部	天王・唐草文帯二神二獣鏡片		J1?	④						94
295	御所市	宮山古墳前方部	三角縁神獣鏡									
296	橿原市	新沢千塚500号墳副槨					獣文帯三神三獣鏡	24.1	112	K2		216
297	橿原市	新沢千塚500号墳付近					獣文帯三神三獣鏡	22.2				
298	田原本町	鏡作神社（伝）	唐草文帯三神二獣鏡片	48	I	④						89
299	桜井市	桜井茶臼山古墳	画文帯五神四獣鏡片	29	A	⑥						55
300	桜井市	桜井茶臼山古墳	天王・獣文帯五神四獣鏡片	31	A	⑥						57
301	桜井市	桜井茶臼山古墳	陳氏作六神三獣鏡片	32	A	⑧						61
302	桜井市	桜井茶臼山古墳	天王・鋸歯文帯四神四獣鏡片	43	G	③						80
303	桜井市	桜井茶臼山古墳	天王・獣文帯四神四獣鏡片	44	G	③						81
304	桜井市	桜井茶臼山古墳	天王・獣文帯神獣鏡外区片									
305	桜井市	桜井茶臼山古墳	波文帯四神二獣？鏡		H?	⑤?						84
306	桜井市	桜井茶臼山古墳	天王・獣文帯三神三獣鏡	62	L1	⑯						109
307	桜井市	桜井茶臼山古墳	外区片									
308	桜井市	桜井茶臼山古墳	外区片									
309	桜井市	池ノ内5号墳第2槨	波文帯盤龍鏡	22.1	3	盤龍	盤					2
310	桜井市	金崎古墳	天王・獣文帯二神二獣鏡	20.8	53	J1	⑤					95
311	桜井市	メスリ山古墳	吾作徐州銘四神四獣鏡片？		A?	⑭						38
312	奈良市	富雄丸山1号墳（伝）	画像文帯盤龍鏡	24.8	2	盤龍	⑧					1
313		富雄丸山1号墳（伝）	吾作四神四獣鏡（環状乳）	21.7	15	環状	①					30
314		富雄丸山1号墳（伝）	画文帯五神四獣鏡	21.7	30	A	⑥					56
315		富雄丸山1号墳（伝）	吾作二神二獣鏡	21.6		J1	⑰					98
316	奈良市	円照寺墓山1号墳（伝）	獣文帯三神三獣鏡	22.0	66	K1	⑪					115
317		円照寺裏山古墳	櫛歯文帯四神四獣鏡	22.2	23	A	①					42
318	都祁村	白石光伝寺後方（伝）	吾作九神三獣鏡	21.8	61	L1	他					108
319	都祁村	白石（伝）	君宜高官・獣文帯三神三獣鏡	22.8	58	K1	⑯					103
320	都祁村	都祁野（伝）	吾作五神四獣鏡（対置式）	21.7	14	U	①					28
321			南都御陵の所（伝）					獣文帯三神三獣鏡	22.1	114	K2		230

第十五章 椿井大塚山古墳と三角縁神獣鏡

322			奈良県（伝）					獣文帯三神三獣鏡		106	K2	207
323			奈良県（伝）					唐草文帯三神三獣鏡	24.2	104	K2	205
324			奈良県（伝）	画像文帯盤龍鏡		2	盤龍	⑧				1
325	奈良？		北和城南（伝）	新作徐州銘？四神四獣鏡	25.8	*	C	⑭				19
326	滋賀	大津市	織部山古墳	新作徐州銘？四神四獣鏡	23.1		C	⑭				18
327		栗東町	佐々木大塚古墳	三角縁神獣鏡？								
328		栗東町	亀塚古墳						獣文帯三神三獣鏡	21.6	106	K2	207
329		栗東町	岡山古墳	天王・獣文帯三神三獣鏡	22.1	59	K1	③				104
330		野洲町	古冨波山古墳	吾作三神五獣鏡	22.0	11	B	①				23
331		野洲町	古冨波山古墳	王氏作徐州銘四神四獣鏡	21.9	42	G	①				79
332		野洲町	古冨波山古墳	陳氏作四神二獣鏡	21.8	45	H	⑧				82
333		野洲町	大岩山古墳	画像文帯盤龍鏡	24.5	2	盤龍	⑧				1
334		野洲町	大岩山古墳	陳氏作神獣車馬鏡	25.7		X	⑧				15
335		野洲町	大岩山古墳	天王・獣文帯二神四獣鏡	21.3	54	J1変	⑤				96
336		野洲町	天王山古墳						獣文帯三神三獣鏡	21.8	117	K1	234
337	三重	上野市	山神古墳	唐草文帯三神三獣鏡	23.3		I	④				87
338		紀勢町	錦						獣文帯三神三獣鏡	23.3			
339		嬉野町	筒野古墳	天王・獣文帯三神三獣鏡	22.3	59	K1	③				104
340		嬉野町	筒野古墳	波文帯三神三獣鏡	21.7	73	L2	⑬				132
341		美杉村	美杉村						獣文帯三神三獣鏡	21.9		K1	241
342		美杉村	美杉村（伝）						唐草文帯三神三獣鏡				251
343		松阪市	久保古墳	天王・獣文帯回向式神獣鏡	23.1	6	回向	②				9
344		松阪市	久保古墳						獣文帯三神三獣鏡	21.8		L1	242
345		松阪市	茶臼山古墳						獣文帯三神三獣鏡	20.8			252
346		鈴鹿市	赤郷1号墳	波文帯三神三獣鏡	21.6	77	K1	⑪				124
347		桑名市	桑名市（伝）	君宜高官・獣文帯四神四獣鏡	22.7	38	F1	⑯				73
348		桑名市	桑名市（伝）	天王・獣文帯二神二獣鏡	22.2	50	J2	⑤				91
349		桑名市	桑名市（伝）	天王・獣文帯三神三獣鏡	22.1	62	L1	⑯				109
350			三重県（伝）						獣文帯三神三獣鏡	21.6	106	K2	207
351	福井	福井市	足羽山山頂古墳付近	吾作三神五獣鏡？	22.4	11？	B？	①				24
352		福井市	足羽山山頂古墳付近	鈕片								

353	石川	鹿西町	小田中親王塚古墳	波文帯三神三獣鏡	21.1		L2	⑬					133
354		鹿西町	小田中親王塚古墳						獣文帯三神三獣鏡				
355	岐阜	南濃町	東天神18号墳	画文帯五神四獣鏡	21.7	29	A	⑥					55
356		南濃町	円満寺山古墳	天王・唐草文帯二神二獣鏡	21.7	52	J1	④					93
357		南濃町	円満寺山古墳	波文帯三神二獣博山炉鏡	21.4	74	M	⑩					134
358		大垣市	長塚古墳東棺	天王・唐草文帯二神二獣鏡	21.7	52	J1	④					93
359		大垣市	長塚古墳	波文帯三神三獣鏡	21.7	74	M	⑩					132
360		大垣市	長塚古墳						獣文帯三神三獣鏡	21.7		I	202
361		大垣市	長塚古墳西棺						獣文帯三神三獣鏡	21.7		K2	215
362		大垣市	長塚古墳						獣文帯三神三獣鏡	21.7	118	K1	235
363		大垣市	花岡山古墳	外区片等									
364		大垣市	高塚古墳	三角縁神獣鏡?	19.0								
365		岐阜市	内山1号墳	吾作徐州銘四神四獣鏡		20	A	⑭					37
366		岐阜市	内山1号墳	天王・二神二獣鏡									
367		岐阜市	龍門寺1号墳	天王・獣文帯四神四獣鏡	23.2	35	F1	②					68
368		岐阜市	坂尻1号墳	天王・獣文帯三神三獣鏡	17.0	63	L1	⑤					110
369		各務原市	一輪山古墳	波文帯四神二獣鏡	21.9	46	H	⑧					85
370		可児市	野中古墳南石室						獣文帯三神三獣鏡	21.5	106	K2	207
371		可児市	旧可児町(伝)	吾作三神五獣鏡	22.6	12	B	⑦					25
372	愛知	犬山市	東之宮古墳	吾作重列式神獣鏡	21.1		重列	他					12
373		犬山市	東之宮古墳	唐草文帯三神二獣鏡	21.3	48	I	④					89
374		犬山市	東之宮古墳	天王・唐草文帯二神二獣鏡	21.5	52	J1	④					93
375		犬山市	東之宮古墳	波文帯三神三獣鏡	21.3	69	K1	⑪					123
376		犬山市	東之宮古墳	波文帯三神三獣鏡	21.4	70	K1	⑫					127
377		春日井市	出川大塚古墳						獣文帯三神三獣鏡	22.1	111	K2	213
378		春日井市	出川大塚古墳						獣文帯三神三獣鏡	22.1	111	K2	213
379		師勝町	仙人塚古墳						獣文帯三神三獣鏡	23.5	115	L2	231
380		小牧市	小木宇都宮古墳						獣文帯三神三獣鏡	21.8	118	K1	235
381		小牧市	小木						獣文帯三神三獣鏡	22.2		K1	245
382		小牧市	小木天王山古墳						獣文帯三神三獣鏡	21.0	117	K1	234
383		小牧市	甲屋敷古墳	波文帯三神三獣鏡	22.1	71	K2						130
384		佐織町	奥津社(伝)	波文帯盤龍鏡	24.4	4	盤龍	盤					3

第十五章　椿井大塚山古墳と三角縁神獣鏡　663

385		佐織町	奥津社（伝）	張氏作？四神四獣鏡	23.8	18	A	①				34
386		佐織町	奥津社（伝）	天王・獣文帯四神四獣鏡	21.9	34	D	他				65
387		名古屋市	白山藪古墳	波文帯三神獣鏡	21.8	72	L1	⑩				131
388		東海市	兜山古墳						獣文帯三神三獣鏡	22.3	K2？	217
389		豊田市	百々町（伝）	吾作三神五獣鏡		13	B	⑦				26
390	静岡	浜北市	赤門上古墳	天王・唐草文帯四神四獣鏡	23.7	25	A	④				44
391		磐田市	新豊院山D2号	吾作四神四獣鏡	21.5		A	⑰				50
392		磐田市	松林山古墳	吾作二神二獣鏡	21.3		J2	他				101
393		磐田市	連福寺古墳	張氏作三神五獣鏡	22.5	10	B	①				21
394		磐田市	経塚古墳	天王・唐草文帯四神四獣鏡	22.0	41	F2	①				76
395		磐田市	寺谷銚子塚古墳	天王・獣文帯三神三獣鏡	17.0	63	L1	⑤				110
396		小笠町	上平川大塚古墳	天王・獣文帯回向式神獣鏡	22.9	6	回向	②				9
397		小笠町	上平川大塚古墳	吾作三神五獣鏡	22.1	11	B	①				23
398		静岡市	牛王堂山3号墳	君宜高官・獣文帯四神四獣鏡	22.5	38	F1	⑯				73
399		沼津市	道尾塚古墳						唐草文帯三神三獣鏡	20.9	K1変	248
400	長野	更埴市	森将軍塚古墳	天王・獣文帯神獣鏡片				②？				78
401		飯田市	新井原8号墳						三神三獣鏡	21.2	K1	250
402	山梨	中道町	銚子塚古墳	陳氏作神獣車馬鏡	22.1	7	X	⑧				13
403		中道町	銚子塚古墳						獣文帯三神三獣鏡	20.7	K1	236
404		中道町	大丸山古墳	天王・獣文帯三神三獣鏡	17.0	63	L1	⑤				110
405	神奈川	平塚市	真土大塚山古墳	陳是作四神二獣鏡	22.1	9	X（H）	④				16
406		川崎市	白山古墳	天王・獣文帯四神四獣鏡	22.4	27	A	②				46
407	千葉	小見川町	城山1号墳	吾作三神五獣鏡	22.2	12	B	⑦				25
408		木更津市	手古塚古墳						獣文帯三神三獣鏡	23.9	115	L2	231
409	群馬	板倉町	赤城塚古墳	獣文帯四神四獣鏡（仏像含む）	23.1		F2変	⑮				119
410		太田市	頼母子古墳	波文帯盤龍鏡	21.7	3	盤龍	盤				2
411		太田市	頼母子古墳	有銘四神四獣鏡	21.7							
412		玉村町	芝根7号墳	君宜高官・獣文帯四神四獣鏡	22.5		D	他				66
413		藤岡市	三本木（伝）	陳氏作神獣車馬鏡	21.9	7	X	⑧				13
414		藤岡市	三本木（伝）	張氏作三神五獣鏡	22.6	10	B	①				21
415		藤岡市	三本木（伝）	陳是作四神四獣鏡	22.0		A	⑦				52

416		富岡市	北山茶臼山古墳	画像文帯盤龍鏡	24.3	2	盤龍	⑧				1
417		高崎市	蟹沢古墳	正始元年陳是作回向式神獣鏡	22.6	5	回向	他				8
418		高崎市	蟹沢古墳	獣文帯三神三獣鏡	21.9	65	K1	⑪				114
419		前橋市	天神山古墳	天王・獣文帯五神四獣鏡	22.5	31	A	⑥				57
420		前橋市	天神山古墳	天王・獣文帯四神四獣鏡	21.7	33	D	②				64
421	福島	会津若松市	会津大塚山古墳						唐草文帯四神四獣鏡	21.4	102	J1	203

　修正の主眼は、京都大学文学部考古学関係者が大変な研究努力の結果確定された三角縁神獣鏡の舶載鏡か仿製鏡かの識別を一目で理解できるようにしたのである。それと、やはり椿井大塚山古墳三角縁神獣鏡の特質や特徴が分かるように試みた。まず、椿井大塚山古墳と同様に一古墳から、複数2面以上の舶載三角縁神獣鏡を出土した古墳名とその出土三角縁神獣鏡の鏡型式名を挙げると次のごとくである。

　18・19・20　福岡筑紫野市原口古墳　長宜子孫・獣文帯三神三獣鏡、天王・獣文帯三神三獣鏡　2鏡、計3鏡

　55・56・57・58・59・60・61　福岡苅田町石塚山古墳　吾作四神四獣鏡、天王・獣文帯四神四獣鏡　3鏡、天王・獣文帯三神三獣鏡　3鏡、計7鏡

　63・64・65・66・67　大分宇佐市赤塚古墳　波文帯盤龍鏡、天王・鋸歯文帯四神四獣鏡、唐草文帯二神二獣鏡、天王・獣文帯三神三獣鏡　2鏡、計5鏡、及び68宇佐市宇佐付近（伝）吾作四神四獣鏡、計6鏡

　76・77　山口新南陽市竹島御家老屋敷古墳　正始元年陳是作回向式神獣鏡、天王・獣文帯四神四獣鏡、計2鏡

　78・79・80　山口下松市宮洲古墳　王氏作盤龍鏡、□作回向式神獣鏡、天王・獣文帯二神二獣鏡、計3鏡

　108・109・110・111・112・113・114・115・116・117・118　岡山市湯迫車塚古墳　画像文帯盤龍鏡、天王・獣文帯回向式神獣鏡、陳氏作神獣車馬鏡　2鏡、陳是作四神二獣鏡　2鏡、新作徐州銘四神四獣鏡、吾作二神六獣鏡、画文帯五神四獣鏡、波文帯六神四獣鏡、天王・獣文帯四神四獣鏡、計11鏡、及び106岡山市一宮（伝）　波文帯二神四獣鏡、107岡山市一宮天神山1号墳　獣文帯三仏三獣鏡、計13鏡

　128　兵庫豊岡市森尾古墳中央石室　正始元年陳是作回向式神獣鏡、129豊岡市森尾古墳南石室？　新作徐州銘四神四獣鏡、及び127兵庫城崎町小見塚古墳　波文帯三神三獣鏡、計3鏡

　130・131・132　兵庫和田山町城の山古墳　獣文帯三神三獣鏡　2面、波文帯三神三獣鏡、計3鏡

135・136・137・138　兵庫龍野市新宮町吉島古墳　波文帯盤龍鏡、吾作四神四獣？鏡、天王・唐草文帯四神四獣鏡2鏡、計4鏡、及び134上郡町西野山3号墳　唐草文帯四神四獣鏡、計5鏡

139・140　龍野市三ツ塚1号墳　波文帯三神三獣鏡2面、計2鏡

147・148・149・150　芦屋市阿保親王塚古墳　波文帯三神二獣博山炉鏡、陳孝然作波文帯四神三獣博山炉鏡、外区片2個、計4鏡

151・152・153・154　神戸市東求女塚古墳　天王・唐草文帯四神四獣鏡、天王・獣文帯三神三獣鏡　2面、天王・獣文帯四神四獣鏡、計4鏡

155・156　神戸市ヘボソ塚古墳　唐草文帯三神二獣鏡、天王・唐草文帯二神二獣鏡、計2鏡

159・160　和歌山和歌山市岩橋千塚古墳　波文帯三神三獣鏡、獣文帯三神三獣鏡、計2鏡

170・171　大阪柏原市国分茶臼山古墳　吾作四神二獣鏡、新作徐州銘四神四獣鏡、計2鏡

193・194・195・196・197・198　枚方市　万年山古墳　波文帯盤龍鏡、吾作四神四獣鏡、陳是作六神四獣鏡、天王・唐草文帯四神四獣鏡、君宜官・獣文帯三神三獣鏡、獣文帯三神三獣鏡、計6鏡

201・202・203・204　京都長岡京市長法寺南原古墳　天王・鋸歯文帯四神四獣鏡、天王・唐草文帯二神二獣鏡　2鏡、君宜高官・獣文帯三神三獣鏡、計4鏡

299・300・301・302・303・304・305・306・307・308　奈良　桜井市　桜井茶臼山古墳　画文帯五神四獣鏡片、獣文帯五神四獣鏡片、陳氏作六神三獣鏡片、天王・鋸歯文帯四神四獣鏡片、天王・獣文帯四神四獣鏡片、天王・獣文帯神獣鏡外区片、波文帯四神二獣？鏡、獣文帯三神三獣鏡、外区片2面、計10面、及び309桜井市　池ノ内5号墳第2棺　波文帯盤龍鏡、310 桜井市金崎古墳　天王・獣文帯二神二獣鏡、311 桜井市　メスリ山古墳　吾作徐州銘四神四獣鏡、以上3鏡加えて計13鏡。

312・313・314・315　奈良市　富雄丸山1号墳（伝）　画像文帯盤龍鏡、吾作四神四獣鏡（環状乳）、画文帯五神四獣鏡、吾作二神二獣鏡、計4鏡

316・317　奈良市　円照寺墓山1号墳　獣文帯三神三獣鏡、櫛歯文帯四神四獣鏡、2鏡

330・331・332　滋賀野洲町古冨波山古墳　吾作三神五獣鏡、王氏作徐州銘四神四獣鏡、陳氏作四神二獣鏡、計3鏡

333・334・335　野洲町大岩山古墳　画像文帯盤龍鏡、陳氏作神獣車馬鏡、天王・獣文帯二神四獣鏡、計3鏡

339・340　三重嬉野町　筒野古墳　天王・獣文帯三神三獣鏡、波文帯三神三獣鏡、計2鏡

356・357　岐阜南濃町円満寺山古墳　天王・唐草文帯二神二獣鏡、波文帯三神二獣博山炉鏡、2鏡、及び355南濃町東天神18号墳　画文帯五神四獣鏡、3鏡

365・366　岐阜市　内山1号墳　吾作徐州銘四神四獣鏡、天王・二神二獣鏡、2鏡、及び367 岐阜市龍門寺1号墳天王・獣文帯四神四獣鏡、368岐阜市坂尻1号墳　天王・獣文帯三神三獣鏡、4鏡

372・373・374・375・376　愛知犬山市東之宮古墳　吾作重列式神獣鏡、唐草文帯三神二獣鏡、天王・唐草文帯二神二獣鏡、波文帯三神三獣鏡　2面、計5鏡

396・397　静岡小笠町上平川大塚古墳　天王・獣文帯回向式神獣鏡、吾作三神五獣鏡、計2鏡

410・411　群馬太田市　頼母子古墳　波文帯盤龍鏡、有銘四神四獣鏡、計2鏡

417・418　高崎市　蟹沢古墳　正始元年陳是作回向式神獣鏡、獣文帯三神三獣鏡、2面、及び412玉村町　芝根7号墳（稲荷塚）　君宜高官・獣文帯四神四獣鏡、413・414・415藤岡市　三本木（伝）　陳氏作神獣車馬鏡、張氏作三神五獣鏡、陳是作四神四獣鏡、3面、416 富岡市　北山茶臼山古墳　画像文帯盤龍鏡、計7鏡

417・418 前橋市天神山古墳　天王・獣文帯五神四獣鏡、獣文帯四神四獣鏡、2鏡

　以上から分かることの第一は福岡県（旧豊前国）苅田町石塚山古墳が吾作四神四獣鏡、天王・獣文帯四神四獣鏡3鏡、天王・獣文帯三神三獣鏡3鏡の計7鏡、大分県（旧豊前国）宇佐市赤塚古墳が波文帯盤龍鏡、天王・鋸歯文帯四神四獣鏡、唐草文帯二神二獣鏡、天王・獣文帯三神三獣鏡2鏡の計5鏡、及び宇佐付近（伝）吾作四神四獣鏡を加えて計6鏡、岡山県（旧備前国）岡山市湯迫車塚古墳が画像文帯盤龍鏡、天王・獣文帯回向式神獣鏡、陳氏作神獣車馬鏡2鏡、陳是作四神二獣鏡2鏡、新作徐州銘四神四獣鏡、吾作二神六獣鏡、画文帯五神四獣鏡、波文帯六神四獣鏡、天王・獣文帯四神四獣鏡の計11鏡と岡山市一宮（伝）の波文帯二神四獣鏡、岡山市一宮天神山1号墳の獣文帯三仏三獣鏡を加えて計13鏡、奈良県（旧大和国）桜井市桜井茶臼山古墳が画文帯五神四獣鏡片、獣文帯五神四獣鏡片、陳氏作六神三獣鏡片、天王・鋸歯文帯四神四獣鏡片、天王・獣文帯四神四獣鏡片、天王・獣文帯神獣鏡外区片、波文帯四神二獣？鏡、獣文帯三神三獣鏡、外区片2面の計10面、これに桜井市池ノ内5号墳第2棺の波文帯盤龍鏡、桜井市金崎古墳の天王・獣文帯二神二獣鏡、桜井市メスリ山古墳の吾作徐州銘四神四獣鏡を加えて計13鏡である。32鏡を一古墳で出土した椿井大塚山古墳はかえってその異常さが際だち、なぜそのような大量の三角縁神獣鏡を副葬する必要があったかの疑問を提出するのである。ただ、椿井大塚山古墳が多種多様な三角縁神獣鏡の鏡文様型式を含むということは他の2、3鏡しか出土しない三角縁神獣鏡埋蔵古墳でも同様である。これもその種類が多いということは何を示しているのかを説明する必要があろうが、その答えは当面留保したい。

　次に一地域が1面ずつではあるが舶載鏡を含む古墳を多くもつという事例を見ると、こ

第十五章　椿井大塚山古墳と三角縁神獣鏡　667

れは神社伝承の事例も含めると次の事例がある。

5　熊本葦北郡葦北郡（伝）　尚方作二神二獣鏡、6　同、波文帯三神三獣鏡片、7　八代郡八代郡（伝）　波文帯四神二獣鏡、8　宇土市城ノ越古墳　珠文帯四神四獣鏡、計4鏡

14　福岡久留米市祇園山古墳（推）　天王・獣文帯三神三獣鏡、15　甘木市　神蔵古墳　天王・獣文帯四神四獣鏡、16　甘木市大願寺　陳氏作三神五獣鏡、計3鏡

21　福岡大野城市御陵古墳　天王・獣文帯四神四獣鏡、22　那珂川町妙法寺2号墳　陳是作六神四獣鏡、33福岡市老司古墳3号石室　王氏作徐州銘四神四獣鏡片、34　福岡市藤崎第6号方形周溝　陳氏作神獣車馬鏡、35　福岡市藤崎遺跡　波文帯盤龍鏡、36　福岡市若八幡宮古墳　□是作二神二獣鏡、37　福岡市那珂八幡古墳　画文帯五神四獣鏡、38　福岡市香椎ヶ丘3丁目古墳　天王・獣文帯二神二獣鏡、39　福岡市天神森古墳　天王・獣文帯三神三獣鏡、40　福岡市名島古墳　吾作九神三獣鏡、以上10鏡

82　島根加茂町神原神社境内　景初三年陳是作回向式神獣鏡、83　松江市八日山1号墳　波文帯四神二獣鏡、84　安来市大成古墳　唐草文帯二神二獣鏡、計3鏡

86　鳥取会見町普段寺1号墳　惟念此銘唐草文帯二神二獣鏡、87　会見町普段寺2号墳　珠文帯四神四獣鏡、88　羽合町馬山4号墳　波文帯三神二獣博山炉鏡、90　倉吉市国分寺古墳　天王・獣文帯三神四獣鏡、91・92　倉吉市旧社村付近（伝）　天王・獣文帯四神四獣鏡　2面、計4鏡

93・94　愛媛伊豫市広田神社古墳　天王・獣文帯四神四獣鏡　2面、及び95　今治市国分古墳　吾作九神三獣鏡、計3鏡

96　香川多度津町西山古墳　張氏作？四神四獣鏡、97　坂出市蓮尺茶臼山古墳　獣文帯三神三獣鏡、100　寒川町奥3号墳　張氏作三神五獣鏡、計3鏡

103　新市町潮崎山古墳　天王・獣文帯三神四獣鏡、104　福山市掛迫古墳南石室　波文帯三神二獣博山炉鏡、計2鏡

141　姫路市御旅山3号墳　波文帯三神三獣鏡、142　姫路市安田古墳　天王・獣文帯四神四獣鏡、143　高砂市牛谷天神山古墳　陳是作竟五神四獣鏡、計3鏡

157　兵庫尼崎市　水堂古墳　吾作三神四獣鏡、177　大阪池田市　横山古墳　天王・獣文帯二神四獣鏡、計2鏡

161　大阪　和泉市　黄金塚古墳東槨　波文帯盤龍鏡、167　富田林市馬名井古墳　獣文帯三神三獣鏡、計2鏡

174・175・176　東大阪市石切神社（伝）　天王・獣文帯四神四獣鏡、天王・唐草文帯二神二獣鏡、唐草文帯二神二獣鏡、計3鏡

189　茨木市　将軍山古墳（推）　唐草文帯二神二獣鏡、192　高槻市　弁天山Ｃ1号墳　波文帯三神三獣鏡、計2鏡

217・218・219　八幡市　西車塚古墳・東車塚古墳・内里古墳　天王・唐草文帯二神二獣鏡、尚方作二神二獣鏡、陳是作六神四獣鏡、260　京都府南部（伝）　獣文帯三神三獣鏡、計4鏡

317　奈良県都祁村白石光伝寺後方　吾作九神三獣鏡、318　都祁村白石（伝）　獣文帯三神三獣鏡、319　都祁村都祁野（伝）　吾作五神四獣鏡（対置式）

347・348・349　桑名市（伝）　君宜高官・獣文帯四神四獣鏡、獣文帯二神二獣鏡、天王・獣文帯三神三獣鏡、3鏡、及び346　鈴鹿市赤郷1号墳　波文帯三神三獣鏡、計4鏡

384・385・386　佐織町奥津社（伝）　波文帯盤龍鏡、張氏作？四神四獣鏡、天王・獣文帯四神四獣鏡、3鏡、及び387　名古屋市白山藪古墳　波文帯三神獣鏡、計4鏡

391　静岡磐田市新豊院山D2号　吾作四神四獣鏡、392磐田市　松林山古墳　吾作二神二獣鏡、393　磐田市連福寺古墳　張氏作三神五獣鏡、394　磐田市　経塚古墳　天王・唐草文帯四神四獣鏡、395　磐田市　寺谷銚子塚古墳　天王・獣文帯三神三獣鏡、計5鏡

　3・4の宮崎高鍋町持田48号墳（推）及び同持田古墳群（推）のような同じ天王・獣文帯四神四獣鏡を同一地域の異なる古墳に副葬した事例は他に見られない。同一地域の異なる古墳からは異なる三角縁神獣鏡を出土しているのである。例えば、最後の静岡県磐田市の新豊院山D2号・松林山古墳・連福寺古墳・経塚古墳・寺谷銚子塚古墳では吾作四神四獣鏡・吾作二神二獣鏡・張氏作三神五獣鏡・天王・唐草文帯四神四獣鏡・天王・獣文帯三神三獣鏡と5面各異なる5種の鏡の三角縁神獣鏡を副葬している。これが九州福岡平野では、大野城市御陵古墳・那珂川町妙法寺2号墳・福岡市老司古墳3号石室・福岡市藤崎第6号方形周溝・福岡市藤崎遺跡・福岡市若八幡宮古墳・福岡市那珂八幡古墳・福岡市香椎ヶ丘3丁目古墳・福岡市天神森古墳・福岡市名島古墳の10個所から、天王・獣文帯四神四獣鏡、陳是作六神四獣鏡、王氏作徐州銘四神四獣鏡片、陳氏作神獣車馬鏡、波文帯盤龍鏡、□是作二神二獣鏡、画文帯五神四獣鏡、天王・獣文帯二神二獣鏡、天王・獣文帯三神三獣鏡、吾作九神三獣鏡、以上相互に全く異なる10鏡を出土している。事態は椿井大塚山古墳三角縁神獣鏡とよく似ているにもかかわらず、その差異が見られることの意味が説明される必要があろう。先に見た同じ古墳からの異なる三角縁神獣鏡とともに、同一ないし近接地域でも多種多様な異なる鏡文様型式が含まれるということが注目されるのである。

　次に以上とは逆に一鏡出土地が他の地域と比較的に離れており、孤立して存在していると考えられる事例がある。

　　41　飯塚市穂波町忠隈古墳　波文帯三神三獣鏡
　　101　広島　広島市中小田1号墳　吾作四神四獣鏡
　　105　岡山　総社市上沼古墳　天王・獣文帯四神四獣鏡

第十五章　椿井大塚山古墳と三角縁神獣鏡　669

119　岡山　鏡野町郷観音山古墳　天王・獣文帯四神四獣鏡
120　岡山　津山市田邑2号墳　波文帯三神二獣博山炉鏡
158　兵庫（淡路島）洲本市　コヤダニ古墳　吾作三神四獣鏡
266　京都　加悦町加悦丸山古墳　天王・獣文帯二神三獣一虫鏡？
294・295　奈良　御所市宮山古墳後円部　唐草文帯二神二獣鏡片？
326　滋賀　大津市　織部山古墳　新作徐州銘？四神四獣鏡
337　三重　上野市　山神古墳　唐草文帯三神三獣鏡
351　福井福井市足羽山山頂古墳付近　吾作三神五獣鏡？、352　同所　鈕片、計2鏡
369　岐阜　各務原市一輪山古墳　波文帯四神二獣鏡
389　豊田市　百々町（伝）　吾作三神五獣鏡
390　静岡　浜北市　赤門上古墳　天王・唐草文帯四神四獣鏡
398　静岡市　牛王堂山3号墳　君宜高官・獣文帯四神四獣鏡
400　長野　更埴市　森将軍塚古墳　天王・獣文帯神獣鏡片
405　神奈川　平塚市　馬土大塚山古墳　陳是作四神二獣鏡
406　神奈川　川崎市　白山古墳　天王・獣文帯四神四獣鏡
407　千葉　小見川町城山1号墳　吾作三神五獣鏡
409　群馬　板倉町　赤城塚古墳　獣文帯四神四獣鏡（仏像含む）

　これらは位置的に重要と思われる突出地が多い。また唐草文帯二神二獣鏡（奈良御所市宮山古墳）や天王・獣文帯二神三獣一虫鏡（京都　加悦町加悦丸山古墳）などの二神二獣鏡や吾作四神四獣鏡（101広島市中小田1号墳）、天王・獣文帯四神四獣鏡（105岡山総社市上沼古墳）、新作徐州銘？四神四獣鏡（326滋賀大津市織部山古墳）、波文帯四神二獣鏡（369岐阜各務原市一輪山古墳）、天王・唐草文帯四神四獣鏡（390静岡浜北市赤門上古墳）、君宜高官・獣文帯四神四獣鏡（398静岡市牛王堂山3号墳）、陳是作四神二獣鏡（405神奈川平塚市馬土大塚山古墳）、獣文帯四神四獣鏡（409群馬板倉町赤城塚古墳）などの四神四獣鏡式という旧い型式の三角縁神獣鏡が多い。比較的新しい型式とされる三神三獣鏡型式系統でも、波文帯三神三獣鏡（41飯塚市穂波町忠隈古墳）のほか、波文帯三神二獣博山炉鏡（岡山津山市田邑2号墳）、吾作三神四獣鏡（158兵庫淡路島洲本市　コヤダニ古墳）、唐草文帯三神三獣鏡（337三重上野市山神古墳）、吾作三神五獣鏡？（351福井福井市足羽山山頂古墳付近）、吾作三神五獣鏡（389豊田市　百々町）、吾作三神五獣鏡（407千葉小見川町城山1号墳）など、吾作三神五獣鏡系統の古式が多い。ただ、その中に最後に挙げた仏像を含む群馬板倉町赤城塚古墳の獣文帯四神四獣鏡があるのは注目される。それが何世紀の鏡であるか、精査が必要である。さらに上掲の事例の地方を分類すると、北九州（41飯塚市穂波町忠隈古墳）1事例、中国山陽（101広島市中小田1号墳・105岡山総社市上沼古墳・119岡山鏡野町郷観音山古墳）3事例、畿内（158兵庫淡路島洲本市　コヤダニ古墳・326滋賀大津市織部山古墳・337三重上野市山神古墳）3事例、北陸（351福井福井市足羽山山頂古墳付近）1事例、東海・中部（369岐阜各務原市一輪山古墳・389

豊田市百々町・390静岡浜北市赤門上古墳・398静岡市牛王堂山3号墳・400長野更埴市森将軍塚古墳）5事例、関東（405神奈川平塚市馬土大塚山古墳・406神奈川川崎市白山古墳・407千葉小見川町城山1号墳・409群馬板倉町赤城塚古墳）4事例であって、畿内を中央とすれば西日本が4事例に対して東日本が北陸、東海・中部、関東の計で9事例と東日本が多い。この傾向のもつ意味は他のデータからも肯定される。

　それにしても各地域地方にとって三角縁神獣鏡が一面どうしても必要であったという事情は何かがなお残る課題になろう。ただ、各地域地方が中央の畿内勢力と結ぶことを通じて頒布された[3]とすれば容易に答えが出るかも知れない。その前にまだまだ検討を要する課題が多くある。その一つの課題に三角縁神獣鏡が九州から関東まで何時の時期に配布され、現地が手にするものになったかの問題がある。

第三節　魏の紀年銘三角縁神獣鏡と古式三角縁神獣鏡式の全国的確認

　魏王朝の年号が鏡銘文に見える三角縁神獣鏡事例を【表15－3】にしてみよう。ただ、紀年銘鏡は京都府峰山・弥栄町の大田5号墳、大阪府高槻市安満宮古墳からいずれも青龍三年銘方格規矩四神鏡が発見されている。青龍三年は三国魏明帝の年号で西暦236年であり、これも同笵関係と思われ、卑弥呼の使者が帰路舶載した鏡と考えられる。

　その他、その後に判明した魏の紀年銘三角縁神獣鏡が数鏡存在する。これらを附属として加えよう。

【表15－3】　魏紀年銘三角縁神獣鏡出土地名表

	府県	市町村	出土地・古墳名	鏡型式名	面径/cm	同笵鏡番号	配置	同表現	目録番号
76	山口	新南陽市	竹島御家老屋敷古墳	正始元年陳是作回向式神獣鏡	22.8	5	回向	他	8
82	島根	加茂町	神原神社境内	景初三年陳是作回向式神獣鏡	23.0		回向	他	7
128	兵庫	豊岡市	森尾古墳中央石室	正始元年陳是作回向式神獣鏡	22.7	5	回向	他	8
417	群馬	高崎市	柴崎蟹沢古墳	正始元年陳是作回向式神獣鏡	22.6	5	回向	他	8
附1	京都	福知山市	広峰15号墳	景初四年盤龍鏡	17.0		盤龍	盤	1986年発見
附2	宮崎	高鍋市	伝持田古墳	景初四年盤龍鏡	17.0		盤龍	盤	兵庫西宮市辰馬考古資料館
附3	大阪	和泉市	和泉黄金塚古墳	景初三年画文帯神獣鏡	17.0		盤龍	盤	1951年発見
附4	京都	嶺山町・弥栄町	大田南古墳群5号墳	青龍三年方格規矩四神鏡	17.4				1994年発見
附5	大阪	高槻市	安満宮古墳	青龍三年方格規矩四神鏡	17.4				1997年発見
附6	奈良	桜井市	茶臼山古墳	正始元年銘鏡破片					2009年発見

　これによれば、宮崎県、山口県、島根県、兵庫県、大阪府京都府、そして関東の群馬県などから事例が確認された。なお、兵庫西宮の辰馬考古資料館鏡はその後宮崎県児湯郡高鍋持田古墳出土とされた。群馬県高崎市柴崎蟹沢古墳の正始元年鏡は冒頭の正字が不明確で、ながらく□始元年鏡とされたが、その後、兵庫県豊岡市森尾古墳中央石室出土の景初三年陳是作回向式神獣鏡と同笵関係が確認されたので、□始元年は正始元年と読めることが確定した。さらに山口県新南陽市の正始元年陳是作回向式神獣鏡との関係も同型、同笵

関係と考えられる。関東から中国地方西端に渉る広範囲の土地に同一の鏡が出土発見されたのである。正始元年は魏の３代皇帝斉王芳の年号で西暦240年、倭国女王卑弥呼が魏に遣使朝貢した景初三年（239）の翌年である。つまり卑弥呼が「親魏倭王」に封ぜられて「汝が好物を与える」「悉く以て汝が国中の人に示せ」とされた100枚の鏡の一部と考えてよいものである。他に島根県加茂町神原神社境内のかつては古墳と思われる土地から景初三年陳是作回向式神獣鏡も出土している。『三国志』魏書、東夷伝、倭人条（いわゆる「魏志倭人伝」）によれば、倭国女王卑弥呼が魏に遣使朝貢し、使者が朝鮮半島の帯方郡を経て魏都鄴に到着したのは景初三年六月のことであった。ところがこの年、すなわち景初三年正月元旦に魏２代皇帝明帝は急逝していた。魏の実権はその前年景初二年末に遼東公孫氏を平定して魏都に凱旋した晋王司馬懿であり、卑弥呼との外交を担当した。まず、明帝の崩御は極秘にされた。喪は発せられない。当然、改元の議は起こらない。卑弥呼の使者が魏都に滞在している期間中の景初三年十二月になって、魏王朝上層部では翌年の改元が議されたが、翌年正月元旦には改元は実行に移されず、景初四年正月とされた。正月元旦は明帝一周忌の命日である。景初四年は正月の一月だけあって、次の二月が正始元年とされた。「親魏倭王」卑弥呼に下賜する鏡に景初四年はありうる。昭和61年（1986）京都府福知山市の４世紀末のころの前方後円墳である広峰15号墳で景初四年などの銘文がある盤龍鏡が発見された。後に兵庫県西宮市の辰馬考古資料館でも、同じ鋳型から製造した景初四年鏡が確認された。景初四年はないとし、その真偽が議論になってきたが、魏明帝の死にともなう改元問題に拘わる魏王朝内部の最高機密は景初四年の鏡を製造させた。しかし、100枚の鏡の製造を手間取り、改元後の正始元年鏡の鋳造も続き、したがって卑弥呼の使者は景初三年、景初四年、正始元年の２年分の鏡を持参して帰国したのである。そこで呉の工人が倭国に到来して製造したという考えは絶対にあり得ない説になることは自明である。

　なお、最近奈良県桜井市の茶臼山古墳から日本最多81面という鏡片が発見され、その中に「正始元年」の銘があることが判明した。同古墳は３世紀末から４世紀初めの築造とされる全長200メートルを超える大前方後円墳で、「大王」墓とされる。これが倭国女王、「親魏倭王」卑弥呼が魏皇帝から「汝が好物」とされたものの一部である100枚の鏡であるか否かが大方の関心あるところであろうが、これは関係ありとしてよいだろう。ただ、茶臼山古墳主が直接に「親魏倭王」卑弥呼から分与されたことは否定せざるを得ない。卑弥呼が魏から鏡を与えられた年は正始元年（240）、卑弥呼の死亡は260年代であろう。茶臼山古墳築造はおそらくは４世紀初頭、茶臼山古墳主が50歳で死亡したとしても、半世紀、少なくとも20，30年の時間の空白がある。この検討は別の機会に行いたい。

　以上により、青龍三年、景初三年、景初四年、正始元年などの魏の年号を銘文にもつ方格規矩四神鏡や三角縁神獣鏡が240年以降に日本に舶載されたことが確実になったが、これまで樋口隆康・小林行雄両教授を中心とする京都大学考古学研究者によって明らかにされた三角縁神獣鏡の鏡型式では二神二獣鏡・四神四獣鏡が古式とされる。さらに先の景初

672　第三部　日本における出土鏡及び博物館美術館所蔵鏡の研究

三年、景初四年、正始元年の紀年鏡がいずれも陳是作回向式や盤龍鏡であること、またこれに関連した陳氏作車馬神獣鏡も、後漢時代の鏡紋飾の傾向に直接に繋がる鏡型式であることを重視して、以上を古式三角縁神獣鏡と認定して、舶載鏡中からその全国的出土事例表を【表15−4】古式三角縁神獣鏡出土地名表を作成した。出土事例は九州地方、中国・四国地方、畿内、中部地方、関東地方で最右欄に分類した。

【表15−4】　古式三角縁神獣鏡出土地名表

	府県	市町村	出土地・古墳名	鏡型式名	面径/cm	同笵鏡番号	配置	同表現	目録番号	地区計
3	宮崎	高鍋町	持田48号墳（推）	天王・獣文帯四神四獣鏡	21.5	33	D	②	64	
4		高鍋町	持田古墳群（推）	天王・獣文帯四神四獣鏡	23.3	35	F1	②	68	
5	熊本	葦北郡	葦北郡（伝）	尚方作二神二獣鏡	22.7	56	J2	③	100	
7		八代郡	八代郡（伝）	波文帯四神二獣鏡	21.6		H	⑧	86	
8		宇土市	城ノ越古墳	珠文帯四神四獣鏡	21.7	76	A	⑤	49	
15	福岡	甘木市	神蔵古墳	天王・獣文帯四神四獣鏡	22.3	27	A	②	46	
21		大野城市	御陵古墳	天王・獣文帯四神四獣鏡	21.9	37	F1	②	70	
33		福岡市	老司古墳3号石室	王氏作徐州銘四神四獣鏡片	22.4	42	G	①	79	
34		福岡市	藤崎第6号方形周溝墓	陳氏作神獣車馬鏡	22.3	7	X	⑧	13	
35		福岡市	藤崎遺跡	波文帯盤龍鏡	24.5		盤龍	盤	5	
36		福岡市	若八幡宮古墳	□是作二神二獣鏡	22.5		J1	③	99	21
38		福岡市	香椎ヶ丘3丁目古墳	天王・獣文帯二神二獣鏡	21.0	53	J1	⑤	95	
46		大島村	沖ノ島18号遺跡	天王・獣文帯二神二獣鏡	22.2	50	J1	⑤	91	
55		苅田町	石塚山古墳	吾作四神四獣鏡	20.0	19	A	①	35	
56			石塚山古墳	天王・獣文帯四神四獣鏡	21.8	34	D	他	65	
57			石塚山古墳	天王・獣文帯四神四獣鏡	22.0	37	F1	②	70	
58			石塚山古墳	天王・獣文帯四神四獣鏡	23.5	39	F2	②	74	
63		宇佐市	赤塚古墳	波文帯盤龍鏡	24.8		盤龍	盤	4	
64			赤塚古墳	天王・鋸歯文帯四神四獣鏡	23.0	43	G	③	80	
65			赤塚古墳	唐草文帯二神二獣鏡	21.8	49	J1	④	90	
68		宇佐市	宇佐付近（伝）	吾作四神四獣鏡	21.7		B変	⑦	27	
76	山口	新南陽市	竹島御家老屋敷古墳	正始元年陳是作回向式神獣鏡	22.8	5	回向	他	8	
77		新南陽市	竹島御家老屋敷古墳	天王・獣文帯四神四獣鏡	22.3	27	A	②	46	
78		下松市	宮洲古墳	王氏作盤龍鏡	24.5		盤龍	盤	6	
79		下松市	宮洲古墳	□作回向式神獣鏡	23.5		回向	他	11	
80		下松市	宮洲古墳	天王・獣文帯二神二獣鏡	22.1	50	J1	⑤	91	
82	島根	加茂町	神原神社境内	景初三年陳是作回向式神獣鏡	23.0		回向	他	7	
83		松江市	八日山1号墳	波文帯四神二獣鏡	21.9	46	H	⑧	85	
84		安来市	大成古墳	唐草文帯二神二獣鏡	23.4	55	J1	④	97	
86	鳥取	会見町	普段寺1号墳	惟念此銘唐草文帯二神二獣鏡	23.5	55	J1	④	97	
87		会見町	普段寺2号墳	珠文帯四神四獣鏡	21.6	76	A	⑤	49	
91		倉吉市	旧社村付近（伝）	天王・獣文帯四神四獣鏡	22.1	33	D	②	64	
92		倉吉市	旧社村付近（伝）	天王・獣文帯四神四獣鏡	23.6	40	F2	②	75	
93	愛媛	伊豫市	広田神社上古墳	天王・獣文帯四神四獣鏡	23.0	44	G	③	81	28
94		伊豫市	広田神社上古墳	天王・獣文帯四神四獣鏡？		44	G	③	81	
96	香川	多度津町	西山古墳	張氏作？四神四獣鏡		18	A	①	34	
101	広島	広島市	中小田1号墳	吾作四神四獣鏡	20.1	19	A	①	35	
105	岡山	総社市	上沼古墳	天王・獣文帯四神四獣鏡	23.3	36	F1	②	69	
106		岡山市	一宮（伝）	波文帯二神四獣鏡	20.6		特殊	?	138	
108		岡山市	湯迫車塚古墳	画像文帯盤龍鏡	25.0	2	盤龍	⑧	1	
109		岡山市	湯迫車塚古墳	天王・獣文帯回向式神獣鏡	23.4	6	回向	②	9	
110		岡山市	湯迫車塚古墳	陳氏作神獣車馬鏡	22.2	7	X	⑧	13	
111		岡山市	湯迫車塚古墳	陳氏作神獣車馬鏡	26.0	8	X	⑧	14	
112		岡山市	湯迫車塚古墳	陳是作四神二獣鏡	22.0	9	X（H）	④	16	
113		岡山市	湯迫車塚古墳	陳是作四神二獣鏡	22.0	9	X（H）	④	16	

第十五章　椿井大塚山古墳と三角縁神獣鏡　673

114		岡山市	湯迫車塚古墳	新作徐州銘四神四獣鏡	23.2	75	C	⑭	18
118		岡山市	湯迫車塚古墳	天王・獣文帯四神四獣鏡	23.6	39	F2	②	74
119		鏡野町	郷観音山古墳	天王・獣文帯四神四獣鏡	23.3		A	⑰	51
126		岡山県内		陳是作竟四神四獣鏡	22.4	17	E	⑦	33
128	兵庫	豊岡市	森尾古墳中央石室	正始元年陳是作回向式神獣鏡	22.7	5	回向	他	8
129		豊岡市	森尾古墳南石室？	新作徐州銘四神四獣鏡	25.8	*	C	⑭	18
134		上郡町	西野山3号墳	唐草文帯四神四獣鏡	22.2	22	A	④	41
135		新宮町	吉島古墳	波文帯盤龍鏡	22.3	3	盤龍	盤	2
136		新宮町	吉島古墳	吾作四神四獣？鏡	18.0		A	①	36
137		新宮町	吉島古墳	天王・唐草文帯四神四獣鏡	23.4	25	A	④	44
138		新宮町	吉島古墳	天王・唐草文帯四神四獣鏡	23.4	25	A	④	44
142		姫路市	安田古墳	天王・獣文帯四神四獣鏡	23.0		A	⑤	48
148		芦屋市	阿保親王古墳	陳孝然作波文帯四神三獣博山炉鏡	21.4		特殊	⑩	136
151		神戸市	東求女塚古墳	天王・唐草文帯四神四獣鏡	21.9	26	A	⑤	45
154		神戸市	東求女塚古墳	天王・獣文帯四神四獣鏡	21.5				
156		神戸市	ヘボソ塚古墳	天王・唐草文帯二神二獣鏡	21.4	52	J1	④	93
161	大阪	和泉市	黄金塚古墳東槨	波文帯盤龍鏡	24.5	4	盤龍	盤	3
170		柏原市	国分茶臼山古墳	吾作四神二獣鏡	22.3		X (H)	⑧	17
171		柏原市	国分茶臼山古墳	新作徐州銘四神四獣鏡	23.2		C	⑭	18
174		東大阪市	石切神社（伝）	天王・獣文帯四神四獣鏡		24	A	⑤	43
175		東大阪市	石切神社（伝）	天王・唐草文帯二神二獣鏡		52	J1	④	93
176		東大阪市	石切神社（伝）	唐草文帯二神二獣鏡		55	J1	④	97
177		池田市	横山古墳	天王・獣文帯二神四獣鏡	21.5	54	J1変	⑤	96
189		茨木市	将軍山古墳（推）	唐草文帯二神二獣鏡	24.0	55	J1	④	97
193		枚方市	万年山古墳	波文帯盤龍鏡	22.0	3	盤龍	盤	2
194		枚方市	万年山古墳	吾作四神四獣鏡	20.1	19	A	①	35
196		枚方市	万年山古墳	天王・唐草文帯四神四獣鏡	21.8	41	F2	①	76
199	京都	長岡京市	長岡近郊（伝）	新作徐州銘？四神四獣鏡	18.0		C変	⑭	20
201		長岡京市	長法寺南原古墳	天王・鋸歯文帯四神四獣鏡	23.0	43	G	③	80
202		長岡京市	長法寺南原古墳	天王・唐草文帯二神二獣鏡	21.5	52	J1	④	93
203		長岡京市	長法寺南原古墳	天王・唐草文帯二神二獣鏡	21.5	52	J1	④	93
205		向日市	寺戸大塚古墳後円部	天王・唐草文帯四神四獣鏡	21.6	26	A	⑤	45
209		向日市	北山古墳	新作徐州銘四神四獣鏡	22.7	75	C	⑭	18
212		京都市	百々ヶ池古墳	天王・獣文帯二神二獣鏡	22.3	51	J1	⑤	92
217		八幡市	西車塚古墳	天王・唐草文帯二神二獣鏡	21.7	52	J1	④	93
218		八幡市	東車塚古墳	尚方作二神二獣鏡	22.7	56	J2	③	100
221		城陽市	西山第2号墳中央部	陳是作四神四獣鏡	22.2	17	E	⑦	33
222		城陽市	久津川車塚古墳	唐草文帯四神四獣鏡	22.1	22	A	④	41
224		城陽市	久津川箱古墳	天王・獣文帯四神四獣鏡	23.6		F2	②	77
226		山城町	椿井大塚山古墳	波文帯盤龍鏡	24.5	4	盤龍	盤	3
227		山城町	椿井大塚山古墳	天王・獣文帯回向式神獣鏡	23.4	6	回向	②	9
228		山城町	椿井大塚山古墳	天王・獣文帯回向式神獣鏡片？			回向	②	
229		山城町	椿井大塚山古墳	陳是作四神二獣鏡	22.0	9	H (X)	④	16
235		山城町	椿井大塚山古墳	吾作四神四獣鏡	22.6	16	E	⑦	32
236		山城町	椿井大塚山古墳	張氏作？四神四獣鏡	23.8	18	A	①	34
237		山城町	椿井大塚山古墳	吾作四神四獣鏡	19.8	19	A	①	35
238		山城町	椿井大塚山古墳	吾作四神四獣鏡	19.8	19	A	①	35
239		山城町	椿井大塚山古墳	吾作徐州銘四神四獣鏡	22.4	20	A	⑭	37
240		山城町	椿井大塚山古墳	櫛歯文帯四神四獣鏡	22.1	23	A	①	42
241		山城町	椿井大塚山古墳	櫛歯文帯四神四獣鏡	22.1	23	A	①	42
242		山城町	椿井大塚山古墳	天王・獣文帯四神四獣鏡	22.4	24	A	⑤	43
243		山城町	椿井大塚山古墳	天王・唐草文帯四神四獣鏡	23.7	25	A	④	44
244		山城町	椿井大塚山古墳	天王・獣文帯四神四獣鏡	22.3	27	A	②	46
245		山城町	椿井大塚山古墳	天王・獣文帯四神四獣鏡	22.3	27	A	②	46
246		山城町	椿井大塚山古墳	天王・獣文帯四神四獣鏡	22.3	27	A	②	46
247		山城町	椿井大塚山古墳	陳是作四神四獣鏡	21.8		A	⑨	53
249		山城町	椿井大塚山古墳	天王・獣文帯四神四獣鏡	23.3	35	F1	②	68

674　第三部　日本における出土鏡及び博物館美術館所蔵鏡の研究

250		山城町	椿井大塚山古墳	天王・獣文帯四神四獣鏡	23.4	36	F1	②	69
251		山城町	椿井大塚山古墳	天王・獣文帯四神四獣鏡	23.4	40	F2	②	75
252		山城町	椿井大塚山古墳	天王・鋸歯文帯四神四獣鏡	23.2	43	G	③	80
253		山城町	椿井大塚山古墳	天王・獣文帯四神四獣鏡	23.0	44	G	③	81
254		山城町	椿井大塚山古墳	陳氏作四神二獣鏡片		45	H	⑧	82
255		山城町	椿井大塚山古墳	天王・獣文帯二神二獣鏡	22.0	51	J1	⑤	92
262			南山城（伝）	四神四獣鏡？					
263		園部市	園部垣内古墳榔外	吾作四神三獣博山炉鏡	20.0		A変	⑥	54
266		加悦町	加悦丸山古墳	天王・獣文帯二神三獣一虫鏡？	22.6		K1？	⑤	113
268	奈良	河合町	佐味田宝塚古墳	陳氏作神獣車馬鏡	25.8	8	X	⑧	14
269		河合町	佐味田宝塚古墳	新作徐州銘四神四獣鏡	26.0	＊	C	⑭	19
271		河合町	佐味田宝塚古墳	吾作徐州銘四神四獣鏡	22.6	20	A	⑭	37
272		河合町	佐味田宝塚古墳	天王唐草文帯四神四獣鏡	23.9	25	A	④	44
275		河合町	佐味田宝塚古墳	天王唐草文帯二神二獣鏡片		52	J1	④	93
285		広陵町	新山古墳	吾作四神四獣鏡	22.1	16	E	⑦	32
286			新山古墳	天王獣文帯四神四獣鏡	22.1		F1	②	71
287			新山古墳	天王獣文帯四神四獣鏡	23.5	39	F2	②	74
288			新山古墳	尚方作二神二獣鏡	22.5	56	J2	③	100
294		御所市	宮山古墳後円部	天王唐草文帯二神二獣鏡片？			J1	④	94
295		御所市	宮山古墳前方部	三角縁神獣鏡？					
302		桜井市	桜井茶臼山古墳	天王・鋸歯文帯四神四獣鏡片		43	G	③	80
303		桜井市	桜井茶臼山古墳	天王・獣文帯四神四獣鏡片		44	G	③	81
305		桜井市	桜井茶臼山古墳	波文帯四神二獣？鏡			H？	⑤？	84
309		桜井市	池ノ内5号墳第2棺	波文帯盤龍鏡	22.1	3	盤龍	盤	2
310		桜井市	金崎古墳	天王・獣文帯二神二獣鏡	20.8	53	J1	⑤	95
311		桜井市	メスリ山古墳	吾作徐州銘四神四獣鏡片？			A？	⑭	38
312		奈良市	富雄丸山1号墳（伝）	画像文帯盤龍鏡	24.8	2	盤龍	⑧	1
313			富雄丸山1号墳（伝）	吾作四神四獣鏡（環状乳）	21.7	15	環状	①	30
315			富雄丸山1号墳（伝）	吾作二神二獣鏡	21.6		J1	⑰	98
317			円照寺裏山古墳	櫛歯文帯四神四獣鏡	22.2	23	A	①	42
324			奈良県（伝）	画像文帯盤龍鏡		2	盤龍	⑧	1
325	奈良？		北和城南（伝）	新作徐州銘？四神四獣鏡	25.8	＊	C	⑭	19
326	滋賀	大津市	織部山古墳	新作徐州銘？四神四獣鏡	23.1		C	⑭	18
331		野洲町	古冨波山古墳	王氏作徐州銘四神四獣鏡	21.9	42	G	①	79
332		野洲町	古冨波山古墳	陳氏作四神二獣鏡	21.8	45	H	⑧	82
333		野洲町	大岩山古墳	画像文帯盤龍鏡	24.5	2	盤龍	⑧	1
334		野洲町	大岩山古墳	陳氏作神獣車馬鏡	25.7		X	⑧	15
335		野洲町	大岩山古墳	天王・獣文帯二神四獣鏡	21.3	54	J1変	⑤	96
337	三重	上野市	山神古墳	唐草文帯三神三獣鏡	23.3		I	④	87
343		松阪市	久保古墳	天王・獣文帯回向式神獣鏡	23.1	6	回向	②	9
347		桑名市	桑名市（伝）	君宜高官・獣文帯四神四獣鏡	22.7	38	F1	⑯	73
348		桑名市	桑名市（伝）	天王・獣文帯二神二獣鏡	22.2	50	J2	⑤	91
358	岐阜	大垣市	長塚古墳東棺	天王・唐草文帯二神二獣鏡	21.7	52	J1	④	93
365		岐阜市	内山1号墳	吾作徐州銘四神四獣鏡		20	A	⑭	37
366		岐阜市	内山1号墳	天王・二神二獣鏡					
367		岐阜市	龍門寺1号墳	天王・獣文帯四神四獣鏡	23.2	35	F1	②	68
369		各務原市	一輪山古墳	波文帯四神二獣鏡	21.9	46	H	⑧	85
372	愛知	犬山市	東之宮古墳	吾作重列式神獣鏡	21.1		重列	他	12
374		犬山市	東之宮古墳	天王・唐草文帯二神二獣鏡	21.5	52	J1	④	93
384		佐織町	奥津社（伝）	波文帯盤龍鏡	24.4	4	盤龍	盤	3
385		佐織町	奥津社（伝）	張氏作？神四獣鏡	23.8	18	A	①	34
386		佐織町	奥津社（伝）	天王・獣文帯四神四獣鏡	21.9	34	D	他	65
390	静岡	浜北市	赤門上古墳	天王・唐草文帯四神四獣鏡	23.7	25	A	④	44
391		磐田市	新豊院山D2号	吾作四神四獣鏡	21.5		A	⑰	50
392		磐田市	松林山古墳	吾作二神二獣鏡	21.3		J2	他	101
394		磐田市	経塚古墳	天王・唐草文帯四神四獣鏡	22.0	41	F2	①	76
396		小笠町	上平川大塚古墳	天王・獣文帯回向式神獣鏡	22.9	6	回向	②	9

17

第十五章　椿井大塚山古墳と三角縁神獣鏡　675

398		静岡市	牛王堂山3号墳	君宜高官・獣文帯四神四獣鏡	22.5	38	F1	⑯	73	
402	山梨	中道町	銚子塚古墳	陳氏作神獣車馬鏡	22.1	7	X	⑧	13	
405	神奈川	平塚市	真土大塚山古墳	陳是作四神二獣鏡	22.1	9	X (H)	④	16	
406		川崎市	白山古墳	天王・獣文帯四神四獣鏡	22.4	27	A	②	46	
409	群馬	板倉町	赤城塚古墳	獣文帯四神四獣鏡（仏像含む）	23.1		F2変	⑮	119	
410		太田市	頼母子古墳	波文帯盤龍鏡	21.7	3	盤龍	盤	2	
411		太田市	頼母子古墳	有銘四神四獣鏡	21.7					
412		玉村町	芝根7号墳	君宜高官・獣文帯四神四獣鏡	22.5		D	他	66	11
413		藤岡市	三本木（伝）	陳氏作神獣車馬鏡	21.9	7	X	⑧	13	
415		藤岡市	三本木（伝）	陳是作四神二獣鏡	22.0		A	⑦	52	
416		富岡市	北山茶臼山古墳	画像文帯盤龍鏡	24.3	2	盤龍	⑧	1	
417		高崎市	蟹沢古墳	正始元年陳是作回向式神獣鏡	22.6	5	回向	他	8	
420		前橋市	天神山古墳	天王・獣文帯四神四獣鏡	21.7	33		②	64	

　以上によると九州地方21、中国・四国地方28、畿内96、中部地方17、関東地方11となる。この数字は従来から、畿内の出土事例が圧倒的に多く、畿内中心の出土、畿内から日本の東西に普及したという三角縁神獣鏡の特徴内容として言われることに合致する。それで三角縁神獣鏡の配布を通じて初期ヤマト王権の全国化が進行したと言われるのである。なお、議論はさらに同笵関係・同型関係の相互の関係など詳細を極めた精緻な議論が樋口隆康・小林行雄両教授を代表とする京都大学考古学研究者によって行われているが、この点について私も別著を用意しているのでそちらに譲りたい。

第四節　九州福岡県京都郡苅田町石塚山古墳・大分県宇佐市赤塚古墳の三角縁神獣鏡

　九州大分県宇佐市赤塚古墳と同福岡県京都郡苅田町石塚山古墳はいずれも旧豊後国に所在し、東に瀬戸内海が広がる。逆に言えば畿内から瀬戸内海を西へ進めば行き当たる土地にある。福岡県の豊前地方苅田町にある石塚山古墳は全長110メートル、副葬銅鏡は先に本章第二節の舶載三角縁神獣鏡を出土した古墳名でみた通り舶載鏡ばかり7面を出土している。またこれと並ぶのは大分県の豊前地方宇佐市の赤塚古墳である。紀元300年をやや越えた4世紀初頭の古墳とされる。石塚山古墳や赤塚古墳が九州における最初の畿内型の前方後円墳である。となるとその古墳から出土した鏡が畿内、ヤマト政権から分与された鏡であると、一応は考えられる。ヤマトから河内・和泉・摂津・播磨・吉備・周防、すなわち大阪府・兵庫県・岡山県・山口県と瀬戸内海を西進して九州豊前・大分県に至った初期ヤマト政権の九州進出の足がかりになったのが石塚山古墳や赤塚古墳の被葬者達であった。しかし、両古墳は九州伝統の箱式石棺である。その他にも九州の埋葬文化を遺すものが数点ある。ひとつは三角縁神獣鏡のほかに内行花文鏡や方格規矩四神鏡を副葬することである。これは2世紀の伊都国平原古墳群の事例が参考になる。先に本書第十三章の伊都国平原遺跡出土鏡でみた通りである。

　しかし、石塚山古墳や赤塚古墳の三角縁神獣鏡がヤマト政権から分与された鏡か否か実は問題がある。それは椿井大塚山古墳が3世紀後半という時期で石塚山古墳や赤塚古墳の

4世紀初頭より古いということを前提にしての話である。ただ、言えることは4世紀初頭に築造された石塚山古墳や赤塚古墳はいずれも畿内型の前方後円墳であって、3世紀後半には成立していたことが確実な箸墓古墳など奈良盆地発生の前方後円墳をモデルとして築造された古墳だということである。しかし、赤塚古墳の三角縁神獣鏡がヤマト政権から分与された鏡だとすると、極めて難しい問題が生じる。赤塚古墳出土鏡の同笵関係である。先の【表15―2】にそれが示されるが、再掲しよう。

63・64・65・66・67　大分宇佐市赤塚古墳　波文帯盤龍鏡、天王・鋸歯文帯四神四獣鏡、唐草文帯二神二獣鏡、天王・獣文帯三神三獣鏡　2鏡、計5鏡、及び68　宇佐市宇佐付近（伝）吾作四神四獣鏡、計6鏡

　波文帯盤龍鏡は同笵関係が確認できないが、福岡市の藤崎遺跡出土鏡と近縁かも知れない。

　天王日月・鋸歯文帯四神四獣鏡は京都長法寺南原古墳・京都椿井大塚山古墳・奈良桜井
　　茶臼山古墳各鏡と同笵
　唐草文帯二神二獣鏡は岡山鶴丸古墳（伝）鏡と同笵
　天王・獣文帯三神三獣鏡の1鏡（径22.3cm）は京都物集女付近（伝）・滋賀岡山古墳・三
　　重筒野古墳と同笵
　天王・獣文帯三神三獣鏡の1鏡（径22.5cm）は福岡原口古墳・福岡天神森古墳・福岡苅
　　田町石塚山古墳・京都椿井大塚山古墳と同笵

　最後の天王・獣文帯三神三獣鏡の1鏡（径22.5cm）の同笵関係が九州内で他に3個所あるのは、この鏡が畿内から頒布されたのでなく、もともと九州内にあり、その他1鏡が椿井古墳に運ばれたと考えるべきではなかろうか。

　それにしても石塚山古墳や赤塚古墳が4世紀初頭に築造された畿内型の古墳であるという考古学的研究成果は尊重されなくてはならない。そこで畿内型前方後円墳が全国に如何に普及したか、全国各地古墳の築造年代の正確な測定が必須となるのである。それに関連して、椿井大塚山古墳出土鏡などと全国古墳の同笵関係が詳細に論じられ、その偉大な成果は貴重[4]であるが、同笵・同型関係の検討だけだとすると、どうしても限界がある。

第五節　三角縁神獣鏡と三角縁仏獣鏡

　すでにこれまでもみて来たが、三角縁神獣鏡の神の代わりに仏像が描かれることがあった。【表15―2】に示したものに、すでに知られていて漏れた事例、さらに最近新発見された事例を加えると次の事例である。なお、その位置を明確にするため他鏡を副葬した場合はそれも【表15―2】のままに抜き書きした。これが【表15―5】仏獣鏡の表である。

【表15—5】 仏獣鏡

	府県	市町村	出土地・古墳名	舶載三角縁神獣鏡 鏡型式名	面径/cm	同笵鏡番号	配置	同表現	仿製三角縁神獣鏡 鏡型式名	面径/cm	同笵鏡番号	配置	同表現	目録番号
107	岡山	岡山市	一宮天神山1号墳	獣文帯三仏三獣鏡	23.0	77	K2変	⑮						120
205	京都	向日市	寺戸大塚古墳後円部	天王・唐草文帯四神四獣鏡	21.6	26	A	⑤						45
206		向日市	寺戸大塚古墳後円部	櫛歯文帯三仏三獣鏡	20.3	68	K1	⑮						122
207		向日市	寺戸大塚古墳前方部						獣文帯三神三獣鏡	21.7		K2	⑫	224
212		京都市	百々ヶ池古墳	天王・獣文帯二神二獣鏡	22.3	51	J1	⑤						92
213		京都市	百々ヶ池古墳	櫛歯文帯三仏三獣鏡	20.5	68	K1	⑮						122
214		京都市	百々ヶ池古墳						獣文帯三神三獣鏡	24.2	103	K2		204
215		京都市	百々ヶ池古墳						獣文帯三神三獣鏡	22.3	110	K2		211
263		園部市	園部垣内古墳槨外	吾作四神三獣博山炉鏡	20.0		A変	⑥						54
264		園部市	園部垣内古墳槨外	櫛歯文帯三仏三獣鏡	20.5	68	K1	⑮						122
265			棺小室						獣文帯三神三獣鏡	24.0	112	K2		216
285	奈良	広陵町	新山古墳	吾作四神四獣鏡	22.1	16	E	⑦						32
286			新山古墳	天王・獣文帯四神四獣鏡	22.1		F1	②						71
287			新山古墳	天王・獣文帯四神四獣鏡	23.5	39	F2	②						74
288			新山古墳	尚方作二神二獣鏡	22.5	56	J2	③						100
289			新山古墳	獣文帯三神三獣鏡	22.0	65	K1	⑪						114
290			新山古墳	獣文帯三仏三獣鏡	21.2		K1	⑮						121
291			新山古墳	波文帯三神三獣鏡	22.1		K1	⑮						128
292			新山古墳						獣文帯三神三獣鏡	21.7	105	K2		206
293			新山古墳						獣文帯三神三獣鏡	21.7	113	K2		229
409	群馬	板倉町	赤城塚古墳	獣文帯四神四獣鏡（仏像含む）	23.1		F2変	⑮						119
附1	千葉	木更津市	祇園・大塚山古墳	四仏四獣鏡（劉宋踏返鏡）	30.4		画文帯環状乳仏獣鏡							宮内庁
附2	愛知	名古屋市	大須二子山古墳	画文帯仏獣鏡	21.5									
附3	長野	飯田市	御猿堂古墳	四仏四獣画文帯獣鏡										
附4	兵庫	神戸市	塩田北山東古墳	三角縁一仏三神四獣鏡	22.5									

　以上のうち、岡山県岡山市の一宮天神山１号墳と奈良県広陵町新山古墳は４世紀後半の築造とされるが、他は京都府寺戸大塚古墳は４世紀末から５世紀、京都府百々ヶ池古墳は５世紀後半、長野県飯田市御猿堂古墳は６世紀中葉の古墳とされ、それらの副葬された仏獣鏡は中国江南の東晋代とされた。なお、千葉県木更津市祇園大塚山古墳の四仏四獣鏡は南朝宋帝国、すなわち劉宋代の踏返鏡とされた。これらは多く画文帯環状乳仏獣鏡である。その場合、仏獣鏡は神獣鏡の文様構成をそのままアレンジしたもので、珍しいには違いないが格別取り立てて問題にすることはないとするのが学界の気運であったようである。問題とは例えば日本への仏教伝来時期などである。

　結跏趺坐し、定印を結び、蓮華座に坐し、光背をもち、また立像で三尊の形式のもの、

等々、一見して仏像とわかるそれは、多くの研究者の関心をひくところとなり、例えば中国北京の王仲殊氏は3世紀の卑弥呼の時代の中国では仏教は江南呉の地方で盛んであることから、三角縁神獣鏡の鋳造そのものが倭国に渡来した呉の工人の作と主張したのであり、仏獣鏡は江南、もしくは渡来呉人の日本鋳造となる。4、5世紀となれば、東晋・南朝宋領域の製造となり、あるいは渡来東晋工人が倭国で鋳造したかという説が出たくらいである。しかし、それに疑念をもつ研究者は金属材料分析を行い、三角縁仏獣鏡は三角縁神獣鏡と差異はなく、いずれも中国製であり、3世紀に遡る可能性を主張したのであった。

ところが極く最近の2008年、兵庫県神戸市塩田北山東古墳から3世紀なかばの三角縁一仏三神四獣鏡という四神四獣鏡形式の古式な三角縁神獣鏡が発掘発見された。直径は22.5センチ、重さ1087グラムの標準的大形鏡である。この鏡が他の古式な三角縁神獣鏡同様に三国魏の領域で鋳造制作されたことは確実である。しかも、平縁画文帯の仏獣鏡のあることから、三角縁神獣鏡に先行して仏獣鏡が鋳造されたのではないか、また従来三角縁神獣鏡と言われてきた鏡の神像があるいは仏像ではないかという疑問も生じ、これらの検討を含めて、仏獣鏡と三角縁神獣鏡の従来の研究[5]は再検討を急ぐべきであろう。なお、奈良県北葛城郡広陵町新山古墳の獣文帯三仏三獣鏡と兵庫県神戸市塩田北山東古墳の3世紀なかばの三角縁一仏三神四獣鏡との関係も三神三獣鏡成立の時期にも関係する極めて興味ある課題である。そこで新山古墳の三角縁神獣鏡を取り上げてみよう。

第六節　佐味田宝塚古墳・佐味田貝吹古墳・新山古墳の三角縁神獣鏡

さて、ここでいずれも旧大和国北葛城郡内、奈良県河合町と広陵町の重要な3古墳の事例を見よう。すべて宮内庁書陵部陵墓課所蔵で、先の第十四章、宮内庁書陵部陵墓課編『古鏡集成』についての中で扱った鏡である。ただ、最初に断る必要のあることは3古墳とも副葬の銅鏡は三角縁神獣鏡だけでなく、内行花文鏡、方格規矩紋四神鏡ほか、鏡総数は優に椿井大塚山古墳に匹敵する、あるいはそれ以上かであることもある。先の第十四章を参照されたい。それでも三角縁神獣鏡の内容構成は椿井大塚山古墳と根本的に異なる要素をもつ。まず奈良県河合町佐味田宝塚古墳について検討しよう。

268	奈良河合町佐味田宝塚古墳	陳氏作神獣車馬鏡
269	河合町佐味田宝塚古墳	新作徐州銘四神四獣鏡
270	河合町佐味田宝塚古墳	吾作六神四獣鏡（対置式）
271	河合町佐味田宝塚古墳	吾作徐州銘四神四獣鏡
272	河合町佐味田宝塚古墳	唐草文帯四神四獣鏡
273	河合町佐味田宝塚古墳	陳氏作六神三獣鏡
274	河合町佐味田宝塚古墳	王□吉□神獣鏡
275	河合町佐味田宝塚古墳	唐草文帯二神二獣鏡片

276	河合町佐味田宝塚古墳	君宜官獣文帯三神三獣鏡
277	河合町佐味田宝塚古墳	波文帯三神三獣鏡
278	河合町佐味田宝塚古墳	波文帯三神二獣博山炉鏡
279	河合町佐味田宝塚古墳	外区片（その１）
280	河合町佐味田宝塚古墳	外区片（その２）
281	河合町佐味田宝塚古墳	【仿製鏡】獣文帯三神三獣鏡
282	河合町佐味田宝塚古墳	内区片

　以上15鏡、内訳は舶載三角縁神獣鏡14鏡、仿製三角縁神獣鏡１鏡である。また舶載鏡は外区片しか残存のないもの２鏡、内区片のみ１鏡を除くと11鏡の完全な文様は11鏡とも異なり、さらに仿製鏡は獣文帯三神三獣鏡であって、これも舶載鏡の紋飾と異なる。数量と鏡型式の種類数で敢えて言えば、河合町佐味田宝塚古墳の15鏡12種類の三角縁神獣鏡は椿井大塚山古墳のそれに十分に匹敵できる。ただその全体が舶載鏡で占められたのでなく、仿製鏡をもって補完しているというのが河合町佐味田宝塚古墳三角縁神獣鏡の特徴である。

　次に同じ河合町の佐味田貝吹古墳を見よう。

| 283 | 河合町　佐味田貝吹古墳 | 波文帯三神二獣博山炉鏡 |
| 284 | 河合町佐味田付近 | 【仿製鏡】獣文帯三神三獣鏡 |

　佐味田貝吹古墳では舶載三神三獣鏡と仿製三神三獣鏡の両者２鏡を副葬する。三角縁神獣鏡の数が少ないが、三神三獣鏡の構成は先の佐味田宝塚古墳と同様である。仿製鏡はやはり獣文帯三神三獣鏡である。次に近隣の広陵町新山古墳出土鏡を見よう。

285	広陵町新山古墳	吾作四神四獣鏡
286	広陵町新山古墳	獣文帯四神四獣鏡
287	広陵町新山古墳	獣文帯四神四獣鏡
288	広陵町新山古墳	尚方作二神二獣鏡
289	広陵町新山古墳	獣文帯三神三獣鏡
290	広陵町新山古墳	獣文帯三仏三獣鏡
291	広陵町新山古墳	波文帯三神三獣鏡
292	広陵町新山古墳	【仿製鏡】獣文帯三神三獣鏡
293	広陵町新山古墳	【仿製鏡】獣文帯三神三獣鏡

　舶載鏡７鏡、仿製鏡２鏡である。新山古墳の特徴は、吾作四神四獣鏡、獣文帯四神四獣鏡２鏡、尚方作二神二獣鏡、獣文帯三神三獣鏡３鏡、獣文帯三神三獣鏡、波文帯三神三獣鏡の６種９鏡と鏡型式種類も多様性に欠ける。古式とされる二神二獣鏡と四神四獣鏡も計４鏡で新しいとされる三神三獣鏡が仿製鏡を含めて５鏡と椿井大塚山古墳の三角縁神獣鏡の構成とは全く異なる。

　舶載三角縁神獣鏡と仿製三角縁神獣鏡が同じ古墳から出土する事例には次がある。

| 123 | 岡山備前市鶴山丸山古墳 | 【仿製鏡】唐草文帯三神二獣鏡 |

124	岡山備前市鶴山丸山古墳	【仿製鏡】唐草文帯三神二獣鏡
125	岡山備前市鶴山丸山古墳（伝）	唐草文帯三神二獣鏡
179	大阪 茨木市紫金山古墳	長宜子孫獣文帯三神三獣鏡
180	大阪 茨木市紫金山古墳	【仿製鏡】唐草文帯三神二獣鏡
181	大阪 茨木市紫金山古墳	【仿製鏡】獣文帯三神三獣鏡
182	大阪 茨木市紫金山古墳	【仿製鏡】獣文帯三神三獣鏡
183	大阪 茨木市紫金山古墳	【仿製鏡】鳥文帯三神三獣鏡
184	大阪 茨木市紫金山古墳	【仿製鏡】獣文帯三神三獣鏡
185	大阪 茨木市紫金山古墳	【仿製鏡】獣文帯三神三獣鏡
186	大阪 茨木市紫金山古墳	【仿製鏡】獣文帯三神三獣鏡
187	大阪 茨木市紫金山古墳	【仿製鏡】獣文帯三神三獣鏡
188	大阪 茨木市紫金山古墳	【仿製鏡】獣文帯三神三獣鏡
205	京都向日市寺戸大塚古墳後円部	天王・唐草文帯四神四獣鏡
206	向日市寺戸大塚古墳後円部	櫛歯文帯三仏三獣鏡
207	向日市寺戸大塚古墳前方部	【仿製鏡】獣文帯三神三獣鏡
212	京都市 百々ヶ池古墳	天王・獣文帯二神二獣鏡
213	京都市 百々ヶ池古墳	櫛歯文帯三仏三獣鏡
214	京都市 百々ヶ池古墳	【仿製鏡】獣文帯三神三獣鏡
215	京都市 百々ヶ池古墳	【仿製鏡】獣文帯三神三獣鏡
222	城陽市 久津川車塚古墳	唐草文帯四神四獣鏡
223	城陽市 久津川車塚古墳（伝）	【仿製鏡】獣文帯三神三獣鏡
263	園部市 園部垣内古墳槨外	吾作四神三獣博山炉鏡
264	園部市 園部垣内古墳槨外	櫛歯文帯三仏三獣鏡
265	園部市 園部垣内古墳棺小室	【仿製鏡】獣文帯三神三獣鏡
343	三重松阪市 久保古墳	天王・獣文帯回向式神獣鏡
344	三重松阪市 久保古墳	【仿製鏡】獣文帯三神三獣鏡
353	石川鹿西町小田中親王塚古墳	波文帯三神三獣鏡
354	石川鹿西町小田中親王塚古墳	【仿製鏡】獣文帯三神三獣鏡
358	岐阜大垣市長塚古墳東棺	天王・唐草文帯二神二獣鏡
359	岐阜大垣市長塚古墳	波文帯三神三獣鏡
360	岐阜大垣市長塚古墳	【仿製鏡】獣文帯三神三獣鏡
361	岐阜大垣市長塚古墳西棺	【仿製鏡】獣文帯三神三獣鏡
362	岐阜大垣市長塚古墳	【仿製鏡】獣文帯三神三獣鏡
402	山梨 中道町銚子塚古墳	陳氏作神獣車馬鏡
403	山梨 中道町銚子塚古墳	【仿製鏡】獣文帯三神三獣鏡

第十五章　椿井大塚山古墳と三角縁神獣鏡　681

　以上のうち、特に179大阪 茨木市紫金山古墳は舶載鏡が長宜子孫獣文帯三神三獣鏡の１鏡であるのに対して、仿製鏡が唐草文帯三神二獣鏡１鏡、獣文帯三神三獣鏡７鏡、鳥文帯三神三獣鏡１鏡の計９鏡と異常に仿製鏡が多いのが注目され、また岡山備前市鶴山丸山古墳も舶載鏡１鏡に対して仿製鏡２鏡であるが、他は１体のバランスが取れている。仿製鏡が舶載鏡の補完であることは明らかである。それでも大阪 茨木市紫金山古墳はなぜ大量の仿製鏡を副葬したのであろうか。これは逆に仿製鏡に基準を置いて仿製鏡のみしか副葬していない古墳事例を検討する必要があることを示している。

第七節　福岡県糸島市旧二丈町一貴山銚子塚古墳の三角縁神獣鏡

　福岡糸島市旧二丈町一貴山銚子塚古墳の三角縁神獣鏡についても、戦後まもなく小林行雄氏を中心とする京都大学文学部考古学教室によって発掘調査が行われた[6]。その後小林氏により整理された一貴山銚子塚古墳の三角縁神獣鏡は次である[7]。

23	福岡二丈町（糸島市）一貴山銚子塚古墳	【仿製鏡】	獣文帯三神三獣鏡
24	福岡二丈町（糸島市）一貴山銚子塚古墳	【仿製鏡】	獣文帯三神三獣鏡
25	福岡二丈町（糸島市）一貴山銚子塚古墳	【仿製鏡】	獣文帯三神三獣鏡
26	福岡二丈町（糸島市）一貴山銚子塚古墳	【仿製鏡】	獣文帯三神三獣鏡
27	福岡二丈町（糸島市）一貴山銚子塚古墳	【仿製鏡】	獣文帯三神三獣鏡
28	福岡二丈町（糸島市）一貴山銚子塚古墳	【仿製鏡】	獣文帯三神三獣鏡
29	福岡二丈町（糸島市）一貴山銚子塚古墳	【仿製鏡】	吾作三神三獣鏡
30	福岡二丈町（糸島市）一貴山銚子塚古墳	【仿製鏡】	吾作三神三獣鏡

一貴山銚子塚古墳の三角縁神獣鏡の構成は仿製鏡のみの副葬である。これらの一貴山銚子塚古墳の三角縁神獣鏡について、最近次のような説明が考古学者によって行われた[8]。

　　一貴山銚子塚古墳から出土した鏡には、文様だけでなく鋳型の傷までもピタリと一致する鏡が複数枚あり、何らかの事情で特別に量産されたとする見解も強く提唱されている。その事情とは、銅鏡を「汝の好物」とし、「悉く以て汝が国中の人に示し」たと『魏志倭人伝』に記された記事のことである。卑弥呼が呪力によって地域支配を進めたのではないだろうか。

「その事情」についての検討は章を改めて後に述べることとしたいが、ここで最大の問題点を挙げれば、右のような説明は一貴山銚子塚古墳の三角縁神獣鏡が中国制作の舶載鏡であることを前提にするのである。それがすべて仿製鏡のみだとしたら、事情はまた異なる。ただ、言えることは、「一貴山銚子塚古墳は仿製鏡を多数副葬していた」という事実である。それは何のためにかという前に説明すべき事柄が数点ある。第一に、仿製鏡を敢えて多数副葬したか、舶載鏡がないから仕方なく仿製鏡を埋葬したかという２種類の事情の差異がある。前者とすれば仿製鏡にはそれなりの固有の価値が認められる。この確認は

別の事例で考察したい。もうひとつの問題は一貴山銚子塚古墳がいつの時期に建造された古墳かである。これは挙げて発掘担当の考古学者の科学的調査レベルの問題だが、多くの学者は４世紀後半の築造と考え、墳丘の全長が103メートル、糸島地方最大の前方後円墳である。九州最大の古墳は６世紀初頭の福岡県の筑後地方八女市の岩戸山古墳、筑紫国造磐井の墓とされる全長135メートルであるが、青銅鏡は一枚も出土していない。その点、青銅鏡を出土した古墳は福岡県の豊前地方苅田町の石塚山古墳で全長110メートル、ほぼ一貴山銚子塚古墳と同じ規模である。ただ、副葬銅鏡は先に本章第二節の舶載三角縁神獣鏡を出土した古墳名でみた通り舶載鏡ばかり７面を出土している。またこれと並ぶのは同じ福岡県の豊前地方宇佐市の赤塚古墳である。紀元300年をやや越えた４世紀初頭の古墳とされる。石塚山古墳や赤塚古墳が九州における最初の畿内型の前方後円墳である。となるとその古墳から出土した鏡が畿内、ヤマト政権から分与された鏡であると、一応は考えられる。ヤマトから河内・和泉・摂津・播磨・吉備・周防、すなわち大阪府・兵庫県・岡山県・山口県と瀬戸内海を西進して九州豊前・大分県に至った初期ヤマト政権の九州進出の足がかりになったのが石塚山古墳や赤塚古墳の被葬者達であった。しかし、両古墳は九州伝統の箱式石棺である。その他にも九州の埋葬文化を遺すものは数点ある。ひとつは三角縁神獣鏡のほかに内行花文鏡や方格規矩四神鏡を副葬することがある。これは２世紀の伊都国平原古墳群の事例が参考になる。先に本書第十三章の伊都国平原遺跡出土鏡でみた通りである。

石塚山古墳や赤塚古墳の三角縁神獣鏡がヤマト政権から分与された鏡か否か実は問題がある。それは椿井大塚山古墳が３世紀後半という時期で石塚山古墳や赤塚古墳の４世紀初頭より古いということを前提にした場合である。言えることは４世紀後半の一貴山銚子塚古墳の時期には分与すべき舶載の三角縁神獣鏡はなかったということになる。

一貴山銚子塚古墳にはもう二面重要な鏡がある。一面は内行花文鏡、もう一面は鍍金方格規矩四神鏡であり、いずれも遺骸の頭部付近の棺の縁に立てかけてある。他の前掲八面は胴から足部に左右に４枚ずつ立てかけてある。三角縁神獣鏡より内行花文鏡、鍍金方格規矩四神鏡の方が格が高いことは明らかである。この両鏡は舶載鏡であった。特に鍍金方格規矩四神鏡、すなわち金メッキされた鏡が頭にあることが重要である。因みに３世紀の九州の日田盆地ダンワラ古墳出土の金銀錯嵌珠龍文鉄鏡は青銅鏡でも三角縁神獣鏡でもないが、古式を伝える、しかも豪華な装飾鏡でいかにも王者卑弥呼に相応しい鏡である。一貴山銚子塚古墳出土鏡は邪馬台国卑弥呼と直接の関係がないのであるが、かえって３世紀の邪馬台国卑弥呼、２世紀の伊都国帥升以来の九州王朝の王者の鏡の伝統を有しているのである。ただ、内行花文鏡や方格規矩四神鏡を伴出したのは他ならぬ椿井大塚山古墳も同様である。九州の伝統は畿内の初期前方後円墳にも継承されているのである。また大阪和泉市の黄金塚古墳などからは鍍金方格規矩四神鏡の伴出も見られる。これらにも注意を払う必要がある。

第八節　倣製三角縁神獣鏡の位置

　一貴山銚子塚古墳と同じく倣製鏡のみ出土の事例をみてみよう。ただ、舶載鏡と倣製鏡の両者を伴出する古墳との関連も重要なのでこれも含めて先の【表15─2】表から、【表15─6】倣製三角縁神獣鏡を作成した。ただし、福岡県宗像大社の沖ノ島遺跡の三角縁神獣鏡については後で扱う。

【表15─6】　倣製三角縁神獣鏡

	府県	市町村	出土地・古墳名	鏡型式名	面径／cm	同笵鏡番号	配置	同表現	舶載鏡・鏡型式名	目録番号
1	鹿児島	川内市	新田神社（伝）	唐草文帯三神三獣鏡	21.6		K1			247
2	宮崎	西都市	西都原2号墳	獣文帯三神三獣鏡	22.7	＊	K2			214
9	佐賀	伊万里市	杢路寺古墳	獣文帯三神三獣鏡	22.3	110	K2			211
10		浜玉町	谷口古墳西石室	獣文帯三神三獣鏡	21.6	117	K1			234
11		〃	谷口古墳西石室	獣文帯三神三獣鏡	21.6	117	K1			234
12		〃	谷口古墳東石室	吾作三神三獣鏡	21.0	116	K1			233
13		〃	谷口古墳東石室	獣文帯三神三獣鏡	21.6	118	K1			235
23	福岡	二丈町（糸島市）	一貴山銚子塚古墳	獣文帯三神三獣鏡	22.0	107	K2			208
24		〃	一貴山銚子塚古墳	獣文帯三神三獣鏡	22.0	107	K2			208
25		〃	一貴山銚子塚古墳	獣文帯三神三獣鏡	22.0	108	K2			209
26		〃	一貴山銚子塚古墳	獣文帯三神三獣鏡	22.0	108	K2			209
27		〃	一貴山銚子塚古墳	獣文帯三神三獣鏡	22.2	109	K2			210
28		〃	一貴山銚子塚古墳	獣文帯三神三獣鏡	21.7		K2			212
29		〃	一貴山銚子塚古墳	吾作三神三獣鏡	21.2	116	K1			233
30		〃	一貴山銚子塚古墳	吾作三神三獣鏡	21.2	116	K1			233
31		〃	二丈町付近（伝）	獣文帯三神二獣鏡			K1変			246
32		福岡市	卯内尺古墳	三神三獣鏡	22.0					
62	大分	宇佐市	免ヶ平古墳	獣文帯三神三獣鏡	21.7	106	K2			207
69		宇佐市	旧宇佐郡内（伝）	獣文帯三神三獣鏡	23.4	115	L2			231
72	山口	山陽町	長光寺山古墳	獣文帯三神三獣鏡	21.5	105	K2			206
73		〃	長光寺山古墳	獣文帯三神三獣鏡	21.6	106	K2			207
74		〃	長光寺山古墳	獣文帯三神三獣鏡	21.6	106	K2			207
75		宇部市	松崎山古墳	鏡式不明						
85	島根	安来市	造山1号墳1号石室	獣文帯三神三獣鏡	24.0	115	L2			231
89	鳥取	倉吉市	大将塚古墳	獣文帯三神三獣鏡	22.3	111	K2			213
98	香川	高松市	石清尾山猫塚古墳	獣文帯三神三獣鏡	22.2		K2			222
102	広島	東広島市	白鳥神社境内古墳	獣文帯三神三獣鏡	21.8	＊	K1			239
122	岡山	長船町	花光寺山古墳	獣文帯三神三獣鏡	21.8	114	K2			230
123	岡山	備前市	鶴山丸山古墳	唐草文帯三神二獣鏡	21.7	101	I			201
124		備前市	鶴山丸山古墳	唐草文帯三神二獣鏡	21.4	102	J1			203
125		備前市	鶴山丸山古墳						唐草文帯三神二獣鏡	80
133	兵庫	氷上町	親王塚古墳	獣文帯三神三獣鏡	21.5	105	K2			206
145		加古川市	勅使塚古墳（伝）	獣文帯三神三獣鏡	22.0	109	K2			210
146		加古川市	南大塚古墳	獣文帯三神三獣鏡片						
162	大阪	羽曳野市	壺井御旅山古墳	獣文帯三神三獣鏡	24.0	103	K2			204
163		羽曳野市	壺井御旅山古墳	獣文帯三神三獣鏡	21.8		K2			223
164		羽曳野市	壺井御旅山古墳	獣文帯三神三獣鏡	22.0		K2			226
165		羽曳野市	壺井御旅山古墳	獣文帯三神三獣鏡	22.0		K2			227
166		羽曳野市	駒ヶ谷宮山古墳前頭部	獣文帯三神三獣鏡	21.1		K1			238
168		柏原市	ヌク谷北塚古墳	吾作三神三獣鏡	21.2	116	K1			233
169		柏原市	ヌク谷北塚古墳	吾作三神三獣鏡	21.2	116	K1			233

684　第三部　日本における出土鏡及び博物館美術館所蔵鏡の研究

172		柏原市	茶臼塚古墳	獣文帯三神三獣鏡	21.9		K2			225
173		八尾市	矢作神社境内（伝）	獣文帯三神三獣鏡		111	K2			213
178		豊中市	麻田御神山古墳	獣文帯三神三獣鏡	22.2		K2			220
179	大阪	茨木市	紫金山古墳						長宜子孫・獣文帯三神二獣鏡	102
180		茨木市	紫金山古墳	唐草文帯三神二獣鏡	21.6	101	I			201
181		茨木市	紫金山古墳	獣文帯三神三獣鏡	24.4	103	K2			204
182		茨木市	紫金山古墳	獣文帯三神三獣鏡	24.2	103	K2			204
183		茨木市	紫金山古墳	鳥文帯三神三獣鏡	24.2	104	K2			205
184		茨木市	紫金山古墳	獣文帯三神三獣鏡	21.6	105	K2			206
185		茨木市	紫金山古墳	獣文帯三神三獣鏡	21.6	105	K2			206
186		茨木市	紫金山古墳	獣文帯三神三獣鏡	21.6	106	K2			207
187		茨木市	紫金山古墳	獣文帯三神三獣鏡	21.8	114	K2			230
188		茨木市	紫金山古墳	獣文帯三神三獣鏡	24.5		L2			232
190	大阪	高槻市	阿武山	獣文帯三神三獣鏡	22.1		K2			221
191		高槻市	阿武山	獣文帯三神三獣鏡	21.8	117	K1			234
199	京都	長岡京市							新作徐州銘?四神四獣鏡	20
200		長岡京市	長岡近郊（伝）	獣文帯三神三獣鏡	21.0		K2変			218
205	京都	向日市	寺戸大塚古墳後円部						天王・唐草文帯四神四獣鏡	45
206		向日市	寺戸大塚古墳後円部						鋸歯文帯三仏三獣鏡	122
207		向日市	寺戸大塚古墳前方部	獣文帯三神三獣鏡	21.7		K2			224
208	京都	向日市	妙見山古墳前方部	獣文帯三神三獣鏡	22.0	114	K2			230
210		向日市	寺戸町（伝）	獣文帯三神三獣鏡	21.8	109	K2			210
212	京都	京都市	百々ヶ池古墳						天王・獣文帯二神二獣鏡	92
213		京都市	百々ヶ池古墳						鋸歯文帯三仏三獣鏡	122
214		京都市	百々ヶ池古墳	獣文帯三神三獣鏡	24.2	103	K2			204
215		京都市	百々ヶ池古墳	獣文帯三神三獣鏡	22.3	110	K2			211
216		京都市	稲荷山古墳（伝）	獣文帯三神三獣鏡	22.3	111	K2			213
222	京都	城陽市	久津川車塚古墳						唐草文帯四神四獣鏡	41
223		城陽市	久津川車塚古墳（伝）	獣文帯三神三獣鏡	21.5	118	K1			235
225		山城町	平尾城山古墳	内区片						
263	京都	園部市	園部垣内古墳槨外						吾作四神三獣博山炉鏡	216
264		園部市	園部垣内古墳槨外						鋸歯文帯三仏三獣鏡	122
265		園部市	棺小室	獣文帯三神三獣鏡	24.0	112	K2			216
267	奈良	斑鳩町	龍田（伝）	獣文帯三神三獣鏡	21.5	*	K1			239
268	奈良	河合町	佐味田宝塚古墳						陳氏作神獣車馬鏡	14
269		河合町	佐味田宝塚古墳						新作徐州銘四神四獣鏡	19
270		河合町	佐味田宝塚古墳						吾作六神四獣鏡（対置式）	29
271		河合町	佐味田宝塚古墳						吾作徐州銘四神四獣鏡	37
272		河合町	佐味田宝塚古墳						唐草文帯四神四獣鏡	44
273		河合町	佐味田宝塚古墳						陳氏作六神三獣鏡	61
274		河合町	佐味田宝塚古墳						王□吉□神獣鏡	60
275		河合町	佐味田宝塚古墳						唐草文帯二神二獣鏡	93
276		河合町	佐味田宝塚古墳						君宜官・獣文帯三神三獣鏡	111
277		河合町	佐味田宝塚古墳						波文帯三神三獣鏡	125
278		河合町	佐味田宝塚古墳						波文帯三神二獣博山炉鏡	134
279		河合町	佐味田宝塚古墳						外区片（その1）	
280		河合町	佐味田宝塚古墳						外区片（その2）	
281		河合町	佐味田宝塚古墳	獣文帯三神三獣鏡	21.2	113	K2	⑪		229
282		河合町	佐味田宝塚古墳						内区片	
283	奈良	河合町	佐味田貝吹古墳						波文帯三神二獣博山炉鏡	134

第十五章 椿井大塚山古墳と三角縁神獣鏡　685

284		河合町	佐味田付近	獣文帯三神三獣鏡		115	L2			231
285	奈良	広陵町	新山古墳						吾作四神四獣鏡	32
286		広陵町	新山古墳						天王・獣文帯四神四獣鏡	71
287		広陵町	新山古墳						天王・獣文帯四神四獣鏡	74
288		広陵町	新山古墳						尚方作二神二獣鏡	100
289		広陵町	新山古墳						獣文帯三神三獣鏡	114
290		広陵町	新山古墳						獣文帯三仏三獣鏡	121
291		広陵町	新山古墳						波文帯三神三獣鏡	128
292		広陵町	新山古墳	獣文帯三神三獣鏡	21.7	105	K2			206
293		広陵町	新山古墳	獣文帯三神三獣鏡	21.7	113	K2			229
296	奈良	橿原市	新沢千塚500号墳副槨	獣文帯三神三獣鏡	24.1	112	K2			216
297		橿原市	新沢千塚500号墳付近	獣文帯三神三獣鏡	22.2					
321		〃	南都御陵の所（伝）	獣文帯三神三獣鏡	22.1	114	K2			230
322		〃	奈良県（伝）	獣文帯三神三獣鏡		106	K2			207
323		〃	奈良県（伝）	唐草文帯三神三獣鏡	24.2	104	K2			205
328	滋賀	栗東町	亀塚古墳	獣文帯三神三獣鏡	21.6	106	K2			207
336		野洲町	天王山古墳	獣文帯三神三獣鏡	21.8	117	K1			234
338	三重	紀勢町	錦	獣文帯三神三獣鏡	23.3					
341		美杉村	美杉村	獣文帯三神三獣鏡	21.9		K1			241
342		美杉村	美杉村（伝）	唐草文帯三神三獣鏡						251
343		松阪市	久保古墳						天王・獣文帯回向式神獣鏡	9
344		松阪市	久保古墳	獣文帯三神三獣鏡	21.8		L1			242
345		松阪市	茶臼山古墳		20.8					252
350			三重県（伝）	獣文帯三神三獣鏡	21.6	106	K2			207
353	石川	鹿西町	小田中親王塚古墳						波文帯三神三獣鏡	133
354		鹿西町	小田中親王塚古墳	獣文帯三神三獣鏡						
358	岐阜	大垣市	長塚古墳東棺						天王・唐草文帯二神二獣鏡	93
359		大垣市	長塚古墳						波文帯三神三獣鏡	134
360		大垣市	長塚古墳	獣文帯三神三獣鏡	21.7		I			202
361		大垣市	長塚古墳西棺	獣文帯三神三獣鏡	21.7		K2			215
362		大垣市	長塚古墳	獣文帯三神三獣鏡	21.7	118	K1			235
370	岐阜	可児市	野中古墳南石室	獣文帯三神三獣鏡	21.5	106	K2			207
377	愛知	春日井市	出川大塚古墳	獣文帯三神三獣鏡	22.1	111	K2			213
378		春日井市	出川大塚古墳	獣文帯三神三獣鏡	22.1	111	K2			213
379		師勝町	仙人塚古墳	獣文帯三神三獣鏡	23.5	115	L2			231
380		小牧市	小木宇都宮古墳	獣文帯三神三獣鏡	21.8	118	K1			235
381		小牧市	小木	獣文帯三神三獣鏡	22.2		K1			245
382		小牧市	小木天王山古墳	獣文帯三神三獣鏡	21.0	117	K1			234
388		東海市	兜山古墳	獣文帯三神三獣鏡	22.3		K2?			217
399	静岡	沼津市	道尾塚古墳	唐草文帯三神三獣鏡	20.9		K1変			248
401	長野	飯田市	新井原8号墳	三神三獣鏡	21.2		K1			250
402	山梨	中道町	銚子塚古墳						陳氏作神獣車馬鏡	13
403	山梨	中道町	銚子塚古墳	獣文帯三神三獣鏡	20.7		K1			236
408	千葉	木更津市	手古塚古墳	獣文帯三神三獣鏡	23.9	115	L2			231
421	福島	会津若松市	会津大塚山古墳	唐草文帯四神四獣鏡	21.4	102	J1			203

　以上によれば仿製三角縁神獣鏡のみを副葬している古墳と地域の事例を府県ごとに数えれば、鹿児島1、宮崎1、佐賀2、福岡2、大分2、山口2、島根1、鳥取1、香川1、広島1、岡山1、兵庫3、大阪6、京都4、奈良5、滋賀2、三重4、岐阜1、愛知6、静岡1、長野1、千葉1、福島1となり、地域的広がりがあるが、各府県ごとの古墳数は

686　第三部　日本における出土鏡及び博物館美術館所蔵鏡の研究

少数である。これも兵庫3、大阪6、京都4、奈良5、三重4と愛知6の畿内、畿内周辺の多さが目立つ。

第九節　福岡県宗像大社の沖ノ島遺跡の三角縁神獣鏡

福岡県宗像大社の沖ノ島遺跡の三角縁神獣鏡について【表15－2】から抜き出せば次のようになる。これで【表15－7】沖ノ島遺跡の三角縁神獣鏡を作成した。

【表15－7】　沖ノ島遺跡の三角縁神獣鏡

	府県	市町村	出土地・古墳名	舶載三角縁神獣鏡 鏡型式名	面径/cm	同笵鏡番号	配置	同表現	仿製三角縁神獣鏡 鏡型式名	面径/cm	同笵鏡番号	配置	同表現	目録番号
42	福岡	大島村	沖ノ島16号遺跡						唐草文帯三神三獣鏡	20.5	119	K1		249
43			沖ノ島17号遺跡						獣文帯三神三獣鏡	24.3	103	K2		204
44			沖ノ島17号遺跡						唐草文帯三神三獣鏡	21.6		K1		244
45			沖ノ島17号遺跡						獣文帯神獣鏡	20.0		K1変		253
46			沖ノ島18号遺跡	天王・獣文帯二神二獣鏡	22.2	50	J1	⑤						91
47			沖ノ島18号遺跡	外区・内区片										
48			沖ノ島18号遺跡						獣文帯三神三獣鏡	20.9		K1		237
49			沖ノ島18号遺跡						獣文帯三神三獣鏡	23.4		K1		240
50			沖ノ島18号遺跡						唐草文帯三神三獣鏡	20.6	119	K1		249
51			沖ノ島18号遺跡（推）						獣文帯三神三獣鏡	21.8	＊	K2		214
52			沖ノ島18号遺跡（推）						外区片	21.9				
53			沖ノ島御金蔵遺跡（推）	波文帯三神三獣鏡	21.7	77	K1	⑪						124

ここで注目されるのは沖ノ島遺跡の三角縁神獣鏡は16号，17号，18号の各遺跡で岩上遺跡と呼ばれる地区に置かれていた。それらは4、5世紀の沖ノ島遺跡の最も早い時期の祭祀に使用されたものである。ただ、重要な点であるが、同遺跡では鏡を使って何か祭祀儀礼を行ったかといえば、ただ祭神への供物以上のものではない。その目的はとなれば、高価な品だからということもあろうが、16号，17号の両祭祀遺跡は仿製三角縁神獣鏡のみ、18号遺跡が舶載鏡2面に仿製三角縁神獣鏡5面と仿製三角縁神獣鏡の方が優勢である。もし舶載鏡が重要であれば、すべてを舶載鏡にすることは可能である。これは先に扱った福岡二丈町（糸島市）一貴山銚子塚古墳がすべて仿製三角縁神獣鏡であることも関係しよう。むしろ倭国で製造した鏡を献じた方が宗像の神々には喜ばれるという解釈も可能である。

結　び

椿井大塚山古墳出土三角縁神獣鏡を扱うことに関連して三角縁神獣鏡の全国的情況の調査を行い、そこに各地でさまざまな事態があることを確認した。三角縁神獣鏡が三国魏王朝から倭国女王卑弥呼の使いに渡され、日本列島に来て以来、3世紀末から4世紀に数奇

な運命を辿ることになる。ただ、そのはじめに倭国女王卑弥呼が日本列島のどこに居住していたか。実はそれは考古学では不明な部分が残るブラック・ボックスのあることに留意しなければならない。当面、椿井大塚山古墳からはなぜ32面も三角縁神獣鏡が出土したか、というより椿井大塚山古墳主は32面の三角縁神獣鏡をなぜ持っていたかが説明される必要があろう。鏡は権威の象徴である式の説明の時代は終わっているのである。

　京都大学文学部考古学関係者が多年にわたり蓄積してきた三角縁神獣鏡に関する諸研究の成果は絶対に尊重されるべきである。しかし、まだ基本的課題に未解決の部分も多い。そのことを提示するだけでも本章の企図は意味があると思う。

注
（1）　樋口隆康『古鏡』新潮社、1979年にはみられなかった指摘である。
（2）　京都大学文学部博物館図録『椿井大塚山古墳と三角縁神獣鏡』79頁、「三角縁神獣鏡出土地名表」。
（3）　小林行雄「同笵鏡による古墳の年代の研究」『考古学雑誌』第38巻3号、1952年、同「古墳の発生の歴史的意義」『史林』第38巻1号、1955年、同「初期大和政権の勢力圏」『史林』四〇巻四号、1957年、以上同著『古墳時代の研究』1961年、所収。
（4）　小林行雄、前掲論文。
（5）　中国の研究者は仏獣鏡は江南鏡として、魏の領域では造れるはずがないと主張するが、最近北京の博物館（国家博物館）でも仏獣鏡が発見されたという名古屋市博物館関係者の情報もある。また本書第九章の湖北省鄂州市出土銅鏡についてについて述べた中で湖北省博物館、鄂州市博物館編『鄂城漢三国六朝銅鏡』【81　四葉八鳳仏獣鏡】を六朝鏡として、4、5世紀以降の鋳造とみているがこれも再検討すべきであろう。
（6）　小林行雄「福岡県糸島郡一貴山村田中銚子塚古墳の研究」1952年、同「同笵鏡による古墳の年代の研究」『考古学雑誌』三八巻三号、後、同著『古墳時代の研究』1961年。
（7）　前掲、京都大学文学部博物館図録『椿井大塚山古墳と三角縁神獣鏡』79頁、「三角縁神獣鏡出土地名表」。
（8）　九州国立博物館開館4周年記念特別展『古代九州の国宝』九州国立博物館、平成21年（2009）10月20日—11月29日、43頁、第二部　九州とヤマト、第一章　呪力と武力、鏡の時代の幕開け、「同じ型から作られた鏡」。

第十六章　三角縁神獣鏡の出現
―― 五島美術館蔵守屋孝蔵コレクションについて ――

はじめに

　三角縁神獣鏡は倭国女王卑弥呼が魏帝国に遣使朝貢し、「親魏倭王」に冊封された時に、魏皇帝から「汝が好物を与える」として100枚の銅鏡を下賜された、その鏡であるとされる。また、その倭国女王卑弥呼による魏帝国への遣使朝貢、魏使の倭国邪馬台国への旅行行程を記す、『三国志』巻三〇、魏書、東夷伝、倭人条、いわゆる魏志倭人伝には、その後卑弥呼が死んだ後に「大いに冢を作る」とあり、その結果、考古学では古陵墓から出現する三角縁神獣鏡が多く発見された地が他ならぬ邪馬台国の所在地と認定されるとして、極めて高い関心が寄せられている。その中で京都府南山城の椿井大塚山古墳は三角縁神獣鏡三十数面が発見され、それを調査した小林行雄・樋口隆康両氏ら京都大学考古学関係者は邪馬台国が畿内であることにますます確信を持ったのである。特に小林行雄氏は漢式鏡の紋様の展開を精査し、三角縁神獣鏡の紋様がどのような紋様形式の展開から成立したかを明快に説明し、ほぼ定説を提出したのであった。なお、樋口隆康氏には『三角縁神獣鏡綜鑑』新潮社、平成4年（1992）の著作があり、問題はかなり整理された。

　しかし、その後、中国の王仲殊氏が三角縁神獣鏡を日本製造説、もう少し詳細に言えば、渡来呉の工人が日本で製作したという説を出すに至り、問題の未解決部分が浮かんできた。特に三角縁神獣鏡が中国で一枚も発見されていないことをどう説明するのか。また鏡の青銅質の疑問も存在する。こうした点の説明はこれに関する文献史料が欠如し、かつ考古学も不可能だとなれば、残るは比較文明学の視点をフルに動員して考えて見る外に手はないと思われる。まずは、前漢以来の漢式鏡[1]の紋様や銘文の検討から開始しよう。

　漢式鏡は二千年前の製作にしては驚くべき技術水準であり、文明史的位置は極めて高いとされる。かつ漢式鏡の考古学での問題提起は極めて広範囲であり、何人もの漢式鏡専門家が輩出した。その収集愛好家は世界的に存在し、多くの博物館に陳列されている。その意匠や紋様は極めて芸術的であり、高度な中国文化を雄弁に物語って、我が国では重要美術品指定の漢式鏡が多い。漢式鏡についての関心の高さは、同じ東アジアでも本家の中国や朝鮮に比べて、日本の異常さが注目されるのである。

　三角縁神獣鏡が中国の鏡、特に漢式鏡との関係でどのような位置を占めるか、それには鏡資料の総合的調査が必要である。所蔵機関ごとの資料データ・ベースの作成の手始めとして五島美術館所蔵守屋孝蔵コレクションから始めよう。

第一節　五島美術館所蔵守屋孝蔵コレクションと漢式鏡

　中国における青銅鏡の出現は殷代に溯るとされるが、遺物事例は多くない。それが東周前半期の春秋時代になって急に増加し、さらに戦国時代には鏡が独自の文物として発展する基礎を築いた。次の前漢時代には商周以来の伝統的な青銅彝器が完全に消失した。武帝期には蟠螭文鏡や方格規矩文鏡等が現われ、また、銘文を持つ鏡も見られた。戦国鏡様式は退化し、典型的な前漢鏡となる。次の後漢時代は、漢鏡の最盛期である。四神、瑞獣をはじめ、東王父、西王母のような神仙思想の図文が盛行し、各種の鏡式があらわれる。図文は内区から外区に及ぶが、いくつかの圏帯に分けられて、それぞれに図文を入れている。縁の形式も平縁から次第に立ち上がって、斜縁、三角縁と高く尖った形になって行く。宝飾文は少なく、鍍金か金象嵌が僅かにあるぐらいである。ただ鏡面にかなりの反りがあらわれるのが特徴であろう。また銘文もいくつかの銘文（銘文のタイプ）があって、そのうちに紀年銘をもつものがあり、鏡の編年を組みたてる基準となっている。

　以上は樋口隆康『古鏡』[2]によって中国古代の鏡の変遷を略述したが、いくつかの問題点がある。一は前漢・後漢の漢式鏡の文様が単に形態分類されているだけであって、文様についての時期的変化発展の確認とその文様の示す観念の説明がない。つまり前漢から後漢への鏡文様の変化がいかなる思想・観念の発展に関係するものかが検討されていないのである。次に折角、紀年鏡の事例を多く収集してはいるが、樋口氏にあっては紀年銘はせいぜい鏡の編年を組みたてる基準にしか意味をもっていないのである。ただ、樋口氏は考古学者であって、考古学にとっては文様、形態の時代的変化や銘文紀年は作品の時期確定、編年作業が最重要課題であるとなるのであろうか。

　ここで注目すべきは、近代考古学における鏡研究を戦前期において集成された梅原末治博士は漢三国六朝紀年鏡図説を編著にまとめ、京都帝国大学文学部考古学資料第一冊を昭和18年（1943）に公刊したが、そこで鏡の形態、文様変化の動向に関連させて鏡紀年銘文の解読解説を行っていることである。それは後に前掲樋口氏著書にもそのまま引用されるほぼ確定した作業を完成させた。もちろん戦後における中国、日本、朝鮮韓国における考古学的新発見で事例が多く加わったこともあって、樋口氏の著書が多くの新資料を加えたことも確かである。それにしても、鏡紀年銘文の研究は梅原博士の研究ですでに底本が得られたといえる。なお、京都大学考古学教室には多くの鏡資料が所蔵されているが、それは大正初年の高橋健自・富岡謙蔵両氏以来の収集になり、梅原末治氏の整理研究によって基礎が確立したのである。なお、その他機関では京都・東京の両国立博物館、京都の住友博古館、東京の五島美術館に多く所蔵される。

　五島美術館には戦前期に鏡収集家として知られる守屋孝蔵氏のコレクションが所蔵される。漢式鏡研究資料として最適なもので、筆者は今回実見した[3]ので、その展示資料を

690　第三部　日本における出土鏡及び博物館美術館所蔵鏡の研究

データベース化したのが【表16―1】五島美術館所蔵守屋孝蔵コレクション漢唐古鏡である。

【表16―1】　五島美術館蔵守屋孝蔵コレクション漢唐古鏡

番号	文化財	名称	寸法（徑／cm）	重・g	時代	紀年	西暦	世紀	銘文	様式・備考
1	重美	「結心相思」銘草葉紋鏡	20.9		前漢			前2	結心相思、幸母見忘、千秋万歳、長楽未央。	
2		蟾蜍鈕"方格規矩"草葉紋鏡	16.5		前漢			前2	見日之光、長母相忘。	
3		"方格規矩"螭龍紋鏡	15.9		前漢			前2～1		
4		連弧紋縁螭龍紋鏡	10.0		前漢			前2		前漢鏡の確立
5		星雲紋鏡	18.8		前漢			前2		百乳鏡・前漢中期盛行
6		連弧紋縁「家常富貴」鏡	16.3		前漢			前2	家常富貴。	同笵鏡は陝西西安出土
7		連弧紋「日有意」鏡	15.8		前漢			前1	日有意、月有富、楽母事、常得意、美人会、芋瑟侍、商市程、万物平、老復丁、死復生。	同じ鏡が福岡県飯塚市立岩堀田10号甕棺墓出土。
8		連弧紋「清白」鏡	14.35		前漢			前1	絜清白而事君、志驩之合明、玄錫之流沢、疎遠而日忘、美□、外承〔莫霊母絶。	同じ鏡が福岡県飯塚市立岩堀田35号甕棺墓出土。
9	重美	重圏「精白・昭明」鏡	17.8		前漢			前1	【外帯】絜清白而事君、怨沉驩之弇明、煥玄錫之流沢、恐〔疎〕遠而日忘、懐糜美之窮磑、外承驩之可説、慕窔姚而霊泉、願永思而母絶。【内帯】内請質以昭明、光輝象夫日月、心忽揚而願〔忠〕、然雍塞而不泄。	
10		重圏「清白・昭明」鏡	17.68		前漢			前1	【外帯】絜清白而事君、志沉之弇明、玄錫之流沢、恐疎而日忘、美□、外承可□、慕窔姚霊泉而母絶。【内帯】内清之以昭明、光之象夫日月、心忽揚而忠、雍塞而母泄。	
11		連弧紋縁重圏「精白・銅華」鏡	13.7		前漢			前1	【外帯】絜精白而事君、怨沉驩之弇明、煥玄錫〔之〕流沢、〔恐□〕遠而日忘、懐糜美之窮磑、外承驩之可説、慕窔姚而霊泉、願永思而母絶。【内帯】清沮銅華衣服観容〔貌〕、絲維雑逕以為信、請〔光〕平〔成〕宜佳人。	隷書
12		重圏「昭明・日光」鏡	13.4		前漢			前1	【外帯】内清質以昭明、光輝夫日月、心忽揚而願忠、然雍塞而不泄。【内帯】見日之光、長母相忘。	銘文書体は楔形文字、内側の銘帯に渦紋、連珠紋座鈕。
13		連弧紋「日光」鏡	8.5		前漢			前1	見日之光、天下大明。	
14		素縁四乳螭龍紋鏡	13.1		前漢			前1		日本では弥生時代後期から古墳時代にかけての出土例あり。
15	重美	複線波紋縁連弧紋鏡	13.2	399.6	前漢末	居摂1	6	1	居摂元年自有真、家当大富、羅常有陳、□之治吏為貴人、夫妻相喜日益親善。	1924年、朝鮮平壌府（現、平壌市石巌里）の楽浪郡古墓出土、現在最古の紀年鏡、内側紋様から内行花紋鏡と呼ぶ。
16		雲雷連弧紋鏡	27.5		後漢			1～2	長宜子孫。	

第十六章　三角縁神獣鏡の出現　691

17		雲雷連弧紋鏡	22.6		後漢			1～2	長宜子孫。	
18		雲雷連弧紋鏡	18.45		後漢			1～2	長宜子孫、寿如金石、累世未央。	
19		「長宜高官」連弧紋鏡	12.0		後漢			2	長宜高官。	
20		流雲紋縁"方格規矩"四神鏡	14.2		後漢			1	尚方作竟真大好、上有仙人不知老、渇玉泉飢食棗、浮游天下敖四海、寿如金石為天保。	
21	重美	円圏変形規矩鏡　景元四年八月七日銘	14.0	293.8	三国魏	景元4	263	3	景元四年八月七日、右尚方工作立、君宜高官。	
22		素紋縁線彫式獣帯鏡（四乳）	16.6		前漢晩期			1	長宜子孫。	
23		複線波紋縁線彫式獣帯鏡（四乳）	18.4		前～後漢			1	長宜子孫。	
24	重美	銘帯縁線彫式獣帯鏡（七乳）	20.8		前～後漢			1	維鏡之旧生兮質〔剛〕堅、処手名宜侯工人、凍取精〔華〕〔光〕耀寿運、升高宜全運〔近〕〔親〕、〔昭〕兆煥兮見躬身、永保母□□□□□□兮子孫。	
25		葉紋縁線彫式獣帯鏡（八乳）	18.7		後漢			2	長宜子孫。	
26		流雲紋縁線彫式獣帯鏡（七乳）	21.2		後漢			2	角王臣虚、辟不羊、長生貴富、宜侯王、昭爵玄武、利陰陽、七子九孫治中央、法象不比如日月光、千秋万歳、長楽未央、宜子孫。	
27	重文	〔鍍金〕鋸歯紋複線波紋縁線彫式獣帯鏡（七乳）	20.3		六朝前期			3～4	尚方作竟大母傷、巧工刻之成文章、左龍右虎辟不羊、朱鳥玄武順陰陽、子孫備具居中央、長保二親楽富昌、寿敵金石如侯王、青蓋為志何巨央。	岐阜県揖斐郡大野町城塚古墳出土。全面に鍍金した珍鏡。漢時代の鏡を六朝期に仿制した鏡。内側に七体の禽獣を線彫りで描く。
28		流雲紋縁浮彫式獣帯鏡（七乳）	17.0		後漢			2	尚方竟真、〔二〕□山人不夫、宜子孫。	
29	重美	龍雲紋縁浮彫式獣帯鏡（六乳）	20.0		後漢			2	呂氏作竟、□自明上下黒、天有大光史□、服之寿命長、八子九孫君中央、維鏡□奴更千人、宜弟兄、宜孫子。	
30		獣紋縁浮彫式獣帯鏡（七乳）	16.8		後漢			2	作竟真大工、□亥□□人、宜子孫。	
31		獣紋縁浮彫式獣帯鏡（六乳）	16.6		後漢			2	龍氏作竟、宜侯王、家当大富興未央、子孫備具見居中、長保二親世昌、□□高河。	
32		鋸歯紋複線波紋縁羽人獣帯鏡（四乳）	13.9		後漢～三国			3	三羊作竟真大好、上有山人不知老、大吉兮。	
33		鋸歯紋縁獣帯鏡（六乳）	14.6		後漢～三国			3	〔上〕方作竟□大好、青龍白□（以下欠）。	
34		鋸歯紋縁獣帯鏡（五乳）	14.5		後漢～三国			3	〔袁〕氏作竟世少有、辟在不羊、長保系子上。	
35		鋸歯紋複線波紋縁浮彫式獣帯鏡（四乳）	15.1		後漢～三国			3	袁乍氏竟大巧、三龍在左、白虎在右、山人子□三三。	
36	重美	獣首鏡　永寿二年正月銘	18.1	963.3	後漢	永寿2	156	2	永寿二年正月□□□□□□作尚方明□竟□□□□長王。	
37	重美	獣首鏡　延熹九年正月丙午日銘	14.6	293.3	後漢	延熹9	166	2	延熹九年正月丙午、作竟自有〔方〕〔青〕龍白虎侍左右、□者長命宜孫子、伝□□□□□吉兮、君宜高官。	
38	重美	獣首鏡　建寧二年正月廿七丙午銘	19.8	813.0	後漢	建寧2	169	2	建寧二年正月廿七日丙午、三羊作明鏡自有方、白同清明後多光、買者大利家富昌、	典型的な紋様を持つ獣首鏡。建寧は後漢霊帝の年号、干支丙

692　第三部　日本における出土鏡及び博物館美術館所蔵鏡の研究

								十男五女為侯王、父嫗相守寿命長、居一世間楽未央、宜侯王楽未央、□□□長宜官、宜侯王、師命長。	午は当日ではなく、鋳造の吉辰を示す。
39	重美	獣首鏡　甘露四年五月十日銘	13.2	298.3	三国魏	甘露4	259	3	甘露四年五月十日、右尚方師作竟、青且明、位至三公、〔君〕宜高官、保子宜孫。	
40	重美	方格銘四獣鏡　中平六年正月丙午日銘	15.9	673.9	後漢	中平6	189	2	中平六年正月丙午日、吾作明鏡、幽湅三羊自有已、除去不羊宜孫子、東王公西王母、仙人玉女大神道、長吏買竟位至三公、古人買竟百倍田家、大吉天日月、吾作明竟、幽湅三羊、天王日月、位至三公。	
41	重美	環状乳系神獣鏡　熹平二年正月丙午銘	10.7	235.3	後漢	熹平2	173	2	熹平二年正月丙午、吾造作尚方明竟兮、幽湅三商、州刻無亟、世得光明、買人大富貴、長宜子孫延年兮、吾作明竟自有方、白同清明兮。	
42		画紋帯環状乳神獣鏡	16.2		後漢			2		
43		画紋帯環状乳神獣鏡	15.9		三国			3	吾作明竟、幽湅三商、配像卅疆、統徳序道、敬奉臣良、周刻無祉、百牙作楽、衆事主陽、世作光明、立至三公、生如山石、其師命長。	
44	重美	画紋帯環状乳神獣鏡	15.4		三国（呉）			3	天王日月。	
45	重美	環状乳系神獣鏡　正始五年銘	13.0	296.1	三国魏	正始五年	244	3	正始五年作。	
46	重美	重列式神獣鏡　建安十年銘	13.4	355.4	後漢	建安10	205	3	吾作明竟、幽湅三商、周羅容象、五帝天皇、白牙□□、□□□□、朱雀玄武白虎青龍、君高官位、子孫番昌、建安十年示氏□羊、君宜官、君宜官。	
47	重美	重列式神獣鏡　建安十年五月六日銘	13.1	282.9	後漢	建安10	205	3	吾作明竟、幽湅三商、周羅容象、五帝三皇、白牙単琴、黄帝除兇、白牙、朱雀玄武白虎青□、建安十年五月六日作、宜子孫、宜子孫、君宜官。	
48	重美	重列式神獣鏡　黄龍元年七月十三日銘	11.6	224.4	三国呉	黄龍1	229	3	黄龍元年太歳、在己酉七月壬子〔朔〕十三日甲子、師陳世造〔作〕□清明意、其有服者令久富貴、宜□□□。	
49	重美	重列式神獣鏡　嘉禾四年二月銘	11.8	200.1	三国呉	嘉禾4	235	3	嘉禾四二月□、作吾明意、服者万年延年子孫、仙意宜用之具、□□□□朱鳥武。	
50	重美	重列式神獣鏡　嘉禾四年九月午日銘	11.7	236.6	三国呉	嘉禾4	235	3	嘉禾四年九月午日、安楽造作□□五帝明意、服者大吉、宜用者〔万〕〔年〕、延年□□□□。	
51	重美	重列式神獣鏡　永安四年五月十五日銘	14.9	490.2	三国呉	永安4	261	3	永安四年太歳己巳五月十五日庚午、造作明竟、幽湅三商、上応列宿、下辟不祥、服者高貴、位至三公、女宜夫人、子孫満堂、□宜遮道、六畜潘傷、楽禾。	同笵鏡はアメリカボストン美術館蔵。
52	重美	対置式神獣鏡　黄武七年七月七日銘	9.8	164.6	三国呉	黄武7	228	3	黄武七年七月丙午朔七日甲子、紀主治時、大師陳世巌作明鏡、服者立公。	
53	重美	対置式神獣鏡　赤烏元年五月廿日銘	12.3	259.7	三国呉	赤烏1	238	3	赤烏元年五月廿日、造作明〔竟〕、百錬清銅、服者君卿、長薬未英、造鏡先師、名為周公、日月天王之□。	別称は半円方格帯神獣鏡。

第十六章　三角縁神獣鏡の出現　693

54	重美	対置式神獣鏡　永安元年十月四日銘	14.7	450.8	三国呉	永安1	258	3	永安元年十月四日、造作明竟、百湅清銅、服者□宜（下欠）。	
55	重美	対置式神獣鏡　永安六年正月七日銘	13.8	409.7	三国呉	永安6	263	3	永安六年正月七日、□□□百湅清銅、服者老寿宜公卿、楽未英、天王日月、天王日月。	
56	重美	対置式神獣鏡　太康二年三月九日銘	14.5	412.5	西晋	太康2	281	3	太康二年三月九日、呉郡〔工〕清〔羊〕造〔作〕之鏡、東王公西王母、〔此〕〔里〕人豪貴、士患高遷、三公丞相九卿。	中国浙江省金華地区文物管理委員会蔵鏡と同笵関係。
57	重美	対置式神獣鏡　太康三年二月廿日銘	17.3	663.3	西晋	太康3	282	3	太康三年歳壬寅二月廿日、吾作竟、幽湅三商、四夷服、多賀国家人民息、胡虜殄戚天下復、雨□時節五穀孰、太平長楽、吾作明竟、三商〔以下欠〕。	
58	重文	画紋帯仏獣鏡	22.1		晋			3〜4	……□□位至三公九卿、侯相天王□□……	千葉県木更津市祇園鶴巻塚古墳出土（東京国立博物館蔵）
59		三角縁回向式神獣鏡	23.2		三国			3	天王日月。	京都府椿井大塚山古墳出土鏡。同笵は岡山県車塚古墳出土鏡、静岡県平川大塚古墳出土鏡。
60		三角縁三神三獣鏡	21.8		古墳時代			4		伝三重県松阪市久保古墳出土、日本製。仏像の可能性。座像、手印。
61	重美	七鈴画像鏡（七鈴仏獣鏡）	11.0		古墳時代			5〜6		伝奈良県出土。日本製、独特。鈴鏡を腰に着け、椅子に坐る女性の埴輪。巫女とされる。
62		画像線龍虎鏡（二頭式）	14.3		後漢			2	李氏作竟、誠清明、服富貴、寿命長、左龍右虎、并雨□朱蜀（鳥）玄武、〔順〕陰陽、□子来□□□□、子系（孫）□息、楽未央。	龍虎相対するは陰陽調和の思想。長江流域で作られた。
63		鋸歯紋複線波紋縁龍虎鏡（三頭式）	14.0		後漢			2	張氏作竟四夷服、多賀国家人民息、〔胡〕虜殄滅天下復、雨時節五穀飢、長保〔二親〕得天力、伝告后世楽無亜。	
64		鋸歯紋複線波紋縁龍虎鏡（三頭式）	13.4		後漢〜三国			3	□□作竟、自有辞去不羊□□□、□□□□宜孫子、〔寿〕如金石、不□□、□□□□□□。	
65		鋸歯紋波紋縁龍虎鏡（四頭式）	13.5		三国			3	〔巧〕工作竟大母傷、□虎辟□居□□、詔□竟寿命長、富貴昌楽□、寿如金石、（以下欠失）。	
66		龍虎（盤龍）紋鈕座線彫式獣帯鏡（七乳）	18.5		後漢			2	青蓋作竟大母傷、左龍右虎辟不羊、朱鳥玄武順陰陽、長保二親楽富昌、寿敞金石、如侯王。	
67	重美	盤龍紋鈕座画像帯鏡（六乳）	21.4		三国呉			3	吾作竟□□……有□□……東王〔父〕西王母、今人長命□孫子、（以下欠？）。	伝奈良県旧帯解村古墳出土鏡。
68		方形鈕座神人馬龍画像鏡（四乳）	18.8		後漢〜三国（呉）			2〜3	東王公西王母。	
69	重美	神人車馬画像鏡（四乳）	23.0		後漢			2〜3	王氏作竟佳且好、明而日月世少有、刻治今守悉皆在大吉羊矣。	伝中国浙江省紹興出土。

694　第三部　日本における出土鏡及び博物館美術館所蔵鏡の研究

番号	文化財	名称	寸法	時代	紀年	西暦	世紀	銘文	様式・備考
70	重美	神人龍鹿画像鏡（四乳）	19.0	三国			3	李氏作竟、誠清明、服富貴、寿命長、左龍右虎、并雨□朱蜀（鳥）玄武、〔順〕陰陽、□子来□□□□、子系□息、楽未央。	
71	重美	神人龍虎画像鏡（四乳）	20.7	六朝前期			3～4	王氏作竟佳且好、明而日月世之保、服此竟者不知老、寿而東王公西王母、山人子高赤松、長保二親宜子孫。	伝京都府京都市松尾鏡塚出土。同笵鏡は岡山県築山古墳出土鏡、奈良県上井足古墳出土鏡。
72		十二支紋帯八狻猊鏡	24.8	隋～初唐			6～7	永華月浄菱花発鑑。	
73	重美	「明逾満月」銘方格四神鏡　永徽元年銘	21.9	唐	永徽1	650	7	永徽元年、明逾満月、玉潤珠円、鸞鸞暈後、舞鳳台前、生涯上壁、倒井澄蓮、清神鑑物、代代流位。	
74		「練形神治」銘狻猊鏡	17.6	唐			7	練形神治、瑩質良工、如珠出匣、似月停空、当眉写翠、封験□□、□□□悦、俱含影中。	
75		海獣葡萄鏡	12.48	唐			8		
76		双鳳銜綬・瑞花鏡	15.2	唐			8		
77	重美	〔貼銀鍍金〕双鳳狻猊天馬紋菱花形鏡	25.9	唐			8		
78	重美	海磯雀蝶花枝紋菱花形鏡	11.0	唐			8		
79	重美	双鳳銜綬・瑞花紋葵花形鏡	22.1	唐			8		
80	重美	四禽啄果・瑞花紋葵花形鏡	27.7	唐			8		
81	重文	迦陵頻伽紋葵花形鏡	29.6	唐			8		
82		団華紋葵花形鏡	27.3	唐			8		
83		桂樹月兎紋鏡	13.9	唐			8		

　　上掲表に示されるデータは漢式鏡の特徴を具体的に示してくれる。まず、鏡の形態・文様は鏡の名称欄に示され、また長短様々な銘文字句は銘文欄に記される。

第二節　五島美術館所蔵守屋孝蔵コレクション漢唐古鏡の時代区分

　　【表16―1】は時代順に前後があるので、これを時代順に並べ替えた【表16―2】五島美術館所蔵守屋孝蔵コレクション漢唐古鏡年次順リストを作成しよう。これにより名称欄に示される鏡形態・文様と銘文の時代的変化をまとめると次のような時期区分ができる。

【表16―2】　五島美術館蔵守屋孝蔵コレクション漢唐古鏡年次順リスト

番号	文化財	名称	寸法（径／重．g／cm）	時代	紀年	西暦	世紀	銘文	様式・備考
1	重美	「結心相思」銘草葉紋鏡	20.9	前漢			前2	結心相思、幸母見忘、千秋万歳、長楽未央。	
2		蟾蜍鈕"方格規矩"草葉紋鏡	16.5	前漢			前2	見日之光、長母相忘	
3		"方格規矩"應龍紋鏡	15.9	前漢			前2～1		
4		連弧紋縁應龍紋鏡	10.0	前漢			前2		前漢鏡の確立
5		星雲紋鏡	18.8	前漢			前2		百乳鏡・前漢中期盛行

第十六章　三角縁神獣鏡の出現　695

6		連弧紋縁「家常富貴」鏡	16.3		前漢		前2	家常富貴。	同范鏡は陝西西安出土。
7		連弧紋「日有憙」鏡	15.8		前漢		前1	日有憙、月有富、楽母事、常得意、美人会、竽瑟侍、商市程、万物平、老復丁、死復生。	同じ鏡が福岡県飯塚市立岩堀田10号甕棺墓出土。
8		連弧紋「清白」鏡	14.35		前漢		前1	絜清白而事君、志驩之合明、玄錫之流沢、遠而日忘、美□、外承□莫霊母絶。	同じ鏡が福岡県飯塚市立岩堀田35号甕棺墓出土。
9	重美	重圏「精白・昭明」鏡	17.8		前漢		前1	【外帯】絜清白而事君、怨沅驩之弇明、煥玄錫之流沢、恐〔疎〕遠而日忘、懐靡美之窮磑、外承驩之可説、慕窔姚而霊泉、願永思而母絶。【内帯】内請質以昭明、光輝象夫日月、心忽揚而願〔忠〕、然壅塞而不泄。	
10		重圏「清白・昭明」鏡	17.68		前漢		前1	【外帯】絜清白而事君、志沅之弇明、玄錫之流沢、恐疎而日忘、美□、外承可□、慕窔姚霊泉而母絶。【内帯】内清之以昭明、光之象夫日月、心忽揚而忠、壅塞而毋泄。	
11		連弧紋縁重圏「精白・銅華」鏡	13.7		前漢		前1	【外帯】絜精白而事君、怨沅驩之弇明、煥玄錫〔之〕流沢、〔恐口〕遠而日忘、懐靡美之窮磑、外承驩之可説、慕窔姚而霊泉、願永思而母絶。【内帯】清沍銅華衣服観容〔貌〕、絲維雑逶以為信、請〔光〕平〔成〕宜佳人。	隷書
12		重圏「昭明・日光」鏡	13.4		前漢		前1	【外帯】内清質以昭明、光輝象夫日月、心忽揚而願忠、然壅塞而不泄。【内帯】見日之光、長母相忘。	銘文書体は楔形文字、内側の銘帯に渦紋、連珠紋座鈕。
13		連弧紋「日光」鏡	8.5		前漢		前1	見日之光、天下大明。	
14		素縁四乳鼉龍紋鏡	13.1		前漢		前1		日本では弥生時代後期から古墳時代にかけての出土例あり。
15	重美	複線波紋縁連弧紋鏡	13.2	399.6	前漢末	居摂1	6	1	居摂元年自有真、家当大富、羅常有陳、□之治吏為貴人、夫妻相喜日益親善。	1924年、朝鮮平壌府（現、平壌市石巌里）の楽浪郡古墓出土、現在最古の紀年鏡、内側紋様から内行花紋鏡と呼ぶ。
22		素紋縁線彫式獣帯鏡（四乳）	16.6		前漢晩期		1	長宜子孫。	
23		複線波紋縁線彫式獣帯鏡（四乳）	18.4		前～後漢		1	長宜子孫。	
24	重美	銘帯縁線彫式獣帯鏡（七乳）	20.8		前～後漢		1	維鏡之旧生分質〔剛〕堅、処手名山俟工人、涑取精〔華〕〔光〕耀寿運、升高宜全運〔近〕〔親〕、〔昭〕兆煥兮見躬身、永保母□□□□□□□兮子孫。	
20		流雲紋縁"方格規矩"四神鏡	14.2		後漢		1	尚方作竟真大好、上有仙人不知老、渇玉泉飢食棗、浮游天下敖四海、寿如金石為天保。	
16		雲雷連弧紋鏡	27.5		後漢		1～2	長宜子孫。	
17		雲雷連弧紋鏡	22.6		後漢		1～2	長宜子孫。	
18		雲雷連弧紋鏡	18.45		後漢		1～2	長宜子孫、寿如金石、累世未央。	

19		「長宜高官」連弧紋鏡	12.0		後漢			2	長宜高官。	
25		葉紋縁線彫式獣帯鏡（八乳）	18.7		後漢			2	長宜子孫。	
36	重美	獣首鏡　永寿二年正月銘	18.1	963.3	後漢	永寿2	156	2	永寿二年正月□□□□□□作尚方明□竟□□□□長王□□□□□□□□。	
37	重美	獣首鏡　延熹九年正月丙午日銘	14.6	293.3	後漢	延熹9	166	2	延熹九年正月丙午、作竟自有〔方〕〔青〕龍白虎侍左右、□者命宜孫子、伝□□□□吉兮、君宜高官。	
38	重美	獣首鏡　建寧二年正月廿七丙午銘	19.8	813.0	後漢	建寧2	169	2	建寧二年正月廿七日丙午、三羊作明鏡自有方、白同清明後多光、買者大利家富昌、十男五女為侯王、父嫗相守寿命長、居一世間楽未央、宜侯王楽未央、□□□長宜官、宜侯王、師命長。	典型的な紋様を持つ獣首鏡。建寧は後漢霊帝の年号、干支丙午は当日ではなく、鋳造の吉辰を示す。
41	重美	環状乳系神獣鏡　熹平二年正月丙午銘	10.7	235.3	後漢	熹平2	173	2	熹平二年正月丙午、吾造作尚方明竟兮、幽凍三商、州刻無亞、世得光明、買人大富貴、宜子孫延年兮、吾作明竟自有方、白同清明兮。	
40	重美	方格銘四獣鏡　中平六年正月丙午日銘	15.9	673.9	後漢	中平6	189	2	中平六年正月丙午日、吾作明鏡、幽凍三羊自有已、除去不羊宜孫子、東王公西王母、仙人玉女大神道、長吏買竟位至三公、古人買竟百倍田家、大吉天日月、吾作明竟、幽凍三羊、天王日月、位至三公。	
26		流雲紋縁線彫式獣帯鏡（七乳）	21.2		後漢			2	角王臣虚、辟不羊、長生貴富、宜侯王、昭爵玄兮、利陰陽、七子九孫治中央、法象不比如日月光、千秋万歳、長楽未央、宜子孫。	
28		流雲紋縁浮彫式獣帯鏡（七乳）	17.0		後漢			2	尚方竟真、〔二〕□山人不夫、宜子孫。	
29	重美	龍雲紋縁浮彫式獣帯鏡（六乳）	20.0		後漢			2	呂氏作竟、□自明上下黒、天有大光史□、服之寿命長、八子九孫君中央、維□奴更千人、宜弟兄、宜子孫。	
30		獣紋縁浮彫式獣帯鏡（七乳）	16.8		後漢			2	作竟真大工、□亥□□人、宜子孫。	
31		獣紋縁浮彫式獣帯鏡（六乳）	16.6		後漢			2	龍氏作竟、宜侯王、家当大富興未央、子孫備見居中、長保二親世昌、□□高河。	
42		画紋帯環状乳神獣鏡	16.2		後漢			2		
62		画像線龍虎鏡（二頭式）	14.3		後漢			2	李氏作竟、誠清明、服富貴、寿命長、左龍右虎、并雨朱蜀（鳥）玄武、〔順〕陰陽、□子来□□□□、子系（孫）□息、楽未央。	龍虎相対するは陰陽調和の思想。長江流域で作られた。
66		龍虎（盤龍）紋鈕座線彫式獣帯鏡（七乳）	18.5		後漢			2	青蓋作竟大母傷、左龍右虎辟不羊、朱鳥玄武順陰陽、長保二親楽富昌、寿敵金石、如侯王。	
69	重美	神人車馬画像鏡（四乳）	23.0		後漢			2～3	王氏作竟佳且好、明而日月世少有、刻治今守悉皆在大吉羊矣。	伝中国浙江省紹興出土。
63		鋸歯紋複線波紋縁龍虎鏡（三頭式）	14.0		後漢			2～3	張氏作竟四夷服、多賀国家人民息、〔胡〕虜殄滅天下復、〔風〕雨時節五穀飢、長保〔二親〕得天力、伝告后世楽無亞。	

第十六章 三角縁神獣鏡の出現 697

64		鋸歯紋複線波紋縁龍虎鏡（三頭式）	13.4		後漢〜三国			3	□□作竟、自有辟去不羊□□□、□□□□宜孫子、〔寿〕如金石、不□□、□□□□□□。	
68		方形鈕座神人馬龍画像鏡（四乳）	18.8		後漢〜三国（呉）			2〜3	東王公西王母。	
46	重美	重列式神獣鏡　建安十年銘	13.4	355.4	後漢	建安10	205	3	吾作明竟、幽涷三商、周羅容象、五帝天皇、白牙□□、□□□□、□□、朱雀玄武白虎青龍、君高官位、子孫番昌、建安十年示氏□羊、君宜官、君宜官。	
47	重美	重列式神獣鏡　建安十年五月六日銘	13.1	282.9	後漢	建安10	205	3	吾作明竟、幽涷三商、周羅容象、五帝三皇、白牙単琴、黄帝除兇、白牙、朱雀玄武白虎青□、建安十年五月六日作、宜子孫、宜子孫、君宜官、君宜官。	
32		鋸歯紋複線波紋縁羽人獣帯鏡（四乳）	13.9		後漢〜三国			3	三羊作竟真大好、上有山人不知老、大吉兮。	
33		鋸歯紋縁獣帯鏡（六乳）	14.6		後漢〜三国			3	〔上〕方作竟□大好、青龍白□（以下欠）。	
34		鋸歯紋縁獣帯鏡（五乳）	14.5		後漢〜三国			3	〔袁〕氏作竟世少有、辟在不羊、長保係子上。	
35		鋸歯紋複線波紋縁浮彫式獣帯鏡（四乳）	15.1		後漢〜三国			3	袁乍氏竟大巧、三龍在左、白虎在右、山人子□三三。	
52	重美	対置式神獣鏡　黄武七年七月七日銘	9.8	164.6	三国呉	黄武7	228	3	黄武七年七月丙午朔七日甲子、紀主治時、大師陳世巖作明鏡、服者立至公。	
48	重美	重列式神獣鏡　黄龍元年七月十三日銘	11.6	224.4	三国呉	黄龍1	229	3	黄龍元年太歳、在己酉七月壬子〔朔〕十三日甲子、師陳世造〔作〕□清明意、其有服者令久富貴、宜□□□。	
49	重美	重列式神獣鏡　嘉禾四年二月銘	11.8	200.1	三国呉	嘉禾4	235	3	嘉禾四二月□、作吾明意、服者万年延年子孫、仙意宜用之具、□□□□朱鳥武。	
50	重美	重列式神獣鏡　嘉禾四年九月午日銘	11.7	236.6	三国呉	嘉禾4	235	3	嘉禾四年九月午日、安楽造作□□五帝明意、服者大吉、宜用者〔万〕〔年〕、延年□□□□。	
53	重美	対置式神獣鏡　赤烏元年五月廿日銘	12.3	259.7	三国呉	赤烏1	238	3	赤烏元年五月廿日、造作明〔竟〕、百錬清銅、服者君卿長薬未英、造鏡先師、名為周公、日月天王之□。	別称は半円方格帯神獣鏡。
45	重美	環状乳系神獣鏡　正始五年銘	13.0	296.1	三国魏	正始五年	244	3	正始五年作。	
54	重美	対置式神獣鏡　永安元年十月四日銘	14.7	450.8	三国呉	永安1	258	3	永安元年十月四日、造作明竟、百涷清銅、服者□宜（下欠）。	
39	重美	獣首鏡　甘露四年五月十日銘	13.2	298.3	三国魏	甘露4	259	3	甘露四年五月十日、右尚方師作竟、青且明、位至三公、〔君〕宜高官、保子宜孫。	
51	重美	重列式神獣鏡　永安四年五月十五日銘	14.9	490.2	三国呉	永安4	261	3	永安四年太歳己巳五月十五日庚午、造作明竟、幽涷三商、上応列宿、下辟不祥、服者高貴、位至三公、女宜夫人、子孫満堂、□宜遮道、六畜潘傷、楽禾。	同笵鏡はアメリカボストン美術館蔵。
21	重美	円圏変形規矩鏡　景元四年八月七日銘	14.0	293.8	三国魏	景元4	263	3	景元四年八月七日、右尚方工作立、君宜高官。	
55	重美	対置式神獣鏡　永安六年正月七日銘	13.8	409.7	三国呉	永安6	263	3	永安六年正月七日、□□□百涷清銅、服者老寿宜公卿、楽未英、天王日月、天王日月。	

43		画紋帯環状乳神獣鏡	15.9		三国			3	吾作明竟、幽凍三剛、配像世彊、統徳序道、敬奉臣良、周刻無祉、百牙作楽、衆事主陽、世作光明、立至三公、生如山石、其師命長。	
44	重美	画紋帯環状乳神獣鏡	15.4		三国（呉）			3	天王日月。	
59		三角縁回向式神獣鏡	23.2		三国			3	天王日月。	京都府椿井大塚山古墳出土鏡。同范は岡山県車塚古墳出土鏡、静岡県平川大塚古墳出土鏡。
65		鋸歯紋波紋縁龍虎鏡（四頭式）	13.5		三国			3	〔巧〕工作竟大母傷、□虎辟□居□□、詔□竟寿命長、富貴昌楽□□、寿如金石、（以下欠失）。	
67	重美	盤龍紋鈕座画像帯鏡（六乳）	21.4		三国呉			3	吾作竟□□……有□□……東王〔父〕西王母、今人長命□孫子、（以下欠？）。	伝奈良県旧帯解村古墳出土鏡。
70	重美	神人龍鹿画像鏡（四乳）	19.0		三国			3	李氏作竟、誠清明、服富貴、寿命長、左龍右虎、并雨□朱蜀（鳥）玄武、〔順〕陰陽、□子来□□□□、子系□息、楽未央。	
56	重美	対置式神獣鏡 太康二年三月九日銘	14.5	412.5	西晋	太康2	281	3	太康二年三月九日、呉郡〔工〕清〔羊〕造〔作〕之鏡、東王公西王母、〔此〕〔里〕人豪貴、士患高遷、三公丞相九卿。	中国浙江省金華地区文物管理委員会蔵鏡と同范関係。
57	重美	対置式神獣鏡 太康三年二月廿日銘	17.3	663.3	西晋	太康3	282	3	太康三年歳壬寅二月廿日、吾作竟、幽凍三商、四夷服、多賀国家人民息、胡虜殄戚天下復、雨□時節五穀孰、太平長楽、吾作明竟、三商〔以下欠〕。	
58	重文	画紋帯仏j獣鏡	22.1		晋			3～4	……□□位至三公九卿、侯相天王□□……	千葉県木更津市祇園鶴巻塚古墳出土（東京国立博物館蔵）
27	重文	〔鍍金〕鋸歯紋複線波紋縁線彫式獣帯鏡（七乳）	20.3		六朝前期			3～4	尚方作竟大母傷、巧工刻之成文章、左龍右虎辟不羊、朱鳥玄武順陰陽、子孫備具居中央、長保二親楽富貴、寿敵金石如侯王、青蓋為志何巨央。	岐阜県揖斐郡大野町城塚古墳出土。全面に鍍金した珍鏡。漢時代の鏡を六朝期に仿制した鏡。内側に七体の禽獣を線彫りで描く。
71	重美	神人龍虎画像鏡（四乳）	20.7		六朝前期			3～4	王氏作竟佳旦好、明而日月世之保、服此竟者不知老、寿而東王公西王母、山人子高赤松、長保二親宜子孫。	伝京都府京都市松尾鏡塚出土。同范鏡は岡山県築山古墳出土鏡、奈良県上井足古墳出土鏡。
60		三角縁三神三獣鏡	21.8		古墳時代			4		伝三重県松阪市久保古墳出土、日本製。仏像の可能性。座像、手印。
61	重美	七鈴画像鏡（七鈴仏獣鏡）	11.0		古墳時代			5～6		伝奈良県出土。日本製、独特。鈴鏡を腰に着け、椅子に坐る女性の埴輪。巫女とされる。
72		十二支紋帯八狻猊鏡	24.8		隋～初唐			6～7	永華月浄菱花発鑑。	
73	重美	「明逾満月」銘方格四神鏡 永徽元年銘	21.9		唐	永徽1	650	7	永徽元年、明逾満月、玉潤珠円、鸞鸞暈後、舞鳳台前、生涯上壁、倒井澄蓮、清神鑑物、代代流位。	

第十六章　三角縁神獣鏡の出現　699

74		「練形神治」銘狻猊鏡	17.6		唐		7	練形神治、瑩質良工、如珠出匣、似月停空、当眉写翠、封験□□、□□□㡭、俱含影中。	
75		海獣葡萄鏡	12.48		唐		8		
76		双鳳銜綬・瑞花鏡	15.2		唐		8		
77	重美	〔貼銀鍍金〕双鳳狻猊天馬紋菱花形鏡	25.9		唐		8		
78	重美	海礒雀蝶花枝紋菱花形鏡	11.0		唐		8		
79	重美	双鳳銜綬・瑞花紋葵花形鏡	22.1		唐		8		
80	重美	四禽啄果・瑞花紋葵花形鏡	27.7		唐		8		
81	重文	迦陵頻伽紋葵花形鏡	29.6		唐		8		
82		団華紋葵花形鏡	27.3		唐		8		
83		桂樹月兎紋鏡	13.9		唐		8		

〔1〕前漢時代、番号1～14

　　草葉紋鏡、蟠螭鈕・方格規矩鏡、方格規矩・虺龍紋鏡、連弧紋縁・虺龍紋鏡、星雲紋鏡、連弧紋縁鏡、連弧紋鏡、重圏鏡、連弧紋縁・重圏鏡、素縁四乳・虺龍紋鏡

　草葉紋、星雲紋、素縁四乳など簡単な形象紋や方格規矩、連弧紋など幾何学的文様である。龍文も虺龍紋というミミズというより線虫状の全く虫であって龍という威厳も力も感じられない文様である。連弧紋縁・虺龍紋鏡や連弧紋縁・重圏鏡などのような縁と紋、圏の紋様の二重構造や、素縁四乳・虺龍紋鏡のような数個の乳が付くといった後漢時代に発展する要素はすでに確認される。次にこの時期の銘文は以下の通りである。

①結心相思、幸母見忘、千秋万歳、長楽未央　（番号1）

②見日之光、長母相忘　（番号2）

③家常富貴　（番号6）

④日有熹、月有富、楽母事、常得意、美人会、竽瑟侍、商市程、万物平、老復丁、死復生。（番号7）

⑤絜清白而事君、志驩之合明、玄錫之流沢、疎遠而日忘、美□外承□莫霊母絶。（番号8）

⑥【外帯】絜精白而事君、怨沉驩之弇明、煥玄錫之流沢、恐〔疎〕遠而日忘、懐糜美之窮皚、外承驩之可説、慕窈姚而霊泉、願永思而母絶。【内帯】内請質以昭明、光輝象夫日月、心忽揚而願〔忠〕、然雍塞而不泄。（番号9）

⑦【外帯】絜清白而事君、志沅之弇明、玄錫之流沢、恐疎而日忘、美□、外承可□慕窈姚霊泉而母絶。

　【内帯】内清之以昭明、光之象夫日月、心忽揚而忠、雍塞而母泄。（番号10）

⑧【外帯】絜精白而事君、怨沅驩之弇明、煥玄錫〔之〕流沢、〔恐□〕遠而日忘、懐糜美之窮皚、外承驩之可説、慕窈姚而霊泉、願永思而母絶。

　【内帯】清沮銅華衣服観容〔貌〕、絲維雑遝以為信、請〔光〕平〔成〕宜佳人。（番号11）

⑨【外帯】内清質以昭明、光輝象夫日月、心忽揚而願忠、然壅塞而不泄。【内帯】見日之光、長母相忘。(番号12)

⑩見日之光、天下大明。(番号13)

　まず前漢鏡14事例中10事例に銘文がある。①の意味は鏡に映る自己の画像と自己との相思の関係は忘れることのないように、千年万年、長く未だ央きないことを楽う。鏡に映る自己の顔の永遠を願う。まことに鏡文明の不思議を述べたものである。次には②に鏡が「日（太陽）の光を現す。長く相い忘るなかれ」とある。これは⑤に「潔く清白而事君」とか、⑦⑧に「清く精白而事君」とか清白、精白のいずれも日の光に準える鏡の光沢の表現となる。それで君に潔白なお仕えをするというのである。そうなれば、⑩の天下太平が保てるし、家は常に富貴なりとなろう。なお、④⑥⑦⑨は日に月も加えられた。日月の光に鏡の光が匹敵するというのである。なお、⑥⑦⑧⑨は銘文が内帯外帯の二重の帯のぐるりと時計と右廻り、時計回りに配されている。読み方は外帯から内帯へである。以上の銘文中で④の番号7の銘文が一番複雑である。

　　日に憙び、月に富み有り。事なきを楽い、常に意を得る。美人会し、竽瑟もて侍り、商市は程（基準、のり）となり、万物は平らか。老人は復た丁（成人青年）、死者も復た生きる。

　鏡及び鏡の光が日の長寿、月の富貴のごとき万物の元気の素、再生の要素を期待する願望が込められている。いずれにしても以上の銘文は前漢代の政治や社会の状況をよく示すものである。

〔2〕前漢〜後漢時代（1世紀）、番号15、22〜24、20

　　複線波紋縁・連弧紋鏡、素紋縁・線彫式獣帯鏡（四乳）、複線波紋縁・線彫式獣帯鏡（四乳）、銘帯縁・線彫式獣帯鏡（七乳）、流雲紋縁・方格規矩・四神鏡

　縁の文様は簡単な素紋縁にやや複雑な複線波紋縁となる。前漢時代にも見られた連弧紋は残るが、四乳・七乳の付く後漢時代的な獣帯鏡となる。ただその獣形は簡単な線彫式である。番号20の流雲紋縁・方格規矩・四神鏡は紋様は前漢以来の古式であるが、銘文が新しい。なお、青龍・朱雀・白虎・玄武の四神鏡の事例は五島美術館所蔵守屋孝蔵コレクション漢唐古鏡では後述のごとく2世紀の後漢鏡に数例がある。次にこの時期の銘文は以下の通りである。

①居摂元年自有真、家当大富、羅常有陳、□之治吏為貴人、夫妻相喜日益親善。(番号15)

②③長宜子孫。(番号22・23)

④維鏡之旧生兮質〔剛〕堅、処手名山侯工人、涷取精〔華〕〔光〕耀寿運、升高宜全運〔近〕〔親〕、〔昭〕兆煥兮見躬身、永保母□□□□□□兮子孫。(番号24)

⑤尚方作竟（鏡）真大好、上有仙人不知老、渇玉泉飢食棗、浮游天下敖四海、寿如金石為天保。(番号20)

①は五島美術館所蔵守屋孝蔵コレクション漢唐古鏡の内、紀年銘鏡の最も早期のもので、前漢末最末期の居摂元年（ＡＤ６年）の紀年がある。大正13年（1924）に日本の考古学者によって発掘された朝鮮平壌府（現、平壌市石巌里）の楽浪郡古墓出土によるもので、現在最古の紀年鏡とされる。釈読は梅原氏による[4]。内側紋様から内行花紋鏡とも呼ばれる。この鏡は、「自ら真影があり、家は大いに富むべく、買い入れた穀物は蔵に積まれ、□の官吏は皆位が高くなり、夫妻は相喜び日々益々親善となる。」という。鏡による家運向上、家内安全は先の〔１〕前漢時代の③「家常富貴」や④「日有憙、月有富、楽母事、常得意」と共通する。こうした鏡の効験は後漢時代の主流となる考え方であることが以下で分かる。なお、居摂元年は外戚王莽がいよいよ漢を奪って新王朝を樹立する前夜である。次の②③の「長く子孫に宜しい」とは長く子や孫に宜いことがあるだろうの意味である。その趣旨は④に具体的に示される。これらは鏡が子孫繁栄を願うという意味は無理である。中国では子孫は子と孫であって日本でいう子孫の意味にはならない。⑤は尚方、すなわち漢代少府の属官で天子の御物を製造した。したがって⑤の鏡は尚方の作る鏡、すなわち宮中工廠で製造された。真に大いに好い。上に仙人が有り老を知らず、渇えたら玉泉を飲み、飢えたら棗を食する。浮んで天下に游び四海にひろがり、寿は金石の如く天保を為す。この鏡によって不老不死と自由闊達が得られる。ただ、それはそのように素晴らしい鏡だという。決して鏡によって不老不死の仙人になれることが期待されているのではない。ただ、不老不死の仙人の加護があることは鏡の効能であろう。

〔３〕後漢時代、番号16〜19、25、36〜38、42、40、26、28〜31、42、62、66

　　　雲電連弧紋鏡、連弧紋鏡、葉紋縁・線彫式獣帯鏡（八乳）、獣首鏡、環状乳系神獣鏡、方格銘四獣鏡、流雲紋縁・線彫式獣帯鏡（七乳）、龍雲紋縁・線彫式獣帯鏡（六乳）、獣紋縁・浮彫式獣帯鏡（七乳）、獣紋縁・浮彫式獣帯鏡（六乳）、画紋帯・環状乳神獣鏡、画像線龍虎鏡（二頭式）、龍虎（盤龍）紋鈕座・線彫式獣帯（七乳）鏡

紋縁も帯紋も複雑に発達し、極めて多様な形式紋様の鏡が製造されるようになった。連弧紋鏡や雲電連弧紋鏡など比較的簡単な前漢鏡以来の伝統的紋様は残るが、主流は獣首鏡、獣帯鏡となり、獣や神獣が描かれるようになった。龍も龍らしい威厳を持った本格的な龍となった。葉紋縁・流雲紋縁・獣紋縁・鋸歯紋複線波紋縁など各種の縁模様、あるいは、環状乳系・画紋帯・龍虎（盤龍）紋鈕座などの帯や鈕座に龍虎等獣の装飾を施し、線彫式と浮彫式に大別され、六乳・七乳・八乳の星状円突起を配した獣帯が多い。龍虎が多くなるが、これは日月と同様に陰陽を表現したものである。なお、神獣鏡は番号41の後漢霊帝熹平二年（173）の環状乳系神獣鏡と番号42の時期不詳銘文無しの画紋帯・環状乳神獣鏡の二事例のみである。後漢も後期になって、むしろ末期に近い時期のものである。次にこの時期の銘文は以下の通りである。

　①②⑤長宜子孫。（番号16、17、25）

　③長宜子孫、寿如金石、累世未央。（番号18）

④長宜高官（番号19）

⑥永寿二年正月□□□□□□□作尚方明□竟（鏡）□□□□長王□□□□□□□□□。（番号36）

⑦延熹九年正月丙午、作竟（鏡）自有〔方〕〔青〕龍白虎侍左右、□者長命宜孫子、伝□□□□□吉兮、君宜高官。（番号37）

⑧建寧二年正月廿七日丙午、三羊（祥）作明鏡自有方、白同清明後多光、買者大利家富昌、十男五女為侯王、父媼相守寿命長、居一世間楽未央、宜侯王楽未央、□□□長宜官、宜侯王、師命長。（番号38）

⑨熹平二年正月丙午、吾造作尚方明竟（鏡）兮、幽涑三商、州刻無亞、世得光明、買人大富貴、長宜子孫延年兮、吾作明竟（鏡）自有方、白同清明兮。（番号41）

⑩中平六年正月丙午日、吾作明竟（鏡）、幽涑三羊（祥）自有已、除去不羊（祥）宜孫子、東王公西王母、仙人玉女大神道、長吏買竟（鏡）位至三公、古（賈）人買竟（鏡）百倍田家、大吉天日月、吾作明竟（鏡）、幽涑三羊（祥）、天王日月、位至三公。（番号40）

⑪角王臣虚、辟不羊（祥）、長生貴富、宜侯王、昭爵玄武、利陰陽、七子九孫治中央、法象不比如日月光、千秋万歳、長楽未央、宜子孫。（番号26）

⑫尚方竟（鏡）真、〔二〕□山（仙）人不夫、宜子孫。（番号28）

⑬呂氏作竟（鏡）、□自明上下黒、天有大光史□、服之寿命長、八子九孫君中央、維鏡□奴更千人、宜弟兄、宜孫子。（番号29）

⑭作竟（鏡）真大工、□亥□□人、宜子孫。（番号30）

⑮龍氏作竟（鏡）、宜侯王、家当大富興未央、子孫備見居中、長保二親世昌、□□高河。（番号31）

⑯李氏作竟（鏡）、誠清明、服富貴、寿命長、左龍右虎、并雨□朱蜀（鳥）玄武、〔順〕陰陽□子来□□□□、子系（孫）□息、楽未央。（番号62）

⑰青蓋作竟（鏡）大母傷、左龍右虎辟不羊（祥）、朱鳥（雀）玄武順陰陽、長保二親楽富昌、寿敵金石、如侯王。（番号66）

①②④⑤の「長宜子孫」は短文ながら、意味内容は意外と難しい。長く子孫に宜しいというのが長く子や孫が持っていてよいものだという意味か、この鏡を持っていれば長く子孫は安泰であるか、いずれか即断できないからである。④の「長宜高官」も長く高官に宜しいという意味の内容が特定できない。なお、①②⑤の長宜子孫は③の「長宜子孫、寿如金石、累世未央」の略文であろう。ただ、ここの寿が不老長寿の寿、鏡の持ち主が不老長寿になるという期待は込められる。鏡自体が金石のように寿、永遠の命を持つ、長寿で長持ちするという意味もあろう。⑥以下は多く紀年鏡で比較的長文であるが、それを要略すれば、①②④⑤の「長宜子孫」か④の「長宜高官」となる。⑥の永寿二年正月は後漢桓帝の年号で156年、先の〔2〕の1世紀の鏡とされる番号20と共通し、尚方の作という。判読不可能の字が多いが、「長王□」は「長王侯」、すなわち長く王侯に宜しいの意味であろ

第十六章　三角縁神獣鏡の出現　703

う。⑫の「尚方竟真、〔二〕□山人不夫、宜子孫。」も尚方の鏡が書された番号20に近く、かつ長宜子孫タイプの銘文である。⑭の「作竟（鏡）真大工、□亥□□人、宜子孫。」も冒頭に尚方が記されないが、以下は長宜子孫タイプの銘文である。

　さて、⑦の桓帝延熹九年（166）正月丙午の鏡は作者名は無いが、鏡の作り方が銘文に刻まれている。青龍白虎が左右に侍すという龍虎鏡であるが、四神の二を現わしたもので、左右すなわち東西に龍虎を配したのであり、陰陽の順を示す紋様である。「□者は長命にして孫子に宜しく、□□に伝えよ」とあるが、頭の欠字は⑧⑨⑩などから買の一字である。買う者は長寿、子孫に宜しいという。子孫が孫子と逆に記されるのは鏡に逆に写るからである。日月も本当は月日、これでないと陰陽にならない。最後に「君は宜しく高官なるべし」という立身出世を予祝する。「長宜高官」、「位至三公」と同趣向の文句である。したがって、⑦の鏡は「長宜子孫」と「長宜高官」の両者を兼ねたタイプであり、しかも鏡を買った者に及ぼす鏡の効能を語る。鏡作者、ないし鏡販売者の口上である。

　⑧は後漢霊帝建寧二年（169）正月廿七日丙午の鏡であるが、梅原末治博士によれば、この年の正月廿七日は朔癸卯であるから四日が丙午で廿七日は丙午とならない。鋳造の吉辰とする。彼の石上神宮七支刀の表冒頭も「泰□四年五月十六日丙午正陽」と同じである。ただ、こちらは刀であるから、一年で一番太陽が近くに来る五月十六日の丙午、ひのえうま、火の激しいときの太陽が南中した正午に鍛造した七支刀は最も利となる(5)が、鏡も鋳造が高い温度で行えば、輝きの優れた良い鏡が製造できるというのであろうか。丙午の日付は先の⑦、以下の⑨⑩にも見える。次に三羊（祥）は三商と書かれることも多い。「幽凍三商」という。幽凍三商の三商は「日入三商」といい、日没後の三刻で約四十五分、次第に暗くなるがまだ明るい時間である。この時期は婚礼にとって重要な時である。「和合三陽」等に類した吉祥句である。いずれにしても、三商＝三祥時に明鏡を作り、白明なること清明後光多きに同じく、買者大いに家の富昌を利し、十男五女にて侯王と為り、老父母は相い寿命の長を守り、一世間に居し楽は未だつきず、宜しく侯王なるべく楽は未だつきず。明らかに⑧は⑦をさらに詳細にした文句である。

　⑨は後漢霊帝熹平二年（173）正月丙午に、吾れ尚方の明鏡を造作せり、幽凍三商、州刻亟らく無く、世に光明を得、買人は大いに富貴、長く子孫の延年に宜しく、吾れ作れる明鏡は自ら方有り、白きこと清明に同じきとあり、これも⑦⑧と同じ内容である。

　⑩は後漢霊帝中平六年（189）正月丙午日に、「吾れ明鏡を作り、幽凍三祥自ら已に有り、不祥を除去し孫子、すなわち子孫に宜しく、東王公西王母、仙人玉女大神道、長吏の鏡を買うもの位は三公に至り、賈人の鏡を買うこと田家に百倍す、大吉天日月、吾れ明鏡を作り、幽凍三祥、天王日月、位は三公に至る。」と以上の文句も⑦⑧⑨と同趣向である。東王公西王母や仙人玉女大神道の神仙の具体的名称が五島美術館所蔵守屋孝蔵コレクション漢唐古鏡において始めて見られた。その後の天王日月、位は三公に至るも注意すべき文句である。天王は北極星、それと日月、すなわち三光と言えよう。それが鏡の明すなわちよ

く輝き光を発することに表現される。
　⑪⑬⑮⑯⑰は紀年は見られないが、いずれも2世紀の後漢鏡で銘文は極めて似通っている。この内、⑬呂氏、⑮龍氏、⑯李氏は鏡製造工匠の姓を記す。あるいは⑪角王臣虚、⑰青蓋作鏡も作者名を示しているのかも知れない。いずれにしてもこれらの鏡は作者が入魂して作造した自慢の鏡で、買って持ち大事にすれば、不老長寿、子孫繁栄、富貴、位は王侯に至るという吉祥があること間違いない。なお⑯の李氏の作鏡には左龍右虎の順、朱鳥玄武と並んで陰陽が調和することが語られ、また⑰の青蓋作鏡は左龍右虎で不祥を辟け、朱鳥玄武で陰陽に順じ、長く二親を保ち富昌を楽しむ。寿は金石に匹敵し、位は侯王の如しとは先に③の「長宜子孫、寿如金石、累世未央」に見たのと同じである。以上について結論すれば、漢式鏡の銘文は後漢の2世紀に最も発展した文体になったと言える。

〔4〕後漢～三国時代（2～3世紀）、番号69、63、64、68、46、47、32～35
　　神人車馬画像鏡（四乳）、鋸歯紋複線波紋縁・龍虎鏡（三頭式）、方形鈕座・神人馬龍画像鏡（四乳）、重列式神獣鏡、鋸歯紋複線波紋縁・羽人獣帯鏡（四乳）、鋸歯紋縁・獣帯鏡（六乳）、鋸歯紋縁・獣帯鏡（五乳）、鋸歯紋複線波紋縁・浮彫式獣帯鏡（四乳）

　この時期の紋様は神人車馬画像鏡や神人馬龍画像鏡などの画像鏡、鋸歯紋複線波紋縁・龍虎鏡、鋸歯紋複線波紋縁・羽人獣帯鏡、鋸歯紋縁・獣帯鏡、鋸歯紋複線波紋縁・浮彫式獣帯鏡などの各種獣帯鏡、それと重列式神獣鏡となる。漢式鏡の紋様として最も複雑に発展した紋様と言える。羽人は神ないし仙人で、神仙である。重列式神獣鏡は神獣紋様が最高度に発達したものであることが分かる。黄巾の乱後、外戚・宦官の権力闘争による政治の混乱、外には羌族との大戦争[6]は一代の梟雄董卓の宦官殲滅となり、後漢名族の人心不安を極限まで追いつめた。頼るは神仙思想、それもせいぜい鏡の中だけであった。以上の紋様中に鋸歯紋複線波紋縁の三頭式龍虎鏡がある。この鋸歯紋龍虎鏡が後述のごとく三角縁神獣鏡に直接繋がる紋様であることは明白である。特に鋸歯紋と三角縁は極めて類似している。

次にこの時期の銘文は以下の通りである。
　①王氏作竟（鏡）佳且好、明而日月世少有、刻治今守悉皆在大吉羊（祥）矣。（番号69）
　②張氏作竟（鏡）四夷服、多賀国家人民息、〔胡〕虜殄滅天下復、〔風〕雨時節五穀飢、長保〔二親〕得天力、伝告后世、楽無亟。（番号63）
　③□□作竟（鏡）、自有辟去不羊（祥）□□□、□□□□宜孫子、〔寿〕如金石、不□□、□□□□□□□。（番号64）
　④東王公西王母。（番号68）
　⑤吾作明竟（鏡）、幽涷宮（三）商、周羅容象、五帝天（三）皇、白（伯）牙□□、□□□□、□□、朱雀玄武白虎青龍、君高官位、子孫番昌、建安十年示（朱）氏□羊（祥）、君宜官、君宜官。（番号46）
　⑥〔主銘〕吾作明竟（鏡）、幽涷宮（三）商、周羅容象、五帝三皇、白（伯）牙単琴、黄

第十六章　三角縁神獣鏡の出現　705

帝除兇、白牙、朱鳥（雀）玄武、白虎青□、建安十年五月六日作、宜子孫、大吉羊（祥）〔副銘〕君宜官、君宜官。（番号47）

⑦三羊（祥）作竟（鏡）真大好、上有山（仙）人不知老、大吉兮。（番号32）

⑧〔上〕方作竟（鏡）□大好、青龍白□（以下欠）。（番号33）

⑨〔袁〕氏作竟（鏡）世少有、辟在不羊（祥）、長保系（孫）子上。（番号34）

⑩袁乍氏竟（鏡）大巧、三（青）龍在左、白虎在右、山（仙）人子□三三。（番号35）

①②③⑨⑩は冒頭に作者氏名がつく。前掲〔3〕後漢時代（2世紀）の番号29の⑬呂氏、同31の⑮龍氏、同62の⑯李氏がそれぞれ鏡製造工匠の姓を記したのと同様である。

ただし、文体や紋様は共通しない。①は〔1〕前漢時代の②④⑦⑨⑩のいう「鏡が日ないし日月の光を象る」という文意の系譜であろう。③と⑨は「鏡は不祥を辟き、子孫に宜しい」、という文意で〔3〕後漢時代（2世紀）の⑪⑰に繋がる。④は神仙の二尊の名を示す。〔3〕の⑩と同じ。意外と数少ない事例である。⑦は前掲〔2〕前漢～後漢時代（1世紀）の番号20に共通して「作鏡真大好、上有仙人不知老、大吉兮」の句がある。⑤⑥は五帝三皇の星辰神や伯牙などの仙人、青龍・白虎・朱雀・玄武の四神を挙げる、ほぼ同文である。なお、二鏡とも後漢献帝建安十年（205）の紀年がある。⑧⑩は左右に青龍白虎のみ、これは龍虎鏡への流れに関係するか。いずれにしても、〔3〕後漢時代（2世紀）の⑦⑯⑰に繋がる。以上の内で②は紋様が①と全く共通し、作者も同じと推定されるが、異質の文章である。②の張氏作鏡では「四夷服、多く国家を賀し人民息い、胡虜殄滅し天下復す」の文句があるが、桓帝霊帝期以降の羌族や烏桓・鮮卑との戦争を想定しているのであろう。ただ、これらの鏡は次の時代の三国時代には江南の呉鏡に繋がるとすれば、後漢末建安期の魏曹操を鎮圧する意向を示したものか。あるいは⑱の鏡は3世紀の後漢末から三国（呉）時代に降るかも知れない。

〔5〕三国時代（3世紀）、番号52、48～50、53、45、54、39、51、21、55、43、44、59、65、67、70

対置式神獣鏡、重列式神獣鏡、環状乳系神獣鏡、獣首鏡、円圏変形規矩鏡、画紋帯・環状乳系神獣鏡、三角縁回向式神獣鏡、鋸歯紋波紋縁・龍虎鏡、盤龍紋鈕座・画像帯鏡（六乳）、神人龍鹿画像鏡（四乳）

対置式・重列式の両種を中心とし、環状乳系、さらに三角縁回向式、及び神人龍鹿画像鏡などの神獣鏡が多い。ただ獣首鏡や龍虎鏡、画像帯鏡などには神人が入らない、獣のみの鏡も割合に多い。特に三国後期は龍虎鏡の割合が多くなる。龍虎鏡は陰陽の順の表現とされる。その点で対置式・重列式の両種神獣鏡が漢式鏡紋様の頂点を為すとすれば、三角縁神獣鏡は特殊な位置にある。次にこの時期の銘文は以下の通りである。

①黄武七年七月丙午朔七日甲子、紀主治時、大師陳世巌作明鏡、服者立（位）至（三）公。（番号52）

②黄龍元年太歳、在己酉七月壬子〔朔〕十三日甲子、師陳世造〔作〕□清明竟（鏡）、

706　第三部　日本における出土鏡及び博物館美術館所蔵鏡の研究

其有服者令久富貴、宜□□□。(番号48)

③嘉禾四年二月□、作吾明竟（鏡）、服者万年延年子孫、仙意宜用之具、□□□□朱鳥玄武。(番号49)

④嘉禾四年九月午日、安楽造作□□五帝明竟（鏡）、服者大吉、宜用者〔万〕〔年〕、延年□□□□。(番号50)

⑤赤烏元年五月廿日、造作明〔竟〕、百錬清銅、服者君卿、長薬未英、造鏡先師、名為周公、日月天王之□。(番号53)

⑥正始五年作。(番号45)

⑦永安元年十月四日、造作明竟（鏡）、百凍清銅、服者□宜（下欠）。(番号54)

⑧甘露四年五月十日、右尚方師作竟（鏡）、青且明、位至三公、〔君〕宜高官、保子宜孫。(番号39)

⑨永安四年太歳己巳五月十五日庚午、造作明竟（鏡）、幽凍三商、上応列宿、下辟不祥、服者高貴、位至三公、女宜夫人、子孫満堂、□宜遮道、六畜潘傷、楽禾。(番号51)

⑩景元四年八月七日、右尚方工作立、君宜高官。(番号21)

⑪永安六年正月七日、□□□□百凍清銅、服者老寿宜公卿、楽未英、天王日月、天王日月。(番号55)

⑫吾作明竟（鏡）、幽凍三剛（商）、配像卅（世）疆、統徳序道、敬奉臣良、周刻無祉、百（白＝伯）牙作楽、衆事主陽、世作光明、立（位）至三公、生如山石、其師命長。(番号43)

⑬⑭天王日月。(番号43)(番号59)

⑮〔巧〕工作竟（鏡）大母傷、□虎辟□居□□、詔□竟（鏡）寿命長、富貴昌楽□□、寿如金石、(以下欠失)。(番号65)

⑯吾作竟（鏡）□□…………有□□……東王〔父〕西王母、今人長命□孫子、(以下欠？)。(番号67)

⑰李氏作竟（鏡）、誠清明、服富貴、寿命長、左龍右虎、并雨□朱蜀（鳥）玄武、〔順〕陰陽、□子来□□□□、子系（孫）□息、楽未央。(番号70)

①から⑪の11鏡は紀年鏡である。①は呉・黄武七年（228）、②は呉・黄龍元年（229）、③④は呉・嘉禾四年（235）、⑤は呉赤烏元年（238）、⑥は魏・正始五年（244）、⑦は呉・永安元年（258）、⑧は魏・甘露四年（259）、⑨は呉・永安四年（261）、⑩は魏・景元四年（263）、⑪は呉・永安六年（263）である。年号から区別すれば、三国の内、呉は８鏡、魏は３鏡である。魏鏡の内で⑧の甘露四年五月十日が「右尚方師作鏡」とあり、⑩の景元四年八月七日が「右尚方工作立」とあり、いずれも国家政府の少府属官の尚方の製造になることを記す。他の呉鏡で全く少府属官尚方のことを書さないのは注目に値いする。呉の方は民間業者が作ったのかも知れない。それにもう一点注目されるのは①に「服者位至三公」(番号52)、②に「有服者令久富貴」(番号48)、③に「服者万年延年子孫」(番号49)、④に

「服者大吉、宜用者万年、延年」（番号50）、⑤に「服者君卿、長薬未英、造鏡先師、名為周公、日月天王之□」（番号53）、⑦に「服者□宜（下欠）」（番号54）、⑨に「服者高貴、位至三公、女宜夫人、子孫満堂」（番号51）、⑪に「服者老寿宜公卿、楽未英、天王日月、天王日月」（番号55）、⑰に「服富貴、寿命長、左龍右虎、并雨□朱鳥玄武、順陰陽、□子来□□□□、子孫□息、楽未央」（番号70）と多くの鏡にこの鏡を服す、つまり服飾として身に帯すると、位至三公のように立身出世ができる、富貴になる、万年延年つまり不老長寿になる、子孫満堂、子孫繁栄するといった効能に与るといううたい文句が見られるのである。鏡を商品化する宣伝文句である。なお、以上の三国時代の銘文については別に新傾向はない。

　ところでここで重要なことがある。実は魏三鏡を含めて番号59の三角縁回向式神獣鏡を除けば、他は全部呉の鏡であり、これは白銅鏡と呼ばれる鏡である。大きさも、番号67の21.4cmを例外として、総て13.14cmくらいの小型の鏡である。鏡の大小については節を改めよう。なお、本章は三国魏の三角縁神獣鏡の出現についてのデータ分析が当面の課題であるので、晋六朝、隋唐時代の鏡の紋様や銘文の検討は今後に譲りたい。

第三節　五島美術館所蔵守屋孝蔵コレクション漢唐古鏡の寸法・徑数順リスト

　【表16―1】を寸法・徑数の順に並べ替えてみよう。これを【表16―3】五島美術館所蔵守屋孝蔵コレクション漢唐古鏡寸法・徑数順リストとする。

【表16―3】　五島美術館蔵守屋孝蔵コレクション漢唐古鏡寸法・徑数順リスト

番号	文化財	名称	寸法（徑・cm）	重・g	時代	紀年	西暦	世紀	銘文	様式・備考
81	重文	迦陵頻伽紋葵花形鏡	29.6		唐			8		
80	重美	四禽啄果・瑞花紋葵花形鏡	27.7		唐			8		
16		雲雷連弧紋鏡	27.5		後漢			1～2	長宜子孫。	
82		団華紋葵花形鏡	27.3		唐			8		
77	重美	〔貼銀鍍金〕双鳳狻猊天馬紋菱花形鏡	25.9		唐			8		
72		十二支紋帯八狻猊鏡	24.8		隋～初唐			6～7	永華月浄菱花発鑑。	
59		三角縁回向式神獣鏡	23.2		三国			3	天王日月。	京都府椿井大塚山古墳出土鏡。同范は岡山県車塚古墳出土鏡、静岡県平川大塚古墳出土鏡。
69	重美	神人車馬画像鏡（四乳）	23.0		後漢			2～3	王氏作竟佳且好、明而日月世少有、刻治今守悉皆在大吉羊矣。	伝中国浙江省紹興出土。
17		雲雷連弧紋鏡	22.6		後漢			1～2	長宜子孫。	
58	重文	画紋帯仏ｊ獣鏡	22.1		晋			3～4	……□□位至三公九卿、侯相天王□□……	千葉県木更津市祇園鶴巻塚古墳出土（東京国立博物館蔵）
79	重美	双鳳銜綬・瑞花紋葵花形鏡	22.1		唐			8		
73	重美	「明逾満月」銘方格	21.9		唐	永徽1	650	7	永徽元年、明逾満月、玉潤	

		四神鏡　永徽元年銘					珠円、鵞鷺暈後、舞鳳台前、生菝上壁、倒井澄蓮、清神鑑物、代代流位。	
60		三角縁三神三獣鏡	21.8		古墳時代		4		伝三重県松阪市久保古墳出土、日本製。仏像の可能性。座像、手印。
67	重美	盤龍紋鈕座画像帯鏡（六乳）	21.4		三国呉		3	吾作竟□□……有□□……東王〔父〕西王母、今人長命□孫子、（以下欠？）。	伝奈良県旧帯解村古墳出土鏡。
26		流雲紋縁線彫式獣帯鏡（七乳）	21.2		後漢		2	角王臣虚、辟不羊、長生貴富、宜侯王、昭爵玄武、利陰陽、七子九孫治中央、法象不比如日月光、千秋万歳、長楽未央、宜子孫。	
1	重美	「結心相思」銘草葉紋鏡	20.9		前漢		前2	結心相思、幸母見忘、千秋万歳、長楽未央。	
24	重美	銘帯縁線彫式獣帯鏡（七乳）	20.8		前〜後漢		1	維鏡之旧生兮質〔剛〕堅、処手名山俟工人、凍取精〔華〕〔光〕耀寿運、升高宜全運〔近〕〔親〕、〔昭〕兆煥兮見躬身、永保母□□□□□□分子孫。	
71	重美	神人龍虎画像鏡（四乳）	20.7		六朝前期		3〜4	王氏作竟佳且好、明而日月世之保、服此竟者不知老、寿而東王公西王母、山人子高赤松、長保二親宜子孫。	伝京都府京都市松尾鏡塚出土。同笵は岡山県築山古墳出土鏡、奈良県上井足古墳出土鏡。
27	重文	〔鍍金〕鋸歯紋複線波紋縁線彫式獣帯鏡（七乳）	20.3		六朝前期		3〜4	尚方作竟大母傷、巧工刻之成文章、左龍右虎辟不羊、朱鳥玄武順陰陽、子孫備具居中央、長保二親楽富昌、寿敞金石如侯王、青蓋為志何巨央。	岐阜県揖斐郡大野町城塚古墳出土。全面に鍍金した珍鏡。漢時代の鏡を六朝期に仿制した鏡。内側に七体の禽獣を線彫りで描く。
29	重美	龍雲紋縁浮彫式獣帯鏡（六乳）	20.0		後漢		2	呂氏作竟、□自明上下黒、天有大光史□、服之寿命長、八子九孫君中央、維鏡□奴更千人、宜弟兄、宜孫子。	
38	重美	獣首鏡　建寧二年正月廿七丙午銘	19.8	813.0	後漢	建寧2	169	2	建寧二年正月廿七日丙午、三羊作竟明鏡自有方、白同清明後多光、買者大利家富昌、十男五女為侯王、父嫗相守寿命長、居一世間楽未央、宜侯王楽未央、□□□長宜官、宜侯王、師命長。	典型的な紋様を持つ獣首鏡。建寧は後漢霊帝の年号、干支丙午は当日ではなく、鋳造の吉辰を示す。
70	重美	神人龍鹿画像鏡（四乳）	19.0		三国		3	李氏作竟、誠清明、服富貴、寿命長、左龍右虎、并雨□朱蜀（鳥）玄武、〔順〕陰陽、□子来□□□□、子系□息、楽未央。	
5		星雲紋鏡	18.8		前漢		前2		百乳鏡・前漢中期盛行
68		方形鈕座神人馬龍画像鏡（四乳）	18.8		後漢〜三国（呉）		2〜3	東王公西王母。	
68		方形鈕座神人馬龍画像鏡（四乳）	18.8		後漢〜三国（呉）		2〜3	東王公西王母。	
25		葉紋縁線彫式獣帯鏡（八乳）	18.7		後漢		2	長宜孫。	
66		龍虎（盤龍）紋鈕座線彫式獣帯鏡（七乳）	18.5		後漢		2	青蓋作竟大母傷、左龍右虎辟不羊、朱鳥玄武順陰陽、長保二親楽富昌、寿敞金石、如侯王。	

第十六章 三角縁神獣鏡の出現

18		雲雷連弧紋鏡	18.45		後漢		1～2	長宜子孫、寿如金石、累世未央。	
23		複線波紋縁線彫式獣帯鏡（四乳）	18.4		前～後漢		1	長宜子孫。	
36	重美	獣首鏡　永寿二年正月銘	18.1	963.3	後漢	永寿2	156	2	永寿二年正月□□□□□□作尚方明□竟□□□□長王□□□□□□□。	
9	重美	重圏「精白・昭明」鏡	17.8		前漢		前1	【外帯】絜精白而事君、怨沉驩之弇明、煥玄錫之流沢、恐〔疎〕遠而日忘、懐糜美之窮皚、外承驩之可説、慕窖姚 而霊泉、願永思而毋絶。【内帯】内請賈以昭明、光輝象夫日月、心忽揚而願〔忠〕、然壅塞而不泄。	
10		重圏「清白・昭明」鏡	17.68		前漢		前1	【外帯】絜清白而事君、志沉之弇明、玄錫之流沢、恐疎而日忘、美□、外承可□、慕窖姚　霊泉而毋絶。【内帯】内清之以昭明、光之象夫日月、心忽揚而忠、壅塞而毋泄。	
74		「練形神治」銘狻猊鏡	17.6		唐		7	練形神治、塋質良工、如珠出匣、似月停空、当眉写翠、封験□□、□□□愰、倶含影中。	
57	重美	対置式神獣鏡　太康三年二月廿日銘	17.3	663.3	西晋	太康3	282	3	太康三年歳壬寅二月廿日、吾作竟、幽涷三商、四夷服、多賀国家人民息、胡虜殄戚天下復、雨□時節五穀孰、太平長楽、吾作明竟、三商〔以下欠〕。	
28		流雲紋縁浮彫式獣帯鏡（七乳）	17.0		後漢		2	尚方竟真、〔二〕□山人不夫、宜子孫。	
30		獣紋縁浮彫式獣帯鏡（七乳）	16.8		後漢		2	作竟真大工、□亥□□人、宜子孫。	
22		素紋縁線彫式獣帯鏡（四乳）	16.6		前漢晩期		1	長宜子孫。	
31		獣紋縁浮彫式獣帯鏡（六乳）	16.6		後漢		2	龍氏作竟、宜侯王、家当大富興未央、子孫備見居中、長保二親世昌、□□高河。	
2		蟠螭鈕"方格規矩"草葉紋鏡	16.5		前漢		前2	見日之光、長毋相忘。	
6		連弧紋縁「家常富貴」鏡	16.3		前漢		前2	家常富貴。	同范鏡は陝西西安出土。
42		画紋帯環状乳神獣鏡	16.2		後漢		2		
3		"方格規矩"鷹龍紋鏡	15.9		前漢		前2～1		
40	重美	方格銘四獣鏡　中平六年正月丙午日銘	15.9	673.9	後漢	中平6	189	2	中平六年正月丙午日、吾作明鏡、幽涷三羊自有已、除去不羊宜孫子、東王公西王母、仙人玉女大神道、長吏買竟位至三公、古人買百倍田家、大吉天日月、吾作明竟、幽涷三羊、天王日月、位至三公。	
43		画紋帯環状乳神獣鏡	15.9		三国		3	吾作明竟、幽涷三商、配像卅疆、統徳序道、敬奉臣良、周刻無祉、百牙作楽、衆事主陽、世作光明、立至三公、生如山石、其師命長。	
7		連弧紋「日有喜」鏡	15.8		前漢		前1	日有熹、月有富、楽母事、常得意、美人会、芋瑟侍、商市程、万物平、老復丁、死復生。	同じ鏡が福岡県飯塚市立岩堀田10号甕棺墓出土。

44	重美	画紋帯環状乳神獣鏡	15.4		三国(呉)			3	天王日月。	
76		双鳳銜綬・瑞花鏡	15.2		唐			8		
35		鋸歯紋複線波紋縁浮彫式獣帯鏡（四乳）	15.1		後漢～三国			3	袁乍氏竟大巧、三龍在左、白虎在右、山人子□三三。	
35		鋸歯紋複線波紋縁浮彫式獣帯鏡（四乳）	15.1		後漢～三国			3	袁乍氏竟大巧、三龍在左、白虎在右、山人子□三三。	
51	重美	重列式神獣鏡　永安四年五月十五日銘	14.9	490.2	三国呉	永安4	261	3	永安四年太歳己巳五月十五日丙午、造作明竟、幽涷三商、上応列宿、下辟不祥、服者高貴、位至三公、女宜夫人、子孫満堂、□宜遮道、六畜潘傷、楽禾。	同笵鏡はアメリカボストン美術館蔵。
54	重美	対置式神獣鏡　永安元年十月四日銘	14.7	450.8	三国呉	永安1	258	3	永安元年十月四日、造作明竟、百涷清銅、服者□宜（下欠）。	
37	重美	獣首鏡　延熹九年正月丙午日銘	14.6	293.3	後漢	延熹9	166	2	延熹九年正月丙午、作竟自有〔方〕〔青〕龍白虎侍左右、□者長命宜孫子、伝□□□□吉兮、君宜高官。	
33		鋸歯紋縁獣帯鏡（六乳）	14.6		後漢～三国			3	〔上〕方作竟□大好、青龍白□（以下欠）。	
33		鋸歯紋縁獣帯鏡（六乳）	14.6		後漢～三国			3	〔上〕方作竟□大好、青龍白□（以下欠）。	
34		鋸歯紋縁獣帯鏡（五乳）	14.5		後漢～三国			3	〔袁〕氏作竟世少有、辟在不羊、長保系子上。	
56	重美	対置式神獣鏡　太康二年三月九日銘	14.5	412.5	西晋	太康2	281	3	太康二年三月九日、呉郡〔工〕清〔羊〕造〔作〕之鏡、東王公西王母、〔此〕〔里〕人豪貴、士患高遷、三公丞相九卿。	中国浙江省金華地区文物管理委員会蔵鏡と同笵関係。
34		鋸歯紋縁獣帯鏡（五乳）	14.5		後漢～三国			3	〔袁〕氏作竟世少有、辟在不羊、長保系子上。	
8		連弧紋「清白」鏡	14.35		前漢			前1	絜清白而事君、志驩之合明、玄錫之流沢、疎遠而日忘、美□、外承□莫壹毋絶。	同じ鏡が福岡県飯塚市立岩堀田35号甕棺墓出土。
62		画像線龍虎鏡（二頭式）	14.3		後漢			2	李氏作竟、誠清明、位富貴、寿命長、左龍右虎、并雨朱蜀（鳥）玄武、〔順〕陰陽、□子来□□□□、子系（孫）□息、楽未央。	龍虎相対するは陰陽調和の思想。長江流域で作られた。
20		流雲紋縁"方格規矩"四神鏡	14.2		後漢			1	尚方作竟真大好、上有仙人不知老、渇玉泉飢食棗、浮游天下敖四海、寿如金石為天保。	
63		鋸歯紋複線波紋縁龍虎鏡（三頭式）	14.0		後漢			2	張氏作竟四夷服、多賀国家人民息、〔胡〕虜殄滅天下復、〔風〕雨時節五穀飢、長保〔二親〕得天力、伝告后世楽無亟。	
21	重美	円圏変形規矩鏡　景元四年八月七日銘	14.0	293.8	三国魏	景元4	263	3	景元四年八月七日、右尚方工作立、君宜高官。	
32		鋸歯紋複線波紋縁羽人獣帯鏡（四乳）	13.9		後漢～三国			3	三羊作竟真大好、上有山人不知老、大吉兮。	
32		鋸歯紋複線波紋縁羽人獣帯鏡（四乳）	13.9		後漢～三国			3	三羊作竟真大好、上有山人不知老、大吉兮。	
83		桂樹月兎紋鏡	13.9		唐			8		
55	重美	対置式神獣鏡　永安六年正月七日銘	13.8	409.7	三国呉	永安6	263	3	永安六年正月七日、□□□□百涷清銅、服者老寿宜公卿、楽未英、天王日月、天王日月。	
11		連弧紋縁重圏「精白・銅華」鏡	13.7		前漢			前1	【外帯】絜精白而事君、怨沇驩之弇明、煥玄錫〔之〕流沢、〔恐口〕遠而日忘、	隷書

第十六章 三角縁神獣鏡の出現 711

								懐糜美之窮磑、外承雛之可説、慕穾姚 而霊泉、願永思而母絶。【内帯】清洰銅華衣服観容〔貌〕、絲維雑遝以為信、請〔光〕平〔成〕宜佳人。	
65		鋸歯紋波紋縁龍虎鏡（四頭式）	13.5		三国			3	〔巧〕工作竟大母傷、□虎辟□居□□、詔□竟寿命長、富貴昌楽□□、寿如金石、（以下欠失）。	
12		重圏「昭明・日光」鏡	13.4		前漢			前1	【外帯】内清質以昭明、光輝象夫日月、心忽揚而願忠、然壅塞而不泄。【内帯】見日之光、長母相忘。	銘文書体は楔形文字、内側の銘帯に渦紋、連珠紋座鈕。
46	重美	重列式神獣鏡 建安十年銘	13.4	355.4	後漢	建安10	205	3	吾作明竟、幽湅三商、周羅容象、五帝天皇、白牙□□、□□□□、□□、朱雀玄武白虎青龍、君冝官位、子孫番昌、建安十年示氏□羊、君冝官、君冝官。	
64		鋸歯紋複線波紋縁龍虎鏡（三頭式）	13.4		後漢～三国			3	□□作竟、自有辟去不羊□、□□、□□□□冝孫子、〔寿〕如金石、不□□、□□□□□□。	
15	重美	複線波紋縁連弧紋鏡	13.2	399.6	前漢末	居摂1	6	1	居摂元年自有真、家当大富、羅常有陳、□之治吏為貴人、夫妻相喜日益親善。	1924年、朝鮮平壌府（現、平壌市石巌里）の楽浪郡古墓出土、現在最古の紀年鏡、内側紋様から内行花紋鏡と呼ぶ。
39	重美	獣首鏡 甘露四年五月十日銘	13.2	298.3	三国魏	甘露4	259	3	甘露四年五月十日、右尚方師作竟、青且明、位至三公、〔君〕冝高官、保子冝孫。	
14		素縁四乳鳳龍紋鏡	13.1		前漢			前1		日本では弥生時代後期から古墳時代にかけての出土例あり。
47	重美	重列式神獣鏡 建安十年五月六日銘	13.1	282.9	後漢	建安10	205	3	吾作明竟、幽湅三商、周羅容象、五帝三皇、白牙単琴、黄帝除兇、白牙、朱雀玄武白虎青□、建安十年五月六日作、冝子孫、冝子孫、君冝官、君冝官。	
45	重美	環状乳系神獣鏡 正始五年銘	13.0	296.1	三国魏	正始五年	244	3	正始五年作。	
75		海獣葡萄鏡	12.48		唐			8		
53	重美	対置式神獣鏡 赤烏元年五月廿日銘	12.3	259.7	三国呉	赤烏1	238	3	赤烏元年五月廿日、造作明〔竟〕、百錬清銅、服者君卿、長楽未英、造鏡先師、名為周公、日月天王之□。	別称は半円方格帯神獣鏡。
19		「長冝高官」連弧紋鏡	12.0		後漢			2	長冝高官。	
49	重美	重列式神獣鏡 嘉禾四年二月銘	11.8	200.1	三国呉	嘉禾4	235	3	嘉禾四二月□、作吾明意、服者万年延年子孫、仙意冝用之具、□□□□朱鳥武。	
50	重美	重列式神獣鏡 嘉禾四年九月午日銘	11.7	236.6	三国呉	嘉禾4	235	3	嘉禾四年九月午日、安楽造作□□五帝明意、服者大吉、冝用者〔万〕〔年〕、延年□□□□。	
48	重美	重列式神獣鏡 黄龍元年七月十三日銘	11.6	224.4	三国呉	黄龍1	229	3	黄龍元年太歳、在己西七月壬子〔朔〕十三日甲子、師陳世造〔作〕□清明意、其有服者令久富貴、冝□□□。	
61	重美	七鈴画像鏡（七鈴仏獣鏡）	11.0		古墳時代			5～6		伝奈良県出土。日本製、独特。鈴鏡を腰に着け、椅子に坐る

78	重美	海磯雀蝶花枝紋菱花形鏡	11.0		唐		8		女性の埴輪。巫女とされる。
41	重美	環状乳系神獣鏡 熹平二年正月丙午銘	10.7	235.3	後漢	熹平2	173	2	熹平二年正月丙午、吾造作尚方明竟兮、幽涷三商、州刻無亞、世得光明、買人大富貴、長宜子孫延年兮、吾作明竟自有方、白同清明兮。	
4		連弧紋縁應龍紋鏡	10.0		前漢		前2			前漢鏡の確立
52	重美	対置式神獣鏡 黄武七年七月七日銘	9.8	164.6	三国呉	黄武7	228	3	黄武七年七月丙午朔七日甲子、紀主治時、大師陳世巌作明鏡、服者立至公。	
13		連弧紋「日光」鏡	8.5		前漢		前1		見日之光、天下大明。	

　これから傾向を窺うと、隋唐時代の鏡は一般的に大きい。前・後漢の鏡でも20cm内外を超えるものは、番号16、69、17、26、1、24、29、38のように事例が見られる。もう少し詳細に見ると、【表3】の鏡の大きさでは、隋・唐の鏡と1〜2世紀以前の前漢鏡・後漢鏡以外の3世紀の鏡、つまり三角縁神獣鏡と同時代の鏡に注目すると、69の神人車馬画像鏡23.0cm、67の盤龍紋鈕座・画像帯鏡21.4cm、70の神人龍鹿画像鏡19.0cm、68の方形鈕座・神人馬龍画像帯鏡18.8cm、57の対置式神獣鏡17.3cm、43の画紋帯環状乳神獣鏡15.9cm、44の画紋帯環状乳神獣鏡15.4cm、33の鋸歯紋縁獣帯鏡14.6cm、34の鋸歯紋縁獣帯鏡14.5cm、56の対置式神獣鏡14.5cm、21の円圏変形規矩鏡14.0cm、32の鋸歯紋複線波紋縁羽人獣帯鏡13.9cm、55の対置式神獣鏡13.8cm、65の鋸歯紋波紋縁龍虎鏡13.5cm、46の重列式神獣鏡13.4cm、64の鋸歯紋複線波紋縁龍虎鏡13.4cm、39の獣首鏡13.2cm、45の環状乳系神獣鏡13.0cm、53の対置式神獣鏡12.3cm、49の重列式神獣鏡11.8cm、50の重列式神獣鏡11.7cm、48の重列式神獣鏡11.6cm、52の対置式神獣鏡9.8cmとなっている。20cmを越える鏡は2、19ないし18cm台は2、17cm台は1、15cm台は2、14cm台は4、13cm台は7、12cm以下は5となっている。3世紀の後漢末から三国時代の鏡は多くが14cm以下の鏡であることが分かる。それに対して三角縁神獣鏡では59の三角縁回向式神獣鏡が23.2cm、4世紀古墳時代の60の三角縁三神三獣鏡が21.8cmのように20cmをはるかに超える大きさである。ただ五島美術館所蔵守屋孝蔵コレクションには三角縁神獣鏡の事例が多くないので、他のコレクションや国内各地の出土事例のデータを収集する必要がある。前章まで見てきた他の事例のデータでも三角縁神獣鏡は一般的に20cmをはるかに超える大きさであることが言えることを付け加えておきたい。

結　び

　三角縁神獣鏡の謎はまだまだ多くが未解決である。本章は五島コレクションを主として銘文型式の類型と鏡紋様の形式の年次的発展の知識をもって一応の鏡の時代区分を行った。これを整理するために漢唐古鏡銘文リストを【表16—4】に作成してみた。なお今回のデー

第十六章　三角縁神獣鏡の出現　713

【表16—4】　五島美術館蔵守屋孝蔵コレクション漢唐古鏡銘文リスト

新番号	文化財	名称	時代	紀年	西暦	世紀	銘文	表1番号
1	重美	「結心相思」銘草葉紋鏡	前漢			前2	結心相思、幸母見忘、千秋万歳、長楽未央。	1
2		蟠螭鈕"方格規矩"草葉紋鏡	前漢			前2	見日之光、長母相忘。	2
3		連弧紋縁「家常富貴」鏡	前漢			前2	家常富貴。	6
4		連弧紋「日有熹」鏡	前漢			前1	日有熹、月有富、楽母事、常得意、美人会、芋惡侍、商市程、老復丁、死復生。	7
5		連弧紋「清白」鏡	前漢			前1	絜清白而事君、志驩之合明、玄錫之流沢、疎遠而日忘、美□、外承□莫霊母絶。	8
6	重美	重圏「精白・昭明」鏡	前漢			前1	【外帯】絜精白而事君、怨沉驩之弇明、煥玄錫之流沢、恐〔疎〕遠而日忘、懐糜美之窮礎、外承驩之可説、慕窦姚而霊泉、願永思而母絶。【内帯】内請質以昭明、光輝象夫日月、心忽揚而願〔忠〕、然雍塞而不泄。	9
7		重圏「清白・昭明」鏡	前漢			前1	【外帯】絜清白而事君、志驩之弇明、玄錫之流沢、恐疎而日忘、美□、外承可□、慕窦姚　霊泉而母絶。【内帯】内清之以昭明、光之象夫日月、心忽揚而忠、雍塞而毋泄。	10
8		連弧紋縁重圏「精白・銅華」鏡	前漢			前1	【外帯】絜精白而事君、怨沉驩之弇明、煥玄錫〔之〕流沢、〔恐□〕遠而日忘、懐糜美之窮礎、外承驩之可説、慕窦姚而霊泉、願永思而母絶。【内帯】清汨銅華衣服観容〔貌〕、絲維雑逞以為信、請〔光〕平〔成〕宜佳人。	11
9		重圏「昭明・日光」鏡	前漢			前1	【外帯】内清質以昭明、光輝象夫日月、心忽揚而願忠、然雍塞而不泄。【内帯】見日之光、長母相忘。	12
10		連弧紋「日光」鏡	前漢			前1	見日之光、天下大明。	13
11	重美	複線波紋縁連弧紋鏡	前漢末	居摂1	6	1	居摂元年有真、家当大富、羅常有陳、周之治吏為貴人、夫妻相冝日益親善。	15
12		素紋縁線彫式獣帯鏡（四乳）	前漢晩期				長冝子孫。	22
13		複線波紋縁線彫式獣帯鏡（四乳）	前〜後漢				長冝子孫。	23
14	重美	銘帯縁線彫式獣帯鏡（七乳）	前〜後漢			1	維鏡之旧生分質〔剛〕堅、処手名山侯工人、湅取精〔華〕〔光〕耀寿運、升高冝全運〔近〕〔親〕、〔昭〕兆煥分見躬身、永保母□□□□□兮子孫。	24
15		流雲紋縁"方格規矩"四神鏡	後漢			1	尚方作竟真大好、上有仙人不知老、渇玉泉飢食棗、浮游天下敖四海、寿如金石為天保。	20
16		雲雷連弧紋鏡	後漢			1〜2	長冝子孫。	16
17		雲雷連弧紋鏡	後漢			1〜2	長冝子孫。	17
18		雲雷連弧紋鏡	後漢			1〜2	長冝子孫、寿如金石、累世未央。	18
19		「長宜高官」連弧紋鏡	後漢			2	長冝高官。	19
20		葉紋縁線彫式獣帯鏡（八乳）	後漢			2	長冝子孫。	25
21	重美	獣首鏡永寿二年正月銘	後漢	永寿2	156	2	永寿二年正月□□□□□□作尚方明□竟□□□□長王□	36
22	重美	獣首鏡　延熹九年正月丙午日銘	後漢	延熹9	166	2	延熹九年正月丙午、作竟自有〔方〕〔青〕龍白虎侍左右、□者長命宜孫子、伝□□□□□吉兮、君宜高官。	37
23	重美	獣首鏡　建寧二年正月廿七丙午銘	後漢	建寧2	169	2	建寧二年正月廿七日丙午、三羊作明鏡自有方、自同清明後多光、買者大利家富昌、十男五女為侯王、父嫗相守寿命長、居一世間楽未央、宜侯王楽未央、□□□長冝官、　宜侯王、師命長。	38
24	重美	環状乳系神獣鏡　熹平二年正月丙午銘	後漢	熹平2	173	2	熹平二年正月丙午、吾造作尚方明竟兮、幽湅宮商、州刻無亟、世得光明、買人大富貴、長冝子孫延寿兮、吾作明竟自有方、白同清明兮。	41
25	重美	方格銘四獣鏡　中平六年正月丙午日銘	後漢	中平6	189	2	中平六年正月丙午日、吾作明鏡、幽湅三羊自有巳、除去不羊宜孫子、東王公西王母、仙人玉女大神道、長吏買竟位至三公、古人買竟百倍冝家、大吉天日月、吾作明竟、幽湅三羊、天王日月、位至三公。	40
26		流雲紋縁線彫式獣帯鏡（七乳）	後漢				角王臣虚、辟不羊、長生貴富、宜侯王、昭爵玄武、利陰陽、七子九孫治中央、法象不比如日月光、千秋万歳、長楽未央、冝子孫。	26
27		流雲紋縁浮彫式獣帯鏡（七乳）	後漢			2	尚方真竟、〔二〕□山人不夫、宜子孫。	28

28	重美	龍雲紋縁浮彫式獣帯鏡（六乳）	後漢		2	呂氏作竟、□自明上下黒、天有大光史□、服之寿命長、八子九孫君中央、維鏡□奴更千人、宜弟兄、宜孫子。	29
29		獣紋縁浮彫式獣帯鏡（七乳）	後漢		2	作竟真大工、□亥□□人、宜子孫。	30
30		獣紋縁浮彫式獣帯鏡（六乳）	後漢		2	龍氏作竟、宜侯王、家当大富興未央、子孫備見居中、長保二親世昌、□□高河。	31
31		画像線龍虎鏡（二頭式）	後漢		2	李氏作竟、誠清明、服富貴、寿命長、左龍右虎、并雨〔朱蜀（鳥）玄武、〔順〕陰陽、□子来□□□、子系（孫）□息、楽未央。	62
32		鋸歯紋複線波紋縁龍虎鏡（三頭式）	後漢		2	張氏作竟四夷服、多賀国家人民息、〔胡〕虜殄滅天下復、〔風〕雨時節五穀飢、長保〔二親〕得天力、告司后世楽無亟。	63
33		龍虎（盤龍）紋鈕座線彫式獣帯鏡（七乳）	後漢		2	青蓋作竟大母傷、左龍右虎辟不羊、朱鳥玄武順陰陽、長保二親楽富昌、寿敵金石、如侯王。	66
34	重美	重列式神獣鏡　建安十年銘	後漢	建安10	205	3	吾作明意、幽湅宮商、周羅容象、五帝天皇、白牙□□、□□□□、□□、朱雀玄武白虎青龍、君高官位、子孫番昌、建安十年示氏□羊、君宜官、君宜官。	46
35		重列式神獣鏡　建安十年五月六日銘	後漢	建安10	205	3	吾作明意、幽湅宮商、周羅容象、五帝三皇、白牙単琴、黄帝除兇、白牙、朱雀玄武白虎青□、建安十年五月六日作、宜子孫、宜子孫、君宜官。	47
36	重美	神人車馬画像鏡（四乳）	後漢			2〜3	王氏作竟佳且好、明而日月世少有、刻治今守悉皆在大吉羊矣。	69
37		鋸歯紋複線波紋縁羽人獣帯鏡（四乳）	後漢三国			3	三羊作竟真大好、上有山人不知老、大吉分。	32
38		鋸歯紋縁獣帯鏡（六乳）	後漢三国			3	〔上〕方作竟□大好、青龍白□（以下欠）。	33
39		鋸歯紋縁獣帯鏡（五乳）	後漢三国			3	〔袁〕氏作竟世少有、辟在不羊、長保系子上。	34
40		鋸歯紋複線波紋縁浮彫式獣帯鏡（四乳）	後漢三国			3	袁乍氏竟大巧、三龍在左、白虎在右、山人子□三三。	35
41		鋸歯紋複線波紋縁龍虎鏡（三頭式）	後漢三国			3	□□作竟、自有辟去不羊□□□、□□□□宜孫子、〔寿〕如金石、不□□、□□□□□□。	64
42		方形鈕座神人馬龍画像鏡（四乳）	後漢三国（呉）			2〜3	東王公西王母。	68
43	重美	対置式神獣鏡　黄武七年七月七日銘	三国呉	黄武7	228	3	黄武七年七月丙午朔七日甲子、紀主治時、大師陳世厳作明鏡、服者主至公。	52
44		重列式神獣鏡　黄龍元年七月十三日銘	三国呉	黄龍1	229	3	黄龍元年太歳、在己酉七月壬子〔朔〕十三日甲子、師陳世造〔作〕□清明意、其有服者令久富貴、宜□□□。	48
45		重列式神獣鏡　嘉禾四年二月銘	三国呉	嘉禾4	235	3	嘉禾四二月□、作吾明意、服者万年延年子孫、仙意宜用之具、□□□□朱鳥武。	49
46		重列式神獣鏡　嘉禾四年九月午日銘	三国呉	嘉禾4	235	3	嘉禾四年九月午日、安楽造□□五帝明意、服者大吉、宜用者〔万〕〔年〕、延年□□□□□。	50
47		対置式神獣鏡　赤烏元年五月廿日銘	三国呉	赤烏1	238	3	赤烏元年五月廿日、造作明〔竟〕、百錬清銅、服者君卿、長葉未英、造鏡先師、名為周公、日月天王之□。	53
48	重美	環状乳系神獣鏡　正始五年銘	三国魏	正始五年	244	3	正始五年作。	45
49	重美	対置式神獣鏡　永安元年十月四日銘	三国呉	永安1	258	3	永安元年十月四日、造作明竟、百湅清銅、服者□宜（下欠）。	54
50	重美	獣首鏡　甘露四年五月十日銘	三国魏	甘露4	259	3	甘露四年五月十日、右尚方師作竟、青且明、位至三公、〔君〕宜高官、保子宜孫。	39
51	重美	重列式神獣鏡　永安四年五月十五日銘	三国呉	永安4	261	3	永安四年太歳己巳五月十五日庚午、造作明意、幽湅三商、上応列宿、下辟不祥、服者高貴、位至三公、女宜夫人、子孫満堂、□宜遮道、六畜潘傷、楽禾。	51
52	重美	円圏変形規矩鏡　景元四年八月七日銘	三国魏	景元4	263	3	景元四年八月七日、右尚方工作立、君宜高官。	21
53	重美	対置式神獣鏡　永安六年正月七日銘	三国呉	永安6	263	3	永安六年正月七日、□□□□百湅清銅、服者老寿宜公卿、楽未英、天王日月、天王日月。	55
54	重美	対置式神獣鏡　太康二年三月九日銘	西晋	太康2	281	3	太康二年三月九日、呉郡〔工〕清〔羊〕造〔作〕之鏡、東王公西王母、〔此〕〔里〕人豪貴、土患高遷、三公丞相九卿。	56
55	重美	対置式神獣鏡　太康三年二月廿日銘	西晋	太康3	282	3	太康三年歳壬寅二月廿日、吾作竟、幽湅三商、四夷服、多賀国家人民息、胡虜珍戚天下復、雨□時節五穀孰、太平長楽、吾作明意、三商〔以下欠〕。	57
56		三角縁回向式神獣鏡	三国			3	天王日月。	59

57		鋸歯紋波紋縁龍虎鏡（四頭式）	三国		3	〔巧〕工作竟大母傷、□虎辟□居□□、詔□竟寿命長、富貴昌楽□□、寿如金石、（以下欠失）	65
58		画紋帯環状乳神獣鏡	三国		3	吾作明竟、幽湅三剛、配像世彊、統徳序道、敬奉臣良、周刻無祉、百牙作楽、衆事主陽、世作光明、立至三公、生如山石、其師命長。	43
59	重美	画紋帯環状乳神獣鏡	三国（呉）		3	天王日月。	44
60	重美	盤龍紋鈕座画像帯鏡（六乳）	三国呉		3	吾作竟□□……有□□……東王〔父〕西王母、今人長命□孫子、（以下欠？）。	67
61	重美	神人龍鹿画像鏡（四乳）	三国		3	李氏作竟、誠清明、服富貴、寿命長、左龍右虎、并雨□朱蜀（鳥）玄武、〔順〕陰陽、□子来□□□□、子系□息、楽未央。	70
62	重文	画紋帯仏ｊ獣鏡	晋		3〜4	……□□位至三公九卿、侯相天王□□……	58
63	重文	〔鍍金〕鋸歯紋複線波紋縁線彫式獣帯鏡（七乳）	六朝前期		3〜4	尚方作竟大母傷、巧工刻之成文章、左龍右虎辟不羊、朱鳥玄武順陰陽、子孫備具居中央、長保二親楽富昌、寿敵金石如侯王、青蓋為志何巨央。	27
64	重美	神人龍虎画像鏡（四乳）	六朝前期		3〜4	王氏作竟佳且好、明而日月世之保、服此竟者不知老、寿而東王公西王母、山人子高赤松、長保二親宜子孫。	71
65		十二支紋帯八狻猊鏡	隋〜初唐		6〜7	永華月浄菱花発鑑。	72
66	重美	「明逾満月」銘方格四神鏡　永徽元年銘	唐	永徽1	650	7	永徽元年、明逾満月、玉潤珠円、鸑鷟暈後、舞鳳台前、生菠上壁、倒井澄蓮、清神鑑物、代代流位。	73
67		「練形神治」銘狻猊鏡	唐			7	練形神治、塋質良工、如珠出匣、似月停空、当眉写翠、封験□□、□□□懌、倶含影中。	74

タ分析で確認された重要な点として、第一に3世紀の後漢末から三国時代の鏡、つまり三角縁神獣鏡と同時代の鏡の優品はほとんどが江南の呉地方で製作されたものである。また、第二に3世紀の後漢末から三国時代の鏡は多くが14cm以下の鏡であることが分かる。それに対して三角縁神獣鏡は20cmをはるかに超える大きさである。ただし、青銅の質は悪く、江南・呉鏡が白銅鏡と呼べる優品であるのに対して、極端に言えば日本列島でも製作可能な質の悪さの鏡が多い。質の悪さは銅・錫等青銅原料が魏の支配領域である華北地方ではすでに枯渇し、入手が不十分であったことが考えられる。なお、紋様や銘文もそれが中国でのみ制作可能であることは明らかであるが、後漢、三国呉の鏡の時代的変遷からみると、やや傾向を外れている。まず、三角縁という縁形は類似はあるが、はるかに三角△が明瞭で中国に類例を見ない。未だ未発見というべきであろう。神獣も仏獣を含めて、中国出土鏡の中では類例が少ないというべきであろう。獣は何であろうか。白虎に近いがこれも首が異様に長く、中国の獣に比べ異質である。さらに、決定的な点として鏡質の問題がある。以上から見て、三角縁神獣鏡が倭国に下賜することに限定された鏡であることが比較文明学では言えるであろう。沖ノ島の鏡の詳細な検討を含め、研究は引き続き展開したいと思っている[7]。

注

（1）　漢式鏡という名称は鏡の近代考古学の開拓者である高橋健自博士らが明治40年代に最初に使ったようである。高橋健自監修・後藤守一著『漢式鏡』日本考古学大系、大正十五年、一九二六年、雄山閣。それ以前は江戸時代の狩谷掖斎にしても、明治初年に近代鏡研究の先鞭をつけた三宅米吉博士にしても「古鏡」という言い方であった。もっとも漢式鏡は「古鏡」

の一部であり、漢式鏡に対するに魏晋鏡、南北朝鏡、隋唐鏡等や和鏡がすべて古鏡に含まれるのは当然である。ただ、本稿では漢式鏡は中国鏡の意味で使用し、前後漢代作成の狭義の漢式鏡ではない。

（2）　樋口隆康『古鏡』新潮社、昭和五十四年（1979），21〜23頁、参照。

（3）　平成20年（2008）6月20日から7月27日開催展示。

（4）　梅原末治『漢三国六朝紀年鏡図説』7頁、一　前漢居摂元年内行花文精白式鏡、京都桑名文星堂、昭和17年（1942）によれば、最初の紹介者は広瀬治兵衛氏であるが、釈文解読は無く、梅原氏は内藤湖南博士の教示を受けて初めて釈読したという。

（5）　川勝守『聖徳太子と東アジア世界』吉川弘文館、2002年，206頁以下参照。

（6）　川勝守『チベット諸族の歴史と東アジア世界』刀水書房、2010年、参照。

（7）　平尾義光・山岸良二編『文化財を探る科学の眼　青銅鏡・銅鐸・鉄剣を探る　鉛同位体比、鋳造実験、X線透過写真』国土社、1998年、参照。

（8）　原載、川勝守「三角縁神獣鏡の出現―比較文明学の視点から―」比較文明学会九州支部『文明研究・九州』第3号、2009年。

第十七章　住友、泉屋博古館蔵漢三国西晋古鏡と三角縁神獣鏡

はじめに

　戦国期以来、銅や鉄砲の取引に頭角を現わした住友家は、近世長崎貿易の銅貿易も担当し、明治以降から今日まで住友金属の企業勃興は日本資本主義の中核的存在であり続けた。その本拠の一たる京都には住友、泉屋博古館と名付けた博物館を構え、特に古代中国の青銅器文化の粋を集めた。中に古鏡は京都大学歴代専門家を網羅し、そのコレクションの一瞥はまさしく本書の掉尾を飾るに相応しいものがある。例によって当館古鏡集成からデータを集めよう。

第一節　『新修泉屋清賞』と『泉屋博古』

　住友、泉屋博古館蔵古青銅器や古鏡コレクションの図録編纂の企図は大正初年に遡り、住友家当主に加え、内藤虎次郎（湖南）、瀧精一両博士、濱田耕作（青陵）・原田淑人・梅原末治の三博士らの手により『泉屋清賞』正続二集が編纂された。古鏡部分は鏡鑑部とされた。次いで昭和9年（1934）、濱田・梅原両教授は『刪定泉屋清賞』を刊行し、さらに梅原末治氏により『泉屋清賞』新収編が上梓された。そしてはるかに後代、戦争後の大阪万博の年、昭和45年（1970）、再び梅原氏により改訂増補『新修泉屋清賞』が刊行された。ここには梅原氏生涯の鏡鑑研究の集成が見える。

　さらにそれから三十数年後、平成16年（2004）3月、泉屋博古館は館長樋口隆康氏により、所蔵鏡鑑の新しい図録『泉屋博古』を刊行した。そこには昭和45年（1970）の『新修泉屋清賞』に付け加わった鏡鑑が多く掲載されている。また、鏡型式名称、径長、重さ、鋳造制作時代、銘文釈文、等々の鏡鑑に関する基本的基準データの改訂が見られる。それでも1970年の『新修泉屋清賞』の鏡鑑資料学的価値はすこしも減じていないので、これを基準にして、『泉屋博古』の資料を付加することで両著の比較を行い、併せて三角縁神獣鏡研究の前進を図りたい。これが【表17—1】住友、泉屋博古館漢三国晋古鏡である。

【表17—1】　住友、泉屋博古館蔵漢三国晋古鏡

番号	鏡番号	名称	径cm	縁厚cm	時代	紀年	西暦	世紀	備考	番号	名称	時代	径cm	重g
			『新修泉屋清賞』古鏡鑑解説								『泉屋博古・鏡鑑編』			
1	141	饕餮紋方鏡	14.8	0.4	戦国				安徽省寿県出土と推定。	1	螭首文方鏡	春秋～戦国	14.7	502
										2	有舌螭文鏡	戦国前期	8.8	113
										3	透彫対鳳文鏡	戦国中期	11.1	126
										4	四鳳文鏡	戦国中期	13.3	178

								5	四葉文鏡	戦国後期	13.9	195
								6	羽状獣文鏡	戦国後期	11.0	143
								7	五山字文鏡	戦国後期	16.9	393
								8	花菱文鏡	戦国後期	14.0	299
								9	四虺文鏡	戦国後期	18.6	475
								10	四鳳文鏡	戦国後期	8.8	57
								11	四螭文鏡	戦国後期	17.1	295
								12	蟠螭樹木文鏡	戦国後期	14.0	298
								13	蟠螭文鏡	戦国末～秦	20.8	544
								14	重圏文鏡	戦国末～前漢前期	16.3	290
								15	連弧縁三螭文鏡	前漢前期	11.0	105
2	10	重圏蟠螭紋鏡	14.0	0.6	前漢		前2	16	双圏銘蟠螭紋鏡	前漢前期	14.1	283
								17	双圏銘蟠螭紋鏡	前漢前期	13.9	312
								18	鳳雲文鏡	前漢前期	11.4	140
								19	四螭文鏡	前漢前期～中期	11.4	113
								20	連弧縁四螭文鏡	前漢前期～中期	12.1	196
								21	四禽衛魚文鏡	前漢中期	14.0	289
								22	草葉文鏡	前漢中期	16.5	471
3	9	百乳星雲鏡	15.4	0.6	前漢		前2	23	青雲文鏡	前漢中期	15.4	565
								24	双圏昭明鏡	前漢中期	13.3	361
4	1	内行花紋清白鏡	16.2	0.7	前漢	1963年発見福岡県飯塚市立岩古墳出土鏡より六字少ない。同笵鏡は香川県高松石清尾山猫塚出土鏡。	前1	25	連弧文清白鏡	前漢中期	16.4	465
5	2	内行花紋明光鏡	12.9	0.6	前漢		前1					
6	103	内行花紋明光鏡	13.7	0.7	前漢		前1	31	連弧文明光鏡	前漢後期	13.7	412
7	3	内行花紋明光鏡	11.5	0.5	前漢		前1	32	連弧文明光鏡	前漢後期	11.5	375
8	4	内行花紋明光鏡	11.7	0.55	前漢		前1	30	連弧文明光鏡	前漢後期	10.9	239
9	102	内行花紋明光鏡	8.2	0.4	前漢		前1					
10	5	内行花紋明光鏡	10.6	0.5	前漢		前1	28	連弧文明光鏡	前漢中期	9.4	143
11	7	内行花紋明光鏡	7.6	0.24	前漢		前1					
12	6	内行花紋明光鏡	9.3	0.5	前漢		前1	29	連弧文明光鏡	前漢中期	10.8	279
13	8	重圏日光鏡	6.5	0.3	前漢	同銘文は朝鮮氷川郡琴湖面出土鏡。	1	26	日光鏡	前漢中期	6.6	60
14	159	円座日光小鏡	6.4	0.2	前漢	鋳造実年代は後漢。	1	27	日光鏡	前漢中期	6.4	42
15	26	四乳鳧紋鏡	9.1	0.6	前漢	同様式鏡は朝鮮氷川郡琴湖面出土鏡。		33	鳧龍文鏡	前漢後期	9.3	190
16	101	内行花紋長宜子孫鏡	20.9	0.6	前漢末～王莽	同鏡式は朝鮮楽浪古墓出土鏡。	1	50	内行花文鏡	後漢前期	20.4	1075
17	27	内行花紋長宜子孫鏡	21.0	0.5	前漢末～王莽	同鏡式は朝鮮楽浪古墓出土鏡。	1	49	内行花文鏡	後漢前期	21.0	945
18	28	内行花紋長宜子孫鏡	18.0	0.6	前漢末～王莽	同鏡式は朝鮮楽浪古墓出土鏡。	1					
19	29	内行花紋長宜子孫鏡	19.4	0.7	前漢末～王莽	同鏡式は朝鮮楽浪古墓出土、及び日本各地多数。	1	51	内行花文鏡	後漢前期	19.3	975
20	30	内行花紋長宜子孫鏡	8.3	0.4	漢	後漢に継承。	1	52	内行花文鏡	後漢中期	8.4	120
21	15	鎏金方格規矩八乳鏡	14.1	0.5	前漢末	内区にT・L・V状規矩形。	1	35	鎏金方格規矩渦文鏡	前漢後期	14.2	415
22	12	方格規矩渦紋鏡	15.0	0.6	前漢	外区にS字状連続華紋。	前1	40	方格規矩渦紋鏡	後漢前期	15.0	443
23	11	尚方流雲紋方格規矩四神鏡	18.7	0.5	漢		1	36	方格規矩四神鏡	前漢末～新	18.9	865
24	9	流雲紋方格規矩	18.0	0.5	漢	方格規矩四神鏡は北	1					

第十七章　住友、泉屋博古館蔵漢三国西晋古鏡と三角縁神獣鏡　719

		矩四神鏡					九州では古くは筑前井原、近くは平原古墳出土。					
25	16	素縁方格規矩四神鏡	16.6	0.5	漢		1	四神はT・L形間に大きく表わされる。銘帯が無く、四方のL字間に銘文。	34	方格規矩四神鏡	前漢後期	13.8	429
26	13	波紋方格規矩四神鏡	15.1	0.5	後漢		1	内区方格に十二支文字、内区と乳間に四神。					
27	14	波紋方格規矩四神鏡	12.0	0.5	後漢		1						
28	105	王氏作方格規矩禽鳥鏡	13.7	0.3	後漢		1	銘文は王莽新代の四神鏡と同文。隷体も似る。	39	方格規矩鳥紋鏡	後漢前期	13.7	345
									37	方格規矩四神鏡	前漢末～新	21.0	1007
									38	方格規矩四神鏡	前漢末～新	19.0	914
									41	方格規矩鳥文鏡	後漢中期	14.1	419
29	17	波紋四乳禽獣鏡	14.4	0.7	後漢		1	前掲の方格規矩鏡と類似。一部に水銀塗沫の痕が見える。	43	細線獣帯鏡	後漢前期	14.3	600
30	18	尚方四神鏡	13.7	0.8	後漢		1～2		48	四神文鏡	後漢中後期	13.9	481.0
31	19	尚方四霊三瑞鏡	20.3	0.8	後漢		1～2	上古の古墳出土、舶載品。					
									55	連弧四葉文鏡	後漢中後期	14.0	310.0
32	142	禽獣魚帯獣首鏡	17.3	0.4	後漢		2		56	獣首鏡	後漢後期	17.3	495
33	143	石氏獣帯鏡	15.2	0.6	後漢後半		2～3		47	獣帯画像鏡	後漢中後期	15.3	457
34	104	盤龍鏡	12.2	0.7	後漢		2		53	盤龍鏡	後漢中後期	11.5	296
									54	盤龍鏡	後漢中後期	9.0	128
									42	細線獣帯鏡	後漢後期	18.0	766
									44	細線獣帯鏡	後漢前期	19.0	1009
									45	禽獣帯鏡	後漢前期	13.5	563
									46	盤龍座獣帯鏡	後漢前期	16.3	636
									57	神人龍虎画像鏡	後漢中期	20.1	963
									58	神人車馬画像鏡	後漢中期	19.5	737
									59	神仙禽獣画像鏡	後漢後期	15.9	560
35	22	神人龍虎画像鏡	8.8	0.3	後漢		2～3	円座鈕をめぐり内区の四乳間に一双の神仙の薬を搗く姿と、龍と虎に騎する神人とを交互に配し、後漢の画像石意匠と同じ図様。浙江省紹興古墓出土鏡と同。	60	神仙搗薬画像鏡	後漢後期	12.4	215
									61	重列神獣鏡	後漢後期	13.5	290
36	21	画紋帯環状乳神獣鏡	13.5	0.5	後漢後半		2～3		67	画紋帯環状乳神獣鏡	後漢後期	14.8	562
37	20	画紋帯環状乳神獣鏡	13.0	0.4	後漢後半		2～3		66	画紋帯環状乳神獣鏡	後漢後期	13.2	315
38	106	画紋帯環状乳神獣鏡	14.2	0.5	後漢後半		2～3						
									65	延熹二年環状乳神獣鏡	後漢延熹2年(159)	11.8	352
39	144	建安廿二年重	11.8	0.4	後漢末	建安	217	3	後漢末の典型的鏡、	62	建安廿二年重列	後漢建安	11.9	250

第三部　日本における出土鏡及び博物館美術館所蔵鏡の研究

		列神獣鏡				22		内区は扁平な鈕孔の上下に各二神仙像、左右に二段の同じ四神坐像を階段状に表わす。更に四辺に青龍・白虎・朱雀・玄武の四霊を配す。浙江省紹興古墓出土。次と同范鏡。		神獣鏡	22年(217)		
40	145	建安廿二年重列神獣鏡	11.8	0.48	後漢末	建安22	217	3	同上。	63	建安廿二年重列神獣鏡	後漢建安22(217)	11.8	230
41	146	建安廿四年半円方形帯神獣鏡	13.2	0.4	後漢末	建安24	219	3		69	建安廿四年対置式神獣鏡	後漢建安24(219)	13.2	283
42	147	延康元年半円方形帯神獣鏡	12.7	0.5	後漢末	延康1	220	3		70	延康元年対置式神獣鏡	後漢延康元年(220)	12.8	265
43	148	黄初二年半円方形帯神獣鏡	11.5	0.4	三国魏	黄初2	221	3	伝湖南省長沙出土鏡。	77	黄初二年回向式神獣鏡	魏黄初二年(221)	11.7	215
44	149	黄武四年半円方形帯神獣鏡	11.9	0.4	三国呉	黄武4	225	3	伝浙江省紹興古墓出土鏡。四方に四神四獣、内一神仙像は相向く双神形。	71	黄武四年対置式神獣鏡	呉黄武四年(225)	11.9	237
45	150	黄龍元年神獣鏡	9.3	0.3	三国呉	黄龍1	229	3	鈕座に蓮弁とおぼしきを添える。十一体の神人に一獣を配す。	75	黄龍元年神獣鏡	呉黄龍元年(229)	9.5	120
46	151	赤烏元年半円形帯神獣鏡	11.7	0.3	三国呉	赤烏1	238	3	伝浙江省紹興古墓出土鏡。四方に四神四獣。	72	赤烏元年対置式神獣鏡	呉赤烏元年(238)	11.7	193
47	152	永安元年半円方形帯神獣鏡	9.8	0.3	三国呉	永安1	258	3	同范鏡はアメリカボストン美術館蔵。	78	永安元年回向式神獣鏡	呉永安元年(258)	9.9	188
48	153	甘露二年半円方形帯神獣鏡	12.3	0.3	三国呉	甘露2	266	3	鏡式は明らかに南方。	73	甘露二年対置式神獣鏡	呉甘露二年(266)	12.3	235
									68	泰始十年画紋帯環状乳神獣鏡	晋泰始十年(274)	10.0	133
49	154	天紀元年半円方形帯神獣鏡	12.9	0.3	三国呉	天紀1	278	3	伝浙江省紹興古墓出土鏡。四方に四神四獣、神人像は肩に羽翼を備える。	74	天紀元年対置式神獣鏡	呉天紀元年(277)	12.9	295
									64	天紀元年重列神獣鏡	呉天紀元年(277)	12.4	364
								京都府城陽市久津川車塚古墳出土	76	画紋帯回向式神獣鏡	三国	16.1	650
50	23	張氏作三角縁三神五獣鏡	22.6	1.1	三国魏			3	師子(獅子)が見え、西方の要素が入る。次と同范関係。	79	三角縁三神五獣鏡	三国	22.8	1373
51	24	張氏作三角縁三神五獣鏡	22.5	1.1	三国魏			3	師子(獅子)が見え、西方の要素が入る。次と同范関係。	80	三角縁三神五獣鏡	三国	22.6	1355
52	25	陳是作三角縁四神四獣鏡	22.4	1.3	三国魏			3	内区の主図像は二神二獣を四乳間に交互に表わす。	82	三角縁四神四獣鏡	三国	22.4	1236
53	33	三角縁三神三獣鏡	22.0	1.1	三国魏			3	内区に配した神人の傍らに各一個の博山炉様の図形があり、また魚・天禺を配した。これと同型が兵庫県芦屋市打出の親王塚から出土したと伝える。	83	三角縁三神三獣鏡	三国	21.8	1035
54	112	三角縁四神四獣鏡	22.1	1.2	三国魏			3	京都府久世郡城陽町久津川の車塚古墳出土。	81	三角縁四神四獣鏡	三国	22.2	1240
55	116	尚方三角縁二神二獣鏡	22.3	1.0	三国魏			3	京都府綴喜郡八幡町東車塚古墳出土。二方に有翼の神仙座像と龍虎。	84	三角縁二神二獣鏡	三国	22.5	1030

56	118	三角縁三神二獣鏡	21.5	1.1	三国魏		3	未完成品。神仙像の一は相向二駆が半環状。同様な鏡が奈良県鏡作神社に伝来。完成品が兵庫県芦屋市旧岡本村と岡山県邑久郡鶴山丸山古墳から出土。	85	三角縁三神二獣鏡	三国	21.7	1020
									86	三角縁三神三獣鏡	三国	21.6	560
									87	鼉龍鏡	古墳前期	22.9	1110
57	109	画文帯神獣鏡	16.0	0.4	三国〜六朝前半		3〜4	京都府久世郡城陽町久津川の車塚古墳出土。	88	仿製画文帯環状乳神獣鏡	古墳前期	17.6	612

　ここで苦心したことを表明すれば鏡の両者の同一認定である。名称も変わり、径長寸法も違う。銘文にも小異はある。認定手続は、まず博古館陳列での原物照合、ただすべてを陳列しているわけではない。次に両者の写真鑑定、しかも、『泉屋博古』にはすべての鏡に写真図版が付き、詳細が分かるが、『新修泉屋清賞』にはすべての写真が掲載されていない。写真が存在するものもあまり鮮明とは言えない。それでも写真があるものはすべて照合比較が可能であった。写真の見られないものは銘文、径寸の順に同一認定を図ったが、それでも不可能の鏡がある。それ以上に『新修泉屋清賞』に挙げられた鏡が『泉屋博古』に掲載されていないもの、その代わりに購入等で新たに泉屋博古館蔵となったものが多数ある。【表17—1】から以上のことをまず理解していただきたい。

　新収鏡について概観を言えば、まず先秦時代の春秋・戦国鏡は『新修泉屋清賞』が1面だけなのが、『泉屋博古』では14面と大幅に増加した。山字鏡以下の戦国鏡の基本資料が完備したと言える。次に漢鏡は時期決定が正確になった。ただ、王莽時代、新莽期を特別に分けない。次に新収鏡で注目されるのは、後漢鏡が多数加わったことである。世界の古鏡市場に売りに出される中国出土鏡が後漢期に集中していると言えば、それまでであるが、やはり三角縁神獣鏡研究との関係で資料として後漢鏡が求められたというのが実相であろう。なお、そこに【57　神人龍虎画像鏡】【58　神人車馬画像鏡】【59　神人禽獣画像鏡】の3面はいわゆる江南鏡で、彼の浙江紹興地方出土鏡との図像学的同一性が特に注目される。三角縁神獣鏡の神像とは全く異質の表現に注目したい。なお、この点は本書第二部で詳説してきたところである。

　『新修泉屋清賞』中で梅原末治氏が注記した各鏡鑑の博古館入手経路の情報は『新修泉屋清賞』最右欄、表中央の備考欄に記入した。

第二節　住友、泉屋博古館蔵漢三国西晋古鏡の銘文
——『新修泉屋清賞』と『泉屋博古』による——

　『新修泉屋清賞』と『泉屋博古』の解説から、住友、泉屋博古館蔵漢三国西晋古鏡の銘文について、【表17—2】住友、泉屋博古館蔵漢三国西晋古鏡銘文リストを作成した。銘文中に▲印の付したものは『泉屋博古』にのみ記事があるものである。

【表17—2】 住友、泉屋博古館蔵漢三国西晋古鏡銘文リスト

\[新修泉屋清賞\] 古鏡鑑解説				\[泉屋博古・鏡鑑編\]		
番号	名称	時代	銘文	番号	名称	時代
2	重圏蟠螭紋鏡	前漢	内清質以昭明、光輝象夫日月、心忽揚而願忠、然雍塞而不泄。懷靡美之窮磋、外〔承〕驩之可説、慕窕姚之霊景、願永思而毋絶。	16	双圏銘蟠螭紋鏡	前漢前期
			▲内清質以昭明、光輝象夫日月、心忽揚而願忠、然雍塞而不泄。懷靡美之窮磋、外〔承〕驩之可説、慕窕姚之霊景、願永思而毋絶。	17	双圏銘蟠螭紋鏡	前漢前期
			▲長相思願毋相忘。	18	鳳雲文鏡	前漢前期
			▲見日之光、天下太陽、所言必當。	20	連弧縁四螭文鏡	前漢前期〜中期
			▲日有熹、宜酒食、長貴富、楽無事。	22	草葉文鏡	前漢中期
			▲見日之光、長不相忘。　外：内清質以昭明、光輝象夫日月、心忽揚而願忠、然雍塞而不泄。	24	双圏昭明鏡	前漢中期
4	内行花紋清白鏡	前漢	絜精白而事君、志汙之合明、承玄□流澤、恐疎而日忘、美之外承可説、願思而毋絶。（篆体）	25	連弧文清白鏡	前漢中期
5	内行花紋明光鏡	前漢	内而清而以而昭而明而光、而象而夫而日而月、而心而志。（二十三字）			
6	内行花紋明光鏡	前漢	内而清而以而昭而明而光、而象夫而日月。（二十字）	31	連弧文明光鏡	前漢後期
7	内行花紋明光鏡	前漢	内而清而以而昭而明而光、而象夫而日月。（二十字）	32	連弧文明光鏡	前漢後期
8	内行花紋明光鏡	前漢	内而清而以而昭而明而光、而象夫而日月。（二十字）	30	連弧文明光鏡	前漢後期
10	内行花紋明光鏡	前漢	内而清而以而照而明而光而象夫而日月。（十七字）	28	連弧文明光鏡	前漢後期
11	内行花紋明光鏡	前漢	内清而以照明光而象夫日月而。（十三字）	29	連弧文明光鏡	前漢後期
13	重圏日光鏡	前漢	見日之光、長不相忘	26	日光鏡	前漢中期
14	円座日光小鏡	前漢	見日之光、天下大明。	27	日光鏡	前漢中期
16	内行花紋長宜子孫鏡	漢末〜王莽	長宜子孫。	50	内行花文鏡	後漢前期
17	内行花紋長宜子孫鏡	漢末〜王莽	長宜子孫。	49	内行花文鏡	後漢前期
18	内行花紋長宜子孫鏡	漢末〜王莽	長宜子孫。			
19	内行花紋長宜子孫鏡	漢末〜王莽	長宜子孫、▲壽如金石、佳且好兮。	51	内行花文鏡	後漢中期
20	内行花紋長宜子孫鏡	漢	長宜子孫。	52	内行花文鏡	後漢中期
21	鎏金方格規矩八乳鏡	前漢末	象日月、宜官秩、世不絶、保八子。	35	鎏金方格規矩渦文鏡	前漢後期
22	方格規矩渦紋鏡	前漢	日有熹、月有富、楽毋事、宜酒食、居必安、勿憂患、竽瑟侍、心中□、以夸固。	40	方格規矩渦紋鏡	後漢前期
23	尚方流雲紋方格規矩四神鏡	漢	【内区四葉座鈕方格】子丑寅卯辰巳午未申酉戌亥の十二支文字、【外区銘文】上太山見仙人、食玉英飲澧泉、駕交龍乗浮雲、白虎引兮直上天、受長命寿万年、宜官秩子孫。	36	方格規矩四神鏡	前漢末〜新
24	流雲紋方格規矩四神鏡	漢	漢有善同出丹陽、和以銀錫清且明、左龍右虎主三彭、八子九孫治中央、朱鳥玄武順陰陽、長楽未央。			
25	素縁方格規矩四神鏡	漢	日利大万、家富千金。			
26	波紋方格規矩四神鏡	後漢	宝鏡高懸、諸邪莫入。			
27	波紋方格規矩四神鏡	後漢	長宜子孫。			
28	王氏作方格規矩禽鳥鏡	後漢	王氏作竟真大好、上有仙人不知老、渇飲玉泉飢食棗、浮游天下敖四海、寿如金石。	39	方格規矩鳥紋鏡	後漢前期
			▲尚方御竟代毋傷。巧工刻之成文章、左龍右虎辟不羊、朱鳥玄武調陰陽、子孫備具居中央、長保二親楽富昌、壽敝金石如侯王兮。	37	方格規矩四神鏡	前漢末〜新
			▲上大山兮見神人、食玉英飲澧泉、駕非龍兮乗浮雲、白虎弓直上天、賜長命保子孫。	38	方格規矩四神鏡	前漢末〜新
29	波紋四乳禽獣鏡	後漢	長宜子孫。			
30	尚方四神鏡	後漢	尚方作竟大毋傷、左龍右虎居中央兮。	48	四神文鏡	後漢中後期
31	尚方四霊三瑞鏡	後漢	王氏作竟真大好、上有仙人不知老、渇飲玉泉飢食棗、浮游天下遨兮。			
			▲尚方作竟真大工、上有仙人辟不羊、巧師刻成文章、	55	連弧四葉文鏡	後漢後期

第十七章　住友、泉屋博古館蔵漢三国西晋古鏡と三角縁神獣鏡　723

			和□鉛錫清且明、買氏竟者得富昌、□□諸王□孫子三公□□□□□傅付子孫、楽未央、日飲酒月作倡。			
32	禽獣魚帯獣首鏡	後漢	【外区主銘】呉氏作竟自有紀、青龍白虎居左右、神魚仙人赤松子、以□□向法古始、令長命宜孫子、使姑童利父母、為吏高遷。【糸巻状図形内】君宜高官、位至三□、大吉利。	56	獣首鏡	後漢後期
33	石氏獣帯鏡	後漢後半	石氏作竟真大好、上有仙人不知老、渇飲玉泉飢食棗。	47	獣帯画像鏡	後漢中後期
			▲王氏作竟四夷服、多賀国家人民息、長保二親得天力。	53	盤龍鏡	後漢中後期
				42	細線獣帯鏡	後漢後期
				45	禽獣帯鏡	後漢前期
				46	盤龍座獣帯鏡	後漢前期
			▲袁氏作竟真大好、青龍在左白虎居右、上有仙人不知老、渇飲玉泉飢食棗、千秋萬世主。	59	神仙禽獣画像鏡	後漢後期
35	神人龍虎画像鏡	後漢	吾作明竟、幽凍三冏、敬奉賢良、配象万疆、左青龍右白虎兮。	60	神仙搗薬画像鏡	後漢後期
			▲吾作明竟、□□宮商、周羅容象、五帝天皇、白牙弾琴、黄帝除兜、朱鳥玄武、白虎。	61	重列神獣鏡	後漢後期
36	画紋帯環状乳神獣鏡	後漢後半	吾作明竟、幽凍三商、彫刻吉羊。	67	画紋帯環状乳神獣鏡	後漢後期
37	画紋帯環状乳神獣鏡	後漢後半	上方作竟自有紀、羊竟羊有古。	66	画紋帯環状乳神獣鏡	後漢後期
38	画紋帯環状乳神獣鏡	後漢後半	上方作示□巳〔大〕吉羊、宜古市大吉利兮。			
			▲吾作明竟、幽凍三商、位至三公。外区：延熹二年五月丙午日天、大徳広漢西蜀造作明竟、幽凍三商、天王日月、位至三公兮刻吉羊、長楽未央吉且羊。	65	延熹二年環状乳神獣鏡	後漢延熹2年(159)
39	建安廿二年重列神獣鏡	後漢末	建安廿二年十月辛卯朔四日甲午、太歳在丁酉時加未、師鄭豫作明鏡、幽凍三商、乃而清眼、服者大得高遠宜官、位為侯王、家□□□、家吏居已□□□孫子也。	62	建安廿二年重列神獣鏡	後漢建安22年(217)
40	建安廿二年重列神獣鏡	後漢末	建安廿二年十月辛卯朔四日甲午、太歳在丁酉時加未、師鄭豫作明鏡、幽凍三商、乃而清眼、服者大得高遠宜官、位為侯王、家□□□、家吏居已□□□孫子也。	63	建安廿二年重列神獣鏡	後漢建安22年(217)
41	建安廿四年半円方形帯神獣鏡	後漢末	建安廿四年六月辛巳朔廿五日乙巳奇、吾作明竟、宜侯王、豪富日貴、鋳有千万、長生之寿、日月和楽□□巳。	69	建安廿四年対置式神獣鏡	後漢建安224(219)
42	延康元年半円方形帯神獣鏡	後漢末	延康元年二月辛丑朔十二日壬子、師□□□□□作明鏡、玄凍章乃成以晶、清不可言、伏者老寿、高昇二千石、郡部居坤於事。	70	延康元年対置式神獣鏡	後漢延康元年(220)
43	黄初二年半円方形帯神獣鏡	三国魏	黄初二年、武昌元作明竟、宮凍章乃作明昌吉羊。	77	黄初二年回向式神獣鏡	魏黄初二年(221)
44	黄武四年半円方形帯神獣鏡	三国呉	黄武四年四月廿六日作氏竟、宜於吏史士得位也。服之吉羊、□日我后莫文王人生于七十有一。	71	黄武四年対置式神獣鏡	呉黄武四年(225)
45	黄龍元年神獣鏡	三国呉	黄龍元年四月廿四日羊辛□朔□廿九日吉祥。	75	黄龍元年神獣鏡	呉黄龍元年(229)
46	赤烏元年半円方形帯神獣鏡	三国呉	赤烏元年、造作明鏡、可照刑上辟泉祁、長生老寿、位至公卿、子孫精禅、福橘無窮。	72	赤烏元年対置式神獣鏡	呉赤烏元年(238)
47	永安元年半円方形帯神獣鏡	三国呉	方格内：吏三公九卿十二大夫人。外区：永安元年二月丁巳朔十五日乙□造、師先□□九□九□宜侯孫、為吏至□王、寿万年。	78	永安元年回向式神獣鏡	呉永安元年(258)
48	甘露二年半円方形帯神獣鏡	三国呉	甘露二年六月十五日、造作明鏡、百凍清銅、服鏡者老寿、□（以下欠失）。	73	甘露二年対置式神獣鏡	呉甘露二年(266)
			▲泰始十年二月□□□□□	68	泰始十年画紋帯環状乳神獣鏡	晋泰始十年(274)
49	天紀元年半円方形帯神獣鏡	三国呉	天紀元年歳在丁酉、師徐伯所作明鏡、買者宜子孫、寿万歳大吉。	74	天紀元年対置式神獣鏡	呉天紀元年(277)
			▲天紀元年閏月廿六日、造作明鏡、□□□□、上応星宿、不辟不祥、服者□貴、位至侯王、長楽未央、子孫富昌兮。	64	天紀元年重列神獣鏡	呉天紀元年(277)
				76	画紋帯回向式神獣鏡	三国
50	張氏作三角縁三神五獣鏡	三国魏	張氏作鏡真大巧、仙人王喬赤松子、子辟邪世少有、渇飲玉泉飢食棗、生如金石天相保兮。	79	三角縁三神五獣鏡	三国

51	張氏作三角縁三神五獣鏡	三国魏	張氏作鏡真大巧、仙人王喬赤松子、師子辟邪世少有、渇飲玉泉飢食棗、生如金石天相保兮。	80	三角縁三神五獣鏡	三国
52	陳是作三角縁四神四獣鏡	三国魏	陳是作竟真大好、上有神守及龍虎、身有文章□銜巨、渇飲玉淦飢食棗、長相保兮。	82	三角縁四神四獣鏡	三国
53	三角縁三神三獣鏡	三国魏	陳是作竟真大好、上有神守及龍虎、身有文章□銜巨、渇飲玉淦飢食棗、長相保兮。	83	三角縁三神三獣三炉鏡	三国
54	三角縁四神四獣鏡	三国魏	（前欠）□□日□而月□而呉□□母天下之明□（下欠）。	81	三角縁四神四獣鏡	三国
55	尚方三角縁二神二獣鏡	三国魏	尚方作竟自有好、明而日月□□有、刻治分守悉皆右、長保二親宜孫子、官至三公利古市、告后世。	84	三角縁二神二獣鏡	三国
56	三角縁三神二獣鏡	三国魏	（前欠）□□日□而月□而呉□□母天下之明□（下欠）。	85	三角縁二神二獣鏡	三国
	画文帯神獣鏡	三国〜六朝前半	吾作明竟、幽涷三商、配像万彊、競従序道、敬奉賢良、周刻典祀、百身長楽、衆事主陽、福禄正明、富貴安楽、益寿増年、侯王長富、子孫蕃昌、賢者高顕、士至公卿、与師命長。	88	仿製画帯環状乳神獣鏡	古墳前期

　前漢・後漢、三国西晋時代の鏡銘文の基本類型が揃っている。また各鏡鑑での銘文鋳刻の偏差も分かる。なお、特に後漢の建安廿二年（217）、同廿四年（219）、延康元年（220）、三国魏黄初二年（221）、三国呉黄武四年（225）、同黄龍元年（229）、同赤烏元年（238）、同永安元年（258）、同甘露二年（266）、同天紀元年（278）の多数の後漢末から三国時代の紀年銘鏡が梅原末治氏の努力で蒐集されていたが、それにさらに後漢桓帝延熹二年（159）、西晋泰始十年（274）が加わった。まさに倭国女王卑弥呼の時代の中国鏡の資料が揃えられたのである。

結　　び

　ここで銘文記事中で重要な点を指摘して結びにしたい。【表17—2】から関連銘文を列挙しよう。

①『泉屋博古』【65　延熹二年環状乳神獣鏡】外区

　　延熹二年五月丙午日、天大徳広漢西蜀造作明竟、幽涷三商、天王日月、位至三公兮刻吉羊、長楽未央吉且羊。

②『新修泉屋清賞』【43　黄初二年半円方形帯神獣鏡】

　　黄初二年、武昌元作明鏡、宮涷章乃而清昌吉羊。

　前者はまさに桓霊の間に広漢すなわち西蜀、四川地方で鋳造した鏡は服す者は富貴に至るという目出度い鏡だと言い、後者はまた武昌すなわち湖北鄂州地方で鋳造した鏡は吉祥であるという鏡売りの宣伝文句である。前者未だ蒐集図鑑が作成されていないが、後者は本書、第九章　湖北省鄂州市出土銅鏡についてでみた通りである。住友、泉屋博古館蔵漢三国西晋古鏡が鏡鑑研究上で重要な位置にあることが了解されるであろう。

第十八章 『親魏倭王』女王卑弥呼の王権と国家

はじめに

　『親魏倭王』女王卑弥呼の王権と国家について、いささか私見を述べてみたい。そのポイントは、女王卑弥呼の王権と国家について、歴史叙述を残した『三国志』巻三十、魏書、烏丸鮮卑東夷伝・倭人条、いわゆる魏志倭人伝をいかに正確に解読するかに懸かっている。それと従来の通説でいわば常識とされているような事柄に対する先入観に囚われないことも肝心である。そのひとつに邪馬台国論争がある。方位を正しいとするか、地域間距離を正しいとするか。また卑弥呼は天に仕える巫女、シャーマンであったとされること、等々、解決すべき課題は多い。本章は女王卑弥呼に関する文献史料である魏志倭人伝をまず正確に読んでみよう。

第一節　『三国志』巻三十、烏丸鮮卑伝

　魏志倭人伝は正確には『三国志』巻三十、魏書、烏丸鮮卑東夷伝・倭人条であるが、それが『三国志』巻三十全体の中でどのような位置を占めているかをまず考える必要がある。そこには巻の序文が二カ所あり、最初は巻初で次のようなものである。

　　書載「蛮夷猾夏」、詩称「玁狁孔熾」、久矣其為中国患也。秦・漢以来、匈奴久為辺害。孝武雖外事四夷、東平両越・朝鮮、西討貳師・大宛、開邛筰・夜郎之道、然皆在荒服之外、不能為中国軽重。而匈奴最逼於諸夏、胡騎南侵則三辺受敵、是以屢遣衛・霍之将、深入北伐、窮追単于、奪其饒衍之地。後遂保塞称藩、世以衰弱。建安中、呼廚泉南単于入朝、遂留内侍、使右賢王撫其国、而匈奴折節、過於漢旧。然烏丸・鮮卑稍更彊盛、亦因漢末之乱、中国多事、不遑外討、故得擅漠南之地、寇暴城邑、殺略人民、北辺仍受其困。会袁紹兼河北、乃撫有三郡烏丸、寵其名王而収其精騎。其後尚・熙又逃于蹋頓。蹋頓又驍武、辺長老皆比之冒頓、恃其阻遠、敢受亡命、以雄百蛮。太祖潜師北伐、出其不意、一戦而定之、夷狄讋服、威振朔土。遂引烏丸之衆服従征討、而辺民得用安息。後鮮卑大人軻比能復制御群狄、尽収匈奴故地、自雲中・五原以東抵遼水、皆為鮮卑庭。数犯塞寇辺、幽・并苦之。田豫有馬城之囲、畢軌有陘北之敗。青龍中、帝乃聴王雄、遣剣客刺之。然後種落離散、互相侵伐、彊者遠遁、弱者請服。由是辺陲差安、漠南少事、雖時頗鈔盗、不能復相扇動矣。烏丸・鮮卑即古所謂東胡也。其習俗・前事、撰漢記者已録而載之矣。故但挙漢末魏初以来、以備四夷之変云。

　　書経に載す「蛮夷猾夏」、詩経に称す「玁狁孔熾」、久しきかなそれ中国の患と為す

なり。秦・漢以来、匈奴久しく辺害を為す。漢武帝外に四夷を事とすといえども、東に両越・朝鮮を平らげ、西に貳師・大宛を討ち、邛莋・夜郎の道を開き、然して皆荒服の外に在り、中国の軽重と為す能わず。しかして匈奴は最も諸夏に逼り、胡騎南侵して則ち三辺敵を受け、是を以てしばしば衛青・霍去病の将を遣わし、深く入り北伐し、単于に窮追し、その饒衍の地を奪う。後に遂に塞を保ちて藩と称し、世よもって衰弱せり。建安中、呼廚泉南単于入朝し、遂に留りて内侍し、右賢王を使してその国を撫せしめ、しかして匈奴は節を折り、漢の旧に過ぎたり。然るに烏丸・鮮卑はやや更に強盛、また漢末の乱により、中国多事、外討に遑あらず、故に漠南の地に擅にするを得、寇して城邑を暴らし、人民を殺略し、北辺よりてその困を受く。たまたま袁紹は河北を兼ね、すなわち撫して三郡烏丸を有し、その名王を寵してその精騎を収む。その後袁尚・袁熙また蹋頓に逃ぐ。蹋頓また驍武、辺の長老は皆これを冒頓に比し、その阻遠を恃み、敢えて亡命を受け、もって百蛮に雄たり。太祖（魏曹操）は師を潜めて北伐し、その不意に出で、一戦してこれを定むるに、夷狄は慴服し、（魏曹操の）威は朔土に振う。遂に烏丸の衆を引きて征討に服従し、しかして辺民は安息を用うを得たり。後に鮮卑大人軻比能はまた群狄を制御し、尽く匈奴の故地を収め、雲中・五原以東より遼水に抵るに、皆鮮卑の庭と為れり。しばしば塞を犯し辺に寇し、幽州・并州これに苦しむ。田豫に馬城の囲有り、畢軌に陘北の敗有り。青龍中（233〜236年）、帝（魏明帝）乃ち王雄に聴き、剣客を遣わしてこれを刺さしむ。然る後種落離散し、互にあい侵伐し、強きは遠く遁れ、弱きは服を請う。是により辺陲やや安んじ、漠南事少なし、時に頗る鈔盗ありといえども、復あい扇動する能わず。烏丸・鮮卑はすなわち古のいわゆる東胡なり。その習俗・前事は、漢記を撰する者已に録してこれを載せり。故にただ漢末魏初以来を挙げ、もって四夷の変に備うと云う。

中華と夷狄の関係、これは中国王朝国家の根本に関わる重事であり、秦漢以来は匈奴が脅威の敵国であった。漢と匈奴が二大陣営であったのである。前漢武帝の匈奴戦争により、匈奴はようやく衰亡に向い、後漢末の建安年間（196〜219年）、中国北辺では南匈奴単于が後漢王朝に降ったため、これに替わって烏丸・鮮卑の勢力が伸長した。それに中国の政治動乱が関係して、三郡烏丸の首長蹋頓は初め袁紹、次いで魏公曹操ら後漢群雄と対決したが、曹操の軍門に降った。他方、鮮卑大人軻比能はまた夷狄諸部を制御し、尽く匈奴の故地を収め、雲中・五原以東より遼東に至る地が皆鮮卑の庭と為った。しばしば塞を犯して辺に寇し、幽州・并州の民はこれに苦しんだ。中略の後に烏丸・鮮卑はすなわち古の東胡であるとし、その習俗・前事はすでに漢書らに記してあるので、以下はただ漢末魏初以来を述べ、四夷の変化に備えたいとする。

以上の序文に述べる所が、魏王朝の北方の脅威である烏丸・鮮卑に対する太祖曹操以来の伝統的国家戦略の基本であることは言うまでもない。以下、烏丸・鮮卑の王権と国家がそれぞれの首長の政権交替や習俗土俗の紹介を絡めて叙述される。

第十八章　『親魏倭王』女王卑弥呼の王権と国家　727

まず、烏丸について、『三国志』巻三十、魏書、烏丸鮮卑東夷伝は後漢末の諸郡諸部の事情を説明する。

① 　漢末、遼西烏丸大人丘力居、衆五千余落、上谷烏丸大人難楼、衆九千余落、各称王、而遼東属国烏丸大人蘇僕延、衆千余落、自称峭王、右北平烏丸大人烏延、衆八百余落、自称汗魯王、皆有計策勇健。……袁紹与公孫瓚連戦不決、蹋頓遣使詣紹求和親、助紹撃瓚、破之。紹矯制賜蹋頓峭王・汗魯王印綬、皆以為単于。

　　漢末、遼西烏丸大人の丘力居は衆五千余落、上谷烏丸大人の難楼は衆九千余落、各々王を称し、しかして遼東属国烏丸大人蘇僕延は衆千余落にして自ら峭王を称し、右北平烏丸大人烏延は衆八百余落にして自ら汗魯王を称し、皆計策勇健有り。……袁紹は公孫瓚と連戦して決せず、蹋頓は使を遣わして紹に詣で和親を求め、袁紹を助けて公孫瓚を撃たしめ、これを破る。袁紹は制を矯めて蹋頓に峭王・汗魯王の印綬を賜り、皆もって単于と為す。

烏丸は遼西・上谷・右北平の三郡烏丸と遼東郡属国烏丸に各大人が居り、やがて王号を称した。遼西烏丸大人丘力居の死後、その後継の蹋頓は武略が有り、三王の部を総裁したが、衆は皆その教令に従った。袁紹は公孫瓚と連戦して決しなかった。蹋頓は袁紹に遣使して和親を求め、袁紹を助けて公孫瓚を撃つことに協力した。袁紹は制を矯めて蹋頓に峭王・汗魯王の印綬を賜り、皆もって単于と為した。袁紹は烏丸の王権を遊牧国家匈奴の伝統を認めた上に中国型政治秩序の王権を付与しようとした懐柔策を採った。

次に鮮卑について、

　　鮮卑歩度根既立、衆稍衰弱、中兄扶羅韓亦別擁衆数万為大人。建安中、太祖定幽州、歩度根与軻比能等因烏丸校尉閻柔上貢献。後代郡烏丸能臣氏等叛、求属扶羅韓、扶羅韓将万余騎迎之。……軻比能本小種鮮卑、以勇健、断法平端、不貪財物、衆推以為大人。部落近塞、自袁紹拠河北、中国人多亡叛帰之、教作兵器鎧楯、頗学文字。故其勒御部衆、擬則中国、出入弋猟、建立旌麾、以鼓節為進退。建安中、因閻柔上貢献。太祖西征関中、田銀反河間、比能将三千余騎随柔撃破銀。後代郡烏丸反、比能復助為寇害、太祖以鄢陵侯彰為驍騎将軍、北征、大破之。比能走出塞、後復通貢献。延康初、比能遣使献馬、文帝亦立比能為附義王。

　　鮮卑歩度根既に立ち、衆やや衰弱し、中兄扶羅韓はまた別に衆数万を擁して大人と為る。建安中、太祖（曹操）は幽州を定め、歩度根は軻比能等とともに烏丸校尉閻柔に因りて貢献を上る。後に代郡烏丸能臣氏ら叛し、扶羅韓に属せんことを求むるに、扶羅韓は万余騎を将いてこれを迎えしむ。（中略）軻比能は本より小種の鮮卑、勇健をもって、断法は平端、財物を貪らず、衆は推して以て大人と為す。部落の近塞、袁紹の河北に拠りしより、中国人は多く亡叛してこれに帰し、教えて兵器鎧楯を作り、頗る文字を学ばしむ。故にそれ部衆を勒御するに、擬して中国に則り、弋猟に出入りし、旌麾を建立し、鼓節をもって進退を為す。建安中、閻柔に因り貢献を上る。太祖

728　第三部　日本における出土鏡及び博物館美術館所蔵鏡の研究

　　（魏曹操）関中を西征するに、田銀河間に反し、比能は三千余騎を将い柔に随いて撃ちて銀を破る。後に代郡烏丸反し、比能復た助けて寇害を為し、太祖は鄢陵侯彰をもって驍騎将軍と為し、北征し、大いにこれを破る。比能走りて塞を出で、後に復た貢献を通ず。延康初（220年）、比能は使を遣わして馬を献じ、文帝（魏）また比能を立てて附義王と為す。

　鮮卑国家も、後漢王朝の魏曹操の軍事制圧の危機を迎えるなかで、歩度根と軻比能の内紛を惹起し、歩度根は軻比能に殺害される。ただし、烏丸・鮮卑についての『三国志』巻三十、魏書、烏丸鮮卑東夷伝の記述は魏太祖曹操の軍事行動に焦点があり、外国伝としてその王権と国家、制度・文物の紹介は著しく筆法が弱いとせざるを得ない。なお、魏王朝一代における烏丸・鮮卑の動向は章を改めて記すことにしたい。

　次に中間にもう一つの別の序文が付いている。

　　書称「東漸于海、西被于流沙」。其九服之制、可得而言也。然荒域之外、重訳而至、非足迹車軌所及、未有知其国俗殊方者也。自虞暨周、西戎有白環之献、東夷有粛慎之貢、皆曠世而至、其遐遠也如此。及漢氏遣張騫使西域、窮河源、経歴諸国、遂置都護以総領之、然後西域之事具存、故史官得詳載焉。魏興、西域雖不能尽至、其大国亀茲・于寘・康居・烏孫・疎勒・月氏・鄯善・車師之属、無歳不奉朝貢、略如漢氏故事。而公孫淵仍父祖三世有遼東、天子為其絶域、委以海外之事、遂隔断東夷、不得通於諸夏。景初中、大興師旅、誅淵、又潜軍浮海、収楽浪・帯方之郡、而後海表謐然、東夷屈服。其後高句麗背叛、又遣偏師致討、窮追極遠、踰烏丸・骨都、過沃沮、践粛慎之庭、東臨大海。長老説有異面之人、近日之所出、遂周観諸国、采其法俗、小大区別、各有名号、可得詳紀。雖夷狄之邦、而俎豆之象存。中国失礼、求之四夷、猶信。故撰次其国、列其同異、以接前史之所未備焉。

　　書経に「東は海に漸み、西は流沙に被る」と称す。それ九服の制は、得て言うべからざるなり。然して荒域の外、重ねて訳して至り、足跡車軌の及ぶところに非ざれば、未だその国俗殊方を知らざる者なり。虞（堯・舜）より周に暨るに、西戎に白環の献有り、東夷に粛慎の貢有り、皆世を曠くして至り、それ遐遠なるや此の如し。漢氏の張騫を遣わして西域に使するに及び、河（黄河）の源を窮め、諸国を経歴し、遂に都護（都護府）を置き以てこれを総領し、然る後に西域の事は具存し、故に史官は得詳しく載るを得たり。魏の興り、西域の尽く至る能わざると雖も、その大国亀茲・于寘・康居・烏孫・疎勒・月氏・鄯善・車師の属は、歳として朝貢を奉ぜざるは無く、ほぼ漢氏の故事の如し。しかして公孫淵は父祖三世により遼東を有ち、天子はその絶域の為めに委ぬるに海外の事を以てす、遂に東夷を隔断し、諸夏に通ずるを得ず。景初（魏明帝）中、大いに師旅を興し、淵を誅し、また軍を潜め海に浮かばせ、楽浪・帯方の郡を収め、しかして後に海表謐然たり、東夷屈服す。その後に高句麗背叛し、また偏師を遣わし討を致さしめ、極遠を窮追し、烏丸・骨都を踰え、沃沮を過ぎ、粛慎

第十八章 『親魏倭王』女王卑弥呼の王権と国家　729

の庭を踐み、東に大海を臨む。長老説くに異面の人有り、日の出る所に近く、遂く諸国を周観し、その法俗を采り、小大区別、各々名号有り、詳紀を得べしと。夷狄の邦と雖も、而して俎豆の象存せり。中国は礼を失い、これを四夷に求め、猶お信ずるがごとし。故に撰してその国を次し、その同異を列し、以て前史の未だ備えざるところに接す。

　魏王朝における新しい海外情勢の展開は東方、海外の東夷諸国にあった。その転機は魏明帝の青龍・景初年間の遼東公孫氏政権の攻略平定にあり、同時に海上からの朝鮮半島楽浪・帯方両郡の確保に魏王朝による東アジア世界成立の一大国際的契機があった。

第二節　『三国志』巻三十、東夷伝、夫余・高句麗・東沃沮・挹婁・濊・韓の条

　『三国志』巻三十、魏書、烏丸鮮卑東夷伝は後半に、夫余・高句麗・東沃沮・挹婁・濊・韓・倭人と続く。先の『三国志』巻三十の後半序文も最末尾は倭国の登場を大いに問題としているのである。魏王朝時代の倭国の発見は中国人にとって、コロンブスのアメリカ大陸発見だったのである。各国についての史料文言を要点のみ引用しよう。

【夫余国】
　　夫余在長城之北、去玄菟千里、南与高句麗、東与挹婁、西与鮮卑接、北有弱水、方可二千里。戸八万、其民土著、有宮室・倉庫・牢獄。多山陵・広沢、於東夷之域最平敞。土地宜五穀、不生五果。其人麤大、性彊勇謹厚、不寇鈔。国有君王、皆以六畜名官、有馬加・牛加・猪加・狗加・大使・大使者・使者。邑落豪民、名下戸皆為奴僕。諸加別主四出、道大者主数千家、小者数百家。……漢時、夫余王葬用玉匣、常予以付玄菟郡、王死則迎取以葬。公孫淵伏誅、玄菟庫猶有玉匣一具。今夫余庫有玉璧・珪・瓚数代之物、伝世以為宝、耆老言先代之所賜也。其印文言「濊王之印」、国有故城名濊城、蓋本濊貊之地、而夫余王其中、自謂「亡人」、抑有以也。

　　夫余は長城の北に在り、玄菟（郡城）を去ること千里、南は高句麗に与り、東は挹婁に与り、西は鮮卑と接し、北に弱水有り、方二千里なるべし。戸八万、その民は土著、宮室・倉庫・牢獄有り。山陵・広沢多く、東夷の域に於いて最も平敞（平坦）たり。土地は五穀に宜しく、五果を生ぜず。その人となり麤大、性は強勇謹厚、寇鈔せず。国に君王有り、皆六畜を以て官に名づけ、馬加・牛加・猪加・狗加・大使・大使者・使者有り。邑落豪民、名下の戸は奴僕と為す。諸加は別主四出し、道の大なる者数千家を主どり、小者数百家。……漢の時、夫余王の葬るに玉匣を用い、常に予め以て玄菟郡に付し、王死すれば則ち迎取して以て葬る。公孫淵の誅に伏すに、玄菟（郡）庫なお玉匣一具有るがごとし。今夫余の庫に玉璧・珪・瓚数代の物有り、伝世して以て宝と為し、耆老は先代の賜うところと言うなり。その印文に「濊王之印」と言い、国に故城有り濊城と名づくに、蓋し本より濊貊の地、しかして夫余その中に王たりて、

自ら「亡人」と謂うに、抑も所以有ればなり。

　夫余国は今日の中国東北、遼寧省から吉林省にかけての平野部である。唐時代の渤海、五代宋時代の契丹遼、女真金、やがて満洲清の興隆祖地である。戸は八万、卑弥呼の邪馬台国七万を若干上回る。宮室・倉庫・牢獄有りとは国家制度がかなり整備されていることを示すが、両漢以降、夫余国王は漢王朝に遣使朝貢し、その冊封を受けていたので、「濊王之印」の金印紫綬が賜与されていた[1]。夫余国は中国に入寇すること少なく、概して中国王朝の外臣として安定的な藩国であった。

【高句麗】

　　　高句麗在遼東之東千里、南与朝鮮・濊貊、東与沃沮、北与夫余接。都於丸都之下、方可二千里、戸三万。多大山深谷、無原沢。随山谷以為居、食澗水。無良田、雖力佃作、不足以実口腹。……其国有王、其官有相加・対盧・沛者・古雛加・主簿・優台丞・使者・皁衣先人、尊卑各有等級。東夷旧語以為夫余別種、言語諸事、多与夫余同、其性気衣服有異。本有五族、有涓奴部・絶奴部・順奴部・灌奴部・桂婁部。本涓奴部為王、稍微弱、今、桂婁部代之。漢時賜鼓吹技人、常従玄菟郡受朝服衣幘、高句麗令主其名籍。後稍驕恣、不復詣郡、于東界築小城、置朝服衣幘其中、歳時来取之、今胡猶名此城為幘溝漊。溝漊者、句麗名城也。其置官、有対盧則不置沛者、有沛者則不置対盧。王之宗族、其大加皆称古雛加。涓奴部本国主、今雖不為王、適統大人、得称古雛加、亦得立宗廟、祠霊星・社稷。絶奴部世与王婚、加古雛之号……。不得与王家使者・皁衣先人同列。其国中大家不佃作、坐食者万余口、下戸遠担米糧魚塩供給之。

　高句麗は遼東の東千里に在り、南は朝鮮・濊貊に与り、東は沃沮に与り、北は夫余と接す。丸都（山城）の下に都し、方二千里なるべし、戸三万。大山深谷多く、原沢無し。山谷に随い以て居と為し、澗水に食す。良田無く、佃作に力むと雖も、以て口腹を実たすに足らず。……その国王有り、その官に相加・対盧・沛者・古雛加・主簿・優台丞・使者・皁衣先人有り、尊卑各々等級有り。東夷の旧語には、夫余の別種と為し、言語諸事、多く夫余とともに同じく、その性気衣服は異有り。本と五族有り、涓奴部・絶奴部・順奴部・灌奴部・桂婁部有り。本、涓奴部は王と為り、やや微弱にして、今、桂婁部これに代わる。漢の時に鼓吹技人を賜り、常に玄菟郡より朝服衣幘を受け、高句麗その名籍を主どらしむ。後にやや驕恣、復た郡に詣らず、東界において小城を築き、朝服衣幘をその中に置き、歳時に来りこれを取り、今、胡なおこの城を名づけて幘溝漊と為すがごとし。溝漊とは、句麗の城を名いうなり。それ官を置くに、対盧有れば則ち沛者を置かず、沛者有れば則ち対盧を置かず。王の宗族、その大加皆古雛加と称す。涓奴部は本国主なり、今王と為さざると雖も、適ま大人を統べ、古雛加と称すを得、また宗廟を立つを得て、霊星・社稷を祠る。絶奴部は世よ王と婚し、古雛の号を加す。（省略）王家の使者・皁衣先人と同列を得ず。それ国中大家は佃作せず、坐食者万余口、下戸遠く米糧魚塩を担いてこれに供給す。

高句麗国も早くから中国に知られた。夫余より中国に近く、遼東近接である。しばしば中国に侵入し、これが入寇として国境紛争を惹起した。前漢末・王莽時期より特に高句麗は中国東方の軍事対象となった。高句麗は平野が少なく、自然環境は良田が少ない状態で農業生産による食料確保が困難であった。外国との交易が必須である。戸三万と戸口も多くはない。古くから中国と交渉があったので中国型制度文物が多く流入していたが、高句麗本来の政治秩序や慣行も多く残っている。高句麗五部の部族秩序や特別な官制がそれである。

【東沃沮】

　　　東沃沮在高句麗蓋馬大山之東、濱大海而居。其地形東北狭、西南長、可千里、北与挹婁・夫余、南与濊貊接。戸五千、無大君王、世世邑落、各有長帥。其言語与高句麗大同、時時小異。……其土地肥美、背山向海、宜五穀、善田種。

　　　東沃沮は高句麗蓋馬大山の東に在り、大海に濱して居る。その地形は東北狭く、西南長く、千里なるべし、北は挹婁・夫余に与り、南は濊貊と接す。戸五千、大君王無く、世世邑落、各々長帥有り。その言語は高句麗と大いに同じく、時時小異あり。……その土地肥美、山を背に海に向かい、五穀に宜しく、田種に善し。

　東の沃沮国は小国で戸口も五千と少ない。土地地味は良く、農業に適している。高句麗国とは反対に自給可能な国柄である。

【挹婁】

　　　挹婁在夫余東北千余里、濱大海、南与北沃沮接、未知其北所極。其土地多山険。其人形似夫余、言語不与夫余・句麗同。有五穀・牛・馬・麻布。人多勇力、無大君長、邑落各有大人。処山林之間、常穴居、大家深九梯、以多為好。土気寒、劇於夫余。

　　　挹婁は夫余東北千余里に在り、大海に濱し、南は北沃沮と接し、未だその北の極たるところを知らず。その土地は山険多し。その人の形は夫余に似、言語は夫余・高句麗と同じからず。五穀・牛・馬・麻布有り。人は勇力多く、大君長無く、邑落に各々大人有り。山林の間に処し、常に穴居し、大家深さ九梯、多を以て好と為す。土気寒きこと、夫余より劇し。

　夫余・高句麗と同系統の人々であろうが、顔かたちは似ているが、言語が違うという。五穀・牛・馬・麻布が有り、豊かな土地柄である。半農半牧生活である。

【濊】

　　　濊南与辰韓、北与高句麗・沃沮接、東窮大海、今朝鮮之東皆其地也。戸二万。……漢武帝伐滅朝鮮、分其地為四郡。自是之後、胡・漢稍別。無大君長、自漢已来、其官有侯邑君・三老・統主下戸。其耆老旧自謂句麗同種。

　　　濊は南は辰韓に与り、北は高句麗・沃沮と接し、東は大海に窮し、今朝鮮の東皆その地なり。戸二万。……漢武帝伐ちて朝鮮を滅し、その地を分かちて四郡と為す。是よりの後、胡・漢やや別つ。大君長無く、漢より已来、その官に侯邑君・三老・統主

下戸有り。それ耆老は旧と自ら高句麗と同種なりと謂う。

【韓】

　　　韓在帯方之南、東西以海為限、南与倭接、方可四千里。有三種、一曰馬韓、二曰辰韓、三曰弁韓。辰韓者、古之辰国也。

　　　韓は帯方（郡）の南に在り、東西は海を以て限と為し、南は倭と接し、方四千里なるべし。三種有り、一に馬韓といい、二に辰韓といい、三に弁韓という。辰韓なる者は、古の辰国なり。

まず、韓人居住地の位置が帯方郡の南に在り、東西は海、東の日本海と西の黄海によって界が限られ、その南は倭と接すという。方四千里というから夫余方二千里、高句麗方二千里の二倍の広さである。三種有り、一に馬韓、二に辰韓、三に弁韓のいわゆる三韓であるが、特に辰韓は古の辰国だと注記する。次に三韓を紹介する。まず馬韓。

①　　　馬韓在西。其民土著、種植、知蚕桑、作綿布。各有長帥、大者自名為臣智、其次為邑借、散在山海間、無城郭。

　　　馬韓は西に在り。その民は土著なり、種植し、蚕桑を知り、綿（まわた）・布を作る。各々長帥有り、大なる者を自ら名づけて臣智と為し、その次を邑借と為し、山と海との間に散在し、城郭無し。

馬韓（後の百済）は韓半島西部にあり、土着定住、耕作織布を営んでおり、その長帥の長を臣智、次を邑借とする。以上は後に述べる倭国諸国の事情と極めて類似していることがまず注目される。山海の間に散在し、城郭を持たないというのも倭国と同じである。その居住地点は次の五十五カ国とされる。

　　　有爰襄国・牟水国・桑外国・小石索国・大石索国・優休牟涿国・臣濆沽国・伯済国・速盧不斯国・日華国・古誕者国・古離国・怒藍国・月支国・咨離牟盧国・素謂乾国・古爰国・莫盧国・卑離国・占離卑国・臣釁国・支侵国・狗盧国・卑弥国・監奚卑離国・古蒲国・致利鞠国・冉路国・児林国・駟盧国・内卑離国・感奚国・万盧国・辟卑離国・臼斯烏旦国・一離国・不弥国・支半国・狗素国・捷盧国・牟盧卑離国・臣蘇塗国・莫盧国・古臘国・臨素半国・臣雲新国・如来卑離国・楚山塗卑離国・一難国・狗奚国・不雲国・不斯濆邪国・爰池国・乾馬国・楚離国、凡五十余国。（五十五カ国）

そして次の注記的文章が付く。

　　　大国万余家、小国数千家、総十余万戸。辰王治月支国。臣智或加優呼臣雲遣支報安邪踧支濆臣離児不例拘邪秦支廉之号。其官有魏率善・邑君・帰義侯・中郎将・都尉・伯長。

　　　大国は万余家、小国も数千家、総じて十余万戸なり。辰王は月支国を治す。臣智は或いは優呼臣雲遣支報安邪踧支濆臣離児不例拘邪秦支廉の号を加す。その官に魏率善・邑君・帰義侯・中郎将・都尉・伯長有り。

ここの国も倭国の邪馬台国らと同じく集落名称であり、城郭は無く環濠集落で在ったと

思われる。辰王は五十五カ国の一国である月支国を治すといい、倭王卑弥呼が邪馬台国を都とすというのと共通する。韓国はいまだ国の統合がみられないこととしても、その官に魏率善・邑君・帰義侯・中郎将・都尉・伯長有りといった魏王朝からの官吏授与があったという。韓国は中国郡県の帯方郡支配下にあった。他の二国を見よう。

② 辰韓在馬韓之東、其耆老伝世、自言古之亡人避秦役来適韓国、馬韓割其東界地与之。有城柵。其言語不与馬韓同、名国為邦、弓為弧、賊為寇、行酒為行觴。相呼皆為徒、有似秦人、非但燕・斉之名物也。名楽浪人為阿残。東方人名我為阿、謂楽浪人本其残余人。今有名之為秦韓者。始有六国、稍分為十二国。

　辰韓は馬韓の東に在り、その耆老の伝世に、自ら古の亡人秦の役を避け来り韓の国に適くと言い、馬韓はその東界地を割きこれに与う。城柵有り。その言語は馬韓と同じからず、国を名づけて邦と為す。弓を弧と為し、賊を寇と為し、行酒を行觴と為す。あい呼ぶに皆徒を為し、秦人に似る有り、但に燕・斉の名物のみにあらざるなり。楽浪人を名づけて阿残と為す。東方人我を名づけて阿と為すに、楽浪人は本その残余人なるを謂う。今、これを名づけて秦韓と為す者有り。始め六国有り、やや分かれて十二国と為す。

辰韓（後の新羅）は戦国末に秦人が来たのを祖とする。その地は馬韓東部を分割したものであったが、初め6国、やがて12国となった。

③ 弁辰亦十二国、又有諸小別邑、各有渠帥、大者名臣智、其次有険側、次有樊濊、次有殺奚、次有邑借。有已柢国・不斯国・弁辰弥離弥凍国・弁辰接塗国・勤耆国・難弥離弥凍国・弁辰古資弥凍国・弁辰古淳是国・冉奚国・弁辰半路国・弁辰楽奴国・軍弥国（弁軍弥国）・弁辰弥烏邪馬国・如湛国・弁辰甘路国・戸路国・州鮮国（馬延国）・弁辰狗邪国・弁辰走漕馬国・弁辰安邪国（馬延国）・弁辰瀆盧国・斯盧国・優由国。弁・辰韓合二十四国、大国四、五千家、小国六、七百家、総四、五万戸。其十二国属辰王。辰王常用馬韓国人作之、世世相継。辰王不得自立為王、土地肥美、宜種五穀及稲、暁蚕桑、作縑布、乗駕牛馬。……弁辰与辰韓雑居、亦有城郭。

　弁辰また十二国、また諸小別邑有り、各々渠帥有り、大なる者は臣智と名づけ、その次は険側有り、次に樊濊有り、次に殺奚有り、次に邑借有り。已柢国・不斯国・弁辰弥離弥凍国・弁辰接塗国・勤耆国・難弥離弥凍国・弁辰古資弥凍国・弁辰古淳是国・冉奚国・弁辰半路国・弁辰楽奴国・軍弥国（弁軍弥国）・弁辰弥烏邪馬国・如湛国・弁辰甘路国・戸路国・州鮮国（馬延国）・弁辰狗邪国・弁辰走漕馬国・弁辰安邪国（馬延国）・弁辰瀆盧国・斯盧国・優由国有り。弁・辰韓合二十四国、大国四、五千家、小国六、七百家、総四、五万戸。其十二国属辰王。辰王常に馬韓国人用いてこれを作り、世世あい継ぐ。辰王自立して王為るを得ず。土地肥美にして、宜しく五穀及び稲うべく、蚕桑に暁らか、縑布を作り、牛馬に乗駕し、……弁辰は辰韓とともに雑居し、また城郭有り。

こちらは倭国諸国の邪馬台国らと非常に似ている。辰王はあたかも女王卑弥呼のようだが、その王は自立することはできないという。また、最後に弁辰・辰韓の各国に城郭有りとするが甚だ疑問である。

第三節　『三国志』巻三十、東夷伝、倭人条

『三国志』巻三十、魏書、烏丸鮮卑東夷伝・倭人条、いわゆる魏志倭人伝は今まで見てきたような、東夷諸国の列伝の書き方と大いに異なる。倭人の住む土地に帯方郡からどのようにして行くのかが書かれているのである。魏人によって記述された倭国女王国都邪馬台国への行き方、及び倭諸国事情は次の通りである。これを便宜的に、【A】【B】【C】【D】の四群に分けよう。

【A】

　　倭人在帯方東南大海之中、依山島為国邑。旧百余国、漢時有朝見者、今使訳所通三十国。

　　倭人は帯方（郡）東南大海の中に在り、山島により国邑を為す。旧と百余国、漢の時に朝見有る者、今使訳の通ずるところ三十国。

【B】

① 従郡至倭、循海岸水行、歴韓国、乍南乍東、到其北岸狗耶韓国七千余里、始度一海、千余里至対馬国。其大官曰卑狗、副曰卑奴母離。所居絶島、方可四百余里、土地山険、多深林、道路如禽鹿径、有千余戸、無良田、食海物自活、乗船南北市糴。

　　郡より倭に至るには、海岸に循い水行し、韓の国を歴て、乍は南し乍は東し、そ（倭国）の北岸狗耶韓国に到ること、七千余里、始めて一海を度（渡）り、千余里にして対馬国に至る。その大官を卑狗といい、副を卑奴母離といい、居るところは絶島、方に四百余里なるべく、土地は山険、深林多く、道路は禽鹿の径の如く、千余戸有るも、良田無く、海物を食い自活し、船に乗り南北に市糴す。

② 又南渡一海千余里、名曰瀚海、至一大（支の誤）国、官亦曰卑狗、副曰卑奴母離。方可三百余里、多竹木叢林、有三千許家、差有田地、耕田猶不足食、亦南北市糴。

　　また南して一海を渡ること千余里、名けて瀚海といい、一支国に至り、官また卑狗といい、副を卑奴母離という。方に三百余里なるべく、竹木の叢林多く、三千許りの家有り、やや田地有るも、耕田猶お食に足らざるがごとく、亦た南北に市糴す。

③ 又渡一海、千余里至末盧国、有四千余戸、濱山海居、草木茂盛、行不見前人、好捕魚鰒、水無深浅、皆沈没取之。

　　また一海を渡り、千余里にして末盧国に至り、四千余戸有り、山海に濱して居り、草木茂盛し、行くに前人を見ず、好んで魚鰒を捕え、水は深浅無く、皆沈没してこれを取る。

第十八章　『親魏倭王』女王卑弥呼の王権と国家　735

④　東南陸行五百里、到伊都国、官曰爾支、副曰泄謨觚・柄渠觚。有千余戸、世有王、皆統属女王国、郡使往来常所駐。

　　東南して陸行すること五百里、伊都国に到り、官を爾支といい、副を泄謨觚・柄渠觚という。千余戸有り、世よ王有り、皆な女王国に統属せるに、郡使の往来して常に駐するところ。

【C】

⑤　東南至奴国百里、官曰兕馬觚、副曰卑奴母離、有二万余戸。

　　東南して奴国に至る百里、官を兕馬觚といい、副を卑奴母離といい、二万余戸有り。

⑥　東行至不弥国百里、官曰多模、副曰卑奴母離、有千余戸。

　　東に行きて不弥国に至る百里、官を多模といい、副を卑奴母離といい、千余戸有り。

⑦　南至投馬国水行二十日、官曰弥弥、副曰弥弥那利、可五万余戸。

　　南して投馬国に至る水行二十日、官を弥弥といい、副を弥弥那利といい、五万余戸なるべし。

⑧　南至邪馬壹（臺の誤）国、女王之所都、水行十日、陸行一月、官有伊支馬、次曰弥馬升、次曰弥馬獲支、次曰奴佳鞮、可七万余戸。

　　南して邪馬台国、女王の都とするところに至るに、水行十日、陸行一月、官に伊支馬有り、次に弥馬升といい、次に弥馬獲支といい、次に奴佳鞮というに、七万余戸なるべし。

　　女王国以北、其戸数道里可得略載。

　　女王国以北は、その戸数道里は略や載ることを得べし。

【D】

　　其余旁国遠絶、不可得詳。

　　その余の旁国は遠絶にして、詳を得べからず。

⑨　次有斯馬国、次有已百支国、次有伊邪国、次有都支国、次有弥奴国、次有好古都国、次有不呼国、次有姐奴国、次有対蘇国、次有蘇奴国、次有呼邑国、次有華奴蘇奴国、次有鬼国、次有為吾国、次有鬼奴国、次有邪馬国、次有躬臣国、次有巴利国、次有支惟国、次有烏奴国、次有奴国、此女王境界所尽。（二十一ヵ国）

⑩　其南有狗奴国、男子為王、其官有狗古智卑狗、不属女王。

⑪　自郡至女王国万二千余里。

【A】【B】【C】【D】の四群の文章の史料史実の信憑性の確認が必要である。【A】は「倭人は帯方（郡）東南大海の中に在り、山島により国邑を為す。旧と百余国は漢の時に朝見有る者、今使訳の通ずるところ三十国」という倭人諸国の全体的説明で以下の前文的文章である。ここに記される倭国の特徴は朝鮮半島南部の帯方郡東南大海中に在り、山と島から国邑即ち国都城を作っている。もと百余国、漢の時に朝見有るとは、『漢書』地理志の説明である。これが現在、魏王朝に使訳の通ずるところは三十国となっている。この

三十カ国とは【B】【C】【D】に見える諸国である。これは後に検討しよう。

【A】はほぼ妥当な指摘と思われるが、問題は後漢光武帝への倭奴国王の遣使朝貢とそれに対する倭奴国王への金印授与、及び永初年間倭国王帥升の後漢王朝への遣使朝貢の二外交事例をなぜ記述しないかの問題は残る。これは前者は奴国王、後者は伊都国王に対する外交であり、卑弥呼の女王国と関係ない先例だと魏王朝が考えたとしておこう。

【B】①は韓国沿岸の描写は正確である。ただ、その北岸狗耶韓国に到ること七千余里が問題である。その北岸とは何か。韓国南岸と言わないので、明らかに倭国北岸の言い方である。これは倭国と朝鮮半島との交通の恒常性を示していよう。半島金属資源原料の確保は3世紀には、倭国と朝鮮半島との交通の恒常性を顕在化させていたのである[2]。ここでは次に「始めて一海を度り、千余里にして対馬国に至る。」とあり、また、「居るところは絶島、方に四百余里なるべく、土地は山険、深林多く、道路は禽鹿の徑の如く」という対馬の自然環境の説明に続き、「千余戸有るも、良田無く、海物を食い自活し、船に乗り南北に市糴す」とある生産と流通の叙述は、対馬の歴史社会の説明として今日まで妥当な指摘である。その地誌の実態把握の的確さに驚嘆せざるを得ない。②の一大国（一支国、以下同）の「竹木の叢林多く」「やや田地有るも、耕田猶お食に足らざるがごとく、亦た南北に市糴す」も壱岐の環境、生産と流通の説明として正確であり、③の末盧国の「山海に濱して居り、草木茂盛し、行くに前人を見ず、好んで魚鰒を捕え、水は深浅無く、皆沈没してこれを取る」も唐津・呼子の景観の説明として今でも変わらない。

④の伊都国（糸島、前原）については、①対馬・②壱岐・③末盧のような環境景観や生産流通を描写する記事がない。伊都国は「世よ王有り、皆な女王国に統属せるに、郡使の往来して常に駐するところ」というだけであり、さらに官副の名称にも差違がある。そこで魏志倭人伝に見える倭諸国の地誌記載を対照表【表18—1】として作成した。これによれば、倭諸国は①対馬国、②一支国、③末盧国、④伊都国、⑤奴国、⑥不弥国、⑦投馬国、⑧邪馬台国の八国と⑨の其余旁国二十一国が女王国に統属していたという。計二十九国である。先の【A】に「旧と百余国、漢の時に朝見有る者、今使訳の通ずるところ三十国」とあるのに対応させれば、⑩狗奴国を加えれば正しく三十国となる。ただ、先の其余旁国二十一国のうち、華奴蘇奴古国は華奴国と蘇奴古国の二国に分けることが可能かも知れない。いずれにしても三十国は概数で、二十九国でも三十カ国でも差違はない。

【表18—1】　魏志倭人伝倭国諸国地誌対照表

史料番号	国名	現在地名	方位・地域間距離	大官	副・次	副・次	副・次	環境	戸数	生活・社会
①	対馬国	対馬	由韓国始度海1000余里	卑狗	卑奴母離			所居絶島、方可四百余里、土地山険、多深林、道路禽鹿徑。	1000余戸	無良田、食海物自活、乗船南北市糴。
②	一支国	壱岐	又南渡一海1000余里、名曰瀚海。	卑狗	卑奴母離			所居絶島、方可四百余里、土地山険、多深林、道路禽鹿徑。	3000余戸	差有田地、耕田猶不足食、亦南北市糴。
③	末盧国	松浦・唐津	又渡一海1000余里。					濱山海居、草木茂盛、行不見前人。	4000余戸	好捕魚鰒、水無深浅、皆沈没取之。
④	伊都国	糸島・前原	東南陸行500里	爾支	泄謨觚	柄渠觚			1000余戸	世有王、皆統属女王国、郡使往来常所駐。

⑤	奴国	福岡	東南100里	兕馬觚	卑奴母離			20000余戸	
⑥	不弥国	志賀島？	東100里	多模	卑奴母離			1000余戸	
⑦	投馬国	佐賀吉野ヶ里？	南水行20日	弥弥	弥弥那利			50000余戸	
⑧	邪馬台国	熊本県山門郡？	南水行10日・陸行1月	伊支馬	弥馬升	弥馬獲支	奴佳鞮	70000余戸	女王之所都。
⑨	其余旁国21国＊注1								
⑩	狗奴国	鹿児島？	女王境界所尽南方	狗古智卑狗					男子為王、不属女王国。
注1、其余旁国21国名	斯馬国・已百支国・伊邪国・都支国・弥奴国・好古都国・不呼国・姐奴国・対蘇国・蘇奴国・呼邑国・華奴蘇古国・鬼国・為吾国・鬼奴国・邪馬国・躬臣国・巴利国・支惟国・烏奴国・奴国、此女王境界所尽。其南有狗奴国。									

　次に方位と地域間距離は、邪馬台国所在論争に関わる。伊都国までは問題はない。魏志倭人伝の上掲【C】は⑤が「東南して奴国に至る百里」、⑥が「東に行きて不弥国に至る百里」、⑦が「南して投馬国に至る水行二十日」、⑧が「南して邪馬台国、女王の都とするところに至るに、水行十日、陸行一月」とある。そして【C】の部分の終わりに「女王国以北は、その戸数道里は略や載ることを得るべし」と結んでいる。女王国以北とは【B】の①対馬・②壱岐・③末盧の三国と【C】の④伊都国以下の⑤奴国・⑥不弥国・⑦投馬国、そして⑧邪馬台国をいうのである。【表1】で⑧以上の方位・地域間距離と戸数の各欄はすべて記載記入が見られる。そして最後に以上について整理すれば、⑦の投馬国が南へ至る水行二十日とか、⑧の邪馬台国、女王の都とするところが同じく南へ至る水行十日、陸行一月とやや不明瞭な旅程距離を示すとしても、南へという方位は信じてよく、逆にだから女王国以北という方向の示しかたと対応することになる。以上から魏志倭人伝による限り、邪馬台国は九州に所在したことは明瞭である。

　繰り返すが、伊都国から次にはすべて伊都国を出発地点として放射状に解釈する榎一雄氏説は動かないであろう。⑤奴国は金印「漢委奴国王」の出土した福岡市周辺地であること、特に福岡市南部の春日市須玖岡本遺跡周辺が有力な候補地点である。伊都国から東100里というのは地域間距離換算の基準となろう。不弥国もそうであるがきっちり100里といい、100余里と言わないところも注目する必要があろう。この100里は直線30km程度である。因みに朝鮮半島韓国南岸から①対馬国まで1000余里、①対馬国から②一支国まで1000余里、②一支国から③末盧国まで1000余里と里数の概数が示される。対馬から北方の韓国釜山まで50km、対馬から南方の壱岐まで73km、壱岐島から九州本土呼子まで26km、唐津まで約50km程度であるから、先の伊都国から奴国間100里、30kmとすれば、せいぜい200から250里程度である。あるいは海上里数は概数しかあり得ないのかも知れない。

　さて、邪馬台国の所在を証明する文言を詳細に検討しよう。【B】①で対馬国まで「郡（帯方郡）より倭に至る」以下、各地域間距離の総計を出そう。帯方郡城から韓国沿岸7000余里と海峡横断1000余里、計8000余里である。これから②の一支国に渡海1000余里、③の末盧国に渡海1000余里、④の東南陸行500里で伊都国に到る。ここまで帯方郡城からの累

計里数は10500里となる。そして上掲魏志倭人伝の文の最後の一群【D】の⑪に「郡より女王国に至る万二千余里」とあるから、帯方郡城から伊都国の累計里数10500里を差し引けば、伊都国から女王国までは1500余里となる。これを先の伊都国から奴国の距離30kmで換算すれば、450km程度となる。九州西部の海上、ないし河川を迂回しながら南下すれば、ほぼ熊本県北部の玉名市・菊池市辺りに着く。古来、邪馬台国九州説の最有力候補地の熊本県山門郡が妥当することになろう。

そして邪馬台国以南に【D】⑨の其余旁国21カ国が熊本、八代、人吉から鹿児島県北部の諸地域に所在することになる。それより南に⑩狗奴国があるが、これは鹿児島市か、あるいは都城、西都原、宮崎県に入るかも知れない。ただし、「以南」に拘ったのであり、これが90度廻り、「以東」となれば、当然⑩狗奴国は畿内勢力となろうがそれは不可能であろう。

さて、その他【表1】はいかなる知見を示しているだろうか。諸国の官・副、つまり長官、次官の役職については、まず、①対馬国、②一支国と⑤奴国がほぼ同様であり、⑥不弥国が続く。卑狗（ひく、ひこ）は彦のこと、男子の美称、「日子」の意味とされる。卑奴母離の卑奴（ひな）は、『日本書紀』崇神紀に「四道将軍、戎夷を平けたる状を以て奉す」の戎夷を「ひな」と訓じている。戎夷つまり辺境の守であろう。官副名称が著しく異なり、また副・次の数が多いのは④伊都国と⑧の邪馬台国である。⑦投馬国も数は多くないが、名称が異なる。ただ、③の末盧国に記載が無い理由は不明である。あるいは『三国志』原文の伝承中の欠落かも知れない。

官副に続いて、諸国の戸数が問題であるが、⑧邪馬台国が最多の七万余戸、次いで⑦投馬国五万余戸、⑤奴国二万余戸、以上が一万戸を超え、後は③末盧国が四千余戸であり、①対馬国、②一支国と④伊都国は同じく一千余戸とされている。合計で十五万余戸となる。これに其余旁国二十一カ国と狗奴国を加えれば倭国全体の戸数は優に二十万戸を超えよう。これは3世紀前半の東アジア世界にあって、周辺諸国とすれば、最多の戸口数であったことは重要である。

第四節　『三国志』巻三十、東夷伝、倭国の政治行政

魏志倭人伝が記す倭国の習俗は次のように記されている。
①　　男子無大小皆黥面文身。自古以来、其使詣中国、皆自称大夫。夏后少康之子封於会稽、断髪文身以避蛟龍之害。今倭水人好沈没捕魚蛤、文身亦以厭大魚水禽、後稍以為飾、諸国文身各異、或左或右、或大或小、尊卑有差。計其道里、当在会稽・東冶之東。
②　　其風俗不淫、男子皆露紒、以木緜招頭。其衣横幅、但結束相連、略無縫。婦人被髪屈紒、作衣如単被、穿其中央、貫頭衣之。種禾稲・紵麻・蚕桑・緝績、出細紵・縑緜。
③　　其地無牛・馬・虎・豹・羊・鵲。

④　兵には矛・楯・木弓を用う。木弓は下を短く上を長くし、竹箭は或いは鉄鏃或いは骨鏃、所有無は儋耳・朱崖と同じ。

⑤　倭地は温暖、冬夏生菜を食す、皆徒跣。屋室有り、父母兄弟臥息処を異にす、朱丹を以てその身体に塗る、中国の粉を用うるがごときなり。食飲には籩豆を用い、手食す。

⑥　其の死するや、棺有りて槨無し、土を封じて冢を作る。始め死するや喪を停むること十余日、当時肉を食らわず、喪主は哭泣し、他人は就きて歌舞飲食す。已に葬れば、挙家水中に詣りて澡浴し、以て練沐のごとくす。

⑦　其の行来して海を渡り中国に詣るや、恒に一人をして、頭を梳らず、蟣蝨を去らず、衣服垢汚、肉を食らわず、婦人に近づかざらしめ、喪人の如し、之を名づけて持衰と為す。若し行く者吉善なれば、共にその生口財物を顧す。若し疾病有り、暴害に遭わば、便ち之を殺さんと欲す、その持衰謹まずと謂えばなり。

⑧　真珠・青玉を出す。其の山に丹有り、其の木には枏・杼・豫樟・楺櫪・投櫾・烏号・楓香有り、其の竹は篠簳・桃支、薑・橘・椒・蘘荷有るも、以て滋味と為すを知らず。獼猴・黒雉有り。

⑨　其の俗事を挙げ行来するに、云為する所有れば、輒ち骨を灼きて卜し、以て吉凶を占い、先ず卜する所を告ぐ、其の辞は令亀法の如く、火坼を視て兆を占う。

⑩　其の会同坐起には、父子男女別無く、人性酒を嗜む。

⑪　大人の敬する所を見れば、但だ手を搏ちて以て跪拝に当つ。

⑫　其の人寿考、或は百年、或は八、九十年。

⑬　其の俗、国の大人は皆四、五婦、下戸も或は二、三婦。婦人淫ならず、妬忌せず。

⑭　盗竊せず、諍訟少し。其の法を犯すや、軽き者はその妻子を没し、重き者はその門戸を滅す。

⑮　宗族尊卑に及び、各々差序有り、足りて相臣服す。

⑯　租賦を収む。邸閣有り、国国に市有り、有無を交易し、大倭をして之を監せしむ。

結び――魏志倭人伝に見える女王卑弥呼像――

魏志倭人伝には、倭国女王卑弥呼について、次の説明がある。

　其の国本亦た男子を以て王と為し、住まること七八十年、倭国乱れ、相攻伐すること歴年、乃ち共に一女子を立て王と為し、名を卑弥呼と曰う、鬼道に事え、能く衆を惑わす、年已に長大、夫壻無く、男弟有りて佐けて国を治む。王と為りしより以来、見る有る者少なし。婢千人を以て自ら侍せしめ、唯だ男子一人有りて飲食を給し、辞を伝えて出入す。居処の宮室楼観、城柵厳かに設け、常に人有りて兵を持ちて守衛す。

　その国は本亦た男子をもって王と為し、住ること七、八十年、倭国乱れ、あい攻伐すること歴年、乃ち共に一女子を立て王と為し、名づけて卑弥呼と曰く、鬼道に事え、能く衆を惑す、年すでに長大なるも、夫壻無く、男弟有り佐けて国を治せり。王と為りしより以来、見る有る者少なし。婢千人をもって自ら侍し、ただ男子一人のみ有りて飲食を給し、辞を伝えて出入す。居処の宮室楼観、城柵厳かに設け、常に人有り兵を持ちて守衛す。

　中間に「名づけて卑弥呼と曰く、鬼道に事え、能く衆を惑す」が出てくる。それに続き、「年すでに長大なるも、夫壻無く」とあるのが後世、伊勢神宮の斎宮[3]を髣髴とさせると

いわれる。ただ、そのことが直ちに、だから卑弥呼は巫女だとは言えぬであろう。当面、「鬼道に事え、能く衆を惑す」は留保して他の文言を考えよう。

　魏志倭人伝では卑弥呼の前に倭国には男子の王が居た。七、八十年続いたが、倭国は乱れた。ここを『後漢書』東夷伝の倭人条では「桓霊の間、倭国大乱す」とある。周知のごとく桓霊の間とは後漢の桓帝（在位146〜167年）と霊帝（同、167〜189年）の時期で、この頃、184年の黄巾の乱が起こり、それが東アジアに政治変動の波を及ぼして、倭国も乱世になったと言う理解がある[4]。ただ、この理解は東アジア世界論としては重要な指摘であるが、倭国に即して卑弥呼の前王の事態を考えると、倭国の乱は何も男子の王であったから起こったとは限らない。むしろその収束段階で卑弥呼が登場したが、その時には中国は三国魏王朝になっていて、東アジア世界の秩序が回復していたということも考慮しておく必要がことである。実際、卑弥呼の魏王朝への使節の派遣は魏明帝の時、遼東公孫氏を平定の時であった。その外交感覚を卑弥呼は持っていたのである。

　加えて、右の魏志倭人伝の卑弥呼の説明の後半部が問題である。そこには「男弟有り佐けて国を治せり。王と為りしより以来、見る有る者少なし。婢千人をもって自ら侍し、ただ男子一人のみ有りて飲食を給し、辞を伝えて出入す。居処の宮室楼観、城柵厳かに設け、常に人有り兵を持ちて守衛す」とある。これは後世の日本国天皇のイメージである。神に仕える巫女とか、シャーマンであったら、婢千人は当然必要無いし、居処の宮室楼観、城柵厳かに設け常に人有り兵を持ちて守衛する必要も無かろう。これらが必備な人間は誰か。権力者、政治家である。卑弥呼は他ならぬ「親魏倭王」女王であった。ただ、「男弟有り佐けて国を治せり」とか「王と為りしより以来、見る有る者少なし」をどのように説明したら良いのであろうか。ここに留保して置いた「鬼道に事え、能く衆を惑す」との関連が問題となろう。魏志倭人伝には倭国の風俗・宗教儀礼はどのようなものと魏使の眼にうつったであろうか[5]。

注
（１）　川勝守『日本国家の形成と東アジア世界』（吉川弘文館、2009年）84・85頁、参照。
（２）　川勝守、前掲『日本国家の形成と東アジア世界』第一部第四章、参照。
（３）　天皇の即位ごとに選定され、伊勢神宮に奉仕した未婚の内親王、または女王。崇神天皇の時代に始まるといわれ、14世紀半ばの後醍醐天皇の時代まで続いた。
（４）　西嶋定生『倭国の出現　東アジア世界のなかの日本』東京大学出版会、2000年。
（５）　原載、川勝守「『親魏倭王』女王卑弥呼の王権と国家」『大正大学東洋史研究』第３号、2010年。

結　語

　『三角縁神獣鏡と東アジア世界』と題する本書が取り上げる三角縁神獣鏡は、すでに超有名なテーマである。3世紀の邪馬台国女王卑弥呼のことについて記した「魏志倭人伝」に卑弥呼の遣使朝貢に応えて、魏王朝の明帝皇帝は倭国女王卑弥呼を「親魏倭王」に封ずるとともに、「汝が好物を与える」「悉く汝が国人に示せ」として銅鏡100枚を与えた。その鏡が三角縁神獣鏡であるとされた。そこで三角縁神獣鏡を数多く副葬する古墳の地方が卑弥呼の陵墓の地ではないか、したがってその古墳の所在地がすなわち邪馬台国の所在地であると、日本考古学界は沸き立ったのである。三角縁神獣鏡は旧山城国（京都府）、大和国（奈良県）、和泉・河内・摂津等国（大阪府）、摂津・播磨等国（兵庫県）から圧倒的に多数出土する。特に南山城京都府の椿井大塚山古墳からは、32面の三角縁神獣鏡が出土した。さらに、もうひとつの考古学的事実が加わる。「魏志倭人伝」に記す「親魏倭王」卑弥呼がやがて薨じたとき、「大いに冢を作る」とある。これもそれ考古学だとなり、日本における古墳の始まりが考古学的に追求された。卑弥呼の死は3世紀半ばであるので、その時期建造の古墳が探された。そして分かったこと、その古墳は日本固有の前方後円墳であり、3世紀に畿内地方を中心として始まり、4世紀以降に全国に普及したこと。さらに三角縁神獣鏡の同笵・同型関係が精緻に調査研究された。その結果はやはり三角縁神獣鏡の古式、新式の関係も含めて、畿内古墳と全国の古墳との関係が確認された。箸墓古墳が卑弥呼の古墳として有力であるという説が浮上してきた。邪馬台国はどこか、考古学的には解決された感じがする、これに異を唱えようとするのが本書である。ただ、卑弥呼の古墳の新発見を考古学的にひっさげての話しではない。

　邪馬台国・三角縁神獣鏡・初期古墳と結ぶ、わずかな水漏れに気が付いた。大体、三角縁神獣鏡はどこで、誰が鋳造したか、その議論は未解決である。中国・魏か、日本・倭国か、これに中国の著名な考古学者王仲殊氏は中国人・呉工人が日本列島・倭国で鋳造したという新説を出した。珍説どころか、従来の三角縁神獣鏡研究の虚を衝いた無視することのできない主張である。ただ、王仲殊氏の新説をもってしても邪馬台国畿内説は覆されない。

　問題点の一つに鏡が何に使用された道具かがある。これは顔や姿を写すものである。ところが、卑弥呼が「よく鬼道に事え、衆を惑わす」といわれて以来、卑弥呼は鏡を使って呪術を行ったと、まことしやかに言われる。箸墓古墳にほど近い纏向遺跡に大宮殿、大祭祀遺跡が発見され、卑弥呼が呪術を行った建造物にほかならぬという。こうした議論に立ち向かうには日中両国の古鏡の実見調査と研究の集成が必要である。そこで本書執筆の企図が予定された。

【結・表】 前漢・王莽・後漢各時期鏡式出土類次表

鏡式名	鏡式別称、代表鏡式名	前漢 中期 第1期	前漢 中期 第2期	前漢 後期 第3期 前期	前漢 後期 第3期 後期	王莽期	後漢 早期 第4期	後漢 中期 第5期	後漢 後期 第6期
草葉文鏡		1							
星雲鏡		4	3						
日光鏡			3	8	5				
昭明鏡			3	10	6				
四乳虺龍文鏡	変形四螭文鏡			9	2				
四乳鏡	家常貴富鏡・八禽鏡・四禽鏡・四獣鏡			3	1	2			
連弧文銘帯鏡	連弧文鏡の内、日光鏡・昭明鏡以外				1				
規矩鏡	四神鏡					4	3	2	
四葉座内行花文鏡	雷雲文鏡						4		
双頭龍鳳文鏡	夔鳳文鏡						1		
蝙蝠座内行花文鏡	長宜子孫鏡							1	5
四鳳鏡									1
環状乳神獣鏡	人物画象鏡								1
変形獣首鏡									2
三獣式盤龍鏡									1
鉄鏡									7

　一応の結論というより、中間報告をしておこう。日本の近世及び明治・大正以来の研究は今でも有効である。梅原末治氏や樋口隆康氏が集成した日本における鏡形態論は教科書になる。樋口隆康氏らが作成した【結・表】前漢・王莽・後漢各時期鏡式出土類次表は古代漢式鏡の数量測定の目安になる。それに梅原末治氏の紀年銘鏡研究も重要である。王莽の居摂元年（前漢末、紀元6年）にはじまる紀年銘鏡は2世紀後半の桓帝・霊帝時期から、後漢極末の建安年間にピークに達し、三国魏の黄初、呉の黄武年間以降、特に江南呉鏡の黄龍・嘉禾・赤烏・五鳳・太平・永安・甘露・宝鼎、そして天紀の年号を鋳造する鏡が中国大陸でまた楽浪郡等朝鮮半島で多く発見された。それに対して、日本列島では青龍・景初・正始という魏明帝時期の鏡のみが異常に多数発掘発見された。特に卑弥呼の魏王朝への遣使時期の景初三年（239）、景初四年・正始元年（240）の紀年銘鏡であり、だから三角縁神獣鏡は魏王朝が倭国女王卑弥呼に特別に鋳造下賜した鏡となろう。中国大陸で三角縁神獣鏡が一面も発見されていない説明は容易である。

　そこで研究の焦点は三角縁神獣鏡が中国のどこで鋳造されたかである。江蘇北部の徐州ともいう。でも十全な考古学的資料があるわけではない。それでも近年における中国各地での古鏡の発掘発見、蒐集研究は著しく進展した。それを第二部各章で扱ったが、それによれば意外な事実が浮かんでくる。三角縁神獣鏡の古郷は江南ではない。序でに言えば、3世紀の仏獣鏡の制作も江南ではない。華北や四川かと言えば、資料がない。有力な候補地は武昌、湖北鄂州地方である。近くに三国時代の古戦場として超有名な赤壁がある。ここで魏の曹操は一敗地にまみれ、中国統一の野望潰えたことになっている。しかし、魏の初代文帝、2代明帝はこの長江中流の地方とそこでの鏡鋳造を確保していたのである。ただ、この点の詳細な検討は今後に残る。

ついでに言えば、日本側の問題とすれば、三角縁神獣鏡が九州から関東までいつの時期に配布されたかの問題がある。その場合、畿内型古墳、すなわち前方後円墳の普及と三角縁神獣鏡の普及とは同じことではないとすべきである。日本の邪馬台国卑弥呼に来てから、東国の群馬県に至る経路が問題である。

　3、4世紀の日本史の最重要課題は邪馬台国の所在はどこかだけではない。明らかに大和盆地で成立した箸墓古墳的前方後円墳の被葬者は天皇とその朝臣の祖先である。日本古代、720年に編纂された『日本書紀』にすでに邪馬台国女王卑弥呼は神功皇后であるという理解がはじまっている。邪馬台国畿内説は卑弥呼＝神功皇后説から解放される必要があり、そうしてはじめて日本における天皇の出現の秘密の扉が開くのである。

おわりに

　日本国家の形成が東アジア世界と密接に関わって来たことは明白である。それより分かり易く言えば、日本列島の文明と文化の発展に東アジア世界は甚大な影響を与えてきたのである。文字も国家も官僚制、その他律令（法律）・税制度・兵制・地方行政制（国府県郡）、さらには暦・年号、教育教化や信仰、神道はともかくとしても仏教（大乗仏教）は決定的である。さらには元旦から節分、端午節、七夕、重陽節から大晦日に至る年中行事、これらもすべて中国のそれが入ってきた。「ものつくり」は一応縄文文化以来の石・木・貝、さらには黒曜石・翡翠・琥珀・珊瑚・真珠から漆・朱（丹）など列島固有のものがあるとしても、弥生時代を始期とする金属加工は海を渡ってきたものが多い。その中で鏡が特に注目される。青銅製の鏡である。この青銅は銅と錫と鉛の合金からなる。混合具合で見事な白銅とよばれる美しい製品になる。日本列島に銅・鉄の金属が渡来したのは前4世紀とされるから、それよりさほど経たないうちに高度な青銅製鏡が入ってきたのである。銅剣・銅鉾・銅鐸と較べて銅鏡の金属質の高さは格別である。

　青銅製の鏡が日本列島にはじめて渡来した時期は前漢晩期から後漢時代にかけてである。これは中国史書に日本・倭がはじめて記載された時期と一致する。「それ楽浪海中倭人あり、分かれて百余国となす、歳時をもって来り献見す」（『漢書』地理志）。この楽浪とは、前漢武帝が前108年に朝鮮半島の大同江沿い地方、現在の北朝鮮（朝鮮民主主義人民共和国）の首都平壌付近と確認される。ここから前漢極末の王莽時代の居摂元年（この年号自体が王莽が前漢皇帝に代わって中華帝国の政治主権者であることを表明している）の紀年銘鏡が出土している。この時期の鏡は本書第十三章でみた通り、北九州福岡県糸島市の平原遺跡から出土している。ただ当地の鏡の多く、主体は2世紀の後漢鏡である。文様は内行花文鏡と方格規矩四神鏡と呼ばれるものである。この2種が日本列島では初期の漢式鏡として特別に多い。日本列島人の好みに合ったのだろう。明治以降に日本各地で発掘されて帝室博物館や宮内庁諸陵寮に所蔵された鏡中に、内行花文鏡と方格規矩四神鏡を少し変形して日本列島で製造した和鏡と呼ぶ鏡があることでも分かる。しかし、日本列島各地から出土する青銅鏡は三角縁神獣鏡が圧倒的に数量が多い。近世・明治初年から、すでにその事実が注目されてきたようである。

　今日でこそ、この三角縁神獣鏡は邪馬台国女王卑弥呼が魏皇帝から「汝が好物を与える」として下賜された銅鏡百枚の鏡だと誰でも思う。でも明治・大正から昭和初期まで、東京・九州の漢式鏡研究者の多くはそれに疑問を持ってきた。京都大学の東洋史学の創始者のひとり、富岡謙蔵氏が魏鏡説であったのは、以後の三角縁神獣鏡研究が京都大学を中心とする関西の考古学者の母校になったことを意味する。戦後多くの古墳の発掘調査が考古学者

によって進められた。三角縁神獣鏡の出土は全国的ながら、その出土数量と同范・同型関係におけるセンター的位置は特に大和・山城・河内摂津、現在の奈良県・京都府・大阪府さらに兵庫県の畿内地方であることが明白になった。当然のことながら邪馬台国畿内説が有力になる。

しかし、三角縁神獣鏡は源泉問題からして決定していない。中国本土からは一枚も三角縁神獣鏡が発見されていない。これを説明するには日本考古学には十全な手がかりはない。せいぜい仮説がでるだけである。

そこで本書は中国各地の機関所蔵の古代銅鏡の悉皆調査を思いたった。三角縁神獣鏡はひとまず措いて、中国ではいかなる銅鏡が前漢、後漢、三国時代に造られたか、その地域的地方的偏差はどのようなものか、それに合わせて中国の古今の古鏡研究、銅鏡文化研究の内容傾向の検討と紹介もしたい。それが本書の第二部である。その結果は実に重大な問題点があることが浮上したが、それを当該中国史に即してみると、なお今後の研究課題として史的究明を多く必要とすることが出現してきた。これは今後に俟つほかはない。

そこで再び日本各地で発掘調査されたものについて、また鏡蒐集機関の主要なものについて一応の整理をしておくことで中間報告にした次第である。なお、最後に表題の『三角縁神獣鏡と東アジア世界』に関わって邪馬台国卑弥呼、すなわち親魏倭王卑弥呼に関する「魏志倭人伝」の私なりの解読分析を叙述して結びとした。

それにしても数多くの表と、中国文の多くを並べてはなはだ馴染み難い本書の出版を引き受けてくれた汲古書院主石坂叡志氏と編集の労をいただいた大江英夫氏にはいつものことながら深甚な謝意を表したいと思う。

　2011年11月3日文化の日

川　勝　守

附録　写真・拓本・参考画像一覧

番号	表番号	鏡名	時代	掲載文献名	文献頁	鏡番号	本書参照主要頁
001	【表4−1】	青龍四乳仙人鏡	漢	陳介祺蔵古拓本選編・銅鏡巻	126		249・254・258
002	【表4−1】	青龍四乳仙人鏡・局部	漢	陳介祺蔵古拓本選編・銅鏡巻	127		249・254・258
003	【表4−1】	袁氏四乳仙人神獣鏡	後漢	陳介祺蔵古拓本選編・銅鏡巻	130		249・254・258
004	【表4−1】	袁氏四乳仙人神獣鏡・局部	後漢	陳介祺蔵古拓本選編・銅鏡巻	131		249・254・258
005	【表5−1】	刻婁銘四霊博局鏡（拓本）	新莽	三槐堂蔵鏡	117	75	283・300・346
006	【表5−1】	刻婁銘四霊博局鏡（局部、拓本）	新莽	三槐堂蔵鏡	118	76	283・300・316
007	【表5−1】	善銅四霊博局鏡（拓本）	新莽	三槐堂蔵鏡	123	81	285・301・309・322・326
008	【表5−1】	新朝治竟四霊博局鏡（拓本）	新莽	三槐堂蔵鏡	126	84	286・301・309・323・326
009	【表5−1】	朱氏四霊博局鏡（拓本）	新莽	三槐堂蔵鏡	127	85	286・301・309・323・326
010	【表5−1】	四霊博局鏡（拓本）	後漢	三槐堂蔵鏡	133	89	287・301・310・324・326・345
011	【表5−1】	照容銘博局鏡（拓本）	後漢	三槐堂蔵鏡	134	90	287・301・310・324・326
012	【表5−1】	四乳禽獣鏡（拓本）	後漢	三槐堂蔵鏡	136	92	287・302
013	【表5−1】	七乳瑞獣鏡（拓本）	後漢	三槐堂蔵鏡	137	93	302
014	【表5−1】	神人車馬画像鏡	後漢	三槐堂蔵鏡	146	102	302
015	【表5−1】	神人白馬画像鏡	後漢	三槐堂蔵鏡	148	104	303
016	【表5−1】	袁氏神人龍虎画像鏡	後漢	三槐堂蔵鏡	150	106	290・303・310・324・326・345
017	【表5−1】	神人神獣画像鏡	後漢	三槐堂蔵鏡	152	108	303
018	【表5−1】	吾作神人神獣画像鏡	後漢	三槐堂蔵鏡	154	110	303・310・325・326
019	【表6−2】	道路遼遠鏡（拓本）	前漢	上海博物館蔵鏡		30	365・379
020	【表6−2】	内清四霊鏡（拓本）	前漢	上海博物館蔵鏡		36	366・382・392・408
021	【表6−2】	新興辟雍鏡（拓本）	王莽	上海博物館蔵鏡		40	367・392・408
022	【表6−2】	王氏四霊六博紋鏡（拓本）	王莽	上海博物館蔵鏡		41	367・383・393・408
023	【表6−2】	下除十二支六博紋鏡（拓本）	後漢	上海博物館蔵鏡		45	368・384・395・409
024	【表6−2】	龍氏神人龍虎画像鏡（拓本）	後漢	上海博物館蔵鏡		49	369・386・396・396・409
025	【表6−2】	神人龍虎画像鏡（拓本）	後漢	上海博物館蔵鏡		50	369・386・396・409
026	【表6−2】	柏氏伍子胥画像鏡（拓本）	後漢	上海博物館蔵鏡		51	369・386・396・396・409
027	【表6−2】	神人車馬画像鏡（拓本）	後漢	上海博物館蔵鏡		59	373・388・404・411

748　附録　写真・拓本・参考画像一覧

028	【表6−2】	神人車馬画像鏡（拓本）	後漢	上海博物館蔵鏡		60	373・389・404・411
029	【表7−1】	貞夫画像鏡	後漢	浙江出土銅鏡		彩11	417・431・446
030	【表7−1】	神仙車馬画像鏡	後漢	浙江出土銅鏡		彩12	417・431・446
031	【表7−1】	神仙車馬画像鏡	後漢	浙江出土銅鏡		彩13	417・432・447
032	【表7−1】	神仙車馬画像鏡	後漢	浙江出土銅鏡		彩14	417・432・447
033	【表7−1】	神仙車馬画像鏡	後漢	浙江出土銅鏡		彩15	417・432・447
034	【表7−1】	神仙車馬画像鏡	後漢	浙江出土銅鏡		彩16	417・433・448
035	【表7−1】	神仙車馬画像鏡	後漢	浙江出土銅鏡		彩17	417・433・448
036	【表7−1】	神仙車馬画像鏡	後漢	浙江出土銅鏡		彩19	417・433・448
037	【表7−1】	龍虎神仙画像鏡	後漢	浙江出土銅鏡		彩22	418・434・449
038	【表7−1】	龍虎神仙画像鏡	後漢	浙江出土銅鏡		彩23	418・434・449
039	【表7−1】	屋舎人物画像鏡	後漢	浙江出土銅鏡		彩27	418・432・449
040	【表7−1】	環状乳半円方枚神獣鏡	後漢	浙江出土銅鏡		彩30	418・439・453
041	【表7−1】	鎏金環状乳半円方枚神獣鏡	後漢	浙江出土銅鏡		彩35	419・436・454
042	【表7−1】	環状乳半円方枚神獣鏡	後漢	浙江出土銅鏡		彩37	419・441・455
043	【表7−1】	環状乳半円方枚神獣鏡	後漢	浙江出土銅鏡		彩38	419・444・455
044	【表7−1】	環状乳半円方枚神獣鏡	後漢	浙江出土銅鏡		彩40	419・444・455
045	【表7−1】	神仙車馬画像鏡	後漢	浙江出土銅鏡		図22	422・432・450
046	【表7−1】	神仙車馬画像鏡	後漢	浙江出土銅鏡		図23	422・431・450
047	【表7−1】	神仙車馬画像鏡	後漢	浙江出土銅鏡		図24	422・433・450
048	【表7−1】	呉王・伍子胥画像鏡	後漢	浙江出土銅鏡		図25	422・433・450
049	【表7−1】	呉王・伍子胥画像鏡	後漢	浙江出土銅鏡		図26	422・433・451
050	【表7−1】	龍虎神仙画像鏡	後漢	浙江出土銅鏡		図27	422・435
051	【表8−1】	羽翅地四山紋鏡	戦国	湖南長沙市博物館蔵鏡	6・7	3	460・465
052	【表8−1】	羽翅地十葉五山紋鏡	戦国	湖南長沙市博物館蔵鏡	16・17	11	461・465
053	【表8−2】	正月午日神人神獣画像鏡	晋	湖南長沙市博物館蔵鏡	148・149	113	474・494・497
054	【表8−2】	鄭氏神人神獣画像鏡	後漢	湖南長沙市博物館蔵鏡	150・151	114	474・495・497
055	【表8−2】	尚方神人龍虎画像鏡	後漢	湖南長沙市博物館蔵鏡	152・153	115	474・496・497
056	【表9−1】	半円方枚神獣鏡	後漢	湖北鄂州市漢三国六朝銅鏡		45	504・516・522・527・532
057	【表9−1】	半円方枚神獣鏡	後漢	湖北鄂州市漢三国六朝銅鏡		46	504・516・522・531
058	【表9−1】	半円方枚神獣鏡	後漢	湖北鄂州市漢三国六朝銅鏡		47	504・517・522・529
059	【表9−1】	建安六年直銘重列神獣鏡	後漢	湖北鄂州市漢三国六朝銅鏡		49	504・513・517・522・530
060	【表9−1】	直銘重列神獣鏡	後漢	湖北鄂州市漢三国六朝銅鏡		53	504・517・523・532

061	【表9－1】	四葉八鳳仏獣鏡	六朝	湖北鄂州市漢三国六朝銅鏡		81	506・511・523・526～528
062	【表9－1】	四葉八鳳仏獣鏡・局部・仏陀供養像	六朝	湖北鄂州市漢三国六朝銅鏡		81	506・511・523・526～528
063	【表9－1】	四葉八鳳仏獣鏡・局部・仏陀禅定像	六朝	湖北鄂州市漢三国六朝銅鏡		81	506・511・523・526～528
064	【表9－1】	黄武六年半円方枚神獣鏡	六朝呉	湖北鄂州市漢三国六朝銅鏡		84	507・513・518・523・533
065	【表9－1】	半円方枚神獣鏡	六朝	湖北鄂州市漢三国六朝銅鏡		94	508・518・524・531
066	【表9－1】	鎏金画紋帯神獣鏡	六朝	湖北鄂州市漢三国六朝銅鏡		95	508・519・524・531
067	【表9－1】	画紋帯神獣鏡	六朝	湖北鄂州市漢三国六朝銅鏡		103	509・519・525・528
068	【表9－1】	黄初二年半円方枚重列神獣鏡	三国魏	湖北鄂州市漢三国六朝銅鏡		108	509・513・520・525・531・536
069	【表9－1】	黄初二年半円方枚重列神獣鏡	三国魏	湖北鄂州市漢三国六朝銅鏡		109	509・513・520・525・530・535・536
070	【表9－1】	黄龍二年分段式重列神獣鏡	六朝呉	湖北鄂州市漢三国六朝銅鏡		112	510・514・520・525・531
071	【表9－1】	神人鳥獣画像鏡	六朝	湖北鄂州市漢三国六朝銅鏡		118	510・514・520・526・527
072	【表10－1】	四乳四神紋鏡	前漢	安徽六安出土銅鏡	51	30	541・558
073	【表10－1】	七乳四神禽獣紋鏡	前漢	安徽六安出土銅鏡	63	42	542・562
074	【表10－1】	「新雕」銘四神博局紋鏡	前漢	安徽六安出土銅鏡	95	73	544・556
075	【表10－1】	「尚方」銘四神博局紋鏡	後漢	安徽六安出土銅鏡	96	74	545・560
076	【表10－1】	「長宜子孫」銘文鏡	前漢	安徽六安出土銅鏡	98	76	545・557
077	【表10－1】	「張氏」銘神人車馬画像鏡	後漢	安徽六安出土銅鏡	108	86	546・555
078	【表10－1】	「尚方」銘六乳禽獣紋鏡	漢	安徽六安出土銅鏡	120	99	547・555
079	【表10－1】	「泰山」銘七乳禽獣紋鏡	漢	安徽六安出土銅鏡	126	104	547・557
080	【表10－1】	神獣紋銘文鏡	漢	安徽六安出土銅鏡	127	105	547・560・568
081	【表10－1】	「鄭氏」銘神人神獣画像鏡	漢	安徽六安出土銅鏡	143	120	549・558・568
082	【表10－1】	「尚方」銘神人車馬画像鏡	漢	安徽六安出土銅鏡	145	121	549・555・568
083	【表10－1】	「尚方」銘神人車馬画像鏡	漢	安徽六安出土銅鏡	147	122	550・558・568
084	【表10－1】	「淮南龍氏」銘龍虎紋鏡	漢	安徽六安出土銅鏡	160	135	551・560
085	【表10－1】	神人神獣紋鏡	三国	安徽六安出土銅鏡	168	143	552・561
086	【表10－1】	「尚方」銘神獣奏楽紋鏡	三国	安徽六安出土銅鏡	169	144	552・559
087	【表10－1】	「范氏」銘神人車馬画像鏡	三国	安徽六安出土銅鏡	171	145	552・556

088	【表12—1】	四山字紋銅鏡	戦国	広西銅鏡	29	彩1·1	585·596·607
089	【表12—1】	龍鳳象猴紋銅鏡	前漢	広西銅鏡	30	彩3·22	587·599·607·609
090	【表12—1】	五子禽獣紋銅鏡	後漢	広西銅鏡	31	彩4·41	588·601·608·609
091	【表12—1】	王氏八子博局四神紋銅鏡	後漢	広西銅鏡	32	彩6·62	590·608·610
092	【表12—1】	新有八子八孫博局紋銅鏡	後漢	広西銅鏡	33	彩7·65	590·603·608·610
093	【表12—1】	八子九孫博局禽獣紋銅鏡	前漢	広西銅鏡	63	19	587·597·598·607·609·611
094	【表12—1】	四子羽人禽紋銅鏡	後漢	広西銅鏡	76	32	588·600·607
095	【表12—1】	六子六蟹紋銅鏡	後漢	広西銅鏡	92	48	589·601·608
096	【表12—1】	大駕登龍七子八孫紋銅鏡	後漢	広西銅鏡	97	53	589·602·608·609·611
097	【表12—1】	七子九孫禽獣紋銅鏡	後漢	広西銅鏡	98	54	589·602·608
098	【表12—1】	尚方八子博局八禽紋銅鏡	後漢	広西銅鏡	105	61	590·608
099	【表12—1】	漢有八子九孫博局紋銅鏡	後漢	広西銅鏡	110	66	590·608
100	【表12—1】	上大山簡化博局紋銅鏡	後漢	広西銅鏡	116	72	591·604·608
101	【表12—1】	吾作六子神人禽獣紋銅鏡	後漢	広西銅鏡	126	82	592·605·608·609
102	【表12—1】	吾作八子神人禽獣紋銅鏡	後漢	広西銅鏡	127	83	592·605·608·609
103	【表12—1】	二龍奪珠紋銅鏡	後漢	広西銅鏡	138	94	593·606·608
104	【表13—1】	方格規矩四神鏡	後漢	国宝福岡県平原方形周溝墓出土品図録（国〈文化庁〉保管）	1	1	615·618·620
105	【表13—1】	方格規矩四神鏡	後漢	国宝福岡県平原方形周溝墓出土品図録（国〈文化庁〉保管）	8	8	616·618·622
106	【表13—1】	内行花文鏡	後漢	国宝福岡県平原方形周溝墓出土品図録（国〈文化庁〉保管）	10	10	616·618·620
107	【表13—1】	内行花文鏡	後漢	国宝福岡県平原方形周溝墓出土品図録（国〈文化庁〉保管）	11	11	616·618·620
108	【表14—1】	三角縁二神二獣鏡		宮内庁書陵部所蔵古鏡集成（学生社刊）	10	4	627·633·639
109	【表14—1】	三角縁三仏三獣鏡		宮内庁書陵部所蔵古鏡集成（学生社刊）	11	5	627·633·639
110	【表14—1】	三角縁四神四獣鏡		宮内庁書陵部所蔵古鏡集成（学生社刊）	17	11	627·633·639
111	【表14—1】	四仏四獣鏡		宮内庁書陵部所蔵古鏡集成（学生社刊）	107	100	631·638·643
112	【表15—1】	吾作五神四獣鏡		椿井大塚山古墳と三角縁神獣鏡（京都大学総合博物館）	16	1	645·647

113	【表15—1】	獣文帯四神四獣鏡		椿井大塚山古墳と三角縁神獣鏡（京都大学総合博物館）	23	12	646・647
114	【表15—1】	唐草文帯四神四獣鏡		椿井大塚山古墳と三角縁神獣鏡（京都大学総合博物館）	30	23	646・648
115	【表15—1】	獣文帯四神四獣鏡		椿井大塚山古墳と三角縁神獣鏡（京都大学総合博物館）	33	26	646・648
116	参考	六博俑	前漢	甘粛省武威市磨嘴子48号漢墓			索引参照→六博紋・博局紋
117	参考	金銀象嵌博山炉	前漢	河北省石家荘市河北省博物館			索引参照→博山炉
118	参考	博山蓋鼎	漢	河南省南陽市河南博物院			索引参照→博山炉
119	参考	羽人	戦国	湖北省荊州市荊州博物館			索引参照→羽人
120	参考	羽人	前漢	陝西省西安市漢長安城址出土			索引参照→羽人
121	参考	羽人	後漢	河南省洛陽市漢墓出土			索引参照→羽人

752 図　版

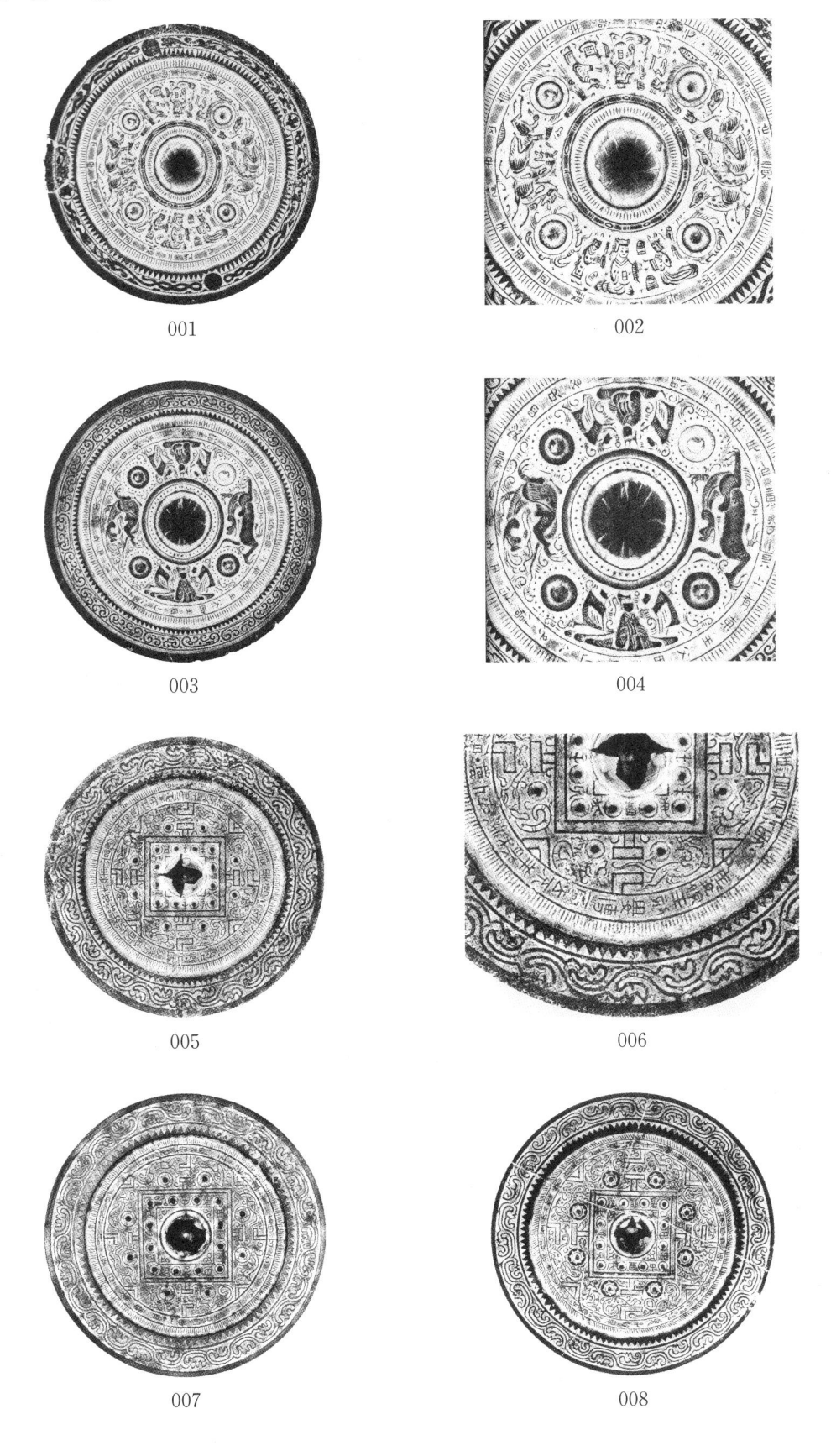

001

002

003

004

005

006

007

008

図 版 753

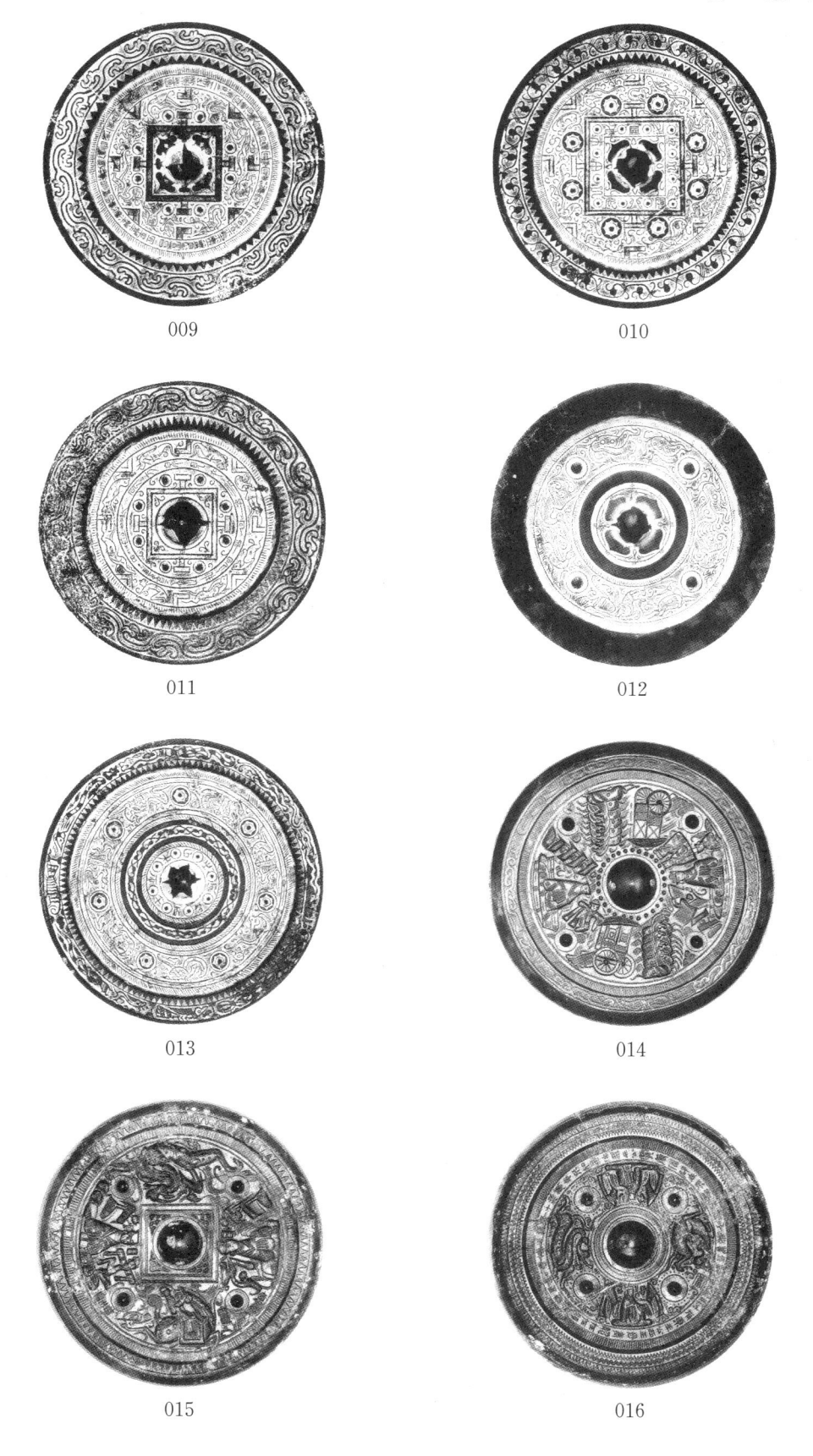

009

010

011

012

013

014

015

016

754 図　版

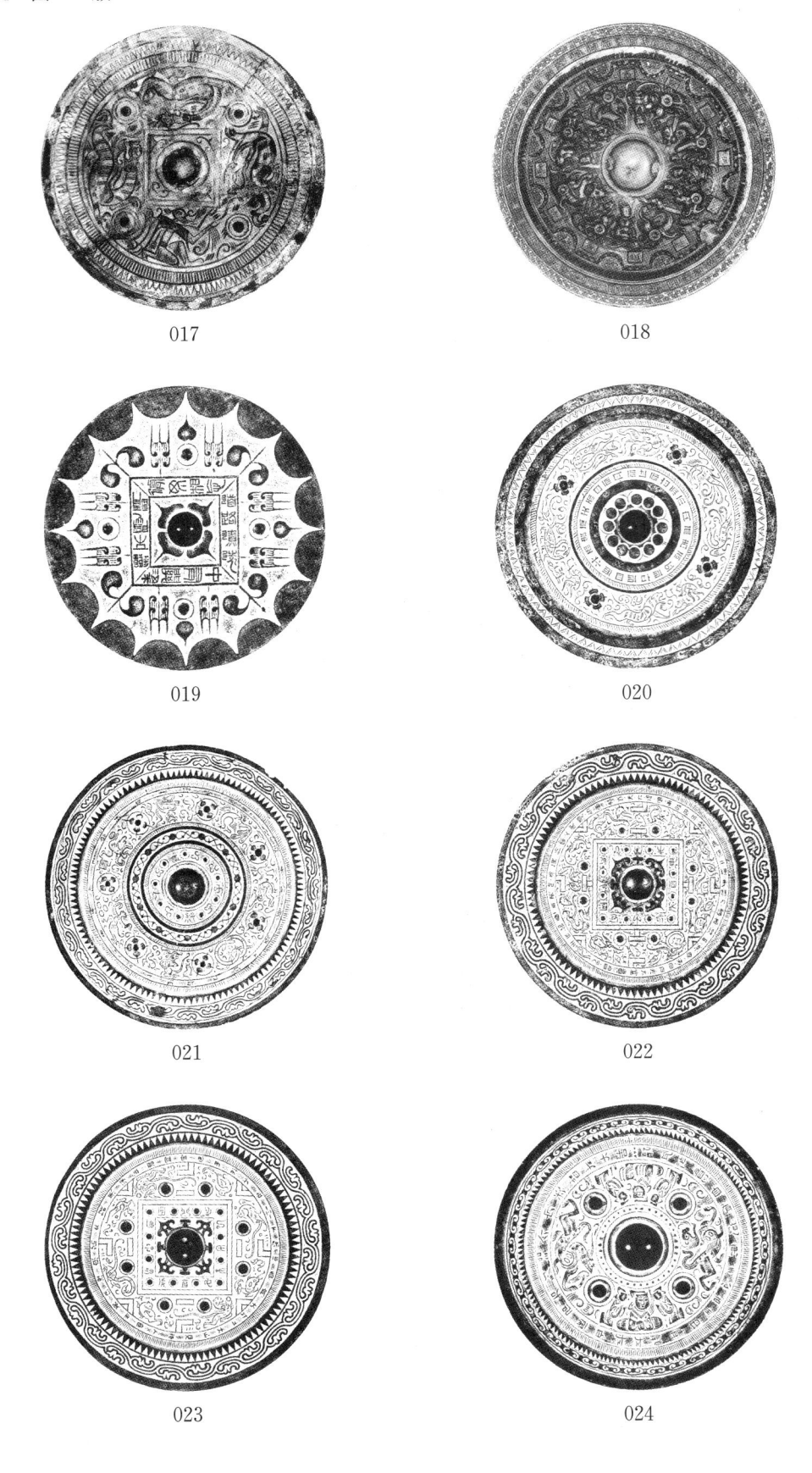

017

018

019

020

021

022

023

024

図　版　755

025

026

027

028

029

030

031

032

756 図　版

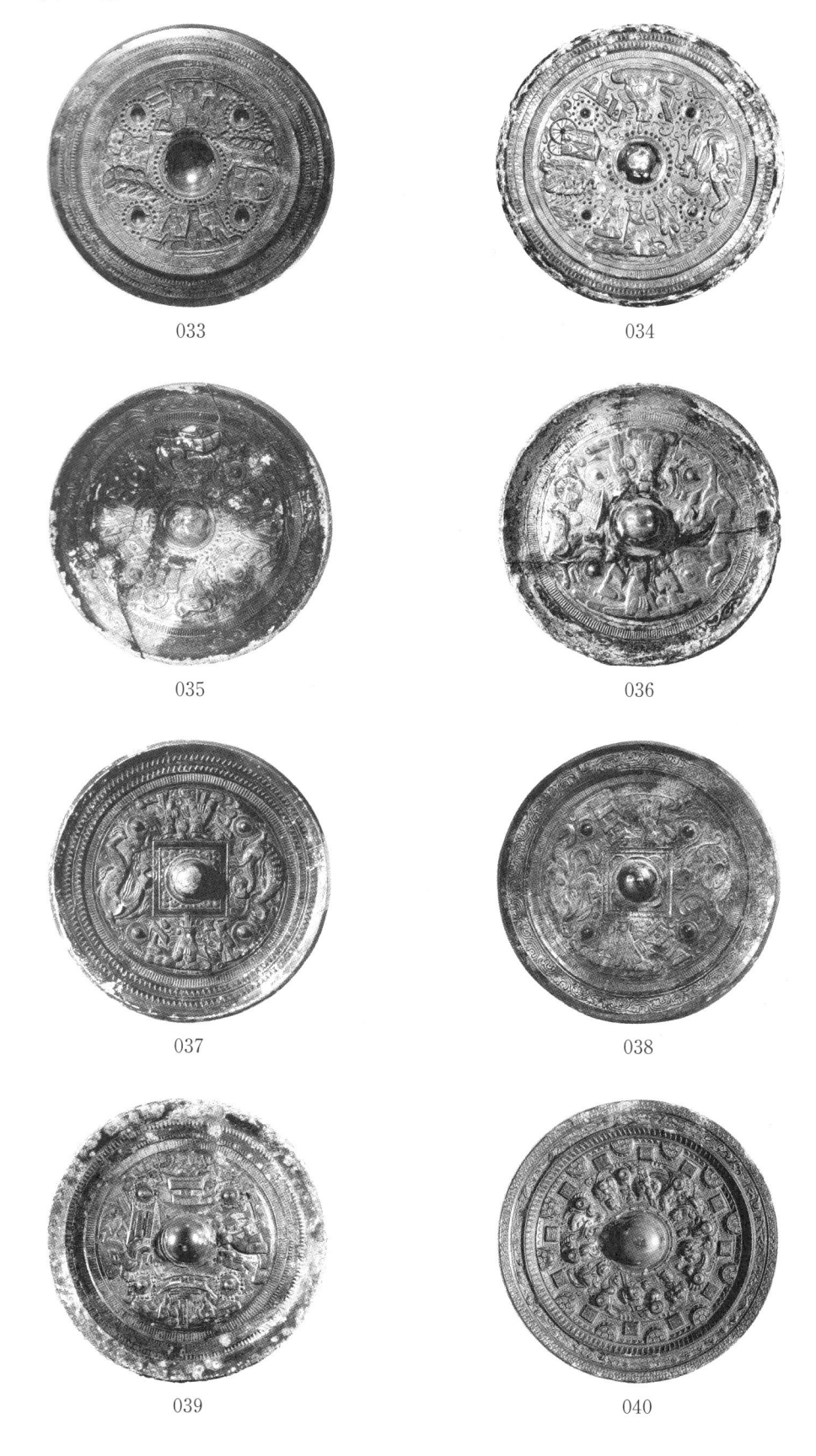

033

034

035

036

037

038

039

040

図　版 757

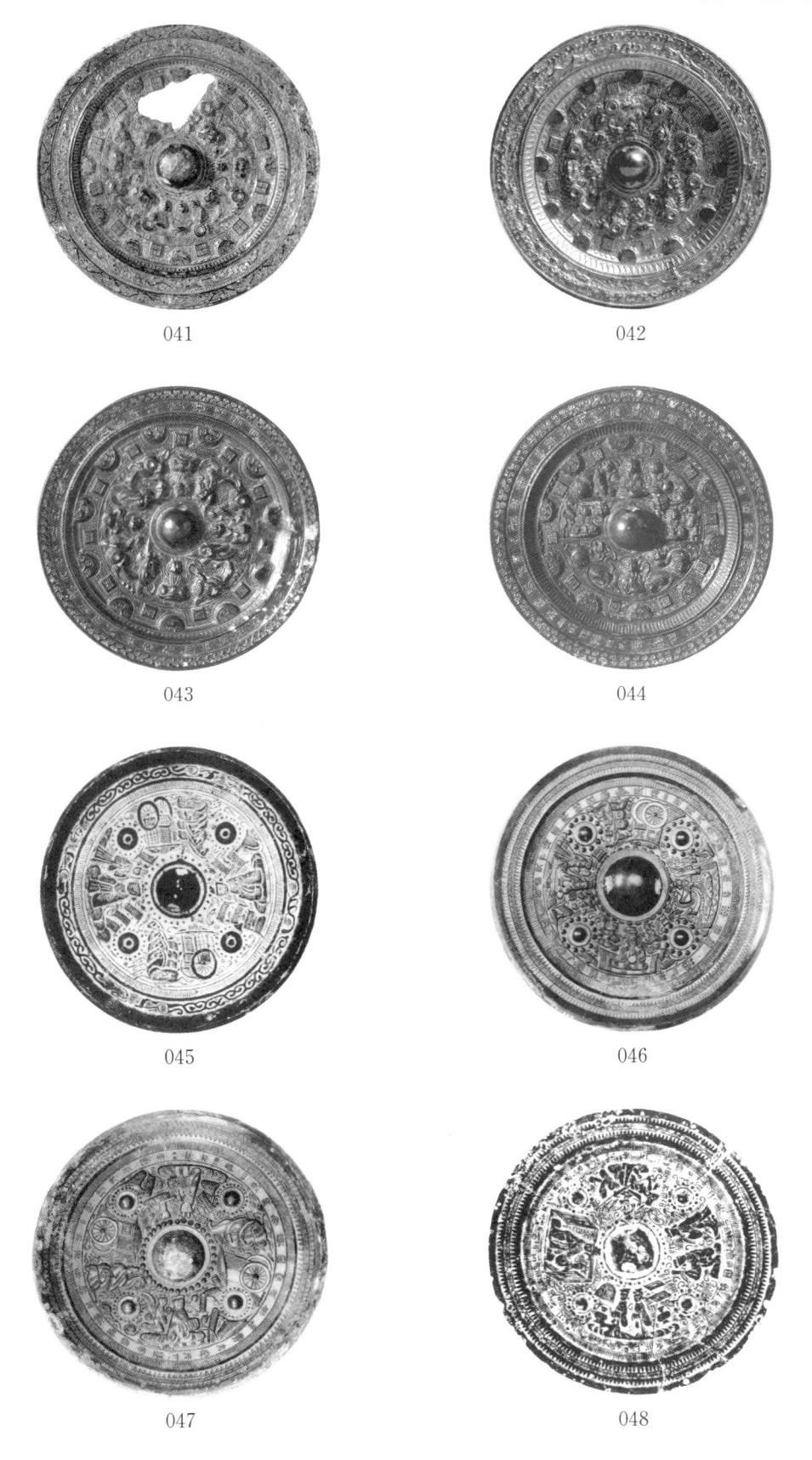

041

042

043

044

045

046

047

048

758 図　版

049

050

051

052

053

054

055

056

図　版　759

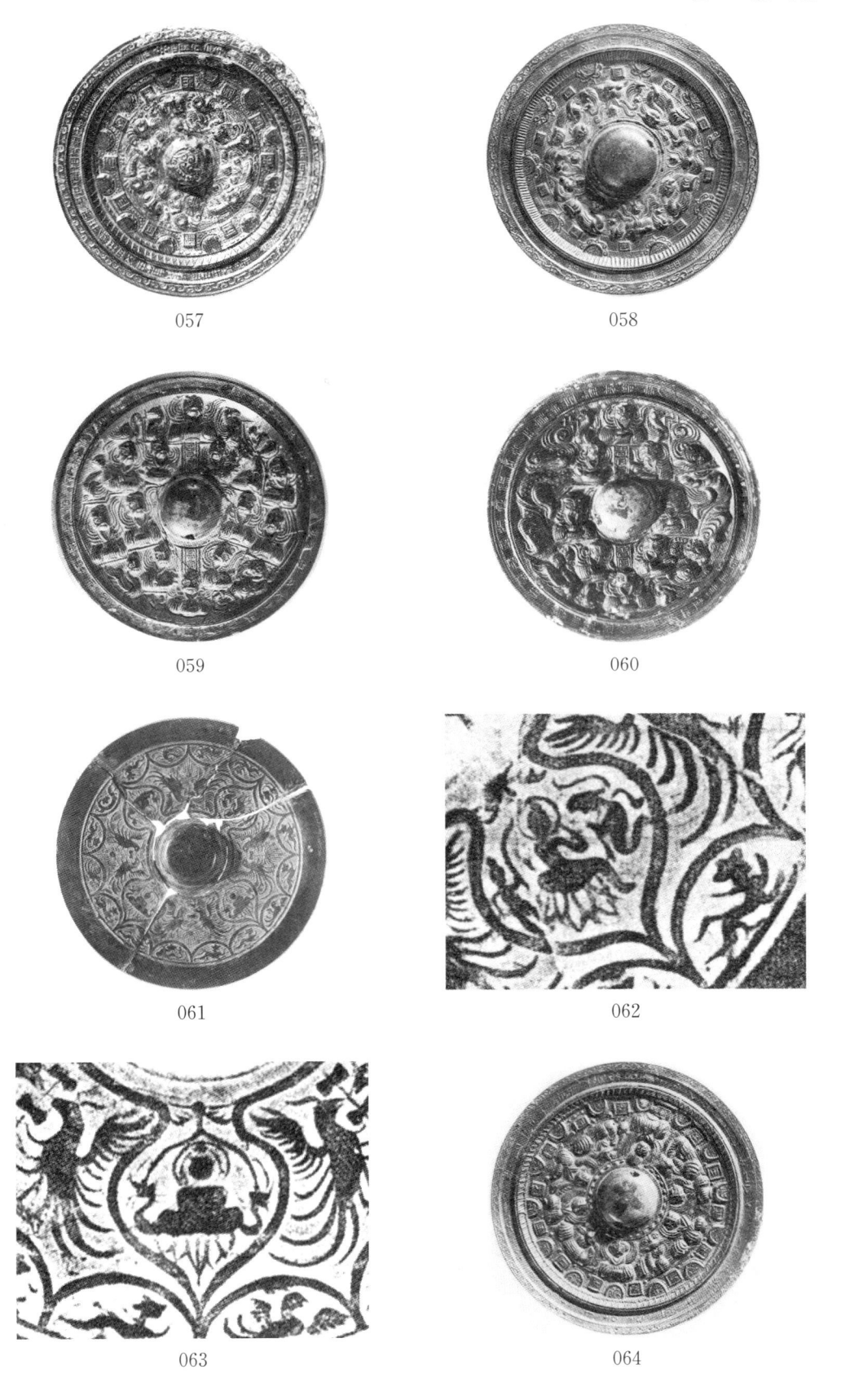

057

058

059

060

061

062

063

064

760 図　版

065

066

067

068

069

070

071

072

図　　版 761

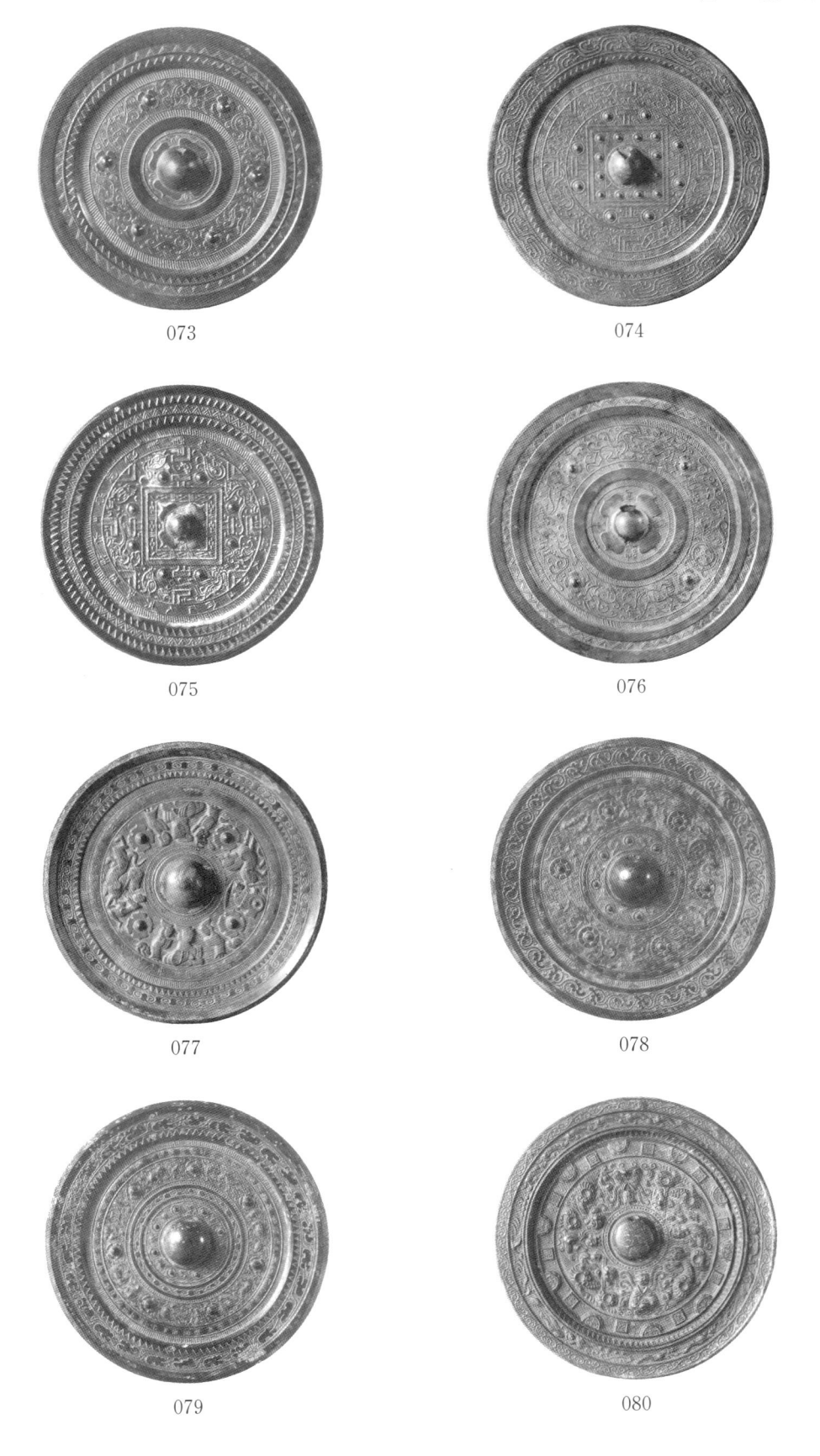

073

074

075

076

077

078

079

080

762 図　版

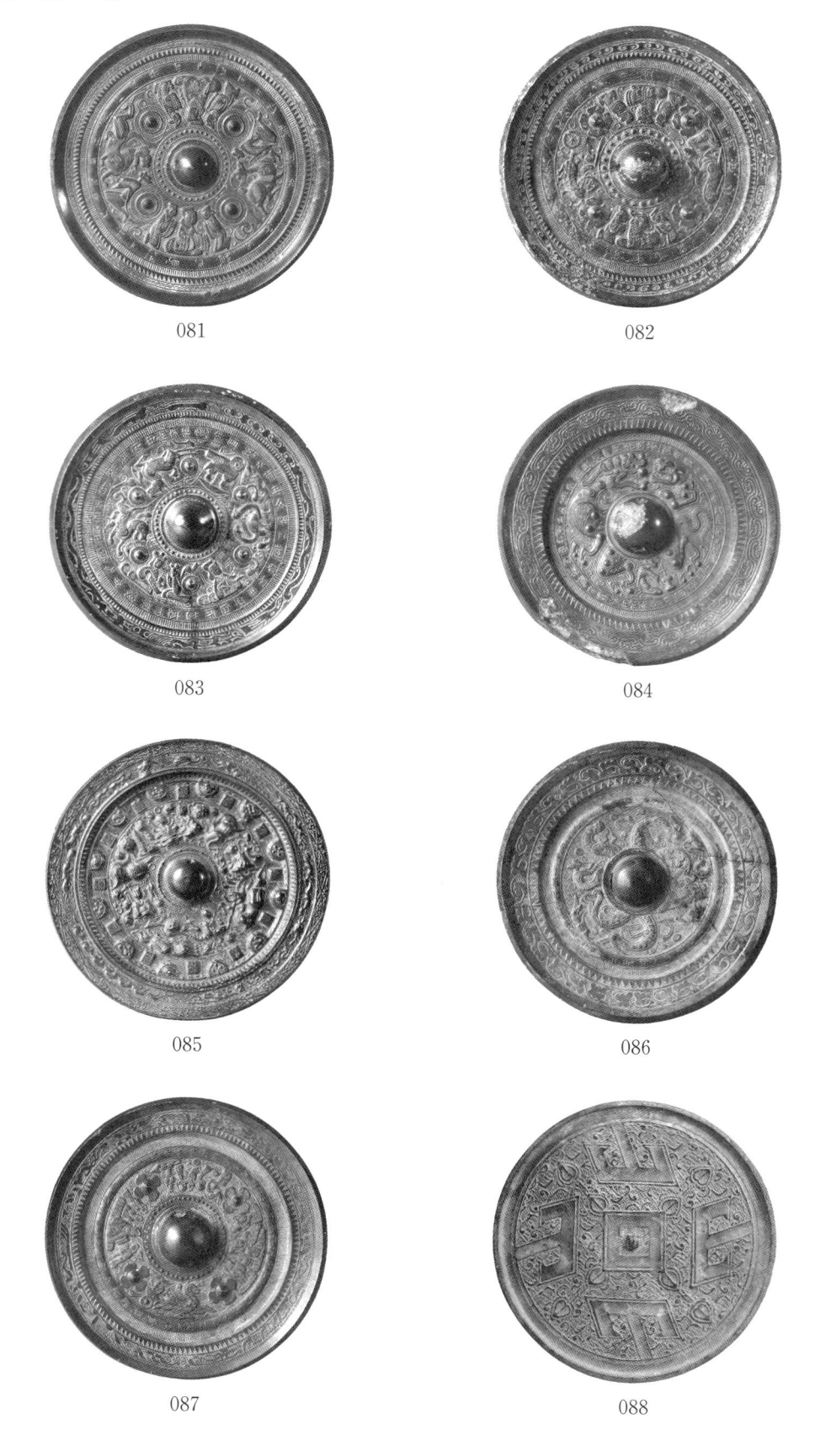

081

082

083

084

085

086

087

088

図　版　763

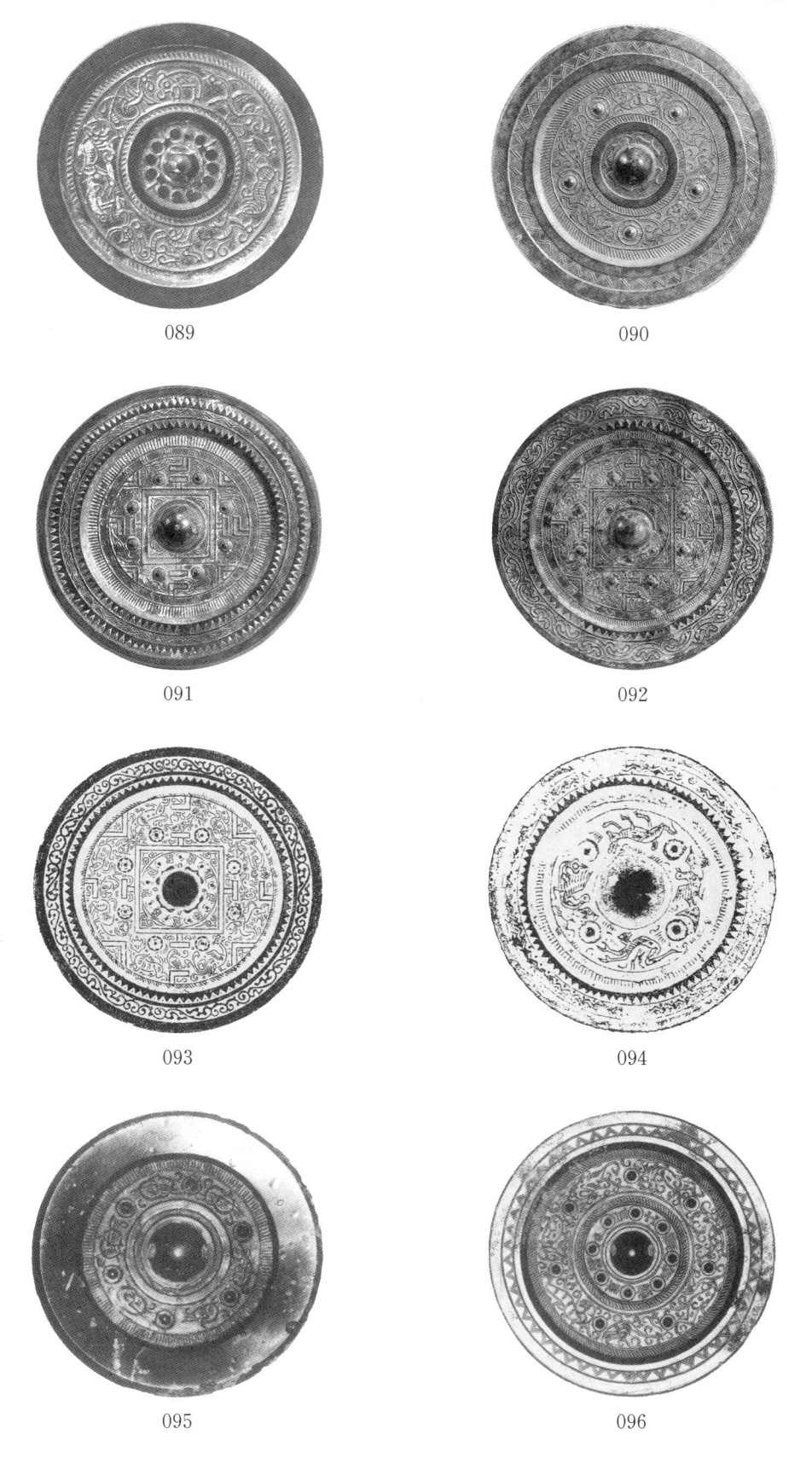

089

090

091

092

093

094

095

096

764 図　　版

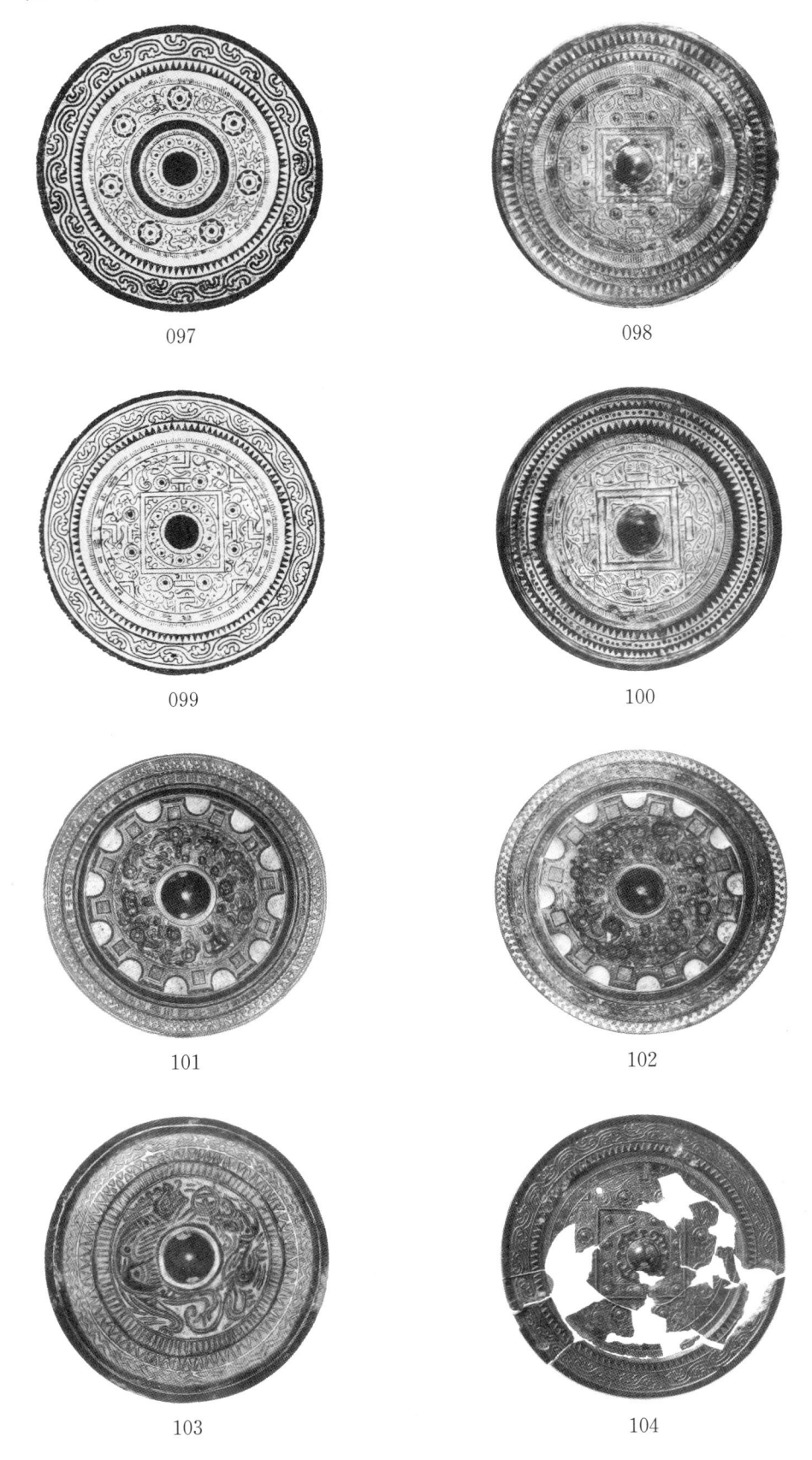

097

098

099

100

101

102

103

104

図　版　765

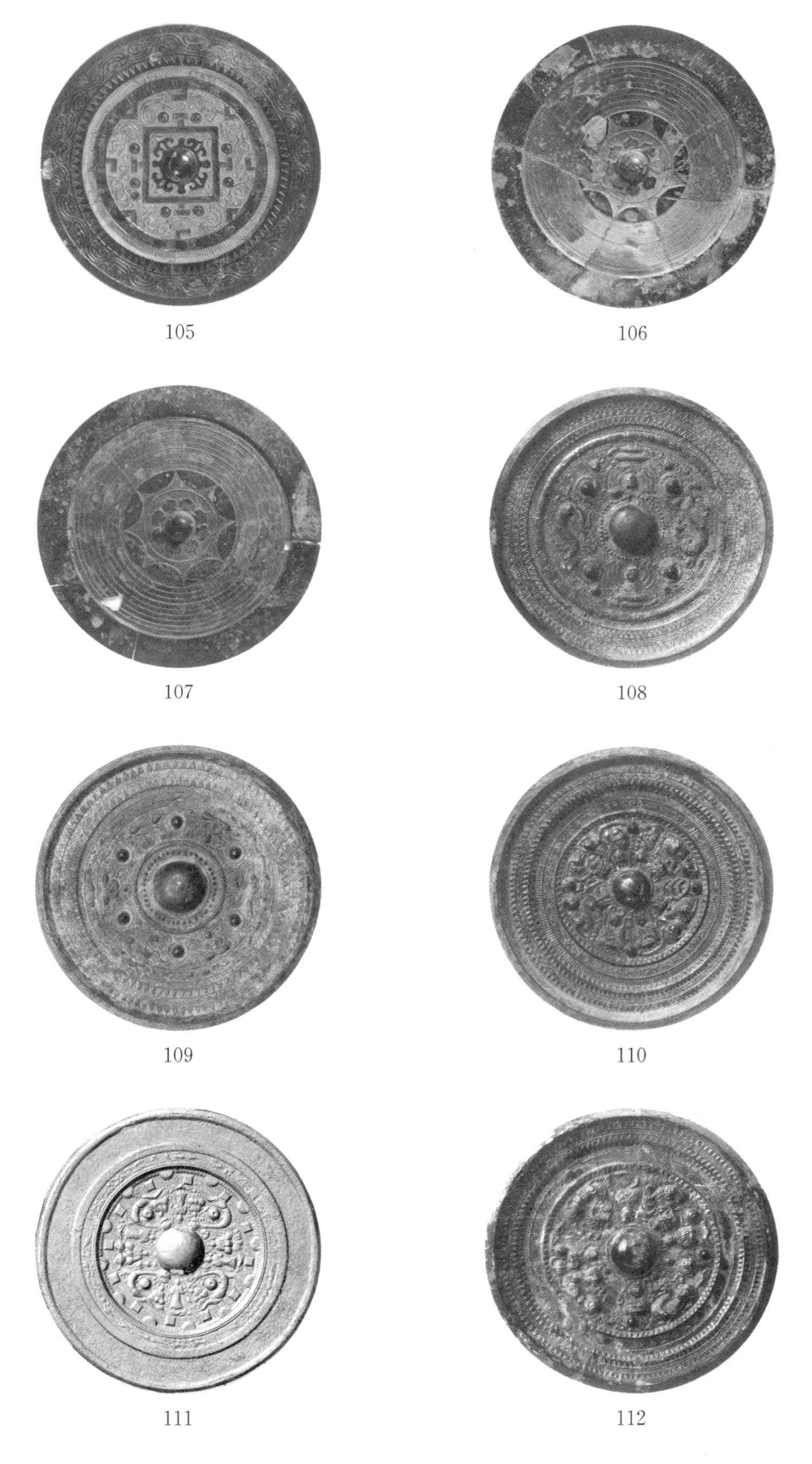

105

106

107

108

109

110

111

112

766 図　版

113

114

115

116

117

118

図　版　767

119

120

121

索　引

第一章より第十八章の本文・注についての索引で、各章の【表】は表題・項目に限った。

各章本文中の研究者や鏡鑑所蔵機関・個人は必要に応じて取って居る。

日本国内発掘出土地の用例はごく必要なものに限った。

銘文は「　」に入れた。ただし、その読み方は音読みと訓読み、読み下し方が混在する。

「獣文」と「獣紋」、「画像鏡」と「画象鏡」の区別などは厳密ではない。両者ともに一項目に取っている。

あ

- 青柳種信　7, 101
- 赤塚古墳（大分県宇佐市）　17, 19, 675, 676
- 網干善教　238, 241
- 荒木宏　238
- 安徽省壽県　379, 390, 538
- 安徽省文物考古研究所　538
- 安徽省六安市　538
- 安帝（後漢）　385, 623

い

- 「家有五馬千頭羊」　125, 147, 156〜158
- 「家有五馬千牛羊」　124
- 『異苑』　280, 281
- 鋳型　20
- 池田仙太郎　152
- 石塚山古墳（福岡県京都郡苅田町）　675, 676
- 遺跡状況　75
- 伊勢徴古館　145
- 異体字銘帯鏡　176, 183, 185
- 伊都国　7, 615
- 伊都国王　623
- 伊都国歴史博物館　615
- 糸島市（福岡県）　625
- 糸島地方　615
- 糸巻形座（変形四葉座）　34
- 糸巻形鈕座獣首鏡　34
- 糸巻様図形　109〜114, 116, 131
- 因幡国（鳥取県）鹿野町　147
- 以農為本　272
- 殷　179, 264, 356
- インド芸術　19
- 陰陽表現　409

う

- ウインスロップ翁（アメリカ、ニューヨーク）　106, 111, 116
- 羽化昇仙　487
- 羽化成仙　482
- 羽化登仙　487
- 羽翅地　465, 466
- 羽翅文鏡　359
- 羽状獣文鏡　176, 180
- 羽状獣文地花蕾文鏡　176, 180
- 羽状獣文地花菱文鏡　176, 180
- 羽状獣文地禽獣文鏡　176, 180
- 羽状獣文地山字文鏡　176, 180
- 羽状獣文地葉文鏡　176, 180
- 羽状獣文地雷文鏡　176, 180
- 右尚方　131, 132, 280
- 「右尚方作竟」　132
- 「右尚方師作竟」　131, 132
- 羽人　283, 287, 290〜292, 387, 389, 391〜396, 398〜401, 403〜405, 407〜411, 447〜450, 452〜455, 482, 485〜488, 493, 495, 526, 600〜603, 609, 611
- 羽人駕（青）龍　398, 410
- 羽人騎虎　454, 455
- 羽人騎獣画象鏡　387
- 羽人騎鳥　455
- 羽人騎馬　449
- 羽人騎白虎　398, 410
- 羽人騎鳳　454
- 羽人騎龍　404, 405, 454, 455
- 渦雲紋鏡　511
- 渦文　108, 110, 115, 186, 189, 191, 195, 200, 203
- 渦文帯　115
- 渦粒状獣文鏡　175, 179
- 羽仙　228
- 烏程（中国、浙江省）　112
- 梅原末治　5, 6, 8, 23, 26, 33〜35, 75, 100〜104, 106〜108, 113, 117, 125, 127〜131, 133, 135〜137, 144, 146, 147, 150, 151, 153〜156, 159〜164, 168, 169, 171〜175, 179, 180, 184, 201, 204〜208, 216, 237, 238, 240, 241, 251, 412, 415, 430, 458〜460, 489, 490, 606, 689, 716, 717
- 羽翼　19〜21
- 羽麟文鏡　176, 179
- 漆塗製六博盤　490
- 雲気文　392, 408
- 雲錦地　465, 466
- 雲錦盤　476
- 雲雷地　465, 466
- 雲雷文鏡　251, 276, 288

索引 あ〜か

雲雷連弧文鏡		511

え

永安（三国呉）		133
永安元年十月鏡（三国呉）		150
永安元年十月半円方形帯神獣鏡（三国呉）		150
永安元年二月半円方形帯神獣鏡（三国呉）		149
永安元年半円方形帯神獣鏡（三国呉）		148, 149
永安五年神獣鏡（三国呉）		153
永安二年七月半円方形帯神獣鏡（三国呉）		150, 151
永安四年重列神獣鏡（三国呉）		152
永安四年半円方形帯神獣鏡（三国呉）		151
永安四年半円方枚神獣鏡		511
永安六年正月半円方形帯神獣鏡（三国呉）		153
永安六年八月半円方形帯神獣鏡（三国呉）		154
永安六年半円方枚神獣鏡		511
永嘉元年夔鳳鏡（後漢）		109
永康元年環状乳神獣鏡（後漢）		114
永康元年鏡		387, 388
永康元年獣首鏡（後漢）		113, 511
永壽二年獣鈕獣首鏡（後漢）		111
永壽二年正月獣首鏡（後漢）		110
永平七年（後漢）		107
永平七年尚方獣帯鏡		107
永平七年内行花文鏡		106
江口治郎（大阪）		120, 157, 160
Ｓ字様		17
江田船山古墳（熊本県）		6, 21, 24
越王		397, 398
「越王」		397, 398, 450, 451
越王勾践		397, 398

『淮南子』		386, 388, 400, 403
m値		265, 268, 271〜273, 275〜277, 280, 284, 291, 294, 336〜345
Ｌ字形		13, 14
延熹九年在銘鏡（後漢）		34
延熹九年獣首鏡（後漢）		34, 119
延熹三年半円方形帯神獣鏡（後漢）		111
延熹七年獣首鏡（後漢）		112
延熹七年獣鈕獣首鏡（後漢）		112
延熹二年獣鈕獣首鏡（後漢）		111
円圏規矩渦文鏡		176, 188, 195
円圏鳥文鏡		176, 188, 199
延康元年半円方形帯神獣鏡（後漢）		126
円光背		19, 232
円弧篆		274
円座鈕		106, 107, 109, 110, 114
円座鈕式内行花文鏡		10
円座乳帯獣帯鏡		26
円座乳		107
円座乳帯		26〜28
円座乳帯文		26
「袁氏作竟」		25
袁氏神人龍虎画象鏡		290
円転		267

お

王喬馬		383, 394, 409
王綱懐		264, 293, 294, 306, 307, 310, 313〜318, 327, 328, 336, 345〜348, 350, 408, 619, 622, 623, 625
大阪市美術館		155
「王氏作竟」		25, 26
王氏四霊博局鏡		287
王氏四霊六博文鏡		383
王女		398, 409, 410
王士倫		415, 416, 429, 431, 445, 446, 457〜459
「玉泉・黄泉」		489

王仲殊		458, 459, 678
王度（隋、『古鏡記』）		178
王牧		415, 416, 431, 445, 446, 457〜459
凹面環形帯		267
王莽		5, 6, 15, 23, 24, 26, 28〜30, 101〜103, 105, 106, 281〜285, 316, 382, 383, 408, 430, 477, 478, 584, 619, 623, 624
王莽（代式）鏡		5, 15, 24, 27, 28, 166
王立華・李夢璋		460
大塚初重		103
大村西崖		118, 144, 170, 237
大脇正一（大阪）		121
尾形勇		459
沖ノ島遺跡（宗像大社）		686
屋舎人物画像鏡		449
小沢亀三郎（大阪）		158

か

川合定治郎（京都）		105, 171
カールペック		180
『海外南経』		486
会稽（揚州、浙江省紹興）		128, 135
会稽師鮑作明鏡		128
外行鋸歯紋帯		16
甲斐国西八代郡高田村浅間神社		140
怪獣鏡		511
「可以昭（詔）明」		143, 147, 149, 151
怪神文鏡		176, 179
階段式三角縁神獣鏡		21
階段式（建安鏡式）神獣鏡		21, 23, 119〜121, 251
蓋法神人神獣鏡		390
廻鸞走龍		21, 23

嘉禾（三国呉）	137, 138	
華蓋	289	
嘉禾二年分段式重列神獣鏡	511	
『鏡と剣と玉』	3	
鏡の本性	176	
鏡の略史	3	
鏡銘文	107	
嘉禾四年九月重列神獣鏡（三国呉）		138
嘉禾四年六月重列神獣鏡（三国呉）		137
書順右左	246, 252, 256	
「花鏡」	448	
鄂州（湖北省）	127, 265, 290, 500	
鄂州市博物館	500	
『鄂城漢三国六朝銅鏡』（湖北省博物館、鄂州市博物館）	500, 512, 515, 521, 526, 527, 535, 536	
郭宝鈞	179	
笠松（文）様	16, 17, 19, 146, 223, 224, 229	
橿原考古学研究所（奈良県）	626	
家常貴富鏡	176, 183	
家常貴富銘文鏡	280	
「下除作竟」	384, 386	
下除十二支六博文鏡	384	
画象（像）鏡	18, 24, 26, 176, 188, 200, 201, 203, 209, 289〜292, 375, 385〜391, 409, 445〜452, 575, 576	
画像石	24, 26, 391	
型式学的研究	5	
型式分類	8, 9, 16, 24, 26, 28, 30, 32, 34, 35, 75, 76, 99, 100, 101, 553, 574, 594	
型式分類表	75, 76	
「渇飲玉泉飢食棗」	107, 489	
葛洪（晋、『抱朴子』）	178	
河南省新安県	385	
河南省陝県	385	
河南省南陽県	383	
河南省洛陽市	23, 121, 240, 355, 357, 377, 380〜382, 385	
河南省洛陽市金村	23, 121, 355, 357	
河南省洛陽市焼溝	240, 377, 380, 385	
嘉納治兵衛（兵庫県御影）	162	
駕蜚龍神獣博局鏡	285	
河北省定県八角廊	478, 486	
河北省平山県	378, 490	
河北省満城県	267, 269〜271, 378, 477, 479, 622	
亀井南冥	7	
蒲生君平	626	
渦文→うずもん		
画文帯回向式神獣鏡	176, 188, 217, 218, 220	
画文帯環状乳神獣鏡	130	
画文帯神獣鏡	161, 162, 238, 511, 512	
画文帯並列式五神四獣鏡	229	
花葉文鏡	479	
花葉連弧文鏡	479	
唐草文鏡	176, 188, 200	
唐草文帯交互式四神四獣鏡	225	
唐草文帯三神三獣鏡	75	
唐草文帯式	221	
唐草文帯四神四獣鏡	17	
唐草文帯二神二獣鏡	19	
唐草文帯並列式四神四獣鏡	227	
唐草様渦文	123	
ガラス耳璫	623	
夏暦	487	
川勝守	173, 263, 414, 459, 716, 740	
川柳村将軍塚古墳（長野市）	6	
漢	104〜127	
簡易双夔鏡	511	
簡易鳥獣紋鏡	511	
管惟良	500	
『漢印徴』	286	
漢王氏鏡	27	
漢王朝	112, 122	
簡化規矩四神鏡	511	
『漢楽府』	482	
簡化隷書	275	
漢魏革命	126	
漢魏間の暦	127	
『漢魏叢書拾遺記』	399	
漢鏡	5, 104, 108	
漢鏡尺寸	345	
『漢鏡選集』（広瀬治兵衛著）	153	
銜巨獣	122	
『巌窟蔵鏡』（梁上椿著）	107, 109, 111, 143, 158, 164, 267, 268, 357, 390, 489, 490	
咸康三年半円方形帯神獣鏡（東晋）		170
『漢三国六朝紀年鏡集録』	113, 128, 133, 135, 142, 146	
『漢三国六朝紀年鏡図説』	104, 172, 415, 460, 689	
漢式鏡	3〜8, 12, 15, 38, 632, 688, 689, 715	
『漢式鏡』	3, 100, 101, 104, 238, 632, 638, 715	
漢式鏡発見史	6	
漢式鏡発見地	38	
漢尺	345	
『漢史游』	9	
環状乳	21, 22, 108, 111, 114, 115, 117, 130	
環状乳神獣鏡	108, 114, 115, 130, 176, 188, 209, 213, 216, 220, 221, 233, 430	
環状乳半円方枚神獣鏡	453〜455, 457, 458	
環状乳半円方枚重列神獣鏡	455	
環状布局四分法	452	

『漢書』王莽伝	105, 289	
『漢書』諸侯王表	414	
『漢書』西域伝	292	
『漢書』百官公卿表	384, 487	
夋人	25, 102	
漢代	26	
漢代画像石	26, 399	
桓帝（後漢）	34, 110〜114, 387, 740	
環頭太刀	157	
広東省広州市	362, 379, 384, 385, 480	
「漢委奴國王」	7	
漢碑体	293	
韓朋	446	
『韓朋賦』	446	
「漢有善銅出丹陽」	192〜194, 488, 489	
『漢両京以来鏡銘集録』（羅振玉著）	124	
簡隷	274	
桓霊時期	289	
漢隷書	104, 106〜114, 276, 282	
桓霊の間	118, 740	
桓霊の間、倭國大乱	118	
甘露（三国呉帰命侯）	154	
甘露五年在銘鏡	34, 131	
甘露五年獣首鏡	131	
甘露二年半円方形帯神獣鏡（三国呉）	154	
甘露四年獣首鏡	130, 132	

き

魏	23, 118, 119, 121〜123, 126〜132, 170〜172, 670, 671, 725, 740
魏王朝	172, 686, 728, 729
祇園大塚古墳（千葉県木更津市）	677
祈願文句	378

魏紀年鏡	236, 670	
魏鏡	133	
規矩	283, 378, 476	
規矩鏡	283, 378, 476, 484, 489, 490, 512	
規矩四神鏡	106, 511	
規矩八禽鏡	511	
規矩文	267, 408, 598, 604	
規矩文鏡	267, 408, 598, 604	
「宜侯王」	108, 111, 114, 115, 117, 121, 124, 125, 133, 143, 147, 150, 160	
「宜侯王師命長」	111	
「宜侯王楽未央」	114	
『奇觚室吉金文述』	27, 34, 116	
「宜子孫」	28, 121	
騎獣文神獣鏡	232	
魏晋	292, 293	
魏正始年三角縁神獣鏡	129, 140	
魏代鏡	132	
喜田貞吉	8, 26, 35, 101, 103	
吉祥句	4, 107, 110	
吉祥の図案	386	
『吉林出土銅鏡』	481	
魏帝国	129	
鬼道に事え	739, 740	
紀年絵葉書	112	
紀年鏡	109, 112, 117, 132, 133, 135, 145, 148, 150, 160, 169	
『紀年鏡鑑図譜』（考古学会編）	136	
紀年銘	104, 115, 169, 512	
紀年銘文	161	
魏の紀年	129	
熹平元年神獣鏡（後漢）	115	
熹平三年在銘鏡	34	
熹平三年獣鈕獣首鏡	116	
熹平七年半円方枚神獣鏡	511	
熹平二年環状乳神獣鏡	115	
熹平二年獣首鏡	511	

索引　か〜き　771

夔鳳鏡	9, 109, 156, 176, 188, 203	
夔鳳形	109	
「君宜官」	120, 121	
「君宜官位」	117	
「君宜侯王」	114	
「君宜高官」	113, 114〜121, 132	
「君宜長官」	9	
君忘忘鏡	271, 276, 278	
君忘忘銘帯鏡	278	
「君有遠行」	381	
君有遠行鏡	271, 276, 278, 381	
木村貞蔵（大阪）	123, 128	
帰命侯（三国呉）	155, 157, 158	
擬銘帯	14	
魏明帝	129, 140, 729, 740	
九州考古学	100	
九州帝国大学	100	
求心式神獣鏡	176, 188, 216, 220	
九尾狐	288	
久不相見連弧文鏡	273	
巨	17, 19〜22, 108, 122, 128, 605	
鏡鑑研究	5, 6, 75, 166	
鏡鑑副葬	8	
龔孝珙	119	
京都大学考古学教室	645, 647	
京都大学文学部博物館	645, 687	
京都帝国大学	3, 100, 104, 129, 169, 172	
『鏡録』（羅振玉著）	116, 119, 133, 135, 150, 159	
『鏡話』（羅振玉著）	133	
玉英	384	
鋸歯紋	8, 104, 115, 123, 382, 392〜401, 404〜409	
鋸歯紋鏡	511	
鋸歯文帯	16, 129, 130	
鋸歯文帯交互式四神四獣鏡	226	
玉女	396, 400, 401, 409	
「玉女侍」	396, 409	
玉製龍文盤	489, 490	

「玉泉」	489	
許昌（魏曹操本拠）	118, 122	
居摂元年	104, 105, 382	
居摂元年内行花文精白式鏡	104	
居摂元年銘文鏡	382	
居必忠銅華重圏銘帯鏡	278	
夔龍夔鳳	289	
虺龍文鏡	176, 183, 184	
金印	7, 624, 626	
金烏	489	
金銀錯狩猟文鏡	180, 240	
金銀錯闘虎文鏡	180	
金銀錯文鏡	176, 179, 180	
金銀錯嵌珠龍文鉄鏡	612	
『金索』	29, 35, 37, 168	
禽獣画像鏡	452	
禽獣鏡	375	
禽獣博局鏡	287	
禽獣六博文鏡	379, 391	
金静庵	109	
金烏	400	
近似三角縁鏡	416, 430, 431	

く

櫛目文帯並列式四神四獣鏡	227	
孔雀藍	268	
宮内庁書陵部陵墓課	626, 632, 643, 644	
宮内庁諸陵寮	626	
瞿鳳起	379	
熊	391, 392	
供養人作礼仏状	527	
「位至三公」	34, 35, 108, 111〜113, 117, 118, 124, 131〜133, 160	
「位至三公」鏡	34, 35, 176, 188, 208, 512	
黒板勝美	6	
黒川幸七（兵庫県御影）	120, 131, 144, 156	
桑名鉄城（京都）	120	

け

景元四年規矩花文鏡（三国魏）	132	
景初三年鏡（三国魏）	233, 238	
景初二年（三国魏明帝）	140	
景初四年三角縁神獣鏡（三国魏）	129	
計測データ	582, 615	
景帝（前漢）	475	
桂馥（清）	108, 157	
結跏趺坐	232, 527	
欠筆	381, 395, 409	
欠部首	272	
建安元年重列神獣鏡（後漢）	118, 119	
建安鏡	23, 388	
建安七年半円方形帯神獣鏡（後漢）	118, 119	
建安十九年直銘重列神獣鏡	511	
建安十三年	122	
建安十年五月重列神獣鏡（後漢）	120	
建安十年重列神獣鏡	119, 455	
建安十年朱氏重列神獣鏡（後漢）	120	
建安十年直銘重列神獣鏡	511	
建安十四年半円方形帯神獣鏡（後漢）	121	
建安二十一年半円方枚神獣鏡	511, 512	
建安二十二年重列神獣鏡（後漢）	122	
建安二十四年五月半円方形帯神獣鏡（後漢）	124	
建安二十四年四月半円方形帯神獣鏡（後漢）	123	
建安二十四年正月神獣鏡（後漢）	123	
建安二十四年六月重列神獣鏡（後漢）	125	
建安二十四年六月半円方形帯神獣鏡（後漢）	125	
建安六年直銘重列神獣鏡	511, 512	
巻雲地	465	
阮元（清）	108	
建興（三国呉廃帝侯亮）	142, 143	
元康（西晋恵帝）	168, 169	
元興元年（後漢）	108, 109	
元興元年環状乳神獣鏡（後漢）	108	
元興元年五月鏡（後漢）	109	
元康元年半円方形帯神獣鏡（西晋）	168	
建興二年半円方形帯神獣鏡（三国呉）	142	
元康八年神獣鏡（西晋）	168	
元康□年半円方形帯神獣鏡（西晋）	169	
元康□年半円方形帯神獣鏡（西晋）	169	
「見日之光」	272, 274, 378〜380	
「見日之光，天下大明」	380	
見日之光透光鏡	379	
原始的宗教	4	
懸針篆	280〜288, 321〜324	
圏帯獣文鏡	175, 179	
圏帯畳圧蟠螭文鏡	268	
献帝（後漢）	118〜122	
建寧二年獣首鏡（後漢）	114	
巻鼻象	599	
減筆	272, 284, 287	
玄武	13, 106, 119, 122, 158, 391〜395, 408, 486	
建武五年鏡	21, 24	
建武五年銘	23	
建武□年半円方形帯神獣鏡（東晋）	169	
弦紋鏡	466, 553	

こ

呉（三国）	121, 122, 127, 129, 133〜160
広漢郡（四川省）	34, 108〜112, 122
広漢西蜀劉氏作鏡（四川）	112
黄巾の乱	117
高句麗	730, 731
黄啓善	585
考古学	3〜6, 8, 75, 100, 112, 140, 172, 265, 355, 415, 465, 484
考古学会	112
考古学資料	140, 175
考古学的情報	415
考古学的発掘	26, 75, 355, 615
交互式四神四獣鏡	224
高至喜	460
『広州漢墓』	360, 361, 481
孔祥星	266, 351, 577
黄初三年神獣鏡（三国魏）	128
黄初二年半円方形帯神獣鏡（三国魏）	127
黄初二年半円方枚重列神獣鏡	511
黄初四年半円方形帯神獣鏡（三国魏）	128
広西壮族自治区	585
広西銅鏡	585, 596
『広西銅鏡』	585, 607, 618
厚葬の風	8
江蘇省江寧府	28
江蘇省徐州市銅山県	283, 385, 486
江蘇省揚州市	380
江蘇省揚州市邗江県	377, 380, 483
黄帝	119〜121, 289, 399〜403, 405, 455, 456, 494
黄帝除兇	119〜121, 402, 403, 455, 456
黄□□兇	118
紅銅	268
紅銅緑銹孔雀藍	268
江南（呉領域）	121, 122, 127〜129, 131, 132, 135
江南鏡	430
江南呉	129, 132
江南人士	135
江南文化	408
光背	19, 22
黄武（三国呉）	133〜136
黄武元年五月半円方形帯神獣鏡（三国呉）	134
黄武元年半円方形帯神獣鏡（三国呉）	133
黄武五年半円方形帯神獣鏡（三国呉）	135
黄武七年神獣鏡（三国呉）	136
光武帝（後漢）	385, 623, 624, 626
黄武二年神獣鏡（三国呉）	134
黄武四年重列神獣鏡（後漢）	511
黄武四年半円方形帯神獣鏡（三国呉）	134
黄武六年重列神獣鏡（三国呉）	135
黄武六年半円方枚神獣鏡	511
黄武六年分段式重列神獣鏡	511
蝙蝠形柿蒂座連弧文鏡	511
蝙蝠形文	10
蝙蝠形四葉文座鈕内行花文鏡	10
黄龍（三国呉）	133, 136, 137
黄龍元年九月重列神獣鏡（三国呉）	137
黄龍元年四月神獣鏡（三国呉）	136
黄龍元年七月重列神獣鏡（三国呉）	137
黄龍元年半円方枚神獣鏡	511
黄龍元年分段式重列神獣鏡	511
黄龍二年分段式重列神獣鏡	511
光和元年獣首鏡（後漢）	116
呉王	387, 396〜398
「呉王」	396, 397, 450, 451
呉王・伍子胥画象鏡	450, 451
呉王夫差	397, 398
古河（男爵）家	170
「五月丙午」	108, 109
後漢	15, 24, 26〜28, 30, 34, 106〜127, 130, 137, 251, 284, 287〜292, 363, 382〜390, 477
後漢回向式神獣鏡	456
後漢王朝	623, 624
後漢画象鏡	387, 486
後漢鏡	118, 140, 144, 290〜292, 347, 375, 383, 409, 445, 475, 485, 490, 511, 535, 553, 649
後漢建安七年重列神獣鏡	456
後漢式鏡	176, 188
『後漢書』孝安帝紀	623
『後漢書』光武帝紀	623
『後漢書』東夷伝	623, 624
『後漢書』百官志	487
後漢墓	382
『故宮蔵鏡』（郭玉海著）	266, 267
古鏡	3〜7, 75, 99, 106, 175
『古鏡』（三宅米吉著）	4
『古鏡』（樋口隆康著）	107, 175, 236
呉鏡	122, 133〜138, 144, 155, 159
『古鏡記』（隋王度）	178
呉鏡紀年銘鏡	135, 136
古鏡紀年銘文研究	107
古鏡研究	3〜6, 99, 100, 108, 175, 638
古鏡研究史	6
古鏡コレクション	104
『古鏡集成』（宮内庁書陵部）	626, 627, 632, 638, 643, 644
『古鏡図録』（羅振玉著）	35, 104, 105, 118, 120, 123, 135, 139, 142,

144, 151, 163〜165, 187
『古鏡』（樋口隆康著）の目次 175
古鏡発見史 101
呉鏡銘文 154, 159
『国宝 福岡県平原方形周溝墓出土品図録』 615, 618
『穀梁伝』 284
「刻婁博局」 282, 283
刻婁銘四霊博局鏡 281〜284
「五穀成熟」 105
吾作神人神獣画像鏡 291, 389
吾作変形四葉獣首鏡 288
「吾作明竟,可以昭明」 143
「吾作明竟」 108, 111, 112, 114, 115, 117〜121, 124〜126, 143, 144, 157, 160, 166, 291, 386
「吾作明竟宜侯王」 121, 124, 125
「吾作明竟自有方」 115
「吾作明竟幽湅宮商」 118〜121
「吾作明竟幽湅三岡」 112
「吾作明竟幽湅三商」 108, 111, 112, 114, 126, 157, 160, 166
「吾作明竟、幽湅三羊自有己」 117
「吾作明竟幽湅三羊」 117, 118
五山文鏡 361, 362, 553
伍子胥 387, 396〜398, 409
伍子胥画象鏡 386, 387, 409
ゴシック字体 9, 10, 13
五獣鏡 31, 32
五銖銭 257, 292, 380, 483, 495
五神四獣鏡 229
古代鏡 4
古代青銅鏡研究 3
「国家」 287, 393
国家図書館（中国北京） 245, 246, 251, 252, 263
『国家図書館蔵陳介祺蔵古拓本選編・銅鏡巻』 245, 246, 263
「五帝」 119〜121, 138, 456

「五帝天皇」 119〜121, 402, 403, 455, 456
後藤守一 3, 6〜9, 23, 24, 26〜28, 30, 38, 75, 76, 100〜104, 140, 161, 173, 174, 184, 191, 237〜239, 241, 251, 626, 632, 638, 643, 715
五島美術館 184, 688〜690, 694, 700, 701, 703, 707, 712, 713
湖南省衡陽県鳳凰山 482
湖南省常徳市 361, 362
湖南省長沙市 116, 127, 356〜363, 375〜378, 381, 383〜385, 391, 460, 466, 483, 484, 496
湖南省長沙市出土銅鏡 460, 475, 499
湖南省汨羅県 376
湖南省零陵県 383
五乳五禽鏡 511
「五馬千牛羊」 124, 151
「五馬千頭羊」 147, 156, 157
小林行雄 226, 238, 241, 645, 671, 681, 687
虎賁 290
古墳研究 175
古墳時代 3
古墳発掘鏡 4, 5, 7
五鳳（三国呉廃帝侯亮） 143, 144
五鳳元年半円方形帯神獣鏡（三国呉） 143
五鳳三年神獣鏡（三国呉） 143
湖北省鄂州市 127, 265, 500, 512
湖北省博物館 500
「胡虜殄滅天下復」 166, 393, 446〜448, 491, 584, 601

さ

彩画文鏡 176, 179
細線鋸歯文鏡 7, 8, 101
細線式円座乳帯獣帯鏡 26〜28,

30, 75, 107
細線式獣帯鏡 176, 188, 196
細線式盤龍座鈕獣帯鏡 27, 28
細地禽獣文鏡 176, 180
細地文鏡 176, 180
細紋式盤龍鏡 28
細文地画象文鏡 176, 180
坂詰秀一 101
左行 105, 112, 116, 117, 119, 121, 123〜126, 128, 131〜135, 137〜146, 148, 149, 151〜158, 161, 163, 166, 167, 170, 171
「作尚方明竟」 108, 111〜114, 117
錯別字 272
作坊 285
冊封関係 129
作四分法布置 445, 452
作礼仏状 527
左字 108, 114, 117, 119, 123, 125, 132, 134, 143〜151, 153, 154, 156〜159, 163, 172
雑伎舞踏画像鏡 451
『左伝』 279, 284, 489
佐味田（宝塚古墳） 7, 16〜20, 25, 26, 678
「左龍右虎辟不羊」 107
『三槐堂蔵鏡』（王綱懐著） 264, 293, 294, 306, 307, 325, 327, 328, 336, 345, 347, 349
三角形鋸歯文 394, 395
三角縁 16〜21, 23〜25, 33, 76, 100, 129, 235, 237, 410, 430〜436, 448, 500, 715
三角縁回向式神獣鏡 233
三角縁画象文帯盤龍鏡 234
三角縁鏡 20, 430
三角縁神獣鏡 16〜21, 23〜25, 33, 76, 100, 101, 109, 118, 129, 136, 163, 166, 172, 175, 176, 188, 204, 209, 212, 218〜220, 227, 233,

	234, 237〜239, 349, 409〜411, 414, 430, 431, 536, 605, 609, 612, 622, 643, 645〜650, 664, 670, 676, 678, 681, 686, 688, 712, 715	三神三獣鏡	230〜232		106
		三神二獣鏡	223	始建国二年	105, 281
		三瑞	13, 26, 107	四猴文鏡	375, 376
		『三正綜覧』	123, 127, 128, 135〜137, 157, 159	四虎鏡	511
三角縁神獣鏡画像	457			四虎文鏡	355
三角縁神獣鏡研究	104, 175, 220, 239, 646	三星堆遺跡	408	四山鏡	265
		三足の烏	159	四山四鹿文鏡	361
三角縁神獣鏡研究史	104	三尊	527	四山文鏡	360, 553
三角縁神獣鏡出土地名表	650	三段区段式銅鏡	251	獅子	20, 391, 408, 599
三角縁神獣鏡前史	236	三段式神仙鏡	176, 188, 212, 220, 251	『四子講徳論』(王褒)	288
『三角縁神獣鏡綜鑑』(樋口隆康著)	220, 236			四子紋鏡	597〜601
		山東省高密県	380, 383	四獣画像鏡	450
三角縁神獣鏡の定義	220	山東省済南市	379, 481	四獣鏡	30, 31, 156
三角縁盤龍鏡	234	山巒	447	四獣文鏡	359
三角縁仏獣鏡	204, 676, 678	三仏三獣鏡	232	四神	13
山岳文	224	『三輔黄図』	386, 392, 408	四神鏡	13, 27
「三公九卿十二大夫」	126, 149, 164, 167	「三羊作竟」	386	四神四獣鏡	16, 17, 224
		「三羊作明竟」	114	四神二獣鏡	223
三国	24, 26, 28, 30, 32, 34, 119, 127, 129, 133, 140, 143, 148, 292	三葉蟠螭菱文鏡	266	侍仙	229
		三龍鏡	511	四川省広元市	380
三国魏	34, 127, 148, 536	三龍文鏡	356, 357	四川省重慶市	382
三国鏡	130, 140, 375	三龍連弧文鏡	357	四川省成都市	269, 271, 360, 377, 379, 381, 391, 480, 622
三国呉	108, 133, 140, 141, 500	『山陵志』(蒲生君平)	626		
三国呉重列神獣鏡(後漢)	456			「子孫番昌」	119, 120
『三国志』烏丸鮮卑伝	725, 727	**し**		字体書法	268
『三国志』東夷伝・倭人	671, 725, 727, 734			泰言四霊博局鏡	286
		「四夷服」	166, 393, 446〜448	七子鏡	35
『三国志』夫余・高句麗	729, 730	鹿	385, 386	七獣鏡	32
三国代	24, 26, 28, 30, 32, 34, 119, 133	『爾雅』	281	七乳禽獣紋鏡	553
		志賀島	7	七乳四神神獣紋鏡	553
三国鼎立	129	「鹿の祥瑞」	482	七乳七鳥紋帯鏡	511
『山左金石志』	34, 145, 159	四花弁圧圏帯	479	七乳神獣紋鏡	553
三山冠	24, 232	四花弁銘文鏡	269	七鈴鏡	35
山字(文)鏡	265, 347, 360, 361, 465, 466	鹿紋	482	失蠟鋳造	362, 384
		『史記』越王勾践世家	397	失蠟法	362, 388
三獣鏡	511	『史記』呉太伯世家	397	柿蒂八鳳鏡	511
三種神器	3, 626	『史記』五帝本紀	402	四乳雲龍連弧紋鏡	482
三尚方	131	『史記』封禅書	281	四乳鏡	288
三神五獣鏡	228	始建国二年規矩獣帯鏡	105	四乳禽獣鏡	287, 288
三神三獣	108, 111	始建国元年鏡	15	四乳禽獣紋鏡	481, 482, 553
		始建国天鳳鳳二年方格規矩四神鏡			

し

四乳四虺鏡	279
四乳四螭鏡	511
四乳四虺紋鏡	481, 553
四乳四禽鏡	511
四乳四神紋鏡	553
四乳獣面蟠螭文鏡	268
四乳鳥紋鏡	553
四乳八禽鏡	511
四乳浮離式四禽鏡	511
四乳龍虎鏡	279, 280
芝崎蟹沢古墳（群馬県高崎市）	21, 129, 236, 237
司馬遷『史記』	409, 410
四仏四獣鏡	22
四鳳文鏡	359
「師□延年長楽未央」	109
「師命長」	108, 111, 112, 115
「師命長生如石」	108
地紋複数	465, 466
斜縁二神二獣鏡	176, 188, 220, 235
社稷	273
上海博物館	101, 267, 352, 363, 375, 391, 411, 412, 415, 460, 475, 577
『上海博物館蔵青銅鏡』	101, 267, 352, 363, 375, 391, 411, 412, 415, 460
周	179, 265
獣形	17〜19, 21, 25, 26, 108, 122
周慶雲（中国浙江省烏程）	112
獣形鏡	30, 32, 33, 75
重圏鏡	273
重圏柿蒂紋貼金銅鏡	611
重圏銘（文）帯鏡	273〜275, 278, 478
重圏文鏡	12, 79
「周刻容象」	118
獣首鏡	33〜35, 109〜114, 116, 130, 131, 176, 188, 204, 375, 430, 511, 512
獣首文	111, 112, 114, 116
周晴松	114
『集説詮真』	290, 291, 348
獣像	21
獣帯鏡	26〜28, 30, 75, 105, 107, 176, 188, 196, 430
獣帯交互式四神四獣鏡	225
獣帯式	222
獣帯式三神三獣鏡	20
獣帯式見せかけの並列式四神四獣鏡	227
獣帯並列式五神四獣鏡	229
獣帯並列式四神四獣鏡	227
獣鈕	30
獣鈕獣首鏡	111, 112, 116
十二辰銘	486, 487
十二地支名	263, 284, 287, 391
重農抑商	272
獣文	17
獣文鏡	465
獣文帯	17
獣文帯三神三獣鏡	19, 75
獣文帯四神四獣鏡	17
獣文帯二神二獣鏡	19, 75
重要美術品（銅鏡）	105, 110, 112〜115, 117, 120〜122, 124〜128, 130〜132, 134〜142, 144, 149〜158, 162, 164〜166, 169, 170, 173
「周羅容象」	119〜121
重菱紋鏡	553
重列神獣鏡	118〜122, 125, 133, 137, 152, 158, 176, 188, 211〜213, 220, 251, 430, 455, 456, 511, 512
儒家	387
儒教思想	106
縮蟬	362, 388
朱氏四霊博局鏡	286
主神	18
「朱鳥玄武□□□□」	118
「朱鳥玄武順陰陽」	107
「朱鳥玄武、白虎青龍」	119〜121
出土鏡	3
出土発掘鏡	3, 99
「壽如東王公西王母」	108, 112
珠文円座乳	24, 25
珠文鏡	37
珠文圏	123, 146, 153
珠文地	21
『荀子』	388, 403
春秋	175, 179, 265
春秋式鏡	175, 179
『春秋繁露』	376
順帝（後漢）	26
「上応星宿」	145, 159
「上応星宿下辟不羊」	159
女王卑弥呼像	739
「上応列宿下辟不祥」	152
上華山鳳凰侯四霊博局鏡	281
「正月丙午」	34
翔鶴飛鴻鏡	511
陞官発財	350
常貴銘方格蟠虺文鏡	268
照胸脅四霊博局鏡	285
紹興（浙江省）	106, 107, 122, 123, 126, 128, 133, 134, 138, 143〜145, 151, 154〜158, 171, 172, 290
『紹興古鏡聚英』（梅原末治著）	415
『紹興出土古物調査記』（張拯亢著）	156
鐘子期	399〜401, 406
鐘子期傾聴	406
鐘子期善聴	400, 401
『尚書』	281
『尚書正義』（孔穎達）	280, 281
『尚書大伝』	451
「上如東王公西王母」	114
「昇仙」	489

索 引　し　777

『上孫家寨漢晋墓』（青海省） 481	四霊位置 280	394, 395, 399〜403, 408, 409, 453〜456
『小檀欒室鏡影』（徐乃昌著）	四霊鏡 381〜383, 391	神人画像鏡 24, 390
142, 148, 149, 157, 163	四霊三瑞 13, 26	神人歌舞画像鏡 26
章帝（後漢） 385, 486	四霊図案 382, 383	神人綮龍虎鏡 25
昭帝（前漢） 377, 380, 483	四霊瑞獣 453	神人車馬画像鏡 25, 26, 289, 388, 389
小篆 13, 267〜271, 273	四霊配置 284	
小篆美術体 275	四霊博局鏡 280〜287	神人神獣 291, 387〜390, 399〜403
小篆変体 275	四霊文飾 283	神人神獣画像鏡 291, 387〜390, 409, 449
尚方 34, 107〜117, 131, 132, 280, 384, 487, 624	四霊文重圏ＴＬＶ式鏡 14	
	四霊文方格ＴＬＶ式鏡 14, 75	神人鳥獣画像鏡 512
「尚方作竟」 107, 386	「侍郎」 446	神人白馬画像鏡 290
「上方作竟」 386	秦 266, 267	神人龍虎画象鏡 290, 386
尚方四霊博局鏡 280	『神異経』 290, 348	神人龍虎 25
尚方鳥獣文神人奏楽鏡 383	「新家」 287, 393	神人龍虎鏡 18, 24, 25
「尚方明竟」 108〜117	新家 23	神仙 24, 133, 143, 145, 447, 447〜453
「昭明」 380	晋鏡 160, 475	
昭明鏡 271, 275, 277, 278, 315, 380, 381, 479, 484, 511	「親魏倭王」卑弥呼 172	神仙怪獣談 24
	「親魏倭王」女王卑弥呼 129, 725	神仙画像鏡 451
昭明大鏡 271	新興辟雍鏡 383	神仙戯馬画像鏡 449
昭明銘帯鏡 274	「新作大鏡」 23, 24	神仙思想 408, 482
葉文鏡 15	始皇帝 348, 585	神仙車馬画像鏡 446〜448, 450
「上有仙人不知老」 107	神獣 16〜24, 33, 108, 112, 115〜119, 121, 133, 135, 139, 146, 149, 156〜158, 453〜457, 494	神仙讖緯思想 178
「上有東王公西王母」 113		神仙像 431
照容銘博局鏡 287		神像 17〜19, 21, 22, 24, 119, 120, 122, 138, 142, 144, 148
常楽富貴鏡 382	神獣鏡 15〜24, 33, 75, 104, 108, 109, 111, 114, 115, 117〜130, 133〜172, 289, 307, 375, 390, 391, 445, 446, 452〜459, 511, 512	
『初学記』 376		新朝 282, 286
穆文 266, 273		新朝治竟四霊博局鏡 286
徐州（江蘇省） 290		人物画像鏡 24
書体 245, 251, 256, 263, 267〜271, 325〜327		清末金石文研究 245
	神獣区 18, 19	人面鳥身 133
徐乃昌（南陵） 115, 117, 118, 142, 148, 149, 157, 163	神獣形 20, 115, 117	人面羊角（神）獣 386, 396, 409
	『神州国光集』 119	新莽 277, 280〜287, 363, 382, 383, 393, 478, 408, 490
徐同柏 119	神獣鏡画像 457	
諸陵寮 7	神獣式鏡 112	新莽鏡 277, 278, 280〜287, 315, 316, 375, 430, 475, 490, 511, 624
四龍文鏡 357, 358, 553	『新修泉屋清賞』 173, 717, 721, 724	
四龍菱文鏡 266	神獣像 16, 23, 431	「新有善銅出丹陽」 488, 489
四龍連弧文鏡 376	神獣盤龍鏡 28	半円方枚重列神獣鏡 455
四霊 13, 26, 107, 119〜122, 138, 280〜287, 381〜383, 386, 391, 392, 408, 409, 453	「新肖氏鏡」 29	
	『晋書』地理志 28	
	神人 24〜26, 112, 134, 136, 149,	

す

『瑞応図』	482, 485
水銀アマルガム	265, 268, 276, 282, 287, 289, 321
水行十日陸行一月	735, 737
瑞獣	289, 391, 408, 482, 486, 489
瑞獣神仙画像鏡	449
瑞獣図案	482
瑞獣動物紋鏡	465
髄葬器物	475, 477, 479, 480
水中古	154, 157
垂露書	285
垂露篆	285
崇山思想	266
杉本憲司	459
須玖岡本遺跡（福岡県春日市）	6, 9, 12, 14, 15
朱雀	13, 106, 159, 391～395, 408, 485～488
『図説　中国古代銅鏡史』	351
隅田八幡宮	5, 26
ストックホルム国立博物館	128
澄田正一	184
住友（男爵）家	104, 122, 125, 126, 134, 136, 138, 154, 158, 172, 717
素文鏡	8, 175, 179

せ

西域文化	19
星雲鏡	176, 183, 184, 273
星雲文鏡	37, 251, 377, 381, 485, 553
星雲連弧紋鏡	482～485
「盛王」	451
西王母	18, 24, 26, 113, 114, 200, 236, 290, 291, 389, 396, 399～401, 404～407, 409, 447～455, 457, 494～496, 647
「西王母」	18, 24, 26, 108, 112～114, 117, 162, 164, 201, 240, 396, 399～401, 409, 447～455
西王母舞踏画像鏡	451
「青蓋作竟」	386
青蓋盤龍鏡	28
『西京雑記』（唐）	178
西羌戦争	410
正始元年三角縁神獣鏡（三国魏）	129, 130, 233, 236, 670
正始五年画文帯環状乳神獣鏡（三国魏）	130
西周	179, 356
「青勝作竟」	386
「生如金石」	162
「生如山石」	113
西晋	24
『西清古鑑』	4, 9, 12, 37
整数尺	345, 346
整数（倍）現象	265, 277, 346
青銅鏡研究	3
清白鏡	271, 275～278, 315, 478, 479, 484
清白銘帯鏡	275, 276
「青羊作竟」	386
青龍	13, 106, 159, 279, 391～404, 408, 449～452, 485～488
青龍三年方格規矩四神鏡	670
赤烏（三国呉）	133
赤烏元年五月半円方形帯神獣鏡（三国呉）	139
赤烏元年半円方形帯神獣鏡（三国呉）	138～140
赤烏九年半円方形帯神獣鏡（三国呉）	141
赤烏五年分段式重列神獣鏡	511
赤烏三年半円方枚神獣鏡	511
赤烏七年半円方形帯神獣鏡（三国呉）	141
「石氏作獣帯鏡」	28
赤誦虎	383, 394, 409
赤壁	122, 500
赤壁の戦い	122
浙江出土銅鏡	415, 430, 431, 457
『浙江出土銅鏡選集』	386, 415
『浙江出土銅鏡』	270, 415
『浙江出土銅鏡』修訂本	415, 416, 429, 431, 446, 457, 458
浙江省紹興市（古墓・柯橋）	106, 107, 122, 123, 126, 128, 133, 134, 138, 143～145, 151, 154～158, 171, 173, 380, 383, 384, 386～389, 391, 415
浙江省文物考古研究所	415
摂津国川辺郡小浜村	141
『説文』	109
『説文解字』	284, 490
『説文解字注』（段玉裁）	490
鮮于璜	385
『泉屋博古』（住友、泉屋博古館）	717, 724
泉屋博古館（住友、京都）	122, 173, 717
仙厓義梵	7
『山海経』	288, 290, 291, 348, 349, 398, 399, 486
前漢	5, 6, 15, 30, 37, 176, 182, 266～280, 363, 373～382
前漢（式）鏡	5, 6, 13, 30, 37, 176, 182, 375, 475, 483, 484, 553
前漢文化	275
戦国	176, 180, 265, 355～363
戦国（式）鏡	176, 180, 355, 363, 460～466, 553
戦国標準尺	265, 266
『善斎吉金録』（劉体智著）	115, 125, 133, 134, 160, 184, 383
「千秋万歳」	277, 315
禅定仏	232
陝西省乾県	390
陝西省西安市	377, 379～385, 390,

	391, 480	
陝西省千陽県	269	
陝西省宝鶏市	385	
宣帝（前漢）	273, 377, 380, 483	
銭坫	108	
善銅四霊博局鏡	285	
仙人	26	
線描鳥獣文鏡	175, 179	

そ

「宋王」	446	
双夒鏡	511	
宋康王	446	
「造作元鏡」	134	
「造作尚方明竟」	108, 110～112, 115, 116	
「造作明鏡」	124, 134, 138～140, 142, 144, 145, 147～159, 163, 168, 170, 171	
「造作明鏡、可以昭（詔）明」	143, 147, 149, 151	
「造作明鏡、既清且良」	124	
「造作明鏡、百湅正（清）同（銅）」	139, 140, 144～146, 149, 150, 154～158, 162, 171	
「造作明鏡、百湅正銅、上応里宿」	145	
「造作明鏡、幽湅三商」	152, 159, 167, 168	
双獣鏡	28	
装飾隷書	275	
『捜神記』（晋干宝）	446	
曹菁菁	246	
曹操（三国魏）	118, 119, 122, 123, 538	
双頭龍鳳文鏡	176, 188, 207	
「造明作明鏡」	117	
草文鏡	15	
草葉華文	123	
草葉鏡	267, 269, 271, 272	

草葉銘文鏡	270～273	
双葉文	15	
草葉文	15, 104, 267, 273	
双葉文鏡	15	
草葉文鏡	176, 183, 251, 266, 375, 379, 466, 485	
草葉連弧文鏡	479, 480	
双龍鏡	268, 292	
双龍連弧文鏡	477	
素円帯	15	
楚漢文化	277, 278	
素鏡	264, 265	
楚鏡	360	
『続捜神記』（晋葛洪）	178	
楚辞	275～277	
『楚辞』	291, 384, 398～400, 482, 485	
楚式鏡	479, 480	
楚辞文学	408	
素地七連弧文鏡	267	
素地十一連弧文鏡	265	
楚風	278	
『楚風漢韻―長沙市博物館蔵鏡』	460, 466, 475, 485, 496	
曾布川寛	348, 351	
楚文化	275, 278	
酥餅	265, 268	
孫詒譲	105	
孫克譲	275	
孫機	272, 282	
孫権（三国呉、大帝）	122, 138, 500	

た

太康（西晋武帝）	162	
太康元年五月神獣鏡（西晋）	162	
太康元年八月半円方形帯神獣鏡（西晋）	163	
太康元年半円方形帯神獣鏡（西晋）		

	163	
太康三年十二月半円方形帯神獣鏡（西晋）	166	
太康三年二月半円方形帯神獣鏡（西晋）	165	
太康三年六月半円方形帯神獣鏡（西晋）	166	
太康二年鏡（西晋）	165	
太康二年三月半円方形帯神獣鏡（西晋）	164	
太康二年半円方形帯神獣鏡（西晋）	164	
太康四年半円方形帯神獣鏡（西晋）	167	
泰始（西晋武帝）	160	
泰始九年画文帯神獣鏡（西晋）	161	
泰始七年葉文帯神獣鏡（西晋）	161	
泰始十年半円方形帯神獣鏡（西晋）	162	
泰始六年環状乳画文帯神獣鏡（西晋）	160	
対生珠文座鈕	9, 30	
対置式神獣鏡	176, 188, 212, 213, 216, 220, 289	
大日本帝国	100	
帯鬚状蝙蝠形柿蔕鏡	511	
太平（呉）	133	
太平元年五月神獣鏡（三国呉）	144	
太平元年五月半円方形帯神獣鏡（三国呉）	144, 145	
□平元年五月神獣鏡（三国呉）	146	
太平元年半円方形帯神獣鏡（三国呉）	144～146, 149	
太平元年半円方枚神獣鏡	511	
「太平長楽」	165	
太平二年半円方形帯神獣鏡（三国		

呉) 147, 148
太平□年方形乳神獣鏡（三国呉） 148
大楽貴富蟠螭文鏡 267, 475
大楽貴富蟠螭文博局鏡 267, 476
大楽貴富蟠龍文鏡 378
大楽貴富六博文鏡 377
大楽富貴銘文鏡 553
「大楽未央、長相思」 378
太和元年五月半円方形帯神獣鏡（東晋） 171
太和元年半円方形帯神獣鏡（東晋） 170
高倉洋彰 351
「多賀国家人民息」 166, 397, 410, 446〜448, 491
「多賀新家人民息」 393
高橋健自 3〜5, 8, 9, 15, 23, 24, 26, 28, 30, 35, 100〜104, 116, 119, 129, 144, 162, 168, 173, 174, 191, 236, 237, 241, 715
武内金平（東京） 139
田崎博之 351
多鈕細文鏡 176, 181
脱胎現象 289
脱胎失重 268
辰馬悦蔵（兵庫県西宮市） 157
竪穴式石室 75
竪穴土坑墓 475, 483
鼉龍 29, 30, 32〜34
鼉龍鏡 30, 32〜34, 75
単夔鏡 176, 188, 203
段玉裁 490
単線連弧雲紋鏡 512
単線連弧文鏡 511
端方（清） 108, 149
「丹楊」 28, 488
丹陽鏡 488
丹陽郡 28, 488
ダンワラ古墳（大分県日田市） 612

ち

螭首文鏡 176, 179
「中国」 491
『中国科学技術史』（盧嘉錫著） 265, 350
中国鏡 4, 8, 14, 21, 30, 32, 34, 132
中国考古学 175, 178
『中国古代銅鏡』（孔祥星・劉一曼著） 266, 270, 351, 483
中国銅鏡史 270
『中国銅鏡図典』（孔祥星・劉一曼著） 265, 268, 274, 287〜289, 351
中国銅鏡文化史 264
中国舶載鏡 75
『中国方術考』（李零） 282, 351
中国龍文化 266
鈕座 26, 104, 110
「忠臣伍子胥」 397, 398, 409, 410, 450, 451
鋳造技術学 175
沖帝（後漢） 110
「中平□年鏡」 30
中平三年半円方形帯神獣鏡 117, 119
中平年間 118
中平六年四獣鏡 117
『長安漢鏡』（程林泉・韓国和著） 266, 267, 270, 273〜275, 277, 278, 477
張角 117
「長宜官位」 111
「長宜高官」 110, 112, 113
「長宜子孫」 9, 106, 113, 115, 117, 394
長宜子孫鏡 384, 385
長宜子孫内行花文鏡 106
長宜子孫八字連弧文鏡 288
長宜子孫銘文鏡 553
長江文明 408
長沙漢墓 476, 477
長沙市博物館 460, 466, 475, 485, 496
「張氏作竟」 162
張氏車騎神獣画像鏡 388
銚子塚古墳（福岡県糸島市） 238, 681
鳥獣文鏡 383
鳥獣文神人奏楽鏡 383
鳥獣紋帯鏡 511
張拯亢 156
「長生久寿」 124, 125, 138
「長生如石」 108
朝鮮平安道大同江面（平壌市） 10, 27, 104
長帛 447, 450
張望状 447
「長保二親子孫力」 393, 446〜448
鳥紋 393
鳥紋鏡 553
「長楽未央」 108, 109, 111, 112, 116, 117, 139〜141, 159, 170, 171, 272
直銘渦雲紋鏡 511
直銘重列神獣鏡 511, 512
螭龍文鏡 176, 182, 183
陳介祺（山東、濰県） 108, 114, 144, 162, 164, 245, 246, 251, 252, 257, 263, 277, 278, 307
『陳介祺蔵鏡』 277, 278
陳世厳（鏡作者） 136
「陳是作竟」 228〜230
陳佩芬 101, 351, 352, 363, 375, 391, 411, 412, 415

つ

対龍対鳳 289
通仮 272, 286, 287

塚元弥右衛門（兵庫県、宝塚市） 141	263, 318, 487, 488	銅華銘帯鏡 276, 277
津田左右吉 240	纏枝葉紋 382, 408	道教 176, 292, 347, 456
『通典』（唐杜佑） 131, 205, 384	天津市武清県 385	東京高等師範学校 3
津堂城山古墳（大阪府藤井寺市） 20	天神東皇太乙 400	東京国立博物館 3, 240
椿井大塚山古墳（京都府木津川市） 238, 645, 647, 650, 664, 686, 687	篆体 326, 327, 478	道教思想 347〜349
	天王 118	銅鏡拓本 245, 252
『椿井大塚山古墳と三角縁神獣鏡』 645, 650	「天王」 225, 229, 649	東京帝国大学 101, 144
	天皇 456	東京帝室博物館 3, 6, 7, 12, 35, 100, 105, 129, 161
	天皇上帝 456	
て	「天王日月」 17, 111, 117, 118, 121, 144, 147, 154, 156, 222, 223, 225, 227, 228, 230, 232, 233, 400, 401, 453, 647, 649	同型鏡論 238
		透光鏡 275, 379〜381, 414
ＴＬＶ式鏡 6, 13〜15, 27, 28, 99, 101, 102, 106, 191, 192, 489, 490		『陶斎吉金録』（清、端方） 108, 149
	天王日月神人神獣画像鏡 390	涷治銅華鏡 382
ＴＬＶ文飾 267, 282, 283, 377, 378, 393, 476, 489, 490	天皇陵墓比定 175	東周 177, 178, 265
	天鳳元年（新莽） 285, 286	東周尺 265
ＴＬＶ文字 14	天馬 290	「銅出徐州」 16
帝王出巡 289	天龍 527	「銅出徐州、師出洛陽」 16
帝国大学 8, 100	篆隷変体 273, 275	銅柱 383, 394, 409
程氏（中国江蘇金山） 123	天禄 292, 391, 400〜404, 406〜408, 494	東畑謙三（兵庫県御影） 158
Ｔ字形 13, 14		陶范 379
帝室博物館 3, 6, 7, 12, 35, 100, 101, 112, 119, 167, 626	**と**	同范鏡 121, 124, 238
		同范鏡論 238
「貞夫」 446		陶北溟 110
貞夫画像鏡 446	東王公 18, 24, 26, 114, 240, 290, 291, 386, 396, 399〜409, 447〜455, 494〜496, 647	『銅鉾・銅剣の研究』 3
鄭豫 122		絢紋鏡 512
天円地方 273	「東王公」 18, 24, 26, 108, 112, 165, 201, 240, 396, 447, 448	東洋史学 100, 172
天蓋説 273		唐蘭 283
「天下大明」 272	東王公西王母 290, 409, 453, 457, 495, 526	道路遼遠鏡 379
「天下大陽」 272		竇綰墓（河北省満城県） 477, 479
天紀（三国呉帰命侯） 133	「東王公西王母」 108, 112, 165, 167, 409, 453	独角獣 394, 405, 408, 599
天紀元年閏月重列神獣鏡（三国呉） 158		富岡謙蔵 4, 5, 9, 13〜15, 21, 23, 24, 26〜29, 34, 35, 100〜105, 108, 114, 115, 118, 119, 121, 123, 129, 135, 137, 139, 142, 151, 152, 162, 163, 172〜174, 180, 184, 191, 216, 237, 240, 241, 606
	「東王父」 108, 113, 114, 117, 162	
天紀元年半円方形帯神獣鏡（三国呉） 158	「東王父西王母」 108, 113, 114, 117, 401	
	銅華鏡 271, 276〜278, 280, 315, 478, 479, 484	
天紀二年重列神獣鏡（三国呉） 159		
	道家 178	虎 25, 386
天紀四年半円方形帯神獣鏡（三国呉） 160	道家思想 279, 347, 348	鳥居龍蔵 8, 101, 239
篆書 29, 105, 245, 251, 252, 256,	道家神仙 384	鳥文化 280

な

トロント博物館（カナダ）	170
敦煌馬圏湾漢代烽燧遺址	446
敦煌変文	446
内行花文	9～12, 111
内行花文鏡	9, 176, 188, 189, 485, 618, 619, 622
内行花文清白鏡	9
内行花文精白鏡	104
内行花文帯	9, 10, 34, 37, 110
内行花文日光鏡	9
内行花文明光鏡	9
内行九花文鏡	12
内行鋸歯紋鏡	8
内行五花文鏡	11
内行七花文鏡	11
内行十一花文鏡	12
内行八花文鏡	11
内行仿製花文鏡	11
内行四花文鏡	12
内行連弧文帯	112, 379
内行六花文鏡	11
「内清以昭明」	380
内清以昭明透光鏡	380
内清鏡	381, 382
「内清質以昭明」	380
内清四霊鏡	382
内藤湖南	121
内府尚方	112
長尾鳥	394, 408
「長母相忘」	272, 379
長母相忘鏡	378
中村不折	34, 113, 131, 132, 142
中山平次郎	9, 15, 24, 26, 27, 29, 30, 100～103, 129, 237
奴國	7
奴國王	623, 624
南越王墓	362
南京古物保存所	154
汝が好物	671
南朝鏡	475
南北朝	293
南陽鏡	288, 350

に

新山古墳（奈良）	7, 13, 14, 17～23, 75, 240, 678
肉髻	232
肉彫蟠螭文鏡	176, 179
西嶋定生	459, 740
西田守夫	282, 283
二重体鏡	175, 179
二十八宿	20, 118
二神一虫三獣鏡	232
二神四獣鏡	222
二神二車馬鏡	223
二神二獣	16
二神二獣鏡	18, 221
「日月」	19, 75, 225
「日月天王」	19
日有憙鏡	271, 276～278
日有憙四霊博局鏡	284
日有憙銘帯鏡	277
日光鏡	274, 277, 477, 484, 511
日光重圏鏡	273
日光獣帯鏡	27
日光昭明重圏銘帯鏡	274
日光銘方格蟠虺文鏡	268
二馬駕輻車	448
『日本書紀』	35
乳文鏡	37

ね

捩形文鏡	38
年号鏡	5

は

「買此竟者家冨昌」	109
「買者宜子孫、壽万歳」	158
「買者大富且昌、長宜子孫」	114
「買者大利家冨昌」	114
「買者長宜子孫、延年益壽」	117
「買者長宜子孫、買者延壽万年」	113
「買者長命宜孫子」	113
「買者富貴」	126
「買人大冨長子孫」	112, 116
「買人大冨貴」	115
背面徑	618
白牙（伯牙）	118～121, 160, 293, 388, 399～403, 406, 494
伯牙鼓琴	403
伯牙奏琴	399～401, 494
伯牙弾琴	388, 406, 453～457, 526
「白牙単琴」（伯牙弾琴）	118～121, 160, 402
「白牙単琴、黄帝除兇」	118～121, 402, 403
伯牙陳楽鏡	293
博局鏡	251, 263, 267, 271, 280～287, 375, 430, 484, 489, 490
博局山房蔵鏡	270
博局四神禽獣鏡	618
博局草葉連弧文鏡	479
博局蟠螭文鏡	476
博局紋	267, 287, 476
博局神獣鏡	618
白堅	160
舶載鏡	643, 664
博山炉	17, 20, 25, 37, 232
白鹿紋	481, 482, 485
柏氏伍子胥画象鏡	386
「白銅清明」	115
薄肉獣文鏡	176, 179
麦穂芽文	266, 267, 272

麦穂文	15, 266, 267, 272, 273, 485	
莫友芝		105
橋井半雲		151
橋本増吉		237, 241
波状渦文		113, 128
波状渦文帯		113
馬承源		352
八極		267
八部護法		527
八連弧雲雷文鏡		288
八連弧蟠螭文鏡		266
八連弧文		106
発掘事例		26, 75
八弧文帯		104
八子九孫		597〜599
「八子九孫」		282, 284
「八子九孫治中央」		284
八子神人神獣画像鏡		390
波文帯三神三獣鏡		17, 20
波文帯四神四獣鏡		17
波文帯神獣鏡		20
林巳奈夫		179, 211, 212
半円弧文圏		136
半円弧文帯		114, 116, 128
半円方格		21
半円方格帯階段式神獣鏡		22
半円方格帯四神四獣鏡		21
半円方格帯神獣鏡		24
半円方形帯	14, 21, 23, 33, 108, 111, 112, 115, 117〜119, 121, 123〜128, 130, 133, 135, 138〜158, 160, 162〜171	
半円方形帯神獣鏡	111, 117〜119, 121, 123〜128, 133〜135, 138〜158, 160, 162〜171, 430	
半円方枚神獣鏡	453〜455, 511, 512	
半円方枚重列神獣鏡		455, 511, 512
半円方枚対置式神獣鏡	456, 511, 512	

蟠虺文鏡		15, 553
反向		272
伴出遺物		75
反書		394, 395, 399, 400, 409
蟠螭鏡		266, 267
蟠螭博局紋鏡		553
蟠螭文		180, 266〜269
蟠螭文規矩鏡		378
蟠螭文鏡		176, 180, 266〜269, 553
蟠螭文博局鏡		267
蟠螭紋銘文鏡		553
蟠螭菱文鏡		266, 553
半肉彫式		24, 28, 33
半肉彫式円座乳帯獣帯鏡		27, 28
半肉彫式獣帯鏡		176, 188, 197
半肉彫式盤龍座鈕獣帯鏡		27, 28, 30
范寧		284
反文		256
盤龍鏡		28〜30, 176, 188, 206
盤龍座獣帯鏡		176, 188, 199
「盤龍明鏡」		28
蟠龍文		357, 376
蟠龍文鏡		378
范蠡		397, 398
「范蠡」		397, 398, 450, 451

ひ

匕縁		176, 180, 182, 183
匕縁渦状虺文鏡		176, 182, 183
東アジア世界		100, 245, 623, 624
蟾蜍	159, 392, 394, 400, 408, 486, 489, 495	
飛禽		119
飛禽鏡		176, 188, 207
樋口隆康	107, 175, 177〜183, 193, 201, 202, 204, 205, 208, 209, 211, 212, 216〜222, 235, 236, 238〜241, 251, 626, 645, 671, 687〜689, 716, 717	

菱形渦文帯		114
菱形華文帯		109, 110
菱形四弁花鏡		362
菱形紋鏡		466
「美人」		275
飛鳥雲文鏡		293
飛鳥鏡		511
畢沅（清）		108
人而鳥身		119
飛鳳鏡		511
卑弥呼		118, 129, 130, 725
匕面帯		105
百粤の地		585
白虎	13, 106, 159, 279, 391〜396, 398, 399, 402〜404, 407, 408, 449〜452, 485〜488	
『白虎通』		289
繆篆		268, 270, 271, 276
標記符号		285
標準尺		265
標準寸		271
猫頭獣		599
平壤市大同江面		10, 104
平尾義光・山岸良二		716
平原遺跡		615, 618
『平原遺跡』		615
平原1号墓		615, 618, 622
平縁		16, 21, 104, 206
平縁神獣鏡		21〜24, 33
平彫獣文鏡		176, 179
飛龍		396, 409
広瀬治兵衛（京都）		147, 153〜156, 160, 174

ふ

「風雨時節五穀熟」		166, 393, 446〜448
ファガッソン（北京）		108
V字形		13, 14
馮雲鵬		29

索引 ふ〜ほ

福岡市	615
伏義	273
「服鏡者老壽」	155
「服竟之人皆寿歳」	135
「服者位至公」	136
「服者延年益寿」	154
「服者吉富貴壽春長久」	135
「服者吉羊」	123
「服者君侯」	140
「服者侯王」	128
「服者高官」	152
「服者大吉」	138, 150
「服者大得高遠」	122
「服者長生」	144, 151
「服者久富貴」	137
「服者富貴」	141, 143, 155, 156, 159
「服者万年」	138, 142, 147, 150
「服者命久富貴」	137
「服者老壽」	139, 144, 148, 149, 154, 156, 158
「□者老壽」	158
複線波紋	16, 17, 104
複線波紋帯	16, 17
副葬品	4, 75, 239
福永光司	178, 239
複波文帯式三神三獣鏡	231
複波文帯式三神二獣一博山炉鏡	231
藤井有隣堂（京都）	115, 121, 187
藤田亮策	8, 101
武昌（湖北省武漢市）	127, 500
仏	527
仏教	3, 19, 289
フォッグ美術館（アメリカ、ハーバード大学）	107
仏獣画像鏡	527
仏獣鏡	527, 676〜678, 687
仏像	19, 22, 232, 240, 289, 527, 669
仏像鏡	176, 188, 217
武帝（前漢）	270, 274, 347, 377, 381, 477, 483, 487, 488
踏返鏡	643
フリア美術館（アメリカ、ワシントン）	116
浮離式鳥獣紋鏡	511
浮離式鳥獣紋帯龍虎鏡	511
浮離式変異四神鏡	511
分段式重列神獣鏡	511, 512
文帝（三国魏）	536
文帝景帝（前漢）	270
文王	288

へ

平壌	10
兵馬俑	348
並列式四神四獣鏡	226
辟邪	292, 383, 389, 391, 394, 401〜404, 406〜408, 449, 453〜456, 494
辟邪（効能）	4, 282
北京市	377, 381
ベルリン国立博物館	240
変異四神鏡	511
変異柿蒂八鳳鏡	511
変異龍虎鏡	511
変形神獣鏡	75
変形半円方形帯	33
変形蟠螭文	268
変形文鏡	37, 38
変形四葉鏡	289
変形四葉獣首鏡	288
変形四葉瑞獣対鳳鏡	289
変形四葉文鏡	251

ほ

鳳皇（三国呉帰命侯）	157
鳳皇元年九月半円方形帯神獣鏡（三国呉帰命侯）	157
鳳皇元年五月半円方形帯神獣鏡（三国呉）	157
鳳皇元年六月半円方形帯神獣鏡（三国呉帰命侯）	158
鳳凰形	126
鳳皇翼翼	280, 281
鳳皇翼翼四霊博局鏡	280
方格規矩渦文鏡	176, 188, 195
方格規矩鏡	176, 188, 191
方格規矩四神鏡	176, 188, 192, 618, 619, 622
方格規矩獣文鏡	176, 188, 194
方格規矩塼文鏡	176, 188, 194
方格規矩鳥文鏡	176, 188, 194
方格乳釘文鏡	511
方格乳文鏡	176, 188, 196
方格蟠虺文鏡	268
伯耆国（鳥取県）逢坂	151
方形格	15, 108
封山祭祀	266
鮑氏（呉領域会稽鏡作師）	129
「法象天地」	282
方正	478
倣製鏡	4, 10, 14, 25, 75, 176, 189, 622, 643, 664, 679〜681, 683〜686
倣製三角縁神獣鏡	683
倣製四霊文方格ＴＬＶ式鏡	14
倣製同范鏡	238
倣製盤龍鏡	29
榜題	446
鳳鳥紋鏡	358
宝鼎（三国呉帰命侯）	133
宝鼎元年十月半円方形帯神獣鏡（三国呉）	155
宝鼎元年半円方形帯神獣鏡（三国呉）	155
宝鼎三年五月半円方形帯神獣鏡（三国呉）	156
宝鼎二年正月半円方形帯神獣鏡（三国呉）	156
宝鼎二年半円方枚神獣鏡	511

鳳尾鏡	512	
『抱朴子』（晋葛洪）	178, 291, 349, 376	
方銘獣文鏡	176, 188, 208	
鳳文	267	
蓬莱山	17, 20	
方隷	477	
方隷篆	477	
北周	28	
穆天子	450	
『篋斎蔵鏡』（陳介祺）	281	
ボストン美術館（アメリカ）	152, 240	
細川護立コレクション	180, 240	
ホワイト師	170	
翻鋳鏡	108	
本邦鋳造鏡	30〜32	
本邦発掘漢式鏡型式分類表	38, 75, 76	
本邦発掘鏡	8, 13〜15, 17, 22, 23, 29, 34, 37	
本邦発掘事例	27	

ま

前原市（糸島市）	615
前原市教育委員会	615
馬王堆漢墓	378, 490
魔鏡	414
松笠様→笠松様	
丸彫蟠螭文鏡	176, 179
満城漢墓（河北省満城県）	477, 478

み

御影町（兵庫県）	144, 156, 158, 162
三雲遺跡（福岡県糸島市）	6, 9, 12
見せかけの並列式四神四獣鏡	227
三宅米吉	4, 24, 102
民族国家	491

む

麦穂状文（葉文）	15
『夢渓筆談』（沈括）	492
『夢披室獲古叢編』（烏程周慶雲）	112

め

「明者君王」	272
銘帯九神三獣鏡	232
銘帯鏡	274〜278
銘帯交互式五神四獣鏡	229
銘帯交互式四神四獣鏡	224
銘帯式	222
銘帯式見せかけの並列式四神四獣鏡	227
銘帯並列式五神四獣鏡	229
銘帯並列式四神四獣鏡	226
銘帯六神三獣鏡	229
銘帯六神四獣鏡	230
明帝（魏）	670, 671
銘文鏡	268〜273
綿羊	394, 408

も

莽尺	345
木牘遺文	377
文字鏡	267, 276
『文字志』（王愔）	285
文字書体	267, 268
桃形花弁	268
森尾古墳（兵庫）	16, 129, 237, 238
森浩一	239
森本六爾	129, 173
守屋孝蔵（京都）	34, 104, 105, 108, 110, 113〜115, 117, 119, 120, 124, 128, 130, 132, 134〜139, 146, 149, 150, 152, 153, 156, 162, 164〜166, 169, 172, 173, 688, 690, 694, 701, 707, 712, 713
紋様図像	390

や

山羊	487, 488
八木奘三郎	168, 236
矢島恭介（帝室博物館員）	167
八賀晋	238, 241
山川七左衛門	151, 153
山城国（京都府）相楽郡上狛付近（木津川市）古墳	169
邪馬台国	237, 737
邪馬台国畿内説	237
邪馬台国九州説	237
邪馬台国論	237
山田孝雄	5, 26, 121, 170, 173, 174
弥生時代	615

ゆ

兪偉超	500
幽怨追思	275
「幽涷宮商」	118〜121
「幽涷三岡」	112
「幽涷三商」	108, 109, 111, 114, 115, 164, 235, 236, 390
「幽東三章」	122
「幽涷三羊」	117, 118
「幽練白黄」	109
「幽練白銅」	117
有銘文帯四神四獣鏡	16
有銘文帯二神二獣鏡	18
有銘連続渦文帯並列式四神四獣鏡	227
有翼神像	124
庾信	28

よ

揚州	129, 135
鎔范	151, 156
翼獣	599
四頭式三角縁盤龍鏡	234
四頭式盤龍鏡	28
四乳禽獣鏡	251
四乳草葉銘文鏡	269〜273
四乳龍虎鏡	279, 280
四馬駕輻車	447
四分法	445〜452
四分法布置	445〜447, 450
四葉座鈕	9, 13, 106
四葉座乳	25
四葉八鳳鏡	511
四葉八鳳仏獣鏡	511, 527
四葉銘文鏡	269
四葉文鏡	362, 553
四葉文座	10, 15
四葉文座鈕内行花文鏡	10
四葉龍文鏡	475

ら

『礼記』	384, 386, 392, 408
雷文鏡	9
洛陽	23, 122, 355
雒陽	23
『洛陽出土銅鏡』	481
洛陽焼溝漢墓	240, 481, 483
『洛陽焼溝漢墓発掘報告』	240, 481
楽浪郡	10, 104
楽浪郡遺跡	10
楽浪郡古墓	104
楽浪古墳	112
羅振玉	35, 104, 105, 115〜121, 123, 124, 130, 132, 133, 135, 139, 142, 144, 150〜152, 159, 164, 165, 172, 187, 245

り

陸心源	27, 34, 116
六朝（代）	5, 23, 24, 26, 28, 30, 32, 34
六朝鏡	160, 511
六朝式	5
李国松（中国、上海）	117, 155
龍	18〜20, 266, 279, 356, 386, 476
劉一曼	266, 351, 577
流雲紋	27, 28
流雲紋盤龍鏡	28
鎏金	492
鎏金画文帯神獣鏡	511, 512
鎏金（銅）鏡	491, 492, 511, 512, 611, 612
龍虎	18, 19, 24, 25, 119, 152, 160, 386
『籀膏述林』	105
龍虎画像鏡	385, 386, 409
龍虎戯銭鏡	292
龍虎騎馬画像鏡	449
龍虎鏡	25, 292, 375, 409, 511
龍虎形	119, 152, 160
龍虎神仙画像鏡	449, 451
龍虎瑞獣画象鏡	292
龍虎紋	491
龍虎紋鏡	553
「龍氏作獣帯鏡」	28
龍氏神人龍虎画像鏡	386
劉修（河北定県、懐王）墓	478
劉勝（河北満城、中山靖王）墓	267, 269〜271, 622
劉勝妻竇綰墓	479
劉体智（善斎安徽省廬江）	115, 125, 133, 134, 147, 160, 167, 184
龍鳳文鏡	358, 465
龍文	267, 269
龍文鏡	465, 466, 482
菱雲文帯	33, 34

菱雲文帯縁	34
菱形四弁花文鏡	362
梁上椿（北京）	107, 109〜111, 143, 158, 159, 164, 268, 357, 478, 489, 490
両頭式盤龍鏡	29
遼東半島	148, 569
陵墓建設	348
菱形紋鏡	266, 466
緑銹	135, 177, 268
旅順博物館	148, 569, 582〜584
旅順博物館蔵銅鏡	569
『旅順博物館蔵銅鏡』	569, 582〜584
李零（『中国方術考』）	282, 351

れ

鈴鏡	35
隷書	104, 106〜115, 245, 251, 256, 263, 278, 318, 326, 327
隷書体	9, 110
隷書銘	9
霊帝（後漢）	114〜118, 388
歴史人物故事	387
『歴代著録吉金目』	270, 278
蓮華（花）	19, 22, 232
蓮華（花）座	22
連弧縁細文地獣文鏡	176, 182, 183
連弧圏帯	267
連弧蟠螭文鏡	266
連弧鳳文	377
連弧鳳文鏡	376
連弧銘帯鏡	251
連弧文鏡	176, 180, 265, 267, 273, 288, 360, 375, 430, 466, 477〜480, 485, 511, 553, 554, 618
連弧文帯	113
連弧龍紋鏡	377
蓮座	19
連鎖唐草文	24

連珠文鈕座	382	六馬駕輻車	447	**わ**	
連続雲気文	394, 395, 409	六博	350		
ろ		六博鏡	283, 484	倭王	623
		六博格道図案	378	脇侍弟子	527
魯惟一	490	六博盤	378, 395, 476, 489, 490	和鏡	3, 643
盧嘉錫	265	六博文	267, 378, 392, 408, 476	「和合三陽」	109, 110
六安市文物局（安徽省六安市）		六博文鏡	377, 379, 383, 384	倭國	622, 738
	538	六龍駕雲車	453, 454	倭國王	623
六安出土銅鏡	538	廬江（安徽省）	115, 125, 133, 134,	倭國王帥升	623, 624
『六安出土銅鏡』（安徽省六安市）			147, 160, 167	倭国女王卑弥呼	622
	538	『呂氏春秋』	388, 403	渡辺芳郎	351
六駕の馬車	289	盧芳玉	246	和帝（後漢）	108, 289
六山文鏡	362	『論衡』（王充）	279, 290, 291, 348,	蕨手文	13, 14, 34
六獣鏡	30, 31		398, 399, 486	蕨手文方格ＴＬＶ式鏡	14
六乳車馬山岳神獣鏡	224				

Triangle-rimmed Deity and Beast Mirrors and the World of East Asia

Contents

Preface

Part I   Issues in the History of Research on Triangle-rimmed Deity and Beast Mirrors in Japan

Chapter 1   The Points at Issue: Takahashi Kenji (supvr.) & Gotō Shuichi, *Kanshikikyō*
Preamble
1. The Historical Course of Research on Ancient Mirrors in Japan
2. The Typal Classification of Ancient and Han-style Mirrors and Their Dating, etc.
3. A List of Discoveries and Excavations of Each Type of Han-style Mirror Arranged by Province (Prefecture)
Conclusion

Chapter 2   The Issues Carried Forward, Expanded in New Directions, and Further Developed: Umehara Sueji (ed.), *Kan Sangoku Rikuchō kinenkyō zusetsu*
Preamble
1. Mirrors of the Han
2. Mirrors of the Wei among the Three Kingdoms
3. Mirrors of the Wu among the Three Kingdoms
4. Mirrors of the Jin
Conclusion

Chapter 3   Summation of the Points at Issue: Higuchi Takayasu's Research on Ancient Mirrors and Triangle-rimmed Deity and Beast Mirrors
Preamble
1. Higuchi Takayasu's Research on Ancient Mirrors
2. Higuchi Takayasu's Typal Classification of Triangle-rimmed Deity and Beast Mirrors with Examples of Each Type
3. Higuchi Takayasu's Explanation of Slanted-rim Mirrors with Two Deities and Two Beasts Accompanied by Examples
4. Higuchi Takayasu's Overview of the History of Research on Triangle-rimmed Deity and Beast Mirrors
Conclusion

Part II   Issues in Research on the Cultural History of Ancient Bronze Mirrors in China

Chapter 4   The Volume on Bronze Mirrors in the *Chen Jieqi cang gutuoben xuanbian* Held by the National Library of China

Preamble

1. The Classification and Types of Ancient Bronze Mirrors According to Old Rubbings Formerly Held by Chen Jieqi and Research on the Decipherment of Their Inscriptions

2. Utilization of the Database of Bronze Mirrors among Old Rubbings Formerly Held by Chen Jieqi

Conclusion

Chapter 5   Wang Ganghuai (ed.), *Sanhuaitang cang jing*

Preamble

1. The Cultural History of China's Ancient Bronze Mirrors
2. A Study of the Database of Wang Ganghuai (ed.), *Sanhuaitang cang jing*
3. The Formal Typology of Inscriptions: Wang Ganghuai (ed.), *Sanhuaitang cang jing*
4. The Script of Inscriptions: Seal Script or Clerical Script ?
5. Other Data in Wang Ganghuai (ed.), *Sanhuaitang cang jing*
6. The Question of the Dimensions of Han Mirrors
7. Questions Concerning the Relationship between Mirrors of the Later Han and Daoist Thought

Conclusion

Chapter 6   Chen Peifen (ed.), *Shanghai Bowuguan cang qingtongjing*

Preamble

1. Bronze Mirrors of the Warring States Held by Shanghai Museum
2. Bronze Mirrors of the Former Han, Xinmang Period, and Later Han Held by Shanghai Museum
3. Investigations of Figures Depicted on Mirrors of the Former Han, Xinmang Period, and Later Han in Chen Peifen (ed.), *Shanghai Bowuguan cang qingtongjing*

Conclusion

Chapter 7   Bronze Mirrors Unearthed in Zhejiang

Preamble

1. Wang Shilun (ed.) & Wang Mu (rev.), *Zhejiang chutu tongjing*
2. Pictorial Mirrors and the Arrangement of Figures in Their Four Quadrants
3. Deity and Beast Mirrors and the Quadripartite Division of Their Perimeter
4. On the Figures in Deity and Beast Mirrors Included in Wang Shilun (ed.) & Wang Mu (rev.), *Zhejiang chutu tongjing*

Conclusion

Chapter 8   Bronze Mirrors Unearthed in Changsha City, Hunan Province

Preamble

1. Mirrors of the Warring States in Changsha City Museum (ed.), *Chufeng Kanyun: Changshashi Bowuguan cang jing*

2. Mirrors of the Former Han in Changsha City Museum (ed.), *Chufeng Kanyun: Changshashi Bowuguan cang jing*

3. Mirrors of the Later Han in Changsha City Museum (ed.), *Chufeng Kanyun: Changshashi Bowuguan cang jing*

Conclusion

Chapter 9　Bronze Mirrors Unearthed in Ezhou City, Hubei Province

Preamble

1. Hubei Provincial Museum & Ezhou City Museum (eds.), *Echeng Han Sanguo Liuchao tongjing*

2. Deity and Beast Mirrors and Buddha and Beast Mirrors in the *Echeng Han Sanguo Liuchao tongjing* and Their Relationship to Immortalist Thought and Buddhist Thought

Conclusion

Chapter10　Bronze Mirrors Unearthed in Liu'an City, Anhui Province

Preamble

1. Anhui Provincial Cultural Relics and Archaeology Institute and Liu'an City Cultural Relics Bureau (eds.), *Liu'an chutu tongjing*

2. Distinctive Features of Mirrors of the Former and Later Han from Liu'an Evident from the *Liu'an chutu tongjing*

Conclusion

Chapter11　Bronze Mirrors Held by Lüshun Museum on the Liaodong Peninsula

Preamble

1. Lüshun Museum (ed.), *Lüshun Bowuguan cang tongjing*

2. The Measurements of Mirrors in Lüshun Museum (ed.), *Lüshun Bowuguan cang tongjing*

Conclusion

Chapter12　Bronze Mirrors Unearthed in the Guangxi Zhuang Autonomous Region

Preamble

1. Guangxi Zhuang Autonomous Region Museum (ed.) & Huang Qishan (ed.-in-chief), *Guangxi tongjing*

2. Points at Issue in Bronze Mirrors Unearthed in the Guangxi Zhuang Autonomous Region Evident from the *Guangxi tongjing*

Conclusion

PartⅢ　A Study of Unearthed Mirrors and Mirrors Held by Museums and Art Museums in Japan

Chapter 13   Mirrors Unearthed at the Hirabaru Site in the Land of Ito
  Preamble
  1. Bronze Mirrors Unearthed from Tomb No. 1 at Hirabaru
  2. The Meaning of Large Mirrors among the Bronze Mirrors Unearthed from Tomb No.1 at Hirabaru
  3. The Position of King Suishō of Wa in the World of East Asia
  Conclusion

Chapter 14   Mausolea and Tombs Division, Archives and Mausolea Department, Imperial Household Agency (ed.), *Kokyō shūsei*
  Preamble
  1. The Significance of the Material on Ancient Mirrors in Mausolea and Tombs Division, Archives and Mausolea Department, Imperial Household Agency (ed.), *Kokyō shūsei*
  2. Matters Relating to Ancient Mirrors Held by the Mausolea and Tombs Division, Archives and Mausolea Department, Imperial Household Agency
  Conclusion

Chapter 15   Tsubai Ōtsukayama Tomb and Triangle-rimmed Deity and Beast Mirrors
  Preamble
  1. The Significance of Material on Ancient Mirrors in the Illustrated Catalogue *Tsubai Ōtsukayama kofun to sankakuen shinjūkyō* Published by the Museum of the Faculty of Letters, Kyoto University
  2. The Position of Triangle-rimmed Deity and Beast Mirrors Unearthed from Tsubai Ōtsukayama Tomb
  3. The Nationwide Identification of Wei-dated Triangle-rimmed Deity and Beast Mirrors and Old-style Triangle-rimmed Deity and Beast Mirrors
  4. Triangle-rimmed Deity and Beast Mirrors from Ishizukayama Tomb in Karita-chō, Miyako District, Fukuoka Prefecture, and from Akazuka Tomb in Usa City, Ōita Prefecture, Kyushu
  5. Triangle-rimmed Deity and Beast Mirrors and Triangle-rimmed Buddha and Beast Mirrors
  6. Triangle-rimmed Deity and Beast Mirrors from Samita Takarazuka, Samita Kaifuki, and Shinyama Tombs
  7. Triangle-rimmed Deity and Beast Mirrors from Chōshizuka Tomb in Former Ikisan, Nijōmachi, Itoshima City, Fukuoka Prefecture
  8. The Position of Replicas of Triangle-rimmed Deity and Beast Mirrors

9. Triangle-rimmed Deity and Beast Mirrors from Okinoshima Site at Munakata Shrine, Fukuoka Prefecture

Conclusion

Chapter 16　The Emergence of Triangle-rimmed Deity and Beast Mirrors: From the Perspective of the Comparative Study of Civilizations

Preamble

1. The Moriya Kōzō Collection in Gotoh Museum and Han-style Mirrors

2. The Periodization of Ancient Han and Tang Mirrors in the Moriya Kōzō Collection in Gotoh Museum

3. A List of Ancient Han and Tang Mirrors in the Moriya Kōzō Collection in Gotoh Museum Arranged According to Their Dimensions and Parameters

Conclusion

Chapter 17　Ancient Mirrors of the Han, Three Kingdoms, and Western Jin Held by the Sumitomo and Sen'oku Hakkokan Museums and Triangle-rimmed Deity and Beast Mirrors

Preamble

1. The *Shinshū Sen'oku seishō* and *Sen'oku Hakko*

2. Inscriptions on Ancient Mirrors of the Han, Three Kingdoms, and Western Jin Held by the Sumitomo and Sen'oku Hakkokan Museums: Based on the *Shinshū Sen'oku seishō* and *Sen'oku Hakko*

Conclusion

Chapter 18　The Kingship and State of Himiko, "Queen of Wa Friendly to the Wei"

Preamble

1. The Accounts of the Wuwan and Xianbei in Vol.30 of *Records of the Three Kingdoms*

2. The Sections on Puyŏ, Koguryŏ, Eastern Okchŏ, Ŭmnu, Ye, and Han in the Account of the Eastern Barbarians in Vol.30 of *Records of the Three Kingdoms*

3. The Section on the Wa People in the Account of the Eastern Barbarians in Vol.30 of *Records of the Three Kingdoms*

4. The Government and Administration of the Land of Wa According to the Account of the Eastern Barbarians in Vol.30 of *Records of the Three Kingdoms*

Conclusion: The Image of Queen Himiko as Seen in the Account of the Wa People in *Records of the Wei*

Concluding Remarks

Afterword

The world of East Asia has played a decisive role in Japan's history. This has always been the case for close to two thousand years, ever since the bestowal of a gold seal by the Chinese emperor Guangwudi 光武帝 of the Later Han in the first century and the time of Himiko 卑弥呼, "Queen of Wa (Wo 倭) Friendly to the Wei," in the third century down to early modern and modern times.

What sort of historical space is the world of East Asia? In a word, it is a "locus" where the dynastic state of China and surrounding states have interacted with each other. The aim of this book is to understand how the surrounding "states" were formed by linking this question to the history of East Asia.

The relationships that existed between the dynastic Chinese state and surrounding states included in particular a diplomatic order known as an investiture-based relationship. I would like to make mention of the fact that, when seeking to comprehend the diplomatic order that obtained in the world of premodern East Asia, one must always bear in mind this tribute-investiture relationship centred on China.

Japan's kingship participated in the investiture system of China's dynasties, sending envoys and offering tribute, during the time of Himiko, "Queen of Wa Friendly to the Wei," in the third century, during the period of the "five kings of Wa" in the fifth century, and during the period of the "king of Japan" from the early fifteenth century to the middle of the sixteenth century. It is the other periods that pose problems. Japan's diplomacy from the time of Prince Shōtoku's 聖徳 sending of an embassy to the Sui at the start of the seventh century and the commencement of Japanese embassies to the Tang in 630 until they ended in the late ninth century has been characterized as a Japanese-style civilized/barbarian order or as a time when Japan asserted its own centrality as opposed to the Sinocentrism of China, and the meaning of these characterizations is important.

In an earlier book entitled *Prince Shōtoku and the World of East Asia* (*Shōtoku taishi to Higashi Ajia sekai* 聖徳太子と東アジア世界; Tokyo: Yoshikawa Kōbunkan 吉川弘文館, 2002), I followed Nishijima Sadao's 西嶋定生 thesis and examined how the assertion of Japan's centrality unfolded in concrete terms in the ancient history of Japan. How did the diplomacy of tribute-bearing envoys sent by five kings of Wa in the fifth century change so that Prince Shōtoku's diplomacy with the Sui was able to aspire to a diplomatic relationship between equals? The first point to be noted is the elevation in the position of Japanese kingship in the world of East Asia. Specifically, there was established the title of *tennō* 天皇, suited to a Japanese kingship asserting its own centrality, and a background factor in this was the development of a sense of superiority on the part of Japanese kingship towards the kings of the states of Paekche 百済 and Silla 新羅 on the Korean peninsula. However, this followed a pattern set by King Kwanggaet'o 広開土王 of Koguryŏ 高句麗 at the turn of the fifth century, who had stood aloof from the kings of Paekche and Silla as a "great king" (*t'aewang* 太王) or "very greatest king" (*hot'aewang* 好太王).

I examined the process whereby the *t'aewang* of Koguryŏ in the fourth and fifth centuries was appropriated in the shift from *tennō* 天王 to *tennō* 天皇 in seventh-century Japan. I also argued in my earlier book that the origins of the title *tennō* 天王 go back to the five non-Chinese régimes that were established in northern China in the fourth and fifth centuries.

Let me add some supplementary comments on the prehistory of the formation of the Japanese state. Japan's prehistoric period is usually called the Jōmon 縄文 period, and it had a very long history going back several millennia before the start of the common era or well over ten thousand years before the present day. It is also evident that the use and cultivation of rice go back to the Jōmon period. But there was nothing to trigger the emergence of a civilization with writing or various state institutions, including a bureaucracy, written laws, and an education system. There are even some archaeologists who point out that prior to the first century A.D. there was no killing or fighting on the Japanese archipelago and that such phenomena all date from the second century onwards.

In view of the above, it is obvious that the commencement of rice cultivation or the use of metals cannot be said to immediately equate with the period of state formation, as has been claimed in the past. The formation of the Japanese state began long after the commencement of rice cultivation and iron use, that is, from the first and second centuries onwards. What is clear is that in the first and second centuries the Wa people encountered the world of East Asia, learnt for the first time of a "state," and began their own state formation.

However, I do not subscribe to the view that civilization arrived from across the sea, that is, that culture and institutions were transplanted by immigrants from mainland Asia and the Korean peninsula and that without their introduction the Japanese state would not have been formed. The Japanese selectively brought to Japan institutions and other aspects of culture that they lacked because they thought that they would be useful for the growth of Japan's state and society. In my view, the growth of Japanese society and its development as a civilization occurred solely on the initiative of the inhabitants of the Japanese archipelago. Under what conditions did the formation of the Japanese state take place? The first thing I would like to say is that the writing of this book was motivated by a desire to consider this question in terms of external influences, or rather in the context of conditions provided by the environment of the world of East Asia.

Here I wish to explain my ideas regarding "triangle-rimmed deity and beast mirrors and the world of East Asia" that lay behind the writing of this book. As is widely known, many triangle-rimmed deity and beast mirrors are inscribed with the era-names Jingchu 景初 and Zhengshi 正始 of the Wei dynasty in the Three Kingdoms period, and these mirrors are thought to be none other than those related to the one hundred mirrors that were given by the Wei emperor in return for tribute sent to the Wei court by Queen Himiko of Wa (i.e., Queen Himiko of Yamatai 邪馬台) in 240 (Jingchu 4 / Zhengshi 1).

The problem is that to date not a single triangle-rimmed deity and beast mirror has been discovered on the Chinese mainland, and consequently the debate about whether these mirrors were cast in China or produced in Japan remains unresolved. Another important issue is that the distribution of discoveries of triangle-rimmed deity and beast mirrors in Japan is an extremely important topic in the debate about the realm of Yamatai for it is argued that their distribution provides material evidence for Queen Himiko's place of residence, that is, the location of Yamatai. Innumerable books have been published on this subject. What, then, is my purpose in adding yet another to their number? I believe that questions concerning triangle-rimmed deity and beast mirrors cannot be answered by dealing only with these mirrors. Setting aside the question of where they were cast, it is obvious that they belong to the lineage of earlier Chinese bronze mirrors, and therefore it goes without saying that research into the ancient bronze mirrors of China, especially the bronze mirrors of the Former and Later Han, known as Han-style mirrors, is indispensable.

The history of research on ancient bronze mirrors in modern China and Japan presents a striking contrast. But as was the case in the study of the culture of other bronzeware, the study of mirrors in the modern age was occasioned by the arrival in Japan of Luo Zhenyu 羅振玉 and other great scholars of Qing China who sought refuge in Japan from the upheavals of the final years of the Qing dynasty. But Luo Zhenyu's *Gujing tulu* 古鏡図録 and *Yanku cangjing* 岩窟蔵鏡 were brought to Japan only in 1907, which was considerably later than works such as Liu Xinyuan's 劉心源 *Qigushi jijinwen shu* 奇觚室吉金文述 (1902) on the study of bronze and stone inscriptions in general, the appendix "Qianlu" 錢録 to the *Xiqing gujian* 西清古鑑 by Liang Shizheng 梁詩正 et al. and the *Guqian hui* 古錢匯 (1857) by Li Zuoxian 李佐賢, both studies of ancient coins, and Wu Dacheng's 呉大澂 *Guyu tukao* 古玉図攷 on jadeware. The above studies on ancient Chinese stone and bronze ware from the Yin and Zhou periods onwards represented studies of ancient art focusing on figures and patterns and on the decipherment of inscriptions, and they created the basic pattern of research on ancient mirrors in China. To this was added the Orientalist study of ancient art that began in Europe and America in the nineteenth century. Markets for early art works and antiques proliferated in China, Japan, and around the world. Mirrors, being easy to transport and for which restoration techniques for repairing damaged articles were well-developed, were traded on the world market. Further, in Japan, partly because the mirror was one of the three sacred regalia of the imperial house, the excavation and discovery of ancient mirrors were placed under strict supervision, and many ancient mirrors were held by the Imperial Household Agency, the Imperial Museum, and imperial universities. It was forbidden to excavate the mausolea of emperors or sites thought to be related to imperial mausolea, but many excavations of other tombs were carried out by local experts, and not many artefacts were lost. In comparison, there was a long history of grave-robbing in China, and the antiques market for cultural assets was extraordinarily well-developed. Already in the sixteenth century, during the Ming, ancient bronzeware was counted as a regional product and regarded as a form of wealth in the regional economy. An understanding of these differences in the sources of materials relating to ancient mirrors in China and Japan will be gained through the databases taken up in Parts I and II of the present work.

There is no doubt that Luo Zhenyu's *Gujing tulu* and *Yanku cangjing* sparked the study of ancient mirrors in Kyoto and eventually led to the publication of *A Study of Ancient Mirrors* (*Kokyō no kenkyū* 古鏡の研究; Tokyo: Maruzen 丸善, 1920) by Tomioka Kenzō 富岡謙蔵, "An Introduction to the Ancient Mirrors of China" ("Shina kokyō gaisetsu" 支那古鏡概説) by Umehara Sueji 梅原末治 (later reprinted in *Studies in Chinese Archaeology* [*Shina kōkogaku ronkō* 支那考古学論攷; Tokyo: Kōbundō 弘文堂, 1938]), and *A Study of Mirrors* (*Kankyō no kenkyū* 鑑鏡の研究; Tokyo: Ōokayama Shoten 大岡山書店, 1925), also by Umehara. Tomioka and Umehara were pioneers in the modern study of mirrors in Kyoto and the broader Kansai region. In Tokyo, meanwhile, the study of ancient mirrors was initiated by Takahashi Kenji 高橋健自 and Gotō Shuichi 後藤守一 of Tokyo Imperial Museum, who dealt primarily with ancient Japanese mirrors, employing the methods of archaeology. Gotō's publications include the 2-volume *Outstanding Exemplars of Ancient Mirrors* (*Kokyō shūei* 古鏡聚英; Tokyo: Ōtsuka Kōgeisha 大塚工芸社, 1935 and 1942). Next, excavations, investigations of relics, and archaeological research were initiated in Kyushu by Nakayama Heijirō 中山平次郎. Nakayama was a professor at the School of Medicine at Kyushu Imperial University, and as an archaeologist he could be said to have had no formal institutional affiliations. This tradition in Kyushu was carried on by Harada Dairoku 原田大六, who devoted his life to the investigation of the Hirabaru 平原 site. In addition, Komai Kazuchika 駒井和愛 of the Faculty of Literature at Tokyo Imperial University published *A Study of the Ancient Mirrors of China* (*Chūgoku kokyō no kenkyū* 中国古鏡の研究; Tokyo: Iwanami Shoten, 1953).

It should probably also be mentioned that in the prewar period Japanese archaeology, starting from the excavation of sites on the Korean peninsula such as those of Lelang 楽浪 commandery, embarked on the investigation of various kinds of remains in Manchuria, Siberia, and mainland China. Mirrors of the Former Han were discovered at remains in Lelang commandery. In Henan province in China, tombs in Jincun 金村 (Luoyang 洛陽), Xin Zhengzhou 新鄭州 in Zhengzhou 鄭州 (eastern Henan), and elsewhere were excavated by Japanese and Chinese researchers. Umehara, who participated in many of these investigations, published extremely systematic and original research findings on Wu mirrors unearthed from a site that had been carelessly excavated in 1938 in Shaoxing 紹興, Zhejiang province, and this study, entitled "Artefacts Unearthed in Shaoxing, Zhejiang Province, and the Site" ("Sekkōshō Shōkō shutsudo no ibutsu to sono iseki" 浙江省紹興出土の遺物と其の遺蹟; in *Kyōto Daigaku kigen nisenroppyakunen shigaku ronbunshū* 京都大学紀元二千六百年紀年史学論文集 [Kyoto University collection of essays on history commemorating the 2,600th anniversary of the founding of Japan; Kyoto: Naigai Shuppansha 内外出版社, 1941]), was later to have an enormous influence on archaeological investigations of ancient mirrors and the compilation of illustrated catalogues of ancient mirrors in Japan and China.

Next, I wish to explain the composition of the present book. Part I, entitled "Issues in the History of Research on Triangle-rimmed Deity and Beast Mirrors in Japan," presents in three chapters the works of three scholars thought to be especially important for the study of triangle-rimmed deity and beast mirrors in Japan. First, chapter 1 takes up *Han-style Mirrors* (*Kanshikikyō* 漢式鏡), authored by Gotō Shuichi and supervised by Takahashi Kenji, so as to give an indication where the issues lie. This chapter covers the historical course taken by research on ancient mirrors in Japan, the typal classification of ancient and Han-style mirrors, their dating, and so on, as well as providing a list of discoveries and excavations of each type of Han-style mirror arranged by province (prefecture), and I argue that it was only when the study of ancient mirrors combined with archaeological research that it became possible to determine when mirrors were cast and manufactured. Next, I discuss *An Illustrated Guide to Dated Mirrors from the Han, Three Kingdoms, and Six Dynasties* (*Kan Sangoku Rikuchō kinenkyō zusetsu* 漢三国六朝紀年鏡図説), edited by Umehara Sueji, a pioneering entity in archaeological circles in Kyoto, and I consider this work to have carried forward the points at issue, expanded them in new directions, and further developed them. I touch on data about dated mirrors from the Han, the Wei and Wu among the Three Kingdoms, and the Jin and on the content of their inscriptions, and I point out their importance and points at issue. Lastly, I present the research on ancient mirrors and triangle-rimmed deity and beast mirrors by Higuchi Takayasu 樋口隆康, who was Umehara's successor at Kyoto University, or rather the leader of postwar research on triangle-rimmed deity and beast mirrors in the Kansai region, and I summarize the fruits of Japanese research on ancient mirrors and triangle-rimmed deity and beast mirrors.

The founding of the People's Republic of China in 1949 provided Chinese archaeology with an opportunity for enormous growth, and there followed a succession of great discoveries. But the findings relating to mirrors from the Yin and Zhou onwards, including both Han-style mirrors and mirrors of the Sui and Tang, were quite modest. There were some discoveries in the Former Han tomb of Liu Sheng 劉勝, Prince Jing 靖王 of Zhongshan 中山, in Ding 定 county, Hebei province. A group of ancient mirrors that does merit attention is the mirrors from different periods, centred on the Han, that have continued to be discovered over the years in various localities in the Guangxi Zhuang Autonomous Region in southern China. The advent of the period of reform and open-door policies under Deng Xiaoping 鄧小平 in 1978 led to major changes in the excavation and discovery of ancient mirrors. The discovery of ancient bronze mirrors in Liu'an 六安, a central city in the Huai River 淮河 basin in northwest Anhui province, is intriguing on account of the character of this region, as are the discoveries in the city of Ezhou 鄂州 to the east of Wuhan 武漢 in Hubei province and also in the city of Changsha 長沙 in Hunan province. But what is most regrettable is that the discoveries of ancient mirrors in China have all been made by non-archaeologists at construction sites and so on. The only difference with the prewar period is that the number of mirrors coming on to the antiquities market is slightly smaller. There is a pressing need to compile an exhaustive database of illustrated catalogues of mirrors compiled by regional institutions in order to determine their number. This has been done in the tables presented in Part II. There is also a need to draw up similar tables of materials housed in the National Library of China in Beijing, Shanghai Museum, and Lüshun Museum and compare them with other data. In Part II, entitled "Issues in Research on the Cultural History of Ancient Bronze Mirrors in China," I have summarized Chinese research on the culture of bronze mirrors while also describing the ancient mirrors held in museums throughout China.

Part III is entitled "A Study of Unearthed Mirrors and Mirrors Held by Museums and Art Museums in Japan." In chapter 13, "Mirrors Unearthed at the Hirabaru Site in the Land of Ito," I discuss the significance of large mirrors among the bronze mirrors unearthed from Tomb No. 1 at Hirabaru and the position of King Suishō 帥升 of Wa in the world of East Asia. In chapter 14, "Mausolea and Tombs Division, Archives and Mausolea Department, Imperial Household Agency (ed.), *Kokyō shūsei*," I examine the significance of the material on ancient mirrors in *A Compendium of Ancient Mirrors* (Kokyō shūsei 古鏡集成) and matters relating to ancient mirrors held by the Mausolea and Tombs Division, and I take up some of the excavations of and documentary research on bronze mirrors since the Meiji and Taishō eras. In chapter 15, "Tsubai Ōtsukayama Tomb and Triangle-rimmed Deity and Beast Mirrors," I undertake a comprehensive examination of the position of triangle-rimmed deity and beast mirrors, starting with the significance of material on ancient mirrors in *Tsubai Ōtsukayama Tomb and Triangle-rimmed Deity and Beast Mirrors* (*Tsubai Ōtsukayama kofun to sankakuen shinjūkyō* 椿井大塚山古墳と三角縁神獣鏡), an illustrated catalogue published by the Museum of the Faculty of Letters, Kyoto University, and I also discuss the position of triangle-rimmed deity and beast mirrors unearthed from Tsubai Ōtsukayama tomb; the nationwide identification of Wei-dated triangle-rimmed deity and beast mirrors and old-style triangle-rimmed deity and beast mirrors; triangle-rimmed deity and beast mirrors from Ishizukayama 石塚山 tomb in Karita-chō 苅田町, Miyako 京都 district, Fukuoka prefecture, and from Akazuka 赤塚 tomb in Usa 宇佐 city, Ōita prefecture, both in Kyushu; the relationship between triangle-rimmed deity and beast mirrors and triangle-rimmed Buddha and beast mirrors; triangle-rimmed deity and beast mirrors from Samita Takarazuka 佐味田宝塚, Samita Kaifuki 佐味田貝吹, and Shinyama 新山 tombs; triangle-rimmed deity and beast mirrors from Chōshizuka 銚子塚 tomb in former Ikisan 一貴山, Nijōmachi 二丈町, Itoshima 糸島 city, Fukuoka prefecture; the position of replicas of triangle-rimmed deity and beast mirrors; and triangle-rimmed deity and beast mirrors from Okinoshima 沖ノ島 site at Munakata 宗像 Shrine in Fukuoka prefecture. In chapter 16, I use material from the Moriya Kōzō 守屋孝蔵 Collection in Gotoh Museum to examine the emergence of triangle-rimmed deity and beast mirrors from the perspective of the comparative study of civilizations. The main focus in this chapter is on the periodization of ancient mirrors from the Han and Tang and the data-processing of a list of ancient Han and Tang mirrors arranged according to their dimensions and parameters. Chapter 17 deals in the same way with ancient mirrors from the Han, Three Kingdoms, and Western Jin held by the Sumitomo and Sen'oku Hakkokan Museums. Chapter 18, the final chapter, entitled "The Kingship and State of Himiko, 'Queen of Wa Friendly to the Wei'," considers the points at issue within the context of the entire "Accounts of the Eastern Barbarians" ("Dongyi zhuan" 東夷伝) in vol.30 of *Records of the Three Kingdoms* (*Sanguo zhi* 三国志).

For this book I have created various databases of mirrors held by museums and other institutions in China and Japan, as well as endeavouring to carry out accurate measurements of the position of triangle-rimmed deity and beast mirrors in the study of mirrors. I look forward to comments and corrections from experts in the field.

The triangle-rimmed deity and beast mirrors taken up in the present book are already an extremely well-known topic. According to the account of the Wa people in *Records of the Wei* (*Weizhi* 魏志) in *Records of the Three Kingdoms*, which refers to the third-century Queen Himiko of the land of Yamatai, Himiko sent envoys with tribute to the Wei court, and in return the Wei emperor Mingdi 明帝 conferred upon her the title "Queen of Wa Friendly to the Wei" and gave her one hundred bronze mirrors, which were "a favourite article" of hers and which she was to "show to her compatriots." It has been held that these mirrors were triangle-rimmed deity and beast mirrors. Speculating that regions where there were tombs with large numbers of triangle-rimmed deity and beast mirrors among the grave goods may correspond to the location of Himiko's tomb and that therefore the sites of these tombs may correspond to the location of Yamatai, archaeological circles in Japan seethed with excitement. The overwhelming majority of triangle-rimmed deity and beast mirrors have been found in the former provinces of Yamashiro 山城 (Kyoto prefecture), Yamato 大和 (Nara prefecture), Izumi 和泉, Kawachi 河内, Settsu 摂津 (Osaka prefecture), and Settsu and Harima 播磨 (Hyōgo prefecture). In particular, thirty-two triangle-rimmed deity and beast mirrors were found in Tsubai Ōtsukayama tomb in southern Yamashiro in Kyoto prefecture. To this was added another archaeological fact. According to the account of the Wa people in *Records of the Wei*, when Himiko, "Queen of Wa Friendly to the Wei," died, a great mound was raised. On the assumption that this too fell within the realm of archaeology, the origins of ancient burial mounds (*kofun* 古墳) in Japan were investigated by archaeological methods. Himiko died in the middle of the third century, and archaeologists searched for burial mounds that had been erected around this time. It was found that they were keyhole tombs distinctive of Japan, that they began to be erected in the third century chiefly in the Kinai region, and that they spread throughout Japan from the fourth century onwards. The links between triangle-rimmed deity and beast mirrors made from the same moulds and same models were meticulously investigated. As a result, the links between old- and new-style triangle-rimmed deity and beast mirrors and between burial mounds in Kinai and in other parts of Japan were ascertained. There emerged the view that the Hashihaka 箸墓 tomb was a promising candidate for Himiko's tomb. There is a sense that the question of the location of Yamatai has been archaeologically resolved, and the aim of the present book is to question this. But I do not do so by bringing to the discussion a new archaeological discovery of Himiko's tomb.

I noticed a minor oversight in the links posited between Yamatai, triangle-rimmed deity and beast mirrors, and early burial mounds. In the first place, the debate about who cast the triangle-rimmed deity and beast mirrors and where they did so remains unresolved. Was it in Wei China or in the land of Wa in Japan? Then the renowned Chinese archaeologist Wang Zhongshu 王仲殊 put forward a new thesis, arguing that Wu craftsmen from China had travelled to the Japanese archipelago and cast the mirrors in the land of Wa. Far from being an absurd view, this thesis touched on a weak point in past research on triangle-rimmed deity and beast mirrors and cannot be ignored. But the thesis that Yamatai lay in the Kinai region cannot be overturned even by means of Wang's new thesis.

One issue is the question of the purpose for which the mirrors were used. A mirror is an implement for reflecting a person's face or appearance. But because it was stated in one ancient source that Himiko "occupied herself with magic and sorcery and bewitched the populace," it has been suggested with much show of truth that Himiko used mirrors to practise sorcery. At the Makimuku 纏向 site in close proximity to the Hashihaka tomb there have been discovered the remains of a large palace and a large shrine, and it is claimed that these were none other than the buildings where Himiko practised her sorcery. In order to counter such arguments, one needs to bring together the results of actual inspections of and research on ancient Chinese and Japanese mirrors. It was thus that the plans for writing this book were formed.

Rather than a conclusion, let me offer an interim report. Japanese research conducted in the early modern period and since the Meiji and Taishō eras is still valid. The morphology of mirrors in Japan that was put together by Umehara Sueji and Higuchi Takayasu provides a textbook on the subject. A table showing the number of mirrors of each type found from the Former Han, Wang Mang 王莽 interregnum, and Later Han that was produced by Higuchi and others serves as a yardstick when calculating the number of ancient Han-style mirrors. Umehara's research on mirrors bearing dates is also important. Dated mirrors, which start in Jushe 居摂 1 (A.D.6) at the end of the Former Han when Wang Mang gained power, reach a peak in the period from the reigns of Huandi 桓帝 and Lingdi 霊帝 in the second half of the second century to the Jian'an 建安 era at the very end of the Later Han, and from the Huangchu 黄初 era of the Wei and the Huangwu 黄武 era of the Wu onwards large numbers of Wu mirrors from Jiangnan 江南 in particular, with the era-names Huanglong 黄龍, Jiahe 嘉禾, Chiwu 赤烏,

Wufeng 五鳳, Taiping 太平, Yongan 永安, Ganlu 甘露, Baoding 宝鼎, and Tianji 天紀, have been discovered in mainland China and in Lelang commandery and elsewhere on the Korean peninsula. In contrast, in the Japanese archipelago only mirrors with the era-names Qinglong 青龍, Jingchu, and Zhengshi, belonging to the reign of the Wei emperor Mingdi, have been found in unusually large numbers. This means that mirrors dated Jingchu 3 (239), Jingchu 4 (240), and Zhengshi 1 (240), when Himiko sent envoys to the Wei court, and therefore triangle-rimmed deity and beast mirrors, are presumably mirrors that were specially cast and granted to Queen Himiko of Wa by the Wei. It is easy to explain why not a single triangle-rimmed deity and beast mirror has been discovered on the Chinese mainland.

The focus of research then moves to the question of where in China the triangle-rimmed deity and beast mirrors were cast. It is not that we have adequate archaeological material to answer this question. Nonetheless, in recent years there have been remarkable advances in the excavation, discovery, collection, and study of ancient mirrors in various parts of China. These have been dealt with in Part Ⅱ, in the course of which a surprising fact came to light. The home of triangle-rimmed deity and beast mirrors is not Jiangnan. I would also add that the Buddha and beast mirrors of the third century were also not produced in Jiangnan. As for northern China and Sichuan, there is no supporting evidence. Likely candidates are Wuchang 武昌 and the Ezhou region in Hubei. Nearby lie the famous Red Cliffs (Chibi 赤壁), renowned as a battlefield during the Three Kingdoms period. Here Cao Cao 曹操 of the Wei suffered a major defeat, as a result of which his ambitions to unify China crumbled. But Wendi 文帝 and Mingdi, the first and second emperors of the Wei, had secured control of the middle reaches of the Yangtze and the casting of mirrors that took place there. However, a detailed examination of this point remains a task for the future.

It may be noted in passing that a question on the Japanese side concerns when triangle-rimmed deity and beast mirrors were distributed from Kyushu as far as the Kantō region. When considering this question, the spread of Kinai-style burial mounds-i.e., keyhole tombs-and the spread of triangle-rimmed deity and beast mirrors should not be treated as the same thing. The route whereby the mirrors, after having reached Himiko in Yamatai, made their way as far as Gunma prefecture in eastern Japan is the issue.

The whereabouts of the land of Yamatai is not the only issue of utmost importance in Japanese history in the third and fourth centuries. It is clear that the people interred in keyhole tombs of the Hashihaka type, which developed in the Yamato Basin, were the forebears of later emperors and their retainers. The equating of Queen Himiko of Yamatai with Empress Jingū 神功 had already begun in ancient times, in the *Nihon shoki* 日本書紀 compiled in 720. The thesis that Yamatai was in Kinai needs to be liberated from the view equating Himiko with Empress Jingū, for it is only then that the doors will open on the secret of the emergence of emperors (tennō) in Japan.

It is quite clear that the formation of the Japanese state has had close links with the world of East Asia. Put more simply, the world of East Asia has exerted an enormous influence on the growth of civilization and culture in the Japanese archipelago. The influence on writing, the state, and the bureaucracy, as well as legal codes, the taxation system, the military system, the system of local government (provinces, prefectures, and districts), and also the calendar, era-names, education, and beliefs-at least Buddhism (Mahāyāna Buddhism) if not Shinto-has been decisive. In addition, annual events starting with New Year's Day and including the start of spring (*setsubun* 節分), festivals on the 5th of the fifth month (*tango* 端午), the 7th of the seventh month (*tanabata* 七夕), and the 9th of the ninth month (*chōyō* 重陽), and New Year's Eve, were all introduced from China. When it comes to manufactures, it is true that there have existed articles distinctive of the archipelago since the time of Jōmon culture, made of stone, wood, and shells, as well as obsidian, jade, amber, coral, pearls, and also lacquer, but much of the metal-processing that began during the Yayoi 弥生 period came from across the sea. Among such articles, mirrors have attracted particular attention. These are mirrors made of bronze, which is an alloy of copper, tin, and lead. Depending on its composition, it turns into beautiful articles of "white copper," or cupronickel. The metals copper and iron are said to have been introduced to Japan in the fourth century B.C., which means that bronze mirrors of high quality arrived not very much later. When compared with bronze swords, halberds, and bells, the metallic quality of bronze mirrors is exceptional.

Bronze mirrors were first brought to the Japanese archipelago in the period spanning the Former and Later Han. This coincides with the period when Japan (Wo/Wa) is first mentioned in Chinese histories: "Beyond Lelang in the sea, there are the people of Wo. They are divided into more than one hundred communities. They come regularly to offer tribute and have an audience." (*Hanshu* 漢書, "Dilizhi" 地理志) It has been established that this Lelang was a commandery established by Wudi 武帝 of the Former Han in 108 B.C. in the area along the Taedong 大同 River on the Korean peninsula, corresponding to the vicinity of present-day P'yŏngyang 平壌, the capital of North Korea. There have been unearthed here mirrors bearing the date Jushe 1 from the time of Wang Mang at the very end of the Former Han (-the era-name Jushe is itself an expression of the fact that Wang

Mang had replaced the emperor of the Former Han as the supreme ruler of the Chinese empire). As is shown in chapter 13, mirrors from this period have been unearthed at the Hirabaru site in Itoshima city, Fukuoka prefecture, in northern Kyushu. However, the majority of mirrors discovered here are second-century mirrors of the Later Han. These are mirrors decorated with a petaloid design and TLV mirrors with four deities. These two types of mirrors are especially numerous among early Han-style mirrors found in the Japanese archipelago. They were presumably to the liking of the archipelago's inhabitants. This is also evident from the fact that among the mirrors that were unearthed in different parts of Japan during the Meiji era and later and deposited with the Imperial Museum and the Imperial Household Agency's Bureau of Imperial Mausolea there are some so-called Japanese-style mirrors that were produced in the Japanese archipelago by slightly modifying the above mirrors decorated with a petaloid design and TLV mirrors with four deities. But the overwhelming majority of bronze mirrors unearthed in the Japanese archipelago are triangle-rimmed deity and beast mirrors. This fact would appear to have attracted attention already from the early modern period and the first years of the Meiji era.

Today everyone thinks that these triangle-rimmed deity and beast mirrors correspond to the one hundred bronze mirrors that Queen Himiko of Yamatai was granted by the Wei emperor because they were "a favourite article" of hers. But in the Meiji and Taishō eras through to the early Shōwa era many researchers of Han-style mirrors in Kyushu and Tokyo were sceptical. The fact that Tomioka Kenzō, the founder of the study of East Asian history at Kyoto University, took the view that triangle-rimmed deity and beast mirrors were from the Wei meant that Kyoto University became the alma mater of Kansai archaeologists who subsequently took the leading role in the study of triangle-rimmed deity and beast mirrors. After the war excavations of many ancient tombs were undertaken by archaeologists. While triangle-rimmed deity and beast mirrors have been found throughout Japan, it has become clear that the Kinai region in particular-the former provinces of Yamato, Yamashiro, Kawachi, and Settsu, corresponding to present-day Nara, Kyoto, Osaka, and Hyōgo prefectures-occupies a central position in terms of both the numbers of mirrors found and links between mirrors made from the same moulds and the same models. It is only natural that the Kinai thesis regarding the location of Yamatai has become more persuasive.

But questions concerning triangle-rimmed deity and beast mirrors have not yet been resolved, starting with the question of their origins. Not a single triangle-rimmed deity and beast mirror has been discovered in mainland China. Japanese archaeology does not possess adequate leads to explain this. At best only hypotheses have been put forward.

It thus occurred to me to undertake an exhaustive survey of ancient bronze mirrors held by institutions throughout China. Leaving aside triangle-rimmed deity and beast mirrors for the moment, I decided to consider what sorts of mirrors had been produced in China during the Former and Later Han and the Three Kingdoms period and what sorts of regional variations there were in their distribution, as well as examining trends in the content of past and present Chinese research on ancient mirrors and the culture of bronze mirrors. This is presented in Part II of the present book. As a result, it emerged that there are some truly important issues. But it also became apparent that, when considered in the light of Chinese history, these are issues for the future that will require much historical investigation. We can only hope for further developments.

I accordingly decided to survey the mirrors that have been unearthed in different parts of Japan and the more important mirrors held by institutions that have been collecting mirrors, and I have presented the results in the form of an interim report. I have brought the book to a close by providing my own reading and analysis of the account of the people of Wa in *Records of the Wei*, dealing with Himiko of Yamatai, that is, "Queen Himiko Friendly with the Wei," because of its connections with the subject matter of triangle-rimmed deity and beast mirrors and the world of East Asia alluded to in this book's title.

Lastly, as always, I wish to express my profound gratitude to Ishizaka Satoshi, managing director of Kyūko Shoin, who agreed to take on this unappealing book with its many tables and numerous quotations from Chinese works, and also to Ōe Hidefumi, who took great pains in editing it.

3 November 2011 (Culture Day)

Kawakatsu Mamoru

著者略歴

川勝　守（かわかつ　まもる）

1940　東京都下に生れる
1964　東京大学文学部東洋史学科卒業
1972　東京大学大学院人文科学研究科博士課程退学
1973より　九州大学文学部、講師、助教授を経て、
1987より、教授・東洋史学担当
1988に退官、大正大学文学部教授、九州大学名誉教授
2011　退職、大正大学名誉教授
1980　文学博士（東京大学）
2008　博士（仏教学、大正大学）

主要著書

『中国封建国家の支配構造―明清賦役制度史研究』1980、
　東京大学出版会
『明清江南農業経済史研究』1992、東京大学出版会
『東アジアにおける生産と流通の歴史社会学』（編著）
　1993、福岡、中国書店
『明清江南市鎮社会史研究』1999、汲古書院
『日本近世と東アジア世界』2000、吉川弘文館
『聖徳太子と東アジア世界』2002、吉川弘文館
『中国城郭都市社会史研究』2004、汲古書院
『日本国家の形成と東アジア世界』2008年、吉川弘文館
『明清貢納制と巨大都市連鎖―長江と大運河』2009、汲
　古書院
『チベット諸族の歴史と東アジア世界』2010、刀水書房
『日本歴史文化概論十五講』2011、岩田書院

三角縁神獣鏡と東アジア世界

2012（平成24）年10月10日　発行

著　者　川　勝　　　守
発行者　石　坂　叡　志
印　刷　富士リプロ㈱
発行所　汲　古　書　院

〒102-0072　東京都千代田区飯田橋2-5-4
電話03（3265）9764　FAX03（3222）1845

ISBN978-4-7629-2984-7　C3022
Mamoru KAWAKATSU ©2012
KYUKO-SHOIN, Co., Ltd. Tokyo.